काली मिट्टी पर पारे की रेखा

सांस्कृतिक औदात्य के उपासक : कन्हैया सिंह

काली मिट्टी पर पारे की रेखा

सांस्कृतिक औदात्य के उपासक : कन्हैया सिंह

सम्पादक
प्रो. नन्द किशोर पाण्डेय

सह-सम्पादक
डॉ. विनम्र सेन सिंह

लोकभारती प्रकाशन

लोकभारती प्रकाशन
पहली मंजिल, दरबारी बिल्डिंग, महात्मा गाँधी मार्ग
प्रयागराज-211 001
वेबसाइट : www.lokbhartiprakashan.com
ईमेल : info@lokbhartiprakashan.com

शाखाएँ : 1-बी, नेताजी सुभाष मार्ग, दरियागंज
नयी दिल्ली-110 002
अशोक राजपथ, साइंस कॉलेज के सामने
पटना-800 006
36-ए, शेक्सपियर सरणी
कोलकाता-700 017

प्रथम संस्करण : 2020
द्वितीय संस्करण : 2021

बी.के. ऑफसेट
नवीन शाहदरा, दिल्ली-110 032
द्वारा मुद्रित

KALI MITTI PAR PARE KI REKHA
Editor : Prof. Nand Kishore Pandey
Co-Editor : Dr. Vinamra Sen Singh

ISBN : 978-93-89742-78-7

मूल्य : ₹1495

सम्पादकीय

भारत को सम्पूर्णता में समझने और जीने के लिए संकल्पित हैं : डॉ. कन्हैया सिंह

हिन्दी साहित्य में डॉ. कन्हैया सिंह की पहचान पाठालोचक, सूफ़ी साहित्य अध्येता, निबन्धकार, सामाजिक चिन्तक, भाषा अध्येता एवं सांस्कृतिक समीक्षक की है। पाठानुसन्धान की दृष्टि से वे अपनी पीढ़ी के सर्वाधिक परिश्रमी और सचेत अनुसन्धाता हैं। साहित्य जगत् जायसी की चर्चित कृति पद्मावत से परिचित हैं। वे इसे 'पदुमावति' कहते हैं। आचार्य रामचन्द्र शुक्ल ने पद्मावत कहा। यह नामकरण हिन्दी में चल पड़ा। परिणाम यह हुआ कि डॉ. माताप्रसाद गुप्त और डॉ. वासुदेवशरण अग्रवाल ने भी इसे पद्मावत कहा। डॉ. कन्हैया सिंह के 'पदुमावति' कहने के पीछे तर्क गम्भीर हैं और उसके लिए किया गया अनुसन्धान अति श्रमसाध्य है। डॉ. ग्रियर्सन तथा लाला भगवानदीन ने 'पदुमावति' कहा है। डॉ. कन्हैया सिंह का तर्क है कि फ़ारसी लिपि में स्वर चिह्नों का प्रयोग प्रायः नहीं होता है। इसलिए स्वाभाविक रूप से पदुमावति को पद्मावत पढ़ लिया गया। दूसरी बात की पद्मावत पुंल्लिग नाम है अतः रचना के साथ मेल नहीं खाता। जायसी ने भी कई बार 'पदुमावति' तथा 'पदुमिनि' का उल्लेख किया है। ए.जी. शिरेफ ने इस ग्रन्थ की अंग्रेजी में टीका लिखी है। उन्होंने अपने ग्रन्थ का नाम 'पदुमावति' रखा। शिरेफ ने पाठ आचार्य रामचन्द्र शुक्ल का लिया। डॉ. कन्हैया सिंह ने जो पाठ तैयार किया उसके लिए अन्य प्रतिष्ठित विद्वानों के अतिरिक्त प्रो. सैयद हसन अस्करी और डॉ. वासुदेवशरण अग्रवाल के निष्कर्षों को अपने सामने रखा। उन्होंने पदुमावति के सम्पादन में डॉ. भगवती प्रसाद सिंह के संग्रह की चार हस्तलिखित प्रतियों को भी मुख्य आधार के रूप में ग्रहण किया। उन्होंने इन प्रतियों की विशेषता भी बतलायी है। उन्होंने 'जौनपुर प्रति' की विशेषता पर जिस प्रकार सूक्ष्मता से विचार किया वह उन्हें बड़ा पाठालोचक सिद्ध करने के लिए पर्याप्त है—"यह प्रति बहुत पुरानी है। मूल पन्ने क्षतिग्रस्त हो जाने पर उनकी मरम्मत कर हाशिये पर कागज चिपकाया गया है किन्तु ऐसा करते हुए ध्यान रखा गया है कि इबारत भलीभाँति पढ़ी जा सके। अतः लेख के ऊपर कागज नहीं चिपकाये गये हैं।

इसके अन्तिम पृष्ठ पर दो मुहरें लगी हैं, जिनमें 1110 हिं. अंकित है। जान पड़ता है जिस व्यक्ति को यह अन्तिम बार प्राप्त हुई—यह मुहर उसी की है। यह इस्लामी संस्कृति के प्राचीन केन्द्र जौनपुर की खानकाह रशीदिया से प्राप्त हुई है। इसका प्रतिलिपि काल निश्चय ही 1110 हि. से कम-से-कम 50 वर्ष पूर्व प्रतीत होता है।

प्रति खण्डित है किन्तु प्रारम्भ तथा अन्त के पृष्ठ सुरक्षित हैं। इस प्रति में डॉ. माताप्रसाद गुप्त के संस्करण में 30 से 157 तथा 221 से 380 छन्द नहीं हैं। यह प्रति निर्विवाद रूप से अब तक प्राप्त 'पदुमावति' की प्रतियों में प्राचीनतम है। डॉ. ग्रियर्सन और डॉ. माताप्रसाद गुप्त को प्राप्त प्रतियों में कामनवेल्थ रिलेशन्स ऑफिस लन्दन की 1107 हि. की प्रति प्राचीनतम है और इस प्रति पर 1110 हिं. की मुहर लगी है जिससे कम-से-कम पचास वर्ष पूर्व की यह प्रतिलिपि होगी। इसके महत्त्वपूर्ण पाठ और क्रम भी इसकी प्राचीनता की पुष्टि करते हैं।''

डॉ. कन्हैया सिंह ने पाठालोचन पर विचार करते हुए पाठ भेद के कारणों पर भी गम्भीरतापूर्वक चिन्तन किया है। प्रमादवश पाठ में त्रुटियों का आना स्वाभाविक है। लेकिन कई बार जान-बूझकर मूल पाठ को विकृत किया गया। कई लोगों ने प्रक्षेपों को जोड़ा। पाठ भेद मनुस्मृति और महाभारत की प्रतियों में बहुत है। पंचतन्त्र में तो इसकी बहुलता है। ऐसे में मध्यकालीन साहित्य में पाठ भेद का आ जाना आश्चर्यजनक नहीं है। पाठ तैयार करने की तमाम पद्धतियों को जानने के बावजूद आदर्श प्रति की जरूरत बनी रहती है। पाठ निर्धारण के लिए किसी मानदण्ड को तय करना आसान नहीं है। महाभारत के पाठ को लेकर जितनी चर्चा और विवाद हुआ वह संस्कृत ग्रन्थों तक रुका नहीं। चन्दबरदाई का 'पृथ्वीराज रासो' हिन्दी महाकाव्यों में सबसे अधिक विवादास्पद बन गया। मध्यकालीन साहित्य के पाठ निर्धारण के लिए पहली शर्त तो यह है कि पाठालोचन की तरफ प्रवृत्त होनेवाले व्यक्ति को हस्तलेख पढ़ने का अच्छा अभ्यास होना चाहिए। जिस भाषा में प्रति प्राप्त हुई है, उसका गहराई से ज्ञान भी आवश्यक है। शब्दार्थ विद्या के अतिरिक्त व्याकरण का बोध भी आवश्यक है। पाठ के भ्रम की स्थिति में हस्तलिखित प्रतियाँ ही आधिकारिक प्रमाण बनती हैं। कन्हैया सिंह इस कार्य की तरफ विद्यार्थी जीवन में प्रवृत्त हुए। हिन्दी के प्राध्यापकों की रुचि पाठानुसन्धान की तरफ से हट जाने के बाद भी वे इस दिशा में प्रवृत्त रहे। वे इस काम के महत्त्व और असुविधा दोनों से परिचित हैं। हिन्दी कविता की लाखों प्रतियाँ हस्तलेखों में दबी पड़ी हैं। जिन साहित्यकारों के प्रकाश में आने से भाषा और साहित्य समृद्ध होगा उनकी तरफ दृष्टिपात करनेवाले विद्वान् ही नहीं बचे। डॉ. कन्हैया सिंह पाठानुसन्धान के दुर्लभ विद्वान् हैं। यह जिजीविषा के धनी हैं। इस क्षेत्र की विलुप्त होती इस प्रजाति को किसी ने संरक्षित नहीं किया है यह तो स्वतः संरक्षित हैं। हिन्दी पाठालोचन के कार्य को गत शताब्दी में डॉ. माताप्रसाद गुप्त और आचार्य विश्वनाथ प्रसाद मिश्र ने स्थापित किया। उन्होंने दोनों विद्वानों के पाठालोचन की पद्धति पर विचार किया है। कन्हैया सिंह ने लिखा है कि पिछली शताब्दी के हिन्दी के प्रतिष्ठित आचार्यों ने भी तर्कपूर्ण पद्धति का अनुसरण नहीं किया। उनके विचार पठनीय हैं—''उस समय तो शुक्ल जी ने जहाँ स्वेच्छा से मनमाने पाठ-संशोधन किये और पाठान्तर देने का कष्ट भी नहीं उठाया, वहीं कबीर-ग्रन्थावली आदि में डॉ. दास ने प्रतियों के प्रतिकूल एक भी संशोधन नहीं किया और पाठान्तर भी दिया। इसी प्रकार दीन जी की अपनी शैली और विधि थी। सब मिलाकर उस समय सम्पादन कार्य एक स्वरुचि प्रेरित कला के रूप में था। उसमें व्यवस्थित सिद्धान्तों का (शास्त्रीय या साहित्यिक?) उपयोग नहीं हुआ था। वैसे भी साहित्यिक पद्धति जिसमें चेतना के उपयोग की बात मिश्र जी कहते हैं, बड़ी विचित्र वस्तु लगती है। चेतना के उपयोग बिना मूल पाठ के अन्वेषण में तर्कातर्क-विचार कैसे होगा, पर यह चेतना आचार्य रामचन्द्र शुक्ल की भाँति अपनी ओर से नवीन पाठ की कल्पना प्रस्तुत करनेवाली नहीं होनी चाहिए। यह साहित्यिक विधि कल्पना पर आधारित होने के कारण कोई नियमबद्ध विधि नहीं कही जा सकती। इसमें पद-पद पर भूल और भ्रम की सम्भावना रहती है।''

कई पाठ मिलने की स्थिति में एक पाठ को शुद्ध मानने का पूरा उत्तरदायित्व पाठालोचक का होता है। कई बार कोई पाठ केवल एक प्रति में प्राप्त होता है। अन्य प्रतियों में वह नहीं मिलता। ऐसी स्थिति में उसे मूल ग्रन्थ का हिस्सा सिद्ध करना कठिन हो जाता है। उसे प्रक्षिप्त कहना बहुत आसान होता है। कई बार जिसे प्रक्षिप्त कहा जाता है उसकी संगति पूर्व और बाद के कथा के साथ ठीक बैठती है। ऐसी स्थिति में पाठालोचक की समस्या और बढ़ जाती है। पाठालोचक को कई बार हस्तलेखों की प्रतियों में सुधार भी करना पड़ता है। कभी-कभी किसी छन्द की कोई पंक्ति किन्हीं कारणों से प्राप्त नहीं होती। कभी-कभी एक शब्द कई प्रतियों में गायब मिलती है। ऐसी स्थिति में पाठालोचक को मूल पुस्तक और लेखक की भावनाओं को ध्यान में रखते हुए शब्दों को जोड़ना होता है। इस प्रक्रिया में पाठालोचक की कड़ी परीक्षा होती है। डॉ. कन्हैया सिंह ने पाठालोचन के सिद्धान्त पर विचार करते हुए संस्कृत की पुस्तकों से लेकर मध्यकाल के पाठों से उदाहरण लेकर अपनी बात को बारीकी से समझाया है। पाठालोचक को पाठानुसन्धान करते समय पाठ-प्रमाद से जूझना पड़ता है। भारत में लिपियों के विकास का भी इतिहास है। एक हजार वर्ष में देवनागरी लिपि में कई बार परिवर्तन हुए हैं। पिछले 20 वर्षों में हिन्दी की झ, ण, अ जैसी ध्वनियाँ परिवर्तित रूप में लिखी जा रही हैं। जिसे इसके पुराने रूप का बोध नहीं होगा, वह पाठ को नहीं समझ पायेगा। डॉ. कन्हैया सिंह ने पाठालोचन की सीमा मूल या अभीष्ट पाठ के शोध के प्रसंग में निर्धारित की है। ऐसी पाँच स्थितियों के बारे में उन्होंने लिखा है। वह हैं-

1. लेखक के अभीष्ट पाठ को पाठ-शोध की वैज्ञानिक-विधि से करना तथा प्रतिलिपियों के माध्यम से प्राप्त पाठ में किसी भी प्रकार का परिवर्तन, संशोधन या परिवर्द्धन न करना।

2. प्रथम स्थिति से आगे बढ़कर लेखक द्वारा हुई निश्चेष्ट विकृतियों का परिहार भी कर देना।

3. लेखक की रचना में प्राप्त व्याकरण, छन्द आदि की भूलों का परिहार अपनी ओर से कर देना। साथ ही लेखक जो भाव प्रकट करना चाहता हो, उसे प्रकट करने में उसके द्वारा प्रयुक्त शब्दावली यदि समर्थ न हो तो दूसरी शब्दावली स्थानापन्न कर देना।

4. लेखक द्वारा प्रयुक्त उपयुक्त पाठ के स्थान पर उससे भी सुन्दर लगनेवाले पाठ को अपनी ओर से प्रस्तुत कर देना।

5. लेखक द्वारा प्रस्तुत पाठ यदि प्रबन्ध एवं प्रसंग आदि की दृष्टि से अपूर्ण लगता हो तो उसी के छन्द एवं शैली आदि में कुछ पाठ अपनी ओर से बढ़ा देना।

डॉ. कन्हैया सिंह का सूफ़ी तत्त्व चिन्तन परम्परागत लेखन से अलग है। केवल नया कहने के उत्साह में उन्होंने पृथक स्थापनाएँ नहीं दी हैं। उनके लिखने के समय तक हिन्दी और अंग्रेजी के अतिरिक्त फ़ारसी में जो कुछ भी सूफ़ी के बारे में लिखा गया है, उसका सन्दर्भ उन्होंने अपनी बात के समर्थन में दिया है। अरबी भाषा में लिखित पुस्तकों और उद्धरणों का उपयोग भी लेखक ने किया है। सूफ़ी साहित्य के विचार के क्रम में इन लेखकों को डॉ. कन्हैया सिंह ने गहराई से पढ़ा है—अमीर अली, ताराचन्द, रामपूजन तिवारी, निकोल्सन, ब्राउन, सुलेमान नदवी, राधाकृष्णन, चन्द्रबली पाण्डेय, फिरोज सी. दवर, जान ए सुभान, जुबैद अहमद, श्याम मनोहर पाण्डेय, यूसुफ़ हुसैन आदि।

डॉ. कन्हैया सिंह ने इस्लाम के सम्प्रदायों को अनेक इतिहासकारों की दृष्टि से समझने का प्रयास किया है। इस्लाम की मुख्यधारा की प्रतिक्रिया में उत्पन्न सम्प्रदायों एवं मान्यताओं पर भी

उन्होंने विचार किया है। सूफ़ीमत की उद्‌भव भूमि अरब के साथ ही प्रसार भूमि मिस्र, ईरान और सीरिया के साथ भारत के प्राचीन व्यापारिक सम्बन्धों को उन्होंने सूफ़ी के सन्दर्भ में विवेचित किया है। भारत और अरब के व्यापारिक सम्बन्ध बहुत गहरे थे। अरब ने भारत से अंक ज्ञान के साथ ही ज्योतिष और दर्शन भी सीखा था। उन्होंने विशेष रूप से मुस्लिम इतिहासकारों का सन्दर्भ ढूँढ़कर दिया है। इन तथ्यों को पहले भी कई लोगों ने स्वीकार किया है। भारतीय जीवनदर्शन और धर्मसाधना का प्रभाव कभी अरब के देशों पर था। वहाँ के सूफ़ी साधकों पर बौद्ध धर्म के प्रभाव को देखा जा सकता है। मुस्लिम इतिहासकारों ने ईरान पर हिन्दू और बौद्ध धर्म के प्रभाव को स्वीकार किया है। अरब में बहुत-सी भारतीय पुस्तकों का अनुवाद भी हुआ जिसमें ज्योतिष और आयुर्वेद के कई ग्रन्थ हैं। बाद में चरक, पंचतन्त्र, चाणक्य तथा हितोपदेश का भी अनुवाद हुआ। भारतीय वेदान्त चिन्तन के प्रभाव के सम्बन्ध में उन्होंने लिखा है—"जब सूफ़ी साधकों ने भारत का भ्रमण प्रारम्भ किया और उन्होंने यहाँ की ज्ञान-राशि से प्रत्यक्ष सम्बन्ध स्थापित किया तब उनके ऊपर भारतीय अद्वैत-वेदान्त का व्यापक प्रभाव पड़ा। मंसूर अल हल्लाज, इब्नुल अरबी, अब्दुल करीम अल जिली आदि पर यह प्रभाव स्पष्ट रूप में दीख पड़ता है। सूफ़ीमत पर पड़े हुए प्रभावों की दृष्टि से दो प्रकार के विचार देखने को मिलते हैं। एक मतवाले सम्पूर्ण सूफ़ी चिन्तनधारा को कुरान में ढूँढ़ते हैं और अधिक-से-अधिक उसे बौद्ध प्रभाव तक मानने को तैयार होते हैं। दूसरे मतवाले इस पर वेदान्त का प्रत्यक्ष प्रभाव मानते हैं।"

डॉ. कन्हैया सिंह ने अनेक चरणों में सूफ़ीमत को नये उदाहरणों से समझा है। हिन्दी में कई पुस्तकें सूफ़ी और जायसी को केन्द्र में रखकर लिखी गयी हैं लेकिन उनसे पृथक सन्दर्भ और दृष्टि की भिन्नता इन्हें चिन्तक के रूप में स्थापित करती है। जिली की व्याख्या योग की धारणा, ध्यान, समाधि और तुर्यावस्था से जुड़ती हैं, वे भारतीय सूफ़ीमत साधना पर इब्नुल अरबी के प्रभाव को अन्य सूफ़ी विचारकों की तुलना में अधिक मानते हैं। हिन्दी सूफ़ी कवियों पर भी इनका प्रभाव है। कन्हैया सिंह का मानना है कि अकबर का 'दीन-ए-इलाही' भी इनसे प्रभावित था। उन्होंने उपनिषदों के प्रतिबिम्बवाद एवं सर्वात्मवाद को अरबी तसव्वुफ़ के सन्दर्भ में विचार के केन्द्र में रखा है। अरबी के सर्वात्मवाद के सिद्धान्त की व्यावहारिक उपलब्धि बतलाते हुए कहते हैं कि ब्रह्म की उपासना अनेक रूपों में हो सकती है और सभी धर्मों में सत्य निहित है। इब्नुल अरबी के विषय में जानना आवश्यक है। डॉ. कन्हैया सिंह ने उनके विषय में लिखा है—"प्रथम प्रकार के साधकों में इब्नुल अरबी (मृत्यु 1240 ई.) का प्रमुख स्थान है। वह स्पेन का रहनेवाला था पर स्पेन से मक्का चला आया और 40 वर्ष तक बगदाद, दमिश्क आदि में घूमता रहा। सम्भव है वह भारत भी आया हो, पर इसका निश्चित प्रमाण प्राप्त नहीं है। कहा जाता है कि उसने योग के एक ग्रन्थ 'अमृतकुण्ड' के एक योगी द्वारा किये गये अरबी अनुवाद का संशोधन भी किया था। मंसूर के समय से ही भारत के अद्वैत दर्शन ने सूफ़ियों को आकृष्ट करना प्रारम्भ कर दिया था। अरबी ने बड़े ही सशक्त शब्दों में तसव्वुफ़ का अद्वैती प्रतिपादन किया। उसने 'वहदतुल वजूद' के सिद्धान्त को प्रचारित किया। उसका प्रसिद्ध ग्रन्थ 'फतूहात-ए-मक्किया' है।"

डॉ. कन्हैया सिंह ने आपात्काल को 'अँधेरा काल' कहा है। 25 जून, 1975 को देश में आपात्काल की घोषणा हुई। इसे अनेक राजनैतिक, सामाजिक कार्यकर्त्ताओं, नेताओं और विद्वानों ने काला दिवस कहा है। डॉ. सिंह इसे भारत के इतिहास का काला दिवस मानते हैं। इस काले दिवस की पृष्ठभूमि पर उन्होंने 'अँधेरे के अध्याय' पुस्तक की भूमिका में विस्तारपूर्वक लिखा है। आपात्काल लागू होने के बहुत पहले से सत्ता का केन्द्रीयकरण हो रहा था। कांग्रेस के नेता लगातार यह साबित कर रहे थे कि इन्दिरा के बिना देश नहीं चल सकता। धीरे-धीरे इन्दिरा गाँधी इतनी

मजबूत हो गयीं कि 1969 ई. के राष्ट्रपति चुनाव में उन्होंने अपने ही दल के अधिकृत उम्मीदवार का नामांकन पत्र दाखिल करके स्वयं खुला विरोध प्रारम्भ कर दिया और इसे अपनी आत्मा की आवाज कहा। आपात्काल में हजारों बेगुनाह नेताओं को मीसा कानून में गिरफ्तार करके जेलों में ठूँस दिया गया। 1971 ई. के पाकिस्तान युद्ध और बाँग्लादेश निर्माण के समय जनता ने इन्दिरा गाँधी को जो इज्जत दी थी उसे वो सम्हाल नहीं सकीं। अनेक बड़े नेताओं की मृत्यु ने भी कांग्रेस नेतृत्व पर शक पैदा किया। 'अँधेरे के पूर्व' शीर्षक से लिखी गयी भूमिका 1975 ई. के पूर्व के भारत की राजनैतिक स्थितियों को समझने के लिए बहुत आवश्यक है। इसमें अनेक नेताओं तथा अनेक प्रान्तों का उल्लेख है। यह आपात्काल के पूर्व भारत की राजनैतिक स्थिति का ऐतिहासिक दस्तावेज़ है जिसे एक साहित्य के गम्भीर पाठक ने लिखा है।

डॉ. कन्हैया सिंह ने बड़ी संख्या में निबन्ध लिखे हैं। कुछ प्रमुख निबन्ध हैं-भारतीय 'स्व' का प्रतिमान और साहित्य, साहित्यकार की आस्था और राष्ट्रीय अस्मिता, भारतीयता का महाकवि जायसी, अहंकार का विनाश और तुलसीदास, निराला का सांस्कृतिक स्वर, संस्कृति के कामदुहा स्रोत : कुबेरनाथ राय, प्रेमचन्द के गोदान का सन्देश, राष्ट्रभाषा हिन्दी और उसकी समस्याएँ, युगचारण रामधारी सिंह 'दिनकर', जातिगत आरक्षण का औचित्य, चिन्ता का वरदान, भारतीय और मार्क्सवादी सौन्दर्यदृष्टि आदि। यह निबन्ध वैचारिक सोच से उपजे हुए हैं। किसी प्रकार की प्रोन्नति, दिखावे या दबाव में नहीं लिखे गये हैं। अयोध्या सिंह उपाध्याय 'हरिऔध' और राहुल सांकृत्यायन आजमगढ़ जिले के थे। इन दोनों लेखकों को बहुत गहराई से डॉ. सिंह ने पढ़ा है। राहुल सांकृत्यायन पर उनकी दो पुस्तकें प्रकाशित हैं। राष्ट्रीय स्वयंसेवक संघ के स्वयंसेवक डॉ. कन्हैया सिंह ने लेखन के लिए मार्क्सवादी राहुल सांकृत्यायन को चुना। राहुल जी पर उन्होंने विरोध करने के लिए नहीं लिखा है। उनकी घुम्मकड़ी, इतिहासबोध, राष्ट्रभाषा के प्रति आग्रह, जनपदीय बोलियों के प्रति प्रेम के अतिरिक्त उनके सामाजिक, राजनैतिक क्रियाकलापों के साथ सन्नद्धता को दर्शाने के लिए लिखा है। भारतीय इतिहास से राहुल सांकृत्यायन अपने लिये आदर्श ढूँढ़ रहे थे, वह उन्हें अशोक और अकबर के रूप में मिला। कम्युनिस्ट पार्टी की भाषा नीति हिन्दी के पक्ष में नहीं थी। राहुल जी ने इसकी चिन्ता किये बिना लिखा और बोला कि, "नागरी लिपि में लिखी संस्कृतनिष्ठ हिन्दी ही भारत संघ की एकमात्र भाषा हो सकती है और होकर रहेगी।" अपने इस कहे गये वाक्य से उन्होंने कभी समझौता नहीं किया। राहुल जी भी अनेक भाषा वैज्ञानिकों की तरह उर्दू को हिन्दी की एक शैली मानते थे। उर्दू के सम्बन्ध में राहुल जी की राय को उन्होंने उद्धृत किया है—"समाजवाद कायम करने के लिए कटिबद्ध साथियों से कहूँगा कि दो-दो भाषाओं और लिपियों को दो प्रान्तों (युक्त प्रान्त और पूर्वी पंजाब) से बाहर ले जाकर सारे भारत में फैलाना राष्ट्रीयता के क्षेत्र में साम्प्रदायिकता की नींव मजबूत करना है। साम्प्रदायिकता में हमें भुलवाना है? हिन्दू, मुस्लिम, ईसाई, पारसी धर्म मानना वैयक्तिक बात है, उसे राष्ट्रीयता के क्षेत्र में दखल देने का अधिकार नहीं होना चाहिए।"

डॉ. कन्हैया सिंह का जन्म 1 अगस्त, 1935 ई. को धरवारा ग्राम, जिला आजमगढ़ में हुआ है। इन्होंने एम.ए., एल.एल.बी., पीएच.डी., डी.लिट्. की उपाधि प्राप्त की है। युवावस्था में वकालत की। 1961 ई. में टी.डी. कॉलेज, जौनपुर में विधि के प्रवक्ता नियुक्त हुए। इन्होंने प्रवक्ता के रूप में कई महाविद्यालयों में अध्यापन किया। गोरखपुर जिले के एक महाविद्यालय में प्राचार्य थे। डी.ए.वी. कॉलेज आजमगढ़ के हिन्दी विभाग में रीडर एवं अध्यक्ष थे। राजनैतिक क्षेत्र में भी आपने कार्य किया है। 1971-1975 ई. तक आजमगढ़ नगरपालिका के अध्यक्ष भी थे। आपकी 35 प्रकाशित पुस्तकें हैं जो अनेक क्षेत्रों और विषयों पर लिखी गयी हैं। पाठालोचन

और सूफ़ी साहित्य पर किया गया आपका कार्य मील का पत्थर है। भाषा और आलोचना पर लिखी गयी पुस्तकें नये लेखकों का मार्गदर्शन करनेवाली हैं। आपके यात्रावृत्तान्त, कहानी-संग्रह और ललित निबन्ध शोधपरक तथा पठनीय हैं। इन महत् कार्यों को ध्यान में रखते हुए उत्तर प्रदेश हिन्दी संस्थान ने आपको 'साहित्य भूषण' तथा 'पण्डित दीनदयाल उपाध्याय साहित्य सम्मान' प्रदान किया है। केन्द्रीय हिन्दी संस्थान आगरा ने 'सुब्रह्मण्य भारती' सम्मान से आपको सम्मानित किया है। आपने अपने सक्रिय योगदान से अखिल भारतीय साहित्य परिषद् को गरिमा प्रदान की है। मेरा यह सौभाग्य है कि आपने मुझे साहित्य परिषद् का 1992 ई. में काशी प्रान्त का महामन्त्री बनाया। मुझे ध्यान है कि आपने उस समय डॉ. कुबेरनाथ राय को काशी प्रान्त का अध्यक्ष बनने के लिए तैयार कर लिया था। एक कार्यक्रम आजमगढ़ में हुआ था। मैं अपने अध्यक्ष कुबेरनाथ राय को उनके गाँव से लेकर आजमगढ़ आया था। आपके साथ काम करना और आपको पढ़ना और सुनना केवल सम्बन्धों की दुहाई नहीं है, स्वयं को जागृत करना है।

डॉ. कन्हैया सिंह जी 1 अगस्त, 2020 ई. को अपने यशस्वी जीवन का 85 वर्ष पूरा करके 86वें वर्ष में प्रवेश कर रहे हैं। इस अवसर पर प्रकाशित यह ग्रन्थ पूरे देश के विद्वानों से प्राप्त पत्र-पुष्प है। अल्प समय में इतनी बड़ी संख्या में विद्वानों ने अपने आलेख भेजे हैं जो आपकी कीर्त्ति और साहित्यिक सक्रियता का परिणाम है। गोवा की पूर्व राज्यपाल माननीय मृदुला सिन्हा, केन्द्रीय हिन्दी संस्थान के पूर्व उपाध्यक्ष, डॉ. कमल किशोर गोयनका, राजस्थान के माननीय राज्यपाल श्री कलराज मिश्र और उत्तर प्रदेश के लोकप्रिय मुख्यमन्त्री योगी आदित्यनाथ जी के आलेख ने इस ग्रन्थ की गरिमा को बढ़ाया है। हिन्दी के अनेक यशस्वी साहित्यकारों और आलोचकों के साथ ही युवा लेखकों की भागीदारी ने इसे महत्त्वपूर्ण बनाया है। डॉ. कन्हैया सिंह जी के पौत्र विनम्र सेन ने इस अभिनन्दन ग्रन्थ को पूर्णता की ओर पहुँचाने में अथक श्रम किया है। ऐसी सन्तानों से ही कुल यशस्वी होता है। इस अभिनन्दन ग्रन्थ को प्रकाशित कर हम गौरवान्वित अनुभव कर रहे हैं। यह आपके अकादमिक यश का स्वरूप है। इसे आपके कर-कमलों में समर्पित करते हुए दीर्घायु, अच्छे स्वास्थ्य और समृद्धि की कामना किसी भी रूप में इस महत यज्ञ से जुड़े हुए सभी साहित्यानुरागी कर रहे हैं।

सभी लेखकों को ग्रन्थ के सम्पादक के रूप में मैं हृदय से कृतज्ञता प्रकट करता हूँ। इसके साथ ही लोकभारती प्रकाशन के संरक्षक श्री रमेश चन्द्र ग्रोवर तथा विशेषकार्याधिकारी आमोद महेश्वरी के प्रति आभारी हूँ, जिन्होंने इस ग्रन्थ को प्रकाशित करने में विशेष रुचि दिखायी।

6 जुलाई 2020

–नन्द किशोर पाण्डेय

निदेशक

केन्द्रीय हिन्दी संस्थान, आगरा

विषय-तालिका

खण्ड-2

सृजन-पर्व : विचार और वैभव का ताना-बाना

खण्ड-3

भाषा पर्व : अक्षर-अक्षर भेद

खण्ड-4

संस्कृति पर्व : समष्टि का रचनात्मक उछाह

खण्ड-5

चिट्ठी-विट्ठी : हाल-ए-ज़ुबानी और

चित्र-तालिका

पृष्ठ 1. डॉ. कन्हैया सिंह के चित्र विभिन्न मुद्राओं में।

पृष्ठ 2. ऊपर : भारतीय जनता पार्टी के तत्कालीन राष्ट्रीय अध्यक्ष श्री जनाकृष्ण मूर्ति, डॉ. कन्हैया सिंह का सम्मान करते हुए।
मध्य : मित्रों के साथ मध्य में डॉ. कन्हैया सिंह दायीं तरफ पं. चन्द्रदत्त त्रिर्पो (वैद्य जी), मुखराम सिंह, कामता प्रसाद तिवारी, बाँयी तरफ सूँड़ फैज़ाबादी, तथा वेद प्रकाश आर्य।
नीचे : हिन्दी आन्दोलन में–बाँए से सेठ गोविन्ददास, चन्द्रबली ब्रह्मचारी, लक्ष्मी नारायण मिश्र, डॉ. कन्हैया सिंह एवं धर्मदत्त गुप्त।

पृष्ठ 3. ऊपर : मुख्यमन्त्री उ.प्र. सरकार श्री योगी आदित्यनाथ जी को पुस्तक भेंट करते हुए डॉ. कन्हैया सिंह साथ में डॉ. विनम्र सेन सिंह।
मध्य : पुस्तक का विमोचन करते हुए डॉ. कन्हैया सिंह, साथ में नरेन्द्र कोहली (प्रसिद्ध उपन्यासकार)।
नीचे : राजनाँद गाँव छत्तीसगढ़ में व्याख्यान देते हुए डॉ. कन्हैया सिंह, मंचपर छत्तीसगढ़ के तत्कालीन राज्यपाल महोदय, तत्कालीन संस्कृति मन्त्री छत्तीसगढ़ सरकार एवं देवेन्द्र दीपक।

पृष्ठ 4. ऊपर : उत्तर प्रदेश हिन्दी संस्थान, लखनऊ में व्याख्यान देते हुए डॉ. कन्हैया सिंह, मंचासीन श्री योगी आदित्यनाथ, श्री रमेश पोखरियाल 'निशंक', डॉ. सदानन्द प्रसाद गुप्त, आदि।
मध्य : डॉ. कन्हैया सिंह का सम्मान करते हुए श्री केशरी नाथ त्रिपाठी (तत्कालीन विधानसभा अध्यक्ष)।
नीचे : उत्तर प्रदेश हिन्दी संस्थान, लखनऊ का पं. दीनदयाल उपाध्याय साहित्य सम्मान प्रदान करते हुए श्री मुलायम सिंह यादव साथ में उदयप्रताप सिंह, अहमद हसन एवं साहित्यकार दूधनाथ सिंह।

पृष्ठ 5. ऊपर : डॉ. कन्हैया सिंह जी को पुष्प प्रदान करते हुए मा. मृदुला सिन्हा जी साथ में डॉ. रीता सिंह।
मध्य : डॉ. कन्हैया सिंह का सम्मान करते हुए श्री लालकृष्ण आडवाणी, साथ में श्री कलराज मिश्र (तत्कालीन केन्द्रीय मन्त्री), स्वामी चिन्मयानन्द, नरेन्द्र सिंह तोमर (केन्द्रीय मन्त्री) एवं सदानन्द प्रसाद गुप्त।
नीचे : तत्कालीन प्रधानमन्त्री श्री चन्द्रशेकर के साथ डॉ. कन्हैया सिंह (बाँयी तरफ)

पृष्ठ 6. पत्र : डॉ. मुरली मनोहर जोशी

पृष्ठ 7. पत्र : डॉ. विष्णुकान्त शास्त्री

पृष्ठ 8. ऊपर : अन्तरराष्ट्रीय भोजपुरी सम्मेलन में स्मारिका का विमोचन करते हुए डॉ. विष्णुकान्त शास्त्री (तत्कालीन राज्यपाल, उत्तर प्रदेश) साथ में बाँयी तरफ डॉ. कन्हैया सिंह
मध्य : बाँयें से अजय अग्रवाल, शैलेन्द्र सागर, राजेन्द्र यादव, अशोक अग्रवाल, ओंकार अग्रवाल और व्याख्यान देते हुए डॉ. कन्हैया सिंह
नीचे : डॉ. कन्हैया सिंह को केन्द्रीय हिन्दी संस्थान, आगरा का प्रतिष्ठित सुब्रह्मण्यम भारती पुरस्कार प्रदान करते हुए तत्कालीन राष्ट्रपति ए.पी.जे. अब्दुल कलाम एवं तत्कालीन मानव संसाधन मन्त्री डॉ. मुरली मनोहर जोशी।

खण्ड-1

जीवन-पर्व

संघर्ष एवं साधना का उज्ज्वल इतिहास

संगठन साहचर्य में निजता के राग-रंग

कलराज मिश्र

साहित्य में बचपन से ही रुचि रखने वाले डॉ. कन्हैया सिंह जी हाई स्कूल में पढ़ते समय ही आजमगढ़ में राष्ट्रीय स्वयंसेवक संघ के स्वयंसेवक बने। तब से निरन्तर साहित्य और संगठन दोनों में ही समान रूप से काम करते रहे। आजमगढ़ के शिबली कॉलेज से उन्होंने बी.ए. की परीक्षा पास की। उस काल में उन्होंने विद्यार्थी परिषद के जिला अध्यक्ष का दायित्व ग्रहण किया और शिबली नेशनल कॉलेज के छात्र संघ के अध्यक्ष बने। उसी समय कॉलेज पत्रिका के वह सम्पादक भी रहे और कहानियाँ लिखना शुरू किया। विद्यार्थी परिषद में उनकी सक्रियता बढ़ती रही और पर्याप्त कालान्तर बाद वह परिषद के प्रान्तीय उपाध्यक्ष भी बने। मैं उस समय काशी में अध्ययनरत था। मैं भी संघ की योजना से ही काशी में था। एक ही पथ के पथिक होने के नाते मैं उन्हें तभी से जानता था, परन्तु कभी प्रत्यक्ष मिलना न हो पाया था।

1963 में मैं एम.ए. समाजशास्त्र से पास किया और संघ का प्रचारक होकर गोरखपुर आया। समाजशास्त्र से अच्छे अंकों में एम.ए. पास करने के कारण काशी विद्यापीठ में मेरी नियुक्ति सुनिश्चित हो गयी थी, किन्तु आन्तरिक प्रेरणा से मुझे संघ के रूप में समाज कार्य करने की प्रेरणा हुई। उस समय डॉ. कन्हैया सिंह डी.ए.वी. कॉलेज आजमगढ़ में हिन्दी के प्रवक्ता थे और कॉलेज के काम से प्रायः गोरखपुर आते थे तथा बक्शीपुर की शेर कोठी पर ही रुकते थे। तभी से मेरी जान-पहचान व्यक्तिगत रूप से हो गयी। उस समय मैं गोरखपुर में नगर प्रचारक था। गोरखपुर में राजनीति सिंह जी संघ के विभाग प्रचारक थे और वह हम दोनों को बहुत मानते थे। उनके माध्यम से ही हमारा एक दूसरे से परिचय हुआ।

14 जुलाई 1968 को मैं भारतीय जनसंघ का विभाग संगठन मन्त्री बना और आजमगढ़ में ही मेरा केंद्र निर्धारित हुआ। उस समय कन्हैया सिंह जी इसी विभाग के राष्ट्रीय स्वयंसेवक संघ के विभाग कार्यवाह थे। इस नाते हम लोगों का परस्पर घनिष्ठ सम्बन्ध बनता गया। 10 वर्षों तक मेरा केंद्र आजमगढ़ रहा और एक मित्र, अग्रज तथा संगठन के समर्पित कार्यकर्त्ता के नाते सदैव हमारा सानिध्य बना रहा। इसी बीच 1971 में नगर पालिका आजमगढ़ के चुनाव में भारतीय जनसंघ आधे सदस्यों की सीटें जीत गया। इसलिए सदस्यों द्वारा अध्यक्ष भारतीय जनसंघ का

होना सुनिश्चित होते हुए भी पार्टी में श्री मुनीम राम गुप्त उम्मीदवार बने और वह किसी प्रकार का समझौता करने को तैयार नहीं थे। इस विषम परिस्थिति को सम्हालने का काम मेरे जिम्मे था। कई लोगों से सम्पर्क पर भी सहमति नहीं बनी। तब मैंने डॉ. कन्हैया सिंह के नाम पर चर्चा की तो लगभग सबकी सहमति बन गयी। परन्तु डॉ. कन्हैया सिंह के एक अत्यन्त नजदीकी व्यक्ति प्रच्छन्न रूप से विरोध करते रहे। जिनके विरोध करने की कल्पना न तो मुझे थी, न ही कन्हैया सिंह जी को। जब डॉ. कन्हैया सिंह की सहमति माँगने मैं, रामजी सिंह और रामचन्द्र सिंह 'कलित' उनसे मिलने गये तो उन्होंने दो टूक उत्तर दिया कि मैं संघ का विभाग कार्यवाह हूँ, मैं इस सम्बन्ध में कुछ भी निर्णय नहीं कर सकता। संघ के अधिकारी जो आदेश देंगे वही करूँगा। ऊपर से अधिकारियों द्वारा उनके नाम पर स्वीकृति मिल गयी तो उनके विरुद्ध कुछ अपने ही लोगों ने नामांकन किया कुछ अन्य ने भी। परन्तु डॉ. कन्हैया सिंह का विरोधी दल के लोगों पर भी अच्छा प्रभाव था और पार्टी के प्रत्याशी थे ही। लिहाजा सारे विरोधी चुनाव के पहले ही अपनी पराजय स्वीकार लिये। वह निर्विरोध अध्यक्ष चुने गये। यह आजमगढ़ के इतिहास की पहली और अब तक की आखिरी घटना है। इसके कारण संगठन में मुझे यश भी मिला।

अध्यक्ष के नाते डॉ. कन्हैया सिंह की एक ऐसी छवि बनी जो संगठन के साथ ही मुझे व्यक्तिगत तौर पर संगठन मन्त्री और उनके मित्र होने के कारण गौरवान्वित करने वाली थी। एक निष्पक्ष व्यक्ति, कुशल प्रशासक और एक जनसेवक प्रतिनिधि के नाते उनको विरोधी दलों का भी बराबर समर्थन मिलता रहा। मैं और मेरा परिवार उस समय डी.ए.वी. कॉलेज के सामने गिरिजा भवन में रहता था। वह स्थान थोड़ा छोटा और असुविधाजनक था। संयोग से उसी समय नगर पालिका के आवासीय कॉलोनी में एक आवास रिक्त हो गया था, उसे उन्होंने बिना मुझसे चर्चा किए मेरे परिवार के नाम आवण्टित कर दिया। तब से मेरा परिवार वहा रहने लगा। 1975 के आपात्काल में हम दोनों ही जेल में निरुद्ध थे। मैं देवरिया जेल में था और वह आजमगढ़ जेल में। नगर पालिका अध्यक्ष के नाते जेल में लोगों से मिलने-जुलने की अधिक सुविधा भी थी उनको और जिले के अधिकारीगण भी उन्हें बहुत मानते थे। अतः डी.ए.वी. कॉलेज के एम.ए. के विद्यार्थियों की परीक्षा में आन्तरिक परीक्षक के नाते जिला जज की अदालत से उन्हें 15 दिन का पेरोल मिल गया। इस बीच वह अपने सभी आत्मीय जनों से मिलते भी रहे और मेरे परिवार से भेंटकर उनका हाल-चाल लेते रहे और उनके सुख-दुःख की चिन्ता भी करते रहे।

आपात्काल खत्म होने के बाद भारतीय जनसंघ सहित सभी विरोधी दलों की एक जनता पार्टी बन गयी और 1978 में मुझे राज्यसभा का उम्मीदवार बनाया गया। कई अन्य घटकों के प्रत्याशी भी थे पर अन्ततः मेरे ही नाम का चयन हुआ और मुझे गोपनीय ढंग से इसकी सूचना दी गयी। किन्तु किसी को बताना नहीं था और आजमगढ़ से मतदाता सूची से अपने नाम की प्रति तथा अन्य अनापत्ति प्रमाण पत्र लेने आना था इसके लिए डॉ. कन्हैया सिंह को ही मैंने नियोजित किया और उन्होंने सारे दस्तावेज़ उपलब्ध करा दिये। लेकिन उन्होंने मेरे नामांकन के पहले किसी से यह चर्चा नहीं की। इतना गम्भीर स्वभाव कम लोगों का होता है।

मैं उत्तर प्रदेश भारतीय जनता पार्टी का अध्यक्ष बना और जब उत्तर प्रदेश में भाजपा की सरकार बनी तो मुझे लोक निर्माण विभाग के मन्त्री पद का दायित्व सम्भालना पड़ा। पार्टी में अखिल भारतीय स्तर पर दायित्व रहा, केन्द्र सरकार में मन्त्री रहा और आजमगढ़ आना कम सम्भव होता गया। इस बीच मेरे इस लम्बे राजनैतिक जीवन में बहुत से लोग सम्पर्क में आए, उनमें से कुछ बने और कुछ बिगड़े। लेकिन यह बनना और बिगड़ना उनके निजी स्वार्थ की पूर्ति के कारण ही हुआ किन्तु डॉ. कन्हैया सिंह ऐसे व्यक्ति के रूप में सम्बन्ध में आये कि उनकी जैसी घनिष्ठता

1964 में बनी, वही आज 2020 तक बरकरार है। हमारे बीच अद्भुत विश्वसनीयता, सम्मान और स्नेह का आत्मीय सम्बन्ध है।

इनकी एक बहुत बड़ी विशेषता यह कि यह प्रारम्भ से ही किसी विषय पर दो टूक बात कहने के आदी हैं। व्यक्तिगत रूप से मिलने पर जो बात उन्हें पसन्द नहीं आती थी, उसका वह प्रतिवाद और उस पर आपत्ति करते थे। यह विरोध इसलिए करते थे कि उस काम को करने से मेरी या संगठन की छवि खराब होगी। वैसे तो वह आयु में मुझसे बड़े हैं पर मैं प्रचारक हूँ इस नाते वह मेरा बहुत सम्मान करते हैं और एक बार उन्होंने आजमगढ़ में कुँवर सिंह उद्यान में मेरा नागरिक अभिनन्दन भी किया था। मैं भी उन्हें अग्रज और वरिष्ठ, कुशल वक्ता, उनकी स्पष्टवादिता और ईमानदारी के नाते उनके प्रति सम्मान भाव रखता हूँ। इतने लम्बे सम्बन्धों में कभी हम लोगों में मतभेद या परस्पर कोई दूरी नहीं हुई।

सामाजिक कार्यों में इतनी संलग्नता और सहभागिता के साथ उन्होंने साहित्य-सृजन में भी एक कीर्तिमान स्थापित किया है। उन्हें बड़े-बड़े सम्मान और पुरस्कार मिले हैं। उन्होंने बहुत सारी पुस्तकें लिखी हैं। अपनी कोई भी पुस्तक छपने पर मेरे पास अवश्य भेजते हैं। उनकी अब तक की प्रकाशित सभी पुस्तकें मैंने पढ़ी हैं। इसके आधार पर मैं कह सकता हूँ कि वह साहित्यिक प्रतिभा के धनी और साहित्य जगत द्वारा मान्यता प्राप्त प्रतिष्ठित विद्वान् हैं। अपनी पुस्तकों के अलावा ऐसी बहुत-सी पुस्तकें जो राजनैतिक-सामाजिक सम्बन्धों की हैं, उन्होंने मुझे दी, जिनको पढ़कर विभिन्न विषयों में मेरा ज्ञानवर्धन हुआ और मुझे भी कुछ लिखने की प्रेरणा मिली। मैंने अंग्रेजी में जूडीशियल एकाउण्टबिल्टी नामक पुस्तक तथा हिन्दी में भी "हिन्दुत्व एक जीवनशैली" तथा "भारत में उद्यमिता" पुस्तक लिखी। पुस्तक प्रकाशन होने के कुछ दिन बाद संयोग से एक कार्यक्रम में मेरा आजमगढ़ जाना हुआ। मैंने दो पुस्तकों की प्रति कन्हैया सिंह जी को भेंट की। कुछ दिनों बाद ही डाक द्वारा मेरे दिल्ली के पते पर उन्होंने उन पुस्तकों पर एक लम्बी समीक्षा भी लिखकर भेजी।

1978 के बाद मेरा आजमगढ़ से कम सम्पर्क रह गया। ज़्यादातर दिल्ली और लखनऊ में रहना पड़ा। कहीं भी रहा उनका आत्मीय सम्बन्ध मुझसे बना रहा। मुझसे ही नहीं मेरे परिवार के सभी सदस्यों से भी उनका इसी प्रकार का स्नेह सम्बन्ध बना हुआ है। मेरी उपलब्धियों पर प्रसन्नता और मेरे अच्छे कार्यों की प्रशंसा में वह कभी नहीं चूकते हैं। एक अग्रज के रूप में सदैव मेरे शारीरिक, बौद्धिक और सामाजिक स्वास्थ्य की चिन्ता करते हैं। इतने लम्बे समय से चले आ रहे सम्बन्ध में हमारे बीच कभी दो का भाव नहीं रहा। पारिवारिकता का आत्मीय सम्बन्ध बरकरार है।

इतने वर्षों का अनुभव, चिन्तनशीलता के परिणाम स्वरूप डॉ. कन्हैया सिंह जिस क्षेत्र में भी गये वहाँ अपना प्रभाव छोड़े। डॉ. कन्हैया सिंह पर प्रकाशित होनेवाले ग्रन्थ में मैं उनके स्वस्थ और सक्रिय दीर्घ जीवन की शुभकामना करता हूँ और आशा करता हूँ कि डॉ. कन्हैया सिंह के सांस्कृतिक, साहित्यिक और ऐतिहासिक लेखन के साथ-साथ संगठन में उनकी सक्रियता और उनकी ईमानदारी और निष्ठा से प्रेरणा ग्रहण कर युवा पीढ़ी भी उनके जैसा ही आदर्श बनने का प्रयत्न करेगी।

राज्यपाल, राजस्थान

हिन्दी साहित्य साधना के सक्रिय साधक

योगी आदित्यनाथ

स्वतन्त्रता प्राप्ति के उपरान्त पाश्चात्य जीवन पद्धति के प्रभाव के कारण परम्परागत उत्कृष्ट भारतीय जीवनमूल्यों के प्रति उदासीनता भारतीय समाज के एक तबके में प्रायः देखी जाती रही है, पर इस परिस्थिति में भी कुछ लोगों ने अपने व्यक्तित्व और कार्यों से भारतीय जीवनमूल्यों के संवर्द्धन के लिए अपने को समर्पित किया है। डॉ. कन्हैया सिंह ऐसे ही मूल्य-सम्पृक्त जीवन वाले सामाजिक कार्यकर्त्ता और लेखक हैं। वह अब अपने जीवन के 85 वर्ष पूर्ण करके 86वें वर्ष में प्रवेश कर रहे हैं और इस उम्र में भी मूल्यपरक सक्रिय जीवन व्यतीत करते हुए भारतीय अस्मिता की रक्षा के प्रति समर्पित हैं, यह अत्यन्त आह्लाद का विषय है। ऐसे निष्ठावान और भारतीय जीवनमूल्यों के संवर्धन के प्रति कटिबद्ध व्यक्ति के सम्मान में अभिनन्दन ग्रन्थ प्रकाशित करने की योजना बनाने वाले साधुवाद के पात्र हैं।

डॉ. कन्हैया सिंह पिछले 58 वर्षों से श्री गोरक्षपीठ, गोरखनाथ मन्दिर, गोरखपुर और उसकी गतिविधियों से निकटता से जुड़े रहे हैं। ब्रह्मलीन गोरक्षपीठाधीश्वर महन्त श्री दिग्विजयनाथ जी महाराज से 1962 में वह पहली बार सम्पर्क में आये। उस समय गोरखपुर विश्वविद्यालय की स्थापना में पूज्य महन्त जी ने अपना महाराणा प्रताप डिग्री कॉलेज भूमि भवन सहित समर्पित कर दिया था और उसी स्थान पर गोरखपुर विश्वविद्यालय प्रारम्भ हुआ। पूज्य महन्त जी के विचार में शिक्षा जनसेवा का सर्वोत्कृष्ट माध्यम थी। गुणवत्तापरक शिक्षा सर्वसुलभ हो इस उद्देश्य से पूज्य महन्त जी विश्वविद्यालय कार्य परिषद् को निरन्तर बहुमूल्य सुझाव देते रहते थे। इस शैक्षिक सुधार अभियान में पूज्य दिग्विजयनाथ जी महाराज ने डॉ. कन्हैया सिंह को आजमगढ़ और बलिया जिले का महत्त्वपूर्ण दायित्व सौंपा था, जिसका निर्वहन डॉ. कन्हैया सिंह जी निष्ठापूर्वक करते रहे। उसी समय से पूज्य महन्त जी कन्हैया सिंह जी को पुत्रवत स्नेह देने लगे और जीवनभर उन पर अपने स्नेह की वर्षा करते रहे। पूज्य महन्त जी के ब्रह्मलीन होने के पश्चात मेरे पूज्य गुरुदेव गोरक्षपीठाधीश्वर महन्त अवेद्यनाथ जी महाराज हुए तो उनसे इनका और भी प्रगाढ़ सम्बन्ध बना। पूज्य महन्त अवेद्यनाथ जी महाराज के समय से ही कन्हैया सिंह जी मन्दिर की संगोष्ठियों और अन्य कार्यक्रमों में कभी कार्यकर्त्ता के रूप में, कभी संयोजक के रूप में और कभी आमन्त्रित विद्वान् के रूप में व्याख्यान देने के लिए प्रायः ही श्री गोरक्षपीठ और मन्दिर से सम्बद्ध अन्य कार्यक्रमों में आते-जाते रहे। जब डॉ. कन्हैया सिंह भटवली बाजार के महाविद्यालय में प्राचार्य

होकर आये तो उन चार वर्षों में मन्दिर से उनकी निकटता उत्तरोत्तर बढ़ती गयी। उन्होंने पूज्य महन्त जी का व्याख्यान गोरखपुर जिले के कई विशाल यज्ञों के आयोजन पर कराया। अपने महाविद्यालय के प्रथम समावर्तन समारोह के अवसर पर डॉ. कन्हैया सिंह ने पूज्य महन्त अवेद्यनाथ जी महाराज से दीक्षान्त भाषण के लिए अनुरोध किया, क्योंकि वह विद्यार्थियों के मन में नैतिकता और आध्यात्मिकता का संस्कार डालना चाहते थे। इसके लिए उन्हें महाराज जी से उपयुक्त कोई दिखायी नहीं पड़ा। पूज्य महाराज जी के दीक्षान्त भाषण का महाविद्यालयों के विद्यार्थियों पर व्यापक सकारात्मक प्रभाव पड़ा।

पूज्य महन्त अवेद्यनाथ जी महाराज की महती कृपा डॉ. कन्हैया सिंह पर थी। जब भी कन्हैया सिंह जी पूज्य महन्त जी से कोई निवेदन करते तो प्रायः वह उसे सहर्ष स्वीकार कर लेते थे। जब पूज्य महन्त जी ने हिन्दु जनजागरण की बागडोर अपने हाथों में ली तब एक बहुत बड़ा कार्यक्रम कन्हैया सिंह जी ने आजमगढ़ में आयोजित किया, जिसमें अधिवक्ता, प्रवक्ता, व्यवसायी समेत कई हजार लोग सम्मिलित हुए। पूज्य महाराज श्री के उद्बोधन से वहाँ के लोग मन्त्रमुग्ध हो गये। कन्हैया सिंह जी कहते हैं कि वह दिन उनके लिए अविस्मरणीय और महत्त्वपूर्ण था। पूज्य महाराज जी ने कार्यक्रम के बाद कन्हैया सिंह जी के आजमगढ़ स्थित आवास पर विश्राम किया। कन्हैया सिंह जी सदैव कहते हैं कि ऐसे सिद्ध महात्मा के चरण घर पर पड़ने का प्रभाव यह रहा कि आज तक आधी शताब्दी से अधिक हुआ किन्तु मेरे घर कोई अशुभ प्रसंग घटित नहीं हुआ।

जब से मैं गोरखनाथ मन्दिर से जुड़ा और नाथपन्थ में दीक्षा ली तभी गोरखपुर आ गया, वह लगातार पूज्य महन्त जी और मुझसे मिलते रहते थे। यह क्रम अब निरन्तर चलता रहा। श्री गोरक्षपीठ गोरखनाथ मन्दिर का कोई भी आयोजन ऐसा नहीं रहा, जिसमें उन्हें न बुलाया गया हो। आयु के इस पड़ाव में भी वह मन्दिर के सभी कार्यक्रमों में उपस्थित रहते हैं। मन्दिर के प्रति यह उनकी अटूट आस्था और समर्पण का प्रमाण है। एक बार कन्हैया सिंह जी और प्रो. सदानन्द प्रसाद गुप्त ने उ.प्र. के राज्यपाल आचार्य विष्णुकान्त शास्त्री जी का कार्यक्रम मन्दिर पर आयोजित करने के लिए मुझसे आग्रह किया। श्री विष्णुकान्त जी को प्रो. गुप्त द्वारा सम्पादित पत्रिका 'समन्वय' के सुमित्रानन्दन पन्त विशेषांक का लोकार्पण करना था। उस समय कन्हैया सिंह जी अखिल भारतीय साहित्य परिषद के राष्ट्रीय महामन्त्री थे। इस कार्यक्रम में विश्वविद्यालय से लेकर महाविद्यालय तक के अध्यापक सम्मिलित हुए। वह अत्यन्त प्रभावशाली कार्यक्रम था। कुछ वर्ष पूर्व पूज्य योगिराज बाबा गम्भीरनाथ जी महाराज की पुण्यतिथि की शताब्दी का त्रिदिवसीय कार्यक्रम मन्दिर पर आयोजित हुआ, जिसमें कई केन्द्रीय मंत्रियों सहित कई विश्वविद्यालयों के कुलपति, वृन्दावन के मानस के मर्मज्ञ सन्त विजय कौशल जी आमन्त्रित थे। कन्हैया सिंह जी भी मंच हेतु आमन्त्रित थे। इस पूरे कार्यक्रम में पूरे मनोयोग और श्रद्धा के साथ वह लगे रहे। पूज्य महन्त अवेद्यनाथ जी महाराज के विशाल अभिनन्दन ग्रन्थ के सम्पादन में परामर्शदाता के रूप में डॉ. कन्हैया सिंह की महत्त्वपूर्ण भूमिका रही है। गोरखपुर विश्वविद्यालय में स्थापित गोरखनाथ शोध पीठ के प्रमुख परामर्शदाताओं में भी कन्हैया सिंह जी हैं। गोरखनाथ मन्दिर परिवार के एक समर्पित सदस्य के रूप में कन्हैया सिंह जी सदैव सक्रिय रहते हैं।

सामाजिक जीवन में सक्रिय भागीदारी के साथ-साथ उनकी सक्रिय साहित्यिक यात्रा अनवरत जारी है। कई महत्त्वपूर्ण पदों के दायित्व निर्वाह का कार्य भी उन्होंने सफलतापूर्वक सम्पन्न किया

है। विद्यार्थी जीवन से ही राष्ट्रीय स्वयंसेवक संघ के सम्पर्क में आये और तब से लेकर आज तक संघ के एक निष्ठावान स्वयंसेवक के रूप में अपनी पहचान बनायी है। शिबली नेशनल कॉलेज, आजमगढ़ जैसे महाविद्यालय में किसी स्वयंसेवक का छात्र संघ अध्यक्ष होना स्वयं उनकी सामाजिक और संगठनिक प्रतिभा का परिचायक है। आपाताकल में वह नगर पालिका, आजमगढ़ के अध्यक्ष थे और जयप्रकाश नारायण की समग्र क्रान्ति के समर्थक होने के कारण पूरे आपात्काल में वह मीसा में नजरबन्द होकर आजमगढ़ जेल और नैनी सेण्ट्रल जेल प्रयागराज में बन्द रहे। ऐसे सामाजिक सन्दर्भों से जुड़े हुए व्यक्ति के द्वारा निरन्तर साहित्य की साधना में लगे रहना यह एक बड़ी बात है।

साहित्य के क्षेत्र में एक वरिष्ठ आलोचक के रूप में उनकी पहचान है। मूलतः हिन्दी के विद्यार्थी होते हुए इलाहाबाद विश्वविद्यालय में जाकर विधि में सर्वोत्कृष्ट छात्र का पदक प्राप्त करना उनकी बौद्धिक क्षमता का परिचय देता है। उन्होंने साहित्य के कई अनछुए क्षेत्रों में पुस्तकों की रचना की, जो विभिन्न विश्वविद्यालयों में पाठ्यक्रम का हिस्सा भी है। लगभग 40 पुस्तकों के रचयिता डॉ. कन्हैया सिंह ने एक भेंट में मुझे बताया कि पिछले दो वर्षों में उन्होंने चार पुस्तकों का लेखन किया है, जो प्रकाशनाधीन हैं। हिन्दी पाठानुसन्धान के हस्ताक्षर विद्वान् के रूप में जहाँ कन्हैया सिंह जी ने साहित्य जगत में अपनी पहचान बनाई, वहीं हिन्दी सूफ़ीकाव्य के सांस्कृतिक अनुशीलन और उस पर हिन्दू संस्कृति के प्रभाव की दिशा में भी उन्होंने महत्त्वपूर्ण और प्रशंसनीय कार्य किया है। साहित्य के साथ इतिहास और दर्शन पर भी उन्होंने लेखनी चलाई है। 1857 के प्रथम स्वतन्त्रता संग्राम में उत्तर प्रदेश के योगदान को लेकर भी इन्होंने महत्त्वपूर्ण पुस्तक लिखी है। इस पुस्तक में विशेषतः पूर्वी उत्तर प्रदेश के उन बहुत सारे स्वतन्त्रता सेनानियों का विवरण है जो अब तक अल्पख्यात थे। आशा करता हूँ कि इनकी प्रकाशनाधीन पुस्तक 'वीर कुँवर सिंह और उनके साथी' भी इसी प्रकार नये ऐतिहासिक तथ्यों का उद्घाटन करेगी। इस आयु में भी वह सक्रिय रूप से लेखन कार्य में लगे हुए हैं। मुझे ज्ञात हुआ कि उनकी सद्यः लिखी पुस्तक 'गोरखनाथ : जीवन और दर्शन' प्रकाशित हो रही है। वर्तमान में डॉ. कन्हैया सिंह प्राचीन एवं मध्यकालीन साहित्य के श्रेष्ठ विद्वान् के रूप में स्थापित हैं। नाथपन्थ और नाथ साहित्य पर भी आपका विशेष अध्ययन और गम्भीर चिन्तन है। इस प्रकार एक साहित्यकार के रूप में चाहे आलोचना का क्षेत्र हो या सृजनात्मक साहित्य हो या उनकी इतिहास दृष्टि हो डॉ. कन्हैया सिंह जी ने अपनी लेखनी से अपनी अलग पहचान बनायी है। हिन्दी साहित्य के ऐसे मूर्धन्य विद्वान् और गोरक्षपीठ परिवार के आत्मीय सदस्य डॉ. कन्हैया सिंह जी के स्वस्थ और सक्रिय दीर्घ जीवन के लिए मैं उन्हें शुभकामना के साथ आशीष देता हूँ। स्वस्थ और सानन्द रहते हुए इसी प्रकार साहित्य और समाज की सेवा निरन्तर करते रहें, यही मेरी कामना है।

मुख्यमन्त्री, उत्तर प्रदेश सरकार

जीवहू रे मेरे भाई!

मृदुला सिन्हा

मुझे यह जानकर बहुत प्रसन्नता हुई कि डॉ. कन्हैया सिंह, जिनका व्यक्तित्व और कृतित्व हिन्दी साहित्य और समाज के लिए अवलोकन का क्षेत्र है। देर से ही सही, लेकिन कन्हैया सिंह पर एक ग्रन्थ निकाला जा रहा है। यह व्यक्तिगत तौर पर मेरे लिये तथा हिन्दी जगत के लिए अत्यन्त प्रसन्नता का विषय है।

साहित्यकार अपने समय का अगुआ होता है। साहित्य के माध्यम से समाज को आगे ले जाने का प्रयास करता है। साथ ही साथ उसका साहित्य, समालोचना ही क्यों न हो, साहित्यकारों के साहित्य की समालोचना करते हुए, वह संस्कृति और समाज के भूत, वर्तमान और भविष्य को भी टटोलता है, खँगालता है और तभी उसका साहित्य, उसके जीवन के कालखण्ड के बाद भी साहित्य में स्थायित्व पाता है।

डॉ. कन्हैया सिंह एक वर्ष के लिए प्रवक्ता—जौनपुर, आजमगढ़ और आगरा विश्वविद्यालय में रीडर, प्राचार्य एवं अध्यक्ष के रूप में कार्य करते हुए 1996 तक का समय व्यतीत किया है। इस अवधि में पढ़ना, पढ़ाना तथा अपने अनुभव के अनुसार लिखना ही इनका मुख्य कार्य रहा। कन्हैया सिंह जी ने 1976 से लेकर अब तक शिक्षा जगत के साथ-साथ अध्यक्ष, नगर पालिका आजमगढ़, महामन्त्री एवं कार्यकारी अध्यक्ष अखिल भारतीय साहित्य परिषद तथा कार्यकारी अध्यक्ष उत्तर प्रदेश भाषा संस्थान, लखनऊ जैसे अनेक महत्त्वपूर्ण दायित्वों का निर्वहन किया। अखिल भारतीय साहित्य परिषद के कार्यक्रमों में ही मुझे इन्हें सुनने का अवसर मिलता रहा। किसी गूढ़ विषय पर अपना विचार रखने से पूर्व दूसरे विद्वानों को सुनते हुए मैंने उन्हें देखा है। अखिल भारतीय सहित्य परिषद के द्वारा सहित्य को ऊँचे स्तर पर ले जाने, समाजोपयोगी बनाने में इनके सुझाव बहुत कारगर होते थे।

इन्होंने सूफ़ी साहित्य का भी गहन अध्ययन किया और इस पर लिखा भी। 'हिन्दी सूफ़ी काव्य में हिन्दू संस्कृति' नामक इनकी पुस्तक बहुत प्रसिद्ध हुई। रोचक भाषा में लिखी गयी पुस्तक ने पाठकों को सूफ़ी काव्य में हिन्दू संस्कृति का सूत्र ढूँढ़ने का अवसर दिया। 'सूफ़ी काव्य : सांस्कृतिक अनुशीलन' पुस्तक भी बहुत ज्ञानवर्धक साबित हुई। 'उदार इस्लाम का सूफ़ी चेहरा' भी साहित्य के क्षेत्र में बहुत महत्त्वपूर्ण मानी गयी। भाषा के ऊपर अपनी कलम चलाते हुए इन्होंने

'हिन्दी भाषा और लिपि' तथा 'मध्यकालीन अवधी का विकास' लिखकर भाषाओं में एकता का सूत्र ढूँढ़ा है।

उपर्युक्त साहित्य के अलावा इन्होंने अपने समय के बड़े साहित्यकारों के साहित्य को भी खँगाला और साहित्य जगत को इन साहित्यकारों को समझने का अवसर दिया। पं. राहुल सांकृत्यायन, चन्द्रबली पाण्डेय, महाकवि अयोध्या सिंह उपाध्याय 'हरिऔध' के साहित्य पर भी इन्होंने काफ़ी अध्ययन कर आलोचनाएँ लिखीं। आधुनिक कविता, आचार्य रामचन्द्र शुक्ल पर लिखे गये इनके आलेख साहित्य के विद्यार्थियों को बहुत कुछ देते हैं।

सृजनात्मक साहित्य में 'अँधेरे के अध्याय' जिसमें इन्होंने आपात्कालीन संस्मरणों को संगृहीत किया, देश में राजनैतिक अन्धकारयुक्त परिस्थिति को एक साहित्यकार के नज़रिए से देखने का उदाहरण है। 'वेदना के संवाद', 'पत्थर की मुस्कान', 'दक्षिणांचल दर्शन', 'उत्तर प्रदेश का 1857 का स्वतन्त्रता संग्राम' आदि पुस्तकें साहित्य के क्षेत्र में अपनी अच्छी पहचान बना चुकी हैं। अभी भी इनकी बहुत-सी पुस्तकें प्रकाशनाधीन हैं।

डॉ. कन्हैया सिंह ने जीवन में साहित्यिक और सामजिक आदि विभिन्न उद्‌देश्य से कई यात्राएँ की हैं। सतत क्रियाशील और यात्राबद्ध रहने के कारण इन्होंने भारतभूमि की मिट्‌टी की सुगन्ध और रूप को भी अच्छी तरह आत्मसात किया है। इसलिए साहित्यकारों की कृतियों तथा अपने साहित्य के सृजन के समय भी यह भारतभूमि के गौरवशाली इतिहास के सूत्र को अपने आलोचना और सहित्य के छींटे के रूप में अवश्य डाल देते हैं। पाठक इनकी रचनाओं का अध्ययन करते, आलोचना का आनन्द लेते, भारत की सांस्कृतिक यात्रा का भी आनन्द लेता चलता है।

मैं इनसे उम्र में छोटी होकर भी भारतीय सांस्कृतिक मूल्य के अनुरूप इन्हें आशीर्वाद देती हूँ।

'जीवहू रे मेरे भईया, जीयो भइया लाख बरीसे हो ना।'

बिहार-उत्तर प्रदेश में भाईदूज के दिन गोधन कूटते हुए बहनें अपने भाई के लिए लाख वर्ष की आयु माँगती हैं, बचपन से जवानी तक इस गीत की पंक्तियों को दोहराते हुए मुझे बहुत आश्चर्य होता था कि किसी बहन का भाई लाख वर्ष कैसे जीता होगा। अब स्वयं दादी माँ के उम्र तक आकर मेरे मन में यह विचार आया कि भारत की बहनें कामना करती हैं कि उनके भाई की यशवृद्धि हो। एक साहित्यकार के जीवन पर यह पंक्तियाँ सटीक बैठती हैं कि उसके भाई का साहित्य, चिन्तन-मनन लाखों वर्ष तक ज़िन्दा रहे।

पूर्व राज्यपाल, गोवा

काली मिट्‌टी पर पारे की रेखा

श्रीराम वर्मा

निज़ामाबाद की काली मिट्‌टी-विश्रुत काली मिट्‌टी-ईश्वर ने एक दिन ली, एक प्रतिमा बनायी और समुचित ढंग से उसे पारे की रेखाओं से सजाया। इस तरह प्रतिमा की प्राण-प्रतिष्ठा धरवारा गाँव के प्रसिद्ध स्वतन्त्रता-प्रेमी स्वनामधन्य धर्मदेव सिंह की वैष्णव पत्नी के गर्भ में हुई। जब जातक ने जन्म लिया, धर्मदेव जी ने उसका श्याम सलोना रूप देखकर नाम दिया, कन्हैया सिंह। रंग काली मिट्‌टी-सा और रूप में पारे की रेखा। सुराजी धर्मदेव सिंह और उसकी सनातन धर्मावलम्बिनी अर्द्धांगिनी, दोनों के लिए काल सनातन, शाश्वत और नित्य था, इसलिए जातक कन्हैया की कुण्डली नहीं बनी। क्षण और पल पर कौन ध्यान देता। घड़ी का गाँव में तब महत्त्व भी कहाँ था। सो, कन्हैया सिंह की निश्चित जन्म-तिथि का अभिज्ञान स्वयं कन्हैया सिंह को भी नहीं है। हाँ, लिखित रूप में जन्म-तिथि 1 अगस्त, 1935 ई. जरूर मिलती है। शायद हाईस्कूल के प्रमाण-पत्र में।

उन्हें अपने पिता की छत्रछाया में रहने के अवसर कम मिल पाते थे। क्योंकि वह ग्राहम्स ट्रेडिंग कम्पनी, रंगून में सन्‌ '52 से पहले भी कैशियर रहे। लौटे तो आजादी की लड़ाई में कूद पड़े। '56-57 तक भारत में रहे। फिर सन्‌ '62 में रंगून से वापस लौटे। उन्हीं से शायद तटस्थ संगलग्नता, वैष्णवता, राष्ट्रीयता और सुन्दर हस्तलेख की प्रेरणाएँ मिलीं।

गुलाम भारत के नायक थे मोहनदास करमचन्द गाँधी। हिन्दी साहित्य में भी 'कृष्ण' गुलाम भारतीयों के नायक थे। राष्ट्रीय कवियों ने प्रायः कृष्ण का स्मरण किया है। सहज था कि कन्हैया सिंह में स्वनामरूपानुसार अपनी संस्कृति, स्वतन्त्रता, स्वभाषा और स्वराष्ट्र के प्रति प्रेम क्रमशः पनपता।

उनका अक्षरारम्भ गाँव में हुआ। ग्रामीण धरती, खेत, बगिया, मेड़, ताल-तलैयों, गाय-बैल, तोता-मैना, बानी-किसानी परिवेश और प्रकृति से वह क्रमशः परिचित और उत्सवित हुए। उसमें रचते-बसते गये। आचार्य शुक्ल, प्रेमचन्द और रेणु की तरह कन्हैया सिंह में भी आज तक गाँव बरकरार है, खेत-खलिहान-चौपाल से लेकर लोकोक्तियों-मुहावरों तक। उनकी जड़ें गाँव में हैं और गहरे तक धँसी हैं। वह एक देसी आदमी हैं, जिसमें औसत भारतीयता सहज ही देखी जा सकती

है। अध्यात्म और संस्कृति उन्हें संस्कार देते रहते हैं। और वह आश्रमों तथा सन्तों के प्रति अनवरत आकर्षित रहते हैं।

तत्कालीन परम्परा और रीति के अनुसार उनका विवाह 13 वर्ष की उम्र में ही हो गया। लेकिन उन्होंने राहुल जी की तरह अपनी प्रथम परिणीता को अपनी महत्त्वाकांक्षाओं के नाम पर बलि होने नहीं दिया। वह सम्बन्धों को 'एडजेस्टमेण्ट' की दृष्टि से देखते हैं। इसलिए उन्हें आजीवन स्नेह-सौहार्द से निभाते हैं। किसी भी दृष्टि से किसी भी सम्बन्ध को और जीवन की परस्परता को दुर्भर, दर्भार एवं दुर्विपह्य नहीं होने देते। वह कभी किसी को निर्गुण नहीं छोड़ देते, सगुणता से पूर्ण कर देते हैं। उनमें प्यार की पटुता नहीं, व्यावहारिकता है। वह भद्राचारी नहीं, शुभाचारी हैं। निष्कवच और निष्कपट, बेलौस और खुले हुए। अभावुक, प्रत्युत्पन्नमति, व्यवहारी। पहचानने में बेजोड़। नब्ज टटोलने में माहिर।

विवाह के सप्तक वर्षगत स्वरूप एक पुत्र ने जन्म लिया। जायसी-प्रेमी कन्हैया सिंह ने पुत्र-नाम दिया-चित्रसेन। लगभग बीस वर्षों बाद तुलसी-जयन्ती के दिन पैदा हुई एक सुशील कन्या। एक पुत्र एक पुत्री बस।

1949 में नवीं कक्षा में संघ-परिवार में आये। फिर एक दिन हुए जिला कार्यवाह। और अन्ततः विभाग कार्यवाह।

धीरे-धीरे उनमें लेखन के साथ-साथ राजनीति के प्रति भी अभिरुचि उत्पन्न हुई। बी.ए. में शिबली कॉलेज की पत्रिका में कहानी और लेख छपे। कॉलेज पत्रिका का सम्पादन भी किया। शिबली कॉलेज छात्र-संघ के अध्यक्ष (54-55) भी रहे। बी.ए. के छात्र के रूप में हापुड़ में आयोजित तुलसी पर निबन्ध-प्रतियोगिता में डॉ. किशोरीलाल गुप्त के निर्देश पर भाग लिया और प्रथम पुरस्कार प्राप्त किया। मुझे याद है जब मेरे बड़े बेटे ने इसी तरह एक अ. भा. निबन्ध प्रतियोगिता में प्रथम पुरस्कार प्राप्त किया तब उन्होंने सहर्ष सोल्लख उसका चित्र कॉलेज पत्रिका में छापा।

जब वह इलाहाबाद विश्वविद्यालय में एम. ए. में थे, तब डॉ. रामकुमार वर्मा के एकांकियों पर उनका प्रथम महत्त्वपूर्ण आलोचनात्मक लेख 'साहित्य-सन्देश (आगरा) में छपा। फिर कई लेख 'साहित्य-सन्देश' और 'सरस्वती-संवाद' (आगरा) में प्रकाशित हुए।

एम. ए. करने के बाद एल-एल बी. करते समय 'सम्मेलन-पत्रिका' में उन्होंने पाठालोचन विषयक लेख लिखने प्रारम्भ किये। पहला लेख 'हिन्दी पाठालोचन और सम्पादन का इतिहास' छपा तो बिहार राष्ट्र-भाषा परिषद् और बिहार हिन्दी साहित्य सम्मेलन के संयुक्त मुखपत्र 'साहित्य' ने इसके लम्बे अंश को उल्लेखनीय पाकर उद्धृत किया। उसके बाद प्रायः एक दर्जन लेख 'सम्मेलन-पत्रिका' ने क्रमशः प्रकाशित कर उनकी आलोचन-विवेचन-विश्लेषण-क्षमता पर मुहर लगा दी।

विद्यार्थीकाल में उनमें व्याख्यान-प्रतियोगिताओं में रुचि थी। कविता रचना उन्हें प्रीतिकर था। फिर वह कहानी की ओर मुड़े। उनका एक कहानी-संग्रह 'पत्थर की मुस्कान' प्रकाशित भी है। रंगमंच और एकांकी में भी उनकी रुचि थी। उनका एक एकांकी 'मीनाबाजार का अन्त', 'सप्रसिन्धू' (पटियाला) में छपा भी लेकिन उनकी रुचि एक दिन सर्जनात्मक साहित्य से हटकर आलोचना, राजनीति और देशाटन में अधिक उजागर हुई।

वे निरन्तर एक अच्छे छात्र रहे। उन्हें अनेक पदक प्राप्त हुए। उनके साथी छात्रों में भी एक -से-एक सुयोग्य, प्रतिभाशाली विद्वान् एवं राजनेता हुए।

एक वर्ष तक वह जौनपुर के सुप्रसिद्ध महाविद्यालय तिलकधारी में विधि के प्रवक्ता रहे। कुछ दिन वकालत भी की। दयानन्द स्नातकोत्तर महाविद्यालय, आजमगढ़ में वह प्रायः तीन दशक तक

क्रमशः प्राध्यापक, उपाचार्य एवं अध्यक्ष रहे। बीच में वह एक वर्ष क. मु. हिन्दी तथा भाषाविज्ञान विद्यापीठ में हिन्दी के प्रवक्ता रहे। वहीं नताल्या मिखियानोवा (मास्को) ने उनके निर्देशन में 'सूरसागर' का रूसी अनुवाद किया। चार वर्षों तक वह एक महाविद्यालय के प्राचार्य भी रहे। प्रशासनदक्ष एवं कुशल समाजसेवी तो वह थे ही 35 वर्ष की अल्पायु में ही आजमगढ़ नगरपालिका अध्यक्ष सर्वसम्मति से चुने गये। अध्यक्ष के रूप में ही सिद्ध हो गये थे। लेकिन अपने महाविद्यालय की प्राचार्यता उन्होंने एक सप्ताह में ही लौटा दी। उन्हें निष्ठा प्रिय है, पद नहीं।

वही डॉ. शिवनारायण श्रीवास्तव को प्राचार्य पद के लिए जौनपुर से ले आये थे। उनके विरोधियों से लोहा लेने के लिए मुरैठा बाँध लाठी भाँजते खड़े हो गये थे और अन्ततः उनके वर्चस्व को स्थापित कर दिया था।

कन्हैया सिंह यद्यपि अज्ञेय नहीं है किन्तु अज्ञेय की तरह अज्ञेय और प्रयोगशील हैं। अक्सर बहुतों को उनके कतिपय किये जाते कार्यों, योजनाओं और यात्राओं का मकसद और अर्थ नहीं समझ में आता। ऐसे ही कन्हैया सिंह विवादों के बीच संवाद स्थापित करते हैं। कभी-कभी तो इलाहाबादी शैली में स्वयं अफवाहों का अम्बार लगा देते हैं। इलाहाबादियों की तरह शरारतपूर्ण सहसंयोजन में उन्हें महारत हासिल है। नामवर जी को वह व्याख्यान देने के लिए विभाग में बुला चुके हैं। वाचस्पति पाठक और सीताराम चतुर्वेदी को आमन्त्रित कर उनसे नगर भर का अनुभव एवं वैदुष्यपूर्ण संवाद स्थापित करा चुके हैं। स्वयं डॉ. माताप्रसाद गुप्त जैसे पाठालोचक के पट्ट शिष्य हैं, किन्तु आचार्य विश्वनाथ प्रसाद मिश्र की दिल्ली-यात्रा स्थगित कराकर हरिऔध कला भवन में अधीत व्याख्याता के रूप में समासीन करा चुके हैं। दरेरा देकर निकल जाना उनके स्वभाव में है।

विभाग में डॉ. किशोरीलाल गुप्त और डॉ. शम्भूनाथ सिंह से इतिहास (हिन्दी) और बिम्ब पर व्याख्यान दिलवाना उन्हीं के बूते का काम है।

निराला और तुलसी जयन्ती को जहाँ वह आकर्षक रूप देते रहे, वहीं हिन्दी के दिव्य आयोजन भी करते रहे। उत्तर प्रदेश हिन्दी संस्थान को भी उन्होंने अपनी योजना में शरीक किया। डॉ. रामचन्द्र तिवारी, आचार्य परशुराम चतुर्वेदी और ललित निबन्धों के धनी कुबेरनाथ राय का अभिनन्दन किया। आचार्य शुक्ल पर विभागीय सहयोगियों से पूरी पुस्तक तैयार करा ली और स्वयं प्रकाशित की। परिचर्चा-गोष्ठियों में अनेक विचारों के प्रजातन्त्र का भी स्वाद लिया और दिया। तब वह उदारनामा मान लिये गये। जब कहीं जगह नहीं मिली तब चिल्ड्रेन स्कूल में महाआयोजन करके दिखा दिया। साकेत में होते हुए हिन्दी अध्यापक सम्मेलन के दौरान डॉ. परमानन्द श्रीवास्तव के चुनौती भरे आग्रह को सहज ही में स्वीकार कर लिया, और अगले वर्ष अपने महाविद्यालय में जैसा सम्मेलन किया, वैसा न भूतो न भविष्यति।

हिन्दी विभाग की स्नातकोत्तर कक्षाएँ जब खुलीं, तब उन्होंने ढूँढ़-ढूँढ़कर सहयोगी आमन्त्रित किये और स्वयं को जोड़कर एक सप्तक तैयार किया। सभी अपने में बेजोड़ और बाद में एक ही जगह उन्होंने एक महिला को देकर सप्तक के रूप को संगत बना दिया।

और जब अवकाश का समय आया तो निर्विकार तटस्थ हो गये। जैसे अज्ञेय की तरह ही कह रहे हों: 'फूल/झरे, तो उसे झर जाने दो।'

अवकाश अभी हुआ नहीं कि चित्रसेन प्रिण्टिंग प्रेस बन्द कर दिया और एक वाहन खरीद लिया। जीवन को प्रयोग के स्तर पर जीना कोई डॉ. साहब से सीखे। वह तो भोजन में भी प्रयोग करते रहते हैं। कभी मांसाहारी थे, अब शाकाहारी हैं। दोनों में तरह-तरह के प्रयोग करते रहते हैं लेकिन दूसरों की रुचि पर पर्याप्त ध्यान देते हैं। पण्डित जगन्नाथ शर्मा और देवर्षि सनाढ्य को एक साथ मांसाहार और पावन शाकाहार कराते समय उनकी सुरुचिशीलता देखते ही बनती

रही। नगरपालिका के अध्यक्ष होने की प्रसन्नता में उन्होंने महाविद्यालय परिसर में समस्त महाविद्यालय को जैसा दिव्य सुस्वादु भोजन कराया था, उसे आज भी लोग याद करते हैं। अपने एकमात्र पुत्र के तिलक में ऐसी ही भोजनोत्सवा उन्होंने प्रदर्शित की थी। हिन्दी अध्यापक सम्मेलन तो उनकी उत्सवप्रियता और सुरुचिशीलता का संस्मरण है।

उनके साथ यात्रा करना अत्यन्त सुखद है। कई छोटी-मोटी यात्राओं में सुखद संवादी डॉ. साहब के साथ मैं भी रहा हूँ। मिलनोत्सुक जन से प्रायः घिरे डॉ. साहब वाहनों में भी मिलनोत्सुक पा जाते हैं: संघ के लोग, अध्यापक, छात्र नेता, समाजसेवी, विद्वान् और किसान। तब भी डॉ. साहब फुर्ती में रहते हैं। नेहरू की तरह फुर्तीले, तरह-तरह के व्यवधानों के बीच लेखनरत। प्रत्युत्पन्नमति (तुरतबुद्धि) उनमें इतनी है कि दस मिनट में समस्या का निदान और अप्रत्याशित योजना का निर्माण उनके लिए सहज है। संघटन की ऊर्जा से वह सतत संचालित स्वानुशासन के विश्वासी हैं। संघर्ष में घिरे रहकर भी वह प्रेरणादायी हैं। मेहनत से भागते नहीं। सामान्य भोजन और सामान्य जीवन को पूरी आस्था से स्वीकार करके भी रुचि-भेद और विचार-भेद का आदर करते हैं। मत्सरी और हीनग्रन्थिल का भी मनोपचार करने में दक्ष हैं। उनकी सामान्यता ही उन्हें असामान्य बनाती है। आजमगढ़ की 71 की बाढ़ में उनकी तीव्र सक्रियता इसे प्रमाणित करती है। अध्यक्ष सहानुभूति में मजूर हो गया था।

अध्यापक की हैसियत से वह चुनाव में भी खड़े थे। मैंने उनके प्रचार के लिए अपने को प्रस्तुत किया। उन्होंने सारी सुविधाएँ मुहैया की और मैंने आजमगढ़ की चारों दिशाएँ नाप ली, चारों तरह की माटी देख लीं, छोटी-छोटी नदियाँ, उनके संगम, मन्दिर, खँडहर और चित्र-विचित्र- शिक्षा-भूमियाँ और उनके भूमिधर देख लिये। वह अनुभव अलग अध्याय माँगते हैं।

डॉ. साहब आजमगढ़ के प्रतिष्ठितों-बच्चा, रामधन, ईशदत्त यादव, अक्षयमुनि-के बीच ही प्रतिष्ठित नहीं हैं, पूरे प्रदेश तथा अन्य प्रदेशों में भी-पूर्व प्रधानमन्त्री चन्द्रशेखर, रज्जू भैया, अटल जी, स्व. चौधरीचरण सिंह आदि भी उनके निकट हैं। चन्द्रदत्त त्रिपाठी वैद्य उन्हें मानते ही इसलिए थे कि वह उन्हें विद्वान् मानते थे। डॉ. शान्तिस्वरूप ने तो उनके सहयोग से त्रिदिवसीय शिवाजी-प्रदर्शनी आयोजित की थी। 'अन्धा युग' के मंचन के समय जब हम सब असहाय थे, वह हमारे लिये बहुत बड़े सम्बल बने और लखनऊ से श्रीलाल शुक्ल और मुद्राराक्षस को भी प्रेक्षक के रूप में ले आये। डॉ. परमेश्वरीलाल गुप्ता ने जब मुद्रातत्त्वविद् की पराकाष्ठा पर विश्वप्रसिद्ध होकर अपनी धरती पर पाँव रखे, तब डॉ. शान्तिस्वरूप के साथ डॉ. साहब भी उनके अभिनन्दन में सहज स्फूर्त देखे गये। प्रतिष्ठित ही प्रतिष्ठा दे पाता है।

शायद इसीलिए 'श्रीमती जी' ने डॉ. साहब को मीसा में बन्द कर लिया। उन्हें शक था कि सत्ता का तख्ता पलटने की बगावत का वह आजमगढ़ में नेतृत्व कर रहे हैं। पहले तो आजमगढ़ कारागार में रखा। तब हम सब मिल भी लेते थे। अब भेज दिया नैनी। अब मिलना-जुलना भी दूभर हो गया। बीच में वह पैरोल पर बाहर रहे। मौखिक परीक्षा भी ली। 'श्रीमती जी' की सरकार के पतन के बाद कहीं मीसा हटा। स्नातक या स्नातकोत्तर महाविद्यालय के प्राध्यापक मीसा में इमर्जेन्सी में प्रायः बन्द नहीं हुए, पर वह हुए।

वे किसी भी स्थिति में हों, नयी पीढ़ी की निकटता और अध्ययन तथा लेखन नहीं छोड़ते। जब जेल में थे, तब पढ़नेवालों का एक समूह अपने इर्द-गिर्द इकट्ठा कर रखा था। उन्हें पढ़ाते थे और आत्मबल प्रदान करते थे। मैनपुरी नगरपालिका के अध्यक्ष डॉ. सुमन्त कुमार गुप्त उनके नैनी कारागार के छात्र थे। जेल में डॉ. सत्यव्रत सिन्हा से उनकी साहित्यिक एवं रंगमंचीय वार्त्ताएँ होती थीं। फलतः मोहन राकेश के नाटकों की तह में जाने को उदग्र और उत्सुक हुए। सत्यव्रत जी की रंग-प्रतिभा के प्रति वह विभोर हो ही चुके थे। उनकी असमय मृत्यु से तो वह विचलित हो गये थे। आपात् स्थिति ने हमसे हिन्दी का एक दिव्य रंगकर्मी छीन लिया।

किसी भी स्थिति में डॉ. साहब चुपचाप बैठे नहीं रह सकते। पढ़ाते तो थे ही, संवादशील रहते ही थे, जेल में निबन्ध भी लिखते थे, जो बाद में पुस्तकाकार छापे भी। उन निबन्धों में उनकी मनः स्थिति दर्शनीय है। नैनी जेल से उन्होंने गुप्त रूप से मुझे एक पत्र भी (लिखा और) भेजा था, जिसमें चित्रसेन के मेरे द्वारा पढ़ाये जाने के प्रति कृतज्ञता प्रदर्शित थी। एक छोटी-सी बात थी वह नहीं भूलते, उनके परस्पर सौमनस्य में एक घासफूल का भी कम महत्त्व नहीं।

जेल में ही उनके एक मित्र अपनी बेटी के विवाह के लिए बेहद चिन्तित रहते थे। डॉ. साहब ने उन्हें चिन्तामुक्त कर दिया। चित्रसेन से उनकी कन्या का विवाह कर दिया। कन्या को अनुकूल योग्यता और दक्षता दी। अन्ततः उसे अध्यापिका भी बना दिया। मित्र की आत्मा डॉ. साहब से निश्चय ही सन्तुष्ट होगी।

मीसाबन्दी होने से पूर्व वह दक्षिण की यात्रा से लौटे थे। उनके साथ नगर के अनेक प्रतिष्ठित लोग भी गये थे। सब्रकी इच्छा थी कि डॉ. साहब यह यात्रा-विवरण लिख डालें। डॉ. साहब ने लिख तो डाला, 'लेकिन प्रकाशन से पूर्व कैद हो गये। सामग्री चन्द्रदत्त त्रिपाठी वैद्य के पास थी। कारागार-मुक्ति के बाद उनके हाथ में वैद्य जी ने सौंपा; 'दक्षिणांचल-दर्शन'। काजू, बेल के मुरब्बे और मट्ठे के साथ अनुभूतिसमृद्ध वैद्य जी ने जहाँ प्रकाशन से आदर व्यक्त किया, वहीं इतिहास एवं कला-समृद्ध शान्तिस्वरूप ने सामग्री को प्रामाणिक एवं दस्तावेजी बनाया।

डॉ. साहब जब प्राचार्य थे और गोरखपुर में रहते थे, मैं मिलने गया। मकान के खाली लॉन में उन्होंने स्वयं ला-लाकर वृक्ष लगाये थे। एक बच्चे को साथ रखकर स्वयं पढ़ाते भी थे। वत्सल भाव की उनकी सक्रियता सर्वत्र उन्हें परिवार-प्रमुख बनाये रखती है। अपनी बहू को उन्होंने योग्य बनाया ही, विवाह के बाद भी बेटी को स्वयं पढ़ा रहे हैं। बड़े पोते की मानसिक रूझान को देखते हुए फाइन आर्ट्स में डाल रहे हैं। छोटे को उसकी सारी शरारतों को अनुशासित करते हुए जहाँ जाते हैं, साथ ले जाते हैं। मुक्तिबोध जब कविता सुनाते थे, गोद में बच्चा लिये रहते थे। डॉ. साहब भी गोद में एक बच्चा लिये रहते हैं। यही नहीं, अपने घर में किसी-न-किसी ऐसे छात्र को सम्पूर्ण आत्मीयता के साथ रखते हैं, जिसे सुरक्षा की आवश्यकता होती है। छात्र आत्मीयता पाकर स्वयं यदि सेवापरायण हो जाय तो यह परस्परता की, पारिवारिकता की शुभस्त्रवा स्थिति हैं, शोषण नहीं, डॉ. साहब व्यक्ति नहीं, पारिवारी हैं, संघी हैं, 'कम्यून' की भारतीय अवधारणा से स्वयंचालित व्यक्तित्व हैं। उनकी चेतना काल के सातत्य पर टिकी है। इसीलिए वह अपने अतीतनिःसृत वर्तमान में भविष्य का भूगोल-आगामी का दिक्-लिये दृष्टि सम्पन्न-'विजनरी' सिद्ध होते हैं। वह जहाँ भी उनका' घर' उनके साथ है, उनमें है, उनकी आँखों में है। यह घर क्रमशः बड़ा होता गया हैः इतना कि वह राष्ट्रबन्धु होते गये हैं, इसमें सन्देह नहीं।

वे योद्धा के प्रति आस्थादीप्त हैं। स्वयं के विस्तार के विश्वासी हैं। एक विराट् शक्ति को मानते हैं। सगुण रूपों में दुर्गा और हनुमान उन्हें प्रिय हैं। उनकी मान्यता है कि तर्कातीत को क्योंकि प्रमाणित और सिद्ध नहीं किया जा सकता, इसलिए 'ईश्वर' जैसी-अवधारणा के विषय में कुछ नहीं कहा जा सकता। संस्कारतः उनका माथा मन्दिर, मस्जिद और चर्च, सभी जगह झुक जाता है। वह किसी रहस्यवाद के झमेले में नहीं पड़े, सिद्धि और साधना के चक्कर में नहीं पड़े। उनके विचार स्पष्ट हैं। जीवन शैली स्पष्ट है वह चार बजे बिस्तर छोड़ देते हैं। टहलते हैं। टहलते समय सम्पर्क-संवाद भी करते चलते हैं। दिन में थोड़ा आराम जरूर करते हैं। रात में विश्राम दस बजे करना चाहते हैं। शेष काम, काम। लेकिन वह निष्काम नहीं हैं, महत्त्वाकांक्षी हैं। किन्तु कभी विफल हुए तो विफलता के कारणों पर विचार किया,

दुःख भी उसी से दूर कराते हैं। इसके लिए वह मनोवैज्ञानिक तरीके भी अपनाते हैं। मुझे स्वयं कई बार इसका अनुभव हुआ है। मेरे विषाद और मेरे मौन को उन्होंने बड़ी बारीकी और कीमियागरी से दूर किया और तोड़ा। वह अप्रत्यक्ष सहानुभूति और सहायता के विश्वासी हैं। पर पुरस्कार-विरोधी होकर भी निपट जड़ की सीधे भी सहायता करते हैं। ठेस न पहुँचे, यह हमेशा चाहते हैं। पर कोशिश यही रहती है कि हर कोई आत्म-निर्भर बना रहे। वह बुद्धि दे सकते हैं। स्वयं आत्म-निर्भर रहे हैं और हैं। यही तरीका अज्ञेय का था। पर मुक्तिबोध की तरह उनमें तख्ताउछाल प्रवृत्ति भी है, जिससे वह हिरन की तरह अग्रसरित हो जाते हैं। उनकी उन्नति के पीछे कभी कोई महिला नहीं रही। न उनका कोई प्रेम-प्रसंग ही मिलता है। यह नहीं कि उनमें राग-भाव मर चुका है। उनका राग स्वानुशासित है और उनके राग के विस्तार में परिवार, संघ और राष्ट्र आता है। इसीलिए उनमें अन्तःप्रवेश की वत्सल क्षमता है।

भक्ति-काल को वह भारतीय मूल्यों का स्रोत मानते हैं। साही जी की तरह जायसी को विधिवत् कवि मानते हैं। किन्तु फिराक की तरह तुलसी को मन्त्रद्रष्टा ऋषि। धीरेन्द्र वर्मा को सदैव गुरु मानते हैं, वह उनके प्रेरणास्पद हैं। शिवनारायणलाल को हिन्दी का आदरणीय अध्यापक मानते हैं। माताप्रसाद गुप्त को पाठ वैज्ञानिक मानते हैं। फिर भी विश्वनाथप्रसाद मिश्र को आदर देते हैं। विरोधी का सामंजस्य उन्हें उदार बनाता है, उनकी दृष्टि को अनाविल बनाता है और व्यक्तित्व को पारे की कौंध देता है। मुझे आश्चर्य हुआ एक छात्र ने उनके प्रति दुरभिपूर्ण उग्रता प्रदर्शित की, किन्तु वह था मेधावी, मौखिकी में उन्होंने सबके विरोध के बावजूद सर्वाधिक अंक उसे ही दिये।

मैं विभाग में काफी नीचे हूँ। तब भी हिन्दी अध्यापक सम्मेलन में आधुनिक काव्य सम्बन्धी गोष्ठी का मुझे अध्यक्ष बनाया। जाड़ा था तो मेरे लिये एक कोट भी खरीदा। अनेक आयोजनों में मुझसे लेख लिखवाया और पढ़वाया। गोष्ठी-संचालन कराया। प्रतिभा की पहचान उनमें है तो प्रतिभा को औचित्य और अग्रसरण देने की सहज सक्रियता भी। व्यक्तित्व से अन्तः क्रियात्मक हैं। आधुनिक काव्य सम्बन्धी एक पाठ्यपुस्तक में बिना मुझसे पूछे उन्होंने मेरी कविताएँ लगवा दीं।

उनके पास अथक परिश्रम, दूरदृष्टि और निरन्तर यात्रा तथा प्रायः अनवरत संवाद करते कारण समय का राशन है। इसलिए ज्यादातर फोन-सम्पर्क ही हाथ आता है। फोन-सम्पर्क भी कभी-कभी चुलबुल नयी पीढ़ी-से होता है। अनुपस्थिति खलती नहीं। दरअसल वह अनुपस्थित रहते नहीं। उनकी अप्रत्यक्ष उपस्थिति ही बोध होती है।

ठिठोली, ठसक स्वाभिमान और शरारतपूर्ण सहसंयोजन उनके व्यक्तित्व में प्रायः द्रष्टव्य हैं। उन्होंने अपने छोटे पोते का नाम दिया है, विनम्र सेन। विनम्रता के लिए वह चयनधर्मी हैं। बल्कि चयन वह करते ही नहीं व्यक्तित्व ही विनम्र बना देता है। पर महीन मार कोई उनसे सीखे। क्या में ही ढंग अपनाते हैं। कुछ मत पूछिये।

उनमें आज भी अपार ऊर्जा है। वह कम समय में अधिक और विविध कार्य दक्षतापूर्वक कर लेते हैं। उन्हें दशावधानी कहा जा सकता है। ऐसे व्यक्ति कभी अवकाश नहीं प्राप्त करते। वह स्वयं को शोधते रहते हैं। दूसरों की शोध करते हैं और शोधरत रहते हैं।

देखने में सरल, गहराई में उतरिये तो जटिल। परम्परावादी भी। आधुनिक भी। दोनों अपनी शर्तों पर। गाँधी के देश का हर खाँटी भारतीय ऐसा ही होता है। डॉ. साहब का पहनावा ही देखिये : कभी टाई सहित थ्री पीस सूट में, कभी अचकन और चूड़ीदार पायजामें में, कभी धोती-कुर्ते में, कभी सुनहले, कभी रुपहले, कभी होरी, कभी चेंस्टरटन, कभी पैदल, कभी

साइकिल पर, कभी स्कूटर या मोटर साइकिल पर (लेकिन पीछे), कभी रिक्शे पर, कभी ऐम्बैसेडर, कभी अमरीकी जीप, कभी कंमाण्डेण्ट हवाई जहाज और हेलिकॉप्टर की बारी है। मेरे साथ रिक्शे से यारी है। गोबर शहर भागा था। कन्हैया सिंह में मेहता भी है, होरी भी। इसलिए शहर से गाँव, गाँव से शहर, आवाजाही बनी रहती है। उनके पास एक अद्भुत चीज है, जो किसी के पास नहीं। और कहीं, कभी नहीं। उनके ओठों की दायीं कोर पर कभी-कभार, आकर ठहर गयी पारे-सी ऐसी अनेकरसी मुस्कान, जिसमें एक साथ विरोधी-अविरोधी अनेक भावों का ऐसा ट्विस्ट ताकि भीतर तक भिद जाय, आत्मा दहल जाय, दिल और हिल जाय आदमी और चुप रहे। बोल न पाये। यह स्थिति-गति, गति-स्थिति अप्रत्याशित और अप्रतिरोधी है। ऐसी कि 'व्याकुलित' कर दे, सिन्धु हो तो वह भी हो जाय पानी-पानी, जैसे मौन बता रहे हों, देखो, मैं तुम्हें पहचानता हूँ। मैंने तुम्हें तौल-परख लिया है, जानता हूँ कितने पानी में हो। तुम्हारी हैसियत का अन्दाजा मुझे है। पर मुझे तुम नहीं जानते, पहचानने से आँख मत चुराओ, मेरी रीढ़ देखो, मेरी फैली जड़ों को दूर-दूर तक गहराइयों में देखो। मैं तुम्हारा हूँ। तुम मेरे हो। ठसक और ठिठोली का ऐसा अन्दाज आँखों में तरल पारे-सा हिलता रहा। टेलिस्कोप्ड कर देता है यह पारद ट्विस्ट।

ऐसे व्यक्ति ने एक दिन चुना भाजपा और काशी प्रान्त की साहित्य परिषद् के हुए प्रायोजक। इस सन्दर्भ में किये आयोजन और यात्राएँ। प्रदेश से उठकर प्राप्त की अखिल भारतीयता। यानी राष्ट्रबन्धुत्व। पारादीप समुद्र हो गया।

ऐसे व्यक्तित्व ने कविता, कहानी, नाटक, संस्मरण, यात्रा-विवरण और रेखाचित्र-रिपोर्ताज छोड़कर, हिन्दी साहित्य का इतिहास, भाषाविज्ञान, काव्यशास्त्र, पाश्चात्य आलोचना छोड़कर चुना सूफ़ीकाव्य और पाठालोचन। एक सरस, एक नीरस। नीरस का रस अद्भुत होता है, यह गणितज्ञ ही जानता है। सरस पढ़ाया भी। लेकिन नीरस स्वयं गले लगाया। नीलकण्ठ बनते गये।

डॉ. साहब काव्यशास्त्र, पाश्चात्य आलोचना, भाषाविज्ञान और हिन्दी साहित्य का इतिहास पढ़ाते थे। लेकिन मध्यकालीन काव्य और आधुनिक काव्य भी पढ़ाते थे। सन्त साहित्य के प्रति भी जागरूक थे। उन्होंने शोध-निबन्धों में निर्गुणियों, रीतिकालीनों, आधुनिकों को भी स्पर्श किया, सूफ़ी, वैष्णवता, संस्कृति और पाठालोचन तो उनकी शोध-प्रीति के प्रमुख आयाम रहे ही। सहयोगी लेखन में अमीर खुसरों, मानस, प्रेमाख्यान और नाथ पन्थ तथा सूरसागर के साथ-साथ हरिऔध और चोंच पर भी ध्यान दिया। पठित निबन्धों में मीरा, जायसी, गुरु गोविन्द सिंह से सम्बद्ध लेख तो हैं ही, निराला, महादेवी, दिनकर, नामवर, अज्ञेय और दद्दा की प्रवृत्तियों या कृतियों से सम्बद्ध लेख हैं। कला और संस्कृति तथा परम्परा और इतिहास पर वही आधिकारिक रूप से कुछ कह सकता है, जिसने प्रवहमान काल के परिवर्तनों को पहचाना हो।

किशोरीलाल गुप्त के बाद डॉ. साहब ने 'हरिऔध' पत्रिका को पुनर्जीवन दिया। चन्द्रबली पाण्डे, आचार्य शुक्ल एवं रामचरित उपाध्याय के कृतित्व एवं व्यक्तित्व की दृष्टि से सम्पादन किया। छात्रों के लिए 'काव्य-रश्मि', 'काव्य-प्रवाह' और 'राष्ट्रीय काव्यधारा' का चयन-सम्पादन किया।

शैक्षिक समितियों के संयोजक या सदस्य रहे। लेकिन उन्होंने, आश्चर्य है कभी अखबार नहीं निकाला, सम्पादकों की मदद जरूर की, अखबार को आगे बढ़ाने के लिए संरक्षण जरूर दिया।

पर उनका विशेष रूझान सूफ़ी साहित्य और पाठालोचन ही रहा है और है। काली माटी में पारे की यही ज्यादा उभरी रेखाएँ हैं।

सूफ़ियों और सन्तों के प्रति आकर्षण के बीज उन्हें आजमगढ़ के परिवेश ने दिया होगा। आजमगढ़ की धरती सूफ़ी सन्तों और कबीर पन्थियों की दृष्टि से पर्याप्त उर्वर है। आचार्य चन्द्रबली पाण्डे ने सूफ़ी और तसव्वुफ़ पर राष्ट्रभाषा में पहली बार कार्य किया। हजारीप्रसाद द्विवेदी ने नाथों, सिद्धों और कबीर तथा कबीरपन्थियों का सांस्कृतिक दृष्टि से शोधपूर्ण मूल्यांकन किया। हरिऔध ने सुमेर सिंह से सिक्ख धर्म की दीक्षा ली। राहुल जी ने सिद्ध रचनाओं की खोज की। स्वाभाविक था कि डॉ. कन्हैया उनसे प्रेरित होते। उन्होंने इसी परिप्रेक्ष्य में 'हिन्दी सूफ़ीकाव्य में हिन्दू संस्कृति का चित्रण और निरूपण' विषय पर शोध प्रस्तुत किया। मैंने एक तीव्र मेधाविनी के लघुप्रबन्ध के साहाध्य के समय इस शोध का अध्ययन किया था। वाचस्पति पाठक ने भारतीय भण्डार से इसे प्रकाशित किया था। इसकी महत्ता इसी को प्रकट है। पूरा शोध यह सिद्ध कर देता है कि "हिन्दू संस्कृति ने अपनी ग्रहणशीलता के कारण सभी संस्कृतियों के उदात्त तत्त्वों को ग्रहण कर लिया है और अपने समन्वित रूप में वह सभी की प्रतिनिधि संस्कृति है भी।" इसी संस्कृति की खोज उन्होंने राहुल शताब्दी में विश्व-यायावर राहुल जी में की है। उनके शोध-ग्रन्थ के साथ 'सूफ़ी तत्त्व-चिन्तन' को भी देखना चाहिए। 'सूफ़ीकाव्य : सांस्कृतिक परिवेश', यद्यपि अभी आने को है, किन्तु यह दोनों पुस्तकें आचार्य चन्द्रबली पाण्डे की पुस्तक को परिशोधित-परिष्कृत नयी दृष्टि का अग्रिमत्व देती हैं। 'मलिक मुहम्मद जायसी' डॉ. कन्हैया सिंह की हाल की सुचिन्तित पुस्तक है, जो साही जी और रघुवंश को जायसी सम्बन्धी पुस्तकों की मध्यवर्ती कही जा सकती है। 'मलिक मुहम्मद जायसी' में पद्मावत के पाठ-निर्णय को सर्वाधिक महत्त्व दिया गया है। इस दृष्टि से यह उपर्युक्त दोनों पुस्तकों से अलग है, इसलिए अद्वितीय है। डॉ. वासुदेवशरण अग्रवाल और डॉ. भगवतीप्रसाद सिंह (उनकी मृत्यु के बाद उनके घर के विवाद मिटाने में भी बद्धपरिकर हैं डॉ. साहब, ठीक वैसे ही जैसे मेरे खेतों की भी उन्हें चिन्ता है।) के अर्थ और पाठ को भी ध्यान में रखते हुए शुक्ल जी की लम्बी भूमिका के परिप्रेक्ष्य में यह पाठ-निर्णय ऐतिहासिक महत्त्व के हैं। जायसी की राष्ट्रीयता पर भी कन्हैया सिंह ने निर्णायक ढंग से विचार किया है। पदुमावति को उन्होंने भारतीयता का महाकाव्य सिद्ध किया है। विशुद्ध मानव-संस्कृति का काव्य घोषित किया है। जायसी के ज्ञान को देखते हुए इस महाकाव्य को भारतीयता का विश्वकोश कहा है।

डॉ. परमेश्वरीलाल गुप्त को 'मृगावती' के पाठालोचन में सहयोग दिया है। उसकी पाठ-समस्या पर विचार किया है।

जब मैं इलाहाबाद में था, एक प्रथम श्रेणी में आयी अग्रवाल कन्या के हाथ में पाठालोचन सम्बन्धी एक पुस्तक देखी। पुस्तक डॉ. कन्हैया सिंह की थी। पढ़ी और पाया कि वह हिन्दी की अकेली पुस्तक है, जो पाठालोचन के विद्यार्थी के लिए सर्वांगपूर्ण है। हिन्दी पाठानुसन्धान 'कन्हैया' सिंह की ऐसी पुस्तक है, जिसके माध्यम से हिन्दी ग्रन्थों के व्यावहारिक सम्पादन के इतिहास का ज्ञान होता है। 'पाठ-सम्पादन के सिद्धान्त' उन्होंने कात्रे के पारायण, इनसाइक्लोपीडिया ब्रिटानिका के पाठ-सम्पादन सम्बन्धी प्रकरण के अध्ययन के बाद डॉ. माताप्रसाद गुप्त के पाठ-सम्पादन सम्बन्धी एक लेख की प्रेरणा से लिखा है और स्वयं को आज हिन्दी का, गुप्त जी की परम्परा का प्रथम पाठालोचक सिद्ध कर दिया है। 'श्यामसुन्दर दास के साहित्यालोचन' की तरह सामयिक आवश्यकताओं की पूर्ति के लिए एक अनिवार्य

प्रयास है, यह पाठ-सम्पादन के सिद्धान्त'। पूर्वांचल विश्वविद्यालय ने डॉ. साहब को, इस सिद्ध साधक को, पाठालोचक के रूप में सम्मान देने के बहाने डी. लिट् की उपाधि से विभूषित किया, अपने आप सिद्ध हो गया कि डॉ. साहब पूर्वांचल विश्वविद्यालय के प्रथम डी. लिट्. हैं। यह एक उत्तेजक प्रसंग है, जो अविस्मरणीय है।

पाठालोचन के उनके गुरु, डॉ. माताप्रसाद गुप्त कहते हैं : "सूफ़ी साहित्य तुम्हारा शोध का विषय है और पाठालोचन के तुम पण्डित हो ही।" इसलिए वह उन्हें अपने निकट उच्च पद पर रखना चाहते थे। उन्हीं दिनों गुप्त जी के निकट सम्पर्क में रहते इन्स्टीट्यूट ऑफ ओरिण्टल लैंग्वेजेज (मास्को) की प्रोफेसर ने पाया कि "उनमें विद्वत्ता के साथ बड़ी मानवता है।' 'एशियाज हूज हू' के पृष्ठ 478 पर उन्हें 'प्रज्ञ, अध्यापक, विधिज्ञ, शिक्षाशास्त्री, सामाजिक सुधारक, शोध -प्रवर्तक एकसाथ बताया गया है और उन्हें अग्रगण्य तथा विशिष्ट किया गया है कि यही है काली माटी की महत्ता और यही है पारे की रेखा की बहिरन्तरभेदी अग्रसारी कान्ति और कौंध देती शाश्वती नवोन्मेषी कलाभा। उनके समस्त क्रिया-कलाप में उनका सांस्कृतिक पौरुष क्रमशः शिखरारोही होता है और दीप्त होता है—अन्ततः राष्ट्रबन्धुत्व है।

नयी कविता के प्रतिष्ठित रचनाकार

मूल्य केन्द्रित सृजनशीलता

विवेकी राय

'नेकी करो और दरिया में डाल दो' तथा उसे भुनाना तो कौन कहे, उसकी चर्चा भी किसी से मत करो, उपकृत से भी नहीं। यह उपदेश सुनने में तो बहुत सुखद और सरल लगता है परन्तु इसे पूरी तरह करनी में उतारना बहुत ही कठिन है। आज की स्थिति में ऐसे विशालात्मा व्यक्ति दुर्लभ हैं, खोजने पर भी बहुत कठिनाई से मिलेंगे। मैं सौभाग्यशाली हूँ कि ऐसे एक व्यक्ति ने कई-कई बार मुझे अनुगृहीत किया है। उस व्यक्ति का नाम है डॉ. कन्हैया सिंह। वह व्यक्तिगत जीवन में ऐसी चारित्रिक समृद्धि से परिपूर्ण होने के साथ ही अपने साहित्यिक अथवा लेखकीय जीवन में भी ऐसी ही मौलिक उपलब्धियों से सम्पन्न हैं उनके अवदान की चर्चा न होना अन्याय होगा।

आजमगढ़ जनपद के धरवारा गाँव स्वतन्त्रता संग्राम-सेनानी परिवार में जन्में (1 अगस्त, 1935 ई.) डॉ. कन्हैया सिंह छात्र जीवन से ही स्वतन्त्रता संग्राम सेनानी रहे। उनके जीवन का शैक्षिक और प्रशासनिक फैलाव तो जौनपुर, आगरा, गोरखपुर, लखनऊ और इलाहाबाद से रंगून तक रहा परन्तु अन्ततः जम गये अपने ही जनपद आजमगढ़ में। उनकी पहचान डी.ए.वी. कॉलेज, आजमगढ़ के हिन्दी विभागाध्क्ष तथा प्राचार्य और अपनी नगरपालिका के अध्यक्ष के रूप में तो उभरी ही, किन्तु प्रमुख पहचान गाँव से जुड़े राष्ट्रीय व्यक्तित्व वाले संघर्षशील समाज-सेवी अनवरत ऐतिहासिक-मूल्य के समृद्ध आयोजनों के महाप्राण कर्त्ता-धर्ता, छात्र-जीवन से ही अपने जनपद और प्रदेश के विविध स्तरीय संगठनों, सरकारी गैरसरकारी संस्थाओं अथवा प्रतिष्ठानों के पदाधिकारी और गम्भीर विषयों जैसे पाठालोचन, भाषाविज्ञान, काव्यशास्त्र, हिन्दी साहित्य का इतिहास, समालोचना और शोध आदि के तपे-तपाये रचनाकार के रूप में सामने आयी है।

अति सरल चित्तवाले अस्सी वर्षीय डॉ. कन्हैया सिंह में अभी भी युवकोचित उत्साह है, पूर्ववत् अथक श्रमशीलता, दूर-दृष्टि और संवादी रुचि बनी हुई है। समाज-सेवा उनके खून में घुली-मिली है और साहित्य-सेवा का अनुमान उनके बहते पसीने से होता है। कठिनाई उनको जानने में यह है कि वह आत्मप्रचार से बहुत दूर हैं। वास्तव में अध्यात्मवादी साधकों, सूफ़ियों और सन्तों-भक्तों पर तल्लीन भाव से कलम चलानेवाले डॉ. सिंह के भीतर एक सन्त व्यक्तित्व छिपा हुआ है। यही

कारण है कि उनकी लेखनी से भक्तों, सन्तों और सूफ़ियों के कृतित्व-व्यक्तित्व पर बहुत अधिक कार्य हुआ है। 20 मौलिक ग्रन्थ, 9 सम्पादित ग्रन्थ, 35 स्तरीय शोध-निबन्ध ऐसे 4 निबन्ध-संग्रह अभी प्रकाश्य हैं। 8 सहयोगी लेखन और एक दर्जन से अधिक पठित निबन्ध का अवदान हिन्दी साहित्य को देकर भी डॉ. सिंह लेखनाभिमान शून्य हैं। अपने लेखन की कभी चर्चा नहीं करते। हाँ, उनकी चर्चा दूसरे विद्वान् उनके ऊपर लिखे अपने-अपने समीक्षात्मक आलेखों में करते हैं, उन्हें मुक्त कण्ठ से सराहते हैं।

आचार्य हजारीप्रसाद द्विवेदी इन्हें बहुज्ञ लेखक कहते हैं। डॉ. राममूर्ति त्रिपाठी की दृष्टि में इन्होंने सर्वप्रथम हिन्दी में पाठालोचन की खटकनेवाली कमी को पूरा किया। डॉ. कमलकिशोर गोयनका का कहना है कि वह साहित्य को भारतीयता से सम्बद्ध करने की विचार-दृष्टि के प्रतीक, हैं। डॉ. रामकुमार वर्मा को इनमें विवेचना की तर्कपूर्ण पद्धति मिलती है। डॉ. रामचन्द्र तिवारी इनकी सम्पादन पद्धति को मान्यता प्रदान करते हैं। डॉ. आनन्दप्रसाद दीक्षित, डॉ. सदानन्द प्रसाद गुप्त, डॉ. किशोरीलाल गुप्त और डॉ. वासुदेव सिंह आदि विद्वानों ने इनकी पाठालोचन की विश्वसनीयता और जायसी आदि के मूल्यांकन की मौलिकता सहित अनेक ध्यानकर्षक उपलब्धियों को स्वीकारा और सराहा है। श्रीराम वर्मा और कमलकिशोर गोयनका के संयुक्त सम्पादन में एक पुस्तक 'आलोचक का अन्तर्दर्शन (डॉ. कन्हैया सिंह) : सृजन और चिन्तन' नाम से सन् 1997 में विश्वविद्यालय प्रकाशन, वाराणसी से छपी। इसमें सम्पादक श्रीराम वर्मा ने इनके व्यक्तित्व का बहुत ही गम्भीर, मर्मस्पर्शी और मोहक चित्रण किया है, पूरा आलेख एक ललित निबन्ध का आनन्द देता है। इस पुस्तक में डॉ. सिंह के कृतित्व पर हिन्दी के तेइस मूर्द्धन्य विद्वानों ने लिखा है।

लेखक के ग्रन्थों में सबसे अधिक चर्चित उनकी पाठालोचन और सूफ़ीकाव्य से सम्बन्धित कृतियाँ हुईं। इनमें 'पाठ-सम्पादन के सिद्धान्त', 'हिन्दी पाठानुसन्धान', 'हिन्दी सूफ़ीकाव्यों में हिन्दू संस्कृति', 'सूफ़ी तत्त्वचिन्तन', 'मलिक मुहम्मद जायसी' और 'सूफ़ीकाव्य : सांस्कृतिक परिवेश' सम्मिलित है। डॉ. सिंह के प्रकाशित एवं पठित निबन्धों में भी इन्हीं से सम्बन्धित निबन्धों की अधिकता है। इनके अतिरिक्त 'हिन्दी साहित्य और साहित्यकार', 'हिन्दी भाषा और साहित्य', 'हिन्दी भाषा और देवनागरी लिपि' एवं 'हिन्दी भाषा' नामक पुस्तकें उनका एक विशेष दिशा में गम्भीर शोध की डुब्रकी लगाना सिद्ध करती हैं। अन्य विषयों में उनके संस्मरण, यात्रावृत्त और ललित निबन्ध की पुस्तकें उनके ठोस समालोचक व्यक्तित्व के भीतर कोमल छुअन के संस्कार की स्थितियों को सिद्ध करती हैं। चूँकि इस कोमल छुअन की भी एक सीमा रही अतः फैशनवश कभी डॉ. सिंह ने कविता लिखने का प्रयास नहीं किया। उनके सम्पादित ग्रन्थों में 'चन्द्रबली पाण्डेय : व्यक्ति और विचार', 'रामचरित उपाध्याय ग्रन्थावली' और 'राहुल सांकृत्यायन : समग्र अनुशीलन' को बहुत प्रसिद्धि मिली। इस पुस्तक और कुछ अन्य पुस्तकों पर कुछ विस्तार पूर्वक विचार करना चाहता हूँ।

मेरे सामने ऐसी डॉ. कन्हैया सिंह की पाँच पुस्तकें हैं, 'पूर्वी उत्तर प्रदेश के सन्त कवि', 'राहुल सांकृत्यायन', 'आचार्य चन्द्रबली पाण्डेय' (स्मारक ग्रन्थ) 'सन् 1857 का स्वतन्त्रता संग्राम' और आधुनिक कविता : सांस्कृतिक परिवेश।'

'आजमगढ़ महोत्सव (2002 ई.) के अवसर पर प्रकाशित 'पूर्वी उत्तर प्रदेश के सन्त कवि' नामक पुस्तक सामाजिक समरसता और सद्भावना के लेखकीय संकल्प को पूरा करती है। कबीर और रैदास सहित भुड़कुड़ा परम्परा के भीखा, गुलाल आदि, शिवनारायणी सम्प्रदाय के कवि देवकीनन्दन साहब, सदाफल देव और मँगरू साहब आदि लगभग डेढ़-दो दर्जन सन्त कवियों

के जीवनवृत्त, रचना-संसार, सामाजिक दृष्टिकोण और भाषिक अनुशीलन को लेखक ने गम्भीरतापूर्वक प्रस्तुत किया है। उक्त सन्त कवियों की रचनाओं, सामाजिक दृष्टि और जीवनी पर तो आचार्य परशुराम चतुर्वेदी आदि अनेक विद्वानों ने कलम चलायी है परन्तु प्रत्येक के भाषिक अनुशीलन और उससे निकलनेवाले, निष्कर्षों का जमकर विश्लेषण करनेवाले डॉ. कन्हैया सिंह अकेले हैं। ज्ञातव्य हैं कि यह वह ही सन्त कवि हैं जिन्होंने धार्मिक पाखण्ड, रूढ़ियों, कुरीतियों, छूआछूत और जाति-पाँति आदि के विरोध में सामाजिक क्रान्ति का चक्र प्रवर्तन किया। विद्वान् लेखक का विश्लेषण-संश्लेषण और अन्वेषण भी इसी दृष्टि को पुष्ट करता है। लेखक का यह कहना बहुत सटीक प्रतीत होता है कि समाज के सभी वर्गों को समानता के एक सूत्र में पिरोने की भाँति ही अपने समय की स्वीकृत काव्यभाषा के साथ जनभाषा को मिलाकर यह लोग एक लोकग्राह्य जनरूप प्रस्तुत कर रहे थे। (पृष्ठ 138)

'राहुल सांकृत्यायन' नामक आपकी पुस्तक सन् 1993 में प्रकाशित हुई। इस पुस्तक का एक इतिहास है। 9 अप्रैल सन् 1993 में राहुल जी के पितृग्राम कनैला में राहुल जन्मशताब्दी समारोह का आयोजन हुआ। उद्घाटन पण्डितप्रवर डॉ. विद्यानिवास मिश्र ने किया। उन्होंने उसी दिन डॉ. कहैन्या सिंह को राहुल जी पर एक छोटा किन्तु सर्वसमाहारी ग्रन्थ लिखने का दायित्व डाल दिया। अपने गाँव धरवारा का निकटस्थ पड़ोसी गाँव होने के कारण जो भीतर अतिरिक्त आत्मीयता थी उनके चलते डॉ. सिंह ने इस दायित्व को सहर्ष स्वीकार किया और अथक श्रम पर एक साल में इस ग्रन्थ को प्रस्तुत कर दिया। वंशावली-रचनावली सहित इस ग्रन्थ में परिचय और विशेषताओं को खोजपूर्ण प्रामाणिकता के साथ जिस प्रकार कसाव दिया गया है उसे देखते कहना पड़ता है कि लेखक ने विश्वकोषी व्यक्तित्ववाले महापण्डित राहुल सांकृत्यायन के व्यक्तित्व-कृतित्व को ठीक से पहचानकर गागर में सागर भरने के अपने संकल्प को पूरा किया है।

डॉ. कन्हैया सिंह की विशेष ध्यानाकर्षक कृति का नाम है 'आधुनिक कविता : सांस्कृतिक परिप्रेक्ष्य।' भक्त सन्त और सूफ़ी कवियों के साथ पाठानुसन्धान और भाषा आदि विषयों पर जमकर कलम चलानेवाले लेखक ने इस पुस्तक के द्वारा यह सिद्ध कर दिया है कि उसने आधुनिक काव्य का भी बहुत गहराई के साथ अनुशीलन किया है। इस अनुशीलन के ही प्रभाव से उसने विस्तृत फलक पर सांस्कृतिक परिप्रेक्ष्य को रेखांकित किया है। इस पुस्तक में सटीक उदाहरणों और खोजपूर्ण विश्लेषण के साथ यह सिद्ध कर दिया गया है कि बावजूद पाश्चात्य काव्य के गहरे प्रभाव के आधुनिक हिन्दी काव्य अपने सांस्कृतिक धरातल पर प्रतिष्ठित है। लेखक की सोच-दृष्टि है कि "कोई भी कवि अपने देश-परिवेश और संस्कृति से कटकर रचना नहीं कर सकता है।" लेखक में चूँकि संस्कृति, व्यक्तित्व, सोच और दृष्टि का गम्भीर आधार है अतः वह इस विषय को बहुत आधिकारिक रूप से उठाकर प्रस्तुत करने में सफल हुआ है। पुस्तक के चार अध्यायों में से पहले में 'छायावाद काल, दूसरे में प्रगतिवाद, तीसरे में नयी कविता और चौथे में नवगीत के रचनाकाल को विवेचित किया गया है, अतः क्रमबद्धता बनी हुई है।

लेखक का एक सम्पादित स्मारक ग्रन्थ 'आचार्य चन्द्रबली पाण्डे' सन् 2004 में आचार्य जी के जन्मशताब्दी समारोह (वैशाख शुक्ल-9 सं. 2061 वि.) के अवसर पर पुनर्मुद्रित हुआ। इसका प्रथम संस्करण सन् 1964 में प्रकाशित हुआ था। आजीवन राष्ट्रभाषा हिन्दी के लिए संघर्ष करनेवाले अन्यतम विद्वान्, तपस्वी और ऋषिकल्प चिन्तक-अन्वेषक के अवदान को विस्मृत करना हिन्दी भाषा और साहित्य संसार के लिए आत्महत्या जैसा होगा। वह अपने समय के अद्वितीय ध्यानाकर्षक तपोनिष्ठ साधक और संघर्षशील साहित्यिक योद्धा थे। वह अपने आप में मौलिक

शैली के आन्दोलन थे जिसका लक्ष्य था राष्ट्रभाषा हिन्दी और इसके साहित्य का सर्वांगीण उन्नयन। कहने की आवश्यकता नहीं कि आज जब कि उक्त क्षेत्र में सर्वांगीण गिरावट का हतोत्साह करनेवाला क्रम-उपक्रम चल रहा है आचार्य चन्द्रबली पाण्डेय के स्वाभिमानदीप्त व्यक्तित्व-कृतित्व का अनुशीलन बहुत स्फूर्तिदायक सिद्ध होगा। आचार्य जी के जीवन-संस्मरण और मूल्यांकन से जुड़े तथा विविध पक्षों को विश्लेषित करते तीन दर्जन से अधिक प्रतिष्ठित विद्वान् समीक्षकों के मानक लेखों को एकत्र प्रस्तुत कर इसके सम्पादक डॉ. कन्हैया सिंह ने बहुत बड़ा राष्ट्रीय कार्य किया है।

डॉ. कन्हैया सिंह की साहित्यिक चेतना में अपनी संस्कृति, अपनी राष्ट्रीय अस्मिता और अपनी धरती के प्रति अटूट राग-बोध है। वह राष्ट्रीयता को अपने गाँव, जनपद और पूर्वी उत्तर प्रदेश से जोड़कर चलते हैं तो कदम-कदम पर सोच की व्यापकता का प्रमाण मिलता चलता है। 'आचार्य चन्द्रबली पाण्डेय' 'राहुल सांकृत्यायन', 'पूर्वी उत्तर प्रदेश के सन्त कवि' और 'आलोक पुंज स्वामी स्वतन्त्रतानन्द' नामक पुस्तकें प्रमाण हैं कि अपने इर्द-गिर्द के साहित्यिक, सांस्कृतिक और राष्ट्रीय परिवेश को वह व्यापक राष्ट्रीय परिवेश से जोड़ने में बेजोड़ हैं। उनकी एक कृति 1857 का स्वतन्त्रता संग्राम' (विशेष सन्दर्भ पूर्वी उत्तर प्रदेश) को इसी परिप्रेक्ष्य में हम रेखांकित कर रहे हैं और पहचान रहे हैं।

1857 का स्वतन्त्रता संग्राम' नामक पुस्तक अखिल भारतीय इतिहास संकलन योजना के अन्तर्गत सन् 2004 में प्रकाशित हुई। उक्त संग्राम के महावीर कुँवर सिंह की प्रमुख रणस्थली आजमगढ़ होने के कारण लेखन ने उनकी प्रामाणिक गौरवगाथा को लिपिबद्ध करने में विशेष रुचि ली है और इससे कृति की उत्कृष्टता और उसका रोमांच बढ़ गया है। इस कृति में 1857 की पृष्ठभूमि के साथ लेखक ने क्रान्ति के आरम्भस्थल मेरठ से शुरू कर दिल्ली, लखनऊ, कानुपर, इलाहाबाद, गोरखपुर, गोंडा और उन्नाव-रायबरेली में फैली उसकी आग का मर्मस्पर्शी वर्णन किया है। एक-एक जनपद के लिए एक-एक अध्याय लिखा गया है और वहाँ के गजेटियर आदि साक्ष्यों का प्रयोग किया गया है। विभिन्न जनपदों वाले अध्याय का शीर्षक चयन इस दृष्टि से हुआ है कि वहाँ की घटना का सारा सर्वस्व उसमें झलक मारकर पाठक को रोमांचित कर देता है। जैसे दिल्ली के लिए शीर्षक दिया—'तख्त लन्दन चलेगी', 'झाँसी के लिए लिखा, 'खूब लड़ी मर्दानी', जौनपुर के लिए 'राजपूतों और पठानों ने रचा इतिहास' और गाजीपुर के लिए, 'मरमिटने को तैयार गहमर' इस पुस्तक का बहिरंग ही नहीं, अन्तरंग भी बहुत रोमांचक और विचारोत्तेजक है। अपना भूला बिसरा इतिहास जानने और अपने सीधे स्वाभिमान को जाग्रत करने के लिए इस पुस्तक को पढ़ना अनिवार्य है।

वास्तव में डॉ. कन्हैया सिंह का सम्पूर्ण प्रकाशित साहित्य और उनका रचनात्मक अवदान भारतीय संस्कृति अपने सांस्कृतिक मूल्य, जीवनदृष्टि, राष्ट्रीयता और अपनी साहित्यिक-सामाजिक विरासत की सुरक्षा का साहित्य है। इस दृष्टि से वह बहुत मूल्यवान है वह कहीं-न-कहीं से अँधेरे की उन परतों को हटाता प्रतीत होता है जो अतीत के सत्य को ढकती हैं। इन्हीं कारणों से उनका लेखकीय तेजस्विता को सुधी समीक्षकों और विद्वानों ने सराहा है।

विवेकीराय मार्ग, बड़ी बाग, गाजीपुर (उ.प्र.)

सिद्ध साधक का अभिनन्दन

कमल किशोर गोयनका

हिन्दी के प्रसिद्ध अध्यापक, आलोचक तथा लेखक डॉ. कन्हैया सिंह दीर्घायु हो रहे हैं तो स्वाभाविक है कि उनके साथियों तथा मित्रों के मन में उनके अभिनन्दन का भाव उत्पन्न हो। यह भाव इसलिए नहीं कि उनके साथी या मित्र उनका प्रशस्ति गान करना चाहते हैं। वैसे भी एक शुद्ध-अध्यापक और साहित्यकार में राजनेताओं तथा अभिनेताओं जैसे अभिनन्दन कराने का न तो संस्कार होता है और न झूठे एवं स्वार्थी प्रशंसकों की भीड़ ही उसे घेर पाती है। एक ईमानदार अध्यापक तथा जेनुइन लेखक किसी भी चापलूस को क्या दे सकता है? उसके पास जो भी ज्ञान है, रचनात्मकता तथा समाज-दृष्टि है, वह उसे निःस्वार्थ भाव से सभी जिज्ञासुओं तथा सहृदय पाठकों के लिए उपलब्ध कराता है। अतः डॉ. कन्हैया सिंह के अभिनन्दन का विचार जब भी और जिस भी परिस्थिति में पैदा हुआ हो, उसके मूल में हिन्दी के एक सिद्ध-साधक के अभिनन्दन का तथा उनके प्रति सामाजिक आभार का भाव ही रहा होगा।

इस अभिनन्दन के भाव से मैं भी स्वयं को जुड़ा पाता हूँ। इसके कई कारण मेरे पास हैं। डॉ. कन्हैया सिंह से मेरा परिचय पुराना नहीं है। इसका कारण सम्भवतः यह है कि वह मध्यकालीन काव्य तथा पाठालोचन के क्षेत्र में सक्रिय रहे और मैं प्रेमचन्द के अनुसन्धान में व्यस्त रहा। सो कारण एक ही चिन्तन-दिशा के पथिक होने पर भी उनसे परिचय का क्षण बहुत बाद में आया। वह अखिल भारतीय साहित्य परिषद् के सक्रिय सदस्य रहे हैं और उनके पास साहित्य का एक राष्ट्रीय दृष्टिकोण भी है जो लेखक को अपनी भूमि से, अपनी संस्कृति और भाषा से तथा अपनी अस्मिता से जोड़ता है। डॉ. कन्हैया सिंह ऐसे लेखक हैं, जिन्हें अपना देश, अपना समाज, अपनी संस्कृति, अपनी भाषा, अपनी अस्मिता सर्वाधिक प्रिय है। इनमें जहाँ-जहाँ समस्याएँ हैं, विसंगतियाँ हैं, विरोध और संघर्ष हैं, डॉ. कन्हैया सिंह सदैव संवाद के लिए तैयार रहते हैं और दूसरों के तर्कों को समझते हुए अपना पक्ष-प्रबलता के साथ रखते हैं।

डॉ. कन्हैया सिंह के इस अभिनन्दन से मैं स्वयं को इसलिए जुड़ा पाता हूँ, क्योंकि यह एक सिद्ध-साधक का, एक ईमानदार अध्यापक का, एक शोधार्थी का, एक निष्ठावान् लेखक

का तथा एक भारतीयतावादी का अभिनन्दन है। ऐसे सिद्ध साधक आज हमारे समाज में कितने हैं जिन्होंने साधना में तीन-चार दशक लगाये हों और भौतिक सिद्धियों से दूर हों, डॉ. कन्हैया सिंह ने बौद्धिक क्षेत्र में साधना की और उसमें ही गहराई से सिद्धि प्राप्त की। वह चाहते तो किसी राजनीतिक दल के प्रवक्ता बनकर राज्य-सभा में पहुँच सकते थे, लेकिन उन्होंने साहित्य को चाटुकारिता का नहीं, बौद्धिक संवाद का तथा गहन अध्ययन करके नये विचार-मोतियों को तलाश करने का मार्ग अपनाया। इसलिए मैं स्वयं को उनके अभिनन्दन में सम्मिलित पाता हूँ। इसका एक कारण और भी है। वह एक कुशल वक्ता हैं, अपने विषय के ज्ञाता तथा अपने ज्ञान को कुशलता के साथ श्रोताओं तक पहुँचाने की क्षमता रखनेवाले। मुझे ऐसे कई सुअवसर मिले हैं, जब मैंने उन्हें भारतीय संस्कृति, जायसी तथा राहुल सांकृत्यायन पर बोलते सुना है। अखिल भारतीय साहित्य परिषद् अधिवेशनों में उन्होंने सम्बन्धित विषयों पर अपने तर्कसंगत विचार रखे हैं। मैं यह मानता हूँ कि एक अध्यापक के लिए यह सहज कार्य होता है, किन्तु इसके साथ एक विचारदृष्टि का भी होना आवश्यक है। डॉ. कन्हैया सिंह के व्यक्तित्व के बारे में क्या कहूँ? उनके स्वभाव के गुण सहज ही में व्यक्ति को अपने वश में कर लेते हैं।

डॉ. कन्हैया सिंह का व्यक्तित्व बहुआयामी है। उन्होंने कहानी, संस्मरण आदि भी लिखे हैं, परन्तु उनकी ख्याति जायसी पर उनके शोध-कार्य तथा पाठानुसन्धान के क्षेत्र में है। ऐसा साहित्य प्रायः होता है कि एक रचनाकार कई क्षेत्रों में कार्य करता है, परन्तु प्रतिष्ठा एक या दो क्षेत्रों में ही मिलती है और कई बार तो ऐसा होता है कि एक कृति इतनी विख्यात हो जाती है कि काल-प्रवाह के साथ पाठक-समाज उस कृति के अतिरिक्त शेष को भूलता चलता है। विष्णु प्रभाकर की 'आवारा मसीहा' जीवनी इसका प्रमाण है। अतः डॉ. कन्हैया सिंह को इतना सन्तोष होना चाहिए कि विद्वानों ने तथा पाठक-वर्ग ने दो क्षेत्रों में उनकी पुस्तकों की तथा उनकी स्थापनाओं को स्वीकार किया है। आज की परिस्थितियों में, जहाँ कुछ लेखक प्रसिद्धि को खरीदना चाहते हैं, डॉ. सिंह की यह उपलब्धि कम नहीं है, अन्यथा राजधानी तक सिमटनेवाली साहित्यिक गतिविधियाँ कहाँ इतनी दूर आजमगढ़ में बैठकर साधनारत अध्यापक की ओर देखने का अवकाश रखती है। डॉ. सिंह की खूबी यह है कि उनके कार्यों ने देश के प्रायः सभी हिस्सों के विद्वानों को आकर्षित किया है तथा उनकी सिद्ध साधना को मान्यता मिली है।

मैं यहाँ उनके जायसी तथा पाठालोचन सम्बन्धी कार्यों एवं उनकी स्थापनाओं का विवेचन करना नहीं चाहता, क्योंकि मेरे कई साथी लेखकों ने उन पर विस्तार से लिखा है, लेकिन इतना अवश्य कहना चाहूँगा कि जायसी के सम्बन्ध में रामचन्द्र शुक्ल, माताप्रसाद गुप्त, वासुदेवशरण अग्रवाल, विजयदेव नारायण साही, दर्शनलाल सेठी आदि ने जो विवेचन एवं स्थापनाएँ की हैं, उनसे भिन्न मार्ग पर चलते हुए डॉ. सिंह ने अपनी स्थापनाएँ प्रस्तुत की हैं, डॉ. सिंह ने जायसी का हिन्दू संस्कृति की दृष्टि से मूल्यांकन किया और स्थापित किया कि वह हिन्दू जीवन-दृष्टि एवं संस्कृति का आधार लेकर ही चल रहे थे, न कि हिन्दू-मुस्लिम एकता का प्रयास कर रहे थे। यह विवेचन जायसी सम्बन्धी हमारे ज्ञान को विकसित करता है तथा जायसी के प्रति भी न्याय करते हुए आज के मुस्लिम समाज को एक सही दिशा का ज्ञान कराता है। जहाँ तक पाठालोचन का प्रश्न है, इसने मेरे अपने कार्यों में मदद् की है। मैं स्वयं प्रेमचन्द के साहित्य के पाठ-भेद की समस्या से जूझता रहता हूँ तथा अपनी पुस्तक 'प्रेमचन्द के उपन्यासों का शिल्प-विधान', 'प्रेमचन्द और शतरंज के खिलाड़ी' आदि पुस्तकों

में इस समस्या की ओर संकेत करता रहा हूँ। अभी तक विद्वानों ने आदिकाल तथा मध्य युग के काव्य-साहित्य पर पाठालोचन की समस्या का विवेचन किया है तथा उनके प्रामाणिक पाठ का शोधन किया है, परन्तु समस्या का अन्त यहीं नहीं होता है। आधुनिक लेखकों की कृतियों के प्रथम संस्करण तथा बाद के संस्करणों में इतना अन्तर आ गया है कि विश्वास नहीं होता कि हम लेखक की ही रचना पढ़ते-पढ़ाते रहे हैं। जयशंकर प्रसाद की कृतियों पर इस प्रकार का शोध-कार्य हो चुका है, लेकिन प्रेमचन्द के साथ कई लेखकों की कृतियों पर ऐसे कार्य होने की पूरी सम्भावनाएँ हैं।

डॉ. कन्हैया सिंह मेरे लिये जिज्ञासा, ज्ञान एवं शोध के प्रतीक हैं, साहित्य को भारतीयता से सम्बद्ध करने की विचार-दृष्टि के प्रतीक हैं, एक सुयोग्य अध्यापक तथा जिज्ञासु साहित्यकार के प्रतीक हैं, कुतर्क-अतर्क के नहीं, सतर्क साधना के प्रतीक हैं और अपने क्षेत्र में ज्ञान की ज्योति जलानेवाले सिद्ध साधक के प्रतीक हैं। इन्हीं कारणों से मैं उनके अभिनन्दन में शामिल हूँ, उसका एक अंग हूँ। ईश्वर से प्रार्थना है कि वह उन्हें दीर्घायु प्रदान करते हुए उनके मन में ज्ञान-ज्योति को निरन्तर प्रज्वलित रखें।

ए-98, अशोक विहार, फेज़ प्रथम, दिल्ली-110052

डॉ. कन्हैया सिंह : एक प्रेरक व्यक्तित्व

सदानन्द प्रसाद गुप्त

मैं जब आदरणीय डॉ. कन्हैया सिंह के साथ प्रथम साक्षात्कार के विषय में सोचता हूँ तो मेरी स्मृति मुझे आज से चौवालीस वर्ष पीछे ले जाती है। डॉ. कन्हैया सिंह उन दिनों डी.ए.वी. कॉलेज, आजमगढ़ से भटौली बाजार स्थित महाविद्यालय में प्राचार्य पद पर नियुक्त होकर आये थे। प्राचार्य के नाते उन्होंने कॉलेज में प्रदेश के तत्कालीन शिक्षा मन्त्री श्री कालीचरण से अनुरोध कर अनेक विषयों की मान्यता दिलायी थी। मैं उस समय गोरखपुर विश्वविद्यालय से हिन्दी विषय में स्नातकोत्तर परीक्षा प्रथम श्रेणी में उत्तीर्ण कर शोध-कार्य में संलग्न था और साथ ही जीविका की तलाश में महाविद्यालयों में प्रवक्ता पद हेतु आवेदन भी कर रहा था। उन्हीं दिनों डी.ए.वी. कॉलेज, आजमगढ़ में हिन्दी प्रवक्ता पद हेतु विज्ञापन निकला और मैंने वहाँ आवेदन किया। मैं अपने हित चिन्तक गुरुतुल्य एवं वृद्ध स्नातकोत्तर महाविद्यालय, कुशीनगर में हिन्दी के प्राध्यापक डॉ. माधव प्रसाद पाण्डेय का पत्र लेकर अपने सहपाठी तथा मित्र एवं डॉ. पाण्डेय के विशेष स्नेह भाजन डॉ. सुरेन्द्र दुबे के साथ डॉ. कन्हैया सिंह के पास पहुँचा। मुझे ज्ञात था कि डॉ. कन्हैया सिंह का डी.ए.वी. कॉलेज में व्यापक प्रभाव रहा है, आजमगढ़ के सामाजिक-राजनीतिक क्षेत्र में उनकी महत्त्वपूर्ण स्थिति रही है। मुझे स्मरण है कि मैं प्रातः काल ही उनके बिलन्दपुर स्थित आवास पर पहुँचा था। मैंने जाते ही अपना परिचय दिया और डॉ. माधव प्रसाद पाण्डेय का पत्र उनके समक्ष रखा। उन्होंने पत्र पढ़ने के बाद कहा कि, "मैं आपको जानता हूँ, भले ही आप मुझसे पहली बार मिल रहे हैं।" मैं कुछ आश्चर्य में पड़ गया। उन्होंने रहस्य को सुलझाते हुए कहा—"डॉ. भगवतीप्रसाद सिंह ने कुछ लेख मुझे देखने और संशोधन करने के लिए दिये थे, पर मैंने देखा कि वह लेख संशोधित हैं और उनमें किसी भी प्रकार के परिवर्तन की आवश्यकता नहीं है। मेरे पूछने पर डॉ. सिंह ने बताया कि उन लेखों को आपने देखा था। मैं इसी माध्यम से आपको जानता हूँ और यह भी जानता हूँ कि एक अध्यापक की योग्यता आप में है।" ध्यातव्य है कि उन्हीं दिनों मेरे गुरु और शोध निर्देशक डॉ. भगवतीप्रसाद सिंह 'स्वामी भजनानन्द अभिनन्दन ग्रन्थ' का सम्पादन कर रहे थे। अभिनन्दन ग्रन्थ से सम्बन्धित आलेख मुझे उन्होंने देखने के लिए दिये थे और मेरे देखने के बाद वह लेख डॉ. कन्हैया सिंह को दिये गये थे, पर उसकी जानकारी मुझे नहीं थी। यह एक प्रकार से मेरी योग्यता-परीक्षा थी, जिसमें डॉ. कन्हैया सिंह ने मुझे उत्तीर्ण घोषित

किया था। परन्तु डॉ. कन्हैया सिंह ने स्पष्ट रूप से मुझे बता दिया "डी.ए.वी. कॉलेज में आपकी नियुक्ति नहीं हो सकती, क्योंकि एक तो वहाँ का प्रबन्ध-तन्त्र कायस्थ वर्ग का है और दूसरे वहाँ मोहिनी श्रीवास्तव को प्रबन्ध-तन्त्र ने नियुक्त करने का मन बना लिया है।" उस समय महाविद्यालयों के प्रबन्ध-तन्त्र के द्वारा विज्ञापन निकाले जाते थे और सम्बद्ध विश्वविद्यालयों के निर्देश पर नियुक्ति की प्रक्रिया बाह्य विषय विशेषज्ञों की सहायता से पूरी की जाती थी। नियोक्ता होने के कारण प्रबन्ध-तन्त्र की रुचि के विरुद्ध नियुक्ति सम्भव नहीं थी। यद्यपि नियुक्ति होने के कारण मुझे कुछ निराशा हुई, पर उनके स्पष्ट कथन का, उनके व्यक्तित्व का मेरे ऊपर ऐसा प्रभाव पड़ा कि मैं उनसे जुड़ता चला गया। मैं डॉ. भगवतीप्रसाद सिंह का शोध छात्र था साथ ही वह मेरे एक प्रकार से अभिभावक भी थे। इस कारण मैं उनके बेतियाहाता स्थित आवास पर प्रायः जाता रहता था और गुरु सेवा में रत रहता था। उन दिनों मैं 'कल्याण' के सम्पादकोत्तर विभाग गीतावाटिका में रहता था और विद्यार्थी जीवन से ही डॉ. सिंह के स्नेह का अधिकारी बन गया था। डॉ. सिंह के शोध आलेखों को टाइप करने का दायित्व मेरा था। इस कार्य से मुझे काफी कुछ सीखने को भी मिला था। डॉ. भगवतीप्रसाद सिंह उन दिनों 'पद्मावत' के पाठ-सम्पादन का कार्य कर रहे थे। इस सन्दर्भ में उन्होंने अपने प्रयत्नों से 'पद्मावत' की अनेक महत्त्वपूर्ण हस्तलिखित पाण्डुलिपियाँ एकत्र की थीं। जिनमें सबसे महत्त्वपूर्ण प्रति, मोहम्मदशाह रंगीला के समय की 'पदुमावति' की सचित्र प्रति थी। डॉ. सिंह चाहते थे कि 'पद्मावत' का एक अद्यतन प्रामाणिक पाठ तैयार किया जाय। डॉ. सिंह आचार्य रामचन्द्र शुक्ल, डॉ. वासुदेवशरण अग्रवाल तथा माताप्रसाद गुप्त के पाठ की विसंगतियों के बारे में अक्सर बताते थे। मुझे याद है, एक उदाहरण शुक्ल जी के द्वारा सम्पादित जायसी ग्रन्थावली के 'पद्मावत' का वह देते थे, जो गोरा बादल युद्ध खण्ड का है—

गोरा उलटि खेत का ठाढ़ा
पुरुष देखि चाव मन बाढ़ा।

डॉ. सिंह कहते थे 'पुरुष' के स्थान पर 'तुरकन्ह' होना चाहिए—

तुरकन्ह देखि चाव मन बाढ़ा

वे कहते थे कि फारसी लिपि के कारण 'तुरकन्ह' को 'पुरखन्ह' पढ़ा जा सकता है। मैंने देखा है कि डॉ. भगवतीप्रसाद सिंह और डॉ. कन्हैया सिंह रोज घण्टों पाठ-निर्धारण के लिए साथ बैठते थे और एक-एक शब्द पर चर्चा करते थे, उसमें डॉ. कन्हैया सिंह द्वारा निर्धारित पाठ को डॉ. भगवतीप्रसाद सिंह काफी महत्त्व देते थे। इसके पीछे कारण भी थे। डॉ. कन्हैया सिंह ने जायसी काव्य का गहन अध्ययन किया था और पाठ-सम्पादन तथा पाठानुसन्धान में विशेषज्ञता हासिल की थी। वह वैज्ञानिक पाठ के निर्धारक डॉ. माताप्रसाद गुप्त के विद्यार्थी भी रह चुके थे तथा उनसे पाठानुसन्धान की विधि भी सीखी थी। 'पाठ-सम्पादन के सिद्धान्त' तथा 'हिन्दी पाठानुसन्धान' जैसी दो महत्त्वपूर्ण पुस्तकों के वह रचयिता थे। यह दोनों पुस्तकें विभिन्न विश्वविद्यालयों के पाठ्यक्रमों का हिस्सा भी थीं।

डॉ. कन्हैया सिंह का डॉ. भगवतीप्रसाद सिंह के यहाँ 'पद्मावत' के पाठ-निर्धारण हेतु प्रायः जाना होता था। उनके बीच हुए बौद्धिक विमर्श को निकट से देखने उनसे सीखने का अवसर भी मुझ जैसे नवयुवक को मिला। उसी दौरान डॉ. कन्हैया सिंह के निकट आने का मौका भी मिला। डॉ. भगवतीप्रसाद सिंह के निर्देशन में मुझे पीएच.डी. की उपाधि मिली। उसी दौरान बापू महाविद्यालय, पीपीगंज तथा दिग्विजयनाथ महाविद्यालय गोरखपुर में हिन्दी प्रवक्ता पद पर मेरी

नियुक्ति हो गयी पर भाग्य का चक्र, दोनों जगहों पर पद क्रमशः समाप्त हो गये। मुझे लगने लगा मेरे भाग्य में जीविका लिखी ही नहीं है पर जैसे विधाता ने मेरे लिये कुछ और ही सोच रखा था। गोरखपुर विश्वविद्यालय में हिन्दी प्रवक्ता पद पर विज्ञापन निकला और डॉ. भगवतीप्रसाद सिंह के अनुग्रह से मेरी नियुक्ति विश्वविद्यालय में हो गयी। योग्यता होने के बाद भी यदि डॉ. भगवतीप्रसाद सिंह का आशीर्वाद नहीं मिलता, तो मैं विश्वविद्यालय में नहीं आ पाता और गवर्नमेण्ट कॉलेज की सेवा में चला गया होता क्योंकि मेरी नियुक्ति एक नवनिर्मित कॉलेज में हो गयी थी। बहरहाल डॉ. कन्हैया सिंह के भटवली बाजार स्थिति महाविद्यालय में प्राचार्य पद पर कार्य करते हुए मुझे उनके निकट आने का अवसर मिला। कालान्तर में मैं अखिल भारतीय विद्यार्थी परिषद् और अखिल भारतीय साहित्य परिषद् से सक्रिय रूप से जुड़ा। डॉ. कन्हैया सिंह उस समय अखिल भारतीय साहित्य परिषद् में महामन्त्री थे और उन्होंने मुझे राष्ट्रीय कार्यकारिणी का सदस्य नामित कराया। उनके साथ साहित्य परिषद् के आगरा, कोटा, सोनीपत, वाराणसी और दिल्ली के राष्ट्रीय अधिवेशनों तथा बड़ौदा, पूना (हिमाचल प्रदेश) और दिल्ली में हुए राष्ट्रीय कार्यकारिणी की बैठकों में सम्मिलित होने का अवसर मिला। डॉ. कन्हैया सिंह निरन्तर मुझे अधिवेशनों के सत्रों में पत्र-वाचन तथा संगोष्ठियों के संयोजन के लिए प्रेरित करते थे। डॉ. कन्हैया सिंह की प्रेरणा से ही मैंने साहित्य परिषद् की काशी प्रान्त की इकाई का महामन्त्री बना और गोरखपुर में साहित्य परिषद् की इकाई का गठन किया। डॉ. कन्हैया सिंह के नेतृत्व में ही हम लोगों ने गोरखपुर में उत्तर प्रदेश इकाई का अधिवेशन आयोजित किया, जिसका उद्घाटन उ.प्र. के तत्कालीन कैबिनेट मन्त्री श्री कलराज मिश्र ने किया था।

अखिल भारतीय साहित्य परिषद् के तत्कालीन राष्ट्रीय उपाध्यक्ष डॉ. शरण बिहारी गोस्वामी जब उ.प्र. हिन्दी संस्थान के कार्यकारी उपाध्यक्ष बने तो डॉ. कन्हैया सिंह की प्रेरणा से ही मैं भी हिन्दी संस्थान की सामान्य सभा का सदस्य बना और संस्थान की गतिविधियों से जुड़ने का मुझे अवसर मिला। मैंने संस्थान के सहयोग से तथा स्वतन्त्र रूप से भी साहित्य परिषद् के तत्त्वावधान में अनेक संगोष्ठियों का आयोजन किया। इन सबमें डॉ. कन्हैया सिंह का बहुमूल्य परामर्श भी मुझे मिलता रहा। मैंने गोरखपुर से 'समन्वय' नामक अनियतकालीन साहित्यिक पत्रिका का प्रकाशन, साहित्य परिषद् की गोरखपुर इकाई के अन्तर्गत आरम्भ किया तो डॉ. कन्हैया सिंह का मुझे पूर्ण संरक्षण बराबर मिला। मुझे स्मरण है कि 'समन्वय' का 'सुमित्रानन्दन पन्त' विशेषांक प्रकाशित हुआ था, जिसका लोकार्पण उ.प्र. के तत्कालीन राज्यपाल स्व. विष्णुकान्त शास्त्री ने किया था। यह आयोजन उ.प्र. के वर्तमान माननीय मुख्यमन्त्री और उस समय के श्रीगोरक्षपीठ के उत्तराधिकारी पूज्य योगी आदित्यनाथ जी महाराज के अनुग्रह से श्री गोरखनाथ मन्दिर के दिग्विजयनाथ सभागार में हुआ था। बहुत ही भव्यता के साथ कार्यक्रम सम्पन्न हुआ। डॉ. कन्हैया सिंह उस कार्यक्रम में प्रमुख रूप से उपस्थित हुए। कालान्तर में 'समन्वय' के आचार्य रामचन्द्र शुक्ल 'निर्मल वर्मा' तथा 'अज्ञेय' विशेषांक प्रकाशित हुए।

जब पूज्य योगी आदित्यनाथ जी महाराज के नेतृत्व में ब्रह्मलीन महन्त अवेद्यनाथ जी महाराज का अभिनन्दन ग्रन्थ सम्पादित करने का निर्णय लिया गया और उसके सम्पादन का दायित्व मुझे दिया गया, तो डॉ. कन्हैया सिंह का निरन्तर परामर्श हम लोगों को मिलता रहा। लगभग तीन वर्ष के अनवरत परिश्रम से तीन खण्डों में लगभग दो हजार पृष्ठों का भव्य अभिनन्दन ग्रन्थ प्रकाशित हुआ, जिसका लोकार्पण गोरखनाथ मन्दिर के दिग्विजयनाथ सभागार में विशाल जन समूह के बीच माननीय लालकृष्ण आडवाणी जी ने किया। इस कार्यक्रम में भी डॉ. कन्हैया सिंह की गरिमामयी उपस्थिति रही।

सन् 2017 में जब प्रदेश के विधानसभा चुनाव में भारतीय जनता पार्टी की अभूतपूर्व विजय हुई और गोरक्षपीठाधीश्वर पूज्य आदित्यनाथ जी महाराज को मुख्यमन्त्री पद का दायित्व मिला तो उन्होंने मुझे उत्तर प्रदेश हिन्दी संस्थान का कार्यकारी अध्यक्ष नियुक्त किया। संस्थान को समय स्थान एवं कार्यकारिणी का गठन करते समय गैर सरकारी सदस्य के रूप में अनुभवी लोगों के परामर्श एवं सहयोग लेने हेतु सदस्यों को जोड़ने का प्रश्न आया तो मेरा ध्यान सबसे पहले डॉ. कन्हैया सिंह की ओर गया। डॉ. कन्हैया सिंह काफी पहले से ही संस्थान की गतिविधियों से जुड़े हुए थे। वह उत्तर प्रदेश भाषा संस्थान के कार्यकारी अध्यक्ष भी रह चुके थे। उन्होंने मेरे अनुरोध को स्वीकार करते हुए अपनी सहमति दी तो माननीय मुख्यमन्त्री जी ने उनके नाम का अनुमोदन कर दिया। संस्थान में उनकी सक्रिय उपस्थिति से मुझे नया बल मिला है। उन्होंने अनेक अवसरों पर अपने बहुमूल्य सुझावों से संस्थान को लाभान्वित किया है। उनका परामर्श मुझे अद्यतन मिलता रहा है।

जहाँ तक मैंने उनके व्यक्तित्व को जाना-समझा है, वह एक दृढ़-निश्चयी और स्पष्टवादी व्यक्ति के रूप में हमारे समक्ष रहे हैं। अपनी बात को स्पष्टता और दृढ़ता के साथ रखना उनकी प्रकृति है। उनमें एक प्रकार का खरापन भी है। वह किसी द्विविधा की स्थिति में नहीं रहते। साहित्य परिषद् की बैठकों में मैंने उन्हें सही बात को दृढ़ता के साथ रखते देखा है।

डॉ. कन्हैया सिंह का एक सक्रिय सामाजिक और राजनीतिक व्यक्तित्व रहा है। अपनी युवावस्था में ही वह आजमगढ़ नगरपालिका के अध्यक्ष रह चुके हैं। इतनी कम उम्र में अपनी सामाजिक सक्रियता के बल पर अपनी पहचान बना पाना सबके लिए सम्भव नहीं हो पाता फिर उस व्यक्ति के लिए और भी नहीं जिन्हें राजनीति विरासत में न मिली हुई हो। मैं वंशानुगत आधार पर राजनीति की सीढ़ियाँ चढ़नेवालों की बात नहीं कर रहा। डॉ. कन्हैया सिंह ने अपनी कर्मठता के कारण समाज में लोगों का विश्वास अर्जित किया।

डॉ. कन्हैया सिंह ने निःस्वार्थ भाव से लोगों की सहायता की है। परिश्रमी उपभोक्तावादी संस्कृति ने आज मनुष्य को अधिकाधिक आत्म केन्द्रित बनाया है, उसका जीवन अपने ही सुख-दुःख के इर्द-गिर्द घूमता रहता है, दूसरों के सुख-दुःख के लिए उसके मन में कोई सहानुभूति नहीं है। ऐसे समय में लोगों की हर सम्भव सहायता के लिए तत्पर रहना डॉ. कन्हैया सिंह का व्रत रहा है। मुझे स्मरण है, श्रीमहन्त रामाश्रम दास स्नातकोत्तर महाविद्यालय, भुड़कुड़ा में हिन्दी प्रवक्ता की जगह विज्ञापित हुई थी। उस समय नियुक्तियों के लिए आयोग का गठन नहीं हुआ था और महाविद्यालय के प्रबन्ध तन्त्र विश्वविद्यालय के द्वारा नियुक्त विषय-विशेषज्ञ की सहायता से चयन प्रक्रिया पूरी करके सम्बद्ध विश्वविद्यालय के कुलपति से अनुमोदन लेकर सम्बन्धित व्यक्ति को कार्यभार ग्रहण कराते थे। मेरे मित्र और गुरु भाई डॉ. उदय प्रताप ने महाविद्यालय में आवेदन किया था। डॉ. कन्हैया सिंह विषय-विशेषज्ञ नियुक्त हुए पर डॉ. उदय प्रताप सिंह की नियुक्ति चाहते हुए भी नहीं करा पाये। उस समय डॉ. शीला सिंह की नियुक्ति हो गयी। उन्हें प्रबन्ध तन्त्र का आशीर्वाद प्राप्त था। दूसरे वर्ष फिर हिन्दी प्रवक्ता पद के लिए भुड़कुड़ा महाविद्यालय में विज्ञापन निकला और डॉ. उदय प्रताप सिंह ने पुनः आवेदन किया। पर इस बार डॉ. कन्हैया सिंह विषय विशेषज्ञ नामित नहीं हुए, पर उनकी आजमगढ़-गाजीपुर में प्रतिष्ठा थी। वह महाविद्यालय के प्रबन्धक से मिले और कहा—"पिछले वर्ष मैंने आपके उम्मीदवार का समर्थन किया था इस बार मेरे कहने पर आपका समर्थन उदय प्रताप सिंह को मिलना चाहिए। यह योग्य हैं और सारी अर्हताएँ पूरी करते हैं।" कॉलेज के तत्कालीन प्राचार्य डॉ. इन्द्रदेव सिंह काशी विद्यापीठ के हिन्दी विभाग के उस समय के अध्यक्ष डॉ. के.पी. सिंह के विद्यार्थी थे और उन्होंने डॉ. के.पी. सिंह

के दामाद की नियुक्ति के लिए वचन दे दिया था। पर डॉ. कन्हैया सिंह के कथन का प्रबन्धक पर ऐसा प्रभाव पड़ा कि उन्होंने डॉ. उदय प्रताप सिंह की नियुक्ति के लिए आश्वासन दे दिया और अन्ततः उदय प्रताप सिंह की नियुक्ति भुड़कुड़ा महाविद्यालय में हो गयी। यह घटना इस बात का प्रमाण है कि डॉ. कन्हैया सिंह किसी व्यक्ति की मदद के लिए कितने तत्पर रहते हैं। ऐसे अनेक उदाहरण हैं कि उन्होंने लोगों की मदद की है।

सामाजिक एवं राजनीतिक गतिविधियों में संलग्न रहने के बाद भी डॉ. कन्हैया सिंह की साहित्य क्षेत्र में सक्रियता बराबर बनी रही। वह विभिन्न साहित्यिक आयोजनों के कर्त्ता-धर्त्ता भी बने। उन्होंने अनेक साहित्यिक आयोजन अपने परिश्रम एवं संकल्प के बल पर किये। मुझे याद है, कि जब गुरुवर डॉ. भगवती प्रसाद सिंह ने विश्वविद्यालय अनुदान आयोग की सहायता से जायसी को केन्द्र में रखकर गोरखपुर विश्वविद्यालय के हिन्दी विभाग के तत्त्वावधान में राष्ट्रीय संगोष्ठी आयोजित की, तो व्यवस्था पक्ष को सँभालने में डॉ. कन्हैया सिंह की महत्त्वपूर्ण भूमिका थी। इसी प्रकार गोरखनाथ मन्दिर के सहयोग से हिन्दी विभाग द्वारा नाथपन्थ पर राष्ट्रीय संगोष्ठी आयोजित की गयी, तो उसमें भी डॉ. कन्हैया सिंह ने प्रमुख रूप से भाग लिया था। काशी में अखिल भारतीय साहित्य परिषद् के राष्ट्रीय अधिवेशन के सफल आयोजन के मुख्य सूत्रधार डॉ. कन्हैया सिंह ही थे। पर इन बाह्य गतिविधियों के बीच उनकी व्यक्तिगत विद्या-साधना भी चलती रही। उनके द्वारा लिखी और सम्पादित लगभग चालीस पुस्तकें इसका प्रमाण है। डॉ. भगवतीप्रसाद सिंह के साथ मिलकर 'पद्मावत' के पाठ संशोधन का जो कार्य उन्होंने किया था, उसका प्रकाशन कराकर उन्होंने एक महत्त्वपूर्ण कार्य सम्पादित किया है। 'पदुमावति' के इस पाठ का सम्यक् विवेचन और विश्लेषण साहित्य जगत् में अभी नहीं हुआ है, क्योंकि अभी भी आचार्य रामचन्द्र शुक्ल द्वारा सम्पादित जायसी ग्रन्थावली का ही वर्चस्व बना हुआ है इसके पीछे मूल कारण शुक्ल जी द्वारा लिखी गयी अविस्मरणीय भूमिका है जिसमें 'पद्मावत' के काव्य-सौन्दर्य का सम्यक् विश्लेषण है। डॉ. वासुदेवशरण द्वारा सम्पादित 'पद्मावत' का महत्त्व उसके संजीवनी काव्य के कारण है। फिर आज पाठालोचन की दृष्टि से प्राचीन कृतियों के अध्ययन की परम्परा भी समाप्त हो गयी है। आज विमर्शों का दौर है। ऐसे में मध्यकालीन कविता की ओर ध्यान कौन दे। विश्वविद्यालयों के हिन्दी विभागों ने तो पाठालोचन (Tertual Criticism) जैसे विषय को पाठ्क्रम से ही बहिष्कृत कर रखा है। ऐसे समय डॉ. कन्हैया सिंह जैसे अध्यवसायी और पाठ विशेषज्ञ की ओर देखकर प्रेरणा लेने का उत्साह बढ़ता है। आज पल्लव ग्राही ज्ञान का बाहुल्य है, लोकोक्ति के सहारे कहें तो 'पिसान पोतकर भण्डारी बनने की ललक' लोगों में है। प्राचीन साहित्य का टेक्स्ट बहुत ही कम लोगों को कण्ठस्थ है। डॉ. कन्हैया सिंह उस परम्परा की कड़ी हैं, जिन्हें प्राचीन एवं मध्यकालीन साहित्य का पर्याप्त टेक्स्ट कण्ठस्थ है और उनके व्याख्यानों में सटीक रूप में वह व्यक्त होता है। डॉ. कन्हैया सिंह मध्यकालीन साहित्य विशेषतः सूफीकाव्य के विशेषज्ञ हैं। राजनीतिक एवं सामाजिक कार्यों में संलग्न रहने के बाद भी उनका अध्यवसायी व्यक्तित्व दबा नहीं हालाँकि उसमें खरोंच जरूर आई। मैं निःसंकोच रूप से कह सकता हूँ कि यदि वह राजनीतिक क्षेत्र में संलग्न नहीं रहते तो वह एक उत्कृष्ट शोध-अध्येता, पाठ-सम्पादन के शीर्ष विद्वान् और एक शीर्ष अर्थग्राही आलोचक अवश्य बनते और अखिल भारतीय ख्याति प्राप्त करते। फिर भी सन्तोष इस बात का है कि राजनीतिक गतिविधियों के बीच भी उन्होंने अपने अध्येतावृत्ति की संवेदना को सूखने नहीं दिया और अनेक महत्त्वपूर्ण कृतियाँ समाज को दीं। इस दृष्टि से वह हम सबके लिए अभिनन्दनीय हैं।

कार्यकारी अध्यक्ष, उत्तर प्रदेश हिन्दी संस्थान
लखनऊ (उ.प्र.)

स्मृतियों की छाँव में

पी. एन. सिंह

डॉ. कन्हैया सिंह एक जाने-माने विद्वान्, लेखक, समाजसेवी तथा राजनीतिक सक्रियतावादी हैं। इनमें कितनी शक्ति है और कितनी दिशाओं में इसे यह क्रियान्वित रखते हैं, इसका अन्दाज लगाना मेरे लिये मुश्किल है। इनका जन्म ग्राम-धरवारा, जिला-आजमगढ़ में हुआ था लेकिन अब यह राहुल नगर आजमगढ़ में रहते हैं। इनकी अपनी आस्था और राहुल सांकृत्यायन की बदलती आस्थाओं में कोई ताल-मेल नहीं दिखायी देता। राहुल ने बहुत तरह की विचार-सरणियों को अपने अनुभवों के आधार पर पकड़ा लेकिन इनकी विचार-सरणी करीब-करीब सुनिश्चित-सी रही। राहुल ने ज़िन्दगी शुरू तो की थी एक सामान्य ब्राह्मण की तरह लेकिन वह अपने अनुभवों और विवेक के आधार पर उन्हें अतिक्रमित करते रहे। डॉ. कन्हैया सिंह के बारे में यह बात कहना उचित नहीं है। इसके बावजूद डॉ. कन्हैया सिंह राहुल साहित्य से जुड़े रहे। कहीं-न-कहीं आन्तरिक संवाद दोनों के बीच चलता रहा।

सर्वप्रथम मैं इन्हें शिक्षक नेता मानता था और इन्हें बस के ऊपर खड़े होकर शिक्षकों को सम्बोधित करते हुए लखनऊ में सुना और देखा था। मैं इनके व्याख्यान से बिल्कुल ही प्रभावित नहीं था। दूसरी बार कॉलेज के झगड़े के सन्दर्भ में जितेन्द्रनाथ पाठक के साथ इनके घर पर गया था। लेकिन दुर्भाग्यवश मुलाकात नहीं हो पायी थी। पाठक जी ने इन्हें एक लम्बा पत्र लिखकर वहीं आजमगढ़ इनके घर पर ही दे दिया जिसका कोई उत्तर शायद नहीं मिला या मिला भी हो तो मुझे नहीं मालूम। इसके बाद एक लम्बे अरसे तक मुझसे मुलाकात ही नहीं हो पायी। अगर मुलाकात भी हुई तो आजमगढ़ की एक विचार-गोष्ठी में, जिसके यह अध्यक्ष थे और मैं मुख्य वक्ता था। उन दिनों मेरे ऊपर मार्क्सवाद का भूत सवार था और मैंने उसी दृष्टि से अपना व्याख्यान दिया था। अपने अध्यक्षीय उद्‌बोधन में डॉ. कन्हैया सिंह ने मेरी स्थापनाओं को मुलायमियत से काटते हुए अपनी बात कही थी। बातें इस शिष्ट तरीके से रखी गयी थीं कि मुझे जरा भी तकलीफ नहीं हुई। लेकिन हमदोनों में कोई बातचीत का सिलसिला नहीं चल पाया था।

इसके बाद फिर 'आजमगढ़ महोत्सव मनाया जा रहा था जिसमें गाजीपुर से गये आजमगढ़ के जिलाधिकारी श्री मुकेश मेश्राम ने गाड़ी भेजकर मुझे बुलाया था। वहाँ पर फिर डॉ. कन्हैया

सिंह से मुलाकात हुई उन्होंने वहाँ की गोष्ठी में अपनी बात कही और मैंने अपनी। उसके बाद तुरन्त रात को आठ बजे मेश्राम साहब से निवेदन किया कि मुझे गाजीपुर भेजवा दें। वह रोकना तो चाहते थे लेकिन मेरी जिद पर उन्होंने गाड़ी और ड्राइवर की व्यवस्था कर दी और मैं गाजीपर लौट आया। वहाँ पर भी डॉ. कन्हैया सिंह से कोई बातचीत नहीं हो पायी थी।

बातचीत का सिलसिला अकस्मात् शुरू हुआ। एक बार हम दोनों राहुल सांकृत्यायन पर आयोजित संगोष्ठी में झारखण्डे राय के गाँव अमिला में अवस्थित एक कॉलेज में बोलने गये थे। वहाँ बहुत सारे लोग सुनने आये थे। हम दोनों ने अपने-अपने ढंग से व्याख्यान दिये और कुछ बातें भी हुईं। वहीं पर इन्होंने राहुल सांकृत्यायन पर अपनी लिखित पुस्तक भी दी थी। पुस्तक तो पतली थी, लेकिन बहुत प्रकाश मिला था उससे राहुल सांकृत्यायन के लगभग सारे लोकप्रिय ग्रन्थों को पढ़ चुका था लेकिन उनकी पुस्तक से जो मुझे दृष्टि मिली थी, वह बिल्कुल नयी थी। उसके बाद टेलिफोनिक बातें तो होती रहीं लेकिन दो मुलाकातें भी सम्भव हो पायीं। पहली मुलाकात रेवतीपुर में हम दोनों वक्ता के रूप में आमन्त्रित थे, लेकिन वहाँ पर भी कुछ विशेष चर्चा नहीं हो पायी। यह पहले बोलने चले गये और एक अच्छा वक्तव्य दिया और उसके बाद नमस्कार-बन्दगी करते हुए सीधे अपने गाड़ी में बैठकर चले गये। अन्ततः मुझे ही मुख्य वक्तव्य देना पड़ा था और मैं भी अपना व्याख्यान समाप्त होते ही स्टेज पर न जाकर अपनी गाड़ी की तरफ गया। वहाँ आयोजक ने मेरे ड्राइवर को पैसे दिये और इसके बाद मैं नमस्ते-बन्दगी करता हुआ वहाँ से चला आया। लोग निराश थे, लेकिन रास्ता तो डॉ. कन्हैया सिंह ने खोल दिया था। कन्हैया सिंह से दूसरी और अन्तिम मुलाकात नन्दगंज के इण्टर कॉलेज में डॉ. गजाधर शर्मा द्वारा आयोजित एक सेमिनार में हुई। उसी सेमिनार में डॉ. कन्हैया सिंह से कुछ आत्मीय बातें हो पायीं। असल में हम दोनों अलग-अलग बैठे थे जहाँ खूब धूप थी। शर्मा जी अपने नाटकों के मंचन में व्यस्त थे। अन्ततः हम लोग वहाँ से उठ गये और बाहर जाकर मिठाई खायी, पानी पिया। ऐसे आयोजनों की व्यर्थता पर हम दोनों ने बातें कीं और फिर थोड़ी देर बाद हम लोग वहाँ आकर बैठे। जब बोलना हुआ तो मैंने इनकार कर दिया, लेकिन कन्हैया सिंह मंच पर गये, खूब बढ़िया व्याख्यान दिया, शर्मा जी के प्रयासों की सराहना की और उन्हें आशीर्वाद देकर आकर मेरी बगल में बैठ गये। मैंने पूछा, इतनी औपचारिकता की क्या जरूरत थी? उनका कहना था कि औपचारिक अवसर पर औपचारिक रहना ही चाहिए। बात तो अच्छी लगी, लेकिन ऐसे अवसरों पर भी मुझसे चूक हो जाया करती है। मुझमें मंचीय विवेक अभी तक नहीं विकसित हो पाया है, लेकिन डॉ. कन्हैया सिंह में यह विवेक पूर्णतया विकसित है। इन्हें मालूम है कि कब क्या बोलना है और कब क्या नहीं। यह विवेक मैं नहीं विकसित कर सका, जिसके चलते मैं परेशानी में पड़ जाया करता हूँ।

एक बात और याद आ रही, गाजीपुर में डॉ. विवेकी राय लेखक के रूप में बहुत ही लोकप्रिय थे। उनके नाम पर विवेकी राय मार्ग भी है। डॉ. जितेन्द्र नाथ पाठक जो कवि और विभागाध्यक्ष भी थे उनके नाम से बहुत चिढ़ते थे, क्योंकि उनको लेखक के रूप में वह प्रसिद्धि नहीं मिल सकी थी, जो विवेकी राय को मिली। अतः उन्होंने *'पं. रामचरित उपाध्याय स्मृति संस्थान'* खोला जिसका उद्देश्य था एक भूमिहार के नाम को इनसे अर्थात *पं. रामचरित उपाध्याय स्मृति संस्थान* नाम से ढक देना। यह अलग बात थी। पाठक जी का चुनाव भी जाने-अनजाने जातिवादी ही रहा। इनके सामने एक और परेशानी खड़ी हो गयी, पं. रामचरित उपाध्याय रहते तो जरूर गाजीपुर में थे, लेकिन उनका जन्मस्थान आजमगढ़ जनपद था। डॉ. कन्हैया सिंह ने उनकी कविताओं का संकलन तैयार कर एक लम्बी भूमिका के साथ प्रकाशित कर दिया था। डॉ. कन्हैया सिंह द्वारा लिखित पुस्तक को ही प्राप्त कर डॉ. जितेन्द्र नाथ पाठक, उपाध्याय जी के नाम पर एक दिवस

मनाते हैं। डॉ. कन्हैया सिंह की पुस्तक से ही कुछ अंश पढ़ते हैं और उसका अर्थ वहाँ बैठे श्रोताओं को बताते हैं। अनजाने ही डॉ. कन्हैया सिंह का नाम गाजीपुर में टपक पड़ा। इस तरह अब कन्हैया सिंह अपने अन्य उपलब्धियों के कारण गाजीपुर के पढ़े-लिखे लोगों के बीच एक चर्चित नाम है।

एक बात मुझे और याद आ रही है जो मुझे दुःख देती है। डॉ. कन्हैया सिंह अक्सर डॉ. विवेकी राय के यहाँ आते थे। मैं विवेकी राय के आवास से लगभग दो फलांग की दूरी पर ही रहता हूँ, लेकिन उन्होंने कभी भी मेरे घर तक आने का कष्ट नहीं उठाया और न ही मुझे कभी सूचना दी कि मैं उनसे मिल ही लूँ। उनसे मिलने में मुझे खुशी होती। मैं नहीं जानता उनके दिमाग में कौन-सी ऐसी हिचक थी जो उन्हें मुझसे दूर किये रहती थी। यद्यपि अपने लड़के के रिसर्च के सम्बन्ध में उन्होंने उसे कई बार मेरे यहाँ भेजा था।

जब से भाजपा उत्तर-प्रदेश में चमकने लगी है उसी के साथ डॉ. कन्हैया सिंह का नाम भी गम्भीरता से लिया जाने लगा है। यह विभिन्न पदों पर नियुक्त होते रहे और बहुतों की भलाई भी की है। बहुत सारे लोग इन्हीं की कृपावश छोटे-बड़े साहित्यिक पुरस्कार पाये हैं। मैंने उनसे टेलीफोन से बात की और उन्होंने कहा कि आप आवेदन कर दीजिये और मैंने आवेदन भी कर दिया जिस पर उन्होंने अपनी संस्तुति भी कर दी। लेकिन मैं पुरस्कार के योग्य नहीं समझा गया। प्रश्न लेखन की गुणवत्ता का नहीं था, प्रश्न था पार्टी प्रतिबद्धता का। क्या किया जाये ऐसी व्यवस्था का। ऐसी ही स्थिति अखिलेश के दौर में भी रही और अधिकांश महत्त्वपूर्ण पुरस्कार एक सिरे से स्वजातीय लोगों को दिये गये। लेकिन डॉ. कन्हैया सिंह मुझे भिन्न किस्म के आदमी लगते हैं, यह पार्टीगत या जातिगत पूर्वग्रहों से ऊपर के आदमी हैं। कम-से-कम यह विश्वास अपने अनुभवों से मुझमें बना है।

इस तरह कुल मिलाकर डॉ. कन्हैया सिंह एक विद्वान् आदमी हैं। उन्होंने जीवन में जो भी ऊँचाई पायी है वह कुछ तो अपने श्रम और उससे प्राप्त बौद्धिक उपलब्धियों से और कुछ अपनी राजनीतिक आस्था से। बिना इस संयोग के कोई बड़ा आदमी नहीं बन सकता। मेरा दुर्भाग्य रहा कि मैं उन्हें शिक्षक नेता के रूप में ही जानता था। उनके अकादमिक उपलब्धियों से मैं सर्वथा अनभिज्ञ था। मैं मूलतः अंग्रेजी का विद्यार्थी था और बहुत देर से हिन्दी में प्रवेश किया था। लेकिन कोई अकादमिक मकसद मेरे पास नहीं था। किन्तु इन पर प्रकाशित विश्वविद्यालय का अकादमिक प्रोफार्मा इनकी अकादमिक रुचि को दर्शाता है। उन्होंने जीवन में बहुत कुछ राजनीतिक काम करते हुए भी अकादमिक ऊँचाई पायी है जो सामान्य आदमी के बूते का नहीं है। इस तरह डॉ. कन्हैया सिंह सचमुच अकादमिक क्षेत्र में भी अपनी पहचान रखते हैं। दरअसल, ऐसे ही व्यक्ति को प्रतिभाशाली माना जाता है। विभिन्न क्षेत्रों में, जहाँ कहीं भी गये, अपनी प्रतिभा को दिखाया। इतनी बहुमुखी प्रतिभावाला आदमी मैंने कम देखा है।

मालगोदाम रोड, गौतम बुद्ध कॉलोनी
रोज़ा साह जुनैल, गाजीपुर (उ.प्र.)

एक सुधी समीक्षक

दयाकृष्ण विजयवर्गीय

एक बहुआयामी व्यक्तित्व का नाम है डॉ. कन्हैया सिंह। डॉ. सिंह आज भी इसी कर्मठ सक्रियता का निर्वहन कर रहे हैं, जो इन्होंने चढ़ते यौवन में प्रदर्शित की होगी। यह इसी 1 अगस्त को जीवन के साठ बसन्त पार कर रहे हैं, परन्तु हम देखते हैं कि उनमें कर्मठता तनिक भी न्यून नहीं हुई है।

डॉ. सिंह ने जहाँ वकालत से लेकर प्राचार्य तक की यात्रा की है, वहीं नगरपालिका आजमगढ़ के अध्यक्ष पद से लेकर आपात्काल के मीसाबन्दी होने तक की कारावासीय यात्रा की है। इससे सिद्ध है, डॉ. सिंह न केवल समर्थ प्राध्यापक हैं, अपितु लोक-जीवन से जुड़े एक सशक्त सामाजिक राजनैतिक व्यक्तित्व भी हैं साहित्य तो आपकी साँसों के साथ जुड़ा है। आप जन्मजात मौलिक प्रतिभा के धनी हैं। उसी का परिणाम है कि आपने एम.ए., एल.एल.बी. दोनों योग्यता-सूची के साथ उत्तीर्ण किये हैं। इसी प्रकट गुणात्मकता के लिए आपने कभी कुलपति-पदक पाया है, तो कभी लैम्सडन गोल्ड मेडल तथा सर हेनरी गोल्ड मेडल से सम्मानित हुए हैं। इसी साहित्यिक अभिरुचि ने आपको सामान्य से विशिष्ट व्यक्तित्व प्रदान कर महिमामण्डित किया है। संघ के त्यागपूर्ण संस्कारों ने आपको उदरजीवी न बनाकर परोपकारजीवी बनाया है।

काव्योचित स्वभाव, आप रागानुशासित होकर भी शासित होकर कभी नहीं जिये। परिणामतः आप कहीं जमकर नहीं टिके। शायद विधाता को इनके गुण-परमाणु यत्र-तत्र विकीरित करवाने थे। आप जौनपुर में विधि-प्रवक्ता बनकर रहे, तो आजमगढ़ में हिन्दी प्रवक्ता बनकर। एक ठौर पर टिकना जैसे डॉ. सिंह के स्वभाव में ही नहीं है। आजमगढ़ से आगरा पहुँचकर म. म. मुन्शी हिन्दी विद्यापीठ में हिन्दी प्रवक्ता बन गये। वहाँ से वापस आजमगढ़ हिन्दी रीडर पद को सुशोभित किया। वहाँ से गोरखपुर भटवली बाजार पहुँचकर प्राचार्य बनें । चार वर्ष भी वहाँ प्राचार्य नहीं रहे कि वापस आजमगढ़ आकर, डी.ए.वी. कॉलेज में पहले की तरह रीडर एवं अध्यक्ष पद सम्हाल लिया। कुछ स्वभाव ने आपको घुमाया, कुछ नौकरी ने। लेकिन सतत घूमते रहे।

श्री कन्हैया सिंह जी से मेरी पहली भेंट लखनऊ हिन्दी संस्थान में हुई थी। हिन्दी-सेवी संस्थाओं के निकट सहयोग के भाव में आदरणीय डॉ. शरणबिहारी जी गोस्वामी ने हिन्दी अकादमियों से जुड़े व्यक्तियों को अपने यहाँ आमन्त्रित किया था। मध्यप्रदेश हिन्दी ग्रन्थ अकादमी के निदेशक डॉ. देवेन्द्र 'दीपक' भोपाल से आये थे। डॉ. कन्हैया सिंह हिन्दुस्तानी एकैडेमी, इलाहाबाद की कार्यकारिणी समिति के सदस्य के रूप में पधारे थे। मैं, डॉ. लक्ष्मीनारायण नन्दवाना तथा डॉ. कृष्णचन्द्र गोस्वामी राजस्थान साहित्य अकादमी, उदयपुर से थे। उस समय डॉ. सिंह ने अपने विद्वत्तापूर्ण भाषण से विचार-गाम्भीर्य की एक गहरी छाप छोड़ी थी। उसके बाद तो डॉ. सिंह से मिलने का एक क्रम ही लग गया। दिल्ली में मिले। आगरा अखिल भारतीय साहित्य परिषद् के अधिवेशन में मिले। डॉ. सिंह आगरा में एक संगोष्ठी के संयोजक थे। मेरा आलेख-वाचन उसी संगोष्ठी में हुआ था। वहीं डॉ. सिंह ने 'राहुल सांकृत्यायन' नाम से लिखी अपनी पुस्तक मुझे दी थी। दिल्ली के मिलन ने डॉ. सिंह को बाह्य दृष्टि से समझने का अवश्य अवसर दिया, परन्तु आगरा में आपके विषय-प्रवर्तन की शैली तथा पुस्तक के प्रदान ने मुझे बहुत अधिक प्रभावित किया। कोटपूतली के साहित्य परिषद् के शिक्षण-वर्ग में डॉ. सिंह आये थे। शिक्षण-वर्ग में आपके बौद्धिक ने आपकी विद्वत्ता की छाप सभी पर छोड़ी। डॉ. कन्हैया सिंह के सम्बन्ध में यह निर्विवाद कहा जा सकता है कि उनकी दृष्टि राष्ट्रवादी है, उनकी अभिव्यक्ति आकर्षक है तथा उनका विषय-निरूपण अतीव मौलिक एवं अभिनव है, उनकी अभिव्यक्ति आकर्षक है। 'राहुल सांकृत्यायन' नामक अपनी पुस्तक में डॉ. सिंह ने मनोयोगपूर्वक जो कुछ लिखा है, निश्चय ही वह बहुत खोजपूर्ण है। विद्वानों ने उस पुस्तक में राहुल जी के प्रति प्रस्तुत स्थापनाओं को औरों से अधिक प्रमाणित माना है। आपनें जिन शीर्षकों में विभाजित कर राहुल जी पर पुस्तक लिखी है, वही डॉ. कन्हैया सिंह जी की लेखन-शैली की सिद्धता प्रमाणित करने के लिए पर्याप्त है।

डॉ. कन्हैया सिंह जी निरन्तर लेखन में जुटे रहनेवाले व्यक्ति हैं। आपने जिस कार्य के लिए सर्वाधिक ख्याति अर्जित की, और जिसे आपकी प्रतिभा का मौलिक निदर्शन मान सकते हैं, वह है पाठालोचन। आप हिन्दी पाठानुसन्धान के विशेषज्ञ माने जाते हैं। आपने 'पाठ-सम्पादन के सिद्धान्त' नाम से ही एक पृथक् पुस्तक लिखी है। आपका विशेष ध्यान अवधी भाषा-साहित्य के पाठ-सम्पादन पर रहा है। आपकी लिखी पुस्तकें 'अवधीः काव्य-भाषा और व्याकरण', 'मलिक मोहम्मद जायसी' तथा 'पदुमावति : मूल पाठ और साहित्यिक भाषा' इसके प्रमाण हैं। अभी यह दोनों ग्रन्थ प्रकाशित रूप में सामने नहीं आये हैं, तो भी इन पर विद्वानों में पर्याप्त चर्चा-परिचर्चा हो चुकी है। पाठालोचन की कुशलता के लिए डॉ. सिंह सर्वत्र प्रशंसित हुए हैं। यह उनका वैशिष्ट्यपूर्ण कार्य है। वैसे डॉ. सिंह ने स्वतन्त्र लेखन भी प्रचुरता से किया है। 'प्राध्यापक-काल में आपने जिन ग्रन्थों का प्रणयन किया, उनसे डॉ. सिंह का सफल समीक्षक रूप उभरकर सामने आया है। इनमें प्रमुख हैं 'हिन्दी सूफ़ीकाव्यों में हिन्दू संस्कृति', 'रामचरित उपाध्याय-ग्रन्थावली' आदि। यात्रावृत्त लिखने में भी कुशल हैं। 'दक्षिणांचल-दर्शन' इसका उदाहरण है। इस तरह हमारे सामने तीन आयामों में गुँथा इनका त्र्याम्ब्रकी व्यक्तित्व सामने आता है। (पहला) पाठ-सम्पादन का पाठालोचक व्यक्तित्व (दूसरा) समीक्षक-व्यक्तित्व तथा (तीसरा) साहित्यिक व्यक्तित्व।

डॉ. कन्हैया सिंह राष्ट्रीय स्वयंसेवक संघ से जुड़े हैं। इस कारण इनका सोच भारत और भारतीयता से ही नहीं, संस्कृति और अध्यात्म से भी जुड़ा है। यह एकात्ममानववादी व्यक्ति हैं। मानवता पर इनकी अगाध आस्था है। वह अपने चिन्तन में कहीं संकीर्ण अथवा संकुचित

नहीं हैं। यह वसुधैव कुटुम्बकम् के ही नहीं, भूत मात्र में एकात्मकता के दर्शन करनेवाले हैं। हिन्दू की व्याख्या भी इनकी अतीव व्यापक है। असेतुहिमाचलवाला सूत्र नहीं, वह विश्व में कहीं भी रहनेवाले भारतीयों को हिन्दू की परिभाषा में समेटनेवाले व्यक्ति हैं। इस तरह डॉ. सिंह भारत-भक्ति से अनुप्राणित संस्कारों वाले व्यक्ति हैं, ऐसा मैं कह सकता हूँ।

वैसे डॉ. सिंह ने अब अपने को सभी ओर से समेट अपने लेखन तथा अपनी साहित्यिक संस्था अखिल भारतीय साहित्य परिषद् को पूरी तरह समर्पित कर दिया है। वह राजनीति से उसी तरह जुड़े हैं, जिस तरह एक सक्रिय साहित्यकार को जुड़ना चाहिए। अब वह सक्रिय राजनीतिज्ञ नहीं हैं। केवल वर्तमान विश्व राजनीति के भारतीय सन्दर्भों में केवल एक अध्येता मात्र हैं। मैं इसे सही स्थिति मानता हूँ। सक्रिय राजनीति साहित्य को खा जाती है। अपने प्रारम्भिक काल में डॉ. सिंह राजनीति से सक्रियता से जुड़े थे, परिणामतः आज उनके सोच की दृष्टि अधिक तार्किक, अधिक भारतनिष्ठ तथा अधिक पैनी है। उनमें भविष्य का आकलन करने की भी अद्‌भुत क्षमता है। यह उनके सक्रिय राजनीतिज्ञ रहने की फलश्रुति है। संघ में सक्रियता से भाग लेने से उनमें संस्था-संचालन की भी अपूर्व क्षमता विकसित है। अखिल भारतीय साहित्य परिषद् में उनकी संगठन-क्षमता को मैं देख रहा हूँ। डॉ. सिंह एक अच्छे वक्ता हैं। भाषा और भाव दोनों पर उनका समान अधिकार है। जब वह किसी विषय पर बोलते हैं, तो श्रोताओं को अभिभूत किये बिना नहीं रहते।

डॉ. सिंह यथानाम कृष्ण होकर भी मनोहर हैं। देह बलिष्ठ है तथा थकान अभी उसने जानी नहीं है। हमें डॉ. सिंह की कृतित्व-क्षमता से अभी बड़ी-बड़ी आशाएँ हैं।

इस अवसर पर मैं यही मंगल कामना करता हुआ, डॉ. सिंह का अभिनन्दन करता हूँ, स्वागत करता हूँ तथा उज्ज्वल भविष्य की प्रार्थना करता हूँ।

पूर्व राष्ट्रीय अध्यक्ष, अखिल भारतीय साहित्य परिषद्
नई दिल्ली

शीलभद्र सारस्वत : डॉ. कन्हैया सिंह

बलवन्त जानी

साल 1986 से मैं अखिल भारतीय साहित्य परिषद् में गुजरात के संयोजक का कार्य सँभालता आया हूँ। इस कारण से भारत के विविध राज्यों के, विविध भाषाओं के विद्वान् साहित्यकारों के साथ मेरा सम्पर्क स्थापित हुआ। उत्तर प्रदेश के डॉ. कन्हैया सिंह, डॉ. उदय प्रताप सिंह, शरणबिहारी गोस्वामी, डॉ. सदानन्द गुप्त और नन्दकिशोर पाण्डेय आदि के साथ साहित्यिक संगोष्ठियों के अवसर पर मिलना होता था। इनमें डॉ. कन्हैया सिंह सबसे वरिष्ठ और मैं आयु के हिसाब से सबसे छोटा। सदानन्द जी और मैं दोनों समकालीन। नन्दकिशोर जी ो परिचय बाद में हुआ था। जब भी दिल्ली कार्यालय जाना होता, कन्हैया सिंह जी ने मेरी ठहरने की व्यवस्था पहले से तैयार कर रखी होती थी। मुझे बिल्कुल याद है, वे मीटिंग से एक दिन पहले पहुँच जाते थे। विषय की, कार्यक्रम की, प्रतिभागियों की सभी व्यवस्थाओं की जाँच उन्होंने खुद कर ली होती थी। मीटिंग के बाद उसमें हुई कार्यवाही का लेखन, व्यय का लेखांकन और होनेवाले कार्यों का विवरण सुनिश्चित करने के बाद ही दिल्ली छोड़ते थे।

वह आज़मगढ़ से आते थे, मिठाई का बड़ा-सा डिब्बा साथ में हमेशा होता था। सुबह कार्यालय के अल्पाहार से पूर्व वह हमेशा हमें प्रसाद के रूप में मिठाई खिलाते ही थे। एक बार सुबह दिल्ली से दूसरे दिन मेरठ एक कार्यक्रम में जाने के लिए निकलना था। दिल्ली के डॉ. कमलकिशोर गोयनका ने मोटरगाड़ी का इन्तजाम किया था। मैंने देखा कि अगले दिन फोन से निर्देश दिये थे, भोजन की व्यवस्था कहाँ करनी है, चाय-नाश्ते के लिए बीच में कहाँ रुकना है, आदि सब पृच्छा कर ली थी। मोटर में माननीय सूर्यकृष्ण जी आगे और पीछे हम तीन। मुझे कहने लगे, 'जानी जी, आपको बीच में बैठना है। एक खिड़की के पास मैं और दूसरी खिड़की के पास गोयनका जी। मैंने कहा मुझे तो एक खिड़की के पास बैठने की अनुमति दीजिये ताकि मैं रास्ते में उचित रूप से प्रकृति दर्शन कर सकूँ। तो मुझे कहने लगे, "नहीं, जानी जी, आपको तो पान खाने का व्यसन नहीं है, इसलिए उसके दण्डस्वरूप आपको हमारे बीच ही बैठना पड़ेगा।" हमें प्राप्त होनेवाली प्रतिकूलता को भी वे ऐसे तर्कसंगत तरीके से समझाते कि हम उनकी बात को सहर्ष स्वीकार कर लें।

चाहे साहित्य की आलोचना के बारे में वक्तव्य दे रहे हों या मीटिंग में किसी मुद्दे पर चर्चा या विचार-विमर्श हो रहा हो अथवा संगोष्ठी में प्रश्नोत्तर का प्रसंग हो, मैंने हमेशा उन्हें तार्किकता से, कई आधारों-कारणों से अपनी अभिप्रेत बात को ओजस्वी स्वर में बहुत तार स्वर में अभिव्यक्त करते देखा है। उनके पास चर्चा के विषय की गहन जानकारी रहती ही है। आगे पीछे के उठे हुए या उठने वाले प्रश्नों की स्पष्ट रेखा उनके चित्त में होती थी। साथ ही प्रतिपक्ष की बात में यदि तथ्य और तर्क हो तो उसका भी खुले मन से स्वीकार करने के अभिगम की वजह से मेरे मन में उनके प्रति अपार आदर आज तक बना हुआ है।

पिछले महीने उत्तर प्रदेश भाषा संस्थान, लखनऊ में 'नाथ सम्प्रदाय' पर आयोजित राष्ट्रीय संगोष्ठी में उनसे मिलना हुआ था। उनका प्रमुख वक्तव्य था। नाथपन्थ का उनका अध्ययन समग्र हिन्दी साहित्य जगत् में सुख्यात है। खासकर उनसे मिलने, तथा उनको सुनने के लिए कई अध्ययनकर्त्ता विशेष रूप से सभागृह में उपस्थित थे। मेरे व्याख्यान सत्र में वह विशेष रूप से उपस्थित रहे थे। मुझे कहा कि, ''जानी जी, पिछले एक दशक से आपको सुना नहीं था। आप ओजस्वी वक्ता हैं। नाथ सम्प्रदाय के गुजरात स्थित स्थानों के बारे में आपने अपनी बात बहुत अच्छी तरह प्रस्तुत की।'' कार्यकर्त्ताओं को प्रोत्साहित करने के उनके अभिगम का मुझे पता था इसलिए मैंने कहा, 'आपका मुझ पर विशेष अनुग्रह है।' पलटकर प्रत्युत्तर देते हुए कहा, ''हाँ, सही है। आज से पचीस साल पहले वह आपके लिए भावदर्शक था। आज के अभिप्राय को प्रोत्साहन नहीं बल्कि मेरी ओर से की गयी सच्ची आलोचना समझियेगा। आप पुरोगामियों द्वारा किये गये अस्त-व्यस्त, आधे-अधूरे कार्य को एकसूत्र स्वरूप में, सुव्यवस्थित आकार और कहीं-कहीं पर नूतन परिवर्द्धन भी किये हैं।'' मैंने उन्हें प्रणाम किया थे। उन्होंने अपना वात्सल्यमयी हाथ मेरे मस्तक और पीठ पर फेरा था। फिर कन्धे पर हाथ रखकर कहा, ''आप बहुत अच्छी तरह से क्रियाशील हैं, मेरा आशीर्वाद।'' और उनका वात्सल्य, साहित्यिक तथ्यों का ज्ञान और अच्छी तरह से व्यक्त करने की प्रकृति उन्हें आदरणीय स्थान-सम्मान दिलानेवाले कारक रहे हैं।

मुझे भी उनकी तरह प्राचीन हस्तप्रतियों के आधार पर मध्यकालीन गुजराती साहित्यिक कृति सम्पादन में विशेष रुचि और धर्मान्तरित गुजरात मुस्लिम-खोजा-व्होरा सन्तकवियों में से प्रकट होती भारतीयता के अनुसन्धान में दिलचस्पी होने के बारे में जानकर अपने 'सूफ़ीमत' तथा 'पाठ-सम्पादन के सिद्धान्त' पुस्तक उनकी ओर से मुझे भेंट स्वरूप मिली थी। वे मूलभूत रूप से तो विधिशास्त्र के विषय में प्रथम स्थान प्राप्त करनेवाले इलाहाबाद विश्वविद्यालय के तेजस्वी छात्र थे। बाद में हिन्दी में पीएच.डी. किया था। शुरुआत में वकालत की थी। विधिशास्त्र विषय के अध्यापक भी रहे। बाद में आगरा विश्वविद्यालय में हिन्दी के अध्यापक, उसके बाद आजमगढ़ डी.ए.वी. पी.जी. कॉलेज में रीडर के पद पर, बीच में गोरखपुर कॉलेज में आचार्य पद पर रहे थे और फिर से आजमगढ़ में अध्यापन कार्य किया था। उनकी तर्कसंगत तरीके से बात रखने की प्रकृति विधिशास्त्री और अधिवक्ता के रूप में प्रारम्भिक गतिविधि की वजह से...। मैंने एक बार उनका परिचय देते हुए कहा था और उसमें अन्त में ऐसा भी कहा था कि अधिवक्ता के तर्क में और आदरणीय कन्हैया सिंह के तर्कविचार के बीच एक अन्तर यह है कि विधिशास्त्री-अधिवक्ता अपनी गलत बात को भी सच्ची ठहराने में प्रयत्नशील होते हैं जबकि कन्हैया सिंह संस्थान के लिए हितकारी, साहित्य के लिए सच्ची बातों को स्वीकृति दिलाने हेतु तर्क का विनियोग करते हैं। उन्होंने अपने वक्तव्य में कहा था कि पूर्वार्द्ध और उत्तरार्द्ध दोनों जानी जी के गहन निरीक्षक प्रकृति के

अध्ययन का परिचय देते हैं। ऐसा कहकर मेरे अभिप्राय को परिचय के लिए प्रसन्नता व्यक्त की थी।

एक बार वड़ोदरा में हमें अखिल भारतीय कार्यकारिणी के बैठक का आतिथ्य करना था, की मेजबानी करनी थी। मेरे साथ सहयोग में वड़ोदरा के डॉ. बंशीधर शर्मा थे। व्यवस्था में कोई कमी नहीं थी। भोजन, निवास, सभागृह सब-कुछ उत्तम था। उन्होंने समापन बैठक में हमें सम्बोधन कर कहा कि, 'बहुत भव्य और दिव्य प्रबन्धन था। धन्यवाद!' लेकिन बाद में सभी सदस्यों को कहा था, ''मेरी गलती है। मुझे जानी जी को निर्देश देना चाहिए था कि इतने स्वादिष्ट और महँगे भोजन का आयोजन नहीं करना चाहिए था।'' प्रत्येक बैठक में और रात्रि कार्यक्रम में सदस्यों की निद्रादेवी को रोकने हेतु प्रयत्नशील रहना पड़ता था। वे निर्देश भी ऐसी वक्र भाषा में देते कि कटु बात भी हमें छू जाये ऐसे कहते।

उनसे साल 1990 से नियमित रूप से सम्पर्क रहा। साल 1994 से महामन्त्री थे, कार्यकारी अध्यक्ष भी रहे थे। लेकिन साल 2000 में वाराणसी में आयोजित अखिल भारतीय साहित्य परिषद् के अधिवेशन में राष्ट्रीय अध्यक्ष के रूप में उन्होंने मेरे नाम का सुझाव दिया और सुख्यात विदुषी लेखिका आदरणीय मृदुला सिन्हा ने समर्थन दिया। मैं तो आश्चर्यचकित होकर पूरी घटना तो देखता ही रहा। वे उस समय उत्तर प्रदेश भाषा संस्थान-लखनऊ के अध्यक्ष थे। मृदुला जी भी अखिल भारतीय स्तर पर सुप्रसिद्ध राष्ट्रीय महिला आयोग की अध्यक्ष थी। स्वयं के स्थान पर मेरे जैसे उनसे जूनियर को इतना महत्त्वपूर्ण पद दिया जाय ऐसे विचार पर संगठन में चर्चा की होगी; स्वीकृति प्राप्त की होगी। उनके सच्चे अर्थ में 'मैं नहीं तू ही' सूत्र को चरितार्थ करते। व्यवहार से इन दोनों अनुभवी महानुभावों के प्रति मेरा आदरभाव द्विगुणित हो गया था।

उच्चतम योग्यता के धनी विद्वान् साहित्यकार, कुशल संगठक और हमेशा संस्थान के विकास की ही कामना रखनेवाले डॉ. कन्हैया सिंह के साथ गुजारे कई प्रसंग स्मृति में बस गये हैं। उनका वैचारिक मतभेद, उनका दृढ़भाव, पुत्र समान मानने की सोच, अभिगम बैठक में देखने को मिलते लेकिन फिर अल्पाहार, भोजन या अवकाश के समय अत्यन्त सौम्य, मृदु और मितभाषी लगते। मोटी खादी का सफेद लम्बा कुरता, ऐसी ही मोटी खादी का पायजामा या धोती और कन्धे पर खेस—यह उनका नित्य का पोशाक। एक बार मैंने उन्हें गुजरात से खादी का कपड़ा उपहार में दिया था। मुझे कहा, ''आपके गुजरात की खादी पतली और मुलायम होती है। मैं इसमें से कुर्ती सिलवाऊँगा।'' फिर कन्धे पर हाथ रखकर कहा, ''जानी जी, आप तो मेरे दिल में बसे हैं इसलिए आपके द्वारा दिये गये वस्त्र में से अन्तर्वस्त्र ही बनाना होगा, उपवस्त्र-कुरता नहीं।'' ऐसा कहकर मुझे गले लगा लिया था। कोई भी प्रतिभाव उनके तर्क के साथ प्रकट होता था इसलिए उसमें उनकी विचारमुद्रा, वाणी की चमक बसी हुई देखने को मिलती। वह उनकी स्व-पहचान। अत्यन्त वत्सल, विचारक और शीलभद्र सारस्वत कन्हैया सिंह जैसे राष्ट्रख्यात विद्वान् के सन्निकट होने की प्रसन्नता के साथ उन्हें 85वें वर्ष प्रवेश के अवसर पर करबद्ध प्रणाम।

कुलाधिपति, डॉक्टर हरिसिंह गौर केन्द्रीय विश्वविद्यालय
सागर, मध्य प्रदेश

छोटे शहर की बड़ी अनुगूँज

रामदेव शुक्ल

गाँव से लेकर नगर तक प्रत्येक बस्ती की कुछ खास पहचान उसे दूसरी बस्तियों से अलग व्यक्तित्व प्रदान करती है। भूगोल, इतिहास और व्यक्ति सब मिलकर उस व्यक्तित्व को मुकम्मल करते हैं। भारत के उत्तर प्रदेश में आजमगढ़ के भूगोल में तमसा (टोंस), गंगा, सरयू जैसी नदियों के तट पर आदि कवि महर्षि वाल्मीकि की तपस्या और अद्वितीय सर्जना का क्रम अद्यतन सक्रिय है। बगल का गाजीपुर तपस्थली से सर्जना स्थली तक अपना अलग इतिहास रचता रहा है। एक छोर बलिया का है जो स्वाधीनता संग्राम की गर्जना का अग्रदूत बना। आजमगढ़ में जहाँ हरिऔध और रामचरित उपाध्याय की लेखनी ने रामकाव्य और कृष्ण काव्य को आधुनिक सन्दर्भ देकर उस विश्वास को प्रमाणित किया कि इन कथाओं में प्रत्येक युग की धड़कन सुनी जा सकती है। मौलाना शिबली नोमानी इस्लाम के दार्शनिक और सामाजिक अध्ययन के दीपस्तम्भ बने। यायावर सम्राट् राहुल सांकृत्यायन प्राचीन भारत की ज्ञानपरम्परा की लुप्त होने के कगार पहुँची पाण्डुलिपियों को जान पर खेलकर तिब्बत से ले आये। कार्लमार्क्स और गौतम बुद्ध के दर्शन और चिन्तन को विकसित किया। साहित्य की लगभग प्रत्येक विधा में लिखने और शब्द-कोश-निर्माण तक के उनके कार्य अप्रतिम माने जाते हैं। वकालत करते हुए गुरुभक्त सिंह 'भक्त' ने 'नूरजहाँ जैसा श्रेष्ठ प्रबन्धकाव्य और अन्य बहुत कुछ लिखा।

विलक्षणता की विरासत को आगे बढ़ाते हुए कन्हैया सिंह वकालत से आरम्भ करके एकैडेमिक ऊँचाइयों पर आरूढ़ हुए तो किमाश्चर्यम्। मुझसे उनका परिचय श्रद्धेय गुरुवर आचार्य भगवती प्रसाद सिंह ने कराया। कन्हैया सिंह उनके पास 'सूफ़ी काव्य का सांस्कृतिक अनुशीलन विषय पर शोधकार्य करने के लिए आये थे। 'भक्तिकाव्य में चित्रित भारतीय संस्कृति' पर मेरे शोध के निदेशक गुरुवर ही थे। इसीलिए उन्होंने अपने नये शोधछात्र को निर्देश दिया था कि वह मुझसे मिलें। मैं उन दिनों देवरिया के बाबाराघवदास महाविद्यालय में हिन्दी विभाग का अध्यक्ष था। मुलाकात हम दोनों की अचानक वाराणसी से गोरखपुर की रेल-यात्रा में मऊ रेलवे स्टेशन पर स्लीपर क्लास की बर्थ पर हुई। धोती कुर्ता धारण किये उस

व्यक्ति की सादगी और विनम्रता ने मुझे प्रभावित किया। यह तो बाद में पता चला कि उम्र में मुझसे एक-डेढ़ वर्ष बड़े कन्हैया सिंह ने वकालत करने और वकालत पढ़ाने के बाद हिन्दी-अध्यापन का क्षेत्र चुना। अपना शोध-कार्य उन्होंने इतनी गम्भीरता के साथ पूरा किया कि अपने शोध-ग्रन्थ के अतिरिक्त पाँच ग्रन्थ इसी विषय पर लिखे। हिन्दी सूफ़ी काव्य में हिन्दू संस्कृति, सूफ़ी मत, युगद्रष्टा महाकवि मलिक मुहम्मद जायसी, सूफ़ीकाव्य : सांस्कृतिक अनुशीलन और उदार इस्लाम का सूफ़ी चेहरा।

आगे चलकर कन्हैया सिंह की विशेषज्ञता का एक और क्षेत्र सामने आया। पाठालोचन (टेक्स्चुअल क्रिटिसिज़्म)। यह कार्य बहुत समझदारी और गहरी अन्तर्दृष्टि की अपेक्षा करता है। भारतीय भाषाओं का प्राचीन और मध्यकालीन साहित्य पुरानी पाण्डुलिपियों के माध्यम से आधुनिक छापाखानों तक आया है। उस जमाने में धार्मिक अथवा शृंगारिक, नीति सम्बन्धी अथवा अन्य ज्ञानानुशासनों की रचनाओं की प्रतिलिपि पेशेवर प्रतिलिपिकार, राजाओं, सामन्तों अथवा धर्माचार्यों के लिए पर्याप्त धन लेकर करते थे। सुलेख की कला बहुत विकसित हुई। इस क्षेत्र में सबसे अनमोल दो कृतियाँ मिलती हैं-फिरदौसी कृत 'शाहनामा' और जायसी कृत 'पद्मावत'। दोनों की प्रतिलिपि राजाबलरामपुर के सौजन्य से डॉ. भगवती प्रसाद सिंह को उपलब्ध हुई। पद्मावत को सोने के अक्षरों में लिखा गया है। प्रत्येक पृष्ठ पर चारो ओर चित्रकारी की गयी है। महाकाव्य के प्रसंगों के पैंतीस चित्र पुस्तक में सोने से ही उकेरे गये हैं। उन चित्रों को आचार्य भगवतीप्रसाद सिंह से प्राप्त करके राय कृष्ण दास ने केन्द्रीय सरकार के अनुदान से प्रकाशित कराकर काशी हिन्दू विश्वविद्यालय, वाराणसी के भारत कला भवन सुरक्षित किया है।

आचार्य सिंह ने पदुमावति की दर्जनों प्रतिलिपियों को एकत्र करके उस महाकाव्य का मूल के निकटतम पाठ निर्धारित करने का संकल्प किया था। वह अधूरा रह गया। पाठ-निर्धारण का वैज्ञानिक रीति से अध्ययन करनेवाले विशेषज्ञ माताप्रसाद गुप्त ने 'पद्मावत का पाठ-निर्धारण किया। डॉ. वासुदेवशरण अग्रवाल ने उस महाकाव्य की संजीवनी व्याख्या लिखते हुए जो पाठ निर्धारित किया, वह जायसी की अवधी के निकटतम प्रतीत होता है। आचार्य रामचन्द्र शुक्ल ने जायसी ग्रन्थावली का जो पाठ निर्धारित किया है, वह जायसी-काल की अवधी भाषा और अर्थ-व्यंजना की दृष्टि से भी अधिक सटीक है। उसी पाठ-निर्धारण-प्रक्रिया में कन्हैया सिंह की इस विशेषज्ञता का पता चला। इस क्रिया में कम पढ़े लिखे प्रतिलिपिकार विद्वानों की तुलना में ज्यादा प्रामाणिक होते हैं क्योंकि वह मूल प्रति में कोई अक्षर न पढ़ पाने के कारण ज्यों-का-त्यों (मक्षिका-स्थाने-मक्षिका) बना देते हैं। विद्वान् प्रतिलिपिकार अपने ज्ञान के अनुसार शब्द बदलने का प्रमाद कर बैठते हैं। कन्हैया सिंह में अपेक्षित धीरज और शब्द-विवेक दिखायी पड़ता है। इस विषय पर भी उनकी पाँच पुस्तकें हैं।

कन्हैया सिंह के बहुआयामी व्यक्तित्व का एक पक्ष उनकी सेवा-विविधता है। 1960-61 में उन्होंने वकालत की, 1961-62 में टी.डी. कॉलेज जौनपुर में कानून का अध्यापन किया। 1962-63 तक डी.ए.वी. कॉलेज आजमगढ़ में हिन्दी विभाग में प्रवक्ता रहे। 1967-68 में आगरा विश्वविद्यालय में हिन्दी विभाग में प्रवक्ता रहे। 1967-78 तक डी.ए.वी. कॉलेज आजमगढ़ में हिन्दी विभाग में रीडर-अध्यक्ष रहे। गोरखपुर जिले के भटौली बाजार में प्राचार्य रहे 1978 से 82 तक। 1982 में पुनः डी.ए.वी. कॉलेज आजमगढ़ में हिन्दी विभाग के रीडर और अध्यक्ष बने। वहीं से 1996 में निवृत्त हुए।

लेकिन अध्ययन अध्यापन और लेखन के साथ कन्हैया सिंह जो करते रहे, उसकी मिसाल वह ही हैं। सन् 1971 में वह नगरपालिका, आजमगढ़ के अध्यक्ष बने। सन् 1975 में अपना कार्य-काल पूरा किया। अखिल भारतीय साहित्य परिषद्, हिन्दी के महामन्त्री रहे 1996 से 2000 तक। कार्यकारी अध्यक्ष अ.भा. साहित्य परिषद, दिल्ली (2000 से 2004 तक) कार्यकारी अध्यक्ष, उत्तर प्रदेश भाषा संस्थान, लखनऊ-1997 से 2001 तक। अब अखिल भारतीय साहित्य परिषद्, दिल्ली के राष्ट्रीय संरक्षक हैं।

ऐसी संस्थाओं के कार्यों में रुचिपूर्वक लगनेवाले व्यक्ति की ऊर्जा लेखकीय कार्यों के लिए बची रह जायेगी, इसकी सम्भावना कम रहती है, किन्तु इस व्यक्ति के साथ असम्भावनाओं को सम्भव बनाते चलने का ग्रह योग दिखायी पड़ता है। इस तरह की व्यस्तता के साथ-साथ हिन्दी भाषा और लिपि पर पाठ्य पुस्तकें तैयार करते रहे, राहुल सांकृत्यायन, आचार्य चन्द्रबली पाण्डेय, हरिऔध, आचार्य रामचन्द्र शुक्ल आदि पर किताबें लिखते रहे। निबन्ध लिखते रहे और उनके संग्रह प्रकाशित कराते रहे। मध्यकालीन काव्य के सांस्कृतिक अध्ययन का क्रम आगे बढ़ाते हुए कन्हैया सिंह ने आधुनिक कविता : सांस्कृतिक परिप्रेक्ष्य लिखा और प्रकाशित कराया।

एक विशेष विचारधारा और उसके राजनीतिक संगठन से जुड़ने के फलस्वरूप आपात्काल (1975-77) में कुछ महीने जेल में रहे। जेल के दिनों के संस्मरण 'अँधेरे के अध्याय' पुस्तक में मार्मिक रूप में वर्णित है। राजनीतिक और सामाजिक कार्यों की व्यस्तता के बीच सर्जनात्मक लेखन कठिन होता है, लेकिन कन्हैया सिंह कहानियाँ लिखते रहे, जिनका संग्रह 'पत्थर की मुस्कान' प्रकाशित हुआ। ललित निबन्ध भी लिखते रहे। वह 'वेदना के संवाद' में संग्रहीत हैं। यात्रावृत्तान्त 'दक्षिणांचल दर्शन' संग्रह में मनोरंजक रूप में मिलते हैं।

'उत्तर-प्रदेशः 1857 का स्वतन्त्रता संग्राम' साहित्य संगम इलाहाबाद से प्रकाशित है। अभी शरीर की शिथिलता के बावजूद चार पुस्तकों की सामग्री लगभग तैयार है—आलोचना के नये प्रत्यय : इतिहास और विमर्श, वीर कुँवर सिंह और उनके साथी, महायोगी गोरखनाथ और संस्मरणों के आलोक में। यह निकट भविष्य में प्रकाशित हो जायेगी।

लेखन और शोधकार्य में निरन्तर सक्रियता की स्वीकृति देश के पुरस्कारों-महामहोपाध्याय हिन्दी साहित्य सम्मेलन (प्रयाग), हिन्दी गरिमा, भोजपुरी शिरोमणि, गणपति सम्मान, हरिऔध सम्मान, साहित्यभूषण (उ.प्र. हि. सं.) सुब्रह्मण्य भारती सम्मान, हंस सम्मान और पण्डित दीनदयाल उपाध्याय सम्मान, (उ.प्र. हिं. सं.) के साथ अनेक स्वर्णपदकों के रूप में देखी जा सकती हैं।

हम दोनों साहित्यिक आयोजनों में यदाकदा मिलते रहते थे। अन्तरराष्ट्रीय ख्यातिप्राप्त कृषिवैज्ञानिक डॉ. रामकठिन सिंह की सक्रियता के कारण पिछले दशक में लगभग हर साल मऊ में मिलना होता रहा। साठ-सत्तर के दशक में गेहूँ और धान की पैदावार में कई गुनी वृद्धि के निमित्त बने विश्व के वैज्ञानिकों में मऊ के पास के गाँव के निवासी डॉ. रामकठिन सिंह दस वर्ष फिलीपीन्स के मनीला में 'धान शोध-केन्द्र' के डाइरेक्टर और भारत के अनेक कृषि विश्वविद्यालयों के प्रशासकीय पदों पर काम करने के बाद लखनऊ में एक संस्था 'नेफोर्ड' के माध्यम से सक्रिय हैं। वर्षों पहले मऊ से एक साहित्यिक पत्रिका 'शब्दिता' भव्यरूप में आरम्भ होकर क्रमशः निस्तेज होती गयी थी। कविता, कहानी, उपन्यास और बाल-साहित्य के लेखक डॉ. राम कठिन सिंह ने 'शब्दिता' को संरक्षण देकर उसे देश के साहित्यकारों से जोड़ दिया है। डॉ. सिंह राम कठिन श्यामनारायण पाण्डेय के परम भक्त हैं। अपने गाँव के

सामने गाजीपुर रोड पर उन्होंने पण्डित श्यामनारायण पाण्डेय की भव्य प्रतिमा के सामने साहित्य और कृषिविज्ञान का संगम आरम्भ कर दिया है। साल में दो बार कृषि-मेला और साहित्य संगोष्ठी के साथ कवि सम्मेलन का आयोजन होता है। देश के श्रेष्ठ कवि कथाकार साहित्यकार सम्मानित किये जाते हैं। सभी आयोजनों में वरिष्ठ संरक्षक के रूप में डॉ. कन्हैया सिंह उपस्थित रहते हैं। अनेक अवसरों पर मैं भी सम्मिलित होता हूँ। उत्तर प्रदेश हिन्दी संस्थान, हिन्दुस्तानी एकैडेमी और विश्वविद्यालयों द्वारा आयोजित संगोष्ठियों में हमारा मिलना होता है। एक बात हर बार ध्यान खींचती है कि कन्हैया सिंह की शारीरिक शिथिलता के साथ उनके मस्तिष्क की सक्रियता बढ़ती जा रही है। उम्मीद होती है कि डॉ. सिंह शताब्दी पूरी करेंगे। उनकी विरासत उनके पौत्र विनम्र सेन सिंह सम्हाल रहे हैं, यह हम सबके लिए आश्वस्त करनेवाला भरोसा है।

पूर्व विभागाध्यक्ष, हिन्दी विभाग, दी. दा. उपा. गोरखपुर विश्वविद्यालय
गोरखपुर (उ.प्र.)

धनि सो पुरुख जस कीरति जासू

सुरेन्द्र दुबे

डॉ. कन्हैया सिंह जी से मिलने का पहला सुअवसर 1973-74 में कुशीनगर में मिला था। बुद्ध स्नातकोत्तर महाविद्यालय, कुशीनगर में गोरखपुर विश्वविद्यालय (सम्प्रति दीनदयाल उपाध्याय गोरखपुर विश्वविद्यालय) और उससे सम्बद्ध सभी महाविद्यालयों के हिन्दी शिक्षकों का एक सम्मेलन—'हिन्दी प्राध्यापक सम्मेलन' नाम से आयोजित हुआ था। उस समय गोरखपुर विश्वविद्यालय से अभी अवध विश्वविद्यालय, अयोध्या, पूर्वांचल विश्वविद्यालय, जौनपुर, जननायक चन्द्रशेखर विश्वविद्यालय, बलिया, सिद्धार्थ विश्वविद्यालय, कपिलवस्तु, सिद्धार्थनगर अलग नहीं हुए थे और इन सबका परिक्षेत्र गोरखपुर विश्वविद्यालय के अन्तर्गत ही आता था। विश्वविद्यालय के हिन्दी विभाग के अध्यक्ष पं. गोपीनाथ तिवारी जी थे। तिवारी जी एक अत्यन्त सक्रिय और रचनात्मक प्रतिभावाले व्यक्ति थे। 'हिन्दी प्राध्यापक सम्मेलन' उन्हीं की कल्पनाशीलता की उपज थी। कुशीनगर के इसी सम्मेलन में डॉ. कन्हैया सिंह आजमगढ़ से आये थे। वह डी.ए.वी. कॉलेज आजमगढ़ में हिन्दी विभाग के अध्यक्ष थे।

डॉ. सिंह कुशीनगर में मेरे गुरु पूज्य स्व. माधव प्रसाद पाण्डेय के अनुज श्री गंगा प्रसाद पाण्डेय (56, पूरा पड़ाइन, दारागंज, प्रयागराज) के सहपाठी-मित्र हैं, इसी रिश्ते से वे गुरु जी से मिलने भी उनके घर पर आये थे। हम लोग गुरु जी के बगल के कमरों में छात्रावासी के रूप में रहते थे। मैं स्नातक का विद्यार्थी था। यहीं मेरी उनकी पहली भेंट हुई।

गुरु जी (पूज्य स्व. माधव प्रसाद पाण्डेय) से डॉ. कन्हैया सिंह जी के विषय में हम लोग प्रायः सुनते रहते थे। उन्हीं से सुना था कि वे आजमगढ़ नगर पालिका के चेयरमैन रह चुके हैं, टी.डी. कॉलेज जौनपुर में विधि के शिक्षक रह चुके हैं, राष्ट्रीय स्वयंसेवक संघ के वरिष्ठ कार्यकर्त्ता हैं, शिक्षक संघ के भी नेता हैं, आदि-आदि।

उक्त सम्मेलन में एक वक्ता द्वारा गोस्वामी तुलसीदास पर लगाये गये मिथ्या आरोप का उत्तर देते हुए उनके बहुआयामी तेजस्वी व्यक्तित्व से परिचय मिला। वक्ता ने तुलसीदास को स्त्री विरोधी सिद्ध करने के लिए सीता परित्याग का उल्लेख कर दिया था। इस पर डॉ. सिंह ने बड़े प्रखर शब्दों में उस वक्ता के अज्ञान पर उँगली रख दी थी। एक बहुपठित व्यक्तित्व की निर्भीक वाणी सुनने को मिली। वक्ता विश्वविद्यालय के वरिष्ठ शिक्षक थे, किन्तु डॉ. सिंह पर इसका कोई भी आतंक नहीं था।

मैं विश्वविद्यालय से एम.ए. करने के बाद उदित नारायण स्नातकोत्तर महाविद्यालय, पडरौना (कुशीनगर) में हिन्दी का प्रवक्ता नियुक्त हो गया। इसी बीच पूर्वांचल विश्वविद्यालय, जौनपुर की स्थापना हो गयी थी और आजमगढ़ जनपद इस नवस्थापित विश्वविद्यालय के परिक्षेत्र में चला गया था। डॉ. कन्हैया सिंह गोरखपुर के निकट भटौली महाविद्यालय में प्राचार्य होकर गोरखपुर रहने आ गये। वे हिन्दी विभाग की तत्कालीन प्राध्यापक डॉ.(श्रीमती) शान्ता सिंह (अब स्वर्गीय) के मकान में किरायेदार के रूप में रहने लगे थे। मेरे मित्र सदानन्द को अभी कोई स्थायी ठौर नहीं मिला था। हमारे बैच के टॉपर और प्रतिभाशाली सदानन्द अपनी नियति के साथ अनिश्चितता की गलियों में भटक रहे थे। इसी बीच आजमगढ़ के डी.ए.वी. कॉलेज में हिन्दी प्रवक्ता का पद विज्ञापित हुआ। हम लोग डॉ. सिंह के सामर्थ्य से परिचित थे। अतः गुरु जी (स्व. माधव प्रसाद पाण्डेय) का पत्र लेकर उनसे मिलने गये। एक कक्ष में चौकी पर धवल खादी की चादर बिछी थी। उस पर कुछ किताबें बिखरी थीं। कमरे में दो-तीन काठ की कुसियाँ थीं, एक छोटी-सी मेज। देखते ही लगा कि यह किसी 'संघ' के प्रचारक का सादगी भरा कमरा है। हमने गुरु जी का पत्र डॉ. सिंह को दिया। उन्होंने पत्र पढ़ा और सहयोग का आश्वासन भी दिया। इसी भेंट की धरती में हमारे सम्बन्धों का बीज पड़ा। धीरे-धीरे समय बीतने के साथ हमारे सम्बन्ध गाढ़ से गाढ़तर, और मधुर से मधुरतर होते गये। वे हमें एक मित्र की तरह स्वीकारने लगे और फिर आत्मीयता की एक ऐसी डोर में उन्होंने हमें बाँध लिया कि इस जन्म में उससे बिलगाव की कल्पना भी असह्य है। वे अपनी मुट्ठियों में बन्द स्नेह के अक्षत हम पर सदैव लुटाते रहते हैं।

समय की गाड़ी चलती रही। पल-छिन, दिन, महीने, साल बदलते रहे। प्रिय सदानन्द अपनी प्रतिभा के अनुकूल विश्वविद्यालय में प्राध्यापक बनकर आ गये। उन्हें भटकाव से मुक्ति मिली। नियति ने एक स्थायी ठौर दे दिया। अब हम सब खुश थे। सभी मित्र कहीं-न-कहीं किसी ठोस जमीन पर टिक गये थे। कालान्तर में मैं भी पडरौना से विश्वविद्यालय में आ गया, फिर क्या था? एक ही बैच के दो सहपाठी मित्र एक ही विभाग में प्राध्यापक बन गये। विरल संयोग था। दिन आनन्द से कटने लगे।

गुरुवर डॉ. भगवती प्रसाद सिंह (अब स्वर्गीय) जायसी के 'पद्मावत' का पाठ संशोधन कर रहे थे। उन्हें एक सहयोगी की आवश्यकता थी। डॉ. कन्हैया सिंह गोरखपुर में रह ही रहे थे। गुरुवर सिंह को कन्हैया सिंह जी जैसे उत्कृष्ट पाठालोचक का मिल जाना उस प्रकल्प के लिए वरदान सिद्ध होने लगा। डॉ. सिंह का पाठालोचन का प्रशिक्षण प्रयाग विश्वविद्यालय के आचार्य माताप्रसाद गुप्त जैसे यशस्वी पाठालोचक के साथ हुआ था। पाठालोचन के सिद्धान्त पर उनकी दो अति महत्त्वपूर्ण पुस्तके ('पाठ-सम्पादन के सिद्धान्त' और 'हिन्दी पाठानुसन्धान') प्रकाशित हो चुकी थीं, जो आज भी इस क्षेत्र की अद्वितीय प्रामाणिक पुस्तकें हैं। मैं, सदानन्द जी के साथ डॉ. सिंह के बेतियाहाता स्थित आवास—'साकेत' पर जब भी जाता, वहाँ कन्हैया सिंह जी को एक-एक शब्द पर बहस करते सुनता था। घण्टों-घण्टों डॉ. सिंह और वे बैठकर इस सारस्वत साधना में रत रहते थे।[1] कई-कई बार तो गुरुदेव डॉ. सिंह से हम लोगों की भेंट भी नहीं हो पाती और केवल अन्दर माता जी से मिलकर ही लौट आते। हमें डॉ. कन्हैया सिंह से ईर्ष्या होती, उनकी प्रतिभा से, उनके धैर्य से, उनकी दक्षता से और सबके ऊपर डॉ. सिंह के विश्वास और स्नेह भाजनत्व से।

1. डॉ. कन्हैया सिंह जी ने जायसी के सबसे महत्त्वपूर्ण ग्रन्थ 'पद्मावत' को अत्यन्त तर्कपूर्ण ढंग से 'पदुमावति' करने पर जोर दिया है। उन्होंने इसके लिए अनेक अन्तः और बाह्य साक्ष्यों का भी अपनी सम्पादित पुस्तक 'पदुमावति' में उल्लेख और विश्लेषण किया है। इनके लिए उन्होंने प्राचीन हस्तलिखित प्रतियों से भी समर्थन जुटाया है। डॉ. सिंह ने इस सम्पादित ग्रन्थ में उसके पाठों का अनुसन्धान करते हुए मूल पाठ और अर्थ के निकट जाने का सार्थक प्रयत्न किया है।

डॉ. कन्हैया सिंह ने कुछ दिन बाद भटौली महाविद्यालय के प्राचार्य का पद छोड़ दिया। हम लोगों को कारण पता नहीं चला। शायद उनके जैसे अकादमिक रुचि और स्वाभिमानी व्यक्ति के लिए प्रबन्ध तन्त्र से तालमेल करपाना सम्भव नहीं हो पा रहा होगा। वे पुनः अपने मूल स्थान आजमगढ़ चले गये।[1] आजमगढ़ में उनका मन रमता है। वे यहाँ की 'नगर पालिका' के अध्यक्ष (1971-75) रह चुके थे। एक वर्ष यहीं उन्होंने वकालत भी की थी। इस कार्य में भी उनका मन नहीं लगा। वे बाद में टी.डी. कॉलेज जौनपुर में विधि के प्रवक्ता होकर चले गये। डॉ. सिंह की मूल प्रकृति साहित्यालोचक की है। पाठानुसन्धान और आलोचना उनकी प्रकृत भूमि है, जहाँ उनकी आत्मा मगन होकर उल्लासपूर्वक रमण करती है। प्रशासन या कानूनी दाँव-पेंच उन्हें रास नहीं आता। यही कारण है कि न तो वे वकालत कर पाये और न ही राजनैतिक क्षेत्र में हाथ आजमाया। होने को तो वे कुछ भी हो सकते थे—विधायक, सांसद, मन्त्री आदि कुछ भी; परन्तु वे तो रमे रहे अपनी 'पदुमावति' में, राहुल सांकृत्यायन की रचनाओं में, 'हरिऔध' की कविताई में या अपनी सृजनशीलता में। इसीलिए उन्होंने संगठन भी चुना तो साहित्य का। वे 'अखिल भारतीय साहित्य परिषद्' के राष्ट्रीय महामन्त्री और कार्यकारी अध्यक्ष रहे और सम्प्रति उसके संरक्षक हैं।

अखिल भारतीय साहित्य परिषद् से जुड़ने के बाद उन्होंने हम जैसे अनुज मित्रों को उससे जोड़ने का प्रयत्न किया। प्रथमतः ऐसे लोगों को जोड़ा जिनकी पृष्ठभूमि 'संघ' की थी। उन्होंने मुझे और भाई सदानन्द को इस संगठन से जोड़ने का काम किया। काशी में एक बैठक आयोजित की गयी। गोरखपुर से मैं और सदानन्द उसमें भाग लेने के लिए गये। वहीं मुझे उन्होंने काशी प्रान्त का अध्यक्ष घोषित किया। इस बैठक में मिर्जापुर, जौनपुर, आजमगढ़ आदि स्थानों से अनेक साहित्यकार और साहित्य प्रेमी सम्मिलित हुए थे। वहाँ से लौटने के बाद हम लोगों ने गोरखपुर में 'साहित्य परिषद्' की इकाई गठित की, इसके साथ जुड़े मित्र सूर्यनाथ पाण्डेय (खलीलाबाद)। फिर क्या था? 'साहित्य परिषद्' ने गति पकड़ ली, या कहें 'परिषद्' दौड़ने लगी। गोरखपुर से लेकर सन्त कबीर नगर (खलीलाबाद) तक अनेक साहित्यिक कार्यक्रमों की झड़ी लग गयी। 'साहित्य परिषद्' गोरखपुर परिक्षेत्र की महत्त्वपूर्ण साहित्यिक संस्था बन गयी। अनेक पुराने या वामपन्थी संगठनों द्वारा पहले तो उपेक्षा की गयी, किन्तु थोड़े दिन बाद ही विरोध का स्वर मुखर होने लगा। हर समारोह/बैठक/संगोष्ठी आदि के बाद उनकी विपरीत टिप्पणियाँ सुनने/पढ़ने को मिलने लगी। ऐसे समय में डॉ. सिंह हम लोगों का एक अभिभावक की तरह उत्साहवर्द्धन करते रहे। उनकी प्रेरणा और समर्थन के बल पर हम लोग दोगुने उत्साह से सक्रिय होते रहे। एक 'पत्रिका' की भी योजना बनी। प्रकाशित भी हुई। अचानक किसी अज्ञात 'छाया' की कुदृष्टि पड़ी और संगठन (साहित्य परिषद्) धीरे-धीरे सिमटने लगा और बाद में तो उसने अपनी उपस्थिति ही अदृश्य कर ली। साहित्य परिषद् की ललहाती खेती पर जैसे पाला पड़ गया हो। इस सन्दर्भ में डॉ. सिंह भी विवश लगने लगे। अनेक बार उन्होंने बातचीत करने की कोशिश की।

---

1. आपकी मूल रुचि अकादमिक है। इधर-उधर के कार्यों में उनका मन नहीं टिकता। सब- कुछ के बाद घूम फिर कर वे अपनी प्रकृत भूमि पर लौट आते हैं।

संगठन को पुनः-पुनः जीवन्त/जाग्रत करने की कोशिश की, परन्तु उन्हें सम्भवतः असफलता ही मिली। विवशता के इन क्षणों में भी उनका स्नेह मुझ पर बना रहा। दोनों के बीच सेतु थे—गुरुदेव (डॉ. माधव प्रसाद पाण्डेय) और प्रिय सदानन्द जी। सम्बन्धों का यह पुल इतना मजबूत था कि कुदृष्टि, कुचर्चा और कुविचार के भीमकाय शकटासुर भी इसका कुछ नहीं बिगाड़ पाये। हम मिलते रहे, बतियाते रहे, घर-परिवार की हालचाल लेते रहे और यह पुल धीरे-धीरे मजबूत ही होता रहा। कई बार कुछ विघ्न सन्तोषी लोगों को लगा कि अब टूटा कि तब टूटा, पर यह अटूट पुल न तो टूटा न ही झुका।

दीनदयाल उपाध्याय गोरखपुर विश्वविद्यालय के हिन्दी विभाग में लम्बे समय के बाद शोध हेतु प्रवेश प्रक्रिया प्रारम्भ हुई। इस प्रक्रिया में काफी तकनीकी दिक्कतें थीं। डॉ. कन्हैया सिंह जी अपने पौत्र (डॉ. विनम्र सेन सिंह) को लेकर विभाग आये थे। वे विश्वविद्यालय के किसी आचार्य के निर्देशन में अपने सुपौत्र का पंजीकरण कराना चाहते थे, किन्तु किसी के पास स्थान रिक्त नहीं था। उन्होंने मुझसे कहा कि अगर विनम्र को कॉलेज में जाना है तो खलीलाबाद के पाण्डेय जी (डॉ. सूर्यनाथ पाण्डेय) ही ठीक रहेंगे। विनम्र क्या आयेहमारे स्नेह-सेतु को और मजबूती मिल गयी। हीरालाल रामनिवास स्नातकोत्तर महाविद्यालय खलीलाबाद के हिन्दी विभाग में ही मेरे सुपुत्र प्रत्यूष भी शिक्षक थे (सम्प्रति आचार्य हिन्दी विभाग, दीनदयाल उपाध्याय गोरखपुर विश्वविद्यालय, गोरखपुर)। विनम्र ने उन्हें गुरु तुल्य सम्मान देना प्रारम्भ कर दिया। शोध सम्बन्धी कठिनाई हो या व्यक्तिगत उसके लिए 'प्रत्यूष सर' ही सहारा होते थे। यह सम्बन्ध इतना घनीभूत हो गया कि बाहर तो बाहर कॉलेज तक के लोग यह मानने लगे कि विनम्र प्रत्यूष का ही शोध छात्र है। विनम्र यथा नाम तथा गुण व्यक्तित्व का स्वामी है। कदकाठी और जाति नाम से अन्यथा सोचनेवालों की कल्पना के एकदम विपरीत। किसी भी प्रकार की संकीर्णता से कोसों दूर। प्रेम से लबालब भरा हुआ। मानवीय और संवेदनशील मन-बुद्धि का स्वामी। उसे जो भी देखता है, उससे मिलता है और बातचीत करता है, वह यही सोचता है कि काश, प्रभु ऐसा बेटा सबको देते तो धरती पर वृद्धाश्रम की कल्पना ही जन्म नहीं लेती। बड़ा विरल साँचा था, जिसमें विधाता ने विनम्र को गढ़ा है और तो और बाबा-पोते का एकात्म अन्तस भी विलक्षण है। इस अन्तस को उजागर करनेवाली तमाम स्मृतियाँ आज मन में उमड़-घुमड़ रही हैं।

मैं 2015 में बुन्देलखण्ड विश्वविद्यालय में कुलपति होकर झाँसी चला गया। थोड़े दिन बाद बाबा जी का दुलारा विनम्र भी विश्वविद्यालय के हिन्दी विभाग में सहायक आचार्य होकर झाँसी आ गया। विनम्र ने अपनी व्यवहारकुशलता, संवेदनशीलता, कवित्व प्रतिभा, कर्मठता और प्रामाणिकता से विश्वविद्यालय क्या पूरी झाँसी में अपनी एक अलग उत्कृष्ट पहचान बना ली। बाबा-पोते का राग-तत्त्व इतना प्रबल कि पोते के प्रेम में खिंचे 'बाबा जी' (डॉ. कन्हैया सिंह जी) भी झाँसी आने लगे, रहने लगे। अपनी रचनात्मक प्रकृति के कारण यहाँ भी वे सदा सक्रिय रहते थे। वे अपनी भेंट में बराबर मुझे उत्फुल्ल करते, विकसित करते, समृद्ध करते और परिपूर्ण करते-मेरे लिए गुरुकल्प जो हैं। उनके व्यक्तित्व में कहीं भी उत्तेजना या अशान्ति के दर्शन नहीं होते हैं, सर्वथा प्रशान्त।

बुन्देलखण्ड विश्वविद्यालय झाँसी और राष्ट्रकवि मैथिलीशरण गुप्त के यशस्वी वंशजों में एक राय बनी कि क्यों न गुप्त जी की जयन्ती के अवसर पर प्रतिवर्ष किसी-न-किसी साहित्यकार को

सम्मानित किया जाये। मैंने कुलपति के रूप में नवस्थापित हिन्दी विभाग को राष्ट्रकवि को समर्पित किया था। उनके पौत्र वैभव जी बड़े ही विनम्र, सहज और उत्साही व्यक्ति हैं। यह सारी व्यवस्था उन्होंने अपने कन्धों पर ले ली थी। सम्मान के लिए अनेक नामों पर चर्चा हुई, परन्तु मेरे मन में तो एक ही नाम बद्धमूल था। यहाँ भी कुछ विघ्नसन्तोषी जीवों ने अपनी चलाने की कोशिश की, परन्तु वे सफल नहीं हो पाये। डॉ. सिंह ने हमारी प्रार्थना स्वीकार की और विश्वविद्यालय के हिन्दी विभाग और राष्ट्रकवि गुप्त जी के परिजनों के संयुक्त तत्त्वावधान में आयोजित/घोषित इस प्रथम सम्मान को ग्रहण कर हम सब लोगों को कृतार्थ किया। पहला सम्मान अपने अत्यन्त आदरणीय, यशस्वी पाठालोचक और उत्कृष्ट साहित्यिक को देकर मैं भी अनुग्रहीत हुआ।

समय परिवर्तनशील है! प्रकृति नित नूतन रूप धारण करती है। सब-कुछ यथावत नहीं रहता-यही जीवन की सुन्दरता भी है। मेरा कुलपति का कार्यकाल पूर्ण हुआ और विनम्र भी अपनी प्रतिभा के अनुरूप इलाहाबाद विश्वविद्यालय, प्रयाग के हिन्दी विभाग में चले आये। 'झाँसी गले की फाँसी' ने दोनों को अपने स्नेह से भौतिक रूप से मुक्त कर दिया। वे दिन कितने सुन्दर थे! झाँसी में मैं था, विनम्र थे और फिर उसी ब्याज से डॉ. सिंह भी थे, पर यह तो भौतिक बिलगाव था।

डॉ. सिंह अपने पौत्र विनम्र के साथ-अब कभी प्रयाग तो कभी आजमगढ़ रहने लगे हैं। हम दोनों के बीच विनम्र नामक एक ऐसा नेह का धागा है, जो अदृश्य अक्षय तन्तु से बना है। याद आती है एक घटना-एक विवाह समारोह में शामिल होने मैं सपरिवार आजमगढ़ गया था। रुकने की व्यवस्था प्रिय मोनू (डॉ. विनम्र सेन सिंह) ने की थी। प्रातः जलपान के लिए हमलोग डॉ. सिंह के घर पर गये। पहुँचते ही प्रणाम पाती हुई। डॉ. सिंह ने जो पहला सवाल मुझसे किया कि 'क्या कुछ लिखना पढ़ना हो पाता है। उसे मत छोड़ियेगा, वही मूल धर्म है।' एक गुरु की तरह उनका यह प्रश्न मन पर अंकित हो गया। उन दिनों मेरे पास दो-दो विश्वविद्यालयों का प्रभार था—झाँसी और सिद्धार्थ विश्वविद्यालय, कपिलवस्तु। वे बराबर मेरी उन्नति और मेरे मान सम्मान के प्रति चिन्तित और जाग्रत रहते हैं। अनेक अवसरों पर उन्होंने मेरे अहेतुक मदद की है, इस अवसर पर उनका उल्लेख कर उनके कृतित्व को छोटा नहीं करना चाहता। उनका स्नेह बना रहे यही प्रभु से प्रार्थना है।

एक बार की घटना याद आ रही है। बुन्देलखण्ड विश्वविद्यालय, झाँसी का दीक्षान्त समारोह था। मुख्य अतिथि के रूप में पं. बंगाल के तत्कालीन श्री राज्यपाल श्रद्धेय पं. केशरीनाथ त्रिपाठी आये थे। अध्यक्षता करने के लिए उपस्थित थे—आदरणीय श्रीयुत् राम नाईक जी, कुलाधिपति एवं श्री राज्यपाल उ.प्र. पूर्व। डॉ. कन्हैया सिंह जी ने दोनों महानुभावों को आपात्काल के दिनों के संस्मरण पर आधारित अपनी पुस्तक भेंट की। तीनों आदरणीय महानुभावों का प्रशिक्षण 'संघ' की पाठशाला में हुआ है। फिर क्या था, देर तक भारतीय इतिहास के उन काले दिनों की अपनी-अपनी यादों को यह लोग साझा करते रहे। पं. केशरीनाथ त्रिपाठी एक कुशल अधिवक्ता, श्रेष्ठ राजेनता और उत्कृष्ट कवि हैं। उनके कवि रूप से डॉ. सिंह ने ही हम लोगों को परिचित कराया था। 'साहित्य परिषद्' के मंचों से उनकी कविताओं पर चर्चा-परिचर्चा भी हुई थी। डॉ. सिंह की अनेक नेताओं और सत्ता के शिखर पुरुषों से अन्तरंगता रही है, परन्तु उन्होंने उसका अन्यथा लाभ लेने की कभी कोशिश नहीं की। साहित्य उनका केन्द्रीय तत्त्व रहा है और सम्बन्धों की जो भी परिधि बनी वह इसी केन्द्र को आधार बना कर।

मैंने छियालीस वर्षों की स्मृतियों को प्रेम की लेई से जोड़ने का प्रयत्न किया है। मुझसे शुरू हुई सम्बन्ध की डोर अब दूसरी पीढ़ी को भी बाँध चुकी है। यह प्रीति की डोर और मजबूत होगी ऐसा मुझे भरोसा है। राह कठिन है, पर सम्भव भी है—'प्रेम पहार कठिन विधि गढ़ा। सो पै चढ़ै जो सिर सौं चढ़ा।' डॉ. सिंह आज भी सतत सृजनशील हैं, सक्रिय हैं। प्रभु से प्रार्थना है कि वे दीर्घायु हों, सृजनशील रहें। उनकी कीर्ति यशस्वी हो—'धनि सो पुरुख जस कीरति जासू।'

कुलपति, सिद्धार्थ विश्वविद्याल, कपिलवस्तु
सिद्धार्थनगर (उ.प्र.)

संस्कृति एवं परम्परा के शब्द-शिल्पी

ईश्वर शरण विश्वकर्मा

विचार, वाणी एवं क्रिया की जिस त्रयी पर संस्कृति का वितान रूपायित होता है, वह वस्तुतः वाङ्मयी चेतना एवं सर्जना के रूप में काव्य, कृति और शिल्प में अभिव्यक्त होता है। 'ऋषिस्रष्टा कविद्रष्टा की भावभूमि पर मनीषियों ने ऋत, सत्य एवं धर्म का साक्षात्कार कर सर्जनाएँ तथा काव्य रचनाएँ की हैं। इसीलिए कवि एवं साहित्यकार के भीतर ऋषित्व विद्यमान होता है। साहित्यिक कृतियों के माध्यम से कवि एवं रचनाकार अपनी लोकयात्रा करता है। मेरी दृष्टि में डॉ. कन्हैया सिंह ऐसे साहित्यकार एवं मनीषी हैं जिन्होंने लगभग छह दशकों के अपने सक्रिय साहित्यकार जीवन में कई प्रतिमान स्थापित किये। इसीलिए उनकी रचनाधर्मिता प्रेरक एवं प्रशसंनीय हैं।

डॉ. कन्हैया सिंह से मेरा परिचय चार दशकों से अधिक समय का है जब वे 1978 ई. में गोरखपुर जनपद के बासगाँव तहसील के अन्तर्गत स्थापित महाविद्यालय भटवली बाजार के प्राचार्य के रूप में आये, तभी से उनके साहित्यकार व्यक्तित्व तथा शैक्षिक प्रशासकीय क्षमता से मैं प्रभावित हूँ। सरयूपार के इस क्षेत्र में उच्च शिक्षा के लिए कोई महाविद्यालय नहीं था। भटवली बाजार में पहले से स्थापित इण्टर कॉलेज के ही प्रबन्ध समिति ने विद्यालय से सटे महाविद्यालय की स्थापना तीन वर्ष पूर्व ही की थी। इण्टर कॉलेज के ही शिक्षकों ने महाविद्यालय में शिक्षण का कार्य प्रारम्भ किया था। इस महाविद्यालय की स्थापना में प्रबन्धक स्व. राम अवध सिंह तथा गुरुवर्य स्मृतिशेष डॉ. कुँवर बहादुर कौशिक की महत्त्वपूर्ण भूमिका थी। डॉ. कौशिक का स्नेह-भाजन होने के कारण मैं प्रायः उनसे मार्गदर्शन प्राप्त करने तथा एम.ए. (प्राचीन इतिहास) की तैयारी हेतु भटवली जाया करता था। बाद में 1978 में डॉ. कन्हैया सिंह को महाविद्यालय के शैक्षिक उन्नयन हेतु आग्रहपूर्वक डी.ए.वी. कॉलेज, आजमगढ़ से बुलाया गया था। रंग, रूप, वेषभूषा तथा आचार व्यवहार में वे हमशक्ल थे। लोग मुझे उनसे जोड़कर देखते थे। मेरे अपने छात्र जीवन में उनका आदर्श व्यक्तित्व सदैव अनुकरणीय रहा है।

भटवली का विद्यालय परिवार एवं महाविद्यालय संघनिष्ठ विचारों का था। अधिकांश शिक्षक राष्ट्रीय स्वयंसेवक संघ के स्वयंसेवक एवं कार्यकर्त्ता थे। इसीलिए इण्टर एवं डिग्री कॉलेज में राष्ट्रसेवा की भावना प्रबल थी। प्राचार्य डॉ. कन्हैया सिंह का भी सम्बन्ध संघ से होने के कारण एक समरस, समन्वित एवं आत्मीय वातावरण बना रहा। यही कारण था कि वर्ष 1979 में जब उच्च शिक्षा (पीएच.डी.) हेतु मैं काशी हिन्दू विश्वविद्यालय, वाराणसी में पंजीकृत हुआ तब भी

पुस्तकालयी सहायता तथा मार्ग-दर्शन के लिए आचार्य कौशिक जी एवं डॉ. सिंह के पास जाया करता था। इन दोनों के कारण मेरे शैक्षिक उन्नयन तथा व्यक्तित्व निर्माण में भटवली 'सम्बोधि केन्द्र' बना रहा। वहाँ से प्रकाशित महाविद्यालयी वार्षिक पत्रिका 'संकल्प' में उच्चस्तरीय लेख छपते थे जिसका श्रेय संरक्षक प्राचार्य के नाते डॉ. कन्हैया सिंह को जाता है।

डॉ. कन्हैया सिंह का सहज, सरल एवं आदर्शात्मक व्यक्तित्व मुझे सदैव प्रेरणा देता रहा है। भाषा एवं साहित्य के क्षेत्र में उनका ज्ञान सदैव अनुकरणीय रहा है। सफेद कुर्ता-धोती उनके व्यक्तित्व को सुसभ्य आचार्यत्व से सदैव समलंकृत करता रहा है। उनमें नेतृत्व की अद्‌भुत क्षमता थी। बाद में ज्ञात हुआ कि वे अपने छात्र जीवन में शिबली नेशनल कॉलेज, आजमगढ़ के छात्रसंघ के अध्यक्ष भी थे। आगे चलकर उनके इन्हीं सद्‌गुणों ने अध्यक्ष, आजमगढ़ नगर पालिका एवं अखिल भारतीय सहित्य परिषद् के अध्यक्ष एवं उत्तर प्रदेश भाषा संस्थान के कार्यकारी अध्यक्ष जैसे चुनौतीपूर्ण उत्तरदायित्व का निर्वाह किया। अपने भाषा ज्ञान की उच्चता के कारण डॉ. सिंह का व्यक्तित्व सदैव आकर्षित करता रहा है। हिन्दी भाषा, साहित्य और लिपि, मध्यकालीन अवधी का विकास तथा काव्यांग कौमुदी जैसी कृतियाँ हिन्दी जगत् की अनमोल कृतियाँ हैं। भाषा ज्ञान-साधना का क्षेत्र है। हिन्दी भाषा के माध्यम से भाषाई शुद्धता के पक्षधर डॉ. सिंह ने राष्ट्रभाषा एवं भारत राष्ट्र की सेवा की है। उसी भाव-भूमि पर खडे होकर वे आज भी अपनी रचनाधर्मिता को भारत गौरव के लिए राष्ट्रार्पित कर रहे हैं। वे राष्ट्रभाषा हिन्दी के यशस्वी साहित्यकार हैं। सम्भवतः यही कारण है कि उनकी रचनाओं में भारत-भारती एवं भारतीवाक् की सदैव प्रबलता रहती है। हिन्दी भाषा के माध्यम से साहित्य, समाज, संस्कृति एवं इतिहास की सेवा करनेवाले साहित्यकार मनीषी राहुल सांकृत्यायन, अयोध्या सिंह उपाध्याय 'हरिऔध', सन्तकवि, महाकवि रामचरित उपाध्याय, आचार्य रामचन्द्र शुक्ल उनके प्रिय साहित्यकार थे। जिनकी काव्यमयी दृष्टि के आलोक पथ का अनुगमन कर प्रत्येक पर पृथक् ग्रन्थों की रचना कर साहित्य को समृद्ध किया वरन् अपनी शाब्दिक भावांजलि भी अर्पित की। इन सभी हिन्दी के गौरवस्पद मनीषियों की साहित्यक कृतियों को आधार बनाकर डॉ. कन्हैया सिंह ने पाठालोचन, आलोचना, सृजनात्मक साहित्य जैसी विधाओं पर हिन्दी साहित्य का मौलिक सृजन किया। उनके 29 प्रकाशित कृतियों तथा शताधिक सृजनात्मक निबन्ध-लेख, हिन्दुस्तानी, सम्मेलन पत्रिका, हिन्दी साहित्य सम्मेलन पत्रिका, भारतीय साहित्य, विश्व भारती, मधुमती, साहित्य परिक्रमा तथा साक्षात्कार जैसी हिन्दी की श्रेष्ठ पत्रिकाओं में प्रकाशित हैं।

गुजरात हिन्दी विद्यापीठ, अहमदाबाद के 'हिन्दी गरिमा' सम्मान से सम्मानित डॉ. कन्हैया सिंह ने अपनी कृतियों से हिन्दी को गौरवान्वित किया है। हिन्दी सूफ़ीकाव्य में हिन्दू सस्कृति, सूफ़ीमत, सूफ़ीकाव्य, सास्कृतिक अनुशीलन, उदार इस्लाम का सूफ़ी चेहरा एवं युगद्रष्टा महाकवि मलिक मुहम्मद जायसी जैसी रचनाओं ने जहाँ उन्हें सूफ़ी साहित्य के क्षेत्र में उच्च स्थान दिलाया वहीं अँधेरे के अध्याय (आपात्कालीन संस्मरण), वेदना के संवाद (ललित निबन्ध), पत्थर की मुस्कान (कहानी संग्रह) जैसे सृजनात्मक साहित्यिक कृतियों ने उनके साहित्यिक व्यक्त्वि को यशस्विता प्रदान की।

हिन्दू संस्कृति के जीवन मूल्यों को स्वयं के जीवन में आत्मसात् कर एवं अनुकरणीय जीवन का आदर्श उपस्थित करनेवाले डॉ. कन्हैया सिंह ने साहित्य एवं संस्कृति को अपनी रचना में उच्च स्थान पर रखा है। 'भोजपुरी शिरोमणि' से साहित्यिक सम्मान उनके सांस्कृतिक व्यक्तित्व का ही

निदर्शन हैं। वे सन्त साहित्य के अच्छे अभ्यासक एवं रचनाकार हैं। विगत अनेक वर्षों से नाथ सम्प्रदाय, नाथ एवं सिद्ध साहित्य तथा महायोगी गुरु गोरखनाथ पर केन्द्रित रचनाएँ, लेख एवं कृतिरूप में साहित्य जगत् को समर्पित हैं।

आजमगढ़ की क्रान्तिवीरों की उर्वरा पावन भूमि में जन्म लेने का सौभाग्य तथा डी.ए.वी. कॉलेज के हिन्दी विभाग से सेवानिवृत्ति तब दीर्घकालिक सेवा ने स्वतन्त्रता संग्राम के सघर्षों की तथ्यात्मक प्रस्तुति की ओर भी उन्मुख किया। ऐसा लगता है कि राहुल सांकृत्यायन उनके आदर्श थे। साहित्य एवं इतिहास की गहरी समझ रखनेवाले डॉ. कन्हैया सिंह ने 'उत्तर प्रदेश का 1857 का स्वतन्त्रता संग्राम' का प्रामाणिक लेखन किया। उत्तर प्रदेश में 1857 के स्वातंत्र्यसमर पर यह मौलिक कृति है, जिसमें 1857 के स्वातंत्र्यसमर की ऐतिहासिक पृष्ठभूमि के साथ पन्द्रह जनपदों- मेरठ, दिल्ली, लखनऊ, कानपुर, झाँसी, आजमगढ़, बलिया, गाजीपुर, बनारस, जौनपुर, इलाहाबाद, गोरखपुर, गोंडा एवं उन्नाव-रायबरेली के स्वतन्त्रता संग्राम का तथ्यपरक, रोचक एवं नवीन शोधात्मक लेखन हुआ है। लेखक ने इतिहास लेखन की भावनानुरूप दस्तावेजों, न्यायिक निर्णयों, शासकों की डायरियों, चिट्ठियों रिपोर्टों, मौलिक स्रोतों, स्थानीय अनुश्रुतियों आदि का संकलन कर यह सिद्ध करने का प्रयास किया है कि इस जन-सहभागिता और आम-विद्रोह का स्वरूप यह बतलाता है कि यह स्वतन्त्रता का महासमर था। उत्तर प्रदेश के आधुनिक इतिहास पर शोधकार्य करनेवाले अध्येताओं तथा जिज्ञासु पाठकों के समक्ष एक साहित्यकार की यह मौलिक प्रस्तुति है। इसी प्रकार 1975 के आपात्काल के संस्मरणों को भी इतिहास की तथ्यपरकता के साथ साहित्य सृजन करने में वे निपुण हैं। डॉ. सिंह का यह अवदान इतिहास के क्षेत्र में एक महत्त्वपूर्ण योगदान है।

इतिहास एवं संस्कृति की सम्यक् दृष्टि रखनेवाले आचार्य डॉ. कन्हैया सिंह को भारत की सांस्कृतिक परम्परा की गहरी समझ एवं जीवन मूल्यों के प्रति पुनीत भाव रहा है। वे मूल्यों को जीते तथा भावी पीढ़ी से यह अपेक्षा भी करते हैं। भाषा, भूषा, भावना और भारत के साथ जीवन यापन करनेवाले आचार्य सिंह का मनीषी व्यक्तित्व प्रणम्य है।

मेरा यह सौभाग्य रहा है कि उत्तर प्रदेश हिन्दी संस्थान, लखनऊ में वर्ष 2018 में नवगठित कार्यकारिणी एवं साधारण सभा में हम दोनों ही सदस्य के रूप में अपना वैचारिक योगदान देते रहे हैं। हिन्दी के प्रति उनका भाव तथा हिन्दू संस्कृति के लिए भाषा एवं साहित्य की पृष्ठभूमि से श्रेष्ठतम अवदान के लिए वे सदैव प्रतिबद्ध रहकर संरक्षकत्व प्रदान करते हैं।

आज जब वे शतायुता की ओर अग्रसर हैं, हम सब का यह दायित्व है कि उनकी चिरायुता, रचनाधर्मिता तथा क्रियाशील यशस्वी जीवन की ईश प्रार्थना करें। वे अभिनन्दन के श्रद्धास्पद सत्पात्र मनीषी हैं। हिन्दी जगत् के लिए यह गौरव का विषय है कि मानव संसाधन विकास मन्त्रालय, भारत सरकार की संस्था केन्द्रीय हिन्दी संस्थान ने इस अभिनन्दन ग्रन्थ के सम्पादन एवं प्रकाशन का उत्तरदायित्व लिया है। अपने इन्हीं अक्षर-पुष्पों के माध्यम से मैं उनके मनीषी व्यक्तित्व एवं सृजनात्मकता को कोटिशः नमन् करते हुए उनकी कृतियों के माध्यम से शत-शत अभिनन्दन करता हूँ। सार्थक, क्रियाशील एवं आदर्श शैक्षिक तथा राष्ट्रीय जीवन को समर्पित उनका जीवन सभी के लिए प्रेरणाप्रद एवं अनुकरणीय है।

अध्यक्ष, उच्चतर शिक्षा सेवा चयन आयोग
उत्तर प्रदेश

अप्रतिम साहित्य मनीषी

श्रीप्रकाश मणि त्रिपाठी

हिन्दी साहित्य का यह सौभाग्य है कि इसे अनेक साहित्य-पुरोधा, छोटे-छोटे कस्बों-गाँवों से मिलते रहे हैं। पूर्वांचल में इसकी एक सुदीर्घ परम्परा रही है। ग्रामीण-परिवेश से आत्मीयता ने इन सबको माटी की गन्ध से कभी विलग नहीं होने दिया। यह ऐसे बिरवे बनकर फैले कि सम्पूर्ण हिन्दी जगत् इनकी सुगन्ध से सुवासित हो गया। अब प्रसंग आ गया है तो कुछ नामों का उल्लेख भी मुझे अनिवार्य प्रतीत होता है—पं. हजारीप्रसाद द्विवेदी, पं. परशुराम चतुर्वेदी (बलिया), विवेकी राय (गाजीपुर), उग्र (चुनार)...। डॉ. कन्हैया सिंह जी इस शृंखला की एक ऐसी कड़ी हैं जिनपर गर्व करके हम स्वयं को उपकृत महसूस करते हैं।

डॉ. कन्हैया सिंह जी का जन्म पूर्वी उत्तर प्रदेश के आजमगढ़ जनपद के धरवारा नामक गाँव में सन् 1935 में हुआ था। इस दृष्टि से वह एक विचारपक्व अनुभव-सिद्ध रचनाकर्मी हैं। साहित्य के क्षेत्र में वह समान ऊर्जा के साथ सक्रिय रहे हैं और आज भी हैं। यह भी कहा जा सकता है कि वह 85 वर्ष के चिरयुवा साहित्यकार हैं। आयु का प्रभाव चेतना की भावभूमि को किंचित् भी कुण्ठित नहीं कर पाता—इस तथ्य के ज्वलन्त उदाहरण हैं—कन्हैया सिंह जी। भिन्न-भिन्न विश्वविद्यालयों में इनकी शिक्षा हुई और डी.लिट्. तक की उपाधि आपने प्राप्त की। इलाहाबाद, आगरा, गोरखपुर, जौनपुर जैसे विश्वविद्यालयों में आपने अध्ययन किया। भिन्न वातावरण और परिवेश में इनका सम्पर्क अनेक श्रेष्ठ विद्वानों के साथ हुआ। अपना साहित्यिक-अवदान देकर उन सबके उऋण से यह निश्चित ही उऋण हो गये हैं।

हिन्दी में लगभग बिसार दी गयी 'पाठालोचन' की परम्परा को आपने नयी दिशा दी, इसे पुनर्जीवन दिया। एक समय प्राचीन या मध्यकालीन रचनाओं की प्रामाणिकता की जाँच के लिए यह विधा अत्यन्त महत्त्वपूर्ण थी। इसी पद्धति के द्वारा हिन्दी साहित्य को कबीर, जायसी, घनानन्द जैसों के प्रामाणिक पाठ प्राप्त हुए और इनके प्रक्षिप्त अंशों की पहचान की जा सकी। पाठ केन्द्रित इस आलोचना पद्धति की ओर कन्हैया सिंह जी ने पुनः हमारा ध्यान खींचा। पाठालोचन पाठ केन्द्रित होता है। अतः इसमें भाषाविज्ञान, शैलीविज्ञान, अभिव्यक्ति विज्ञान आदि का भी सहारा लेना पड़ता है। वास्तव में यह एक अन्तर्विद्यावर्ती आलोचना प्रणाली है। कन्हैया सिंह जी की पैठ

विभिन्न शास्त्रों में रही है, सम्भवतः इसीलिए वह 'पाठालोचन' को सैद्धान्तिक और व्यावहारिक दोनों स्तरों पर सिद्ध कर सके। शब्दों में चित्र लिखने के धनी, 'पद्मावत' के कवि जायसी ने भारत-भूमि की मिट्‌टी के साथ अपने को एकसार कर लिया था—जायसी की इस भारतीय छवि पर कन्हैया सिंह जी मुग्ध हुए तथा सूफ़ियत, जायसी और हिन्दी साहित्य में सूफ़ी परम्परा पर एकाधिक पुस्तकें लिखकर इस विशिष्ट काव्यधारा का सांस्कृतिक अनुशीलन प्रस्तुत किया।

'पद्मावत' के सम्पादक वासुदेवशरण अग्रवाल ने अपने 'प्राक्कथन' में यह संकेत दिया था कि—''रामचरितमानस उस समय तक अस्तित्व में न आया था परन्तु जायसी ने जनता के कण्ठ से रामकथा का संग्रह करके अनेक बार पद्मावत में इसका उल्लेख किया है। इसके मिलाने से एक छोटी **जायसी रामायण** ही बन जाती है। इसमें इन्द्र, कृष्ण, ब्रह्मा, बलि, वासुकि, चन्द्र, सूर्य, कुबेर, मन्दर, शेषनाग के साथ ही भारतीय आख्यानगत सन्दर्भों का प्रयोग भी जायसी ने खुलकर किया है।'' माताप्रसाद गुप्त और वासुदेवशरण अग्रवाल ने सूफ़ी विचारधारा और साहित्य में भारतीय तत्त्वों के सम्मिश्रण के जो संकेत दिये थे, उन्हें विस्तारित करके कन्हैया सिंह जी ने सांस्कृतिक समन्वय के शीर्ष तक पहुँचा दिया है।

भारतीय-दर्शन, विशेष रूप से अद्वैत वेदान्त की भाँति ही सूफ़ी यह मानते हैं कि ब्रह्म, ब्रह्माण्ड के कण-कण में व्याप्त है और परमात्मा का स्वरूप सच्चिदानन्दात्मक है। डॉ. कन्हैया सिंह ने इस प्रकार के दार्शनिक तत्त्वों पर आधारित करके पाँच अत्यन्त सुरुचिपूर्ण पुस्तकें लिखी हैं, जिनमें से दो—'हिन्दी सूफ़ीकाव्य में हिन्दू संस्कृति' और 'सूफ़ीकाव्य : सांस्कृतिक अनुशीलन' मुझे व्यक्तिगत रूप से आकर्षित करती रही हैं। कन्हैया सिंह जी की यह कृतियाँ उनके गहन अध्ययन का परिणाम हैं। सूफ़ी साहित्य की भारतीय जमीन की उन्होंने गहरी पड़ताल की है जिसमें 'अद्वैत वेदान्त' वाला पक्ष अत्यन्त विचारशील है। इस प्रसंग का समापन मैं गोस्वामी तुलसीदास के 'रामचरितमानस' की इन पंक्तियों से करना चाहूँगा—**सोई जानइ जेहि देहु जनाई। जानत तुम्हहि तुम्हह होइ जाई।** प्रसंग है कि महर्षि वाल्मीकि जी राम से कहते हैं कि—हे राम, आप जिसको जनवा लेते हो, वही आपको तत्त्वतः जान पाता है और एक बार जान लेने पर 'वह 'और 'आप' अलग-अलग न होकर एक हो जाते हैं।

सूफ़ी साहित्य अथवा मध्यकालीन 'प्रेममार्गी' शाखा का जैसा विवेचन उन्होंने किया है, वह उनकी साधना का आप ही द्योतक है। मेरी दृष्टि में डॉ. कन्हैया सिंह जी स्वयं भी हिन्दी साहित्य के सन्त साधक हैं। अपनी निरन्तर साहित्य साधना से उन्होंने साहित्य की अनेक जीवन्त धाराएँ प्रवाहित कर दी हैं। साहित्य-विवेचन, पाठालोचन और भाषा-चिन्तन की ऐसी त्रिवेणी उन्होंने अपनी साधना भूमि पर उतारी है, जिसके अवगाहन मात्र से एक गम्भीर साहित्यचेता के अन्तस् का पुण्य-दर्शन पाठक को स्वतः प्राप्त हो जाता है।

डॉ. कन्हैया सिंह जी उस पीढ़ी के साहित्यकार हैं जब साहित्य को प्रकाश और साहित्यकार को द्रष्टा की तरह देखा जाता था। वह हिन्दी साहित्य की उस परम्परा के स्तम्भ हैं जिसमें साहित्यिक आलोचना, केवल गुण-दोष विवेचन का नहीं, युग-निर्माण और चेतनागत विस्तार का लक्ष्य लेकर आगे बढ़ती थी। 'सूफ़ी-चर्चा' के सन्दर्भ में वह निरन्तर माताप्रसाद गुप्त और वासुदेवशरण अग्रवाल वाली परम्परा के साथ चले हैं तथा विश्लेषण के सौष्ठव का उन्होंने प्रतिमान रच दिया है।

डॉ. कन्हैया सिंह जी ने एक सर्जक रचनाकार के रूप में भी अपना अलग स्थान बनाया है। उनका यह लेखन वैविध्यपूर्ण और बहुआयामी है। सांकृत्यायन जी, हरिऔध जी और चन्द्रबली पाण्डेय जैसे नवोन्मेषवादी रचनाकारों के चयन से ही कन्हैया सिंह जी की वैदुष्य प्रतिभा का

आभास हमें मिल जाता है। संस्मरण, ललित निबन्ध, यात्रा-वृत्तान्त जैसा कथेतर गद्य लिखकर उन्होंने अपनी लालित्यपूर्ण रचना-शैली और सृजन प्रतिभा का परिचय भी हमें दे दिया है। उनके इस गद्य-साहित्य को गम्भीरता से देखे जाने की आवश्यकता है। उनकी पुस्तकें 'हिन्दी भाषा' तथा 'हिन्दी भाषा, साहित्य और लिपि' इसलिए उल्लेखनीय हैं कि इनमें भाषा और देवनागरी लिपि के प्रश्नों को कन्हैया सिंह जी ने अत्यन्त सहज ढंग से उठाया है और इनकी सरल व्याख्या की है। उनके विपुल और विविधवर्णी साहित्यिक अवदान को देखते हुए यह निःसंकोच भाव से कहा जा सकता है कि कन्हैया सिंह जी बहुमुखी प्रतिभा के धनी साहित्य-शिल्पी हैं।

मेरे लिये यह अत्यन्त गौरव और सम्मान का विषय है कि मैं उन्हें व्यक्तिगत रूप से जानता हूँ। मेरे हृदय पटल पर उनके व्यक्तित्व की अमिट छाप अंकित है। मुझे वह दिन कभी नहीं भूलता जब मेरी उनसे पहली भेंट नागरी प्रचारिणी सभा, देवरिया में आयोजित 'तुलसी जयन्ती' समारोह के अवसर पर हुई थी। वह मुझे एकदम साधारण आकृतिवाले, गँवई मनई लगे थे, और वैसे ही वह थे भी। थोड़ी ही देर की बातचीत में उनकी सरलता उजागर होने लगी। साधारण धोती-कुर्ते में मानों मेरे समक्ष एक विशिष्ट व्यक्तित्व उपस्थित था। उस सभा में जब वह तुलसी पर बोलने खड़े हुए तो तुलसी पर उनकी दृष्टि का मुझपर गहरा प्रभाव पड़ा। इससे भी अधिक प्रभावित किया मुझे उनकी वाणी ने, वक्तृत्व ने। वाणी में इतना ठहराव, इतनी गहनता और विचारबद्धता। मैं सच कहता हूँ कि तब मुझे घोर आश्चर्य हुआ था कि इतने साधारण-से दिखनेवाले व्यक्ति की प्रतिभा भी क्या इतनी असाधारण हो सकती है। कन्हैया सिंह जैसे तब थे वैसे ही आज भी हैं। बाद में भी उनके साथ सम्बन्ध बना रहा, भेंट होती रही। उनका व्यक्तित्व मुझे बाँधता रहा। उनके इस सानिध्य से अब मैं यह जान चुका हूँ कि 'साधारण' में 'असाधारणता' का समावेश सेंत में नहीं हो जाता। इसकी प्राप्ति साधना से होती है। सहज साधना से-साधो। सहज साधना कीजै। कन्हैया सिंह जी ने निरन्तर साहित्य, भाषा और संस्कृति की ऐसी ही सहज साधना की है। अपने 'स्व' को इनमें विलीन कर दिया है। वह स्वयं भी उस 'अद्वैत' का प्रतीक बन चुके हैं जहाँ साहित्यकार और रचना के बीच का द्वैत मिट जाता है और साधना का, चिन्तन का, चैतन्य का अनहद नाद सुनायी पड़ने लगता है। भारत भूमि की 'तद्‌भवता' को कन्हैया सिंह जी ने अपने लेखन में जिस तरह बरता है, उस ओर दृष्टिपात करने की आवश्यकता अब महसूस की जानी चाहिए।

इस तपस्वी हिन्दी सेवी का साहित्य हमारे लिये अनमोल है। इस साहित्य में भारत, भारतीयता और लौकिकता के समवेत स्वर हमें सुनायी पड़ते हैं। ऐसे 'राष्ट्रीय साहित्य' के सर्जक के प्रति मैं अपना आदर निवेदित करता हूँ। वह शत-शरत के साक्षी बनें। स्वस्थ रहें, सानन्द रहें, सक्रिय रहें। परमपिता परमेश्वर से मेरी यही प्रार्थना है।

कुलपति, इन्दिरा गाँधी राष्ट्रीय जनजातीय विश्वविद्यालय
अमरकण्टक, मध्य प्रदेश

इन्द्रधनुषी हो गया व्यक्तित्व जिनका

राम कठिन सिंह

साहित्यिक दृष्टि से आजमगढ़ की भूमि हमेशा से ही उर्वर रही है। अयोध्या सिंह 'हरिऔध' से लेकर गुरुभक्त सिंह 'भक्त', राहुल सांकृत्यायन, पं. श्यामनारायण पाण्डेय, डॉ. लक्ष्मीनारायण मिश्र, चन्द्रबली पाण्डेय, श्री रामचरित उपाध्याय आदि तक, यहाँ के साहित्यकारों की एक लम्बी फेहरिस्त है, जिन्होंने अपनी कृतियों से आजमगढ़ का परचम दुनिया भर में लहराया। इसी कड़ी में एक नाम डॉ. कन्हैया सिंह का भी है, जिन्होंने आजमगढ़ की इस साहित्यिक परम्परा को अक्षुण्ण बनाये रखने और उसे आगे ले जाने में महत्त्वपूर्ण योगदान दिया। यही नहीं, आजमगढ़ में जो कुछ भी विशेष था उस पर उन्होंने अपनी लेखनी चलायी। चाहे वह पूर्वांचल का स्वतन्त्रता संग्राम में योगदान रहा हो, कुँवर सिंह का योगदान हो अथवा आजमगढ़-मऊ के जनपदीय इतिहास, वह सब उन्होंने प्रामाणिक ढंग से लिपि बद्धकर सबके समक्ष रखा। आजमगढ़ जिले के रहनेवाले राहुल सांकृत्यायन का साहित्य में बड़ा नाम है। उन्होंने उन पर भी अपनी लेखनी चलायी और उन पर लिखी अपनी पुस्तक 'राहुल सांकृत्यायन' में उनके कृतित्व व व्यक्तित्व पर विस्तार में प्रकाश डाला। इसी प्रकार चन्द्रबली पाण्डेय, महाकवि अयोध्या सिंह 'हरिऔध', महाकवि रामचरित उपाध्याय, पूर्वी उत्तर प्रदेश के सन्त कवि आदि सब पर मौलिक और शोधपूर्ण ग्रन्थ लिखकर उन्होंने आजमगढ़ की साहित्यिक विरासत से देश को परिचित कराया और साहित्य की श्रीवृद्धि में महत्त्वपूर्ण भूमिका निभायी।

डॉ. कन्हैया सिंह का व्यक्तित्व सही मायने में बहुआयामी रहा है। उन्होंने अध्यापन से लेकर राजनीति, समाज-सेवा और साहित्य तक, सबका स्वाद चखा। विधिवेत्ता के रूप में टी. डी. कॉलेज जौनपुर में अध्यापन कार्य प्रारम्भ कर वे हिन्दी की ओर लौटे थे। डी. ए. वी. कॉलेज आजमगढ़ में प्रवक्ता के पद से शुरू कर वे रीडर बने। और उसी पद से कार्यमुक्त भी हुए। इसके पूर्व कुछ समय तक उन्होंने भटकली बाजार, गोरखपुर में प्राचार्य के पद पर भी कार्य किया था। वे न केवल एक मेधावी छात्र रहे, अपितु उच्चकोटि के अध्यापक भी थे। उनकी अध्यापन-शैली के कायल विद्यार्थियों के साथ-साथ उनके सहकर्मी अध्यापक भी थे। उनकी बौद्धिक क्षमता एवं

विलक्षण प्रतिभा को देखते हुए, कन्हैया सिंह को करीब से जाननेवालों के लिए उनकी यह कोई बड़ी उपलब्धि नहीं थी। गोरखपुर विश्वविद्यालय के प्रोफेसर स्व. भगवती प्रसाद सिंह ने तो यहाँ तक कहा था कि हिन्दी विभाग के कई विश्वविद्यालयों में ऐसा प्रतिभाशाली व्यक्ति नहीं दिखायी पड़ता। निःसन्देह वे बहुत आगे जा सकते थे। कम-से-कम किसी विश्वविद्यालय में हिन्दी विभाग में प्रोफेसर तो वे बन ही सकते थे। पर ऐसा नहीं हुआ और वे डी. ए. वी. कॉलेज में ही अटक कर रह गये।

उनकी रुचि का दूसरा क्षेत्र राजनीति का था। यह कोई कम महत्त्व की बात नहीं थी कि वे निर्विरोध आजमगढ़ नगर-पालिका के अध्यक्ष चुने गये थे और उन्होंने अपना दायित्व बखूबी निभाया भी था। यूँ तो इसके पहले वे शिबली कॉलेज छात्र-संघ के अध्यक्ष भी रहे और एक बार अध्यापक की हैसियत से चुनाव भी लड़े। पर सफलता नहीं मिली। दलगत प्रतिबद्धता की बात करें, तो वे राष्ट्रीय स्वयं सेवक संघ के एक समर्पित कार्यकर्त्ता रहे। फिर उनका भारतीय जनता पार्टी से गहरा जुड़ाव रहा। यह एक बड़ा कारण तो था ही जो उन्हें आपात्काल के दौरान जेल की हवा खानी पड़ी थी। अपनी पुस्तक 'अँधेरे के अध्याय' में अपने जेल के समय के अनुभवों को उन्होंने विस्तार में लिखा है।

कहा जाता है कि एक बार वे चौ. चरण सिंह की पार्टी लोकदल से भी सम्बद्ध हुए थे। पर वे इसे सिरे से नकारते हैं। हाँ, चौ. चरण सिंह उनके प्रिय नेताओं में से एक अवश्य थे। उनकी दृष्टि में भारत की कृषि-प्रधान अर्थव्यवस्था को जितना अधिक चौधरी साहब समझते थे, उतना और कोई नहीं समझता था। आजमगढ़ नगर-पालिका का अध्यक्ष होने के नाते उनका जिले की अन्य पार्टियों के नेताओं से अच्छी बनती थी। इसमें चौधरी साहब की पार्टी के विधायक बाबू रामबचन यादव भी थे। यादव जी के आग्रह पर चौधरी साहब के आजमगढ़ आगमन पर उनके भोजन का प्रबन्ध डॉ. कन्हैया सिंह ने ही अपने घर पर किया था। एक बार अपने मित्र ईशदत्त यादव के लिए विधान-सभा का टिकट माँगने भी वे चौधरी साहब के पास गये थे। इसी तरह जब माननीय रामनरेश यादव एटा जिले की निधौनी कलां सीट से विधान-सभा का चुनाव लड़ रहे थे, तो वे उनके प्रचार के लिए वहाँ गये थे। तब उन्हें राजनारायण जी के साथ कई दिन बिताने का अवसर भी मिला था। पूर्व प्रधानमन्त्री चन्द्रशेखर, रज्जू भइया, अटल जी आदि नेताओं से भी उनका निकट का सम्बन्ध रहा। ...बस इतना ही। इसके आगे और कुछ नहीं। यानी उनका राजनीतिक कॅरियर भी आधा-अधूरा ही रहा। यद्यपि उनमें ऐसी प्रतिभा थी और नेतृत्व करने की क्षमता भी कि वे किसी भी पार्टी में अपना वर्चस्व बना सकते थे। परन्तु ऐसा नहीं हुआ। उन्होंने शुरुआत तो अच्छी की थी, पर फिर न जाने क्यों वह वहीं थम गये। आगे बढ़ने का प्रयास नहीं किया। जबकि उनकी तरह के तमाम और लोग थे जो मूल रूप से अध्यापन से जुड़े हुए थे, किन्तु बाद में जब उनकी सरकारें आयीं तो वे मन्त्री तक बने। परन्तु कन्हैया सिंह नगरपालिका के अध्यक्ष पद से आगे नहीं बढ़ पाये थे। हाँ, एक बार वे उत्तर प्रदेश भाषा संस्थान के कार्यकारी अध्यक्ष अवश्य बने थे। एक तरह से यह बहुत अच्छा हुआ जो डॉ. सिंह अपने को सक्रिय राजनीति से अलग कर लेखन और साहित्य की तरफ मुड़ गये। अन्यथा हिन्दी ने बहुत कुछ मूल्यवान् खो दिया होता।

साहित्य उनकी तीसरी, किन्तु प्रमुख रुचि रही। साहित्य की जितनी मजबूत पकड़ और गहरी समझ डॉ. कन्हैया सिंह को रही है, उनके समकालिक कोई विरला साहित्यकार ही उनके समक्ष खड़ा होता दिखायी देता है। अब तक उनकी कुल 40 कृतियाँ प्रकाशित हो चुकी हैं। उन्होंने सूफ़ी साहित्य से लेकर पाठालोचन, आलोचना तथा भाषा और काव्यांग के क्षेत्र में प्रमुख रूप से काम

किया है। पाठालोचन और सूफ़ी साहित्य के वे प्रमुख और प्रामाणिक विद्वान् माने जाते हैं। 'पाठ-सम्पादन के सिद्धान्त' और 'पदुमावति' उनकी मौलिक कृतियाँ हैं। इन दोनों कृतियों की गिनती उच्च श्रेणी के साहित्य में होती है। हिन्दी साहित्य के अनेक जाने-माने विद्वानों ने उनके पाठालोचन के कार्य को सराहा और बड़ा और मौलिक योगदान बताया। उदाहरणस्वरूप, डॉ. आनन्द प्रकाश दीक्षित लिखते हैं—"निःसन्देह पाठालोचन के विचार क्षेत्र में डॉ. कन्हैया सिंह ऐसे हस्ताक्षर हैं, जिन पर भरोसा किया जा सकता है।" सूफ़ी साहित्य उनकी शोध का दूसरा प्रिय विषय रहा है। इस विषय पर उनकी कई आलोचना-कृतियाँ प्रकाशित हो चुकी हैं। 'हिन्दी सूफ़ीकाव्य में हिन्दू संस्कृति' उनका शोध ग्रन्थ है। 'सूफ़ी तत्त्व चिन्तन' उनकी दूसरी समालोचनात्मक कृति है। इसके अलावा 'मलिक मुहम्मद जायसी' और 'सूफ़ीकाव्य : संस्कृति विमर्श' उनकी अन्य चर्चित कृतियाँ हैं। आचार्य हजारीप्रसाद द्विवेदी जो डॉ. सिंह के एम.ए. और पीएच.डी. दोनों ही में उनके बाह्य परीक्षक रहे, उनकी एक टिपण्णी विशेष रूप से द्रष्टव्य है—डॉ. कन्हैया सिंह का शोध-प्रबन्ध 'हिन्दी सूफ़ीकाव्य में हिन्दू संस्कृति का चित्रण और निरूपण' 500 पृष्ठों में टंकित है। वह उपायोग और अध्ययनपूर्ण है। इससे सांस्कृतिक अध्ययन की दिशा में एक नया अध्याय जुड़ा है, जो भावी अध्येताओं के लिए उपयोगी सिद्ध होगा।" डॉ. सिंह के गुरु माताप्रसाद गुप्त डॉ. सिंह को सम्बोधित करते हुए कहते हैं—"सूफ़ी साहित्य तुम्हारी शोध का विषय है और पाठालोचन के तुम पण्डित हो।" इसलिए वे उन्हें अपने निकट उच्च पद पर रखना चाहते थे।

यूँ तो हिन्दी साहित्य में डॉ. सिंह का अवदान कहीं से भी कम आंका नहीं जा सकता, फिर भी उनके जाननेवालों और आत्मीयों को यह लगता है कि उनमें जितनी बौद्धिक क्षमता थी, वास्तव में वे उतना कर नहीं पाये। यह सब इसलिए कि उनके जीवन में बिखराव बहुत रहा। इसका एहसास उनके मन में भी कहीं-न-कहीं अवश्य था। यह बात विवेकी राय के ऊपर लिखे उनके एक आलेख से परिलक्षित होती है। "मैं सोचता था कि वे मुझे जानते भी हैं या नहीं! पर उनसे मिलकर लगा कि वे मेरे बारे में कुछ ज्यादा ही जानते हैं। लेखक के नाते तो मैं खाक हूँ, पर उस जमाने में मैं राजनीति में चर्चित था। नगर-पालिका का अध्यक्ष; वह भी उस जमाने में निर्विरोध। 19 महीने मीसा का बन्दी—जे.पी. आन्दोलन में। गोरखपुर विश्वविद्यालय के महाविद्यालय-शिक्षक-संघ का महामन्त्री। यह सब वजहें थीं जो समाचार पत्रों में मैं किसी-न-किसी बहाने आता रहता था। इसी नाते शायद वे मुझे जानते थे।"

डॉ. कन्हैया सिंह की दो बड़ी विशेषताएँ रही हैं—उनका अथाह ज्ञान और बड़ी-से-बड़ी बात को थोड़े शब्दों में अत्यन्त प्रभावी ढंग से कहने की उनकी क्षमता और यह ही दोनों गुण उनकी विशिष्टता के कारण थे। कई वर्ष पहले की बात है। मऊ में हुए एक कार्यक्रम में उनका उद्‌बोधन सुनकर मैं उनका मुरीद बन गया। और तभी से शुरू हुआ उनका मेरा सम्बन्ध। शीघ्र ही मैं उनके छोटे भाई जैसा हो गया और वे मेरे बड़े भाई बन गये। डॉ. सिंह की उपर्युक्त दोनों विशेषताएँ साहित्य-जगत् तक ही सीमित नहीं रहीं। वे किसी भी विषय पर प्रामाणिकता के साथ अपनी बात रखने में सक्षम हैं। हमारी संस्था नेफोर्ड द्वारा आयोजित किसान मेले और गोष्ठियों में तमाम विषय-विशेषज्ञों के बोल लेने के बाद जब उनकी अध्यक्ष के तौर पर बोलने की बारी आती, तो वे अपने उद्‌बोधन से सब्रको चकित कर देते। उनके पास हमेशा कुछ नया कहने को होता। मैं समझता हूँ कि यह सब उनके गहन अध्ययन तथा अनुभवों के फलस्वरूप प्राप्त उनके विशद ज्ञान के कारण ही सम्भव है।

डॉ. सिंह अच्छे वक्ता हैं और उनके भाषण देने की एक विशेष शैली है। वे थोड़े शब्दों में बहुत कुछ कह जाते हैं। बीच-बीच में संस्मरण और किस्से सुनाकर वे अपनी बात को और भी रोचक बना देते हैं। उनके पास संस्मरणों और साहित्यिक चुटकुलों का भण्डार है। अभी हाल

ही में मुझे उनके कुछ संस्मरण पढ़ने को मिले। वास्तव में उन्होंने अपने संस्मरणों की एक नयी पुस्तक तैयार की है जो शीघ्र प्रकाशित होनेवाली है।

आचार्य चन्द्रबली पाण्डेय का हिन्दी राष्ट्रभाषा के उन्नयन में अभूतपूर्व योगदान रहा। डॉ. साहब बताते हैं कि पाण्डेय जी ने काशी हिन्दू विश्वविद्यालय में सूफ़ी-मत पर शोध-कार्य पूरा किया। तत्कालीन नियम था कि हिन्दी का शोध-प्रबन्ध भी अंग्रेजी में लिखना पड़ता था। पाण्डेय जी ने ऐसा करने से मना कर दिया। उन्होंने लिखा, यदि हिन्दी का शोध-प्रबन्ध हिन्दी में प्रस्तुत करने की अनुमति नहीं मिलती, तो मैं शोध-प्रबन्ध नहीं प्रस्तुत करूँगा। और उन्होंने नहीं किया। बहुत बाद में जब ऐसी अनुमति मिली, तब तक उन्हें इतनी ख्याति मिल चुकी थी कि उन्होंने उसकी आवश्यकता ही नहीं समझी।

एक बार की बात है मैंने डॉ. सिंह को अपनी पत्रिका 'शब्दिता' के लिए डॉ. लक्ष्मीनारायण मिश्र के नाटकों पर एक आलेख लिखने का आग्रह किया। उन्होंने बताया कि डॉ. मिश्र के नाटकों पर पहले ही बहुत कुछ लिखा जा चुका है। मैं उनकी काव्य-कृतियों पर कुछ लिखूँगा और उन्होंने लिखा भी। डॉ. सिंह के इस आलेख से मुझे पहली बार पता चला कि मिश्र जी छायावादी कविता के प्रथम कवियों में से थे। उनका छायावादी मुक्त प्रबन्ध 'अन्तर्जगत्' 1924 में प्रकाशित हुआ था, जबकि इसी छन्द में जयशंकर प्रसाद का 'आँसू' 1925 में छपा था। रामधारी सिंह 'दिनकर' ने 'चक्रवाल' की भूमिका में मिश्र जी और जनार्दन झा 'द्विज' को छायावाद के जनक के रूप में परिभाषित किया है। उन्होंने लिखा—"जब छायावादी आन्दोलन जोर पर था, इन दो कवियों कि बानगी दिये बिना छायावाद के समर्थन की प्रक्रिया पूरी नहीं समझी जाती थी और इसमें सन्देह नहीं कि छायावाद की धूमिल भावुकता के जैसे प्रमाण इन कवियों कि रचनाओं में उतरे थे, वैसे अन्यत्र दुर्लभ थे।" खेद की बात है कि छायावाद के विवेचन क्रम में अब लोग उनकी कविताओं का नाम भी नहीं लेते।

मिश्र जी को लेकर डॉ. सिंह ने एक मजेदार किस्सा सुनाया। मिश्र जी साहित्य-सृजन को किसी भी यश से ऊपर महत्त्व देते थे। 1971 में 35 वर्ष कि उम्र में मैं आजमगढ़ नगर-पालिका का अध्यक्ष बना और वह भी निर्विरोध। मैं बहुत उत्साहित था और खुश भी। इसके कारण मुझे तमाम लोगों ने बधाइयाँ दीं। परन्तु मिश्र जी की प्रतिक्रिया औरों से भिन्न थी। उन्होंने कहा—"यह काम तुमने क्यों स्वीकार किया? जिनके पास यश प्राप्त करने के लिए और कोई क्षेत्र नहीं होता है, वे लोग राजनीति में जाकर यश पाने की लालसा रखते हैं। तुम्हारे लिये तो यश का इससे बड़ा क्षेत्र सामने है।" मिश्र जी की बात में मुझे सच्चाई लगी और इस बात का अहसास भी हुआ। शायद यही कारण था कि मैंने सक्रिय राजनीति में जाने से अपने को रोक लिया।

मिश्र जी के बारे में एक अन्य मजेदार संस्मरण भी उन्होंने सुनाया। एक बार लोकबन्धु राजनारायण और मिश्र जी एक ही महाशय के अतिथि थे। राजनारायण जी ने मिश्र जी से पूछ लिया—'आपका परिचय?' मिश्र जी ने कहा—"मैं नाटककार लक्ष्मीनाराण मिश्र हूँ। तुम मुझे जानते होगे; विश्वविद्यालय में मेरा नाटक अवश्य पढ़ा होगा।" राजनारायण जी को 'तुम' और मिश्र जी की गर्वोक्ति अच्छी नहीं लगी। उन्होंने अपनी प्रशंसा में बोलते हुए कहा कि मैं राजनारायण ऑल इण्डिया सोशलिस्ट पार्टी का अध्यक्ष हूँ। मैं किसी नाटक-फाटक लिखनेवाले को नहीं जानता। मिश्र जी भड़क गये और उठकर वहाँ से जाने लगे। अतिथेय के हस्तक्षेप और मान-मनौवल पर मामला शान्त हुआ।

मैं 'लोकबन्धु राजनारायण' शीर्षक से लिखा उनका एक आलेख पढ़ रहा था। उसमें उन्होंने कई रोचक प्रसंगों का जिक्र किया है, खासतौर से उनके द्वारा ईजाद किये गये नारे जैसे—"बेटा

कार बनाता है, माँ बेकार बनाती है'' खा गयी राशन, पी गयी तेल—''यह देखो इन्दिरा का खेल'' आदि।

काशी की पाण्डित्य-परम्परा के प्रतीक डॉ. विद्या निवास मिश्र पर उनका एक लम्बा आलेख है। उसमें एक बहुत ही रोचक प्रसंग है। 1967 में डॉ. सिंह आगरा के विद्यापीठ में प्रवक्ता के रूप में एक साल काम करने के बाद आजमगढ़ लौट आये थे। 1978 ई. में आगरा विद्यापीठ के कुछ पदों का विज्ञापन हुआ, जिसमें पाठालोचन विषय के एक रीडर के पद का भी था। डॉ. विद्या निवास मिश्र ने उन्हें विज्ञापन की सूचना दी और कहा—''यह पद तुम्हारे लिये ही मैंने विज्ञापित करवाया है। अतः तुम प्रार्थना-पत्र भेज दो।'' उनके कहने पर मैंने अपना आवेदन भेज दिया। किन्तु साक्षात्कार के बाद जो फल आया तो पता चला कि डॉ. महेन्द्रनाथ दूबे रीडर हो गये और पाठालोचन के स्थान पर परिवर्तन करके वह पद मध्यकालीन-काव्य का बना दिया गया था। बाद में एक मुलाकात में डॉ. मिश्र ने उनसे कहा कि कन्हैया, महेन्द्रनाथ को नियुक्त करके मैंने बड़ी भारी गलती की। डॉ. सिंह ने इस स्वीकारोक्ति को डॉ. मिश्र की सरलता और स्पष्टवादिता का द्योतक समझा। इसी तरह के अनेक रोचक संस्मरण हरिऔध जी, शुक्ल जी, निराला, राहुल सांकृत्यायन आदि पर उनकी पुस्तक में संकलित हैं।

प्रत्युत्पन्नमति के साथ-साथ हाजिर-जवाबी भी डॉ. सिंह की एक बड़ी विशेषता है। बड़ी-से-बड़ी समस्या का निदान वे पलक झपकते निकाल लेते हैं। हाजिर-जवाबी के सम्बन्ध में एक-दो घटनाएँ याद आती हैं। पूरे देश में जे.पी. आन्दोलन चल रहा था। इसी सिलसिले में एक बार वे आजमगढ़ आये थे। उनके भाषण से पूर्व नगर-पालिका का अध्यक्ष होने के नाते मैं उनसे मिला। राजनारायण जी भी वहाँ उपस्थित थे। मेरे परिचय देने के बाद उन्होंने पूछा—'आप किस दल के है?' मैंने जवाब दिया—''मैं किसी राजनैतिक दल का नहीं हूँ। मैं संघ का स्वयं सेवक हूँ।'' जे.पी. ने कहा—''संघ कई संगठनों की जननी है। संघ की सब बात मुझे पसन्द है। बस एक सलाह है कि संघ मुसलमानों के लिए भी अपना दरवाजा खोल दे।'' डॉ. सिंह ने उत्तर दिया—''आपके सर्वोदय में उनके लिए दरवाजा खुला है न! तो कितने मुसलमान आपके सर्वोदय से जुड़े है?'' उन्होंने कहा—'नहीं के बराबर।' ...जे.पी. को अपने प्रश्न का उत्तर मिल गया था।

एक दूसरी घटना डॉ. विद्या निवास मिश्र से जुड़ी है। एक बार वे दिल्ली में 'एकात्म मानववाद' पर व्याख्यान देने आये थे। व्याख्यान तो बड़ा विद्वत्तापूर्ण था और पूरे एक घण्टे का। पर अपने वक्तव्य के बीच में उन्होंने कहा—''अपने दर्शन में तो एकात्मभाव मानव में ही नहीं, समस्त जीवो में देखा गया है।'' उन्होंने यह भी कहा कि यदि दीनदयाल जी जीवित होते तो मैं उन्हें सुझाव देता की 'एकात्म मानववाद' के स्थान पर वे इसे 'एकात्म जीववाद' कहें। गोष्ठी समाप्त होने के बाद मैं उनके पास पहुँचा और उनसे कहा—''पण्डित जी, दीनदयाल उपाध्याय अध्यात्मवादी दार्शनिक नहीं थे। वे एक राजनेता थे और उनका संगठन मनुष्यों का संगठन है। जीवों का नहीं। इसलिए उन्हें 'एकात्म मानववाद' को ही प्रतिष्ठित करना पड़ा।'' पण्डित जी ने हँसकर कहा—'किन्तु मैं तो राजनीतिज्ञ नहीं हूँ न।'

पण्डित जी से जुड़ा एक और मजेदार संस्मरण उनकी इस पुस्तक में है। आजमगढ़ में लक्ष्मीनारायण मिश्र के बँगले पर हुई विद्या निवास जी से अपनी मुलाकात के दौरान जब डॉ. सिंह ने उनसे पूछा कि, ''पण्डित जी कुछ बड़े नये कवियों को छोड़कर, नयी कविता के नाम पर तो बस घास-भूसा ही लिखा जा रहा है और आपका भी आशीर्वाद ऐसे कवियों का मिलता रहता है।'' इस पर पण्डित जी ने जो उत्तर दिया वह गौरतलब है। उन्होंने कहा—''यह तो मुझे नवयुवकों का प्रोत्साहन देने के लिए करना पड़ता है। जैसे अभी एक कवि ने लिखा कि, 'नाइलोन

की साड़ी की सांझ!' अब यहाँ शाम और नाइलोन की साड़ी से क्या मेल है! लेकिन मैंने उसकी पीठ भी ठोकी।'' इतना कहकर वे हँस पड़े।

सन् 2014 की बात है, उत्तर प्रदेश हिन्दी संस्थान द्वारा प्रदत्त साहित्यिक पुरस्कारों के लिए आवेदन माँगे गये थे। उन्होंने मुझे भी 'साहित्य भूषण' सम्मान हेतु आवेदन करने की सलाह दी। मैंने कहा कि इसके लिए तमाम बड़े-बड़े साहित्यकारों की दावेदारी होगी, मैं उनकी तुलना में भला कहाँ ठहरूँगा! उन्होंने त्वरित उत्तर दिया—''आपकी उनसे तुलना क्यों होगी? आप एक ख्यातिलब्ध वैज्ञानिक हैं, अवकाश-प्राप्ति के बाद भी किसानों के लिए रात-दिन काम कर रहे हैं, उसके बावजूद आप हिन्दी-साहित्य की इतनी सेवा कर रहे हैं, आपकी दर्जन-भर पुस्तकें प्रकाशित हो चुकी हैं, फिर आप जैसे व्यक्ति को सम्मानित करना तो हिन्दी संस्थान के लिए गर्व की बात होगी।'' खैर, मैंने उनके कहने पर अपना आवेदन पत्र भेज दिया और सुखद बात यह हुई कि मुझे 'साहित्य भूषण सम्मान' के लिए चुन भी लिया गया।

डॉ. कन्हैया सिंह अपने जीवन के आखिरी पड़ाव पर हैं। उन्हें लगता है, साहित्य में बहुत कुछ करना अभी शेष रह गया है। अब वे इस कोशिश में हैं कि जितना कुछ हो सके, समेट लिया जाय। कई परियोजनाओं पर साथ-साथ काम चल रहा है। जैसा मैंने ऊपर लिखा है, उनके संस्मरणों की एक पुस्तक लगभग तैयार है। दूसरी पुस्तक 'आलोचना के प्रत्यय, इतिहास और विमर्श' भी तैयार ही है। तीसरी पुस्तक कुँवर सिंह पर लिखी जा रही है, परन्तु उसमें अभी बहुत कुछ करना शेष है। चौथी पुस्तक महायोगी गोरखनाथ पर केन्द्रित है। इस पर भी अभी काम चल रहा है। समय कम है। वय पचासी के पार। हमारी कामना है—वे दीर्घायु हों और स्वस्थ रहें, ताकि उनकी यह पुस्तकें समय रहते प्रकाशित होकर आ जायँ।

1-देवलोक कॉलोनी, विष्णुपुरी, अलीगंज
लखनऊ (उ.प्र.)

शब्द-शब्द शोध : शब्द-शब्द बोध

देवेन्द्र दीपक

डॉ. कन्हैया सिंह का जन्म 1 अगस्त, 1935 को हुआ। अंक विद्या के हिसाब से उनका जन्मांक 1 है। एक की संख्या बहुत ही महत्त्वपूर्ण है। यह अंक सूर्य का प्रतीक है। एक अंकवाला व्यक्ति रचनात्मक, नवाचारी, अपनी आस्था के प्रति संकल्पित, लक्ष्य प्राप्ति के लिए सतत् गतिमान् होता है। जाननेवाले जानते हैं कि डॉ. कन्हैया सिंह रचनात्मक, दृढ़निश्चयी, नवाचारी, स्वयंस्फूर्त और जीवन में ऊर्ध्वमुखी संचेतना के धारक हैं। कहूँगा कि उनकी वह जन्म तिथि सही है और जन्मांक के अनुकूल और फलादेश के अनुरूप हमारे सामने सम्प्रस्थित हैं।

एक बात और, सारे अंकों को जोड़ते हैं तो अंक बनता है – 9, यह अंक मंगल का प्रतीक है। नौ अंक का व्यक्ति संघर्षशील और चुनौतियों को स्वीकार करनेवाला व्यक्ति होता है। जिसे सहज कुछ नहीं मिलता, लेकिन मिलता जरूर है। इधर एक अंक, उधर नौ अंक – सूर्य और मंगल दोनों के गुणधर्म का समास!

आजमगढ़ हिन्दी के लिए महत्त्वपूर्ण जनपद है। इस भूमि को अनेक महत्त्वपूर्ण साहित्यकारों की साधनाभूमि के कारण जाना जाता है। अयोध्यासिंह उपाध्याय 'हरिऔध', महापण्डित राहुल सांकृत्यायन, चन्द्रबली पाण्डेय, लक्ष्मी नारायण मिश्र, गुरुभक्त सिंह 'भक्त', रामचरित उपाध्याय आदि अनेक ऐसी विभूतियाँ हैं, जिन्होंने आजमगढ़ को हिन्दी के एक गढ़ का गौरव प्रदान किया और बड़े मान-सम्मान के साथ इसी शृंखला में एक और नया नाम डॉ. कन्हैया सिंह का है। एक और कारण से भी डॉ. कन्हैया सिंह का नाम आजमगढ़ में जाना-पहचाना जाता है। वह आजमगढ़ नगर पालिका के अध्यक्ष (1971-1975) रहे, यानी नगर के प्रथम नागरिक, साहित्यकार और राजनेता साथ-साथ।

डॉ. कन्हैया सिंह एक मेधावी छात्र रहे। पाँच स्वर्ण पदक उनके खाते में—जिसमें चांसलर मेडल, लैमस्डर्न गोल्ड मेडल, रमादेवी गोल्ड मेडल, राममोहन डे गोल्ड मेडल, सर हेनरी रिचर्ड गोल्ड मेडल। यह कोई कम उपलब्धि नहीं है।

डॉ. कन्हैया सिंह ने एम.ए. हिन्दी के लिए इलाहाबाद विश्वविद्यालय में प्रवेश लिया। डॉ. धीरेन्द्र वर्मा, डॉ. राम कुमार वर्मा, डॉ. माताप्रसाद गुप्त, डॉ. जगदीश गुप्त और डॉ. लक्ष्मी सागर वार्ष्णेय उनके अध्यापक थे। अपने इन सभी गुरुओं का प्रभाव डॉ. कन्हैया सिंह पर पड़ा, लेकिन सर्वाधिक प्रभाव डॉ. माताप्रसाद गुप्त का। डॉ. माताप्रसाद गुप्त पाठालोचन के विशेषज्ञ थे। माताप्रासाद गुप्त ने कन्हैया सिंह को इस दिशा के लिए संस्कारित भी किया। और शिक्षित भी। डॉ. कन्हैया सिंह आज हिन्दी के पाठानुसन्धान के अधिकारी विद्वान् हैं। 'पाठ-सम्पादन के सिद्धान्त' और 'हिन्दी पाठानुसन्धान' उनकी

दो महत्त्वपूर्ण कृतियाँ हैं। पाठानुसन्धान शोध और समीक्षा की बड़ी कठिन दिशा है। एक-एक शब्द के अर्थ-विच्छेदों और ध्वनि-विन्यास पर ध्यान देना होता है। शब्द के शील के साथ, विषय के परिधि की टोह लेनी होती है। यह काम लम्बी बैठक चाहता है। कहीं-कहीं पाठों में जाँच-पड़ताल के बाद किसी एक पाठ को मान्य करना होता है। पाठानुसन्धान में अपने जीवन को खपा देने के कारण ही मैंने कहा-शब्द-शब्द शोध : शब्द-शब्द बोध।

मध्यकाल के चार बड़े कवि हुए – तुलसीदास, सूरदास, कबीरदास और जायसी। तुलसीदास को आचार्य रामचन्द्र शुक्ल ने, सूरदास को आचार्य हरिबंस लाल शर्मा ने और कबीर को आचार्य हजारीप्रसाद द्विवेदी ने प्रमुखता दी। जायसी को प्राथमिकता कौन दे? यह काम किया डॉ. कन्हैया सिंह ने। सूफ़ी सम्प्रदाय और जायसी को लेकर उन्होंने अनेक ग्रन्थों की रचना की, जिनमें प्रमुख हैं – 'हिन्दी सूफ़ी काव्य में हिन्दू संस्कृति', 'सूफ़ी मत', 'सूफ़ी काव्य : सांस्कृतिक अनुशीलन', 'उदार इस्लाम का सूफ़ी चेहरा।' सबसे महत्त्वपूर्ण कृति है 'युगद्रष्टा महाकवि मलिक मोहम्मद जायसी'।

जायसी की सर्वाधिक लोकप्रिय कृति पद्मावत है। डॉ. कन्हैया सिंह ने इस शीर्षक के आगे प्रश्न चिह्न लगाया, नायिका का नाम 'पदुमावति' तो ग्रन्थ का नाम पद्मावत क्यों? उन्होंने इस ग्रन्थ का पुनर्नामकरण कर 'पदुमावति' किया और 'पदुमावति' नाम से पूरे महाकाव्य का पाठ-निर्धारण कर उसकी नवीन टीका भी लिखी। इसी सन्दर्भ में उन्होंने एक और महत्त्वपूर्ण काम किया। जायसी भी अवधी के और तुलसी भी। डॉ. कन्हैया सिंह ने बहुत परिश्रम से 'रामचरितमानस' और 'पदुमावति' का भाषागत तुलनात्मक अध्ययन कर एक बड़ा काम किया।

भूमि और उस भूमि के साहित्य-शिखरों की साधना को श्रद्धापूर्वक स्मरण करना और उसके व्यास को विस्तार देना भी एक बड़ा काम है, जो एक सच्चे भूमिपुत्र को करना होता है। डॉ. कन्हैया सिंह एक सच्चे भूमिपुत्र हैं। राहुल सांकृत्यायन एक बड़ा नाम है। डॉ. कन्हैया सिंह ने राहुल जी पर एक समीक्षात्मक पुस्तक लिखी, जो दिल्ली के 'शिवांक प्रकाशन' से प्रकाशित हुई। डॉ. कन्हैया सिंह का मन नहीं भरा, राहुल जी पर उन्होंने फिर एक पुस्तक लिखी—'राहुल सांकृत्यायन : समग्र अनुशीलन'। जो राहुल को समझने की एक महत्त्वपूर्ण पुस्तक साबित हुई।

ऋण से उऋण होने की इसी क्रम में उन्होंने महाकवि अयोध्यासिंह उपाध्याय 'हरिऔध' पर एक समीक्षात्मक ग्रन्थ रचा। दो और बड़े काम उन्होंने किये। आलोचना की दृष्टि से—'चन्द्रबली पाण्डेय स्मृति ग्रन्थ' और 'महाकवि रामचरित उपाध्याय ग्रन्थावली' का सम्पादन और उसके बाद उनपर एक स्वतन्त्र समीक्षात्मक पुस्तक।

एक भूमिपुत्र अपने समानधर्मा अग्रज भूमिपुत्रों के साहित्यिक अवदान को जब पूरे समाज के सामने परोसता है, तो मुझे बहुत प्रसन्नता होती है। यह एक प्रकार से साहित्यिक श्राद्ध है।

इन्दिरा गाँधी द्वारा अपनी सत्ता की रक्षा के लिए आपात्काल की घोषणा की गयी। मीसा ने लोगों को कैसे पीसा? इसकी करूण-कथा बहुत भयावह है, साथ ही उसका एक तेजस्वी पक्ष भी है। लाखों लोगों की कारागार में उपस्थिति कारगार का शृंगार और हुँकार दोनों। डॉ. अरुण कुमार 'भगत' हिन्दी आपात्कालीन साहित्य के सन्दर्भ पुरुष हैं। इस विषय पर उनकी बारह पुस्तकें हैं। मेरे सामने डॉ. भगत द्वारा सम्पादित पुस्तक 'आपात्काल के संस्मरण खण्ड-एक' है। इसमें एक संस्मरण डॉ. कन्हैया सिंह का है—'नैनी जेल में पेरोल से वापसी।' यह संस्मरण पठनीय है। डॉ. कन्हैया सिंह की एक पुस्तक है—'अँधेरे के अध्याय।' इसमें उनके आपात्कालीन अनुभवों से जुड़े संस्मरण हैं। डॉ. भगत का उक्त संस्मरण भी इसी पुस्तक से साभार लिया गया है। डॉ. कन्हैया सिंह उन्नीस माह तक पूरे आपात्काल मीसा बन्दी रहे। पहले आजमगढ़ जेल में और फिर बाद में नैनी जेल में। नैनी जेल में उनके साथ डॉ.

मुरली मनोहर जोशी, राजनाथ सिंह, जनेश्वर मिश्र, सत्यव्रत सिन्हा, उदित नारायण, रामप्रकाश गुप्त और कई अन्य विभूतियाँ थीं।

इस संस्मरण में डॉ. कन्हैया सिंह लिखते हैं—"जानते थे कि मैं बन्दी हूँ, तो भी वह मुझसे पूछते थे कि आप लोग कब छूटेंगे? आपात्काल कब समाप्त होगा? मैं क्या जवाब देता! यही कह देता कि यह सब केवल इन्दिरा गाँधी को छोड़कर और कोई नहीं जानता है। मुझे इस छह घण्टे की प्रयाग से आजमगढ़ की बस यात्रा में महसूस हुआ कि सारी देंह ठण्डी पड़ गयी है। मीसा और डी.आई.आर. के डर से किसी से कुछ भी कराया जा सकता है। सारा मुल्क एक बड़ी जेल है।"

वह आगे लिखते हैं—"लोग यह अनुमान करने लगे थे कि इन्दिरा को सत्ता प्रिय है, न उसे जगजीवन राम प्रिय हैं, न बंसीलाल प्रिय हैं, न हिन्दू प्रिय है, न मुसलमान प्रिय है, न हरिजन प्रिय है, न आदिवासी। उदाहरण के लिए आपात्काल में उसने राष्ट्रीय स्वयंसेवक संघ पर प्रतिबन्ध लगाकर मुसलमानों को प्रसन्न करना चाहा। परन्तु जब उसे लगा कि इस देश का बहुसंख्यक हिन्दू उसके हाथ से निकल जायेगा, तो उसने मुसलमानों पर जुल्म ढहाना शुरू किया। सुल्तानपुर और मुजफ्फरनगर के कत्लेआम तो दूर, वह अपनी नाँक के नीचे तुर्कमान गेट और ज़ामा मस्ज़िद के काण्ड कराये। आम मुसलमान के भी समझ में यह बात आ गयी कि यह औरत केवल जुबानी हमदर्द है और उसके आँसू घड़ियाली हैं।"

डॉ. कन्हैया सिंह विधि के छात्र भी रहे और परीक्षा में प्रथम भी रहे। उनके इस अध्ययन ने उनके भीतर के वक्ता को तर्कना का पुष्ट आधार दिया। अनेक बार उन्हें सुनने का अवसर मिला। मध्यप्रदेश साहित्य अकादमी के निदेशक होने के नाते अनेक बार मैंने वक्ता के रूप में उन्हें आमन्त्रित किया। विमर्श को सार्थक और प्रभावी बनाने के लिए यह जरूरी है कि आयोजन में भाग लेनेवाले सभी वक्ता समशील न हों, एक दो विरोधी विचार का वक्ता भी मंच पर होना चाहिए। कई बार वह अकादमी के मंच पर आये और अपने वक्तव्य से समाँ बाँधी। शैली यह कि विपक्षी के तर्क को उसके ही तर्क से उत्तर दिया जाये। विमर्श को धार देने की उनकी कला अद्‌भुत है, लेकिन सदा इस बात का ध्यान रहा कि अभिव्यक्ति मर्यादा से बाहर न जाये। गरम संवाद में गरिमा!

शब्द-शब्द शोध तो शब्द-शब्द बोध भी, शोध में बोध और बोध के लिए शोध। डॉ. कन्हैया सिंह के सम्पूर्ण लेखन में दायित्वबोध केन्द्र में रहता है। एक सुविचारित और अनुभव-पुष्ट विचारणा के वह स्वामी है। मार्क्सवाद की सीमाओं से वह अच्छी तरह परिचित हैं, साथ ही भारतीय जन-जीवन की आर्थिक और सांस्कृतिक आवश्यकताओं को भी वह गहराई से समझते हैं। वह सामाजिक समरसता के लिए अधीर एक ऐसे व्यक्तित्व हैं, जो सामाजिक न्याय को अपनी प्राथमिकता में रखते हैं।

डॉ. कन्हैया सिंह में एक गहरा इतिहास-बोध है, संवेदनशील समाज-बोध है, समावेशी संस्कृति-बोध है और आदर्श अधिष्ठित साहित्य तथा कला-बोध है और सर्वोपरि है—

संस्कारित राष्ट्र-बोध!
चुका नहीं है,
अभी भी चल रहा है वह,
अकथ को कह रहा है वह।

डी-15, शालिमार गार्डेन, कोलार रोड
भोपाल (म.प्र.)

अँधेरे के शेड्स

देवेन्द्र

तब मऊ अलग से जिला नहीं था। बगल के डुमरांव गाँव में हिन्दी के यशस्वी कवि श्री श्याम नारायण पाण्डेय अपने महाकाव्य 'जौहर' में वीर पुजारी के बारे में लिखते हैं—

पावन निकुम्भ के अन्दर द्रुममय द्रुमग्राम बसा है,
उत्तर भैंसई लहरती, दक्षिण बहती तमसा है।

भैंसई और तमसा तो डाकखानेवालों के मतलब की चीजें भर हैं। असल में बनारस और गोरखपुर के बीच मऊ नाथ भंजन के बिल्कुल बगल में, बल्कि सटा हुआ गाँव डुमरांव। आजमगढ़, गाजीपुर और बलिया के त्रिकोणीय परिधि के भीतर इस मामूली गाँव से साहित्य की जो अविरल धारा उन दिनों बह रही थी, उसमें राष्ट्रवाद की एक ऐसी भावना थी, जिसमें हल्दीघाटी और जौहर की मध्यकालीन शौर्य गाथाओं की खूब सारी अनुगूँज होती थी।

उन दिनों यहाँ छोटे-छोटे कस्बों के इर्द-गिर्द बसे अनेक गाँवों में जो पढ़े लिखे और कविता कहानी में रुचि रखनेवाले लोग थे, वे गाजीपुर आजमगढ़, बलिया आदि से ज्यादा डुमरांव की चर्चा करते। तब उनकी कविताएँ प्राइमरी से लेकर इण्टरमीडिएट के कोर्स में पढ़ाई जाती थीं। वे साहित्य और साहित्य में राष्ट्रीय चेतना के अकेले केन्द्र थे।

इसके उलट राजनीति में यहाँ कम्युनिस्ट पार्टियों का प्रभाव इस कदर सर्वव्यापक था कि उन दिनों गाजीपुर और आजमगढ़ को उत्तर प्रदेश का केरल कहा जाता।

पता नहीं तथ्यतः यह बात कितनी सच है, लेकिन दीनदयाल उपाध्याय के हवाले यहाँ एक बात प्रचलित थी कि जिस दिन हम गाजीपुर की लोकसभा सीट जीत लेंगे, उस दिन दिल्ली में हमारी सरकार बन जायेगी। बाद में यही हुआ भी। मनोज सिन्हा ने जब गाजीपुर की सीट जीती, तब केन्द्र में पहली बार अटल बिहारी वाजपेयी की सरकार बन सकी।

बहरहाल, उन दिनों देश में अपरिहार्य और लगभग निर्विकल्प बन चुकी कांग्रेस की सत्ता थी। ऐसे में उन दिनों आर.एस.एस. से जुड़कर जो लोग भी कस्बों में उसकी गतिविधियाँ संचालित कर रहे थे, उनमें राजनीतिक पद लाभ की कोई महत्त्वाकांक्षा कत्तई नहीं हुआ करती थी। वह सब उनकी सांस्कृतिक सोच समझ और अपनी तरह की राष्ट्रीय निष्ठा आदि के साथ समर्पण भाव ही था। यह समर्पण भाव और राष्ट्रीय निष्ठा हल्दीघाटी और जौहर के उन तड़कते छन्दों से पैदा हो रही थी, जहाँ जंगलों में घास की रोटी खाकर भी एक अकेला शौर्य पुरुष एक पल

के लिए भी कभी चैन से सो नहीं सका था, और अब उसकी कहानियाँ हमें सोने नहीं देतीं। युद्ध का महत्त्व जीतने में नहीं, लड़ते रहने में है। इसी भाव-भूमि की निर्मिति हैं कन्हैया सिंह।

रज्जू भैया की बेहद निजी और आत्मीय सर्किल में आजमगढ़ के डॉ. कन्हैया सिंह संघ से बहुत गहरे जुड़े हुए थे।

आज केन्द्र से लेकर प्रान्तीय सरकारों में जो लोग ऊँचे पदों पर आसीन हैं,वे लोग तब उनकी प्राइमरी पाठशाला में बोलना सीख रहे थे। वह उन लोगों के मास्टर साहब थे। डॉ. साहब के व्यक्तित्व की बनावट और बुनावट में तरह-तरह की विचारधाराओं और संगठनों के लोगों में खूब गहरे तक फैली उनकी आत्मीयता और विश्वसनीयता का बहुत बड़ा योगदान है। साहित्यिक गोष्ठियों में उनकी उपस्थिति अपरिहार्य हुआ करती। प्रचण्ड गर्मी हो या जाड़े की सनसन करती काँपती ठिठुरती रात वे सड़क पर कहीं भी आते-जाते दिख जाया करते। खूब पढ़ते और खूब घूमते थे डॉ. साहब। साइकिल पर कभी अकेले या किसी को बैठा कर चले जाते हुए। पता चलता कि जो साथ में पीछे बैठा है वह फलानी जगह का कोई कवि है, या संघ का कोई स्वयं सेवक। धोती-कुर्ते के साथ खाँटी गाँव का अंगोछा उनका एक मात्र ट्रेडमार्क था। अपने आप के प्रति गहरे आत्म विश्वास से पैदा होती है रहन-सहन की यह जनतान्त्रिक बुनावट।

डी. ए. वी. कॉलेज में हिन्दी पढ़ाते हुए डॉ. साहब न सिर्फ छात्रों, बल्कि शहर के वकीलों, पत्रकारों और अन्य समाज सेवी प्रबुद्ध जनों के बीच बहुत लोकप्रिय थे। कलम और वाणी दोनों के धनी। हिन्दी की बोलियों, नाथ साहित्य और जायसी के पद्मावत पर उन्होंने जो काम किया है, वह मील का पत्थर है। सच्चे अर्थों में वे उन दिनों नगर में साहित्य के प्रवेश द्वार थे। देखकर कहीं न लगता कि वे प्रोफेसर हैं। उनके भीतर भारत का गाँव बसता था। तपे हुए पक्के किसान सरीखे, जो उड़ते हुए बादलों को देखकर पहचान जाता कि इनमें कुछ बरसने को भी है या सिर्फ धुआँ का घटाटोप फैला है। सामनेवाला उनके सामने झूठ बोलकर निकल नहीं सकता था।

जब नामवर जी अपनी सक्रिय राजनीतिक गतिविधियों के कारण बी. एच. यू. के हिन्दी विभाग से निष्कासित कर दिये गये तो वे उनके मुश्किल भरे दिन थे। कन्हैया सिंह जी उम्र में उनसे दसेक साल छोटे थे। अपने कॉलेज में उन्होंने नामवर जी का एक व्याख्यान आयोजित किया। आर्थिक मदद का भाव तो रहा ही होगा, उससे भी जरूरी बनारस हिन्दू विश्वविद्यालय को भी यह बताना था कि नामवर सिंह की प्रतिष्ठा तुम्हारी मुँहताज नहीं हैं। वे उनकी अनुमति लेने बनारस गये। वाया काशीनाथ जी की ससुराल राबर्ट्सगंज, नामवर जी से उनके प्रगाढ़ पारिवारिक रिश्ते थे।

आजमगढ़ में नामवर जी रात को उन्हीं के आवास पर ठहरे। व्याख्यान से लौटते हुए नामवर जी कम्युनिस्ट पार्टी के दफ्तर गये। उन्हें विश्वास नहीं था कि कन्हैया सिंह कम्युनिस्ट पार्टी के कार्यालय पर जायेंगे, लेकिन वहाँ ढेर सारे कामरेड डॉ. साहब के खूब परिचित थे, उन्हें कोई फर्क न पड़ता, वे गये। वहाँ कई लोगों से उनके आत्मीय सम्बन्ध भी थे।

उन दिनों गाँव-गाँव में जो चौधरी किस्म के प्रतिष्ठित लोग थे सब कांग्रेस से सीधे जुड़े हुए थे। संघ की शाखा लगाने को लेकर उन लोगों से अक्सर कई तरह की दिक्कतें आया करती थीं, लेकिन अपनी वाक्पटुता और व्यावहारिक सूझ-बूझ से डॉ. साहब सारा कुछ निबटाते जा रहे थे।

राष्ट्रीय स्वयं सेवक संघ की गतिविधियों में रात-दिन सक्रिय रहते हुए उनके निजी सम्बन्ध भारतीय लोकदल और कम्युनिस्टों से भी खूब थे। वे व्यक्तित्व से किसान और स्वभाव से साहित्यकार थे। किसानों की तरह रिश्तों की मर्यादा निभाना भी जानते थे, और साहित्यकारों की तरह अनुभवों से भरे विविध जीवन-प्रसंगों से सत्य का परीक्षण भी करते। उनकी जेल डायरी 'अँधेरे

के अध्याय' का एक प्रसंग डॉ. साहब की बनावट और बुनावट को समझने के लिए बेहद मौजूँ है।

पड़ोसी कस्बे बिलरियागंज के रहनेवाले जमाती डॉ. अयूब के साथ उनकी साहित्यिक मण्डली खूब जमती थी—

'ये दुनिया है,
यहाँ हर काम चलता है सलीके से।
यहाँ पत्थर को भी,
लाल-एं-गिरां कहना ही पड़ता है।'

अयूब साहब को बात-बात में शेरो-शायरी की आदत थी। कुछ अपनी, कुछ परायों की। इमरजेंसी के दौरान अयूब साहब भी जेल में बन्द कर दिये गये थे। उनकी तबीयत खराब रहती थी। कोई बाहरवाला आकर हाल चाल लेता तो कहते—

'इलाही मौत न आये तबाहे हाली में,
लोग समझेंगे गमे रोजगार सह न सका।'
उनकी दिलचस्पी दवाओं से ज्यादा शेरो-शायरी में थी।

ऐसा नहीं कि दुनिया भर में जनतन्त्र ही एकमात्र ऐसी व्यवस्था है जहाँ जनता को पहली बार आजादी मिली हो। पूर्ववर्ती अथवा समानान्तर दूसरी व्यवस्थाओं में भी जनता खुल कर रह लेती थी। लेकिन भारत में स्थापित जनतन्त्र आजादी की लम्बी लड़ाई की एकमात्र बड़ी उपलब्धि था। इमरजेंसी लगाकर कांग्रेस ने अपनी ही विरासत को मटियामेट कर डाला था। जो बोल सकते थे, वे जेलों में थे। जो बाहर थे, वे सत्ता का चारणगान कर रहे थे। अयूब साहब लिखते हैं—

'जितने भी अरबाबे चमन हैं,
अपनी अपनी धुन में मगन हैं।
कौन गुलों के आँसू पोछे,
कौन सुने फरियादे अजादिल।।'

आजमगढ़ की जेल में बन्द यह दोनों लोग डॉ. थे। एक पेशे से, दूसरे साहित्य से। जो जेल जाने से बच गये थे, वे बाहर खूब मगन थे। जमाती अयूब साहब सबकी शिनाख्त करा करते। जेल की बन्द कोठरी में उनका पोस्टमार्टम हाउस था। वहीं सबकी चीरफाड़ करने के बाद अन्तरिम रपट लिखी जा रही थी—

'कफ़स में जो मिलाते थे हमारी हाँ में हाँ अक्सर,
हमें पहचानते भी अब नहीं वे मेहरबाँ अक्सर।'

कब तक चलेगी यह इमरजेंसी? कब बाहर निकलना होगा? कहीं कोई उम्मीद नहीं। लगभग सवा सौ साल पहले असह्य यातना और बदहाली सहते हुए भी मुगल सल्तनत के आखिरी बादशाह के लफ़्ज उन्हें सान्त्वना दे रहे थे—

'तूले सबे फिराक से घबरा न ऐ जफर,
ऐसी भी कोई रात है, जिसका सहर न हो।'

आजमगढ़ के किसी गुमनाम प्रकाशक के यहाँ से प्रकाशित 'अँधेरे के अध्याय' डॉ. कन्हैया सिंह जी की जेल डायरी है।

जेल को लेकर एक रहस्यमय कौतूहल।

बचपन के दिनों की बात है। किसी काम से पिताजी के साथ मैं गाजीपुर गया था। तब वहीं मैंने पहली बार दूर से जिला जेल को देखा था। खूब ऊँची बाउण्ड्री। मुझे हमेशा लगता कि लोग कैसे जेल में रह लेते हैं। लाल आँखोंवाले भारी भरकम और भयावने लोग इनमें रहते होंगे। जेल को लेकर एक भय और रहस्य का रोमांच होता था मेरे भीतर।

बहुत बाद में जब मैंने 21 साल की ब्रिटिश पर्यटक 'मेरी टाइलर' की आत्मकथा 'भारतीय जेलों में पाँच साल' और टॉल्सटॉय का विश्व प्रसिद्ध उपन्यास 'पुनरुत्थान' पढ़ा तो यह बात समझ में आने लगी कि जेल के भीतर की एक अपनी स्वतन्त्र और स्वायत्त दुनिया होती है। मनुष्यता और निर्दोष लाचारी के वही सारे किस्से जो आम तौर पर किसी भी आजाद मुहल्ले में अक्सर देखने और सुनने को मिलते रहते हैं, वही सब जेलों में भी होते हैं।

एक बेहद महत्त्वपूर्ण पुस्तक 'अँधेरे के अध्याय' इतने दिनों तक अँधेरे में गुम रह गयी। अगर किसी नामचीन प्रकाशक ने कायदे से इसे प्रकाशित किया होता तो भारतीय राजनीति को देखने-समझने के लिए यह एक ऐतिहासिक दस्तावेज की तरह बार-बार उद्धृत की जाती। यह पुस्तक न सिर्फ इमरजेंसी को, बल्कि उसके पूर्व और फिर बाद के राजनीतिक परिदृश्य पर छाये कई एक ऐसे काले अध्यायों को समझने में दूर तक मदद देती,जो अवसर-अनअससर भारतीय राजनीति के क्षितिज पर छा जाते रहे हैं। कुलदीप नैयर की पुस्तक 'फैसला' भी तो एक ऐसी ही पुस्तक है। मनुष्य की ही तरह राजनीति की आत्मशक्ति, उसकी चारित्रिक विशेषताओं को, जैसा कि तुलसी दास ने लिखा है—

धीरज, धर्म, मित्र अरु नारी
आपद काल परिखिअहिं चारी।।

आजादी के दो दशक बीतते-बीतते भारतीय जनतन्त्र के भीतर पल रही गाँठें पक कर जगह जगह से रिसने लगी थीं। सत्ता अपने वर्चस्व के लिए संविधान की नैतिक मर्यादाओं से तकनीकी आड़ लेकर एक निरंकुशता की ओर बढ़ चली थी। आपात्काल मात्र उसकी एक परिणति भर था, जब एक रात अचानक एक पागल और निर्लज्ज निर्णय ने पूरे देश को विशाल जेल में तब्दील कर डाला। जो जेल जाने से बच गये थे, वे या तो देवकान्त बरुआ की—'इन्दिरा तेरे सुबह की जय, तेरे शाम की जय!' अथवा 'इन्दिरा इज इण्डिया, इण्डिया इज इन्दिरा' का चारणगान कर रहे थे, या अवसादग्रस्त हो चुके जनतन्त्र को डरे-सहमे देख रहे थे। डॉ. साहब की यह आत्मकथा 'अँधेरे के अध्याय' पूर्वी उत्तर प्रदेश के एक छोटे से जनपद कारागार की बन्द दीवारों में जनतन्त्र पर मँडराते कई अध्यायों को परत-दर-परत खोलती एक ऐसी महत्त्वपूर्ण किताब है जिसका इस तरह अनदेखा रह जाना बेहद अफसोसजनक है।

बीसवीं सदी का सातवाँ दशक! स्वातन्त्र्योत्तर भारत की राजनीतिक दिशा को समझने की दृष्टि से बेहद महत्त्वपूर्ण घटनाक्रमों की एक-पर-एक कई कड़ी का आईना है, जिसे इस पुस्तक में बेहद सजग और बारीक दृष्टि से उकेरा गया है।

भूमिका के प्रथम परिच्छेद में डॉ. साहब ने कतिपय राजनीतिक घटनाओं और उन पर श्रीमती गाँधी द्वारा लिये गये निर्णयों का जिक्र करने के बाद एक सूत्र वाक्य लिखा है—"डिक्टेटर का जन्म उसी दिन होता है जिस दिन देश का भारी बहुमत किसी एक व्यक्ति को अपरिहार्य मान लेता है।"

कहना न होगा कि छठे दशक का आर्थिक संकट सातवें दशक तक आते-आते राजनीतिक और फिर संवैधानिक संकट में तब्दील होने लगा था। जेल डायरी के प्रारम्भ में उन तमाम घटनाओं

का जिक्र किया गया है। अगर कभी इस दौर का इतिहास लिखना पड़ा तो डायरी का यह हिस्सा किसी भी इतिहासकार के लिए विश्वसनीय स्रोत की तरह उपलब्ध रहेगा। एक-पर-एक हो रहे इन घटनाक्रमों में आजाद भारत के सारे सपने रोज-रोज टूट बिखर रहे थे। एक-एक कर सारी प्रजातान्त्रिक संस्थाएँ निष्प्राण होने लगी थीं। इसी बीच नशे में डूबी अहंकारी सत्ता ने अपना निर्णायक हमला न्यायपालिका पर भी किया। बरक्स 'अँधेरे के अध्याय'—''आन्ध्र प्रदेश के मुख्यमन्त्री श्री मधु चेन्ना रेड्डी के विधान सभा चुनाव पर प्रस्तुत याचिका में न्यायालय ने यह निर्णय किया कि उन्होंने चुनाव में भ्रष्ट तरीकों को अपनाया है। चुनाव रद्द कर दिया गया और लोक प्रतिनिधित्व अधिनियम के अन्तर्गत उन्हें कई वर्ष तक चुनाव लड़ने के अयोग्य घोषित किया गया। उन्होंने मुख्यमन्त्री पद से त्यागपत्र दे दिया पर उन्हें इन्दिरा जी ने उत्तर प्रदेश का राज्यपाल बना दिया।'' यह एक बानगी भर है। ऐसे ही कितने कानूनी छल-प्रपंच से रोज-रोज संविधान की आत्मा छीज रही थी।

उत्तर प्रदेश का पी. ए. सी. विद्रोह, बिहार के समस्तीपुर में केन्द्रीय रेलमन्त्री ललित नारायण मिश्र की हत्या आदि यह ऐसी घटनाएँ हैं जिनमें किसी को प्रत्यक्षतः दोषी कह पाना मुश्किल होगा, लेकिन नेपथ्य में कांग्रेस या इन्दिरा गाँधी के पद चाप स्पष्टतः सुनायी दे रहे थे। लोग सहमे हुए थे। वास्तव में यह सब राजनीति से नैतिकता के सर्वतः विलोपन की एक निर्णायक दिशा थी। क्योंकि सिर्फ कागजी खाना पूर्ति में न्याय का होना ही पर्याप्त नहीं होता। न्याय होता हुआ लोगों को दिखना भी चाहिए। जो कहीं नहीं दिख रहा था।

प्रजातन्त्र के जिस स्वरूप से अब तक भारतीय जन मानस परिचित था, और जिसे आदर देता चला आ रहा था, उससे अब श्रीमती गाँधी को लगातार असुविधा हो रही थी। उन्होंने दो स्तरों पर उसके खिलाफ लड़ाई शुरू कर दी। एक तो अपनी पार्टी के दिग्गज नेताओं के खिलाफ और दूसरे अपनी विपक्षी पार्टियों के साथ। राजनीतिक वर्चस्व की उनकी भूख सत्ता और शक्ति का सहारा लेकर निर्लज्ज प्रदर्शन पर उतर आयी थी।वे जब जैसा अवसर पातीं उसका खुलकर प्रयोग कर रही थीं। कहना न होगा कि इस पूरी प्रक्रिया में भारतीय लोकतन्त्र के वे सारे आदर्शपरक मूल्य, जिसे लम्बी गुलामी के दौर में भी भारतीय जन मानस ने सहेज रखा था, रोज-रोज एक-एक कर टूट-बिखर रहे थे। यह वही मूल्य थे, जिन्हें आजादी के बाद भी सहेज कर रखने का न सिर्फ वादा बल्कि दावा भी संविधान कर रहा था।

कुंवर सिंह उद्यान में नियमित लगनेवाली संघ की शाखा और वहाँ से लौटते हुए पुलिस लाइन के करीब चाय जलेबी की दुकान पर घण्टों बैठकी करते हुए डॉ. साहब रोज-रोज की इन राजनीतिक घटनाओं पर खूब उत्तेजक बहसें किया करते। उनकी मित्र मण्डली में सीताराम सिंह, भैरव सिंह, यदुनाथ जी और ख्यातिलब्ध साहित्यकार श्रीराम वर्मा भी हुआ करते थे। बतकही खूब जम रही थी। वे उन कस्बाई कवियों की तरह नहीं थे जिनकी काव्य संवेदनाएँ 'भारत-भारती' के आगे थक हार कर माथा पकड़ लेती। श्रीराम वर्मा से बहसें करते हुए वे नयी रचनाशीलता और उसकी सम्भावनाओं पर भी अपनी पैनी नजर बनाये हुए थे। उनके सामाजिक सरोकार बढ़ रहे थे। उनकी लोकप्रियता का ग्राफ उत्तरोत्तर बढ़ता चला जा रहा था।

इन्हीं स्थितियों-परिस्थितियों के बीच डॉ. साहब आजमगढ़ नगरपालिका के अध्यक्ष चुन लिये गये।

गुजरात से शुरू हुआ मेस स्तर का एक छोटा सा छात्र आन्दोलन जैसे ही बिहार की ओर आया, उसने पूरी तरह हिन्दी प्रदेशों को अपनी चपेट में ले लिया। इन्दिरा गाँधी के अपराजेय साम्राज्य की चूलें हिलने लगीं। अब वह सिर्फ छात्र हितों का मामूली आन्दोलन न था। उसे जे.

पी. जैसे तपे और निष्कलुष व्यक्ति का नेतृत्व मिला। पूरे देश में सम्पूर्ण क्रान्ति की उभार सुनायी और दिखायी देने लगी—

'जय प्रकाश का बिगुल बजा
तो जाग उठी तरुणाई है
तिलक लगाने तुम्हें जवानों
क्रान्ति द्वार पर आयी है।'

उत्तर भारत का गाँव-गाँव इसकी लपेट में आ चुका था। ऐसा लगा, जैसे सन '42 का पुनरागमन हो गया है। कांग्रेस के बहाने सत्ताएँ, जैसा कि दुनिया भर में उनका चरित्र ही होता है, येन-केन-प्रकारेण खुद को बनाये और बचाये रखना, उस समय देश का समूचा परिदृश्य वीभत्स और बर्बर हो उठा।

और फिर एक दिन आधी रात को, जब सारा देश सो रहा था तभी, देश में आपात्काल लागू कर दिया गया।

बची-खुची सारी संवैधानिक प्रक्रियाएँ अचानक ठप्प। एक विशाल जेल में तब्दील हो गया सारा देश। कब किसे देशद्रोह के आरोप में पकड़ लिया जाय, कुछ कहा नहीं जा सकता। लोग गलियों में घूमनेवाले भिखारियों तक से संशयग्रस्त थे। शायद यह कोई सरकारी जासूस हो। जैसा कि अपेक्षित था, एक सरकारी जासूस ने आजमगढ़ कचहरी में तहरीर दी—"कन्हैया सिंह के साथ 14 -20 आर. एस. एस. के कार्यकर्त्ता आपस में बातचीत करते जा रहे थे—हमें सरकार को पलटने के लिए खूनी क्रान्ति करनी पड़ेगी। हमें असलहा एकत्र करना है। खूनी क्रान्ति स्वयं करने तथा पुलिस और फ़ौज से मिलकर सरकार का तख्ता पलटना है।"

पुलिस के यही आरोप लगभग पूरे देश में ऐसे-ऐसे लोगों पर भी गढ़े गये जिन्होंने अपने पूरे जीवन में कभी एक चींटी भी न मारी थी। कविता लिखना, साहित्य पढ़ना, सारा-का-सारा गुनाह हो गया। बिहार में नागार्जुन, फणीश्वर नाथ रेणु, इलाहाबाद में हिन्दी के प्रोफेसर रघुवंश जी, गिनती करना असम्भव था, देश भर में इतने बड़े पैमाने पर बुद्धिजीवी शायद ही कभी गिरफ्तार किये गये हों। सब पर वही एक चिर परिचित आरोप कि वे सेना और पुलिस से मिलकर तख्तापलट की सशस्त्र साजिश कर रहे थे।

जब भारत गुलाम था। तब चन्द्रशेखर आजाद, भगत सिंह जैसे सैकड़ों क्रान्तिकारी अंग्रेजी हुकूमत के खिलाफ सशस्त्र विद्रोह की घोषणा कर चुके थे। पुलिस से उनकी मुठभेड़ें भी अक्सर होती रहतीं। पुलिस रात-दिन उन्हें खोज भी रही थी। लेकिन मैंने ऐसा कहीं न पढ़ा है कि कभी पुलिसवाले उन क्रान्तिकारियों की धर-पकड़ करते हुए उनके माँ-बाप को थाने में घसीट लाये हों या उनके घरवालों को कभी किसी तरह की कोई यातना दी हो। लेकिन आजाद भारत की पुलिस का अब यह आम चरित्र दिखायी देने लगा था। इसी रास्ते जा रहा था भारत का जनतन्त्र।

सत्ताधारी पार्टी के साथ मिलकर गलियों-मुहल्लों के सड़क छाप शोहदों के लिए तेजी से राजनीतिक स्पेस बनने लगा था। जैसा कि नागार्जुन ने लिखा है—

'सत्य स्वयम् घायल हुआ, गयी अहिंसा चूक,
जहाँ-तहाँ दगने लगी, शासन की बन्दूक।'

गुलजार रहनेवाले नगर के चौराहे, और चाय की दुकानों में भय और सन्नाटा पसर गया था। वातावरण में चारो ओर उदासी और अवसाद था। उस समय डॉ. साहब की तबीयत खराब चल

रही थी। कई दिनों से बुखार और थकान थी। इसी समय एक दिन रात के 11 बजे, पुलिस उन्हें गिरफ्तार करने आ पहुँची। यहीं से शुरू होता है 'अँधेरे के अध्याय'

हालाँकि जो जान रहे थे उनके लिए भारतीय राजनीति का यह अँधेरा न तो नया था, और न ही अचानक। क्योंकि आजादी के बाद से ही सत्ता के सफर के लिए, जैसा कि दुष्यन्त कुमार ने लिखा था—

'न हो कमीज तो पाँवों से पेट ढँक लेंगे,
ये लोग कितने मुनासिब हैं इस सफर के लिए।'

उन दिनों मैं अक्सर हर इतवार डुमरांव चला जाया करता। साहित्य की बातें करते हुए पाण्डेय जी अक्सर उमा शंकर तिवारी, विवेकी राय, और कन्हैया सिंह का जिक्र करा करते। मेरे बड़े भाई बी. ए. में पढ़ रहे थे। गोरखपुर विश्वविद्यालय के उनके पाठ्यक्रम में कविताओं की एक किताब डॉ. कन्हैया सिंह ने सम्पादित की थी। वर्तमान में उत्तर प्रदेश विधान-परिषद् के सदस्य यशवन्त सिंह मुझसे उम्र में तीन-चार महीने छोटे थे। गर्मी की छुट्टियों में वे अक्सर अपनी दादी के साथ मेरे घर आ जाया करते। बचपन के दिन थे। गर्मी की दोपहरी में हम दोनों साथ-साथ खूब घूमते। वे उन दिनों आजमगढ़ में पढ़ रहे थे। कविताओं में मेरी रुचि देखकर वह भी अक्सर कन्हैया सिंह जी का जिक्र करते। वे उनके घर आया-जाया करते थे।

मेरे मित्र जगन्नाथ सिंह मऊ डी. सी. एस. के कॉलेज में छात्र संघ के अध्यक्ष थे। मैंने उनसे कहा कि छात्रसंघ के पैसे से कॉलेज प्रांगण में चन्द्रशेखर आजाद की मूर्ति लगवा दें। जगन्नाथ उम्र में मुझसे तीन-चार साल बड़े होंगे। मुझे छोटे भाई की तरह बहुत प्यार करते। स्वभाव के बेहद उग्र और मिजाज के क्रान्तिकारी। राजनीतिक परिवर्तन के लिए विचार से ज्यादा साहस और शस्त्र को आवश्यक मानते। वे भी आर. एस. एस. से जुड़े थे। शस्त्र विश्वास के चलते इलाके के नक्सलवादियों से भी उनके सम्बन्ध थे। एक दिन उन्होंने कॉलेज के प्रिन्सिपल से चन्द्रशेखर आजाद की मूर्ति लगवाने का प्रस्ताव रखा।

प्राचार्य जी कांग्रेसी और स्वभाव, शायद जाति से भी पक्के बनिया थे। उन्होंने जगन्नाथ की मूर्खता को अपार करुणा और दया से देखा—"भाई, यह सरस्वती का मन्दिर है। तुम इसे कब्रिस्तान बनवाना चाहते हो।"

फिर तो वही मेज-कुर्सी की उठा-पटक, तोड़-फोड़, जिन्दाबाद-मुर्दाबाद।

इमरजेंसी में जगन्नाथ फरार चल रहे थे। एक दिन इन्दिरा गाँधी के खिलाफ नारे लगाते हुए गिरफ्तार कर लिये गये। पुलिस ने बहुत बुरी तरह उन्हें मारा-पीटा था। जेल में उनसे और यशवन्त सिंह से मिलने के लिए मैं आजमगढ़ गया। वहाँ उन लोगों ने जेल में बन्द तमाम लोगों से मुझे मिलवाया। तब पहली बार वहीं मैंने कन्हैया सिंह जी को देखा था। मैं छोटा था। उन्होंने कोई विशेष ध्यान न दिया। यशवन्त और जगन्नाथ समेत तमाम युवा छात्रों के लिए वे घर के बुजुर्ग सरीखे थे।

जेल में अलग-अलग पार्टियों के अपने अलग-अलग मेस थे।संघ के लोग अलग,भारतीय लोक दल वाले अलग। जमातियों का अलग। यह भेदभाव कन्हैया सिंह जी के मिजाज के अनुकूल न था। वे साहित्यकारों के बीच राजनीतिक और राजनीतिक साथियों में साहित्यकार की तरह देखे जाते थे। आजमगढ़ जेल के माहौल की बाबत उन्होंने जेल डायरी में लिखा है—"प्रातः काल चार बजे से उठकर अब्दुल लैस साहब जैसे दीनदार मुसलमान कुरान की आयतें गुनगुनाने लगते थे तो खन्ना जी और बद्री सेठ मन्त्रों का पाठ करने लगते। उजाला होने पर एक ओर संघ की

शाखा सजती थी तो दूसरी ओर नमाज का बिस्तर बिछता था। बड़ी ऊँची आवाज में अजान भी लगती थी त्योहारों पर यज्ञ और पूजा पाठ भी होता था। कैसा सहअस्तित्व पूर्ण जीवन था। जब जमात के लोगों की चाय बनती थी तो कुँवर साहब को और मुझे भी एक कप मिल जाया करती थी। मैं प्रसन्न होता था। कुछ दकियानूसी लोगों को मेरी यह खान-पान की आदत शायद अच्छी नहीं लगती थी। मेरा तो जमात और मजलिस के लोगों से खान-पान का ही सम्बन्ध था, पर कुँवर साहब तो एक दो दिन उनकी नमाज के बिस्तर पर नमाज के बादवाली सत्संग में भी शामिल हो गये।।''

अगर अलग-अलग संगठनों के व्यक्तिगत स्वार्थ न हों तो जीवन अनुभवों से समृद्ध और पुष्ट होकर विचार दुनिया, समाज और अलग-अलग समुदायों को देखने की, उनसे जुड़ने की एक नयी और आत्मीय दृष्टि देता है।

साहित्य और राजनीति में इन संगठनों ने बड़ा अहित किया है। मुझे हमेशा लगता है कि हिन्दी साहित्य में भक्ति आन्दोलन इसलिए कुछ बड़ा रच सका था क्योंकि उसमें अनुभव सम्पन्न लोकदृष्टि थी। राजाश्रय का कोई प्रभाव न था वहाँ। आज विभिन्न राजनीतिक पार्टियों की बहुलता और जगह-जगह जो उनके वैचारिक संगठन बन गये हैं, यह एक नये किस्म के राजाश्रय ही हैं। इनके प्रभाव में साहित्य की श्रेष्ठता के सारे मानक बदल गये हैं। सांगठनिक निष्ठा के आधार पर पद और पुरस्कार बाँटे जा रहे हैं।

डॉ. साहब की राजनीतिक प्रतिबद्धता जग जाहिर है। राजनीति में तात्कालिक घटनाओं को देखते हुए रणनीतिक जोड़-तोड़ होते रहते हैं। साहित्य में स्थायी लोक रुचियों, उसकी अपनी परम्परा और उसके अपने संस्कारो के साथ प्रभावशाली अभिव्यंजना, उसके कलात्मक अवदान आदि का महत्त्व ज्यादा होता है। वे साहित्य को साहित्य की तरह देखने और पढ़ने के आदी रहे हैं। शायद यही कारण है कि नाथ सम्प्रदाय, जायसी और हिन्दी बोलियों पर उन्होंने जो काम किया है वह हिन्दी की अमूल्य धरोहर है।

उनके सर्वाधिक निकट लोगों में ईशदत्त जी थे। आजमगढ़ और फिर नैनी जेल तक दोनों लोग हमेशा साथ रहे। जहाँ तक मुझे मालूम है ईशदत्त जी का कोई सम्बन्ध संघ से कभी न रहा है। अगर निजी और निचले स्तर का स्वार्थ न हो तो अलग-अलग संगठनों के लोगों में खूब गहरी दोस्ती होती है। जब आप सत्ता के करीब होते हैं तो सम्बन्धों का आधार बहुत कुछ तात्कालिक सम्भावनाएँ होती हैं। जब आप सत्ता का प्रकोप सहते हैं तो दोस्ती का आधार सिर्फ भावनाएँ होती हैं। नैनी जेल में उनका मेस अलग था—''जिसमे कुल 10 लोग थे। 4 भारतीय लोग दल, 1 समाजवादी, 2 संघी,1 सर्वोदयी और दो मार्क्सवादी-लेनिनवादी।''

जेल के भीतर अधिकारियों का खूब भ्रष्टाचार देखने को मिलता। खूब गन्दगी, बीमारी और घुटन भी होती है। घर की चिन्ता होती है। लेकिन धीरे-धीरे यह सब आदत और दिनचर्या का अतिपरिचित हिस्सा होता जाता है। अक्सर जब लोग जेल से छूटने लगते तो भावुक होकर रोने भी लगते।

सैकड़ों साल अंग्रेजों ने यहाँ शासन किया। तब देश गुलाम था, लेकिन तब भी सिर्फ राजनीतिक रुचियों और सत्ता से मामूली मतभेदों के कारण इतनी बड़ी संख्या में, इतने लम्बे समय तक के लिए लोगों को जेल में न डाला गया था। यह सब कब तक चलेगा? किसी को कुछ अन्दाजा न था। बाहर से विरोध की कोई सूचना नहीं आ रही। आल इण्डिया रेडियो को लोग आल इन्दिरा रेडियो कहा करते। अखबारों में बीससूत्री कार्यक्रमों की जैसी धूम मची थी, उससे

यही लगता कि पुनर्जागरण की इस बेला में लोग खूब खुश हैं। नागार्जुन के शब्दों में 'सर्वोदय के नटवर लाल' विनोबा भावे इसे अनुशासन पर्व बता रहे थे। जबकि असलियत में गाँव तक के लोग समाचारों के लिए बी. बी. सी. रेडियो सुनने लगे थे। सच्ची खबरों के मार्फ़त सम्भावनाओं का वही मात्र एक स्रोत बचा रह गया था।

'अँधेरे के अध्याय' सिर्फ यातनाओं का बोझिल विवरण भर नहीं है। जीवनपथ पर संघर्षरत रह कर बढ़ते हुए लोगों का इसमें अन्तरंग और आत्मीय आख्यान है। मनुष्यता की अनन्त झलकियाँ हैं। आजादी के बाद से इलाहाबाद हिन्दी साहित्य का गढ़ था। डॉ. सत्यव्रत सिन्हा का समूचा जीवन सिर्फ नाटक और रंगकर्म के लिए समर्पित था। घर की आर्थिक दशा कभी भी बहुत अच्छी न थी बावजूद इसके जेल जाने से पहले इसी शहर में ताव से सिगार पीते हुए अक्सर कॉफी हाउस के आस पास दिखायी दे जाया करते। पता नहीं, इन्दिरा गाँधी को उनसे क्या डर था। पुलिसवाले उन्हें भी पकड़ लाये थे। अब यहाँ जेल में बीड़ी पिया करते। थोड़े दिनों बाद ही उनकी तबीयत खराब होने लगी। कमर और पीठ के असह्य दर्द से बचने के लिए हर समय गर्म पानी का थैला लिये रहते। जेल के डॉ. जिसे मामूली साइटिका बता कर टाल रहे थे, एक दिन वह भयानक 'बोन कैंसर' निकला। सूखकर काँटा हो गयी थी देह। पूरा परिवार उनके हजार रुपये के मामूली वेतन पर ही आश्रित था, जब से जेल में गये उस पैसे का मिलना भी बन्द हो चुका था। घर पर भुखमरी जैसी हालत थी। महादेवी वर्मा और पन्त जी ने उन्हें रिहा कर देने के लिए इन्दिरागाँधी को कई पत्र लिखे। कोई असर नहीं हुआ। "मदहोश सत्ता आतंक के बल पर उस समय शंकराचार्यो का आशीर्वाद बटोरने और साहित्यकारों को बेदीन करने पर तुली थी।एक दिन उन्होंने मुझसे कहा, क्यों जी, क्या यह मीसा मेरे ऊपर से कभी हटेगा नहीं?" एक अँधेरे में डूबी सुरंग की मानिन्द हो चुका था यह देश। ओर-छोर का कुछ पता नहीं।

ऐसे में एक दिन कन्हैया सिंह जी को मुश्किल से पेरोल मिली, "आज नैनी को छोड़ते समय भी मोती लुढ़क पड़े। सोचने लगा कि भीतर था तो बाहर की चाह थी। बाहर आया तो मन भीतर भाग रहा है। घण्टे भर बीत गये पर नगर बस नहीं आयी। ऊबकर तीन रुपये में रिक्शा किया, हिन्दी साहित्य सम्मेलन के लिए। रिक्शे पर बैठकर जा रहा था और उलट-उलट कर नैनी जेल की सुनसान और सन्नाटा भरी बाहरी दीवारों को देखता जा रहा था।"

सत्यव्रत सिन्हा का एक वाक्य लगातार पीछे-पीछे चला आ रहा था—"क्यों कन्हैया, क्या अब मैं बचूँगा नहीं? फिर खुद ही बुदबुदाते रहे—मैं जरूर बच जाऊँगा। मैं अभी मरूँगा नहीं।"

ग्रीक ट्रैजिडी के किसी प्रहसन की तरह 'अमृत-पुत्र' का रचयिता राजनीति के अमृत पुत्रों द्वारा जेल और अस्पताल के बीच मार डाला गया। एक दिन अखबारों में उनके मृत्यु की एक छोटी-सी खबर छपी थी। उसमें कहीं यह जिक्र भी न था कि वे मीसा में निरुद्ध थे।

देश की जनता चुपचाप यह सारा कुछ देख रही थी।

उसके बाद जो हुआ उसे पूरी दुनिया जानती है। लोकतन्त्र में जिसे जनता की शक्ति कहा जाता है, उसने आगामी चुनाव में एक तानाशाह का हमेशा-हमेशा के लिए अन्त कर दिया। इन्दिरा और चापलूसी में डूबी उनकी कांग्रेस का हिन्दी प्रदेश में नामलेवा न रह गया।

सत्ता बदली। निजाम बदले। इतिहास की सबसे बड़ी सीख यही है कि कोई कभी इतिहास से नहीं सीखता।

आजमगढ़ की भीड़ भरी सड़क। एक दोपहर डॉ. साहब अपनी साइकिल से चले जा रहे थे। लाल-नीली गाड़ियों का एक विशाल काफिला बगल से गुजरा। लगा कि काफिला उन्हें

निर्ममता पूर्वक रौंद न दे। वे साइकिल से गिरते-गिरते बचे। जब घर पहुँचे तो नयी सरकार के एक बड़े मन्त्री उनके घर पर उनकी प्रतीक्षा कर रहे थे। ढेर सारे अफसर भी थे। सब उनकी साइकिल को अचरज से देख रहे थे। जेल के उनके कई साथी कई-कई बार मन्त्री बने। लेकिन डॉ. साहब की इसमें कभी कोई रुचि नहीं रही।

वे आजमगढ़ में साहित्य के प्रवेश द्वार थे। आप उनके साथ बैठकर घण्टों राहुल सांकृत्यायन के किस्से सुनते रह जायेंगे। श्यामनारायण पाण्डेय की कविताएँ भी—

हमें न जाना गंगा सागर, हमें न रामेश्वर काशी
तीर्थ राज चित्तौड़ देखने को मेरी आँखें प्यासी।

उनकी आँखों में एक बेहद आत्मीय और वत्सल हँसी आज भी न जाने कितनों को आश्वस्त करती हुई चतुर्दिक् फैलते-फूलते राजतीर्थों की भीड़भाड़ में अपने तीर्थराज को खोज रही है।

सुपरिचित कथाकार एवं प्रोफेसर, गुरु घासीदास केन्द्रीय विश्वविद्यालय
बिलासपुर, छत्तीसगढ़

समय भी जिसे मिटा न सका

कवीन्द्र प्रताप सिंह

ऐसा बहुत कम होता है कि दो व्यक्तियों की मित्रता पूरे परिवार को अपने स्नेह सूत्र में बाँध दे और यह सम्बन्ध कई पाढ़ी तक बना रहे। यह तभी होता है जब मित्रता किसी स्वार्थ पर आधारित न होकर समान विचारों के आधार पर होती है। मेरे पिताश्री स्वर्गीय महेन्द्र प्रताप सिंह (एडवोकेट) और डॉ. कन्हैया सिंह जी की मित्रता इसी प्रकार की थी। मेरे पिता जी के साथ ही मेरे दादा शमशेर बहादुर सिंह मुख्तार, मेरी माताश्री, मेरे चाचा नरेन्द्र प्रताप सिंह, उदय प्रताप सिंह और गणेश जी इन सभी से कन्हैया सिंह जी का आत्मीय सम्बन्ध बन गया था। इन्हीं सम्बन्धों के आधार पर जब मैं पुलिस सेवा में प्रयागराज में नियुक्त हुआ तो यहाँ आने के बाद डॉ. कन्हैया सिंह जी मुझसे पुलिस मुख्यालय में मिलते रहते थे और इस प्रकार मेरा भी उनसे बहुत ही निकट का आत्मीय सम्बन्ध बन गया तथा कभी-कभी दूरभाष से वह मेरा हालचाल भी आजमगढ़ में रहते हुए लेते रहते थे। इस समय संयोग से इलाहाबाद केन्द्रीय विश्वविद्यालय में उनके पौत्र डॉ. विनम्र सेन की नियुक्ति होने के बाद वह अधिकतर प्रयागराज में रहते हैं। यह मेरे लिये भी एक अच्छा अवसर बन गया और उनको अपने अभिभावक के रूप में मानते हुए मैं बराबर उनके सम्पर्क में बना रहता हूँ। कन्हैया सिंह जी के अन्दर एक उदार मानवीय दृष्टि है और अपने सम्बन्धों में वे निस्वार्थ भाव से निश्छल और पारदर्शी व्यवहार रखते हैं। जिसके कारण उनका सम्बन्ध स्थायी और अटूट बन जाता है।

इलाहाबाद विश्वविद्यालय में 1957 में मेरे पिताश्री और कन्हैया सिंह जी एल-एल.बी. प्रथम वर्ष के छात्र थे। पिता जी हिन्दू हॉस्टल में रहते थे और कन्हैया सिंह जी हॉलैण्ड हॉल में। उस समय एल-एल.बी. में 7 सेक्शन थे और इन दोनों लोगों का एक ही सेक्शन में नाम था। कक्षा में सबसे पीछेवाली सीट पर यह दोनों लोग साथ बैठते थे। इसी साथ बैठते-बैठते, पूर्व परिचय न होने पर भी, दोनों एक-दूसरे के निकट आते गये। इस निकटता का एक कारण और भी था कि दोनों समान सामाजिक विचारधारा के माननेवाले थे तथा एक ही संगठन के दोनों घटक भी थे।

कन्हैया सिंह जी ने एम. ए. भी इलाहाबाद विश्वविद्यालय से किया था और इस वर्ष उनका विश्वविद्यालय और छात्रावास में तीसरा वर्ष था। एल-एल. बी. फाइनल में जाने के बाद इन पिता जी और कन्हैया सिंह जी ने छात्रावास छोड़कर बाहर रहने का विचार किया, क्योंकि छात्रावास में भोजन अच्छा नहीं मिलता था। इन लोगों ने 4-5 और लोगों के साथ बाहर दरभंगा कॉलोनी में सड़क के किनारे एक अच्छा बंगला किराये पर लिया और वहीं 7 लोग एक साथ रहते थे। जिसमें 2 शोध छात्र, 2 एम. ए .के छात्र और तीन एल-एल. बी. फाइनल के छात्र थे। अब भोजन अच्छा भी मिलने लगा और सस्ता भी पड़ने लगा। एल-एल. बी. की परीक्षा में यह दोनों लोग उत्तीर्ण हुए और कन्हैया सिंह जी ने एल-एल. बी. में सर्वप्रथम स्थान प्राप्त किया था। एल-एल. बी. करने के बाद अगले वर्ष पिता जी को वकालत करने के लिए ट्रेनिंग लेनी थी और कन्हैया सिंह जी को ट्रेनिंग के साथ-साथ एल-एल. एम. भी करना था। मम्फोर्डगंज में एक मकान इन लोगों ने साथ ही किराए पर लिया और इनके साथ कन्हैया सिंह जी के छोटे भाई इन्द्रबहादुर सिंह और पिता जी के छोटे भाई उदय प्रताप सिंह भी रहते थे। इन्द्रबहादुर सिंह जी नैनी में बी. एस. सी. कृषि में प्रथम वर्ष में पढ़ते थे और चाचा उदय प्रताप जी इण्टरमीडिएट सी.ए.वी. कॉलेज से कर रहे थे। यह वर्ष बीतने के बाद पिता जी मिर्जापुर में वकालत करने लगे और कन्हैया सिंह जी भी एल-एल. एम. छोड़कर आजमगढ़ में वकालत करने लगे। इस प्रकार यह लोग अलग अलग जिलों में रहने लगे पर सम्पर्क बराबर बना रहा। डॉ कन्हैया सिंह जी विन्ध्याचल दर्शन के लिए जब कभी भी मिर्जापुर आते तो पिता जी से अवश्य मिलते थे।

प्रयाग में पिता जी बी. के. एस. चौहान जो प्रतिष्ठित अधिवक्ता थे उनके जूनियर रहे और एक वर्ष बाद मिर्जापुर वकालत करने के लिए चले आये। जब मिर्जापुर जिला बँटा तो पिता जी रॉबर्ट्सगंज में वकालत करने लगे और नये जिले के पहले डी. जी. सी. क्रिमिनल हुए और जीवनपर्यन्त डी. जी. सी. बने रहे। लोग उन्हें राजा साहब कहते थे, उन्हें अपनी कम, समाज की चिन्ता ज़्यादा थी। इसी कारण जब स्वास्थ्य बिगड़ा तो भी अपनी स्वयं की उपेक्षा की और 9 फरवरी, 1994 ई. में पिता जी का निधन हो गया। फिर भी कन्हैया सिंह जी का सम्बन्ध मेरे परिवार से बना रहा। सन 2000 में उन्हें रॉबर्ट्सगंज में एक अपने संगठन की रैली को सम्बोधित करने था। उनके रुकने की व्यवस्था एक सेठ जी के घर पर हुई थी लेकिन रॉबर्ट्सगंज पहुँचते ही उन्होंने मेरे रॉबर्ट्सगंज निवास पर पहुँचने के लिए ड्राइवर को कहा और वहाँ मिलने के बाद पता चला कि उनके रुकने की व्यवस्था कहीं और है तो उन्होंने कहा कि उनको बता दीजिये कि मैं यहीं रूकूँगा। वहीं से उन्होंने अर्जुन दास केसरी से उन्होंने भेंट की और परिवार का कुशल क्षेम जान और दूसरे दिन उसी कार से वाराणसी लौट गये। तब से उनका रॉबर्ट्सगंज जाना तो नहीं हुआ किन्तु ईश्वर की कृपा से मेरे सम्पर्क से पारिवारिकता की यह कड़ी अग्रसर रही। मैं इसे संयोग ही नहीं सौभाग्य भी मानता हूँ।

अब डॉ. कन्हैया सिंह जी 85 वर्ष पूर्ण कर रहे हैं, फिर भी अपने लेखन कार्य में सक्रिय हैं। मैं उनके प्रति अपना आदर और अपनी शुभकामना भी प्रेषित करता हूँ कि वह स्वस्थ रहते हुए साहित्य और समाज की सेवा में संलग्न रहें।

पुलिस महानिरीक्षक, प्रयागराज ज़ोन, (उ.प्र.)

साहित्य के लोकपथ पर

यशवन्त सिंह

कोई अच्छा छात्र हो सकता है। कोई अच्छा अध्यापक हो सकता है। कोई अच्छा प्रिन्सिपल हो सकता है। कोई अच्छा लेखक हो सकता है। कोई अच्छा विचारक हो सकता है, विद्वान् हो सकता है। कोई अच्छा किसान हो सकता है। कोई अच्छा राजनीतिज्ञ हो सकता है। कोई अच्छा समाजसेवी हो सकता है। अलग-अलग क्षेत्रों में अलग-अलग लोग मिल जाते हैं जो अपने क्षेत्र के महारथी जाने जाते हैं लेकिन एक ही आदमी में यह सभी विशेषताएँ विरले होती हैं। इसी विरले आदमी का नाम है, डॉ. कन्हैया सिंह जिन्हें राष्ट्रीय स्तर पर सूफ़ी साहित्य पाठ-सम्पादन तथा भाषा-विज्ञान के अद्वितीय हस्ताक्षर के रूप में जाना जाता है।

जी! डॉ. कन्हैया सिंह की एक और खासियत है। वह केवल साहित्यकार नहीं हैं। वह एक धीर गम्भीर राजनीतिज्ञ भी हैं। वैसे यह कटु सत्य है कि उन्हें राजनीति में वह एक्सपोजर नहीं मिला जिसके वह हक़दार हैं लेकिन केवल वैचारिक पैमाने से आंकलन किया जाय तो डॉ. कन्हैया सिंह साहित्य की तरह ही राजनीतिक सूझ-बूझ के क्षेत्र के भी अनमोल रत्न हैं। उनकी खूबी है कि वह इन दोनों धाराओं को एक साथ जीते हैं। जैसे एक नदी दोनों किनारों से बराबर का सम्बन्ध रखती है, वैसे ही डॉ. कन्हैया सिंह भी दोनों धाराओं से बराबर का सम्बन्ध रखते हैं। एक ऐसा सम्बन्ध जिसमें नदी का अस्तित्व भी बना रहे और किनारों को भी बोध बना रहे कि नदी केवल उसी की है। उदाहरण के तौर पर उनके उस कार्यकाल को देखा जा सकता है जिसमें डॉ. साहब एक ही समय राष्ट्रीय स्वयं सेवक संघ के वरिष्ठ पदाधिकारी भी थे और चौधरी चरण सिंह के नेतृत्ववाले लोक दल के नेता भी। दोनों दो धाराएँ और दोनों के प्रिय डॉ. कन्हैया सिंह। खूबी देखिये, संघ की तरफ से उन्हें विभाग कार्यवाह की जिम्मेदारी मिली थी तो लोकदल की नेता के रूप में नगर पालिका परिषद् आज़मगढ़ के चेयरमैन की। और दोनों के निर्वहन में डॉ. साहब कामयाब रहे।

आज भी आज़मगढ़ के अच्छे चेयरमैन में उनकी गिनती होती है। और संघ में वह रज्जू भैया (प्रोफेसर राजेन्द्र सिंह) के भी ताउम्र अति प्रिय बने रहे। इस निकटता के आधार पर उनके करीब

के लोग कहते हैं कि वह रज्जू भैया से जो कह देते, वह हो जाता। यह खुद कितने बड़े पद पर होते, इन्हें अन्दाज नहीं है। बहुतों का भला भी हो जाता। अब तो रज्जू भैया नहीं है लेकिन संघ में आज भी डॉ. साहब की वही इज्जत है जो रज्जू भैया के जमाने में थी। जहाँ तक मेरी जानकारी है, डॉ. साहब ने अपने लिये न तब कुछ माँगा और न अब माँगनेवाले हैं। कभी-कभी डॉ. साहब का यह स्वभाव उनके करीबी लोगों को खलता भी है लेकिन डॉ. साहब रिश्तों को कैश करना न तो तब जानते थे और न अब।

कोई एक सम्मान पा जाता है तो उसे लेकर इतराता फिरता है लेकिन डॉ. साहब पढ़ाई में गोल्डमेडलिस्ट रहे तो पढ़ाने में भी चान्सलर मेडल, राममोहन डे गोल्डमेडल और सर हेनरी रिचर्ड गोल्ड मेडल उनके नाम दर्ज हैं। वह अखिल भारतीय साहित्य परिषद्, दिल्ली के महामन्त्री रहे, कार्यकारी अध्यक्ष रहे, उत्तर प्रदेश भाषा संस्थान के कार्यकारी अध्यक्ष रहे, वह इस समय भी अखिल भारतीय साहित्य परिषद् के राष्ट्रीय संरक्षक हैं। उन्हें मिल चुका है, साहित्य महोपाध्याय सम्मान, हिन्दी गरिमा सम्मान, भोजपुरी शिरोमणि सम्मान, गणपति सम्मान, हरिऔध सम्मान, साहित्य भूषण सम्मान, सुब्रह्मण्य भारती सम्मान, हंस सम्मान और पण्डित दीनदयाल उपाध्याय साहित्य सम्मान लेकिन जब वह आपसे, हमसे या किसी से मिलेंगे तो लगेगा कि वह कुछ हैं ही नहीं, जो हैं सो आप हैं। बहुत बार तो लगता ही नहीं है कि देखने में एक सामान्य आदमी लगनेवाला यह आदमी ज्ञान की गंगा है।

यह ज्ञान की गंगा 1 अगस्त, 2020 को पचासी वर्ष की हो जायेगी यानी डॉ. साहब इस वर्ष हो जायेंगे पचासी के। इस लम्बे सफ़र में उन्होंने इतना लिखा है कि उसे पढ़ने और समझने में एक उम्र बीत जायेगी लेकिन अब भी उनकी लिखने की भूख बनी हुई है। इस भूख का प्रमाण है, आलोचना के नये प्रत्यय : इतिहास और विमर्श, वीर कुँवर सिंह और उनके साथी, महायोगी गोरखनाथ और संस्मरणों के आलोक में आदि पुस्तकें जो अभी प्रकाशित होने की ओर हैं।

वह बीमार रहते हैं, डॉ. की माने तो उन्हें बेड रेस्ट करना चाहिए लेकिन उनके सामने किसी साहित्यिक कार्यक्रम की चर्चा कर दीजिये, वह तुरन्त स्वस्थ हो जायेंगे। आपने विनयी भाव से निमन्त्रण दिया तो वह आने के लिए भी तुरन्त तैयार हो जायेंगे। बोलेंगे कि स्वास्थ्य साथ दिया तो जरूर आयेंगे। अपने इस सामान्य वादे को भी हर हाल में निभाते हैं।

डॉ. साहब की एक और विशेषता है कि वह तय कार्यक्रम में निर्धारित समय पर पहुँच जाते हैं। कई बार उनकी इस समयबद्धता से आयोजकों को शर्मिन्दा होते, सफाई देते मैंने खुद देखा है। इसके जवाब में डॉ. साहब को नाराज होने की जगह हँसते हुए देखा है। आयोजक का ढाढस बढ़ाते हुए देखा है कि परेशान मत होइये, ऐसा होता है, अपने समाज में लोग समय का मतलब समय से एक घण्टा आगे मानकर चलते हैं। यही क्या कम है कि आपकी वजह से साहित्यिक कार्यक्रमों में भी लोग आ जाते हैं।

आमतौर पर शोधात्मक साहित्यिक कार्यक्रमों में वक्ता नोट्स लिये रहते हैं लेकिन डॉ. साहब जाते हैं खाली हाथ, पर जब वह बोलते हैं तो लगता है कि उनकी जिह्वा पर खुद सरस्वती विराजमान हैं। कोई भी विषय हो, उन्हें सुनकर लगता है कि डॉ. साहब ही उसके अधिकृत प्रवक्ता हैं। खासतौर से सूफ़ी साहित्य और भाषा विज्ञान का मामला हो तो पूछना क्या है? उनके द्वारा लिखित ग्रन्थों, पुस्तकों और निबन्धों के नाम और विषय की चर्चा की जाय तो वह अपने आप में एक ग्रन्थ हो जायेगा। इसलिए उसे छोड़कर मूल विषय पर आ रहा हूँ कि ऐसे डॉ. साहब के व्यक्तित्व और कृतित्व को केन्द्र में रखकर एक अभिनन्दन ग्रन्थ प्रकाशित करने की जो योजना

मानव संसाधन विकास मन्त्रालय के केन्द्रीय हिन्दी संस्थान ने बनायी है, वह मेरे जैसे लोगों को गौरव का अनुभूति करानेवाली है।

केन्द्रीय हिन्दी संस्थान का यह निर्णय वैसे तो सम्पूर्ण साहित्य साधकों के लिए प्रसन्नता की बात है लेकिन उत्तर प्रदेश, पूर्वी उत्तर प्रदेश और आज़मगढ़ के लिए यह निर्णय इतरानेवाला निर्णय है। डॉ. साहब के ग्राम धरवारा के लिए तो खुशी से झूमनेवाला निर्णय है। मेरे लिये थोड़ा और अधिक क्योंकि मेरा और डॉ. साहब का रिश्ता पीढ़ियों का है। डॉ. साहब के बड़े भाई श्री दानबहादुर सिंह और मेरे पिता श्री रामनवल सिंह के दोस्त थे। कैसे दोस्त थे, यह बताने के लिए एक घटना का उदाहरण दे रहा हूँ। एक बार डॉ. साहब के मजदूरों ने हड़ताल कर दी। इसकी वजह से लग रहा था कि इनके यहाँ खेती नहीं हो पायेगी। इसकी सूचना मेरे पिता को मिली तो उन्होंने अपने मजदूर और आदमी भेजकर डॉ. साहब के परिवार को इस संकट से उबारा।

डॉ. साहब के इकलौते पुत्र श्री चित्रसेन सिंह मेरे मित्र हैं। हमारे भाइयों के मित्र हैं। उनके पौत्र डॉ. विनम्र सेन सिंह मेरे पुत्र और भतीजों के मित्र हैं। पीढ़ियों के इस रिश्ते को दिन और तारीख के आधार पर नहीं देखा जा सकता लेकिन जो मुझे याद है, डॉ. साहब से मेरी ठीक से मुलाकात आज़मगढ़ कारागार में हुई थी। वह भी आपात्काल के विरोध में जेल में बन्द थे और मैं भी। डॉ. साहब जो स्नेह मेरे प्रति तब था, वह आज भी है। मेरे मन में भी जो सम्मान उनके प्रति तब था, वह आज भी है। इसलिए डॉ. साहब के व्यक्तित्व कृतित्व को केन्द्र में रखकर प्रकाशित होनेवाले अभिनन्दन ग्रन्थ प्रकाशित का मुझे बेसब्री से इन्तजार है। मैं उम्मीद करता हूँ, यह अभिनन्दन ग्रन्थ नयी पीढ़ी के लिए वह प्रकाश पुंज साबित होगा जिसके आलोक में वह अपने सम्पूर्ण विकास की नयी इबारत लिखेगी।

सदस्य, विधानपरिषद्, उत्तर प्रदेश

साहित्याकाश के नक्षत्र

प्रताप गोपेन्द्र यादव

मनुष्य में मूलतः दो गुण हैं जो उसे पशुत्व से पृथक् करते हैं; प्रथम—भाषा और लिपि, द्वितीय—अमूर्त चिन्तन व कल्पना। इन्हीं गुणों ने मनुष्य में सृजन के नये आयामों को उद्घाटित किया है। मनुष्य का अस्तित्व पशुओं की भाँति सन्तति संवर्द्धन व आत्मरक्षण से ही सन्तृप्त नहीं हो पाता। उसे अन्य उच्चतर क्रियाओं की आवश्यकता पड़ती है। साहित्य, गीत-संगीत, मूर्तिकला, चित्रकला आदि ऐसी ही सृजनात्मक अभिव्यक्तियाँ हैं, जो मानव अस्तित्व को पूर्णता प्रदान करती है और समाज संगठन के साथ ही आत्मिक सन्तुष्टि भी प्रदान करती हैं। विन्स्टल चर्चिल कहा करते थे कि 'मानव जीवन अत्यन्त छोटा है, इसे घटिया नहीं होना चाहिए।' यह सृजन की शक्ति ही है जो मानव जीवन को हर प्रकार के घटियापन से उबार सकती है। साहित्य हजारों साल से मनुष्य की सुसंस्कृत एवं परिष्कृत भावनाओं की अभिव्यक्ति का माध्यम रहा है। प्रत्येक देश-काल में ख्यातिनाम साहित्यकारों का जन्म होता रहा है।

आजमगढ़ की धरती कई सदियों से हिन्दी व उसकी पूर्ववर्ती बोलियों के परिवर्द्धन में योगदान करती रही है। यह मूलतः भोजपुरी की धरा है। भोजपुरी बिरहा के ज्ञात कवियों एवं कलाकारों में रज्जब, दीनअली, बिहारी, सुमेर, मिट्ठू घसियारा, बिसराम, ईदू खाँ, बेचू तथा इश्रत आदि का सम्बन्ध इसी पावन भूमि से रहा है। हिन्दी ने 19वीं सदी के मध्य से साहित्यिक भाषा के रूप में स्वयं को स्थापित करना शुरू किया तो इसके प्रारम्भिक उन्नायकों में अनेक आजमगढ़ की धरती से आये। खड़ी हिन्दी को स्थापित करने में अयोध्या सिंह उपाध्याय 'हरिऔध', बदरीनारायण 'प्रेमघन' एवं राहुल सांकृत्यायन प्रभृत रचनाकारों का अप्रतिम योगदान रहा है। बीसवीं सदी के प्रथमार्द्ध में अखिल भारतीय हिन्दी सम्मेलन के चार अध्यक्ष क्रमशः बदरीनारायण 'प्रेमघन', अयोध्या सिंह उपाध्याय 'हरिऔध', राहुल सांकृत्यायन तथा आचार्य चन्द्रबली पाण्डेय आजमगढ़ से हुए, जो प्रमाण है कि पूरे विश्व में अपना स्थान बना चुकी हिन्दी का जुड़ाव आजमगढ़ से कितना गहरा है। आजमगढ़ में 19वीं सदी के मध्य से साहित्यिक सृजन की जो परम्परा प्रारम्भ हुई उसका उत्कर्ष काल 20वीं सदी का पूर्वार्द्ध रहा।

यद्यपि आगे चलकर यह धारा क्षीण हो गयी, किन्तु सूखी नहीं; वरन् डॉ. कन्हैया सिंह जैसे साहित्यकारों के माध्यम से अविच्छिन्न प्रवाहमयी बनी रही। डॉ. कन्हैया सिंह आजमगढ़ के वर्तमान साहित्यकारों में अग्रगण्य हैं। आपका सृजन क्षेत्र विस्तृत और शोधपूर्ण है। सूफ़ी साहित्य, पाठालोचन, भाषाकाव्य, आलोचना से लेकर इतिहास तक बिखरे उनके मौलिक व सम्पादित साहित्यिक कृत्यों पर दृष्टिपात करें तो ऐसा लगता है, हिन्दी की एक अमूल्य थाती हमारे मध्य निःआडम्बर श्वास ले रही है।

मैं साहित्यकार नहीं हूँ। जीवन में जिन स्थानों, लोगों तथा विषयों से जुड़ाव रहा है, उनसे प्रीति होना स्वभाविक है। उस प्रीति को जीवन्त व चिरस्थायी बनाये रखने के लिए किंचित् लेखन कार्य कर लेता हूँ। मातृभूमि होने के कारण आजमगढ़ मेरा प्रिय स्थान ही नहीं, अपितु चिन्तन का प्रिय विषय भी रहा है। इस लगाव ने आजमगढ़ का इतिहास लिखने के लिए मुझे प्रेरित किया। जनपदीय इतिहास लेखन से सम्बन्धित सामग्री संकलन के क्रम में डॉ. अलाउद्दीन खान, श्री जगदीश प्रसाद बरनवाल कुन्द, श्री अमरनाथ तिवारी से होते हुए अन्त में मेरी भेंट डॉ. कन्हैया सिंह जी से हुई। शुरू में मोबाइल फोन से वार्त्ता हुई। सन् 2016-17 में एक बार आपसे उनके आवास पर मुलाकात भी हुई। डॉ. साहब ने अपनी सद्य प्रकाशित पुस्तक—'राहुल सांकृत्यायन : समग्र' की स्वहस्ताक्षरित प्रति भेंट की। पुस्तक के अनुशीलन से स्पष्ट है कि पुराने विषय पर नवीन लेखन का क्या तात्पर्य होता है। राहुल जी के ऊपर अनेक विद्वानों ने कलम चलायी है, किन्तु जिस बेबाकी से डॉ. कन्हैया सिंह ने उनके कृतित्व व व्यक्तित्व की मीमांसा की है, वह श्लाघनीय है। इस भेंटवार्त्ता के दौरान मैंने पाया कि बुद्धिजीवी होकर भी डॉ. साहब अत्यन्त सहज एवं सरल व्यक्तित्व के धनी हैं, जो आज के युग में अत्यन्त दुर्लभ गुण है। इतिहास के सम्बन्ध में मेरी जिज्ञासा को समझकर आपने मुझे एक लघु पुस्तिका—'इतिहास के कुछ अन्य पन्ने' (लेखक यदुनाथ सिंह) लाकर दी, जो स्वतन्त्रता संग्राम सेनानी श्री रामहर्ष सिंह के सन् 1942 की क्रान्ति से सम्बन्धित संस्मरणों का जीता-जागता दस्तावेज है। यह पुस्तिका आजमगढ़ में स्वतन्त्रता संग्राम का शब्दांकन करने में अत्यन्त उपयोगी रही।

इसके पश्चात् डॉ. कन्हैया सिंह जी से प्रत्यक्ष रूप से मेरी कभी भेंट नहीं हुई, किन्तु दूरभाष से अनेक बार वार्त्ता हुई। आजमगढ़ के इतिहास पर ज्यों-ज्यों मेरा काम बढ़ता गया, विषय सामग्रियों का टोटा पड़ता गया। इस दौरान मैंने डॉ. साहब को कई बार फोन किया। हर बार मुझे उनकी श्रवण शक्ति के अनुसार ऊँची आवाज में आत्मपरिचय देना पड़ता था, फिर एक दिन मैंने डॉ. साहब से नम्बर फीड करने का विनम्र निवेदन कर डाला जो तुरन्त स्वीकार कर लिया गया। आगे कभी बातचीत में बाधा नहीं आयी। मेरे आग्रह पर डॉ. साहब ने श्री अलगू राय शास्त्री की आत्मकथा—'मेरा जीवन' और श्री झारखण्डे राय की रचना—'क्रान्तिकारियों के संस्मरण' की छायाप्रतियाँ उपलब्ध करायीं। इन पुस्तकों से आजमगढ़ में स्वतन्त्रता संग्राम का इतिहास लिखने में काफी मदद मिली। अयोध्या सिंह उपाध्याय 'हरिऔध' के व्यक्तित्व व कृतित्व पर डॉ. कन्हैया सिंह द्वारा लिखित व उत्तर प्रदेश हिन्दी संस्थान से प्रकाशित पुस्तक पढ़कर महाकवि के सम्बन्ध में और अधिक जानने की इच्छा बलवती हुई। किंचित् सामग्री कुन्द जी ने उपलब्ध करायी, शेष के लिए डॉ. साहब ने हरिऔध जी की बहन के पौत्र श्री रवीन्द्रनाथ तिवारी का मोबाइल नम्बर उपलब्ध कराया। मैं लखनऊ में इंजीनियरिंग कॉलेज चौराहे के पास स्थित श्री तिवारी के घर गया। उन्होंने महाकवि पर कई अप्राप्त ग्रन्थ, मूल पत्र, दुर्लभ चित्र उपलब्ध कराये जो अत्यन्त आह्लादकारी रहा। आजमगढ़ के इतिहास

में 1857 की क्रान्ति पर लिखते समय मैंने डॉ. साहब द्वारा लिखित—"उत्तर प्रदेश :1857 का स्वतन्त्रता संग्राम (साहित्य संगम) पुस्तक का कई बार अध्ययन किया। यद्यपि इस विषय पर अनेक मूल स्रोत मेरे पास पूर्व से विद्यमान थे, किन्तु डॉ. साहब का बोधगम्य प्रस्तुतीकरण विषय को समझने में पर्याप्त उपयोगी रहा।"

डॉ. कन्हैया सिंह अधिवक्ता, प्रवक्ता, रीडर और साहित्यकार होने के साथ अनेक ख्यातिनाम संस्थानों के महामन्त्री व अध्यक्ष भी रहे हैं। वह राष्ट्रीय स्वयंसेवक संघ के स्वयंसेवक भी हैं, किन्तु उनकी सामाजिक व वैचारिक प्रतिबद्धताओं ने उनकी साहित्यिक व बौद्धिक सर्जना को कभी विचलित नहीं होने दिया। अखण्ड भारत, हिन्दी और हिन्दू का जो नारा संघ की आधारशिला हैं, सम्भवतः उसी पर डॉ. कन्हैया सिंह ने साहित्य की प्रारम्भिक पर्ण कुटीर निर्मित की। सूफ़ी साहित्य समीक्षा पर आपके करीब आधा दर्जन ग्रन्थ प्रकाशित हैं, जो मूलतः शोधग्रन्थ हैं। सूफ़ी सन्त व उनका साहित्य उसी अखण्ड भारत के निर्माण के अवयव हैं, जिसे संघ राजनैतिक व सांस्कृतिक आन्दोलन के द्वारा मूर्तिमान् करना चाहता है। डॉ. कन्हैया सिंह ने सूफ़ीवाद, सूफ़ीकाव्य और उसमें प्रतिध्वनित हिन्दू संस्कृति की गहन मीमांसा करके स्पष्ट कर दिया है कि इस देश की आत्मा एक है जो भिन्न-भिन्न रूप, रंग, धर्म, भाषा, बोली के रूप में प्रकट हो रही है।

डॉ. कन्हैया सिंह के साहित्यिक अवदान के साथ उनके राजनीतिक कर्म पर अलग से अध्ययन की आवश्यकता है। इस सम्बन्ध में उत्तर प्रदेश के पूर्व मुख्यमन्त्री एवं मध्य प्रदेश के पूर्व राज्यपाल स्व. राम नरेश यादव जी की आत्मकथा—'मेरी कहानी' में डॉ. साहब से जुड़ा संस्मरण अत्यन्त रोचक है। आपात्काल के समय श्री राम नरेश यादव और डॉ. कन्हैया सिंह सहित आजमगढ़ के अनेक नेता मीसा में गिरफ्तार कर जेल भेज दिये गये थे। कुछ दिन आजमगढ़ जेल में रखने के बाद राम नरेश जी व डॉ. कन्हैया सिंह समेत करीब एक दर्जन लोगों को केन्द्रीय कारागार नैनी भेज दिया गया। वहाँ इलाहाबाद विश्वविद्यालय के फिजिक्स के एक प्रोफेसर भी बन्दी थे, जो ज्योतिषाचार्य भी थे। वह राजनीतिक बन्दियों का हाथ देखा करते थे। कन्हैया सिंह जी से उनका गहरा परिचय था। राम नरेश जी लिखते हैं—"एक दिन उन्होंने डॉ. कन्हैया सिंह जी से कहा, भाई यहाँ मीसा में बन्द करीब-करीब सभी राजनीतिक बन्दियों का मैं हाथ देख चुका हूँ, लेकिन यादव जी का हाथ नहीं देख पाया हूँ। डॉ. साहब ने मुझसे इस सन्दर्भ में बात की। मैंने कहा डॉ. साहब वैसे तो इन सब बातों में मेरा कोई विश्वास नहीं है। डॉ. साहब का और मेरा, भले ही राजनीतिक विचार अलग-अलग रहे हों, लेकिन हम दोनों लोग एक-दूसरे का सम्मान जरूर करते थे। वह तो हमारे आजमगढ़ शहर के हिन्दी के जाने-माने विद्वान् भी थे। डिग्री कॉलेज में हिन्दी के हेड थे। उनके बहुत कहने पर मैं तैयार हो गया। एक दिन वह प्रोफ़ेसर साहब को लेकर मेरी सेल में आये। उन्होंने मेरा हाथ देखा और कहा डॉ. साहब इनका भविष्य तो बहुत स्वर्णिम होगा। किसी बड़े पद पर पहुँचेंगे। निश्चित रूप से मेरी बात सत्य होगी। खैर, उनकी बात सत्य सिद्ध हुई। मेरे मुख्यमन्त्री बनने के बाद वह मुझसे मिलने विधानसभा सचिवालय में आये थे।"

श्री राम नरेश जी के उक्त संस्मरण से स्पष्ट है कि इस्लाम के उदारवादी चेहरे को उद्घाटित करनेवाले डॉ. कन्हैया सिंह की सहिष्णुता सिर्फ साहित्य तक सीमित न होकर उनके राजनीतिक वैचारिकी में भी अन्तर्भूत है। यही तो भारतीयता की मूल आत्मा है। वैचारिक मतभिन्नता आपसी स्नेह व ममत्व के मध्य प्राचीर नहीं बन सकती। डॉ. कन्हैया सिंह जी ने जिस तत्परता व गम्भीरता से अनेक महत्त्वपूर्ण दायित्वों का निर्वहन किया है, वह उनके जीवन

को वैशिष्ट्य एवं गौरव प्रदान करता है। डॉ. साहब के ८5 वर्ष पूर्ण होने पर उनके व्यक्तित्व एवं कृतित्व पर अभिनन्दन ग्रन्थ प्रकाशित करने का जो उद्यम किया जा रहा है, वह स्वयं में अभिनन्दनीय है। पुलिस सेवा में होनेवाली व्यस्तता के कारण यद्यपि डॉ. कन्हैया सिंह के सान्निध्य में अधिक समय बिताने का अवसर मुझे प्राप्त नहीं हो सका, किन्तु संक्षिप्त भेंटवार्त्ता व टेलीफोनिक सम्पर्क मात्र से उन्होंने जिस उदारता का परिचय दिया वह निश्चय ही उनके विराट् व्यक्तित्व का बोधक है। अन्ततः डॉ. कन्हैया सिंह जी दीर्घजीवी हों और हिन्दी के साहित्याकाश में अनुपम नक्षत्र बनकर अपनी आभा प्रकीर्णित करते रहें; इन्हीं शब्दों के साथ मैं हृदय से उनका अभिनन्दन करता हूँ। अस्तु।

पुलिस अधीक्षक, बागपत, (उ.प्र.)

विधि के क्षेत्र में प्रकाश-पुंज चमका ही था कि पाथेय हो गया

राम अवतार सिंह

परम् श्रद्धेय डॉ. कन्हैया सिंह जी मेरे गुरु तो नहीं रहे, किन्तु मैं उन्हें आदर्श गुरु ही मानता हूँ। उन्होंने एलएल.बी स्तर में एक उत्कृष्ट अध्येता के रूप में जो उपलब्धि अर्जित की वह एक होनहार विधिशास्त्री (जूरिस्ट) की-सी लगती है। अगर डॉ. सिंह अपना पाथेय नहीं बदल देते तो वह विधि के क्षितिज में हिमालयी विधिशास्त्री के रूप में प्रतिष्ठित होकर विधि जगत को गौरवान्वित करते। यहाँ एक कवि (शायर) की भावना बहुत ही संगत लगती है कि—

"तवारिख़ की इन आँखों ने वो दौर भी देखा है
कि लम्हों ने ख़ता किया सदियों ने सजा पायी।"

मेरे विचार से इस संसार में सम्पूर्ण सृजन एवं उसका संचालन मात्र विधि द्वारा ही होता है, अर्थात् विधाता की भाँति विधि भी कण-कण का सृजन एवं संचालन करती रहती है।

हिन्दी साहित्य के क्षेत्र में डॉ. कन्हैया सिंह जैसा कर्मयोगी, अप्रतिम मेधा के धनी, प्रख्यात चिन्तक एवं सूफ़ी सन्तों के अगाध प्रेम को अपने हृदय में समेटे ऋषियों एवं मुनियों की परम्पराओं के पथ की अथक साधना एवं संयम के पुरोधा सहस्रों वर्षों में जन्म लेते हैं। प्रस्तुत सन्दर्भ में उर्दू के प्रसिद्ध शायर मोहम्मद इकबाल का प्रसिद्ध शेर पूर्णतः संगत लगता है—

हजारों साल नरगिस अपनी बेनूरी पे रोती है।
बड़ी मुश्किल से होता है चमन में दीदावर पैदा।

आदरणीय डॉ. कन्हैया सिंह ने विधि के क्षेत्र में अत्यन्त प्रभावी शुरुआत की। वह सन् 1958 में इलाहाबाद विश्वविद्यालय से एल.एल.बी. प्रथम वर्ष में चांसलर मेडल प्राप्त किये। सन् 1959 में एल.एल.बी फाइनल की परीक्षा में पूरे विश्वविद्यालय में प्रथम श्रेणी में प्रथम स्थान प्राप्त कर 'लैम्सडन गोल्ड मेडल' एवं तीन अन्य गोल्ड मेडल से सम्मानित किये गये।

डॉ. सिंह ने सर्वप्रथम अपने वृत्तिक जीवन की शुरुआत एक सफल अधिवक्ता के रूप में सन् 1960 जुलाई में आजमगढ़ कलेक्ट्रेट कचहरी से की। ज्ञातव्य हो कि वह वहाँ अत्यन्त अल्पावधि, मात्र एक ही वर्ष तक बड़े मनोयोग से अपने कर्त्तव्य का बखूबी पालन करते रहे। वह इतने कम समय में अपने मुवक्किल के पक्ष की वकालत करते हुए दो मुकदमे में अधीनस्थ एवं

अपीलीय न्यायालयों में भी जीत हासिल करायी। इन मुकदमों में जीत के उपरान्त डॉ. सिंह की प्रतिष्ठा में भारी इजाफा हुआ।

विधाता को जो स्वीकार था, वही हुआ। डॉ. सिंह को न्यायालयों का शोर-शराबेवाला वातावरण नहीं भाया तो उन्होंने महाविद्यालयी-पाथेय की तरफ अपना रुख कर सन् 1961 में गौरवशाली तिलकधारी महाविद्यालय जौनपुर के विधि संकाय में पूर्णकाालिक प्रवक्ता के पद को स्वीकार किया। उस समय तिलकधारी महाविद्यालय के यशस्वी प्राचार्य श्री हृदयनारायण सिंह की कीर्ति पूरे देश में फैल रही थी। उनके कृतित्व एवं व्यक्तित्व से टी.डी. कॉलेज भी पूरे देश में गौरवान्वित हो रहा था। विधि विभाग के विभागाध्यक्ष प्रो. बी. एस. बघेल (पूर्णकालिक) प्रो. के. के. सिंह प्रवक्ता (पूर्णकालिक) ठाकुर प्रसाद सिंह वरिष्ठ एडवोकेट श्री कैलाश नाथ सिंह एडवोकेट अंशकालिक प्रवक्ता रहे।

ज्ञातव्य है कि डॉ. सिंह ने मात्र 14 माह की अल्प अवधि में ही अत्यन्त प्रभावी कदम उठाये, जो विधि संकाय के क्रमिक विकास में आज भी मील का पत्थर साबित हो रहा है। प्रकाशित 'प्रेरणा कल्प' अभिनन्दन ग्रन्थ में डॉ. सिंह ने मात्र 14 महीने के टी.डी. कॉलेज विधि विभाग की श्रेष्ठ विधिक बोधगम्य गाथा को कलमबद्ध कर एक ओजस्वी संस्मरण का प्रस्तुतीकरण किया, जो मेरे जैसे विधि के असंख्य अनुरागियों के लिए अप्रतिम प्रेरणा कल्प बन गया है। आदरणीय डॉ. कन्हैया सिंह जी ने कथन किया कि, "जब मैं तिलकधारी कॉलेज में विधि प्रवक्ता हुआ तो सबसे पहले ठाकुर बटुक बहादुर सिंह एडवोकेट ने मुझे प्रोत्साहित किया था कि वहाँ प्रवक्ता पद का विज्ञापन हुआ है, मैं भी प्रार्थना पत्र दूँ। उस समय मैं आजमगढ़ में वकालत करता था। इलाहाबाद विश्वविद्यालय में लॉ की परीक्षा में 1959 में सर्वप्रथम अंक पाकर प्रथम श्रेणी में उत्तीर्ण हुआ था और 'लैम्डसन गोल्ड मेडल' सहित चार मेडल पाकर सम्मानित हुआ था। मेरी इसी योग्यता के कारण बटुक बहादुर सिंह जी चाहते थे कि मैं उनके कॉलेज में प्रवक्ता बन जाऊँ। ठाकुर मारकण्डेय सिंह एडवोकेट उन दिनों उप प्रबन्धक/मन्त्री थे। वह भी मेरे पक्ष में थे। श्री ब्रह्मजीत सिंह जी वकील वैचारिक दृष्टि से मेरे निकट के और ठाकुर रामलगन सिंह जी मेरे सम्बन्धी थे। ये सभी हस्तियाँ मेरे अनुकूल थीं और इनसे मैं सम्पर्क भी कर चुका था। उस जमाने में चयन में विशेषज्ञों के साथ पूरी प्रबन्ध समिति बैठती थी। प्रबन्ध समिति का पूर्ण समर्थन मुझे था, पर यदि प्राचार्य जी अकेले ही मुझे नहीं चाहेंगे तो नियुक्ति सम्भव नहीं होगी, यह लोगों ने मुझे बताया था। तब साथ ही यह भी मुझे मालूम हुआ कि वह योग्यता के अनुसार ही चयन करेंगे, उनसे मिलने-जुलने का कोई असर नहीं होता है।

मेरा साक्षात्कार हुआ। अन्य कई प्रत्याशी भी इस पद के लिए आये थे। कई मुझसे अधिक अनुभवी वकील थे जो वकालत में किस्मत आजमा चुके थे, अब इस काम में लगकर रोजी-रोटी कमाना चाहते थे। एक एल.एल.एम. भी थे जो इलाहाबाद में मेरे ही सहपाठी थे। हमने एक ही वर्ष विधि स्नातक की परीक्षा उत्तीर्ण की थी। वह एल.एल.एम. करने में लग गये और कर लिया। मैं उसे छोड़कर भाग गया और वंचित रह गया। चयन के समय किसी विशेषज्ञ ने एल.एल.एम. को चुनने का सुझाव दिया। प्राचार्य श्री ने कहा कि टाप करनेवाले एल.एल.बी. से द्वितीय श्रेणी का एल.एल.एम. कैसे अच्छा हो सकता है। केवल एल.एल.एम. कर लेने से किसी में प्रतिभा नहीं आ जाती। रात्रि में साक्षात्कार हुआ था। मेरे चार स्वर्ण पदक जो अभी दो वर्ष पूर्व ही मिले थे और नये थे, बिजली के प्रकाश में ऐसे जगमगा गये थे कि मेरे उत्तरों और मेरे व्यक्तित्व से अधिक प्रभावी उनकी चकाचौंध में एल.एल.एम. की डिग्री भी मद्धिम पड़ गयी। प्राचार्य जी की बात का समर्थन प्रबन्ध समिति ने भी किया और मैं चुन लिया गया।

चुनाव के बाद हमें उत्सुकता थी, फल जानने की। रात के नौ या दस बज गये थे। प्राचार्य जी ने मुझे अपने कक्ष में बुलाया और कहा कि आप की नियुक्ति हो गयी है। इसी समय नियुक्ति पत्र ले लीजियेगा और कल से कार्य प्रारम्भ कर दीजियेगा। एक सज्जन लकालक सफेद कुर्ता और बड़ी बारीक कीमती धोती का परिधान धारण किये हुए लम्बे कद, गोरा रंग, धवल केश और आँखों पर चश्मा लगाये टाइप राइटर पर बैठे थे। सिगरेट की कश समाप्त करके एक ही सांस में मेरा नियुक्ति पत्र टाइप कर लिए और प्राचार्य जी के कक्ष में जाकर उनसे हस्ताक्षर करा लाये। मुझे नियुक्ति पत्र देते हुए उन्होंने कहा "हृदय नारायण सिंह के साथ काम करना हो तो पूर्ण निष्ठा से ही अपने काम में जुड़ जाइये। उनके लिए केवल काम ही भगवान् है।" बाद में मैंने लोगों से पूछा कि यह कौन सज्जन है, तो पता चला कि यह कॉलेज के प्रधान लिपिक ठाकुर गोरखनाथ सिंह हैं। उस रात अपने पुराने सुपरिचित और उसी कॉलेज के भूगोल विभाग में प्रवक्ता श्री त्रिपुरमर्दन प्रताप सिंह के यहाँ रात में रुक गया और दूसरे दिन विधि-विभाग में जाकर अपना कार्य-भार दिनांक 4 अगस्त, 1961 को ग्रहण कर लिया।

मैंने देखा कि महाविद्यालय के शिक्षक, प्राचार्य श्री हृदय नारायण सिंह से बहुत डरते थे। प्रायः सही बात भी उनसे कहने की हिम्मत लोग नहीं करते थे। उनके कमरे में जब कोई आगन्तुक प्रवेश करता था, चाहे वह शिक्षक ही क्यों न हो सामने खड़ा रहता था और वह मेज पर सिर नीचा किये कलम से कुछ लिखते रहते थे। प्रशासनिक कार्य में भी वह लिखते ज्यादा थे बोलते कम थे। थोड़ी देर बाद जब वह सिर उठाते बड़ी गम्भीर और रुक्ष-मुद्रा में पूछते, कहिये क्या बात है। बात सुनकर संक्षिप्त-सा उत्तर भी देते। अधिकतर उत्तर होता था—ठीक है, देखेंगे। इसके बाद न बैठने को कहते और न जाने को। इस बात से लोग प्रायः खुश नहीं रहते थे, पर जो लोग उनके मिनट-मिनट के उपयोग के स्वभाव को जानते थे वह जाते और स्वयं धीरे से बैठ जाते। जब वह दृष्टि ऊपर करते पूछते तो अपनी बात करते और उत्तर लेकर चल देते थे, पर मैं शुरू से ही उनसे स्पष्ट बात करता था और डरता बिल्कुल नहीं था। मुझे शुरू में ही लग गया था कि यह व्यक्ति कार्य चाहता है और यदि सही कार्य किया जाये तथा सही कार्य का सुझाव दिया जाय तो उसका न विरोध मिलेगा, न क्रोध।

इस दिशा में पहला प्रयोग मैंने किया। जाते ही मैंने विभागाध्यक्ष श्री बघेल से कहा कि विधि परिषद् की स्थापना हमारे यहाँ होनी चाहिए। बघेल का उत्तर था आप अभी हृदय नारायण सिंह को नहीं जानते। उनको परिषद् वगैरह से कोई प्रेम नहीं है। सब पैसा भवन निर्माण में लगाते हैं। यदि यह प्रस्ताव आपने रखा तो आपसे नाराज हो जायेंगे। मैंने कहा, "नाराज होकर क्या करेंगे? एक बार बात तो की जाय।" उन्होंने बात करने की स्वीकृति दे दी। मैं प्राचार्य कक्ष में उनसे मिला, बात की। पहले उन्होंने कहा कि परिषद् की रूपरेखा और विधान बनाकर लाइये। दो-तीन दिन बाद एक विधान बनाकर ले गया जिसमें परिषद् के संगठन की रूपरेखा और कार्यक्रमों का उल्लेख था। विधान के उस अंग्रेजी प्रारूप में उन्होंने कुछ संशोधन किया और उसे स्वीकार कर लिया। फिर पूछा अब क्या करेंगे? मैंने कहा कि इसका पहले उद्घाटन होना चाहिए। पूछा कि किससे करायेंगे? मैंने कहा कि महाधिवक्ता पण्डित कन्हैयालाल मिश्र से। उन्होंने पूछा क्या वह आ जायेंगे। मैंने अपना पूरा विश्वास व्यक्त किया उनके आने के सम्बन्ध में। उन्होंने अनुमति दे दी।"

डॉ. कन्हैया सिंह ने एक माह कुछ काल तक विधि विभाग में कार्य करने के पश्चात् अक्टूबर 1962 में टी.ए.ती. कॉलेज आजमगढ़ में हिन्दी-प्रवक्ता की नियुक्ति स्वीकार कर ली। उनका विश्वास है कि भारतवर्ष जगतगुरु तभी होगा जब हिन्दी राजभाषा नहीं बल्कि राष्ट्रभाषा होगी। स्वामी विवेकानन्द का सपना की '21वीं सदी भारत की होगी', तभी पूरा होगा। राष्ट्रभाषा माँ हिन्दी की

पीड़ा अब असहनीय हो गयी है। कवि दुष्यन्त कुमार जी ने कविता के भावों को प्रस्तुत किया है कि—

"हो गयी है, पीर पर्वत से पिघलनी चाहिए,
इस हिमालय से कोई गंगा निकलनी चाहिए।
आज यह दीवार परदों की तरह हिलने लगी है
शर्त लेकिन थी कि ये बुनियाद हिलनी चाहिए"

आदरणीय डॉ. कन्हैया सिंह जी, ग्राम-धरवारा, जिला-आजमगढ़ (उ.प्र.) की पवित्र धरा पर 01 अगस्त, 1935 को जन्म लिए। डॉ. सिंह दिनांक 01 अगस्त, 2020 को 85 वर्ष की आयु को पूरा करने जा रहे हैं। सूफ़ी साहित्य को अपनी पैनी एवं प्रखर सूफियाना दर्शन द्वारा उत्कृष्टता के शिखर को प्राप्त कर 'हिन्दी सूफ़ीकाव्य में हिन्दू संस्कृति', 'सूफ़ीमत', 'युगद्रष्टा महाकवि मलिक मोहम्मद जायसी' जैसे उच्चकोटि के ग्रन्थ की रचना कर पाठालोचन से सम्बन्धित लेखन के क्षेत्र में एक सशक्त हस्ताक्षर के रूप में पीठासीन हुए हैं। डॉ. सिंह 'पद्मावत' चिन्तन एवं 'रामचरितमानस' को केन्द्र में रखकर सृजनात्मक चिन्तन एवं मन्थन कर एक नये सृजन की लालसा में अपने पाथेय पर डटे हुए हैं।

डॉ. सिंह जी राष्ट्रीय स्वयं सेवक संघ के स्वयंसेवक हैं। आर.एस.एस. के रूप में आपने कई महत्त्वपूर्ण दायित्वों का बखूबी निर्वहन किया है। आप अखिल भारतीय साहित्य परिषद् के राष्ट्रीय मन्त्री, महामन्त्री एवं कार्यकारी अध्यक्ष रहे हैं। वर्तमान में साहित्य परिषद् के संरक्षक के पद का दायित्व बखूबी सँभाल रहे हैं।

आजमगढ़ के शिबली नेशनल कॉलेज के विद्यार्थी जीवन में छात्र संघ के अध्यक्ष रहे। उत्तर प्रदेश के भाषा संस्थान के कार्यकारी अध्यक्ष के रूप में अतुलनीय योगदान दिये हैं।

डॉ. कन्हैया सिंह जी लगभग 40 प्रकाशित पुस्तकों के लेखक तथा लगभग 20 पुरस्कारों, मेडल एवं सम्मान से सम्मानित किये जा चुके हैं। *सूफियाना दर्शन के सन्दर्भ में एक प्रेरक प्रसंग है कि सूफ़ी सन्तों/फकीरों की एक टोली अपने गन्तव्य की तरफ जा रही थी, तभी महान् सम्राट् सिकन्दर जो ईरान को जीतकर अपने विजय का जश्न मना ही रहा था कि उसका आमना-सामना उन्हीं सूफ़ी फकीरों/सन्तों से हो गया। फकीर अपनी फकीरी में मस्त होकर सूफियाना अन्दाज में भजन-कीर्त्तन करते चले जा रहे थे, वह महान् सिकन्दर एवं उनके उत्सव को नजरअन्दाज कर आगे बढ़ ही रहे थे, कि सिकन्दर के सेनानायकों ने फकीरों को गिरफ्तार कर सिकन्दर के दरबार में पेश किया। 'सम्राट् सिकन्दर' ने सवाल किया कि क्या तुम लोग नहीं जानते कि मैं सम्राट सिकन्दर ईरान/ईराक को जीतकर 'सिकन्दर महान् बन गया हूँ। एक फकीर जवाब देने के लिए आगे बढ़ा और बड़े साहस के साथ कहा कि, "सिकन्दर तेरे सिर पर जो तुच्छ अहंकार बैठा है, वह सदा हम फकीरों के पैरों के तले निवास करता है। तू महान् नहीं, महान् तो हम सूफ़ी फकीरों की टोली है, जो अहंकार पर सदा-सदा के लिए विजय प्राप्त कर ली है। फकीर का प्रभावी जवाब सुनकर सिकन्दर का अहंकार चूर-चूर हो गया। तत्पश्चात सिकन्दर ने फकीरों को दण्ड प्रणाम कर, क्षमा की आकांक्षा के साथ फकीरों की टोली को सम्मानपूर्वक विदा किया। उस समय पूरे नभ मण्डल में उद्घोष गूँजने लगा कि

"...ओ फकीर, फकीर नहीं, जिसका दिल अमीर न हो।
ओ अमीर, अमीर नहीं, जिसका दिल फकीर न हो।"

---

* इस किंवदन्ति की प्रामाणिकता सन्दिग्ध है।—सं.

मेरे गुरु एवं पितातुल्य श्रद्धेय डॉ. कन्हैया सिंह जी अपने 85 वर्ष के यशस्वी, तेजस्वी एवं ओजस्वी जीवन में विधिक, साहित्यिक, राजनीतिक, आर्थिक, सामाजिक तथा शैक्षिक क्षेत्र में सेवा कर मानव जाति को जो उपहार दिया है, वह अप्रतिम है। हिन्दी साहित्य विशेषकर, पाठालोचन, सूफ़ी साहित्य तथा भाषा विज्ञान के विकास एवं संवर्द्धन में जो योगदान दिया है, वह अद्वितीय एवं अविस्मरणीय है। डॉ. सिंह के विचार से यह अत्यधिक मेल खाती है कि, ''लक्ष्य को पाने से अधिक आनन्द, उसे पाने की आशाभरी यात्रा में होता है। "To travell hopefully is better than arrive."

मैं परम पिता परमेश्वर से करबद्ध प्रार्थना करता हूँ कि आदरणीय डॉ. कन्हैया सिंह जी शतायु होकर अपने अद्यतन-अधुनातन प्रयासों से हिन्दी साहित्य के क्षेत्र में नये-नये कीर्तिमानों को गढ़-गढ़ कर हिन्दी साहित्य की नयी पीढ़ी के जिज्ञासुओं को जीभर के परोसते रहे। ''जीवेम् शरदः शतम्'' की महती मनोकामना, अभिलाषा एवं शुभकामनाओं के साथ-साथ प्रस्तुत 'अभिनन्दन-ग्रन्थ' की अमरगाथा पर मैं अपने हृदय की अतल गहराइयों से शुभकामनाएँ एवं बधाई अर्पित करता हूँ। यह डॉ. सिंह का ही अभिनन्दन नहीं, वरन् अभिनन्दन-ग्रन्थ से जुड़े जाने-अनजाने सभी हिन्दी साहित्य प्रेमियों, शुभेक्षुओं एवं श्रद्धालुजन भी अभिनन्दित हो रहे हैं।

मंगल मन्त्र

सर्वे भवन्तु सुखिनः सर्वे सन्तु निरामयाः।
सर्वे भद्राणि पश्यन्तु मा कश्चित् दुःख भाग्भवेत्।
ऊँ शान्तिः शान्तिः शान्तिः

भावार्थ-सभी लोग सुखी हों सभी लोग निरोगी हों सभी लोग शुभ को देखें, कोई भी दुःख का भागी न बने।

पूर्व विभागाध्य, विधि विभाग, तिलकधारी महाविद्यालय
जौनपुर (उ.प्र.)

विद्या से बड़ी विनम्रता

ओम धीरज

It is necessary to see him (the writer) as a man in order to appreciate him as an artist—*Edmund Wilson*

अंग्रेजी के उक्त प्रख्यात समीक्षक से सहमत हुआ जा सकता है कि किसी लेखक को उसके कृतिकार के रूप में जानने से ज्यादा जरूरी है उसको एक व्यक्ति के रूप में जानना। किसी लेखकीय व्यक्तित्व से उसके आस-पास के लोग उसके लेखन की तुलना में उसके व्यवहार से ज्यादा सुपरिचित होते हैं। मेरा तो मानना है कि एक साधारण से दिखनेवाले व्यक्ति में असाधारण व्यक्तित्व का अहसास उसकी व्यवहार कुशलता की वैशिष्ट्य के कारण शीघ्र परिलक्षित होता है। वस्तुतः व्यक्ति अपने लेखन से बड़ा होता है, परन्तु यदि वह मानवीय गुणों से सम्पृक्त व्यवहार में भी बड़ा है, तो उसका सम्पूर्ण लेखकीय व्यक्तित्व उसे महनीय की श्रेणी में ला खड़ा करता है। व्यक्तित्व की इस महनीयता को स्थान-विशेष या काल-विशेष की सीमाएँ भी सीमित नहीं कर पातीं। विशेष पुरुष-गन्ध की तरह पौध की क्यारी से उठकर वह बड़ी व्याप्ति में फैल जाता है। यहाँ तक कि उस स्थान-विशेष की पहचान उस महनीय व्यक्तित्व के कारण भी होने लगती है। दूसरे शब्दों में वह स्थान-विशेष का पर्याय भी बन जाता है। राहुल सांकृत्यायन, हरिऔध की धरती के बाबत आज एक ऐसे ही व्यक्तित्व का ध्यान हो आता है, जिसका नाम लिये बिना आज का हिन्दी साहित्य-समकाल पूर्ण नहीं हो पाता। डॉ. कन्हैया सिंह वह विरल व्यक्तित्व हैं, जिनको जनपद की भौगोलिक सीमा से ऊपर उठकर हिन्दी जनपदों में बड़े शालीन ढंग से रेखांकित किया जाता है। आजमगढ़ जैसे कस्बाई जनपदीय मुख्यालय पर प्रवास कर अपनी लेखनी के बल पर देश-प्रदेश की सीमाओं का अतिक्रमण कर इनकी ख्याति एक बहुमुखी लेखक के साथ-साथ 'पाठालोचन' के क्षेत्र में अतिविशिष्ट रूप से सुस्थापित हो चुकी है। बहुचर्चित प्राचीन ग्रन्थ मलिक मोहम्मद जायसी कृत 'पदुमावति' के सम्पादन और पाठालोचन के प्रति प्रसिद्ध समालोचक डॉ. परमानन्द श्रीवास्तव का कथन इनके वृहत्तर महत्त्व को रेखांकित करने के लिए पर्याप्त है—"मुझे

विश्वास है कि डॉ. कन्हैया सिंह के सम्पादन में 'पदुमावति' का पाठ श्रेयस्कर और प्रामाणिक जान पड़ेगा। जहाँ बड़े आचार्यों ने पाठ-चयन में भयानक भूलें की हैं, वहाँ डॉ. कन्हैया सिंह का तार्किक विश्लेषण पर आधारित नया पाठ मूल्यांकन सिद्ध होगा।'' बताने की आवश्यकता नहीं कि जार्ज ग्रियर्सन, आचार्य रामचन्द्र शुक्ल, माताप्रसाद गुप्त और वासुदेवशरण अग्रवाल जैसे महान् विद्वानों की मान्यताओं से जगह-जगह सप्रमाण असहमति व्यक्त करने में डॉ. कन्हैया सिंह नहीं हिचकते।''

आजमगढ़ जनपद में मेरा सेवाकाल लगभग दो वर्षों का रहा है और उस दौरान प्रशासनिक व्यस्तताओं के बीच डॉ. साहब से साहित्य-लाभ लेने के अवसर भी कम मिले। बमुश्किल दो या तीन भेंटों की याद उस समय की है, किन्तु अदबी हल्के में उनकी सूफ़ीकाव्य के विशेषज्ञ की ख्याति से मैं बखूबी वाकिफ था। प्रसंगतः उल्लेख करना है कि बीसवीं सदी के अन्तिम दशक के उत्तरार्द्ध में भी नवगीत, समकालीन कविता फ्रीवर्स) की तुलना में अकादमिक परिसरों में दोयम दर्जे के रूप में परिगणित था। उन्हीं दिनों 'सबके दावेदार' पत्रिका के सम्पादक पंकज गौतम के यहाँ आयोजित काव्य-गोष्ठी में मुझे विशेष रूप से आमन्त्रित किया गया था। प्रगतिशीलता के नाम पर वामपन्थी रचनाकारों का ही बाहुल्य था, किन्तु डॉ. कन्हैया सिंह जी ही काव्य-गोष्ठी की अध्यक्षता कर रहे थे। अधिकतर नयी कविता (फ्रीवर्स) के हस्ताक्षरों के बीच मैंने दो-तीन नवगीतों का पाठ किया। अध्यक्षीय भाषण में डॉ. साहब ने इन गीतों में भारतीय संस्कृति-परम्परा के संवाहक ग्राम्य संवेदना से पूरित युग-बोध का संकेत देते हुए कुछ उत्साहवर्द्धक टिप्पणी की। बस इसी छोटी स्मृति की बड़ी थाती लेकर मैं अपने स्थानान्तरणीय नियति चक्र में भटकता, उच्च पदस्थ होता हुआ रायबरेली जनपद पहुँचा था। वर्ष 2014 के शुरुआती महीने में सम्भवतः 08 मार्च, 2014 को मऊ जनपद में 'शब्दिता' पत्रिका के प्रधान सम्पादक डॉ. राम कठिन सिंह और सम्पादक डॉ. कमलेश राय के सौजन्य से आयोजित एक भव्य कवि सम्मेलन जो वीर रसावतार पं. श्याम नारायण पाण्डेय की जन्म-भूमि पर उन्हीं के नाम अर्पित सम्मान-समारोह के साथ विभूषित था, में डॉ. कन्हैया सिंह के दर्शन का लाभ मिला। स्वनाम धन्य व्यक्तित्व को कौन नहीं पहचानता। लगभग 78 वर्ष की आयु में उन्हें मंच पर मान-सम्मान समारोह की अध्यक्षता के लिए कष्ट दिया गया। उनके कर-कमल से सम्मान-पत्र एवं स्मृति चिह्न ग्रहण करते हुए जब धीरे से मैंने अपना परिचय दिया, तो वह मुस्करा पड़े—''जानता हूँ, आप हमारे यहाँ भी प्रशासनिक पद पर रह चुके हैं।'' इस आश्वस्तिपरक भेंट ने मेरी स्मृति-थाती को और अधिक मूल्यवान् बना दिया। अस्वस्थता के चलते उन्हें उसी कार से वापस आजमगढ़ जाना था। कवि सम्मेलन दूसरे सत्र में रातभर चलना था। उन्हें विदा करते समय अचानक मुझे नवीन प्रकाशित पुस्तक 'सावन सूखे पाँव' (नवगीत संग्रह) की याद हो आयी, जो संयोगवश मेरी गाड़ी में थी। मैंने उन्हें रोककर उस पुस्तक को भेंट कर दिया, परन्तु विदा के समय और उनकी अस्वस्थता देख भला कैसे समीक्षा लिखने का अनुरोध करता। वैसे भी मैं समीक्षा कहकर लिखवाने की धृष्टता कम ही करता हूँ, वह भी 65-70 वर्ष के ऊपरवालों से तो कत्तई नहीं। लेकिन वाह रे, महनीय व्यक्तित्व! कोई तीन-चार महीने बाद मैं वाराणसी में अपर जिलाधिकारी प्रोटोकाल पद पर ज्वाइन ही किया था कि एक दिन उनका फोन आया। बधाई के साथ कि अब आप हम लोगों के नजदीक आ गये हैं। शायद अखबार से स्थानान्तरण की सूचना मिल गयी थी और फोन नम्बर! वह भी शायद मेरी भेंट की हुई पुस्तक से! इस एकतरफा संवाद से मैं भाव-विभोर तो हुआ, लेकिन हतप्रभ भी कि ऐसे बड़े लोगों को मैं फोन नहीं कर पाता। अभी बमुश्किल एक-दो माह बीते

होंगे कि उनका फोन फिर आया—"धीरज जी, आपकी पुस्तक की समीक्षा मैंने लिख दी है, एक परिचित से भेज रहा हूँ, जो बी.एच.यू. हास्पिटल जा रहे हैं, किसी को देखने, उनके हाथ से समीक्षा प्राप्त कर लीजिये और कहीं छपने को भेज दीजिये।" यह समाचार-संवाद बीते दो-तीन दिन और हुए कि फिर उनका फोन आया—'भोपाल में मेरे मित्र टी.एन. शुक्ला जी हैं। यह समीक्षा मैंने उनकी पत्रिका साक्षात्कार के लिए दे दी है। मेरी स्थिति भाव-विह्वल होने की नहीं, अपितु इनके अहेतुक अनुग्रह एवं अनुज—वत्सलता के 'बड़प्पन' के आगे नतमस्तक होने की स्थिति थी। कौन करता है, इतना! बिना अनुरोध के, बिना किसी स्वार्थ के, उम्र के इस पड़ाव पर, अस्वस्थता के बावजूद समय निकालकर लिखना, टाइप कराना, पत्रवाहक से भेजना और फिर उसे छपने हेतु व्यस्थित भी करना। "शिरोपाद कृतज्ञ भाव से मैं सोच रहा था कि और कोई है—इस 'बड़प्पन' के निकट तो थोड़ी देर के लिए एक वयोवृद्ध चेहरा उभरा—डॉ. विवेकी राय का। उन्होंने भी मेरी पहली पुस्तक 'बेघर हुए अलाव' की समीक्षा लगभग 85 वर्ष की उम्र में वर्ष 2012 में लिखकर फोन से सूचित किया कि आपकी किताब पर लिख दिया हूँ—किसी को भेजकर मँगवायेंगे या पता बता दीजिये—डाक से भेज दूँ। ज्ञातव्य है इस आलेख को 'शब्दार्थ' पत्रिका (सम्पादक वशिष्ठ अनूप) में ससम्मान जगह दी गयी। सुहृद-वत्सलता, व्यवहार-कुशलता, अहेतुक अनुग्रह की ऐसी मिसाल बहुत कम मिलती है। बताने की आवश्यकता नहीं कि डॉ. विवेकी राय हिन्दी और भोजपुरी साहित्य के कितने बड़े हस्ताक्षर थे। सिद्धि और प्रसिद्धि के शिखर पर विराजमान ऐसे महनीय व्यक्तित्वों से ही हमारी भारतीय संस्कृति और परम्परा समृद्ध होती रही है।

समान धर्मा इन दो व्यक्तित्वों की तुलता अकस्मात् नहीं हुई है। इनकी मित्र-वत्सलता, आतिथ्य-भाव और व्यवहारिक सहजता में सर्वांगसम समानता रही है, जो अनेक समकालीन रचनाकारों के लिए स्पर्द्धा या ईर्ष्या का भी विषय रहा हो, तो नहीं कहा जा सकता, परन्तु हम जैसे अनुजों के लिए एक आदर्श अभिभावकत्व और प्रेरणास्पद अनुकरणीय व्यक्तित्व के रूप में ही मान्य और स्वीकार्य है। साक्षी रहा हूँ, कई अवसरों पर कि डॉ. विवेकी राय के नाम पर आयोजित कार्यक्रमों में अभी मात्र तीन-चार साल पहले डॉ. कन्हैया सिंह अस्वस्थ हालत में उम्र के आठवें दशक के अन्तिम वर्षों में कार में लदे चले आ रहे हैं। शरीर इजाजत नहीं दे रहा है, तबीयत नासाज है, पर मन तो मैत्री-धर्म के वशीभूत खींचे चला आ रहा है। कुछ देर बैठते हैं, मंच पर कि तबीयत बिगड़ने लगती है और फिर पुष्ट सहयोगी के कन्धों-बाहों का सहारा लिए वापस हो जाते हैं। नब्बे-सौ किमी. की दूरी साहित्यिक मित्र-धर्म के लिए छोटी पड़ जाती है। गाजीपुर के स्थायी निवासी साहित्यकार मित्र डॉ. गजाधर प्रसाद शर्मा 'गंगेश' उछल पड़ते हैं, जब डॉ. साहब का जिक्र आता है। उनके कथनानुसार गाजीपुर पड़ोसी जनपद होने के नाते या विवेकी राय के प्रति उनके मैत्री-भाव का प्रभाव रहा हो, वह किसी छोटे-से-छोटे साहित्यिक-सांस्कृतिक कार्य में उपस्थित होने में सहज-सुलभ होते रहे हैं। उनकी उपस्थिति कार्यक्रम की सफलता की गारण्टी बन जाती है। सहज प्रवाहमय विद्वत्तापूर्ण किन्तु बोधगम्य वक्तव्य इनकी पहचान होती है। दम्भ-आडम्बर-अहंकार से सर्वथा दूर सहज-सरल गँवई मन सा पारदर्शी विनम्र व्यक्तित्व कब सामनेवाले को अपने आकर्षण में बाँध लेता है, पता ही नहीं चलता! चिन्ताकर्षक व्यक्तित्व की डोर में बँधा व्यक्ति सदैव के लिए उनका अपना हो जाता है।

मुझे तो सिर्फ उनकी खामोशी का था पता
हैराँ हूँ पास आके समन्दर के शोर से

डॉ. लक्ष्मी शंकर वाजपेयी का उक्त शेर अनायास याद आ जाता है जब डॉ. कन्हैया सिंह के कृतित्व का संज्ञान लेता हूँ। वस्तुतः उनके बहुश्रुत विद्वतापूर्ण ख्याति के साथ स्वयं अनुभूत व्यावहारिक कुशलता, अहैतुक अनुग्रह, सहजता-सरलता जैसे मानवीय गुणों से ओत-प्रोत व्यक्तित्व से ही मैं परिचित विशेष रहा हूँ, किन्तु जब संस्मरण लिखने के लिए अकादमिक सामग्री की खोज करता हूँ तो दाँतों तले अँगुली दबाकर उपर्युक्त शेर कहने के अलावा विकल्प ही क्या है। एम.ए., पीएच.डी., डि.लिट् जैसी उच्च शैक्षिक साहित्यिक डिग्री के साथ एलएल.बी. यानी विधि-कानून की गोल्ड मेडल डिग्री, चांसलर मेडल, सर हेनरी रिचर्ड सहित आधा दर्जन मेडल्स से विभूषित शैक्षिक जीवन अधिवक्ता से प्रारम्भ कर प्रवक्ता विधि होते, हिन्दी प्रवक्ता आगरा विश्वविद्यालय के रास्ते पुरसुकून जिन्दगी की तलाश अन्ततोगत्वा अपनी माटी में ही पूरी होती है। डी.ए.वी. पी.जी. कॉलेज आजमगढ़ में रीडर-अध्यक्ष हिन्दी विभाग से ही वित्त-वृत्ति समाप्त होती है, परन्तु चित्त-वृत्ति सामाजिक-राजनीतिक और साहित्यिक सेवा में अनवरत चलती रहती है। युवा राजनीति की सक्रिय भूमिका में अध्यक्ष नगरपालिका परिषद् आजमगढ़ को सुशोभित कर दिशा मुड़ जाती है—साहित्यिक-सामाजिक भूमिका में। शिक्षक वृत्ति से निवृत्ति प्राप्त कर वर्ष 1996 से अखिल भारतीय साहित्य परिषद्, दिल्ली के महामन्त्री, कार्यकारी अध्यक्ष और फिर राष्ट्रीय संरक्षक के रूप में अद्यतन क्रियाशील रहते हुए बीच में उ.प्र. भाषा संस्थान लखनऊ के कार्यकारी अध्यक्ष (वर्ष 1997-2001) को भी विभूषित करनेवाले डॉ. साहब को लोग शुद्ध आजमगढ़ी ही जानते और मानते हैं। यह है इनके व्यक्तित्व की सादगी, निराभिमानी व्यक्तित्व की नुमाइन्दगी और जन्मभूमि की ऋण-अदायगी।

शुद्ध साहित्यिक अवदान की बात करें, तो सूफ़ी प्रेम काव्य एवं सूफ़ी साहित्य के निष्णात विद्वान्, विशिष्ट अध्येता एवं प्रखर मीमांसक के रूप में इनकी राष्ट्रीय ख्याति हमें गौरवान्वित करती है। इस्लाम के रहस्यवादी किन्तु सनातन प्रेममार्गी धारा को भारतीय संस्कृति की शाश्वतता के आलोक में भासमान करने की इनकी कठिन श्रम साध्य-साधना ने तमाम सूफ़ी साहित्य-समीक्षा के क्रम में स्थानीय विलुप्त साहित्य सामग्री के शोधपरक ग्रन्थों का भी अवदान दिया है। सूफ़ी साहित्य-समीक्षा के अन्तर्गत हिन्दी सूफ़ीकाव्य में हिन्दू संस्कृति, सूफ़ीमत, युगद्रष्टा महाकवि मलिक मोहम्मद जायसी, सूफ़ीकाव्य-सांस्कृतिक अनुशीलन और उदार इस्लाम का सूफ़ी चेहरा जैसे कई ग्रन्थों के साथ पाठ-सम्पादन के सिद्धान्त, हिन्दी पाठानुसन्धान जैसी अनुसन्धानात्मक सैद्धान्तिकी का भी योगदान हिन्दी साहित्य के लिए अमूल्य धरोहर है।

माटी का ऋण यानी 'जन्मभूमि' की कर्ज अदायगी के रूप में आजमगढ़ी की पैदाइशी-रहाइशी साहित्यिक विभूतियों पर किया गया कार्य भी कम महत्त्वपूर्ण नहीं है। महाकवि अयोध्या सिंह उपाध्याय 'हरिऔध', महापण्डित राहुल सांकृत्यायन, आचार्य चन्द्रबली पाण्डेय जैसे साहित्य मनीषियों पर कलम तो चलाई ही, साथ-साथ द्विवेदीयुगीन कवि पं. रामचरित उपाध्याय की ग्रन्थावली का सम्पादन कर न सिर्फ आजमगढ़-गाजीपुर, बल्कि पूरे हिन्दी जगत् को उपकृत किया है। राजनीतिक लेखन के क्षेत्र में 1975-76 के आपात्काल पर 'अँधेरे के अध्याय' नामक संस्मरण-ग्रन्थ के अलावा 'उत्तर प्रदेश : 1857 का स्वतन्त्रता संग्राम' जैसी कृतियों का प्रणयन भी उल्लेखनीय है। हिन्दी भाषा, हिन्दी भाषा साहित्य और लिपि, मध्यकालीन अवधी का विकास जैसी शोध अनुसन्धातमक भाषा काव्यांग विषयक ग्रन्थों का प्रदेय भी कम महत्त्वपूर्ण नहीं है। तात्पर्य यह है कि दो दर्जनों से अधिक अत्यन्त महत्त्वपूर्ण

ग्रन्थों के प्रणयन के बाद भी अभी 'आलोचना के नये प्रत्ययः इतिहास और विमर्श', 'वीर कुँवर सिंह और उनके साथी', 'महायोगी गोरखनाथ' जैसे कई महत्त्वपूर्ण ग्रन्थ प्रकाशन की सीढ़ी पर दस्तक दे रहे हैं।

सारांशतः अनुसन्धात्मक शोधपरक महत्त्वपूर्ण दस्तावेजीय यह दर्जनाधिक साहित्य-ग्रन्थ हिन्दी साहित्य जगत् की अनुपम निधि है, जिनको न तो वर्तमान नजरअन्दाज कर सका है और न भविष्य कर सकेगा। हिन्दी साहित्य सम्मेलन प्रयाग का 'साहित्य महोपाध्याय', गुजरात हिन्दी विद्यापीठ का 'हिन्दी गरिमा सम्मान', उत्तर प्रदेश हिन्दी संस्थान का 'साहित्यभूषण और 'पं. दीनदयाल उपाध्याय साहित्य सम्मान', केन्द्रीय हिन्दी संस्थान, आगरा का 'सुब्रह्मण्यभारती सम्मान' तथा उत्तर-भारतीय संघ मुम्बई का 'गणपति सम्मान' आदि ऐसे कुछ सम्मान-पुरस्कार हैं, जिनके अलंकरण को प्रकारान्तर से निम्नलिखित पद्यांश में व्यक्त किया जाना अनाभिष्ट न होगा—

कविता करके तुलसी न लसे, कविता लसी पा तुलसी की कला।

'अभिज्ञान शाकुन्तलम', सा-14/96-55, सारंगनाथ कालोनी
सारनाथ, वाराणसी

अक्षयवट का साहित्य विमर्श

रामदरश राय

हिन्दी-वाङ्मय की पुरोधा-पीढ़ी का स्मरण आते ही आजमगढ़ के डॉ. कन्हैया सिंह का नाम आदरणीय-श्रद्धास्पद बनकर उभरता है। इसलिए नहीं कि उच्चशिक्षा की सर्वोच्च डी.लिट्. उपाधि से वह समलंकृत हैं। इसलिए भी नहीं कि वह इलाहाबाद विश्वविद्यालय के मेधावी विद्यार्थी रहे हैं। इसलिए नहीं कि वह आजमगढ़ में शिब्ली नेशनल कॉलेज में छात्रसंघ के अध्यक्ष रहे। कदाचित् इसलिए भी नहीं कि नगरपालिका-आजमगढ़ के निर्विरोध अध्यक्ष के रूप में उन्होंने लोकसेवा का महत्त्वपूर्ण कार्य किया। हिन्दी विभाग का महाविद्यालयीय अध्यक्ष-रीडर और प्राचार्य होना भी उनके वास्तविक कद और वैदुष्य के समक्ष लघुतर रहा है। तमाम मेडल-गोल्डमेडल और सरकारी-गैरसरकारी संस्थानिक पुरस्कार-सम्मान ने भी उन्हें किंचित् प्रसन्नता दी होगी। मगर, मान-सम्मान के यह सभी आस्पद उनके महत-विशाल समग्र व्यक्तित्व के सामने बौने नजर आते हैं। असल में उनकी सम्पूर्ण आभा-प्रतिभा एक अध्ययनशील-विचारशील लेखक और प्रखर वक्ता की रही है। तेज-तेवर-तपित अकादमिक आभा उनकी निजी हैसियत है।

वैचारिक प्रतिबद्धता के बावजूद साहित्य की सम्पूर्ण सामयिक वीथिकाओं में टहलना, हस्तक्षेप बनाना डॉ. सिंह की नितान्त निजी अर्जित दृष्टि है। दक्षिणपन्थी भारतीय दृष्टि का संवाहक आचार्य होकर भी उन्होंने वामपन्थ का गहन-गम्भीर अध्ययन किया था। वामपन्थी मठाधीशों से दो-टूक, बेबाक संवाद-विमर्श करना उनकी अध्ययननिष्ठ शक्ति है। डॉ. सिंह की खूबी है कि अपने अध्ययन और तर्काश्रित प्रत्युत्तर में कहीं से दुर्बल-कातर नहीं पड़ते थे। सबल-सार्थक सारांश निकालकर प्रतिपक्ष में खड़े विचारकों को आत्मपरीक्षण के लिए व्याकुल करते थे। मुझे अच्छी तरह याद है कि अखिल भारतीय साहित्य परिषद्, पूर्वी उत्तरप्रदेश की एक राष्ट्रीय संगोष्ठी में उन्होंने अपना अमूल्य-अपराजेय व्याख्यान देकर विभिन्न विचारधाराओं के जागीरदारों को इधर-उधर झाँकने के लिए अभिशप्त कर दिया था। 03-04 अप्रैल, 2016 को आयोजित गोरखपुर के महात्मा गाँधी कॉलेज में 'छायावादी काव्य में राष्ट्रीय चेतना' विषयक संगोष्ठी में उनकी उपस्थिति महनीय और भारी थी। उत्तर प्रदेश के तत्कालीन महामहिम राज्यपाल श्रीमान् रामनाईक जी ने वामपन्थी पहलवानों को आकाश दिखाया ही, डॉ. कन्हैया सिंह ने उन्हें कई बार जमीन पर धूल

चटाया। राष्ट्र-राष्ट्रीयता, राष्ट्रवाद-राष्ट्रीय चेतना और राष्ट्रीय साहित्य का भारतीय क्षितिज इस संगोष्ठी में चौड़ा-चटक होकर उभरा। अखिल भारतीय साहित्य परिषद् का प्रदेश-अध्यक्ष होने के नाते सभी आमन्त्रित विद्वानों-अतिथियों को सुनने-समझने और उनमें समन्वय बनाने का उत्तरदायित्व मेरे कन्धे पर था। चौथेपन में पहुँचे डॉ. कन्हैया सिंह के तेज-ओज-जोश और साहित्यकोष को बहुत निकट से जानने-देखने का सुयोग मुझे सुलभ हुआ था। अन्यत्र भी अनेक बार डॉ. सिंह को भाषा-साहित्य और विचार के विभिन्न अनुषंगों पर मैंने सुना है। उनके भाषणों का क्षितिज अछोर-अनन्त होता है। दामिनी-सी चमक और मेघ-सी कड़क उनकी ओज भरी वाणी की आभा-प्रभा होती है। उनकी उपस्थिति में साहित्य के किसी भी लेखपाल और कानूनगो को सजग-सावधान होकर बोलने की हिकमत निकालनी पड़ती है।

मौलिकतः सूफ़ीकाव्य वाणी के अनुसन्धायक डॉ. कन्हैया सिंह ने पूर्व मध्यकालीन दो कालजयी महाकाव्यों पर गम्भीर अध्ययन और निष्कर्ष-निष्पादन किया है—'पद्मावत' (जायसी) और 'श्रीरामचरितमानस' (तुलसी)। एक अर्थ में अवधी के दोनों वरेण्य ग्रन्थों का गहन अनुशीलन कर दोनों की अन्तर्गर्भी भाषिक बुनावट का प्रचुर-प्रकाम परिशीलन भी। परन्तु इन मानक ग्रन्थों में उनका मन रमा सूफ़ी साहित्य को पढ़ने-समझने और समुचित भाष्य देने में। आचार्य चन्द्रबली पाण्डेय, डॉ. शिवपूजन तिवारी, आचार्य भगवतीप्रसाद सिंह, डॉ. वासुदेवशरण अग्रवाल, आचार्य रामचन्द्र शुक्ल, डॉ. माताप्रसाद गुप्त, डॉ. विजयदेवनारायण साही, डॉ. परमानन्द श्रीवास्तव और अन्य सूफ़ी-साहित्य के अध्येताओं को समझने के बाद डॉ. सिंह ने सूफ़ी-वाङ्मय की अपनी राह खोज निकाली। उनका अन्वेषण-मार्ग वही नहीं था, जो पूर्ववर्ती अथवा समकालीन आचार्यों का। प्रमुखतः पाठ के स्तर पर, पाठानुसन्धान के स्तर पर, पाठ-टिप्पणी और अर्थ-भाष्य के स्तर पर डॉ. सिंह ने नये-मौलिक विकल्प का अभ्युदय किया। लीक से हटकर सूफ़ीकाव्य वाणी को समझने-समझाने का अनुष्ठान पूरा किया। 'अवधी' के 'ठेठ' और 'परिष्कृत' दोनों रूपों का साहित्यिक आस्वाद उभारा। पिछले चार-पाँच दशकों से हिन्दी की मध्यकालीन काव्यभाषा पर जब भी विमर्श और टीका-टिप्पणी का प्रसंग उभरा है, डॉ. कन्हैया सिंह के निवर्चन और प्रतिलेख मानककोटि में उद्धृत हुए हैं। आचार्य रामचन्द्र शुक्ल के एक अतिविशिष्ट अवदान पर रीझकर कदाचित् बाबू श्यामसुन्दर दास ने कहा था कि, 'शब्दसागर' को रामचन्द्र शुक्ल ने बनाया और शुक्ल को 'शब्दसागर' ने।' इस प्रसंग के व्याज से मैं कहना चाहता हूँ कि सूफ़ी-साहित्य-साधना ने डॉ. कन्हैया सिंह का निर्माण किया और कन्हैया सिंह ने सूफ़ीकाव्यवाणी और पद्मावत का पुनरुद्धार किया।

दरअसल, कन्हैया सिंह जी 'पाठालोचन' जैसी श्रमसाध्य अनुसन्धायिका वृत्ति के पण्डित साहित्यकार हैं। भाषा और भाषाविज्ञान में विशेष अभिरुचि के कारण प्राचीन और मध्यकालीन कवियों के पाठ-विमर्श और ध्वनि-धड़कन को सुभीते से समझ लेने तथा उनके असली पाठ को प्रमाण-सहित प्रस्तुत कर लेने में डॉ. सिंह पटु-प्रवीण हैं। पाठ की विशुद्धता को लेकर अपने हितैषी और समकालीन अनेक मान्य आचार्यों से तर्क-वितर्क में बेहिचक-दो टूक होने में उन्हें गुरेज नहीं था। ठीक-शुद्ध पाठ को मान लेना और बेठीक-असंगत पाठ पर प्रतिप्रश्न खड़े करना उनके पाठयुद्ध की निजी रणनीति होती है। हारना जानते नहीं, किसी का पराजित होना उन्हें अप्रिय जरूर लगता था। कबीर की तरह वह 'अनभै' के सखा-बन्धु थे।

सूफ़ी-साहित्य के वैदुष्य-विग्रह डॉ. कन्हैया सिंह ने अपने गम्भीर-सम्पन्न लेखन से सूफ़ी-संवेदना की मजबूत नींव प्रतिष्ठापित की है। एतद्विषयक उनके उल्लेखनीय ग्रन्थ हैं—सूफ़ीकाव्य : सांस्कृतिक अनुशीलन (शिवांक प्रकाशन, दरियागंज, नयी दिल्ली,) उदार इस्लाम का सूफ़ी

चेहरा (लोकभारती प्रकाशन, इलाहाबाद), हिन्दी सूफ़ीकाव्य में हिन्दू संस्कृति (भारती भण्डार, लीडर प्रेस, इलाहाबाद), सूफ़ीमत (लोकभारती, प्रकाशन, इलाहाबाद), युगद्रष्टा महाकवि मलिक मुहम्मद जायसी (साहित्य संगम, इलाहाबाद), पदुमावति : मूलपाठ और व्याख्या (विश्वविद्यालय प्रकाशन, वाराणसी)। पाठानुसन्धान पर केन्द्रित दो यशस्वी ग्रन्थ हैं—पाठ-सम्पादन के सिद्धान्त, हिन्दी-पाठानुसन्धान (दोनों लोकभारती प्रकाशन, इलाहाबाद)। राहुल सांकृत्यायन, हरिऔध और आचार्य रामचन्द्र शुक्ल पर प्रकाशित आलोचनात्मक ग्रन्थ डॉ. कन्हैया सिंह की बहुस्पर्शिनी साहित्य-मेधा के स्वतन्त्र साक्षी हैं। ललित निबन्ध-लेखन, कहानी-लेखन और यात्रावृत्त का लेखकीय अनुष्ठान आदि अन्यान्य गद्य विधाओं में डॉ.सिंह की लेखकीय आवाजाही उनके साहित्यिक वैविध्य का रेखांकन करती है। उत्तरप्रदेश हिन्दी संस्थान का साहित्यभूषण सम्मान गुजरात हिन्दी विद्यापीठ का हिन्दी-गरिमा सम्मान और आजमगढ़ महोत्सव का हरिऔध सम्मान तथा दर्जनभर और भी साहित्यिक सम्मान डॉ. सिंह के अकादमिक व्यक्तित्व से बड़े नहीं हैं। साहित्य अकादमी और बिड़ला घरानों के मुनाफेदार अलंकार तो पतंगबाज़ साहित्यकारों की थैली में गिरते हैं, किसी जायसी-कबीर-सूर-तुलसी-मीराँ-रहीम और रसखान सरीखे प्रवर कवियों की सुपेली में नहीं। अदरक की सुगन्ध सभी को नहीं भाती। किसी मरकट को फलदार बाग की रखवाली का जिम्मा सौंप देना मुनाफे की तौहीन है। रेवड़ी का बँटवारा घर-घराने तक होकर रहेगा। डॉ. सिंह को साहित्य अकादमी का कोई अलंकार न मिलना राष्ट्रवादी साहित्यकारों के लिए आत्मदंश का विषय है। दूध को औटने का कोटा कोई बिल्ली पा जाय और मत्स्य-भरे किसी तालाब की निगरानी श्वेतपंखी बगुले को, तो परिणाम के लिए दिमागी कसरत की कोई जरूरत नहीं पड़ेगी।

डॉ. कन्हैया सिंह एक उत्सवधर्मी निष्ठाबद्ध आयोजक और सलीकेदार वक्ता-श्रोता-लेखक हैं। गौर से सुनते हैं, मन से बोलते हैं। लिखने-पढ़ने में किसी तरह का प्रमाद और आलस्य नहीं। निवेदन-अनुरोध-आमन्त्रण को सहज-सहर्ष स्वीकरण देना उनका निजी स्वभाव है। वह पचहत्तर पार कर चुके थे। मैंने गुरुदेव आचार्य सत्यनारायण त्रिपाठी के अभिनन्दन-ग्रन्थ के निमित्त फोन पर एक संस्मरणात्मक आलेख के लिए अनुरोध किया। पाँचवें-छठवें दिन ही डाक द्वारा मेरे घर के पते पर उनका हस्तलेख मिल गया। पढ़ा और 2012 में प्रकाशित शब्दपुरुष अभिसंज्ञक अभिनन्दन ग्रन्थ में उस आलेख को जस का तस समाहित कर लिया। आलेख का शीर्षक बड़ा व्यंजक था—सन्त व्यक्तित्व के धनी सत्यनारायण जी। आचार्य त्रिपाठी की तब तक एक काबिल शिक्षक, भाषाविज्ञानी और सलीकेदार इन्सान के रूप में रूढ़ बनी हुई मेरी अवधारणा में इजाफा कर दिया डॉ. सिंह ने, अपने आलेख के प्रथम परिच्छेद में। सिंह साहब ने लिखा है, सचमुच सन्त को पहचानना सरल काम नहीं है। घर-द्वार छोड़कर कुटी में रमनेवाला, टीका चन्दन लगाकर भ्रमण करनेवाला ही सन्त नहीं होता। गृहस्थ जीवन में रहते हुए भी जो लोकेषणा से विरल सब्रका हित चाहनेवाला, किसी के प्रति द्वेष न रखनेवाला होता है, वास्तव में 'सन्त-पद' का अधिकारी वही होता है। डॉ. त्रिपाठी ने घर नहीं छोड़ा। किन्तु, घर पर रहते हुए भी निर्लिप्त भाव से राग-द्वेष से परे रहकर उन्होंने सिद्ध कर दिया कि वह एक सन्तपुरुष हैं। किसी उछल-कूद या आत्मप्रचार से परे रहते हुए उन्होंने विश्वविद्यालय के प्रोफेसर-अध्यक्ष जैसे प्रतिष्ठा के पद पर रहने के बाद भी ऐसा शान्त और एकान्त जीवन व्यतीत करके एकान्त साधना में लीन रहना, यह विरले ही पुरुषों से सम्भव होता है और त्रिपाठी जी ऐसे ही विरले व्यक्ति हैं। इसीलिए मैं उनको एक सन्त मानता हूँ। (शब्दपुरुष पृष्ठ : 190)

डॉ. कन्हैया सिंह का गोरक्षपीठ से अखण्ड-अटूट-आस्थाबद्ध सम्बन्ध-सम्पर्क रहा है। प्रयोजन से और बिना किसी आयोजन के भी, गोरखपुर आने पर वह दो स्थानों पर अवश्य जाते

रहे हैं। एक विश्वविद्यालय के हिन्दी विभाग में सभी शिक्षक-मित्रों से मिलने और दूसरे, गोरक्षपीठाधीश्वर महन्त अवेद्यनाथ जी से भेंट और मीठे मट्ठे का प्रसाद पाने। गोरखपुर में तीसरा प्रिय स्थान आचार्य भगवतीप्रसाद सिंह का अधिवास था, जहाँ कभी भी और किसी भी समय। आचार्य भगवती बाबू डॉ. सिंह के सूफ़ी-चिन्तन के सलाहकार-विमर्शकार थे। आलम्बन थे। निजी सीमा-परिक्रमा को लाँघकर वह समकालीन अन्य आचार्यों के दरवाजे भी खटखटाते थे। निज हाल-चाल जरूरत भर, अधिकतर साहित्य और संस्कृति के किसी ज्वलन्त विषय को समझने और सन्तुष्ट होने के लिए। यह सौभाग्य मुझे भी हासिल हुआ है। वय में पच्चीस साल छोटा होने पर भी मेरे घर पाँच-सात बार उनके साहित्य-चरण पड़े हैं। कई बार तो अखिल भारतीय साहित्य परिषद् की निर्धारित गोष्ठियों में, क्योंकि साहित्य परिषद् का शिविर कार्यालय-सभागार दोनों ही मेरे आवास और निजी विद्यालय के परिसर में था। डॉ. सिंह का मेरे घर आना-जाना कभी एकाकी नहीं रहा। उनके साथ गाड़ी-दो गाड़ी में आजमगढ़-मऊ-बलिया के दस-पन्द्रह साहित्यकार होते थे। नवनीत रंग का सिल्की कुर्ता, विलोमरंगी सदरी और दूधिया धोती में बराबर दिखनेवाले डॉ. सिंह अपने ठाट-बाट में किसी के लिए श्रद्धेय-आदरणीय बन उठते थे। प्रकृत्या कभी-कभी आजमगढ़ी भोजपुरी से गोरखपुरी भोजपुरी को थोड़ा धकेलने में आत्मविनोद का एकल आनन्द उठाते थे।

अब विवेच्य व्यक्तित्व डॉ. कन्हैया सिंह की शब्द-संरचना और वाक्य-संसृष्टि के कतिपय दृष्टान्त, जिनके आधार पर उनके आचार्य-रूप किंवा भाषाबोध का अनाघ्रात आस्वाद परिलब्ध होगा।

1970-71 में महन्त अवेद्यनाथ जी के सम्पादन में महन्त दिग्विजयनाथ स्मृति-ग्रन्थ प्रकाशित हुआ। इस ग्रन्थ में देश के विद्वानों, धर्माचार्यों महन्तों, राजनायिकों और साहित्यकारों ने अपने श्रद्धाप्रसून अर्पित किये। शीर्षस्थ पत्रकारों ने अपनी टिप्पणियाँ प्रकाशित कीं। तीन सौ छियासठ पृष्ठों की इस किताब में पृष्ठ 344 से 353 तक डॉ. कन्हैया सिंह की लेखनी में छपा है। अपने प्रिय विषय के इर्द-गिर्द उन्होंने इस किताब में अपना शीर्षक निर्धारित किया है— 'हिन्दी सूफ़ीकाव्य पर नाथपन्थ का प्रभाव।' नाथपन्थी कनफटे साधुओं-योगियों और सूफ़ी कवियों के प्रेमाख्यान भरे प्रेममार्ग को जिस शोधगर्भी भाषा-शैली में डॉ. सिंह ने उभारा है वह एक दुर्लभ आलेख के रूप में साक्षीकृत होता है। नाथपन्थी भस्म, मेखला, शृंगी, जगौटा और कँथरी आदि सर्वांग योगीवेश में राजा रत्नसेन को जायसी द्वारा खड़ा करना सूफ़ीकाव्य पर नाथपन्थ का प्रत्यक्ष प्रभाव परिलक्षित करता है। ऐसी स्थापना देकर डॉ. सिंह ने अपने आलेख का निष्कर्ष निर्भ्रान्त कर दिया है। डॉ. सिंह द्वारा प्रयुक्त शोधभाषिकी का एक उदाहरण पर्याप्त होगा, गोरखनाथ के अतिरिक्त मछन्दरनाथ (मत्स्येन्द्रनाथ), गोपीचन्द और कदलीवन तथा योगी भरथरी (भर्तृहरिनाथ) आदि लोकप्रसिद्ध नाथपन्थी योगियों का उल्लेख सूफ़ीकाव्यों में बराबर मिलता है। राजा गोपीचन्द के योगी होकर कदलीवन जाने की कथा तो प्रसिद्ध ही है, पर सूफ़ी प्रेमाख्यानों में नायक भी योग करके कदलीवन की यातना सहन करते चित्रित किये गये हैं। 'मृगावती' का नायक भी उस अन्धकूप और पन्थहीन कदलीवन में पहुँचता है, जहाँ सिंह और शार्दूल चिंघाड़ते रहते हैं। 'मधुमालती' का नायक भी अगमपन्थ, कठिन और दुःखपूर्ण असूझ कदलीवन में पहुँचता है। इस प्रकार 'कदलीवन' योगियों और सूफ़ियों दोनों के काव्य में सांकेतिक रूप में प्रयुक्त हुआ है।

डॉ. कन्हैया सिंह के अध्ययन और लेखन में वैविध्य के आस्वाद मिलते हैं। सूफ़ी-साहित्य के साथ-साथ नाथपन्थ की दार्शनिक मीमांसा और सामाजिक अन्वीक्षा में वह एक दक्ष लेखक का परिचय देते हैं। महाराणा प्रताप शिक्षा परिषद् श्रीगोरखनाथ मन्दिर से महन्त योगी आदित्यनाथ

के सम्पादन में 2017 में 'योगिराज बाबा गम्भीरनाथ' नामक एक ग्रन्थ तीन सौ चार पृष्ठों में प्रकाशित होकर सामने आया। पन्ने पलटने पर पृष्ठ 44 से 48 तक डॉ. कन्हैया सिंह का आलेख दिखा—नाथपन्थ : दर्शन और साधना। वैसे तो सम्पूर्ण आलेख पठनीय और संग्रहणीय मिला। आश्चर्यभरा कौतुक यह कि सूफ़ी-साहित्य के अध्येता, पाठानुसन्धान के राही और भाषाविज्ञान के बादशाह डॉ. कन्हैया सिंह नाथपन्थ के दार्शनिक व्याख्याता भी हैं। उनके आलेख का एक टुकड़ा उनकी योगभाषा और नाथपन्थीय भाषा विमर्श का क्षितिज चौड़ा कर उठा है। यह उन्हीं के शब्दयोग हैं, योग में दो प्रकार के पारिभाषिक शब्द हैं—'विहंगम योग' और 'पिपीलिका योग।' विहंगम योग में षट्चक्र भेदन आदि की क्रियाएँ न होकर केवल ज्ञान प्राप्त होने पर कुण्डलिनी स्वतः जाग्रत होकर पक्षी की तरह उड़कर बंकनाल होते हुए भ्रमरगुहा में प्रवेश करती है और साधक परमानन्द की स्थिति में पहुँच जाता है। गोरखनाथ के पूर्व की साधनाओं में बज्रयान, कौल और कापालिक मतों में इसी योग की स्थिति मिलती है। किन्तु, गोरखनाथ ने पिपीलिका योग के रूप में क्रमशः षडांगयोग द्वारा चक्रभेदन करते हुए सिद्धता प्राप्ति की बात की है। इसलिए इसे पिपीलिका योग कहा गया है। सन्तों द्वारा प्रयुक्त 'सुरति' शब्दयोग विहंगम योग ही है। गोरक्षनाथ का मत यह है कि केवल ज्ञान से मुक्ति नहीं हो सकती। इसके लिए योग की साधना आवश्यक है। योगबीज नामक ग्रन्थ में कहा गया है—

ज्ञाननिष्ठों विरक्तोऽपि धर्मज्ञो विजितेन्द्रियः।
बिना देवोऽपि योगेन न मोक्षं लभते प्रिये।।

शंकराचार्य ने भी सर्वसिद्धान्त संग्रह नामक ग्रन्थ में स्पष्ट कहा है कि केवल ज्ञान से मुक्ति नहीं होती। मुक्ति के साधन, विद्या और योग दोनों ही हैं। गीता की दर्शनवाणी भी कहती है कि श्रद्धावाँल्लभते ज्ञान।

डॉ. कन्हैया सिंह समाज-संस्कृति-साहित्य और राजनीति को प्रायः एक साथ ढोते थे। जैसा पड़ाव वैसी सक्रियता में आगे-आगे दिखना उनकी आत्मप्रकृति है। राष्ट्रसन्त महन्त अवेद्यनाथ (स्मृति-ग्रन्थ) संज्ञक ग्रन्थ में उन्होंने अपना अक्षर-अच्छत भेजा था, जो डॉ. सदानन्दप्रसाद गुप्त और डॉ. प्रदीप राव के सम्पादन में अविकल छपा। पृष्ठ 95 से 103 तक प्रकाशित दिग्विजय पथ पर अविराम यात्रा विषयक डॉ. सिंह का अभिलेख पढ़कर प्रतीत हुआ कि आजमगढ़ के एक कन्हैया सिंह में कितने कन्हैया सिंह एक साथ बैठे हैं। ब्रह्मलीन महन्त अवेद्यनाथ पर लिखते हुए पृष्ठ 98 पर डॉ. सिंह ने एक संस्मरण उठाया है जिसमें महन्त अवेद्यनाथ की टिप्पणी का उल्लेख है। दिग्विजयनाथ डिग्री कॉलेज के साहित्य परिषद् में डॉ. कन्हैया सिंह को बेबाक सुनकर सभा में मंच पर मौजूद महन्त अवेद्यनाथ ने प्राचार्य ब्रजमोहन सिंह से कहा था कि यह तुम्हारा कन्हैया बड़ा विद्वान् है। मैं तो समझता था यह केवल नेता है। 'तुम्हारा कन्हैया' सम्बोधन इसलिए किया गया था कि मेरे ही समान ब्रजमोहन सिंह भी आजमगढ़ी थे। तब से महन्त जी जब भी कहीं आस-आस भाषण देने जाते तो मुझे खबर भेजकर (भटवली-बाँसगाँव) बुला लेते और मैं उनके साथ यात्राओं में जाता था। इसी आलेख में पृष्ठ 102 पर डॉ. सिंह ने एक साहित्यिक प्रसंग का जिक्र किया है। इसे पढ़कर उनके साहित्यिक फिक्र का अन्दाज स्वतः हो उठता है। डॉ. सिंह का अभिकथन है कि महन्त श्री अवेद्यनाथ जी की बराबर यही इच्छा रहती थी कि वर्ष में कोई बड़ा साहित्यिक आयोजन मन्दिर-परिसर में अथवा दिग्विजयनाथ स्नातकोत्तर महाविद्यालय में होता रहे तो उनका सहर्ष योगदान उसमें रहेगा। डॉ. भगवतीप्रसाद सिंह के निर्देशन में इसी प्रकार का बड़ा आयोजन 'नाथपन्थ और साहित्य' विषय पर केन्द्रित महन्त जी के आदेश पर लगभग तीन दशक पूर्व हुआ था, जिसमें देशभर के विद्वान् आमन्त्रित थे। इस आयोजन में मुझे भी सम्मिलित होने

का सुयोग प्राप्त हुआ था। अपनी उपयोगिता और गम्भीरता में यह आयोजन किसी विश्वविद्यालय के बड़े -से-बड़े शैक्षिक संगोष्ठी से बढ़कर था।''

कुल मिलाकर पचासी-पार डॉ. कन्हैया सिंह में आयुगत दैहिक शैथिल्य भले ही अभिलक्षित हो, मनोगत दौर्बल्य दूर-दूर तक नहीं है। देखना-पहचानना और तेज आवाज को सुन लेना उनके दैनिक अभ्यास में है। दो माह पूर्व प्रयागराज के उनके अधिवास पर मिलने, योग-क्षेम पाने के लिए गया था। देखा कि कलम-कॉपी और तमाम किताबों में घिरे आचार्यवर मुदितमन से शब्दयोग में तल्लीन थे। सम्प्रति किसी साहित्यकोष और नाथपन्थ की लेखकीय यात्रा में अनथक-अविराम व्यस्त हैं। हिन्दी भाषा-साहित्य को बहुत कुछ सौंप देने की उनकी जीवटभरी अभिलाषा प्रणम्य है।

एक प्रसंग तो अविस्मरणीय बन चुका है। नितान्त निजी किसी अन्तर्द्वन्द्व को लेकर विगत वर्ष उनके राहुलनगर-आजमगढ़-स्थित आवास पर गया था। दोपहर में पहुँचन के कारण उन्होंने मध्याह्न-भोजन का आग्रह किया। अचम्भा यह कि आधे घण्टे के भीतर स्वयं भोजन-भरी थाली लेकर मेरे समक्ष हाजिर हो गये। आतिथ्य का उनका आत्मीय सलीका देखकर मैंने उनमें एक नये कन्हैया सिंह की छायाछवि पायी। फिर मेरे प्रयोजन के निमित्त चालीस-पचास मील की दूरी तय कर निकल पड़े और मेरे लिये अपनी सम्पूर्ण प्रभुता उन्होंने दाँव पर लगा दी। परिणाम पक्ष में आया। डॉ. सिंह के प्रति कृतज्ञ हो उठना मेरे लिये स्वाभाविक था। पौत्र डॉ. विनम्रसेन सिंह को वही संस्कार मिले हैं, जिन्हें डॉ. कन्हैया सिंह ने उपार्जित किया है। विद्या-व्यसन भी और साहित्यिक-सामाजिक मधुर सरोकार भी। आतिथ्य की अनोखी रीति भी और सम्मान्य को आदर भरी प्रीति भी।

भाषा और साहित्य के अकादमिक अक्षयवट आदर्य डॉ. कन्हैया सिंह शतबसन्त के साक्षी बनें, देवकी-नन्दन कन्हैया से यही कामना है।

अद्यतन आचार्य, हिन्दी विभाग, दी. द. उपा. गोरखपुर विश्वविद्यालय
गोरखपुर, (उ.प्र.)

अजातशत्रु साहित्यकार हैं वे

रणविजय सिंह

बात आज से करीब पचास साल पहले की है। मैं जौनपुर जिले के ग्रामीणाँचल में स्थित एक विद्यालय संकुल का विद्यार्थी था। गाँधी स्मारक विद्यालय के इस संकुल में इण्टर कॉलेज, डिग्री कॉलेज तथा शारीरिक प्रशिक्षण महाविद्यालय के साथ ही शिक्षण-प्रशिक्षण के अन्य कई संस्थान थे। मुझे वहाँ सुधरने के लिए भेजा गया था। पढ़ने में अच्छा होने पर भी बाबू जी को लगता था कि मैं खेलों पर आवश्यकता से अधिक ध्यान देता हूँ। यद्यपि वह भी चाहते थे कि स्वास्थ्य की दृष्टि से मैं शाम को एक-दो घण्टे के लिए खेल-मैदान में जाऊँ, पर यहाँ तो कुछ अधिक ही समय उनके अनुसार खेल में व्यर्थ होने लगा था। इसके लिए वह तैयार नहीं थे। अतः मुझे उस बियावान में भेज दिया गया जहाँ मेरे मामा जी मुझपर नजर रख सकते थे। वह संकुल के महाविद्यालय के प्रतिष्ठित और कड़क अध्यापक थे।

मैं विषय से भटका नहीं हूँ। इतनी भूमिका आगे बढ़ने के लिए आवश्यक थी इसलिए लिखनी पड़ी। हाँ! तो उसी महाविद्यालय में धनंजय सिंह नाम के एक छात्र थे। वह मेरे दूर के रिश्तेदार थे। रोज लगभग दस किलोमीटर साइकिल चलाकर पढ़ने आते थे। मैं हॉस्टल में रहता था, जो कि उनके रास्ते में पड़ता था। वापसी में कभी-कभी वह कुछ समय मेरे कमरे में बिताते थे। धनंजय सिंह जी मुझसे तीन कक्षा आगे बी.ए. द्वितीय वर्ष के विद्यार्थी थे। हिन्दी साहित्य में उनकी रुचि थी और स्नातक के तीन विषयों में से एक विषय। मैं भी घर और ननिहाल में हिन्दी के प्रचुर साहित्य उपलब्ध होने के परिणामस्वरूप उसका अध्येता बन चुका था। बात-बात में उन्होंने एक दिन बताया कि उनके एक सम्बन्धी डॉ. कन्हैया सिंह जी आजमगढ़ के डी.ए.वी. कॉलेज में हिन्दी पढ़ाते हैं तथा साहित्य में अच्छी दखल रखते हैं। थोड़े दिन बाद धनंजय जी ने बताया कि डॉ. कन्हैया सिंह जी आजमगढ़ नगरपालिका के अध्यक्ष चुन लिये गये हैं। मैं बहुमुखी प्रतिभा सम्पन्न लोगों से बहुत प्रभावित रहता हूँ। एक बड़े साहित्यकार के सक्रिय राजनीति को प्रभावित करने के पराक्रम से बहुत प्रभावित हुआ और उनसे मिलने की प्रबल इच्छा तभी से मन में जागी।

इस बीच तमाम घटनाएँ घटीं। शिक्षा पूरी करके मैं एक महाविद्यालय में शिक्षक नियुक्त हो गया। वहाँ से सिविल सेवा में चयन के बाद दक्षिण भारत में पदस्थापित हुआ। कर्नाटक में हुबली-धारवाड़ की पदस्थापना के समय श्रीमती जी ने पीएच.डी. करने का निर्णय लिया। हिन्दी से

स्नातकोत्तर थीं, इसलिए एक बार पुनः हिन्दी साहित्य से जुड़ने का अवसर मिल गया।

दक्षिण में नौ वर्षों के प्रवास के बाद मेरा स्थानान्तरण गोरखपुर के लिए हो गया। यह कोई 29-30 साल पहले की बात है। पत्नी को दक्षिण भारत का अपना अध्यापन कार्य छोड़कर आना पड़ा किन्तु यहाँ शीघ्र एक नये महिला महाविद्यालय में उनकी नियुक्ति हो गयी। इस तरह से साहित्य से मेरा भी जुड़ाव बना रहा। गोरखपुर, हिन्दी साहित्य का एक प्रमुख केन्द्र है। समाचार पत्रों के माध्यम से यहाँ होनेवाली साहित्यिक गतिविधियों की सूचना मिलती रहती थी। एक बार पता चला कि दूसरे दिन से शुरू होनेवाली संगोष्ठी में प्रमुख वक्ताओं में से एक डॉ. कन्हैया सिंह भी हैं, वहीं उनका प्रथम दर्शन हुआ। परिचय हुआ और फिर यह परिचय कालान्तर में मेरे प्रति उनके गहन स्नेह में परिवर्तित हो गया।

डॉ. कन्हैया सिंह एक चुम्बकीय व्यक्तित्ववाले विद्वान् हैं। वैसे तो वह मूलतः साहित्यिकार हैं किन्तु युवावस्था में एक सफल राजनेता भी रह चुके हैं। 1971 में नगरपालिकाओं में अध्यक्ष का चुनाव पार्षदों द्वारा किया जाता था। निर्वाचित पार्षद दलीय प्रतिबद्धता से बँधे होते थे। वह समय भारतीय राजनीति में उथल-पुथल का था। काँग्रेस पार्टी का वर्चस्व टूट रहा था। राष्ट्रीय और क्षेत्रीय दल खाली स्थान को भरने के लिए तेजी से उभर कर आगे आ रहे थे। आजमगढ़ नगर पालिका के चुनाव में काँग्रेस और जनसंघ के जीते पार्षदों की संख्या बराबर थी। दोनों ही बहुमत से पीछे थे। निर्णायक भूमिका समाजवादियों के हाथ में थी। डॉ. साहब के अजातशत्रु व्यक्तित्व के नाते जनसंघ के समर्थन की घोषणा कर दी। काँग्रेस ने प्रत्याशी नहीं उतारा और तब की निर्धारित न्यूनतम आयु में डॉ. कन्हैया सिंह जी आजमगढ़ नगर पालिका के चेयरमैन बन गये।

आज साहित्य में साहित्य कम और राजनीति अधिक है। एक विचारधारा के लोगों ने साहित्य पर अनाधिकार कब्जा जमा लिया है। वह सृजन के बजाय साहित्य का विध्वंस करने पर जुटे हैं। उनके अनुसार वही साहित्य है जो कि उनकी विचारधारावालों और उनके लोगों द्वारा लिखा गया हो। डेढ़ सौ वर्षों से, पर इंच कौन कहे एक सेण्टीमीटर भी आगे नहीं खिसकने वाले, यह लोग प्रगतिशील हैं। नाम रखने से किसी को कौन मना कर सकता है। दुनिया इनके चंगुल से मुक्त हो चली है पर भारतीय साहित्य पर इनका शिकंजा अभी भी कसा हुआ है। भारत और भारतीयता से साहित्य कमजोर होता है, इनका ऐसा मानना हैं। डॉ. साहब, राष्ट्रवाद के पक्षधर हैं। दोनों विचारधाराओं में लोग साथ बैठ तो सकते हैं पर आँख नहीं मिला पाते। प्रगतिशील वैसे ही प्रगतिशील हैं जैसे मगध का अजातशत्रु, अजातशत्रु था। उसने अपने सगे-सम्बन्धियों से शत्रुता मोल ले ली थी। आँख के अन्धे के नयन सुख नाम पर कोई आपत्ति का कोई वैधानिक रास्ता कहाँ है।

डॉ. साहब सही अर्थों में अजातशत्रु हैं। उन्हें साहित्यकारों के हर वर्ग का सम्मान प्राप्त है। इसका कारण उनकी विद्वता और साहित्य के हर पक्ष के बारे में उनका अप्रतिम ज्ञान है।

अभी कुछ दिन पहले एक फिल्म आयी थी, पद्मावती। इसके कुछ दृश्यों को लेकर देशभर में बवाल मच गया। समाज के एक वर्ग को इसके कुछ दृश्य अपनी गरिमामयी पूर्वजा के लिए अपमानजनक लगे। विरोध प्रदर्शन हुए। कुछ राज्य सरकारों ने फिल्म को प्रतिबन्धित कर दिया। निर्देशक ने बीच का रास्ता निकाला फिल्म मलिक मोहम्मद जायसी के महाकाव्य 'पद्मावत' पर आधारित थी। उससे भिन्न जो भी दृश्य थे उन्हें काटा और नाम भी बदल कर 'पद्मावत' कर दिया। सारा विरोध थम गया और फिल्म किसी समस्या के बिना रिलीज हो गयी। इस घटना का तात्पर्य

यह है कि जायसी ने अपने महाकाव्य में समाज के सभी वर्गों की भावनाओं का ध्यान रखा है। तत्कालीन परिस्थितियों में उत्पीड़ित वर्ग की भावनाओं को भी। इसीलिए जब फिल्म को उनके महाकाव्य के कथानक से इतर बनाया गया, तो विरोध हुआ और जैसे ही यह अन्तर समाप्त किया गया, उसे लोगों की स्वीकृति मिल गयी।

जब मैं 'पद्मावत' की बात करता हूँ तो वह अकारण नहीं है। पद्मावत और अन्य सूफ़ीकाव्यों की व्याख्या और विवेचन पर डॉ. साहब का पूर्ण अधिकार है। सूफ़ी ग्रन्थों की समीक्षा पर उनके पाँच ग्रन्थ प्रकाशित हैं। पूरे साहित्य और दर्शन को उन्होंने अपनी कृतियों हिन्दी सूफ़ीकाव्य में हिन्दू संस्कृति, सूफ़ीमत, युगद्रष्टा महाकवि मलिक मोहम्मद जायसी, सूफ़ीकाव्यः सांस्कृतिक अनुशीलन तथा उदार इस्लाम का सूफ़ी चेहरा में पूरी तरह समेट दिया है। यह हिन्दी की सूफ़ीकाव्यधारा के ज्ञानकोष सरीखी हैं।

'पद्मावत' की चर्चा यहाँ एक-दूसरे सन्दर्भ में भी आवश्यक है। डॉ. साहब हिन्दी-पाठालोचन के अद्भुत विद्वान् हैं। प्राचीन साहित्य के अनुशीलन और मानवीकरण में इस विधा का अहम् योगदान होता है। पदुमावति-मूल पाठ और व्याख्या नाम का उनका ग्रन्थ महाकवि की रचना का अब तक शुद्धतम पाठ है।

'पाठ-सम्पादन' के सिद्धान्त, हिन्दी पाठानुसन्धान नामक उनके दो ऐसे ग्रन्थ हैं जो कि इस विषय में आगे आनेवाली पीढ़ियों का मार्गदर्शन करेंगे। डॉ. साहब का यह कार्य न केवल सराहनीय है बल्कि इस विषय के अध्येताओं के लिए मार्गदर्शक का कार्य करता है।

डॉ. कन्हैया सिंह की रचनात्मकता के विविध आयाम हैं। उन सबका उल्लेख करना यहाँ सम्भव नहीं है। भाषा और काव्यांग पर उनके चार ग्रन्थ गवेषणात्मक साहित्य की श्रेणी में रखे जा सकते हैं। आलोचना पर उनकी नौ पुस्तकों के साथ सृजनात्मक साहित्य के रूप में ललित निबन्ध, संस्मरण, कहानी संग्रह, यात्रा वृत्तान्त और ऐतिहासिक पुनरावलोकन पर भी उन्होंने प्रचुर साहित्य रचा है।

यहाँ मेरा उद्देश्य उनके लेखन की समीक्षा करना नहीं बल्कि उनके अजातशत्रु व्यक्तित्व और उनकी बहुप्रतिभा का उल्लेख करना है। बहुत कम लोग जानते होंगे कि उत्तर प्रदेश हिन्दी संस्थान का प्रतिष्ठित-दीनदयाल उपाध्याय सम्मान उनकी विचारधारावाली नहीं बल्कि विपरीत विचारधारा की सरकार के समय मिला था। यह दो बातों को रेखांकित करता है—प्रखर योग्यता को कोई नजरअन्दाज नहीं कर सकता है और दूसरा—साहित्य सम्मानों में कभी-कभी राजनीति गौण हो जाती है। एक तीसरा सबसे महत्त्वपूर्ण निष्कर्ष डॉ. कन्हैया सिंह का अजातशत्रु व्यक्तित्व का होना है। चाहे वह राजनीति का क्षेत्र हो, साहित्य का हो या साहित्य की राजनीति का।

डॉ. साहब ने अपने साहित्य कर्म में यद्यपि कि उसकी गयी विधा और क्षेत्र को साधा है फिर भी पूर्वांचल और विशेषकर आजमगढ़ पर उनकी विशेष दृष्टि रही है। यह एक उपेक्षित क्षेत्र रहा है। न केवल आर्थिक विकास में बल्कि यहाँ के साहित्यकारों को भी वह सम्मान नहीं प्राप्त हो सका जिसके वह अधिकारी थे। राहुल सांकृत्यायन, अयोध्या सिंह उपाध्याय 'हरिऔध' और चन्द्रबली पाण्डेय के साथ उन्होंने अल्पख्यात रामचरित उपाध्याय जी को भी साहित्य में उचित स्थान दिलाने के लिए लेखन किया। इसके साथ ही पूर्वी उत्तर प्रदेश के सन्त कवियों की रचनाओं को उन्होंने लोगों तक पहुँचाया। अन्यथा वह अज्ञात ही रह जातीं।

आजमगढ़, जहाँ डॉ. साहब रहते हैं वहाँ के साहित्यकारों के सम्बन्ध में तो वह चलते-फिरते ज्ञानकोष ही हैं। गोरखनाथ का उल्लेख किये बिना कन्हैया सिंह जी की बात पूरी नहीं हो सकती।

महायोगी गोरखनाथ के सम्पूर्ण व्यक्तित्व का विवेचन, इस सम्बन्ध में उनकी पुस्तक पढ़े बिना शायद ही पूर्णता पा सके। महायोगी के धार्मिक, साहित्यिक अवदान के साथ उनके सामाजिक समरसता के कार्यों का अनुशीलन तो डॉ. साहब बात-चीत में भी पूर्णता के साथ करते रहते हैं। संगोष्ठियों और लेखन में भी गोरखनाथ और नाथ सम्प्रदाय पर उनके विद्वतापूर्ण वक्तव्य एवं आलेख मर्मज्ञों के लिये नयी दिशा देता है, इस विषय पर विचार के लिए।

डॉ. कन्हैया सिंह एक विराट् व्यक्तित्ववाले बहुमुखी प्रतिभा के धनी साहित्यकार हैं। साहित्य सृजन उनका मूल कर्म है किन्तु शिक्षा और राजनीति के क्षेत्र में भी उनका अवदान अप्रतिम है। इस बहुमुखी प्रतिभा को कुछ पंक्तियों में समेटना असम्भव है। जो समेट सका उतना समेटा। बाकी का जिम्मा आपका। आप भी तो उन्हें भली-भाँति जानते ही हैं।

अवकाश प्राप्त मुख्य परिचालन अधिकारी
भारतीय रेल सेवा, गोरखपुर

एक जीवित किंवदन्ति

अश्वनी कुमार शुक्ल

10-11 सितम्बर, 2016 को भारतीय हिन्दी परिषद् की प्रेरणास्वरूप केन्द्रीय हिन्दी संस्थान, आगरा के आंशिक वित्तीय सहयोग से भारतीय हिन्दी परिषद् की छत्रछाया में पं. जवाहरलाल नेहरू महाविद्यालय, बाँदा, (उ.प्र.) के अपने हिन्दी विभाग के तत्त्वावधान में मैंने 'पाठालोचन की प्रविधि : समस्याएँ और सम्भावनाएँ' विषय पर भव्य-वृहद राष्ट्रीय संगोष्ठी आयोजित की थी, जिसमें उत्तर प्रदेश सहित उत्तराखण्ड, दिल्ली, हरियाणा, राजस्थान, मध्य प्रदेश, बिहार, सिक्किम, मेघालय, मणिपुर, अरुणाचल प्रदेश, गुजरात, महाराष्ट्र' और कर्नाटक राज्यों के विद्वान् शामिल हुए थे। डॉ. कन्हैया सिंह जी इस संगोष्ठी के विषय विशेषज्ञों में से सर्वोपरि थे। फरवरी, 2016 तक मैं पाठालोचन की महत्ता से परिचित नहीं था और इसीलिए डॉ. कन्हैया सिंह जी सहित पाठालोचन के अन्य मूर्द्धन्य विद्वानों से भी अपरिचित था। 'श्रीरामरितमानस' और 'पृथ्वीराजरासो' जैसे अनेक ग्रन्थों की पाठ-सत्यता को लेकर पढ़ा-सुना था एवं चर्चाएँ भी की थीं, अंग्रेजी में एम.ए. करते समय 'Textual Criticism' के बारे में भी पढ़ा था, लेकिन हिन्दी में 'पाठालोचन' की दशा-दिशा पर तब तक मुझे कोई जानकारी नहीं थी। इसीलिए केन्द्रीय हिन्दी संस्थान, आगरा में 27 फरवरी, 2016 को सम्पन्न हुई भारतीय हिन्दी परिषद् की कार्यकारिणी की बैठक में जब प्रसिद्ध समालोचक-भाषाविद् प्रोफेसर सूर्यप्रसाद दीक्षित जी ने 'पाठालोचन' विषय पर संगोष्ठी करवाने का प्रस्ताव मुझे दिया, तो मैंने सहर्ष स्वीकार करते हुए इसे चुनौती के रूप में लिया। यह मेरा सौभाग्य है कि आदरणीय दीक्षित जी और केन्द्रीय हिन्दी संस्थान, आगरा के निदेशक एवं भारतीय हिन्दी परिषद् के सभापति प्रोफेसर नन्दकिशोर पाण्डेय जी ने मुझे संगोष्ठी हेतु स्वीकृति देकर मेरा मनोबल बढ़ाया और मार्गदर्शन भी किया। प्रोफेसर पाण्डेय जी का आग्रह था कि डॉ. कन्हैया सिंह जी को संगोष्ठी के विषय विशेषज्ञ के रूप में अवश्य आमन्त्रित किया जाय। मुझे उन्होंने उनका मोबाइल नम्बर भी दिया। उस समय मैं डॉ. कन्हैया सिंह जी को लेकर बहुत आश्वस्त नहीं था।

आगरा से लौटते ही संगोष्ठी की तैयारी मैंने आरम्भ कर दी थी। विषय नया था और पहली बार 'पाठालोचन' पर राष्ट्रीय स्तर की संगोष्ठी करवाने का श्रेय मुझे मिलने जा रहा था, इसलिए

मैं अति उत्साहित्य था। प्रोफेसर हरिशंकर मिश्र जी का लखनऊ विश्वविद्यालय में पन्द्रह वर्षों का 'पाठालोचन' अध्यापन का अनुभव और प्रोफेसर दीक्षित जी का प्रेरणादायी मार्गदर्शन मेरे लिये वरदान साबित हुए। दोनों महानुभावों के परामर्श से विषय विशेषज्ञों की सूची बनाकर मैंने सभी से सम्पर्क करना आरम्भ किया। इसी क्रम में डॉ. कन्हैया सिंह जी से भी वार्त्ता की।

मेरा फोन डॉ. कन्हैया सिंह जी के किन्हीं परिजन ने उठाया था। मेरा परिचय जानने के बाद उन परिजन ने डॉ. सिंह साहब को मेरे नाम आदि से अवगत करवाकर मोबाइल उन्हें पकड़ाया, तो उधर से कड़कती हुई रोबीली आवाज सुनायी पड़ी—'हाँ शुक्ल जी, बताइये।'' उनके इस आत्मीय सम्बोधन से मैं गदगद हो गया और अभिवादन करते हुए मैंने उन्हें अपना प्रयोजन बताया। वह बाँदा आने को सहर्ष तैयार हो गये। लगभग दस मिनट की बातचीत में मुझे इतना तो पता चल गया था कि उनका व्यक्तित्व असाधारण है। प्रोफेसर मिश्र जी ने पाठालोचन पर उनकी पुस्तकों के बारे में मुझे पहले ही जानकारी दे दी थी। मैंने आदरणीय सिंह साहब से उनकी उन पुस्तकों की उपलब्धता के बारे में पूछा, तो उन्होंने बताया कि प्रयागराज के सिविल लाइन्स स्थित लोकभारती प्रकाशन में उनकी पुस्तकें उपलब्ध हैं।

कुछ दिन बाद मुझे सपत्नीक हैदराबाद जाना था, अपने पुत्र और पुत्रवधू के पास। ट्रेन प्रयागराज से थी। पर्याप्त समय होने के कारण मैंने लोकभारती जाकर डॉ. कन्हैया सिंह जी की पाठालोचनवाली पुस्तकें ('पाठ-सम्पादन के सिद्धान्त' और 'हिन्दी पाठानुसन्धान') खरीद लीं। पुस्तकें बहुत ही उपयोगी साबित हुईं। पाठानुसन्धान या पाठालोचन को उन्होंने अपनी पुस्तकों में बहुत ही सरल ढंग से समझाया है। उनकी इन पुस्तकों को पढ़कर मुझे ऐसा लगा कि 'पाठालोचन' को भाषा और साहित्य से जुड़े हुए सब लोग जानते होंगे, यह अलग बात है कि उनमें से अधिकांश लोग पाठानुसन्धान अथवा पाठालोचन और इस क्षेत्र से जुड़े पारिभाषिक शब्दों को 'पाठालोचन' के ग्रन्थों को पढ़कर ही जान पाये होंगे। मुझे यह भी लगा कि इस विधा को मैं बहुत अच्छी तरह जानता हूँ, यह जरूर है कि इसके 'पाठालोचन' नाम से अपरिचित था। डॉ. सियाराम तिवारी, डॉ. रामाचन्द्र शर्मा और डॉ. आनन्दप्रकाश दीक्षित भी 'पाठालोचन' के लब्धप्रतिष्ठ विद्वान् हैं, जिनके ग्रन्थ 'पाठालोचन' पर प्रकाशित हैं। परन्तु, आज भी इस विधा के ग्रन्थों की संख्या बहुत कम है।

सन् 2016 की गर्मियों की छुट्टियाँ समाप्त हुईं, तो 29-31 अगस्त की तिथियों में राष्ट्रीय मूल्यांकन एवं प्रत्यायन परिषद् द्वारा हमारे महाविद्यालय का मूल्यांकन निर्धारित कर दिया गया। महाविद्यालय के राष्ट्रीय मूल्यांकन एवं प्रत्यायन परिषद् समिति का संयोजक होने के नाते संगोष्ठी की तैयारी के लिए मैं अधिक समय नहीं दे पा रहा था। वह तो अच्छा हुआ कि ग्रीष्मावकाश तक संगोष्ठी से सम्बन्धित तीन तिहाई तैयारियाँ मैंने पूरी कर ली थीं। फिर भी, ज्यों-ज्यों सितम्बर का महीना समीप आ रहा था, मेरी धड़कनें बढ़ती जा रही थीं। मूल्यांकन हेतु निरीक्षण का कार्य सुचारू रूप से पूरा होने के दो दिन बाद अर्थात् दो सितम्बर तक मैं मूल्यांकन से सम्बन्धित पत्रावलियाँ और अन्य दस्तावेज भिजवाने में उलझा रहा। तत्पश्चात् संगोष्ठी के शेष बचे दायित्वों के निर्वहन में जुट गया। सभी आमन्त्रित विद्वानों से एक-एक कर सम्पर्क साधना शुरू किया। आदरणीय डॉ. कन्हैया सिंह जी से उनके आगमन

के सम्बन्ध में विस्तार से बात हुई। उन्होंने बड़ी विनम्रता से कहा कि वह अपने पौत्र के साथ निजी कार से आ जायेंगे। उन्होंने मुझे पूरी तरह आश्वस्त किया, तो मैं उनकी ओर से निश्चिन्त हो गया। 9 सितम्बर, 2016 की शाम उनका फोन आया और उन्होंने कहा कि "बाँदा शहर से घुस चुके हैं, होटल पहुँचने का रास्ता बताइये।" मैं तब तक आ चुके विद्वज्जनों की व्यवस्था हेतु उस समय होटल में ही था। थोड़ी देर में मेरे द्वारा बताये गये रास्ते का अनुसरण करके वह होटल पहुँचे, तो मैं होटल के समीप के मोड़ पर उनकी प्रतीक्षा कर ही रहा था। सफेद कुर्ता-धोती में रोबीले चेहरे और गठीले साँवले बदनवाले लगभग अस्सी वर्षीय एक सज्जन छड़ी लेकर कार से बाहर आये, तो मैं समझ गया कि यही डॉ. कन्हैया सिंह जी हैं। नाम से तो कन्हैया थे ही, रूप-स्वरूप से भी कन्हैया प्रतीत हो रहे थे। वह बड़े स्नेह और वात्सल्य भाव से मिले और अपने पौत्र विनीत से भी उन्होंने बड़ी आत्मीयता से परिचय करवाया।

उत्तर प्रदेश के आजमगढ़ जनपद के धरवारा ग्राम में 1 अगस्त, 1935 को जन्मे डॉ. कन्हैया सिंह जी अब आजमगढ़ नगर के राहुलनगर मुहल्ले में रहते हैं। अभी भी वह पूरी तरह सक्रिय हैं और संगोष्ठियों-सम्मेलनों में अपनी भागीदारी सुनिश्चित करते हैं। वह अनुशासनप्रिय, स्पष्टवादी और समय के पाबन्द हैं। वह छात्र-जीवन से ही राजनीति में उतर गये थे। मेधावी छात्र होने के नाते उन्होंने एम.ए. और एल.एल.बी. की शिक्षा पूर्व का ऑक्सफोर्ड विश्वविद्यालय माने जानेवाले इलाहाबाद विश्वविद्यालय से ग्रहण की। पीएच.डी. उन्होंने गोरखपुर विश्वविद्यालय से की। अपनी जीवनवृति की शुरुआत उन्होंने एक अधिवक्ता के रूप में की। तत्पश्चात 1961 ई. से वह उच्च शिक्षा के क्षेत्र में प्राध्यापक नियुक्त हुए। पहले वह विधि के प्राध्यापक बने और एक वर्ष बाद ही सन् 1962 में हिन्दी के प्राध्यापक बन गये। 1996 ई. में वह सेवानिवृत्त हुए। सन् 1971 से 1975 ई. तक वह आजमगढ़ नगरपालिका के अध्यक्ष भी रहे। उन्होंने विधि प्राध्यापक की सेवाएँ टी.डी. कॉलेज, जौनपुर (उ.प्र.) और हिन्दी प्राध्यापक की सेवाएँ डी.ए.वी. कॉलेज, आजमगढ़ (उ.प्र.) में सेवानिवृति तक दीं। बीच में सन् 1978 से 1982 ई. तक भटवली बाजार, गोरखपुर (उ.प्र.) स्थित महाविद्यालय के प्राचार्य भी रहे। वह राष्ट्रीय स्वयंसेवक संघ के स्वयंसेवक हैं। सन् 1996 ई. से अखिल भारतीय साहित्य परिषद् के शीर्ष पदों पर रहते हुए आज भी इसके संरक्षक हैं। सन् 1997 से 2001 ई. तक उत्तर प्रदेश भाषा संस्थान, लखनऊ के कार्यकारी अध्यक्ष रहते हुए उन्होंने अत्यन्त उत्कृष्ट कार्य किये और संस्थान को नयी ऊँचाई पर ले गये।

हिन्दी भाषा और साहित्य पर डॉ. कन्हैया सिह जी ने अत्यन्त महत्त्वपूर्ण, उपयोगी और अतुलनीय कार्य किया है। सैकड़ों शोध निबन्धों के साथ ही एक दर्जन से अधिक राष्ट्रीय महत्त्व के ग्रन्थों में उन्होंने सहलेखन भी किया है। उनके 29 ग्रन्थ प्रकाशित हो चुके हैं और चार शीघ्र ही प्रकाश्य हैं। 'हिन्दी सूफ़ीकाव्य में हिन्दू संस्कृति' 'सूफ़ीमत', 'युगदृष्टा महाकवि मलिक मुहम्मद जायसी', 'सूफ़ीकाव्य : सांस्कृतिक अनुशीलन', 'उदार इस्लाम का सूफ़ी चेहरा', 'पाठ-सम्पादन के सिद्धान्त', 'हिन्दी पाठानुसन्धान', 'पदुमावति (मूल पाठ और व्याख्या)', 'रामचरित उपाध्याय ग्रन्थावली' (सम्पादन), 'हिन्दी भाषा', 'हिन्दी भाषा, साहित्य और लिपि', 'मध्यकालीन अवधी का विकास', 'काव्यांग कौमुदी', 'राहुल सांकृत्यायन', 'राहुल सांकृत्यायन-समग्र अनुशीलन','चन्द्रबली पाण्डेय-स्मृति ग्रन्थ', 'महाकवि अयोध्यासिंह

उपाध्याय 'हरिऔध'', 'साहित्य और संस्कृति', 'साहित्यिक निबन्ध', 'पूर्वी उत्तर प्रदेश के सन्त कवि', 'आधुनिक कविता : सांस्कृतिक परिप्रेक्ष्य', 'आचार्य रामचन्द्र शुक्ल', 'अँधरे के अध्याय' (आपात्काल के संस्मरण), 'वेदना के संवाद' (ललित निबन्ध) 'पत्थर की मुस्कान' (कहानी संग्रह), 'दक्षिणाचल दर्शन' (यात्रावृत्त), 'उत्तर प्रदेश : 1857 का स्वतन्त्रता संग्राम', 'आलोकपुंज स्वामी स्वतन्त्रानन्द' और 'महाकवि रामचरित उपाध्याय' उनके प्रकाशित ग्रन्थ हैं, जबकि 'आलोचना के नये प्रत्ययः इतिहास और विमर्श', 'वीर कुँवर सिंह और उनके साथी', 'महायोगी गोरखनाथ और 'संस्मरणों के आलोक में' उनके प्रकाश्य ग्रन्थ हैं।

विद्वानों की पहचान उनके द्वारा प्राप्त किये गये पुरस्कारों और सम्मानों से होती है। डॉ. सिंह साहब को भी अनेक पुरस्कार एवं सम्मान प्राप्त हुए हैं, जिनमें से प्रमुख पुरस्कारों और सम्मानों के नाम इस प्रकार हैं—साहित्य महोपाध्याय (हिन्दी साहित्य सम्मेलन, प्रयाग), हिन्दी गरिमा सम्मान (गुजरता हिन्दी विद्यापीठ, अहमदाबाद), भोजपुरी शिरोमणि (भोजपुरी साहित्य परिषद्, लखनऊ), गणपति सम्मान (उत्तर भारतीय संघ, मुम्बई), हरिऔध सम्मान महोत्सव समिति, आजमगढ़, उत्तर प्रदेश), साहित्य भूषण (उत्तर प्रदेश हिन्दी संस्थान, लखनऊ), हंस सम्मान, श्यामनारायण पाण्डेय स्मृति सम्मान (नेफोर्ड, मऊ, उत्तर प्रदेश) और पण्डित दीनदयाल उपाध्याय साहित्य सम्मान (उत्तर प्रदेश हिन्दी संस्थान, लखनऊ) कहने की आवश्यकता नहीं रह जाती है कि डॉ. सिंह साहब हिन्दी के शीर्षस्थ विद्वानों में से एक हैं।

अपनी गरिमा के अनुरूप उन्होंने संगोष्ठी में अपने उद्‌बोधन के माध्यम से अपनी प्रवीणता को परिपुष्ट किया। पाठानुसन्धान के मर्मज्ञ होने के कारण विषय को गम्भीरता से समझाया और उसकी अधुनातन स्थिति से भी अवगत करवाया। बहुत संक्षेप में उनके उद्धोधन के तथ्य उनके कथन के अग्रांकित अंश से समझे जा सकते हैं— ''हिन्दी साहित्य के समीक्षकों में प्रायः दो प्रकार के विद्वान् देखे जाते हैं। एक वह हैं, जो पश्चिम के दाय को अस्पृश्य समझते हैं तथा दूसरे, जो पश्चिम को ही प्रमाण मानते हैं। यह दोनों प्रवृत्तियाँ साहित्य के विकास में बाधक हैं।'' बड़ी कुशलता से वह अपने इस कथन को पाठ-सम्पादन से जोड़ देते हैं और आगे कहते हैं कि, ''पाठ-सम्पादन की वैज्ञानिक विधि वर्तमान रूप में पश्चिम से ग्रहण की गयी है, पर इसके सूत्र संस्कृत के प्राचीन ग्रन्थों के सम्पादन में भी प्राप्त होते हैं। इस विषय की दुरूहता और शुष्कता के कारण इसे समझने का प्रयास कम लोगों ने किया और यह विषय बहुत दिनों तक पहेली-सा बना रहा।'' वह यहीं नहीं रुके। पाठालोचन की ऐतिहासिक पृष्ठभूमि और इसकी प्रकृति का स्पर्श करवाते हुए वह आधुनिक भारत के हिन्दी के पाठानुसन्धान के प्रारम्भिक विद्वान् से परिचय करवाते हैं—''हिन्दी में डॉ. माताप्रसाद गुप्त ने इस ढंग से कई सम्पादन किये, जो हिन्दी सम्पादन के हरक्यूलियन प्रयास कहे जा सकते हैं, पर इनके सुव्यवस्थित अध्ययन की बात तो दूर रही, इन पर व्यक्तिगत कारणों से अनेक आक्षेप किये गये। धीरे-धीरे हिन्दी के कुछ लेखकों में वैज्ञानिक सम्पादन के प्रति ही कुछ द्वेष-सा उत्पन्न होने लगा।'' फिर वह पाठ-सम्पादन की आवश्यकता पर बल देते हुए कहते हैं कि ''आजकल हिन्दी साहित्य का अध्ययन बढ़ रहा है, पर मूल ग्रन्थों के पठन की प्रवृत्तियाँ कम हो रही हैं। पहले की लिखी-लिखाई या सुनी-सुनायी बातों का प्रायः पिष्टपोषण हो रहा है। वेद-पुराण का नाम बहुत लोग लेते हैं, पर उनका दर्शन करने का कष्ट कम लोग ही उठाना चाहते हैं।'' और इस प्रकार अन्ततः वह अपनी वक्तव्य-कला की दक्षता को

प्रमाणित करते हुए पाठालोचन पर ले आते हैं— "यही स्थिति पाठों से अध्ययन के क्षेत्र में भी देखी जाती है। किसी प्राचीन कवि के नाम से जनश्रुति में प्रचलित पाठ तथा किसी प्रति के प्रक्षिप्त पाठ को उसी कवि का मूलपाठ माना जाता है। उनको छोड़ने में एक साहित्यिक व्यामोह देखा जाता है, प्रक्षिप्त पाठों के छोड़ने में मोह उनमें ही देखा जाता है, जो प्रक्षेपों के निराकरण एवं मूलपाठ के निर्णय की शास्त्रीय विधि नहीं जानते।" (डॉ. कन्हैया सिंह : डॉ. अश्विनीकुमार शुक्ल द्वारा सम्पादित 'पाठालोचन', पृष्ठ-48, मधुराक्षर प्रकाशन, फतेहपुर-212601, उत्तर प्रदेश, 2019)

कहना न होगा कि उद्‌भट विद्वान् होने के साथ-साथ डॉ. कन्हैया सिंह जी एक मँझे हुए वक्ता भी हैं। उन्होंने बड़ी सरल शब्दावली में पाठानुसन्धान जैसे गूढ़ विषय को अच्छी तरह से समझा दिया। यह मेरे लिये सौभाग्य का विषय है कि डॉ. कन्हैया सिंह जी के नेतृत्व में मेरे द्वारा सम्पादित 'पाठालोचन' पुस्तक का विमोचन हुआ। मैं आदरणीय डॉ. कन्हैया सिंह जी के दीर्घ और सुखी जीवन की कामना करता हूँ।

एसोशिएट प्रोफेसर व अध्यक्ष : हिन्दी विभाग, पं. जे.एल.एन. कॉलेज
बाँदा,(उ.प्र.)

सहजता का अमरत्व

संगीता श्रीवास्तव

साहित्यकार वह होता है जो साहित्य की रचना करता है। वह समाज की संवेदना का संवाहक होता है। वह समाज की गतिविधियों से रू-ब-रू होता है, उनके बीच से गुजरता है और साहित्य का आधार प्राप्त करता है। डॉ. कन्हैया सिंह एक ऐसे साहित्यकार हैं, जिनका समाज की गतिविधियों और उसके उतार-चढ़ाव से सीधा सरोकार रहा है। वह छात्र जीवन से ही सामाजिक संगठनों और राजनीतिक गतिविधि नगरपालिका की अध्यक्षता से लेकर आपात्काल की लम्बी जेल यात्रा तक वह व्यस्त रहे हैं, पर उनके जीवन का एक पक्ष और है जो इससे भी ज्यादा महत्त्वपूर्ण है उनका लेखक और आलोचक का व्यक्तित्व। निबन्ध, संस्मरण, यात्रा वृत्तान्त, डायरी, सम्पादन आदि उनके मौलिक सृजन के क्षेत्र हैं। उन्होंने अपने शताधिक शोध निबन्ध से साहित्य के अछूते सन्दर्भों को प्रकाशित किया है। ऐसे समालोचक मौलिक रचनाकार और चिन्तक के रचनात्मक लेखन और उनके व्यक्तित्व पर प्रकाश डालने का मेरा यह लघु प्रयास है।

हिन्दी भाषा और साहित्य को उत्कर्ष के शिखर पर पहुँचाने का श्रेय जिन तपस्वी साधकों की साधना का प्रतिफल है, उनमें डॉ. कन्हैया सिंह का उल्लेखनीय और अविस्मरणीय योगदान रहा है। उनका अध्ययन इतना सूक्ष्म और विचार इतने स्पष्ट हैं कि साधारण पाठक भी सरलता से ग्रहण कर सकता है। यद्यपि आप महानगरों से सदैव दूर रहे तथापि आलोचना, सम्पादन और अनुसन्धान के क्षेत्र में किये गये कार्य हिन्दी साहित्य के लिए अतुलनीय हैं। डॉ. साहब जिज्ञासु और तपस्वी साधक रहें और निरन्तर अपने अध्ययन, चिन्तन और मनन के प्रति सजग और सचेत रहे। ऐसा कोई भाषा और साहित्य का प्रवर ही कर सकता है।

डॉ. कन्हैया सिंह ने आजीवन साहित्य साधना की ओर अपने प्रतिबिम्ब स्वरूप ऐसी साहित्यिक कृतियों को साहित्य को समर्पित किया है, जो साहित्य अनुरागियों के लिए अन्यत्र दुर्लभ है। आप हिन्दी के उन नायकों में से एक हैं, जिन्हें साहित्य की लम्बी परम्परा में सदैव स्मरण किया गया। मात्र साहित्यिक कार्यों के क्षेत्र में ही वह अग्रणी नहीं रहे, बल्कि व्यक्तिगत स्तर पर भी वह अत्यन्त सरल व्यक्तित्व के धनी रहे हैं।

जब मैंने काशी की पावन भूमि पर 2000 ई. में शोध की उपाधि अर्जित की। उसके पश्चात् मैंने काशी में 9 अप्रैल महापण्डित राहुल सांकृत्यायन की जयन्ती पर संगोष्ठी का आयोजन करना

आरम्भ किया। तभी मुझे साहित्यिक विभूतियों से ज्ञात हुआ कि डॉ. साहब राहुल जी की जन्म भूमि आजमगढ़ में ही रहते हैं और उसी वर्ष 2000 में उन्हें मुख्य अतिथि के रूप में आमन्त्रित किया। वर्ष 2001 से आपका आशीर्वाद मुझे सदैव मिलता रहा। आपके मार्गदर्शन, परामर्श व सुझाव से ही वर्ष 2002 में काशी की पावन भूमि पर मैंने आपके संरक्षण में महापण्डित राहुल सांकृत्यायन शोध एवं अध्ययन केन्द्र संस्था की स्थापना की। आप आज भी इस संस्था के संरक्षक हैं। इसके पश्चात् आप प्रतिवर्ष राहुल जयन्ती के अवसर पर हमारी संगोष्ठी में उपस्थित होते और अपने अमूल्य विचारों से हम पाठकों के ज्ञान भण्डार को भरते रहते। इन संगोष्ठी में आपके साथ डॉ. विद्यानिवास मिश्र जी, डॉ. राधेश्याम द्विवेदी जी, डॉ. नारायण समतानी जी, डॉ. बच्चन सिंह जी, डॉ. लक्ष्मीनारायण तिवारी जी, डॉ. चौथी राम यादव, डॉ. विश्वनाथ तिवारी तथा काशी के विद्वत जन उपस्थित रहते थे। मेरा यह सौभाग्य रहा है कि हिन्दी के साहित्य कोश को भरनेवाले आप सभी विभूतियों का मुझे आशीर्वाद प्राप्त हुआ और आपने संगोष्ठी को सहज और सरल बनाने में मेरा अनुपम सहयोग किया।

डॉ. कन्हैया सिंह जी राहुल जी की जन्म भूमि से जुड़े नहीं थे, बल्कि राहुल जी का उन्हें सान्निध्य भी मिला था। 1956 में जब राहुल जी इलाहाबाद में आये थे तब डॉ. साहब एम.ए. प्रथम वर्ष के छात्र थे इसी समय उन्होंने राहुल जी का व्याख्यान सुना और अपने विश्वविद्यालय के हॉलैण्ड छात्रावास के साहित्य परिषद् में व्याख्यान के लिए आमन्त्रित किया और राहुल जी ने इस आमन्त्रण को सहर्ष स्वीकार किया। इस व्याख्यान के बाद डॉ. साहब उनके व्यक्तित्व और विचारों से बहुत प्रभावित हुए और उनसे भेंट करने का मन बनाया। आपने राहुल जी से भेंट की और अपने गाँव आजमगढ़ का जानकर वह बड़े प्रसन्न हुए। इस समय आपकी वार्त्ता का विषय निराशावाद और ईश्वरवाद रहा और राहुल जी ने बड़े धैर्य के साथ आपके सारे प्रश्नों का उत्तर दिया। राहुल जी ने बताया कि ईश्वर का भरोसा आज निराशावाद, भाग्यवाद और अकर्मण्यता का पर्याय बन रहा है। वह ढोंग और निर्जीव कर्मकाण्ड को बढ़ावा देता है। आप लोगों को अनीश्वरवाद अजीब लगता है, वह आपके संस्कार के कारण है। अपने एक लेख राहुल की निराडम्बरी विराटता का साक्षात्कार में डॉ. साहब ने इस सन्दर्भ को लिखा है कि जिस धैर्य से उन्होंने मुझे समझाया और अपने विपरीत मान्यताओं के प्रति आदर व्यक्त किया वह उनको विशाल हृदय का प्रतीक था। वह आगे लिखते हैं कि मैं भाग्यशाली हूँ कि मुझे प्रत्यक्ष उनकी विशालता देखने को मिली थी। इस दौरे के पश्चात् वह फिर सन् 1958 में इलाहाबाद आये तो मैं कनैला की कथा खरीदकर डरते-डरते उनके पास गया और निवेदन किया कि इस पर अपना हस्ताक्षर कर दें। उन्होंने उस पर लिख दिया प्रिय कन्हैया सिंह को सप्रेम राहुल सांकृत्यायन। मुझे तो मानो बड़ी भारी थाती मिल गयी। मैं उसे लेकर अपने छात्रावास आ गया। इस लेख में डॉ. साहब आगे लिखते हैं कि सन् 1993 में हम लोगों ने उनकी जन्म शताब्दी 9 अप्रैल को उनके पैतृक गाँव कनेला में आयोजित की। दर्जनों धुरन्धर विद्वान् एकत्र हुए और यह उनकी जन्मशती का पहला आयोजन था। वह लिखते हैं—राहुल जी के इन कार्यक्रमों में तन्मयता से लगा था। उसका कारण था कि राहुल के पाण्डित्य, राष्ट्रप्रेम और राष्ट्र भाषा प्रेम के साथ ही मैं उनके निर्मल मोहक व्यक्तित्व से बहुत प्रभावित रहा हूँ, क्योंकि उनका जीवन एक खुली किताब जैसा रहा और उनकी विराटता इतनी निराडम्बरी थी कि उसकी जोड़ का कोई दूसरा नमूना मुझे नहीं मिला। अपने एक अन्य लेख इतिहास की व्यथा कथा का शिल्प में राहुल जी के विषय में आपने लिखा है कि राहुल मूलतः एक विचारक, चिन्तक और इतिहास की परतों में अपनी पारदर्शी दृष्टि से झाँकनेवाले अनुसन्धित्सु थे। इस लेख में आपने राहुल जी की विश्व प्रसिद्ध अमर रचना 'वोल्गा से गंगा' की लम्बी चर्चा

की है। उनके कहानी संग्रह 'कनेला की कथा' सतमी के बच्चे और बहुरंगी मधुपुरी पर विस्तार से चर्चा है। इस प्रकार हम देखते हैं कि डॉ. साहब राहुल जी के सम्पर्क में रहे और उनकी कृतियों को उन्होंने खंगाला है, उनका गहराई से अध्ययन, चिन्तन और मनन किया है तथा अपने लेखों और अपनी कृतियों द्वारा उसका विश्लेषण भी किया है। इन सब के मध्य यह तय है कि आप राहुल जी के विचारों और उनकी कृतियों से सदैव प्रभावित रहे हैं। आपने महापण्डित राहुल सांकृत्यायन पर दो कृतियों का सृजन और सम्पादन किया। प्रथम 'राहुल सांकृत्यायन', द्वितीय 'राहुल सांकृत्यायन : समग्र अनुशीलन'।

सन् 1993 में महापण्डित राहुल सांकृत्यायन की जन्म शताब्दी के अवसर पर कनेला में आयोजित संगोष्ठी में आपने राहुल जी पर अपने विचार रखते हुए कहा कि राहुल जी सही अर्थों में सच्चे प्रगतिशील थे। उन्होंने धर्म के मूल तत्त्व को निगल जानेवाली प्रवृत्तियों का विरोध किया, न की सनातन धर्म का। इस संगोष्ठी की अध्यक्षता कर रहे पण्डित विद्यानिवास मिश्र के साथ मंचासीन हुए डॉ. साहब ने बताया कि पण्डित जी से मेरी चर्चा राहुल जी पर हुई तब मिश्र जी ने बताया कि उन्होंने राहुल जी के साथ हिन्दी साहित्य सम्मेलन की वृहद कोष योजना में काम किया था और उनके पाण्डित्य और उनके व्यक्तित्व से अत्यधिक प्रभावित थे। इसी अवसर पर उन्होंने मुझे आदेश दिया कि तुम राहुल जी पर एक छोटी-सी पुस्तक लिखो जिससे किसी जिज्ञासु व्यक्ति को राहुल के सम्पूर्ण व्यक्तित्व का परिचय हो जाय। डॉ. कन्हैया सिंह बताते हैं कि उनके आदेश को स्वीकार करके मैंने एक वर्ष के अन्दर ही वह पुस्तक लिख डाली। इस संगोष्ठी के अवसर पर विशेष रूप से मैंने राहुल जी के जनपदीय भाषा के विकास और उसके आन्दोलन के प्रति उनके दृष्टिकोण की चर्चा की थी। पण्डित जी ने अपने व्याख्यान के आरम्भ में ही मेरे वक्तव्य की चर्चा की और कहा कन्हैया ने राहुल जी के जीवन के एक बड़े ही महत्त्वपूर्ण पक्ष की ओर संकेत किया है और पण्डित जी ने इसी सन्दर्भ में अपना सारा व्याख्यान दिया। इसी अवसर पर जगदीश बरनवाल कुंद ने कहा, मुन्शी प्रेमचन्द ने राहुल जी के बारे में कहा था कि राहुल जैसी यात्रा यदि किसी यूरोप के व्यक्ति ने की होती तो वह पूरी दुनिया में छा जाता। उन्होंने कहा कि राहुल जी की पुस्तक मेरी जीवन यात्रा अपने आप में विश्वकोश है। इस प्रकार डॉ. साहब के व्यक्तित्व पर राहुल जी के विराट् और विलक्षण व्यक्तित्व का गहरा प्रभाव रहा है। राहुल जी की भाँति डॉ कन्हैया सिंह जी ने हिन्दी भाषा और साहित्य की अनन्य साधना की। उन्होंने भी अन्यतम विषम परिस्थितियों में अपनी साहित्य साधना की ज्योंति को धूमिल नहीं होने दिया। उन्होंने अपने अथक परिश्रम, अध्ययनशीलता, मनन चिन्तन, नवीन दृष्टिकोण और नयी खोजों से हिन्दी साहित्य के अज्ञात क्षेत्रों की सामग्री संकलित की और किसी भी स्थिति में नयी पीढ़ी की निकटता और अध्यापन तथा अपना लेखन कार्य नहीं छोड़ा।

डॉ. साहब के पास साहित्य का एक राष्ट्रीय दृष्टिकोण है, जो लेखक को अपनी भूमि से अपनी संस्कृति और भाषा से तथा अस्मिता से जोड़ता है। आप ऐसे लेखक हैं, जिन्हें अपना देश, अपना समाज, अपनी संस्कृति, अपनी भाषा और अपनी अस्मिता सर्वाधिक प्रिय है। इनमें जहाँ-जहाँ भी समस्या है, विसंगतियाँ हैं, विरोध और संघर्ष हैं, डॉ. साहब सदैव संवाद के लिए तत्पर रहते हैं। और दूसरों के तर्कों को समझते हुए अपना पक्ष प्रबलता के साथ रखते हैं। ऐसे सिद्ध साधक हमारे बीच कितने हैं जिन्होंने साहित्य साधना में कई दशक लगा दिये और भौतिक सिद्धियों से दूर रहे हों। डॉ. साहब कुशल वक्ता हैं। अपने विषय के ज्ञाता तथा अपने ज्ञान को कुशलता के साथ श्रोताओं तक पहुँचाने की क्षमता रखनेवाले हैं। वह ज्ञान और शोध के प्रतीक हैं और साहित्य को भारतीयता से सम्बद्ध करने की विचार दृष्टि के प्रतीक हैं। वह एक सुयोग्य अध्यापक

और जिज्ञासु साहित्यकार के प्रतीक हैं। वह अपने क्षेत्र में ज्ञान की ज्योति जलानेवाले सिद्ध साधक के प्रतीक हैं।

जायसी पर लिखी उनकी कृति ऐसी विलक्षण कृति है जिसमें डॉ. साहब ने राहुल जैसी तथ्यपरकता, शुक्ल जैसी काव्य मर्मज्ञता और शाही जी जैसी आधुनिकता का परिचय दिया है। लेखक ने 'पद्मावत' के विश्लेषण के माध्यम से जिस महत्त्वपूर्ण तत्त्व का उद्घाटन किया है, वह है जायसी की राष्ट्रीयता। इस कथा का सबसे महत्त्वपूर्ण तत्त्व है मानवता की उस बड़ी जमीन की तलाश, जहाँ साम्प्रदायिक संकीर्णता की क्षुद्र धाराएँ शान्त शीतल महासमुद्र में बदल जाती हैं। डॉ. साहब की दृष्टि में जायसी का काव्य हिन्दू-मुस्लिम एकता का काव्य नहीं है, बल्कि विशुद्ध मानव संस्कृति का काव्य है। इससे पता चलता है कि डॉ. साहब भारतीय संस्कृतिक दर्शन और सांस्कृतिक परम्पराओं के प्रति आस्थावान् रहे हैं।

हिन्दी के कृतिनिष्ठ समीक्षकों में डॉ. साहब का विशिष्ट स्थान रहा है, क्योंकि उनकी समीक्षा में एक विधिवेत्ता की तार्किक दृष्टि देखने को मिलती है। वह अपने पक्ष को प्रस्तुत करने में अनेक तर्कों और प्रमाणों को प्रस्तुत करते हैं। राहुल सांकृत्यायन उनकी समीक्षात्मक कृति है, जिसमें उन्होंने राहुल जी के व्यक्तित्व और कृतित्व का मूल्यांकन करते हुए एक नवीन पक्ष प्रस्तुत किया है।

आपकी राहुल जी पर लिखी दोनों कृतियों ने मेरे शोधकार्य में महत्त्वपूर्ण योगदान दिया। उनकी दृष्टि राहुल जी को अन्य समीक्षकों की भाँति मार्क्सवादी लेखक मानने की नहीं रही है, वरन् वह राहुल जी के व्यक्तित्व और उनके सृजन में मूल भारतीय मान्यताओं और जीवन आदर्शों को तलाशते हैं, जिनके आधार पर यह प्रमाणित किया जा सकता है कि उनके चिन्तन में मार्क्सवादी चेतना का प्रभाव होते हुए भी वह भारतीय सांस्कृतिक चेतना और चिन्तन से अलग नहीं हुए। उनका राष्ट्रभाषा और राष्ट्रप्रेम अतुलनीय था और वह भारतीयता के प्रति पूर्ण आस्थावान् थे।

भारतीय मनीषा के अग्रदूत, अग्रणी विचारक, साम्यवादी चिन्तक, सामाजिक क्रान्ति के अग्रदूत, सार्वजनिक दृष्टि एवं घुमक्कड़ी के पितामह राहुल सांकृत्यायन महान् पुरुष थे। उनके जीवन का मूल मन्त्र घुमक्कड़ी ज्ञानी गतिशीलता रही। घुमक्कड़ी उनके लिए वृत्ति नहीं वरन् धर्म था। जिस राह को राहुल जी ने अपनाया उसे निर्भय होकर अपनाया। वहाँ न दुविधा थी, न अनिश्चितता का कुहासा। ज्ञान की भीतरी परतों के स्पन्दन से प्रेरित होकर उन्होंने जीवन को एक विशाल परिधि दी। उनकी रचनात्मकता का विस्तार उनकी गतिशील जीवन शैली का ही प्रभाव था। जो यात्राएँ उन्होंने की वही यात्राएँ उनकी रचनाधर्मिता की भी यात्रा थी। बहिर्जगत् की यात्राएँ और अन्तर्मन के आन्दोलनों का समन्वित रूप है राहुल जी का संसार। अपनी हिन्दी भाषा से उन्हें असीम अनुराग था। उन्होंने अपना सम्पूर्ण साहित्य ही हिन्दी में रचा हिन्दी को खड़ी बोली का नाम देने का श्रेय राहुल जी को ही है। डॉ. कन्हैया अपने आरम्भिक शिक्षण की यात्रा में राहुल जी के साहित्यिक अनुराग से अत्यधिक प्रभावित हुए थे और इसका प्रभाव उनके व्यक्तित्व और कृतित्व पर पड़ा। सन् 1994 में 'राहुल सांकृत्यायन : समग्र अनुशीलन' कृति का उन्होंने सम्पादन किया। इस संग्रह में 34 प्रवर साहित्यकारों के उत्कृष्ट लेखों का संकलन प्रकाशित है। इस संग्रह का प्रथम लेख यात्री 'राहुल की जीवन यात्रा' डॉ. कन्हैया सिंह द्वारा रचित है, जिसमें उन्होंने राहुल जी की जीवन यात्रा के साथ उनकी घुमक्कड़ी प्रवृत्ति विराट् व्यक्तित्व विचार सरणी आदि के आधार पर हिन्दी साहित्य में उनके योगदान का वर्णन किया है। भाषा के सम्बन्ध में वह लिखते हैं कि राहुल जी का विचार था कि भाषा विशिष्ट प्रतिभासम्पन्न कुछ लोगों की सर्जना नहीं है, बल्कि जीवन्त भाषा जनता के कारखाने में ढलती है, जनता द्वारा गढ़े गये शब्दों, मुहावरों और कहावतों

को छोड़कर यदि साहित्य रचना का प्रयास किया गया तो वह साहित्य निष्प्राण होगा इसे लेकर दो मत नहीं हो सकते। यदि लेखक चाहता है कि उसकी भाषा अजनबी न हो, उसमें जीवन की विद्युत् धारा दौड़ती रहे, तो उसे जनमानस से सम्पर्क बनाकर रखना होगा। इसी कारण राहुल जी जनपदीय बोलियों के साहित्य और शब्दावली को आगे बढ़ाने के पक्षधर थे। डॉ. कन्हैया सिंह लिखते हैं कि राहुल जी के साहित्य में सर्वाधिक प्रभावित करनेवाला तत्त्व है उनके पास एक संवेदनशील कवि हृदय का होना। उनकी भाषा देसी हिन्दी है, जिसमें वह बहुत सहजता और आत्मीयता से पाठकों से बातें करते रहते हैं पार उतरनेवाली ज्ञान की नाव को भी वह सिर पर लिये नहीं चलते। यह उनकी दूसरी विशेषता है। डॉ. कन्हैया सिंह लिखते हैं "यह एक सामान्य नियम है कि हर महान् व्यक्ति की तत्कालीन समाज द्वारा उपेक्षा तथा अवहेलना की जाती है और राहुल जी भी इससे नहीं बचे।"

अपने एक लेख में श्रीराम वर्मा जी लिखते हैं कि डॉ. कन्हैया सिंह में स्वनामरूपानुसार अपनी संस्कृति, स्वतन्त्रता, स्वभाषा और राष्ट्रवाद के प्रति प्रेम क्रमशः पनपता है। आचार्य शुक्ल, प्रेमचन्द और रेणु की तरह डॉ. कन्हैया सिंह में भी गाँव आज तक बरकरार है। खेत, खलिहान, चौपाल से लेकर लोकोक्तियाँ और मुहावरे तक उनकी जड़ें गाँव में हैं और गहरे तक धँसी हुई हैं। वह देसी आदमी हैं, जिनमें औसत भारतीयता सहज ही देखी जा सकती है। अध्यात्म और संस्कृति उन्हें संस्कार देते रहते हैं और वह आश्रमों तथा सन्तों के प्रति अनवरत आकर्षित रहते हैं। अक्सर बहुतों को उनके कार्यों, योजनाओं और यात्राओं का मकसद और अर्थ समझ में नहीं आता। ऐसे विवादों के बीच वह संवाद स्थापित करते हैं। 10 मिनट में समस्या का निदान और अप्रत्याशित योजना का निर्माण उनके लिए सहज है।

सूफ़ी और सन्तों के प्रति आकर्षण के बीज उन्हें आजमगढ़ के परिवेश ने दिया। आजमगढ़ की धरती सूफ़ी सन्तों और कबीरपन्थियों की दृष्टि से पर्याप्त उर्वर है। आचार्य चन्द्रबली पाण्डे ने सूफ़ीमत पर कार्य किया। पण्डित हजारीप्रसाद द्विवेदी ने नाथ, सिद्ध और कबीर तथा कबीर पन्थियों का सांस्कृतिक दृष्टि से शोध पूर्ण मूल्यांकन किया। हरिऔध ने सुमेर सिंह से सिक्ख धर्म की दीक्षा ली। राहुल जी ने सिद्ध रचनाओं की खोज की। स्वाभाविक था डॉ. कन्हैया जी इन विद्वानों से प्रेरित थे। उन्होंने इसी परिप्रेक्ष में हिन्दी सूफ़ीकाव्य में 'हिन्दू संस्कृति का चित्रण और निरुपण' विषय पर शोध प्रस्तुत किया। पूरा शोध सिद्ध कर देता है कि हिन्दू संस्कृति ने अपनी ग्रहणशीलता के कारण सभी संस्कृतियों के उदात्त तत्त्व को ग्रहण कर लिया है और अपने समन्वित रूप में सभी की प्रतिनिधि संस्कृति है। इसी संस्कृति की खोज उन्होंने राहुल शताब्दी में विश्व यायावर राहुल में की है।

'एशियाज हूँज हू' के पृष्ठ 478 पर उन्हें प्रज्ञा, अध्यापक, विधिज्ञ, शिक्षाशास्त्री, सामाजिक सुधारक, शोध प्रवर्तक एक साथ बताया गया है और उन्हें अग्रगण्य और विशिष्ट घोषित किया गया है।

सचिव, महापण्डित राहुल सांकृत्यायन शोध एवं अध्ययन केन्द्र
नवापुरा, वाराणसी (उ.प्र.)

एक पुरानी किताब हैं बाबा

विनम्र सेन सिंह

समय का चक्र अग्रगामी भी है और निर्मम भी। किसी के कहे, किसी के लिए कभी नहीं रुकता। समय की सत्ता से परे न कल्पनाएँ हैं, न मनुष्य के सपने। ब्रह्माण्ड की सारी गतिमयता इसी के भीतर है। रोज एक नई सुबह,एक पुरानी बीतती रात, यही इसका क्रम है। जो गुजर गया, वह कभी दुबारा नहीं लौटता।

इस शाश्वत चलायमान समय के भीतर कविता की तरह बची रह जाती हैं यादें। कुछ चाही-अनचाही स्मृतियों का वैभव।आज मैं इन्हीं अस्त- व्यस्त स्मृतियों में से कुछ दस्तखत बटोर कर एक चित्र बनाने की सोच रहा हूँ। अपने प्रिय बाबा का चित्र, जिनकी ऊँगली पकड़कर कभी चलना सीखा था, और आज जब उनकी लाठी बनकर उन्हें रास्तों पर टिकाए रखने की कोशिश कर रहा हूँ, तब भी बार-बार यही लगता है कि बाबा आज भी मुझे ऊँगली पकड़कर चलना सिखा रहे हैं। वह जब नहीं होते तो मुझे कोई रास्ता ही न सूझता और मैं उन्हें पुकारने लगता हूँ।

बाबा आते, और जैसा कि बचपन से ही होता रहा है, वे मेरे हाथों में नरकट की खुरदरी कलम पकड़ा देते- 'तुम्हारे पास इसके अलावा कुछ भी दूसरा ऐसा नहीं, जिसपर भरोसा कर सको।'

यह कलम हमारा पुस्तैनी हथियार है, और विरासत भी।

हमारे पितामह के पितामह भी कलम भी कारीगरी से खूब परिचित थे। इसी की बदौलत पितामह के पिता स्वर्गीय धर्मदेव सिंह जी तो उस जमाने में रंगून की नामी- गिरामी 'ग्राहम्स ट्रेडिंग कम्पनी' में कैशियर थे। खूब शानो-शौकत। सिगार के प्रेमी थे। धुएँ और कैंसर के रिश्ते को जबतक समझ पाते तब तक बहुत देर हो चुकी थी। हमने तो उन्हें देखा नहीं,पर बाबा जरूर बताते हैं कि उन दिनों बर्मा के आकाश पर गृहयुद्ध की लपटें भी फैलने लगी थीं। ऐसे में प्रवासी भारतीयों के लिए वहाँ रहना मुफीद न रह गया। कैंसर को लिए दिए उनके लौटने तक सारी कमाई धुआँ-धुआँ हो चुकी थी। संयुक्त परिवार में जो कुछ बचा उसमें उनकी बीबी और छः बच्चे। धीरे-धीरे स्वास्थ्य और खराब होता गया। पहले आजमगढ़ के मिशन अस्पताल और फिर बीएचयू में इलाज हुआ। पर बच न सकें।

बाबा भाइयों में सबसे बड़े थे। पिता के न रहने पर सब्रकी ज़िम्मेदारी उन्हीं की थी। त्रयोदशाह होते, निबटाते उम्र और औकात से कई गुना ऊँचे कर्ज में लतपत हो गये। मुश्किलों ने समय से पहले ही उन्हें समझदार और जिम्मेदार बना डाला था। लेकिन देखिए तो ऐसे बेफिक्र चले जा रहे जैसे कोई बात ही न हो। इसी बीच राष्ट्रीय स्वयं सेवक संघ से उनका जुड़ाव हो गया। रज्जू भैया का साथ उनके मिजाज के अनुकूल था। कई-कई दिन घर से बाहर रह जाते।

आज भी जब कभी बाबा मेरी या बड़े भाई विनीत की फिजूलखर्ची देखते हैं, तो वर्मा से लौटा हुआ वह पुराना प्रसंग याद कर बुदबुदाने लगते हैं "कब कैसी परिस्थिति आ जाय, कोई नहीं जानता। संयमित और मितव्ययी जीवन ही सुखकारी है।"

अपने बारे में सबसे कम बात करते हैं बाबा। इधर-उधर से जो भी सुनने को मिला, उससे ऐसा लगता है कि पैदा होने के बाद ही माँ ने मुझे बाबा की गोद में डाल दिया था और तबसे मैं वहीं का वहीं पड़ा हूँ।

बहुत दिन, लगभग साल-दर-साल बीत जाने के बावजूद आज भी बचपन की एक छवि जस की तस मानस में अटकी हुई है। तीन वर्ष का रहा होऊँगा। रात का समय था। अपने आजमगढ़ वाले घर के बाहर खाट पर मच्छरदानी में सोया हूँ, और रो रहा हूँ। बाब मेरे पैर दबाकर मुझे चुप करा रहे हैं। दरअसल मैं बचपन से ही बाबा के साथ सोता-जागता रहा हूँ। सुबह उनके साथ टहलते हुए कुंवर सिंह उद्यान में लगने वाली संघ की शाखा में नियमित जाना। पुलिस लाइन के पास वाली दुकान पर उनकी मित्र मण्डली जमती। सब लोग जलेबी और चना के नियमित आदती थे। कभी हंसी-मजाक तो कभी गम्भीर बतकही का दौर देर तक चलता रहता।

साहित्यिक गोष्ठियों से लेकर राजनैतिक मंच तक की रोज-रोज चलने वाली ऐसी असंख्य यात्राएँ मैंने बाबा की गोद में लटककर पूरी की है। उनकी गोद ही मेरी प्राइमरी पाठशाला थी और उनके सारे दोस्त- मित्र मेरे हेड मास्टर। उन दिनों भारतीय समाज का ढाँचा ही ऐसा था कि किसी भी बच्चे के जीवन में वात्सल्य वाया दादा-दादी ही आता था। पिता की गोद में किसी बेटे का दीखना तो संयुक्त परिवार के लिए अच्छा नहीं माना जाता था।

बचपन से ही मैं अपने मित्रों के साथ कम और बाबा के मित्रों के साथ ज्यादा समय बिताया करता। मुझे भी खूब मजा आता। जैसा कि कहीं प्रेमचन्द ने लिखा भी है—"बुढापा बहुधा बचपन का पुनरागमन होता है।" मेरे साथ खेलते हुए बाबा के उन बूढ़े मित्रों का बचपन जैसे लौट आया करता। रामप्रताप सिंह, भैरव सिंह, नरेन्द्र सिंह, सीताराम सिंह, यदुनाथ जी और ख्यायतिलब्ध साहित्यकार श्रीराम वर्मा सरीखे ढेर सारे बाबा की दिनचर्या में गुथे हुए लोग मेरे भी सहचर हुआ करते थे।

ठाकुर रामकुँवर सिंह बाबा के मौसा थे। भारतीय जनता पार्टी के टिकट पर विधानसभा का चुनाव लड़ रहे थे। बाबा को लेने के लिए रोज़ सुबह अपनी गाड़ी भेज दिया करते थे। ऊबड़-खाबड़ पगडंडियों में उलझे और गूथे हुए दूर- दराज के गांवों में दिन भर प्रचार के लिए घूमना पड़ता। मैं भी कई बार बाबा के साथ हो लेता। दिन भर नेताओं के भाषण और रात में बाबा से कहानी सुनना यही मेरी दिनचर्या थी।

बड़े सुकून के दिन थे। न माँ की कोई रोक-टोक, न होमवर्क पूरा करने का कोई तनाव। बस बाबा के साथ घूमना, मौज काटना ? लेकिन कब तक ऐसे चलता। पाँच साल का हो गया

तो स्कूल जाना ही पड़ा। बाबा ने पास के ही स्कूल में दाखिला कराया। मुझे बाबा की लत पड़ चुकी थी, लिहाजा स्कूल में पढ़ना कम, रोना ज्यादा होता था। स्कूल जाना जैसे जल्लाद की सूली पर चढ़ना। वहाँ मैं दिनभर रोया करता था।

राजेश जी एम. ए. में बाबा के विद्यार्थी थे। मैं जिस स्कूल में पढ़ता था, उसी में उनके रिश्ते का एक लड़का भी पढ़ता था जो मेरे ही मुहल्ले में रहता था। वह उसे स्कूल छोड़ने और फिर लेने आया करते थे। एक दिन घर से मुझे लेने कोई न आ सका तो प्रबन्धक जी ने उनसे मुझे भी घर तक छोड़ देने का आग्रह किया। तभी से वह बाबा के सम्पर्क में आ गये। उस दिन से लेकर आज तक आजमगढ़ का भूगोल फैलता और बढ़ता गया, लेकिन राजेश जी रोज-रोज बाबा के करीब होते गये। अब तो बाबा भी कहते हैं-'ऐसा शिष्य मिलना भी भाग्य ही है।' सम्बन्धों की इस गहरी बुनियाद का निमित्त बना मेरा बचपन।

93-94 की बात है। बूआ की शादी में मेरा वृहत्तर परिवार कई दिनों तक इकट्ठा रहा। महीनों गीत, गाली, बाजा, गाजा, उत्सव, समारोह का माहौल चलता रहा। शादी धूमधाम से निपट चुकी तो सब अपने-अपने ठिकाने पर लौटने लगे। बाबा के छोटे भाई डॉ. राजेन्द्र प्रसाद सिंह पूसा रिसर्च इंस्टीट्यूट, दिल्ली में साइंटिस्ट थे। बाबा मुझे भी उन्हीं की तरह पढ़ा लिखाकर काबिल बनाना चाहते थे। जब वे अपने अधिवास दिल्ली जाने लगे तो मुझे भी उनके साथ लटका दिया गया।

मुझसे मेरा आजमगढ़ छूटने वाला है, कई दिनों से उड़ती-उड़ती यह बात मेरे तक भी आया करती थी। मुझे यही लगता कि सब यूँ ही चिढ़ा रहे हैं। मैंने कभी ध्यान ही नहीं दिया। मेरे खिलाफ ऐसा जघन्य षड्यन्त्र! बाबा के रहते कोई सोच भी कैसे सकता है। पर पता चला कि इसके मास्टर माइण्ड खुद बाबा ही थे। बहुत गुस्सा आया मन में। स्टेशन जाते हुए आखिरी विदाई के समय बाबा ने मुझे गोद में लेने के लिए हाथ बढ़ाया लेकिन जैसे सजा का फैसला सुनने के बाद कोई मुजरिम अपने वकील की साँत्वना की साँत्वना को झिड़क देता है, मैंने बाबा को फुफकारती नजरों से देखा। सब हँस रहे थे। जैसे ही बस पर बैठा रोने लगा। बाबा के साथ घुमक्कड़ी का चस्का लग चुका था।

अपने कस्बे का बादशाह मैं यहाँ दिल्ली की बंदिशों में छटपटा रहा था। जैसे किसी ने बर्बरता पूर्वक मेरे पंख नोच दिये हों। मैं छटपटा रहा था। रोज- रोज मेरे भीतर कुछ टूट रहा था, कुछ खाली हो रहा था। सन्नाटा भरता जा रहा था। उदासी घेरती जा रही थी। जल्दी ही एक दिन जब बाबा का फोन आया तो मेरी बेबस हिचकियों का बेसब्र बाँध ही टूट गया।

बाबा भी यही इन्तज़ार कर रहे थे। वे अगले ही दिन दिल्ली आ गये। गमले में पौधे तो कहीं भी रोपे जा सकते है। पेड़ को तो अपनी कसैली जमीन और आबोहवा ही चाहिए। बिना किसी विलम्ब के मैं अपने अजमगढ़ वापस लौट आया।

मेरी माँ और पिता दोनों ही अध्यापक हैं। सबसे छोटी सन्तान मैं। कभी-कभी सोचता हूँ कि उन्हें कैसा महसूस होता होगा कि मुझपर उनका कभी कोई वश नहीं चल पाया। उनकी ढेर सारी हिदायतों और सख्तियों के जवाब में बाबा मेरे शरणगाह भी थे और सुरक्षाकवच भी। आजमगढ़ के केन्द्रीय विद्यालय में माँ अध्यापिका थीं। वहीं मेरा भी दाखिला करा दिया गया। एक दिन पाँचवीं पास करते- करते बाबा को न जाने क्या हुआ कि छठवीं में उन्होंने मेरा नाम सरस्वती शिशु मंदिर में लिखवा दिया।

कहाँ पक्की इमारतों और खुले प्रांगण वाले चमकते-दमकते केन्द्रीय विद्यालय का भव्य माहौल और कहाँ यह टाट-पट्टी छाप सरस्वती शिशु मन्दिर! बाबा संघ के बड़े पदाधिकारी थे। बल्कि यह कहना ज्यादा सही होगा कि उन दिनों आजमगढ़ में वे संघ परिवार के मुखिया थे। घर के बड़े बुजुर्ग सरीखे। इस नाते यहाँ मेरा विशेष ध्यान दिया जाता था। पढ़ाई और पिटाई दोनों में। लेकिन कुल मिलाकर यहाँ रुतबा अधिक था।

साहित्य और समाज के साँचे में ढले बाबा जीवनभर विद्यार्थी तो कला के थे लेकिन मुझे विज्ञान में पारंगत बनाना चाहते थे। 8वीं में फिर मुझे तड़ीपार। इस बार प्रयाग।

प्रयाग की प्रसिद्धि संगम से है। यहाँ गंगा और यमुना तो दिखायी देती हैं, पर सरस्वती विलुप्त हैं। सिविल लाइन और कटरा के आजू- बाजू फैली संकरी गलियों में असंख्य किताबों की दुकानें, कोचिंग सेंटर। देश के कोने- कोने से हाँफती-पियासी युवा पीढ़ी की किशोर आकांक्षाएँ इन्हीं कोचिंग सेंटरों और किताबों की उलझी दुकानों के भरोसे अनन्त काल से सरस्वती की साधना भी कर रही है, और शोध भी। अपना-अपना नसीब। जिसे उसके हिस्से का जो प्रसाद मिल जाय। कोई कलेक्टर, तो कोई पटवारी। इनसे भी बहुत ज्यादा यहाँ बेरोजगारी और बदनसीबी के कोलाज बनकर पड़े रहते। उम्मीदें सूखकर आस-पास के ढाबों पर इजराइल और फिलीस्तीन की चिन्ताओं में फड़फड़ाया करतीं। प्रेमिकाएँ चुपचाप किसी दूसरे को जयमाल पहनाकर बिना किसी आहट के विदा होती रहतीं। यह बचे रह जाते हैं, उदास तमन्नाओं के आसमाँ में धूल और धुएँ की मानिन्द। कट्टे और कारतूसों की एक बदनाम और बदरंग बस्ती। इसे पूरब का आक्सफोर्ड कहा जाता है।

अब्रकी यहीं धूमनगंज की केन्द्राञ्चल कॉलोनी में बूआ का घर मेरा अगला अड्डा बना। कुछ ही दिनों बाद अचानक तबीयत बिगड़ी। तबीयत मेरी खराब हुई और असर बाबा पर पड़ा। वे आये और मुझे पुनः आजमगढ़ लेते गये।

दाखिला चाहे कहीं भी हो, मेरी हाजिरी बाबा के यहाँ ही लगती रही। मैं भी चौबीस घण्टे हाजिर रहता। हम दोनों एक दूसरे की आदत थे। वे चाहे जहाँ भी जाते, मैं उनके साथ- साथ लगा रहता। पिताजी को मेरा भविष्य अन्धकार में डूबा हुआ दीखता रहता। उन्होंने निराश होकर मुँह मोड़ लिया। बाबा के सामने किसी को बोलने की हिम्मत न थी। माँ भुनभुनाया करतीं। वह मेरे स्कूल की किताबें सही करतीं और पता चलता कि मैं गोरखपुर के हिन्दू संगम में रज्जू भैया के यहाँ जा रहा हूँ। रज्जू भैया विद्यार्थी जीवन से ही बाबा को बहुत मानते और चाहते थे। बाबा के साथ ही मैं भी उनसे कई बार दिल्ली के संघ कार्यालय में मिला। मदनलाल खुराना जो बाबा के विद्यार्थीकाल से जीवन पर्यन्त अच्छे मित्र रहे, उनको ट्राली पर खड़े होकर भाषण देते देखा। आडवाणी जी, अशोक जी सिंघल, मुरली मनोहर जोशी, विष्णुकान्त शास्त्री, कल्याण सिंह, कलराज जी, राजनाथ सिंह जी सरीखे कई नेताओं को करीब से देखा, उनसे मिला। बचपन का यह सुख चाँद को हथेली पर उतार लेने जैसा था। लोग जिस इतिहास को पढ़ते हैं, मैं उस इतिहास से रोज- रोज रू-ब-रू हो रहा था। जीवन की इस पाठशाला में किताबो का महत्त्व छूटता जा रहा था। घर आने पर पिता जी जैसे ही मुझे अकेला पाते,कोई न कोई बहाना खोजकर प्रायः डाँटते रहते।

बाबा मेरी पढ़ाई को लेकर भी बहुत सजग रहते। कभी- कभार अंग्रेजी और गणित के मसले पर निर्ममता पूर्वक कान को उमेठ देना कत्तई न भूलते।

बनिये का घर तो था नहीं। पूरे परिवार में जहाँ सबके सब मास्टर हों, वहाँ बच्चों को मार खाने की आदत पड़ ही जाया करती है। कभी- कभी झापड़ की मार तेज भी हो जाती। मैं रोने लगता। बड़े भैया, बहन और माता जी आदि सभी ऐसे मौके पर मेरा मज़ाक उड़ाने से तनिक भी नहीं चूकते थे- 'और बनो दुलारे', 'बहुत घूम रहे थे। खूब पड़ी न!' मेरे लिए बाबा से देर तक अलग रहना सम्भव न हो पाता। अपनी चिकनी -चुपड़ी बातों से उन्हें बहलाकर जल्दी ही सब मामला रफा-दफा कर लेता और शाम को उनके साथ सत्संग में जाने की तैयारी कर लेता था, जो उनके मित्र भैरव सिंह के घर पर होता था। यह उनकी सदाशयता कहें या मेरी कलाकारी कि अपनी तमाम खुराफ़ातों के बाद भी मैं हर बार उनको मना ही लिया करता हूँ। वास्तव में बाबा अत्यन्त सरल हृदय के हैं। गुस्सा आता भी है तो देर तक टिकता नहीं। कुछ ही देर में शान्त हो जाता है। इसी का फायदा मैंने और कइयों ने कई बार उठाया है।

मुझे याद है कि किस प्रकार से मेरी स्मृति के पहले दिन से आज तक बाबा अपना तपस्यापूर्ण जीवन व्यतीत करते चले आ रहे हैं। सादगीपूर्ण जीवन। जितने की आवश्यकता हो उतना ही उपभोग। आज की दुनियादारी में आभूषण कहे जाने वाले झूठ, कपट, छल, और लोभ के प्रपंच से बिलकुल परे। एक प्रकार से सन्त का हृदय और किसान जैसा जीवन ही है उनका।

एक घटना मुझे अब भी याद है। उन दिनों मैं शिशुमंदिर में पढ़ता था। बाबा रिटायर हो चुके थे। स्कूल की छुट्टी के समय बाबा मुझे लेने विद्यालय आये थे। साइकिल से। वह उन दिनों तक साइकिल से ही चलते थे। साइकिल भी वही लम्बी, पुराने जमाने वाली। पुरानी और खड़खड़। बाबा का साइकिल चलाने का अन्दाज़ भी बहुत निराला था। पहले वह साइकिल को थोडी दूर पैदल ही दौड़ाते और फिर कूद कर उसकी लम्बी सी स्प्रिंग लगी चमड़े की गद्दी पर सवार हो जाते। बिल्कुल नौसिखुवा अन्दाज। मैं आगे डण्डे पर बैठा था। हम घर के पास वाले गाँधी आश्रम तक पहुँचे ही थे कि पीछे से कई सारी लालबत्ती गाड़ियों का काफिला गुजरा। लगा कि थोड़ा और नजदीक से गुजरता तो हमारी साइकिल इस भीड़ में कुचल ही जाती।

घर पहुँचे तो वो सारी गाडियाँ हमारे ही दरवाजे पर खड़ी थी। दरअसल मन्त्री जी बाबा से मिलने मेरे ही घर आ रहे थे। उन चमचमाती अम्बेसडर कारों को पार करते हुए बाबा की बदरंग साइकिल घर के अन्दर पहुँची। मन्त्री जी बरामदे में बाबा की प्रतीक्षा कर रहे थे। उनके अंगरक्षक और सारा प्रशासनिक अमला बाहर डटा हुआ था। सब हमें हमारे ही घर में प्रश्नाकुल निगाह से देख रहे थे। वजह थी बाबा की साइकिल।

समाजवादी पार्टी के कद्दावर नेता ईशदत्त जी बाबा से उम्र में दो साल छोटे थे। बाबा को बड़े भाई सरीखे आदर और इज्जत करते थे।एक बार कचहरी के सामने वाली सड़क पर मिल गये। उनके साथ मुलायम सिंह जी भी थे। बाबा साइकिल से कहीं जा रहे थे। ईशदत्त जी ने जोर से आवाज लगाते हुए बाबा को बुलाया और मुलायम सिंह से परिचय कराने लगे-'ये कन्हैया सिंह हैं।वैसे तो यह कमल वाली पार्टी में हैं, लेकिन इनका चुनाव निशान साइकिल है।' बाबा साइकिल को खड़ी करने की कोशिश में बार-बार स्टैंड की ओर पैर चला रहे थे। उन्हें नहीं पता था कि स्टैंड कई दिनों से टूटा हुआ है। जब ध्यान गया तो उन्होंने एक दीवार पर साइकिल टिका दी। ईशदत्त जी की चुनाव चिह्न वाली बात उनके कान में गड़ चुकी थी।उन्होंने मुलायम सिंह को नमस्ते किया और ईशदत्त जी से मुखातिब हो गये—''इस साइकिल में बाकी तो सब

ठीक है, पर इसे कायदे से खड़ा होने के लिए हर समय एक दीवाल जरूर चाहिए।' उस समय समाजवादी पार्टी प्रदेश में अपने को खड़ा करने के लिए कांशीराम की हाथी का सहारा तलाश रही थी। मुलायम सिंह भी मुस्करा पड़े। ईशदत्त जी और बाबा में ऐसी बातें खूब होती थीं। वे तीनों लोग वहीं सड़क पर खड़े-खड़े देर तक बातें करते रहे।

बाबा की यह साइकिल की सवारी बहुत दिनों तक हमेशा उनके साथ बनी रही। अन्त में जब उन्हें हार्निया की शिकायत हुई तो डॉ. के मना करने के बाद उन्होंने साइकिल चलाना हमेशा के लिए बन्द कर दिया।

सार्वजनिक जीवन में बाबा जब तक सक्रिय रहे, तब तक आजमगढ़ के प्रायः सभी बड़े नेताओं और अधिकारियों का आना-जाना घर पर लगा ही रहता था। कभी मन्त्री, कभी विधायक, कभी उनसे भी बड़े नेता, कभी संघ के और भी बड़े अधिकारी, प्रशासन के डी.एम., एस.पी. या कमिश्नर, सभी प्रायः ही आया करते थे। एक बालक के रूप में यह चकाचौंध मुझे बहुत लुभाती और ललचाती थी। धीरे-धीरे इन सब के प्रति मेरी रुचियाँ बढ़ती गयी। आर्थिक दृष्टि से तो बहुत ही सामान्य परिवार था मेरा, परन्तु सामाजिक प्रतिष्ठा से लबरेज। एकदम अदने से लेकर विशिष्ट कहे जाने वाले सभी बाबा के कारण मेरे परिवार को जानते ही हैं।

बढ़ती उम्र के साथ बाबा का सक्रिय सामाजिक जीवन कम होता गया। किसी रोग- व्याधि या उपेक्षा के कारण नहीं। जब वह पचहत्तर वर्ष के हो गये तो एक दिन उन्होंने स्वयं निर्णय लिया कि अब सक्रिय सामाजिक कार्यों से मुक्त होना चाहिए। उन्होंने यही किया भी।

राजनीति को उन्होंने दायित्व की तरह निभाया, लेकिन साहित्य तो उनका स्वभाव था। उसमें निभने-निभाने जैसा क्या? रोज-रोज जीने मरने का साथ था उससे। साहित्यिक गोष्ठियों में अब भी आना जाना बरकरार है।

महत्त्वाकांक्षाएँ कभी भी एकनिष्ठ नहीं होतीं। बिना जड़-मूल वाली अमरबेलों को सिर्फ ऊँचे - ऊँचे बाँस चाहिए, बाँस की नस्लों से उन्हें कोई मतलब नहीं। धीरे-धीरे दरवाजे पर लगने वाले उन काफिलों ने कोई और दरवाजा खोज लिया। साहित्यकार होने की वजह से अधिकारी अब भी यदा-कदा किसी साहित्यिक समारोह में मिल जाया करते हैं। जिस भाजपा और संघ में स्थानीय स्तर पर बिना बाबा की राय के कोई निर्णय नहीं हुआ करता था, आज अपने स्वर्णिम दौर में है। सत्ता की व्यस्तता में हाँफती-पियासी उस के पास भी अब कहाँ इतना समय है कि चलें और नीव के उन पत्थरों से भी जिरह कर लें। हालचाल ले लें। कुछ व्यक्तिगत सम्बन्ध के बड़े दिल वाले लोग हैं, जो आज भी राजनीति और शासन के शिखर पर होते हुए भी पूरी श्रद्धा से स्मरण करते हैं। वरना सबके अपने- अपने रास्ते हैं, अपनी- अपनी मंजिलें हैं। बाबा को इन सबसे कोई फर्क भी नहीं पड़ता। तब भी नहीं था, जब लोग दरबार लगाते थे। आज भी नहीं है, जब वही लोग आँख बचाकर बगल से निकल जाया करते हैं।

अजीब सा व्यक्तित्व है उनका। सभी परिस्थितियों में समभाव रहना ही उनकी विशेषता है। वह न तो उतराते हैं, न ही डूबते हैं। बस जीवन की नदी में अपने पूरे सामर्थ्य भर तैरते रहते हैं। आधे-अधूरे मन से कभी कोई काम करना उनकी आदत में नहीं है।

एक बार माँ का स्थानान्तरण पंजाब के दूरस्थ केन्द्रीय विद्यालय में फिरोजपुर हो गया। यह स्थानान्तरण न सिर्फ माताजी के लिए, बल्कि पूरे परिवार के लिए किसी सुनामी से कम न था।

विभिन्न व्यस्तताओं में गुत्थमगुत्थ इस बड़े परिवार की वह अकेली केन्द्र थीं। आजमगढ़ छोड़ना उनके लिए किसी तरह सम्भव न था। इसी के लिए उन्होंने डिग्री कॉलेज की मिली हुई नौकरी को ज्वाइन नहीं किया था। आजमगढ़ छोड़ना पड़ेगा, यही सोचकर उन्होंने अपनी पूरी नौकरी में भी कभी कोई प्रमोशन नहीं लिया था।

डॉ. मुरलीमनोहर जोशी जी उन दिनों केन्द्रीय मानव संसाधन मन्त्री थे। बाबा के परम मित्र। नैनी जेल में लम्बे समय तक बाबा के साथ बन्द रह चुके थे। माताजी के कई बार आग्रह के बाद बाबा जोशी जी से मिलने इलाहाबाद गये। मैं भी साथ था। वहाँ बाहर दर्शनार्थियों का ताँता लगा था। सभी स्थानान्तरण के सम्बन्ध में ही आये थे। बाबा को देखते ही जोशी जी ने आदर और आत्मीयता के साथ बुलाकर उन्हें अपने बगल में बैठा लिया। आगन्तुकों को निबटा लेने के बाद वे बाबा को और मुझे लेकर घर में चले गये। हम साथ-साथ नाश्ता कर रहे थे जोशी जी ने पूछ– 'कहिए कैसे आना हुआ? '

बाबा इधर-उधर की ढेर सारी बातें करते रहे। समय बीत गया और असल बात जहाँ की तहाँ रह गयी। श्रीकृष्ण के राजमहल में सुदामा अपनी कोदो की गठरी खोल न सके।

जब हम आजमगढ़ की बस पर लौट रहे थे, तो बाबा देर तक बुदबुदाते रहे- 'जोशी जी सिद्धान्तों के पक्के हैं। अपने सिद्धान्त से वह खुद के लिए भी समझौता नहीं कर सकते।'

माता जी डेढ़ वर्ष फिरोजपुर पड़ी रहीं। बाद में जोशी जी को कहीं से इस बात की सूचना मिल चुकी थी। बीच में कई बार उन्होंने फोन पर देर तक बाबा से बात भी की। बाबा ने उनसे कभी स्थानान्तरण की चर्चा नहीं की। वे लोग दूसरी-दूसरी बातें करते रहते। बहरहाल स्थानान्तरण की पहली सूची में माता जी का नाम दर्ज था।

कल्याण सिंह जी की सरकार में बाबा उत्तर प्रदेश भाषा संस्थान के कार्यकारी अध्यक्ष बनाये गये। राज्यमन्त्री का दर्जा था। इन्दिरा भवन में कार्यालय, दारुलसफा में आवास। पूरे प्रदेश में कहीं भी आओ-जाओ। लालबत्ती की गाड़ी। घर पर बधाइयों का ताँता लगा था। बाबा को कोई विशेष प्रसन्नता न हुई। एक दायित्व के रूप में वे वर्षों उसका निर्वहन करते रहे।

वह ज्यादातर आजमगढ़ ही रहकर भाषा संस्थान का काम निबटाया करते। विशेष अवसर पर ही लखनऊ आना-जाना होता। तभी वह लालबत्ती वाली गाड़ी भी चलती। वे कहते कि ''सरकार का पैसा आम जन का पैसा है, इसे यूँ ही फिजूल में खर्च करना उचित नहीं है।'' इस मामले में वे कबीर को ही दुहराते रहे हैं-

'सोई चादर सुर नर मुनि ओढ़ी
ओढ़ि के मैली कीन्ह चदरिया
दास कबीर जतन से ओढ़ी
जस की तस धरि दीन्ह चदरिया।'

आज अक्सर ही राजपथ पर चारों तरफ लाल-नीली बत्तियों के वैभव फर्राटे भरते दिखते रहते हैं। हमारे घर में भी आज सबके पास अपनी-अपनी गाडियाँ हैं, लेकिन बाबा को तब भी, और आज भी, रोडवेज की बस पर ही भरोसा है। उनकी पीढ़ी के अधिकांश लोग कुछ ऐसे ही उसूलों में जीते- मरते थे। उसूल उनके जीवन-आचरण में घुले-मिले थे, जिसे आज की दुनिया में पागलपन समझा जाता है, वही सब आज बीतती जा रही उनकी पीढ़ी का ओढ़ना-बिछौना है।

2003 में बाबा को केन्द्रीय हिन्दी संस्थान आगरा द्वारा सुब्रमण्यभारती सम्मान दिया गया। इस अवसर पर हमारे पैतृक गाँव धरवारा वालों ने बाबा का भव्य नागरिक अभिनन्दन समारोह आयोजित किया। रात को अखिल भारतीय कवि सम्मेलन का आयोजन था। चन्द्रशेखर मिश्र, क्षेम जी, श्रीकृष्ण तिवारी, सोम ठाकुर, कुँवर बेचैन, कैलास गौतम प्रभृति कई सारे नयी- पुरानी पीढ़ी के लोग शामिल थे। इसी सुनने-सुनाने में कब मुझे भी कविता लिखने का शौक लग गया, पता नहीं।

बाबा आज भी मेरे लिखे को दुरुस्त करते हैं। भाषा की ही तरह उनके जीवन का भी व्याकरण पाई-पाई दुरुस्त रहता।

कुछ टूटी-फूटी कविता लिखकर अभिनन्दन समारोह के काव्यपाठ से पहले मैं बाबा के पास पहुँचा और मैंने भी अपनी स्वरचित कविता पढ़ने की इच्छा जाहिर की। बाबा ने अचरज से मुझे देखा। उन्होंने कविता हाथ में ली और कुछ संशोधन करके उसे सुनाने की अनुमति दे दी।

फिर क्या! उस दिन मैं भी कवि हो गया।

आज भी मुझे बार-बार लगता कि मैं बाबा के कन्धों पर बैठकर सामने फैली दुनिया का अनन्त विस्तार देख रहा हूँ। वे मुझे एक-एक चीज के बारे में विस्तार और ब्यौरे से बताते जा रहे हैं। एक गहरी असम्पृक्तता होती है उनके वर्णन में। ढेर सारी जिम्मेदारियों से भरे बचपन में ही बाबा राजनीति में एक अथक सेनानी की तरह दाखिल हुए थे और जब विदा हुए तो बिल्कुल संन्यासी की तरह। धवल और दीप्तिमान विदाई। उसी कबीराना अन्दाज में- 'जस की तस धर दीन्हीं चदरिया।'

वह सालों जेल में रहे। उन्होंने सत्ता की यन्त्रणाएँ झेलीं। लेकिन त्याग प्रदर्शन की गर्वोक्ति या किसी तरह का कोई अहंकार नहीं। उनका समूचा जीवन अपने आप में एक तपस्या है। वह उस समय संघ में शामिल हुए थे, जब माना जाता था कि कांग्रेस की सत्ता हमेशा-हमेशा के लिए निर्विकल्प है। तब संघ का अर्थ ही था, निष्काम साधना की पवित्र भूमि। राणा प्रताप और शिवाजी की शौर्य गाथाएँ इसलिए उन्हें प्रेरणा देती थीं कि अपने-अपने समय की ही नहीं, इतिहास की विशालतम सत्ता को उन्होंने सीना खोलर ललकारा था। उसे चुनौती दी थी। वे धूल में मिट गये, उन्होंने घास की रोटियाँ खायीं लेकिन गुलामी को स्वीकार नहीं किया। संघ की आंखों में तब सत्ता का स्वप्न भी वर्जित था। घर की ढेरों जिम्मेदारियाँ थीं और वे रात दिन संघ के कामों में लगे रहते। उनके आस-पास खूब भीड़ होती थी। जब भी वे भीड़- भाड़ से ऊबते तो अपनी किताबों की एकान्त दुनिया में चले जाते। वहाँ राहुल होते थे, पद्मावत के छन्द और गोरखनाथ की बानियाँ होती थीं। बिना किसी झिझक और पूर्वग्रह के वे देर तक उन लोगों के साथ बैठकर बातें करते रहते। संघ उनका संकल्प था और साहित्य उनकी चेतना का अक्षय स्रोत। आज भी उनकी लायब्रेरी में ढेर सारी किताबें लाल- नीली लकीरों से रंगी रहती हैं किताबों से ही बोलते-बतियाते रहे हैं बाबा। बाबा तो खुद एक चलती-फिरती किताब हैं।

असिस्टेण्ट प्रोफ़ेसर, हिन्दी एवं आधुनिक भारतीय भाषा विभाग
इलाहाबाद विश्वविद्यालय, प्रयागराज (उ.प्र.)

घर की बात

डॉ. कन्हैया सिंह मेरे सगे बड़े भाई हैं। वह मुझसे उम्र में पाँच वषै बड़े हैं। वह मेरे अभिभावक, मार्गदर्शक एवं पथ प्रदर्शक हैं। इनका जन्म 1 अगस्त 1935 में ग्राम धरवारा, आजमगढ़ में हुआ। इनकी प्राथमिक शिक्षा गाँव में ही हुई। हाई स्कूल एवं इण्टरमीडिएट आपने एस.के.पी. इण्टर कॉलेज आजमगढ़ से किया। बी.ए. शिबली कॉलेज आजमगढ़ से करने के बाद आपने इलाहाबाद में एम.ए. हिन्दी से किया। पुनः इसी विश्वविद्यालय से एल.एल.बी. प्रथम योग्यता क्रम में उत्तीर्ण किया। इस सम्बन्ध में एक रोचक प्रसंग है जिसका जिक्र मैं यहाँ कर देना चाहता हूँ। उन दिनों प्रयाग में देवरहवा बाबा रमे हुए थे। भाई साहब उनके दर्शन और आशीर्वाद प्राप्त करने हेतु वहाँ गये। साथ में उनके मित्र और सहपाठी महेन्द्र प्रताप सिंह जो मिर्जापुर के रहनेवाले थे वह भी गये। यह लोग मंच से कुछ दूरी पर खड़े हुए थे। बाबा ने अपने किसी शिष्य से कहा वहाँ दो भक्तगण खड़े हैं, उन्हें बुलाओ। बुलाने पर यह लोग मंच के निकट गये। तब बाबा ने भाईसाहब से कहा तुम मंच के नीचे आओ और अजुरी बनाकर खड़े हो जाओ और जो मनोकामना लेकर आये हो उसे मन में लो। बाबा ने ऊपर से थोड़ा जल गिराया और कहा जाओ तुम्हारी मनोकामना पूरी होगी। इन्होंने परीक्षा में एल.एल.बी. में टॉप करने की बात मन में ली थी। महेन्द्र प्रताप सिंह के लिए बाबा ने कुछ नहीं कहा। जब परीक्षाफल निकला तो बिल्कुल इच्छा के अनुरूप रहा और महेन्द्र प्रताप सिंह असफल हो गये। पीएच.डी. गोरखपुर तथा डी.लिट. पूर्वांचल विश्वविद्यालय जौनपुर से किया। आप विद्यार्थी जीवन में मेधावी छात्र रहे हैं। आपको अनेक शैक्षिक सम्मान मिले हैं। चांसलर मेडल, रमा देवी गोल्ड मेडल, राममोहन डे गोल्ड मेडल और सर हेनरी रिचर्ड गोल्ड मेडल उसके उदाहरण हैं।

इस उम्र में भी आपका अध्ययन और लेखन सुचारु रूप से चल रहा है। मैं आपके स्वस्थ्य और दीर्घायु होने की कामना करता हूँ।

__इन्द्र बहादुर सिंह__, पूर्व रीडर एवं अध्यक्ष कीट विज्ञान
टी.डी. कॉलेज, जौनपुर (उ.प्र.)

***

डॉ. साहब हम छह भाई बहनों में सबसे बड़े और मैं सबसे छोटा था। इस कारण बहुत कम साथ मिला उनके सान्निध्य में समय बिताने का। जो कुछ मौका मिला उसे लिखने का प्रयास कर रहा हूँ। मुझे बचपन का ज्यादा याद नहीं है, परन्तु मैं यहाँ यह बताना चाहता हूँ कि मेरे भाई ने किस प्रकार गँवार छात्र में आत्मविश्वास पैदा किया। उस समय के सर्वश्रेष्ठ कृषि विश्वविद्यालय से पीएच. डी. भी करवा कर अपने पैरों पर खड़ा कर दिया। उदाहरण के तौर पर 1962 की बात है। मैं नौवीं कक्षा में पढ़ता था। किसी काम से आजमगढ़ शहर आया था। वहाँ भैया से अचानक मुलाकात हो गयी। वह गोरखपुर जाने की जल्दी में थे। मुझे देखकर बुलाया और एक लिफाफा देकर निर्देष दिये कि अपना काम बाद में करना पहले इस लिफाफे को रजिस्टर्ड पोस्ट कर देना। मेरी घिघ्घी बँध गयी। मैंने निवेदन किया कि भैय्या मुझे कितना भी बड़ा काम दे दो पर शहर का यह काम मेरे बस का नहीं है। उनको गुस्सा आया और डाँटते हुए बोले तुम्हारी उम्र के बच्चे दुनिया खोजने निकल पड़ते हैं, तुम एक रजिस्ट्री नहीं करा सकते। मेरे पास कोई चारा नहीं था। फिर मैंने पूछ-ताछ कर रजिस्ट्री करा ली। तब मुझे इतनी खुशी हुई जितनी शायद कोलम्बस को अमेरिका खोज करने पर न हुई हो। इसी प्रकार मैं बड़ा होता रहा और B Sc.(Ag) कर लिया। भैया के प्रयास से M Sc. (Ag) में पन्तनगर विश्वविद्यालय में प्रवेश भी मिल गया। अब समस्या थी ट्रेन पकड़ने की हमारे एक इन्टरमीडिएट के सहपाठी साथ जा रहे थे। उस समय आजमगढ़ से छोटी लाइन की ट्रेन पकड़कर शाहगंज जाना होता था। वहाँ हावड़ा की तरफ से आनेवाली बड़ी लाइन की ट्रेन पकड़कर लखनऊ। वहाँ से चारबाग स्टेशन से फिर छोटी लाइन की ट्रेन से पन्तनगर विश्वविद्यालय पहुँचना था। मैं इस सम्भावित ट्रेन यात्रा के पहले याद नहीं कभी ट्रेन में सफर किया था। मैंने पुनः निवेदन किया, किसी को मेरे साथ लखनऊ भेज दीजिये। पर कोई फायदा नहीं। बहुत गिड़गिड़ाने पर बोले अमुक दिन हम लोग (भैया और परिवार सबसे बड़े भाई दानबहादुर सिंह) किसी पारिवारिक कार्यबस शाहगंज चल रहे हैं, तुम भी चलो। शाहगंज के आगे की यात्रा खुद करो। इस बार पन्तनगर पहुंचने के बाद तो मुझमें इतना आत्मविश्वास आया जिसका मैं वर्णन करने में असक्षम हूँ।

भईया जानते थे कि हम कैसे आगे बढ़ेंगे। उन्होंने मुझे वह स्वतन्त्रता प्रदान की जिससे मैं सोच सकूँ, विचार कर सकूँ और कुछ कर सकूँ। सदैव उन्होंने मेरा मार्गदर्शन किया। आज जो कुछ भी हूँ, उन्हीं की कृपा से हूँ। अब मैं इण्डीयन अग्रीकल्चरल रिसर्च इन्स्टिटूट से एक प्रधान वैज्ञानिक के पद से अवकाश प्राप्त हूँ। मैं चाइना से मैक्सिको तक पहुँचा। यह भैया के मार्गदर्शन से ही सम्भव हो पाया। सदैव आभारी हूँ ईश्वर का कि मुझे मेरे जीवन में ऐसा मर्गदर्शक मिला।

राजेन्द्र प्रसाद सिंह, प्रधान वैज्ञानिक (अवकाश प्राप्त)
पुष्प संस्थान, दिल्ली

***

साहित्यिक दृष्टि से आजमगढ़ जनपद सदैव उर्वर रहा है। यहाँ की भूमि पर ऐसे महान् साहित्यकारों का जन्म हुआ है, जिन्होनें इस मिट्टी की सुगन्ध को देश के कोने-कोने तक फैलाया है। अपनी रचना धर्मिता का सम्बल लेकर गौरवशाली इतिहास बनाने वाले हमारे पूज्य बड़े पिताजी हैं।

मनुष्य का जन्म भाग्य से और जीवन कर्म से प्रभावित होता है। आप मध्यमवर्गीय सम्पन्न और प्रतिष्ठित परिवार में जन्म लेकर 'धरवारा ग्राम' एवं आजमगढ़ जनपद के पयार्य बन चुके हैं। आप विभिन्न पद पर प्रतिष्ठित रहे हैं। वकील, अध्यापक, प्राचार्य एवं नगरपालिका अध्यक्ष के रूप में ईमानदारी को सर्वोपरि रखते थे। आप गरीब और वंचित लोगों की शिक्षा की व्यवस्था करते रहते थे। जिसमें हमारे पिताजी डॉ. इन्द्रबहादुर सिंह की महती भूमिका रहती थी। आप 'राम' की तरह आदेश करते थे, तब वह लक्ष्मण के रूप में कार्य को पूरा करने में लग जाते थे। यह भ्रातृत्व-भाव भी प्रेरक रूप में दिखायी देता है। बालिकाओं की शिक्षा को विशेष रूप से आपने बल दिया। धार्मिक प्रवृत्ति के होते हुए भी आप रूढ़ियों और परम्पराओं को बहुत स्वीकार नहीं करते रहे हैं। किसी से भी सरलता से घुल-मिलकर बात करना आपकी विशेषता रही है। एक स्मरण के आधार पर मुझे याद आता है 'आकाशवाणी वाराणसी' द्वारा 'हिन्दी दिवस' पर आपको आपना विचार प्रस्तुत करने का समय दिया गया। आपने तुरन्त अपनी बातों को धारा प्रवाह व्यक्त करना शुरू कर दिया। रिकार्ड को सुना गया और ओके कर दिया गया। उस समय आकाशवाणी वाराणसी के तत्कालीन कार्यक्रम अधिकारी डॉ. रामजी मिश्रा जी थे, वह हिन्दी एवं संस्कृत के अच्छे विद्वान् हैं। वह आश्चर्य में पड़ गये, कहने लगे 'डॉ. साहब' की लेखनी में अद्‌भुत क्षमता है, जिह्वा पर तो सरस्वती विराजती है।

आप हमारे लिए प्रेरणा-स्रोत हैं। पीढ़ी-दर-पीढ़ी आपके कृतित्व द्वारा एक नयी दिशा और ऊर्जा मिलती रहेगी। तुलसीदास जी ने ठीक ही कहा है—

'परहित वस जिनके मनमाही
तिनकहं जग दुलर्भ कछु नाहीं।'

सुषमा सिंह, *एसोशिएट प्रोफेसर, हिन्दी-विभाग*
तिलकधारी महाविद्यालय जौनपुर (उ.प्र.)

***

डॉ. कन्हैया सिंह मेरे बड़े पिता जी हैं। मैं आप सभी के साथ अपने कुछ ऐसे अनुभव बाँटना चाहूँगी जो उनकी छत्रछाया में रहकर बेटी के रूप में मैंने अनुभव किये हैं। बचपन की कुछ यादें दिमाग में कौंधती हैं तो धरवारा गाँव से जुड़ी कुछ स्मृतियाँ मानस पटल पर चित्रित हो उठती हैं। बचपन के वह दिन जब दादा-दादी की कहानियाँ सुनकर कल्पना लोक की सैर कर मन सुख की पराकाष्ठा को छू लेता है। उन्हीं सपनों में डूबे मन को बड़ा आघात लगा जब खबर आयी कि दादी नहीं रहीं। दादा जी मेरे जन्म के पूर्व ही स्वर्गवासी हो गये थे। बाल मन मुरझा उठा। अब गाँव जायेंगे तो बिना दादी के कैसा लगेगा। पूरे परिवार के साथ गाँव पहुँच गयी। घर में जैसे घुटन हो रही थी सभी स्त्रियाँ रो रही थीं। मैं बाहर बैठके में चली गयी, जहाँ केवल पुरुष ही बैठते थे, वहाँ मैं चुपचाप जाकर बैठ गयी बगल में बाबू जी थे। मेरे आँखों से सहसा आँसू गिरने लगा। वह साहित्यिक व्यक्ति थे, मन के भाव को पढ़ लेते थे शायद, उन्होंने न जाने ऐसी कौन- सी बात की कि मन को बड़ी शान्ति मिली। बातें तो याद नहीं लेकिन इतना याद है कि बाल मन को बड़ा सहारा मिला। तब से बाबू जी को मैंने अपने पूरे परिवार के अभिभावक के रूप में देखा। मेरे पिता जी चार भाई दो बहनें थीं। बाबू जी (बड़े पिता जी) सबसे बड़े थे। उन्होंने अभिभावक की भूमिका में यथोचित सबका ख्याल रखा और सभी उनका सम्मान करते हैं। अपना दुःख-सुख

भूलकर बाबू जी ने सदैव दूसरों का दुःख-सुख जानने का प्रयास किया।

पढ़ाई के समय बाबूजी जब भी हम सबसे मिलने आते थे, बड़े ही ध्यान से सबके पढ़ाई-लिखाई का हाल-चाल पूछते थे। सब्रकी बारी होती थी, बड़े रोचक ढंग से वह हम सब को तमाम बातें भी बताते थे और भविष्य के लिए प्रेरित भी करते थे।

एक बार बाबू जी के साथ मैं अकेले विन्ध्याचल देवी के दर्शन के लिए गयी। मैं बहुत छोटी थी। बाबू जी शायद डायरी भी लिखते हैं, क्योंकि रास्ते में मैंने देखा कुछ डायरी में लिख रहे थे। बाबू जी किसी भी उम्र के व्यक्ति के साथ संवाद कर लेते हैं। वह कुछ समय डायरी बन्द करके मुझसे बड़ी रोचक बातें ज्ञान की बताये। मुझे आश्चर्य होता है कोई इतना व्यस्त व्यक्ति जो साहित्य, समाज और राजनीति में सम्पूर्ण लीन है वह किसी बच्चे से कैसे इतनी बातें कर लेता है। बाबू जी जितना किसी बड़े व्यक्ति से बात करने में रुचि लेते हैं, उतना ही किसी छोटे बच्चे से भी। मुझे याद है मेरी शादी हो गयी थी, अचानक वाराणसी में मेरे किराये के मकान में बाबू जी का आगमन हुआ। मुझे कोई सूचना नहीं थी। मैंने घर के अन्दर से ही किसी व्यक्ति को बाहर खेल रहे बच्चों से बातें करते सुना मैं उन बच्चों में खेल रहे अपने बच्चे को देखने के लिए बाहर निकली तो देखा बाबू जी (बड़े पिता जी) बच्चों का परिचय ले रहे हैं। बाबू जी के जाने के बाद अड़ोस-पड़ोस के सब लोगों ने तारीफ की और कहा बड़े विद्वान् लग रहे थे, तो मैंने उनके बारे में लोगों को बताया। बाबू जी निष्कवच और निष्कपट हैं बेलौस और खुले विचार के, व्यावहारिक इतने कि किसी से भी बात कर लेते हैं। उनकी ओजस्वी बोली और परिष्कृत भाषा लोगों को आकर्षित करती है।

सुधा सिंह, *एसोशिएट प्रोफेसर*

अध्यक्ष, हिन्दी विभाग, आर.एस.के.डी. पी.जी.कॉलेज, जौनपुर (उ.प्र.)

***

साहित्य जगत में अपनी विशेष पहचान बनाने वाले अनेक साहित्यिक सम्मान से अलंकृत हैं। आपके 40 से अधिक आलोचना ग्रन्थ एवं शताधिक शोध निबन्ध हैं तथा अनेक सृजनात्मक साहित्य के माध्यम से साहित्य की सेवा आपने की है। बचपन से ही मैं आपकी बातों से प्रभावित रहती थी। जब मुझे यह भी नहीं पता था, कि आप साहित्य जगत के मूर्धन्य विद्वान् हैं। आप मेरे 'बड़े नाना' हैं। मैंने आपको हमेशा लेखनी चलाते हुए देखा है। मौसम प्रतिकूल हो या अनुकूल आप पर कोई प्रभाव नहीं देखा जाता था। आप अपने कार्य को प्राथमिकता देते हैं। उदात्त शिखर पर शोभायमान होना आपकी सक्रियता और निरन्तरता का परिणाम है। मुनष्य के मार्ग में आनेवाली कठिनाइयाँ और चुनौतियाँ प्रायः उसके उत्साह को रोकने का प्रयास करती हैं। मनुष्य हमेशा सफल होना चाहता है। चुनौतियों व कठिनाइयाँ आने पर मनुष्य अपने जीत की इच्छा शक्ति से विचलित होने लगता है उसे अपनी सफलता पर सन्देह होने लगता है। परन्तु नाना जी ने अपने जीवन में आनेवाली सभी कठिनाइयों और चुनौतियों का सामना ही नहीं वरन् उनका डटकर मुकाबला भी किया, और बोले भी। ईश्वर से यही प्रार्थना है कि उनकी परिस्थितियों और चुनौतियों पर जीत का यह सिलसलि सदैव चलता ही रहे।

श्रेया सिंह, *भूपतपट्टी, जौनपुर (उ.प्र.)*

बिनु गुरु जगत को निरगुन पावा

जब एक आदर्श शिक्षक और अभिभावक की तरह डॉ. कन्हैया सिंह मेरे जीवन में आये, मैं 20-21 साल का युवक था। भीतर दहकती आग थी, प्रबल अस्वीकार था। यह अस्वीकार अपने ही घर में अपने चारों ओर फैली जड़ता के विरुद्ध पैदा हुआ था। उन्हें कैसे मैंने एक गुरु की तरह स्वीकार किया, इसकी अपनी एक कहानी है।

आपात्काल के दौरान जेल में ही पहली बार मिले डॉ. कन्हैया सिंह। वहाँ जेल में तो बहुतों से मुलाकात हुई पर कुछ ही लोग ऐसे थे, जो जेल से बाहर आने के बाद भी मेरी चेतना में बचे रह गये। कुछ दोस्त जो सारी शरारतों में साथ होते थे। जगन्नाथ, मिथिलेश, रमाशंकर, जयशंकर आदि। कुछ स्नेहिल व्यक्तित्व, जिनसे जीवन में कई तरह के कभी न भूलनेवाले सबक मिले। अवध बिहारी श्रीवास्तव जी, मौलवी एकराम साहब। अवध बिहारी जी के प्रति मन में बहुत आदर था। वह रोज सवेरे उठकर पूरी बैरेक में झाड़ू लगाते थे, बिना किसी भेदभाव के, बिना यह सोचे कि उधर जमाते इस्लामी के लोग हैं, आनन्द मार्ग के लोग हैं। एक छोटे से झोले में उनके जीवन की सारी जरूरतें समा जाती थीं। वह चलते तो इस झोले के अलावा उनके पास कुछ और नहीं होता। उन्हें लोगों के प्यार के अलावा कुछ और नहीं चाहिए होता था। मौलवी एकराम साहब शिब्ली कॉलेज में शिक्षक थे। उन्होंने मुझे अलिफ, बे सिखाया। बहुत प्यार से। मैंने जेल में उर्दू पढ़ना-लिखना सीखा। वह मेरे लिए गुरु तुल्य थे। एक और आदमी था, जिसके प्रति मेरे भीतर कई तरह के भाव थे। सहज आकर्षण था। बिना कुछ बोले उन्हें देखते रहने, उनसे कुछ सुनने की आकांक्षा बनी रहती थी। उनमें ताप था, गाम्भीर्य था, गुरुत्व था। मैं उनसे एक दूरी बनाये रखकर उनके ज्यादा निकट महसूस करता था। मन के भीतर यह भाव रहता था कि पास जाऊँ तो क्या बात करूं। कुछ आता-जाता है नहीं। उनके बारे में इतना सुन रखा था और जेल में भी इतना कुछ सुनता रहता था कि भीतर तक उनके गुरुत्व से आक्रान्त रहता था। सुना था वह हिन्दी के विद्वान् हैं, लेखक हैं, उनकी कई किताबें छप चुकी हैं। ऐसे लोग मुझे युवाकाल में इस धरती पर देवता की तरह लगते थे। उन्हें छूकर देखने का मन होता था, लेकिन पास जाने का साहस नहीं होता था। कभी-कभी उन्हें भगवा में लिपटे देखकर अच्छा लगता था। तब उनके प्रति आदर मेरे मन में और बढ़ जाता था। आवाज भारी, गुरुता और आत्मविश्वास से भरी हुई। गाढ़ा साँवला रंग लेकिन श्याम रंग में एक अनोखी-सी दीप्ति। आँखों में अपार स्नेह और अद्वितीयता की चमक। मन होता था, पास जाकर बैठ जायें, कुछ पूछें, कुछ सीखें पर हिम्मत नहीं होती थी। क्या पूछें, क्या सीखें। उन्हें देखकर ही उनकी आन्तरिक दिव्यता से हृदय तृप्त हो उठता था। कहूँगा कि

एक अजाना सामीप्य अनायास ही निर्मित हो गया था। मुझे बार-बार लगता था कि यही हैं जिनसे मुझे कुछ मिलेगा, कोई सबक, कोई शिक्षा। वह थे डा. कन्हैया सिंह। एक दिन हम सब जेल से बाहर निकल आये। अपने जीवन में वापस और सब-कुछ स्मृति के किसी कोने में चला गया।

जब मैं पत्रकारिता में सक्रिय हुआ तब डॉ. कन्हैया सिंह जी के बारे में और जानने, पढ़ने, उनसे बतियाने के अवसर मिलें। तब मैंने उन्हें ठीक से जाना। एक बड़े लेखक के रूप में उनकी छवि मेरे मन में स्थापित हुई। आज मैं खुद को उनका शिष्य बताते हुए स्वयं सम्मानित अनुभव करता हूँ। गुरुवर को प्रणाम! मेरी चेतना के आलोक में उनका एक बड़ा अंश है और रहेगा। वह स्वस्थ रहें और शतवर्ष जीयें।

__सुभाष राय,__ प्रधान सम्पादक जन सन्देश दैनिक, डी-1./109, विराज खण्ड, गोमतीनगर, लखनऊ (उ.प्र.)

***

मैं 1972-73 से ही डॉ. कन्हैया सिंह के सम्पर्क में हूँ। इन पाँच दशकों के भीतर मुझे उनका स्नेह बराबर मिलता रहा है। एक बहुत ही मनोरंजक संस्मरण है। 1977 में मैं डी.ए.वी. स्नातकोत्तर महाविद्यालय, आजमगढ़ में एम.ए. अन्तिम वर्ष (हिन्दी) का व्यक्तिगत परीक्षार्थी था। 13 मई 1977 को मेरी शादी भी थी। उसके दो-तीन दिन पहले ही मेरी मौखिकी परीक्षा होनी थी। मैं डॉ. साहब के पास अपने शुभ चिन्तक स्व. वंशराज सिंह (प्रधानाचार्य) का पत्र लेकर गया। उन्होंने पत्र खोलते ही कहा, पत्र की क्या आवश्यकता? आप तो मेरे अभिन्न हैं। कहाँ रुके हैं? मैंने कहा कि मैं अपने एक मित्र के पास रुका हूँ। उन्होंने कहा कि ठीक है। आप यहाँ भी रुक सकते हैं। गुरु गोपीनाथ तिवारी जी परीक्षक के रूप में आये हैं। आप कल समय से आ जाइयेगा। दूसरे दिन मैं विद्यालय पहुँचा। परीक्षार्थियों का समुदाय जमा हुआ था। उन्होंने कहा संस्थागत छात्र बाद में परीक्षा देंगे। व्यक्तिगत छात्रों को दूर दराज जाना है। इसलिए उनकी परीक्षा पहले होगी। उसमें भी जिनकी शादी आदि है, उनकी परीक्षा सबसे पहले करायी जायेगी। मैं परीक्षा कक्ष के सामने खड़ा था। उन्होंने मुझे देखते ही कहा कि हरेराम सिंह! आप ही के लिए मैंने भूमिका बनायी है। आप आइये, परीक्षा देकर घर जाइये। परीक्षक ने मुझसे चार प्रश्न किया। तीन का उत्तर मैंने सही दिया चौथे पर अटक गया। डॉ. साहब ने कहा—इस पर तो बड़े-बड़े विद्वानों का भी एक मत नहीं है। आप तो विद्यार्थी ही ठहरे। आप जाइये और शादी के कार्यक्रम में लग जाइये। मैं भागा अपने गाँव टण्डवा (तरवा) आया। हल्दी की क्रिया सम्पन्न हुई। अंक-पत्र देखा तो मुझे मौखिकी में प्रथम श्रेणी के अंक मिले थे।

मैं मऊ में आज अखबार में संवाददाता के रूप में काम करता था। उनके समाचारों को काफी रुचि के साथ बनारस भेजा करता था। लेकिन हर बार आज कार्यालय से निर्देश आता था कि डॉ. कन्हैया सिंह के भाषण का कोई अंश छूटना नहीं चाहिए। उनके लिए हमारे अखबार में जगह की कमी नहीं है। उन्होंने मऊ में आजमगढ़ से आकर कई दर्जन आयोजन किया होगा। हर बार उनके सुननेवाले पुनः सुनने के लिए आतुर थे। हमारे विद्यालय में प्राचार्य पद हेतु विज्ञापन हुआ। मैंने डॉ. साहब को आवेदन फार्म आजमगढ़ ले जाकर दिया और कहा कि मेरे विद्यालय में प्राचार्य के लिए अंग्रेजी को वरीयता दी जायेगी। उन्होंने हँसते ही कहा हरे राम सिंह! मैं आपके प्राचार्य

डॉ. लाखपत लाल से कम अंग्रेजी नहीं जानता हूँ। बाद में उन्हीं के अनिच्छा पत्र दिये जाने के बाद ही डॉ. एल.पी. लाल प्राचार्य नियुक्त हो सकें। डॉ. साहब इसके पहले ही भटौली (गोरखपुर) में प्राचार्य नियुक्त हो चुके थे।

डॉ. साहब कभी औपचारिकता के चक्कर में नहीं पड़ते थे। मैं कई बार उनके आवास (आजमगढ़) पर गया। तिलक और शादी का अवसर था। मऊ से भी बहुत से लोग अपने वाहन से पहुँचते थे। मेरे साथ उनके परम शिष्य रमाशंकर सिंह भी होते थे। वह कहते थे नाश्ता भोजन जल्दी से कर लीजिये और मऊ जानेवाली गाड़ी से बिना झंझट के घर चले जाइये। यह कहने पर कि रमाशंकर के पास लोकतन्त्र सेनानी का पास है। तब वह कहते ठीक है, तब तो कोई घबड़ाहट नहीं है।

हरेराम सिंह, *उर्मिला भवन मकान नं. 210/1, नयी बस्ती, सूखापट्टी,*
ताजैपुर, मऊनाथ भंजन (मऊ) उ.प्र.

***

श्रद्धेय गुरुवर वरिष्ठ आलोचक कन्हैया सिंह जी समाज, राजनीति और साहित्य में समान रुचि रखनेवाले अनूठे व्यक्तित्व हैं। समाज और राजनीति में अधिक सक्रियता होने के कारण साहित्य में उनकी साहित्यिक छवि खुलकर सामने नहीं आ पायी। वैसे कन्हैया सिंह समाज, राजनीति और साहित्य को एक साथ साधनेवाले अलग तरह के विद्वान् हैं। जैसी लोकप्रियता इन्हें समाज में मिली है वैसी कम लोगों को मिलती है। राजनीति में इनका कद किसी राजनेता से कम नहीं। साहित्य की बात करें तो इन्होंने अनेक ऐसी महत्त्वपूर्ण कृतियों का सृजन किया है, जिससे हिन्दी साहित्य बहुत समृद्ध हुआ है। 'पाठ-सम्पादन के सिद्धान्त' इनकी एक महत्त्वपूर्ण पुस्तक है। जिसे हर विद्यार्थी को अपने पास रखनी चाहिए। इसके अलावा भी इन्होंने कई ऐसी पुस्तकों की रचना की है, जिससे हिन्दी साहित्य का बहुत उत्थान हुआ है।

व्यक्तिगत तौर पर गुरुवर कन्हैया सिंह जी से मेरी मुलाकात पिछले वर्ष डायमण्ड जुबली हॉस्टल में हुई। जहाँ वे सन्त रैदास पर बोलने के लिए आये हुए थे। यहाँ उनसे मिलकर मैंने जाना की कन्हैया सिंह जी जितने बड़े साहित्यकार हैं, उतने ही बड़े वक्ता और चिन्तक भी। सन्त रैदास पर जितनी सहृदयता के साथ उन्होंने अपनी बात रखी वह नये दृष्टिकोण से सम्पृक्त थी। रैदास पर बोलते हुए उन्होंने न केवल रैदास की कविताई को स्पष्ट किया, बल्कि पूरे मध्य काल की ऐतिहासिक, राजनीतिक, सामाजिक और सांस्कृतिक चेतना को हमारे सामने खोलकर रख दिया। यहाँ मैंने उन्हें एक बेहतरीन वक्ता और सहृदय मनुष्य के रूप में देखा, जिस पर नाज करना मेरे जैसे विद्यार्थी के लिए स्वाभाविक है।

शिव कुमार यादव, *हिन्दी एवं आधुनिक भारतीय भाषा विभाग,*
इलाहाबाद विश्वविद्यालय, इलाहाबाद (उ.प्र.)

***

ज्यों रहीम ये भोर

डॉ. कन्हैया सिंह से मेरा सम्पर्क विद्यार्थी जीवन में 1970 में हुआ। पहली बार मैंने उन्हें आजमगढ़ में हनुमानगढ़ी स्थान पर राष्ट्रीय स्वयंसेवक संघ के एक कार्यक्रम में देखा। हनुमानगढ़ी में उस समय स्वयं सेवकों का एक सम्मिलित मिलन था। जिसमें मुख्य अतिथि प्रो. आर.एन.सिंह, जिन्हें रज्जु भैया के नाम से जाना जाता है, थे और डॉ. कन्हैया सिंह कार्यक्रम की अध्यक्षता कर रहे थे।

डॉ. कन्हैया सिंह नगरपालिका के चेयरमैन भी रहे और डी.ए.भी आजमगढ़ में हिन्दी के प्राध्यापक एवं बाद में विभागाध्यक्ष भी हुए। वह उन चुनिंदा लोगों में से रहे, जिनकी ख्याति एक प्रख्यात साहित्यकार और लेखक के रूप में हुई। वह राष्ट्रीय स्वयंसेवक संघ के विभाग संघचालक रहे। आजमगढ़ में राष्ट्रीय स्वयंसेवक संघ के स्वयंसेवक के रूप में कार्यरत रहते हुए उन्हें जनसंघ की स्थापना का भी श्रेय जाता है। वह अति विनम्र, सर्वसुलभ व्यक्तित्व के धनी हैं। उनसे मिलने के बाद हमेशा हमें यह महसूस होता है कि हम एक विशालकाय वटवृक्ष के नीचे बैठे हैं, जो हर शंकाओं का समाधान करने में सक्षम एवं प्रेम की प्रतिमूर्ति है। नगरपालिका के चेयरमैन के रूप में उनमें एक कुशल प्रशासक की छवि भी देखी गयी।

डॉ. कन्हैया सिंह उत्तरप्रदेश हिन्दी साहित्य संस्थान से भी जुड़े रहे हैं। विभिन्न साहित्यिक संगोष्ठियों में उनकी सहभागिता चर्चित रही। उन्होंने काफी पुस्तकें भी लिखी हैं। वह बहुमुखी प्रतिभा के धनी एवं अपने उदार व्यक्तित्व के कारण सर्वसमाज में लोकप्रिय हैं।

मुझे विद्यार्थी जीवन में डॉ. कन्हैया सिंह, स्वर्गीय शिवधनी सिंह एवं अनेक विभूतियों के साथ तत्कालीन विभाग प्रचारक श्री मोहन राय जी, जो वर्त्तमान में आगरा में शतायु होकर वैद्यकीय जीवन जी रहे हैं, का सान्निध्य मिला और मैं समाजसेवा की तरफ अग्रसर हुआ। यह कहने में मुझे संकोच नहीं है कि डॉ. कन्हैया सिंह मेरे प्रेरणाश्रोत हैं।

पद्मश्री अशोक भगत, *सचिव विश्व भारती,*
बिशुनपुर, झारखण्ड

×***

आजमगढ़ की धरा पर जन्म लेनेवाले हिन्दी उपासकों में उपाध्याय चौ. बदरी नारायण 'प्रेमघन', अयोध्या सिंह उपाध्याय 'हरिऔध', महापण्डित राहुल सांकृत्यायन, रामचरित उपाध्याय, डॉ. परमेश्वरी लाल गुप्त आदि के नाम स्वर्ण अक्षरों में अंकित हैं। डॉ. कन्हैया सिंह उसी श्रेणी की महत्त्वपूर्ण शृंखला हैं।

डॉ. कन्हैया सिंह से प्रथम परिचय आजमगढ़ के प्रथम नागरिक मेरे श्वसुर पं. चन्द्रदत्त त्रिपाठी 'वैद्य', जिन्हें सभी आदर से 'वैद्य जी' ही कहते थे, के आवास 'ईशावास्यम्' के नीचे के कमरे, जिसमें वह रहते, में जर्मनी प्रवास से आने के अवसर पर 1973 में हुआ था। डॉ. सिंह ने मेरे पिता श्री दिनेश नारायण उपाध्याय का कुशल क्षेम पूछा था तथा उनके द्वारा सम्पादित 'प्रेमघन-सर्वस्व' की चर्चा भी की थी। इस संक्षिप्त वार्त्ता के उपरान्त पिता जी (अपने श्वसुर को मैं इसी नाम से सम्बोधित करता था) से मिलने अन्य लोगों के आ जाने के कारण मैं चला गया। डॉ. सिंह मेरे श्वसुर के स्नेही थे। दक्षिण-भारत की यात्रा जो उन्होंने मेरे श्वसुर के पारिवारिक जन के साथ की थी के विवरण 'दक्षिणांचल दर्शन' नामक पुस्तक में निबद्ध है। इस पुस्तक में डॉ. सिंह ने अतीव कुशलता से दक्षिण-भारत के विभिन्न मन्दिरों के विषय में जो विवरण दिये हैं—वे मनमोहक हैं।

ईरान प्रवास के उपरान्त डॉ. सिंह से भेंट होती रही और भारतीय विज्ञान कथा लेखक समिति-फैजाबाद से मेरे द्वारा सम्पादित 'विज्ञान-कथा' त्रैमासिक के प्रकाशन में आने के कुछ दिनों के उपरान्त, मैं उस पत्रिका को डॉ. सिंह के पास नियमित भेजता रहा। उसकी विज्ञान कथाएँ पर चर्चा भी टेलीफोन-माध्यम से होती थी। यह डॉ. सिंह की गुण-ग्रहीता का प्रतीक था। एक बार लखनऊ से आजमगढ़ जाते समय वह मेरे फैजाबाद आवास पर आये, उनसे मिलकर हम सभी को जिस आनन्द की अनुभूति हुई थी, वह अविस्मरणीय है।

डॉ. सिंह स्वचेता साहित्य उपासक हैं, यह तथ्य उनकी शिवांक प्रकाशन द्वारा 2013 में प्रकाशित 'राहुल सांकृत्यायन' पर लिखी पुस्तक से मुखरित हो जाता है। इस पुस्तक में उन्होंने राहुल सांकृत्यायन के प्रारम्भिक जीवन से लेकर उनकी साहित्य-यात्रा का जिस कुशलता से, अपनी टिप्पणियों के माध्यम से रेखांकित किया है—वह स्तुत्य है। प्रसन्नता होती यदि वह राहुल जी की वैज्ञानिक कृति 'बाइसवीं सदी' पर भी कुछ शब्द लिखते। राहुल जी सम्बन्धित इस पुस्तक का अन्तिम अध्याय-राष्ट्रभाषा और मातृभाषा में राहुल सांकृत्यायन के विचारों को प्रस्तुत कर जनपदीय बोलियों की महत्ता को रेखांकित किया है—वह सराहनीय है।

अनेक ग्रन्थों के रचयिता तथा सम्मानों से विभूषित डॉ. सिंह पचासी वर्ष की आयु में भी साहित्य साधना में लीन हैं, ऐसे साहित्य व्रती 'जीवेम् शरदः शतम्' की उक्ति को साकार करें, यही कामना है।

राजीव रंजन उपाध्याय, *'विज्ञान परिसर' कोठी काके बाबू*
देवकाली मार्ग, फैजाबाद (उ.प्र.)

***

डॉ. कन्हैया सिंह जी से मेरा सम्पर्क 1956 में हुआ। तब वह हॉलैण्डहॉल छात्रावास के कक्ष संख्या 88 में रहते थे। इसी वर्ष मैंने विश्वविद्यालय में प्रवेश लिया था और मुझे हॉलैण्ड हॉल छात्रावास आवंटित हुआ था। यहीं मेरी उनसे मुलाकात हुई। उन दिनों छात्रावास में परिचय

सत्र के नाम पर बहुत ही भयंकर रैगिंग हुआ करती थी। मैं विश्वविद्यालय में नया था और उस भयावह रैगिंग से बहुत आतंकित भी था। मेरे भीतर के इस डर को न तो मैं किसी से बता सकता था न ही कोई इसे समझने वाला ही था। एक दिन जब अभी छात्रावासी के कारण कुछ ही दिन हुए थे, अचानक से डॉ. कन्हैया सिंह जी मेरे पास आये और उन्होंने मुझसे मेरे चिन्तित होने का कारण पूछा। कई बार पूछने के बाद मैंने उन्हें अपने भय से अवगत कराया। वह दिन मेरे भय का आखिरी दिन था। उस दिन के बाद छात्रावास के परिचय सत्र में मेरी बुलाहट बन्द हो गयी।

कन्हैया सिंह जी की इस सदासयता से मैं कृतार्थ भी हुआ और बहुत प्रभावित भी। लेकिन उनसे प्रभावित होने का केवल यही कारण था, ऐसा बिलकुल भी नहीं है। कन्हैया सिंह जी छात्रावास के अत्यन्त मेधावी और तेजस्वी छात्रों में थे। चाहे खेल-कूद हो, विश्वविद्यालय की छात्र राजनीति हो या अध्ययन हो, उनका कोई जवाब नहीं था। उनको कड़ाके की धूप में भी घूमकर राजनीति करते देखना, उमसभरी गर्मी की अँधेरी रात में भी पढ़ते देखना मेरे जैसे नवजवान के लिए उन्हें प्रेरणास्रोत बनाने के लिए पर्याप्त था। कुल मिलाकर यह कि अपने विद्यार्थी काल से ही मैं उनके बहुआयामी व्यक्तित्व के प्रति अत्यन्त आकर्षित और उससे अभिभूत था, जो आज तक बरकरार है। स्नातक करने के बाद मुझे छात्रावास छोड़ना पड़ा, परन्तु छात्रावास की जो मधुर स्मृतियाँ थीं उन्हें कभी भुला नहीं पाया, खासकर डॉ. कन्हैया सिंह जी और उनके द्वारा किये गये उपकार को।

डॉ. कन्हैया सिंह जी अद्‌भुत साहित्यिक मेधा के धनी, प्रखर वक्ता और अत्यन्त मृदुभाषी व्यक्ति के रूप में हमारे अत्यन्त आदरणीय और सम्माननीय हैं। उनका स्वभाव अत्यन्त सहज-सरल-प्रेम युक्त और गम्भीर है। आज यह जानकार अत्यन्त प्रसन्नता हो रही है कि वह अपने जीवन का 85वाँ वर्ष पूर्ण कर रहे हैं। इस अवसर पर मैं उनके स्वस्थ, प्रसन्न और सक्रिय जीवन के साथ दीर्घायु होने की कामना करता हूँ तथा उनके द्वारा किये गये महत्त्वपूर्ण साहित्यिक, सांस्कृतिक और सामाजिक योगदान के प्रति अपनी श्रद्धा व्यक्त करता हूँ।

__जे.एन. मिश्र,__ सेवानिवृत्त आई.ए.एस.

अध्यक्ष नेहरू ग्राम भारती विश्वविद्यालय, प्रयागराज (उ.प्र.)

***

मुझे डॉ. कन्हैया सिंह जी व उनकी रचनाओं से जुड़ने का बहुत ही आत्मीय अवसर मिला। सच पूछिये तो मेरा उनसे जुड़ना भी सूफ़ी-सन्तों के काव्य को लेकर ही हुआ। उन दिनों मैं हिन्दुस्तान दैनिक समाचार पत्र में कार्यरत था। मुझे आजमगढ़ शहर में ब्यूरो प्रमुख बनाकर भेजा गया। साहित्यिक अभिरुचि होने के कारण मैं एक दिन डॉ. कन्हैया सिंह के घर पहुँच गया। वे सफेद धोती-कुर्ता पहने अपने कमरे में बैठे कुछ रच रहे थे। उस दिन उनकी आत्मीयता ने मुझमें उन्हें जानने और समझने की ललक पैदा कर गयी। बातचीत में जब मैंने उन्हें बताया कि मैं राधास्वामी मत का हूँ और कबीर, दादू, पलटू और मलूक को खूब पढ़ा है, तो वे बहुत खुश हुए और अपने सूफ़ी अध्ययन के सम्बन्ध में बताने लगें। अचानक मुझे लगा कि यह तो सूफ़ी रचनाओं के एक अद्‌भुत खजाने से कम नहीं है। फिर तो डॉ. कन्हैया सिंह से मेरी जब भी मुलाकात

होती तो चर्चा के केन्द्र में कोई-न-कोई सूफ़ी-सन्त और उसकी रचनाएँ ही होतीं। सच कहूं तो यही बात उनकी रचनाओं में है, जिन्हें पढ़ते हुए हम कई कालखण्डों और कई रचनाकारों व विचारकों के सद्-विचार से होकर गुजरने का अनुभव सहज ही पा लेते हैं।

पत्रकारीय सोच के हिसाब से डॉ. कन्हैया सिंह की एक बात मुझे बहुत भाती रही है कि वे जिस परिवेश में रहते हैं, उसे बखूबी जीते हैं और उसपर पूरी ठसक के साथ कलम चलाते हैं। अब देखिये न कि वे आजमगढ़ में रहते हैं तो उन्होंने आजमगढ़ के लेखकों पर ही नहीं पूर्वांचल के कई लेखकों और उनके रचनाकर्म से लोगों को परिचित कराने का बीड़ा उठाया और उसे बखूबी निभाया भी। इन लेखकों में राहुल सांकृत्यायन, अयोध्या सिंह 'हरिऔध' हैं, तो चन्द्रबली पाण्डेय भी हैं और पूर्वी उत्तर प्रदेश के कई सन्त कवि भी। उनकी लेखनी आरा के वीर कुंवर सिंह पर चलती है तो महायोगी गोरखनाथ पर भी। यह सब कुछ उनके आलोचना और सृजनात्मक रचनाकर्म से अलग है और लोगों को सीधे-साध अपने सामाजिक परिवेश से जोडक़र बेहतर होने में सहायक बनता है।

आजमगढ़ में रहते हुए मैंने पाया कि वे किसी संस्था से कम नहीं हैं। सुबह-सुबह ठण्डी सडक़ पर टहलते हुए डॉ. सिंह मिल जायें और किसी विषय पर चर्चा शुरू हो जाये तो समझिये कि आप को ऐसा बहुत कुछ मिलने जा रहा है, जो आप अपने पीछे आ रही पीढ़ियों को स्थानान्तरित कर सकते हैं। एक पत्रकार होने के नाते मैं उनसे कई मुद्दों पर राय लेने पहुँच जाता था। यहाँ मैं यह बता दूँ कि मैं वहाँ ब्यूरो प्रभारी था और अपने किसी भी संवाददाता को भेज सकता था, लेकिन मैं इस लोभ को नहीं छोड़ पाता था कि उनके पास जाने का मतलब है कि बहुत कुछ नया और सार्थक मिल सकता है। बस इसलिए मैं पहुँचता था। पहले तो वे पूछते कि जो कहेंगे वह वैसा ही छपेगा न। और मेरे हामी भरने पर वे बड़ी ही बेबाकी से अपनी बात कहते। चलते-चलते कुछ पढ़ने की सामग्री भी मिल जाती। मैं इतना तो दावे के साथ कह सकता हूँ कि भारतीय साहित्य परम्परा में अब ऐसे लोग बहुत कम ही बचे हैं, जो अपने पीछे आ रही पीढ़ी के सोच-विचार के विकास की चिन्ता रखते हैं। डॉ. कन्हैया सिंह इस परम्परा के ही वाहक हैं। यह हम सबके लिए बहुत महत्त्वपूर्ण है कि वह अभी भी रच रहे हैं।

__धनंजय चोपड़ा__, 515, विनायक इन्क्लेव, अशोक नगर
प्रयागराज (उ.प्र.)

खण्ड-2

सृजन पर्व
विचार और वैभव का ताना-बाना

राहुल का पुनर्मूल्यांकन : डॉ. कन्हैया सिंह

जय प्रकाश 'धूमकेतु'

केन्द्रीय हिन्दी संस्थान आगरा द्वारा डॉ. कन्हैया सिंह के साहित्यिक योगदान पर एक स्मृतिग्रन्थ का प्रकाशन किये जाने का निर्णय लिया गया है। संस्थान द्वारा पत्र के माध्यम से मुझसे भी लिखने का आग्रह किया गया है। साहित्यकार डॉ. कन्हैया सिंह के साहित्य लेखन से मैं 40-45 वर्षों से परिचित हूँ। व्यक्तिगत रूप से भी उनसे मेरे आत्मीय सम्बन्ध रहे हैं। डॉ. कन्हैया सिंह अपनी उम्र के 85 वसन्त देख चुके हैं। उनके शतायु होने की कामना के साथ उनके हिन्दी साहित्य के योगदान पर कुछ लिखने की कोशिश कर रहा हूँ। यह भी सच है कि हमारी और उनकी वैचारिकी में दिशाभेद रहा है।

'सर्वेभवन्तु सुखिनः' और 'वसुधैव कुटुम्बकम्' की अवधारणा के कायल हैं डॉ. कन्हैया सिंह। मुझे भी यह सांस्कृतिक उक्ति बहुत पसन्द है। राहुल सांकृत्यायन सबको सुखी देखना चाहते थे और राज्यविहीन दुनिया को एक परिवार के रूप में भी देखना चाहते थे। राहुल सांकृत्यायन ने अपने उपन्यास 'बाईसवीं सदी' में कुछ इसी तरह का सपना देखते हुए गल्प रचा था। यह गल्प 'सर्वेभवन्तु सुखिनः' और 'वसुधैव कुटुम्बकम्' पर भी लागू होता है। जमीनी हकीकत में जो अन्तर दिखता है वह तो रहेगा ही। कैसे सभी सुखी हों? कैसे पूरी दुनिया की मानव जाति एक परिवार में तब्दील हो? यह जटिल प्रश्न अतीत से वर्तमान तक क्या भविष्य में भी बना रहेगा। यह तो तभी सम्भव है जब पूरी दुनिया में समरसता, समानता, सहिष्णुता और सहकार की मानवीय सोच का वातावरण सृजित हो जाय। यह मानवीय समृद्धि आयेगी कैसे? यह तभी सम्भव है जब मानवीय संवेदना का धरातल सघनता के साथ तैयार हो। परन्तु हम आज उल्टी दिशा में जा रहे हैं। निरन्तर छिजता संवेदना का धरातल हमारे समय का सबसे बड़ा संकट है, जिसका विस्तार पूरी दुनिया में हो चुका है। गहराते दुनिया के इस संकट से निजात पाकर ही हम 'सर्वेभवन्तु सुखिनः' और 'वसुधैव कुटुम्बकम्' की वायवीय संकल्पना का जमीनी स्वरूप देख सकते हैं, अन्यथा की स्थिति में हम मंचों, गोष्ठियों और पुस्तकों में तो यह गल्प दुहराते ही रहेंगे वैसे ही जैसे तमाम वामाचारी राहुल सांकृत्यायन के उपन्यास 'बाईसवीं सदी' का गल्प दुहराते रहते हैं।

क्या वाम, क्या दक्षिण? भटकन-दर-भटकन के शिकार हैं हम सभी। भीड़ का समाजशास्त्र नया इतिहास गढ़ने की दिशा में आगे बढ़ रहा है। ईमानदार मानवीय सोच और सघन संवेदना

की जमीन पर लहलहाती 'सर्वेभवन्तु सुखिनः' और 'वसुधैव कुटुम्बकम्' की फसल कब उगेगी? उक्त सूक्तियों के बहाने जो सपना हमारे ऋषियों ने देखा था या फिर आधुनिक युग के ऋषि राहुल सांकृत्यायन ने जिस मानव समाज का सपना देखा था और उस सपने को साकार करने के लिए—भागो नहीं दुनिया को बदलो की सदिच्छा व्यक्त की थी वह दूर-दूर तक पूरी होती हुई दिखायी नहीं पड़ती। अब तो भीड़ का एक तीसरा पक्ष भी है जो सियासत के मेंड़ पर खड़ा है। न बायें, न दाहिने। दरअसल उनके लिए मेड़ सबसे सुरक्षित जगह बन चुकी है। बायें खेत में फसल लहलहाई तो पूरा खेत उनका और जब दाहिने खेत में फसल लहलहाई तो पूरी फसल उनकी। इसी को कहते हैं दोनों हाथ में लड्डू।

डॉ. कन्हैया सिंह से मेरी मुलाकातें बार-बार होती रही हैं। साहित्यिक संगोष्ठियों में मंच साझा करने का अवसर भी मिलता रहा है। वाद-विवाद-संवाद की स्थितियाँ भी आती-जाती रहीं। उन्हें भी पता है कि जिस हाथ से मैं कलम चलाता हूँ वह मेरा बायाँ हाथ है। कभी-कभी डॉ. कन्हैया सिंह मुस्कराते हुए कह भी देते धूमकेतु तुम तो पूरे वामपन्थी निकले? मानवीय रिश्तों में हमारे-उनके बीच कोई खटास का अवसर नहीं आया। संवेदनशीलता की बुनियाद ने हमारे उनके रिश्तों की डोर को टूटने से बचाया। आख़िर यह बात औरों के बीच क्यों नहीं व्यवहृत होती। 'सन्तों चली ज्ञान की आँधी' में विवेक, प्रेम तथा करुणा की भारतीय संस्कृति की मूल आत्मा कहाँ गुम हो गयी? आखिर हमारे समाज के भीतर 'अहंकार अति दुखद डमरुआ' की कानफोड़ू आवाज कहाँ से उठ रही है। क्या हम सभी उस आवाज़ के हिस्से तो नहीं होते जा रहे हैं?

यहाँ हमें बात करनी थी राहुल सांकृत्यायन के बहाने डॉ. कन्हैया सिंह के साहित्यिक योगदान पर और हम बात करने लगे उनसे अपने आत्मीय सम्बन्धों पर। डॉ. कन्हैया सिंह के प्रखर वक्तव्यों से मैं प्रभावित होता रहा हूँ साथ ही उनके सूफ़ी सन्तों पर किये गये बहुत से कामों का प्रशंसक भी। सूफ़ीसन्त साहित्य पर उनकी पांच पुस्तकें प्रकाशित हैं, भाषा सम्बन्धी चार पुस्तकें पाठकों के बीच हैं। हिन्दी आलोचना पर उन्होंने सबसे ज्यादा काम किया है। आलोचना की उनकी नौ पुस्तकें प्रकाशित हैं। पाठालोचन की चार और सृजनात्मक साहित्य पर सात पुस्तकें प्रकाशित हैं। उनकी चार पुस्तकें प्रकाशनाधीन हैं। मधुमती, साक्षात्कार, विश्व भारती, भारतीय साहित्य आदि साहित्यिक पत्रिकाओं में उनके लेख प्रकाशित हैं, उन तमाम लेखों को तलाशने और उन्हें अलग से पुस्तकाकार करने की जरूरत है। समय-समय पर विभिन्न संस्थाओं द्वारा उन्हें सम्मानित भी किया जाता रहा है। इस तरह उन्हें नौ बार सम्मानित किया जा चुका है।

डॉ. कन्हैया सिंह ने आजमगढ़ की माटी की सोंधीगन्ध को शिद्दत के साथ महसूस किया है। महापण्डित राहुल सांकृत्यायन, आचार्य चन्द्रबली पाण्डेय, महाकवि अयोध्या सिंह उपाध्याय 'हरिऔध', महाकवि रामचरित उपाध्याय, पर उनकी कृतियों को देखा जा सकता है। सैदा, सिविलीनोमानी, मलयज, श्रीराम वर्मा पर भविष्य में कुछ-न-कुछ आना शेष है। क्रम जारी है। एक और नाम बाकी है आजमगढ़ से प्रकाशित साप्ताहिक अखबार कर्मयोगी के सम्पादक, ज्योति स्वरूप सिंह का। कर्मयोगी का आजमगढ़ के लिए ऐतिहासिक महत्त्व है। राहुल जी कर्मयोगी में 50-60 अंकों में क्रमशः 'जनम भूमि मम परम सोहावन' शीर्षक से लिखते थे जिसमें 'विसराम' का भी सन्दर्भ आता है। डॉ. कन्हैया सिंह ने कर्मयोगी के उन अंकों की बहुत तलाश की ताकि उसे पुस्तकाकार रूप दिया जा सके परन्तु अभी तक इसमें सफलता नहीं मिली। तलाश जारी है। डॉ. कन्हैया सिंह से बातचीत से जानकारी मिली कि राहुल जी जब कभी आजमगढ़ आते उनका ठहराव दो लोगों के घर में होता। पहला घर कर्मयोगी के सम्पादक-ज्योति स्वरूप सिंह का और

दूसरा घर आजमगढ़ चर्च के पादरी-जस्टिम ब्राडवे का। डॉ. कन्हैया सिंह कहते हैं—कि राहुल जी ब्राडवे को चन्द्रशेखर त्रिपाठी कहकर पुकारते थे।

जिस डी.ए.वी. कॉलेज आजमगढ़ के हिन्दी विभाग में डॉ. कन्हैया सिंह अध्यापन करते थे उसी विभाग से एक नाम श्रीराम वर्मा का आता है। डॉ. कन्हैया सिंह के वरिष्ठ थे। नयी कविता के दौर का एक महत्त्वपूर्ण नाम, तारसप्तक के कवि और 'अन्तरिक्ष यात्री' कहानी संग्रह के लेखक श्रीराम वर्मा। श्रीराम वर्मा सिर्फ साहित्य साधना के यात्री थे। सामाजिक, राजनीतिक दायरे से अलग। श्रीराम वर्मा से उलट डॉ. कन्हैया सिंह का दायरा बड़ा था सामाजिक-राजनीतिक सरोकारों के प्रति सचेत व सक्रिय। एक ही हिन्दी विभाग में दो धाराएँ। दोनों से मेरा आत्मीय लगाव था। दोनों मेरे प्रति स्नेहिल भाव रखते रहे। मेरी वैचारिकी से दोनों दूरी बनाये रहे पर अपनापन के भाव में कभी कमी नहीं आने पायी। राहुल जी के प्रति दोनों के मन में अटूट प्रेम दिखता था, शायद आत्मीय सम्बन्धों की डोर राहुल सांकृत्यायन ही हो सकते हैं।

वैचारिक भिन्नता के बावजूद डॉ. कन्हैया सिंह का राहुल जी के प्रति अनुराग भाव ही था जिसके चलते राहुल जी पर उनकी दो पुस्तकें प्रकाशित हुईं। पहली पुस्तक 'राहुल सांकृत्यायन' और दूसरी 'राहुल सांकृत्यायन समग्र अनुशीलन'। पुस्तक की भूमिका में डॉ. कन्हैया सिंह लिखते हैं—"राहुल अपने लेखन में जितने उत्कृष्ट और निष्णात् थे, उतने ही विवादास्पद भी थे। वैष्णव से बौद्ध, बौद्ध से मार्क्सवादी और मार्क्सवादी से राष्ट्रवादी यह उनके जीवन के तीन चरण हैं—कोई उन्हें केवल भौतिकवादी, मार्क्सवादी और अनास्थावादी के रूप में देखता है तो कोई उनमें देश, धरती और संस्कृति के प्रति अखण्ड आस्था देखता है। वस्तुतः राहुल में इनका एक समुच्चय था। वह अन्धविश्वास, रूढ़ि, जड़ता, साम्प्रदायिकता के प्रबल विरोधी थे पर संस्कृति के सर्वोत्तम स्वरूप के उपासक और प्रचारक थे। उनमें देशाभिमान, भाषाभिमान और संस्कृति का अखण्ड स्वाभिमान था। सम्मिलन के इन्हीं बिन्दुओं के कारण उनका व्यक्तित्व और लेखन दोनों ही जटिल हो जाता है। उस जटिलता से संवाद और उसमें से सही राहुल की तलाश का यत्न ही उनका उचित मूल्यांकन है।"

यहाँ राहुल को रेखांकित करते हुए डॉ. कन्हैया सिंह ने अपने नीर-क्षीर विवेक का परिचय दिया है। यहाँ एक बात जरूर कहना चाहूँगा कि एक सनातनी कुल में जन्में राहुल (केदार पाण्डेय) अपने आपको बार-बार अतिक्रमित करते हुए आगे बढ़ते हैं। परसामठ (बिहार) पहुँचते-पहुँचते राहुल (रामउदारदास) वैष्णव हो जाते हैं और उसे भी त्यागकर दयानन्द सरस्वती के आर्यसमाज के प्रचारक के रूप में निकल पड़ते हैं, पश्चिमी उत्तर प्रदेश से होते हुए लाहौर तक की पदयात्रा में आर्यसमाज के विचारों के भीतर से मानव उद्धार के रास्ते की तलाश करते हैं।

आर्यसमाज के रास्ते से बढ़ते हुए उन्हें बौद्धदर्शन आकर्षित करता है और तब राहुल श्रीलंका के रास्ते पर निकल पड़ते हैं। ज्ञानार्जन के बाद उन्हें त्रिपिटिकाचार्य की उपाधि मिलती है। लम्बी यायावरी के बाद भिक्खु राहुल हमारे सामने आते हैं। राहुल सांकृत्यायन और भारतीय स्वतन्त्रता संग्राम में गाँधी के साथ राहुल। सहजानन्द सरस्वती किसान आन्दोलन में सक्रिय-राहुल। नागार्जुन, रामवृक्ष बेनीपुरी, यदुनन्दन शर्मा, कार्यानन्द शर्मा के छपरा के किसान संघर्ष में कूदते हैं राहुल सांकृत्यायन।

किसान आन्दोलन में राहुल की चर्चा अमवारी की घटना के बिना तो अधूरी रह जायेगी। अमवारी की घटना ही राहुल जी के स्मृतिलोप का कारण बनी और अन्ततः मृत्यु का भी कारण। किसान के बोये हुए गन्ने के खेत पर जमींदार का कब्जा। राहुल जी द्वारा हँसिये से गन्ना काटने की शुरुआत और जमींदारी के पिलवान कुर्बानअली द्वारा हाथी के सूँढ़ और बाँस के टोटे से

किसान सभा के लोगों की पिटाई। एक बाँस राहुल जी के सिर पर लगा और खून के फौव्वारे फूट पड़े। ब्रिटिश हुकूमत जमींदार के पक्ष में खड़ी थी। हथकड़ियों में बँधे राहुल को छपरा जेल में डाल दिया गया।

राहुल जी का जीवन केवल तीन चरणों में आबद्ध नहीं है, बल्कि उनका बहुआयामी व्यक्तित्व है और वह बार-बार अपने आपसे टकराते हुए सर्वेभवन्तु सुखिनः का सपना देखते हैं। जीवन में तमाम जटिल रास्तों से गुजरते हुए, द्वन्द्वात्मक भौतिकवाद से गुजरते हुए मार्क्सवादी सोच को अंगीकार करते हैं; परन्तु बम्बई में हिन्दी साहित्य सम्मेलन के राष्ट्रीय सम्मेलन में मुख्य अतिथि के रूप में बोलते हुए भाषा के सवाल पर मार्क्सवादियों से भी राहुल टकराते हैं और उन्हें कम्युनिस्ट पार्टी से निकाला भी जाता है।

निश्चित रूप से डॉ. कन्हैया सिंह राहुल जी के बहुआयामी व्यक्तित्व के कायल हैं। राहुल जी के पुनर्मूल्यांकन की जरूरत को वह बार-बार महसूस करते हैं परन्तु राहुल के विराट् व्यक्तित्व को परखना और अपार साहित्य में गोते लगाना किसी एक व्यक्ति के बूते की बात नहीं है। राहुल जी का समग्रता के साथ मूल्यांकन किसी बड़ी संस्था द्वारा ही सम्भव है। राहुल जी ने भाषा, साहित्य, बोली (भोजपुरी), इतिहास, समाज, राजनीति, मानविकी, दर्शन, पुरातत्त्व, धार्मिक, सामाजिक-सांस्कृतिक, घुमक्कड़ शास्त्र, कविता, कहानी, उपन्यास, अनुवाद, जीवनी आदि विविध विधाओं में लेखन कार्य किया है। अलग-अलग शोधपरक परियोजनाओं के माध्यम से समग्रता के साथ पुनर्मूल्यांकन के कार्य को कोई बड़ी संस्था ही सम्पन्न करा सकती है। डॉ. कन्हैया सिंह बाबू श्रीनिवास अग्रवाल को सन्दर्भित करते हैं और किताब महल इलाहाबाद को सम्मानपूर्वक याद करते हैं। राहुल सांकृत्यायन की बहुतायत पुस्तकों का प्रकाशन किताब महल द्वारा किया जाता रहा है। दूर-दराज के गाँवों तक लोगों के हाथों में जो राहुल जी की किताबें देखी जाती हैं उसका श्रेय तो किताब महल को जाता है।

डॉ. कन्हैया सिंह ने राहुल सांकृत्यायन समग्र अनुशीलन का सम्पादन कर पं. विद्यानिवास मिश्र, डॉ. रामचन्द्र तिवारी, पं. नर्वदेश्वर चतुर्वेदी, भगवतशरण उपाध्याय, कुबेरनाथ राय, राममूर्ति त्रिपाठी, विवेकी राय, डॉ. नागेन्द्र, विष्णु प्रभाकर जैसे तमाम लेखकों के राहुल जी के प्रति उपजे भाव-विचारों को पाठकों तक पहुँचाने का काम किया है। मैं राहुल जी के बहाने डॉ. कन्हैया सिंह के लेखन से गुजरते हुए उनके शतायु होने की कामना करता हूँ।

सम्पादक अभिनव कदम
223-जिलामुद्दीनपुरा, मऊनाथभंजन, मऊ (उ.प्र.)

राहुल सांकृत्यायन के झरोखे से : डॉ. कन्हैया सिंह

कैलाश देवी सिंह

महापण्डित राहुल सांकृत्यायन पर विद्वद्शिरोमणि डॉ. कन्हैया सिंह द्वारा लिखित आलोचना कृति 'राहुल सांकृत्यायन' राहुल पर एक समग्र, सर्वांग सम्पन्न और सुविवेचित रचना है। राहुल के जीवन और सृजन पर ऐसी वैदुष्यपूर्ण, सर्वसम्पूर्ण समीक्षात्मक कृति मेरी दृष्टि से नहीं गुजरी। दो परिशिष्ट सहित पूरी रचना सात शीर्षकों में प्रारूपित है। शिवांक प्रकाशन, नयी दिल्ली से प्रकाशित इस ग्रन्थ में राहुल की जीवन यात्रा, उनकी इतिहास दृष्टि, आत्मकथा और जीवनी, उनकी यायावरी और विश्वकोशीय प्रतिभा, राष्ट्रभाषा और मातृभाषा सन्दर्भित उनकी वैचारिकी, इसके साथ ही राहुल का सर्वोत्कृष्ट प्रदेय-सिद्ध सामन्त साहित्य की खोज और स्थापना आदि को बहुविध व्याख्यायित किया गया है।

प्रथम प्रकरण–यात्री राहुल की जीवन यात्रा का प्रारम्भिक अनुच्छेद ही राहुल के व्यक्तित्व एवं कर्तृत्व का प्रवेशद्वार है जब डॉ. सिंह लिखते हैं—"राहुल सांकृत्यायन विश्वविश्रुत विद्वान् और अनेक भाषाओं के ज्ञाता थे। ज्ञान के विविध क्षेत्रों में उनका अवदान अतुलनीय है। भाषा और साहित्य के अज्ञात गुहान्धकारों को प्रकाशित करने, इतिहास और पुरातत्त्व के अछूते क्षेत्रों को उद्‌घाटित करने, विश्व भ्रमण का कीर्तिमान स्थापित करते हुए यात्रा वृत्तान्तों के विपुल साहित्य लेखन और यात्रावृत्त को 'घुमक्कड़ शास्त्र' के रूप में शास्त्र प्रतिष्ठा देने, अपनी जीवन यात्रा के पाँच भागों में एक अनुपम आत्मकथा लिखने और दर्जनों महत्त्वपूर्ण ज्ञात-अज्ञात लोगों की जीवनी प्रस्तुत करने से लेकर पुरातत्त्व, इतिहास, समाजदर्शन और अर्थशास्त्र के जीवन्त पहलुओं को उद्‌घाटित करनेवाली विश्वप्रसिद्ध कहानियाँ और उपन्यासों के सृजन, दर्शन एवं राजनीति पर समर्थ साहित्य-रचना के साथ ही राष्ट्रीय स्वतन्त्रता में सक्रिय भागीदारी, किसान आन्दोलन की अगुआई, राष्ट्रभाषा हिन्दी और जनपदीय भाषाओं की प्रतिष्ठा के लिए एक सिपाही की भाँति सक्रिय रहते हुए विदेशों के विश्वविद्यालयों में प्रतिष्ठापूर्ण आचार्य के रूप में अध्यापन और अपने समर्थ पद-संचरण से उन्होंने देश और विदेश के दुर्गम क्षेत्रों को अनवरत देखा-परखा। इतने कार्यों को एक साथ सम्पन्न करना साधारण आदमी के वश का कार्य नहीं था। वह चलते-फिरते विश्वकोश थे और कर्मशक्ति के कीर्तिमान थे। ऐसे महापुरुष शताब्दियों में विश्वपटल पर अवतीर्ण होते हैं। राहुल उन्हीं महापुरुषों की शृंखला में एक थे।" (पृ.-1)

पुस्तक का यह अवतरण इस कृति का आदि, मध्य, अन्त है, अथ और इति है, कथ्य और तथ्य है, समास है, सार है, संक्षेप है, केन्द्र है, प्राण है। कह सकते हैं इसी में पूरी पुस्तक की प्राणवायु है। शेष अध्याय इन्हीं बिन्दुओं का व्यास विस्तार है। इस प्रथम अध्याय में भी नाना उपशीर्षक हैं—पैतृक परिवार और जँवार, राहुल की वंशावली, गोत्र, जन्म स्थान, पालन पोषण, बाल्यावस्था, गृहस्तिक जीवन, प्रथम वैवाहिक जीवन की अस्वीकृति और विरक्ति, समयान्तराल में प्रथम परिणीता के प्रति संवेदनशीलता, 12 वर्ष की अवस्था में गृहत्याग; उर्दू, अरबी, फारसी, संस्कृत आदि भाषाओं का ज्ञानार्जन, घुमक्कड़ी व सधुक्कड़ी, बौद्ध भिक्षु बनना, गौतम बुद्ध के पुत्र राहुल के नाम को अपनाना तथा सांकृत्यायन गोत्र जोड़कर अपना नया नाम, अभिधान, पहचान बनाना। दूसरा शीर्षक 'घुमक्कड़ी' में उनकी यायावरी का वर्णन है। रूस यात्रा के दौरान रूसी महिला लोला से विवाह और पुत्र प्राप्ति, लेनिनग्राद विश्वविद्यालय में संस्कृत, पालि के प्रोफेसर रूप में अध्यापन, मार्क्सवाद के प्रभावस्वरूप वामपन्थी सोच और प्रवृत्ति, श्रीलंका, तिब्बत, जापान, कोरिया, मंचूरिया, ईरान की अनेकशः यात्राएँ, श्रीलंका में बौद्ध धर्मग्रन्थों के सघन अध्ययन के कारण त्रिपिटिकाचार्य की उपाधि से विभूषित होना, अनेक विघ्न-बाधाओं के पश्चात् भी तमाम बौद्ध ग्रन्थों की खोज करना, बौद्ध धर्म के प्रचार हेतु इंग्लैण्ड और यूरोपीय देशों की यात्राएँ, भारत आकर गाँधी के आह्वान पर स्वतन्त्रता आन्दोलन के सेनानी रूप में जुड़ना—डॉ. सिंह ने इन तमाम घटनाक्रमों का सन् एवं तिथिवार वर्णन किया है। स्वाधीनता आन्दोलन में 1921 से 1925 ई. तक वह प्रायः जेलों में ही रहे। 1947 में हिन्दी साहित्य सम्मेलन के मुम्बई अधिवेशन के अध्यक्ष बने, जहाँ हिन्दी की पक्षधरता के कारण विवाद उत्पन्न होने पर उन्हें कम्युनिस्ट पार्टी से निकाल दिया गया। राष्ट्रभाषा हिन्दी के लिए वह कोई समझौता करने को तैयार नहीं थे। 50 वर्ष के पश्चात् उनका अपने ग्राम कनैला प्रत्यागमन होता है। पर वहाँ से अल्पविराम के उपरान्त वह उत्तराखण्ड की यात्रा पर निकल गये। 1951-52 के आसपास राहुल मंसूरी में हैप्पी वैली के हार्नक्लिफ नामक बंगले को क्रय करके उसमें रहने लगे। रूसी पत्नी और पुत्र को तो वह भारत ला नहीं पाये, किन्तु उम्र के उस पड़ाव पर एकाकीपन से उबरने के लिए अपनी टाइपिस्ट कमला पेरियार से तीसरा विवाह किया। जिससे 1953 में पुत्री जया और 1955 में पुत्र जेता का जन्म हुआ।

1958 की चीन यात्रा के समय ही राहुल ने मध्य एशिया का इतिहास लिखा जिस पर उन्हें साहित्य अकादमी पुरस्कार मिला। उसी समय 1959 में वह दार्जिलिंग चले गये, किन्तु इसी वर्ष श्रीलंका के विश्वविद्यालय में उन्हें संस्कृत एवं बौद्धदर्शन विभाग के अध्यक्ष पद का दायित्व मिला जिसका निर्वाह उन्होंने मृत्युपर्यन्त किया। हिन्दी सेवा के लिए भागलपुर विश्वविद्यालय ने उन्हें डॉ. की मानद उपाधि प्रदान की, राष्ट्रभाषा बिहार परिषद् ने 'मध्य एशिया का इतिहास' के लिए उन्हें पुरस्कृत किया। काशी विद्वत्सभा ने उन्हें 'महापण्डित' की उपाधि दी, साहित्य सम्मेलन प्रयाग ने उन्हें साहित्यवाचस्पति से सम्मानित किया तो 26 जनवरी, 1961 को भारत सरकार ने पद्मभूषण से अलंकृत किया। 'सरस्वती' ने अपने हीरकजयन्ती समारोह में इस बहुमुखी प्रतिभा व्यक्तित्व को मानपत्र देकर समादृत किया।

सन् 1961 में राहुल जी गम्भीर रूप से अस्वस्थ हो गये, स्मृतिलोप हो गया। पक्षाघात से पीड़ित हो उपचार हेतु मास्को गये। तमाम उपचार के बाद भी वह स्वस्थ नहीं हुए। दिल्ली लौट आये और 16 माह तक रोग से निरन्तर संघर्षोपरान्त अन्ततः 14 अप्रैल, 1963 को इस महान् विभूति ने अन्तिम सांस ली। डॉ. सिंह ने उपर्युक्त समस्त वृत्तान्त को अत्यन्त प्रभविष्णु, मार्मिक और जीवन्त ढंग से वर्णित किया है।

राहुल के विराट् व्यक्तित्व पर डॉ. कन्हैया सिंह ने अनेकशः प्रकाश डाला है। यथा—वे 36 भाषाओं के ज्ञाता थे, भाषाएँ सीखने में वह नाना कष्ट भी सहते रहे। साहित्यिक विधाओं के अतिरिक्त राहुल ने इतिहास, दर्शन, विज्ञान आदि विषयों पर भी ज्ञानवर्द्धक पुस्तकें लिखीं। उनके लिए डॉ. सिंह ने नामवर सिंह, प्रो. सिल्वालेवी, बालकृष्ण राव, डॉ. भगवतशरण उपाध्याय, डॉ. मुल्कराज आनन्द, काशीप्रसाद जायसवाल, रूसी प्राच्यविद् डॉ. चर्वात्स्की और बनारसीदास चतुर्वेदी आदि की राहुल पर प्रशस्तियों को भी उद्धृत किया है। सबसे सार्थक और सटीक उक्ति उन्होंने निराला जी की उल्लिखित की है जिससे राहुल का हिन्दी प्रेम प्रकट होता है—"हिन्दी के हित का अभिमान वह दान वह।"

राहुल की बारम्बार यात्राएँ और प्रचुर मात्रा में यात्रा-साहित्य की सर्जना हेतु डॉ. कन्हैया सिंह उनकी तुलना ह्वेंसांग और मार्कोपोलो से करते हैं। वैष्णव साधु के रूप में जीवन प्रारम्भ करते हुए, आर्यसमाज और बौद्धदर्शन से गुजरते हुए एक मार्क्सवादी के रूप में राहुल ने अपना जीवन समाप्त किया। उनके स्वभाव-चरित्रगत वैशिष्ट्य का उद्घाटन करते हुए डॉ. सिंह ने कहा है कि राहुल पृथ्वी और उसके मनुष्य के प्रति अधिक आस्थावान् थे, अपेक्षाकृत स्वर्ग और उसके देवता के। प्राचीन रूढ़ियों, मान्यताओं और अन्धविश्वासों का वह तार्किक खण्डन करते थे। डॉ. सिंह का मत है कि राहुल विचारक, लेखक होने के साथ सामाजिक, राजनैतिक कार्यकर्त्ता भी थे, किसानों और दलितों के मसीहास्वरूप थे। नवजागरण से आगे बढ़े हुए दौर के नेता थे। बुद्धिवाद और वैज्ञानिक विचार-पद्धति के समर्थक थे। वैज्ञानिक भौतिकवाद से राहुल का भौतिकवादी होना, यान्त्रिक भौतिकवादी नहीं वरन् वैज्ञानिक भौतिकवादी होना प्रमाणित होता है। वह साहित्य, कला और विचार का लक्ष्यबिन्दु और प्रस्थान बिन्दु जनता को ही मानते थे। कहानी, उपन्यास लिखने के पीछे उनका उद्देश्य कुछ आदर्शों को पाठकों के समक्ष रखना और प्रेरित करना था। वह अपने ऐतिहासिक उपन्यासों में इतिहासकार का विवेक रखते थे। वह प्रगतिशील दृष्टिकोण के पोषक थे पर प्रगतिशीलता को सार्थक तभी मानते थे जब परम्परा के उदात्त और उपयोगी अंश को और आगे बढ़ाया जाय तथा उसे समृद्ध किया जाय।

भाषा पर राहुल के विचार को स्पष्ट करते हुए डॉ. सिंह का कथन है कि जीवन्त भाषा जनता के कारखाने में ढलती है, जिसमें जनता द्वारा गढ़े गये शब्द, मुहावरे और कहावतों का महत् प्रदेय है। वह जनपदीय बोलियों के साहित्य और शब्दावली को आगे बढ़ाने के पक्षधर थे। इसीलिए उन्होंने भोजपुरी में भी साहित्य सर्जना की। विभिन्न विषयों पर पुस्तक लेखन के साथ ही अनेक भाषाओं के शब्दकोशों और अनुवादों से राहुल ने हिन्दी को समृद्ध किया। राहुल के अनन्य हिन्दी प्रेम पर डॉ. सिंह लिखते हैं कि हिन्दी उनके जीवन में स्थायीभाव की तरह रची-बसी रही। राहुल का भी एक कथन है कि "अन्य बातों के लिए तो मैं बराबर परिवर्तनशील रहा किन्तु मेरे जीवन में एक हिन्दी-स्नेह ही ऐसा है जो स्थायी रहा है।" अपने निरन्तर परिवर्तनशील विचारसरणियों और विवादास्पद विषय उठाने के कारण कुछ लोगों की आलोचना और उपेक्षा के शिकार भी राहुल अपने जीवन काल में ही हो गये थे।

विद्वान् लेखक, डॉ. कन्हैया सिंह 'सहस्त्रशीर्षा' शब्द को व्याख्यायित करते हुए राहुल को 'सहस्त्रशीर्षा' कहते हैं कि जिसके मस्तिष्क में इतनी ऊर्जा है जितनी एक हजार आदमियों में हो तो वह पुरुष अपौरुषेय होगा, वही युगपुरुष है, वही अवतारी पुरुष है। राहुल में यही विलक्षणता थी। रूसी विद्वान् ए. प्लेशिकोव ने कहा कि रूसी पुरातत्त्वविद् चाहे वह पुराने हों या नये,

महापण्डित राहुल सांकृत्यायन को भाषाविद्, साहित्यकार, कोशकार, दार्शनिक के रूप में श्रद्धापूर्वक स्मरण करते हैं।

सम्पूर्ण पुस्तक का निचोड़ या समाहार इस प्रथम अध्याय में ही हो जाता है। रचना के अग्रिम प्रकरणों में राहुल के सर्जनात्मक साहित्य की सम्यक् समीक्षा एक-एक शीर्षक के अन्तर्गत डॉ. कन्हैया सिंह ने उसकी विशिष्टताओं और न्यूनताओं के साथ किया है। राहुल की वैचारिकी की व्याख्या करते हुए अनेकत्र डॉ. सिंह पुष्ट प्रमाणों के आधार पर उनसे असहमति भी व्यक्त करते हैं।

द्वितीय प्रकरण : इतिहास की व्यथा-कथा का शिल्प है जिसके अन्तर्गत राहुल की कहानियों और उपन्यासों के माध्यम से डॉ. सिंह उनकी इतिहास दृष्टि का विवेचन करते हैं। इस अध्याय का प्रथम परिच्छेद ही पूरे अध्याय का तत्त्वानुसन्धान है, संक्षिप्तिका है। डॉ. सिंह लिखते हैं—राहुल मूलतः एक विचारक, चिन्तक और इतिहास की परतों में अपनी पारदर्शी दृष्टि से आंकनेवाले अनुसन्धित्सु थे। इसी दिशा में उन्होंने विश्व के भूगोल को अपने पैरों से नापा और उसके अतीत को धरती के अन्तस्थल में सुरक्षित साक्ष्यों से लेकर पुराभाषाओं की शब्दयात्रा तक छानकर निकालने का अथक प्रयास किया। उन्होंने अतीत के इतिहास को बड़ा किया, वर्तमान के इतिहास में अपनी सशक्त भागीदारी अंकित की और भविष्य के इतिहास का पुरोवाक् भी लिख दिया—'बाईसवीं सदी' जैसी कृतियों में। वह इतिहास (राजाओं की विजयगाथा और तिथिक्रम) में इतिहास देखने की पिष्टपेषण वृत्ति के भारवाही विद्वान् नहीं थे, अपितु भूगोल के मन्थन से इतिहास का अमृतत्त्व निकालनेवाले मनीषी थे।...कथा, कहानी या उपन्यास लिखना उनका अभिप्रेत नहीं था अपितु उस शैली में इतिहास और सामाजिक जीवन एवं संस्कृति की कहानी कहना उनका लक्ष्य था। अतः राहुल की कहानी और उपन्यास में इन विधाओं की शिल्पगत चारुता, रोचकता, मनोरंजन और कथातन्तु का संगठन, संयोजन ढूँढ़ना बेकार है। इनमें मानवता के विकास की कहानी ढूँढ़ने का प्रयास ही सार्थक होगा।'' (पृ. 18)

डॉ. सिंह के विचार से राहुल की कहानियाँ व्यक्ति की कहानियाँ नहीं, जातियों और युगों की कहानियाँ हैं। 'वोल्गा से गंगा' की कहानियों का कैनवस अन्तरराष्ट्रीय है। इस संग्रह की 20 कहानियों का क्षेत्र-विस्तार मध्य एशिया में वोल्गा नदी के तटवर्ती भूक्षेत्र से एशिया के ऊपरी भू-भाग, पामीर का पठार, कजाकिस्तान, कान्धार, कुरु, पांचाल, श्रावस्ती, अयोध्या, नालन्दा, कन्नौज, अवन्ती, दिल्ली, मेरठ, लखनऊ, पटना आदि के विस्तीर्ण भूखण्ड है और 6000 ई. पूर्व से 1942 ई. की भारतीय स्वतन्त्रता की महाक्रान्ति तक के कालखण्ड समाविष्ट हैं। यह कहानियाँ ऐतिहासिक विकास का चित्र हैं जिसमें आर्य जाति की विकासगाथा वर्णित है। डॉ. सिंह ने मराठी लेखक—डॉ. प्रभाकर माचवे के उद्धरण से इस कहानी-संग्रह की कथ्यात्मक विशेषताओं को उकेरा है—''हिन्दी साहित्य में इतना विशाल आयाम लेकर लिखी गयी यह प्रथम कृति है।...राहुल जी आम आदमी की उँगली पकड़कर ठीक 'आदम और इव' तक पाठकों को ले जाते हैं। डॉ. सिंह भी स्वीकार करते हैं कि अपने विस्तृत फलक पर फैली और ज्ञान-विज्ञान की इतनी विस्तृत एवं गहरी पैठ से भरी ऐसी कहानियाँ केवल हिन्दी में ही नहीं बल्कि विश्व-साहित्य में दुर्लभ हैं। इसीलिए विश्व की 15 भाषाओं में, 1944 में प्रकाशित इन कहानियों का अनुवाद हुआ है।'' (पृ. 20)

इन कहानियों में राहुल की अपनी निजी मान्यताएँ और स्थापनाएँ हैं। ऋषियों—वशिष्ठ, विश्वामित्र, भारद्वाज, याज्ञवल्क्य आदि पर जिस स्वार्थी चरित्र का आरोपण राहुल ने किया है,

उससे सहज सहमत होना भारतीय वाङ्मय के अध्येताओं के लिए कठिन है। डॉ. सिंह भी असहमति का स्वर रखते हुए कहते हैं कि राहुल में प्रतिशोध और प्रतिक्रिया इतनी तीव्र है कि यह अपने मत-संस्थापन के लिए अपनी मेधा का दुरुपयोग भी करते हैं। यदि वह थोड़ा और तटस्थ रहते तो शायद विश्व के प्रथम कोटि के सृजनशील रचनाकारों में इससे अधिक प्रतिष्ठा उन्हें मिल सकती थी।

इस कहानी-संग्रह की कहानियाँ—निशा, दिवा, अमृताश्व, पुरुहुत, पुरुधान, अंगिरा, सुदास, प्रवाहण, बन्धुलमल्ल, नागदत्त, प्रभा, सुपर्ण यौधेय, दुर्मुख, चक्रपाणि, बाबा नूरदीन, सुरैया, रेखाभगत, मंगल सिंह, सफदर'—में 'प्रभा' कहानी में डॉ. सिंह को कथातत्त्व और कहानी की समस्त विशेषताएँ परिलक्षित होती हैं। कथा संगठन, कुतूहल, सरस-काव्यमय, सहज संवाद, कथोत्कर्ष और शिल्प की दृष्टि से यही सही अर्थों में कहानी है। चक्रपाणि (1200 ई.) कहानी में राहुल का राष्ट्रवादी दृष्टिकोण दिखायी देता है जिसमें तुर्क और हिन्दुओं के संघर्ष में राहुल स्पष्ट कहते हैं कि हिन्दुओं को जाति-पाँति, ऊँच-नीच का भेद भुलाकर और हिन्दू राजाओं को परस्पर राग-द्वेष और मानापमान को छोड़कर तुर्कों से लड़ना चाहिए था और उस समय हिन्दू राजलक्ष्मी की सुरक्षा ही राष्ट्र की सुरक्षा थी। इस कहानी की सबसे बड़ी विशेषता है कि हिन्दू धर्म के वांछित स्वरूप को इसमें व्यक्त किया गया है। जिसके लिए राहुल ने जीवन भर संघर्ष किया और उन्हें हिन्दू विरोधी भी समझा गया।

'वोल्गा से गंगा' की कहानियों का वैशिष्ट्य और सीमाएँ डॉ. सिंह ने बहुत तथ्यात्मक और बेवाक ढंग से निरूपित किया कि यह राहुल की विश्वकोशीय प्रतिभा की परिचायक हैं पर राहुल का अपना खान-पान का दर्शन, एक ही जैसे वाक्य और विषय-प्रतिपादन लगभग अधिकांश कहानियों में एक जैसा ही है, और उनका साम्यवादी दर्शन जो आदिमकाल से आधुनिक काल तक की कहानियों में चलता रहता है—डॉ. सिंह इसे स्वाभाविक नहीं मानते।

राहुल के अन्य कहानी संग्रहों में 'सतमी के बच्चे, 'कनैला की कथा' और 'बहुरंगी मधुपुरी' की गणना की जाती है। इनमें सतमी के बच्चे और कनैला की कथा की कहानियाँ कहानी कम, संस्मरण अधिक हैं। 'कनैला की कथा' में ई. पूर्व 1300 से लेकर स्वतन्त्र भारत तक के कथावृत्त को समेटे हुई कहानियाँ हैं। त्रिवेदी, काशीग्राम, बड़ीरानी, देवपुत्र, कलाकार, सैयदबाबा, नरमेध, 1957, स्वराज्य-कहानियों में भारतीय ग्राम की सामाजिक, राजनैतिक स्थितियों का वर्णन मिलता है। इसमें सत्य का उल्लेख अधिक है, कल्पना का कम और सत्य कल्पना से मोहक होता है—ऐसा लेखक का मानना है। वस्तुतः इसमें एक गाँव की पुरातात्त्विक, ऐतिहासिक और सामाजिक विकास यात्रा कथा-शैली में कही गयी है।

'सतमी के बच्चे' कहानी संग्रह में भी एक छोटे ग्राम्य-जीवन के फलक पर बुनी गयी कहानियाँ हैं। 'बहुरंगी मधुपुरी' में मंसूरी नगर के पराधीन भारत की अंग्रेजों के समय से स्वाधीन भारत तक के उतार-चढ़ाव की आर्थिक, सामाजिक परिस्थितियों का वर्णन किया गया है।

तदुपरान्त डॉ. सिंह ने राहुल के 10 उपन्यासों का वर्णन किया है जिसमें '22वीं सदी'—एक यूटोपियायी उपन्यास तथा 'भागो नहीं दुनिया को बदलो'—मैं औपन्यासिक तत्त्व होने के साथ ही यह साम्यवाद के प्रचारार्थ लिखी गयी, साहित्यिक कम, राजनीतिक महत्त्व की कृति अधिक है। 'जीने के लिए', व 'राजस्थानी रनिवास'-सामाजिक उपन्यास हैं। 'सिंह सेनापति' और 'जययौधेय'—ऐतिहासिक उपन्यास हैं। इन उपन्यासों में वर्णित सामाजिक प्रथा, दशा, व्यवस्था पर डॉ. सिंह के साथ ही दूसरे आलोचक भी संशक हैं कि क्या वास्तव में राहुल ने सही वर्णन

किया है। डॉ. सिंह राहुल की शैली की प्रशंसा करते हुए लिखते हैं—"राहुल ने वर्णन के प्रसंगों की अवतारणा में अपनी कुशल लेखनी से उपन्यास में इतिहास के साथ दर्शन, धर्म, राजनीति, देशाटन, भूगोल आदि का समन्वय करके हिन्दी ऐतिहासिक उपन्यासों को मनोरंजन की कोटि से पृथक विचारणा और चिन्तन की पृष्ठभूमि प्रदान की है।" (पृ. 50)

डॉ. सिंह भाषा-शैली के विकास में राहुल के अद्भुत योगदान को स्वीकार करते हैं। वह मानते हैं कि राहुल सरल, सहज भाषा के पक्षधर हैं पर सांस्कृतिक परिदृश्य को उसी वातावरण की शब्दावली में रूपायित करने के लिए वह प्रवाहपूर्ण संस्कृतनिष्ठ काव्यमयी भाषा का प्रयोग करते हैं। (पृ. 50) द्वन्द्वात्मक भौतिकवाद का कथा के माध्यम से निरूपण करते हैं। मधुरस्वप्न, विस्मृत यात्री, दिवोदास आदि के विषय में प्रभाकर माचवे को उद्धृत करते हैं—"अपने उपन्यासों में राहुल किसी मत या विचार से प्रचारक की भूमिका ग्रहण कर लेते हैं—किन्तु 'दिवोदास'—'प्रथम कृति' 'विस्मृत यात्री'—अन्तिम कृति और सामाजिक उपन्यास—'जीने के लिए' में कथाप्रवाह बना रहता है। वह उनमें मत प्रचारक कम लगते हैं।" (पृ. 52)

लेखक को राहुल के उपन्यासों में उनका सामाजिक, आर्थिक विचार-दर्शन ही विशेषतः दिखायी देता है। कुछ आलोचक उनके उपन्यासों को प्रोपेगैण्डा अधिक मानते हैं जिसे राहुल स्वीकार करते हैं। विचार-प्रचार सम्भवतः राहुल की विवशता थी, साहित्यिक दृष्टि से उसे उनकी सीमा भी माना जाता है। इसके बावजूद भी उनके उपन्यासों में नयी शैली और इतिहास के आर-पार देखने की विलक्षण क्षमता का भी दर्शन होता है।

तृतीय प्रकरण में डॉ. कन्हैया सिंह राहुल की **आत्मकथा और जीवनी** का सम्यक् विवेचन करते हैं। राहुल की आत्मकथा—'मेरी जीवनयात्रा' शीर्षक से 5 भागों में वर्णित है। डॉ. सिंह इन आत्मकथाओं के लेखक को एक तटस्थ लेखक के रूप में देखते हैं जो आत्मस्तुति अथवा अपनी सीमाओं को छिपाने के दोष से मुक्त है। इस आत्मकथा की विशेषताओं के परिप्रेक्ष्य में उनका मानना है कि, "यह आत्मकथा, उनकी जीवनयात्रा का एक सजीव, रोचक और रोमांचक रूप प्रस्तुत करती है। इसमें आत्मकथा के तत्त्वों के साथ-साथ पर्यटन, संस्मरण, रेखाचित्र और इतिहास की गन्ध-छवियाँ ऐसी घुली-मिली हैं कि उनके सम्पृक्त प्रभाव से वह रचना अपने-आप में बेजोड़ और अनूठी हो गयी है।" जिन देश-विदेशों का राहुल ने भ्रमण किया, वहाँ की भाषा से साक्षात्कार किया, वहाँ के साहित्य, लोक-जीवन और संस्कृति को जाना-समझा। 'मेरी जीवन यात्रा' के पाँचों खण्डों की सामग्री का डॉ. सिंह बेबाकी से वर्णन करते हैं जिसमें राहुल के 63 वर्ष के जीवन के अन्तिम सात वर्षों का वृत्त नहीं है।

प्रथम खण्ड में राहुल की बाल्यावस्था और युवावस्था का वर्णन है। यह खण्ड एक उपन्यास जैसा है जिसमें एक साहसी और विद्रोही व्यक्तित्व का दर्शन होता है। दूसरे खण्ड में पर्यटक राहुल की जीवनछवियाँ हैं। लंका, तिब्बत, यूरोप, लद्दाख, जापान, रूस की यात्राओं का बड़ा ही ज्ञानवर्द्धक, रोमांचक और सहज वर्णन इस खण्ड में है। तीसरे खण्ड में रूस में प्रवासकाल का प्रसंग है। इसमें ईरान और रूस के जनजीवन का सामाजिक और राजनैतिक दृष्टि से अंकन है। चौथे-पाँचवें खण्ड में 1947 से 1956 ई. तक के जीवन का रेखाचित्र है। यह मुख्यतः डायरियों और पत्रों पर आधारित है। इन भागों में वह घण्टों एवं मिनटों तक का विवरण देते चलते हैं। अपनी आत्मकथाओं में समकालीन अनेकानेक साहित्यकारों और राजनीतिक महापुरुषों के जीवन की झांकियाँ भी देते चलते हैं—निराला, महादेवी, दिनकर, शान्तिप्रिय द्विवेदी, प्रभाकर माचवे, नागार्जुन, चन्द्रबली पाण्डेय, रांगेयराघव,

शिवपूजन सहाय, हजारीप्रसाद द्विवेदी, नेहरू, गोविन्द वल्लभ पन्त तथा राजेन्द्रप्रसाद आदि। गाँधी जी की महानता और स्वतन्त्रता आन्दोलन में उनके योगदान को वह हृदय से स्वीकारते हैं। राहुल की 'मेरी जीवन यात्रा' के सभी आयामों को डॉ. सिंह ने एक परिच्छेद में समाविष्ट कर दिया है—यह उनकी तत्त्वान्वेषी और सारग्रही दृष्टि का परिचायक है। (पृ. 61, अन्तिम अवतरण)

राहुल ने चार संस्मरण ग्रन्थ भी लिखा—जिनका मैं कृतज्ञ, मेरे असहयोग के साथी, बचपन की स्मृतियाँ और अतीत से वर्तमान। इनमें राहुल के व्यक्तिगत जीवन और सम्पर्क में आये व्यक्तियों की विशेषताओं का अनुभवजन्य ज्ञान अवश्य मिलता है भले ही भाषा-शैली मोहक न हो। आचार्य नरेन्द्रदेव से अन्तरंग और आत्मीय सम्बन्ध, काशीप्रसाद जायसवाल के प्रसंग और उनसे असहमति, प्रसिद्ध विदेशी विद्वान् सिलवालेवी जो उन्हें पेरिस में मिले और रूसी विद्वान् श्चेर्वात्सकी, वर्लिन के प्रोफेसर ल्यूडर आदि से अपने सम्बन्ध और उनकी ज्ञान-विज्ञान सम्बन्धी विशेषताओं का उन्मुक्त वर्णन है। डॉ. सिंह राहुल के संस्मरण साहित्य का वैशिष्ट्य वर्णित करते हुए कहते हैं कि राहुल के संस्मरण न केवल व्यक्तिगत जीवन, देश-देशाटन, प्रकृति और भौगोलिक चित्रों या मन की भावतरंगों तक ही सीमित है, बल्कि उनमें उन अनेक महान् पुरुषों के जीवन की मूल्यवान् मणियाँ सँजोई गयी हैं जिनके आलोक में उनके व्यक्तित्व की एक झलक पाठकों को भी मिल जाती है। (पृ. 67)

जीवनी साहित्य—राहुल ने 12 जीवनीपरक ग्रन्थों की भी सर्जना की है। सरदार पृथ्वी सिंह, घुमक्कड़स्वामी वीरचन्द्रसिंह गढ़वाली, सिंहल घुमक्कड़, जयवर्द्धन, कप्तानलाल, मार्क्स, लेनिन, माओं-चे-तुंग, सिंहल के वीर, नये भारत के नये नेता, महामानव बुद्ध—उनकी लिखी जीवनियाँ हैं। 'नये भारत के नये नेता' संग्रह की जीवनियों का साहित्यिक महत्त्व नहीं पर अन्य रचनाओं का हिन्दी-जीवनी-साहित्य में महत्त्वपूर्ण स्थान स्वीकार्य है। हिन्दी में जब जीवनी साहित्य का अभाव था, उस समय प्रमुख जीवनी लेखकों में राहुल का नाम ससम्मान लिया जाता है। इन जीवनियों में राहुल अपनी श्रेष्ठ, सपाट लेखन शैली के लिए सुख्यात है। अपनी अनलंकृत सरल शैली में राहुल दर्शन और व्यक्तिगत जीवन-दोनों की ही बेबाक ढंग से झाँकी प्रस्तुत कर देते हैं। तटस्थता और वैज्ञानिकता उनके जीवनीपरक ग्रन्थों की सर्वश्रेष्ठ विशेषताएँ हैं।

चतुर्थ अध्याय में डॉ. कन्हैया सिंह ने राहुल की **अथातो घुमक्कड़ जिज्ञासा** कृति को विवेच्य बनाया है। महापण्डित राहुल के जीवन का सर्वोच्च ध्येय उन्हीं के शब्दों में 'अथातो घुमक्कड़ जिज्ञासा' थी। उन्होंने घुमक्कड़ शास्त्र में घुमक्कड़ी को सर्वश्रेष्ठ कर्म और घुमक्कड़ को विश्व की श्रेष्ठतम विभूति घोषित किया। वह कहते हैं—"मैं मानता हूँ पुस्तकें भी बहुत कुछ घुमक्कड़ी का रस प्रदान करती हैं, लेकिन जिस तरह फोटो देखकर आप हिमालय के देवदारु के गहन वनों और श्वेत हिममुकुटित शिखरों के सौन्दर्य, उनके रूप, उनके गन्ध का अनुभव नहीं कर सकते, उसी तरह यात्रा-कथाओं से आपको उस बूँद से भेंट नहीं हो सकती जो कि एक घुमक्कड़ को प्राप्त होती है।" (पृ. 70) अपनी यायावरी के प्रति वह इतने दृढ़व्रती थे कि विघ्न-बाधाओं का पहाड़ भी सामने आ जाता तो भी वह अविराम यात्री की भाँति चरैवेति-चरैवेति का मन्त्र जपते हुए दुर्गम पहाड़ों, गिरि कन्दराओं में बढ़ते जानेवाले अजेय सेनानी थे। घुमक्कड़ी के प्रति उनके जुनून को डॉ. सिंह ने उन्हीं के एक पत्र को उद्धृत करते हुए व्यक्त किया है। राहुल ने आनन्द भदन्त कौशल्यायन को पत्र लिखा था—शरीर का मूल्य बहुत अधिक है लेकिन समय आ जाय तो कुछ भी नहीं। अब जिस कार्य के लिए निकला हूँ—'देहं वा पातयेत्, कार्यं वा

साधयेत्।' (या तो शरीर त्याग दूँगा, अथवा कार्य सिद्ध करके लौटूँगा) उनकी यायावरी कोई मनोरंजन या मौजमस्ती नहीं थी, उसके पीछे उनका एक विचारदर्शन अथवा जीवनोद्देश्य था जिसके लिए वह जीवन भर लेखनी लेकर जूझते रहे। वह 41 साल (1950 ई.) तक पर्यटक के रूप में चलते रहे। वह जहाँ भी जाते घुमक्कड़ दिल और दिमाग के साथ जाते और उस धरती की रसगन्ध खींच लेते। उनके वैचारिक धरातल में परिवर्तन और संक्रमण होता रहा पर सभी जगह उनकी घुमक्कड़ी के लिए पर्याप्त पाथेय मिलता गया। सब जगह यदि कुछ समान रहा तो वह उनकी यायावरी ही है। डॉ. सिंह के अनुसार राहुल की सबसे बड़ी ख्याति घुमक्कड़ी की शास्त्र प्रतिष्ठा में है। उन्होंने 16 अध्यायों में एक छोटी पुस्तक—'घुमक्कड़शास्त्र' नाम से लिखी। हिन्दी साहित्य में इस विषय पर यह एक मात्र पुस्तक है। इस पुस्तक में घुमक्कड़ी विषय को उसी स्वच्छन्द, निर्द्वन्द्व और सहज प्रवाह के साथ प्रस्तुत किया गया है जिस पर सच्चा घुमक्कड़ अपनी यात्राएँ करता है। इसमें अनुभव का प्रवहमान झरना है, न कि उपदेशों का शिलाखण्ड। इस रचना का उद्देश्य ही है कि वर्तमान समाज और भावी पीढ़ी को उनके जीवनानुभवों का लाभ प्राप्त हो सके।

राहुल ने भारत और चीन के अनेक घुमक्कड़ों की चर्चा की है जिन्होंने अनेक प्रान्तों, स्थानों और देशों की यात्रा की। इनमें वह सर्वश्रेष्ठ गौतमबुद्ध और महावीर को मानते हैं। 'करतल भिक्षा, तरुतर वास' को अपनाने से निर्द्वन्द्व विचरण में कोई बाधा नहीं आती। शंकराचार्य, रामानुज, मध्वाचार्य और अन्य वैष्णवाचार्यों की घुमक्कड़ी के उल्लेख से राहुल ने अपने इस शास्त्र को महिमामण्डित किया है। घुमक्कड़ों के लिए राहुल द्वारा इंगित गुणों की ओर भी डॉ. कन्हैया सिंह ने ध्यानाकृष्ट किया है। यायावर में हर तरह का अदम्य साहस अपेक्षित है। घुमक्कड़ी का प्रथम चरण समस्त बन्धनों को तोड़ना है। जन्मभूमि प्रेम, गृह प्रेम, परिवेश प्रेम, माता-पिता तथा अन्य पारिवारिक सम्बन्धों के जंजाल को तोड़ना। घुमक्कड़ की आयु 18-19 वर्ष हो। अधिक-से-अधिक 23-24 वर्ष तक उसे इस कार्य के लिए निकल लेना चाहिए। कम-से-कम हाईस्कूल तक शिक्षा पुनः लगभग 4 वर्ष का समय इतिहास, भूगोल का अच्छा ज्ञान प्राप्त करने में लगाना चाहिए। ग्रेजुएट हो तो उत्तम है पर शिक्षा के जाल में उलझना नहीं। संस्कृत, अंग्रेजी का ज्ञान भी अपेक्षित है। स्वावलम्बन की भावना, समदर्शिता का दृष्टिकोण, आत्मीयता का व्यवहार, सभी धर्मों के प्रति आदर, नृत्य-वाद्य और संगीत के भी गुण हों तो कार्य में सुविधा होती है। इससे वह किसी भी समाज में घुल-मिल सकता है। उसे लेखनी और तूलिका के साथ जागृत यात्रा करनी चाहिए। नित्य डायरी लिखनी चाहिए। चित्रकार हो तो चित्रांकन भी करते चलना चाहिए। फोटोग्राफी भी यदि सम्भव हो। राहुल घुमक्कड़ के जीवन-काल का अन्तिम समय भी बड़ा मूल्यवान् मानते हैं क्योंकि उसे अपने अनुभवों को दुनिया को सम्प्रेषित करना होता है। डॉ. सिंह सारांश प्रस्तुत करते हुए कहते हैं—"इस रूप में 1949 ई. में सर्वप्रथम राहुल जी ने घुमक्कड़ शास्त्र लिखा। इसमें शास्त्रीयता कम निबन्ध की आत्मीयता अधिक है। श्रेष्ठ, सर्जनशील, ललित निबन्ध। यदि इसे शास्त्र माना जा सकता है तो बस इसी अर्थ में कि जैसे यायावरी होती है—बन्धनहीन, उद्देश्यहीन और देशकाल-समाज के लिए मूल्यवान् थाती प्रदान करनेवाली, वैसे ही यह शास्त्र भी शास्त्रीयता से परे ढेर सारे अनुभवों से सम्पन्न घुमक्कड़ का एक मार्गदर्शन है।"

पंचम अध्याय है–साहित्य का गुहान्धकार : प्रकाश की पगडण्डी—राहुल ने हिन्दी साहित्येतिहास का प्रारम्भ 'सिद्ध सामन्त युग' से स्थापित करने का मौलिक और महनीय कार्य किया जिसके कारण साहित्य के इतिहास की एक अज्ञात कड़ी प्रकाश में आयी। बौद्ध, जैन

परम्परा के अपभ्रंश कवियों को उद्घाटित करने और सम्यक् अध्ययन द्वारा उनके महत्त्व को प्रतिपादित करने का प्रथम कार्य राहुल जी ने किया। डॉ. सिंह लिखते हैं कि राहुल ने 165 दोहों का 'दोहाकोश' 1934 ई. में सम्पादित किया। अपभ्रंश के 43 कवियों का संग्रह ग्रन्थ 'हिन्दी काव्य धारा' नाम से 1944 में प्रकाशित किया। इसी प्रकार का मौलिक और दिशा निर्धारक कार्य राहुल ने 'दक्खिनी हिन्दी काव्य धारा' द्वारा दक्खिनी हिन्दी के कवियों के सम्बन्ध में किया, जिसमें 38 कवियों और लेखकों की गद्य-पद्य रचनाओं का नमूना प्रस्तुत करते हुए उन कवि-लेखकों का परिचय दिया। डॉ. सिंह इस संग्रह की दो विशेषताएँ बताते हैं—1. साहित्येतिहास दृष्टि, 2. भाषा दृष्टि।

राहुल जी ख्वाजा बन्दानवाज (1343 ई.) को खड़ी बोली का प्रथम कवि लेखक मानते हैं। दक्खिनी हिन्दी के कवियों—लेखकों को उन्होंने आदिकाल (1400-1500 ई.), मध्यकाल (1500-1657 ई.) उत्तरकाल (1657-1840 ई.) में बाँधा है, जिसमें नुसरती और वली दकनी प्रमुख हैं।

राहुल की भाषा दृष्टि पर विचार करते हुए डॉ. सिंह कहते हैं कि दक्खिनी हिन्दी का खड़ी बोली हिन्दी और उर्दू के विकास की दृष्टि से अध्ययन की ओर राहुल जी ने ध्यान दिलाया था। राहुल के इस अधूरे कार्य को हिन्दी के विद्वानों को पूरा करना चाहिए। डॉ. सिंह ने इस अध्याय का शीर्षक बहुत सटीक और सार्थक रखा था—साहित्य का गुहान्धकार : प्रकाश की पगडण्डी।

छठा अध्याय–विश्वकोशीय प्रतिभा के धनी हैं। राहुल ने जहाँ साहित्य के सर्जनात्मक पक्ष के साथ उसके इतिहास के अँधेरे में पैठकर अनेक अमूल्य निधियों का उद्घाटन और महत्त्व प्रतिपादन किया, वहीं भाष के क्षेत्र में भाषाशास्त्री, कोशकार, राष्ट्रभाषा-लोकभाषा के सेनानी के रूप में भी कार्य किया। वह एक ऐसी विश्वकोशीय प्रतिभा के धनी थे कि इतिहास, धर्म, दर्शन, राजनीति और विज्ञान के विषयों पर भी उनकी लेखनी ने कमाल किया। धर्म सम्बन्धी राहुल के विचार से डॉ. सिंह अनेक स्थलों पर अपनी असहमति जताते हैं। (पृ. 95-96) वह नहीं मानते कि यूनानी दर्शन भारतीय दर्शन से प्राचीन है।

राहुल ने 'दर्शन-दिग्दर्शन' में विश्व के दार्शनिक विचारों को विश्वभूगोल के विस्तृत कैनवास पर रखकर ऐतिहासिक क्रम में परखने का प्रयास किया है। डॉ. सिंह प्रयाग की त्रिवेणी की तरह राहुल की तीन विचार-सरणियों को ही प्रमुखता प्रदान करते हैं—

1. आत्मवादी, ईश्वरवादी, अध्यात्मवादी
2. अनात्मवादी, अनीश्वरवादी, अध्यात्मवादी
3. अनात्मवादी, अनीश्वरवादी, भौतिकवादी

राहुल की उपर्युक्त विचार-सरणियों पर, उनकी रुचि अवधारणा, मान्यता, सभी का डॉ. कन्हैया सिंह ने रेशा-रेशा खोलकर रख दिया। उनका निष्कर्ष है कि राहुल किसी दर्शन या विचार के प्रणेता नहीं थे, अपितु वह अनुयायी थे, क्रमशः चार्वाक के, बुद्ध के और अन्त में मार्क्स के। राहुल जी 'दर्शन-दिग्दर्शन' में दर्शन के तटस्थ विवेचनकर्त्ता के रूप में सामने नहीं आते हैं अपितु वह मार्क्स के भौतिकवादी दर्शन को सर्वोच्च स्थान पर प्रतिष्ठित करने के लिए दर्शनों का विवेचन करते हैं। (पृ. 101) तथापि समीक्षक डॉ. सिंह इस अर्थ में राहुल की प्रशंसा भी करते हैं कि उन्होंने मूल सामग्री के आलोड़न द्वारा विश्व के समस्त प्रमुख दर्शनों और दार्शनिक विचारों को सम्यक् व्याख्या के साथ प्रस्तुत किया है। यह भी प्रशंस्य है कि विश्वदर्शन पर एक आधिकारिक मौलिक ग्रन्थ राहुल जी के श्रम से हिन्दी में निर्मित हो सका।

बौद्ध दर्शन को राहुल मार्क्सवाद को समझने की सीढ़ी मानते हैं। 'बौद्ध दर्शन' और 'इस्लाम धर्म की रूपरेखा'—नाम से अलग-अलग ग्रन्थों की रचना की पर उनमें 'दर्शन-दिग्दर्शन' के विचार ही प्रस्तुत हैं। उनका तीसरा दर्शन विषयक ग्रन्थ है—'वैज्ञानिक भौतिकवाद' जिसमें राहुल मार्क्स के द्वन्द्वात्मक भौतिकवाद के आधार पर तत्त्वों का प्रतिपादन करते हैं। यही राहुल की दार्शनिक यात्रा का अन्तिम पड़ाव था। निष्कर्ष रूप में डॉ. सिंह का कथन है कि राहुल जी दर्शनशास्त्र के अध्येता और व्याख्याकार हैं। उन्होंने किसी दार्शनिक मतवाद का प्रवर्तन नहीं किया है पर इनकी व्याख्या और टिप्पणियाँ भी मार्क्स के भौतिकवाद के परिप्रेक्ष्य में हुई हैं।

इतिहास : राहुल की इतिहास दृष्टि, जिज्ञासा और रुचि के विषय में लेखक का कथन है कि, "अतीत को खुली आँखों से देखना और उसका बेबाक चित्र प्रस्तुत करना उनके स्वभाव का अंग था। तिब्बत से लायी हुई बहुमूल्य पोथियों, पुरातात्त्विक अभिलेखों, सिक्कों, ईंटों आदि के सूक्ष्म परिशीलन द्वारा ईसापूर्व हजारों वर्षों के भारत, एशिया के इतिहास का भव्य भवन खड़ा किया। उनमें पुरातात्त्विक अनुसन्धाता की प्रतिभा थी। 'ऋग्वेदिक आर्य' में आर्यों के सामाजिक, सांस्कृतिक इतिहास को खोजने का कार्य किया तो अकबर में भारत के मुगलकालीन इतिहास के शासक अकबर पर अधिकृत सामग्री प्रस्तुत किया। 'वोल्गा से गंगा' में रूस से भारत तक के इस विस्तृत भूभाग का सांस्कृतिक इतिहास प्रस्तुत किया। मध्य एशिया का इतिहास (दो भाग) एक विशिष्ट रचना हैं। इस प्रकार राहुल जी दर्शन, पुरातत्त्व और इतिहास के क्षेत्र में भी मौलिक लेखक हैं जिसमें शोध की अपार सम्भावनाएँ हैं।

सातवाँ प्रकरण–राष्ट्रभाषा और मातृभाषा है। स्वतन्त्र भारत की एक भाषा जो सामूहिक व्यवहार की भाषा है, अन्तर्प्रान्तीय सम्पर्क भाषा है और केन्द्रीय शासन के कामकाज की भाषा है—इसके लिए राहुल खड़ी बोली या हिन्दी के प्रबल पक्षधर थे क्योंकि यह भारत के एक विशाल भू-भाग में व्यवहृत होती है। हिन्दी के प्रतिपक्ष में राष्ट्रभाषा के रूप में उर्दू और अंग्रेजी लायी गयी। शाब्दिक अन्तर के अतिरिक्त व्यावहारिक दृष्टि से हिन्दी और उर्दू—दोनों एक ही भाषा हैं पर अंग्रेजी, उर्दू के विरोधी न होते हुए भी राष्ट्रभाषा के प्रश्न पर वह उर्दू और हिन्दुस्तानी की भाँति अंग्रेजी को भी खारिज कर देते हैं।

सम्पूर्ण भारत की भाषिक एकता और अन्य प्रान्तीय भाषा-भाषियों की सुविधा की दृष्टि से राहुल संस्कृतनिष्ठ हिन्दी को भारत की राष्ट्रभाषा मानते हैं। उर्दू के लिए राहुल का कहना था कि दो-दो भाषा और लिपियों को बाहर ले जाकर सारे भारत में फैलाना, राष्ट्रीयता के क्षेत्र में साम्प्रदायिकता की नींव मजबूत करना है। इस्लाम के भारतीयकरण की बात भी वह करते हैं कि नवीन भारत में कोई भी धर्म भारतीयता को पूर्णतः स्वीकार किये बिना फल-फूल नहीं सकता।

हिन्दी को राष्ट्रभाषा बनाने के पक्ष में राहुल तमाम तर्क देते हैं कि पुरातन काल से यह भारत को एकता के सूत्र में बाँधनेवाली तथा सामान्य आदान-प्रदान की भाषा रही है। वह भारत के बहुसंख्यक की भाषा है।

ऐतिहासिक सन्दर्भ ही नहीं साहित्यिक एकता के सन्दर्भ में भी राहुल हिन्दी को वर्तमान भारतीय वाङ्मय और साहित्य मनीषा का प्रतिनिधित्व करते हुए देखते हैं।

राष्ट्रभाषा हिन्दी के साथ ही राहुल राष्ट्रलिपि नागरी के प्रबल समर्थक थे। उनकी दृष्टि में हिन्दी लिपि का कोई विकल्प नहीं। इसे वह दुनिया की सबसे वैज्ञानिक लिपि मानते थे। यद्यपि वह इसमें सुधार के भी पक्षधर थे। हिन्दी साहित्य सम्मेलन के सभापति पद से उन्होंने नागरी में सुधार के लिए पर्याप्त सुझाव भी दिये थे।

राहुल हिन्दी की समस्त बोलियों को जनपदीय बोलियाँ या मातृभाषाएँ कहते थे। उनका विचार था कि जनपदीय बोलियों के आधार पर ही हिन्दी-भाषी क्षेत्र को अलग-अलग प्रान्तों में विभाजित किया जाय और उन प्रान्तों में प्रारम्भिक शिक्षा का माध्यम इन्हीं बोलियों को रखा जाय। डॉ. सिंह का कथन है कि राहुल का स्वभाव था कि वह समर्थन और विरोध की अति पर ही सदैव रहते थे। जनपदीय बोलियों के प्रति प्रेम, आस्था, लगाव की अति पर ही उन्होंने उपर्युक्त दोनों सुझाव दिये थे जो न तब व्यावहारिक थे और न आज ही। यह निर्भ्रान्त सत्य है कि राहुल का हिन्दी और उसकी जनपदीय बोलियों से अगाध प्रेम था। उसके विकास, प्रचार, प्रसार और व्यवहार्यता के लिए वह कुछ भी करने को तैयार थे।

अन्त में समाहार करते हुए कहना चाहूँगी कि महामनीषी विद्वान् डॉ. कन्हैया सिंह ही महापण्डित राहुल की बहुमुखी मेधा का आंकलन, मूल्यांकन और विवेचन करने के लिए सर्वोपयुक्त व्यक्तित्व हैं। पूरी कृति राहुल सन्दर्भित बेबाक वर्णनों से भरी पड़ी है। राहुल के समग्र वैयक्तिक और रचनात्मक जीवन की यह महागाथा है, ज्ञान का आगार है। इस पुस्तक से राहुल के बहुमुखी स्वभाव, चरित्र, व्यक्तित्व व कर्तृत्व से सुपरिचित हुआ जा सकता है—यह पूर्ण विश्वास के साथ कथनीय है।

पूर्व अध्यक्ष, हिन्दी विभाग
लखनऊ विश्वविद्यालय, लखनऊ (उ.प्र.)

डॉ. कन्हैया सिंह की राहुल विषयक दृष्टि

कुमार वीरेन्द्र

संन्यास से साम्यवाद तक का सफर करनेवाले महापण्डित राहुल सांकृत्यायन ने डॉ. कन्हैया सिंह के अनुरोध पर एक बार इलाहाबाद विश्वविद्यालय के हॉलैण्ड हॉल छात्रावास में 'हमारी मूर्खताएँ' विषय पर व्याख्यान दिया था। तब कन्हैया सिंह जी हॉलेण्ड हॉल छात्रावास के अन्तःवासी और सामाजिक सचिव थे। हॉलैण्ड हॉल छात्रावास के जिन अग्रजों ने अपने कृतित्व के बूते साहित्य में सशक्त हस्तक्षेप किया है, उनमें से एक डॉ. कन्हैया सिंह जी भी हैं। 'पाठालोचन' के विद्वान् डॉ. कन्हैया सिंह जी की वैसे तो तमाम पुस्तकें बहसतलब हैं, पर सूफ़ीवाद और पद्मावत पर लिखी गयी आपकी किताबें विद्वानों के साथ-साथ विद्यार्थियों के बीच खूब चर्चित रही हैं। डॉ. कन्हैया सिंह ने अपनी स्पष्ट और मुकम्मल दृष्टि के कारण विभिन्न विषयों पर अपने लेखन से एक बड़े पाठक वर्ग का ध्यान अपनी ओर खींचा है।

यह महज संयोग है कि डॉ. कन्हैया सिंह जी का गृह जनपद वही आजमगढ़ है, जो मशहूर घुमक्कड़ साहित्यकार और चिन्तक राहुल सांकृत्यायन का रहा है। राहुल सांकृत्यायन विश्वविश्रुत विद्वान् और उनके व्यक्तित्व-कृतित्व को बहुकोणों से देखा जाता रहा है। डॉ. कन्हैया सिंह जी ने भी राहुल सांकृत्यायन के व्यक्तित्व और कृतित्व की बहुआयामिता पर विस्तार से कलम चलायी है और ज्ञान-विज्ञान के प्रति राहुल सांकृत्यायन के अवदानों की ठीक-ठीक पड़ताल की है।

राहुल सांकृत्यायन को चलते-फिरते विश्वकोष और कर्मशक्ति के कीर्त्तिमान के रूप में अभिनन्दित करने की मान्यता की पुष्टि के लिए 'सरस्वती' के हीरक जयन्ती समारोह के अवसर पर पढ़े गये मानपत्र का यह अंश उद्धृत करना समीचीन है—''आपने इसी शती के तीसरे दशक में जब 'सरस्वती' में लेख लिखना प्रारम्भ किया तब आचार्य द्विवेदी ने साश्चर्य जिज्ञासा की थी कि हिन्दी की यह नवीन उदीयमान प्रतिभा कौन है? तब से आप बराबर 'सरस्वती' की सेवा करते आ रहे हैं। आप संस्कृत हिन्दी और पाली के विद्वान् हैं। तिब्बती, रूसी और चीनी भाषाओं में निष्ठात् हैं। राजनीति, इतिहास और दर्शनशास्त्र के पण्डित हैं। आपने तिब्बती भाषा में सैकड़ों अज्ञात संस्कृत ग्रन्थों का उद्धार किया। हिन्दी में प्रमुख बौद्ध ग्रन्थों का अनुवाद कर हिन्दी का

भण्डार भरा। 'एशिया का वृहद इतिहास' (भाग 1 व 2) लिखकर हिन्दी के बड़े अभाव को पूरा किया। उपन्यास, कहानी, निबन्ध, यात्रा-साहित्य लिखकर आपने अपनी बहुमुखी प्रतिभा का परिचय दिया। आपकी निष्ठा हम सबके लिए अनुकरणीय है। आप केवल हिन्दी संसार के ही नहीं, बल्कि सारे देश के गौरव हैं। इस अवसर पर सरस्वती के पुराने लेखक तथा देश के महान् पण्डित एवं साहित्यकार के रूप में आपका सम्मान कर हम अपने को गौरवान्वित समझते हैं।''

यह सच है कि राहुल सांकृत्यायन एक असाधारण पर्यटक थे। उनका, विश्वभ्रमण और लेखन उन्हें ह्वेनसांग एवं मार्कोपोलो के समतुल्य खड़ा करता है। वह सत्य के महान् खोजी थे और इसी खोज में वह बौद्ध धर्म और मार्क्सवाद तक गये। डॉ. कन्हैया सिंह जी ने उनके सभी पक्षों को अपनी निगाह में रखा है। प्राचीन रूढ़ियों, अन्धविश्वासों के प्रबल विरोधी और किसानों, दलितों के हिमायती राहुल के बारे में डॉ. सिंह का यह मत बिलकुल ठीक है कि, ''राहुल सांकृत्यायन की निष्ठा, देवताओं की जगह मनुष्य तथा स्वर्ग की जगह पृथ्वी के प्रति थी।'' यह अकारण नहीं थी, जब वह वेद का ज्ञान अर्जित करने गये तो उन्हें वेद-विद्यार्थी की पात्रता होने अर्थात् कुलीन ब्राह्मण होने का प्रमाण देना पड़ा। इस घटना ने उनके मन में ऐसे धर्म एवं ईश्वर के प्रति अनास्था पैदा कर दी। 'ऋग्वैदिक आर्य' में उन्होंने प्राचीन रूढ़ियों, मान्यताओं एवं अन्धविश्वासों का तर्क द्वारा खण्डन किया। विभिन्न धर्मों, मतों, सम्प्रदायों के दर्शनों का अध्ययन कर सबका परिचयात्मक विश्लेषण 'दर्शन-दिग्दर्शन' में उन्होंने किया है तथा मार्क्सवाद को एक वैज्ञानिक विचारधारा के रूप में प्रस्तुत किया। अपनी वैज्ञानिक दृष्टि के कारण वह गाँव-जवार में भी वही कार्य किया करते, जो तर्कसम्मत हो। ऐसी कई घटनाओं का जिक्र डॉ. कन्हैया सिंह जी ने अपनी पुस्तक में किया है। उनमें से एक घटना यह है कि सन् 1943 में घर (कनैला) आने पर राहुल सांकृत्यायन ने डीहबाबा के चबूतरे को खोदकर नीचे से 'ज्वालमाला कुल महाकाल' की प्रतिमा निकाली थी जो वज्रयान के प्रसिद्ध देवता हैं। ऐसे ही एक अवसर पर धर्म के विषय में पूछे जाने पर उन्होंने कहा था कि, ''धर्म तो मैं मानता नहीं हाँ मेरी संस्कृति बौद्ध है।'' यह राहुल सांकृत्यायन का मानसिक खुलापन ही था, जिसके कारण वेदान्त, आर्यसमाज, बौद्ध धर्म और मार्क्सवाद हर जगह उन्होंने तर्क और विवेक से काम लिया।

यह एक संयोग ही था कि आचार्य नरेन्द्र देव, मानवेन्द्र नाथ राय और राहुल सांकृत्यायन तीनों का दार्शनिक एवं राजनीतिक चिन्तन भारतीय अध्यात्म से लेकर मार्क्सवाद तक विस्तृत था। इन तीनों की चिन्ता देश-दुनिया को मात्र समझने और विश्लेषित करने तक ही सीमित नहीं थी, बल्कि उसे बदलने की भी थी। लेकिन डॉ. कन्हैया सिंह का यह मत ज्यादा ठीक है कि इन तीनों में सर्वाधिक विस्तृत और व्यापक था राहुल का बौद्धिक एवं राजनीतिक कार्यक्षेत्र। सांकृत्यायन ने मार्क्सवाद का अध्ययन भारतीय दर्शन एवं सामाजिक परिस्थितियों के सन्दर्भ में किया। अतीतोन्मुखी हुए बिना उन्होंने अतीत के उदात्त और मानवीय पहलुओं को अपनाया तथा बाहरी क्रान्ति से ज्यादा आवश्यक मानसिक क्रान्ति को बताया। 'प्रगतिशीलता का प्रश्न' नामक निबन्ध में राहुल ने इस बात पर बल दिया कि 'आज के साहित्यिक कलाकार या विचारक का लक्ष्यबिन्दु जनता होनी चाहिए।'' ब़कौल डॉ. कन्हैया सिंह 'यह जनता उनका लक्ष्यबिन्दु ही नहीं प्रस्थानबिन्दु भी थी। इसीलिए भाषा के प्रश्न पर जब राहुल सांकृत्यायन विचार करते हैं तो भाषा को विशिष्ट प्रतिभासम्पन्न कुछ लोगों की सर्जना मानने से इनकार करते हैं और कहते हैं कि ''जीवन्त भाषा

जनता के कारखाने में ढलती है।'' इसी कारण राहुल जनपदीय बोलियों के साहित्य और शब्दावली को आगे बढ़ाने के पक्षधर थे और मानते थे कि जनता द्वारा गढ़े गये शब्दों, मुहावरों और कहावतों को छोड़कर यदि साहित्य-रचना का प्रयास किया गया तो वह साहित्य निष्प्राण होगा।

डॉ. कन्हैया सिंह ने तमाम उदाहरणों के जरिये यह साबित कर दिया है कि राहुल सांकृत्यायन पार उतारनेवाली ज्ञान की नाव को कभी सिर पर लिए नहीं चलते, उनकी भाषा देशी हिन्दी है जिसमें वह बहुत सहजता एवं आत्मीयता से पाठकों से बातें करते हैं। राहुल के पास एक तरल हृदय था। तिब्बत से भारत वापस आते समय वह एक कुतिया साथ लाये थे जो यहाँ न बच सकी। उसकी मृत्यु पर वह इतने दुःखी हुए कि उन्होंने उसकी स्मृति में 100 श्लोकों का 'कुतिया शतक' रच डाला था। हालाँकि डॉ. कन्हैया सिंह की चिन्ता स्वाभाविक है कि, ''जो महान् विभूति अपनी बहुमुखी प्रतिभा एवं कृति के कारण देश एवं काल की सीमाएँ लाँघकर सार्वदेशिक एवं सार्वकालिक हो गयी थी, उसे अपने ही देश, प्रदेश एवं जनपद में समुचित महत्त्व नहीं दिया गया। अपने जीवन में उन्होंने अनेक धर्म, मत, विश्वास बदले, अनेक देशों का भ्रमण किया तथा नये-नये विवादास्पद विषय उठाये। उनके इन साहित्यिक, सामाजिक तथा राजनीतिक सरोकारों को लेकर कुछ लोगों ने उनकी जमकर आलोचना की तथा अपने जीवन काल में ही वह उपेक्षा के शिकार हो गये।''

कवि और लेखक बालकृष्ण राव ने राहुल के सम्बन्ध में लिखा कि, ''मैथ्यु आर्नल्ड ने जब 'स्कालर जिप्सी' की परिकल्पना की तो मानो उसने अच्छी प्रकार से राहुल सांकृत्यायन के भावी व्यक्तित्व की भविष्यवाणी-सी की और, उनका एक अँगूठे के नाखून पर बननेवाला चित्र निर्मित किया।'' काशी प्रसाद जायसवाल ने तो उनकी तुलना बुद्ध से की—''राहुल सांकृत्यायन को जैसा मैं आज जानता हूँ वह ऐसे व्यक्ति थे जो बुद्ध से मिलते-जुलते लगते हैं। वह किसी जीवित व्यक्ति के प्रति शत्रु भाव नहीं रखते। वह अपने दृष्टिकोण में वैश्विक हैं। वह पूर्ण शान्त हैं। उनकी ओर बालक प्रकृत्या दौड़ पड़ते हैं। वह जब कहते हैं कि मेरा अनुसरण करो तो मनुष्य उसी प्रकार चल पड़ते हैं जैसे ईसा मसीह और गौतम बुद्ध के पीछे चल पड़ते थे।'' लेकिन कन्हैया सिंह जी राहुल सांकृत्यायन की सीमाओं को भी यथास्थान इंगित करते हैं। राहुल के बड़े प्रशंस होने के बावजूद पं. बनारसीदास चतुर्वेदी ने भी 'विशाल भारत' में एक लेखक में राहुल सांकृत्यायन की सीमाओं को इंगित करते हुए लिखा था कि ''राहुल जी के प्रशंसक होने पर भी हम उनके अन्धभक्त नहीं। उनकी कार्य प्रणाली को देखकर लगता है कि वह बहुत जल्दी में हैं। हमें उनकी सेवा में यह निवेदन करने की आवश्यकता प्रतीत होती है कि कृपया साहित्य क्षेत्र में स्पीड रिकार्ड की भयानक प्रथा न चलाइये।'' कन्हैया सिंह भी स्वीकारते हैं कि राहुल जहाँ-जहाँ प्रतिक्रियामूलक भाषा अपनाते हैं, वहाँ समालोचक की तटस्थता से वह हट जाते हैं।' लेकिन कन्हैया सिंह जी राहुल के अवदानों को उनकी सीमाओं से बड़ा मानते हैं। इस कारण राहुल के व्यक्तित्व और कृतित्व के छुये-अनछुये सभी पक्षों की अत्यन्त विस्तृत, गहन और सूक्ष्म पड़ताल करते हैं। राहुल की प्रशंसा करते हुए कन्हैया सिंह जी ने जो बातें पुस्तक के प्रारम्भ में कही हैं, उस पर अन्त तक कायम रहे हैं और वह बातें अतिशयोक्तिपूर्ण नहीं हैं, तर्क और विवेक के साथ कही गयी हैं। कन्हैया सिंह ज़ी जब राहुल के कथा-साहित्य पर बात करने बैठते हैं तो पाठकों को अगाह कर देते हैं कि, ''राहुल की कहानी और उपन्यास में इन विधाओं की शिल्पगत चारुता, रोचकता, मनोरंजक और कथातन्तु का संगठन-संयोजन ढूँढ़ना बेकार है। इनमें मानवता के विकास की

कहानी ढूँढ़ने का प्रयास ही सार्थक होगा।'' कन्हैया सिंह जी का यह आग्रह यूँ ही नहीं है, इसके पीछे बड़ी सच्चाई है। सच तो यह है कि, ''राहुल मूलतः एक विचारक, चिन्तक और इतिहास की परतों में अपनी पारदर्शी दृष्टि से झाँकने वाले अनुसन्धित्सु थे। इसी दिशा में उन्होंने विश्व के भूगोल को अपने पैरों से नापा और उसके अतीत को धरती के अन्तस्थल में सुरक्षित साक्ष्यों से लेकर पुरा भाषाओं की शब्द-यात्रा तक छानकर निकालने का अथक प्रयास किया। उन्होंने अतीत के इतिहास को बड़ा किया, वर्तमान के इतिहास में अपनी सशक्त भागीदारी अंकित की और भविष्य के इतिहास का पुरोवाक् भी लिख दिया—'बाईसवीं शताब्दी' जैसी कृतियों में। वह इतिहास (राजाओं की विजयगाथा और तिथिक्रम) में इतिहास देखने की पृष्टपेषण-वृत्ति के भारवाही विद्वान् नहीं थे, अपितु भूगोल के मन्थन से इतिहास का अमृतत्व निकालनेवाले मनीषी थे। कहानी या उपन्यास लिखना उनका अभिप्रेत नहीं था अपितु इस शैली में इतिहास और सामाजिक जीवन एवं संस्कृति की कहानी कहना उनका लक्ष्य था।'

डॉ. कन्हैया सिंह ने 'वोल्गा से गंगा' की बीस कहानियों पर विस्तार से लिखा है और जो निष्कर्ष निकाला है, उससे असहमत नहीं हुआ जा सकता, मसलन, ''राहुल की कहानियाँ अन्यों की भाँति व्यक्ति की कहानियाँ नहीं, अपितु जातियों और युगों की कहानियाँ हैं। जैसे अपने दो डग से राहुल ने धरती का कोना-कोना नाप डाला, उसी प्रकार अपनी अन्तर्प्रज्ञा से उन्होंने ८००० वर्ष के अतीत का भावबोध किया और अपने मानस-चक्षु से उस कालखण्ड के बदलते युगों के नर-नारी, परिवार-समाज, गण-समूह और राजशाही सामन्तशाही, खान-पान एवं संस्कृतियों का प्रत्यक्ष दर्शन किया। राहुल की स्थापना पर मतान्तर हो सकता है पर जो जीवन-चित्र उन्होंने 'वोल्गा से गंगा' की कहानियों में उकेरा है, उसके सांस्कृतिक-सामाजिक रंग और परिवेश की बुनावट से अभिभूत हुए बिना नहीं रहा जा सकता।''

स्वयं राहुल सांकृत्यायन ने स्वीकार किया है कि 'मानव समाज की प्रगति का विवेचन मैंने अपने ग्रन्थ 'मानव समाज' में किया है। इसका सरल चित्रण भी किया जा सकता है और उससे प्रगति को समझने में आसानी हो सकती है, इसी ख्याल ने मुझे 'वोल्गा से गंगा' लिखने पर मजबूर किया।'' कहानियों के पीछे आधार-तन्तु का जिक्र राहुल जब करते हैं तो उसके पीछे उस युग से सम्बन्धित उन सभी चीजों और सामग्री को मानते हैं, जो दुनिया की कितनी ही भाषाओं, तुलनात्मक भाषा-विज्ञान, मिट्टी-पत्थर, तांबे, पीतल लोहे पर सांकेतिक व लिखित साहित्य अथवा अलिखित गीतों, कहानियों, रीति-रिवाजों, टोटकों-टोनों में पायी जाती हैं।

'निशा', 'दिवा', अमृताश्व' तथा 'पुरुहूत' जैसी कहानियों के बारे में डॉ. कन्हैया सिंह का मत है कि यह कहानियाँ प्रागैतिहासिक काल की कथावस्तु लेकर चलती हैं और इनका सूत्र ढूँढ़ने में राहुल जी ने हिन्द यूरोपीय भाषा के तुलनात्मक भाषिक ज्ञान के साथ ही ऐजेल्स की पुस्तक 'ओरिजिन ऑफ फेमिली, प्राइवेट प्रापर्टी ऐण्ड स्टेट' का आधार ग्रहण किया है। 'प्रवाहण' कहानी को कन्हैया सिंह जी ने कहानी कम और लेख ज्यादा करार दिया है, बावजूद इसके वह इस कहानी के निष्कर्ष को रेखांकित करने के लिए इसकी पात्र लोपा का यह कथन उद्धृत करना उचित समझते हैं—''जब से मैंने होश सँभाला सारा ढोंग, पूरी प्रवंचना! प्रजा की मशक्कतों की कमाई को मुफ्त में खाने का तरीका है यह राजवाद, ब्रह्मवाद, यज्ञवाद। प्रजा को कोई इस जाल से तब तक नहीं बचा सकता जब तक कि वह खुद सचेत न हो और उसे सचेत होने देना इन स्वार्थियों को पसन्द नहीं है।'' 'प्रभा' को कन्हैया सिंह जी 'वोल्गा से गंगा' संग्रह की सर्वोत्तम

कहानी मानते हैं। यह कहानी संस्कृत प्राकृत के प्रसिद्ध कवि नाटककार अश्वघोष की जीवन गाथा को केन्द्र में रखकर लिखी गयी है। यवन कुल की कन्या दत्तमित्र की पुत्री प्रभा और अश्वघोष के प्रेम की इस कहानी में युग के राजनीतिक, धार्मिक, सामाजिक, साहित्यिक परिवेश पूर्णतः रचनाकार की लेखनी से व्याख्यायित हुए हैं।

'दुर्मुख' कहानी का उल्लेख करते हुए डॉ. कन्हैया सिंह जी एक महत्त्वपूर्ण जानकारी साझा करते हैं कि, "हजारीप्रसाद द्विवेदी ने 'दुर्मुख' कहानी की शैली में ही 'बाणभट्ट की आत्मकथा' उपन्यास लिखा था।" कन्हैया सिंह जी यह कहने का भी साहस करते हैं कि 'बाणभट्ट की आत्मकथा' उपन्यास का बीज राहुल जी की 'दुर्मुख' नाम की कहानी में विद्यमान था।' कन्हैया सिंह जी वह इंगित कर देना भी समीचीन समझते हैं कि, "समग्र उपन्यास को आत्मकथात्मक शैली में प्रस्तुत करने का उपजीव्य भी द्विवेदी जी को राहुल के उपन्यास 'सिंह सेनापति' से ही कदाचित् मिला होगा। 'दुर्मुख' कहानी का दिलचस्प-संक्षेप डॉ. कन्हैया सिंह जी के शब्दों में देखिये—"वह कहानी 630 ई. की है जब हर्षवर्द्धन का राज्य था। इस कहानी में एक भाग श्री हर्ष का आत्मकथन और दूसरा बाणभट्ट का आत्मकथन है। स्पष्टवादिता के कारण बाण का ही नाम दुर्मुख पड़ गया था। और मौजमस्ती स्वच्छन्द भ्रमण-विहार की प्रवृत्ति से श्री हर्ष ने उसे 'भुजंग' कहा था। श्रीहर्ष का भाई राजवर्द्धन सौगत (बौद्ध) था पर श्री हर्ष परम शैव था, पर सभी धर्मों का समादर करता था। प्रयाग में वह ब्राह्मणों और श्रमणों सभी को दान देता था। बाण की 'कादम्बरी' हर्ष को प्रिय थी, पर उसका आचरण नहीं। बाण के अनुसार हर्ष अपने को संयमी और त्यागी दिखाता था पर यह झूठा बहाना था, वह लाख सुन्दरियों का चुम्बन लेनेवाला राजा था। यही स्वभाव बाण का भी था पर वह धोखेबाज नहीं था। नालन्दा के विद्या केन्द्र में धर्मकीर्ति नामक आचार्य को (प्रमाण वार्तिक के लेखक)। उन्हें बाण सत्यवादिता में पुरुष सिंह मानता है। जो बुद्धिहीनता या मूर्खता के पाँच लक्षण मानता है—1. वेद-प्रमाण मानना, 2. जगत् का कर्त्ता ईश्वर को मानना, 3. पाप-तप के नाम पर शरीर को कष्ट देना, 4. स्नान में धर्म मानना, 5. जाति वंश का अभिमान करना। बाण का भी यही मत था। बाण भी हर्ष को अच्छा मनुष्य और अच्छा राजा बतलाता है पर उसमें दोष भी बतलाता है कि वह दिखावा पसन्द करता था। प्रशंसा की इच्छा होते हुए निस्पृह दिखाना सुन्दरियों की कामना करते हुए कामना रहित बनना आदि वह राजा और राज्य व्यवस्था के रहते जन के विकास को असम्भव मानता है और राज प्रासादों की ऊँचाई, तथा वैभव में प्रजा के शोषण और उनके वक्त की छाया देखता है।"

राहुल सांकृत्यायन की अन्य कहानियों में 'सतमी के बच्चे', 'कनैला की कथा' और 'बहुरंगी मधुपुरी' नामक तीन और संग्रहों का परिगणन किया जाता है। भारतीय समाज में दलितों, स्त्रियों, पिछड़ों, शूद्रों की दशा को लेकर राहुल हमेशा विचलित आन्दोलित रहे। उनका कहानी संग्रह 'सतमी के बच्चे' इसी वर्ग के दुःखों एवं संघर्षों का आख्यान है। यों तो इस कहानी का केन्द्र पन्दहा जैसा गाँव है, पर इस संग्रह की कहानियों में पात्रों के जीवन संघर्ष और आर्थिक संघर्ष को जिस तरह चित्रित किया गया है, वह पाठक को मात्र द्रवित ही नहीं करती, बल्कि शोषण पर टिके समाज के विरुद्ध नफरत और विद्रोह भी जगाती हैं।

कहानियों के अतिरिक्त डॉ. कन्हैया सिंह जी ने राहुल सांकृत्यायन के दस उपन्यासों की भी विस्तार से चर्चा की है। बाईसवीं सदी, जीने के लिए, सिंह सेनापति, जय यौधेय, भागो नहीं,

दुनिया को बदलो, मधुर स्वप्न, राजस्थानी रनिवास, विस्मृत यात्री, दिवोदास और निराले हीरे की खोज सरीखे उपन्यासों पर अलग-अलग बातें करते हुए डॉ. कन्हैया सिंह प्रभाकर माचवे के उस मत का खण्डन करते हैं, जिसमें माचवे ने कहा था—"उपन्यासकार के नाते राहुल बहुत सफल नहीं हैं।...विवरण में जाकर सब छोटी-छोटी बातें देने का उन्हें मोह होता है। एक उत्तम शिक्षक के लिए इतिहास, भूगोल, समाजशास्त्र के निरूपण में यह सब ठीक है पर उससे उपन्यास के गुण कम हो जाते हैं।"

डॉ. कन्हैया सिंह माचवे और अन्य आलोचकों के मत से सहमत नहीं हैं। डॉ. सिंह लिखते हैं कि, "राहुल जी के उपन्यासों में उनका सामाजिक आर्थिक विचार-दर्शन ही प्रकट हुआ। उसके लिए आलोचक जब यह कहते हैं कि इनमें 'प्रोपेगैण्डा' अधिक है, तो राहुल जी उसे अस्वीकार नहीं करते हैं बल्कि कहते हैं कि यदि अपने विचारों के प्रचार का उद्देश्य न होता तो यह शायद उपन्यास या कहानी लिखने की ओर प्रवृत्त ही नहीं होते। इस दृष्टि से विचार-प्रचार राहुल जी की मजबूरी थी, साहित्यिक दृष्टि से उसे उनकी सीमा भी माना जाता है। इसके बावजूद भी उनके उपन्यासों में नयी शैली और इतिहास के आरपार देखने को अमोघ क्षमता का दर्शन होता है।"

राहुल सांकृत्यायन ने अपनी आत्मकथा 'मेरी जीवन-यात्रा' नाम से पाँच भागों में लिखी है, जिनमें उन्होंने जगत् की भिन्न-भिन्न जातियों और विचित्रताओं को अंकित करने की कोशिश की है। राहुल के जीवन के अन्तिम सात वर्षों का वृत्त इसमें नहीं हैं, पर पाँच खण्डों में समेटे गये 63 वर्षों की जीवन वृत्त से एक साहसी और विद्रोही व्यक्तित्व के दर्शन होते हैं।

डॉ. कन्हैया सिंह ने राहुल सांकृत्यायन द्वारा लिखे गये चार महत्त्वपूर्ण संस्मरणों पर भी बारीक दृष्टि डाली है और लिखा है कि, 'जिनका मैं कृतज्ञ हूँ', 'मेरे सहयोग के साथी', 'बचपन की स्मृतियाँ' और 'अतीत से वर्तमान' नामक संस्मरणों में राहुल जी ने अपनी निजी शैली और देश-विदेश के व्यापक सम्पर्क से एक अनूठी छाप छोड़ी है। उसमें साहित्य के विद्यार्थी के लिए भाषा-शैली की मोहकता नहीं मिलती, बल्कि उस व्यक्ति के व्यक्तिगत जीवन और उसके सम्पर्क में आये व्यक्तियों की विशेषताओं का अनुभवजन्य ज्ञान अवश्य मिलता है।

राहुल जी ने 12 जीवनीपरक ग्रन्थों की रचना की है। ब़कौल डॉ. कन्हैया सिंह, "राहुल जी के जीवनीपरक ग्रन्थों में तटस्थता और वैज्ञानिकता का गुण मिलता है। वह अपनी जीवनी के प्रधान नायकों से प्रभावित अवश्य हैं, पर उनके मानवीय गुणावगुण को यथातथ्य रखने में पीछे नहीं रहते हैं। यथार्थ का यही धरातल उनके जीवनी-साहित्य को एक अनुपम भूमिका प्रदान करता है और यही विशेषता जीवनीकार राहुल को अन्य जीवनी लेखकों से पृथक् कर देती है।"

महापण्डित राहुल सांकृत्यायन का जीवन-प्रतिपाद्य 'अथातो घुमक्कड़ जिज्ञासा' था। अपने ग्रन्थ 'घुमक्कड़ शास्त्र' में उन्होंने एक अध्याय ही इसी शीर्षक से लिखा। उसमें उन्होंने घुमक्कड़ी को सर्वश्रेष्ठ कार्य और घुमक्कड़ को विश्व की श्रेष्ठतम् विभूति बनाया। कन्हैया सिंह जी ने ठीक लिखा है कि, "अपनी यात्रा के क्रम में राहुल एक मनमौजी सैलानी की भाँति विश्व की आकर्षक और आश्चर्यजनक वस्तुओं का दृश्यलाभ नहीं करते थे अपितु वह संसार को सबसे बड़ी पोथी मानते थे जिसे वह खुली दृष्टि, खुले मन-मस्तिष्क से देखते और पढ़ते थे।" राहुल सांकृत्यायन 1950 तक 41 वर्ष पर्यटक के रूप में चलते रहे। रुकना तो उस थाती को समेटने, संकलित करने या समाज को प्रदान करने के लिए होता रहा और फिर यात्रा पर निकल जाना। डॉ. कन्हैया

सिंह जी राहुल की तुलना ह्वेनसांग से करते हैं। यदि चीनी यात्री ह्वेनसांग एक घुमक्कड़ था तो भारत का राहुल जैसा विद्वान् भी एक अजीब घुमक्कड़ ही था। 'घुमक्कड़शास्त्र' में राहुल ने समदर्शिता और आत्मीयता को घुमक्कड़ी के लिए अति आवश्यक बताया है। उन्होंने लिखा है कि, 'वस्तुतः घुमक्कड़ को अपने आचरण और स्वभाव को ऐसा बनाना है, जिससे वह दुनिया में किसी को अपने से ऊपर न समझे, लेकिन साथ ही किसी को नीचा भी न समझे। समदर्शिता घुमक्कड़ का एकमात्र दृष्टिकोण है, आत्मीयता उसके हरेक बर्ताव का सार है।''

घुमक्कड़ी के लिए राहुल ने स्त्रियों को भी प्रेरित किया है। हिन्दू धर्म में स्त्री के ऊपर तरह-तरह के बन्धन जो आज दिखायी देते हैं, उनके प्रतिवाद में राहुल गार्गी का उदाहरण देते हैं, ''कि वह विदुषी घुमक्कड़ी में निष्णात् थी और वह कुरु (मेरठ) की थी। और जाकर मिथिला की सभा में उसने याज्ञवल्क्य को शिकस्त दी थी।'' पर इस दिशा में राहुल ने एक खरी बात कही है कि प्रेम घुमक्कड़ी के मार्ग की बहुत बड़ी बाधा है। प्रेम बहुत अच्छी चीज है और स्वाभाविक भी है, पर घुमक्कड़पन्थी के लिए वह एक जंजीर है। राहुल की स्थापना है कि मरना ध्रुव सत्य है, फिर उससे डरना कैसा? पर इसी मिथ्या-भय से ही अधिकांश लोग पर्यटन के मार्ग से विरत रहते हैं। अतः मृत्यु के दर्शन का ठीक बोध हो जाने पर पर्यटक निर्भय हो जाता है।'' घुमक्कड़ी को विजय का प्रमाण मानते हुए राहुल कहते हैं कि, ''घुमक्कड़ी लेखक और कलाकार के लिए धर्म-विजय का प्रमाण है। वह कला-विजय का प्रमाण है और साहित्य-विजय का भी।'' सन् 1949 ई. में लिखे गये 'घुमक्कड़ शास्त्र' को लेकर कन्हैया सिंह जी टिप्पणी करते हैं कि इसे शास्त्र माना जा सकता है तो बस इसी अर्थ में कि जैसी यायावरी होती है—बन्धनहीन, उद्देश्यहीन और देश-काल-समाज के लिए मूल्यवान थाती प्रदान करनेवाली, वैसे ही यह शास्त्र भी शास्त्रीयता से परे, ढेर सारे अनुभवों से सम्पन्न घुमक्कड़ का एक मार्गदर्शन है।''

हिन्दी साहित्य के इतिहास के सम्बन्ध में राहुल सांकृत्यायन के विभिन्न योगदानों की डॉ. कन्हैया सिंह जी ने गहन पड़ताल की है। पड़ताल के पश्चात् कन्हैया सिंह जी ने जो मत स्थिर किया है वह उल्लेखनीय है। राहुल ने हिन्दी साहित्य के इतिहास के आदिकाल की सामग्री सुलभ कराने, उसके पाठ को सम्पादित करने और उसकी भाषा को सुनिश्चित करने का महनीय कार्य किया। राहुल जी ने 'हिन्दी काव्यधारा' में स्वयम्भू और पुष्पदन्त की हस्तलिखित पोथियों से कुछ महत्त्वपूर्ण रचनाओं को प्रकाशित किया और उच्छ्वसित भाव से घोषित किया कि 'स्वयम्भू का रामायण' हिन्दी का सबसे पुराना और सबसे उत्तम काव्य है। पुष्पदन्त की रचनाओं के श्रेष्ठ काव्य तत्त्वों का प्रतिपादन राहुल जी ने ही किया। उन्होंने स्वयम्भू का काल 5वीं शती और पुष्पदन्त का 10वीं शती माना है। आचार्य शुक्ल का आदिकाल, जिसे वह वीरगाथा काल कहते हैं का प्रारम्भ 1050 वि. सं. अर्थात् लगभग 1000 ई. मानते हैं। बहुत विवेचन करने के पश्चात् आचार्य द्विवेदी जी भी इस काल का प्रारम्भ 1000 ई. ही मानते हैं। पर राहुल सांकृत्यायन ने इसका प्रारम्भ 8वीं शती के प्रारम्भ से ही माना और सिद्ध किया कि सरहपा और स्वयम्भू में श्रेष्ठ काव्य-तत्त्व विद्यमान हैं। डॉ. कन्हैया सिंह जी ने इस पर सटीक टिप्पणी की है—''कोई भी हिन्दी साहित्य का इतिहास लेखक (शुक्ल जी से लेकर नगेन्द्र तक) वह साहस तो नहीं कर सका कि सरहपा और स्वयम्भू का विवेचन छोड़ दे पर राहुल को छोड़कर कोई भी हिन्दी साहित्य की काल-सीमा को 8वीं शती तक ले जाने का जोखिम नहीं उठाना चाहता था। यह कार्य राहुल ने किया और उसे सिद्ध भी किया।''

दर्शन के क्षेत्र में 'वैज्ञानिक भौतिकवाद', 'दर्शन-दिग्दर्शन' और 'बौद्धदर्शन' के नाते राहुल सांकृत्यायन की अच्छी खासी प्रतिष्ठा रही है। वैष्णव, आर्यसमाजी, बौद्ध और मार्क्सवादी-जीवन-यात्रा के चार पड़ावों पर राहुल की मुख्य विचार-सरणियाँ तीन ही रही हैं—1. आत्मवादी, ईश्वरवादी-अध्यात्मवादी, 2. अनात्मवादी, अनीश्वरवादी-अध्यात्मवादी और 3. अनात्मवादी, अनीश्वरवादी-भौतिकवादी। राहुल कभी-कभी कहते थे—"हाँ, एक ईश्वर था। जब भगवान बुद्ध का आविर्भाव हुआ, तो वह ईश्वर मर गया और जब रूस में सोवियत क्रान्ति हुई, तब उस ईश्वर की अन्त्येष्टि भी हो गयी।" जगत् के सम्बन्ध में उनकी दृष्टि बहुत ही साफ थी। वह 'आत्मा' और 'परमात्मा' दोनों का अस्तित्व नहीं मानते हैं। जगत् की सारी चीजों को वह चार महाभूतों के अतिरिक्त कुछ नहीं मानते थे आकाश तत्त्व को वह नहीं स्वीकारते हैं। 'चित्त', 'मन', 'विज्ञान' भी इन्हीं चार महाभूतों से उत्पन्न हुआ। पुनर्भव अर्थात् जन्मान्तरवाद, जैसी अवधारणा को न स्वीकरते हुए उनका मत था कि 'माता के रज' और पिता के 'वीर्य' के संयोग के साथ शिशु का जीवन प्रारम्भ होता है। कन्हैया सिंह जी का मत है कि, "राहुल जी किसी दर्शन या विचार के प्रणेता नहीं थे, अपितु वह अनुयायी थे, चार्वाक थे, बुद्ध के और मार्क्स के।"

राहुल सांकृत्यायन ने अपने ऐतिहासिक दर्शन के विवेचन में अनात्मवादी दार्शनिकों की लम्बी परम्परा पर विस्तार से विचार किया है। ब़कौल कन्हैया सिंह, "वे असंग, वसुबन्धु, दिङ्नाग और धर्मकीर्ति के विचार-प्रवाह का विस्तृत विवेचन करते हैं और इस काल को भारतीय दर्शन का स्वर्ण युग मानते हैं।" कन्हैया सिंह जी यह भी बताते हैं कि "राहुल जी के लिए धर्मकीर्ति आकर्षण के विषय थे और वह धर्मकीर्ति को भारतीय हेगेल कहकर व्यक्त करते थे।" राहुल ने धर्मकीर्ति द्वारा प्रमाण-शास्त्र पर लिखे सात ग्रन्थों की चर्चा की है पर मुख्य रूप से 'प्रमाण-वार्तिक' को मूलाधार बनाया है। 'दूसरे दार्शनिकों का खण्डन' करते हुए राहुल ने धर्मकीर्ति को तो ध्यान में रखा, पर उद्योतकर और कुमारिल भट्ट की आलोचना की। उन्होंने नित्यवाद, आत्मवाद, ईश्वरवाद का सिद्धान्तरूपेण खण्डन किया और न्याय-वैशेषिक सांख्य-मीमांसा का युक्तिपूर्वक खण्डन किया। ऐसा करने के पीछे कन्हैया सिंह जी ने एक बड़े कारण का जिक्र किया है—असल में उस युग में शास्त्रीययुद्ध की यह काट-छाँट एक दूसरे को नीचा दिखाने के स्तर पर पहुँची हुई थी। यही कारण है कि कोई पक्ष अन्य पक्ष की अच्छी बातों को स्वीकार करने को तैयार नहीं था। नतीजा यह हुआ कि कुमारिल भट्ट जैसे मेधावी आचार्य ने भी बुद्ध की अहिंसा आदि भली बातों को उसी प्रकार अग्राह्य बतलाया था जिस प्रकार कुत्ते की खाल में रखा हुआ दूध अमेध्य होकर अनुपयोगी हो जाता है—श्वदति निक्षिप्रक्षीश्वदनुपयोगि।

शंकराचार्य के सम्बन्ध में भी राहुल सांकृत्यायन का यही मत था कि उन्होंने परवर्ती बौद्ध दार्शनिकों के चिन्तन से सामग्री ली और उसका उपयोग उन्होंने वैदिक-औपनिषदिक मतों की पुष्टि में किया। राहुल सांकृत्यायन ने अपने चर्चित ग्रन्थ 'मध्य एशिया का इतिहास' में यह दिखाया है कि मध्य एशिया में भारतीय बौद्धपण्डितों और भिक्षुओं ने बौद्ध मत का सन्देश प्रचारित किया था जिसका वहाँ के जन-जीवन, साहित्य और कला पर अभूतपूर्व प्रभाव पड़ा था। राहुल की मान्यता थी कि मार्क्सवाद को समझने के लिए बौद्धदर्शन एक आवश्यक सोपान है। डॉ. कन्हैया सिंह जी दिखाते हैं कि राहुल के लिए बौद्ध दर्शन उसी तरह मार्क्सवादी दर्शन को समझने की सीढ़ी है, जैसे पश्चिम में उसके लिए हेगेलीय दर्शन।

राहुल सांकृत्यायन ने 'अकबर' नामक एक महत्त्वपूर्ण पुस्तक लिखकर अकबर को देश का सांस्कृतिक पैगम्बर, अशोक के बाद दूसरा बड़ा ध्रुवतारा, देशभक्त, राष्ट्र का परम उन्नायक, महान् समन्वयकारी, संस्कृति, साहित्य, संगीत, कला, ज्ञान-विज्ञान का सम्मानकर्त्ता सिद्ध किया। डॉ. कन्हैया सिंह जी कहते हैं कि राहुल जी को इस पुस्तक की प्रेरणा आजाद की 'दरबार अकबरी' और विन्सेण्ट स्मिथ की पुस्तक 'अकबर' से मिली। कन्हैया सिंह जी ने अकबर के मीना बाजार की अवधारणाा को स्त्री विमर्श की दृष्टि से देखा-परखा है और लिखा है कि "अकबर के मीना बाजार के सम्बन्ध में अधिकतर हिन्दू लेखकों के दृष्टिकोण निन्दापरक रहे हैं। पर राहुल जी उसके माध्यम से पर्दाप्रथा के अन्त का निष्कर्ष निकालते हैं।"

राष्ट्रभाषा और मातृभाषा के मुद्दे पर राहुल के दृष्टिकोण पर भी कन्हैया सिंह जी ने आलोचनात्मक दृष्टि डाली है। स्वतन्त्र भारत की एक भाषा जो सामूहिक व्यवहार की भाषा बने, अन्तर्प्रान्तीय सम्पर्क की भाषा बने तथा केन्द्रीय शासन के कामकाज की बने, इस सम्बन्ध में राहुल जी निर्भ्रान्त रूप से खड़ी बोली या हिन्दी के पक्षधर थे। ब्रकौल डॉ. कन्हैया सिंह, "राहुल जी हिन्दी की समस्त बोलियों को जनपदीय बोलियाँ या मातृभाषाएँ कहते थे। वह प्रायः कहा करते थे कि मेरी मातृभाषा काशिका (भोजपुरी) है पर राष्ट्रभाषा हिन्दी है।" भोजपुरी में उन्होंने आठ नाटक लिखे। आठों नाटक सामाजिक कुरीतियों और शोषण के विरुद्ध जन जागृति लाने के लिए लिखे गये थे। भोजपुरी में लिखा गया उनका नाटक 'मेहरारुन के दुर्दशा' उत्तर भारत में काफी लोकप्रिय हुआ। चार अंकों के इस नाटक में सामन्ती समाज में नारी की दासता को अत्यन्त मार्मिक ढंग से अभिव्यक्त किया गया है।

9 अप्रैल, 1893 को आजमगढ़ में जन्मे राहुल सांकृत्यायन ने तकरीबन 70 वर्ष की उम्र में 14 अप्रैल, 1963 को महाप्रयाण किया। तकरीबन 35 वर्षों के अपने लेखन काल में लगभग पचास हजार पृष्ठों (प्रकाशित, अप्रकाशित मिलाकर) का साहित्य लिखा-रचा-दिया। अनुपस्थिति के बाद भी उस महान् क्रान्तिदर्शी, दार्शनिक, लेखक, यायावर और आन्दोलनकारी व्यक्तित्व की विराटता में कोई कमी नहीं आयी है। डॉ. कन्हैया सिंह जी की राहुल सांकृत्यायन को देखने की दृष्टि स्पष्ट और तटस्थ है। यह कहना ठीक होगा कि डॉ. कन्हैया सिंह की राहुल-दृष्टि की व्यापकता यह देखने-दिखाने में पूर्णतः सफल रही है कि राहुल का कृतित्व जितना विस्तृत और व्यापक था, व्यक्तित्व भी उतना ही उदात्त और महान्।

एसोशिएट प्रोफ़ेसर, हिन्दी एवं आधुनिक भारतीय भाषा विभाग
इलाहाबाद विश्वविद्यालय, प्रयागराज (उ.प्र.)

हरिऔध वाया डॉ. कन्हैया सिंह

विनय षडण्गी राजाराम

काव्य शास्त्र, आलोचना, पाठालोचन, सूफ़ी साहित्य-समीक्षा तथा सृजनात्मक साहित्य के अन्तर्गत संस्मरण, ललित निबन्ध तथा कहानी आदि विधाओं के लगभग पैंतीस पुस्तकों के रचयिता, साहित्य एवं विधि के गहन ज्ञाता डॉ. कन्हैया सिंह ने अपने उच्चतम विविध ज्ञान के अनुरूप बहुआयामी महत्त्वपूर्ण लेखन के क्षेत्र में विशेष योगदान देकर हिन्दी-साहित्य की अप्रतिम सेवा की है। विधि तथा साहित्य का अनूठा संयोग आपके लेखन को अधिक प्रामाणिक, शोधपरक एवं तथ्यात्मक बनाता है।

डॉ. कन्हैया सिंह का सूफ़ी साहित्य पर विशेष महत्त्व का कार्य तो है ही, पाठ-सम्पादन के सिद्धान्त एवं पाठानुसन्धान तथा हिन्दी भाषा-विकास के काव्यशास्त्रीय अध्ययन केन्द्रित आपके ग्रन्थ भी कम महत्त्वपूर्ण नहीं हैं। उल्लेखनीय है कि काव्यशास्त्रीय विवेचन की गम्भीरता के साथ आपने संस्मरण, यात्रा वृत्तान्त तथा कहानियाँ आदि सृजनात्मक, सरस लेखन भी खूब किया है। आपके द्वारा रचित दसियों आलोचना-ग्रन्थों में राहुल सांकृत्यायन पर केन्द्रित दो पुस्तकें तथा महाकवि अयोध्या सिंह उपाध्याय 'हरिऔध' पर लिखित समीक्षा-ग्रन्थ विशेष महत्त्व के हैं। इन दोनों महानुभावों के प्रति कन्हैया सिंह जी का विशेष मोह दिखायी देता है, जो निश्चित ही जन्मभूमि और समान साहित्यानुराग का सहजात प्रेम है।

यहाँ हम डॉ. कन्हैया सिंह द्वारा 'हरिऔध' जी के समग्र लेखन का मूल्यांकन प्रस्तुत करते हुए समीक्षा-ग्रन्थ 'अयोध्या सिंह उपाध्याय हरिऔध' की चर्चा करने जा रहे हैं। उत्तर प्रदेश हिन्दी संस्थान के स्मृति-संरक्षण योजना के तहत किया गया यह कार्य निश्चित ही अद्वितीय है। समीक्षक ने पुस्तक के प्राक्कथन में बड़ी प्रसन्नता के साथ कहा है मैं भी हरिऔध जी की तरह आजमगढ़ी हूँ। साहित्य में आजमगढ़ अपना स्थान रखता है। शायर श्री इकबाल सुहैल ने लिखा है—

इस खित्तए आजमगढ़ पैयम्बर, फ़ैज़ाने तजल्ली है यकसर,
जो ज़र्रा यहाँ से उठता है, वह नैयरे आज़म होता है।

डॉ. कन्हैया सिंह ने इस उदाहरण के द्वारा स्वयं अपनी महत्ता को भी प्रकारान्तर से उजागर किया है, जो उनके व्यापक साहित्यिक अवदान को देखते हुए शत प्रतिशत सच प्रतीत होता है।

हरिऔध जी पर केन्द्रित अपने समीक्षा संकलन ग्रन्थ में कन्हैया सिंह ने खूब रच-बस कर कवि की व्यापक विशेषताओं का उल्लेख किया है। हरिऔध जी के जीवन वृत्त सह उनके विभिन्न लेखन को पाँच प्रमुख अध्यायों में विभाजित करते हुए समीक्षक ने हरिऔध जी की साहित्य-यात्रा पर सुव्यवस्थित, सार्थक-सटीक समीक्षा प्रस्तुत की है।

प्रथम अध्याय में कवि के व्यक्तित्व का विस्तृत परिचय देते हुए कन्हैया सिंह ने तत्कालीन राजनीतिक एवं साहित्यिक अन्तःसाक्ष्यों के माध्यम से कवि के जन्म एवं साहित्यिक अभिरुचि के विकास की स्थिति स्पष्ट की है जो तथ्यों की प्रामाणिकता को भी परिपुष्ट करती है। हरिऔध जी का जन्म 1857 की क्रान्ति के कुछ ही वर्षों के बाद हुआ था। उस कालखण्ड की चर्चा करते हुए कन्हैया सिंह कहते हैं, ''उस समय भारतीय जन-मानस राजनीतिक, सामाजिक, धार्मिक, शैक्षिक और साहित्यिक आदि क्षेत्रों में नव्य चेतना से झंकृत था।'' यहाँ वह तत्कालीन राजनीतिक परिस्थितियों का ज़िक्र करते हुए लिखते हैं, ''राजनीति के क्षेत्र में भगत सिंह जैसे क्रान्तिवीरों ने तथा महामना मदनमोहन मालवीय, बालगंगाधर तिलक, महात्मा गाँधी आदि ने भारतीय जीवन को आधुनिक परिवेश से युक्त कर विश्व प्रतिष्ठा दी। हिन्दी साहित्य में भारतीयता, राष्ट्रीयता और... इतिहास का आधुनिक काल प्रारम्भ होता है। हरिऔध जी के काव्य-गुरु बाबा सुमेर सिंह साहबजादे 'भारतेन्दु' प्रभामण्डल के यशस्वी कवि थे। हरिऔध के भी बाल-संस्कार भारतेन्दु-युग के वातावरण में ही परिपुष्ट हुए थे। डॉ. कन्हैया सिंह ने तत्कालीन परिस्थितियों का सटीक आकलन प्रस्तुत करते हुए उस कालखण्ड की साहित्यिक ऊर्जा का महत्त्व स्पष्ट किया है।

हरिऔध जी के जन्म एवं जन्म-स्थान का वर्णन करते हुए कन्हैया सिंह जी लिखते हैं, ''आजमगढ़ जनपद के निजामाबाद नगर में सं. 1922 वैशाख कृष्ण-4 तदनुसार 15 अप्रैल, 1865 ई. सन् को अयोध्या सिंह जी का जन्म हुआ। इसके साथ ही वह उस स्थान की विशेषता भी बताते चलते हैं कि अयोध्यासिंह के जन्म के कुछ वर्षों पश्चात् ही उसी नगर से 2-3 मील दूर स्थित पन्दहा ग्राम में केदार पाण्डेय का जन्म अपने ननिहाल में हुआ जो आगे चल कर 'विश्वविश्रुत' विद्वान् राहुल सांकृत्यायन के रूप में प्रसिद्ध हुए।''

कन्हैया सिंह ने यहाँ हरिऔध जी के जन्म-स्थान की विशेषता के साथ राहुल सांकृत्यायन के जन्म तथा जन्म नाम का भी जिक्र किया जो अनेक पाठकों के लिए सर्वथा नवीन जानकारी है।

निजामाबाद स्थान की अन्य महत्त्वपूर्ण महिमाओं का वर्णन करते हुए डॉ. कन्हैया सिंह लिखते हैं, ''निजामाबाद आजमगढ़ नगर से पश्चिम की ओर बारह किलो मीटर दूर है जो तमसा नदी के तट पर स्थित है। तमसा नदी के पौराणिक महत्त्व को कौन नहीं जानता? तमसा नदी के तट पर आदि कवि वाल्मीकि का आदि श्लोक प्रस्फुटित हुआ था—''मानिषाद प्रतिष्ठां त्वमगमः शाश्वती समाः।''

तमसा नदी का तट आदि कव्योद्भव का पावनस्थल है। डॉ. कन्हैया सिंह ने उसी तमसा नदी के तट पर स्थित मन्दिर संकुल तथा दत्तात्रेय के आश्रम का सन्दर्भ देते हुए अयोध्या सिंह जी के पैतृक घर से सटे सिक्खों के एक प्रसिद्ध धर्मस्थल 'चरण पादुका गुरुद्वारा' का जिक्र किया है। वह स्थान इसलिए भी प्रसिद्ध है क्योंकि, वहाँ गुरु नानकदेव जी अपनी 'पटना-यात्रा' के मार्ग में पधारे तथा विश्राम किया था। अपने स्थानीय भक्तों के आग्रह पर नानक देव जी अपनी 'चरण पादुका' वहाँ छोड़ गये थे। गुरु तेग बहादुर भी उस पवित्र स्थल पर आये थे। 'ऐसे धार्मिक-सांस्कृतिक परिवेश की नगरी में शिशु अयोध्या सिंह का जन्म हुआ था।'

डॉ. कन्हैया सिंह 'हरिऔध' जी के जन्म एवं जन्मस्थान के महत्त्व का बखान करते हुए उनके सिक्ख-पन्थ से गहरे जुड़ाव की 'सूक्ष्म व्याख्या' भी करते हैं। उन्होंने बहुत बारीकी से अयोध्या सिंह उपाध्याय के परिवार-परिवेश की खोजबीन करते हुए उनके सिक्ख धर्म की पृष्ठभूमि को उजागर किया है। वह लिखते हैं—"ये सनाढ्य ब्राह्मणों में उपाध्याय थे...इनकी वेश-भूषा सिक्खों की थी और इनके काव्यगुरु बाबा सुमेर सिंह साहबजादे थे, जो सिक्ख सम्प्रदाय के प्रख्यात धर्मगुरु और पटना गुरुद्वारे के महन्त थे।... वह सिक्ख पन्थ को हिन्दू धर्म का अंग ही मानते थे।... इन्हीं सिक्ख गुरुओं के प्रभाव से हरिऔध के पूर्वजों ने भी सिक्ख पन्थ में दीक्षा ले ली थी।...हरिऔध जी ने भी इसी परम्परा का निर्वहन किया और हिन्दू देवी-देवताओं एवं मान्यताओं का पालन करते हुए वह नित्य जपूजी का भी पाठ करते थे।"

हरिऔध जी की साहित्यिक यात्रा को डॉ. कन्हैया सिंह ने अच्छे ढंग से स्पष्ट बहुत बेहतर बखान किया है। हरिऔध जी के जन्म से लेकर विवाह तक पढ़ाई से लेकरर मिडिल स्कूल के शिक्षक तथा आगे चलकर काशी हिन्दू विश्वविद्यालय में सफल अध्यापक बनने की कहानी के साथ ही सीढ़ी-दर-सीढ़ी उनके साहित्य-विकास की कथा भी 1913 में हरिऔध जी रचित महाकाव्य 'प्रियप्रवास' प्रकाशित हुआ। इस महाकाव्य को खड़ी बोली का प्रथम महाकाव्य के रूप में ख्याति प्राप्त हुई और इसके साथ ही हरिऔध जी की प्रतिष्ठा महाकवि के रूप में हुई। आचार्य महावीरप्रसाद द्विवेदी, रामचन्द्र शुक्ल तथा श्रीधर पाठक जैसे हिन्दी के विद्वानों ने इस कृति की पर्याप्त प्रशंसा की। तत्कालीन अनेक नामधारी साहित्यकारों ने इस महाकाव्य की कटु आलोचना भी की थी, जिसका उल्लेख डॉ. कन्हैया सिंह ने किया है।

डॉ. कन्हैया सिंह ने 1934 में हिन्दी साहित्य सम्मेलन के दिल्ली अधिवेशन की चर्चा करते हुए स्वराज्य, स्वभाषा व स्वदेश-भाव की जागृत-चेतना की दृष्टि से महत्त्वपूर्ण उस अधिवेशन के सभापति के रूप में अयोध्या सिंह जी को ससम्मान मनोनीत किये जाने को एक महत्त्वपूर्ण घटना के रूप में देखा। निश्चित ही यह समय उपाध्याय जी की ख्याति एवं प्रतिष्ठा की दृष्टि से 'शिखर-समय' था। सन् 1937 ई. में नागरी-प्रचारिणी सभा, आरा (बिहार) की ओर से उनका अभिनन्दन समारोह आयोजित हुआ। इस आयोजन से महाकवि की ख्याति को चार चाँद लग गये। कन्हैया सिंह जी लिखते हैं "ऐसा विशिष्ट सम्मान हिन्दी के कम विद्वानों और रचनाकारों को प्राप्त होता है।"

डॉ. कन्हैया सिंह ने हरिऔध जी के व्यक्तित्व की विशेषताएँ गिनाते हुए उनके अहंकार शून्य पाण्डित्य एवं सरल-स्वभाव का सोदाहरण जो चित्र खींचा है वह सहज के साथ निरभिमानी, निराडम्बर, सरल व्यक्तित्व के धनी खड़ी बोली हिन्दी के प्रथम महाकाव्यकार के व्यक्तित्व को खूब निखारता है। डॉ. सिंह ने हरिऔध जी के सृजन-चिन्तन के विविध आयामों की सविस्तार समीक्षा की है जिसके अन्तर्गत ब्रज भाषा में रचित 1930 में प्रकाशित उनका काव्य 'रस-कलस' पर की गयी चर्चा विशेष महत्त्व की है। ब्रजभाषा का रीति ग्रन्थ है 'रस कलस'। पुस्तक के नाम से ही स्पष्ट है कि यह रस सम्बन्धी लक्षण ग्रन्थ है। इसमें रसों तथा उनसे सम्बन्धित विषयों की परिभाषाएँ गद्य में दी गयी हैं और उनके उदाहरण ब्रज भाषा के कवित्त, सवैया, दोहा आदि पद्य रूप में। इस ग्रन्थ के पद्यभाग को आठ परिच्छेदों में विभक्त किया गया है—स्थायीभाव, संचारी भाव, नायिका भेद, नायक, आलम्बन विभाव, उद्दीपन-विभाव, अनुभाव तथा रस निरूपण। यह सारे भेद भरत मुनि के 'रस-निष्पत्ति' सूत्र में ही अनुस्यूत हैं जिसकी चर्चा कन्हैया सिंह ने की है; किन्तु इसके साथ ही वह अयोध्या सिंह के साहित्यिक स्वभाव गत विशेषता का भी बखान करते हुए कहते हैं—"हरिऔध जी का व्यक्तित्व बड़ा ही जटिल है। वह श्रृंगारी और परम भक्त दोनों

ही हैं। वह यावज्जीवन कृष्णभक्त रहे पर वह भाव और कर्म दोनों के कवि हैं। भाव की चरमता उन्हें महाभाव तक पहुँचाती है और कर्म की प्रवृत्ति निष्काम कर्मयोग तक।''

आधुनिक खड़ी बोली के उस रचनाकाल में 'रस-कलस' के नायक-नायिका भेद विषयक ब्रज भाषा में रचित कविताओं से हरिऔध जी के कुछ समकालीन कवि कतई प्रसन्न नहीं थे। व्यंगटेशनारायण तिवारी ने तो इसकी आलोचना की।

डॉ. कन्हैया सिंह ने इस ग्रन्थ की भूरि-भूरि प्रशंसा करते हुए इसको मर्यादित सौन्दर्य-शृंगार निरूपक' कहकर इसकी महत्ता को विशेष रूप से सोदाहरण प्रस्तुत किया है। उन्होंने स्वीकार किया है कि—''रस कलस आधुनिक युग में निश्चय ही ब्रजभाषा की एक ऐसी सरस रचना है जिसमें रस है, काव्य है और भाषा छन्द की प्रौढ़ता है। ब्रजभाषा हिन्दी-काव्य की पुरानी थाती है। उसे जीवित रखना रसिक कवियों का अभिप्रेत था और इसमें 'हरिऔध' जी को सफलता मिली है।''

डॉ. कन्हैया सिंह ने हरिऔध जी द्वारा विभिन्न कालखण्डों में रचित ब्रजभाषा काव्य-संग्रहों की भी समालोचना प्रस्तुत की है। वह ग्रन्थ हैं—प्रेम प्रपंच (1898), रसिक रहस्य (1899) प्रेमाम्बु प्रवाह (1899), प्रेमाम्बु वारिधि (1899), प्रेमाम्बु प्रस्त्रवण (1899), श्रीकृष्ण शतक (1900), उपदेश कुसुम (1901), काव्योपवन (1909)। इन सभी ग्रन्थों में रीतिकालीन कवियों की ही तरह नीति, प्रेम एवं शृंगार भाव के दर्शन होते हैं। कन्हैया सिंह जी के अनुसार इनमें रीतिकालीन मांसलता के स्थान पर शृंगार-प्रेम की गहराई का रससिक्त चित्रण हुआ है।

हरिऔध जी के प्रबन्ध काव्य 'प्रियप्रवास' पर डॉ. कन्हैया सिंह ने बहुत बारीकी से अपने मत व्यक्त किये हैं। संस्कृत के वार्णिक छन्दों में लिखा गया खड़ी बोली का यह ग्रन्थ 1914 में खड्ग विलास प्रेस बाँकीपुर से प्रकाशित हुआ। डॉ. कन्हैया सिंह लिखते हैं—''प्रिय प्रवास' कई दृष्टियों से क्रान्तिकारी रचना थी। संस्कृत के छन्दों—मन्दाक्रान्ता, मालिनी, शार्दूल विक्रीडित द्रुतविलम्बित आदि में सम्पूर्ण काव्य का सुन्दर निर्वाह, काव्यमय सुगठित-सुसंस्कृत भाषा, आद्योपान्त अतुकान्त छन्दों का प्रयोग, मंगलाचरण का अभाव तथा पौराणिक कथानक में आधुनिकता का समावेश श्री कृष्ण और राधा के चरित्र के द्वारा उसे युगीन परिवेश में ढालना कुछ ऐसी विशेषताएँ थीं कि प्रकाशन के साथ ही इसका अपार स्वागत साहित्य जगत में हुआ। खड़ी बोली के प्रथम महाकाव्य का श्रेय इसे प्राप्त हुआ।'

हरिऔध जी ने 'प्रियप्रवास' की रचना में कृष्ण कथा का मानवोचित बुद्धिग्राह्य आधुनिकी करण किया है। वह स्वयं प्रियप्रवास की भूमिका में कहते हैं—''मैंने श्रीकृष्णचन्द्र को इस ग्रन्थ में एक महापुरुष की भाँति अंकित किया है, ब्रह्म करके नहीं।'' 'प्रिय-प्रवास' की इस विशेषता की डॉ. कन्हैया सिंह ने बहुत सटीक समीक्षा प्रस्तुत की है।—''मूल कथानक को बिना क्षति पहुँचायें, प्रसंगों की तार्किक प्रस्तुति इस पुराख्यान को अद्यतन रूप प्रदान करती है। इस आख्यान के राधा-कृष्ण अपौरुषेय न होकर सामान्य नारी-नर के रूप में चित्रित हैं और वह एकान्तिक प्रेम-विरह-भक्ति में तल्लीन नहीं हैं, अपितु लोक-पीड़ा के प्रति जागरूक लोक संवेदना से परिचालित और लोक-आराधना में रत हैं।''

डॉ. कन्हैया सिंह ने अपनी समीक्षा में स्पष्ट किया है कि हिन्दी काव्य में प्राचीन आख्यान के आधुनिकीकरण का प्रारम्भ 'हरिऔध' ने किया है। कृष्ण कथा के अलौकिक महत्त्व की घटनाओं में हरिऔध जी ने जो मानवीय नायकोचित अवधारणाएँ प्रकट की हैं, क्रमशः उनकी अर्थपूर्ण व्याख्या प्रस्तुत की है कन्हैया सिंह ने अपनी समीक्षा में। पूतना वध, शंख भंजन, तृणावर्त्त की कथा, यमलार्जुन उद्धार, अन्घासुर वध जैसी कथाओं के सतर्क वर्णन को स्पष्ट लक्षित किया

है। इन पौराणिक प्रसंगों में 'काली-नाग ' से मुक्ति तथा 'गोवर्द्धनधारण' की कथा को हरिऔध जी ने विशेष महत्त्व के साथ मानवीय पराक्रम के रूप में चित्रित किया है। अतः डॉ. कन्हैया सिंह ने भी इसकी सटीक व्याख्या करते हुए इन प्रसंगों को कवि द्वारा 'मनोवैज्ञानिक प्रस्तुति' कहा है। निश्चित ही आतंकी आततायी काली नाग को यमुना से विदा करना ... ही उचित है। इसी प्रकार 'गोवर्द्धनधारण' की कथा को अतिवृष्टि से बृज-वासियों को गोवर्द्धन की गिरि-कन्दराओं में सुरक्षित पहुँचाकर कृष्ण ने मानो 'पर्वत को कनिष्ठा (छुंगुलिया) अंगुली से उठा लिया' कहकर अभिव्यक्त किया जाना कृष्ण को एक नायक के रूप में प्रस्तुत करता है, ईश्वर या ब्रह्म नहीं।

डॉ. सिंह ने अपनी समीक्षा में लिखा है—"इस प्रकार आधुनिक काल के प्रारम्भ में 'हरिऔध' प्रथम कवि हैं, जिन्होंने भागवत के समस्त अति-मानवीय, अपौरुषेय प्रकरणों को सहज मानवीय घटना का रूप दिया है। आगे चल कर इस प्रकार के प्रयास हुए और तार्किक व्याख्या की एक परिपाटी चल पड़ी। इस ऐतिहासिक महत्त्व के कार्यारम्भ का साहस करनेवाले कवि 'हरिऔध' सही अर्थ में खड़ी बोली हिन्दी के प्रथम महाकाव्य प्रणेता होने के साथ-साथ पुनर्जागरण युग में आधुनिकता का सूत्रपात करनेवाले प्रथम महाकवि हैं।"

कन्हैया सिंह जी ने 'हरिऔध के प्रबन्ध काव्य' विषयक इस अध्याय में विशेष रुचि के साथ 'प्रिय प्रवास' के काव्य-गुणों की जो व्यापक एवं अर्थपूर्ण चर्चा की है। वह निश्चित ही उनकी सरस-समालोचना का उदाहरण भी प्रस्तुत करता है। इसी अध्याय में समीक्षक ने 'वैदेही-वनवास' तथा लम्बी प्रबन्धात्मक कविता 'उर्मिला' पर भी चर्चा की है।

डॉ. कन्हैया सिंह के अनुसार हरिऔध जी "नवजागरण के ऐसे सजग कवि थे, जिन्होंने नारी के सम्मान, मर्यादा और प्रतिष्ठा को सहेजा, और सँवारा है।"

हरिऔध जी के स्फुट एवं मुक्तक रचनाओं तथा उनके बहुआयामी गद्य-लेखन को भी महत्त्व देते हुए डॉ. कन्हैया सिंह ने दो भिन्न-भिन्न अध्यायों में सविस्तार उन पर अपनी बेबाक टिप्पणियाँ दी हैं। फुटकल रचनाओं के साथ... आलंकारिक सौन्दर्य, सामाजिक सरोकार से कवि का सामंजस्य, धार्मिक कुरीतियों पर प्रहार तथा सर्वधर्म समभाव के अनेक उदाहरण प्रस्तुत करते हुए महाकवि के काव्य-गुणों का समुचित उल्लेख किया है। कन्हैया सिंह ने हरिऔध जी द्वारा रचित महत्त्वपूर्ण बाल-साहित्य पर भी विचार किया है।

'गद्यकार हरिऔध जी' पर लिखते हुए डॉ. कन्हैया सिंह उनके 'ठेठ हिन्दी का ठाठ' तथा 'अधखिला फूल' नामक उपन्यासों के साथ-साथ उनके बँगला से अनूदित उपन्यास 'कृष्णकान्त का दानपत्र' एवं 'राधारानी' की समीक्षा प्रस्तुत की है। उपन्यासों के साथ-साथ हरिऔध जी ने 'रूक्मिणी परिणय' तथा 'प्रद्युम्न विजय' नामक दो नाटकों की भी रचना की थी। यह नाटक भारतेन्दु युगीन नाट्य-शैली रचे गये हैं जो निश्चित ही हरिऔध जी की बहुमुखी साहित्यिक प्रतिभा को दर्शाते हैं।

डॉ. सिंह ने हरिऔध जी द्वारा रचित निबन्ध, शोधात्मक आलेख, ललित निबन्ध तथा आलोचनापरक लेखन की भी चर्चा-समीक्षा प्रस्तुत की है। इस गद्य लेखन के महत्त्व को हिन्दी भाषा के विकास के साथ जोड़कर देखा जाना अधिक समीचीन होगा। विभिन्न विधाओं में लेखन एक ओर जहाँ अयोध्या सिंह उपाध्याय की बहुमुखी प्रतिभा को दर्शाता है, वहीं गद्य विधाओं में उनका लेखन खड़ी बोली हिन्दी के विकास की कथा कहता है। साहित्य में सरल बोलचाल की भाषा के उनके प्रयोग से जॉर्ज ग्रियर्सन विशेष रूप से प्रभावित थे। डॉ. कन्हैया सिंह के शब्दों में—"हरिऔध जी एक सृजनशील रचनाकार और प्राणवान् महाकवि ही नहीं थे अपितु भाषा के अद्भुत् जानकार, समृद्ध शब्द भण्डार के विद्वान् थे। विविध विषयों पर केन्द्रित डॉ. कन्हैया सिंह की

समीक्षा-पुस्तक समग्र रूप से महाकवि को जानने-पहचानने की दिशा में एक सार्वकालिक मार्ग प्रशस्त करता है। हरिऔध जी के समग्र लेखन की गहरी एवं गम्भीर पहचान कराती यह पुस्तक हिन्दी साहित्य के विद्यार्थियों एवं शोधार्थियों के लिए एक 'कोश' के समान है।

खड़ी बोली के प्रारम्भिक साहित्य को जानना हो, ब्रज भाषा के अन्तिम काव्य-सौन्दर्य का आनन्द लेना हो, आधुनिक युग में रीतिकाल के नायिका भेदादि को समझना हो या हिन्दी साहित्य की करवट लेती नव-विकसित, परिपाटी के उत्स को पहचानना हो, तब हमें 'ब्रज' और खड़ी बोली के सन्धिकाल के महाकवि श्री अयोध्या सिंह उपाध्याय 'हरिऔध' के साहित्य से परिचित होना अनिवार्य होगा। इस स्थिति में हरिऔध जी को जानने-समझने के लिए डॉ. कन्हैया सिंह द्वारा रचित इस समीक्षा-ग्रन्थ का सहारा लेना भी आवश्यक होगा। यह पुस्तक निश्चित ही हरिऔध जी के समग्र साहित्य-सरोवर की ठीक-ठीक पहचान करने, उसमें खिले विभिन्न रंगों-आकारों के कमल-कुमुदिनी रूपी साहित्यिक ग्रन्थों को निकटता से परखने के लिए एक नौका के सदृश है।

इस पुस्तक की विशेषता यही है कि यह आलोच्य और आलोचक को एक स्थान पर मिला देती है। समान देशकालात्मक परिस्थिति में विकसित समान अभिरुचियों के कारण समय के लम्बे अन्तराल के बाद भी हरिऔध जी तथा कन्हैया सिंह जी में एक समरस समभाव का विस्तार देखने को मिलता है। यही कारण है कि यह समीक्षा कृति गहन-गम्भीर एवं भावपूर्ण होने के साथ-साथ आत्मीयता के भावों से सराबोर है। समीक्षा और समीक्षक दोनों यहाँ अन्योन्याश्रित बन गये हैं।

एच-8, सप्तपर्णी, सूर्या आवासीय परिसर
कोलार मार्ग, भोपाल (म.प्र.)

हरिऔध बरास्ते डॉ. कन्हैया सिंह

अमरेन्द्र त्रिपाठी

अयोध्या सिंह उपाध्याय 'हरिऔध' उन्नीसवीं सदी के अन्त और बीसवीं सदी के आरम्भ के उस संधि-बिन्दु पर हिन्दी साहित्य संसार में प्रवेश कर रहे थे जो हिन्दी साहित्य के एक हजार साल के इतिहास का सर्वाधिक दुविधाग्रस्त समय था। ब्रजभाषा बनाम खड़ी बोली, हिन्दी बनाम उर्दू, हिन्दी बनाम संस्कृत, हिन्दी बनाम जनपदीय भाषा, हिन्दी बनाम भारतीय भाषा, महाकाव्य बनाम मुक्तक काव्य, राजभक्ति बनाम देशभक्ति, छन्दबद्धता बनाम छन्दमुक्तता, रीतिकालीन भावबोध बनाम आधुनिक भावबोध की दुविधा और द्वंद्व उठान पर था। युवा पीढ़ी इनमें से किसी एक राह पर चलने को लेकर संशयग्रस्त थी। ब्रजभाषा की राह उसे पुरातनपन्थी सिद्ध कर रही थी तो खड़ी बोली परम्पराद्रोही। संस्कृत उसके पांडित्य को प्रमाणित करती थी और शेष भारत से जोड़ती थी, तो जनपदीय भाषाओं के प्रति उसका स्वाभाविक खिंचाव था। लगभग चार सौ वर्षों से सरकारी राजकाज के लिए उर्दू-फ़ारसी का ज्ञान अर्जित करने के कारण उसे इस भाषा का सहज बोध था। उर्दू के प्रति तात्कालिक विरोध उसके मन में भले ही उपज गया हो, लेकिन किसी धर्म से जोड़कर इसका सार्वकालिक विरोध कर पाना उसे सुहाता नहीं था। खड़ी बोली में गद्य लिखते हुए उसका मन हिन्दी में कविता लिखने को अकुलाता था, पर ब्रजभाषा की मधुरता भी वह छोड़ना नहीं चाहता था। हिन्दी गद्य के भीतर रोज-रोज आकार ले रही विभिन्न विधाएँ उसके समक्ष चुनौती प्रस्तुत कर रहीं थीं। भारत की राष्ट्रभाषा का दावा पेश कर रही हिन्दी को विश्वस्तरीय बनाने का महान् दायित्व भी उसके सामने आ खड़ा हुआ था। ऐसे समय में जिस युवा रचनाकार ने इन समस्त चुनौतियों का सामना करते हुए हिन्दी साहित्य को समृद्ध किया वे थे अयोध्या सिंह उपाध्याय 'हरिऔध'।

आचार्य रामचन्द्र शुक्ल ने 'हिन्दी साहित्य का इतिहास' में अयोध्या सिंह उपाध्याय को इन शब्दों में याद किया है, "भारतेंदु के पीछे और द्वितीय उत्थान के पहले ही हिन्दी के लब्धप्रतिष्ठ कवि अयोध्या सिंह उपाध्याय (हरिऔध) नये विषयों की ओर चल पड़े थे। खड़ी बोली के लिए उन्होंने पहले उर्दू के छन्दों और ठेठ बोली को ही उपयुक्त समझा, क्योंकि उर्दू के छन्दों में खड़ी बोली अच्छी तरह मँज चुकी थी। संवत 1957 के पहले ही वे बहुत-सी फुटकल रचनाएँ इस उर्दू ढंग पर कर चुके थे।.........जब महावीरप्रसाद द्विवेदी के प्रभाव से खड़ी बोली ने संस्कृत छन्दों और संस्कृत की समस्त पदावली का सहारा लिया, तब उपाध्याय जी-जो गद्य में अपनी भाषासम्बंधिनी पटुता उसे दो हदों पर

पहुँचा कर दिखा चुके थे-उस शैली की ओर भी बढ़े और संवत 1971 में उन्होंने अपना 'प्रिय प्रवास' नामक बहुत बड़ा काव्य प्रकाशित किया।''[1]

शुक्ल जी के शब्दों में 'लब्धप्रतिष्ठ कवि' हरिऔध की योग्यता यह थी कि वे 'उर्दू के छन्दों और ठेठ बोली' में कविता करने के साथ-साथ 'गद्य में अपनी भाषासम्बंधिनी पटुता' को 'दो हदों पर पहुँचा कर दिखा चुके थे।' यह दो हदें थीं- ठेठ बोली और अरबी-फ़ारसी प्रधान हिन्दी की भाषा सम्बन्धी हदें। पर जब महावीरप्रसाद द्विवेदी ने संस्कृतनिष्ठ हिन्दी में काव्य-लेखन का आह्वान किया तो हरिऔध ने 'प्रिय प्रवास' की रचना की, और इसमें भी संस्कृतनिष्ठ हिन्दी अपनी हदों को पार कर चुकी थी। शुक्लजी ने व्यंग्य-पूर्ण सराहना करते हुए लिखा, ''किसी प्रकार की रचना को हद पर-चाहे उस हद तक जाना अधिकतर लोगों को इष्ट न हो-पहुँचाकर दिखाने की प्रवृत्ति के अनुसार उपाध्यायजी ने अपने इस काव्य में कई जगह संस्कृत शब्दों की ऐसी लम्बी लड़ी बाँधी है कि हिन्दी को 'है', 'था', 'किया', 'दिया' ऐसी दो एक क्रियाओं के भीतर ही सिमटकर रह जाना पड़ा है। पर सर्वत्र यह बात नहीं है। अधिकतर पदों में बड़े ढंग से हिन्दी अपनी चाल पर चलती दिखाई पड़ती है।''[2]

अयोध्या सिंह उपाध्याय 'हरिऔध' का शब्द-भण्डार बहुत ही समृद्ध था। संस्कृत, हिन्दी, अरबी-फ़ारसी, जनपदीय भाषाओं के साथ-साथ अंग्रेजी भाषा के ज्ञान के कारण उनके पास शब्दों का जखीरा था। शुक्लजी ने इसको नोटिस किया है, ''शब्द-भण्डार पर इनका विस्तृत अधिकार प्रकट होता है।'' किसी साहित्यकार की सबसे बड़ी योग्यता यह होती है कि उसके पास कितना व्यापक शब्द-भण्डार है। हरिऔध जी ने इसकी बदौलत हिन्दी कविता का मार्ग प्रशस्त किया। उन्होंने सामान्य विषयों पर प्रचलित शब्दों और विशिष्ट विषयों पर संस्कृतनिष्ठ हिन्दी में काव्य-लेखन कर यह साबित कर दिया कि खड़ी बोली हिन्दी भारत की सबसे समर्थ भाषा है। रामवृक्ष बेनीपुरी ने लिखा है कि, ''उपाध्याय जी नाना प्रकार की भाषाओं के लिखने में सिद्धहस्त हैं। कठिन से कठिन और सरल से सरल पद्य आप आसानी से लिखते हैं। जहाँ आपने 'प्यारी न्यारी प्रभु-पद-रता कान्त-चिन्ता-उपेता' लिखा है, वहीं आपने 'देखो लड़को बन्दर आया, एक मदारी उसको लाया' भी लिखा है। भाषा तो आपकी अनुचरी सी है !''[3]

अयोध्या सिंह उपाध्याय 'हरिऔध' ने भाषा पर असाधारण अधिकार के द्वारा हिन्दी भाषा के समक्ष उत्पन्न बहुविध चुनौतियों का सामना किया। उन्होंने खड़ी बोली कविता की समृद्धि के लिए महाकाव्य, मुक्तक काव्य, खण्ड काव्यों की रचना तो की है, इन काव्यों की लम्बी-लम्बी भूमिकाओं के द्वारा हिन्दी कविता के स्वरूप का निर्धारण भी किया। 'सरस्वती' पत्रिका के द्वारा जो काम महावीरप्रसाद द्विवेदी कर रहे थे, वही काम हरिऔध जी काव्य-लेखन और उस क्रम में उत्पन्न कठिनाइयों के विषय में लिखी गयी अपनी लम्बी-लम्बी भूमिकाओं के माध्यम से कर रहे थे। अपनी भूमिकाओं के माध्यम से वे युवा कवियों के समक्ष उत्पन्न हो रहे संकटों का समाधान कर रहे थे और उन्हें हिन्दी में कविता लिखने की राह भी बता रहे थे। यह युगविधायक कार्य था। पर दुर्भाग्य यह है कि हरिऔध जी को इसका श्रेय नहीं मिला। वे हिन्दी के पहले महाकाव्य 'प्रिय प्रवास' के लेखक के अलावा किसी अन्य योगदान के लिए याद नहीं किए जाते हैं। डॉ कन्हैया सिंह ने 'उत्तर प्रदेश हिन्दी संस्थान' के लिए अयोध्या सिंह उपाध्याय 'हरिऔध' पर एक मोनोग्राफ़ लिखकर उनके योगदान का उचित मूल्यांकन किया है।

---

1. आचार्य रामचन्द्र शुक्ल, हिन्दी साहित्य का इतिहास ; काशीः नागरी प्रचारणी सभा, चौतीसवाँ संस्करण, संवत 2056; पृ.सं.- 329
2. वही, पृ.सं.-330
3. अयोध्या सिंह उपाध्याय, पद्य प्रसून, लहेरिया सरायः हिन्दी पुस्तक भण्डार, संवत 1982, 'कवि का परिचय' से उद्धृत

हरिऔध के प्रति उनके विशेष लगाव की एक बड़ी वजह यह है कि दोनों ही आजमगढ़ी हैं। कन्हैया सिंह अपनेपन के साथ अयोध्या सिंह को याद करते हुए लिखते हैं, "हरिऔध जी ही द्विवेदी युग के ऐसे मनस्वी रचनाकार थे जिन्होंने विभिन्न धारा की कविताओं को प्रोत्साहित किया, चाहे वे राष्ट्रीय धारा के कवि श्यामनारायण पाण्डेय हों, स्वच्छन्दतावादी कवि गुरुभक्त सिंह 'भक्त' हों अथवा छायावादी महादेवी वर्मा तथा अन्य हों। उनके साहित्यिक दृष्टिकोण में जो उदारता थी, वही जीवनगत व्यवहार में भी थी। हरिऔध एक महान् कवि, लेखक तथा एक श्रेष्ठ मानव थे जो आदर्शों और उदात्त गुणों के समुच्चय थे।"[1]

अयोध्या सिंह उपाध्याय का रचना-संसार हजारों पृष्ठों में फ़ैला हुआ है। उन्होंने साहित्य की विविध विधाओं में लेखनी चलाई। ब्रजभाषा और खड़ी बोली, गद्य और पद्य पर समान अधिकार से लिखा। ग्रियर्सन के कहने पर 'ठेठ हिन्दी' में 'ठेठ हिन्दी का ठाठ' और 'अधखिला फूल' जैसे उपन्यास लिखकर हिन्दी गद्य को आंचलिकता का पुट दिया। जब खड़ी बोली में महाकाव्य लेखन कठिन माना जा रहा था तब 1914 में हिन्दी का पहला महाकाव्य 'प्रिय प्रवास' लिखा और जब ब्रजभाषा हिन्दी कविता की दुनिया से बिदा ले चुकी थी और छायावादी कवियों ने हिन्दी भाषा की शक्ति और सामर्थ्य को शीर्ष पर पहुँचा दिया था तब सन 1931 में ब्रजभाषा में 'रस कलश' नामक काव्य रचा। 'बाल विलास', 'फ़ूल पत्ते' और 'बाल कवितावली' नाम से बच्चों के लिए कविताएँ लिखने वाले हरिऔध हिन्दी के एकमात्र महाकवि हैं। उन्होंने बंगला से कई रचनाओं का अनुवाद किया। ऐसे रचनाकार का समुचित मूल्यांकन मोनोग्राफ़ की परिधि में सम्भव नहीं है। भूमिका में कन्हैया सिंह ने इसकी ओर संकेत किया है कि "उत्तर प्रदेश हिन्दी संस्थान लखनऊ का प्रस्ताव मिला है कि मैं अयोध्या सिंह उपाध्याय 'हरिऔध' पर एक संक्षिप्त समीक्षा लिख दूँ तो मुझे प्रसन्नता हुई। मैं भी हरिऔध जी की तरह आजमगढ़ी हूँ।"[2] फ़िर भी, उन्होंने इस 'संक्षिप्त समीक्षा' में लगभग पचास ग्रन्थों में विस्तृत हरिऔध साहित्य के समस्त पक्षों का समुचित मूल्यांकन करने का प्रयास किया है। यह मोनोग्राफ़ महज परिचयात्मक नहीं है, बल्कि इसमें हरिऔध साहित्य का गम्भीर विवेचन भी है। हरिऔध जी के भुला दिए गये योगदानों की व्यापक चर्चा है। उनके खिलाफ़ फ़ैलाए गये प्रवादों का जवाब है। आधुनिक हिन्दी साहित्य के निर्माण में हरिऔध जी की समुचित भूमिका को रेखांकित करने का सफ़ल प्रयास कन्हैया सिंह ने इस रचना में किया है।

यह पुस्तक कुल पाँच छोटे-छोटे अध्यायों में विभक्त है। पहला अध्याय 'व्यक्ति और व्यक्तित्व' हरिऔध के जीवन और रचना-कर्म का संक्षिप्त परिचय प्रस्तुत करता है। किसी भी रचनाकार के रचना-कर्म को समझने के लिए रचनाकार की जीवन-यात्रा को जानना जरुरी है। 15 अप्रैल, 1865 को आजमगढ़ के निजामाबाद कस्बे में जन्मे हरिऔध जी की प्रारंभिक शिक्षा घर में हुई। उनके चाचा ब्रह्मा सिंह उनके पहले गुरु थे। संस्कृत का ज्ञान उन्होंने इनसे ही पाया। कृष्ण के प्रति असीम अनुराग विकसित करने में चाचा और माँ की समान भूमिका थी। हरिऔध जी मूलतः हिन्दू थे, लेकिन वर्षों पहले इनका परिवार सिक्ख धर्म में दीक्षित हो गया था। पर हिन्दू संस्कारों के प्रति इनका लगाव गया नहीं था। इनके व्यक्तित्व और कृतित्व का एक बड़ा हिस्सा हिन्दू जाति के जागरण में खर्च हुआ है। 'उद्बोधन' शीर्षक एक पूरी किताब, जो मूलतः भाषण है, हिन्दुओं की व्यथा कथा है। अयोध्या सिंह उपाध्याय एकनैष्ठिक हिन्दू थे। सनातन धर्म में उनकी गहरी आस्था थी। वे हिन्दू धर्म के पतन पर दुखी होते

1. कन्हैया सिंह, अयोध्या सिंह उपाध्याय 'हरिऔध', लखनऊः उत्तर प्रदेश हिन्दी संस्थान, 2006, पृ.सं.-12
2. वही, 'प्राक्कथन' से

थे। उनकी चिन्ता हिन्दुओं के पुनरुत्थान की थी। जाति-जागरण इसका एक महत्त्वपूर्ण कदम था। हिन्दू समाज जिस पतन की ओर जा रहा था उससे उनका मन व्यथित था। हिन्दुओं को उद्बोधित करते हुए वे कहते हैं, "ऐ हिन्दू जाति ! ऐ निश्चल. निष्पन्द, निर्जीव हिन्दू जाति ! स्मरण रख ! धर्म ही तेरा बल है, धर्म ही तेरी शक्ति है, धर्म ही तेरे जातीय शरीर में जीवन है, धर्म ही पर तेरा अस्तित्व निर्भर है,-यदि इसी धर्म के विषय में तू इतना किंकर्तव्यविमूढ़ है, इतना ममताहीन है, इतना अलस व स्वार्थांध है, इतना निष्क्रिय व निश्चेष्ट है—तो समझ ले कि दो सहस्त्र वर्ष पूर्व का वही भयंकर समय पुनः दूर नहीं है जिस का रोमांचकारी चित्र आज भी हृदय को प्रकंपित और शोकाभिभूत कर देता है।"[1]

जातीय जागरण भारतेंदु युग से ही हिन्दी साहित्य का मुख्य स्वर रहा है। इस जातीय जागरण का एक मद्धिम स्वर हिन्दू जागरण भी है, जो तत्कालीन उर्दू साहित्य में मुस्लिम जागरण के रूप में चरम पर था। हिन्दू-उर्दू विवाद ने इस स्वर को साम्प्रदायिक रंग दिया। वामपन्थ-दक्षिणपन्थ की वैचारिक संकीर्णता ने आजादी के बाद इस रंग को और चटख किया। भारतेंदु युग में जातीय उत्थान का मतलब धर्मिक उत्थान भी था।पर कभी-कभी ही यह दूसरे धर्म के खिलाफ़ संगठित होता था। आम तौर पर यह सामूहिक विकास का एक उपक्रम मात्र था। हरिऔध जी ने हिन्दुओं के शोषण का बयान एक ऐतिहासिक सत्य के रूप में किया है, न कि किसी के खिलाफ़ भावनाओं को भड़काने के लिए। उनका उद्देश्य हिन्दुओं को एक समुदाय के रूप में मजबूत करने का था, जैसा कि उस समय का चलन था। उनके साहित्य में अन्य धर्मावलम्वियों के प्रति विद्वेष का स्वर न के बराबर है। उर्दू के प्रसिद्ध विद्वान् शिबली नोमानी इनके मित्र थे।यह तथ्य उनके साहित्य के निर्दोष मूल्यांकन में मददगार है।

हरिऔध जी जीवनपर्यन्त सरकारी सेवा में रहे। 1884 ई. में कुल महज उन्नीस वर्ष की उम्र में निजामाबाद के माध्यमिक स्कूल में अध्यापक हो गये। 1890 ई में कानूनगो बन गये और पैंतीस वर्षों तक इस पद पर रहे। कानूनगो के पद से सेवानिवृत होने के बाद 1924 ई. से लम्बे समय तक काशी हिन्दू विश्वविद्यालय में अवैतनिक प्राध्यापक भी रहे। इनके छोटे भाई गुरुसेवक उपाध्याय डिप्टी कलक्टर थे। स्वाधीनता आन्दोलन इनके लेखन-कर्म के समानान्तर विकसित हो रहा था। भारत और भारतीयों के लिए इनके मन में विशेष अनुराग था। पर भारत की विपदा के तत्कालीन कारक अंग्रेजी सत्ता के प्रति इनका स्वर कहीं भी आक्रामक नहीं हो पाया है। 'प्रिय-प्रवास' में कृष्ण आधुनिक चेतना से लबरेज हैं लेकिन भूलकर भी जनता को जगाने का काम नहीं करते। देशानुराग की भावना हरिऔध जी के साहित्य में भरी पड़ी है, लेकिन उसके लिए वर्तमान में मर-मिटने का भाव शायद ही कहीं मिले। कन्हैया सिंह 'काव्योपवन' पुस्तक पर विचार के दौरान विचलित होकर लिखते हैं, "इसके आगे 'राज-प्रशंसा' है जिसमें महारानी विक्टोरिया के सम्बन्ध में प्रशंसा के छन्द हैं। सम्भवतः उनकी हीरक-जयन्ती के अवसर पर यह कसीदे काढ़े गये हैं। भारतेंदु हरिश्चन्द्र ने भी 'अंग्रेज राज सुखसाज अहै, अतिभारी' लिखा, पर 'सब धन विदेश चलि जात इहे अति ख्वारी' भी उसमें जोड़ा। हरिऔध जी अंग्रेजी राज के छोटे कर्मचारी थे अतः उन्होंने देश के स्वाभिमान, समाज के उत्थान, पूर्व गौरव पर पर्याप्त लिखा पर सत्ता का कभी विरोध न किया और न इस सम्बन्ध में कुछ लिखा।"[2]

अयोध्या सिंह उपाध्याय 'हरिऔध' इतिहास के पन्नों में दबा हिन्दुओं का दर्द तो महसूस कर लेते हैं लेकिन अपनी आँखों के सामने भारतीयों की निकल रही चीख को अनसुना कर जाते हैं। उन्हें हिन्दी में वैसा सम्मान नहीं मिला, जैसा मिलना चाहिए था। इसकी एक वजह कहीं यह भी तो नहीं है ? अंग्रेजी सत्ता ने उनके ऊपर बड़ा उपकार किया था। ग्रियर्सन के कहने पर इन्होंने 'ठेठ हिन्दी'

1. अयोध्या सिंह उपाध्याय, उद्बोधन, बाँकीपुरः खड्ग विलास प्रेस, 1906, पृ.सं.- 02
2. कन्हैया सिंह, अयोध्या सिंह उपाध्याय 'हरिऔध', लखनऊः उत्तर प्रदेश हिन्दी संस्थान, 2006, पृ.सं.-22

में 'अधखिला फूल' उपन्यास लिखा, जो 'इंग्लैंड में आई. सी. एस. के प्रशिक्षुओं को अनिवार्यतः' पढ़ाया जाता था। अंग्रेजी सत्ता को नाराज करने का जोखिम इन्होंने कभी नहीं उठाया। महारानी विक्टोरिया का अभिनन्दन करते हुए भारतेंदु की तर्ज पर लिखा ' ताप निवारती तापिनको, चिरजीवी रहो विक्टोरिया रानी।' उन्हें उम्मीद थी कि काल-चक्र की चक्की से यदि भारतेंदु साबूत निकल जायेंगे तो हम भी निकल ही जायेंगे। पर वे यह भूल गये कि भारतेंदु ने 'अन्धेर नगरी' भी लिखी थी, पर वे तो नगरी के अन्धेरे को पहचानने से ही इंकार कर रहे थे।कन्हैया सिंह सांकेतिक रूप में हरिऔध जी की इस कमी की ओर इशारा करते हैं लेकिन 'मोनोग्राफ़' के स्वरूप के कारण खुलकर आलोचनात्मक नहीं हो पाते। मोनोग्राफ़ मूलतः परिचयात्मक होता है, उसमें आलोचना के स्वर का प्रबल होना उसकी कमी मानी जाती है।

हरिऔध के साहित्यिक गुरु बाबा सुमेर सिंह साहबजादे थे, जो भारतेंदु के मित्र थे। इनसे ही उन्होंने हिन्दी साहित्य लेखन का संस्कार पाया। भारतेंदुयुगीन लेखकों का सुमेर सिंह पर गहरा प्रभाव था। इमाम अली से हरिऔध जी ने फ़ारसी की शिक्षा ली थी और शिबली नोमानी से उर्दू साहित्य पर बहस करते थे। तारिणीचरण मित्र ने उन्हें बंगला भाषा सिखायी। बंगाली साहित्य की कई प्रमुख रचनाओं का हिन्दी में अनुवाद उन्होंने इसी ज्ञान की बदौलत किया। सिक्ख धर्म में दीक्षित होने के कारण पंजाबी भाषा का इन्हें सहज ज्ञान था। इसी कारण इनकी वेशभूषा भी पंजाबियों जैसी ही थी। हरिऔध जी सरल मन के भावुक व्यक्ति थे। अहंकार शून्य होने के कारण किसी को गले लगाने से हिचकते नहीं थे। उन्होंने तमाम युवाओं को उदारतापूर्वक साहित्य का संस्कार दिया।साहित्य में नवीनता के आग्रही थे और प्रयोग से हिचकते नहीं थे। 'प्रिय प्रवास' में कृष्ण को आधुनिकता के रंग में रंग दिया। जब सब ओर छायावाद की आलोचना हो रही थी तब उन्होंने इस नवीन काव्य-धारा को समर्थन प्रदान किया।

साहित्य-लेखन के आरंभिक दस वर्षों के दौरान हरिऔध जी ने कुल बीस रचनाओं का सृजन किया, उनमें से आठ काव्य-संग्रह ब्रजभाषा के थे। उनका पहला काव्य संग्रह 'प्रेमाम्बु प्रवाह' (1898) और उसके अगले वर्ष प्रकाशित 'प्रेमाम्बु वारिधि' एवं 'प्रेमाम्बु प्रस्रवण' की भाषा ब्रजभाषा थी। 1914 में 'प्रिय प्रवास' के प्रकाशन के पहले तक भारतेंदुयुगीन लेखकों के प्रभाव में हरिऔध जी का अधिकांश काव्य लेखन ब्रजभाषा में ही हुआ था। 'प्रिय प्रवास' के प्रकाशन के पन्द्रह वर्षों के बाद एक बार फ़िर हरिऔध जी ने ब्रजभाषा में लेखनी चलाई और 1931 में 'रस कलश' नामक काव्य-संग्रह प्रकाशित हुआ। 'ब्रजभाषा काव्य और रसकलश' शीर्षक दूसरे अध्याय में कन्हैया सिंह हरिऔध के ब्रजभाषा-काव्य का सामान्य परिचय देते हुए लिखते हैं, "जैसा हरिऔध जी की इन ब्रजभाषा रचनाओं के नाम से भी प्रकट है कि यह सभी प्रेम और श्रृंगार की रचनाएँ हैं। भले ही खड़ी बोली आन्दोलन में ब्रजभाषा का महत्त्व कम हो गया और हरिऔध के भी इसमें लिखे काव्य का समुचित अनुशीलन-मूल्यांकन नहीं हुआ, किन्तु यह कविताएँ हरिऔध के भावुक ह्रदय, रसिक-वृत्ति और श्रृंगारिक तन्मयता की बोधक हैं। इनमें उनका सच्चा कवि-ह्रदय झाँकता हुआ दिखाई पड़ता है। इसमें रीतिकालीन कवियों की श्रृंगारिकता का प्रभाव, उनकी पदावली के अंशों और उनकी भाव-व्यंजना की पर्याप्त झलक मिलती है। पर इतना अन्तर अवश्य है कि जिस मांसलता और कामुकता प्रधान वर्णनों के कारण रीतिकाव्य को उचित सम्मान नहीं मिला, उनका हरिऔध की ब्रजभाषा कविताओं में अभाव है। इनकी कविताओं में प्रेम और श्रृंगार के भाव तथा रस की गहराई का दर्शन होता है। रीतिकालीन अन्य कवियों की भांति हरिऔध ने कृष्ण-भक्ति तथा नीति सम्बन्धी रचनाएँ भी ब्रजभाषा में की है।"[1]

हरिऔध जी ने ब्रजभाषा में कविताएँ लिखीं, लेकिन रीतिकालीन भावबोध की धारा में बहे बिना। व्याकरण निबद्ध भाषा की कोई खास पहचान नहीं होती। उसे जिस रंग में रंगा जाएगा, रंग जाएगी।

1. वही, पृ.सं.-13

पर मनुष्यता के दीर्घकालीन इतिहास में भाषा को भी खास पहचानों में बाँटा-बाँधा गया है। अरबी मौलवियों की भाषा है तो संस्कृत पंडितों की, उर्दू मुसलमानों की भाषा है और हिन्दी हिन्दुओं की। भारतेंदु युग में खड़ी बोली आधुनिकता के प्रवाह की भाषा थी तो ब्रजभाषा बद्धमूल रीतिकालीन शृंगारबोध की। हरिऔध ने इसमें सायास बदलाव का प्रयास किया।हरिऔध के युवा मन ने शृंगार की राह न चुनकर 'रसिक रहस्य' अथवा 'कबीर कुण्डल' (1878-79) नामक रचना में कबीर के दोहों के आधार पर ब्रजभाषा में नीति और ज्ञानपरक कुण्डलियों की रचना की। 'श्रीकृष्ण शतक' (1882) में उनका मन कृष्ण भक्ति की दार्शनिक भूमि में रमा। 'प्रेम-प्रपंच', 'प्रेमाम्बु-प्रवाह', 'प्रेमाम्बु-वारिधि' और 'प्रेमाम्बु प्रस्त्रवण' में रीतिकालीन तर्ज पर कृष्णभक्ति के साथ-साथ प्रेम और शृंगार की कविताएँ हैं। इन कविताओं की सबसे बड़ी खासियत यह है कि इनमें प्रेम और शृंगार कृष्णभक्ति का बहाना मात्र है, इसका मूल लक्ष्य कृष्ण के प्रति अनुराग प्रकट करना है। इस पर नवजागरण का असर भी है। इन रचनाओं में साम्प्रदायिक सौहार्द, पन्थगत टकराव का निषेध, कर्मकाण्डो की निस्सारता, देशानुराग की भावना का भी दर्शन होता है। 1909 में प्रकाशित 'काव्योपवन' नामक काव्य-संग्रह वैसे तो ब्रजभाषा का है, परन्तु इसमें हिन्दी प्रदेश की भाषा-समरसता का भी दर्शन होता है। इसमें कई पद भोजपुरी के हैं। खड़ी बोली के भी पद हैं, जिनसे हम हिन्दी कविता के भाषायी रूपान्तरण की प्रक्रिया का अनुमान लगा सकते हैं। छायावाद के अंतिम काल में प्रकाशित 'रसकलश' (1931) हरिऔध जी का सर्वश्रेष्ठ ब्रजभाषा काव्य है। यह एक लक्षण-ग्रन्थ है। हिन्दी साहित्य की परम्परा के अनुरूप इसमें नखशिख वर्णन, बारहमासा वर्णन, नायिका भेद, प्रकृति वर्णन है, पर नयापन यह है कि इसमें नायक भेद भी है। नायिका के अनेकानेक भेदों में देश प्रेमिका, जाति प्रेमिका और जन्मभूमि प्रेमिका भी है। प्रकृति वर्णन के अन्तर्गत देश की दुरावस्था का चित्रण है।आचार्य शुक्ल ने इसकी प्रशंसा इन शब्दों में की, " 'रस कलश' की स्थापना आधुनिक काल में हुई। अतः इसमें आधुनिकता का रंग बिना कुछ घुले कैसे रह सकता था। जब कि अवस्था-प्रकृति आदि के विचार से नायिकाओं के इतने भेद किये गये हैं तब और भेदों की ओर ध्यान आवश्यक ही है।......हरिऔध जी ने इन नूतन भावों से अलंकृत नायिकाओं (देशप्रेमिका-लोकसेविका आदि) के लिए भी स्थान निकाल कर रसज्ञों के निकट विचार के लिए एक विषय उपस्थित कर दिया है। देश प्रेम और जाति प्रेम भी एक प्रकार का प्रेम ही है। पर वह एक ऐसे गुण के रूप में प्रतिपादित किया गया है, जिससे नायिका का उत्कर्ष साधन होता है और वह शृंगार की नायिका ही बनी रहती है।"[1]

अयोध्या सिंह उपाध्याय के यश का आधार है 'प्रिय प्रवास'। इसे खड़ी बोली हिन्दी का पहला महाकाव्य माना जाता है। क्या महज सन 1914 में प्रकाशित होने के कारण ही इस रचना को हिन्दी के पहले महाकाव्य की उपाधि दी जाती है, या इसकी कुछ और वजहें भी हैं ? 'हरिऔध के प्रबन्धकाव्य' नामक तीसरे अध्याय में कन्हैया सिंह ने इस पर विस्तार से विचार किया है। 'प्रिय प्रवास' के पहले खड़ी बोली में काव्य-लेखन की शुरुआत हो चुकी थी। श्रीधर पाठक ने 1886 में ही 'एकान्तवासी योगी' लिखकर इस धारणा को चुनौती दे दी थी कि खड़ी बोली में कविता नहीं हो सकती। इसके दो साल बाद अयोध्या प्रसाद खत्री ने खड़ी बोली में काव्य-लेखन का आन्दोलन चला दिया। 1903 में 'सरस्वती' का दायित्व ग्रहण करने के बाद महावीरप्रसाद द्विवेदी युवाओं को हिन्दी में काव्य-लेखन के लिए प्रेरित कर रहे थे। पर खड़ी बोली हिन्दी में महज तुकबन्दी कर देने से यह भाषा काव्य के क्षेत्र में प्रतिष्ठित नहीं होने वाली थी। उसके समक्ष हिन्दी प्रदेश में ही ब्रजभाषा, अवधी और उर्दू में काव्य की एक विशाल परम्परा थी। पर इस काव्य-परम्परा के दिन लद चुके थे। आधुनिकता की वैचारिकी को ग्रहण कर पाने में यह सक्षम नहीं थी। हरिऔध जी ने इसको जाना-समझा और 'प्रिय-

1. वही, पृ.सं.-32

प्रवास' की रचना की। पौराणिक कथानक पर आधारित यह महाकाव्य आधुनिकता की जमीन पर रचा गया था, शायद इसीलिए इसे हिन्दी का पहला महाकाव्य कहा गया। कन्हैया सिंह लिखते हैं, "आधुनिक काल के प्रारम्भ में 'हरिऔध' प्रथम कवि हैं, जिन्होंने भागवत के समस्त अमानवीय, अपौरुषेय प्रकरणों को सहज मानवीय घटना का रूप दिया। आगे चलकर इस प्रकार के प्रयास हुए और तार्किक व्याख्या की एक परिपाटी ही चल पड़ी। इस ऐतिहासिक महत्त्व के कार्यारभ का साहस करनेवाले कवि 'हरिऔध' सही अर्थ में खड़ी बोली हिन्दी के प्रथम महाकाव्य प्रणेता होने के साथ ही पुनर्जागरण युग में आधुनिकता के सूत्रपात करनेवाले प्रथम महाकवि हैं।"[1]

'प्रिय प्रवास' में हरिऔध जी ने कृष्ण को आधुनिक भाव-बोध से सम्पन्न नायक के रूप में रूपान्तरित कर दिया। वे ब्रह्म न होकर देशानुराग से आबद्ध युग नायक हैं। उन्नीसवीं सदी का अंतिम दशक पश्चिमी प्रभाव से आप्लावित था। भारत नवजागरण के तरंग से तरंगित था। समाज-सुधार, धर्म-सुधार, स्त्री-मुक्ति और देशानुराग की भावना जोरों पर थी। हरिऔध भी इससे प्रभावित हुए बिना न रह सकें। पर वे इस धारा में बहे नहीं, बल्कि उस धारा की दिशा तय करने में योगदान किया। उस वक्त देशानुराग से प्रेरित रचनाओं की परिपाटी चल रही थी जिसमें कलात्मकता का नितान्त अभाव था। श्रीधर पाठक की रचनाओं की एकरसता इसका प्रमाण है। धर्म की जड़ता पर आक्रमण ईश्वरद्रोह का स्वरूप ग्रहण कर रही थी। तब हरिऔध जी ने राष्ट्रभक्ति, ईश्वरनिष्ठा और कलात्मकता का मणिकांचन संयोग कर युगप्रवर्तक 'प्रिय प्रवास' की रचना की। गिरिजादत्त शुक्ल ने इसकी ओर संकेत करते हुए लिखा है कि, "कुछ ऐसा संयोग हुआ कि ब्रह्मसमाज और आर्य-समाज द्वारा उत्पन्न किये हुए बौद्धिक वातावरण ने हरिऔध जी को श्रीकृष्ण के प्रति अपनी पूर्व प्रवृत्ति में रहा-सहा संशोधन स्वीकार करने के लिए प्रेरित किया और वे उन्हें न परब्रह्म के रूप में अंकित करने के पक्ष में रह गये और न परकीया नायिका के उपपति के रूप में। निस्सन्देह, उन्होंने अपने अनेक पूर्ववर्ती तथा समस्त समकालीन कवियों की अपेक्षा श्रीकृष्ण का अधिक सुन्दर चित्र अंकित किया, नारी सौंदर्य के विकार-ग्रस्त, तथा देशभक्ति के नीरस चित्रों को निष्प्रभ कर दिया, और सरल कल्पना द्वारा श्रीकृष्ण के अतिरंजित देव-जीवन का मानवता के साथ सामंजस्य किया।"[2]

'प्रिय प्रवास' ने हिन्दी साहित्य में एक नयी परिपाटी की शुरुआत की- युगीन भावनाओं के अनुरूप ऐतिहासिक-पौराणिक आख्यानों का सृजन। इसमें कृष्ण का चरित्र ही आधुनिक रंग में नहीं रंगा है, बल्कि असम्भव सी लगने वाली तमाम कथाओं को तार्किक आधार दिया गया है। पूतना-वध, यमलार्जुन उद्धार, कालिया नाग मन्थन की कथा को विश्वसनीय बनाया गया है। संस्कृत काव्यशास्त्र में प्रचलित महाकाव्य की परिभाषा युगानुरूप नहीं थी। महाकाव्य का नायक धीरोदात्त पुरुष ही होगा, यह एक सामन्ती सोच थी। हरिऔध जी इसमें बदलाव करने का साहस नहीं कर पाए। यह साहस तो उनके लगभग बीस वर्षों बाद उर्मिला पर केंद्रित 'साकेत' नामक महाकाव्य लिखने वाले मैथिलीशरण गुप्त भी न कर सके। महाकवि कहलाने के लोभ में उन्होंने घोषित किया कि मेरे इस महाकाव्य के नायक तो राम ही हैं, और 'उर्मिला विलाप' से उसका नाम बदलकर 'साकेत' कर दिया। हरिऔध जी ने महाकाव्य में प्रचलित मंगलाचरण की परम्परा, तुकान्तता की प्रवृति, छन्द परिवर्तन की निरन्तरता को नकारा। उन्होंने कृष्ण को देशरक्षक और राधा को लोकसेविका के रूप में चित्रित किया। अनेकानेक स्थलों पर मातृभूमि-प्रेम की छवि अंकित की। कंस के आततायी शासन को अंग्रेजी शासन का पर्याय बनाने का प्रयास किया। यह वे प्रयोग थे, जो आगे चलकर हिन्दी काव्य-लेखन की परम्परा बन गये। कन्हैया

1. वही, पृ.सं.-38
2. गिरिजादत्त शुक्ल, 'महाकवि हरिऔध',इलाहाबादः रामनारायण लाल पब्लिशर और बुकसेलर, संवत 2003, पृ.सं.-173

सिंह ने इसे इन शब्दों में चिह्नित किया, "आधुनिक तार्किक-वैज्ञानिक बुद्धि को अवतारी कहे जाने वाले महापुरुष के असम्भव कार्य स्वीकार्य नहीं हो सकते। इस दृष्टि से हिन्दी काव्य में प्राचीन आख्यान के आधुनिकीकरण का प्रारम्भ 'हरिऔध' ने किया। मैथिलीशरण गुप्त ने 'पंचवटी' (1925 ई) और 'साकेत' (1932 ई) में रामकथा को इसी साँचे में ढालने का प्रयास किया कि वे ईश्वर नहीं महामानव ही रहे पर उसमें भी कई अतिमानवीय व्यापारों को उन्होंने यथावत रहने दिया-जैसे हनुमान का आकाश मार्ग में उड़ना। पर 'हरिऔध' ने उनसे दशकों पूर्व 1914 ई में 'प्रियप्रवास' में अप्राकृतिक व्यापारों को नवीन प्रस्तुति द्वारा तार्किक परिणति दी। उन्हें कहीं भी अति प्राकृतिक घटना से समझौता करते नहीं देखा जाता। इस दृष्टि से हरिऔध मैथिलीशरण गुप्त के साथ सम्पूर्ण आधुनिक काल के कवियों के मार्गदर्शक हैं।"[1]

'प्रिय प्रवास' की भूमिका में ही हरिऔध जी ने उसकी अतिसंस्कृतनिष्ठता के लिए माफ़ी मांगी और इस बात की घोषणा की कि भविष्य में वे 'सरल हिन्दी और प्रचलित छन्दों' में 'वैदेही वनवास' नामक एक काव्य लिखेंगे। लम्बी प्रतीक्षा के बाद यह काव्य 1940 में प्रकाशित हुआ। सीता-निर्वासन की प्रसिद्ध घटना में यथोचित परिवर्तन कर राम को दोषमुक्त करने के लिए इसे रचा गया था। शिबली नोमानी और कुछ अन्य व्यक्तियों द्वारा राम के चरित्र पर किए गये आक्षेपों से आहत होकर हरिऔध जी ने इस काव्य की रचना का प्रण लिया था। व्यक्तिगत प्रेम और लोकाराधन के द्वंद्व में फँसे राम गुरु वशिष्ट की सलाह पर गर्भवती सीता को प्रचलित भारतीय परम्परा के अनुसार वाल्मीकि के आश्रम में सकुशल छोड़ने का आदेश देते हैं। सीता इस मजबूरी को समझती हैं। उनको राम से कोई शिकायत नहीं है। राम का वियोग इस काव्य को विशेष बनाता है। कई स्थलों पर राम के विरह का मेल हरिऔध के विधुर जीवन के दर्द के साथ हो जाता है। करुण रस प्रधान इस रचना के विषय में कन्हैया सिंह लिखते हैं कि,"भवभूति के नाटक 'उत्तर रामचरित' के समान ही 'वैदेही-वनवास' का पर्यवसान करुण रस में होता है। 'प्रियप्रवास' भी लगभग इसी रस में समाप्त होता है। स्वयं कवि का अपना वैवाहिक जीवन करुण रस से परिपूर्ण था। लगता है कि हरिऔध जी भी रसों में करुण को प्रधान रस मानते थे। विषाद की रश्मियाँ अरूप प्रेम का ऐसा व्यापक प्रसार करती हैं कि उसके आलोक में लोक आलोकित हो उठता है। विषाद की रश्मियों से भावुक हृदय के कमल खिल उठते हैं।"[2]

टैगोर ने 'काव्येर उपेक्षिता' (1899) निबन्ध में कवियों द्वारा उपेक्षित नायिकाओं की सुध ली। इससे प्रभावित होकर महावीरप्रसाद द्विवेदी ने 'कवियों की उर्मिला विषयक उदासीनता' (1908) निबन्ध लिखकर काव्य में उर्मिला के प्रति हुए अन्याय की ओर ध्यान आकृष्ट किया। इस पर ध्यान देते हुए मैथिली शरण गुप्त ने 'साकेत' (1932)की रचना की और उर्मिला की विरह वेदना से जगत को सराबोर कर दिया। यह सब अब एक ऐतिहासिक तथ्य बन गया है। परन्तु इस इतिहास का एक पन्ना गायब है। मैथिलीशरण गुप्त से पहले ही अयोध्या सिंह उपाध्याय 'हरिऔध' ने सन 1915-16 में 'उर्मिला' पर एक कविता लिखी थी। कन्हैया सिंह लिखते हैं," 'पद्य प्रमोद' में 'चाँदनी', 'आँख के आँसू', 'सबल-निर्बल' जैसी स्फुट कविताओं के साथ एक कविता 'उर्मिला' पर भी है। हम जानते हैं कि कवियों की 'उर्मिला विषयक उदासीनता' की पं. महावीरप्रसाद द्विवेदी की शिकायत दूर करते हुए श्री मैथिलीशरण गुप्त ने 'साकेत' महाकाव्य लिखा, जिसमें उर्मिला की व्यथा को विस्तार से कहते हुए उसी

1. कन्हैया सिंह, अयोध्या सिंह उपाध्याय 'हरिऔध', लखनऊः उत्तर प्रदेश हिन्दी संस्थान, 2006, पृ.सं.-35
2. वही, पृ.सं.-62

को अपनी रचना का मुख्य पात्र बनाया था। वस्तुतः नारी के प्रति हरिऔध जी का दृष्टिकोण बड़ा उदार और संवेदनशील था।''[1]

उर्मिला की उपेक्षा की पीड़ा हरिऔध जी के मन में बैठी थी। यह उपेक्षा परिवार से तो मिली ही, जगत से भी मिली। सीता के समक्ष उर्मिला के त्याग को कोई देख नहीं पाया। छोटी बहू होने के नाते बड़ी बहू की महिमा के आगे उर्मिला छिप गयीं। हरिऔध जी ने करुणार्द्र होकर लिखा-

बड़ों को सभी आँख है देख पाती।
दुखी दीन की है किसे याद आती।

× × ×

सदा ही यही ढंग जग का दिखाया।
उदधि-नाद में कब नदी रव सुनाया।

उर्मिला के उपेक्षित रह जाने का यह ज्यादा तार्किक कारण है। महावीरप्रसाद द्विवेदी ने उर्मिला की उपेक्षा की वजह उर्मिला का भाग्य बताया था। आधुनिक युग में इस पर सहज भरोसा करना सम्भव नहीं है। हरिऔध जी ने ज्यादा वैज्ञानिक बात की। अक्सर समाज में बड़े व्यक्ति के यश के समक्ष छोटे की महिमा प्रकट नहीं हो पाती। एक जगह हरिऔध जी ने यह भी लिखा है कि बड़ी होने के कारण सीता अपनी बात कह सकती थीं जबकि ऐसा अवसर उर्मिला के पास नहीं था। भारतीय संयुक्त परिवारों का यह सामान्य चलन है कि छोटी बहू अपना मुँह बन्द ही रखती है। धीरे-धीरे परिवार और समाज से वह गुम होने लगती है। उर्मिला के साथ यही हुआ। हरिऔध जी इसकी ओर इन शब्दों में इशारा करते हैं-

जनक-नंदिनी राम के पास आई।
किसी से तनिक भी न सहमी लजाई।
बिलख कर विरह-वेदनाएँ सुनाई।
दृगों में भरी वारि-बूँदे दिखाई।
अवध कँप उठे मर्मवेधी विरह से।
हिली तक नहीं उर्मिला निज-जगह से।

हरिऔध उर्मिला की उपेक्षा के विषय में लिखते हैं-

न तब भी किसी ने गले से लगाया।
न पोंछा सलिल जो दृगों ने बहाया।
न कर तक उसे बोधने को बढ़ाया।
दिखाई पड़ी तक किसी की न छाया।
न सोचा किसी ने कभी आँख भर कर।
गयी बीत क्या इस तरह बालिका पर।।

'न तब भी' से शुरु हुई इन पंक्तियों की व्यंजना पर ध्यान देना जरूरी है। उर्मिला अपने जीवन काल में तो उपेक्षित रही ही, अब भी उसके साथ न्याय नहीं हो रहा है। अब भी उर्मिला काव्य की एक प्रमुख उपेक्षिता हैं।

खड़ी बोली हिन्दी के पहले महाकवि ने मुक्तक काव्यों की भी रचना की। 'चोखे चौपदे' (1924), 'चुभते चौपदे'(1924) और 'बोलचाल' (1928) को पढ़कर सहज भरोसा कर पाना कठिन है कि

1. वही, पृ.सं.-63

यह 'प्रिय प्रवास' के लेखक की ही अन्य कृतियाँ हैं।मुहावरों और ठेठ हिन्दी के शब्दों से भरीं इन रचनाओं की भाषा पाठकों में एक नई ताजगी भर देती हैं।'प्रिय प्रवास' की संस्कृतनिष्ठता से ऊबे पाठकों के लिए यह चौपदे आकर्षण का केन्द्र थे। हरिऔध जी जिस वक्त इन चौपदों की रचना कर रहे थे उस समय हिन्दी-उर्दू का विवाद चरम पर था। हिन्दी से अरबी-फ़ारसी के और उर्दू से खड़ी बोली के शब्दों को निकाला जा रहा था। हरिऔध जी को उर्दू का गहरा ज्ञान था। उन्होंने इसका उपयोग करते हुए अपने चौपदों में हिन्दी और उर्दू को भाषायी स्तर पर करीब लाने का प्रयास किया। गिरिजादत्त शुक्ल लिखते हैं, "हरिऔध जी ने इन रचनाओं द्वारा हिन्दू संस्कृति के मुस्लिम संस्कृति को हृदयंगम करने के सतत क्रियाशील प्रयत्न को आगे बढ़ाया। भाषा के क्षेत्र में यह कार्य सोलहो आने उर्दू काव्य-भाषा की स्वरूप निर्माणिका शब्दावली में कुछ हिन्दी शब्दों को समाविष्ट करके किया गया है। उर्दू काव्य-शैली के प्रति हिन्दी-प्रेमियों के हृदय में सहानुभूति-संचार की यह पहली सीढ़ी है।"[1]

हिन्दी-उर्दू का विवाद महज एक भाषायी विवाद नहीं था। यह मूलतः धार्मिक विभेद की जमीन पर खड़ा था। हरिऔध जी के यह चौपदे क्या उस जमीन को दरकाने में भी सफ़ल रहे ? 'प्रिय प्रवास' की भूमिका में हरिऔध जी ने 'वैदेही बनवास' की रचना की घोषणा की थी, लेकिन उसे दरकिनार कर उन्होंने 'चौपदे' लिखे। क्या उन्होंने ऐसा 'प्रिय प्रवास' की भाषा की हुई व्यापक आलोचना के कारण किया ? इस आशंका की चर्चा करते हुए स्वयं हरिऔध जी ने 'प्रिय प्रवास' की भूमिका में यह आश्वस्त कर दिया था कि वे सरल हिन्दी में 'वैदेही वनवास' लिखेंगे। फ़िर वजह क्या थी ? गिरिजादत्त शुक्ल ने इसकी ओर इशारा किया है, "किन्तु इस समय हरिऔध जी की मनोवृति एक दूसरी दिशा में फ़ैल रही थी। वे हिन्दू समाज की स्थिति से बहुत व्यथित थी। उनकी वेदना का ऐसा स्वरूप नहीं था कि 'वैदेही-वनवास' में अप्रत्यक्ष रूप से हिन्दू समाज के एक दो दोष दिखा कर उनकी परितृप्ति हो जाय।[2]" तभी उन्होंने एक के बाद एक तीन पुस्तकें सरल हिन्दी में लिखीं। इनकी विषय-वस्तु शुक्ल जी के विचारों की पुष्टि करते हैं। यह रचनाएँ हिन्दू समाज में व्यापक सुधार की भावना से लिखी गयीं थीं।

यदि भाषा के मसले को दरकिनार कर दिया जाय तो यह मुक्तक समाज-सुधार के लिए लिखे गये थे। आमजन को यह समझ में आएँ इसलिए इसकी भाषा सरल रखी गयी थी। 'बोलचाल' में हिन्दी मुहावरों का व्यापक प्रयोग कर हिन्दी की सृजनात्मक शक्ति को उजागर किया गया था। यह उर्दू वालों को एक जवाब भी था, जिन्हें अपनी भाषा की रवानी पर बहुत फ़क्र था। मुहावरों के बहाने करारा व्यंग्य भी किया गया था। पश्चिमी प्रभाव में चोटी कटवाने वालों के लिए हरिऔध जी ने लिखा-' धर्म की वे दूह क्यों चोटी न लें/ चौगुनी जब चाह रोटी की रखें / जब चटोरे बन कटा चोटी सके / किस तरह तब लाज चोटी की रखें। 'चोखे चौपदे' के अधिकांश चौपदे नीतिपरक हैं। मन की उदारता और महानता के अनेक विचार इसमें गुथे हुए हैं। 'चुभते चौपदे' नाम के अनुरूप समाज में विद्यमान अनेकानेक विसंगतियों पर चुभता हुआ आक्रमण है। हिन्दू समाज की कायरता, उनके भीतर का पराजय बोध और एकजुटता का अभाव इसका मुख्य विषय है। हरिऔध जी हिन्दू समाज पर करारा प्रहार कर उसे जगाना चाहते थे। इस क्रम में उन्होंने हिन्दू समाज में व्यापत छुआछूत, जाति भेद, पर्दा प्रथा, बाल विवाह, विधवा विवाह, बेमेल विवाह जैसी कुरीतियों पर करारा प्रहार किया है।स्त्री की मूक अवस्था पर हरिऔध जी ने लिखा- 'बेटियाँ छिलते कलेजे को कभी / सामने आ खोल सकती भी नहीं / किसलिए हम फ़ेर दें उन पर छुरी / जो कि मुँह से बोल भी सकती नहीं।' अछूत समाज की

---

1. गिरिजादत्त शुक्ल, 'महाकवि हरिऔध',इलाहाबादः रामनारायण लाल पब्लिशर और बुकसेलर, संवत 2003, पृ.सं.- 268
2. वही, पृ.सं.-262

यातना का चित्रण कर वे चेतावनी के अन्दाज में कहते हैं कि, 'वे अछूता हमें न छोड़ेंगे / छूत से हैं जिन्हें नहीं छूते / हैं दबे पाँव के तले तो क्या / तो हमें क्या काटते नहीं जूते।' इन चौपदों पर चौथे अध्याय में कन्हैया सिंह की सारगर्भित टिप्पणी इस प्रकार है, "उनके चौपदों को उनकी समग्र रचनाओं के साथ देखने पर यह स्पष्ट होता है कि 'हरिऔध' युगधर्म के कवि हैं। उन्हें भारत के नवोत्थान की नयी दिशा प्रशस्त करनी थी और साथ ही समाज में व्याप्त कुरीतियों और कोढ़ों को साफ़ भी करना था और ऐसा करने में उन्हें पूरी सफ़लता मिली। यही कारण है कि समकालीनों में हरिऔध को जो उँचाई और समादर प्राप्त हुआ, वह स्वयं अपने आप में एक प्रमाण है। उनमें सामाजिक सरोकार के साथ मूल्यवान कवित्वशक्ति का मणि-कंचन संयोग था।"[1] फ़िर भी एक अफ़सोस रह ही जाता है कि इन चुभते चौपदों की मार शोषक अंग्रेजी सत्ता पर नहीं पड़ी। हरिऔध जी के अधिकांश तीर 'इतिहास की भूल-सुधार' में खर्च हो गये। वर्तमान उनकी आँखों से ओझल ही रहा।

'उठो लाल, आँखो को खोलो / पानी लाई हूँ मुँह धो लो / बीती रात कमल सब फूले / उनके ऊपर भौंरें भूले /' यह बाल-कविता हरिऔध जी की है। हिन्दी साहित्य संसार के बाहर के लोग हरिऔध जी को इस कविता के कारण जानते हैं, और हिन्दी साहित्य में गहरी रुचि रखने वालों को यह सहज विश्वास ही नहीं होता कि 'प्रिय प्रवास' के रचयिता ने इस मधुर बालगीत की भी रचना की है। सूरदास के अलावा हरिऔध हिन्दी के अकेले महाकवि हैं जिन्होंने बालकों को केन्द्र में रखकर काव्य लिखा। परन्तु, सूरदास के काव्य का विषय है कृष्ण का बालपन, जबकि हरिऔध ने बालकों के लिए कविताएँ लिखीं। सूरदास को पढ़कर बालकों से राग उत्पन्न होता है, हरिऔध को पढ़कर बालकों में जीवन-राग जनमता है। इस प्रकार हरिऔध हिन्दी के पहले और दुर्लभ महाकवि हैं जिन्होंने बच्चों के लिए साहित्य का दरवाजा खोला। "बालकों के लिए तो उन्होंने बहुत कुछ किया है; आधुनिक हिन्दी-साहित्य में बाल-साहित्य-निर्माण के श्रीगणेश का श्रेय उन्हीं को मिलेगा।"[2] उन्होंने हिन्दी साहित्य का क्षेत्र-विस्तार किया। बाल-कविता पर हाथ आजमाने वाले तो बहुत हैं लेकिन हरिऔध जी ने ब़कायदा ठहर कर शिशु काव्य रचे। लगभग पाँच वर्षों के अन्तराल में हरिऔध जी के 'फूल पत्ते'(1934), 'अच्छे अच्छे गीत' (1937), और 'बाल कवितावली' (1939) नामक शिशु-काव्य के तीन संग्रह प्रकाशित हुए। आज की हिन्दी कविता वैचारिक कविता हो गयी है। विचारों की ऐसी लहर उठी है कि बच्चे तो कविता में हैं, लेकिन कविता बच्चों के बीच से गायब हो गयी है। हरिऔध जी हिन्दी साहित्य को सर्वजनसुलभ बनाना चाहते थे। गिरिजा दत्त शुक्ल ने ठीक ही लिखा है कि "उनका सम्पूर्ण कार्य हिन्दी साहित्य में प्रयोग के रूप में हुआ।"[3]

इस मोनोग्राफ़ का अंतिम और पाँचवाँ अध्याय है—'गद्यकार हरिऔध और भाषा के प्रयोग।' हिन्दी में गद्य लेखन की समृद्ध शुरुआत भारतेंदु युग में ही हो चुकी थी। हरिऔध जी के आते-आते तक हिन्दी गद्य का साफ़-सुथरा और निथरा हुआ रूप विकसित हो चुका था। हरिऔध ने व्यापक और विविध विधाओं में गद्य लेखन किया, पर उनकी चर्चा दो कारणों से होती है। एक तो ठेठ हिन्दी में उपन्यास लेखन के लिए और भाषा में निरन्तर नवीन प्रयोगों के लिए। हिन्दी के पहले उपन्यास के रूप में प्रसिद्ध लाला श्रीनिवास दास के 'परीक्षा गुरु' (1882)के कुल सात वर्षों के बाद ही हरिऔध जी ने 'ठेठ हिन्दी का ठाठ' लिख दिया।दूसरा उपन्यास 'अधखिला फूल' इसके लगभग दस वर्षों के पश्चात

1. कन्हैया सिंह, अयोध्या सिंह उपाध्याय 'हरिऔध', लखनऊः उत्तर प्रदेश हिन्दी संस्थान, 2006, पृ.सं.-82
2. गिरिजादत्त शुक्ल, 'महाकवि हरिऔध',इलाहाबादः रामनारायण लाल पब्लिशर और बुकसेलर, संवत 2003, पृ.सं.- 359
3. वही, पृ.सं.- 359

1908 में प्रकाशित हुआ।इनमें कथानक के स्तर पर कोई खास नवीनता नहीं है। बेमेल विवाह और वैवाहिक जीवन में घुट रही स्त्री की पीड़ा को चित्रित करना इन उपन्यासों का लक्ष्य है।दोनों उपन्यास ठेठ हिन्दी में लिखे गये थे जो भाषा के स्तर पर एक नवीन प्रयोग था। ठेठ हिन्दी का स्वरूप स्पष्ट करते हुए हरिऔध जी ने लिखा है कि "जैसा शिक्षित लोग आपस में बोलते चालते हैं भाषा वैसी ही हो, गँवारी न होने पावे। उसमें दूसरी भाषा अरबी, फ़ारसी, तुर्की, अँगरेजी इत्यादि का कोई शब्द शुद्ध रूप या अपभ्रंश रूप में न हो। भाषा अपभ्रंश शब्दों से बनी हो, और यदि कोई संस्कृत शब्द उसमें आवे भी तो वही जो अत्यन्त प्रचलित हो, और जिसको एक साधारण जन भी बोलता हो।"[1]

हरिऔध जी ठेठ हिन्दी की सीमाओं से परिचित थे। इसमें कथात्मक साहित्य तो सम्भव था, पर वैचारिक गद्य नहीं। संस्कृत के शब्दों को ठेठ हिन्दी से अलग करने के कारण इसका व्यापक प्रचार न हो सका। लगभग दस वर्षों के बाद लिखे उपन्यास 'अधखिला फूल' की भूमिका में हरिऔध जी ने स्वीकार किया कि गूढ़ विषयों की मीमांसा ठेठ हिन्दी में सम्भव नहीं है, 'एक विषय में मैं बहुत लज्जित हूँ-और वह इस भूमिका की भाषा है। इस भूमिका में बहुत से संस्कृत शब्दों का प्रयोग करके मैं गोस्वामी तुलसीदास जी के इस वाक्य का कि—"पर उपदेश कुशल बहुतेरे/ जे आचरहि ते नर न घनेरे।' स्वयं आदर्श बन गया हूँ। किन्तु क्या करूँ, एक तो जटिल विषयों की मीमांसा करनी थी, दूसरे यह भूमिका बहुत शीघ्रता में लिखी गयी है, अतएव इस दोष से मैं मुक्त न हो सका। यदि परमात्मा सानुकूल है तो आगे को इस विषय में सफ़लता लाभ करने की चेष्टा करूँगा।"[2]

'प्रिय प्रवास' के अतिशय संस्कृतनिष्ठता की आलोचना रामचन्द्र शुक्ल तक ने की है। यह विचार का विषय है कि 'ठेठ हिन्दी का ठाट' का लेखक और हिन्दी में स्थानीय शब्दों के प्रयोग का पुरस्कर्त्ता आखिर किन वजहों से संस्कृतनिष्ठ पद्य-लेखन की ओर आकर्षित हुआ।स्वयं हरिऔध ने 'प्रिय-प्रवास' की भूमिका में इसकी वजह इन शब्दों में बयान की है, "कुछ संस्कृत वृतों के कारण और अधिकतर मेरी रुचि से इस ग्रन्थ की भाषा संस्कृत-गर्भित है। क्योंकि अन्य प्रान्तवालों में यदि समादर होगा तो ऐसे ग्रन्थों का होगा। भारतवर्ष भर में संस्कृत भाषा आदृत है, बँगला, मरहठी, गुजराती, बरन तमिल और पंजाबी तक में संस्कृत शब्दों का बाहुल्य है। संस्कृत शब्दों को यदि अधिकता से ग्रहण करके हमारी हिन्दी भाषा उन प्रान्तों के सज्जनों के सम्मुख उपस्थित होगी तो वे साधारण हिन्दी से उसका अधिक समादर करेंगे, क्योंकि उसके पठन-पाठन में उनको सुविधा होगी और वे समझ सकेंगे। अन्यथा हिन्दी के राष्ट्रभाषा होने में दुरूहता होगी, क्योंकि सम्मिलन के लिए भाषा और विचार का साम्य ही अधिक उपयोगी होता है। मैं यह नहीं कहता कि अन्य प्रान्त वालों से घनिष्ठता का विचार करके हम लोग अपने प्रान्त वालों की अवस्था और भाषा के स्वरूप को भूल जावें। यह मैं मानूँगा कि इस प्रान्त के लोगों की शिक्षा के लिए हिन्दी भाषा के प्रकृत रूप की रक्षा के निमित्त साधारण वा सरल हिन्दी में लिखे गये ग्रन्थों की ही अधिक आवश्यकता है, और यही कारण है कि मैंने हिन्दी में कतिपय संस्कृत गर्भित ग्रन्थों की प्रयोजनीयता बतलायी है। परन्तु यह भी सोच लेने की बात है कि क्या वहाँ वालों को उच्च हिन्दी से परिचित कराने के लिए ऐसे ग्रन्थों की आवश्यकता नहीं है, और यदि हो तो मेरा पथ केवल इसी कारण से उपेक्षित होने योग्य नहीं। जो सज्जन मेरे इतना निवेदन करने पर भी अपनी भौंह की वक्रता निवारण न कर सकें उनसे मेरी यह प्रार्थना है कि वे 'वैदेही बनवास' के करकमलों में पहुँचने तक मुझे क्षमा करें, इस ग्रन्थ को मैं सरल हिन्दी और प्रचलित छन्दों में लिख रहा हूँ।"[1]

---

1. 'ठेठ हिन्दी का ठाठ' की भूमिका से
2. 'अधखिला फूल' की भूमिका से

हरिऔध जी ने ग्रियर्सन की सलाह या माँग पर ठेठ हिन्दी में 'अधखिला फ़ूल' लिखा था।रीतिकालीन अश्लीलता के खिलाफ़ 'रस कलश' लिखा। उर्दू वालों के मुहावरेदानी का जवाब 'चोखे चौपदे' और 'चुभते चौपदे' लिखकर दिया। महावीरप्रसाद द्विवेदी ने जब 'सरस्वती' में खड़ी बोली में महाकाव्य लिखने का आह्वान किया तो भाषा पर जबरदस्त अधिकार रखनेवाले हरिऔध जी का शान्त रहना सम्भव नहीं था। असल में, हरिऔध जी हिन्दी भाषा के सच्चे सेवक थे। राष्ट्रभाषा के पद पर आसीन होने के लिए संघर्षरत हिन्दी के साम्राज्य के विस्तार-विकास के लिए वे जो कुछ भी कर सकते थे, कर रहे थे। 'प्रिय प्रवास' हिन्दी के सामर्थ्य को प्रकट करने वाली रचना है। इसकी भूमिका में हरिऔध जी ने जिस तथ्य की ओर इशारा किया, उस समय तक उस पर बहुत कम लोगों का ध्यान था। हिन्दी का भविष्य अरबी-फ़ारसी को अपनाने में नहीं था। संस्कृत का समृद्ध शब्द-संसार ही उसे भारत की राष्ट्रभाषा के पद पर आसीन कर सकता था। जिन लोगों की नजर में केवल हिन्दू-मुसलमान रहता है उन्होंने बहुत बाद तक हिन्दी को 'आमफ़हम' बनाने के लिए लड़ाई लड़ी, लेकिन हरिऔध जी जानते थे कि संस्कृत के शब्दों का सहज स्वीकार ही हिन्दी को तमाम भारतीय भाषाओं के करीब ले जाएगा और उसे व्यापक जन-समर्थन भी प्राप्त होगा। इसी कारण उन्होंने ठेठ हिन्दी का लोभ छोड़ संस्कृतनिष्ठ हिन्दी की राह पकड़ी। यह एक प्रगतिशील कदम था। हरिऔध के पहले इसकी ओर हिन्दी जगत का ध्यान नहीं गया था।

'प्रिय प्रवास' की संस्कृतनिष्ठता की एक वजह उसकी कथावस्तु भी थी। राधा-कृष्ण पर केंद्रित काव्य अरबी-फ़ारसी में नहीं लिखा जा सकता था। यह जनपदीय भाषा में सम्भव था, पर तब तक खड़ी बोली में रचित महाकाव्य का कोई उदाहरण नहीं था। हरिऔध एक नई परिपाटी शुरू कर रहे थे। इस क्रम में उन्होंने खड़ी बोली की शक्ति का प्रदर्शन करने के लिए संस्कृत का सम्बल लिया। अतिशय संस्कृतनिष्ठता ने भले ही 'प्रिय प्रवास' के रसास्वादन में बाधा उपस्थित की हो, लेकिन उसने खड़ी बोली कविता के शक्ति और सामर्थ्य को प्रकट कर दिया। उसकी इस ऐतिहासिक भूमिका को स्वीकार करने के लिए ही 'प्रिय प्रवास' को हिन्दी का पहला महाकाव्य कहा गया। 'प्रिय प्रवास' की भाषा में अन्तार छन्दों में परिवर्तन के साथ भी आया है। द्रुतविलम्बित, वसन्ततिलका और वंशस्थ छन्द में लिखे पद संस्कृतनिष्ठ हैं जबकि हिन्दी में प्रचलित मालिनी, मन्दाक्रान्ता और शार्दूलविक्रीडित छन्दों में रचित पदों में आमफ़हम शब्दों का प्रयोग ज्यादा है। ऐसे छन्द ज्यादा सरस बन गये हैं। गिरिजादत शुक्ल ने इस विषय में लिखा है कि, "भाषा विषय की अनुगामिनी होती है, और किसी विचार को प्रकट करने के लिए जितना अधिक या कम स्थान हमारे पास है उतनी ही सरल, साधारण शब्दों वाली अथवा कठिन संस्कृत शब्दों वाली भाषा से हमें काम चलाना पड़ता है।...'प्रिय प्रवास' की भाषा के लिए किसी प्रकार के संकोच-प्रदर्शन अथवा क्षमा-याचना की आवश्यकता नहीं थी। संस्कृत के वृत्त संस्कृत भाषा की सुविधा के लिए बने हैं और वे उसी की सेवा में रत रहे हैं। अब यदि हिन्दी के किसी कवि की यह कामना होती है कि वह संस्कृत वृत्तों में हिन्दी काव्य लिखे तो उसे उन वृत्तों के साथ कुछ समझौता तो करना ही पड़ेगा। निस्सन्देह अन्य समस्त समझौते की तरह इस समझौते में भी हरिऔध जी

1. 'प्रियप्रवास' की भूमिका से

को आदान-प्रदान का पथ स्वीकार करना पड़ा है। द्रुतविलम्बित, वसन्ततिलका और वंशस्थ आदि वृत्तों की शर्त्त ही स्वीकार करनी पड़ी है, संस्कृत-गर्भित क्या प्रायः संस्कृत भाषा ही लिखनी पड़ी है।''[1]

हरिऔध जी ने अपनी रचनाओं की लम्बी-लम्बी भूमिकाएँ लिखी हैं। इनसे एक समर्थ आलोचक की छवि झाँकती है। उन्होंने बड़े-बड़े व्याख्यान भी दिए हैं। इनसे उनके विचारक व्यक्तित्व की झलक मिलती है।भारतेंदु और द्विवेदी युग के संधिस्थल पर सक्रिय हरिऔध के भीतर भारतेंदु जैसी सक्रियता थी। वे साहित्य की विविध विधाओं और साहित्यकार की अनेकानेक भूमिकाओं में संलग्न थे। कबीर को हिन्दी संसार से परिचित कराने का श्रेय श्यामसुन्दर दास को दिया जाता है। 'काशी नागरी प्रचारणी सभा' के जिस 'मनोरंजन पुस्तकमाला' योजना के तहत श्यामसुन्दर दास ने 'कबीर ग्रन्थावली' का सम्पादन किया, पहले यह कार्य अयोध्या सिंह उपाध्याय हरिऔध कर रहे थे। किसी कारणवश वे इसे नहीं कर पाए, पर उन्होंने इसकी लगभग नब्बे पन्नों की भूमिका लिखी। यह कबीर के मूल्यांकन का शुरुआती प्रयास है जो सन् 1916 में किया गया था। तबतक हिन्दी के किसी भी अन्य विद्वान् ने कबीर पर इस व्यापकता से विचार नहीं किया था। इस भूमिका का पहला वाक्य है, 'कबीर साहब एक पन्थ के प्रवर्तक थे।'' आगे के आलोचक चुपचाप इस स्थापना का प्रतिवाद करते रहे, जब तक डॉ. धर्मवीर ने इसका नोटिस नहीं लिया। मोनोग्राफ़ की सीमा की वजह से कन्हैया सिंह इस भूमिका पर महज यह टिप्पणी ही कर पाए कि, ''कबीर पर लिखी उपाध्याय जी की आलोचनात्मक भूमिका बहुत दिनों तक कबीर पर मुख्य आलोचनात्मक सामग्री के रूप में थी। उन्होंने कबीर अध्यात्म से लेकर उनके साहित्यिक मर्म तक को उद्घाटित करने का प्रयास इस भूमिका में किया।''[2] भले ही यह भूमिका बहुत दिनों तक कबीर पर मुख्य आलोचनात्मक सामग्री रही हो, परन्तु हिन्दी के विद्वान् इसका उल्लेख करने से बचते रहे। हजारी प्रसाद द्विवेदी का 'कबीर' इस भूमिका का प्रतिवाद है, और उसकी मूल स्थापनाओं से प्रभावित भी। एक जगह हरिऔध जी लिखते हैं कि, ''कबीर साहब के ग्रन्थों का आदर कविता-दृष्टि से नहीं, विचार-दृष्टि से है। उन्होंने अपने विचार दृढ़ता और कट्टरपन के साथ प्रकट किए हैं। उनमें स्वाधीनता की मात्रा भी अधिक झलकती है।''[3] हरिऔध जी का नाम लिए बिना द्विवेदी जी ने इसका जवाब दिया है। यहाँ एक बात और बता देना जरूरी है कि कबीर के जन्म और जीवन के विषय में जितनी प्रचलित मान्यताएँ हैं उनको हिन्दी आलोचना में व्यवस्थित रूप में पहली बार हरिऔध जी ने ही इस भूमिका में प्रस्तुत किया था। यह प्रस्तुति ऐसी है कि सौ वर्षों के बाद भी बहुसंख्यक समाज कबीर को उन्हीं मान्यताओं के आधार पर याद करता है।

यह बात थोड़ी अजीब और अटपटी लग सकती है कि 'कबीर के आलोचक' के लेखक और प्रसिद्ध दलित विचारक डॉ धर्मवीर की मूल स्थापना कि कबीर किसी 'गुरु धर्म' या दलितों के लिए अलग धर्म की स्थापना के लिए प्रयासरत थे, हरिऔध से प्रभावित और प्रेरित है; भले ही यह प्रभाव और प्रेरणा विरोधजन्य ही क्यों न हो। हरिऔध की स्थापनाओं के अन्तर्विरोधों की डॉ धर्मवीर ने सटीक पहचान की है, पर इसका स्वरूप आलोचनात्मक न होकर प्रतिक्रियात्मक है। हरिऔध का ब्राह्मणवादी मानस कबीर की आलोचना में सतह पर आ गया है। कर्मकाण्डों और धार्मिक कुरीतियों पर कबीर

1. गिरिजादत्त शुक्ल, 'महाकवि हरिऔध',इलाहाबादः रामनारायण लाल पब्लिशर और बुकसेलर, संवत 2003, पृ.सं.- 147
2. कन्हैया सिंह, अयोध्या सिंह उपाध्याय 'हरिऔध', लखनऊः उत्तर प्रदेश हिन्दी संस्थान, 2006, पृ.सं.-96
3. अयोध्या सिंह उपाध्याय, मनोरंजक पुस्तक माला-12, सम्पादक-श्यामसुन्दर दास, काशी : काशी नागरी प्रचारिणी सभा, 1916, पृ.सं.-31

का बेधड़क प्रहार हरिऔध सह न सकें। उनकी नजर कबीर साहित्य के उस अल्प हिस्से से हटी ही नहीं जिसमें मध्यकालीन जड़ताओं की तीखी आलोचना है। इसमें सुधार करते हुए आचार्य हजारी प्रसाद द्विवेदी ने कबीर की भक्ति-भावना पर अपना ध्यान केंद्रित किया, जो कबीर साहित्य का बहुलांश है।

कबीर सम्बन्धी हरिऔध जी की आलोचना की एक बड़ी सीमा यह है कि उन्होंने कबीर और कबीर पंथियों को तराजू के एक ही पलड़े में रख दिया है। उन्होंने कबीर के विचारों की परख कबीरपंथियों के आचरण के आधार पर की है। कबीर ने तीर्थयात्रा का विरोध किया तो यह विरोध हरिऔध जी के लिए इसलिए नाजायज है, क्योंकि कबीरपन्थी भी कबीरचौरा और मगहर की यात्रा तीर्थ के रूप में ही करते हैं। हरिऔध जी के भीतर इस बात को लेकर किसी प्रकार का सन्देह-सवाल नहीं है कि कबीर एक अलग पन्थ की स्थापना करना चाहते थे, और यह हिन्दू और मुसलमान धर्म से अलग था। डॉ धर्मवीर ने इसी विचार का विकास करते हुए उसमें यह जोड़ दिया कि यह पन्थ दलितों का था। मतलब कबीर दलितों के लिए एक नवीन धर्म की स्थापना करना चाहते थे। यह धर्म ब्राह्मणवाद के खिलाफ़ था। हरिऔध जैसे ब्राह्मण इस बात से विचलित थे और कबीर को येनकेन प्रकारेण हिन्दू साबित करने पर तुले हुए थे। यह बात ठीक है कि हरिऔध ब्राह्मणवादी मानस के कारण कबीर की क्रान्तिकारिता को समझ नहीं पाते और उसका विरोध भी करते हैं, लेकिन वे कबीर को हिन्दू धर्म की सीमा में रखने का कोई प्रयास नहीं करते। वे बस इतना कहना चाहते हैं कि हिन्दू धर्म महान् है और कबीर पर उसका गहरा प्रभाव है।

असल में, अयोध्या सिंह उपाध्याय 'हरिऔध' द्विवेदी युग के भारतेंदु हरिश्चन्द्र हैं। बस उन्होंने पत्रिका नहीं निकाली, यह काम महावीरप्रसाद द्विवेदी के हवाले कर दिया।आम धारणा यह है कि द्विवेदी जी की चाह को मैथिलीशरण गुप्त पूरा करते थे, पर वास्तविकता यह है कि द्विवेदी युग की दिशा का निर्धारण हरिऔध की कलम से हो रहा था। गिरिजादत्त शुक्ल ने ठीक ही लिखा है कि, "भारतेंदु हरिश्चन्द्र ने आधुनिक हिन्दी को जन्म दिया और हरिऔध ने उसे पल्लवित किया।"[1] हरिऔध ने हिन्दी साहित्य में नई लकीरें खींची, उसे तोड़ा और फ़िर नई लकीर खींच दी। ऐसी दुर्लभ प्रतिभा हिन्दी की दुनिया में कम ही रही है। कन्हैया सिंह का यह मोनोग्राफ़ हरिऔध जी की दुर्लभ प्रतिभा को पहचानने का एक प्रक्रम है। हिन्दी के पहले महाकवि के विशाल साहित्य का सौ पृष्ठों में समुचित विवेचन कठिन काम था, पर कन्हैया सिंह की सधी कलम ने इसके साथ न्याय किया है। हरिऔध जी के मूल्यांकन में हुई कई भूलों का सुधार इस मोनोग्राफ़ में मिलता है। हरिऔध जी की कविता 'उर्मिला' की चर्चा कम हुई है, जबकि इसकी ऐतिहासिक महत्ता है। 'प्रिय प्रवास' की महत्ता की स्थापना भी कन्हैया सिंह ने अलग मानदण्डों पर की है। उन्होंने हरिऔध जी के भीतर छिपी अंग्रेजी सत्ता के आकर्षण और समर्थन की ग्रंथि को पहचान कर उसे रेखांकित किया है। अयोध्या सिंह उपाध्याय को जानने-समझने के लिए यह एक उपयोगी और जरूरी पुस्तक है।

एसोशिएट प्रोफ़ेसर, हिन्दी एवं आधुनिक भारतीय भाषा विभाग
इलाहाबाद विश्वविद्यालय, प्रयागराज (उ.प्र.)

---

1. गिरिजादत्त शुक्ल, 'महाकवि हरिऔध',इलाहाबादः रामनारायण लाल पब्लिशर और बुकसेलर, संवत 2003, पृ.सं.- 368

स्वाधीन चेतना के निर्भीक कवि रामचरित उपाध्याय

जनार्दन

अट्ठारह सौ सत्तावन के बाद भारत की राजनीतिक और सांस्कृतिक परिस्थितियाँ बहुत तेजी से बदलीं। कम्पनी राज के अन्त और भारतीय चिन्तन के अध्ययन की शुरुआत ने भाषा, समाज और जनान्दोलनों के बीच सम्प्रेषण की नींव को मजबूत किया। गालिब और भारतेन्दु अपने समय को साहित्य में दर्ज कर रहे थे। स्वाधीनता संग्राम के बाद के साहित्यकार मिशनरी भाव से जन-जागरण के लिए लिख रहे थे। इसलिए उनका लेखन साहित्य के साथ-साथ इतिहास के लिए भी बहुमूल्य है।

भारतेन्दु युग हिन्दी साहित्य के लिए एक प्रस्थान बिन्दु की तरह है। भारतेन्दु का युग परिवर्तनकारी योगदान हिन्दी भाषा और साहित्य के लिए ऐतिहासिक और सांस्कृतिक महत्त्व रखता है। उन्होंने जन-संघर्ष की क्रिया को हिन्दी भाषा से जोड़कर हिन्दी को जो बढ़त दिलायी, उसी पथ पर आगे चलकर द्विवेदी जी हिन्दी को स्थापित कर पाये। भारतेन्दु ने लेटी और रेंगती हुई भाषा को खड़ा करने का प्रयास किया और उसे युग सम्मत बनाया। निश्चित ही भारतेन्दु व्यक्ति नहीं संस्था थे। उनके सहयोगियों के माध्यम से उन्होंने पत्रकारिता से हिन्दी भाषा को जोड़ते हुए उसे समाजोन्मुख बनाया। उनके असमय अवसान के बाद नियति ने इस कार्य के लिए महावीरप्रसाद द्विवेदी का चयन किया।

भारतेन्दु की भाँति द्विवेदी जी ने गद्य भाषा की गड़बड़ियों और काव्य भाषा की सामाजिक दूरी को समाप्त कर, दोनों साहित्य विधाओं को बल प्रदान करते हुए और अपने समय के लेखकों और कवियों का सहयोग लेते हुए साहित्य भाषा को समसामयिक और जनोपयोगी बनाया। इस सहयोग से उन्होंने हिन्दी भाषा और साहित्य के लिए सांस्कृतिक विजय को आधार देने का कार्य किया। अपनी पुस्तक 'संस्कृति और समाज' (Culture and Society) में रेमण्ड विलियम इस प्रकार की सांस्कृतिक विजयों की ओर इशारा करते हुए कहता है, 'संस्कृति के सिद्धान्त का सर्वोत्तम रूप तब सामने आता है, जब वह ऐतिहासिक रूप से विकसित विभिन्न प्रकार की मानवीय क्रियाओं के पारस्परिक सम्बन्धों पर ध्यान केन्द्रित करता है और ऐतिहासिक स्थितियों के बीच उन सम्बन्धों के गतिशील और विशिष्ट रूप की खोज करता है। द्विवेदी युग की

परिस्थितियों का अध्ययन करने में हमें उपनिवेशवादी शक्तियों का सामना करने के लिए भारतीय लेखकों और प्रतिरोध की संस्कृति को बल-विवेक प्रदान करनेवाली संस्थाओं और अगुवाओं के सर्जनात्मक योगदान को विनम्र भाव से ग्रहण करना पड़ता है। गौरतलब है कि यह सर्जनात्मक पूँजी भारतीय मान्यताओं के समुच्चय से उपजी है, जिसमें भिन्न-भिन्न मान्यताओं और जनों का अक्षय योगदान अन्तर्संलयित है। राष्ट्रीय स्वर केवल मैथिलीशरण गुप्त जी के यहाँ ही नहीं है। उस समय के कई कवियों के यहाॅ यह स्वर समुन्दर की पानी की तरह हिलोर ले रहा है। बस किंचित् कारणों से हमारी निगाह वहाॅ तक नहीं पहुँच पायी है। इस दिशा में एक कार्य अब हुआ है। द्विवेदी युग के बड़े कवि रामचरित उपाध्याय राष्ट्रीय स्वर के कवि थे, जिन्हें हिन्दी पाठकों के सामने लाने का महत्तर कार्य डॉ. कन्हैया सिंह ने किया है। हालाँकि अभी भी ऐसे तमाम रचनाकार हैं, जिनके लेखन और योगदान को उद्घाटित करना अभी शेष है।

रामचरित उपाध्याय ग्रन्थावली का सामने आना हिन्दी साहित्य की जरूरत थी, जिसे हमारे समय के प्रसिद्ध पाठानुसन्धान आलोचना के अध्येता डॉ. कन्हैया सिंह सामने लाये हैं। हिन्दी साहित्य का पाठक समुदाय इस स्तुत्य कृत के लिए दोनों विद्वानों का सदैव आभारी रहेगा। डॉ. कन्हैया सिंह की पुस्तक 'हिन्दी पाठानुसन्धान' हिन्दी भाषा और साहित्य के अध्ययन में एक महत्त्वपूर्ण पुस्तक है। वे पाठानुसन्धान की दिशा में निरन्तर साधनारत रहते हैं, फिर भी भारत के विपुल प्राचीन साहित्य को देखते हुए इस दिशा में शोध और अध्ययन की जरूरत है। हिन्दी का अकादमिक जगत् जानता है कि ऐसे अध्ययन से मिथकों और असत्य के कबाड़ में दबी रचनाएँ प्रामाणिक रूप में सामने आकर अपनी काल की कथाएँ कहती हैं, जिसकी आवश्यकता जितनी साहित्य को है, उतना ही इतिहास और समाज विज्ञान की विद्या शाखाओं को भी है। रामचरित उपाध्याय-ग्रन्थावली का सम्पादन उसी दिशा में सम्पन्न हुआ कार्य है। यह पुस्तक पाठानुसन्धान का एक उदाहरण है, जिसमें डॉ. विनम्र सेन सिंह जैसे युवा अध्येता की संजीदगी भरी सम्बद्धता उम्मीद की किरण की तरह है।

रामचरित उपाध्याय के सम्पूर्ण रचनाओं को दो खण्डों में समेटा गया है। पहले खण्ड में छह और दूसरे खण्ड में नौ रचनाएँ शामिल हैं। इस तरह दोनों खण्डों में कुल पन्द्रह रचनाएँ शामिल हुईं हैं। ग्रन्थावली में उपाध्याय जी द्वारा रचित प्रबन्ध काव्य, सूक्तियाँ, ब्रज रचना नाटक और लम्बी काव्य रचनाएँ संग्रहीत की गयी हैं। प्रस्तुत संकलन में बहुत ही प्रामाणिक रूप से उपाध्याय जी का जीवन परिचय दिया गया है। जीवन परिचय में ही कुछ ऐसे प्रसंगों और अवसरों का उल्लेख हुआ है, जो अन्यत्र जानने या पढ़ने को नहीं मिलता। दो-एक बानगी देना अनुचित नहीं होगा। एक बानगी उपाध्याय जी की पुस्तिका ब्रजसतसई की प्रस्तावना से है जो इस प्रकार है—"पिता की मृत्यु के बाद (1888) से पूर्व ही चौदह-पन्द्रह वर्ष की अल्प आयु में उन्होंने दो पुस्तकें तैयार कर डाली थीं। एक का नाम 'विजय बसन्त' था। उसमें होली और चैती का संग्रह था। दूसरी पुस्तक में कजली थी, उसका नाम वे 'सावन सुहावन' रखना चाहते थे। पर यह दोनों ही संग्रह कभी प्रकाशित नहीं हुए। इनके सम्बन्ध में स्वयं उपाध्याय जी का कहना था कि उनकी भाषा ग्रामीण थी और भाव विकृत और अश्लील थे।"[1] स्पष्ट भी है कि जब वे, महावीरप्रसाद द्विवेदी और सरस्वती पत्रिका के सम्पर्क में आये होंगे, तो इन पुस्तिकाओं का विचार स्वतः खारिज हो गया होगा। दूसरा उदाहरण स्वयं ब्रजसतसई के सम्पादन से सम्बन्धित है। पुस्तक में एक प्रसंग में बताया गया है कि उपाध्याय जी काशी में संस्कृत का अध्ययन करने गये थे। अध्ययन के

1. डॉ. सिंह कन्हैया, रामचरित-ग्रन्थावली, भाग–एक, पृ. (xii) शिवांक प्रकाशन, नयी दिल्ली, प्रथम संस्करण

दौरान ही उन्होंने गाथा-सप्तशती और आर्या-सप्तशती का गहन अध्ययन किया और इन ग्रन्थों के आधार पर ब्रज में रचना करने लगे। 1904 ई. तक वे ब्रजभाषा में ही रचना करते रहे। इस अवधि में उन्होंने ''शृंगार सतसई', 'नीति चौपई', 'शान्त चौपई' और कुण्डलिया छन्दों में 'बरवै-चौपई' नामक पाँच ग्रन्थों की रचना की।''[1]स्पष्ट है कि ''सरस्वती और हिन्दी खड़ी बोली की मुहिम में लग जाने के कारण वे बहुत दिनों तक इन रचनाओं के प्रति उदासीन थे, ऐसा होना स्वभाविक भी था। सम्पादक ने बताया है कि कई सालों के बाद 1966 ई. में उनका ध्यान अपनी युवावस्था में लिखी गयी इन रचनाओं की ओर पुनः गया और उन्होंने नमूने के तौर पर अपने तीनों चौपाइयों के 1200 दोहों में से चुनकर 700 दोहों को 'ब्रज सतसई' के नाम से प्रकाशित किया।''[2]

'ब्रज सतसई' को ग्रन्थावली के दूसरे खण्ड में रखा गया है। बाद में इसलिए रखा गया क्योंकि भले ही इस ग्रन्थ की चौपाइयाँ कवि की युवावस्था में लिखी गयी थीं, परन्तु प्रकाशन बहुत बाद में हुआ था। चूँकि यह उपाध्याय जी की प्रारम्भिक रचनाओं का संकलन है, इसलिए बतौर नमूना कुछ पंक्तियों को देखना जरूरी जान पड़ता है—

चहियत मोहि न आन यह, तजि बचपन की बात।
नानखटाई दूर करि, कौन खटाई खात।। 14
तजहु सकुच उर निठुर उठु, अजहु तजी नहीं देहु।
नेक नवाजस करहु तौ, एक नवा जस लेहु।। 15
प्रन न टरै तव, मम टरै, प्रान-नाथ ये प्रान।
नभ घेरे आवहिं जलद, कीजे जलद पयान।। 27
कत खीझति बूझै सबै, अनबुझे हूँ बाल।
मति न कहि देत यह, रति गति टूटै माल।।34

ऊपर की पंक्तियाँ रीतिकालीन पंक्तियाँ जान पड़ती हैं। ग्रामीण और गृहस्थ प्रेम से सराबोर यह पंक्तियाँ रीतिकाल के कवियों का स्मरण करा जाती हैं। आलम की यह पंक्तियाँ इसी प्रकार का भाव लिये हुए हैं—

रात के उनीदें अरसाते, मदमाते राते
अति कजरारे दृग तेरे यों सोहात हैं।
तीखी तीखी कोरनि कोरारि लेत काढ़े जीउ,
केते भए घायल औ केते तफलात हैं।[3]

रामचरित उपाध्याय का लेखकीय जीवन मिशनरी लेखन का हिस्सा रहा। जलते और उबलते भारत की बेचैनी ने उन्हें ब्रज की शृंगारमयी पंक्तियों से उठाकर खड़ी बोली की संघर्ष और ज्ञान वाटिका में खड़ा कर दिया। स्पष्ट है कि कोई भी सचेत लेखक समाज से मुँह मोड़कर रह नहीं सकता। द्विवेदी युग को बच्चन सिंह ने 'पूर्व स्वच्छन्दतावादी-काल' कहा है। साहित्य-इतिहास के विमर्श से हटकर विचार करने पर पाते हैं कि सच में यह काल अपने पूर्ववर्ती साहित्य आन्दोलनों

---

1. डॉ. सिंह कन्हैया, रामचरित-ग्रन्थावली, भाग–एक, पृ. (xii-xiii) शिवांक प्रकाशन, नयी दिल्ली, प्रथम संस्करण
2. डॉ. सिंह कन्हैया, रामचरित-ग्रन्थावली, भाग–एक, पृ. (xiii) शिवांक प्रकाशन, नयी दिल्ली, प्रथम संस्करण
3. शुक्ल रामचन्द्र, हिन्दी साहित्य का इतिहास, पृ-198, अशोक प्रकाशन, प्रकाशन वर्ष 2005

से काफी अलगाव लिये हुए 'पूर्व स्वच्छन्दतावादी-काल' था। चूँकि ज्ञान परिसर का विकास होने लगा था, जिसका प्रभाव कविता लेखन पर धीरे-धीरे पड़ने लगा था। परिवर्तन के इस बयार को हवा देने का कार्य नागरीप्रचारिणी सभा, हिन्दुस्तानी अकादमी और सरस्वती जैसी पत्रिकाएँ बड़ी सावधानी से कर रही थीं। विदित है कि दरअसल आजादी की लड़ाई के साथ भाषाई लड़ाई भी चल रही थी, जिसमें स्वयं महावीरप्रसाद द्विवेदी के साथ मैथिलीशरण गुप्त, हरिऔध जी और रामचरित उपाध्याय जैसे कवियों और लेखकों का योगदान हिन्दी के वीर सैनिकों की तरह स्तुत्य है। यही कारण है कि भारतीय मानस निर्माण के लिए समकालीन कवियों की तरह पौराणिक चरित्रों की ओर लौटते हैं। इस दिशा में ग्रन्थावली के प्रधान सम्पादक का संकेत बहुत सारगर्भित जान पड़ता है—"इस युग के कवियों ने भारत की राष्ट्रीयता को दृष्टिगत कर दो प्रकार की रचनाएँ की (1) प्राचीन पौराणिक और ऐतिहासिक महापुरुषों के जीवन पर प्रबन्ध काव्य, जिनसे उनके जीवनादर्श को सामयिक प्रसंग में प्रेरणाप्रद रूप में उभारा गया था।, (2) राष्ट्रीयता, देश-प्रेम, स्वाधीनता, समाज-सुधार आदि की प्रेरणा-निहित स्वतन्त्र रचनाएँ।"[1]

पुस्तक के प्रधान सम्पादक का कहना सही है कि इस तरह की काव्य रचयिताओं में उपाध्याय जी अग्रणी स्थान रखते हैं। उनके द्वारा पौराणिक चरित्र आधारित रचनाओं में परम्परा के साथ आधुनिकता का प्रस्फुटन हुआ है। ग्रन्थावली के प्रथम खण्ड में रामचरित-चिन्तामणि, रामचरित-चन्द्रिका, देव-सभा, देव-दूत, स्वर्ग में नरक और भक्ति मन्दिर, जैसे संकलन शामिल हैं। चिन्तामणि रामयश का प्रबन्धकाव्य है, जिसके कथा का आधार रामचरितमानस है न कि वाल्मीकि रामायण। उपाध्याय के राम तुलसी के राम जैसे ईश्वर हैं, न कि वाल्मीकि के राम की तरह मानव। तुलसी से इतनी समानता होने के बाद भी उपाध्याय जी राम से शिकायत भी करते हैं। तुलसी ने सीता-निर्वासन प्रसंग को पूरी तरह से छोड़ दिया है। मगर उपाध्याय जी ऐसा नहीं कर पाये हैं। उनका राम सीता-निर्वासन से दुःखी है। यहीं उपाध्याय जी मौलिक हो जाते हैं। सीता-निर्वासन पर राम का दुःख इस प्रकार अभिव्यक्त हुआ है—

जो लोक के अपवाद भय से हो गयी अति भूल है।
उसका भयंकर भूल का आज भी मेरे हृदय में शूल है।

प्रधान सम्पादक ने हरिऔध जी कृत प्रिय-प्रवास और रामचरित उपाध्याय कृत चिन्तामणि की भाषा और कथावस्तु के निदर्शन पर भी प्रकाश डाला है। 1914 ई. में हरिऔध जी के प्रिय-प्रवास का प्रकाशन हुआ और 1920 ई. में इस काव्य का। प्रिय-प्रवास की भाँति ही, इसकी भाषा भी संस्कृतनिष्ठ है। प्रिय-प्रवास में कथा-वस्तु के रूप में कृष्ण के जीवन का केवल एक अंश ग्रहण किया गया है। इस काव्य में सम्पूर्ण राम-यश और चरित निहित है। कवि ने राम के चरित्र-चित्रण में कोई नवीनता प्रस्तुत नहीं की है, न ही काव्य की दृष्टि से कोई नया प्रयोग है; तथापि यह अपने ढंग का एक विशिष्ट महाकाव्य है। इसकी मौलिकता कवि के राष्ट्रीय दृष्टिकोण में है जिसे उन्होंने स्थान-स्थान पर व्यक्त किया है।"[2]

राष्ट्रीय चेतना के अध्ययन में उपाध्याय की रचनाएँ मदद करती पायी जाती हैं। उनकी रचनाओं का अवगाहन करने पर यह तथ्य ज्ञात होता है कि वे हिन्दू चेतनावाले राष्ट्रवादी कवि थे। यही उनकी जातीय संवेदना का मूल-स्वर भी है। गौरतलब है उनकी प्रकाशित पहली रचना 'सूक्ति-मुक्तावली' की यह पंक्तियाँ—

---

1. डॉ. सिंह कन्हैया, रामचरित-ग्रन्थावली, भाग–एक, पृ. (xxv) शिवांक प्रकाशन, नयी दिल्ली, प्रथम संस्करण
2. वही पृ. xix

जय-जय हिन्दी, जय-जय हिन्दी।
जय-जय हिन्दू, जय गोविन्द।।

रामचरित चिन्तामणि उपाध्याय जी की यशकायी रचना है। इस ग्रन्थ की प्रशंसा रामचन्द्र शुक्ल ने भी किया है। शुक्ल जी इस ग्रन्थ के संवाद योजना को महत्त्वपूर्ण मानते हैं। "रामचरित चिन्तामणि' नामक एक बड़ा प्रबन्धकाव्य भी उन्होंने लिखा है, जिसके कई एक प्रसंग बहुत सुन्दर बन पड़े हैं। जैसे—अंगद रावण संवाद। भाषा उनकी काफी साफ होती थी और वैदग्ध के साथ चलती थी।"[1]

इस सन्दर्भ में शुक्ल जी ने ग्रन्थ की इन पंक्तियों को प्रस्तुत किया है—

कुशल रहना यदि है तुम्हें, दनुज! तो फिर गर्ज न कीजिये।
शरण में गिरिए, रघुनाथ के; निबल केवल केवल राम हैं।

प्रधान सम्पादक ने शुक्ल जी बात को पुष्ट करते हुए उपाध्याय जी काव्य-संवाद-योजना को केशव की कोटि का स्वीकार किया है। रामायण के विभिन्न पात्रों के संवाद में यह मत सत्य भी प्रमाणित होता है। ग्रन्थावली प्रथम भाग में 'सूरि शतक' जैसी रचना भी शामिल है, जिसे देखकर थोड़ा आश्चर्य होता है कि रामचरित उपाध्याय जैसा सनातनी व्यक्ति किसी जैन सन्त की ओर कैसे आकृष्ट हुआ। इस ग्रन्थ से उद्घाटित होता है कि वे उदारमना व्यक्ति रहे होंगे। ग्रन्थालय के इसी भाग में 'सूक्ति-मुक्तावली' भी संकलित है। 'सूक्ति-मुक्तावली' की कुछ पंक्तियाँ पहले दी जा चुकी हैं।

'सूक्ति मुक्तावली' के विषय में यह स्वीकार किया जा सकता है कि व्यक्ति का अध्ययन और चिन्तन उस बीज की तरह होता है, जो अनुकूल परिस्थिति आने पर उगता जरूर है (अगर धरती बंजर नहीं है)। विदित है कि उपाध्याय जी शैशव काल में ही गाथा-सप्तशती और आर्या सप्तशती जैसे ग्रन्थों का अध्ययन कर चुके थे और उनको आधार बनाकर ब्रज में रचनाएँ कर चुके थे। सरस्वती के प्रभाव और हिन्दी भाषा की उन्नति की दिशा में लेखन करते हुए इन ग्रन्थों के आधार पर खड़ी बोली में काव्य लेखन के प्रति आकृष्ट होने के परिणामस्वरूप 'सूक्ति-मुक्तावली' जैसा काव्य ग्रन्थ सामने आता है। इसकी शैलियों का अध्ययन करने से संस्कृत साहित्य और हिन्दी साहित्य के बीच की समानता और निरन्तरता को उजागर किया जा सकता है।

द्विवेदी युग हिन्दी साहित्य के निर्माण के लिए परिवर्तनकारी युग रहा है। द्विवेदी युग के महत्त्वपूर्ण कवि होने के नाते पण्डित रामचरित उपाध्याय दीर्घ समय तक हिन्दी साहित्य की सेवा करते रहे। मैथिलीशरण गुप्त की तरह वे भी हिन्दी माटी के खांटी कवि थे, जिनका स्वर गुप्त जी की तरह राष्ट्रीय था। वे भारतीय भूमि की पवित्रता पर लहालोट होनेवाले कवि थे। जन्मभूमि को याद करते हुए उपाध्याय जी लिखते हैं—

जन्म-भूमि-सी जन्म भू है और है उपमा नहीं,
खोजते रहिये कहीं भी, पा नहीं सकते कहीं।
जन्मदा माँ है हमारी, जो नहीं निःस्वार्थ है,
जन्म-भू-सी फिर उसे कहना हमारा व्यर्थ है।

प्रस्तुत पंक्तियों के माध्यम से उपाध्याय जी ने तत्कालीन परिस्थितियों के लिए जनजागरण के साथ-साथ हिन्दी खड़ी बोली के विकास में अपना योगदान देते नज़र आते हैं। दरअसल वे

1. शुक्ल रामचन्द्र, हिन्दी साहित्य का इतिहास, पृ. 366, अशोक प्रकाशन, प्रकाशन वर्ष 2005.

समय और समाज की बैचैनी को समझनेवाले और दिशा देनेवाले एक मिशनरी कवि थे, जिनका सहयोग पाकर ही द्विवेदी युग हिन्दी भाषा के उत्थान में योगदान दे पाने में सक्षम हो पाया।

कोई भी युग हो या कोई भी साहित्य हो, वह समाज सापेक्ष हुए बिना सन्दर्भित और अर्थवान् नहीं हो सकता। साहित्य में अभिव्यक्त समाज और समाज का साहित्य अतीत और वर्तमान दोनों की समीक्षा प्रस्तुत करते हुए भविष्य के मार्ग की ओर उजियारा करता है। ऐसा करने के क्रम में वह साहित्य सम्प्रेषण के लिए प्रयोग की ओर आकृष्ट होता है। कम-ज्यादा हर रचनाकार को इस प्रक्रिया से गुजरना होता है। उपाध्याय जी ने भी अपने समय की सबसे ताकतवर आवाज़ को साहित्य में उतारकर जन सामान्य में सम्प्रेषित करने का प्रयास किया—

हम स्वप्न बेला में अहिंसा मानते जिस वस्तु को,
जाग्रत अवस्था में कहेंगे प्रेम भी उसी वस्तु को।
जिस प्रेम-बूटी से निठुर अरि भी सहृद बनते सदा,
उस प्रेम की जननी अहिंसा है, सदा सुख-धर्म दा।।

इन पंक्तियों में उपाध्याय जी सीधे-सीधे प्रेम, अहिंसा और करुणा की माँग करते पाये जाते हैं, जो गाँधी दर्शन की साहित्यिक प्रस्तुति है। निश्चित ही कोई भी रचनाकार अपने समय की राजनीति और सांस्कृतिक संघर्ष से मुँह नहीं मोड़ सकता।

ग्रन्थावली के दूसरे भाग में कुल नौ रचनाएँ संग्रहीत हैं, जो इस प्रकार हैं—

1. राष्ट्र-भारती
2. उपदेश-रत्नमाला
3. सूक्ति-मुक्तावली
4. मुक्ताहार
5. सुरि-शतक
6. ब्रज-सतसई
7. देवी-द्रौपदी
8. सूक्ति-शतक
9. शुक-संवाद

परिस्थितियाँ मनुष्य और साहित्य की भूमिका तय करनेवाली प्रेरक शक्ति मानी जाती हैं। आलेख के प्रारम्भ में ही स्पष्ट किया गया है कि भारतीय राजनीति में स्वाधीनता संग्राम एक ऐतिहासिक-सांस्कृतिक सत्य है। इस सांस्कृतिक परिघटना के प्रभाव परिसर से असंख्य कविताएँ, नाटक और कथाएँ प्रभावित रहीं। इन रचनाओं ने पाठकों को तत्कालीन परिस्थितियों से जोड़ने का कार्य किया। समाज को दृष्टि सम्पन्न बनाने में अपनी भूमिका का निर्वाहन किया। हालाँकि तत्कालीन सत्ता विरोधी होने के कारण इन्हें सरकार के विरोध का भी सामना करना पड़ा। निश्चित ही यह प्रतिरोध ही साहित्य की भूमिका है। हर समाज को अपने साहित्य से इसकी पूर्ति होती रहती (रहनी चाहिए) है। इसीलिए रिचर्ड होगार्ड मानते हैं कि, "समाज के बारे में एक महत्त्वपूर्ण रचनाकार और समाजशास्त्री की अन्तर्दृष्टियों में बहुत समानता होती है।"[1]

हम जानते हैं कि लोहिया द्रौपदी को प्रमुख भारतीय स्त्री चरित्र के रूप में देखते थे। द्रौपदी पर रामचरित उपाध्याय ने भी लिखा है। वह द्रौपदी जैसी परिवर्तनाकारी चरित्र को देवी रूप में प्रस्तुत करते हैं इसीलिए नाट्य रचना का नाम 'देवी द्रौपदी' रखा है। द्रौपदी चरित्र के संघर्ष और आत्मबल

---

1. पाण्डेय मैनेजर, साहित्य और समाजशास्त्रीय दृष्टि, पृ. 35, आधार प्रकाशन, द्वितीय संस्करण 2018.

को जन-जन तक संचारित करने लिए इस चरित्र को नाट्य रूप में रूपायित करना यथोचित जान पड़ता है। तत्कालीन समय में जरूरत और आत्मसजग स्त्री निर्माण के लिए इस चरित्र को प्रस्तुत किया गया है। अर्थात् यह रचना युगीन परिस्थितियों के माँग के कारण उपजी जान पड़ती है। उपाध्याय जी की द्रौपदी इस तरह की है—"अद्भुत सृष्टि से उत्पन्न हुई द्रौपदी की सभी बातें अद्भुत थीं। उसका मुखड़ा शरत्-पूर्णिमा के चाँद को लजानेवाला था। उसके शरीर की कान्ति के सामने चम्पा का फूल और भी फीका पड़ जाता था। वह बहुत थोड़ा बोलती थी और जोर से हँसना भी उसे आता न था।"[1] अर्थात् उपाध्याय जैसी द्रौपदी चाहते थे, देवी-द्रौपदी ठीक वैसी ही है। फिर भी उसकी प्रश्नाकुलता आधुनिक स्त्री छवि को नुमाया करनेवाली है। नाटक में द्रौपदी के पुत्रों के अकाल मृत्यु का प्रसंग बहुत मार्मिक और विचारोत्तेजक बन पड़ा है, खासकर द्रौपदी और युधिष्ठिर के संवादों में। एक-दो संवाद को देखना जरूरी जान पड़ता है—

युधिष्ठिर–द्रौपदी, यह संसार स्वप्न के समान है। यहाँ सभी स्वार्थ के साथी हैं। अतः किसी के लिए भी शोक करना व्यर्थ है। केवल सत्यता के साथ अपने धर्म का पालन करना चाहिए।

युधिष्ठिर के इस सुझाव और ज्ञान से बोझिल तर्क को द्रौपदी जिस तरह खारिज करती है, वह गौर करने लायक है। युधिष्ठिर को द्रौपदी इस तरह लाजवाब कर देती है—

द्रौपदी–यदि शोक किसी के लिए करना ही नहीं चाहिए तो सृष्टि ही क्यों हुई?

निश्चित ही द्विवेदी युग हिन्दी साहित्य और भाषा निर्माण-निखार का काल था। इस युग (द्विवेदी युग) की तमाम रचनाएँ पाठक जगत् में जब आयेंगी, तभी उस युग के साथ सही मायने में न्याय हो पायेगा। पुरखों के साहित्य की प्रकीर्ण रचनाओं को समेटना, सभ्यता और संस्कृति का दस्तावेजीकरण करना है। परम्परा के मूल्यांकन के लिए ऐसी खोज और ऐसी सोच स्वागत योग्य है। निश्चित रूप से ग्रन्थावली का सम्पादन पाठानुसन्धान के अन्तर्गत आनेवाला एक पवित्र और आवश्यक कार्य है। डॉ. कन्हैया सिंह इस दिशा में कार्य करनेवाले विरले विद्वान् हैं।

असिस्टेण्ट प्रोफ़ेसर, हिन्दी एवं आधुनिक भारतीय भाषा विभाग
इलाहाबाद विश्वविद्यालय, प्रयागराज (उ.प्र.)

1. डॉ. सिंह कन्हैया और डॉ. सिंह विनम्र सेन, रामचरित-ग्रन्थावली, भाग–दो,पृ. 675 शिवांक प्रकाशन, नयी दिल्ली, प्रथम संस्करण

डॉ. कन्हैया सिंह की निबन्ध-दीर्घा

जयप्रकाश

गद्य को जीवन-संग्राम की भाषा ठीक ही कहा जाता है। जीवन जब कभी आपात् कालिकता से घिर जाता है और जीवन के कटु यथार्थ से मनुष्य का सामना कराता है, तो कविता की मनोरमता दूर होती जाती है और समस्याओं का विश्लेषण उसको गद्य की ओर खींचता जाता है। डॉ. कन्हैया सिंह जो आपादमस्तक भारतीयता और देशराग में डूबे हुए हैं, आपात्काल के राजनीतिक यातनाचक्र में फँसकर जिस चिन्तन-मुद्रा को अपनाते हैं, उसको शब्दायित जिन, निबन्धों ने किया है, उनका संग्रह 'वेदना के संवाद' (1978 ई.) है। गद्य की विधा के रूप में निबन्ध का आरम्भ पश्चिम के निबन्धकार मोन्तेन से विचित्र मनोदशा में हुआ था। मोन्तेन का दाम्पत्य-जीवन तनावग्रस्त तथा मानसिक विक्षोभ से भरा हुआ था। वह लड़-झगड़कर घर से आते थे और अपने कार्यालय में बैठे खीझते रहते थे। कुर्सी पर बैठे-बैठे वह मेज़ पर रखी हुई कलम-पेन्सिल को उठा लेते थे और हाथ में उसे उठाते-गिराते और घुमाते रहते थे। यह कौतुक-क्रीड़ा होती थी। कभी-कभी इस अन्यमनस्कता में वह कागज़ भी उठा लेते थे और उस पर हाथ में पकड़ी हुई कलम या पेंसिल से लकीरें खींचते चले जाते थे। उनके मस्तिष्क में विचारों का तूफान उठा-पटक किया करता था। इसी क्रम में वह जो कुछ मस्तिष्क में सोचते थे, उसे कागज़ पर लिपिबद्ध भी करने लगते थे। यह लिपिबद्ध विचार-संकुलता अविचारित तो होती ही थी, अव्यवस्थित भी होती थी। विचारप्रवाह उनको जिधर भी कहा ले जाता, वह उधर बहते चले जाते। इस अयोजनाबद्ध विचारसंकुलता को कालान्तर में निबन्ध (एसे) नाम दिया गया। संयोग की बात है कि डॉ. कन्हैयासिंह का मानसिक झंझावात आपात्काल में कारागार-यातना से उपजा था, लेकिन वह सजगतापूर्ण था और सामाजिक हित से प्रेरित था। इन निबन्धों के अतल में भारतीय मनुष्य अपने पारिवारिक-सामाजिक सरोकारों के साथ मनस्तत्व की गहराई लेकर उपस्थित हुआ है। मानवीय अन्तःसम्बन्धों के मकड़जाल के बीच मनुष्य पारिवारिक-सामाजिक स्वास्थ्य किस प्रकार बरकरार रखे, यह चिन्ता यहाँ आद्यन्त व्याप्त है।

इन निबन्धों को लेखक की ओर से दो विशेषण—'सहज जीवन के' तथा 'ललित'—दिये गये हैं, जो इस निबन्ध-संग्रह के शीर्षक के साथ संयुक्त हैं। मेरी दृष्टि में इनकी प्रकृति

ललित कम है, वैचारिक अधिक है। न तो इनका प्रतिपाद्य लालित्य का साक्ष्य देता है और न ही इनकी प्रतिपादन-शैली और न इनकी भाषा। हजारीप्रसाद द्विवेदी, कुबेरनाथ राय तथा विद्यानिवास मिश्र के निबन्धों के लालित्य से इनकी बुनावट कहीं भी मेल नहीं खाती है। हाँ, इनकी विचारशीलता में कोई कमी नहीं है। लेखक ने अपने कारागार-जीवन में जो कुछ अपने संगियों-साथियों से सुना, उनकी चिन्ताओं और वेदना-धाराओं को मन-ही-मन बुना, उनसे जो मुक्ति का द्वार उसको खुलता नज़र आया, वह जीवन की ऐसी परिपूर्णता थी, जिसे भारतीय सन्त और विचारक 'सहज' के रूप में समझा गये हैं। कबीर जैसा सन्त तो 'सहज समाधि' को ही काम्य मानता है—"सन्तौ सहज समाधि भली।" इसकी सहजता ऐसी है कि जीवन की प्रत्येक गतिविधि प्रभु की आराधना बन जाती है—"जहँ जहँ डोलूँ सो परिकरमा जो कछु करौं सो सेवा। जहँ सोऊँ तहँ करौं आरती पूजौं और न देवा।" महाकवि पुष्पदन्त ने 'शिवमहिम्नस्तोज' में कबीरादि से भी पहले शिवाराधन में इस सहजता की प्रतिष्ठा कर दी थी और शिव की आत्मस्थ कल्पना इस प्रकार की थी कि भक्त ने अपनी आत्मा को शिव और अपनी बुद्धि को पार्वती के रूप में संकल्पित कर समस्त शिव-परिवार को अपने अन्दर ही विद्यमान देखा था—

आत्मा त्वं गिरिजा मतिः सहचराः प्राणाः कदम्बानिलाः
पूजा ते विषयोपभोगरचना निद्रा समाधिस्थितिः।
संचारः पदयोः प्रदक्षिणविधः स्तोत्राणि सर्वा गिरः
यद् यद् कर्म करोमि तत्तदखिलं शम्भो तवाराधनम्।।

यह सहजता की पराकाष्ठा है कि विषयोपभोग तक पूजा में निमज्जित हो गया है। रूप-रस-गन्ध-शब्द-स्पर्श यह पाँचों विषय जो माया का रूप बनते हैं और जीव को बन्धन में ग्रस्त करते हैं, वह बन्धन नहीं रहते, प्रभु की पूजा का नैवेद्य बन जाते हैं। इसी को कहते हैं—"दर्द का हद से गुजरना है दवा हो जाना।" लेखक ने पीड़ाएँ तो साथियों की सुनीं और उनकी मुक्ति का द्वार भारत की संस्कृति से खोज निकाला। इसलिए इस संग्रह का पहला निबन्ध 'सहज जीवन' रखा गया और उसके पहले इन निबन्धों की विचारभूमि के उत्स का प्राकट्य-कारण पाठकीय सुविधा के लिए खोल दिया गया और उसके भी पहले कविवर अज्ञेय की इस कविता को रख दिया गया है, जिसका प्रतिपाद्य भी वह जिजीविषा है जो 'आसक्ति' से मुक्त न रहकर 'आनन्द' का वरण करती है और जीवन की चरितार्थता का पर्याय बनती है।

डॉ. कन्हैया सिंह ने अपने इस निबन्ध-संग्रह के 'आमुख' में संस्कृत वीतराग कवि भर्तृहरि के 'वैराग्यशतक' का "यां चिन्तयामि सततं सा मयि विरक्ता..." वाला श्लोक भी उद्धृत किया है तथा यह भी लिखा है कि, "बहुतों से लोगों की कुण्ठा और मानसिक अवसाद की पर्तें भी बड़ी सफाई से खुलकर सामने आती थीं।" लोक में जो मानवसमाज की पीड़ा है, उसका कारण कुण्ठाएँ हैं। कुण्ठा अपूर्ण इच्छा का मनोवैज्ञानिक नाम है। अंग्रेजी भाषा में इसके लिए 'फ्रस्ट्रेशन' शब्द प्रयुक्त होता है। 'अज्ञेय' की उद्धृत कविता में जो संवेदना है उस आसक्ति-विहीनता को ही 'सहज' में व्याप्ति मिलती है और वह चाहे गीतोक्त दर्शन हो या योग के द्वारा क्लेश-मुक्ति का पथ-सन्धान हो, उस आसक्ति से निर्मित वेदना का मुक्तिपथ की कथा है। गीता विषयों के 'संग' को पीड़ा का कारण मानती है। संग और आसक्ति एक ही चीज़ है। यह विषयासक्ति विनाश का प्रवेशद्वार है। गीता यही मानती है—

ध्यायतो विषयापुंसः सङ्गस्तेषूपजायते।
सङ्गात्सञ्जायते कामः कामात्क्रोधोऽभिजायते।।

क्रोधाद्भवति सम्मोहः सम्मोहात्स्मृतिविभ्रमः।
स्मृतिभ्रंशाद् बुद्धिनाशो बुद्धिनाशात्प्रणश्यति।।
—श्रीमद्भगवद्गीता, अध्याय-2 (श्लोक 62-63)

महर्षि पतंजलि ने योगसूत्र में पीड़ा या वेदना को क्लेश कहा है और यह क्लेश पाँच हैं। प्रत्येक प्राणी इनमें से किसी-न-किसी क्लेश से बाधित है—"अविद्या-राग-द्वेष-अस्मिता-अभिनिवेशाः इति क्लेशाः।" इनसे मुक्ति का साधन योग है और योग समता का नाम है—'समत्वं योग उच्यते।' समत्व का मतलब है, विषमता या अतिवाद का उच्छेद। इसी समता को लेखक 'सहज जीवन' के रूप में व्याख्यायित करता है। सहज जीवन अतिवाद से मुक्त जीवन है—'सन्तुलित जीवन। डॉ. कन्हैया सिंह के इस निबन्ध-संग्रह—'वेदना के संवाद'—का पहला निबन्ध 'सहज जीवन' इन अतिवादों से मुक्ति तथा सन्तुलन के प्रति साग्रह और आकांक्षाशील है। यह सहजता विरोधशीलता का निराश और प्रशमन है। विरोधों के सामंजस्य और शमन की खोज में निदर्शनाओं की तलाशने योगासनों और योग-मुद्राओं, पत्नियों की पढ़ता-अनपढ़ता, सन्तानयुक्तता-सन्तानहीनता, जागरण-सुषुप्ति, धनलाभ-धनहानि, प्रीति-वैर, प्रेम-घृणा, दुःख-सुख, स्वास्थ्य-रोगमयता, आदर-अनादर आदि न जाने कितने द्वन्द्वों को अग्रप्रस्तुत कर दिया है। यह परस्पर विलोमी स्थितियाँ कुछ उदाहरण हैं, जो बाह्य जीवन के अनुभवों और आन्तरिक भावों के द्वन्द्वों से उत्पन्न दुःखों से सावधान करने के लिए है—"वर्तमान में भविष्य के संकेत को ग्रहण करना और अभी से उसकी तैयारी में लग जाना आवश्यक है। चतुर राजा शान्ति-काल से ही सेना को सुसज्जित कर लेता है। छावनी में ही युद्ध का अभ्यास कराता है। वही जीतता है युद्ध में।" इस निबन्ध का प्रतिपाद्य यहाँ पर आकर सामाजिक कल्याण-कामना में पर्यवसित हो जाता है। लोक की पीड़ा का अनुभव लोकमंगल की चिन्ता का विवेकोदय करने लगता है। आपात्काल का तत्कालीन वैयक्तिक यातना-व्यूह पूरी तरह विस्मृत रहता है और दूसरों का दुःख अपने दुःख से बड़ा बनकर लेखकीय मुद्रा बन जाता है।

इस निबन्ध-संग्रह का दूसरा निबन्ध है—'काम-निरसन' निबन्ध छोटा है, किन्तु सामाजिक उपयोगिता से लबालब भरा हुआ है। इस निबन्ध में 'काम' शब्द का प्रयोग बार-बार हुआ है और यौनाचार या सेक्स के अर्थ में हुआ है। काम शब्द मूलतः कामना का वाचक है। अर्थ-संकोच की प्रक्रिया से इसका अर्थ यौनाचार तक सिमट कर रह गया है। "कामातुराणां न भयं न लज्जा"—इस सूक्ति को उद्धृत कर लेखक ने यौनाचार का वह रूप रेखांकित कर दिया है, जो वैयक्तिक स्तर पर चरित्र की गिरावट और सामाजिक स्तर पर विघटन की सांस्कृतिक दशा को प्रकट करता है। इसके उज्ज्वल पक्ष का ध्यान कर लेखक ने इस काम भावना का "जीवन के लिए एक वरदान" माना है। उसका विश्वास है कि, "आदमी के जिन्दा रहने और अथक परिश्रमपूर्वक काम करने के लिए इसकी ही मूक प्रेरणा कार्यरत होती है।" भारतीय मिथकों का आश्रय लेते हुए उसने कामदेवता और उसके पाँच बाणों की चर्चा भी की है और पाँच ज्ञानेन्द्रियों—आँख, कान, नाक, जीभ तथा त्वचा के रूप में इनकी व्याख्या की है। इन ज्ञानेन्द्रियों को आकर्षित करनेवाले रूप, रस, गन्ध, स्पर्श और शब्द पाँचों विषयों के सूक्ष्म होने के कारण कामदेवता को 'अनंग' कहे जाने का औचित्य प्रकट किया गया है। लेखक ने कामदहन के पौराणिक कथा-प्रसंग से हटकर यह नयी व्याख्या दी है। कामभाव की प्रबलता और अदम्यता का मनोवैज्ञानिक सत्य लेखक को विस्मृत नहीं हुआ है, इसीलिए उसने कामदहन के प्रसंग में शिव के तीसरे नेत्र को विवेकोदय का प्रतीकार्थ दिया है। हठात् काम को जलाना कामभाव का अस्वाभाविक दमन है, जो लेखक की दृष्टि में अवांछनीय है। लेखक की यह व्याख्या कि शिव को उसका दंश सती के शव को भार रूप में

ढोने में मिला, मनोरम व्याख्या है। 'श्रीमद्भगवद्गीता' में भी 'ध्यायतो विषयान्पुंसः...' वाले श्लोक में कामनाओं की अपूर्ति से क्रोधोद्भव और उससे सम्मोह-उत्पत्ति, स्मृतिभ्रंश और अन्ततः विनाश की परिणति की बात की गयी है। लेखक ने भी "काम की सन्तानें क्रोध, मोह, लोभ मत्सर आदि" को माना है। इससे समाज-कल्याण का जो मार्ग विवेकशील व्यक्ति के लिए उद्घाटित होता है, वह इनसे (कामना समूह से) मोक्ष का है, जिसकी लेखकीय व्याख्या है—"मोक्ष का अर्थ जो मेरी समझ में आया है, वह इतना ही है कि हम आँख, कान, नाक, जीभ और चाम के रस और उनकी सन्तानों पर विजय पा सकें।" लेखक का प्रबोध है कि, "काम हमारे सुख का साधन है, हम काम के सुखसाधन न बनें।"... पर अपने वैवाहिक सम्बन्ध तक अपने को सीमित रखना अच्छा समझा जाता था।" लेखक का संकेत एक-पत्नीव्रत की भारतीय परम्परा की ओर है। उसकी मूल्य-चेतना को गौतम-इन्द्र-अहल्या का वृत्तान्त खटका है और उसका निष्कर्ष है—"इसे 'प्रासंगिक भूल' कहेंगे।" सामाजिक कल्याण-कामना से उसका निष्कर्ष है—"दोष कर्म से नहीं, स्वभाव से होता है, आदत से होता है। कुछ भी करना पाप नहीं है, पर ऐसा कुछ करने की आदत बन जाना जो अपने खुद के शरीर, मन और समाज के जीवन के लिए हानिकार हो, पाप हो जाता है।" यौनाचार का जो कुत्सित रूप व्यक्ति के स्तर पर चर्चित हुआ है, वह अन्ततः समाज की चिन्ता बन गया है। आज के भारतीय सामाजिक परिवेश में जो आये दिन बलात्कार की घटनाएँ हो रही हैं, उनका परिहार इस निबन्ध के मूल्यबोध से ही सम्भव है। इस दृष्टि से यह निबन्ध सामाजिक स्वास्थ्य के लिए लाभप्रद है। लेखक बलात् काम-दमन का पक्षधर नहीं है—"काम को सीमित करना है, छोड़ना नहीं है।" लक्ष्य सम्पूर्ण समाज का कल्याण-चिन्तन है—"आप यह निश्चित जानें कि आपका गुणधर्म आपकी सन्तानों में अवश्य संक्रमित होगा। इसे जानकर ही अपने कार्य की गति को चलावें।" पहले निबन्ध में जिस सन्तुलन की बात कही गयी थी, इस निबन्ध का मर्म भी उसी का लक्ष्यबेध करता है।

तीसरा निबन्ध 'अतिवाद से मुक्ति' भी उसी प्रतिपाद्य का विवेचन करता है। कुछ सूक्ति वाक्य जैसी उक्तियाँ इसी सत्य की आवृत्ति करती हैं जैसे (1) "काम जीवन की प्रेरक शक्ति है। काम एक जीवन्त शक्ति है—एक 'वाइटल फोर्स' है", (2) "काम को मैं अच्छी चीज़ मानता हूँ", (3) "काम-धर्म को सहज गति से चलने देना ही धर्म है। असहज होने पर ही यह कष्टप्रद बन जाता है।" लेखक ने प्रेम के तीन आलम्बन—चाम, दाम और काम-माने हैं। यहाँ काम अर्थ कार्य का कर्त्तव्य है। चाम के प्रति आसक्ति को वह श्रेष्ठ नहीं मानता है। वासना की वह प्रशंसा नहीं करता है—"प्रेम के साथ वासना या आसक्ति का चोली-दामन का साथ है।" लेखक ने पश्चिम के मनोवैज्ञानिक फ्रायड का भी उल्लेख किया है और उसकी काम-सम्बन्धी धारणा को एक सीमा तक स्वीकार किया है। लेखक ने ग्राह्यता और त्याज्यता का निर्णय लोकहित में किया है जैसा कि 'महाभारत' कार ने कहा है—

त्यजेत् एकं कुलस्यार्थे ग्रामार्थे तु कुलं त्यजेत्।
ग्रामं तु जनपदस्यार्थे आत्मार्थे पृथिवीं त्यजेत्।।

लेखक ने वासना की चर्चा विस्तार से की है। झूठ और चोरी को वह वासना का एक लक्षण मानता है। खूबसूरत चीज़ों को देखने की आसक्ति उसकी दृष्टि में वासना है। इसी प्रकार वह जिजीविषा को भी वासना मानता है। इस वासना में 'अति' का तत्त्व विद्यमान रहता है। लेखक का अभिमत है—'वासनाओं' के उच्च रूप को ग्रहण करना चाहिए, निम्न रूपों की भी आवश्यकता पड़ जाय तो निपट लो। पर उसके बाद छोड़ दो जहाँ-का-तहाँ। दो वक्त शौच होना स्वास्थ्य के लिए आवश्यक है। पर संग्रहणी के मरीज़ की तरह हर वक्त शौच कहाँ तक ठीक

है।'' इस अतिवाद से मुक्त होकर मध्यम मार्ग को अपनाना ठीक है'' मध्यममार्ग संगत और समझौते का मार्ग है। उसे ही ग्रहण करना चाहिए। निबन्ध अतिशय कामाचार की वर्जना करता है।

'वर्जना या विरक्ति' इस निबन्ध का चौथा निबन्ध है, जो यौनाचार के अतिरेक को त्यागने की सलाह देता है—''कामभावना के प्रवाह को सन्तुलित करके परितृप्त करने और उसे दिशा प्रदान करने की आवश्यकता होती है। उसे बलपूर्वक रोकने, दमन करने या उससे लड़ने के दुष्परिणाम होते हैं।'' बलात् की गयी वर्जनाएँ मनुष्य को असामान्य, क्रोधी और चिड़चिड़ा बना देती हैं। इसलिए लेखक मानता है कि, ''अत्यधिक वर्जना भी कुण्ठा की अभिव्यक्ति होती है।'' लेखक का विश्वास है कि काम को जीवन का स्वाभाविक धर्म मानकर उसे भोगना चाहिए। लेखक ने इन्द्र का उदाहरण दिया है, जो अहल्या के घर में घुस गये थे। उसने अनेक कवियों—सन्तों के भी उदाहरण देकर समझाया है कि असहज जीवन नहीं जीना चाहिए। मनुष्य के प्रति प्रेम को भगवान का प्रेम मानते हुए उसने मनुष्य को सर्जनात्मक होने की सलाह दी है—''सूफ़ी कवियों के काव्य की प्रेम-धाराएँ उनके प्रेमी मन की कहानियाँ हैं, जो उनके कामभाव का रूपान्तरण ही तो कर रही है। आप लिख नहीं सकते, आपके पास भाषा नहीं, छन्द नहीं, शब्द फूटते ही नहीं। शुरू तो कीजिये। यदि आप में काम है, वासना है, प्रेम है, यानी भाव है, तो भाषा तो चेरी बनेगी न उस भाव की। आपके पीछे-पीछे दौड़ेगी न। कविता नहीं फूटती, गद्य लिखिये।'' लेखक का मन्तव्य स्पष्ट है—''अपने को काम में लगाइये। खाली मत रहिये। तभी काम से मुक्ति मिलेगी।'' मतलब यह है कि वर्जना या विरक्ति स्वास्थ्य-कर चीज़ नहीं है। सहजता का मार्ग ही अपनाना श्रेयस्कर है।

'पति-पत्नी' नामक निबन्ध के माध्यम से लेखक ने सुखी दाम्पत्य के रहस्य पर विचार किया है और दाम्पत्य के विघटित होने के कारणों की भी पड़ताल की है। अनमेल विवाह, बालविवाह, दाम्पत्य जीवन में छल-प्रपंच, दहेज, निष्ठाहीनता आदि के कारण वैवाहिक जीवन में व्याप्त होनेवाली कटुता को और उसकी विसंगतियों को पर्त-दर-पर्त खोला गया है। दाम्पत्य-जीवन की विसंगतियों में एक विसंगति ऐसी भी है, जिसे पुरुष-वर्चस्व या पुरुष-अहं के रूप में स्त्री-विमर्श में प्रायः उठाया और रेखांकित किया जाता है। लेखक का ध्यान इस ओर गया है—''पत्नियों के प्रति पुरुष का दृष्टिकोण जितना उदार होना चाहिए, वह नहीं बन पाया है। वह उसे केवल अपनी काम-तृप्ति का बिछौना समझता है और अपनी सारी इच्छाओं को उस पर लादना चाहता है। इसमें सन्देह नहीं कि नारी में अपार सहन-शक्ति होती है, पर कभी-कभी सीमाओं का अतिक्रमण होने पर उसका विकराल रूप देखने को मिला है।'' लेखक की दृष्टि विवाह और दाम्पत्य के सुखमय और दुःखमय होने पर इसलिए गयी क्योंकि परिवार भारतीय समाज की आधार शिला है और इस आधारशिला के टूटने के भयावह संकेतों के प्रति वह सचेत है। इनमें से एक कारण प्यार की कृत्रिमता या उसका बनावटीपन है—''प्यार का नाटक तो बहुत होता है संसार में, पर सच्चा प्यार कम ही होता है।...पर यदि दायित्वबोध न हो, केवल अपना उल्लू सीधा करने के लिए नाटक होता है, तो उसमें झूठ-फरेब, धोखा, छल-कपट, ठगी सब चलती है और इसकी पोल जब खुल जाती है, तो नाटक बड़ा दुःखान्त होता है।'' लेखक ने रीतिकालीन स्वच्छन्द—कवि घनानन्द का एक छन्द अति सूधो सनेह को मारग है।...'' को उद्धृत कर दाम्पत्य, प्रेम और विवाह में चतुराई को सर्वथा त्याज्य माना है।

'दायित्वबोध' नामक निबन्ध की विचारभूमि भी कुछ ऐसी ही है। इस निबन्ध की चिन्तन-भूमि का नाभिकेन्द्र दरकता हुआ दाम्पत्य है, जो दायित्व-बोध के अभाव से क्षतिग्रस्त हो जाता है। इस

निबन्ध के द्वारा लेखक ने भारतीय समाज में स्त्री की उपेक्षा और पुरुष की स्वार्थपरता पर चोट की है और स्त्री को सहानुभूति दी है—"आप उस बेचारी से प्रेम नहीं कर सकते तो उस पर दया ही कीजिये। करुणा और सहानुभूति तो जगाइये मन में। ऐसे निर्दय और स्वार्थी न बनिये। उसके आँसू, हाँ अपने हाथों से पोंछिये। उसके समर्पित जीवन को सहानुभूतिपूर्वक देखिये। वह आपके जीवन के सारे पापों को ढो रही है। आपकी सारी प्रताड़नाओं को सह रही है। आप उन्मुक्त गगन के पंछी हैं, जिस डाल पर चाहे बैठ सकते हैं। पर वह पिंजड़े में बन्द है। उसके पंख पिंजड़े की परिधि में ही फड़फड़ा सकते हैं।" भारतीय दाम्पत्य-जीवन में स्त्री की परवशता और उपेक्षा का यह चिन्तन भारत के नवजागरण से जुड़ा हुआ है। और लेखक की दृष्टि की उदारता का परिचायक है। स्त्री-अधिकार की पक्षधरता का यह विचार लेखक को उस आधुनिकता की दीर्घा में ले आता है, जो बीसवीं शती के भारत की माँग थी—"पत्नी पर आपका एकाधिकार है। पर इसे मत भूलिये कि आपके ऊपर भी पत्नी का एकाधिकार है। आप तो सारी मर्यादाओं को तोड़कर कहीं गुलों से उलझते हैं और कहीं खार (काँटे) आपका दामन थाम लेते हैं। पर अपनी पत्नी के लिए आप चाहते हैं कि वह किसी से अपने मन की पीड़ा भी न कहे।" यह चिन्तन पुरुष के द्वारा स्त्री के अधिकारों के हनन की निन्दा के साथ समाप्त होता है। और स्त्री-स्वातन्त्र्य और स्त्री-मुक्ति के स्वर में अपना स्वर मिलाता है। चिन्तन का कोण दाम्पत्य को नैतिकता से भरने का है, टकराहट और क्षति से बचाने का है तथा भारतीय समाज में परिवार को टूटन से रक्षित करने का है। पुरुष और स्त्री दोनों के एकाधिकार का समर्थन अक्षत नैतिकता का ही तो समर्थन है—"उसे एकाधिकार प्रदान कीजिये और एकाधिकार प्राप्त कीजिये।" यह दायित्व-बोध को विकसित करने से ही सम्भव हो सकता है।

स्त्री की गरिमा की मुक्तमन से प्रशंसा 'नारी धर्म' नामक निबन्ध में भी हुई है। इस निबन्ध का आरम्भ नारी के श्रेयस्कर रूप से हुआ है—"नारी नर की प्रेरणा और शक्ति है। उसमें एक नैसर्गिक आकर्षण है, जो पुरुष को अपनी ओर खींचता है। रूप का आकर्षण ही नहीं, बल्कि उसके गुणों का आकर्षण भी कम नहीं है। उसमें सेवा, त्याग और सहनशीलता की धाराएँ प्रवाहित रहती हैं। उसका निर्माण देने के लिए ही हुआ है। यदि वह कुछ पाती है तो उसके प्रतिदान में उससे अधिक देती है।" भारतीय समाज में स्त्री की पति के द्वारा उपेक्षा लेखक को खलती है। उसने अपनी इस अरुचि को प्रकट किया है—"यह परम्परा मुझे बहुत खलती है।" भारतीय समाज की पितृसत्तात्मकता रूढ़ि का भी लेखक ने विरोध किया है—"पर जब पुत्र बड़ा होता है तो यह पूछने पर किसका पुत्र है, उत्तर में सब बाप का नाम लेते हैं। केवल माँ का नाम लेना तो दूर रहा, बाप के साथ भी उसका नाम नहीं लिया जाता। यह अनाम सेवा-व्रत नारी द्वारा ही पालन किया जाता है।...सहन करने के लिए ही, लगता है, भगवान ने उसे जन्म दिया है।" वधू के रूप में ससुराल में स्त्री को कितना कुछ सहना पड़ता है, इसका विवरण भी इस निबन्ध में प्रचुर मात्रा में है। उसे अभिव्यक्ति की स्वतन्त्रता प्राप्त नहीं होती—"सब-कुछ सहना है। पर बोलना मना है।" लेखक ने स्त्री के वैधव्य की प्रथा का भी विरोध किया है—"पर पति के लिए विवाह की सुविधा और पत्नी के लिए वर्जना। यह सब हजारों-हजारों वर्षों की व्यथा नारी के सिर पर पड़ी हुई है।" लेखक की माँग है कि स्त्री को भी पुनर्विवाह की सामाजिक स्वीकृति मिलनी चाहिए। कवि श्रेष्ठ तुलसीदास के द्वारा "अवगुन आठ सदा उर रहहीं" की उक्ति का समर्थन लेखक ने नहीं किया है, अपितु उसने पुरुष के बराबर स्त्री के अधिकारों की माँग की है—"आज तो जमाना बदल गया है। नारी-पुरुष दोनों ही बाहरी कर्मक्षेत्र में लगकर काम करते हैं।" लेखक की चिन्ता दाम्पत्य को अधिकाधिक सुखी बनाने की है और इसी दृष्टि से उसने स्त्री और पुरुष

दोनों के लिए अनेक हिदायतें दी हैं। इनका सार है—"यह स्वभाव का छाया की भाँति अनुगमन बड़ा लाभकारी होता है।" लेखक ने गोस्वामी तुलसीदास की पंक्ति—"जेहि बिधि होय सनेह राम सों सोई मतो हमारो"—को पति-पत्नी के बीच एकनिष्ठ प्रेम और समर्पण के लिए उद्धृत किया है। उसकी दुश्चिन्ता दाम्पत्य-सम्बन्धों के विघटन को लेकर है, जिसकी संख्या बढ़ती जा रही है। इसका समाधान यह है—"मेरा कहना है कि यदि पत्नी अपने पति को अपने इशारों पर नचाना चाहती है तो उसे अपने पति के इशारों पर नाचने का अभ्यास करना होगा। देकर पाया जाता है।" प्रगट है कि सामंजस्य के लिए प्रयास उभयपक्षीय होना चाहिए। पुरुष और स्त्री दोनों को भूमिकाएँ सावधानी की माँग इसलिए कर रही हैं कि पूरा-का-पूरा समाज स्वस्थ हो और अन्ततः सम्पूर्ण राष्ट्र का सामाजिक सौहार्द विकसित हो सके।

'वासना और प्रेम' नामक निबन्ध में 'वासना' और 'प्रेम' के मनोभावों का परस्पर अन्तर स्पष्ट करते हुए इन दोनों की क्रमशः तनपरकता और मनपरकता पर विचार किया गया है और प्रेम की सामाजिक उपयोगिता सिद्ध की गयी है। इस निबन्ध को पढ़ते हुए आचार्य पं. रामचन्द्र शुक्ल के भावपरक निबन्धों का स्मरण हो जाता है, जो उनके ग्रन्थ 'चिन्तामणि' में संकलित हैं। इस निबन्ध का आरम्भ उसी सूक्ति-शैली से होता है—"मन की भूख को प्रेम और तन की भूख को वासना कहते हैं।" लेखक ने दोनों मनोभावों को 'मानवीय' किन्तु 'उच्च स्तरीय' और 'निम्न स्तरीय' माना है। दोनों उसकी दृष्टि में परस्पर पूरक हैं। लेखक का निष्कर्ष है कि तादात्म्य की पराकाष्ठा प्रेम है और उसमें एकनिष्ठता होती है। पराकाष्ठा पर पहुँचने से पहले आरम्भ में होनेवाला तन का आकर्षण वासना कहलाता है, जिसमें एकनिष्ठता का अभाव रहता है। लेखक ने वासना को वह मरुभूमि माना है, जिसमें प्रेम का तृण अंकुरित नहीं हो पाता है। प्रेम में सर्वस्व-उत्सर्ग की होड़ मचती है, जबकि वासना में आत्मदान नहीं होता, केवल अपनी तृप्ति का लोभ होता है। प्रेम की उदात्तता को लक्षित करते हुए लेखक ने इसे मानव-जीवन का सबसे प्राणवान संवेग कहा है, जो इसकी सामाजिक उपयोगिता का रेखांकन है। एक स्थल पर लेखक ने वासना की अतृप्ति से उत्पन्न होनेवाले क्रोध की बात कही है, जो श्रीमद्भगवद्गीता के दूसरे अध्याय के श्लोक को याद करा देता है जिसमें विनाश का आरम्भिक चरण वासना की अतृप्ति और तज्जन्य क्रोध को बताया गया है—

ध्यायतो विषयान्पुंसः सङ्गस्तेषूपजायते।
सङ्गात्सञ्जायते कामः कामात्क्रोधोऽभिजायते।।
क्रोधाद्भवति सम्मोहः सम्मोहात्स्मृतिविभ्रमः।
स्मृतिभ्रंशाद् बुद्धिनाशो बुद्धिनाशात्प्रणश्यति।।

श्रीमद्भगवद्गीता अध्याय-2 (श्लोक 62-63)

लेखक ने देहाकर्षण को अपरिहार्य माना है, जो एक मनोवैज्ञानिक सत्य और अनिवार्यता है—"वासना-वासना" कहकर जीवन के सहज धर्म को नकारने की अपेक्षा उसे उत्सर्ग एवं समर्पण भावना से उस ऊँचाई तक पहुँचाने का प्रयास करना चाहिए, जहाँ पहुँचकर वह कह सकता है—रसो वैसः।" ध्यान रखना होगा कि यह निबन्ध उस आपात्काल में लिखे गये थे, जहाँ लेखक बन्दी था और विवश था। यह विवशता इन शब्दों में अनायास अभिव्यक्त हो उठी है—"प्रेम वह वशीकरण है, जिससे किसी को भी जीता जा सकता है। शक्ति से तो हम किसी को हरा सकते हैं, पर जीत नहीं सकते। हारकर कोई अपना शरीर समर्पित कर सकता है, पर मन नहीं। हार शरीर की होती है और जीत मन पर होती है। मन पर अपना विजय-केतु फहराने के लिए प्रेम की पराकाष्ठा चाहिए।" इस उक्ति का अर्थ तात्कालिकता में आपात्काल के उत्पीड़न पर भी प्रक्षिप्त होता है और शाश्वतता में मनोविज्ञान इससे प्रकट होता है।

इस संग्रह का अन्तिम निबन्ध है—'चिन्ताः अपनी और परायी।' डॉ. कन्हैया सिंह समाज-सेवोन्मुख व्यक्ति हैं और उनकी समाज-परायणता की मानसिकता को पूरी तरह से खुलने और अभिव्यक्ति पाने का अवसर इस निबन्ध में मिला है। इस संग्रह में आदि से अन्त तक समाज की चिन्ता विभिन्न विषयों के द्वारा व्यक्त होती रही है। इस निबन्ध में व्यक्ति की स्वार्थपरता और एकान्त आत्मपरकता का निराश किया गया है और दूसरों की चिन्ता करने की सराहना की गयी है। लेखक का मत है—"अभ्यास द्वारा चिन्ता से विरत होना बड़ी ऊँची स्थिति मानी गयी है।" लेकिन इसका एक गर्हित कोण भी है—"अपने न देने की स्वार्थवृत्ति को आप निश्चिन्तता कहते हैं।" लेखक आदमी के लिए चाह छोड़ने और चिन्ता न करने के दोनों कामों को बहुत कठिन मानता है। समाज-चिन्ता की ओर झुकते हुए मनुष्य की कर्मोन्मुखता का कारण भी पर-चिन्ता होती है, जिसकी प्रशंसा की गयी है। "यह चिन्ता सुपरिणामकारी होती है।" इस निबन्ध का सार इस वाक्य में विद्यमान है—"आत्मचिन्ता तो घातक परिणाम करती है...पर दूसरे की चिन्ता 'चिन्तन' बन जाती है, विशेषतः जब दूसरे की सीमा बढ़ते-बढ़ते 'सर्वभूत' तक पहुँच जाती है।" लेखक ने इसे हृदय का विस्तार माना है। भारतीय दर्शन का यह सारांश है और भारतीय काव्यशास्त्र में यह रस है, साधारणीकरण है और आनन्द है, निजता-परता के भेद की समाप्ति है।

लेखक ने इस संग्रह के पहले निबन्ध 'सहज जीवन' में जिस आनन्द के सन्धान के लिए 'सन्तुलन' और 'सहजता' की आवश्यकता पर बल दिया था, संग्रह की भूमिका में 'सारे लोक की व्यथा' को इन निबन्धों के लेखन का हेतु स्वीकार किया था, इस संग्रह की भूमिका से भी पहले हिन्दी के श्रेष्ठ आधुनिक कवि सच्चिदानन्द वात्स्यायन 'अज्ञेय' की कविता को प्रयोगातिशय प्रस्तावना बनाकर अग्रप्रस्तुत किया था और उसमें "आसक्ति नहीं आनन्द है सम्पूर्ण व्यक्ति की/ अभिव्यक्ति" पंक्ति को दीपित किया था, उसमें नाभिकेन्द्र लोक है, व्यथा-भोक्ता समाज है और वर्ण्य विषय लोकचित्त है, जिसके लिए लेखक समर्पण भाव से लेखक अपनी लेखनी से उपचारशील होकर निबन्ध-पथ पर निकल पड़ा है। इस मार्ग में अनुसन्धेय पर-पीड़ा का उपचार रहा है और रोगाणु निजता की वह संकीर्णताएँ रही हैं, जो मनुष्य का मानसिक सन्तुलन बिगाड़ती हैं, दूसरों को दुःख-दर्द देती हैं—परपीड़न का उत्स बनती हैं तथा समाज और देश को विघटन की ओर ठेलती हैं। इसलिए इन निबन्धों में लोकसंग्रह की जो व्याप्ति है, वह व्यक्ति, दाम्पत्य, परिवार, स्त्री, अपरिग्रह आदि अनेक विचार-बिन्दुओं को अन्तर्मुक्त करती है और वेदना से संवाद स्थापित करती चलती है। इन निबन्धों में लेखकीय निजता को या तो स्थान मिला ही नहीं है, या फिर मिला है तो वैचारिक निष्कर्षों के रूप में, जो सूक्तियाँ बन गये हैं और लोक की चिन्ता को चिन्तन की ऊर्ध्वता दे गये हैं।

चिन्ता की गम्भीरता चिन्तन को पुरस्कृत करती है, जो इन निबन्धों में प्रगट है। चिन्तन जब विवेक का साहचर्य पाता है, तो निष्कर्ष-ग्रहण करता है। निष्कर्षण की सान्द्र अभिव्यक्ति सूक्ति बनती है। इन निबन्धों में पग-पग पर सूक्तियाँ पिरोई हुई मिलती हैं, जो इस बात का एहसास कराती हैं कि लेखक दाम्पत्य, गृहस्थ, परिवार और लोक की सामान्य-सी समस्याओं को स्त्री-पुरुष के सम्बन्धों तक ही सीमित रखकर नहीं चला है, अपितु वह उनमें सम्पूर्ण लोक के कल्याण की ईप्सा संयुक्त कर रहा है। इस ईप्सा में परम्परा और आधुनिकता के विवेक का संयोग संग्रह-त्याग की समझदारी बनता है और देश-काल की दीवारों को पार कर जाता है। इन निबन्धों में विवेक के द्वारों के खुलने पर वैदुष्य और अध्ययन की विशदता उद्धरणों से फूटती है, जो कभी मनोविज्ञान, कभी दर्शन और कभी साहित्य से पुष्ट होती है। यहाँ ग्राह्य अपनी श्रेष्ठ और उपयोगी परम्पराएँ हैं और त्याज्य सड़ी-गली रूढ़ियाँ हैं। लेखक की उंगली पकड़कर पाठक साहित्य की

दीर्घा से समकालीन इतिहास और समाजशास्त्र की दीर्घा में पहुँच जाता है, जहाँ वह समाज की उस सम्पूर्णता में चिन्ता करने लगता है, जिसे वैदिक ऋषि "राष्ट्रे जागृयाम वयं पुराहिताः" के सत्संकल्प के साथ प्रणबद्ध होता है। सीधी-सरल भाषा में लेखक अपने परिचय के चतुर्दिक् को टटोलता और छानता हुआ आचरण के प्रक्षालन से राष्ट्र का आराधना करता है। चतुर्दिक् का अनुभव समाज का उदाहृत गवाक्ष बनता है और दूसरों की वेदना से संवाद इस तरह स्थापित होता है कि वह विचारशील गद्य की चिन्ताकुल सर्जनात्मक रचना हो जाती है।

1486, पुष्पक काम्प्लेक्स, सेक्टर-49 (बी)
चण्डीगढ़

सहज जीवन के शब्द-कलश

श्रीराम परिहार

आदरणीय डॉ. कन्हैया सिंह जी से भेंट होना एक संयोग है उन्हें सुनना सौभाग्य है। मेरी उनसे पहली भेंट अखिल भारतीय साहित्य परिषद् के किसी साहित्यिक आयोजन में हुई। तब उन्हें दूर से देखा और सुना है। उनसे दूसरी भेंट सिद्धार्थ विश्वविद्यालय कपिलवस्तु, उत्तर प्रदेश की एक राष्ट्रीय शोध संगोष्ठी में हुई। यह संयोग 21-22 दिसम्बर, 2017 का है। इसके सेतु और सूत्रधार सिद्धार्थ विश्वविद्यालय के कुलगुरु तथा हिन्दी साहित्य के प्रकाण्ड विद्वान् डॉ. सुरेन्द्र जी दुबे हैं। संगोष्ठी 'हिन्दी निबन्ध : वैचारिक परिप्रेक्ष्य' विषय पर थी। विषय पर बीज वक्तव्य मरे द्वारा ही निवेदित किया गया। बीज वक्तव्य के बाद उनका मुझे सानिध्य और आशीर्वाद दोनों मिले हैं। दो दिनों तक उनका आत्मीय संग-साथ रहा है। उनका स्नेह पाकर मेरे ललित निबन्धकार का रचना-विश्वास समृद्ध हुआ है। उनको अध्यक्ष पद से उद्‌बोधन करते हुए पाकर विषय के नये परिप्रेक्ष्य समझ में आये हैं। इसके पहले साहित्यिक पत्र-पत्रिकाओं में मौलिक चिन्तन परक निबन्ध और समीक्षात्मक निबन्ध उनके मैं बरसों से पढ़ता रहा हूँ। जिसे बरसों से पढ़ते हुए स्वयं के रीतेपन को भरते रहे, उसे सामने पाकर, उसके साथ रहकर जो सुखानुभूति होती है, वह हृदय ही अनुभव कर सकता है। चिन्तन जब पक जाता है और अनुभव जब पक्का हो जाता है, तब वह ज्ञान की कोटि में आ जाता है।

यह भी संयोग है कि मैं भी निबन्ध के पथ का पथिक हूँ। डॉ. कन्हैया सिंह जी का भी चिन्तन निबन्धों में उद्‌घाटित हुआ है। उनके निबन्धों के चिन्तन के केन्द्र में व्यक्ति है। व्यक्ति का परिवार है। समाज है। वह अपने निबन्धों में व्यक्ति के व्यवहार का सिरा पकड़कर उसके मनोभाव तक पहुँचते हैं। मनोभाव ही व्यवहार को संचालित परिचालित करते हैं। मनोभावों को निबन्धों में गूँथने और उन्हें परिभाषित करने का सफल कार्य आचार्य रामचन्द्र शुक्ल ने किया है। लेकिन जीवन-जगत् की गतिशीलता के साथ-साथ मनोभावों की भूमिकाएँ भी न्यूनाधिक रूप में बदलती रहती हैं। उन मनोभावों के प्रेरक मूल्य शाश्वत रहते हैं। मूल्य जीवन को मूल्यवान् बनाते हैं। आधुनिक युग से पहले समाज-साहित्य दोनों का विश्वास रहा

है कि अखिल ब्रह्माण्ड और जीवन का नियन्ता सार्वभौम सत्य या ईश्वर है। उसके प्रति आस्था और लोक-परलोक की अवधारणा मनुष्य को आत्म संयमित और आत्मनियन्त्रित करती रही हैं। उसका हृदय-विस्तार और सामाजिक दायित्व-बोध परिणामतः उदार और उदात्त होते रहे हैं। इधर यह बात और प्रवृत्ति क्षीण होती दिखायी दे रही है। साहित्य और समाज के केन्द्र में मनुष्य और सिर्फ मनुष्य के विचार ने भी बहुत कुछ बदला है। अब मनुष्य स्वयं ही नियन्ता बन गया है। इससे अनेक संकट भी उत्पन्न हुए हैं। असली संकट तो मानव जीवन के मौलिक प्रतिमानों का है। डॉ. कन्हैया सिंह के 'वेदना के संवाद' शृंखला के निबन्ध मनुष्य की मूल्य-मर्यादा को व्यापकता और सूक्ष्मता के आधार पर विस्तार देते हैं।

व्यक्ति, परिवार, समाज, राष्ट्र और विश्व-जीवन की व्यवस्था में यद्यपि व्यक्ति प्रमुख है, तथापि वह ही सब-कुछ नहीं है। उसकी सन्तुलित और संयमित जीवन-विधि का आग्रह सब कहीं रहता है। डॉ. कन्हैया सिंह इन सब इकाइयों में सहज-जीवन को सर्वाधिक महत्त्वपूर्ण मानते हैं। व्यक्ति और समाज के बीच में परिवार नामक संस्था है। परिवार की परिधि पति-पत्नी-बच्चों तक ही नहीं रहती। यह सब जरूरी होते हुए भी मनुष्य के सामाजिक स्वभाव के कारण वह समाज का अभिन्न भी है। उस पर निर्भर भी है। इसलिए जीवन काम, वासना, आसक्ति, विरक्ति, दायित्व, धर्म, वासना, प्रेम, चिन्ता, अपना-पराया के बीच थपेड़े खाता हुआ भी अनन्ततः सहज रहने में, सन्तुलित रहने में, संयमित रहने में आत्मसुख और परसुख का अनुभव करता है। अतः इन मनोभावों का नानाविध, नाना प्रसंगों, नाना संस्मरणों, नाना उदाहरणों, नाना जीवित प्रमाणों का विश्लेषण करते हुए वह प्रत्येक निबन्ध के अन्त में मनुष्य को अतिवाद से बचने, अपने आत्मीय से दुराव रखने, अपने जीवन-साथी को अँधेरे में रखने, प्रेम को कपट में बदलने, प्रेम को हिंसा तक ले जाने, प्रेम में प्रतिशोध लेने, परिवार में असहज-असामान्य व्यवहार करने के सुपरिणाम-दुष्परिणामों का निर्मम विवरण प्रस्तुत करते हैं। वह चिन्ता जैसे भाव को भी उदात्त भूमि पर व्याख्या देते हैं—"मुझे लगता है कि अपनी चिन्ता तो चिन्ता है, जो जिन्दा को जलाती है पर दूसरे की चिन्ता चिन्तन बन जाती है। विशेषतः जब दूसरे की सीमा बढ़ते-बढ़ते 'सर्वभूत' तक पहुँच जाती है।" जीवन की विराट अराजकता, एक घातक अराजकतामय शून्य व्यक्ति, परिवार दोनों को बर्बाद कर देता है। तब समाज कैसे स्वस्थ रह सकेगा।

भारतीय चिन्तन सदैव ही सौन्दर्य-बोध को शिवत्व-बोध के सन्दर्भ में ही देखता रहा है। असल बात तो यह है कि मनुष्य आधुनिकता और खुलापन के चक्कर में अपने 'आत्म' से ही विलग हो गया है। वह न अपने निजी जीवन में स्वयं का रह सका है और न ही परिवार-पत्नी, बच्चे, माता, पिता, भाई, बहिन के बीच अपने 'आत्म' को सुरक्षित रख पा रहा है। निर्मल वर्मा का कथन याद आता है—"आत्मवियोग की सबसे यातनामय स्थिति यही है कि मनुष्य स्वयं आत्यन्तिक 'मैं' से जिसमें उसकी सही अस्मिता छिपी है, विगलित हो जाता है और इसी धरती पर एक अनाथ बच्चे की तरह भटकता है। अनाथ इसलिए नहीं कि वह अपने माँ-बाप से छूट गया है, बल्कि इसलिए कि वह स्वयं अपने से बिछुड़ गया है। अपने से बिछुड़ने का आतंक आधुनिक युग में मनुष्य के 'आत्म-उन्मूलन' का सबसे मर्मान्तिक अनुभव है। वेदना के संवाद रूप में डॉ. कन्हैया सिंह जी के निबन्ध मनुष्य के इसी मर्मान्तिक अनुभव के गद्य-सोपान हैं।

इन निबन्धों की खाई-खन्दकों को पार करते हुए सार रूप में यह विचार हाथ लगा कि डॉ. कन्हैया सिंह जी काम, वासना, प्रेम आदि मनोभावों का जीवन में सहज-सामंजस्य और

उदात्त रूप में साहित्य और कला में रूपान्तरण चाहते हैं। डॉ. धर्मवीर भारती कहते हैं—"जिन्दगी तो हर सृजनशील कलाकार से अपनी कीमत वसूलती ही है। डॉ. सिंह भी मनोभावों के फेर में पड़कर नितान्त एकाकी मनुष्य के अकेलेपन को, उसके अस्वाभाविक उद्दाम को, कामावेग को अपने साहित्य, संगीत, कला के साधनों में रूपान्तरित होते देखना चाहते हैं। यह निबन्ध सहज विचारों, सहज भावों, सहज भाषा, सरल संवाद शैली में सहज-जीवन के मंगल शब्द-कलश हैं।

इति शुभम्।

आजाद नगर, खण्डवा—(म.प्र.)

मन की रिक्तता को भरते ललित निबन्ध

आद्या प्रसाद द्विवेदी

ललित निबन्ध को आम तौर पर निबन्ध को साथ जोड़कर घाल-मेल कर दिया जाता है जबकि निबन्ध और ललित निबन्ध में फर्क है। भले ही यह फर्क महीन हो। ललित निबन्ध एक सर्जनात्मक विधा इसीलिए है कि वह निर्बन्ध चिन्तन को ही नहीं, निर्बन्ध कल्पना को खुली छूट देता है। बल्कि वह कल्पना ही तो है जो चिन्तन को निर्बन्ध करती है और इसीलिए चिन्तन की निर्बन्धता व्यक्तित्व व्यंजनक हो जाती है। और यही तत्त्व ललित निबन्ध की प्रमुख पहचान बन जाती है। हिन्दी में ललित निबन्ध का सिलसिला काफी पीछे तक जाता है। स्व. बालकृष्ण भट्ट और स्व. बद्रीनारायण चौधरी 'प्रेमघन' से शुरु होकर आचार्य हजारीप्रसाद द्विवेदी, विद्यानिवास मिश्र, कुबेरनाथराय, और आज की पीढ़ी में डॉ. कृष्ण बिहारी मिश्र, श्रीराम परिहार और नर्मदा प्रसाद उपाध्याय आदि चर्चित निबन्धकारों तक फैली हुई है। इस परम्परा में ऐसे भी अनेक निबन्धकार हिन्दी साहित्य को अपने लालित्यपूर्ण निबन्धों से साहित्य का भण्डार भरने में लगे हैं जिन्हें किसी खास खेमे में तो नहीं बाँधा जा सकता है लेकिन उनके निबन्धों में उनकी गहरी संवेदना, वैचारिकता और लालित्य ने उनके निबन्धों को एक अलग पहचान दी है। इसी क्रम में डॉ. कन्हैया सिंह का नाम भी जोड़ा जा सकता है।

डॉ. कन्हैया सिंह अपने इस व्यक्ति व्यंजक निबन्ध वेदना के संवाद के अलावा अपने अन्य प्रकार के लेखन के लिए भी जाने जाते हैं। सूफ़ी साहित्य, पाठालोचन, भाषा और काव्यांग, आलोचना के अतिरिक्त सृजनात्मक साहित्य के रूप में उनकी अनेकानेक, कृतियाँ प्रकाशित हैं। इनकी लगभग सभी कृतियाँ मील के पत्थर के रूप में हिन्दी साहित्य में उपस्थित हैं। इसी सृजन यात्रा की परम्परा में उनको ललित निबन्धों का संग्रह 'वेदना के संवाद' भी हैं।

इस संग्रह में डॉ. सिंह की एक अलग तरह की दृष्टि है जो उनके लेखन की रेंज बताती है। इस संग्रह के निबन्ध कुछ इस प्रकार के मनोग्रन्थियों और वैयक्तिक अनुभवों पर आधृत हैं कि इनके विषय में डॉ. सिंह को पुस्तक के आमुख में यह स्पष्टीकरण देना पड़ा कि, "मैं साधारणतः ऐसे विषय पर नहीं लिखता। पर जेल की अनुभूति इतनी आग्रही बनकर प्रकट हुई कि कलम चलती गयी और कुछ लेख बनते गये। कुछ भिन्न इन्हें वैयक्तिक ललित निबन्ध कहते हैं। कुछ इसे अपनी रामकहानी, मानते हैं और कुछ मेरी। मेरा कहना है कि यह सबकी रामकहानी है और मैंने अब तक जो कुछ भी लिखा है, उसी के साथ यह 'वेदना के संवाद' अपने पाठकों को समर्पित करता हूँ। इसी तारतम्य में डॉ.

सिंह ने इन निबन्धों के उपजीव्य के सन्दर्भ में अपने जेल प्रवास के जीवन का सन्दर्भ देते हुए लिखा है, ''नैनी सेण्ट्रल जेल इलाहाबाद में रासुका में निरुद्ध होकर जब इन्दिरा जी की इमरजेन्सी झेल रहा था, उस समय अपने मित्रों से बहुत सारी बात होती थी। बहुत से लोगों की कुण्ठा और मानसिक अवसाद की पर्तें भी बड़ी सफाई से खुलकर सामने आती थी। एकान्त के उन क्षणों में दूर-दूर के लोग भी साथ रहकर इतने आत्मीय बन गये थे कि मन की गाँठ खोलने में संकोच नहीं होता था। उसी काल में मैंने बहुत कुछ देखा, सुना, समझा और परखा।'

इसी देखने, सुनने, समझने और परखने का जो कोलाज तैयार हुआ उसी का प्रतिफल है वेदना के संवाद।

'वेदना के संवाद' में संकलित निबन्धों को पढ़ते हुए कहीं मनोविज्ञान की अनुगूँजें सुनायी पड़ती हैं तो कहीं आधुनिकता से पीड़ित निबन्धकार की चिन्ताओं से सामना होता है तो कहीं डॉ. सिंह को सहज जीवन जीनेवाले अध्यापक का साक्षात्कार होता है। इसीलिए उनके इन निबन्धों को किसी विशेष खाने में बाँटकर देखने के बजाय, उनमें लेखक की अपनी विशिष्टता को रेखांकित करना ज्यादा जरूरी है। डॉ. सिंह एक चिन्तनशील रचनाकार हैं। वह प्रमुख रूप से पाठालोचन और सूफ़ी साहित्य से बहुत गहराई से जुड़े हैं। इस क्षेत्र में उनके योगदान की बहुत सराहना हुई है। एक लम्बे समय से उनके सृजन से पाठक अच्छी तरह परिचित रहे हैं। लेकिन उनका यह आलोच्य निबन्ध संग्रह 'वेदना के संवाद' सर्वथा एक अलग पहचान लिये हुए हैं। इस संग्रह के सभी निबन्ध जितने भाव प्रवाह है उतने ही विचार-प्रवाह भी। बल्कि विचारतत्त्व इनमें अधिक है। इसीलिए चाहे सहज जीवन जीने की बात हो, चाहे काम से निरसन की बात हो, चाहे वासना और प्रेम जैसे रोमानी विषय पर विचार करने की बात हो और चाहे अपनी और परायी चिन्ता की बात हो, वह बात अवश्य वैयक्तिक ढंग से कहते हैं, पर उनके कहने में पूर्व चिन्तित सन्देश रहता है। यह सन्देश बहुत सकारात्मक होता है।

इस संग्रह के अधिकांश निबन्धों के केन्द्रीय भावभूमि में सेक्स जैसे विषय को उभार कर मनुष्य के अन्तर्मन में दबी भावनाओं का विश्लेषण इस अन्दाज के साथ किया गया है कि इन विषयों की ब़कौल निबन्धकार अपनी रामकहानी मानते हैं और कुछ निबन्धकार की जबकि निबन्धकार का कहना है कि यह सारी बातें सब़की राम कहानी है। और इसी अन्दाज में इस संग्रह का मूल्यांकन किया जाना ज्यादा सार्थक है।

इन निबन्धों के लेखन में निबन्धकार की अन्तरंगता स्पष्ट झलकती है क्योंकि कोई लेखक जो कुछ लिखता है, उसके प्रति निस्पृह हो नहीं सकता। यों तो इन निबन्धों के शीर्षक भिन्न-भिन्न भावभूमि को इंगित करते हुए निर्धारित किये गये हैं लेकिन इन सभी का केन्द्रीय भाव लगभग एक समान है। केन्द्रीय विषय को केन्द्र में रखकर अपनी कल्पना, भावना या विचारों में तैरता डूबता या उसी के साथ बहता हुआ निबन्धकार आगे बढ़ता चलता है। निबन्धों की निबन्धता के कारण उनकी समीक्षा निबन्धों में व्यक्त भावना और विचारों के आधार पर ही की जा सकती है।

संग्रह का पहला निबन्ध 'सहज जीवन' ही बड़ा रोचक और सन्देश प्रधान है। निबन्धकार ने कुछ व्यक्तिगत तथा कुछ अन्यान्य लोगों के जीवन का उदाहरण देते हुए यह बतलाने का प्रयास किया है कि कुण्ठित और तनावग्रस्त जिन्दगी जीने का कोई मतलब नहीं होता है। निबन्धकार का स्पष्ट अभिमत है कि, ''हमें सुख में ही दुःख का अभ्यास करना है। मिले हुए भोग को भी सन्तुलित भोगना है। सुन्दर कोमल सेज होने पर भी समय-समय पर कठोर सेज पर सोने का अभ्यास करना है। हमें अपना अभ्यास ऐसा बनाना है कि इस जीवन के सागर से हम उतना ही लेंगे जितनी हमें आवश्यकता है।'' इस तरह स्पष्ट है कि डॉ. सिंह अपनी प्राचीन, परम्पराओं को ही स्वस्थ और सहज जीवन जीने का आधार मानते हैं।

'काम-निरसन' इस संग्रह में निबन्धकार का दूसरा एक गम्भीर निबन्ध है। इस निबन्ध में निबन्धकार ने अपनी लोक यात्रा के अनुभवों को बहुत ही सहज ढंग से काम जैसे विषय को विश्लेषित करते हुए प्रस्तुत किया है। गम्भीर विषय को रोचक शैली में परोसकर निबन्धकार ने आज बहकते हुए युवापीढ़ी के साथ पूरे समाज को एक सन्देश प्रस्तुत किया है। निबन्धकार ने इस हिदायत के साथ निबन्ध का उपसंहार किया है कि काम को सीमित करना है, छोड़ना नहीं है। भूल हो गयी हो तो चिन्ता नहीं पर उसे ही अपना धर्म, बनाना, आदत बनाना, ललक या क्रेज बनाना ठीक नहीं है।

इस संग्रह का एक विशेष गम्भीर निबन्ध है 'वर्जना या विरक्ति' इस निबन्ध में लेखक ने काम भावना की तुलना नदी के बाढ़ से करके उसे संयम के बाँध में बाँधने का सलाह देते हुए कहता है "काम भावना के प्रवाह को सन्तुलित करके परितृप्त करने और उसे दिशा प्रदान करने की आवश्यकता होती है। उसे बलपूर्वक रोकने, दमन करने या उससे लड़ने के दुष्परिणाम होते हैं।' काम भावना और इसकी वर्जना को व्याख्यायित करने के सन्दर्भ में निबन्धकार ने कुछ ऐसे लोगों का उदाहरण भी दिया है जिसको लेखक ने अपने जीवन में साक्षात रूप से देखा है। बहुत सारे उदाहरणों के द्वारा उन्होंने निबन्धकार के विषय को इतना रोचक ढंग से लिखा है कि निबन्ध समाप्त करने के बाद ही तृप्ति मिलती है। निबन्धकार का यह कथन सूक्तिपरक उक्ति है कि अपने को काम में लगाइये। खाली मत रहिये तभी काम से मुक्ति मिलेगी। अन्यथा न आप इस काम के होंगे, न उस काम के।"

इसी तरह 'पति-पत्नी' दायित्व-बोध, नारी-धर्म आदि निबन्धों में निबन्धकार ने विषय को केन्द्र में रखने के साथ आज के जनमानस के बीच बदलते जीवन-मूल्यों की चर्चा करते हुए बदलते दौर और नयी पीढ़ी के बीच सनातन से चले आ रहे, पारम्परिक सन्दर्भों के लुप्त हेते जाने पर चिन्ता व्यक्त की है। डॉ. सिंह परम्पराओं, नैतिक मूल्यों, लोक आस्थाओं और विरासत को इस देश की धरोहर मानते हैं। जीने की कला में जीवन को सहज और सुन्दर बनाने का वह पक्षधर हैं। आधुनिक जीवन की आपाधापी और पश्चिम की अन्धी नकल से उपजी जीवनशून्यता की स्थिति से दुःखी हैं। भौतिक सुख-सुविधाओं और वासना का क्रीतदास बने लोगों को वह हर मोड़ पर आगाह करते नजर आते हैं।

'वेदना के संवाद' में निबन्धकार के ही वेदना के संवाद नहीं हैं अपितु हर चिन्तनशील मनुष्य की वेदना के संवाद हैं। नये जमाने की भगदड़ और उसमें संस्कृति के कुचले जाने के डर को लेखक ने स्पष्ट ढंग से जताया है। इस प्रवाह में बहने का कारण मीमांसा और उसके दुष्परिणामों से जनमानस को आगाह भी किया है। संग्रह के सभी निबन्ध अत्यन्त ही अध्ययनपूर्ण सन्दर्भपूर्ण और चिन्तन समृद्ध हैं। हर निबन्ध में, रोचकता का सातता बरकरार रहता है। लोक मंगल इन निबन्धों की प्राथमिकता है। रोचक, पठनीय और हल्के-फुल्के ढंग से गम्भीर बात की ओर ध्यान खींचने की कला का परिचय इन निबन्धों से सहज ही मिल जाता है।

मालती कुँज, सिद्धार्थ इन्क्लेव विस्तार H.J.G. II 32
तारामण्डल गोरखपुर-(उ.प्र.)

अवधारणा में पारम्परिकता और दृष्टि में नवीनता

सिद्धार्थ शंकर

लेखन की अन्तर्यात्रा में विषय वस्तु का बदलना मायने नहीं रखता। असल चीज है—दृष्टि। दृष्टि का होना और नयी दृष्टि से चीजों को देखना काफी महत्त्वपूर्ण है। सिर्फ लेखन ही क्यों, सामान्य यात्राओं में भी भूदृश्यों (लैण्डस्केप्स) का बदलना अर्थहीन होता है अगर दृष्टि न बदलती हो। डॉ. कन्हैया सिंह के 'साहित्यिक निबन्ध' के पहले भी अनेक लेखकों और आलोचकों ने इन विषयों पर विचार किया है। कहने का आशय यह है कि इसके पहले कई साहित्यिक निबन्ध लिखे गये। लेकिन दृष्टि का नयापन विवेच्य निबन्धों की विशेषता है। साहित्यिक निबन्धों की पारम्परिक अवधारणाओं का अनुपालन करते हुए लेखकीय दृष्टि की नवीनता इन निबन्धों को विशिष्टता प्रदान करती है।

इन साहित्यिक निबन्धों की परियोजना के मूल मन्तव्य को लेखक ने 'भूमिका' में स्पष्ट कर दिया है। लेखक की पहली स्वीकारोक्ति यह है कि, "इस संग्रह के निबन्ध कोई एक साथ नहीं लिखे गये हैं। अलग-अलग जरूरत के अनुसार इन्हें कभी पत्र-पत्रिकाओं के लिए और कभी छात्रों को पढ़ाने के लिए लिखा गया था।" (सा.नि.भूमिका) निबन्धों के लिखने की प्रक्रिया को और स्पष्ट करते हुए उन्होंने बताया है कि इनमें कुछ "आकाशवाणी पर प्रसारित वार्त्ताओं के संशोधित रूप हैं तो कुछ संगोष्ठियों की व्याख्यानों के निबन्ध रूप हैं।" (सा.नि.भूमिका) लेखक की मंशा निबन्धों को बी.ए तथा एम.ए के हिन्दी के छात्रों के लिए उपयोगी बनाने की कोशिश है। इन निबन्धों के माध्यम से लेखक की कोशिश यही है कि हिन्दी साहित्य का समूचा इतिहास छात्रों को उपलब्ध हो सके। 'साहित्यिक निबन्ध' के निबन्धकार की कोशिश यही है कि, "साहित्य की सभी कालों से लेकर इनके प्रतिनिधि कवियों और लेखकों के व्यक्तित्व एवं कृतित्व।" (सा.नि.भूमिका) को उजागर किया जाय। लेखक की कोशिश यह है कि छात्रों को हिन्दी साहित्य का संक्षिप्त किन्तु समग्र परिचय प्राप्त कराया जाय। अपनी इस कोशिश में लेखक को काफी हद तक सफलता भी मिली है। निबन्धों का चयन भी इसी हिसाब से किया गया।

लेकिन सवाल यह है कि क्या यह सिर्फ प्रस्तुति भर है। अर्थात् पुराने विषयों को उठाकर पारम्परिक ढंग से उसका विवेचन और विश्लेषण कर दिया गया है या कुछ नवीन लेखकीय दृष्टि भी इसमें देखी जा सकती है। इसे समझने के लिए उनके एक निबन्ध 'आधुनिकता : एक दृष्टि' को देखा जा सकता है। इस निबन्ध में वे बड़ी बेबाकी के साथ भारतीय सन्दर्भ में आधुनिकता का मूल्यांकन करते हैं। यह मूल्यांकन भारतीय आधुनिकता के भीतर छुपे हुए सच को उजागर करनेवाला है। जो लोग मनीषा की भारतीयता को लेकर के चिन्तित रहे हैं, उनमें एक महत्त्वपूर्ण नाम डॉ. कन्हैया सिंह का भी है। वे लिखते हैं 'पश्चिम के विचारों से हम अन्तर्बाह्य इतने आक्रान्त हैं कि धर्म, दर्शन, कला, साहित्य, समाज, राजनीति से लेकर वेशभूषा खानपान एवं लोकाचार तक में हम पश्चिम (विशेषतः अंग्रेजों) का अनुकरण करते हैं।'' (सा. नि.पृ.145) आगे उन्होंने बहुत स्पष्ट शब्दों में यह घोषित किया कि, ''पिछली शताब्दी में इस देश के प्रबुद्ध वर्ग ने सम्पूर्ण ज्ञान अंग्रेजी के माध्यम से अर्जित किया वहाँ के साहित्य में रोमाण्टिसिजम का प्रभाव ग्रहण करके यहाँ छायावादी रहस्यवाद प्रकट हुआ, वहाँ का प्रोग्रेसिव आन्दोलन यहाँ के प्रगतिवाद का जनक बना और आज यहाँ के साहित्यगत सम्पूर्ण नवीन प्रयोग हमारे साहित्यकारों के कण्ठहार बनते जा रहे हैं। कहा जा सकता है कि आज का युग बदल गया है। विज्ञान ने जीवन की मान्यताओं को बदल दिया है। मूल्यों को झकझोर दिया है। अतः सम्पूर्ण विश्व के मानव एक साथ सोचने-विचारने और लिखने लगे हैं। तो हम देखते हैं कि विश्व द्वारा परित्यक्त मान्यताओं का भारत में डिम-डिमनाद सुनायी देने लगा है। जब यूरोप की नयी प्रगति का एक चरण बीत जाता है और नये प्रयोग प्रारम्भ हो जाते हैं तो भारत के साहित्यकार नये के नाम पर बीते युग की जूठन प्रस्तुत करने लगते हैं।'' (सा.नि. पृ. 145)

इसे लेखक के आलोचनाशील अन्तःकरण की अभिव्यक्ति माना जा सकता है। यह आधुनिक भारतीय मनीषा पर डॉ. कन्हैया सिंह का आरोप मात्र नहीं है बल्कि एक दुखद स्वीकारोक्ति है। इसमें आधुनिक भारतीय मनीषा से मौलिकता की अपेक्षा है। साथ ही इसमें भारतीय परम्पराओं, मूल्यों और रीतियों के प्रति दिखाये गये उपेक्षा भाव के प्रति लेखक का क्रोध भी दिखता है। इस तरह से आधुनिकता के नाम पर भारतीय साहित्य में चलाये गये तमाम वादों पर डॉ. कन्हैया सिंह ने बहुत तीखा हमला बोला है।

निर्विवाद रूप से कहा जा सकता है कि भारतीयता और ठेठ देशीपन कन्हैया सिंह के लेखन का प्रस्थान बिन्दु है। इसी कारण जब वे छायावाद का मूल्यांकन करते हैं तो छायावाद की आधार भूमि के रूप में उन्हें बुद्ध का दुःखवाद दिखता है। छायावाद के भीतर शंकराचार्य के मायावाद और अद्वैतवाद को भी उन्होंने सोदाहरण स्पष्ट किया है। छायावाद पर तात्कालिक प्रभाव के रूप में राष्ट्रीय नवजागरण की प्रतिछवि को रेखांकित करते हुए छायावाद की उत्पत्ति को 'भारतीय धरती की उपज' सिद्ध करते हैं। 'छायावाद' इस निबन्ध संग्रह का महत्त्वपूर्ण निबन्ध है। इसमें उन्होंने छायावाद सम्बन्धी अब तक के सारे विचारों को बताया है। इसी क्रम में वे छायावाद की उत्पत्ति के पीछे के तमाम कारकों को विवेचन करते हैं। आपकी आन्तरिक अभिप्रेरणा का जिक्र करते हुए वे निष्कर्ष निकालते हैं कि छायावाद के दौर में ''साम्राज्यशाही का आश्रय पाकर पूँजीवादी व्यवस्था की पकड़ धीरे-धीरे मजबूत होती जा रही थी। परिणामतः मध्यवर्गीय चेतना में विद्रोह की भावना जोर पकड़ती जा रही थी। व्यक्तिवाद और व्यक्तिवादी आदर्शों का प्रादुर्भाव हो रहा था।'' (सा.नि. पृ., 120) एक सधे हुए वस्तुवादी विचारक की तरह छायावाद के सन्दर्भ में उन्होंने यह उचित निष्कर्ष निकाला कि, ''सामाजिक-आर्थिक संघर्षों का मुकाबला व्यक्तिगत चिन्तन के आधार पर किया जा सकता है। छायावाद के अन्दर जो हमें एक व्यक्तिवादी आत्माभिव्यक्तिमूलक कार्य-

पद्धति के दर्शन होते हैं, वह इन्हीं सामाजिक-आर्थिक परिस्थितियों की उपज है।'' (सा. नि. पृ. 120) इस प्रकार छायावाद जैसे महत्त्वपूर्ण काव्यान्दोलन को वे भारतीय सामाजिक सांस्कृतिक और आर्थिक परिस्थितियों की उपज सिद्ध करते हैं। छायावाद की विराट् मानवीयता तथा प्रकृति से उसकी अद्वैतता को वे उपनिषदों के चिन्तन में खोजते हैं। वे लिखते हैं कि, ''मात्र की एकता और अभिन्नता का सन्देश उपनिषदों में ही मुखरित हुआ है।'' (सा. नि. पृ. 121) इसे उन्होंने प्रसाद के 'कानन कुसुम' के माध्यम से सिद्ध किया है—

विमल इन्दु की विशाल किरणें,
प्रकाश तेरा बता रही हैं।

'साहित्यिक निबन्ध' के आरम्भिक पाँच निबन्ध साहित्य समाज और संस्कृति पर केन्द्रित हैं। पहले निबन्ध में समाज और साहित्य की अन्योन्यश्रयिता पर प्रकाश डाला गया है। निबन्धकार ने समाज की गतिशीलता के अनुरूप साहित्य के स्वरूप में परिवर्तन को माना है। वे लिखते हैं कि, ''समाज-जीवन के परिवर्तन के साथ-ही-साथ साहित्य के भी मान बदलते रहते हैं।'' (सा.नि.पृ.1) दूसरा निबन्ध 'साहित्यालोचक और साहित्य स्रष्टा' शीर्षक से है। इस निबन्ध में लेखक ने रचना और आलोचना के अन्तर्सम्बन्ध पर विचार किया है। इस निबन्ध में भारतीय परिप्रेक्ष्य में रचना और आलोचना की प्रकृति पर बड़ी सूक्ष्मता के साथ विचार किया गया है। अन्त में उन्होंने यह बताया है कि जहाँ रचना का उद्देश्य रस की सृष्टि करना है वहीं आलोचना उस रस को उद्घाटित करके सर्वसुलभ बनाती है। वे 'कविः करोति काव्यं रसम् जानाति पण्डितः', जैसी उक्ति से प्रभावित हैं। तीसरा निबन्ध 'संस्कृति और समाज' है। इस छोटे से निबन्ध में लेखक ने संस्कृति और समाज, संस्कृति और प्रकृति तथा संस्कृति और लोक संस्कृति पर विचार किया है। पाश्चात्य एवं भारतीय विद्वानों के मतों के आलोक में संस्कृति, प्रकृति और लोक संस्कृति के प्रत्ययों को स्पष्ट किया गया है। 'भारतीय संस्कृति' और 'भारतीय संस्कृति में समन्वय' किस निबन्ध संग्रह के महत्त्वपूर्ण निबन्ध हैं। 'समाज की सर्वोत्तम उपलब्धियों की सामूहिक संज्ञा को संस्कृति' बताते हुए वे भारतीय संस्कृति की प्राचीनता पर गौरवान्वित होते हैं। इसके पीछे कारण बताते हुए वे वेदों से आज तक चली आ रही अविच्छिन्न और अविरल धारा का उल्लेख करते हैं। वे घोषित करते हैं कि, ''राम और कृष्ण जैसे महामानव के उदात्त चरित्र से यहाँ की संस्कृति और साहित्य अभिभूत है।'' (सा.नि. पृ.14) भारतीय संस्कृति में अनेकता में एकता को स्पष्ट करते हुए माता सरस्वती के रूप में एक बहुत ही सुन्दर रूपक सृजित करते हैं। वे लिखते हैं कि, ''भारतीय संस्कृति माता सरस्वती के हाथों में विराजमान वीणा है जिसमें अनेक तार हैं और अलग-अलग उनकी अपनी स्थिति भी है पर सब मिलकर एक स्वर और एक संगीत का सृजन करते हैं और वह स्वर संगीत है हमारी राष्ट्रीय संस्कृति हमारी सांस्कृतिक एकता हमारी राष्ट्रीयता की आधारशिला है।'' (सा.नि. पृ. 15) इसके अलावा भी भारतीय संस्कृति के आघात सहन करने की क्षमता का भी उल्लेख करते हैं। अपनी इसी क्षमता के कारण दुनिया की कई प्राचीन संस्कृतियाँ समाप्त हो गयीं लेकिन भारतीय संस्कृति आज भी जीवित है।

इसी क्रम में उनका अगला निबन्ध 'भारतीय संस्कृति में समन्वय' है। लेखक ने पारम्परिक मान्यताओं के अनुसार भारतीय संस्कृति पर विभिन्न प्रभावों को सहज स्वीकार किया है। इसकी वास्तुशिल्प पर मुस्लिम प्रभाव तथा आज इस पर यूरोपीय और अमेरिकन प्रभाव को रेखांकित किया है। लेकिन फिर भी लेखक ने इसे भारतीय संस्कृत की मूल प्रकृति समन्वय और सहयोग की लम्बी परम्परा के रूप में देखा है। लेखक के उद्धरण की मान्यता है कि भारतीय संस्कृति ने सिर्फ ग्रहण ही नहीं किया है बहुत कुछ प्रतिदान भी किया है। उनकी ऋण मान्यता यह भी

रही है कि अपनी ग्रहणशीलता के बावजूद भारतीय संस्कृति अक्षुण्ण रही है। निबन्ध के अन्त में डॉ. सम्पूर्णानन्द के हवाले से प्रतिष्ठित करते हैं कि भारतीय संस्कृति के ताने-बाने में ढेर सारे सूत्र इधर-उधर से आये हैं लेकिन कोई एक मुख्य ताना है जिस पर सभी आश्रित हैं। यह ताना प्राचीन भारतीय हिन्दू परम्परा का है। जैसे गंगा में बहुत-सी छोटी बड़ी नदियाँ मिलती हैं लेकिन मिलने पर सभी गंगा ही कही जाती हैं इसी तरह की हमारी समन्वित संस्कृति है। देश प्रेम और राष्ट्रीयता के लिए महत्त्वपूर्ण सन्देश है।

इन वैचारिक निबन्धों के बाद डॉ कन्हैया सिंह सीधे हिन्दी साहित्य पर विचार करते हैं। इस क्रम में वे सर्वप्रथम 'हिन्दी साहित्य का आदिकाल' पर अपना विवेचन प्रस्तुत करते हैं। इस निबन्ध में आदि काल का सामान्य परिचय देते हुए सीधे आदिकाल के नामकरण की समस्या पर विचार करते हैं। आचार्य रामचन्द्र शुक्ल, डॉ. रामकुमार वर्मा, महापण्डित राहुल सांकृत्यायन और आचार्य हजारीप्रसाद द्विवेदी द्वारा प्रस्तावित विभिन्न नामों पर वे विचार करते हैं। लेखक ने अपनी सहमति आचार्य चन्द्रबली पाण्डेय के एक लेख के जरिये वीरगाथा काल के पक्ष में दिया है। तर्क यह है कि, "साहित्यिक दृष्टि से जिन रचनाओं कि निश्चित परम्परा चली वे रासो संज्ञक की रचनाएँ ही हैं जो गाथात्मक हैं और उनमें युद्धवीर या शृंगार-वीर राजाओं सामन्तों की जीवन गाथा अनुस्यूत हैं। अतः वीरगाथा नाम भी उसी प्रकार चलाया जा सकता है जैसे आदिकाल नाम चलाने का सुझाव दिया गया है। वीरगाथा काल से इतर नामों को स्वीकार करने में एक आपत्ति यह भी है कि भक्तिकाल, रीतिकाल नाम प्रवृत्तियों के द्योतक हैं जबकि आदिकाल कालखण्ड का द्योतक है।" (सा.नि. पृ. 24) आदिकाल के नामकरण के पीछे यह तर्क ठीक जान पड़ता है। इसे आसानी से खारिज करना कठिन है।

साहित्यिक निबन्ध का अगला निबन्ध 'हिन्दी साहित्य का स्वर्ण-युग-भक्तिकाल' है। यह हिन्दी साहित्य का बहुत ही प्रिय विषय है। इस पर बहुत कुछ लिखा गया है। नये-नये कोणों से लोगों ने विचार किया है। डॉ कन्हैया सिंह की शब्दावली में ही कहें तो इस युग में 'मानव संस्कृति का पाथेय' बन सकने की क्षमता है। इसमें लोक चेतना की वह संजीवनी है जो शाश्वत सन्देश का वहन करती हुई प्रवहमान् चेतना का निर्माण करती है। इससे सिर्फ एक देश नहीं बल्कि पूरी मानवता आलोकित होती है। लेखक ने बहुत ठीक ही सोचा है कि भक्ति काव्य धारा से सिर्फ कवि और लेखक ही नहीं बल्कि युगद्रष्टा महापुरुष और लोकनायक प्रतिष्ठित हुए हैं। इसी क्रम में अगला निबन्ध 'भक्तिकाल की दार्शनिक भूमिका' है। इस निबन्ध में भक्ति काव्य की दार्शनिक पृष्ठभूमि का ध्यान का अवलोकन किया गया है। लगभग सारे सम्प्रदायों, मतवादों एवं दार्शनिक प्रवृत्तियों का यथोचित विवेचन किया गया है। 'सन्त साहित्य में मानव मूल्य' नामक निबन्ध में लेखक ने सन्त साहित्य के भीतर निहित मानवीय मूल्यों को उजागर किया है। उनके अनुसार, "हिन्दी का सन्त साहित्य युग की परिस्थितियों में उपजा वह शास्त्र है जो वेद और लोक का महान् सेतु बनकर भारतीय गरिमा का सच्चा संवाहक है।" (पृ. 40,) 'सन्त कबीर' नामक निबन्ध में उन्होंने सन्त कबीर की पारम्परिक छवि को सोदाहरण पुष्ट किया है। उन्होंने यह माना है कि सन्त कबीर का प्रादुर्भाव भारतीय इतिहास की एक महत्त्वपूर्ण परिघटना है। कारण यह है कि "कबीर अपनी लोकदृष्टि में भगवान बुद्ध के उत्तराधिकारी और महात्मा गाँधी के अग्रज थे।" (पृ. 45) डॉ कन्हैया सिंह की दृष्टि में जायसी बेहद महत्त्वपूर्ण कवि हैं। इसीलिए साहित्यिक निबन्ध में उन्होंने उन पर दो आलेख लिखे हैं। पहला आलेख 'सांस्कृतिक एकता के कवि जायसी' हैं और दूसरा 'जायसी का लोक स्वर' है। जायसी को वे समग्रता के शंखनाद का कवि मानते हैं। वे हिन्दू और मुसलमान नहीं बल्कि मानव वृत्ति अपने सहज स्वाभाविक रूप में उपस्थित हैं। 'फूल मरै पै

मरै न बासु' जैसी पंक्ति कवि पर उतना ही लागू है जितना उसकी कल्पना पर। डॉ. कन्हैया सिंह ने इस बात को समझाने का प्रयास किया है कि अलाउद्दीन के रूप में आक्रान्ता संस्कृति तलवार के बल पर हावी होना चाहती थी, लेकिन उसका हासिल एक मुट्ठी राख था। वे मानुष प्रेम को बैकुण्ठी सिद्ध करते हैं। डॉ सिंह के अनुसार अपनी इसी विराट् भावना के कारण जायसी भारतीय संस्कृति के महासिन्धु हैं। उनके अनुसार जायसी की विशेषता यह है कि उन्होंने लोक संस्कृति के तत्त्वों को बहुत ठीक ढंग से अपने साहित्य में संजोया है। सच्चे किस्सागो की तरह जायसी ने लोक संस्कृति में सूफ़ी दर्शन को व्यक्त किया है। इस सन्दर्भ में लेखक ने एक बहुत महत्त्वपूर्ण सन्दर्भ को भी उभारा है। उनके अनुसार, ''एक बार भुने हुए चने की सोंधी सुगन्ध पर उन्होंने उच्छ्वसित भाव से कहा 'जो अस जरै सौ कस नहिं महंकै'। भुने चने की गन्ध उन्हें इस गहराई तक छू जाती है कि वे विह्वल भाव से दार्शनिक धरातल पर पहुँच जाते हैं कि जो जलता है वही महकता है।'' (पृ.53) 'साहित्यिक निबन्ध' में सूरदास का विवेचन उनके गीतिकाव्य के आधार पर किया गया है। इस विवेचन में लेखक ने गीत काव्य की पूरी भारतीय परम्परा का अवगाहन किया है। गोस्वामी तुलसीदास के साहित्यिक महत्ता के अनुरूप उन्होंने उन्हें दो अध्यायों में विवेचित किया है। 'लोकनायक तुलसीदास' उन्होंने तुलसी के लोकनायकत्व के विविध पहलुओं पर विचार किया है। निबन्ध के आरम्भ में उस काल के परिवेश को चित्रण किया गया है। यह विवरण बहुत कुछ सूर्यकान्त त्रिपाठी निराला द्वारा रचित' तुलसीदास 'कविता की याद दिला देता है। लेखक ने भारतीय संस्कृति की आध्यात्मिक चेतना की अन्तः सलिला के अस्तित्वविहीन होने की बात कही है,और उस काल के शासक वर्ग द्वारा अनाचार और दुर्व्यवस्था के साम्राज्य को स्पष्ट किया गया। गोस्वामी तुलसीदास के अभ्युदय के बारे में बताते हुए वे लिखते हैं विषम परिस्थितियों के बीच जीवन को बल प्रदान करनेवाले स्वस्थ साहित्य का सर्जन असम्भव होता जा रहा था। ऐसे ही नाजुक परिवेश में, ''महात्मा तुलसीदास का उदय देश के सामाजिक साहित्यिक मंच पर हुआ।'' (पृ.62) तुलसी के लोकनायकत्व को रेखांकित करने के लिए उन्होंने बताया कि जिस परिस्थिति में उनके व्यक्तित्व का विकास हुआ, उन्हें लोकजीवन को नजदीक से देखने का अवसर प्राप्त हुआ। लेखक के अनुसार तुलसी के मन पर भूख और अभाव की भीषण ज्वाला में जलती जनता का दर्द चीत्कार अंकित हो गया और उनके मन में लोक कल्याण का संकल्प उठा। 'भाखाबद्ध करब मैं सोई' कवि क्रान्तिकारी संकल्प है। लोक का लोक कल्याणकारी प्रतिज्ञा थी। लेखक ने इस लेख में यह दर्शाया है कि उस काल के शासकों और सामन्तों के शोषण और दमन के सापेक्ष जनता में रामराज का स्वप्न जागृत किया जाय। 'रामराज बैठे त्रिलोका, हरषित भये गये सब सोका।' यह गोस्वामी तुलसीदास द्वारा सृजित एक कल्पित आदर्श राज्य था। लेखक ने यह भी स्पष्ट किया है कि तुलसी की दृष्टि मात्र राज्यव्यवस्था तक ही सीमित नहीं थी उसमें समाज और परिवार को भी महत्त्व दिया गया था। तुलसीदास पर अगला निबन्ध त्यागमूर्ति भरत तुलसीः की सृष्टि है। डॉ कन्हैया सिंह के अनुसार भरत तुलसी की चरित्र सृष्टि के सुमेरु हैं। तुलसी के भगवत् प्रेम का स्वरूप भी भरत के चरित्र में समाहित है।

भक्ति काल के बाद लेखक रीतिकाल के साहित्य का विवेचन प्रस्तुत करता है। इससे सम्बन्धित दो निबन्ध हैं—रीतिकालीन कविता 'बिहारी और उनकी भाषा।' दूसरे निबन्ध में बिहारी की भाषा और उनके साहित्य वैभव का संक्षिप्त परिचय प्रस्तुत किया गया है। इसके बाद लेखक सीधे द्विवेदी युग की हिन्दी कविता पर आ जाता है। 'द्विवेदी युगीन हिन्दी कविता' लेखक ने द्विवेदी युगीन राष्ट्रीयता का विवेचन किया है। निबन्धकार ने बताया द्विवेदी युग भारत के स्वाभिमान की अभिव्यक्ति है। भारतीयों के संस्कारों में आत्माभिमान के स्थान पर दूसरों का अनुकरण समा गया

था। अतीत के गौरव ग्रन्थों को उपजीव्य बनाकर तथा प्राचीन पुरुषों की अमर गाथाओं को काव्य में अवतरित करके द्विवेदी युग के साहित्य ने बहुत महत्त्वपूर्ण योगदान किया। इसी क्रम में अगला निबन्ध 'राष्ट्रकवि मैथिलीशरण गुप्त' है। देश की राष्ट्रीय सांस्कृतिक चेतना को जागृत करनेवाली मैथिलीशरण गुप्त की कविताओं के हवाले से लेखक ने उनका विस्तृत विवेचन किया है और उन्हें स्वतन्त्रता आन्दोलन के समग्र स्वर के उद्घाटन के रूप में प्रस्तुत किया है। अगला निबन्ध भी मैथिलीशरण गुप्त पर केन्द्रित है। साकेत के नवम् सर्ग में वर्णित उर्मिला के व्यक्तित्व का विवेचन करता है। पाठ्यक्रम की दृष्टि से भी यह विवेचन महत्त्वपूर्ण है। सर्वविदित है कि 'साकेत' मैथिलीशरण गुप्त की प्रतिनिधि रचना है तथा नवम सर्ग उसका प्राणतत्त्व है। जिस तरह से 'रामचरितमानस 'के विशिष्ट चरित्र भरत हैं उसी तरह से 'साकेत' महाकाव्य में उर्मिला का चरित्र है। उर्मिला के माध्यम से कवि ने अपनी मान्यताओं को अभिव्यक्त किया है। इसी कारण उर्मिला के व्यक्तित्व में भारतीय नारी का गौरव समाहित है। लेकिन जिस आधुनिक उर्मिला का चित्रण मैथिलीशरण गुप्त करना चाहते हैं उसका जिक्र भी निबन्धकार ने किया है। वे लिखते हैं कि "विरहिणी उर्मिला राजमहल की सीमाओं में अपने दर्द का आख्यान नहीं करती बल्कि वह कृषि और प्रश्नों का हाल-चाल भी लेती हैं क्योंकि उसे अपने आसपास के समाज की चिन्ता है।" (पृ. ९8) मैथिलीशरण गुप्त के हवाले से डॉ. सिंह ने उर्मिला के सामाजिक चिन्तक रूप को रेखांकित किया है उसकी सहानुभूति कृषकों के प्रति है। निबन्ध में साकेत की नवम सर्ग में वर्णित उर्मिला के चरित्र के विविध पहलुओं को दर्शाया गया है। उनके विरहिणी रूप को भी बहुत ही मर्मस्पर्शी ढंग से चित्रित किया गया है।

'कविवर माखनलाल चतुर्वेदी' निबन्ध में उन्होंने माखनलाल चतुर्वेदी के व्यक्तित्व एवं कृतित्व पर प्रकाश डाला है। लेकिन उनके कृतित्व के राष्ट्रवादी पहलू पर विशेष जोर दिया गया है। निबन्धकार के अनुसार माखनलाल चतुर्वेदी राष्ट्रीय स्वाधीनता की महायज्ञ के प्रत्यक्ष नायकों में से थे। लेखक के अनुसार माखनलाल चतुर्वेदी का सीधा सम्बन्ध महात्मा गाँधी, सरदार पटेल, विनोबा भावे आदि के साथ था। लेखक के अनुसार, "सच पूछा जाये तो स्वयं वे उसी कोटि के राष्ट्रनायकों की पंक्ति में एक अजेय और अडिग सेनानी थे, जिन्होंने झंझावातों को सहा और आह के बदले अपनी वाणी में राष्ट्र को अमर सन्देश प्रदान किया जिससे आने वाली पीढ़ियाँ भी प्रेरणा लेती रहेंगी।" (पृ. 107) इसी क्रम में वे क्रान्तिकारी कवि बालकृष्ण शर्मा 'नवीन' को याद करते हैं। पूरे निबन्ध में उन्होंने कविवर नवीन के विविध पहलुओं के साथ-साथ उनके राष्ट्रवादी स्वरूप को विशेष रूप से रेखांकित किया है।

'छायावाद' नामक निबन्ध में देश की राजनीतिक सामाजिक और आर्थिक परिवर्तनों को रेखांकित करते हुए इसके आलोक में छायावाद की उत्पत्ति को दिखाने का प्रयास किया है। वे वैश्विक परिप्रेक्ष्य का विवेचन भी करते हैं लेकिन यह विवेचन वहीं तक ही सीमित रहता है जहाँ पर वह भारतीय मानस का निर्माण कर रहा था। सूत्रवत् संकेतों के द्वारा भारतीय मन पर फ्रांस की राज्यक्रान्ति, रूसो तथा वाल्टेयर जैसे क्रान्तिकारी विचारकों के प्रभावों को रेखांकित करते हुए ब्रिटिश साम्राज्यवाद के भारतीय प्रतिरोध ने महात्मा गाँधी की स्वातन्त्र्य चेतना को रेखांकित करना नहीं भूलते हैं। वे छायावाद को भारतीय चेतना की स्वाभाविक अभिव्यक्ति के रूप में देखते हैं। छायावाद को समझने के लिए यह एक सम्पूर्ण आलेख है। छायावाद पर अगला निबन्ध 'छायावाद की मूल संवेदना' है। इस निबन्ध में छायावाद की मूल संवेदना को उसकी स्वातन्त्र्य चेतना के रूप में देखा गया है। लेखक ने बताया है कि मुक्ति की यह चेतना वैयक्तिक भी है और सामूहिक भी। छायावाद को स्पष्ट करते हुए बताया है कि छायावाद में "आत्मीयता, संवेदनशीलता,

नैसर्गिक जीवनाकांक्षा, वास्तविक जीवन की कल्पना, दृष्टि और अभिव्यंजना में व्यक्ति स्वतन्त्रता की बहुविध विवृति है। इसी से काव्य में आत्माभिव्यंजक गीतों का सृजन, सौन्दर्य प्रेम की मुक्त व्यंजना, प्रकृति का सहज स्नेहिल साहचर्य, भाषा, छन्द अलंकार की मुक्त वृत्ति, देश की स्वतन्त्रता और गौरवशाली स्वतन्त्र अतीत का स्मरण छायावाद का स्वर बनाता है।'' (पृ.134)

छायावाद डॉ कन्हैया सिंह की आलोचनात्मक चेतना में बहुत गहरे समाया हुआ है। इसी कारण प्रगतिवाद पर केन्द्रित निबन्ध पर भी इसका प्रभाव दिखता है। उन्होंने यह बताया है कि छायावाद की कल्पनात्मकता से प्रगतिवाद में यथार्थ की ओर प्रयाण साहित्य जगत् की एक महत्त्वपूर्ण परिघटना है। इसके पीछे वैश्विक एवं वैचारिक सन्दर्भों को उन्होंने स्पष्ट किया है। प्रगतिवाद के सन्दर्भ में आचार्य हजारीप्रसाद द्विवेदी को उद्धृत करते हुए इसकी सीमा को भी स्पष्ट किया है। डॉ. हजारीप्रसाद द्विवेदी ने प्रगतिवाद के सम्बन्ध में लिखा, ''इसके सिद्धान्त और उद्देश्य बहुत सुन्दर हैं, लेकिन यह लोग कम्युनिस्ट पार्टी के साथ जुड़े हुए हैं यही जरा खटकता है। प्रगतिशील आन्दोलन बहुत महान् उद्देश्य से चालित है इसमें साम्प्रदायिक भाव का प्रवेश नहीं हुआ तो इसकी सम्भावनाएँ अत्यधिक हैं।'' (पृ.138) निबन्ध के अन्त में लेखक ने प्रगतिवाद की महत्ता को प्रतिपादित किया है और इसे जनता का साहित्य माना। 'आधुनिकता : एक दृष्टि' इस निबन्ध संग्रह का महत्त्वपूर्ण निबन्ध है। इसमें वैश्विक फलक पर आधुनिकता के अभिलक्षण पर विचार-विमर्श किया गया है। इस निबन्ध में लेखक ने यूरोपीय आधुनिकता के सापेक्ष भारतीय आधुनिकता के न होने का दुःख प्रकट किया है। लेखक ने बहुत ही स्पष्टता के साथ कहा है कि, ''यूरोप की छायानुभूतियों को उतारकर हम नवीनता का ढोल कितना ही पीटें, बाह्य जगत् हमें नकलची ही कहेगा। कुल मिलाकर लेखक की मूल चिन्ता भारतीयता को लेकर के ही है। अगला निबन्ध 'प्रयोगवाद और नयी कविता' है। इस निबन्ध में कविता की वस्तुओं एवं शिल्पगत विशेषताओं पर प्रकाश डालते हुए नयी कविता के शुरू पर भी विचार किया गया है। कविता की प्रवृत्तियों के विवेचन के उपरान्त लेखक ने छायावाद के प्रसाद, पन्त और निराला पर विचार किया है। 'प्रेमचन्द के गोदान का सन्देश' नामक निबन्ध में 'गोदान' को त्रासद जीवन की गाथा बताया गया है। 'प्रसाद के नाटक', नाटककार पं. लक्ष्मी नारायण मिश्र, रामकुमार वर्मा का एकांकी 'उत्सर्ग', 'हिन्दी नाटक का विकास' नाटक पर केन्द्रित निबन्ध है। हिन्दी निबन्ध, कहानी और उपन्यास का परिचयात्मक विवेचन इस पुस्तक में है।

'साहित्यिक निबन्ध' सिर्फ साहित्य पर केन्द्रित छात्रोपयोगी परिचयात्मक लेखों का संकलन भर नहीं है। इसके आरम्भिक और अन्तिम निबन्ध गम्भीर वैचारिक और उद्भावनाओं से भरे हुए हैं। इनमें साहित्य भी है, संस्कृति भी है। साहित्य की राजनीति के साथ-साथ देश की राजनीति भी है। 'राष्ट्रभाषा हिन्दी और उसकी समस्याएँ' तथा 'भारतीय भाषाओं की एक लिपि' इसी तरह के निबन्ध हैं। इन लेखों में लेखक के राष्ट्रवादी तेवर को देखा जा सकता है। 'राष्ट्रभाषा हिन्दी और उसकी समस्याएँ' नामक निबन्ध में लेखक ने देश के सामूहिक स्वर को मुखरित करने के लिए एक राष्ट्रभाषा की आवश्यकता पर बल दिया है। ध्यातव्य है कि भारत और उसकी भाषा के सन्दर्भ में लेखक जब भी कोई पक्ष लेता है तो उसके ध्यान में यह बात अवश्य रहती है कि भारत एक प्राचीन सभ्यतावाला देश है। सभ्यता और संस्कृति की दृष्टि से यह अन्य कई देशों की तुलना में अग्रणी रहा है। इतिहास के द्वारा विरासत में किसे कुछ गहरे जख्म भी मिले हैं। इन्हीं गहरे जख्मों और पारस्परिक मत विभिन्न के कारण ''स्वतन्त्रता के बाद हिन्दी को राजभाषा का पद मिलकर भी वह उस गरिमा को पूर्णरूपेण प्राप्त नहीं कर सकी।'' 21 लेखक को इस

बात की गहरी पीड़ा है कि केन्द्र सरकार का सारा कामकाज अंग्रेजी माध्यम से हो रहा है। मनोहर लोहिया जैसे नेताओं के अंग्रेजी हटाओ के नारों के बावजूद आज भी हिन्दी को उसका स्थान नहीं मिल सका। इसके पीछे कारण बताते हुए वे कहते हैं, "वस्तुतः जिस राष्ट्रीय स्वाभिमान एवं आत्म गौरव की भावना से राष्ट्रभाषा का विचार करना चाहिए था वह हम नहीं कर सके।" (पृ.211) कुछ सन्तोष के साथ लेखक ने यह बताया है कि जिन परिसर में हिन्दी की प्रतिष्ठा है, लेकिन राजसत्ता का परिसर अब भी इसे स्वीकार करने से हिचकिचा रहा है। इसी तरह का महत्त्वपूर्ण निबन्ध 'भारतीय भाषाओं की एक लिपि' है। लेखक ने नागरी लिपि वैज्ञानिकता को ध्यान में रखते हुए इच्छा प्रकट किया है कि सभी भारतीय भाषाओं को इसे अपना लेना चाहिए। इसी क्रम में अगला लेख 'अगली लिपि और उसकी वैज्ञानिकता' है। भाषा विज्ञान की दृष्टि से यह महत्त्वपूर्ण लेख है। अगला लेख कुछ चौंकाता है। इसका शीर्षक है—युगचारण रामधारी सिंह 'दिनकर'। राष्ट्रकवि दिनकर के लिए एक नयी उपाधि है। लेकिन दिनकर के सन्दर्भ में यह विशेषण उपयुक्त जान पड़ता है। कारण यह है कि दिनकर के साहित्य में युग की नाना अनुभूतियाँ अन्तर्गुम्फित हैं। उनमें उस युग की प्रमुख चेतना गाँधीवाद है, राष्ट्रीय चेतना है तो इसी के साथ युगचेतना के अनुरूप 'कुरुक्षेत्र' में वे युद्ध और शान्ति, विज्ञान और विनाश जैसी विभीषिका पर अन्तर्मन्थन करते हुए भी दिख जाते हैं। वे समाज में आर्थिक विषमता शोषण और भुखमरी जैसे विषयों पर अपनी लेखनी चलाते हैं। लेखक ने बताया है कि इसी कारण उन्हें 'दिल्ली कृषक मेध की रानी लगती है।' दिनकर के साहित्य में अनेक आधुनिक प्रवृत्तियों के दर्शन होते हैं। उनका साहित्य इसे बखूबी अभिव्यक्त भी करता है। युगबोध को साहित्य के सघन अनुभवों में ढालकर अभिव्यक्त करने के कारण वे अपने युग के प्रमुख उद्‌गाता कवि हैं और राष्ट्रीयता की आत्मा के युगचारण हैं। संग्रह में 'प्रेम का महत्त्व' और 'परहित सरिस धरम नहिं भाई' जैसे रचनात्मक आलेख भी हैं। प्रेम का महत्त्व नामक लेख में प्रेम को वासनारहित बनाकर उसमें उत्सर्ग तथा समर्पण की भावना को महत्त्व दिया गया है। दूसरे आलेख का सम्बन्ध भी प्रेम से है। लेखक के अनुसार, " 'प्रेम के' तन्तु का जितना अधिक विस्तार होता जायेगा परोपकार की भावना भी उतना ही प्रसार पाती जाती है। अतः हमें अपने भीतर विद्यमान प्रेम का विस्तार करना चाहिए इसी में दया, करुणा, उदारता आदि का जन्म होता है और मनुष्य परोपकारी बनता है।" (पृ. 240) 'पर्यावरण प्रदूषण' और 'जातिगत आरक्षण का औचित्य' जैसे निबन्ध इस संग्रह के ज्ञानात्मक फलक को उजागर करते हैं। इस प्रकार पूरा निबन्ध संग्रह ज्ञानात्मक, परिचयात्मक एवं रचनात्मक दृष्टि से महत्त्वपूर्ण बन जाता है। सबसे महत्त्वपूर्ण बात यह है कि इसमें लेखक की भारतीय संस्कृति केन्द्रित दृष्टि उसे विचारधारा विशेष से मुक्त करती है तथा पूरे निबन्ध संग्रह को एक नये समन्वित, संश्लिष्ट एवं समग्र आयाम आलोकित करती है।

प्रोफेसर, हिन्दी विभाग, जयप्रकाश विश्वविद्यालय
छपरा, बिहार

काम की मंगल-महिमा समझाते निबन्ध

हरीश कुमार शर्मा

'वेदना के संवाद' डॉ. कन्हैया सिंह द्वारा लिखे गये ललित निबन्धों का संग्रह है। यह संग्रह ग्रन्थ केन्द्र, आगरा रोड, मैनपुरी से 1978 में प्रकाशित हुआ है। इसमें 9 निबन्ध सम्मिलित हैं, जिनको 'सहज जीवन के नौ ललित निबन्ध' कहा गया है। इलाहाबाद की नैनी सेण्ट्रल जेल में रहकर लिये गये अनुभवों के आधार पर यह पुस्तक रचित है। लेखक ने आपात्काल में जेल में रहते हुए जो बहुत कुछ देखा, सुना, समझा और परखा; उसी की अभिव्यक्ति अपने जीवन से भी जुड़े अनुभवों को मिलाकर इन निबन्धों में की गयी है। काम जीवन की एक तरह से अपरिहार्य आवश्यकता है। उसी से दुनिया आबाद हुई है और उसी में बहुत लोग बरबाद भी हो जाते हैं। अगर यह काम न होता और काम से उत्पन्न आनन्द न होता—मतलब घर, परिवार, सन्तानों के बीच रहने का आनन्द; उनके जीवन को अधिकाधिक सुख-सुविधामय तथा भविष्य को उज्ज्वल, सुखद और सुरक्षित बनाने की चिन्ता न होती तो मनुष्य क्यों इतना उद्यम करता और सृष्टि का ऐसा अकल्पनीय विकास क्यों कर हुआ होता? लेखक की भूमिका में टिप्पणी है—"मैं साधारणतः ऐसे विषय पर नहीं लिखता। पर जेल की अनुभूति इतनी आग्रही बनकर प्रकट हुई कि कलम चलती गयी और कुछ लेख बनते गये। कुछ मित्र इन्हें वैयक्तिक ललित निबन्ध कहते हैं। कुछ इसे अपनी रामकहानी मानते हैं और कुछ मेरी। मेरा कहना है कि यह सब़की रामकहानी है और मैंने अब तक जो कुछ भी लिखा है, उसी के साथ यह 'वेदना के संवाद' अपने पाठकों को समर्पित करता हूँ।"

'वेदना के संवाद' में जो वेदना है वह प्रमुखतः काम-वेदना है। काम-वेदना से उपजी वेदना है। आनन्द और वेदना काम के एक ही सिक्के के दो पहलुओं की तरह हैं। काम में अपार आनन्द भी समाया है तो असीम वेदना भी इसी की देन है। काम की जीवन में कितनी भूमिका होनी चाहिए? हम काम के लिए बने हैं या काम हमारे लिये बना है? काम-वर्जना जीवन में कैसे प्रभाव उत्पन्न करती है और अतिशय काम-भावना कैसे जीवन को हमारे ही नहीं, हमारी भावी पीढ़ियों के भी जीवन को नष्ट होने की ओर ले जाती है। अतः उससे दूर रहकर उस काम को बिल्कुल छोड़ना उचित है या उसे भोगकर सही दिशा में मोड़ना उचित? स्त्री-पुरुष सम्बन्ध कैसे होने चाहिए? घर तथा समाज को चलाने हेतु पत्नी का क्या उत्तरदायित्व हो और पति का क्या? पति-पत्नी में सम्बन्ध

ठीक नहीं हैं तो क्या इसका कारण अकेला पति है या पत्नी भी; या कि परिवारों की भी कोई भूमिका है? और यदि ऐसा है तो इसका निदान क्या है? ऐसे तमाम प्रश्नों पर विचार करने हेतु यह पुस्तक लिखी गयी है और बहुत व्यावहारिक समाधान दिये गये हैं। यह बहुत पठनीय पुस्तक है, माननीय पुस्तक है और आचरणीय पुस्तक है। पूरी पुस्तक की थीम है—सन्तुलन। विचारों-भावों का सन्तुलन, भाषा और शैली का सन्तुलन, गम्भीरता और व्यावहारिकता का सन्तुलन, पाण्डित्य और लालित्य का सन्तुलन, सहजता और सरसता का सन्तुलन—हर तरह से सन्तुलन बनाने का प्रयास इस पुस्तक में किया गया है। दुनिया और दुनियादारी के अपने अनुभवों के आधार पर उन्होंने यह पुस्तक लिखी है। इसलिए इसमें जटिलता, दुरूहता या बोझिलता जैसी चीजों को कोई स्थान नहीं मिला है। लेखक के अनुभव बड़े विपुल और व्यापक हैं, इसलिए इतने उदाहरण विभिन्न क्षेत्रों से जुड़े लोगों के वह दे पाये हैं। इससे उनके सामाजिक व्यक्तित्व का पता तो चलता ही है, इसी से उनकी बातें प्रामाणिक भी अधिक बनती हैं।

काम को उपेक्षित करके तो काम नहीं चल सकता। वह जीवन की एक मूल प्रवृत्ति है। महत्त्वपूर्ण प्रवृत्ति है। अनिवार्य और आवश्यक प्रवृत्ति है। यह तो सबके भीतर होती है। भले ही कोई इसे जला दे और कोई इसे भड़का ले। संसार का विकास-चक्र उस पर अवलम्बित है। प्रश्न यह है कि जीवन में उसकी भूमिका कितनी हो? भारतीय आचार्यों ने जीवन के चार पुरुषार्थ निर्धारित कर दिये और उनमें काम की महत्ता को समझते हुए उसे धर्म और अर्थ से ऊपर तथा मोक्ष से मात्र एक सीढ़ी नीचे रखा। लोग काम-चर्चा से कतराते हैं, घबराते हैं। कन्हैया सिंह जी ने इससे आँखें नहीं फेरी हैं। उसको गौर से देखा है। सूक्ष्म निरीक्षण किया है और गहन चिन्तन किया है। तब कुछ व्यावहारिक निष्कर्षों तक पहुँचे हैं।

डॉ. कन्हैया सिंह के यह लेख आचार्य रामचन्द्र शुक्ल के मनोविकारों के ऊपर लिखे निबन्धों की याद दिला जाते हैं। शैली उनकी कुछ-कुछ कथा-प्रवाचकों जैसी सरल, सुललित और प्रवाहमयी है। इन निबन्धों का विषय भी तो मनोविज्ञान ही है; पर यह व्यावहारिक मनोविज्ञान है। इसलिए भाषा भी व्यावहारिक है। शुक्ल जी के यहाँ ठोसपना कुछ अधिक है, यहाँ भाव और भाषा की तरलता है। सरल भाषा में सहज भाव में व्यक्त हुए हैं। बातचीत का अन्दाज उन्होंने इन निबन्धों में अपनाया है। भाषा भी जन-मन के अनुकूल और उदाहरण भी जनजीवन से ऐसे लिये गये हैं कि जिनका सन्दर्भ भी देने की कोई आवश्यकता न पड़े। वाक्य छोटे-छोटे होने से विचार उलझे हुए नहीं दिखायी देते। सहज हृदयंगम होते हैं। कथावाचक जैसे बात-बात में दृष्टान्त देकर अपनी बात को सरस बनाते चलते हैं और उसी के बीच में गम्भीर बातें भी दर्शकों के हृदय में प्रक्षेपित करते रहते हैं, ऐसे ही कन्हैया सिंह जी उदाहरणों और उद्धरणों के प्रयोग द्वारा विचार को बोझिल नहीं होने देते। इससे वह पाठक पर भार बनकर उसे दबाता नहीं है, अपितु सहज गति से उसे आगे यात्रा करने देता है।

पुस्तक में पहला निबन्ध 'सहज जीवन' है। सहज शब्द जितना सहज है, उसका सही अभिप्राय और अनुपालन उतना ही कठिन। जीवन में हर आदमी दुःखी है। फिर जीवन को आनन्दमय कैसे बनाया जाये? धनी भी धन की और अधिक चाहना से दुःखी है और निर्धन का दुःख अगर धन है तो इसमें तो कोई बात ही नहीं। जिनकी पत्नियाँ पढ़ी-लिखी नहीं हैं, वे भी; और जिनकी पढ़ी-लिखी हैं, वे भी दुःखी सब हैं अपने-अपने कारणों से। कोई सन्तान न होने से दुःखी है तो कोई सन्तानों के नालायक निकल जाने से। कोई खाली है, इसलिए दुःखी है और कोई काम के बोझ से दबा जाने से दुःखी है। मतलब यह है कि यह विरोधाभास सर्वत्र है। वे लिखते हैं—"जीवन विरोधों का एक अबाध चक्र है और चक्र चलता रहता है।... जीवन के इस

विरोध धर्म को समझना आवश्यक है।... जीवन के जिन बाह्य विरोधों की बात मैंने कही है, वैसे ही अन्तर्विरोध भी हमारे भीतर हैं।..'' (पृ. 11) विचित्र-विचित्र रुचियों और स्वभावों के लोगों से संसार भरा हुआ है। ऐसे ही हमारा मन भी अनेक परस्पर विरोधी भावों का आधार है। निर्बाध भोग पर रोक, समय से पहले अपनी खराब आदतों के प्रति सावधान होना सहज जीवन के लिए आवश्यक है—फिर चाहे वे शराब-सिगरेट पीने, तला-भुना खाने से जुड़ी हों, चाहे अपव्यय या अत्यधिक स्त्री-संसर्ग से या किसी और रूप में हों। वे कहते हैं—''अतः वक्त से पहले हमें सावधान होना चाहिए। हमारी खराब आदतों के प्रारम्भिक परिणाम घण्टों देते हैं सावधान होने के लिए। पर हम सुनकर भी अनसुना कर देते हैं। पहले हम आदतों को पकड़ते हैं। पर बाद में आदतें ही हमें पकड़ लेती हैं। एक बार आदतों द्वारा पकड़ लिये जाने पर फिर सहजता हमारे लिये दूर की चीज हो जाती है।'' (पृ. 15)

दूसरा निबन्ध 'काम निरसन' शीर्षक से है। दो प्रश्नों को लेकर इस लेख में वे आगे बढ़े हैं—एक तो यह कि काम-भावना का सर्वथा त्याग या उससे विरक्ति क्या सम्भव है? दूसरा यह कि क्या जीवन के लिए ऐसा करना उपयोगी है? और, अन्त तक जाते-जाते दोनों के उत्तर न में आते हैं। आरम्भ में ही वे लिखते हैं—''यह नहीं भूलना चाहिए कि काम-भावना मनुष्य की अत्यन्त प्रबल वृत्ति है। इसमें बड़ी शक्ति है। जीवन के लिए यह एक वरदान है। आदमी के जिन्दा रहने और अथक परिश्रमपूर्वक काम करने के लिए इसकी ही मूक प्रेरणा कार्यरत होती है।'' (पृ. 18) आँख, कान, जीभ, नाक और त्वचा—इन पंचेन्द्रियों को ही वे कामदेव के पंचशर बताते हैं, जिनसे हम काम-भोग करना चाहते हैं या करते हैं। शिव के तीसरे नेत्र को विवेक से जोड़ते हैं, जिससे अवांछित काम-भावना को जलाया जा सकता है। शिव और नारद का उदाहरण वे काम की प्रबलता को समझाने के लिए भी सामने रखते हैं कि एक ने काम को जला दिया, फिर विवाह भी किया। दूसरे ने काम को परास्त किया, लेकिन फिर भी विश्वमोहिनी के चक्कर में आखिर उलझे ही।

अतिशय और अनावश्यक काम-भावना भले बुरी मानी जाती हो, पर काम हीनता या काम-शून्यता भी अच्छी नहीं मानी जाती। काम, जीवन के चार पुरुषार्थ में से एक है। मतलब जीवन को सन्तुलित बनाने में इसकी भी बड़ी भूमिका है। इसलिए वे एक व्यावहारिक प्रश्न उठाते हैं—''कल्पना कीजिये कि हमारे अन्दर कामोत्तेजन है ही नहीं।... हमें कैसा लगेगा?... हम गर्व से कह सकेंगे कि हमारे अन्दर कामोत्तेजना है ही नहीं ?...'' (पृ. 20) चार पुरुषार्थों में से अर्थ को धर्म से और काम को मोक्ष से नियन्त्रित करना उचित माना गया है। वे स्पष्ट करते हैं—''काम को मोक्ष से जीतना माने क्या? काम पर हमारा नियन्त्रण हो, काम के नियन्त्रण में हम न रहें। काम हमारे सुख का साधन है, हम काम के सुख-साधन न बनें। काम हमारे लिए हो, हम काम के लिए न हों।'' (पृ. 21)

गलतियाँ व्यक्ति करता है। किन्हीं विशेष क्षणों में कभी बहक जाना कोई बहुत अनहोनी बात नहीं। पर गलती में और आदत बना लेने में अन्तर है। इस सन्दर्भ में वे अहल्या के प्रसंग से प्रासंगिक कूलों (कैजुअल लैप्सेज) और ललक (क्रेज) की चर्चा करते हैं। लिखते हैं—''कुछ भी करना पाप नहीं है, पर ऐसा कुछ करने की आदत बन जाना जो अपने खुद के शरीर, मन और समाज के जीवन के लिए हानिकर हो, पाप हो जाता है। थोड़ा-बहुत पाप तो सब करते हैं, पर पाप का सिर पर सवार हो जाना ठीक नहीं।'' (पृ. 21) कभी कहीं किसी दुर्बलतावश फिसल जाना प्रासंगिक भूल है, जिसको पश्चात्ताप या भूल-सुधार करने पर क्षमा भी किया जा सकता है। पर अगर कोई काम का दीवाना हो गया हो या उसने इसे अपनी आदत बना लिया हो, तो

फिर तो उसे दुष्परिणाम भोगने ही पड़ते हैं—सामाजिक भी, वैयक्तिक भी। इसके लिए वे कुसंगति को बहुत हद तक उत्तरदायी ठहराते हैं और कई उदाहरण देकर इसके दुष्परिणामों का उल्लेख करते हैं। सबसे बड़ा तो दुष्परिणाम यह कि यह भावी पीढ़ियों को प्रभावित करता है—"आप यह निश्चय जानें कि आपका गुणधर्म आपकी सन्तानों में अवश्य संक्रमित होगा।"

जीवन को यदि सुख से जीना है तो सन्तुलन बनाना सीखना होगा। "हमें जीवन के इस पहलू को अच्छी प्रकार से समझना होगा के हमें उतना ही खाना चाहिए, जिससे हम काम कर सकें, जी सकें। अधिक खाना हानिकर है। उसी प्रकार काम-भावना की तृप्ति से हमें उतना ही अपने को लगाना चाहिए, जितना शरीर-धर्म के लिए आवश्यक हो। ऐसा न करने पर शरीर ही नष्ट हो जाता है। काम की अति से मनुष्य इतना निर्बल भी हो जाता है कि वह उस 'काम' के लिए भी अयोग्य हो जाता है।..." (पृ. 25) कुल मिलाकर लेख का निष्कर्ष यह है कि, "काम को सीमित करना है, छोड़ना नहीं है। भूल हो गयी तो चिन्ता नहीं, पर उसे ही अपना धर्म बनाना, आदत बनाना, ललक या क्रेज बनाना ठीक नहीं। इसलिए नहीं कि आप को मुक्ति मिलेगी या पाप नहीं लगेगा, बल्कि इसलिए कि इसी ढंग से अधिक-से-अधिक काम का सुख पा सकेंगे और आपका सांसारिक जीवन सुखमय बन सकेगा।" (पृ. 25)

तीसरे निबन्ध का शीर्षक 'अतिवाद से मुक्ति' है। इसमें भी काम-भावना ही केन्द्र में है। यह एक प्रकार से पिछले लेख का विस्तार जैसा ही है, जिसमें अति से बचने और आवश्यकतानुसार उपभोग की सीख दी गयी है। अपनी-अपनी लालसाओं के अनुसार लेखक तीन तरह के प्रेमी मानते हैं—'चाम के, दाम के और काम के।' यह लालसाएँ या आसक्तियाँ ही जब अतिशय रूप में हमारे मन में प्रबल होने लगती हैं, तभी समस्या होती है। अनेक उदाहरण देकर लेखक बताते हैं कि इनसे बचने के लिए एक अच्छा उपाय है मन को अन्यत्र व्यस्त कर लेना। कहते हैं—"अतः अपने दायित्व का बोध स्वीकारना और उसे कर्त्तव्य-पथ पर पूर्ण रूप से नियोजित करना सन्तुलित जीवन के लिए आवश्यक है।" (पृ. 28) कुछ लोग अपनी कामुकता की झूठी-सच्ची डींगें हाँकते रहते हैं। लेखक कहते हैं—"कामुकता पुंसत्व की निशानी नहीं है। पुंसत्व का लक्षण तो शीघ्र न विचलित होना ही है और इसी का अभ्यास करना चाहिए।" (पृ. 33) इस लेख में वे समाधान भी आखिर में यही देते हैं—"अपने को काम में लगाइये। खाली मत रहिये। तभी काम से मुक्ति मिलेगी। वरना न आप इस काम के होंगे न उस काम के।" (पृ. 41)

किसी भी गलत काम की शुरुआत भले किसी दबाब या मजबूरी के तहत होती हो, पर वह व्यक्ति को अन्ततः कमजोर ही करती है—मानसिक रूप से भी और शारीरिक रूप से भी। फिर जब वह आदत में बदल जाती है तो उससे छुटकारा पाना कठिन होता जाता है और वह जीवन को नष्ट ही करके छोड़ती है। काम और वासना का आपस में घनिष्ठ सम्बन्ध बताते हुए वे वासना के विविध रूप मानते हैं और सुझाते हैं—"अतः वासना के विविध रूपों में सामंजस्य-स्थापन की आवश्यकता है। वासनाओं में कुछ निचले स्तर की हैं और कुछ ऊपरी स्तर की। उनका अन्तर कैसे होता है। जो वासनाएँ हमें पंगु बनाती हैं, हमारे कार्य की गति को अवरुद्ध करती हैं। हमारे स्वास्थ्य को गिराती हैं, हमें झूठ आदि की आदत में फँसाती हैं वे निम्नगामी हैं। जो हमें इसके विपरीत कर्म की प्रेरणा देती हैं, श्रेष्ठ गुणों का निर्माण करती हैं वे उच्च वासनाएँ हैं।" (पृ. 31-32) अन्ततः निष्कर्ष रूप में लेखक का सन्देश है—"..शौक कम कीजिये मारपीट का या अबाध कामोपभोग का। यह मार्ग अतिवादी और कष्टकारक है। समझौते का मार्ग ग्रहण कीजिये। वही सुख का विधान करेगा।" (पृ. 34)

पुस्तक में एक लेख 'वर्जना या विरक्ति' नाम से है। वे मानते हैं कि एक सीमा से अधिक वर्जना भी व्यक्ति के लिए हानिकारक है। दो आलोचकों का उदाहरण वे इसके लिए देते हैं कि एक आलोचक के लेखन में अकेलेपन के चलते रुक्षता आ गयी थी और दूसरे अविवाहित थे, पर वृद्धावस्था तक उनमें विवाह की ललक बनी रही। लिखते हैं—"काम भाव मनुष्य को चिड़चिड़ा बना देता है; क्रोधी बना देता है, असामान्य बना देता है।" (पृ. 35) बचपन से ही वैरागी बननेवालों साधु-सन्तों में से ढोंगियों और पाखण्डियों से भी उनका पाला पड़ा है और जिनका जीवन कर्म और वाणी से पवित्र है, उनको भी निकट से देखने का अवसर उन्हें मिला है। यहाँ वे फ्रायड के सिद्धान्त से कुछ हद तक अपनी सहमति जताते हैं। तथा अत्यधिक वर्जना को कुण्ठा की ही अभिव्यक्ति मानते हैं। कहते हैं—'भागना तो स्वयं कुण्ठा है, सबसे भयंकर कुण्ठा है।' (पृ. 38)

वस्तुतः वर्जना दबाव से होती है, इसलिए उसके परिणाम सदा अच्छे नहीं आते। विरक्ति स्वाभाविक होती है। भीतर की इच्छा से होती है। कोई दबाव नहीं, इसके लिए आभ्यान्तरिक प्रेरणा काम कर रही होती है। इसलिए वह अधिक सफल होती है, बशर्ते कि वह वर्जनाओं के दबाव से दिखावे के लिए न हो। विरक्ति होने से बाह्य वर्जनाओं की आवश्यकता ही नहीं पड़ती। विरक्ति, व्यक्ति में कभी भी पैदा हो सकती है—भोग की चरम दशा को प्राप्त करने के बाद भी। बड़े-बड़े भोगी भी कभी-कभी विरक्त हो जाते हैं। तुलसी, रसखान, कालिदास आदि का वे उदाहरण भी देते हैं।

पौराणिक, धार्मिक पात्रों एवं घटनाओं का यथास्थान प्रयोग करते हुए उनकी नयी-नयी व्याख्याएँ भी उनके निबन्धों में होती चली जाती हैं। इस निबन्ध में भी वे इन्द्रियों को इन्द्र से जोड़कर उनके भोग-लिप्सा के धर्म को स्पष्ट करते हैं—"...सब-कुछ पाकर भी अतृप्ति और असन्तोष। यही इन्द्र-धर्म है और यही इन्द्रिय-धर्म भी है। अतः इससे सजग रहना है। पाते जाने की ललक सन्तोष नहीं प्रदान कर सकती। बल्कि छोड़ते जाने की वृत्ति सन्तोष देती है। पाने को छोड़ने से ही सन्तुलन बनता है। पाने और छोड़ने का यही सन्तुलन जीवन का सच्चा सन्तुलन है। जिसने पाया ही नहीं, वह छोड़ेगा क्या?.." (पृ. 38)

एक निबन्ध का शीर्षक 'पति-पत्नी' है। स्पष्टतया इसमें पति-पत्नी सम्बन्धों पर विचार किया गया है। पति-पत्नी के सम्बन्धों में कटुता के अनेक कारणों में से एक सर्वप्रमुख कारण है, उनके विचारों का न मिलना। इसके भी अनेक कारण हैं जिनमें से अनमेल विवाह एक बहुत महत्त्वपूर्ण कारण है। इसीलिए लेखक आरम्भ में ही प्रेम-विवाह का समर्थन करते हैं और अल्पायु विवाह का विरोध करते हैं। अनमेल विवाह मात्र आयु के अत्यधिक अन्तरवाले ही नहीं होते हैं जैसा कि इनसे तात्पर्य लिया जाता है। परिवारों की स्थितियों एवं आचार, विचार, संस्कारों में बहुत अन्तर भी इसी के अन्तर्गत आते हैं। इस तरह से शिक्षित पति की अशिक्षित या अल्पशिक्षित पत्नी तथा शिक्षित या अतिशिक्षित पत्नी का अल्प शिक्षित या अशिक्षित पति, अनमेल विवाह के अन्तर्गत ही आयेंगे। इसी तरह से दोनों यदि नौकरीशुदा हैं तो दोनों के पदों में अन्तर या पारिवारिक पृष्ठभूमि तथा परिस्थितियों में अन्तर इत्यादि भी अनमेल विवाह के कारण होते हैं। ऐसी स्थितियों में दोनों की समझदारी ही परिवार को बचा सकती है, अन्यथा उलझनें तो प्रायः होती ही हैं, भले वे दानों पक्षों की समझदारी से सुलझ जायें या एक पक्ष अथवा दोनों पक्षों की हठधर्मिता तथा नासमझी की वजह से सम्बन्ध टूटने का कारण बन जायें। हमारे देश में विवाह से पहले वर-वधू की कुण्डलियाँ मिलाने का रिवाज है और सामाजिक-आर्थिक हैसियत भी। कन्हैया सिंह जी लिखते हैं—"क्या शादी से पहले माता-पिता को कुण्डली मिलाने और दहेज का सौदा करना ही काफी होता है या होनेवाले पति-पत्नी के स्वभाव, रुचि-प्रकृति की भी जानकारी आवश्यक होती है?" (पृ. 47)

पुरुष और स्त्री को लेकर सामाजिक संस्कार भी पति-पत्नी सम्बन्धों के समान धरातल पर प्रतिष्ठित होने में बाधा बनते हैं। समाज की एक कड़वी सच्चाई वे अपने लेख में बयान करते हैं—''पत्नियों के प्रति पुरुष का दृष्टिकोण जितना उदार होना चाहिए, वह नहीं बन पाया है। वह उसे केवल अपनी काम-तृप्ति का बिछौना समझता है और अपनी सारी इच्छाओं को उस पर लादना चाहता है।'' इसका दुष्परिणाम क्या होता है—''इसमें सन्देह नहीं कि नारी में अपार सहनशक्ति होती है, पर कभी-कभी सीमाओं का अतिक्रमण होने पर उसका भी विकराल रूप देखने को मिला है। यदि ऐसा नहीं हुआ तो वह भीतर-ही-भीतर नाना प्रकार की कुण्ठाओं से ग्रस्त हो जाती है। उसकी कुण्ठाएँ उसके लिए अनेक रोगों का कारण तो बनती ही हैं, उसकी सन्तानों पर भी इसका कुप्रभाव पड़ता है।..'' (पृ. 49) परिवार में सामंजस्य बैठाने के लिए और पति-पत्नी सम्बन्धों को स्वस्थ बनाये रखने के लिए आवश्यक है कि दोनों का मन मिले। इसके लिए वे मानते हैं कि दोनों को परस्पर आत्मीयता, स्नेह एवं विश्वास पैदा करना पड़ेगा। आपस में निश्छल होना पड़ेगा।

'दायित्व-बोध' निबन्ध में पारिवारिक जीवन को सुखमय बनाने के लिए आवश्यक सूत्र दिये गये हैं। इनमें सबसे मजबूत सूत्र है—पति-पत्नी के बीच का प्रेम, आपसी विश्वास और अपने-अपने दायित्व का सम्यक् निर्वाह। अगर पुरुष गृहस्थी को उपेक्षित करता है तो अकेले पत्नी के प्रयासों से घर में सुख-शान्ति नहीं आ सकती। घर में सब सुख-सुविधाएँ हों, पर पति-पत्नी के बीच में प्रेम न हो तो सब निस्सार! ''प्रेम धन नहीं चाहता, ऐश्वर्य नहीं चाहता, प्रतिष्ठा नहीं चाहता, वह तो चाहता है मन-से-मन का सान्निध्य, आत्मा-से-आत्मा का मिलन, प्राणों-से-प्राणों का बन्धन और साथ ही तन की निकटता भी। पर तन की निकटता गौण है। मुख्य बात है आन्तरिक एकसूत्रता की।'' (पृ. 54)

असल में यह निबन्ध विशेषकर उन लोगों को दायित्व-बोध कराने के लिए लिखा गया है जो घर में पत्नी की तो उपेक्षा करते हैं और बाहर मुँह मारते फिरते हैं। प्रेम और विवाह की परिस्थितियों में बड़ा अच्छा अन्तर वे बताते हैं—''प्रेम में घर फूँक तमाशा देखने का बड़ा रिवाज है, पर विवाहवाले प्रेम में घर बसानेवाले रिवाजों का पालन करना है।'' (पृ. 54) घर तो तभी बसेगा और बनेगा, जब कि घर को चलानेवाले दोनों पहिए तालमेल के साथ अपनी सही चाल चलेंगे। प्रेम आपको तभी मिलेगा, जब किसी को देने को भी तैयार होंगे। लोग कहते हैं कि प्रेम तो देने का नाम है, पाने का नहीं। मतलब वहाँ पाने से भी अधिक देने का महत्त्व होता है। पर इस विचार का उन्होंने बड़ा अच्छा विश्लेषण किया है—''प्रेम में देने की प्रबलता तो तीव्र होती है, पर पाने की आकांक्षा से। पहले देते समय प्रेमी चाहता कम है पर धीरे-धीरे वह चाहने लगता है। कम-से-कम वह विश्वास और ईमानदारी तो चाहता ही है।'' (पृ. 55)

एक पत्नी पति से क्या चाहती है उसका स्वावलम्बन, अपने तथा अपनी गृहस्थी के प्रति समर्पण तथा एकाधिकार। आप उसे एकाधिकार देकर ही उस पर एकाधिकार प्राप्त कर सकते हैं। वास्तव में तो पति का पत्नी पर अधिकार तभी होता है, जब वह उसके प्रति अपने कर्त्तव्यों का पालन भी करे। लेखक कहते हैं कि ''यदि आपने कर्त्तव्यों का निर्वाह नहीं किया तो आप अधिकार भी खो देंगे।'' (पृ. 60) व्यक्ति जीवन भर चाहे कुछ भी कर ले, लेकिन वृद्धावस्था की असमर्थता में अन्ततः घर की ही याद आती है और वही पत्नी उसे तब सँभालती है जिसे उसने जीवन भर उपेक्षित किया। अगर उसके साथ जीवन भर प्रेम के सम्बन्ध रहे तो वह किसी भी अवस्था में मन से पति का साथ देगी अन्यथा दायित्व-निर्वाह तो करेगी ही। पत्नी के रहते पति भले उसे घर की मुर्गी दाल बराबर समझता रहे और उसका महत्त्व ठीक से नहीं समझे, पर

उसकी असल आवश्यकता तो उसके अभाव में ही महसूस होती है। कन्हैया सिंह जी लिखते हैं—"एकाकी जीवन बड़ा सूना होता है। उस सूनेपन को भरने का काम पत्नी ही कर सकती है।... साथ और साहचर्य इतना आवश्यक होता है, यह वही ठीक प्रकार से बता सकता है जिसे यह न मिला हो। अथवा जिसे मिलकर भी अलगाव की अनुभूति हुई हो।" (पृ. 59) घर में पत्नी ही पति के जीवन-मरण की साथी होती है। समय प्रतिकूल होने पर सन्तानें भी आँखें फेर सकती हैं। इसलिए लेखक लेख के अन्त में कहते हैं—"अतः आप अपनी गृहिणी को, पत्नी को अपनाइये। उसे एकाधिकार प्रदान कीजिये और एकाधिकार प्राप्त कीजिये। तब आप देखेंगे कि धीरे-धीरे वातावरण बदल रहा है और आपका घर स्वर्ग बन रहा है।" (पृ. 61)

लेखक ने अपने प्रायः सभी निबन्धों में पुरुषों को ही उनका धर्म समझाया है, परन्तु यह निबन्ध नारी को उसका धर्म समझाने के लिए लिखा गया है। यद्यपि इसमें भी वे पुरुषों को नसीहत देने से नहीं चूके हैं। 'नारी-धर्म' निबन्ध का उत्तरार्द्ध कुछ परम्परागत बातों पर आधारित है। इसलिए शायद इनमें से कुछ बातें नारीवादियों के गले न उतरें। यद्यपि उन्होंने काफी सन्तुलन बनाने की कोशिश की है। स्त्री-पुरुष के बीच के सही और सन्तुलित सम्बन्धों पर ही सारे विश्व के विकास और संचालन की दिशा निर्भर है। त्याग स्त्री के हिस्से अधिक आता है। अतः वह पुरुष की ओर से अधिक उत्तरदायित्व की अधिकारिणी होती है तथापि गृहस्थी को चलाने और निभाने का उत्तरदायित्व भी उसी के हिस्से अधिक आ जाता है। पति-पत्नी दोनों कामकाजी होने पर भी घर की जिम्मेदारी पत्नी के ही सिर अधिक पड़ती है। पत्नी का पति की प्रतीक्षा में भूखी बैठी रहना, पति के सारे काम करना और पति द्वारा कोई घर का काम कर लिया जाना समाज की दृष्टि में हेय माना जाना, पुत्र की पहचान पिता से होना—लेखक इन सबसे अपनी असहमति प्रकट करते हैं। अब न पिता के साथ कहीं-कहीं माँ का नाम भी लिखा जाने लगा है, नहीं तो पहले तो हर जगह पिता का नाम ही पूछा-लिखा जाता था। 'केवल माँ का नाम लेना तो दूर रहा, बाप के साथ भी उसका नाम नहीं लिया जाता था।" (पृ. 64)

पत्नी को नये घर में तालमेल बनाना पड़ता है। अपनी और अपने मायकेवालों की हर तरह की बुराई को मुँह बन्द करके सुनना पड़ता है। अन्यथा, जबाब दे दिया तो 'तेज' कहलाने की बदनामी उसे मिलती है। पत्नी के न रहने पर पति को पुनर्विवाह का हक, पर पति के न रहने पर पत्नी को नहीं। विधवा-विवाह के सम्बन्ध में वे कहते हैं—"यद्यपि होना उल्टा चाहिए था। पुरुष तो बिना विवाह के भी चल सकता है, चला सकता है। नारी को तो सहारा चाहिए। बिना सहारे के लता, पण्डित और वनिता की शोभा नहीं होती।" (पृ. 65)

सारी स्त्रियाँ भी एक जैसी नहीं होतीं। कुछ घरों में वातावरण स्त्रियों की वजह से भी कलहग्रस्त होता है। पत्नी को अगर पति फूटी आँखों नहीं सुहाता है या उसकी अनुरक्ति पहले से ही कहीं और है, तब तो उस पति और उसके घर का भगवान ही मालिक। अन्यथा, पत्नी पति पर एकाधिकार तो चाहती ही है। कभी-कभी एकाधिकार के चक्कर में पत्नी पति को पूरे परिवार से काट देना चाहती है। सबसे बड़ी प्रतिद्वन्दिता उसकी सास के प्रति होती है। इस निबन्ध में उन्होंने स्त्रियों को भी अच्छी-खासी नसीहत दी है। कहते हैं—"उसे सोचना चाहिए मातृत्व के उस लगाव और प्रेम के बारे में जो उसे अपने पुत्र के प्रति है।" नारी-धर्म के सम्बन्ध में वे तीन परम्परागत चीजों में से पहली दो पर अधिक जोर देते हैं—पति को भगवान मानना, पर पुरुष की ओर नहीं देखना तथा सास-ससुर की सेवा करना। पहले गुण के सम्बन्ध में कहते हैं—"पत्नी को भी इसी रूप में पति को भगवान मानना चाहिए। उसके गुण की पूजा तो करती ही है; उसके दुर्गुणों के प्रति भी सहानुभूतिपूर्वक विचार करना चाहिए।

यह सहानुभूति उसके दुर्गुण समाप्त करा सकती है।'' (पृ. 67) अगर पति अपनी पत्नी को साथ नहीं रख रहा है तो दोनों में प्यार कैसे होगा? ''पति-पत्नी साथ रहते-रहते क्यों नहीं प्यार करने लगेंगे। पर कहीं खामी है, जो बात बनने नहीं दे रही है और वह खामी यदि पत्नी में है तो उसे अपने को ठीक करना पड़ेगा।'' (पृ. 69)

अन्य लेखों में जहाँ पति को पत्नी की बहुत-सी इच्छाओं, भावनाओं का खयाल करते हुए गृहस्थी में उत्तरदायित्व बँटाने और पत्नी से सहानुभूतिपूर्ण बर्ताव की बात उन्होंने की है, तो इस लेख में पत्नी के उत्तरदायित्व बताये हैं—''मेरा कहना है कि यदि पत्नी अपने पति को अपने इशारों पर नचाना चाहती है तो उसे पहले अपने पति के इशारों पर नाचने का अभ्यास करना होगा।'' (पृ. 71) लेखक की ऐसी सलाहें शायद आधुनिक दौर की स्त्रियों तथा स्त्री-विमर्शकारों को नहीं पचें—''उसे फैसला करना होगा कि उसे पति प्रिय है अथवा कलह। यदि पति सचमुच प्रिय है तो वह माता-पिता की बातें कौन कहे, उनके लात-घूँसे भी खाकर आह नहीं भरेगी। सब-कुछ सहकर भी वह कलह को बचायेगी।'' (पृ. 70)

'वासना और प्रेम' निबन्ध में काव्यात्मक-सी भाषा में लेखक ने दोनों का अन्तर समझाया है। लिखते हैं—''वासना उस चंचल द्रव की धारा के समान है, जिस पर प्रेम की भित्ति कभी बन नहीं सकती। वासना वह मरुभूमि है, जहाँ प्रेम-तृण अंकुरित ही नहीं हो सकता। दोनों के दो छोर हैं—वासना पाना चाहती है और प्रेम देना चाहता है।'' वह ''मन की भूख को प्रेम और तन की भूख को वासना कहते हैं।'' (पृ. 72) प्रेम का लक्षण बताते हुए कहते हैं—'तादात्म्य प्रेम भावना की पराकाष्ठा है।' इस तरह वासना और प्रेम में अन्तर तो है, परन्तु दोनों का सहयोग-सम्बन्ध भी है। प्रेम में भी कहीं-न-कहीं प्रीति-पात्र के करीब जाने या उसकी करीबी पाने की वासना तो होती है, क्योंकि 'प्रेम निकटता का अभिलाषी होता है, दूरी का नहीं।' (पृ. 80) और 'कोई प्रेम बिना वासना के सम्भव ही नहीं होता।' (वही) ''इसलिए वासना-वासना कहकर जीवन के सहज धर्म को नकारने की अपेक्षा उसे उत्सर्ग एवं समर्पण भावना से उस ऊँचाई तक पहुँचाने का प्रयास करना चाहिए जहाँ पहुँचकर वह कह सकता है—रसो वै सः। वह वाणी से ही नहीं, अपनी कर्म-शक्ति से यह प्रकट कर सके कि प्रेम ही परमात्मा है और परमात्मा ही प्रेम।'' (पृ. 81)

'आप चिन्ता न करें' यह एक बहुप्रचलित कथन है। इसी को लेकर यह पूरा निबन्ध 'चिन्ताः अपनी और परायी' रचा गया है। 'चिन्ता न करें' यह कथन जब तक सिर्फ बाह्य रूप में रहता है, शब्दों के रूप में रहता है; तब तक इसका कोई विशेष परिणाम नहीं होता। पर जब सचमुच इसमें अपनापन समाया रहता है तब यह प्रभावी भी होता है और इसे कहने की भी जरूरत नहीं पड़ती है। लेखक के अनुसार, ''चिन्ता का चाह से सम्बन्ध है। अतः जब तक चाह है, चिन्ता भी रहेगी। चाह खत्म होने पर ही चिन्ता खत्म हो सकती है।'' ''यह चिन्ता सदैव बहुत बुरी चीज ही नहीं होती। यह मार भी सकती है पर मरते हुए को जिला भी सकती है। आत्म-चिन्ता तो घातक परिणाम करती है पर दूसरे की चिन्ता हृदय को विस्तृत करती है और निश्चय ही चिन्तामुक्त करने का कारण बनती है यदि दूसरे को अपना बनाकर चिन्ता की जाये।...'' (पृ. 91)

चिन्ता के दो प्रमुख रूप हैं—एक अपने लिये और दूसरा परायों के लिए। लेकिन लेखक मानते हैं कि हम दूसरों की नहीं, या तो सिर्फ अपनी चिन्ता करते हैं या जिन्हें अपना समझते हैं उनकी करते हैं। दूसरा भी जब अपना बन जाता है तब उसका दर्द हमारे भीतर उतर आता है और उससे अधिक हम उसकी पीड़ा का अनुमान करते हैं। यहाँ तक कि व्यक्ति कई बार इसके कारण अपनों को अपनी पीड़ा बताना तक नहीं चाहता कि इससे वे 'चिन्ता करेंगे'। लेखक के

अनुसार, "कोई दूसरे की चिन्ता नहीं करता। सबको अपनी-अपनी चिन्ता है। जब तक आदमी किसी को 'दूसरा' मानता है कभी उसकी चिन्ता नहीं करता। जब उसे 'अपना' बना लेता है तभी से उसकी चिन्ता में निमग्न होना शुरू कर देता है। यह अपनापन अपने घर-परिवार के दायरे में भी होता है और उसके बाहर भी पहुँचता है।" इस निबन्ध के अन्त में वे सन्देश देते हैं—"...अतः आपसे मेरा निवेदन है कि आप चिन्ता से घबराइये मत। चिन्ता कीजिये-दूसरों की। अपनी ही चिन्ता में लीन रहकर दूसरों को उपदेश की घुट्टी मत पिलाइये कि, 'आप चिन्ता न करें।'

इस प्रकार हम देखें तो डॉ. कन्हैया सिंह जी ने अपने इन निबन्धों में जीवन से जुड़े कुछ महत्त्वपूर्ण विषयों पर रम्य शैली में विचार किया है और पाठकों को विचार करने के लिए प्रेरित किया है। असल में यह 'काम' की बात के निबन्ध हैं, जिनमें 'काम' के सम्बन्ध में बड़ी काम की बातें बतायी गयी हैं। पुस्तक में अधिकतर स्थलों पर सूत्र शैली अपनायी गयी है, इसलिए सूक्तियों का भी यथास्थान निर्माण सम्भव हो सका है। ऐसी ही कुछ सूक्तियाँ द्रष्टव्य हैं— 'खूबसूरत चीजों को देखने की आसक्ति वासना है।' 'प्रेम के साथ वासना या आसक्ति का चोली-दामन का साथ है।' 'अत्यधिक वर्जना भी कुण्ठा की अभिव्यक्ति होती है।' 'आदमी का सच्चा प्यार ही तो ईश्वर के प्रेम में बदलता है।' 'पाने को छोड़ने से ही सन्तुलन बनता है।' 'कल्पना के स्वप्न अपने जीवन की यथार्थ भूमि पर आकर बिखर जाते हैं।' छोटे-छोटे प्रवाहपूर्ण वाक्य कहीं भाव-विचार को गाम्भीर्य से सम्पन्न करते हैं तो कहीं उसे सहज बनाते हैं। यथा—"कामेच्छा की तृप्ति करो, पर उसी में फँसो मत। वह बे-अन्त है बेइन्तिहा है। उम्र की बात नहीं है। मनुष्य वृद्ध हो जाता है पर कामनाएँ जवान रहती हैं। कभी उम्र से लोग जवान रहते हैं पर कामनाओं के उपयोग के लिए बूढ़े हो जाते हैं।" (पृ. 32) अथवा "आदमी का सच्चा प्यार ही तो ईश्वर के प्रेम में बदलता है जिसने आदमी को प्यार नहीं किया वह भगवान को क्या प्यार करेगा?"

पुस्तक में लिखे गये निबन्ध पुरुष पक्ष की ओर से लिखे गये निबन्ध हैं। इसका अभिप्राय यह नहीं कि पुरुषों का अनुचित पक्ष लिया गया है, अपितु उनके अनुचित पक्ष को उजागर किया गया है। सारे लेख पुरुष पक्ष से हैं, अतः एक लेख को छोड़कर सारी नसीहतें भी पुरुषों को ही दी गयी हैं। कारण यह है कि व्यक्ति अपने अनुभवों के आधार पर लिखता है और यह भारतीय समाज का सच है जिसे लेखक ने अपनी आँखों से देखा है और कानों से सुना है। जिसमें कि पुरुषों को उन्मुक्त गगन का पक्षी और पत्नी को पिंजरे में बन्द चिड़िया की तरह पाया है।

इन निबन्धों में कन्हैया सिंह जी ने भाषा सरल तो रखी ही है, उसकी शुद्धता का भी ध्यान रखा है। हिन्दी में अनावश्यक उन्होंने दूसरी भाषाओं के शब्दों का प्रयोग नहीं किया है। इसका मतलब यह नहीं है कि उन्होंने एकदम अन्य भाषाओं के शब्दों से परहेज किया है। यथा-आवश्यक उर्दू एवं अंग्रेजी के शब्दों का प्रयोग हुआ है। पर कई स्थानों पर ऐसे नमूने भी उनके निबन्धों में प्राप्त होते हैं जहाँ हिन्दी अपने शुद्ध एवं परिष्कृत रूप में दिखायी देती है, फिर भी वह आमफहम है। ऐसा एक उदाहरण उनकी भाषा से देखें- "हमें सुख में ही दुःख का अभ्यास करना है। मिले हुए भोग को भी सन्तुलित भोगना है। सुन्दर कोमल सेज होने पर भी समय-समय पर कठोर सेज पर सोने का अभ्यास करना है। हमें अपना अभ्यास ऐसा बनाना है कि इस जीवन के सागर से हम उतना ही लेंगे, जितनी हमें आवश्यकता है। यदि हम यह अभ्यास कर सकें तो हम सहज जीवन जी सकेंगे और जीवन किसी भी परिस्थिति में हमारे लिये भार नहीं हो सकेगा।" (पृ. 17) भाषा में बिना किसी अन्य भाषा के शब्दों की अनावश्यक घुसपैठ किये भी उसको शुद्ध और सरल बनाये रखा जा सकता है, यह इन निबन्धों से सीखनेवाली बात है। यह उद्धरण एक उदाहरण के रूप में है, जिसमें हिन्दी के सिवा आपको किसी अन्य भाषा का कोई शब्द नहीं दिखेगा। फिर

भी थोड़ी-सी भी हिन्दी जाननेवाले को भी इसे समझने में कोई कठिनाई नहीं होगी। भाषा का यह गुण उनके सम्पूर्ण निबन्धों में विद्यमान है।

भाषा में अलंकारिकता और प्रतीकात्मकता की छटा भी यत्र-तत्र-सर्वत्र दिख जाती है। उदाहरणार्थ—"इसीलिए कहता हूँ कि मध्यम मार्ग ठीक है। सहज गति ठीक है। वीणा के तारों को न अधिक कसो और न अधिक ढीला करो। मध्य में रहने दो तो सुरीली आवाज निकलेगी। बहुत कसोगे तो वह टूट जायेगी। बहुत ढीला करोगे तो वह बजेगा ही नहीं।" (पृ. 33) कहीं-कहीं तो भाव-प्रवाह में बहकर यह भाषा काव्यात्मकता का संस्पर्श करने लगती है—"...काम में लगो, पारिवारिक उत्तरदायित्व को समझो, जीवन के यथार्थ से जूझो, फूल को रूप, रस-गन्ध प्रदान करो, कली को खिलने का अवसर दो। फिर देखो तुम्हारे जीवन की बगिया कैसी हरी-भरी रहती है। कितना रस, कितनी मधुरिमा, कितना पराग उसमें समाहित होता जा रहा है।..." (पृ. 58)

प्रोफेसर-हिन्दी विभाग, राजीव गाँधी विश्वविद्यालय, रोनो हिल्स
दोइमुख (ईटानगर), अरुणाचल प्रदेश

ज्ञानात्मक और संवेदनात्मक चिन्तन-यात्रा

सत्यपाल शर्मा

हिन्दी साहित्य को अयोध्या सिंह उपाध्याय 'हरिऔध' जैसा 'हिन्दी के पहले आधुनिक महाकाव्य का रचयिता' देनेवाले पूर्वांचल के जनपद आजमगढ़ ने राहुल सांकृत्यायन जैसा विश्वस्तरीय सांस्कृतिक विद्वान् भी दिया। आजादी के बाद इस जनपद की उर्वर साहित्यिक धरती ने हिन्दी के जिन कर्मवीरों को जन्म दिया उनमें डॉ. कन्हैया सिंह का नाम अग्रगण्य है। 01 अगस्त, सन् 1935 ई. को आजमगढ़ के 'धरवारा' में जन्में डॉ. कन्हैया सिंह निरन्तर हिन्दी की सेवा में रत हैं। उत्तर प्रदेश भाषा संस्थान के चार वर्षों तक अध्यक्ष रहते हेतु उन्होंने हिन्दी की अनन्य सेवा की। उन्हें अनेक साहित्यिक सम्मान और पुरस्कार प्राप्त हो चुके हैं। सूफ़ी साहित्य, पाठालोचन, भाषा और काव्यांग, आलोचना और सृजनात्मक साहित्य सम्बन्धी आपकी लगभग तीस कृतियाँ प्रकाशित हैं। विषय को केन्द्रित रखने के लिए प्रस्तुत लेख में डॉ. कन्हैया सिंह की आलोचनात्मक पुस्तक 'साहित्यिक निबन्ध' को आधार बनाया गया है।

निबन्ध एक सर्जनात्मक विधा है। लेख, समीक्षा, आलोचना आदि से निबन्ध भिन्न होता है। लेख में किसी विषय का ज्ञानात्मक प्रतिपादन होता है जबकि समीक्षा अथवा आलोचना में किसी विषय या सिद्धान्त का प्रधानतः विश्लेषण होता है। इसके अलग निबन्ध में निबन्धकार की वैयक्तिक भावात्मकता की प्रधानता होती है। इसके बावजूद अनेक बार निबन्ध, लेख और समीक्षा के विधागत ढाँचे में अनेक अन्तर्वस्तुओं को स्पष्ट रूप से वर्गीकृत कर सकना कठिन होता है। वस्तुतः निबन्ध एक ऐसी विधा है जो साहित्य की अनेक विधाओं को अपने अन्दर समेट लेती है। निबन्ध का व्युत्पत्तिमूलक अर्थ बँधा हुआ या सुगठित होता है, पर अपने व्यावहारिक रूप में वह अपने व्युत्पत्तिमूलक अर्थ का अतिक्रमण करता है। डॉ. कन्हैया सिंह इससे भली-भाँति अवगत हैं। 'हिन्दी निबन्ध का विकास' शीर्षक निबन्ध में उन्होंने इसका संकेत करते हुए लिखा है— "निबन्ध एक साहित्यिक विधा के रूप में अपने व्युत्पत्तिमूलक अर्थ बँधा हुआ या सुगठित से भिन्न बन्धन हीन या उन्मुक्त का अर्थद्योतन करता है। निबन्धकार के लिए न विषय का बन्धन होता है और न ही उसके विचार प्रवाह का है।"[1] स्पष्ट है कि निबन्ध में निबन्धकार की भावधारा के साथ-

1. साहित्यिक निबन्ध, डॉ. कन्हैया सिंह, शिल्पी प्रकाशन, इलाहाबाद, 2000 ई. पृ. 188.

साथ विचारों का प्रवाह भी होता है। विचारों का प्रवाह रचनाकार द्वारा किसी विषय विशेष पर प्रस्तुत अन्तर्वस्तु को समीक्षा अथवा आलोचना की तरफ खींच ले जाता है। निबन्ध और आलोचना का यह द्वन्द्व हिन्दी निबन्ध के आरम्भ काल से ही बना हुआ है। हिन्दी के सर्वश्रेष्ठ निबन्धकार आचार्य रामचन्द्र शुक्ल के निबन्धों में आलोचना के श्रेष्ठतम अंश निहित हैं। हिन्दी के अप्रतिम निबन्धकार आचार्य हजारीप्रसाद द्विवेदी के निबन्ध भावात्मकता, वैयक्तिकता और लालित्य से सम्पृक्त हैं। पर विचार-सरणी वहाँ भी मौज़ूद है। इसलिए निबन्ध आज तक आलोचना को अपने अन्दर समेटते हुए भी उससे अलग अपनी विशिष्ट पहचान बनाये रखने के लिए जद्दोज़हद कर रहा है। आलोचना से निबन्ध को अलग करने का सर्वप्रमुख तत्त्व है रचनाकार की वैयक्तिक संवेदना। रचनाकार किसी विषय पर लिखते हुए चाहे जितने धरातलों का स्पर्श कर ले, पर निबन्ध के लिए "उसमें उसकी वैयक्तिक अभिव्यक्ति एवं संवेदना के वह तत्त्व आवश्यक हैं जो उसकी रचना को एक मौलिक सर्जना बना सकें।"[1] निबन्ध के बारे में ऐसा निर्भ्रान्त विचार रखनेवाले डॉ. कन्हैया सिंह के निबन्धों का विश्लेषण निश्चय ही रोचक है।

'साहित्यिक निबन्ध' पुस्तक के अन्तर्गत संकलित आपके सैंतालीस निबन्ध अन्तर्वस्तु की दृष्टि से बहुआयामी हैं। इसे लेखक ने पुस्तक की भूमिका में स्वीकार भी किया है। इनमें कुछ तो "आकाशवाणी पर प्रसारित वार्त्ताओं के संशोधित रूप हैं तो कुछ संगोष्ठियों के व्याख्यानों के निबन्ध रूप हैं।"[2] वस्तुतः इन निबन्धों को बी. ए. तथा एम. ए. के हिन्दी छात्रों को दृष्टिगत रखते हुए संकलित किया गया है। इसमें संकलित अधिकांश निबन्ध हिन्दी साहित्य के विविध कालों, उनकी प्रवृत्तियों, प्रमुख रचनाकारों, महत्त्वपूर्ण रचनाओं और महत्त्वपूर्ण चरित्रों को केन्द्र में रखकर लिखे गये हैं। निबन्धकार का प्रयास भी यही है कि "हिन्दी साहित्य का समूचा इतिहास भी इन निबन्धों को पढ़ते-पढ़ते हस्तामलक हो जाये।"[3] आधुनिक काल के प्रमुख काव्यान्दोलनों, विधाओं के विकास के साथ भाषा और लिपि के विविध पहलुओं को भी निबन्ध का विषय बनाया गया है। साहित्यिक निबन्धों के अतिरिक्त इस पुस्तक में पाँच 'अन्य निबन्ध' भी प्रकाशित हैं, जिनके शीर्षक हैं—प्रेम का महत्त्व, पर्यावरण प्रदूषण, जातिगत आरक्षण का औचित्य, परहित सरिस धर्म नहिं भाई, चिन्ता का वरदान। हिन्दी साहित्य सम्बन्धी निबन्धों के पूर्व इस पुस्तक में साहित्य और समाज, संस्कृति और समाज, भारतीय संस्कृति, भारतीय संस्कृति में समन्वय, साहित्यालोचक और साहित्यस्रष्टा जैसे महत्त्वपूर्ण विषयों पर भी निबन्ध संकलित हैं। 'साहित्य और समाज' शीर्षक पहले निबन्ध में साहित्य और समाज के अन्तर्सम्बन्धों की जानी-पहचानी पड़ताल की गयी है। साहित्य रचना के स्तर पर व्यक्तिगत होता है। डॉ. कन्हैया सिंह इस निबन्ध में विचार करते हैं कि, "एक व्यक्ति के जीवन की अभिव्यक्तियाँ कैसे सामाजिक मन का रंजन कर पाती हैं?" निबन्धकार को पता है कि इस प्रश्न को हल करने के लिए मनोविज्ञान की गहराइयों में जाना पड़ेगा। वस्तुतः रचनाकार की वैयक्तिक अनुभूति रचना के स्तर पर वैयक्तिक होते हुए भी व्यावहारिक स्तर पर समाज की सामान्य अनुभूति का प्रतिनिधित्व करती है। इस तरह रचनाकार की वैयक्तिक अनुभूति नितान्त वैयक्तिक न रहकर सामान्य अनुभूति का वाहक बन जाती है। विचारणीय है कि रचनाकार यदि "अपनी अनुभूतियों में अतिरंजना, झूठ और असम्भाव्यता का समावेश करने लगता है तो समाज उसकी उपेक्षा कर देता है। अतः साहित्य को जीवन के अनुरूप

1. वही, पृ. 188.
2. तही, पृ. भूमिका
3. वही, पृ. 7

रहना ही पड़ता है।'' साहित्य में युगानुरूप जो परिवर्तन होते हैं, वह जीवन से उसकी सम्बद्धता के कारण ही होते हैं। साहित्य में यथार्थ-चित्रण होता है, परन्तु वह इतिहास के यथार्थ-चित्रण से भिन्न होता है। इस सन्दर्भ में निबन्ध में एक विद्वान् के हवाले से दिया गया कथन विचारणीय है कि, ''इतिहास में नामों और तिथियों के अतिरिक्त कुछ भी सत्य नहीं होता है तथा साहित्य में नामों और तिथियों के अतिरिक्त सभी कुछ सत्य होता है।'' निबन्धकार उक्त कथन से सहमत प्रतीत होता है। ध्यातव्य है कि समाज के यथार्थ चित्रण में साहित्य को इतिहास से अधिक महत्त्वपूर्ण माना गया है। यथार्थ चित्रण की दृष्टि से साहित्य की महत्ता से इनकार नहीं किया जा सकता, पर इस कवायद में इतिहास की इतनी उपेक्षा भी ठीक नहीं है।

निबन्धकार का आलोचकीय विवेक निबन्धकार पर अनेक बार भारी पड़ता है। 'साहित्यालोचक और साहित्य स्रष्टा' शीर्षक निबन्ध में डॉ. कन्हैया सिंह का आलोचकीय विवेक शीर्ष पर है। उनके अनुसार ''साहित्य मानव जीवन की भावप्रधान एवं संवेदनशील आलोचना है, तो साहित्यालोचन उस आलोचना की आलोचना।'' साहित्य और साहित्यालोचन की तुलना करते हुए डॉ. कन्हैया सिंह का मत है कि साहित्यसर्जन सहजात है, यह प्रतिभा से प्रसूत होता है जबकि साहित्यालोचन अध्ययन एवं अभ्यास की अपेक्षा रखता है। इस तरह साहित्यालोचक का कार्य साहित्य स्रष्टा की अपेक्षा दुरूह होता है। साहित्य-सर्जन आनन्दात्मक प्रेरणा से प्रसूत होता हैं साहित्यकार का यह कौशल है कि वह अपनी भावनाओं को समाज-सापेक्ष बना देता है। सैद्धान्तिक आलोचना द्वारा साहित्यकार को सामान्य मार्गदर्शन मिलता है, परन्तु साहित्यकार प्रायः बन्धनों की सीमा को स्वीकार नहीं करता। साहित्यकार और आलोचक के अन्तर्सम्बन्धों में अन्तर्संगति बनाये रखने के लिए डॉ. कन्हैया सिंह का मत विचारणीय है—''जब कोई समर्थ कवि लीक छोड़कर साहित्य के सम्मुख एक नवीन मार्ग प्रस्तुत कर रहा हो तो शास्त्रीय समीक्षक को उसके मूल्यों को पहचानकर सहानुभूतिपूर्वक विचार करना चाहिए, न कि पूर्व-निश्चित नियमों की लीक पर चलने में अपने कर्त्तव्य की इतिश्री समझनी चाहिए।''[1] स्पष्ट है कि साहित्यालोचक का कर्त्तव्य साहित्यिक मूल्य का उद्घाटन करना है, अपने प्रभावों के अनुरूप रचना ढूँढ़ना नहीं।

समाजवादी और मनोविश्लेषणवादी जैसे युग-प्रभावित समीक्षा पद्धतियों को वह ध्यान दिलाते हैं कि, ''साहित्यालोचक को यह नहीं भूलना चाहिए कि युग-साहित्य के अतिरिक्त कोई साहित्य ऐसा भी हो सकता है, जो मानव की चिरन्तन अनुभूतियों का चित्रण करके युग-युग का साहित्य बन जाय।'' साहित्य सर्जक का उद्देश्य यदि रस सृष्टि है तो उस रस को उद्घाटित कर सर्वसुलभ बनाना आलोचक का कार्य है। यदि रचनाकार स्वभाव से स्वच्छन्द हो आलोचक उस पर अंकुश लगाता है, परन्तु साहित्यालोचक का नियन्त्रण वहीं तक स्वीकार्य है जहाँ तक वह साहित्य के विकास में सहायक हो। साहित्यालोचक को साहित्य स्रष्टा के हृदय में प्रवेश कर रचना का रस लेना पड़ता है, अतः साहित्यालोचक का सबसे बड़ा गुण परकाया-प्रवेश होना चाहिए। साहित्य-स्रष्टा तो रचना कर देता है, पर उस रचना के आनन्द का भोक्ता तो आलोचक ही है। रचना के रसबोध के लिए साहित्यालोचक का साहित्य स्रष्टा के हृदय से तादात्म्य आवश्यक है। साधारणीकरण के सन्दर्भ में जिस तादात्मीकरण की बात आश्रय और सहृदय के सन्दर्भ में कही गयी है, डॉ. कन्हैया सिंह ने वही सम्बन्ध साहित्य सर्जक और साहित्यालोचक के बीच ठहराकर न सिर्फ अपनी वैचारिक समृद्धि का परिचय दिया है, बल्कि सम्बन्धों के गुम्फित जाल को खोल कर स्पष्ट कर दिया है।

---

1. वही, पृ. 10.

संस्कृति, प्रकृति, समाज जैसे चिरन्तर प्रत्ययों पर भी डॉ. सिंह ने अपने निबन्धों में विचार किया है। उनके अनुसार, ''साधारणतः मानव की सम्पूर्ण श्रेष्ठ अन्तर्वृत्तियों के विकास का समुच्चय ही संस्कृति कहलाती है।''[1] 'प्रकृति' मानव की सहज-स्वाभाविक स्थिति है जबकि परम्परागत संस्कारों का समुच्चय संस्कृति के रूप में प्रकट हुआ। इसीलिए विज्ञान की तरह संस्कृति का स्वरूप सार्वभौमिक न होकर क्षेत्रीय होता है। यदि किसी समाज में राजनीतिक एकता के साथ सांस्कृतिक एकता भी स्थापित हो जाय तो वह राष्ट्र के रूप में विकसित हो जाता है। संस्कृति भी कई तरह की होती है, जैसे अभिजात संस्कृति और लोक संस्कृति। किसी राष्ट्र की संस्कृति का मूल स्रोत एक होते हुए भी अभिजात वर्ग और सामान्य वर्ग की संस्कृति की बाह्य अभिव्यक्तियों में अन्तर आ जाता है। दोनों एक-दूसरे की पूरक होती हैं, जैसे ऋग्वेद शिष्ट संस्कृति का द्योतक है तो अथर्ववेद लोक संस्कृति का। लेखक के अनुसार, ''भारतीय संस्कृति का मूर्त रूप कहीं देखना हो तो राम और कृष्ण का चरित्र देखना चाहिए।...भारतीय संस्कृति माता सरस्वती के हाथों में विराजमान वीणा है। जिसमें अनेक तार हैं और अलग-अलग उनकी अपनी स्थिति भी है पर सब मिलाकर एक स्वर और एक संगीत का सृजन करते हैं।''[2] यह समन्वित स्वर-संगीत ही हमारी संस्कृति है।

भारतीय संस्कृति की कदाचित् सर्वाधिक महत्त्वपूर्ण विशेषता है इसकी समन्वयात्मकता। डॉ. सिंह के अनुसार मनुष्य विचार और कर्म के क्षेत्र में जो सर्वोत्तम सर्जन करता है उसे संस्कृति कहते हैं। भारतीय दार्शनिकों और मनीषियों ने जो सर्वोत्तम अर्जित किया, कालान्तर में सांस्कृतिक समन्वय का जो प्रयास सन्तों द्वारा प्रारम्भ हुआ, अकबरकालीन मुगल शासन में 'दीन-ए-इलाही' द्वारा एक समान धर्म की उद्‌भावना हुई, इन सबसे मिलकर समन्वित संस्कृति का विकास हुआ। अमीर खुसरो, दाराशिकोह न कला, साहित्य और दर्शन के क्षेत्र में भारतीय तत्त्व ज्ञान और इस्लामी दर्शन में समन्वय और एकता स्थापित करने का प्रयास किया अमीर खुसरो ने लिखा था कि, ''साहित्य फारसी से किसी प्रकार कम नहीं है, जो लोग हिन्दी का महत्त्व कम समझते हैं, वह नादान हैं।''[3] अमीर खुसरो ने भारतीय और फ़ारसी संगीत के मिश्रण से नयी संगीत विधाओं को जन्म दिया था, जिसमें ख्याल और कव्वाली प्रमुख हैं बैजू बावरा, तानसेन, गुलाम रसूल आदि के रूप में संगीत कला के क्षेत्र में समन्वय की परम्परा चलती रही। इसी तरह वाजिद अली शाह ने ठुमरी विधा को इसी तरह समन्वित रूप में आविष्कृत किया। मध्ययुग में कबीर, नानक, दादू जैसे सन्त परम्परा के कवियों के जो मत प्रचलित हुए, डॉ. सिंह के अनुसार उन पर मुस्लिम एकेश्वरवाद और मूर्ति पूजा विरोध की प्रवृत्ति इसी ग्रहणशीलता का परिणाम है। महाराष्ट्र के सन्त नामदेव के अनेक शिष्य मुसलमान थे जो रोजा और एकादशी दोनों व्रत रखते थे। वह मक्का और पण्ढरपुर दोनों की तीर्थयात्रा करते थे। डॉ. कन्हैया सिंह के संस्कृति विषयक निबन्धों को पढ़ते हुए रामधारी सिंह दिनकर की कालजयी पुस्तक 'संस्कृति के चार अध्याय' की याद आना स्वाभाविक है जिसमें दिनकर ने भारतीय संस्कृति की इसी विशिष्टता को महिमामण्डित किया है।

साहित्य, समाज, संस्कृति विषयक निबन्धों में डॉ. कन्हैया सिंह का निबन्धकार रूप बखूबी उभरा है, पर खेद का विषय है कि इस पुस्तक में ऐसे निबन्धों की संख्या कम है। ऐसे निबन्धों की संख्या अधिक है, जिनका सम्बन्ध हिन्दी साहित्य के विविध कालों, वादों, प्रवृत्तियों, रचनाकारों, रचनाओं और पात्रों से है। वस्तुतः इन्हें निबन्ध मानने में भी संकोच होता है। इन्हें लेख

1. वही, पृ. 14-16.
2. वही, पृ. 19.
3. वही, पृ. 25.

कहना अधिक उचित है। इनमें उल्लेख्य विषय का सारगर्भित प्रतिपादन किया गया है। उल्लेख्य विषय का संक्षिप्त किन्तु सटीक विश्लेषण है। अन्तर्वस्तु बी.ए. और एम.ए. के विद्यार्थियों को ध्यान में रखकर भले तैयार की गयी हो, पर यह हिन्दी के सामान्य अध्येताओं और अध्यापकों के लिए भी उपयोगी है। 'निबन्ध' के अन्दर परिगणित विविध लेख प्रकृति में समीक्षात्मक हैं। तटस्थता और निरपेक्षता इनकी अन्तर्वस्तु और विश्लेषण का सर्वाधिक महत्त्वपूर्ण गुण है। यह पुस्तक 'हिन्दी साहित्य का इतिहास' तो नहीं है पर एकत्रित समग्र सामग्री हिन्दी साहित्य के इतिहास का अधिकांश प्रस्तुत करने में सफल है। इस दृष्टि से इस पुस्तक की उपयोगिता असन्दिग्ध है।

हिन्दी साहित्य आधारित सभी निबन्धों पर विचार और विश्लेषण इस लेख की प्रकृति के अनुसार न तो सम्भव है और न ही उचित। अतः हिन्दी साहित्य आधारित निबन्धों पर संक्षिप्त टिप्पणी का प्रयास किया जायेगा। उद्देश्य होगा साहित्यिक निबन्धों की अन्तर्वस्तु के भीतर से निबन्धकार डॉ. कन्हैया सिंह की पड़ताल और इन निबन्धों के भीतर छिपी उनकी आलोचकीय प्रतिभा की खोज। वैसे भी समीक्षा आरम्भ से ही निबन्ध की परिधि के भीतर समाती रही है। इन साहित्यिक निबन्धों को पढ़ने के बाद डॉ. कन्हैया सिंह निबन्धकार कम आलोचक अधिक नजर आते हैं। 'हिन्दी साहित्य का आदिकाल' शीर्षक निबन्ध में डॉ. कन्हैया सिंह आदिकाल का सामान्य विवेचन करने के उपरान्त इस निष्कर्ष पर पहुँचते हैं कि, "हिन्दी साहित्य के इतिहास के इस काल को यदि 'प्रारम्भकाल या प्रयोग काल' कहा जाये तो कोई हर्ज नहीं है।"[1] यहाँ यह स्पष्ट नहीं होता कि 'आदि' और प्रारम्भ में क्या अन्तर है। यदि अन्तर नहीं हो 'आदिकाल' की जगह 'प्रारम्भकाल' कर शब्द बदल देने से क्या हासिल होगा? हाँ, इसे 'प्रयोगकाल' क्यों कहा जाय, यह जरूर विचार की माँग करता है। पर खेद है कि यहाँ इस नाम के पक्ष में तर्क और उदाहरण नहीं दिये गये हैं, अतः प्रस्ताव का आधार स्पष्ट नहीं हो पाता। प्रस्ताव का आधार स्पष्ट किया जाता तो निस्सन्देह रोचक होता। भक्तिकाल को हिन्दी साहित्य का स्वर्णयुग मानते हुए डॉ. कन्हैया सिंह ने कबीर के व्यक्तित्व के सन्दर्भ में यह लिखने का साहस किया है कि कबीर के साथ ऐसी सिद्धियाँ जुड़ीं कि कभी-कभी इस इतिहास पुरुष के मिथकीय व्यक्तित्व का भ्रम होने लगता है। सूफ़ीकाव्य के बारे में आपका मत बिल्कुल उचित है कि सूफ़ियों ने अपने सिद्धान्तों को नायक-नायिका के लौकिक प्रेम के आवरण में इस प्रकार प्रस्तुत किया कि उससे काव्य के सौन्दर्य को कहीं बाधा नहीं पड़ती। डॉ. सिंह के अनुसार तुलसीदास उत्तर भारत में बुद्ध के बाद सबसे बड़े लोकनायक कहे गये हैं—"वे समाज के हृदय पर ऐसा अधिकार रखते थे जितना न किसी चक्रवर्ती सम्राट् का था और न किसी धर्म -ध्वज मठाधीश का। उनका जो स्थान भारतीय साहित्य में है वह विश्व के किसी भी साहित्य में किसी अन्य कवि का नहीं है।"[2] भक्तिकाव्य की दार्शनिक, धार्मिक, सामाजिक और सांस्कृतिक पृष्ठभूमि का गम्भीरतापूर्वक विश्लेषण करते हुए लेखक ने समग्र भक्तिसाहित्य यथोचित मूल्यांकन किया है।

सन्त साहित्य में मानव मूल्यों की पहचान करते हुए लेखक का मत है कि हिन्दी का सन्त साहित्य युग की परिस्थितियों से उपजा वह शास्त्र है जो वेद और लोक का महान् सेतु बनकर भारतीय गरिमा का सच्चा संवाहक है। सन्तों ने भारतीय संस्कृति के समग्र रूप को सुरक्षित किया और उसके कलंक को मिटाया। डॉ. सिंह के अनुसार सन्त कवियों को ज्ञानमार्गी या शुद्ध निर्गुणमार्गी कहना उनके साथ अन्याय है। सन्त कवियों के यहाँ प्रेम अत्यन्त महत्त्वपूर्ण है।

---

1. वही, पृ. 29.
2. वही, पृ. 43.

डॉ. सिंह के शब्दों में—" 'ये उतने ही निरगुनि।' हैं जितने जायसी आदि सूफ़ी हैं और उतने ही ज्ञानमार्गी भी हैं। उससे अधिक नहीं। वह प्रेममार्ग के वैसे ही पथिक भी हैं जैसे सूफ़ी कवि हैं।"[1] कबीर का जन्म भारतीय इतिहास की महत्त्वपूर्ण घटना है। वह अपनी लोकदृष्टि में भगवान् बुद्ध के उत्तराधिकारी और महात्मा गाँधी के अग्रज थे। उन्होंने किसी बने-बनाये रास्ते को नहीं चुना। अपने पथ का निर्माण उन्होंने स्वयं किया। वह काँटों से बचकर चलनेवाले नहीं थे, बल्कि उनमें कूदकर कण्टकता की धार को कुन्द करनेवाले व्यक्ति थे। जायसी भारतीयता के प्रतीक थे। उन्होंने उस सांस्कृतिक दृष्टि का निर्माण किया जो हिन्दू-मुसलमान की न होकर एक हिन्दुस्तानी की दृष्टि थी जो मानव मात्र का कल्याण करनेवाली थी। डॉ. सिंह के शब्दों में—"उसमें कुरान-पुरान अभेद थे। लोक-वेद सहगामी थे।...एक मन्त्र ही उसमें अनुस्यूत था—प्रेम।...अविरोधी संस्कृति के प्रतिनिधि जायसी भारत की वर्तमान मानसिकता को बदलने के लिए एक आदर्श हैं।"[2] निबन्धकार की चिन्ता यह है कि उपनिषदों के ब्रह्म और कुरान के अल्लाह में बड़ी समानता है, पर उस समानता को ढूँढ़ने की कोशिश कम की गयी है। खाईं को गहरी करने का ही प्रयास अधिक हुआ है। अच्छी बात यह है कि जायसी जैसे सूफ़ी कवियों ने समरूपता को उजागर करने में सफलता प्राप्त की।

सूर के काव्य में भावों की इतनी गहराई है कि मीमांसकों ने भाव-गाम्भीर्य की दृष्टि से इन्हें तुलसीदास से भी बड़ा स्थान दिया है। सूरसागर में संगीत की इतनी राग-रागिनियाँ समाहित हैं कि आज उनका नामकरण भी सम्भव नहीं है। पर भक्तिकालीन सामाजिक-राजनीतिक परिस्थितियाँ बहुत अनुकूल न थीं। विषम परिस्थितियों ने देश के सामाजिक-साहित्यिक मंच पर तुलसी का उदय हुआ। डॉ. कन्हैया सिंह ने निबन्ध की ललित शैली में इसे बड़े रोचक ढंग से प्रस्तुत करते हुए लिखा—"समस्या उत्पन्न हुई कैसे इनसे निपटा जाय। तुलसी ने चतुर्दिक् निगाह दौड़ायी, देखा कि निर्गुणियाँ सन्त सैकत सेतु निर्मित कर (दुर्लभ ज्ञानबोध) दुःख के दरिया के उस पार असहाय जनता को ले जाने का प्रयत्न कर रहे थे, सूफ़ी सन्त अपनी प्रेम कहानियों की नौका में बैठाकर निराश जनता को भवसागर तिरने का आश्वासन दे रहे थे और कृष्ण उपासक बाँसुरी की तान में मस्त होकर निश्चिन्त रूप से तैरकर चिन्ता का समुद्र लाँघ जाने की सलाह दे रहे थे। इन सबमें उन्हें निराशा छोड़ कोई काम की चीज नहीं मिली, क्योंकि इनमें उस महत् जीवन-दर्शन एवं युग-सत्य का अभाव था, जो व्यक्ति, समाज एवं राष्ट्र के सर्वांगीण विकास के लिए आवश्यक होता है।"[3] इसके बाद तुलसीदास ने जो किया, वह हम सब जानते हैं। 'रामचरितमानस' तुलसी का राष्ट्र को सर्वोत्तम उपहार है। राम भारतीय आत्मा के आदर्श रूप हैं। परन्तु, जैसे समुद्र मन्थन के पूर्व लोगों को समुद्र में छिपे अमृत का ज्ञान नहीं था, उसी तरह राम के वनगमन के पूर्व भरत का व्यक्तित्व लोक दृष्टि से ओझल था। डॉ. सिंह के अनुसार श्री भरत जी सारी मानवीय मूल्यवत्ता के पुंजीभूत समुच्चय हैं। वह तुलसी की चरित्र सृष्टि के सुमेरू हैं। वह धर्म की धुरी नहीं बल्कि धर्म के पूर्ण प्रतीक हैं। डॉ. सिंह के शब्दों में—"राम ने 'बाप के राज को बटाऊ की नाईं' छोड़ दिया। और भरत ने उससे भी अधिक राज्य और राज्य के सुख का तिरस्कार किया।"[4] भरत के सन्दर्भ में स्वयं राम कहते हैं कि ऐसा व्यक्ति न देखा गया है और न सुना गया है।

---

1. वही, पृ. 52.
2. वही, पृ. 63.
3. वही, पृ. 69.
4. वही, पृ. 82.

रीतिकालीन कविता पर विचार करते हुए डॉ. कन्हैया सिंह का स्पष्ट मत है कि आचार्य मिश्र द्वारा सुझाये गये 'शृंगारकाल' नाम की सार्थकता और संगति निर्विवाद है। आपकी नजर में इस युग की कविता के लिए 'रीतिकाल' से अधिक उपयुक्त नाम 'शृंगार काल' है। बिहारी के काव्य की भाषा से डॉ. सिंह अत्यन्त प्रभावित हैं। इनके अनुसार बिहारी ने भाषा को इतना कसा है कि उसमें प्रत्येक शब्द कनी की तरह चमकता हुआ जो प्रकाश बिखेरता है उसका आलोक उसमें पास के अर्थ तक ही न होकर दूर गत व्यंग्यार्थ तक पहुँच जाता है। उसमें सहृदय जितना ही अधिक डूबे उतना ही आनन्द प्राप्त कर सकता है। रचनाकारों पर निबन्ध लिखते समय लेखक तुलनात्मक समीक्षा के श्रेष्ठ उदाहरण प्रस्तुत करता चलता है। बिहारी की भाषा का वैशिष्ट्य निरूपित करते हुए लेखक अद्भुत ढंग से उसका सापेक्षिक विवेचन कबीर की भाषा के साथ करने लगता है—"कबीर ने अपनी उलटबाँसियों से जिस प्रकार लोगों को ललकारा था उसमें एक दुरूहता तो आ गयी, फिर भी चमत्कार की कमी नहीं की। उसी प्रकार बिहारी ने अपने वैचित्र्य कथनों से लोगों को आकृष्ट किया, किन्तु इसमें दुरूहता नहीं है।"[1] लेखक उदाहरण से स्पष्ट करता है कि दृग का उलझना, कुटुम्ब का टूटना और दुर्जन के हृदय में गाँठ पड़ना एक तरह से विचित्र कथन है, पर होता यही है। भरे भवन में नयनों द्वारा सब बात करना विचित्र तो है पर व्यावहारिक धरातल पर सत्य भी।

द्विवेदीयुगीन हिन्दी कविता केवल 'कविता के लिए' नहीं अपितु 'कविता जीवन के लिए' लिखी गयी। मैथिलीशरण गुप्त भारतीय संस्कृति के अमर गायक थे। वह राष्ट्रीय स्वतन्त्रता आन्दोलन में सभी सम्प्रदायों की एकता के सूत्रधार थे। वह अपनी रचना 'हिन्दू' द्वारा हिन्दुओं के उत्कर्ष की अभिलाषा करते हैं तो 'काबा और कर्बला' द्वारा मुसलमानों के साथ समरस होते हैं। 'साकेत' में 'राम तुम ईश्वर नहीं हो क्या' के प्रश्न द्वारा मैथिलीशरण गुप्त राम को एक प्रतीक बना देते हैं जो स्वराज्य और स्वातन्त्र्य के युगबोध से सम्पृक्त हैं। राम की वनयात्रा मानो गाँधी की डाण्डी-यात्रा बन जाती है। रामकथा में प्रायः जिन अन्य पात्रों के चरित्रों को विशेष स्थान प्राप्त हुआ, वह वही हैं जिनसे राम का चरित्र और निखरता है। इसके चलते कुछ ऐसे पात्रों पर कम ध्यान दिया गया जिनका जीवन त्याग और करुणा की दारुण वेदना की पराकाष्ठा था। आधुनिक काल में महावीरप्रसाद द्विवेदी और महात्मा गाँधी जैसे मनीषी उर्मिला के त्याग को सर्वोपरि मानते थे। गुप्त जी ने उर्मिला, यशोधरा, हिडिम्बा आदि पर इसी संवेदनात्मक दृष्टि से लेखनी चलायी। डॉ. कन्हैया सिंह के अनुसार 'साकेत' के नवम् सर्ग में कवि की आत्मा का निचोड़ दीख पड़ता है। उर्मिला वासना के तम को अपने सतीत्व के सत्य से जीत लेती है।

माखन लाल चतुर्वेदी की कविता के सन्दर्भ में डॉ. कन्हैया सिंह लिखते हैं कि, "उनकी कविता में केवल ललकार और धधकते शोले नहीं हैं, अपितु उनमें हृदय को छू सकने वाली अन्तर की अनुभूति है।" माखनलाल की कविता 'कैदी और कोकिला' समूचे हिन्दी साहित्य की अमूल्य थाती है। माखनलाल गाँधी भक्त थे पर क्रान्तिकारियों के प्रशंसक थे। वह अपने ढंग के अकेले राष्ट्रीय कवि हैं—अतुलनीय, बेजोड़, बेलौस तथा बेलाग। बालकृष्ण शर्मा नवीन की कविता में क्रान्तिकारिता पर विचार करते हुए। डॉ. कन्हैया सिंह ने तुलनात्मक विवेचन का उत्कृष्ट उदाहरण प्रस्तुत किया है। डॉ. सिंह के अनुसार नवीन की कविता में श्यामनारायण पाण्डेय के जागरण और प्रयाणगीतों की शैली, दिनकर का राष्ट्रीय गौरव स्मरण तथा माखनलाल की पीर की झलक मिलती है। डॉ. सिंह के शब्दों में—" 'दिनकर' और 'नवीन' राष्ट्रीय काव्यधारा में एक-दूसरे के अधिक निकट

---

1. वही, पृ. 119.

हैं पर 'दिनकर' की क्रान्ति परीक्षानुभूति पर आश्रित है, 'नवीन' की प्रत्यक्षानुभूति पर।''[1] उल्लेखनीय है कि नवीन स्वाधीनता संग्राम के सेनानी थे और उत्पीड़न को उन्होंने स्वयं झेला था।

छायावाद, प्रगतिवाद, छायावाद की मूलसंवेदना, आधुनिकता : एक दृष्टि, प्रयोगवाद और नयी कविता शीर्षक निबन्धों में डॉ. कन्हैया सिंह ने आधुनिक हिन्दी कविता की प्रमुख प्रवृत्तियों का विवेचन भावात्मकता के साथ किया है। छायावाद की सांस्कृतिक चेतना सम्बन्धी लेखक का विवेचन उल्लेखनीय है। डॉ. सिंह के अनुसार छायावाद ने रूढ़ियों के विरुद्ध विद्रोह किया। व्यापक सांस्कृतिक जागरण का प्रभाव छायावादी कविता पर पड़ा। स्पष्ट है कि यह प्रभाव परोक्ष है क्योंकि कविता सामाजिक-राजनीतिक धाराओं का अविकल अनुवाद नहीं होती। अंग्रेजों ने भारतीयों के भीतर जब 'हीनता ग्रन्थि' का प्रसार करने का कुत्सित प्रयत्न किया तो, ''ऐसी दशा में गौरवशाली अतीत और सांस्कृतिक परम्पराओं के बीच बोध को जागृत करते हुए जिससे राष्ट्रीय पुनर्जागरण का सूत्रपात्र हुआ, उसका प्रभाव छायावादी काव्य पर भी बिना पड़े न रह सका।''[2] इसलिए समग्र छायावादी काव्य-चेतना सांस्कृतिक चेतना से महिमामण्डित है।

डॉ. कन्हैया सिंह के अनुसार पूँजीवाद की शोषण प्रक्रिया और समाजवाद की स्वातन्त्र्य अपहरण की प्रवृत्ति ने मध्यवर्गीय बुद्धजीवी वर्ग की चेतना में जो विद्रोह का स्वर फूँका उसी की झंकृति हिन्दी कविता में छायावाद के रूप में प्रकट हुई। डॉ. सिंह के अनुसार छायावाद की मूल संवेदना का संजीवन तत्त्व व्यक्ति स्वातन्त्र्य का दर्शन था। 1916 ई. में प्रकाशित निराला की कविता 'जूही की कली' में भी—''वही स्वातन्त्र्य चेतना का विद्रोह था कि जब कली और पवन प्रेम करने को स्वतन्त्र हैं तो मनुष्य क्यों नहीं?''[3] 'प्रगतिवाद' शीर्षक निबन्ध में लेखक ने प्रगतिवाद का साम्यवादी विचारधारा और प्रतिबद्धता से सम्बन्ध निर्धारित किया है। उन्होंने प्रगतिवाद और प्रगतिशीलता को अलग-अलग माना है। प्रगतिवाद की सीमाओं के संकेत के साथ-साथ निबन्धकार ने उस समय साहित्य में प्रचलित राष्ट्रीय काव्यधारा के साथ मनोविश्लेषणवादी धारा का भी जिक्र किया है।

'आधुनिकता : एक दृष्टि' अनेक दृष्टियों से इस पुस्तक का श्रेष्ठतम वैचारिक 'निबन्ध' है। इसमें समीक्षक की जगह लेखक का निबन्धकार रूप प्रभावी है। इसमें वैचारिकता के साथ भावात्मक और वैयक्तिक शैली के दर्शन होते हैं। लेखक की चिन्ता यह है कि—''जब यूरोप की नयी प्रगतियों का एक चरण बीत जाता है और नये प्रयोग प्रारम्भ हो जाते हैं तो भारत का साहित्यकार नये के नाम पर बीते युग का जूठन प्रस्तुत करने लगता है।''[4] उन्होंने उदाहरण दिया है कि भारत के द्वितीय विश्वयुद्ध की विभीषिका से ग्रस्त न होते हुए भी यहाँ का कवि कुछ नया प्रस्तुत करने के प्रलोभन से यूरोप के स्वर-में-स्वर मिलाकर मानव को नदी के द्वीप की भाँति सशंक स्थिति में चित्रित करता है। लेखक ने भारतीय कवि के चित्रण को परिकल्पित या आरोपित माना है। वस्तुतः यहाँ समीक्षक की तटस्थता पर निबन्धकार की वैयक्तिकता हावी है। साहित्य में 'परकाया-प्रवेश' का गुण होता है, इसलिए 'स्वानुभूति' मात्र ही साहित्यकार का लक्ष्य नहीं। प्रभाव केवल भौतिक नहीं होता। कौन कह सकता है कि मानसिक अथवा भावात्मक प्रभाव हल्का होता है। द्वितीय विश्व युद्ध कारण-क्षेत्र भारत भले नहीं थे पर उसके मनोसामाजिक प्रभावों की गम्भीरता को हल्के में लेना ठीक नहीं। इस निबन्ध में डॉ. सिंह ने आचार्य शुक्ल की तरह कई उक्तिनुमा

1. वही, पृ. 127.
2. वही, पृ. 132.
3. वही, पृ. 145.
4. वही, पृ. 148.

विचार प्रस्तुत किये हैं। जैसे—"बुद्धिसंगत भावुकता श्रेष्ठ कोटि के काव्य का निर्माण करती है।' नयी कविता की बौद्धिकता और नवगीतों की हार्दिकता को परस्पर एक-दूसरे का पूरक मानते हुए भी लेखक का स्पष्ट मत है कि यह दोनों परिस्थितियों और मनःस्थितियों के काव्य हैं। नवीन युग-बोध, राष्ट्रीयता, अन्तरराष्ट्रीयता, मानवता आदि की चर्चा करते हुए लेखक का कथन है कि, "आज विश्व की परिस्थितियाँ ऐसी हैं कि हमारी मानवता-भावना राष्ट्रीयता सापेक्ष ही हो सकती है।"[1] यह कथन ठहरकर गम्भीर विवेचन की माँग करता है।

छायावादी कविता की प्रतिक्रिया में खड़े हुए प्रगतिशील दल में जल्द ही विभाजक रेखा प्रकट हुई। यह रेखा व्यक्ति की अन्तर्मुखी प्रवृत्तियों के प्रकाशन और उसके समाजोन्मुखी परिप्रेक्ष्य को लेकर लिखी थी। प्रगतिवादी कवि मध्यवर्ग की समस्याओं को अपनी रचना का विषय विचारधारात्मक प्रतिबद्धता के चलते न बना सका। जिस वर्ग का प्रतिनिधित्व करने का दावा वह कर रहे थे, उस वर्ग के जीवन से भी वह कोसों दूर थे। इनके बारे में यह शिकायत रही है कि इनके अन्दर शोषित वर्ग के प्रति केवल मौखिक सहानुभूति है। बदली परिस्थितियों में हिन्दी में प्रयोगवाद और नयी कविता नामक प्रवृत्तियों का विकास हुआ। प्रयोगवाद एक 'रूपवाद' के रूप में सामने आया। कवियों की दृष्टि पुराने प्रतिमानों के तिरस्कार की ओर गयी। पर नयी धारा के कवियों में वह विशेष लोकप्रिय हुए जिनमें अपनी मान्यताओं के साथ समाजोन्मुखता अधिक थी।

जयशंकर प्रसाद ने छायावाद का प्रवर्तन ही नहीं किया, बल्कि उसकी समस्त विशेषताओं से युक्त काव्य रचनाओं का भी प्रणयन किया। 'कामायनी' की कथा मानव-मन के वास्तविक विकास की एक रूपक कथा है। सुमित्रानन्दन पन्त मननशील कवि थे। उनकी गति अबाध रूप से प्रवाहमान् रही है। उन्होंने अपने को एक ही स्थान पर उलझाया नहीं। निराला हिन्दी कविता में एक बहुरंगी छवि लेकर अवतरित हुए थे। डॉ. सिंह के अनुसार 'निराला की कविता भी 'सहज विलम्बित मन्थरगति गजराज' की-सी है, जो कभी 'जूही की कली' और 'शेफालिका' करों में समेटता है तो कभी 'बादलराग' और 'जागो फिर एक बार' की गर्जना करने लगता है।"[2] निराला में श्रृंगार भरकर छलकता है, पर वह नियन्त्रित और उदात्त रहता है। निराला ने प्रकृति के पूर्णत्व को देखा-परखा है। डॉ. सिंह के शब्दों में निराला जिस तरह 'एक सधे हुए टेक्नीशियन हैं उसी तरह भावों की व्यंजना करने में भी इन्हें कुशलता प्राप्त है।

रामधारी सिंह के काव्य का विवेचन करते हुए डॉ. कन्हैया सिंह ने लिखा है कि दिनकर के तात्कालिक उद्‌गारों से उनकी क्रान्तिकारिता का छायाभास भले ही मिल जाय, पर चिन्तन में वह गाँधीवादी हैं और कवि रूप में राष्ट्रप्रेमी भावुक रचनाकार। वह स्वतन्त्र चेता कवि हैं जिन्हें किसी वाद के घेरे में नहीं समेटा जा सकता। डॉ. कन्हैया सिंह के शब्दों में—"राष्ट्रीयता उनकी आत्मा का प्रधान स्वर है, वह अन्तर्जात है, आरोपित नहीं।" दिनकर की कविता के अनेक पहलुओं का सम्यक् विश्लेषण करने के बावजूद यह समझ से परे है कि डॉ. कन्हैया सिंह ने निबन्ध के शीर्षक में दिनकर को 'युगचारण' विशेषण क्यों दिया।

'प्रेमचन्द के गोदान का सन्देश', प्रसाद के नाटक, नाटककार पं. लक्ष्मीनारायण मिश्र और रामकुमार वर्मा का एकांकी उत्सर्ग शीर्षक निबन्धों में उन्होंने विषयवस्तु का संक्षिप्त और सारगर्भित विवेचन किया है। इनमें कुछ विशेष नया नहीं है। हाँ, लक्ष्मीनारायण मिश्र के सन्दर्भ में डॉ. कन्हैया सिंह का मत विचारणीय है—"जहाँ तक नाटक की नाटकीयता, अभिनेयता तथा जीवन की यथार्थता पकड़ का प्रश्न है, मैं प्रसाद जी से भी ऊँचा स्थान उस नाटककार को देना चाहता हूँ,

1. वही, पृ. 167.
2. वही, पृ. 227.

जो पण्डित लक्ष्मीनारायण मिश्र के नाम से प्रसिद्ध है।''[1] रामकुमार वर्मा के एकांकी उत्सर्ग के माध्यम से लेखक ने विश्व के सभी महान् कलाकारों द्वारा प्रतिपादित इस तथ्य पर जोर दिया है कि मानव का बुद्धिपक्ष चाहे कुछ काल तक भले ही उनकी हृदय पक्ष को आक्रान्त कर दे, किन्तु अन्ततः हृदय पक्ष ही विजयी होता है।

हिन्दी निबन्ध का विकास, हिन्दी नाटक का विकास, हिन्दी उपन्यास का विकास, हिन्दी कहानी का विकास शीर्षक निबन्ध सामान्यतः परिचयात्मक लेख है जिसमें विविध विधाओं के स्वरूप और विकास पर प्रकाश डाला गया है। जैसे, हिन्दी नाटक की पृष्ठभूमि भारतेन्दु के पूर्व तैयार हो चुकी थी। पर उसे गति प्रदान करने का कार्य स्वयं भारतेन्दु के हाथों ही हुआ। उपन्यास के स्वरूप का अवलोकन करते हुए डॉ. सिंह ने माना है कि उपन्यास गद्य की विधा में लिखा हुआ महाकाव्य होता है। उनके अनुसार उपन्यास महाकाव्य से भी आगे होता है। उपन्यासकार कवि की तरह छन्द तुक, लय की सीमाओं में नहीं बँधा होता। डॉ. सिंह के शब्दों में—''वह बरसात की सरिता के उन्मुक्त प्रवाह की भाँति कुल कगारों को तोड़कर भी बहता है पर उसके बहाव में भी एक सन्तुलन होता है एक मर्यादा होती है।''[2] उपन्यास का एक महान् लक्ष्य और निश्चित गन्तव्य होता है। कहानी के सम्बन्ध में निबन्धकार की यह बात बेहद युक्तिसंगत है कि विश्व के सभी देशों में कहानी किसी-न-किसी रूप में मानवता के इतिहास के साथ प्रचलित मिलती है।

राष्ट्र भाषा हिन्दी, भारतीय भाषाओं की एक लिपि और नागरीलिपि पर केन्द्रित तीन निबन्ध इस पुस्तक में संकलित हैं। राष्ट्रभाषा के सन्दर्भ में निबन्धकार का विचार है कि राष्ट्रभाषा केवल राष्ट्रीय और अन्तरराष्ट्रीय सम्पर्क, सरकारी कामकाज अथवा विभिन्न भाषा-भाषियों के बीच-विचार-विनिमय की मात्रा एक कड़ी नहीं होती बल्कि वह राष्ट्र के सांस्कृतिक मूल्यों, ऐतिहासिक सन्दर्भों, उम्मीदों तथा जीवन-प्रकृति को अभिव्यक्ति प्रदान करने का माध्यम है। सही अर्थों में संस्कृत को राष्ट्रभाषा का गौरव मिलना चाहिए था पर निबन्धकार का मत है कि भाषाओं का भी एक समय होता है। लेखक के शब्दों में—''आज यदि भारत की राष्ट्रभाषा या राजभाषा के सम्बन्ध में विचार करते हुए संस्कृति की चर्चा की जाय तो ऐसा ही समझना चाहिए कि गंगा की धारा को पुनः गंगोत्तरी की ओर मोड़ने का प्रयास किया जा रहा है।''[3] वस्तुतः आजादी मिलने के पहले ही हिन्दी को राष्ट्रभाषा की मान्यता मिल गयी थी। 'पर्यावरण प्रदूषण' और 'जातिगत और क्षण का औचित्य' शीर्षक दो निबन्ध समसामयिक विषयों पर आधारित है। निबन्धकार का मत है कि हम विज्ञान की दिशा में जितने विकसित होते गये उतना ही हमारा पर्यावरण प्रदूषित होता गया। आरक्षण की विसंगतियों को दूर कर उसे लोकग्राह्य और लोकहितकारी बनाने के लिए लेखक ने कुछ महत्त्वपूर्ण सुझाव प्रदान किये हैं।

इस पुस्तक में भाव प्रधान निबन्ध भी संकलित हैं। इन निबन्धों के शीर्षक हैं—प्रेम का महत्त्व, परहित सरिस धर्म नहिं भाई और चिन्ता का वरदान। 'परहित सरिस धर्म नहिं भाई' में निबन्धकार ने 'परोपकार' को प्रकृति का स्वाभाविक धर्म बताया है। भारतीय संस्कृति में परोपकार एक उच्चगुण रहा है पर चिन्ता की बात यह है कि, ''आज की पाश्चात्य भोगवादी संस्कृति के प्रभाव में हम इतने संकीर्ण और स्वार्थलिप्त होते जा रहे हैं कि हमें लगता ही नहीं कि यह वही पुराना भारत देश है।''[4] 'प्रेम का महत्त्व' इस पुस्तक का श्रेष्ठतम भावात्मक निबन्ध है। प्रेम मानव

1. वही, पृ. 180.
2. वही, पृ. 198.
3. वही, पृ. 208.
4. वही, पृ. 239.

जीवन का सबसे प्राणवान् संवेग है। निबन्धकार के शब्दों में—"बाहर से प्रकट होनेवाला प्रेम उतना गहरा नहीं होता जितना अन्तर में लहरानेवाला। प्रेम वाणी से कम, संकेतों से, व्यवहारों से और सहज शारीरिक दशाओं से अधिक मुखर होता है। प्रेम में वाणी अवरुद्ध हो जाती है। भीतर का तूफान कण्ठ तक आते-आते रुक जाता है। कभी वह कपोलों की रक्ताभ छवि में उतरता है, कभी स्वेदसिंचित हथेलियों में भीग पड़ता है, कभी झुकी हुई पलकों की लजीली घटा में झूम जाता है और कभी आँसू बनकर बरस जाता है। पर वह बोल कम पाता है। उसकी अबोल वाणी में बड़ी ताकत होती है। लम्बे व्याख्यान से जो अक्स दिल पर नहीं उतारा जा सकता वह प्रेम की मूक भाषा से पत्थर की लकीर बन जाता है।"[1] भला कौन इससे असहमत हो सकता है। विषय का वर्णन इतना मार्मिक और प्रभावशाली कि पाठक उसके भीतर डूब जाता है, सोचने का अवकाश कहाँ।

आचार्य रामचन्द्र शुक्ल के निबन्धों की तरह डॉ. कन्हैया सिंह ने इस निबन्ध में सूत्रात्मक शैली में अनेक महत्त्वपूर्ण बातें कही हैं। कुछ उदाहरण उल्लेखनीय हैं, जैसे—'वासना विष है, प्रेम अमृत है।' 'प्रेम कभी अन्धा नहीं होता।' 'प्रेम के पास ही जीवन की सच्ची दृष्टि होती है।' 'प्रेम की तृप्ति स्वयं प्रेम का प्रमाण है।' 'कोई प्रेम बिना वासना सम्भव नहीं होता।' आदि। निबन्धकार का मत है कि वासना और प्रेम में अन्तर होते हुए भी उनमें निकट का सम्बन्ध है। अतः वासना को नकारने की जगह, जीवन का सहज धर्म मानते हुए उसे उत्सर्ग एवं समर्पण की भावना से उसे ऊँचाई तक पहुँचाने का प्रयास करना चाहिए। ताकत से हम किसी को हरा सकते हैं पर उसे जीत नहीं सकते। जीतने की ताकत तो सिर्फ प्रेम के पास है। लेखक के शब्दों में—"प्रेम वह वशीकरण है, जिससे किसी को भी जीता जा सकता है। शक्ति से तो हम किसी को हरा सकते हैं पर जीत नहीं सकते। हार कर कोई अपना शरीर अर्पित कर सकता है, पर मन नहीं। हार शरीर की होती है और जीत मन पर होती है।"[2] सन्देह नहीं कि इस निबन्ध में लेखक का निबन्धकार व्यक्तित्व, प्रतिभा और अभिव्यक्ति शैली अपने श्रेष्ठतम रूप में है। अफसोस केवल इतना है कि ऐसे निबन्धों की संख्या इस संग्रह में कम है। आचार्य शुक्ल ने लिखा था—"यदि गद्य कवियों या लेखकों की कसौटी है तो निबन्ध गद्य की कसौटी है। भाषा की पूर्ण शक्ति का विकास निबन्धों में ही सबसे अधिक होता है।"[3] इस दृष्टि से डॉ. कन्हैया सिंह के समूचे रचनाकर्म के मूल्यांकन में 'साहित्यिक निबन्ध' पुस्तक में संकलित निबन्धों का अध्ययन आवश्यक ही नहीं उपयोगी भी है।

एसोशिएट प्रोफेसर, हिन्दी विभाग, काशी हिन्दू विश्वविद्यालय
वाराणसी (उ.प्र.)

1. वही, पृ. 238.
2. वही, पृ. 239.
3. हिन्दी साहित्य का इतिहास, आचार्य रामचन्द्र शुक्ल, नागरी प्रचारिणी सभा, काशी, संवत 2051 वि. पृष्ठ-276.

निबन्धों में अटका हुआ मन

अचला पाण्डेय

हिन्दी भाषा और साहित्य की समृद्धि जिन साधकों की साधना का प्रतिफल है उसमें डॉ. कन्हैया सिंह जी का महत्त्वपूर्ण योगदान रहा है। आप सहृदय अध्ययनशील गम्भीर और कर्मठ साहित्य साधक हैं। आपकी साहित्य साधना नित्य जीवन दर्शन का प्रतिफल है। आपने हिन्दी जगत् को चालीस से अधिक समालोचना की पुस्तकों के साथ-साथ शताधिक शोध निबन्ध देकर हिन्दी को प्रतिष्ठित करने का कार्य किया है। आपके ही शब्दों में हिन्दी का समुचित विकास तभी सम्भव है जब हिन्दी में मौलिक शोध कार्य किये जायें।

कवि या लेखक अपने युग की उपज होता है। जीवन की प्रगति साहित्य की दिशा निर्धारित करती है। साहित्य जीवन की दिशा किस प्रकार निर्धारित करती है, 'साहित्यिक निबन्ध' इस पुस्तक में आपने अपने निबन्धों के माध्यम से स्पष्ट करने का प्रयास किया है। इसकी भूमिका में आपने लिखा है कि यह विद्यार्थियों के लिए उपयोगी होने के साथ-साथ हिन्दी साहित्य का समूचा इतिहास बताने में समर्थ है। इसमें साहित्य के इतिहास के सभी कालों से लेकर इनके प्रतिनिधि कवियों और लेखकों के व्यक्तित्व एवं कृतित्व को निबन्धों में उजागर किया गया है। कुछ लेखकों की महत्त्वपूर्ण कृतियों और कुछ के रचना सृष्टि के उत्तम चरित्रों को भी निबन्ध का विषय बनाया गया है। समस्त आधुनिक विधाओं और वादों को समेटते हुए भाषा और लिपि के पहलुओं को भी आपने निबन्धायित किया है। यह पुस्तक आपके व्यापक अध्ययन एवं चिन्तन का साक्ष्य प्रस्तुत करती है। इसमें साहित्य, समाज, संस्कृति, धर्म सभी विषयों पर आपकी लेखनी चली है।

साहित्य से ही संस्कृति, सभ्यता, पूर्वजों के विचार, प्राचीन रीति-रिवाज, रहन-सहन की स्थिति स्पष्ट हो जाती है। साहित्य में लोक भावना परिलक्षित होती है। सामाजिक परिवर्तन के साथ साहित्य के मान भी बदल जाते हैं। बदलते हुए आदर्श और प्रकृति के अनुसार साहित्य परिवर्तित होता है। 'साहित्य और समाज' इस निबन्ध में आपने लिखा है कि साहित्य में जीवन का समावेश किस प्रकार होता है, इसका भान तो हमें आदि कवि वाल्मीकि की उस प्रथम अभिव्यक्ति से ही हो जाता है जो क्रौंच पक्षी के युगल में से एक के निषाद के क्रूर वाणों द्वारा मर्माहत होने पर हुई थी—

मा निषाद प्रतिष्ठां त्वमगमः शाश्वतीः समाः।
यत् क्रौञ्चमिथुनादेकमवधीः काममोहितम्।।

(वाल्मीकि रामायण बालकाण्ड, 15)

यह श्लोक जीवन की व्यथा ही है जो काव्य बनकर प्रवाहित हो चली। यही स्पष्ट हो जाता है कि वेदना के लिए संवेदना आवश्यक है। 'पन्त' जी भी जब कहते हैं—

वियोगी होगा पहला कवि,
आह से उपजा होगा गान।
उमड़कर आँखों से चुपचाप,
बही होगी कविता अनजान।

यहाँ भी जीवन की अनुभूतियों के आधार पर काव्य स्रोत के प्रवाहित होने की बात है। साहित्य जीवन के अत्यन्त निकट रहता है, वह उससे दूर नहीं जा सकता। उसे जीवन की गतिविधियों के अनुरूप ही रहना अनिवार्य हो जाता है। साहित्य संस्कृति की आदिम विकास यात्रा के साथ-साथ अन्तर्मन की चेतना और उद्दीप्त करनेवाले सौन्दर्य को स्पष्ट करता है। यह हमारे मन, बुद्धि और आत्मा तीनों को प्रभावित करता है। साहित्य में परिस्थितियों से उत्पन्न मानव मन के उद्गार होते हैं। 'हजारीप्रसाद द्विवेदी' के शब्दों में, ''साहित्य सामाजिक मंगल का विद्यालय है। यह सत्य है कि व्यक्ति विशेष की प्रतिभा से ही साहित्य रचित होता है, किन्तु और भी अधिक सत्य है कि प्रतिभा सामाजिक प्रगति की ही देन है।''

'संस्कृति और समाज' इस निबन्ध में आपकी धारणा है कि मनुष्य अपनी बुद्धि का प्रयोग कर विचार और कर्म के क्षेत्र में जो सर्जन करता है, उसी को संस्कृति कहते हैं। युगानुरूप विकासशील मानव की संस्कृति भी निरन्तर विकसित होती रहती है और विभिन्न समुदायों के सम्पर्क से वह प्रभावित होती है। संस्कृति का विकास नैसर्गिक प्रक्रिया है, चाह कर भी संस्कृति को नहीं बदला जा सकता, अपितु उसमें शामिल होकर व्यक्ति सुसंस्कृत हो जाता है और उसके विकास में अपना योगदान देता है। संस्कृति का स्थायित्व साहित्य में ही सम्भव है। भारतीय संस्कृति विश्व की प्राचीनतम संस्कृतियों में से एक है। हमारी संस्कृति तो 'वसुधैव कुटुम्बकम्', 'सत्यमेव जयते', 'अहिंसा परमो धर्मः', 'परोपकाराय सतां विभूतयः' की है। यहाँ वैदिक काल से लेकर आज तक के साहित्य की ऐसी अविरल धारा मिलती है जिसमें यहाँ की पुरातन संस्कृति के दिव्य रूप का दर्शन होता है। राम और कृष्ण जैसे उदात्त चरित्र से यहाँ की संस्कृति और साहित्य अभिभूत है। यह रत्न समाज के लिए जीते हैं और उनके ही दुःख से दुःखी होते हैं।

डॉ. कन्हैया सिंह जी प्रतिक्षण किसी-न-किसी विचारधारा को आत्मसात् करते हुए उसके अनुरूप ही साहित्य में मूल्यवान् तत्त्वों की खोज करते हैं। आप हिन्दी साहित्य पर असाधारण अधिकार रखने के साथ ही मध्यकालीन काव्य के विद्वान् हैं। 'वासुदेवशरण अग्रवाल' और 'आचार्य रामचन्द्र शुक्ल' जी के बाद 'जायसी' पर आपसे बढ़कर किसी दूसरे विद्वान् की गति नहीं दिखायी देती। आप स्वयं स्वीकार करते हैं कि जायसी के काव्य में बहुत कुछ ऐसा है जिस पर गम्भीरता से कार्य किया जाना है। जायसी ही ऐसे कवि हैं जो तत्कालीन इतिहास से सीधे टकराते हैं और भारतीय भूमि से जुड़कर इस्लाम के मार्ग को प्रशस्त करते हैं। जायसी के काव्य में मर्म को उद्घाटित करने के साथ-साथ भारतीय संस्कृति के जिन मूल्यवान् तत्त्वों को उद्घाटित किया है, अत्यन्त सराहनीय है। समाज की संरचना मानवीय मूल्यों पर आधारित है। यह मूल्य तीन धरातल पर दिखायी देता है। व्यक्ति का प्रकृति से सम्बन्ध, व्यक्ति का व्यक्ति से सम्बन्ध और व्यक्ति का समाज से सम्बन्ध। जब व्यक्ति वर्तमान से असन्तुष्ट होता है तो अतीत की तरफ दृष्टि डालता है। वास्तविकता यही है कि जब वर्तमान में मूल्यों का क्षरण होता है तो स्वाभाविक रूप से मध्यकालीन सन्तों और कवियों की ओर हमारी दृष्टि चली जाती है। वहीं से हमें जीवनी शक्ति प्राप्त होती है। सन्तों ने दिशा निर्देशक का कार्य किया है तथा मानवीय मूल्य की स्थापना

में चिरस्थायी योगदान दिया है। निर्गुण और सगुण दोनों धाराओं के कवियों ने मानवीय मूल्य प्रेम, सहिष्णुता, मधुरता, करुणा, अहिंसा, अहंत्याग, सत्संग, समानता, सत्य की रचना और स्थापना पर जोर दिया है। भक्ति काल को स्वर्ण युग इसी कारण कहा जाता है कि सन्तों और कवियों की दिव्य वाणी उनके हृदय से निकलकर देश के कोने-कोने में फैल गयी। काम, क्रोध ,माया से सजग रहकर ही संसार पर विजय प्राप्त की जा सकती है। इसका मार्ग है परमात्मा से प्रेम। परमात्मा से प्रेम अर्थात् सम्पूर्ण जगत् से प्रेम, प्राणी मात्र से प्रेम, मानवता से प्रेम। सन्त कवियों की भाव भूमि भारतीय संस्कृति के मूल सिद्धान्त पर आधारित है, इसका सम्बन्ध समस्त मानवता के लिए शाश्वत मूल्य का निर्धारण है।

रीतिकालीन कविता के विषय में आप ने स्पष्ट किया है कि 'रीतिकाल' हिन्दी साहित्य के इतिहास का वह काल है जिसमें काव्य के शरीर, अलंकार और परिधान की ओर विशेष ध्यान दिया गया है। कविता के बाह्य पक्ष की ओर विशेष ध्यान देते हुए कवियों ने आभ्यन्तर पक्ष की उपेक्षा नहीं की। रीतिकालीन कवियों की वाणी में सरसता और सहृदयता साकार हो उठी है।

'आधुनिकता एक दृष्टि' इस निबन्ध में आपके विचार हैं कि आज देश और विश्व की परिस्थितियों के व्यापक सन्दर्भ को समझकर, बुद्धि और भावना की समन्वयात्मक आधारशिला पर अनुकृति को छोड़कर, स्वतन्त्र चिन्तन एवं सहज अनुभूति से प्रेरित साहित्य को एक नवीन दिशा की आवश्यकता है। आपने महान् रचनाकारों और मानवीय विभूतियों के व्यक्तित्व के भीतर प्रवेश करके मूल्य चेतना के शिखर बिन्दुओं को पहचाना है। 'मैथिलीशरण गुप्त' इसलिए प्रणम्य हैं कि वे दुःखों में मंजकर आस्था और उन्मुक्तता का वरण करते हैं। सहज भावाभिव्यक्ति को महत्त्व देते हैं। पुराणों के अपने गौरवशाली इतिहास की कथाओं को भी स्वतन्त्र प्रेरणा के अभिप्राय से सजाते हैं। राष्ट्रीय कविता में एक साथ क्रान्ति का बिगुल और वेदना की वंशी ध्वनि निःसृत करनेवाले रचनाकार 'माखनलाल चतुर्वेदी' आदरणीय हैं, श्लाघ्य हैं। 'बालकृष्ण शर्मा नवीन' इसलिए महान् हैं कि उनके भीतर त्याग पूर्ण बलिदानी राष्ट्रीय भावना और गहन एकान्त सूनेपन का अद्‌भुत सामंजस्य है। 'बालकृष्ण शर्मा नवीन' और 'रामधारी सिंह दिनकर' एक-दूसरे के निकट हैं। अन्तर सिर्फ इतना ही है कि 'दिनकर' जी की क्रान्ति परोक्ष अनुभूति पर है और 'नवीन' जी की प्रत्यक्ष अनुभूति है। 'जयशंकर प्रसाद', 'सूर्यकान्त त्रिपाठी निराला' इसलिए विशिष्ट हैं कि इन्होंने अपने अहं को विसर्जित कर दिया। यह सभी रचनाकार और उनकी उत्कृष्ट रचनाएँ आपके निबन्ध के विषय हैं।

इस पुस्तक में आपने निबन्ध, नाटक, उपन्यास, कहानी के विकास को स्पष्ट किया है। निबन्ध के विषय में तो आपका उद्‌घोष है की अन्य विधाओं की अपेक्षा नवीन शैली के निबन्ध और निबन्धकार कम है, पर जो रचनाएँ सामने आयी हैं, उत्कृष्ट कोटि की हैं और रचनाकारों की अनन्त सम्भावनाओं का द्योतन करती हैं। 'प्रेम का महत्त्व' इस निबन्ध का पहला वाक्य ही 'प्रेम मानव जीवन का सबसे प्राणवान् संवेग है' सब-कुछ स्पष्ट कर देता है। प्रेम तो एक भाव है, भाव के बिना कुछ भी प्राप्त नहीं किया जा सकता। यह प्रदर्शन और मुखरता से आकार प्राप्त नहीं करता अपितु मौन मय आकार ग्रहण करता है। आपने लिखा भी है कि, "प्रेम अन्तःसलिला अदृश्य प्रवाह की तरह भीतर ही बहता रहता है। बाहर से प्रकट होनेवाला प्रेम उतना गहरा नहीं होता जितना भीतर से लहरानेवाला।" प्रेम से किसी को भी जीता जा सकता है, पर अपेक्षा से अधिक किया गया प्रेम उपेक्षित रह जाता है। प्रेम निःस्वार्थ होता है, समर्पण और विश्वास पर आधारित होता है। यह सभी धर्म से ऊपर है, इसकी पराकाष्ठा जब भक्ति का रूप धारण करती है तो विधाता भी हाथ बाँध लेते हैं। सभी प्रभाव का अन्त है पर, प्रेम अनन्त रहता है, निःसीम रहता है। यह जितना विस्तृत होता है, परोपकार की भावना उतना ही प्रसार पाती है। प्रेम से ही

दया, करुणा, उदारता का जन्म होता है और मनुष्य परोपकारी होता है। मनुष्य की सार्थकता परोपकार में है।

परोपकार की भावना तो प्रकृति में ही दिखायी देती है। मानव का प्रकृति से अटूट सम्बन्ध होता है। प्रकृति साधन देती है, मनुष्य संस्कृति रचता है। जो मनुष्य प्रकृति के साहचर्य में अपने श्रम से जीवन की परिस्थितियों को निर्मित करता है, संस्कृति का विकास करता है, वह बहुत - सी भौतिक सम्पदा भी रचता है। प्रकृति हमें सर्वस्व देती है। बदले में हमसे कुछ नहीं लेती। वृक्ष तरह-तरह के फल देते हैं, बादल पानी, सूर्य ऊष्मा तो चन्द्रमा शीतल चाँदनी और पृथ्वी अन्य रत्न और तरह-तरह के खनिज प्रदान करती है। इस प्रकार के सतत चिन्तन से मनुष्य परोपकारी बन सकता है। जीवन के सभी कार्य व्यवहार संकल्प के अधीन होते हैं। इसी से आत्मबल जागृत होता है। आत्मबल से दृढ़ता और दृढ़ता बाधाओं से टकराने की अडिगता प्रदान करती है। संकल्प में वह शक्ति होती है जो विश्वास व श्रद्धा को बढ़ा देती है। ऋग्वेद में कहा भी गया है—'तन्मे मनः शिव संकल्पमस्तु' अर्थात् मन के संकल्प शुभ और कल्याणमय हों। 'परहित सरिस धरम नहीं भाई' इस निबन्ध में आपके भाव स्पष्ट हो जाते हैं कि परोपकार मनुष्य का आभूषण है। जो भी निज के स्वार्थ का त्याग करके मानव सुख के लिए जीता है उसे सन्त, महात्मा और महामानव की संज्ञा से विभूषित किया जाता है। साहित्य में प्रकृति का साहचर्य पर्याप्त दिखायी देता है। कवियों का मूल उद्देश्य सभी से प्रेम करते हुए वातावरण को शुद्ध रखने का प्रयास था।

'पर्यावरण प्रदूषण' इस निबन्ध में आप व्यक्त भी करते हैं कि जब मनुष्य प्रकृति के साथ हस्तक्षेप करता है अथवा प्राकृतिक जीवन को कृत्रिम सुख के लिए नष्ट करता है तो पर्यावरण प्रदूषण की समस्या खड़ी होती है। हम विज्ञान की दिशा में जितने विकसित होते गये उतना ही हमारा पर्यावरण प्रदूषित होता गया। हमें इसकी चिन्ता करते हुए प्रदूषण को समझकर उससे बचने का उपाय करना चाहिए। वास्तविकता यही है कि आज के मशीनी युग में प्रदूषण एक अभिशाप के रूप में सम्पूर्ण वातावरण को नष्ट करने के लिए हमारे समक्ष उपस्थित है। यह एक गम्भीर समस्या है। जब तक इसके प्रति लगाव उत्पन्न नहीं होगा तब तक पर्यावरण संरक्षण स्वप्न ही रह जायगा। हमें अपने चारों तरफ के वातावरण को सुरक्षित और संरक्षित करके उसके अनुकूल जीवनशैली को अपनाने की आवश्यकता है। हमें अपनी इच्छाओं पर अंकुश लगाना होगा। हमारा आहार-विहार और जीवन पद्धति ऐसी होनी चाहिए जो प्राकृतिक व पर्यावरण के अनुकूल हो, उसमें सहअस्तित्व की भावना समाहित हो।

पुस्तक का अध्ययन करते समय मुझे महसूस हुआ कि यह मानव जाति के विकास के साथ-साथ इसमें विकसित होनेवाली चेतना के स्तरों के अनुसन्धान की पुस्तक है। निःसन्देह यह आपके व्यापक अध्ययन एवं चिन्तन का साक्ष्य प्रस्तुत करती है। जीवन में बहुत लोग ऐसे होते हैं जिनके पास विचार होते हैं, परन्तु कम ही लोग ऐसे होते हैं जो विचार को व्यवहार में परिणत करने की दृष्टि रखते हैं। आप उन्हीं महान् विभूतियों में से एक हैं जिनके विचार और व्यवहार में कोई अन्तर नहीं दिखता है। आप संवेदनशील निष्ठावान् आचार्य, भाषा और साहित्य के उत्साही अध्येता, विरल और विशिष्ट व्यक्तित्व के धनी हैं। मैं आपके स्वस्थ एवं चिरायु जीवन की कामना करती हूँ।

असिस्टेण्ट प्रोफ़ेसर, हिन्दी विभाग, बुन्देलखण्ड विश्वविद्यालय
झाँसी (उ.प्र.)

संस्कृति संवाहक : डॉ. कन्हैया सिंह

अमृता

22 अगस्त, 2019 को इलाहाबाद विश्वविद्यालय के हिन्दी-विभाग में पुनश्चर्या कार्यक्रम में डॉ. कन्हैया सिंह जी से मेरी पहली मुलाकात थी। लेकिन पुस्तकों के माध्यम से परिचय पुराना था। 84 वर्ष की उम्र लेकिन ऊर्जा किसी युवा से कम नहीं। साधारण व्यक्तित्व में असाधारण प्रतिभा के दर्शन से स्वयं का विश्लेषण करने के लिए मजबूर होना, यह बताने के लिए पर्याप्त है कि कहीं-न-कहीं डॉ. कन्हैया सिंह जी मेरे अन्दर अपनी वैचारिक उपस्थित दर्ज कराने में सफल रहे। उनका परिचय किसी अलंकरण का मोहताज नहीं है। जिस विद्वान् की 28 के करीब किताबें हिन्दी साहित्य की विभिन्न विधाओं पर प्रकाशित हो चुकी हों ऐसे विद्वान् का वास्तविक परिचय पुस्तकों के अतिरिक्त भला कौन दे सकता है। हाँ इसी क्रम में यह जरूर पता चला कि डॉ. विनम्रसेन सिंह जो इलाहाबाद विश्वविद्यालय के हिन्दी विभाग में सहायक आचार्य के पद पर कार्यरत हैं, वो नव-नवोन्मेषशालिनी प्रतिभावान् डॉ. कन्हैया सिंह जी के पौत्र हैं। एक ही विभाग में कार्यरत होने के कारण दादा जी का सम्बोधन मेरे लिये आत्मीय बन गया।

दादा जी के वक्तव्य का विषय 'कामायनी का पुनर्पाठ पूर्व निर्धारित था। भारतीय इतिहास, संस्कृति, दर्शन, ज्ञान-विज्ञान, कला और साहित्य के विद्वान् ने जब वक्तव्य, प्रारम्भ किया तो उन्होंने कहा कि छायावाद के सन्दर्भ में जो आलोचकों ने कह दिया उसे अन्तिम सत्य न माना जाये। आलोचना के लिए एक नयी दृष्टि की जरूरत पर बल देते हुए कहा कि आप छायावाद काल के सांस्कृतिक आन्दोलन को समझें। यह काल अस्मिता की तलाश का था। नवजागरण के साथ-साथ पूरे देश में सांस्कृतिक जागरण भी चल रहा था। उस दिन का वक्तव्य बहुत सारगर्भित रहा। निराला के संस्मरण के साथ वह सत्र समाप्त हुआ। लेकिन विश्वविद्यालय से घर लौटते हुए मन बार-बार 'कामायनी' में भारतीय संस्कृति के तत्त्वों को खोजने में लग गया। डॉ. कन्हैया सिंह के निबन्धों का संग्रह 'साहित्य और संस्कृति' का पहला निबन्ध पढ़ते हुए, उनके द्वारा संस्कृति के सन्दर्भ कुछ स्थापित तथ्यों को केन्द्र में रखकर 'कामायनी' जो जयशंकर प्रसाद की छायावादी श्रेष्ठ रचना है, उसको सांस्कृतिक दृष्टि से देखने का प्रयास किया है। 'संस्कृति' शब्द 'सम्' उपसर्गपूर्वक' 'कृ' धातु से 'क्तिन्' प्रत्यय लगाकर बना है, जिसका शाब्दिक अर्थ

है—संशोधन करना, सुधारना या परिष्कृत करना। डॉ. हजारीप्रसाद द्विवेदी के अनुसार ''सभ्यता का आन्तरिक प्रभाव संस्कृति है। सभ्यता समाज की बाह्य व्यवस्थाओं का नाम है, संस्कृति व्यक्ति के अन्दर के विकास का'' डॉ. गुलाबराय की दृष्टि में ''संस्कृति शब्द का सम्बन्ध संस्कार से है, जिसका अर्थ है संशोधन, उत्तम बनाना, परिष्कार करना।...संस्कार व्यक्ति के भी होते हैं, जाति के भी किन्तु जातीय संस्कारों को ही संस्कृति कहते हैं।'' 'साहित्य और संस्कृति' निबन्ध संग्रह के प्रथम निबन्ध में डॉ. कन्हैया सिंह ने संस्कृति के सन्दर्भ में कुछ तथ्य दिये हैं। वह लिखते हैं, ''मनुष्य अपनी बुद्धि का प्रयोग कर विचार और कर्म के क्षेत्र में जो सृजन करता है, उसी को संस्कृति कहते हैं। साधारणतः मानव की सम्पूर्ण श्रेष्ठ अन्तर्वृत्तियों के विकास का समुच्चय ही संस्कृति है। युगानुरूप विकासशील मानव की संस्कृति निरन्तर विकसित होती रहती है। संस्कृति मानवीय इतिहास के प्राणतत्त्व की संरक्षिका और संवाहिका होती है।''

बुद्धि के प्रयोग से विचार और कर्म के क्षेत्र में यदि सृजन का नाम संस्कृति है, तब इसकी व्यापकता को समझने के लिए अब से पूर्व बुद्धि के प्रयोग से बद्ध विचार, जो ग्रन्थ के रूप में हमारी प्राचीन धरोहर है उन्हें पुनः समझना होगा। इन ग्रन्थों में वेद, उपनिषद्, पुराण, ब्राह्मण ग्रन्थ, दर्शन, स्मृतियाँ, रामायण, महाभारत, कुरान, बाइबिल आदि हैं। इन ग्रन्थों के बिना संस्कृति को समझना असम्भव है। भाषा या धर्म कोई भी हो लेकिन ईश्वर, जीव और प्रकृति इन तीन तत्त्वों का ज्ञान व उपादेयता को बार-बार विश्लेषित करना ही होगा। ईश्वर के सन्दर्भ उसके अस्तित्व को स्वीकारनेवाले व अस्वीकारनेवाले दोनों विचार इस समाज में उपस्थित है। लेकिन जीव और प्रकृति के अस्तित्व को नकारना मनुष्य के लिए आसान नहीं होगा। हाँ, इतना अवश्य है कि अपनी बुद्धि पर गर्व करनेवाला यह मनुष्य अपने तर्कों व कर्मों से प्रकृति को परास्त करने की कोशिश करता रहता है। लेकिन प्रकृति भी इतनी आसानी से हारनेवाली नहीं है। गहन दृष्टि से देखें तो मानव का भौतिक शरीर व प्राणवायु प्रकृति आश्रित ही है। हमारी संस्कृति में भौतिक शरीर के निर्माण में जिस किसी का योगदान होता है, उसके लिए प्रेम व कृतज्ञता का भाव रखने की शिक्षा दी जाती है। पृथ्वी को माता, गंगा को माँ, तुलसी को माँ न जाने कितने वृक्षों की पूजा उसी प्रेम व कृतज्ञता का भाव ही है। लेकिन आज हम प्रकृति से प्रेम करने का नाटक कर रहे हैं, जिसका प्रमाण है, भिन्न-भिन्न प्रदूषण। हम सिर्फ और सिर्फ उपभोक्ता ही बन पाये हैं। योग दर्शन की दृष्टि से मानव के कल्याण के लिए यम, नियम, आसन, प्राणायाम, प्रत्याहार, धारणा, ध्यान और समाधि यह आठ गुण बताये हैं। इनमें प्रथम पाँच हमारे बाह्य शरीर की क्रियाएँ हैं और तीन आन्तरिक शरीर की। मानव सिर्फ मानव बना रहे, उसमें आसुरी वृत्तियाँ न पैदा हों इसी के निमित्त सारे ग्रन्थ उपदेश देते हैं। भारतीय संस्कृति बहुदेववादी है। देव वह है जो सिर्फ देता है और दिव्यगुणों से युक्त है। लोक में जो देव है, उनमें सूर्य, चन्द्रमा, पृथ्वी, जल, अग्नि, वृक्ष आदि हैं। यह निरन्तर अनुशासन में बद्ध होकर प्रदाता का कर्त्तव्य कर रहे हैं।

'कामायनी' के मनु देव जाति के हैं। वह देव जाति भोग विलास में डूब चुकी थी। प्राचीन भारतीय संस्कृति में जाति कर्म आधारित थी। बाद में जन्म आधारित जातियों का विकास हुआ। देव बनने के लिए शक्ति को अर्जित करना पड़ता है। उस देवजाति ने भी तपस्या व परिश्रम से शक्ति अर्जित की होगी। ज्यादा संग्रह मानव को विलासी बना देता है। विलासता का मद उसके विनाश का कारण बनता है। प्रकृतिः मनुष्य के विपरीत आचरण को सहन नहीं करती। यहाँ तक कि जो देव जाति अमरत्व को प्राप्त थी उसका भी विनाश कर देती है। मनु की कथा के माध्यम से प्रसाद जी मानव मात्र को सचेत कर रहे हैं। मनु कहते हैं—

"चिर किशोर-वय, नित्य विलासी, सुरक्षित जिससे रहा दिगन्त।
आज तिरोहित हुआ कहाँ वह, मधु से पूर्ण अनन्त वसन्त।।"

चिरकिशोरावस्था से वासना में डूबे रहनेवाले देवों को वह अन्न हीन वसन्त लगता था। देव युवावस्था को चिर स्थायी समझते थे, लेकिन नित्य-विलास को विनाश का कारण है। संयमित जीवन ही वास्तविक जीवन है। मनु कहते हैं, "कि देवता अपने शक्तिशाली समझते थे, यह उनका मिथ्या गर्व है। देवता अहंकार के उन्माद को अपनी विजय समझते थे, यह उनकी सबसे बड़ी भूल थी"—

"प्रकृति रही दुर्जेय, पराजित हम सब थे भूले मद में,
भोले थे, हो कितने केवल सब विलासता के नद में।"

मानव कितनी भी कोशिश कर ले पर वह प्रकृति को हरा नहीं सकता।

'संस्कृति' मानवीय इतिहास के प्राणतत्त्व की संरक्षिका और संवाहिका है। संस्कृति के प्राणतत्त्व है—दया, करुणा, प्रेम, सहानुभूति, परोपकार, त्याग, लज्जा, श्रद्धा, सत्य, आशावादिता, विश्वबन्धुत्व, समरसता, कर्त्तव्यपालन, धर्म पालन, राष्ट्रप्रेम आदि। कामायनी ने भारतीय संस्कृति की अजस्र धारा प्रवाहित है। मानव-मानव का प्रेम तो है ही, पशु प्रेम भी विद्यमान है। 'वासना' सर्ग में श्रद्धा आत्म-समर्पण करके मनु के साथ गुफा में रहने लगती है। उनकी कला एक पशु भी है। मनु कर्मकाण्ड को प्रेरित होकर उस पशु का वध कर देते हैं, तो श्रद्धा खिन्न हो उठती है और मनु को ऐसे हिंसा कर्म से रोकती है। श्रद्धा उस पशु को परिवार का सदस्य मानती थी। पशु-पालन और कृषि हमारी संस्कृति का अभिन्न हिस्सा है। 'कामायनी' के 'स्वान' सर्ग में सारस्वत नगर की श्रीवृद्धि का वर्णन करते हुए, कृषि का पूर्ण विकास दिखाया हैः—

"वर्षा, धूप, शिशिर में छाया के साधन सम्पन्न हुए।
खेतों में है कृषक चलाने हल प्रमुदित श्रम-श्वेद सने।।"

प्रारम्भ में मानव ने कृषि उदरपूर्ति की समस्या को हल करने के लिए शुरू की थी लेकिन 'कामायनी' में आरम्भ और विकास दोनों मिलते हैं। 'ईर्ष्या' सर्ग में गृह-उद्योग का उल्लेख भी मिला है। यहाँ श्रद्धा कोमल काले की रंग की ऊन से नतपरितका बनाने में लगी रहती है। तकली पर ऊन भी कातती है। 'स्वप्न' सर्ग में गृह उद्योग के अन्तर्गत धातु मलाने, आभूषण और अस्त्र बनाने, कुसुम-रज से गन्ध चूर्ण बनाने का वर्णन निकला है।

'कामायनी' में सामाजिक व्यक्ति के आदर्श स्वरूप की कल्पना प्रसाद जी ने 'आनन्द' सर्ग में की है। वह समाज वर्ग-हीन हो, सभी प्राणी परस्पर प्रेम से आबद्ध हो, सभी मनुष्य एक दूसरे को समाज का अभिन्न अंग समझते हों, समाज में कोई भी व्यक्ति तापित या शापित न हो तथा सभी समता का जीवन व्यतीत करते हों।

जिस समय मनु श्रद्धा का परित्याग कर सारस्वत नगर आते हैं और वहाँ की रानी इड़ा से उनकी भेंट होती है। यह नगर भौतिक हलचलों से नष्ट हो चुका था और इड़ा उसे पुनः बसाने के लिए योग्य शासक की खोज में थी। मनु को समर्थ जानकर वह उन्हें अपने नगर का शासक बना देती है। लेकिन प्रबल भौतिकता, निर्बाध अधिकार भोगने की लालसा से वह सुन्दर राज्य व्यवस्था छिन्न-भिन्न हो जाती है। 'कामायनी' में आदर्श राज्य के लिए दो बातों पर जोर दिया है—प्रथम, यह कि शासक को कभी भी राष्ट्रनीति द्वारा प्रजा में भ्रम और आतंक नहीं फैलाना चाहिए। द्वितीय यह है कि राजा अपनी प्रजा के साथ समानता का व्यवहार करे और समरसता को जीवन का उद्देश्य समझे।

'कामायनी' में विवाह-संस्था का वर्णन मनु और श्रद्धा के पाणिग्रहण के अवसर पर दिखायी देता है। एक पत्नी अपना सर्वस्व अपने पति के लिए न्योछावर कर देती है। उसका अपना कोई स्वतन्त्र अस्तित्व नहीं रहता। भारतीय संस्कृति में विवाह केवल एक जन्म का बन्धन नहीं, बल्कि वह जन्म जन्मान्तर का बन्धन है। 'लज्जा' सर्ग में श्रद्धा अश्रु मिश्रित विवाह का सन्धि-पत्र मुस्कराहट के साथ लिखती है—

"आँसू से भीगे अंचल पर मन का सब-कुछ रखना होगा।
तुमको अपनी स्मित-रेखा से यह सन्धि-पत्र लिखना होगा।"

मनु द्वारा परित्यक्त होकर भी वह अपने पथ से तनिक भी विचलित नहीं होती और पुनर्मिलन होने पर मनु के क्षुब्ध हृदय को आश्वस्त करती है—

"श्रद्धा नीरव सिर सहलाती आँखों में विश्वास भरे।
मानो कहती, तुम मेरे हो अब क्यों कोई वृथा डरै।।"

यहाँ अपनेपन का भाव वैवाहिक जीवन का सूत्र है। बाद में मनु स्वयं श्रद्धा की महानता स्वीकार कर लेते हैं।

'कामायनी' में वर्णित मानवता का स्वरूप आधुनिक मानव का प्रतिनिधि है। आज मनुष्य का बाह्य स्वरूप चिन्ताकर्षक है, किन्तु उसका आन्तरिक रूप कलुषित है। वह हृदय के सच्चे भावों की भूमि पर खड़ा न होकर, बाह्य औपचारिक कलाओं की भूमि पर खड़ा है। आज मनुष्य के सम्पूर्ण कार्य-व्यापार औपचारिक हो गया है। यहाँ तक प्रेम एवं सौहार्द भी औपचारिक हो गया। महत्त्वाकांक्षा की मरीचिका उसे पथ-भ्रष्ट कर रही है। प्रकृति के साथ सामंजस्य की जगह सहर्ष ने ले ली है। सम्पूर्ण मानवता यन्त्रों की दासता में इस तरह फँस गयी है कि उसकी प्रकृत शक्ति क्षीण होती जा रही है। एक ओर दिशायें विजय-ध्वनि से गूंजती हैं तो दूसरी ओर मनुष्य भूख से व्याकुल है। मदान्ध मानवता विजय के उल्लास में वस्तु-सत्य को ठुकराकर भ्रमित हो रही है। विकृत बुद्धि मानव को भौतिक मार्ग दिखलाने में तो सफल रही परन्तु क्षत विक्षत मानवता की व्यथा दूर न कर सकी। ऐसी दशा में विश्वासमयी श्रद्धा अपने हाथों से मानवता को सँभालती है। इस तरह श्रद्धा के सान्निध्य में अभिशप्त मानवता मंगलमय हो उठती है। प्रसाद जी विकृत बुद्धि को मानवता-विनाशिनी मानते हैं। उससे मानव की भौतिक उन्नति तो हो सकती है, पर अभीष्ट आनन्द की प्राप्ति नहीं हो सकती। बुद्धि, प्राणियों में भेद से विषमता उत्पन्न करके हिंसा तथा रक्तपात की सम्भावनाएँ बढ़ा देती है। मनु इड़ा (बुद्धि) के सहारे भौतिक उन्नति का मार्ग तो प्रशस्त करते हैं, परन्तु संघर्ष में क्षत-विक्षत हो जाते हैं। मनु की दुर्गति सम्पूर्ण मानवता की दुर्गति है। ऐसे में श्रद्धा उसकी रक्षा करती है। कह सकते हैं कि मानवता के यथार्थ विकास एवं सुख के लिए विश्वास-स्वरूपिणी श्रद्धा का सहयोग आवश्यक है। वह मनुष्य की संकीर्णता, स्वार्थलिप्सा, प्रतिहिंसा आदि दुष्प्रवृत्तियों का परिष्कार कर उसमें करुणा एवं विश्वास भर देती है। जिससे निराश एवं कर्त्तव्य विमुख मनुष्य आशावादी होकर कर्त्तव्य-पथ पर अग्रसर हो जाता है। 'कामायनी' में मानवता के विकास के लिए यदि श्रद्धा भाव के प्रति आग्रह है, तो बुद्धि से भी किसी प्रकार का विरोध नहीं। इस तरह 'कामायनी' में मानव-जीवन के पूर्ण विकास के लिए हृदयपक्ष और बुद्धि पक्ष के सामंजस्य पर जोर दिया गया है।

भारतीय संस्कृति में यज्ञ की अपनी महत्ता है। यहाँ जन्म से लेकर मृत्यु तक के संस्कारों में यज्ञ का प्रमुख स्थान है। मानव-जीवन के लिए पंचयज्ञ बताये गये हैं—ब्रह्मयज्ञ (स्वाध्याय), देवयज्ञ (अग्निहोत्र), पितृयज्ञ, बलिवैश्वदेव यज्ञ और अतिथि यज्ञ। 'मनुस्मृति' में पढ़ना-पढ़ाना,

सन्ध्योपासना करना ब्रह्मयज्ञ है। माता-पिता की सेवा करना, भोजन आदि से तृप्त कराना पितृयज्ञ है। प्रातः सायं हवन (अग्निहोत्र) करना देवयज्ञ। कीटों, पक्षियों, कुत्तों, कुष्ठरोगियों और भृत्यों आदि आश्रितों को अन्न देना बलि वैश्वदेव यज्ञ है। अतिथियों का सत्कार एवं भोजन कराना अतिथि यज्ञ है।

'कामायनी' में देवजाति की यज्ञ में गहन आस्था थी। यज्ञ उनके धर्म का विशेष अंग था। उनके सभी कार्य यज्ञ द्वारा पूर्ण होते थे। प्रजापति ने सृष्टि रचना के लिए सर्वप्रथम यज्ञ किया था। देवताओं ने स्वर्ग-प्राप्ति के लिए यज्ञ किया था। आगे चलकर वैदिक शब्दों का गलत अर्थ निकालकर कर्मकाण्डियों ने यज्ञ में पशुबलि प्रारम्भ कर दी जो यज्ञ जैसी पवित्र और सुगन्ध पूर्ण कृत्य में पूर्णतः त्याग है। देवता यज्ञ को जीवन में सुख प्रदान करनेवाला, जीवन को गतिशील बनानेवाला, कार्य की प्रेरणा देनेवाला मानते थे। यदि वास्तविकता में देखें, तो यह पाँच यज्ञ प्रत्येक मानव के पाँच कर्त्तव्य हैं। प्रलय के उपरान्त मनु सर्वप्रथम अग्नि द्वारा सागर के किनारे बैठकर अग्निहोत्र करते हैं। यज्ञ से देवताओं को प्रसन्न करने के लिए नये अन्न की आहुति देते हैं। वैदिक काल में पुरोहित को समाज में उच्च स्थान प्राप्त था। वह देवताओं का पूजक होता था। 'ब्राह्मण ग्रन्थों' में पौरोहित्य के सम्बन्ध में विशद वर्णन मिलता है। दैनिक यज्ञ के लिए केवल एक पुरोहित (अध्वर्यु) की आवश्यकता होती थी। 'मैत्रावरुण' यज्ञ के लिए सोलह, पुरोहितों की जरूरत होती थी। 'कामायनी' के कर्म, सर्ग में 'पाकयज्ञ' तथा 'मैत्रावरुण' यज्ञ का वर्णन मिलता है। 'पाकयज्ञ' के उपरान्त मनु यज्ञशेष को अपनी गुफा से कुछ दूरी पर एतदर्थ रख देते हैं कि यदि कोई और प्राणी जीवित बचा होगा तो इस अन्न को खाकर तृप्त हो जायेगा। मनु के इसी भूत-हित अन्न को देखकर श्रद्धा उनके समीप आती है। इस तरह 'कामायनी' में यत्र-तत्र पंचमहायज्ञों के संकेत मिलते हैं। 'कामायनी' में एक तथ्य विचारणीय है कि यह यज्ञ शास्त्रोक्त विधान से नहीं बल्कि सांस्कृतिक, कार्यकलाप के रूप में ही मिलते हैं।

भारतीय संस्कृति में मान्य सोलह संस्कारों में से कुछ संस्कारों का हमें संकेत 'कामायनी' में मिलता है। 'लज्जा' सर्ग में श्रद्धा द्वारा 'स्मित रेखा' से सन्धि-पत्र लिखना' 'पाणिग्रहण संस्कार' का संकेत है। प्राचीन संस्कृति में वर्ण-व्यवस्था का कठोरता से पालन होता था। लेकिन शुरू में यह व्यवस्था कर्मानुसार थी। बाद में यह जन्मानुसार हो गयी। समाज में ब्राह्मण, क्षत्रिय, वैश्य और चार वर्ण पाये जाते थे। 'कामायनी' में सारस्वत नगर-वर्णन में वर्ण-व्यवस्था का संकेत मिलता है।

"अपने वर्ग बनाकर श्रम को करते सभी उपाय वहाँ,
उनकी मिलित प्रयत्न-प्रथा से पुर की भी दिखती निखरी।"

वर्ण-व्यवस्था के कारण समाज में छोटे-बड़े, उच्च-निम्न तथा पवित्र-अपवित्र की भावना को भूल 'वसुधैव कुटुम्बकम्' की शिक्षा प्रसाद जी ने दी है।

'कामायनी' में ब्रह्मचर्य, गृहस्थ, वानप्रस्थ और संन्यास चारों आश्रमों का स्वरूप देखने को मिलता है। श्रद्धा से मिलन से पूर्व मनु ब्रह्मचर्य आश्रम का पालन करते हैं। श्रद्धा के साथ विवाह करके गृहस्थ आश्रम का निर्वाह करते हैं। श्रद्धा भारतीय नारी का पूर्ण प्रतिरूप है। 'निर्वेद' तथा 'दर्शन' सर्ग में सारस्वत नगरकी राज-व्यवस्था अपने पुत्र मानव को सौंपकर मनु सरस्वती नदी के किनारे तपस्या में लीन हो जाते हैं। 'आनन्द' सर्ग में मनु संन्यास आश्रम का पालन करते हुए दिखायी देते हैं। भारतीय संस्कृति में 'व्रत स्त्री को अलौकिक शक्ति रूप माना है। वह आनन्दमयी, सौन्दर्यमयी, मानव-जीवन को समुन्नत करनेवाली, सम्पूर्ण अभावों को दूर करनेवाली, सहधर्मिणी,

अपने प्रयत्न से अतृप्त जीवन को तृप्ति प्रदान करनेवाली तथा नवजीवन का संचार करनेवाली मानी गयी है। 'कामायनी' में श्रद्धा के रूप में स्त्री के इसी स्वरूप को निरूपित किया गया है। श्रद्धा आदर्श स्त्री-पात्र है। वह त्याग और उदारता की मूर्ति, दया, माया, ममता, मधुरिमा, अगाध-विश्वास से पूर्ण है। वह अमृतस्वरूपिणी है, थकी हुई चेतना के लिए मलय-पवन है, चिरविषाद रूपी अन्धकार के लिए उषा की ज्योति-रेखा है, जीवन मरुज्वाला के लिए सरस वर्षा है।

भारतीय संस्कृति समन्वय की संस्कृति है। यहाँ परस्पर विरोधी संस्कृतियों में प्रबुद्ध पुरुषों ने समन्वय करने का सद्प्रयत्न किया है। महात्मा बुद्ध, तुलसीदास श्रेष्ठ समन्वयकारी रहे हैं। प्रसाद जी ने 'कामायनी' में ऐहिकता व आध्यात्मिकता, इच्छा-ज्ञान-क्रिया, प्रवृत्ति और निवृत्ति, बुद्धि और हृदय, शैव और वैष्णव, गार्हस्थ एवं वैराग्य, भक्ति तथा ज्ञान, ईश्वर तथा जगत् का समन्वय किया है।

इस तरह 'कामायनी' में मानव-जीवन और मानव-संस्कृति के विकास का सम्यक निरूपण हुआ है। 'कामायनी' में मानव-जीवन का क्रमिक विकास दिखाया है। आदिमानव ने भौतिक एवं आध्यात्मिक उन्नति की। सभ्यता के विकास के साथ उसमें सांस्कृतिक समन्वय भी उत्तरोत्तर विकसित होता गया। श्रद्धा सत् और असत् दोनों पक्षों को प्रेम करना सिखाती है। दोनों में सन्तुलन लाने का प्रयास करती है, इसके साथ दोनों को अपनी सीमाओं में रहने का भी आग्रह करती है। प्रसाद जी ने मानव-जाति को 'कामायनी' के रूप में सर्वोच्च सांस्कृतिक उपहार दिया है। श्रद्धा और मनु की कथा से जिस सांस्कृतिक समरसता के सिद्धान्त की स्थापना की है, उससे आज सम्पूर्ण विश्व में फैली अशान्ति का परिहार किया जा सकता है और सम्पूर्ण मानवता आनन्दमयी हो सकती है। 'कामायनी' का रचना-काल 1936 ई. है। उस समय भारत परतन्त्र था। आमजन के अन्दर निराशा ने अपनी पैठ बना ली थी। प्रसाद जी ने अपनी संस्कृति के उज्ज्वल-पक्ष को चित्रित करके भारतीय जनमानस में आशा का संचार कर अपने प्राचीन गौरव से गौरवान्वित करने का सफल प्रयास किया। इस तरह प्रसाद जी की रचना 'कामायनी' प्रारम्भ से लेकर सतत विकास की संस्कृति की संवाहिका है।

असिस्टेण्ट प्रोफ़ेसर, हिन्दी एवं आधुनिक भारतीय भाषा विभाग
इलाहाबाद विश्वविद्यालय, प्रयागराज (उ.प्र.)

ज़िन्दगी के ज़िन्दा दस्तख़त के कहानीकार

आशुतोष

(1)

ये नाम केचिदिह नः प्रथयन्त्यवज्ञां,
जानन्ति ते किमपि तान् प्रति नैष यत्नः।
उपत्स्यते ममु तु कोऽपि समानधर्मा
कालो ह्ययं निरवधिर्विपुला च पृथ्वी।।

(भवभूति, मालती माधव)

(2)

कहानियाँ सभ्यता की स्पष्ट आत्मप्रतिमा हैं। अपने समय और समाज में होनेवाले परिवर्तनों और प्रगति की कथा कहने में हिन्दी कहानी सक्षम रही है। सम्भव है कि अपनी इन्हीं विशेषताओं के कारण हिन्दी की गद्य विधाओं में कहानी को विशेष महत्त्व प्राप्त है। हिन्दी कहानी ने अपने आरिम्भक दिनों में ही चन्द्रधर शर्मा 'गुलेरी' की कहानी 'उसने कहा था' (1915) के माध्यम से अपनी जोरदार उपस्थिति दर्ज करा दी थी। साथ ही उस कहानी को मिलनेवाली अपार लोकप्रियता ने यह तय कर दिया कि आगे के दिनों में आनेवाली हिन्दी कहानियों की दिशा क्या होगी। कहा जा सकता है कि 'उसने कहा था' कहानी ने ही हिन्दी कहानी के क्षेत्र में पहले-पहल यथार्थ का प्रवेश कराया। इसके बाद ही हिन्दी कहानी का एक विराट संसार आरम्भ होता है। बाद के दिनों में इसी कथा-संसार की अगुआई करते हुए हिन्दी कहानी को प्रेमचन्द मिले। प्रेमचन्द ने अपनी कहानियों के माध्यम से अपने समय और समाज का वास्तविक चित्र उकेरा। उन्होंने गरीब, मजदूर, किसान, परिवार से सम्बन्धित उल्लेखनीय कहानियाँ देने के साथ ही तत्कालीन समाज की अन्यान्य समस्याओं, कुरीतियों एवं कुप्रथाओं के खिलाफ एक रचनात्मक सत्याग्रह खड़ा कर दिया। प्रेमचन्द की कहानियों के माध्यम से ही पहली बार समाज और आधुनिक साहित्य के सृजनात्मक सम्बन्धों की नयी इबारतें प्रकट हुईं। चन्द्रधर शर्मा 'गुलेरी' की कहानी (उसने कहा था) से हिन्दी कहानी में यथार्थ का प्रवेश हुआ था, तो कहा जा सकता है कि प्रेमचन्द की कहानियों के माध्यम से हिन्दी

कहानी में यथार्थ की प्रतिष्ठा हुई। प्रेमचन्द ने अपने समय में हिन्दी कहानी का जो 'ट्रेण्ड' निर्मित किया वह कमोबेश आज भी हिन्दी कहानी में कसौटी के रूप में बरता जाता है।

हिन्दी कहानी के कथ्य और रूप में बड़ा बदलाव आजादी के बाद देखने को मिला। वैसे भी कहानी का सरोकार ही है कि वह अपने परिवेश के साथ मनुष्य के सम्बन्धों का निरूपण कर सके। ऐसे में जब युग-सन्दर्भ बदलते हैं, सभ्यता की गतिकी में परिवर्तन होता है तब कहानी के स्वरूप में भी परिवर्तन होता ही है। यहाँ ध्यान रखना होगा कि परिवर्तन सिर्फ कहानी के स्वरूप में होता है, कहानी के 'सरोकार' में नहीं। सामाजिक परिवर्तन एवं कहानी के सम्बन्धों पर टिप्पणी करते हुए आलोचक जयप्रकाश का कहना है कि, "हर कहानी संसार के, और उसके भीतर मनुष्य के, बनने-बिगड़ने की दास्तान है। वह दरअसल समय का आत्म-साक्ष्य है; सम्भवतः यही वजह है कि कथा कहने की पारम्परिक पद्धतियों में एक अनिवार्य किस्म का साक्षीभाव बराबर मौजूद रहा है या व्यक्तिवाद के साँचे में निर्मित आधुनिक कथा-रूपों में एक तरह की आत्मवृत्तात्मकता का दबाव अक्सर दिखायी दे जाता है। बदलती हुई यह दुनिया जैसे लगातार अपने को कहानियों में देखने और पहचानने की कोशिश करती है। इस तरह दुनिया के पैरों के निशान खोजती कथाएँ इतिहास के कन्धे पर हाथ रखकर चलती आयी हैं। दूर छोर पर मनुष्य के आदिम अकेलेपन की ही नहीं, बल्कि ठेठ आज के समय में भी उसकी जनाकीर्ण सामाजिकता की भी पहचान करने का उद्यम कहानी ने किया है। इसीलिए सभ्यता की बदलती अन्तर्वृत्तियों को अथवा सभ्यता की प्रगति के साथ मनुष्य के बदलते मन को पढ़ना हो तो कहानी अन्तरंग साक्ष्य दे सकती है।" (कहानी की उपस्थिति, पृ. 12) जयप्रकाश जी की यह टिप्पणी कहानी और बदलते सामाजिक सन्दर्भों के अन्तर्सम्बन्धों को तो स्पष्ट करती ही है साथ ही मनुष्य और उसकी दुनिया के भावगत एवं मनोगत परिवर्तनों को समझने में कहानी की भूमिका को भी रेखांकित करती है। इसी कथ्य के सहारे हम प्रेमचन्द के जमाने की कहानी और उसके बाद की कहानी में आये परिवर्तनों को लक्षित कर सकते हैं।

इस प्रसंग के आरम्भ में मैंने कहा था कि हिन्दी कहानी के स्वरूप में एक बड़ा बदलाव भारत की आजादी के बाद देखने को मिलता है। 15 अगस्त,1947 को मिली आजादी अपनी प्रक्रिया में तो राजनीतिक थी पर लम्बे समय की दासता के बाद मिली स्वतन्त्रता सांस्कृतिक दृष्टि से भी उल्लेखनीय थी। भारतीय जनमानस में एक नयी चेतना और ऊर्जा का संचार हुआ। जिसे तत्कालीन रचना-मानस ने भी आत्मसात् किया। सन् 1950 के आसपास तक उक्त नयी चेतना को रचनात्मक तौर पर साहित्य ने दर्ज और अभिव्यक्त करना आरम्भ कर दिया था। इस सन्दर्भ में कमलेश्वर कहते हैं कि, "स्वतन्त्रता प्राप्ति के पश्चात् ही देश का वैचारिक पुनर्जन्म हुआ। आजादी केवल राजनीतिक मूल्य के रूप में स्वीकृत नहीं हुई थी, बल्कि विचारों की एक नवक्रान्ति का सपना भी उससे जुड़ा हुआ था।...उधर इतिहास के क्रम में जो कुछ झूठा, विगलित, कुण्ठित और रूढ़ था, उसे अस्वीकार किया और भारतीय संविधान ने नये समाज की संरचना की वैचारिक नींव डाली।" (नयी कहानी, भूमिका, पृ. 09) यह वही दौर था, जब रचनाकारों ने अपनी परम्परा का आधुनिक दृष्टिकोण से पुनर्मूल्यांकन करना आरम्भ किया। आधुनिकता कसौटी बनी। यह उपक्रम साहित्य की लगभग सभी विधाओं में जारी था। कहना न होगा कि इसमें कहानी प्रमुखता से आगे आयी। नये कहानीकारों के लिए आजादी के आकाशकुसुम को हासिल कर लेने का सुख

था पर वहीं देश विभाजन की त्रासदी, साम्प्रदायिकता का भयावह अँधेरा, गाँवों से पलायन, शहरीकरण, बेरोजगारी आदि ने उन्हें आहत भी किया। आजादी के सुनहरे स्वप्नों को मूर्त करने और बहुत जल्दी ही उन सपनों के दरक जाने की पीड़ा ने प्रत्येक संवेदनशील रचना-मानस को प्रभावित किया। इस विडम्बना पर राजेन्द्र यादव कहते हैं कि, ''जिस ढंग से हमें स्वतन्त्रता मिली और उसके साथ ही साम्प्रदायिक दंगों और हिन्दू-मुस्लिम जनता का स्थानान्तरण हुआ, उससे सब-कुछ अव्यवस्थित होकर बिखर गया था। एक वर्ग इस आजादी को झूठ मानता था और दूसरा अवसरवादी राजनीति में अपनी स्थिति मजबूत कर रहा था। साहित्य में प्रगतिशील और प्रतिक्रियावादी दो ही तरह का लेखन था और स्पष्ट बँटा हुआ था, लेकिन दोनों ही वास्तविकता से कट गये थे।...नये कहानीकारों ने अपने अन्दर ही घुटते व्यक्ति को निकालकर समाज में लाकर प्रतिष्ठित किया और प्रगतिशीलता की घोषणाओं को व्यक्ति के अनुभवों में तलाश किया। यानी आदमी के अनुभवों को सामाजिक सन्दर्भों के साथ प्रामाणिक बनाया।''(प्रेमचन्द की विरासत, पृ. 97-98) राजेन्द्र यादव का यह वक्तव्य एक तरह से 'नयी कहानी' आन्दोलन का प्रस्थान बिन्दु है। लगभग सन् 1950 के आसपास से हिन्दी कहानी में नवीनता का जो माहौल बन रहा था, वही संगठित होकर 'नयी कहानी' के रूप में प्रतिष्ठित हुआ।

(3)

नयी कहानी की मशहूर त्रयी में से एक राजेन्द्र यादव ने अपनी पुस्तक 'प्रेमचन्द की विरासत' में जो टिप्पणी की है, जिसे ऊपर उद्धृत किया गया है, उसमें बदलते हुए सामाजिक, राजनीतिक स्थिति और कहानी के सम्बन्धों की स्पष्ट पहचान तो है किन्तु एक नये कथा आन्दोलन के आरम्भ की हड़बड़ी में कुछ साधारणीकरण का भी सहयोग ले लिया गया है। जैसे राजेन्द्र यादव कहते हैं कि, ''साहित्य में प्रगतिशील और प्रतिक्रियावादी दो ही तरह का लेखन था और स्पष्ट बँटा हुआ था,'' यह तत्कालीन साहित्यिक परिदृश्य के सम्बन्ध में एक 'जनरल स्टेटमेण्ट' है। प्रत्येक चीज को 'ब्लैक ऐण्ड ह्वाइट' में देखने की वैचारिक सरणियों ने मुद्दों को जितना सुलझाया है उससे ज्यादा कहीं जटिल बना दिया। इस तरह के 'जनरलाइजेशन' में 'ब्लैक ऐण्ड ह्वाइट' तो स्पष्ट हो जाते हैं किन्तु उनके बीच का धूसर यथार्थ छूट जाता है। आजादी के तुरन्त बाद के साहित्य को सिर्फ दो भागों में बाँटकर देखने की कोशिश में उस समय मौजूद साहित्य की एक और धारा हिन्दी आलोचना की निगाह से ओझल हो गयी। जो कि स्वयं को प्रेमचन्द की पुरानी परम्परा और नयी कहानी की आधुनिक भाव-धारा से जोड़ती थी। वह न तो पूरी तरह से प्रेमचन्द की कहानी थी और न ही पूरी तरह से नयी कहानी ही थी; पर कहानी तो थी। कहानी-आलोचना में यह बात हमेशा मुश्किल में डालती रही है कि कहानी के मूल्यांकन का आधार संवेदना हो या शिल्प। इस बात को नामवर सिंह एक-दूसरे ढंग से कहते हैं कि, ''कहानी का यह दुर्भाग्य है कि वह मनोरंजन के रूप में पढ़ी जाती है और शिल्प के रूप में आलोचित होती है। मनोरंजन उसकी सफलता है तो शिल्प सार्थकता।'' (कहानी : नयी कहानी, पृ.18) नामवर सिंह के अनुसार, 'कहानी के आलोचना का आधार उसका शिल्प है', वे मनोरंजन को कहानी की सफलता और शिल्प को सार्थकता बताते हैं। यद्यपि कि वे इसे कहानी का दुर्भाग्य मानते हैं। पर नामवर सिंह ने इस दुर्भाग्य का उदाहरण नहीं दिया है। यह भी एक अलग प्रकार का दुर्भाग्य है। किन्तु नामवर सिंह के कथन का निहितार्थ स्पष्ट एवं सत्य है। मेरी समझ से 1950-60 के बीच की

हिन्दी कथा आलोचना में यह दुर्भाग्य इस प्रकार घटित हुआ कि उस दौर की कहानियों को सिर्फ दो श्रेणियों में विभाजित कर पूर्ण मान लिया गया और शिल्प को उनके मूल्यांकन का आधार मान लिया गया। हिन्दी कथा आलोचना के इस प्रस्थान का प्राप्तव्य यह हुआ कि हिन्दी के पास एक कहानी प्रेमचन्द की थी और दूसरी 'नयी कहानी' थी। कहानी की इन दो कोटियों के निर्धारण में ऐसी बहुत सारी कहानियाँ और कहानीकार मूल्यांकन से वंचित रह गये। उदाहरण के लिए कुछ कहानीकारों का नाम लिया जा सकता है। जैसे—अन्नपूर्णानन्द वर्मा, अयोध्याप्रसाद गोयलीय, उषादेवी मित्रा, जमुना प्रसाद कसार, ज्वालादत्त शर्मा, नारायण, मुन्नीदेवी भार्गवी, मुरली मनोहर, शशिप्रभा शास्त्री, शिलीमुख, होमवती देवी, जगन्नाथ प्रसाद चौबे 'वनमाली', आनन्दी प्रसाद श्रीवास्तव, स्वरूप कुमारी बख्शी, हीरादेवी चतुर्वेदी और कन्हैया सिंह आदि। यह सूची और बड़ी हो सकती है। यहाँ पर प्रसंगवश कुछ का उल्लेख किया जा रहा है। इन कहानीकारों की विडम्बना यह है कि राजेन्द्र यादव की शब्दावली में न तो यह पारिभाषिक अर्थों में प्रगतिशील हैं और न प्रतिक्रियावादी। यह विशुद्ध कथाकार हैं। लेखक स्वभावतः प्रगतिशील होता है किन्तु इन कहानीकारों की प्रगतिशीलता का उत्स किसी विचारधारा में न होकर मानवीय था। केवल विचारधारा के चश्में से देखने से बहुत सारी महत्त्वपूर्ण बातें छूट जाती हैं। सन् 1950-60 के दौर के कई सारे महत्त्वपूर्ण कहानीकारों के साथ भी यही हुआ। वह तत्कालीन आलोचना की विचारधारा आधारित 'कैनन' से अलक्षित रह गये। या वह जितने के अधिकारी थे, वह उन्हें नहीं मिला। ऐसे ही कहानीकारों में एक विशिष्ट नाम है कन्हैया सिंह।

(4)

कन्हैया सिंह की कहानियों का संग्रह 'पत्थर की मुस्कान' सन् 1959 में आजमगढ़ से प्रकाशित हुआ। जिसमें प्रख्यात लेखक एकांकीकार डॉ. रामकुमार वर्मा का कहानियों और कहानीकार के प्रति 'आशीष' प्रकाशित है। वर्मा जी ने कहानीकार की प्रतिभा और मेधा की प्रशंसा करते हुए कहा है कि, "उनका साहित्यिक कार्य वसन्तकालीन पुष्प की भाँति प्रस्फुटित होते मैंने देखा है। उन्होंने कुछ अच्छी कहानियाँ भी लिखी हैं जो प्रकाशित होने जा रही हैं। उनकी साहित्य-साधना के लिए मेरी मंगल कामना और आशीर्वाद है। उनकी रचनाएँ नवीन शैलियों में हिन्दी की श्री वृद्धि में सहायक हो, यही मेरी अभिलाषा है।" (पत्थर की मुस्कान, आशीष से) डॉ. रामकुमार वर्मा ने 'आशीष' में जो कुछ कहा है, उनमें प्रमुख हैं कि, 'कन्हैया सिंह की अच्छी कहानियाँ प्रकाशित हो रही हैं', दूसरे 'उनकी (ये) रचनाएँ नवीन शैलियों में हिन्दी की श्री वृद्धि में सहायक होंगी।' कन्हैया सिंह के इस संग्रह को पढ़ने के बाद डॉ. रामकुमार वर्मा जैसे लेखक की बात में सन्देह करने की कोई गुंजाइश नहीं रह जाती है। निस्सन्देह इस संग्रह की कहानियाँ अच्छी हैं और 'नवीन शैलियों' की हैं। इसमें कुल दस कहानियाँ हैं। 'पत्थर की मुस्कान', 'प्रायश्चित्त', 'प्रतिशोध', 'अब कभी नहीं', 'पत्नी', 'संन्यासी', 'भाभी', 'बड़ी माँ', 'पागल' और 'भोला'। कथ्य की दृष्टि से इन कहानियों का दायरा काफी विस्तृत है। जीवन और समाज के अनेक प्रसंगों, स्थितियों एवं घटनाओं को दर्ज किया गया है। कन्हैया सिंह का इन कहानियों में जीवन और जगत् को देखने का नजरिया भिन्न है, किन्तु उस भिन्नता का आधार बाहर से आयातित न होकर कहानीकार की नवीन जीवन-दृष्टि ही है। सम्भव है कि डॉ. रामकुमार वर्मा इसी को 'नवीन-शैली' कह रहे हों। क्योंकि इन कहानियों का शिल्प 'नयी कहानी' के कथाकारों की तरह प्रयोगधर्मी नहीं है। शिल्प की नवीनता का आग्रह कहानीकार का लक्ष्य है ही नहीं, वह तो जैसा जीवन उसने

देखा और जिया है, उसे पूरी पवित्रता के साथ दर्ज किया है। इसे 'अनुभूति की प्रामाणिकता' का कथात्मक उपक्रम कहा जा सकता है। कहानी के क्षेत्र में विषय और शिल्प को लेकर खूब माथापच्ची हुई है। नामवर सिंह तो कहते ही हैं कि, "कहानी का यह दुर्भाग्य है कि वह मनोरंजन के रूप में पढ़ी जाती है और शिल्प के रूप में आलोचित होती है।" कहना न होगा कि यह दुर्भाग्य कन्हैया सिंह की कहानियों के मूल्यांकन में भी घटित हुआ। कन्हैया सिंह की कहानियों में कथ्य और संवेदना को ज्यादा महत्त्व मिला है, यहाँ शिल्प कथ्य का अनुगामी है। हिन्दी कहानी का दुर्भाग्य (नामवर सिंह के शब्दों में) यह कि उसके मूल्यांकन का आधार शिल्प होता है, तो फिर कथ्य और संवेदना को प्रमुख माननेवाली कहानियाँ आलोचित कैसे होंगी।

कन्हैया सिंह की कहानियाँ अपने दौर की रचनात्मक स्मृति की तरह हैं। उनकी एक कहानी है 'पत्थर की मुस्कान'। जो देश के स्वतन्त्रता-संग्राम में रत भारतीय जनमानस के भाव-बोध को अभिव्यक्त करती है। यह कहानी बताती है कि भारतीय स्वतन्त्रता संग्राम में ग्रामीणों की भागीदारी का उल्लास कैसा था। कहानी मूलतः लाला रघुनाथ दास और उनके किशोर बेटे चन्द्र किरण की है। रघुनाथ दास स्वतन्त्रता के लिए अपना सर्वस्व दाँव पर लगानेवाले सेनानी हैं। उनके ही आदर्शों पर उनका बेटा चन्द्र किरण भी चलता है और अन्ततः अंग्रेजों की गोली का शिकार होता है। यह कहानी भारतीय स्वतन्त्रता संघर्ष में भारतीय आम जनमानस की संलग्नता और कुर्बानी की कथा कहती है। साथ ही इस कहानी में देश के गाँव-गाँव तक उस समय गाँधी जी का जो प्रभाव था, उसको बहुत ही असरदार ढंग से दर्ज किया गया है। लाला रघुवर दास द्वारा जब गाँववालों के समक्ष अंग्रेजों के जोर-जुल्म की दास्तान सुनाते हैं, तब समस्त ग्रामवासी उससे उद्वेलित हो जाते हैं। वे 'महात्मा गाँधी की जय' का नारा लगाते हैं। गाँधी जी ने आजादी के संघर्ष को देश के प्रत्येक व्यक्ति की निजी लड़ाई बना दिया था। यही उनकी सफलता थी। आज जब अरुन्धती राय गाँधी जी को नस्लवादी बताती हैं तो हैरानी होती है। प्रख्यात आलोचक शम्भूनाथ कहते हैं कि, "गाँधी को नस्लवादी साबित करने का उद्देश्य है पश्चिमी देशों के नस्लवाद को ढँकना और गाँधी के नेतृत्व में औपनिवेशिक शासन के खिलाफ स्वतन्त्रता के चले अहिंसक संग्रामों को महत्त्वहीन साबित करना। कहना होगा कि ऐसे वैचारिक आक्रमणों के पीछे अपने उपनिवेशवादी कुकृत्यों के लिए ग्लानिविहीन पश्चिम का सड़ा दिमाग काम करता है।" (वागर्थ, अक्टूबर, 2018, पृ. 5) सच है गाँधी जी को नस्लवादी मानकर भारतीय जनता का अपने देश की आजादी के लिए दी जानेवाली आहुति को अस्वीकार करनेवाली अरुन्धती राय कन्हैया सिंह की कहानी 'पत्थर की मुस्कान' क्यों कर पढ़ी होंगी।

'प्रायश्चित्त' कहानी की अन्तर्वस्तु शहर और गाँव, त्याग और भोग, आदर्शवाद और अवसरवाद के 'बाइनरी' को तार्किक ढंग से उठाती हैं। रमा और रमेश जैसे दम्पति जो जीवन-दृष्टि को लेकर बिल्कुल दो भिन्न छोर पर खड़े हैं, उनके द्वन्द्व के माध्यम से कहानीकार ने रमेश के उज्ज्वल व्यक्तित्व को रेखांकित किया है। रमा सुख की अपनी धारणा की खोज में रमेश से अलग हो जाती है, किन्तु रमेश का मन आदर्श और मनुष्यता की स्थापना में लगा रहता है। वह अपने सबसे खराब दिनों में भी पतित नेता कालूचन्द के विधानसभा चुनाव में मदद करने के एवज में उसके लुभावने प्रस्ताव को दृढ़ता से अस्वीकार कर देता है। "सेठ जी! माफ कीजियेगा। आपके धर्म की परिभाषा केवल आप की एवं आपके धर्म की दुनिया में चल सकती है। हमारी दुनिया

में एक ही माँ की सभी सन्तान हैं। कोई छूत-अछूत नहीं।...आप जैसे निठल्ले व्यक्ति व्यक्तिगत लाभ की दृष्टि से देश के साथ घात कर सकते हैं, जनतन्त्र के मुँह में ताला लगा सकते हैं ...तो मैं आपका साथ नहीं देता और कदापि नहीं देता! इसीलिए तो मुझे दर-दर की ठोकरें खानी पड़ रही हैं...आप जैसे भ्रष्टाचार को प्रश्रय देनेवाले तमाच्छादित नीति के मनुष्य का साथ देकर अपने जीवन को कलंकित करूँगा? यह असम्भव है।'' (पत्थर की मुस्कान, पृ. 14) रमेश के इन शब्दों में गाँधीवादी आदर्श और निश्चय बोल रहा है। साथ ही नव आजाद हुए देश के शुरुआती दिनों में ही राजनीति के क्षेत्र में किस तरह मायावी, मूर्ख और अवसरवादी लोगों का प्रवेश हो रहा था, उसको यह कहानी साहस के साथ बेनकाब करती है। शहरों की भोग और लिप्सा के बरक्स गाँवों के श्रम और त्याग को उचित ठहराती है। दरअसल कन्हैया सिंह अपनी कहानियों के माध्यम से सामाजिक, सांस्कृतिक और राजनीतिक क्षेत्र में हो रहे परिर्वतन और उससे जुड़ी हुई विडम्बना को हमारे सामने रखते हैं। यह उनके सामाजिक सरोकार हैं, जिन्हें वे रचनात्मक ढंग से कहानी विधा में कहते हैं। हर कहानी किसी-न-किसी सामाजिक समस्या या रूढ़ि पर विचार करने के लिए हमें प्रेरित करती है। जैसे 'प्रतिशोध' कहानी एक स्त्री की मर्यादा का आखेट और उसके प्रतिशोध की कहानी है। किशोरवय में कथा नायिका के साथ एक मनबढ़ व्यक्ति सुल्तान अभद्रता करता है, जिसे वह अपने मृत्यु के पूर्व अपने बेटे से बताती है। बेटा सुल्तान से अपनी माँ के अपमान का बदला लेता है और फाँसी पर चढ़ जाता है। कहने को तो यह कहानी एक रेखीय है। किन्तु इसकी व्यजंना बड़ी है। एक स्त्री के लिए उसकी अपनी मर्यादा का क्या अर्थ है, वह हमें इस कहानी में देखने को मिलती है। पितृसत्तात्मक सामाजिक संरचना में स्त्री के मान-अपमान का कितना महत्त्व है, इस पर अलग से कुछ कहने की आवश्यकता नहीं है। आक्रमण स्त्री के देह पर होता है लेकिन उसकी चोट स्त्री की आत्मा पर लगती है। इसीलिए एक स्त्री अपने अपमान को कभी भुला नहीं पाती। कन्हैया सिंह के पास स्त्री-मन को समझने का अद्‌भुत कौशल है। उनका यह कौशल उनकी अनेक कहानियों जैसे 'अब कभी नहीं', 'भाभी', 'पत्नी' जैसी कहानियों में खूब दिखता है। 'अब कभी नहीं' की प्रमिला, 'पत्नी' कहानी की अनीता, 'भाभी' कहानी की भाभी सभी स्त्रियाँ अपने निष्कर्षों में बहुत स्पष्ट हैं। यह नवजागरणकालीन बोध की स्त्रियाँ हैं, जो अपने अस्तित्व को लेकर अत्यन्त सजग हैं। आज के स्त्री-विमर्श की बहुचर्चित घोषणाओं से दूर और बहुत पहले कन्हैया सिंह की कहानियों की यह स्त्रियाँ अपनी नारी सुलभ मर्यादा में पितृसत्ता की मानसिकता से टकरा रही हैं। 'अब कभी नहीं' की प्रमिला तो कहानी में जिस तरह का कदम उठाती है, वह आधुनिक युग की स्त्रियों के लिए भी एक मिसाल है। स्त्री-पुरुष सम्बन्धों को लेकर बहुत कुछ लिखा गया है। कन्हैया सिंह अपनी इस कहानी में दोनों के बीच के एक ऐसे प्रश्न को उठाते हैं, जिनसे आज भी स्त्रियों को सामना करना पड़ता है। प्रमिला के जीवन में उसके प्रिय के वियोग के बाद अनिल नामक युवक का आगमन होता है। अनिल एक सर्प से प्रमिला के प्राण की रक्षा भी करता है। इन सबसे प्रमिला के जीवन में अनिल के प्रति एक सात्त्विक प्रेम पैदा हो जाता है। वह अनिल का बहुत ख्याल भी रखती है। पर प्रमिला के उस व्यवहार को अनिल प्रेम समझ लेता है, और अपने घर जाकर एकतरफा प्रमिला से विवाह का निर्णय कर लेता है। लेकिन जब यह बात प्रमिला को पता चलती है तो वह अनिल के विवाह-प्रस्ताव को अस्वीकार कर देती है—''यदि मैं जानती की आप मेरे श्रद्धा और सहानुभूति के सहारे मेरे प्रेम-दीप पर भी अधिकार फैलाने का प्रयत्न करेंगे तो मैं कदापि...।'' यह कहानी पुरुष-मन

की उस गाँठ पर हाथ रखती है, जिसमें पुरुष, स्त्री के सामान्य स्नेह और सहानुभूति को प्रेम समझने की भूल कर लेता है। दूसरे यह कि पुरुष जब एक स्त्री के सन्दर्भ में निर्णय लेता है, भले ही वह प्रेम में क्यों न हो; तब भी स्त्री की इच्छा जानने की कोशिश नहीं करता। कन्हैया सिंह बहुत ही सधे ढंग से बिना किसी नारे-बाजी के स्त्री-मन के इस उजाले को दिखाने में सफल हुए हैं। उनकी एक और कहानी 'संन्यासी' का जिक्र भी यहाँ आवश्यक है। क्योंकि इस कहानी में ब्राह्मण युवक और मुसलमान युवती के प्रेम और अलगाव की कथा है। इस तरह का 'कथा-प्लाट' समकालीन हिन्दी कहानी के लिए भी काफी आकर्षक है। भोला नौगाँव के कुलीन ब्राह्मण का पढ़ा-लिखा बेरोजगार युवक है। तो वहीं गुलशन माधोपुर के एक मुसलमान की लड़की है। दोनों में प्रेम होता है। कन्हैया सिंह अपनी कहानियों में देश-काल को 'स्टेबलिश' करने के लिए जिस युक्ति का सहारा लेते हैं, वह काबिलेगौर है। इसी कहानी में देखिये-नौगाँव और माधोपुर के बीच में एक नदी बहती है। बरसों से नदी दोनों गाँवों के मध्य विभाजक रेखा है। मोटे तौर पर यह वस्तु-वर्णन है। किन्तु आप देखेंगे कि कहानी के अन्त में वह नदी भोला और गुलशन के बीच के प्रेम की भी विभाजक-रेखा बन जाती है। कहानी का स्थान-काल किस प्रकार संवेदना का प्रकाशन बन जाता है, यह कहानी इसका उदाहरण है। कहानी का निष्कर्ष भी अत्यन्त रोचक है। भोला गुलशन से विवाह करना चाहता है। अपने पिता से इस सम्बन्ध में बात करने का निश्चय भी करता है, किन्तु उसे साहस नहीं होता। वह गुलशन को भाग कर शादी करने का प्रस्ताव देता है। जिसे गुलशन अस्वीकार कर देती है। गुलशन भोला से धर्म परिवर्तन कर मुसलमान बन जाने और फिर विवाह करने का प्रस्ताव देती है। जिस पर भोला 'देखते हैं' कहकर वापस हो जाता है। कहानी के अन्त में भोला संन्यासी बन गृह त्याग देता है। यह एक तरह का पलायन है। पर यह पलायन पुरुष करता है। कन्हैया सिंह की कोई स्त्री पात्र जीवन-संग्राम से इस तरह पलायन नहीं करती। इस कहानी में गुलशन का चरित्र बहुत मजबूत है। ग्राम-बाला होते हुए भी जीवन और जगत् के प्रति उसके दृष्टिकोण बी. ए. पास भोला से अधिक उदात्त और सुलझे हुए हैं। एक स्थान पर खेल-खेल में जब भोला गुलशन से हारकर खीझता है तो वह कहती है कि, "वाह! खेल में हार जाने पर खीझ रहे हो, जीवन में अभी कितनी ही बार हार खानी होगी और पुरुष को स्त्रियों के सम्मुख सब-कुछ हारना पड़ता है। क्या तुम हार खाने पर इसी तरह भागोगे?" (पत्थर की मुस्कान, पृ. 53) गुलशन का यह सवाल भोला से है, किन्तु अपनी व्याप्ति में यह समूची स्त्री-जाति का मनुष्य-जाति से किया जानेवाला सवाल बन जाता है। यह कहानीकार की समाज-दृष्टि है। हिन्दू-मुस्लिम का सवाल उठाते हुए भी कन्हैया सिंह के ऊपर 'पॉलिटिकली करेक्ट' होने का दबाब नहीं है। वे भोला और गुलशन के प्रेम को नितान्त मानवीय दृष्टि से प्रस्तुत करते हैं। कन्हैया सिंह एजेण्डा-बद्ध कहानीकार नहीं हैं। इसीलिए हिन्दू-मुस्लिम पात्रों के आपसी प्रेम-विरोध पर लिखते हुए भी वे उन्हें मनुष्यता की ऊष्मा से भर देते हैं। जैसे, उनकी एक कहानी है 'भोला'। यह व्यक्ति-चित्र है। भोला जो कि घरेलू नौकर है, उसके व्यवहार आदि के सन्दर्भ में किस्सागोई की शैली में कहानीकार ने लिखा है। यह कहानी प्रथम पुरुष में लिखी जाने के कारण कुछ-कुछ नैरेटर के 'कन्फेशन' जैसी बन गयी है। किन्तु कहानी का देश-काल और वातावरण गुजरे दिनों के समाज-दर्शन की तरह है। 'बड़ी माँ' कहानी भी जीवन-चित्र ही है। यह कहानी बड़ी माँ के बहाने समाज में विधवा की नियति और जीवन का मार्मिक आख्यान प्रस्तुत करती है।

कन्हैया सिंह की कहानियों का फलक विस्तृत है। किन्तु स्त्री जीवन पर प्रश्नों को लेकर उन्होंने ज्यादा कहानियाँ लिखी हैं। 'पत्थर की मुस्कान' संग्रह की अधिकांश कहानियों में स्त्री जीवन और उस जीवन के प्रश्न खुलकर सामने आये हैं। उनकी एक और कहानी जो अपनी व्यंजना में हमारा ध्यान अलग से खींचती है, वह है 'पागल' कहानी। यह एक ऐसे व्यक्ति की कहानी है जिसे सभी पागल कहते और मानते हैं। यह कहानी उस पागल की मृत्यु की खबर से ही आरम्भ होती है। कहानी में 'फ्लैशबैक पद्धति' का प्रयोग किया गया है। किन्तु यह प्रयोग भी इतना सहज है कि कहानी पढ़ते समय इस पर अलग से ध्यान नहीं जाता। कहानी का कहन इतना स्वाभाविक है कि जैसे कहानीकार कहानी लिख नहीं, सुना रहा हो। जिसे सब पागल कहते हैं कहानी में उसका नाम लालू है। किन्तु गरीब और अनाथ का नाम का क्या? कालू अपने अनाथ एवं निर्धन जीवन परिस्थितियों से टकराता है और उसी टकराहट में जीवन और सामाजिक 'हिप्पोक्रेसी' की धज्जियाँ उड़ाता है। फिर तो ज्ञान-समझवालों के लिए ऐसा व्यक्ति पागल ही हुआ। वही पागल सन् '42 के आन्दोलन में सबसे आगे निकलकर प्रशासन की नीतियों का मुखर विरोध करते हुए गिरफ्तार हो जाता है। कहानीकार कन्हैया सिंह ने इस कहानी के माध्यम से सत्ता-संरचना के उस चरित्र को बेनकाब किया है, जो अपने विरुद्ध उठनेवाली हर आवाज को 'एब्नार्मल' घोषित कर उसे विमर्श से बाहर कर देता है। इस कहानी की अनुगूँज और व्यंजना बड़ी है जो कन्हैया सिंह के सशक्त कहानीकार व्यक्तित्व का पता देती है।

इन सभी कहानियों की विषय-वस्तु और प्रस्तुति निर्दोष है। किन्तु इनमें लोकप्रिय चमक-दमक का अभाव है। वैसे भी अच्छी कहानियाँ अपने 'कण्टेण्ट' के बल पर अच्छी होती हैं, न कि शिल्पगत चमक-दमक से। कन्हैया सिंह की कहानियों की भाषा पर छायावादी-भाषा का विशेष प्रभाव है। जो अधिकांश स्थानों पर एक श्रेष्ठ काव्य-भाषा की ऊँचाई को स्पर्श कर लेती हैं। विशेषकर चरित्र-वर्णन या वस्तु-वर्णन में। यह उस युग के साहित्यिक परिवेश के अनुकूल कहा जायेगा। रहा सवाल कहानियों के शिल्पगत प्रस्तुतीकरण का तो, वह कन्हैया सिंह का उद्देश्य ही नहीं है।

(5)

कन्हैया सिंह के कथाकार व्यक्तित्व का वास्तविक थाह पाने के लिए जरूरी है कि हम उनकी कहानियों को पास से देखें। इस संग्रह के सन्दर्भ में कन्हैया सिंह ने कहा है कि, "प्रस्तुत संग्रह में मैंने सामाजिक समस्याओं पर अपने गत जीवन के अनुभवों के आधार पर कहानी के रूप में विचार प्रस्तुत किया है जो आपके सम्मुख है।" (पत्थर की मुस्कान, निवेदन से) कहानीकार का प्रस्थान-बिन्दु सामाजिक समस्याओं पर अपने अनुभवों के आधार पर विचार प्रस्तुत करना है। अर्थात् इन कहानियों के लेखन के पीछे सिर्फ और सिर्फ एक चेतस् रचनाकार मानस का सामाजिक दायित्व काम कर रहा है। कन्हैया सिंह के इस कथन का आशय है, मनोरंजन या शिल्प उनका ध्येय नहीं है। यह एक तरह से कन्हैया सिंह के कहानीकार का 'वेण्टेज प्वाइण्ट' है। एक रचनाकार के लिए उसके 'वेण्टेज प्वाइण्ट' का बहुत महत्त्व होता है। रचनाकार क्या लिखता है, किस विषय पर लिखता है और कैसे लिखता है; इसका निर्धारण उसके 'वेण्टेज प्वाइण्ट' से ही होता है। प्लेटो कहते थे कि, "आप जबाब क्या पाते हैं, यह निर्भर करता है कि आप प्रश्न क्या पूछते हैं।" ठीक इसी बात को एक रचनाकार की लेखन-प्रक्रिया से सम्बद्ध

कर कहें तो, वह यह होगा कि 'एक रचनाकार क्या और कैसे लिखता है, यह निर्भर करता है कि वह खड़ा कहाँ है।' दूसरे शब्दों में कि 'रचनाकार क्या देखता है, यह तय होगा कि वह कहाँ से देखता है।' वह जहाँ खड़ा होगा, जहाँ से देखेगा; वही उसका 'वेण्टेज प्वाइण्ट' होगा। कन्हैया सिंह की निगाह में सामाजिक समस्याएँ हैं। क्योंकि उनका 'वेण्टेज प्वाइण्ट' समाज है। वह गोष्ठीवादी बौद्धिक या कागज पर क्रान्ति करनेवाले लेखक नहीं है। उनका यथार्थ-बोध किसी वैचारिक प्रशिक्षण की उपज न होकर समाज में गहरे उतरने और जूझने से निर्मित हुआ है। वह एक ऐसे सामाजिक-योद्धा हैं जिनके लिए मनुष्य, समाज और देश पहले है, इनकी कहानियाँ बाद में। जिन विषयों पर उन्होंने कहानियाँ लिखी हैं, वह सब पहले ही उनके देखे और भोगे गये जीवन में अपने वास्तविक रूप में जीया जा चुकी हैं। इसीलिए उनकी कहानियों का सामाजिक-स्वर निर्दोष और साफ है। उनमें कलात्मक नक्काशी का अभाव है। वैसे भी संगीत में मान्यता है कि जिस गायक की आवाज मुकम्मल होती है, वह गायन के बीच में कलाबाजी नहीं दिखाता। कलाबाजी विशुद्ध मनोरंजन है, इसको खारिज नहीं किया जा सकता पर यह कला का 'अल्टीमेट गोल' नहीं है। कन्हैया सिंह जिन सामाजिक मुद्दों को अपनी कहानियों का विषय बनाते हैं, उसमें उनका उद्देश्य स्वयं के कहानीकार-व्यक्तित्व का निर्माण करना नहीं; उस समस्या पर विचार करना और समाधान खोजने का प्रयास रहा है। उनका अधिकांश जीवन ही समाज-सुधार, जन-जागरण और मनुष्यता की खोज का रहा है। अपनी इसी खोज को वे साहित्य के माध्यम से भी जारी रखते हैं। इस तरह के कहानीकार के लिए, जिसके कहानियों के विषय प्राथमिक स्रोतों और निजी अनुभव के आँगन से चुने गये हों, उसमें कलात्मकता की खोज नाइन्साफी है।

सावन के झूले में और सर्कस के झूले में बड़ा फर्क होता है। सावन के झूले में आनन्द महत्त्वपूर्ण होता है, सर्कस के झूले में प्रदर्शन। सावन के झूले में सौन्दर्य होता है तो सर्कस के झूले में कलात्मकता। अब आनन्द और सौन्दर्य को प्रदर्शन और कलात्मकता से 'रिप्लेस' नहीं किया जा सकता। प्रख्यात रूसी विद्वान् निकोलाई गाव्रिलोविच चेर्नीशेव्स्की ने कलाजनित सौन्दर्य के बारे में कहा है कि, "मानव के लिए सुन्दर वही वस्तु है जिसमें वह जीवन को, जिस रूप में कि वह उसे समझता है, देखता है। सुन्दर वह वस्तु होती है, जो उसे जीवन की याद दिलाती है।" (दर्शन साहित्य और आलोचना, अनुवाद नरोत्तम नागर, परिकल्पना प्रकाशन, लखनऊ, 2002, पृ. 173) चेर्नीशेव्स्की का यह निष्कर्ष कि, "सुन्दर वह वस्तु होती है, जो उसे (मानव को) जीवन की याद दिलाती है", के आलोक में कन्हैया सिंह की कहानियों को देखें तो उन्हें पढ़ते समय जीवन की याद आती है, कला की नहीं। जीवन को याद करानेवाली यह कहानियाँ सुन्दर हैं, जो सुन्दर है वह कला के स्तर पर भी पर सफल मानी जानी चाहिए। इसीलिए मेरा आग्रह है कि हिन्दी कहानी में कन्हैया सिंह जैसे कहानीकार के होने के अर्थ को जानने के लिए पहले हिन्दी कथा आलोचना को अपना मेयार बड़ा करना होगा और उससे भी पहले मूल्यांकन की अपनी कसौटियों का भी मूल्यांकन करना होगा।

हिन्दी विभाग, डॉ. हरीसिंह गौर विश्वविद्यालय
सागर, (म.प्र.)

पत्थर की मुस्कान : देश-भक्ति और प्रेम की कहानियाँ

वशिष्ठ अनूप

डॉ. कन्हैया सिंह हिन्दी के प्रतिष्ठित और वरिष्ठ साहित्यकार हैं। वह प्राचीन एवं मध्यकालीन काव्य के गम्भीर अध्येता हैं। वह पाठानुसन्धान के विशेषज्ञ हैं और उन्होंने कई पुस्तकों का कुशल सम्पादन किया है। जायसी पर उनकी किताब बहुचर्चित है। वह एक सहृदय विद्वान् और बहुत अच्छे इन्सान तो हैं ही, उनकी छवि एक कुशल तथा छात्र-हितैषी शिक्षक की भी रही है। डॉ. सिंह ने कई विधाओं में लेखन किया है। इस क्रम में उनका कथाकार रूप भी उल्लेखनीय है। उन्होंने अपनी रचना-यात्रा के आरम्भिक दौर में कई कहानियाँ लिखी हैं। उनकी कहानियाँ 'पत्थर की मुस्कान' शीर्षक से संकलित हैं। यह संग्रह सन् 1959 में प्रकाशित हुआ था। जिसमें दस कहानियाँ शामिल हैं। जब यह कहानियाँ प्रकाशित हुई, उस समय उनकी उम्र 23-24 साल के करीब रही होगी। इसलिए कह सकते हैं कि इन कहानियों को उन्होंने अपने विद्यार्थी जीवन में लिखा था, जिनमें युवा मन की सहज स्वाभाविक भावनाएँ और कुछ सामाजिक अनुभव व्यक्त हुए हैं। इनमें कुछ कहानियाँ हैं और कुछ कहानीनुमा संस्मरण।

डॉ. कन्हैया सिंह के इस संग्रह की पहली कहानी है—'पत्थर की मुस्कान'। इसी कहानी के नाम पर संग्रह का नामकरण हुआ है। इसका मतलब है कि कथाकार की दृष्टि में यह महत्त्वपूर्ण कहानी है। यह कहानी आज़ादी के लिए बलिदान की कहानी है। इसकी प्रेरणा 1942 के स्वाधीनता आन्दोलन से ली गयी है। लाला रघुनाथ दास स्वाधीनता सेनानी हैं और आज़ादी के लिए जन-जागरण करते हैं। उनका बेटा जो सातवीं कक्षा का छात्र है, वह भी नवयुवकों के बीच यही कार्य करता है। लाला रघुनाथदास से भाषण बड़े जोशीले हुआ करते थे। एक जगह बोलते हुए वह कहते हैं कि—"...हम अपने को भूल गये कि हम क्या थे और कहाँ चले गये हैं? हम अपना इतिहास नहीं जानते और जो कुछ जानते भी हैं, वह ग़लत ढंग से लिखा हुआ इतिहास है। यह भारत हमारी भूमि है और हम अपने पसीने से सींच कर इसमें अन्न उत्पन्न करते हैं पर हमारा पेट नहीं भरता, जानते हो क्यों? इसलिए कि हमारा बहुत-सा अन्न विलायत चला जाता है। हमारे भरोसे उनका पेट पलता है और वह ही हमारे ऊपर बैठकर राज चलाते हैं। यह हमारी बुजदिली है।...वह लोगों को अंग्रेजों के अमानवीय अत्याचारों की कहानियाँ सुनकर उन्हें आन्दोलित करते हैं। उन्होंने जाति-धर्म के विवाद को भूलकर सबको एकजुट होकर अंग्रेजों से लड़ने का आह्वान किया। उनका बेटा चन्द्रकिरण भी यही कार्य कर रहा था। वह

लड़कों की सभा की अध्यक्षता करते हुए आज़ादी के लिए सबको ललकार रहा था। ऐसे में एक बार उसने थाने को फूँकने का कार्यक्रम बनाया लेकिन बड़े लोगों के समझाने पर इसे छोड़ दिया गया। इस बीच अंग्रेजों का अत्याचार बढ़ता गया और देश के नेता जेलों में बन्द किये जाते रहे। इस दौरान एक थाने को पुनः जलाने का निर्णय हुआ। इसकी सूचना प्रशासन को मिल गयी। जिलाधीश जो भारतीय थे, वह भी थाने पर आये तथा कई थानों की पुलिस बुला ली गयी। समझौता नहीं हो सका। संघर्ष और पुलिस फायरिंग हुई। इस क्रम में चन्द्रकिरण ने एक सिपाही की बन्दूक छीन ली और उसे लेकर गाँव भाग गया। पुलिस ने उसका पीछा किया और वह पुलिस की गोलियों से मारा गया। पिता ने उसके शव पर माल्यार्पण किया। मृत्यु के बाद 'चन्द्रकिरण पत्थर-सा पड़ा हुआ मुस्करा रहा था।' यह कहानी पराधीन भारत में चल रहे आन्दोलनों और आज़ादी के लिए देश के लोगों की बलिदानी चेतना की झलक प्रस्तुत करती है।

संग्रह की दूसरी कहानी का शीर्षक है—'प्रायश्चित्त' यह तीस वर्षीय प्रथम श्रेणी में बी.ए. पास रमेश नाम के एक बेरोजगार युवक और उसकी पत्नी रमा की कहानी है, जो नौकरी की तलाश में शहर में रहता है। उसकी आर्थिक स्थिति इतनी खराब है कि उसे भोजन तक मिलना मुश्किल हो गया है। ऐसे में पति-पत्नी में विवाद और कलह होता रहता है। वह पत्नी को सन्तोष का पाठ पढ़ाता है और धर्म का उपदेश दिया करता है। वह अपने आदर्शों से समझौता नहीं करता इसलिए सेठ कालूचन्द ने विधानसभा के चुनाव में जब उसे अपने प्रचार के लिए बुलाया तो उसने कालूचन्द के सामने उसकी कटु निन्दा की तथा उसे खरी-खोटी सुनाकर मनाकर दिया। इस बीच अपनी स्वाभाविक आकांक्षाएँ पूरी न होने के कारण रमा विद्रोह करने लगी। एक दिन उसने झगड़ते हुए रमेश से कहा—

"किन्तु संयम की भी एक सीमा होती है। अब मेरे संयम ने आन्दोलन छेड़ा है। जिसकी परिणति हास्य से पुलकित हो अलभ्य सुख की प्राप्ति में होगी। बड़ीबाजार के मनमोहन जो वकील हैं, कितने बड़े आदमी हैं और वह मेरे मादक होठों की लबालब मदिरा को खाली करने के तृषित हैं। मैं आज ही तलाक देकर अपने जीवन के काँटे को हटाकर फूल से श्रृंगार करुँगी।" फिर वह झनझनाते हुए चली गयी। उसके बाद रमेश की स्थिति बिगड़ने लगी। पत्नी उसे छोड़कर चली गयी। पत्नी-विहीन और अर्थसंकट के कारण वह कृषकाय और रोगी-सा हो गया। एक दिन कुछ युवकों के पूछने पर उसने बताया कि गाँव में उसके पारा दो हल की खेती है। फिर उनके समझाने पर वह गाँव जाकर खेती करने लगा तथा सुखपूर्वक रहने लगा। उसकी शादी के लिए भी प्रस्ताव आये, लेकिन उसने पुनर्विवाह नहीं किया और माता-पिता की सेवा तथा धर्म के कार्य करने लगा। एक दिन रामायण का पाठ हो रहा था। तभी उसकी पत्नी रोती बिलखती आयी और उसके पैरों से लिपट गयी। रमेश को अपना दुख सुनाते हुए उसने कहा कि मनमोहन ने मेरे चमड़े से प्रेम किया था और अब मैं आत्महत्या करने जा रही हूँ। रमेश ने उसे बाँहों में भर लिया और फिर संयम का पाठ पढ़ाते हुए उसे उपदेश देने लगा। गाँव के लोगों ने 'रमा-रमेश की जय का उद्घोष किया। इस कहानी में अतिरेक बहुत हैं। यह यथार्थ और आदर्श के काल्पनिक छोरों पर चलती है तथा पाठकों के मन में कई सवाल भी खड़े करती है जैसे विपन्नता और चिन्ता से भरी इस कहानी के आरम्भ में प्रकृति के मनोरम वर्णन की क्या आवश्यकता थी? उस दौर में जब हाईस्कूल पास युवक को भी नौकरी मिल जाती थी, प्रथम श्रेणी में बी.ए. पास युवक बेरोजगार क्यों था? जब उसकी आर्थिक स्थिति इतनी खराब थी, तो वह शहर में अच्छा मकान लेकर कैसे रहता था? 'वह मेरे मादक होठों की लबालब मदिरा को खाली करने को तृषित हैं...' जैसा अमर्यादित और अश्लील संवाद एक भले परिवार की युवती कैसे बोल सकती है? अन्त में रमा के भिखारिन जैसी स्थिति में लौटकर आने पर रमेश का किसी प्राचीन महाराजा की तरह अपने एक साथी से कहना कि—"इस स्त्री को मन चाही सम्पत्ति दो ताकि यह सुखपूर्वक अपना

जीवन बिता सके'', अस्वाभाविक और इस परिवेश में सम्भव नहीं है? और पराये पुरुष के साथ लम्बा समय बिताकर लौटी स्त्री को इतनी सहजता से कोई पुरुष स्वीकार कर सकता है क्या?

'भाभी' कहानी का आनन्द प्रयाग के ए.जी.ऑफिस में क्लर्क की नौकरी करनेवाले व्यक्ति का बड़ा बेटा है। उसके पिता उसी साल अवकाश प्राप्त करनेवाले हैं, इसलिए इण्टर में पढ़ते समय ही उसकी इच्छा के विपरीत उसकी शादी कर देते हैं। आनन्द इस शादी से नाराज होकर कलकत्ता भाग जाता है। इधर उसकी नवविवाहिता पत्नी दिन-रात रोती रहती है। ऐसे में गाँव से उसका देवर मोहन छठी कक्षा में पढ़ने के लिए पिता के पास आ जाता है। मोहन उसके जीवन का आधार बन जाता है। उसे खिलाने-पिलाने, नहलाने, स्कूल के लिए तैयार करने और लौटने पर फिर उसके साथ की दिनचर्या में उसका समय बीतने लगता है। काकी के साथ उस बच्चे का व्यवहार माँ जैसा है। एक साल कलकत्ते में भटकने के बाद आनन्द वापस आ गया। जीवन में थोड़ी सरसता आ गयी और पिता के प्रयत्नों से उसे पुलिस ऑफिस में क्लर्की मिल गयी। मोहन ने आठवीं की परीक्षा 'थोड़ा-बहुत' पढ़कर दी और कक्षा में प्रथम आया। उसने बी.ए. की परीक्षा भी प्रथम श्रेणी में उत्तीर्ण की। लेखक के अनुसार वह परिवार बड़े संयमपूर्वक घर का खर्च चला रहा था, लेकिन कम आय और परिवार के बढ़ते खर्च के कारण आनन्द इतना चिन्तित और उदासीन रहने लगा कि, वह बीमार रहने लगा तथा उसका स्वास्थ्य बिगड़ने लगा और अन्ततः उसकी मृत्यु हो गयी। मोहन की पढ़ाई छूट गयी और उसने अपनी शादी से भी मनाकर दिया। मोहन बड़ा हो गया था और पिता व भाभी के लिए दुःखी रहता था। एक दिन रात के एक बजे भाभी मोहन के कमरे में गयी और उसके चेहरे पर अलौकिक सौन्दर्य को देखा व उसके पैरों के पास बैठकर रोती रही। ''वह उसके पैरों के पास से उठकर उसके मुँह के पास आयी, देखते-देखते उसने सोचा कि उसके अधरों से अपने अधरों को मिला दे।'' उसकी गरम-गरम साँसों के स्पर्श से भाभी के सम्पूर्ण शरीर में एक कम्पन फैल गया। उसने खुद को सँभाला और चली गयी। उस दिन के बाद भाभी के व्यवहार में परिवर्तन दिखने लगा। वह मोहन से कुछ कह नहीं पा रही थी। एकदिन ग्लानि से वह आत्महत्या करने जा रही थी, लेकिन मोहन ने उसे रोक लिया। कुछ दिनों बाद मोहन ने अपनी भाभी से उसके साथ विवाह का प्रस्ताव रखा। भाभी ने एक बार यह सोचकर मना किया कि लोग क्या कहेंगे? लेकिन मोहन के पुनः आग्रह पर वह कोई उत्तर न दे सकी और उसकी आँखों से आँसू गिरने लगे। यह कहानी एक अनिर्णय की स्थिति में समाप्त हो जाती है, पर इसमें यह सम्भावना छिपी है कि उसकी शादी हो गयी होगी। इसका अन्त सुखद और उचित है। हमारे समाज में भी बड़े भाई के निधन के बाद छोटे भाई के साथ भाभी की शादी के तमाम उदाहरण मिलते हैं। परिवार की खुशी और कुल के विकास के लिए ऐसा करना उचित ही है। इस कहानी में भी कुछ बातें खटकती हैं। मोहन बहुत कम पढ़ने पर भी कक्षा में प्रथम आता है। बी.ए. भी वह प्रथम श्रेणी में पास करता है और बेरोजगार है। आनन्द के पिता नौकरी से तुरन्त रिटायर हुए हैं, वह पुलिस विभाग में क्लर्क है, फिर भी वह अत्यन्त गरीब है। ऐसा क्यों है? जबकि परिवार बहुत छोटा है। वह अपनी पत्नी से एक बार कहता है—''मोहन बड़ा ही होनहार लड़का है। हमारे इस ग़रीब परिवार में इसका जन्म हो गया, नहीं तो यह अवश्य किसी अच्छे पद पर पहुँचता।'' इसी ग़रीबी की चिन्ता से वह मर भी जाता है। यह ग़रीबी समझ में नहीं आती। फिर भी यह एक महत्त्वपूर्ण आदर्श कहानी है।

'संन्यासी' भोला नामक एक ब्राह्मण युवक और गुलशन नामक मुसलमान युवती की प्रेम कथा है। भोला बी.ए. पास बेरोजगार युवक है। गाँव के नौजवान लड़के और बड़े लोग अपने-अपने ढंग से उसकी पढ़ाई और बेरोजगारी पर व्यंग्य करते हैं, इसलिए वह सबसे अलग रहता है और ज़्यादातर सोता रहता है। शाम को अक्सर वह नदी के किनारे बैठा करता है। एक दिन वह नदी के तट पर बैठा कुछ सोच रहा था, तभी उसकी गर्दन पर गोबर की गोली चप्प से आकर लगी और ऐसा कई

बार हुआ। जिससे उसकी कमीज गन्दी हो गयी। उसने जब जाकर देखा तो पेड़ के पीछे एक चौदह वर्षीय ख़ूबसूरत लड़की मिली। जिसके हाथ और कपड़े गोबर में सने थे। भोला ने पूछा कि तुम कौन हो और ऐसा क्यों कर रही हो? उसने कोई उत्तर नहीं दिया। अँधेरा हो रहा था, अतः वह वापस लौट गये। इसके बाद उसके मन में उथल-पुथल मची रही और वह कई दिनों तक नदी के तट पर नहीं गया। कुछ दिनों बाद जब वह फिर नदी के किनारे जाकर बैठा था तब उस युवती से उसकी मुलाकात हुई और पता चला कि वह नदी के उस पार के गाँव माधोपुर के रमजान की बेटी गुलशन है। भोला नौ गाँव के ब्राह्मण रामदीन का बेटा था। परिचय के बाद इनका प्रेम प्रगाढ़ होता गया। कहानीकार ने गुलशन के सौन्दर्य का शानदार वर्णन किया है। उसका मुख शरदाकाश में पूर्णिमा के चन्द्रमा-सा था, उसकी आँखें मदिरा के अक्षय घट-सी और उसके होठ नारंगी की दो फाँकों-से थे। उसका सौन्दर्य अप्सरा से टक्कर ले रहा था। भोला का व्यवहार बदल गया और अब वह प्रसन्न रहने लगा। भोला को अनुमान था कि उसके पिता गुलशन के साथ शादी के लिए तैयार नहीं होंगे, इसलिए उसने सोचा कि वह गुलशन के साथ चुपचाप घर से भाग जायेगा। लेकिन जब उसने गुलशन के सामने यह प्रस्ताव रखा तो गुलशन ने मना कर दिया और कहा कि यदि तुम मुसलमान बन जाओ तो हमारी शादी में कोई बाधा न होगी। भोला को मुसलमान होना स्वीकार नहीं था। 'सोचूँगा' कहकर वह चला गया। फिर वह बाल मुड़ाकर गेरुए रंग में अपने वस्त्र रँग कर संन्यासी हो गया। यह एक बहुत रोचक प्रेम-कहानी है। जिसमें बड़ी सम्भावनाएँ थीं लेकिन अपने अनपेक्षित अन्त के कारण अच्छी कहानी नहीं बन सकी। अन्यथा यह हिन्दी की श्रेष्ठ कहानियों में से एक हो सकती थी। प्रेम में असम्भव को भी सम्भव करने की ताकत होती है। संन्यासी होकर भाग जाना कोई समाधान नहीं है। प्रसाद जी 'कामायनी' में 'तप नहीं, केवल जीवन सत्य' पहले ही कह चुके थे और डॉ. कन्हैया सिंह के समकालीन गीतकार डॉ. रवीन्द्र भ्रमर भी यही कहते हैं—'जोग साधोगे जोगी तो क्या पाओगे/धुन्ध की कन्दरा में समा जाओगे।'

'अब कभी नहीं' भी एक प्रेम कहानी है। अनिल और प्रमिला रेलवे स्टेशन की भीड़ में टकरा गये थे। उस समय तो अनिल सॉरी बोलकर निकल गया था लेकिन उस युवती की यादें उसके मन में बनी रहीं। वह "इलाहाबाद में कई वर्षों से रह रहा था। किन्तु वह गौर वर्ण आकृति उसके लिए एकमेव नयी थी। जिसके अधरों में नारंगी के फाँकों की रसमयता, रमणीयता और सुकोमलता थी, गालों पर तिल मानो-सौन्दर्य-सागर में एक सेव विकसित नीलकमल-सा इतरा रहा था। काले-काले घुँघराले व्याल-से बाल जो प्रायः निर्बन्ध रहते थे, हठात, डस लेते थे।" तो ऐसा था उसका रूप। वह युवती कभी-कभी यूनिवर्सिटी, होटल, बाजार आदि में मिल जाती थी। अनिल उससे प्रेम करने लगा और विवाह के सपने देखने लगा। उसके विषय में वह तरह-तरह की कल्पनाएँ करता रहता था। एक दिन रात में जब वह सिनेमा का दूसरा शो देखकर लौट रहा था तो अर्द्धरात्रि के सुनसान अँधेरे और एकान्त में बैठी वह युवती विरह के मधुर गीत गाती दिखी। जिसके पैरों के पास एक सर्प फन निकाले बैठा था। अनिल ने अपनी साइकिल के कैरियर से बेंत का रोल निकाला और सर्प को मार डाला। यहाँ पहली बार दोनों में वार्त्तालाप और परिचय हुआ। प्रमिला के मन में भी उसके प्रति सात्विक प्रेम लहराने लगा। उनका प्रेम लगातार बढ़ता गया। एकबार अनिल जब बहुत अस्वस्थ हो गया तो प्रमिला ने उसकी दिन-रात सेवा की। अनिल ने तय कर लिया कि वह प्रमिला से ही शादी करेगा। गाँव जाने पर उसे पता चला कि उसके पिता ने उससे पूछे बिना ही उसकी शादी तय कर दी थी। अनिल ने साहस करके पिता को बता दिया कि—'मैंने अपनी शादी स्वयं तय कर ली है।' पिता के न मानने और उनसे बहस करने के उपरान्त वह लौटकर प्रमिला से मिला तथा उसे सारी बात बताकर उससे शादी का प्रस्ताव रखा। प्रमिला ने उसे मना करते हुए अपने प्रेमी मोहन के विषय में बताया

कि तुम्हारे प्रति मेरे मन में सिर्फ़ सहानुभूति और श्रद्धा है, प्रेम नहीं। अनिल को झटका लगा और उसने प्रमिला से कहा कि अब मैं तुम्हें दूर से आते-जाते देखा करूँगा, अपनी असफलता पर रोऊँगा लेकिन अब कभी तुमसे प्यार नहीं करूँगा। यह एकतरफ़ा प्रेम की परिणति की कहानी है। अक्सर एकतरफ़ा प्रेम की परिणति इसी तरह दुखद या कभी-कभी आत्महत्या में होती है। लेकिन अनिल की बीमारी के दौरान लम्बे समय तक साथ रहते हुए भी प्रमिला ने अपने बारे में कुछ नहीं बताया और अपनी स्थिति नहीं स्पष्ट की, यह हैरान करनेवाली बात है।

उपर्युक्त कहानियाँ इस संग्रह की मुख्य कहानियाँ हैं। 'पत्नी' कहानी की कथा पर यकीन करना कठिन है। इस कहानी की अनीता जौनपुर के एक प्रतिष्ठित वकील की बेटी थी। रमेश उसी गाँव में अपने मामा के घर बचपन से ही रहता था। बड़े होकर यह आपस में प्रेम करने लगे। अनीता ने निश्चित कर लिया था कि वह रमेश से ही शादी करेगी लेकिन रमेश समाज से डरता था। बड़ी होने पर अनीता की शादी उसके पिता ने एक इन्कम टैक्स ऑफिसर से कर दी। अनीता ने पत्र लिखकर रमेश को लखनऊ बुला लिया और पति से कहकर उसे उसी के ऑफिस में नौकरी दिलवा दी। अनीता के पति महेशचन्द्र के घर से बाहर निकलते ही रमेश उसके घर में दाखिल हो जाता था और दोनों प्रेमालाप किया करते थे। एक बार महेशचन्द्र लम्बे समय के लिए बाहर जा रहा था, तो उसने अनीता से कहा कि इस बीच तुम्हें अकेले अच्छा नहीं लगेगा। इसलिए मैं रमेश से कह दूँगा कि जब तक मैं न लौटूँ, वह मेरे घर ही रहे। यह सुनकर अनीता को झटका लगा। यह जानकर कि उसके पति को इस प्रेम-प्रपंच के विषय में सब पता है, वह उसके पैरों पर गिरकर माफी माँगने लगी कि आप जैसे देवता के साथ मैंने ऐसा पतित आचरण किया। उसके पति ने कहा कि इसमें तुम्हारी कोई गलती नहीं है। मैं जानता था कि एक दिन मेरा व्यवहार तुम्हें रास्ते पर ला देगा। इस तरह की उदारता और सहृदयता की उम्मीद किसी भी पति से नहीं की जा सकती। अपनी पत्नी की चरित्रहीनता को कोई भी पुरुष या पति के दुराचरण को कोई स्त्री इतने आराम से बर्दाश्त नहीं कर सकती।

'प्रतिशोध' के केन्द्र में मनोहर नाम का युवक है, जिसकी माँ कांचना जब युवती थी तो सुल्तान नाम का एक मनबढ़ व्यक्ति उसे बुरी तरह छेड़ा करता था। कांचना ने तभी उससे प्रतिशोध लेने की ठान ली थी। सुल्तान अक्सर स्त्रियों से छेड़खानी करता रहता था। बहुत दिनों बाद कांचना का बेटा मनोहर जब पढ़-लिखकर घर लौटा तो माँ ने एक पत्र के माध्यम से बेटे को सारी बातें बतायीं और बदला लेने को कहा। मनोहर जब सुल्तान को ढूँढ़ते हुए पहुँचा तब उसके ख़िलाफ़ पंचायत चल रही थी। मनोहर ने कटार से उसका सिर काट दिया। माँ खुश हो गयी। पुलिस ने उसे गिरफ़्तार कर लिया। मनोहर ने कहा—'माँ विदा दो फाँसी के तख़ते चूमने को।' माँ ने भी तुरन्त संसार से विदा ले लिया। यह कहानी ख़ालिस हिन्दू मन में लम्बे समय से चले आ रहे मुस्लिम अत्याचार के प्रति आक्रोश को व्यक्त करनेवाली बालोचित कहानी है। जिसमें सब-कुछ पूर्व निर्धारित है। 'बड़ी माँ' परम्परागत संस्कारों से भरी एक रोचक और संस्मरणात्मक कहानी है। 'पागल' और 'भोला' शीर्षक संस्मरण भी अच्छे हैं। भोला का सरल निश्छल व्यवहार प्रभावित करता है।

यह कहानियाँ एक प्रतिभाशाली युवा (सम्भवतः बी.ए. पास बेरोजगार) रचनाकार के मन की सघन अभिव्यक्ति हैं। इनमें सर्वत्र एक भारतीय मन दिखायी पड़ता है। इनमें श्रेष्ठ भारतीय परम्पराएँ, देशभक्ति, मर्यादा, आदर्श, पवित्रता और युवा-प्रेम का आवेग दिखायी पड़ता है।

प्रोफ़ेसर, हिन्दी विभाग, काशी हिन्दू विश्वविद्यालय
वाराणसी, (उ.प्र.)

रचनाकार की प्रतिकृति : 'पत्थर की मुस्कान'

श्याम नन्दन

आजमगढ़ में जन्म लेकर महापण्डित राहुल सांकृत्यायन और अयोध्या सिंह उपाध्याय 'हरिऔध' की विद्वत्व-परम्परा को आगे बढ़ानेवाले डॉ. कन्हैया सिंह जी भारतीय सांस्कृतिक दृष्टिकोण-सम्पृक्त रचनाधर्मी आलोचक-साहित्यकार हैं, जो विशेष रूप से मध्यकालीन सूफ़ीकाव्य और पाठालोचन के लिए प्रख्यात हैं। कन्हैया सिंह जी का एकमात्र कहानी संग्रह 'पत्थर की मुस्कान' है, जिसमें कुल 10 कहानियाँ संकलित हैं, इसका प्रकाशन सन् 1956 ई. में हुआ, जब इनकी आयु महज 21 साल की थी। कन्हैया सिंह जी ने सामाजिक समस्याओं पर अपने गत जीवन के अनुभवों के आधार पर कहानी के रूप में विचार प्रस्तुत किये हैं।''[1]

इस कहानी संग्रह की पहली कहानी है—'पत्थर की मुस्कान'। इसी कहानी के नाम पर कहानी-संग्रह का नामकरण हुआ है। आजादी की लड़ाई के दौरान सन् 1942 ई. के 'भारत छोड़ो आन्दोलन' की ऐतिहासिक पृष्ठभूमि पर रचित यह कहानी, पूरे कहानी-संग्रह की सर्वश्रेष्ठ कहानी है।

डॉ. कन्हैया सिंह का जन्म सन् 1935 ई. में हुआ था। उस समय भारत, अंग्रेजों के अधीन था। स्वतन्त्रता आन्दोलन के दौरान घटी घटनाओं का कन्हैया सिंह के बालमन पर जो असर हुआ, कहानीकार के रूप में कन्हैया सिंह के व्यक्तित्व और कृतित्व में भी उसका प्रभाव साफ झलकता है। यह ऐतिहासिक सत्य है कि 09 अगस्त, 1942 ई. को महात्मा गाँधी के नेतृत्व में 'अंग्रेजों भारत छोड़ो' के नारे के साथ 'भारत छोड़ो आन्दोलन' की शुरुआत हुई। आन्दोलन की घोषणा के तुरन्त बाद ब्रिटिश हुकूमत ने दमनकारी नीति अपनाते हुए आन्दोलन से जुड़े महत्त्वपूर्ण लोगों को गिरफ्तार कर लिया और जनता पर अमानुषिक अत्याचार किये। अंग्रेजी 'हुकूमत के प्रति देश की जनता में पहले से ही बहुत असन्तोष था। उनकी इस बर्बर दमन-नीति से जनाक्रोश का विस्फोट हुआ। आक्रोशित जनता ने प्रतिक्रिया में कई जगहों पर पुलिस थाने फूँक दिये। पुलिस ने भी कई जगहों पर जनता पर फायरिंग की और हजारों लोगों शहीद हो गये।

1. पत्थर की मुस्कान (भूमिका-निवेदन से), डॉ. कन्हैया सिंह, साधना प्रकाशन, आजमगढ़

पूरे देश में हो रही इस प्रतिक्रिया से आजमगढ़ भी अछूता नहीं था, बल्कि पूर्वांचल के उन चुनिन्दा जिलों में से एक था, जो जनाक्रोश से उपजी प्रतिक्रिया के कारण विद्रोह का प्रमुख केन्द्र थे। इसी आन्दोलन के दौरान अत्याचारी अंग्रेजों की बर्बर दमनकारी नीति को कन्हैया सिंह ने बचपन में खुद भी देखा था, जिसे उन्होंने, ''गत जीवन के अनुभवों के आधार पर' संवेद्य बनाकर कलात्मकता के साथ कहानी के रूप में प्रस्तुत किया है।

'पत्थर की मुस्कान' कहानी सन् '42 के आन्दोलन को दबाने के लिए अंग्रेजों की दमनकारी नीति की प्रतिक्रिया में उपजे जनाक्रोश की विद्रोहात्मक कार्यवाही के दौरान पुलिस थानों को फूँकने, अंग्रेजी पुलिस और जनता के बीच हिंसक झड़पों के दौरान 'चन्द्रकिरण' की 'शहादत' की घटनाओं के ताने-बाने पर रची गयी है। कहानी की शुरुआत, अंग्रेजी हुकूमत की अन्यायपूर्ण और अत्याचारी शासन-नीति को ही भारतीय किसानों की गरीबी और भुखमरी का कारण बताते हुए लाला रघुनाथ दास के भाषण से होती है। इस भाषण के दौरान रघुनाथ दास का उद्‌बोधन, उस ऐतिहासिक सत्य का परिचायक है, जो अंग्रेजों की शोषणकारी नीति का दुष्परिणाम था। सभा में मौजूद गाँववालों को सम्बोधित करते हुए लाला रघुनाथ दास कहते हैं कि, ''यह भारत हमारी भूमि है और हम अपने पसीने से सींचकर इसमें अन्न उत्पन्न करते हैं, पर हमारा पेट नहीं भरता, जानते हों क्यों ? इसलिए कि हमारा बहुत-सा अन्न विलायत चला जाता है। हमारे भरोसे उनका पेट पलता है और वे ही हमारे ऊपर बैठकर राज चलाते हैं।''

हमने जब-जब अपना हक इनसे माँगा है, उन्होंने हमारे ऊपर अत्याचार किया है।''[1] अपने पसीने से खेत सींचकर अन्न पैदा करनेवाला खुद ही भूखा मरने लगे तो इससे अधिक दुर्भाग्यपूर्ण विडम्बना और क्या होगी? लेकिन अंग्रेजों की स्वार्थपूर्ण शासन-नीति के कारण भारतीय किसान, अपने ही उपजाये अन्न से वंचित होकर फाकाकशी को मजबूर था। भारतीय जनता अंग्रेजों की इन्हीं अन्यायपूर्ण, शोषणकारी नीतियों से मुक्ति का मार्ग पूर्ण स्वतन्त्रता में देख रही थी। भारत की आन्दोलित जनता, अंग्रेजों से न तो उनका देश माँग रही थी और न ही अंग्रेजों के अधीन अन्य देशों में अपनी हिस्सेदारी। भारत के लोग अपने 'जन्म सिद्ध अधिकार' स्वतन्त्रता की माँग कर रहे थे। स्वतन्त्रता का यह आन्दोलन ब्रिटिश हुकूमत की जड़ें हिला रहा था। इसीलिए अंग्रेजों ने हमेशा की तरह ही इसका भी दमन करने का निर्णय लिया। अंग्रेजों की बर्बर दमनकारी नीति को उजागर करते हुए कहानीकार लिखता है कि, ''गोरे जिन गाँवों में गये हैं, बड़ा अत्याचार करते हैं। धन-दौलत लूट लेते हैं, लोगों का कत्लेआम बोल देते हैं तथा स्त्रियों की मर्यादा का हरण करते हैं। कई स्थानों पर तो स्त्रियों के स्तनों को काटकर उन्हें छोड़ दिया है और कहीं-कहीं तो उनके साथ वह अमानुषिक बर्ताव किया है, जिनको सभ्य आदमी के कान सुनने को भी राजी न हों।''[2]

अपने गाँव पर अंग्रेजों के सम्भावित हमले के बाद ऐसे अत्याचार की कल्पना से रोमांचित गाँव के हिन्दू-मुसलमान, अमीर-गरीब, बूढ़े-जवान सब-के-सब अंग्रेजों को गाँव की सीमा में भी न घुसने देने के लिए संगठित और संकल्पित हैं। इस पूरे घटनाक्रम से बच्चा-टोली भी प्रभावित और कुछ कर गुजरने को आतुर है। चन्द्रकिरण के नेतृत्व में हुई सभा के दौरान थाना फूँकने की

1. वही, पृ. 07.
2. वही, पृ. 2-3.

योजना तथा बिना सफल हुए जीवित न लौटने का संकल्प लेते हुए चन्द्रकिरण ने कहा, "सभी अपनी माँ के लाल यहाँ इकट्ठे हुए हो। तुम्हारे खून अभी गर्म हैं। अपने-अपने हृदय पर हाथ रखकर देख लो कि कहीं स्वतन्त्रता देवी के बलिदानी खप्पर में अपने रक्त का दान करते समय तुम डिगोगे तो नहीं।"[1] स्वतन्त्रता आन्दोलन में प्रतिभाग कर अपने प्राणोत्सर्ग को प्रस्तुत-उद्धत बाल-किशोर को चित्रित कर कहानीकार ने अपनी स्वयं की देशभक्ति को शब्दों में पिरोया है, जैसे वह स्वयं चन्द्रकिरण हो और मौका मिलते ही देश के लिए मरकर अपना जन्म सफल करना चाहता हो।

कुछ दिनों के बाद जब पूरे गाँव के लोग थाना फूँकने जाते हैं, तो अंग्रेजों से संघर्ष के दौरान हुई फायरिंग के बाद अपनी जान बचाकर भागते लोगों के बीच चन्द्रकिरण ने अपना कर्त्तव्य-निश्चित कर लिया—'प्रान जाहुँ, बरु बचनु न जाई' झरोखे की ओट से हो रही गोली-बारी के समय दीवार से सटकर छिपे चन्द्रकिरण ने स्वतन्त्रता के लिए लड़ रहे आन्दोलनकारियों पर मौत का बारूद उगलनेवाली अंग्रेजी शासन की बन्दूक छीनकर मानों स्वतन्त्रता ही छीन ली और लेकर दौड़ा उस गाँव की ओर जो उसकी जन्मभूमि है। लेकिन ब्रिटिश हुकूमत के सिपाहियों को उस बालक में, आजादी का परचम लेकर चलनेवाला आन्दोलित क्रान्तिकारी ही दिखायी दिया, जो बन्दूक छीनकर ब्रिटिश-साम्राज्य से अपने ग्रामवासियों-देशवासियों की मौत छीनकर, उन्हें उनकी जिन्दगी लौटाने के लिए ब्रिटिश हुकूमत को चुनौती दे रहा था। अत्याचारी और बर्बर हुकूमतें बन्दूकों-बारूदों के बल पर अपने सामने चुनौती बननेवाले व्यक्ति या आन्दोलन को कुचल देने में ही विश्वास रखती हैं। आजादी के परवानों पर मौत का बारूद उगलनेवाली अंग्रेजी-बन्दूक छीनकर गाँव की ओर भागते किशोर चन्द्रकिरण को ब्रिटिश हुकूमत की पिस्तौल से निकली गोली ने मौत की नींद सुला दिया। मरकर पत्थर का बुत बन चुके चन्द्रकिरण के चेहरे पर बलिदानी मुस्कान थी, जो "स्वतन्त्रता देवी के बलिदानी खप्पर में अपना रक्त अर्पित करने में न डिगने के कारण छायी थी। जैसे चन्द्रमा की किरणें चादनी रात में किसी मूर्ति पर पड़ते ही उसे आभायुक्त कर देती हैं, वैसे ही अपने देश के लिए मरकर अपना जन्म सफल कर चुका चन्द्रकिरण, उस बलिदानी मुस्कान के साथ पत्थर-सा पड़ा हुआ मुस्करा रहा था।"[2]इस कहानी का मूल प्रतिपाद्य 12-15 वर्ष की आयुवाले सातवीं कक्षा के विद्यार्थी को स्वतन्त्रता-यज्ञ में अपने प्राणों की आहुति देते दिखाकर, देश के लिए अपना सर्वस्व बलिदान करने को प्रस्तुत रहने की प्रेरणा देने के साथ ही बर्बर अंग्रेजों की दमनकारी साम्राज्यवादी नीतियों से स्वातन्त्र्योत्तर भारत की पीढ़ी को परिचित कराकर उन्हें देशभक्ति और देशाभिमान से संस्कारित करना है।

जब कोई कौम अपने गौरवशाली अतीत, अपने पूर्वजों के समृद्ध सांस्कृतिक इतिहास को विस्मृत कर देशाभिमान-हीन और आत्मगौरव-रहित हो जाती है तो, वह देश राजनीतिक ही नहीं मानसिक रूप से भी गुलाम हो जाता है। कन्हैया सिंह जी देशानुरागी-चिन्तनशील साहित्यकार हैं। उन्हें इस मनोवैज्ञानिक सत्य का ज्ञान है। लाला रघुनाथ दास का कथन, कहानीकार के निजी विचार हैं, जिसमें वो कहते हैं—"अपने को भूल गये हैं कि हम क्या थे और कहाँ चले गये हैं? हम अपना इतिहास भी नहीं जानते और जो कुछ जानते भी हैं, वह गलत ढंग से लिखा हुआ है।"[3] भारत का गलत इतिहास लिखकर, आत्मगौरवहीन भारतीयों को मानसिक गुलाम बनाकर उन्हें

1. वही, पृ. ऽ.
2. वही, पृ. 8.
3. वही, पृ. 1.

राजनीतिक गुलाम बनाये रखने के अंग्रेजों के षड्यन्त्रों को खोलकर कहानीकार ने भारतीय जनता को सचेत किया है, जो उनकी चिन्तनशील सर्जनात्मकता का परिचायक है।

'पत्थर की मुस्कान' में सन् '42 के 'भारत छोड़ो आन्दोलन', प्रमुख नेताओं की गिरफ्तारी और अंग्रेजों की दमनकारी नीति के विरुद्ध प्रतिक्रियास्वरूप जनाक्रोश के विस्फोट, आन्दोलन की आग का गाँव-देहात तक फैलाना, थानों को फूँके जाने की घटनाएँ, रेल की पटरियाँ उखाड़े जाने का वर्णन, युगीन-वातावरण का सजीव अंकन है। गाँव में 'अमीर-गरीब, बच्चे-बूढ़े-जवान तथा हिन्दू-मुसलमान सभी को आजादी की लड़ाई में प्रतिभागिता, सन् '42 के आन्दोलन में जनसहभागिता की ही प्रस्तुति है।

कहानी में किसी चरित्र के विकास का अवसर नहीं है, क्योंकि घटना बड़ी तेजी से घटती है। कथानक बहुत तेजी से आगे बढ़ता है, लेकिन चन्द्रकिरण के बलिदान के ही माध्यम से कहानीकार ने अपनी संवेदना को सम्प्रेषित किया है, इसलिए चन्द्रकिरण ही इसका नायक है। चन्द्रकिरण के प्राणोत्सर्ग के बहाने पाठकों की संवेदना को गहराई तक स्पर्श करना ही कहानीकार का प्रमुख लक्ष्य है, जिसमें वह सफल भी हुआ है। यद्यपि पात्रों की ऐतिहासिकता अप्रमाणित है, सम्भव है कि यह सभी काल्पनिक ही हों, किन्तु फिर भी सन् 1942 ई. के 'भारत छोड़ो आन्दोलन' की ऐतिहासिक पृष्ठभूमि पर रचित होने के कारण तत्कालीन घटनाओं के चित्रण के कारण कहानीकार ने युगीन परिवेश की सफल निर्मिति की है।

इस कहानी संग्रह की दूसरी कहानी—'प्रायश्चित्त' जो एक आदर्शवादी कहानी है। कहानी के शीर्षक से ही कथ्य का आभास होने लगता है। 'प्रायश्चित्त', रमा और रमेश नामक पति-पत्नी की कहानी है। प्रथम श्रेणी में बी.ए. उत्तीर्ण रमेश अपने आदर्शों के कारण भ्रष्टाचार करनेवाली नौकरी नहीं करता और बेरोजगार ही रह जाता है। अपनी पत्नी रमा की भौतिक सुख-सुविधाओं की लालसा को रमेश पूरा नहीं कर पाता। भौतिक सुख-सुविधा के साधन तो बाद की बात हैं, रमेश दोनों जून भरपेट भोजन भी नहीं जुटा पाता है। इसी विपन्नता के कारण पति-पत्नी में विवाद होता है। रमा, ऐसी स्त्री है जो धन-वैभव और भौतिक सुख-सुविधाओं को भोगने में ही अपने स्त्रीत्व को सफल मानती है। विलासिता के संसाधनों के समक्ष उनके लिए सतीत्व का कोई मूल्य नहीं है। विषम परिस्थितियों में पति को तलाक देकर अपने रूप-लावण्य पर मोहित मनमोहन नाम के अन्य पुरुष का वरण करती है। लेकिन मनमोहन ने रमा के चमड़े से प्यार किया। जो चंचल था और टिक न सका।[1] धन-वैभव के लोभ में अपना सतीत्व गँवाकर रमा धोखा खाती है और अपने पाप-कर्मों के लिए क्षमा माँगने रमेश के पास जाकर कहती है—मैंने अपने प्यार को पैसों में बेचा था, आज मुझे अपने पापों का प्रायश्चित्त करना ही होगा''[2] और अपने पापों के प्रायश्चित के लिए 'जीवन की चहारदीवारी तोड़कर जीवन समाप्त करने जा रही हूँ।''[3] रमा की दीन-दशा देखकर भाव-विह्वल रमेश आत्महत्या को उद्वेलित रमा को समझाते हुए कहता है कि—''प्रायश्चित्त, अवश्य करना चाहिए किन्तु उसका मार्ग समाज से सम्बन्ध तोड़ना न होकर समाज के अति निकट आकर सेवा करना ही हो सकता है। मैंने तुम्हें सदैव संयम का पाठ पढ़ाया

1. पत्थर की मुस्कान, (प्रायश्चित्त कहानी से), डॉ. कन्हैया सिंह, साधना प्रकाशन, आजमगढ़, पृ. 17.
2. वही, पृ. 17.
3. वही, पृ. 17.
1. वही, पृ. 18.

और आज भी वहीं पढ़ाता हूँ। तुम मेरी धर्म पत्नी हो। सुहाग को मैं वैधव्य में नहीं परिणत होने दूँगा। हाँ एक बात अवश्य है कि तुम अपने पाप का प्रायश्चित्त गाँव में स्त्रियों के संगठन निर्माण में करो। जिस प्रकार मैंने पुरुषों में प्रेम, सद्भावना का बीज बोया है, उसी प्रकार तुम स्त्रियों को एक-दूसरे के निकट लाकर प्रेम आदि पैदा करके अपने पापों का प्रायश्चित्त कर सकती हो।''[1] रमा के हृदय-परिवर्तन, रमेश की उदारता और कहानी का अन्त सभी इस कहानी को एक आदर्शवादी कहानी का रूप देते हैं।

कहानीकार ने रमेश को आधुनिक युवा पीढ़ी के प्रतिनिधि के रूप में चित्रित किया है, जो उच्च शिक्षित होकर भी 'विजन' हीन है। रमेश के रूप में मध्यवर्गीय सोच रखनेवाला युवक इस कहानी का केन्द्रीय पात्र है, जो उच्च शिक्षा के लिए शहर आकर, शहर में नौकरी करते हुए 'सेटल' हो जाने में उच्च शिक्षा की सार्थकता समझता है। उच्च शिक्षा प्राप्त कर किसी बड़े शहर में ही नौकरी करना और वहीं बस जाना ऐसे युवाओं के लिए जीवन की सफलता का पैमाना है। बेरोजगार बनकर दर-दर की ठोकरें खाना मंजूर है लेकिन ऊँची तालीम हासिल करने के बाद वापस अपने गाँव जाकर खेती-किसानी करना अपमानजनक है। उच्च शिक्षित होने का खोखला दम्भ भरनेवाले और खेती-किसानी को हेय दृष्टि से देखनेवाले बेरोजगार युवाओं के समक्ष कहानीकार ने कृषि-कार्य को स्वरोजगार और आत्मनिर्भरता के एक बेहतर विकल्प के रूप में प्रस्तुत किया है।

ऐसे समय में जब श्रम का पलायन शहरों की ओर तेजी से बढ़ रहा है, जनसंख्या के सापेक्ष रोजगार के अवसर सृजन न हो पाने से प्रतिस्पर्द्धा और बेरोजगारी दोनों ही बढ़ रहे हों, गाँवों और कृषि क्षेत्र में आधुनिकतम यन्त्रों और तकनीकी की पहुँच और प्रयोग दोनों ही बढ़ रहे हों, तब वीरान पड़ते गाँवों की ओर शिक्षित युवाओं को लौटकर कृषि-कार्य में संलग्न होने का विकल्प तमाम चुनौतियों के बावजूद समकालीन दौर में विचारणीय और महत्त्वपूर्ण विकल्प हैं, जिसे कहानीकार की दूरदर्शी दृष्टि ने बीसवीं सदी के छठवें दशक में ही पहचान लिया था।

यद्यपि विचार परिवर्तन के बाद गाँव लौटकर किसानी करके रमेश की आर्थिक स्थिति में सुधार होता है और वह सुखद जीवन व्यतीत करता दिखता है, किन्तु फिर भी बेरोजगार युवक से सफल किसान बनने की यात्रा में पूरी कहानी में कहीं भी संघर्ष दिखायी नहीं देता। इसका प्रमुख कारण है—कहानी का आदर्शवादी होना। रमा के 'प्रायश्चित्त' को मूल संवेदना के रूप में प्रस्तुत करने का प्रमुख उद्देश्य होने के कारण कहानी में ऐसे संघर्षों का चित्रण अनावश्यक कथा-विस्तार के कारण बनते।

रमेश के रूप में कहानीकार ने एक ऐसे आदर्शवादी पात्र की निर्मिति की है, जो उसके आदर्शवादी विचारों का मूर्तरूप है और अपनी हर भूमिका में आदर्शवादी है। भ्रष्टाचार करनेवाली नौकरी न करके बेरोजगार ही रहना, किसान के रूप में सभी लोगों के हृदय में प्रेम और सद्भावना का विकास कर पूरे गाँव को संगठित करना, पत्नीव्रत का पालन करते हुए पुनर्विवाह न करने का संकल्प लेना तथा अपनी चरित्रहीन पत्नी को आत्महत्या से बचाकर, समाज सेवा में संलग्नकर प्रायश्चित्त का अवसर देना और पुनः पत्नी-रूप में अंगीकार करना आदि घटना रमेश के चरित्र और कहानी दोनों को आदर्शवादी बनाती हैं।

इस कहानी संग्रह की तीसरी कहानी 'प्रतिशोध' है, जो एक पुत्र द्वारा अपनी माँ को कुदृष्टि से देखने और उसके साथ अभद्रता करने के कारण उस व्यक्ति से अपनी गाँ के प्रतिशोध को

1. पत्थर की मुस्कान, (प्रतिशोध कहानी से), डॉ. कन्हैया सिंह, साधना प्रकाशन, आजमगढ़, पृ. 25.

पूर्ण करने की घटना पर आधारित है। पूर्ववर्ती दो कहानियों की तरह यह भी आदर्शवादी कहानी ही है, जिसमें कहानीकार ने स्त्री पर कुदृष्टि डालनेवाले नराधमों को सिर कलम करके प्राण-दण्ड देने की पक्षधरता दिखायी है।

कांचना जब अट्ठारह वर्षीया युवती थी, तो स्कूल से लौटते समय सुल्तान नामक एक लोफर ने उससे छेड़खानी की, जिससे कांचना के आत्मसम्मान को ठेस पहुँची। क्रोध से तमतमायी कांचना ने उस लोफर को सबक सिखाने की धमकी दी, लेकिन विवाह हो जाने के कारण उस धृष्ट को दण्डित न कर सकी। उस घटना से आहत कांचना, लफंगे को सबक न सिखा पाने और प्रतिशोध न ले पाने की कसक मिटा न सकी, जो बार-बार उसके मन में टीसती रही। जीवनभर उस अपमान का बदला लेने का संकल्प मन में ही दबाये रही। कांचना ने जीवन के अन्तिम क्षणों में अपने पुत्र मनोहर से 'अपना' एक 'शेष' रह गया 'कार्य' पूर्ण करने की बात कहकर उसे एक पत्र देती है। उस पत्र की शब्दावली से ही कांचना के मन की उस कसक का सहज ही पता चलता है, जो जीवन भर कसक बनकर उसके मन को कचोटती रही।

उसने पत्र में लिखा था—"प्रिय पुत्र! जब मैं अट्ठारह वर्ष की थी स्कूल से लौट रही थी, सुल्तान नाम के एक व्यक्ति ने मेरी साइकिल अपनी साइकिल से भिड़ा दी और मुझसे अभद्र व्यवहार करना चाहा। मैंने उसे बदला लेने की धमकी भी दी थी। मेरे अन्तिम क्षण तुम यह कार्य अवश्य करोगे।"[1] माँ का प्रतिशोध पूर्ण करने के लिए मामा के घर पहुँचने पर मनोहर को ज्ञात हुआ कि माँ पर कुदृष्टि डालनेवाला नराधम व्यक्ति वही सुल्तान है, गाँव की लड़कियों को छेड़ने के कारण ही जिसके लिए पंचायत बुलायी गयी है। अपनी माँ के अपराधी को उसने जैसे ही देखा तो उसने बिना कुछ पूछे ही कहा—"नीच नराधम! तूने ही मेरी माँ का अपमान किया है। मैं तुझे .... कहते ही कटार से उसका सिर धड़ से अलग कर दिया।"[2] और अपनी माँ के अपमान का प्रतिशोध पूरा किया। स्त्री-सम्मान पर कुदृष्टि डालनेवाले, स्त्री-लज्जा का हरण करने की मानसिकता रखनेवाले नराधमों के लिए, कहानीकार मृत्युदण्ड का पक्षधर है। स्त्री की इज्जत पर हाथ डालनेवाले का गला काट लेने का समर्थक है।

कन्हैया सिंह जी ने स्त्री-सम्मान की रक्षा और उसके अपमान का प्रतिशोध लेने को राष्ट्रीय एवं ईश्वरीय कार्य माना है। माँ के अपमान का बदला लेना पुत्र का कर्त्तव्य है, ऐसा कहते हुए मनोहर के माध्यम से कहानीकार ने स्वयं के विचार अभिव्यक्त करते हुए लिखा है—"जिनके प्रलयंकार कृपाणों ने सिकन्दर के छक्के छुड़ा दिये, जिनकी तीक्ष्ण धारों ने औरंग को बदरंग कर दिया, उनके रहते नराधमों की दूषित भावनाओं को प्रश्रय मिले, कदापि नहीं। माँ, इसके लिए चाहे बेड़ियाँ पहननी पड़े, चाहे कारागार जाना पड़े; यह कार्य राष्ट्रकर्म है, ईश्वर का कार्य है; जिसे मैंने पूरा किया है।"[3] सुल्तान का सिर काटकर माँ का प्रतिशोध पूर्ण करनेवाला मनोहर जब अपनी माँ कांचना के पास पहुँचा तो कांचना ने जो कहा, वह स्त्री के मान-अपमान के प्रश्न को और व्यापक बनाता है। कांचना ने कहा-'पुत्र! आज भारत माता की गोद तुम्हारे जैसे लालों से

---

2. वही, पृ. 25.
3. वही, पृ. 26.
4. वही, पृ. 26.
1. वही, पृ. 35.

भरनी चाहिए जो अपने प्राणों की बाजी लगाकर निज माता और राष्ट्र माता का प्रतिशोध ले सकें।''[4] यहाँ पर कन्हैया सिंह जी ने स्त्री के मान-अपमान के प्रश्न को मातृभूमि से जोड़कर, इस प्रश्न को और व्यापक आयाम देते हुए राष्ट्रीय दृष्टिकोण का परिचय दिया है। सिकन्दर के छक्के छुड़ाने से लेकर औरंग को बदरंग करनेवाली सन्तति-परम्परा का इतिहास-बोध कराते हुए कन्हैया सिंह ने उस बलिदानी सांस्कृतिक परम्परा को आगे बढ़ाने के उद्देश्य से यह प्रतिपादित किया है कि जान की बाजी लगाकर भी माँ और मातृभूमि के अपमान का प्रतिशोध लेना पुत्र का कर्त्तव्य है, जो राष्ट्र-कार्य और ईश्वरीय कार्य है।

'अब कभी नहीं' इस कहानी संग्रह की चौथी कहानी है। इलाहाबाद में रहकर पढ़ाई कर रहे अनिल की मुलाकात प्रमिला से प्लेटफार्म पर हुई और अनिल को पहली ही नजर में प्रमिला से प्यार हो गया। अचानक एक रात सिनेमा देखकर लौटते समय चबूतरे पर बैठकर गीत गा रही प्रमिला को साँप से बचाने पर दोनों के बीच मित्रता की शुरुआत हुई। साहचर्य से स्नेह प्रगाढ़ हुआ। अचानक अनिल के बीमार पड़ने पर लगभग एक माह तक प्रमिला ने उसकी सेवा की। स्वास्थ्य लाभकर अनिल गर्मी की छुट्टी में अपने घर गया, जहाँ पिता द्वारा तय की गयी शादी करने से इन्कार कर प्रमिला के पास इलाहाबाद आ गया, क्योंकि अनिल, प्रमिला से प्यार करता था, इसलिए किसी और से विवाह करने का कोई प्रश्न ही नहीं था। वह प्रमिला से ही विवाह करना चाहता था। अनिल उससे प्रेम तो कर बैठा, लेकिन प्रमिला के विषय में उसे कोई जानकारी नहीं थी। अपने प्रति प्रमिला के सहृदय मित्र-भाव को वह गलती से प्रेम समझ बैठा। अपना प्रणय-प्रस्ताव जब उसने प्रमिला के सामने रखा तो प्रमिला ने उससे कहा, ''तुमने मेरे प्राण बचाए। तुम्हारे प्रति मेरी सहानुभूति रही और तुम्हारे साथ रहकर उसका (मोहन, जो प्रमिला का प्रेमी था) वियोग मुझे भूल गया था, किन्तु इसका अर्थ यह नहीं कि प्यार की समाँ जो दिल में जली है, वह बुझ गयी।''[1] कहानीकार ने प्रेम को उस रूप को श्रेष्ठतर और वरेण्य मानकर चित्रित किया है, जो एकनिष्ठ है, देह से ऊपर जो आत्मीय है। आत्मीयता ऐसी कि विछोह की व्यथा, गीतों में वेदना बनकर अभिव्यक्त हो। प्रमिला ऐसी ही प्रेमिका है, जो एकनिष्ठ प्रेम की भारतीय परम्परा में आती है। मोहन के चले जाने पर भी जिसका प्रेम पूर्ववत बना रहता है।

प्रमिला का सत्य जानकर, अनिल की प्रतिक्रिया भी 'आत्मीय प्रेम' का उदाहरण है। अनिल का कथन, ''पहले की भाँति मैं तुम्हें रेस्तराँ, होटल और यूनिवर्सिटी आते-जाते देखा करूँगा, अपनी असफलता पर रोऊँगा, प्रवंचना पर हसूँगा और अब कभी प्यार की बातें नहीं करूँगा।''[2] विछोह, प्रेम की कसौटी है, यह कहानीकार समझाता है। प्रमिला और अनिल दोनों ही अपने 'प्रिय' से दूर होकर भी एकनिष्ठ और समर्पित हैं। प्यार हासिल न कर पाने पर भी कोई उलाहना नहीं, कोई शिकायत नहीं, केवल समर्पण और एकनिष्ठता, जो प्रेम का भारतीय आदर्श है, की प्रस्तुति कहानीकार ने सफलतापूर्वक की है।

'पत्नी' इस कहानी संग्रह की पाँचवीं कहानी है। कथ्य की दृष्टि से हृदय-परिवर्तन की कहानी होने के कारण यह भी आदर्शवादी ही है। अपने बचपन के प्रेमी रमेश से विवाह न होने से दुःखी अनीता पत्र भेजकर उसको लखनऊ बुलाती है, जहाँ उसके पति, जो आयकर अधिकारी के पद

---

2. वही, पृ. 35.
1. 'पत्थर की मुस्कान', डॉ. कन्हैया सिंह, साधना प्रकाशन, आजमगढ़, पृ. 44.

पर कार्यरत हैं, अपने ही कार्यालय में रमेश की नौकरी लगवा देते हैं। अनीता, अपने पति महेशचन्द्र के पीठ पीछे रमेश से मिलती रहती है। रमेश के साथ अपनी पत्नी अनीता के विवाहेतर प्रेम-सम्बन्ध के विषय में जानकर भी महेशचन्द्र, अनीता के प्रति तनिक भी दुर्भावना नहीं रखते, बल्कि अपने सद्व्यवहार से ही अनीता का हृदय-परिवर्तन करने का प्रयास करते हैं। कार्यालयीय कार्य से लम्बे दौरे पर जा रहे महेशचन्द्र के, अपनी गैर-मौजूदगी में रमेश को अनीता के साथ रहने के लिए घर बुलवाने की बात कहने पर, अनीता को अपनी गलती का अहसास होते ही आत्मग्लानि होती है और वह पति का पैर पकड़कर रोती हुई कहती है कि—"आप देवता हैं स्वामी। आपकी पवित्रता की भागीरथी के साथ मेरी जैसी पतित कर्मनाशा का साथ ठीक नहीं था। मैं आपके प्रति कभी ईमानदार नहीं थी, देव!"[1] अपने और रमेश के प्रेम-सम्बन्ध को पति पर जाहिर कर क्षमा माँगते हुए अनीता आगे कहती है कि—"आप जैसे देवता के मस्तक पर कलंक कालिमा लगाने को सदैव तत्पर रही। परन्तु मुझे क्षमा कर दो नाथ, मैं अब कभी ऐसा नहीं करूँगी। मुझ पतिता को आप अपनी सेविका ही समझें मैं पत्नीत्व के पद को कलंकित कर चुकी हूँ।"[2] पति की सहृदयता और प्रेम पथ-भ्रष्ट पत्नी का हृदय परिवर्तित कर देता है। अपना अपराध स्वीकार कर क्षमा-याचना करती हुई पत्नी से महेशचन्द्र उदारतापूर्वक कहते है—"मैं सब-कुछ जानता था अनीता, इसमें तुम्हारी गलती नहीं थी। परिस्थितियों की मजबूरी में तुम यह सब कर रही थी। मैं यह जानता था कि मेरे व्यवहार तुम्हें अवश्य एक दिन सही रास्ते पर ला देंगे। तुमने अपनी गलतियों को स्वीकार कर लिया अतः तुम निर्दोष हो।"[3]

इस कहानी में कन्हैया सिंह जी ने एक बार फिर से अपनी आदर्शवादी प्रवृत्ति के अनुरूप अपराध की आत्म-स्वीकृति और हृदय-परिवर्तन के आधार पर कहानी की रचना की है। आत्म-स्वीकृति अपने अपराध मार्जन जैसी ही होती है। जो अपनी गलती मान ले, सुधार उसी में होता है। अनीता की अपराध-स्वीकृति और पति द्वारा क्षमा किये जाने से दोषरहित होने के माध्यम से कहानीकार ने यही बताने का प्रयास किया।

हमारे समाज में आज भी कई दम्पति ऐसे हैं, जिनका विवाह उनके प्रेमी या प्रेमिका से नहीं हो पाता और अनिच्छापूर्वक उन्हें परस्पर विवाह करना पड़ता है। अपने दाम्पत्य जीवन में छल न करते हुए अपने जीवन-साथी के प्रति एकनिष्ठ समर्पण ही कर्त्तव्य है। महेशचन्द्र के माध्यम से कहानीकार ने यही वृहत्तर सन्देश देने का प्रयास किया। पति अथवा पत्नी यदि विवाहेत्तर प्रेम-सम्बन्ध में हो तो रिश्ते को बचाने के लिए धैर्यपूर्वक प्रेमपूर्ण आचरण से पथ-भ्रष्ट जीवनसाथी का हृदय-परिवर्तित कर उसे सही रास्ते पर लाने का प्रयत्न ही बेहतर है। कहानीकार ने यह बताने का प्रयत्न किया है कि पथ-भ्रष्ट जीवन-संगी यदि अपने अपराध की आत्म-स्वीकृति कर ले तो क्षमा करके उसे सुधरने का अवसर देकर न केवल अपने सम्बन्ध को बल्कि पूरे समाज को टूटने से बचाया जा सकता है।

इस संग्रह की एक कहानी है—'संन्यासी'। यह कहानी मुसलमान प्रेमिका द्वारा विवाह के लिए अपना धर्म परिवर्तन करने के प्रस्ताव पर हिन्दू युवक के संन्यस्त होने पर आधारित है। नौगाँव के कुलीन ब्राह्मण रामदीन का बी. ए. पास पुत्र भोला बेरोजगारी के कारण अपनी निराशा के नाते नदी

2. वही, पृ. 44.
3. वही, पृ. 45.
1. वही, पृ. 54.

के किनारे एकान्त में बैठता था, जहाँ भोला की उस पारवाले गाँव माधोपुर के रमजान के बेटी गुलशन से मुलाकात हुई, धीरे-धीरे यह मुलाकात प्यार में बदल जाती है। प्रेम, जाति-धर्म नहीं देखता। युवा प्रेम का उछाह सामाजिक वर्जनाओं को तोड़ देना चाहता है। प्रेम तो बस प्रिय को पा लेना चाहता है। भोला भी गुलशन को ब्याहकर पत्नी बनाना चाहता था, लेकिन अपने विवाह के बीच दीवार बने धर्म की बाधा को भी समझता था। अन्ततः घर-परिवार सब छोड़कर गुलशन के साथ कहीं और जाकर अपनी नयी दुनिया बसाने का स्वप्न पाले बैठा भोला जब अपना प्रस्ताव लेकर गुलशन के पास पहुँचा तो उसने घर से भागकर शादी न करने की बात कही तो भोला ने कहा—"मेरी समझ में तो कोई और रास्ता नहीं आता, तुम्हीं न कोई रास्ता बताओ।"[1] तब गुलशन ने कहा—"मुसलमान हो जाओ और तब हमारी तुम्हारी शादी में कोई बाधा न होगी।"[2] घर-द्वार छोड़कर गुलशन के साथ नयी दुनिया बसाने निकला भोला, अब घर का नहीं रहा और अपना धर्म छोड़कर मुसलमान नहीं हो सकता, इसलिए गुलशन का भी नहीं हो सका। जिसके लिए अपने रिश्ते छोड़े, उसी गुलशन ने विवाह के लिए धर्म-परिवर्तन की शर्त रखी तो भोला को झटका लगा। घर छोड़ने की भूल पर पश्चात्ताप करते हुए 'उसने अपने बाल मुड़ा डाले, वस्त्र गेरूए रंग में रंगा डाले और जीवन के भोग को छोड़कर मानसिक शान्ति के लिए निकल पड़ा। वह संन्यासी हो गया।"[3] कहानीकार ने धर्म को सहज प्रेम में बाधक के रूप में प्रस्तुत कर गुलशन के धर्म-परिवर्तन के प्रस्ताव के कारण प्रवंचित भोला को संन्यास लेते दिखाया है।

अपने कथ्य की दृष्टि से 'भाभी' इस कहानी संग्रह की अतिमहत्त्वपूर्ण कहानी है, जिसमें कन्हैया सिंह ने समाज की एक ज्वलन्त समस्या, विधवा-विवाह को कहानी के केन्द्र में रखा है। विवाह के कुछ ही दिनों के बाद पत्नी को रोने-बिलखने के लिए छोड़कर मोहन का भाई आनन्द कलकत्ता भाग गया और उसके बाद मोहन का उसकी भाभी के जीवन में प्रवेश हुआ। भाभी के लिए मोहन-पुत्रवत, और मोहन के लिए भाभी-माँ की तरह थीं। कलकत्ता से पति के वापस आने के बाद भाभी ने मोहन की अच्छी परवरिश के लिए अपने पति को प्रेरित किया। मोहन की अच्छी शिक्षा दिलवाने के लिए संकल्पित आनन्द धीरे-धीरे रोग-ग्रस्त होता गया और अन्ततः स्वर्ग-सिधार गया। आनन्द की असमय मृत्यु ने पति तो छीन लिया लेकिन पत्नी का यौवन नहीं। एक रात मोहन जब सो रहा था, तब भाभी उसके कमरे में जाकर उसके पैरों के पास बैठकर पहले तो बहुत देर तक रोती रही और फिर, "उसके पैरों के पास से उठकर उसके मुँह के पास आयी, देखते-देखते उसने सोचा कि उसकी अधरों से अपने अधरों को मिला दें।"[4] पति के मरने के बाद उसका अभाव उसे हमेशा महसूस होता। "वह नित्य मोहन के कमरे में जाती और मानो कुछ कहना चाहती हो परन्तु कह न सकने के कारण लौट आती।"[5] मोहन अपनी भाभी के अन्तर्मन की बात समझ रहा था। अचानक एक रात मोहन ने भाभी को आत्महत्या से रोकते हुए कहा—"भाभी मैंने विवाह करने का निश्चय कर लिया, किन्तु मैं तुम्हारे साथ ही विवाह करूँगा।"[6] बचपन में जिस भाभी ने मोहन को बेटे की तरह पाला हो, उसी से विवाह करने पर समाज क्या सोचेगा?, इस प्रश्न का जो उत्तर मोहन ने दिया, वस्तुतः वह कन्हैया सिंह

---

2. वही, पृ. 54.
3. वही, पृ. 54.
4. वही, पृ. 62-63.
5. वही, पृ. 63.
6. वही, पृ. 64.
1. वही, पृ. 65.

के अपने विचार हैं। मोहन का अपनी भाभी से ही विवाह का प्रस्ताव, विधवा-समस्या के समाधान का बेहतर विकल्प है। देवर से ही विधवा-भाभी का पुनर्विवाह भारतीय समाज में परम्परागत रूप से चला आ रहा है। देवर के साथ विधवा भाभी के पुनर्विवाह को प्रश्नांकित करनेवालों के सन्दर्भ में मोहन कहता है—"भाभी यहाँ लोग अच्छे-से-अच्छे कार्य को पहले पहल करते समय हँसते हैं परन्तु परिणाम जब अच्छा होता है, तो उसी काम की तारीफ करते हैं। हमारे इस कार्य का परिणाम बहुत अच्छा होगा।"[1]

इस कहानी में विधवा-समस्या के साथ ही भाभी के मन में मोहन को लेकर चल रहे अन्तर्द्वन्द्व का मार्मिक चित्रण कहानीकार ने किया है। मोहन के प्रति कामाकृष्ट भाभी को अपनी गलती का अहसास होते ही आत्मग्लानि हुई और इसका चित्रण करते हुए कहानीकार ने लिखा है कि—"भाभी मोहन को नहला-धुलाकर उसके नंगे शरीर को कपड़े पहनाकर ढँकती थी, उसने उसके मुख पर ही वात्सल्य के कितने चुम्बन अंकित किये थे। जिनके अदृश्य चित्र उसके स्मृति पटल पर अब भी सुरक्षित थे परन्तु आज मोहन की गर्म-गर्म साँसों से उसके शरीर में कम्पन पैदा हो गया और उसे ऐसा लगा कि वह अपने को पतन के गर्त से बचा लायी है।"[2] इस कहानी में भाभी और मोहन के अन्तर्मन में चल रहे संघर्ष और अन्तर्द्वन्द्व का मार्मिक, विश्वसनीय और मनोवैज्ञानिक अंकन कहानीकार ने किया है।

इस कहानी संग्रह में 'बड़ी माँ', 'पागल' और 'भोला' कहानी न होकर संस्मरण से प्रतीत होते हैं। ऐसा लगता है कि जैसे इनके प्रमुख पात्रों से प्राप्त अपने 'गत जीवन के अनुभवों' को, कहानीकार ने स्मृति के आधार पर लेखन कर प्रस्तुत किया है। वस्तुतः यह तीनों ही संस्मरण हैं।

'पत्थर की मुस्कान' कहानी संग्रह अपने कथ्य की दृष्टि से आदर्शवादी कहानियों का संकलन है। पूरे कहानी संग्रह की प्रायः सभी कहानियों में पात्रों की संख्या दो या तीन ही है, जोकि प्रमुख पात्र हैं। यह सभी पात्र कहानीकार के विचारों के मूर्तरूप हैं, जो उदात्त जीवन-मूल्यों के प्रतिपादनार्थ कन्हैया सिंह जी ने गढ़े हैं। 'पत्थर की मुस्कान' का चन्द्रकिरण, 'प्रायश्चित्त' का रमेश 'प्रतिशोध' के कांचना और मनोहर, 'अब कभी नहीं' के प्रमिला और अनिल, 'पत्नी' का महेशचन्द्र, 'भाभी' का मोहन और उसकी भाभी आदि सभी कहानीकार के आदर्शवादी मूल्यों के प्रतिरूप हैं, जो अलग-अलग विषयों पर युगीन सन्दर्भों में शाश्वत आदर्शों की प्रस्तुति हेतु निर्मित हैं।

कहानीकार के रूप में कन्हैया सिंह जी ने अपने कहानी-संग्रह में जो भी प्रश्न उठाये हैं, उनका समाधान आदर्शवादी ढंग से ही प्रस्तुत किया है। देश-प्रेम, पति-पत्नी के दाम्पत्य जीवन में ईमानदारी, दैहिक सम्बन्धों से ऊपर आत्मीय प्रेम, प्रेम के लिए सर्वस्व बलिदान करने का भाव, विधवा-समस्या और कर्त्तव्य-बोध आदि इनकी कहानियों के केन्द्र हैं। कहानियों का आदर्शवादी होना खुद कहानीकार के व्यक्तित्व की ही प्रतिकृति है, जो पात्रों के चरित्र, उनके संवादों और विचारों में स्पष्ट देखी जा सकती है। कुछ शिल्पगत कमजोरियों के बावजूद कहानीकार अपनी बात सहजतापूर्वक और प्रभावशाली ढंग से कह पाने में पूरी तरह सफल हुआ है।

असिस्टेण्ट प्रोफ़ेसर, हिन्दी विभाग, महात्मा गाँधी केन्द्रीय विश्वविद्यालय
बिहार, मोतिहारी, पूर्वी चम्पारण, बिहार

---

2. वही, पृ. 63.

सफर जो पन्नों में दर्ज है

अमितेश कुमार

'घुमक्कड़ धर्म से बढ़कर दुनिया में कोई धर्म नहीं है' राहुल सांकृत्यायन ने कहा है। प्रख्यात घुमक्कड़ राहुल घुमक्कड़ी को ही एक धर्म घोषित करते हैं और अपने ग्रन्थ में प्रेरित करते हैं कि 'कमर बाँध लो भावी घुमक्कड़ों! संसार तुम्हारे स्वागत के लिए बेकरार है।' घूमना या यात्रा करना मनुष्य का आदिम स्वभाव है। सभ्यताओं की बसावट मनुष्य की इसी वृति का परिणाम है और जब मनुष्य एक जगह बस गया तो भी उसने घूमने फिरने में कमी नहीं आने दी। कभी उपयुक्त पर्यावास की तलाश में एक जगह से दूसरे जगह गये, सामूहिक रूप से तो कभी व्यक्तिगत रूप से, ज्ञान प्राप्ति के लिए या अभियानों के लिए भी।

यात्रा हमारे अनुभव के संसार में नये आयाम जोड़ती है। यात्री अपने से अपरिचित परिवेश में यात्रा करता है, तो यात्रा के जरिये उस अपरिचित बाहरी दुनिया का परिचय तो प्राप्त करता ही है, अपने अन्तस को भी समृद्ध करता है। यात्रा दो धरातल पर सम्पन्न होती है। बाहरी और आन्तरिक। प्रबुद्ध व्यक्ति अन्य मनुष्यों को अपने अनुभव का साझीदार बनाते हैं और इस यात्रा को वृत्तान्त के रूप में दर्ज करते हैं। इस वृत्तान्त से यात्रा की स्थलों और जिस देशकाल में यात्रा की गयी है, उसका पता चलता ही है, वृत्तान्तकार की दृष्टि का उद्घाटन होता रहता है और उस दृष्टि से पाठक भी यात्रा किये गये स्थलों से परिचित होते हैं।

मनुष्य के लिए यात्रा को अनिवार्य धर्म ने भी बनाया है। संसार के हर बड़े धर्म में यात्रा का विधान है। हिन्दू धर्म में चार धामों की यात्रा, एकादश ज्योतिर्लिंगों की यात्रा इत्यादि इस्लाम में काबा की यात्रा, मजारों की यात्रा आदि। बौद्ध धर्म तो यात्रा से निकला ही धर्म है। धर्म के बहाने सांसारिक मायाजाल में फँसे मनुष्य भी धर्म लाभ के लिए देशाटन करते हैं। राहुल सांकृत्यायन ने धर्म और यात्रा के सन्दर्भ में लिखा है—'सभी धर्मों ने केवल देववाद और पूजा पाखण्ड तक ही अपने कर्त्तव्य की इति श्री नहीं समझी। उन्होंने अपने कार्य क्षेत्रों में उच्च साहित्य का सृजन किया, उच्च कला का निर्माण किया, वहाँ के लोगों के मानसिक विकास के तल को ऊँचा किया, साथ ही आर्थिक साधनों को भी उन्नत बनाने में सहायता की। यहीं सेवाएँ जिनके कारण एतद् देशों में अपने धर्गों के प्रति विशेष सद्भाव और प्रेम देखा जा सकता है तथा कोई अपने ऐसे सेवक धर्म को सहसा छोड़ने के लिए तैयार नहीं होता। जिस तरह धर्मों ने सारे देश और जाति की सेवा की है, उसी तरह उसने घुमक्कड़ी आदर्श के विकास और विस्तार में भी भाग लिया

है।' तीर्थ यात्रा के उद्‌देश्य से लोग कष्ट उठाकर भी पुण्य अर्जित करते हैं और इस क्रम में देश-देश का ज्ञान भी होता रहता है। इसी तरह की एक यात्रा का वृत्तान्त राहुल सांकृत्यायान के गृह नगर आज़मगढ़ के निवासी डॉ. कन्हैया सिंह ने लिखा है 'दक्षिणांचल दर्शन' शीर्षक किताब में।

'दक्षिणांचल दर्शन' किताब के दो हिस्से हैं जिसमें पहले हिस्से में दक्षिण भारत की यात्रा का विवरण है और दूसरे हिस्से में पूर्वी भारत का। समुद्र और मन्दिर इस यात्रा के केन्द्र में हैं और तीर्थ यात्रा होने के कारण दर्शन इसका उद्‌देश्य है। यात्रा तीर्थ स्थलों और मन्दिर के इर्द-गिर्द है और समूह में है। समूह के कारण और एक भिन्न खान-पान के परिवेश के कारण यात्रा में हुए अनुभव को रोचकता से दर्ज किया गया है। फरवरी 1975 में की गयी इस यात्रा से यह भी जानकारी मिलती है कि पूर्वांचल के इलाके से दक्षिण की यात्रा के क्या साधन थे और संचार की उन्नत तकनीक के अभाव में भी देश कैसे सूचनाओं के माध्यम से जुड़ा हुआ था। इस यात्रा में पन्द्रह व्यक्तियों का दल है और जैसा कि किताब कि भूमिका में चन्द्रदत्त त्रिपाठी लिखते हैं कि समूह की तरफ से यात्रा वृत्तान्त लिखने की जिम्मेदारी लेखक की है। इसलिए इस लेखन में एकल अनुभव की जगह अनुभवों का समुच्चय है। पन्द्रह व्यक्तियों के दल में दो परिवार हैं और बाकी लोग एकल हैं। यात्रा में शामिल हैं—विश्वेश्वर प्रसाद सिंह, चन्द्रदत्त त्रिपाठी 'वैद्य', श्रीनाथ दास, शिव प्रसाद गुप्त, श्री और श्रीमती सूरज प्रकाश (एडवोकेट), श्रीमती और श्री रामेश्वर मिश्र, बाढु राम, रमाशंकर यादव,लालता सिंह, अक्षयवरनाथ आर्य, चण्डीप्रसाद (एडवोकेट), पं. उमाशंकर मिश्र। यात्रा में एक चक्र होता है व्यक्ति मूल स्थान से शुरू कर वापस आता है तो आज़मगढ़ पहुँचने तक यात्रा में शामिल प्रदेश हैं—तिरुपति, मद्रास, महाबलीपुरम, पाण्डिचेरी, चिदम्बरम, कुम्भकोणम, तंजौर, श्रीरंगम, मदूरै, कन्याकुमारी, त्रिवेन्द्रम, एर्णाकुलम, मैसूर। यानी दक्षिण के राज्यों आन्ध्र प्रदेश, तमिलनाडु, केरल और कर्नाटक को इस यात्रा में देखा गया है। वृत्तान्तकार दक्षिण में होने के बावजूद राज्यों की प्रादेशिक भिन्नता को भी दर्ज करते चलते हैं।

वृत्तान्त की शुरूआत भ्रमण टोली के जुटते चले जाने के विवरण से होती है। टोली के व्यक्तियों का परिचय दिया जाता है और पहला तीर्थस्थल है तिरुपति बाला जी का। वाराणसी से ट्रेन में सब बैठते हैं और यात्रा की शुरुआत में ही दल के दो व्यक्ति घायल हो जाते हैं। वृत्तान्त को ऐसे ही प्रसंग रोचक बनाते हैं जब इस तरह की भुला दी जा सकने वाली बात को भी वृत्तान्तकार दर्ज करता है। वृत्तान्तकार की विदग्धता ऐसे मौके पर देखी जा सकता है, जब वह अपनी टोली के किसी सदस्य के स्वभाव का परिचय देते हैं। जैसे बबऊ पण्डित के बारे में यह कथन कि 'बबऊ के स्वभाव से हम सभी परिचित थे कि वे प्रसन्न होकर जूता साफ कर सकते हैं, पर अप्रसन्न होकर सात पुश्त से नाता तोड़ लेते हैं।' सहयात्रियों के स्वभाव का विवरण ऐसे भी देते हैं कि 'बाबू चण्डीप्रसाद जब दिन भर यात्रा में रहते तो पर्याप्त निश्चिन्तता से भ्रमण करते थे और उन्हें एक बार भी घर की याद नहीं आती थी, पर रात में जब सोने के लिए बिस्तर पर लेटते तो उन्हें कचहरी याद आने लगता और वह शीघ्र वापस लौटने के लिए अभिमत एकत्र करने लगते।' सहयात्रियों के मिलने बिछड़ने, कई मौकों पर उनकी तत्परता, नोंक-झोंक आदि का भी विवरण लेखक देते रहते हैं।

इस यात्रा के दो मुख्य साधन है—एक रेल और एक कार। इस वृत्तान्त में रेलयात्रा के सुख और कष्ट दोनों ही का रोचक विवरण है। दक्षिण की यात्रा रेल से कैसे की जायेगी इसका विवरण

है। रेल यात्रा में भाषा आड़े आती है, लेकिन एक बार जगह मिलने के बाद यात्री एक दूसरे से संवाद का जरिया खोज ही लेते हैं। कुछ नहीं तो सोटे पर ही बातचीत होने लगती है और उसके लाभ गिनाये जाते हैं। दक्षिण की राजनीति के बारे में भी चर्चा हो जाती है। रेल यात्रा में विवाद भी होते हैं, तो सीट के लिए टी.टी.ई. से विवाद होता है और उसका समाधान भी निकलता है। इस रेल यात्रा में स्टेशन पर शौच और स्नान के विवरण भी है।

राहुल सांकृत्यायन ने लिखा है कि 'घुमक्कड़ी में कष्ट भी अधिक होते हैं, लेकिन उसे उसी तरह समझिये, जैसे भोजन में मिर्च- मिर्च में यदि कड़वाहट न हो, तो क्या कोई मिर्च प्रेमी उसे हाथ भी लगायेगा? वस्तुतः घुमक्कड़ी में कभी-कभी होनेवाले कड़वे अनुभव उसके रस को और बढ़ा देते हैं, उसी तरह जैसे काली पृष्ठभूमि में चित्र अधिक खिल उठता है।' इस यात्रा में भी कष्ट हैं। एकदम से अलग भाषिक परिवेश, यात्रा के लिए उपयुक्त वाहनों की खोज, अनजानी जगहों का भय, ठहरने के स्थलों का अभाव और सबसे बढ़कर एक भिन्न संस्कृति के भोजन आदत के प्रति तालमेल का ना बैठना। वैसे दल के पास भोजन स्वयं बनाने का इन्तजाम है, एक सदस्य खास इस काम के लिए साथ हैं, लेकिन हर जगह मौका नहीं मिल पाता। इसलिए जब बाहर का भोजन करना होता है, तो दल अधिक-से-अधिक भूखा रहता है, 'भोजन तो पिछले दो वक्त से नहीं मिला था। जलपान पर ही गाड़ी चल रही थी। सभी भूखे थे, पर मद्रास में चावल, सांभर, चटनी वाले होटल अधिक मिलते थे, जिनमें हमारे पेट नहीं भरते थे।' और जब भोजन बनाने का मौका मिलता है तो दाल, चावल, सलाद, रोटी, चटनी सब-कुछ विधिवत इस उत्साह से बन जाता है कि सब्जियाँ कच्ची ही रह जाती हैं। भोजन करने में जहाँ मन रमता है वहाँ लेखनी भी रमती है। इसलिए अरविन्द आश्रम में भोजन करने की पद्धति का लेखक विस्तार से वर्णन करते हैं थाली उठाने से लेकर भोजन की मात्रा और थाली धोने तक।

दर्शन इस यात्रा का ध्येय है। इसलिए दर्शनों का विस्तृत विवरण इस वृत्तान्त में मौजूद है। 'प्रथम गोपुर से प्रवेश पाने के पश्चात् विस्तृत प्रांगण के पश्चात् दूसरा ऊँचा गोपुर और दूसरी चहारदीवारी है। उसके भीतर मुख्य मन्दिर है। मन्दिर के द्वार पर हाथी शोभायामान है। गोपुर 10 मंजिल का तथा 182 फीट ऊँचा तथा चहारदीवारी 25 फीट ऊँची है। मुख्य मन्दिर के गर्भगृह में शिवलिंग के सामने लम्बा गलियारा है। मन्दिर में बड़े घाट का सरोवर है, जिसे शिवगंगा सरोवर कहते हैं।' तिरूपति बाला जी, कन्या कुमारी, मीनाक्षी मन्दिर, जगन्नाथ मन्दिर, कलकत्ता में हुगली किनारे स्थित दक्षिणेश्वर काली मन्दिर, वेलूर मठ इत्यादि सभी स्थलों पर दर्शन कैसे किया जाता है, के साथ दर्शन स्थल की विशेषताएँ भी अंकित हैं और विसंगतियाँ भी। लेखक बताते हैं कि तिरुपति में पैसे वालों को दर्शन पहले कैसे हो जाता है, पण्डे कहाँ ताक में बैठे होते हैं और काली मन्दिर की अव्यवस्था क्या है। काली मन्दिर के पुजरियों के लालच के कारण उन्हें कफनखसोट कहते हैं। जगन्नाथ मन्दिर में अटका के लिए कमीशन देना पड़ता है। एक ही विवरण में जहाँ हिन्दू मन्दिरों के भव्य स्थापत्य का विवरण है, वहीं उस स्थापत्य के नीचे चल रहे सांसारिक व्यापार का भी जो निश्चित रूप से धर्म का आन्तरिक हिस्सा नहीं है।

यात्रा के बीच में ऐतिहासिक स्थलों भी यात्रा होती है और मद्रास फोर्ट, सेण्ट टामस चर्च, अरविन्द आश्रम, महाबलीपुरम, काँचीपुरम, कृष्णासागर बाँध का दर्शन करने के साथ उसके ऐतिहासिक महत्त्व के बारे में भी लेखक बताते हैं। किसी भी स्थल को उसकी ऐतिहासिकता में

देखने की दृष्टि वृत्तान्त में मौजूद है और जिज्ञासु वृति भी। जैसे त्रिवेन्द्रम के बारे में लेखक जानकारी जुटाते हैं और इसका मूल नाम 'तिरुअनन्तपुरम' पता कर लेते हैं। फिर तिरु क्या है, यह खोजते हैं? 'तिरु का अर्थ तमिल में 'श्री' होता है। दक्षिण की सभी भाषाओं में यह प्रचलित शब्द है।' विदित है कि त्रिवेन्द्रम का आज आधिकारिक नाम तिरुअनन्तपुरम है। इसी तरह श्रीरंगम मन्दिर की कथा कहते हुए मिथक और धार्मिक ग्रन्थों का हवाला भी देते हैं। लेखक अपने अनुभवों से किसी स्थल को व्याख्यायित भी करता है और उसके साथ जुड़े हुए तथ्यों की यथासम्भव जाँच भी। इस यात्रा के दौरान मार्ग में पड़नेवाली शिल्प कलाओं का भी विवरण में दर्ज किया गया है। जैसे—काँस्य मूर्तियों को बनाने की कला।

विवरण के समय देखने से प्रसूत और इतिहास के ज्ञान के आधार पर एक निष्कर्ष तक पहुँचने की या अनुमानतः कुछ व्यक्त करने की कोशिश वृत्तान्त में मौजूद है। जगन्नाथपुरी का विवरण देते हुए धार्मिक तीर्थ स्थलों के रूपान्तरण का अनुमान लेखक लगाते हैं कि कैसे यह बौद्ध धर्म से सनातम धर्म का तीर्थ बना होगा। "पुरी में छूआछूत के भेदभाव की समाप्ति तथा मन्दिर की दीवालों पर विद्यमान मिथुन-मूर्तियाँ इस बात का संकेत करती है कि कभी यह स्थान भगवान बुद्ध के अनुयायियों का केन्द्र रहा होगा। बौद्धों की परवर्ती परम्परा के वज्रयानी सिद्धों का उत्कल प्रान्त में बड़ा प्रभाव था और उनका केन्द्र यहाँ रहा है। अपनी बज्रयानी साधना में स्त्री-पुरुष की युगनद्ध मुद्रा का जो रूपक सिद्धों में प्रचलित हुआ था, निश्चय ही उसका प्रभाव मिथुन मूर्तियों के रूप में है। इन मूर्तियों की विद्यमानता के बहुत से कारण बताये जाते हैं, पर मुझे बहुत स्पष्ट रूप से इन पर बौद्ध धर्म की परवर्ती साधना पद्धतियों की छाया दीख पड़ती है, जिनमें पंचमकार की साधना को मोक्षप्रद कहा गया था। यह कहना तो कठिन है कि सनातन हिन्दू धर्म ने इस बौद्ध तीर्थ को कैसे हिन्दू तीर्थ में परिवर्तित कर लिया, पर इतना निश्चित है कि कभी यह बौद्ध तीर्थ अवश्य रहा होगा।" इस तरह का विश्लेषण इस पूरे वृत्तान्त में मौजूद है जो जिज्ञासा से देखने के कारण है। कहीं यह जिज्ञासा ज्ञान से मिश्रित होकर सामने आती है, तो कहीं एक युवाजन्य उत्साह भी है। जैसे कि पाण्डिचेरी में पहली बार जब काजू के बाग देखने का उत्साह।

अज्ञेय अपने यात्रा वृत्तान्त 'एक बूँद सहसा उछली' में लिखते हैं कि, "थोड़े दिनों के निजी अनुभव के आधार पर किसी नगर या देश या जाति का प्रभावग्राही चित्रण जोखिम का काम है और उसमें धोखा हो सकता है।" लेकिन फिर भी वृत्तान्तकार कोशिश करते रहते हैं कि वह यात्रा की जगहों से कुछ तो दर्ज करते चलें। इस तरह का विवरण यहाँ भी दर्ज है, जैसे केरल में नारी सशक्तीकरण का परिचय सड़क पर महिलाओं की अपेक्षाकृत अधिक उपस्थिति से मिलता है और लड़की को धड़ाधड़ अंग्रेजी बोलना देखकर समुद्र के तट पर। केरल की सड़कों पर हमें लड़कों से ज्यादा लड़कियों का दर्शन होता था। कॉलेज-स्कूल आते-जाते लड़कों से अधिक संख्या में लड़कियों का झुण्ड दिखायी पड़ता था। किसी फैक्टरी, प्रशिक्षण संस्थान, कल कारखाने से निकलते हुए कर्मियों में भी लड़कियों की संख्या अधिक दीख पड़ी। तमिलनाडु का गरीबी का परिचय भी "हमारी पत्तलों पर जो कुछ जूठन छूटा था तथा जो भोजन हमारे खाने से बच गया था, उसे यहाँ पर उपस्थित तीन चार हरिजनों ने छक कर खाया।" दक्षिण के जीवन और वहाँ के अनुशासन से भी लेखक प्रभावित हैं। एक सरकारी कर्मचारी इनके बार-बार आग्रह पर भी

करुणानिधि की सरकार के काम पर सरकारी कर्मचारी होने के कारण टिप्पणी नहीं करता। हिन्दी का लेखक होने के नाते हिन्दी की स्वीकार्यता को भी देखते चलते हैं और तमिलनाडु की अपेक्षा केरल को हिन्दी के प्रति अधिक उदार देखते हैं और संस्कृत भाषा की उपस्थिति में भारत की एकता के सूत्र।

इस यात्रा में दल को मशहूर शख्सियतों से मिलने देखने का अवसर मिलता है, जैसे राजनेता के. कामराज से, सत्य साईं बाबा से, जगद्गुरु शंकराचार्य से, के. कामराज से मिलने के अनुभवों को जहाँ लेखक उत्साह से दर्ज करते हैं और उनकी लोकप्रियता से साक्षात्कार करते हैं वहीं जगद्गुरु शंकराचार्य को देखकर निराशा से भर उठते हैं। 'मैंने जगद्गुरु शंकराचार्य का नाम सुना था और यह भी जानता था कि विभिन्न पीठों के शंकराचार्य हिन्दू धर्म के सबसे बड़े धर्माचर्य हैं। उनके प्रति मन में बड़ी श्रद्धा भी है। पर उत्तर भारतीय उनकी गरिमा को इतना नहीं समझ पाते, जितना मैंने उनके यहाँ हजारों-हजारों दर्शनार्थियों को उत्सुकता और श्रद्धा के माध्यम से समझने का अवसर पाकर देखा। मैंने सोचा कि वे शंकराचार्य स्वयं केवल रूढ़ियों से आकण्ठ ग्रस्त हैं और जनता को भी उसी में डूबा रहे हैं। इनका स्थान और व्यक्तित्व ऐसा है कि यह कोटि-कोटि भारतवासियों को सच्चे धर्म, सदाचरण और रूढ़िमुक्त समाज रचना में संलग्न होने का पाठ पढ़ा सकते हैं और प्रेरणा दे सकते हैं। पर यह सब कुछ न करके केवल अपना पाद-पूजन कराते हैं'

मन्दिरों का सौन्दर्य हो या समुद्र का, वृत्तान्तकार ने उसका डूब के वर्णन किया है। जैसे कन्याकुमारी में सूर्यास्त का वर्णन 'समुद्र की जल सतह तक पहुँचने से कुछ पहले ही सूर्य किरणविहीन, रक्तवर्ण, आग के गोले के समान हो गया। धीरे-धीरे जल से उसका स्पर्श-सा हुआ कि क्षण में ही वह गोला गेंद सा अथाह जल में डूब गया। जल पर कुछ देर तक लालिमा छायी रही, फिर वह भी समाप्त हो गयी। आँखों को प्रिय लगनेवाले इस दृश्य ने अन्तर्मन पर भी झटका दिया।' साहित्य के व्यक्ति को ऐसे सुन्दर क्षणों में साहित्य स्मरण हो ही आता है. लेखक को गुरुभक्त सिंह 'भक्त' का पंक्तियाँ याद आती हैं—

'वह नाक नाक सुन्दरता की, हो गयी नाक से नोंक झोंक
धर लिया रास पलड़े ने भरू, हल्का नभ पहुँचा अमर लोक।'

गौर करनेवाला तथ्य है कि यह यात्रा एक युवा हिन्दू मन की यात्रा है, जो पूरब का है, लेकिन दक्षिण के अनुभव में विविधता में एकता को समेटते चलता है। धर्म और पुण्य अर्जित करना लक्ष्य है; लेकिन इससे धर्म की विसंगतियों और कर्मकाण्ड की व्यर्थता के प्रति लेखक का आलोचक मन डिगता नहीं है और अवसर पाते ही वह इस पर अपनी राय प्रकट करता है और इस सिलसिले में वह न तो व्यक्तित्व से प्रभावित होता है न भव्यता से। लगभग सौ पृष्ठों के इस लघु यात्रा वृत्तान्त में भागता दौड़ता गद्य है। जिस गति से यह भ्रमण दल एक स्थल से दूसरे स्थल तक पहुँचने की हड़बड़ी में रहता है। वैसी गति गद्य में भी है, जिसमें प्रसंगवश रोचकता का समावेश कर और नवीन स्थलों की जानकारी होने से एक रूचि बनती है। दर्शन की जो हड़बड़ी है, उसको लेखक छिपाता नहीं है। व्यक्त करता है और अपने ही साथियों की जिज्ञासु वृत्ति खलती है क्योंकि एक जगह रुककर जानकारी इकट्ठा करने से अगली यात्रा में विलम्ब होता है। इसलिए संस्कृति और समाज का अन्तरंग संवादात्मक परिचय भी अत्यल्प ही हैं।

इस यात्रा वृत्तान्त में लेखक के आन्तरिक यात्रा की झलक नहीं है। वृत्तान्त यात्रा के क्रम में नहीं यात्रा के बाद लिखा गया है। यात्रा के बाद चूँकि लेखक बीमार पड़ जाते हैं। अतः कुछ अवकाश के बाद यह लिखा गया है। इसलिए यात्रा स्थलों की स्मृतियाँ, इतिहास और अनुभव के बाहरी रूप ही लेखक सहेज पाया है। इसलिए इसमें अपेक्षित गहनता और आत्मीयता की अनुपस्थिति है जिसका भान लेखक को यात्रा के क्रम में ही होता, जिसे हम लेखक के अनुभव से ही पढ़ सकते हैं—"वहाँ के एक संन्यासी ने हँस कर हमसे कहा कि आप लोग देश-दर्शन नहीं कर रहे हैं, बल्कि केवल स्थानों का स्पर्श कर रहे हैं। अपने इस मूल्यांकन में हमने भी अपनी सीमा को स्वीकार किया कि हम केवल स्पर्श ही कर रहे हैं। हर प्रमुख नगर और तीर्थ पर हम न्यायपूर्वक जितना रुकना चाहते थे, उतना रुक ना सके।" फिर भी दक्षिण की यात्रा का यह वृत्तान्त पढ़ने के बाद, इन देखे गये स्थलों को खुद से देखने के लिए हमें प्रेरित करता है। वृत्तान्त और उसके लेखक दोनों की सफलता भी तो इसी में है।

असिस्टेण्ट प्रोफ़ेसर, हिन्दी एवं आधुनिक भारतीय भाषा विभाग
इलाहाबाद विश्वविद्यालय, प्रयागराज (उ.प्र.)

खण्ड-3

भाषा पर्व

अक्षर-अक्षर भेद

पाठ-सम्पादन के सिद्धान्त और कन्हैया सिंह

लक्ष्मीकान्त वर्मा

आधुनिक अनुसन्धान और अनुशीलन की दिशा में पाठ-सम्पादन एवं पाठालोचन का विशेष महत्त्व है। प्राचीन ग्रन्थों के आलेख मूल लेखक की हस्तलिपि में तो प्राप्त ही नहीं होते, उनकी परम्परागत प्रतिलिपियाँ ही मिलती हैं, जिनमें लिपिकार निरन्तर मौलिक संशोधन भी करते रहते थे।

इसी से एक ही पुस्तक के अनेक पाठ पाये जाते हैं। इससे प्रामाणिकता में कमी आ जाती है, अर्थ-बोध एवं सन्दर्भ-बोध भी व्यवहृत हो जाता है, जिनसे वैज्ञानिक अध्ययन एवं विश्लेषण दुष्कर हो जाता है।

पाठालोचन एवं पाठ-सम्पादन पुरानी पाण्डुलिपियों के वैज्ञानिक अध्ययन से सम्बन्ध रखता है। इसमें भी सम्पादक की वैयक्तिक निष्ठा बहुत काम करती है, तथा इस विषय की तटस्थता एवं वस्तुपरकता को प्रभावित करती है। प्रस्तुत ग्रन्थ के प्रारम्भ में लेखक ने पाठ-सम्पादन के वैज्ञानिक सिद्धान्तों का विवेचन करते हुए पाठालोचन की आवश्यकता और विशेषता के सगर्थन में जो तर्क दिये हैं, वह सर्वथा स्वीकार्य हैं। लेखक के इस प्रयास की हम सराहना करते हैं कि उसने इस विषय में काम किया। निस्संकोच कह देना चाहेंगे कि यदि यह पुस्तक विशाल पाश्चात्य परम्परा को अपने साथ लेकर चलती, उनके सिद्धान्तों, नियमों एवं परम्पराओं का उल्लेख अधिक मौलिकता के साथ और विधिपूर्वक करती, तो कहीं अधिक लाभप्रद होती। पुस्तक का एक खण्ड पाठालोचन की परम्परा एवं इतिहास पर भी विस्तार से होना चाहिए था। वस्तुतः पाठालोचन भी उत्खनन विभाग द्वारा अन्वेषित वस्तुओं के तिथि-निर्धारण और स्तर-विवेचन के समान ही वैज्ञानिक विधि है।

हिन्दी में अब भी पाठ-सम्पादन का कार्य अशास्त्रीय स्तर पर स्वतन्त्र विधि से चलता रहा है। आज से दस वर्ष पूर्व उसकी कोई वैज्ञानिक विधि उपलब्ध न थी, किन्तु इधर इस दिशा में अत्यधिक कार्य हुआ है। फिर भी अभी विशेषज्ञों की अत्यधिक आवश्यकता है। इस दृष्टि से कन्हैया सिंह की प्रस्तुत पुस्तक विशेष महत्त्वपूर्ण है।

सम्पूर्ण पुस्तक को लेखक ने चार भागों में विभक्त किया है। प्रथम भाग सिद्धान्त-विवेचन का है, जिसमें विषय-विस्तार, विषय-विभाजन, सम्पादन-सामग्री, प्रतिलिपिकार और पाठ-

विकृतियाँ, पाठ-चयन, पाठ-सुधार तथा उच्चतर आलोचना सम्बन्धी अध्याय हैं। पाठालोचन के उद्भव एवं विकास की भी विशेष चर्चा अपेक्षित थी, जो यहाँ नहीं मिल पाती।

पुस्तक के दूसरे भाग में हिन्दी के कुछ विशिष्ट सम्पादनों का विस्तृत विवरण, उनके दृष्टिकोण की व्याख्या तथा औचित्य की आलोचना प्रस्तुत की गयी है। इस सन्दर्भ में लेखक ने 'बिहारी-रत्नाकर', 'कवित-रत्नाकर', 'नन्ददास-ग्रन्थावली', 'केशव-ग्रन्थावली' और 'शिवसिंह सरोज' आदि ग्रन्थों की स्वतन्त्र सम्पादन के अन्तर्गत टीका की है। शास्त्रीय सम्पादन के अन्तर्गत 'पद्मावत', 'बीसलदेव रास', 'छिताई वार्त्ता', 'कबीर ग्रन्थावली', 'मधुमालती', 'पृथ्वीराज रासो', 'रामचरितमानस' आदि ग्रन्थों के सम्पादन की व्याख्या प्रस्तुत की है। इस प्रकार स्वतन्त्र एवं शास्त्रीय सम्पादन-पद्धतियों का अत्यन्त सुन्दर विवेचन प्रस्तुत किया है।

तीसरे भाग में लेखक ने सहायक अध्ययन के अन्तर्गत 36 पृष्ठों में प्राग् मुद्रणकाल से लेकर वर्तमान काल तक की पाण्डुलिपियों के अध्ययन और उनके विवेचन के ढगों पर विचार किया है। मेरी दृष्टि में भारतीय लेखन-सामग्री का इतिहास भी कुछ और व्यापक होना चाहिए था। उसमें व्याप्त त्रुटियों, सम्भावित, आरोपित एवं अनूठे साम्प्रदायिक मतों के अनुसार पाण्डुलिपियों में पाये जाने वह पाठान्तरों का परिचय एवं उनसे सावधान रहने की विधि को भी विशेष स्थान मिलना चाहिए था। लिपि सम्बन्धी अध्ययन का भी अधिक विस्तार किया जाना चाहिए था।

पुस्तक का चौथा भाग परिशिष्ट का है, जिसमें दो खण्ड हैं। परिशिष्ट एक में हिन्दी सम्पादनों की सूची दी गयी है। तथा परिशिष्ट दो में सहायक ग्रन्थों की सूची। साथ ही पत्रिकाओं और पाण्डुलिपियों की भी सूची है।

इस प्रकार सम्पूर्ण ग्रन्थ को पढ़ जाने के बाद निश्चय ही तीन बातें स्पष्ट हो जाती हैं। पहली तो यह कि कमियों के बावजूद लेखक ने इस पुस्तक को प्रस्तुत करने में वैज्ञानिक विधि का अनुसरण किया है। उसकी दृष्टि में विषय का उपोद्धात करने, सम्भावित आशंकाओं को ग्रहण करने और उनका निराकरण करने की क्षमता है। दूसरे यह कि जिस कार्य में अकेले डॉ. माताप्रसाद गुप्त लगे थे, उस क्षेत्र में कुछ परम्पराओं के निर्माण एवं एक स्कूल के विकास की सम्भावना उत्पन्न हो गयी है। यह बात और है कि इस दिशा में सूझ-बूझ के साथ जूझनेवाले ही सफल हो सकेंगे। तीसरी बात यह है कि यद्यपि एतत्सम्बन्धी अनुसन्धान-सामग्री इस पुस्तक में बहुत अल्प है, फिर भी विदेशी शास्त्रियों के आधार पर विचार-विवेचन प्रस्तुत करने का प्रयास सफल दिखता है।

इन थोड़ी-सी कमियों के होते हुए भी पुस्तक अच्छी लिखी गयी है और उसमें विषय-प्रवर्तन से लेकर समापन तक एकसूत्रता की स्थापना का यत्न किया गया है। हम आशा करते हैं कि भविष्य में भी इस पुस्तक के लेखक से कोई नयी कृति मिलेगी।

'सम्मेलन पत्रिका से साभार।'

प्रख्यात साहित्यकार—पूर्व अध्यक्ष, हिन्दी एवं आधुनिक भारतीय भाषा विभाग
इलाहाबाद विश्वविद्यालय, प्रयागराज (उ.प्र.)

हिन्दी-पाठालोचन के विकास में डॉ. कन्हैया सिंह का योगदान

रामचन्द्र तिवारी

हिन्दी में पाठालोचन या पाठ-विज्ञान अभी भी पूर्णतः विकसित नहीं हो सका है। इसका एक प्रमुख कारण यह है कि इस विज्ञान को पूर्णता तक पहुँचाने के लिए मात्र इस 'विज्ञान' के सिद्धान्तों की जानकारी ही पर्याप्त नहीं है, इसके साथ 'पाण्डुलिपि-विज्ञान', 'लिपि-विज्ञान', 'पुरालिपिशास्त्र', 'भाषा-विज्ञान', 'छन्द-शास्त्र', 'ज्योतिष-शास्त्र', 'इतिहास', 'चित्रकला', 'मुद्रण-कला', 'लेखन-सामग्री' तथा अत्यन्त परिष्कृत साहित्य विवेक भी आवश्यक है। यह कार्य अत्यन्त श्रम-साध्य है। सन् 1955 ई. में 'हिन्दी-साहित्य कोश' में 'पाठालोचन' के सम्बन्ध में अपनी सारगर्भित टिप्पणी का अन्त करते हुए डॉ. माताप्रसाद गुप्त ने लिखा था—"हिन्दी में ग्रन्थों का सम्पादन बहुत हुआ है और कभी-कभी अच्छा भी हुआ है, किन्तु पाठालोचन की जिस वैज्ञानिक पद्धति का निरूपण ऊपर किया गया है, इस पद्धति पर कार्य अभी प्रारम्भ ही हुआ है।" मैं विश्वासपूर्वक आज (1965 ई.) इसमें वह जोड़ सकता हूँ—डॉ. गुप्त निरूपित वैज्ञानिक पद्धति पर हिन्दी में सम्पादन-कार्य आगे अवश्य बढ़ा है, किन्तु उस पद्धति का ज्ञान करानेवाले सिद्धान्त-ग्रन्थ हिन्दी में अभी भी गिने-चुने ही हैं। इन इने-गिने ग्रन्थों में डॉ. कन्हैया सिंह का 'पाठ-सम्पादन के सिद्धान्त' अत्यन्त महत्त्वपूर्ण है। यह ग्रन्थ सन् 1962 में पहली बार प्रकाशित हुआ था। उस समय तक इस विषय से सम्बन्धित डॉ. माताप्रसाद गुप्त का मात्र एक लेख 'अनुसन्धान की प्रक्रिया' (1960 ई.) प्रकाशित हुआ था। डॉ. गुप्त ने इस लेख में कोई मौलिक स्थापना नहीं की थी। उन्होंने श्री एस. एम. कात्रे द्वारा परिश्रमपूर्वक लिखे गये ग्रन्थ—'इण्ट्रोडक्शन टू इण्डियन टेक्स्चुअल क्रिटिसिज्म'—(1964 ई.) में स्थापित सिद्धान्तों को ही सार रूप में प्रस्तुत कर दिया था। डॉ. कन्हैया सिंह ने न केवल श्री एस.एम. कात्रे के ग्रन्थ का पूरा-पूरा उपयोग किया, वरन् उन ग्रन्थों का भी अवलोकन किया, जिन्हें कात्रे साहब ने अपने ग्रन्थ-लेखन में आधार रूप में सामने रखा था। इस सम्बन्ध में पटना विश्वविद्यालय के अंग्रेजी विभाग के प्रोफेसर डॉ. रामचन्द्र प्रसाद का यह कथन ध्यान देने योग्य है—"इनके लेखक ने कात्रे की पुस्तक से सामग्री-चयन तो किया ही है, इसकी रचना में 'इनसाइक्लोपीडिया ब्रिटानिका' से भी यथेष्ट सहायता ली है। पुस्तक के

अनुशीलन में ऐसा प्रतीत होता है कि इसके लेखक को वह सारे ग्रन्थ उपलब्ध थे, जिनके आधार पर कात्रे ने भी अपनी भूमिका की रचना की है।'' इससे यह अनुमान लगाया जा सकता है कि डॉ. कन्हैया सिंह ने 'पाठ-सम्पादन के सिद्धान्त' लिखने के पूर्व इस विषय के सम्यक् प्रतिपादन के लिए अच्छी तैयारी कर ली थी।

डॉ. कन्हैया सिंह द्वारा लिखित 'पाठ-सम्पादन के सिद्धान्त' ग्रन्थ कुल चार भागों में विभक्त हैं। प्रथम भाग सिद्धान्त-विवेचन है। दूसरे भाग में 'हिन्दी के विशिष्ट सम्पादन' पर विचार किया गया है। तीसरे भाग में 'सहायक अध्ययन' और चौथे भाग में 'परिशिष्ट' है। सिद्धान्त-विवेचन के अन्तर्गत 'विषय एवं विस्तार', 'विषय-विभाजन', 'सम्पादन-सामग्री', 'प्रतिलिपिकार' एवं 'पाठ-विकृतियाँ', 'पाठ-चयन', 'पाठ-सुधार', 'उच्चतर आलोचना' आदि विषयों का विवेचन किया गया है। भाग दो में हिन्दी के विशिष्ट सम्पादनों पर विचार करते हुए लेखक ने स्वतन्त्र सम्पादन—'बिहारी-रत्नाकर', 'कवित्त-रत्नाकर', 'नन्ददास-ग्रन्थावली', 'केशव-ग्रन्थावली', 'शिवसिंह सरोज' और शास्त्रीय सम्पादन—'पद्मावत', बीसलदेव रास', 'छिताई वार्त्ता', 'कबीर-ग्रन्थावली', 'मधुमालती', 'पृथ्वीराज रासो', 'रामचरितमानस', पर अलग-अलग विचार किया है। सहायक अध्ययन में लेखक ने 'हिन्दी पाठ-सम्पादन का इतिहास', विषयों की चर्चा की है। परिशिष्ट में हिन्दी सम्पादनों और सहायक ग्रन्थों की सूची दी गयी है।

'पाठ-सम्पादन के सिद्धान्त' का दूसरा संस्करण सन् 1988 ई. में प्रकाशित हुआ। इस संस्करण में विषयानुक्रम की पूरी व्यवस्था को बदल दिया गया है। सारी सामग्री-पाठालोचन की दिशा, विषय-विभाजन, सम्पादन-सामग्री, प्रतिलिपिकार और पाठ-विकृतियाँ, पाठ-चयन, पाठ-सुधार, उच्चतर आलोचना, हस्तलिखित ग्रन्थों का उपयोग, भारतीय लिपियाँ और हिन्दी-ग्रन्थ, लेखन-सामग्री, हिन्दी-पाठ-सम्पादन का संक्षिप्त इतिहास, विभिन्न लिपियों के चित्र-शीर्षकों के अन्तर्गत समाविष्ट कर ली गयी है।

पाठानुसन्धान विषय पर डॉ. कन्हैया सिंह की पुस्तक 'हिन्दी पाठानुसन्धान' सन् 1960 में प्रकाशित हुई। इस पुस्तक में हिन्दी में अब तक किये गये पाठानुसन्धान का क्रमबद्ध इतिहास प्रस्तुत करते हुए सम्पादित कृतियों के पाठ की वैज्ञानिक दृष्टि से समीक्षा भी की गयी है। इस दृष्टि से इस कृति का महत्त्व निर्विवाद है। लेखक का दावा है—''लेखक की प्रस्तुत 'पाठ-सम्पादन के सिद्धान्त' हिन्दी में पाठालोचन की प्रक्रिया और तत्सम्बन्धी नियमों एवं सिद्धान्तों को निरूपित करनेवाला प्रथम मौलिक ग्रन्थ है। उसी कड़ी में हिन्दी में हुए पाठ-सम्पादन के प्रयासों का अनुशीलन एवं अनुसन्धानपरक ऐतिहासिक विवेचन प्रस्तुत करनेवाला यह दूसरा मौलिक तथा हिन्दी साहित्य का प्रथम समीक्षात्मक ग्रन्थ है।'' कहना न होगा कि लेखक ने जिस सन्दर्भ में और जिस स्तर पर अपनी मौलिकता का दावा किया है, वह सही है। यों देखा जाय तो डॉ. कात्रे का सिद्धान्त-निरूपण भी मौलिक नहीं है। वह मौलिक इस अर्थ में हैं कि उन्होंने पाश्चात्य वैज्ञानिक पाठानुसन्धान के सिद्धान्तों का उपयोग भारतीय हस्तलेखों के सम्पादन-क्रम में उठनेवाली समस्याओं के सन्दर्भ में किया है। इसी अर्थ में डॉ. कन्हैया सिंह को भी मौलिक कहा जायगा। वस्तुतः महत्त्व सिद्धान्तों के ज्ञान का नहीं, उनको सामने रखकर हिन्दी की प्राचीन पाण्डुलिपियों के सम्पादन और उस क्रम में उठनेवाले प्रश्नों के समाधान का है। हिन्दी का अपना पाठालोचन-सिद्धान्त इन्हीं प्रश्नों और समस्याओं के समाधान के माध्यम से विकसित हुआ है। स्वयं डॉ. कन्हैया सिंह के साक्ष्य पर कहा जा सकता है कि ग्रियर्सन-काल के पूर्व हिन्दी पाठानुसन्धान

के क्षेत्र में भी भागवत दास छत्री का नाम विशेष रूप से उल्लेखनीय है। उन्होंने 'रामचरितमानस' के सम्पादन में प्राचीन कृतियों के पाठ पर विशेष ध्यान दिया था। यही नहीं, उनकी प्रवृत्ति सरल पाठ अपनाने की नहीं थी। वह कठिन और संगत पाठ पर बहुत ध्यान देते थे। इस प्रकार भागवत दास जी से आरम्भ करके आज तक जितने महत्त्वपूर्ण सम्पादन-कार्य हिन्दी में हुए हैं, उनको सामने रखकर उनमें आनेवाली कठिनाइयों और उठनेवाली समस्याओं पर गहराई से विचार करते हुए सम्पादकों ने जो समाधान प्रस्तुत किये हैं, उनको क्रमबद्ध किया जाय और उसके आधार पर कुछ सामान्य सिद्धान्त स्थिर किये जायँ, तो हिन्दी पाठानुसन्धान का एक रूप उभर सकेगा। डॉ. कन्हैया सिंह की प्रस्तुत 'हिन्दी-पाठानुसन्धान' इस दिशा में एक अच्छा प्रयास है। यह पाठानुसन्धान का सिद्धान्त ग्रन्थ नहीं है और न हिन्दी पाठानुसन्धान का इतिहास। यह वस्तुतः सिद्धान्त-सूत्रों को दृष्टि में रखकर महत्त्वपूर्ण सम्पादनों की आलोचना है। जो महत्त्व समीक्षा के क्षेत्र में व्यावहारिक समीक्षा का है, वहीं महत्त्व पाठानुसन्धान के क्षेत्र में सम्पादित कृतियों की समीक्षा का है। डॉ. कन्हैया सिंह की प्रथम पुस्तक 'पाठ-सम्पादन के सिद्धान्त' के सम्बन्ध में अपना मत व्यक्त करते हुए डॉ. रामचन्द्र प्रसाद ने कहा था—"कन्हैया सिंह की पुस्तक 'पाठ-सम्पादन के सिद्धान्त' डॉ. कात्रे और 'इनसाइक्लोपीडिया ब्रिटानिका' पर ही सर्वाधिक आधारित है। इसके 'सिद्धान्त-विवेचन' शीर्षक खण्ड (प्रथम सात अध्याय) में मौलिकता के स्थान पर रूपान्तरण है, पाश्चात्य सिद्धान्तों का हिन्दी में सविस्तार प्रतिपादन है। परन्तु इससे पुस्तक का मूल्य कम नहीं हो जाता। जैसा स्वयं लेखक ने कहा है : "हिन्दी में पाठ-सम्पादन के वैज्ञानिक सिद्धान्तों का विवेचन करनेवाला कोई अन्य ग्रन्थ नहीं है, जिसमें हिन्दी की पाठ-समस्याओं का अनुशीलन किया गया हो।" 'दृष्टिकोण' की यह पंक्तियाँ श्यामसुन्दर दास रचित 'साहित्यालोचन' की भूमिका का स्मरण दिलाती है। यदि कहा जाय कि यह श्यामसुन्दरदास के साहित्यालोचन की तरह सामयिक आवश्यकताओं की पूर्ति के लिए एक अनिवार्य प्रयास है, तो इसमें अत्युक्ति न होगी।" डॉ. प्रसाद का उपर्युक्त कथन डॉ. कन्हैया सिंह की प्रथम पुस्तक के सम्बन्ध में है। न तो उनके सामने डॉ. कन्हैया सिंह की अन्य पुस्तकें (पाठानुसन्धान सम्बन्धी) थीं, न वह उनके व्यक्तित्व का मूल्यांकन कर रहे थे। तब से आज तक डॉ. सिंह ने इस क्षेत्र में काफी कुछ किया है। उनकी नवीनतम पुस्तक—'हिन्दी पाठानुसन्धान' को ध्यान में रखकर इस क्षेत्र में उनके प्रदेय का मूल्यांकन अभी भी नहीं हुआ है। इस कृति में डॉ. सिंह ने मात्र ग्रियर्सनोत्तर काल में सम्पादित हिन्दी की लगभग 30 कृतियों (उनके विभिन्न संस्करणों के साथ) और ग्रन्थावलियों के पाठ की वैज्ञानिक दृष्टि से समीक्षा करते हुए उनकी प्रामाणिकता का विवेचन किया है। यह कार्य न केवल श्रमसाध्य है, वरन् इसके लिए पाठानुसन्धान की सूक्ष्म वैज्ञानिक दृष्टि की सिद्धि भी आवश्यक है। यद्यपि यह कार्य सर्वथा पूर्ण और निर्दोष नहीं कहा जा सकता, क्योंकि अनेक महत्त्वपूर्ण सम्पादित कृतियों का विवेचन इस कृति में नहीं हो सका है। और-तो-और, स्वयं आचार्य विश्वनाथ प्रसाद मिश्र द्वारा सम्पादित घनानन्द, पद्माकर, दास आदि ग्रन्थावलियों का विवेचन इस ग्रन्थ में नहीं किया गया है। 'बिहार राष्ट्रभाषा परिषद्' द्वारा प्रकाशित 'विद्यापति-पदावली' भी उपेक्षित हुई है। इस सम्बन्ध में यह तर्क दिया जा सकता है, कि सभी प्रकाशित ग्रन्थों (वैज्ञानिक दृष्टि से प्राचीन पाण्डुलिपियों की परीक्षा करके) का विवेचन न सम्भव है, न आवश्यक। लेखक की दृष्टि, शक्ति और वैचारिक समृद्धि का अनुमान तो कुछ ही ग्रन्थों के मूल्यांकन से लगाया जा सकता है। बात बिल्कुल ठीक है। लेकिन चयन का भी विवेकाधिकार होना चाहिए। हिन्दी पाठ-सम्पादन

के क्षेत्र में डॉ. गुप्त और आचार्य विश्वनाथप्रसाद मिश्र दोनों के कार्य महनीय हैं। जहाँ तक उल्लेख का प्रश्न है, डॉ. कन्हैया सिंह ने दोनों ही विद्वानों द्वारा सम्पादित समस्त कृतियों का उल्लेख किया है, किन्तु मूल्यांकन के क्रम में उन्होंने डॉ. गुप्त द्वारा सम्पादित पाँच और आचार्य मिश्र द्वारा सम्पादित महज दो कृतियों पर विचार किया है। यही नहीं, लिख भी दिया है कि इनके 'महत्त्वपूर्ण पाठालोचन के कार्य केशव-ग्रन्थावली (तीन भागों में) तथा 'रामचरितमानस' हैं। मैं समझता हूँ 'घनानन्द-ग्रन्थावली' का सम्पादन-कार्य किसी भी दृष्टि से कम महत्त्वपूर्ण नहीं है। डॉ. कन्हैया सिंह के विवेचन में कुछ अन्य असंगतियाँ भी हैं। डॉ. सिंह ने ग्रियर्सन के सम्पादन-कार्य को विशेष महत्त्व देते हुए हिन्दी ग्रन्थ-सम्पादन के इतिहास में 'ग्रियर्सन-काल' की स्थापना की है। प्रश्न उठता है कि ऐसा क्यों? क्या ग्रियर्सन से हिन्दी में वैज्ञानिक पाठानुसन्धान-पद्धति का आरम्भ हुआ है? निश्चय ही नहीं। अधिक प्रतियाँ एकत्र कर लेना साधन-सम्पन्नता का द्योतक है, वैज्ञानिक दृष्टि का नहीं। स्वयं डॉ. सिंह के साक्ष्य पर कहा जा सकता है—"पश्चिमी विद्वानों की भाँति इसे पूर्णतः शास्त्रीय रूप प्रदान करने का कार्य डॉ. माताप्रसाद गुप्त ने किया।" ऐसी स्थिति में काल-निर्धारण के केन्द्र में किसी व्यक्ति को रखना ही है तो डॉ. गुप्त को रखना उचित है। मुद्रण-पूर्व काल और प्रारम्भकाल और प्रारम्भिक मुद्रण-काल तो पृष्ठभूमि के रूप में मान्य हो सकते हैं। उसके बाद 'डॉ. गुप्त-पूर्व काल', 'डॉ. गुप्त-काल' और 'गुप्तोत्तर काल' की स्थापना की जा सकती है। यदि 'ग्रियर्सन के समय की सम्पादन-पद्धति को व्यक्ति के नाम पर कोई नाम देना ही है तो 'भगवत दास छत्री-काल' नाम क्यों न दिया जाय। जिन शम्भु नारायण चौबे के साक्ष्य पर ग्रियर्सन को महत्त्व दिया गया है, वह ही चौबे जी भागवतदास जी की प्रति के सम्बन्ध में कहते हैं—"इसकी शुद्धता के बारे में कुछ कहना ही नहीं। बस मालूम हो जाने पर यह बाबू भागवत दास जी की प्रति है, रामचरितमानस के जानकार लोग लहालोट हो जाते हैं।" जार्ज ग्रिर्यसन के पाठ-सम्पादन के सम्बन्ध में डॉ. माताप्रसाद गुप्त की बेलाग टिप्पणी है—"सम्पादन के सम्बन्ध में ग्रियर्सन ने दो सिद्धान्तों का उल्लेख किया है। एक तो यह कि उन्होंने प्रायः प्रतियों का साक्ष्य ग्रहण किया है और दूसरा यह कि द्वि. 3 (1108 हि. वाली प्रति) प्रति के पाठ को उन्होंने सामान्यतः ग्रहण किया है और उसे आधार प्रति माना है। कहने की आवश्यकता नहीं कि उनके यह दोनों सिद्धान्त वैज्ञानिक दृष्टि से ठीक नहीं थे।" ग्रियर्सन ने कुल तीन ग्रन्थों का सम्पादन किया : 'बिहारी सतसई', 'मानस रामायण' और 'पदुमावति'। 'बिहारी सतसई' के सम्पादन में उन्होंने लल्लू लाल की 'लाल चन्द्रिका' का पाठ ज्यों-का-त्यों ले लिया। 'मानस रामायण' के पाठोद्धार के लिए उन्होंने बहुत श्रम किया, श्रम किया प्रतियों को एकत्र करने में। सरकारी अधिकारी थे। ब्रिटिश हुकूमत थी। प्रतियाँ एकत्र हो गयीं। लेकिन सम्पादन की पद्धति क्या थी? यहाँ भी उन्होंने किसी विशिष्ट प्रति को आधार बनाया होगा और बहुमत ग्रहण किया होगा, क्योंकि 'पदुमावति' में उन्होंने यही किया है। उनके पूर्व श्री भागवत दास छत्री 'मानस' का सम्पादन कर चुके थे। उनके पाठ के विषय में स्वयं डॉ. कन्हैया सिंह लिखते हैं—"वे सरल पाठ के पक्षपाती नहीं थे। उनकी दृष्टि प्रतियों के साक्ष्य, प्राचीन कृतियों की महत्ता और संगत पाठ की ओर थी।" स्वयं डॉ. कन्हैया सिंह के साक्ष्य पर कहा जा सकता है कि श्री भागवत दास छत्री की सम्पादन-पद्धति अधिक वैज्ञानिक थी। श्री ग्रियर्सन को अधिक महत्त्व देने और केन्द्र में रखने का कारण मनोवैज्ञानिक प्रतीत होता है। ग्रियर्सन द्वारा किये और कराये गये अन्य कार्यों का गहरा प्रभाव हिन्दी जगत् पर है। यह प्रभाव उन क्षेत्रों में भी उन्हें महत्त्व देता है,

जिनमें उनका योगदान ऐतिहासिक महत्त्व नहीं रखता। लगता है, डॉ. कन्हैया सिंह भी इस मनोविज्ञान से जाने-अनजाने प्रभावित हैं।

मैं डॉ. कन्हैया सिंह की इस मान्यता से सहमत हूँ कि सम्पादन की एक ही पद्धति है और वह है 'वैज्ञानिक पद्धति'। 'वैज्ञानिक पद्धति' के अन्तर्गत 'अर्थ-संगति' पर भी ध्यान दिया जाता है। प्रश्न यह है कि मूल पाठ प्रस्तुत करते समय वैज्ञानिक दृष्टि से विचार करने पर यदि कोई शब्द समीचीन प्रतीत होता है, किन्तु सम्पादक को उसका अर्थ ग्रहण करने में कठिनाई होती है तो क्या किया जाय? कुछ ऐसे शब्द होते हैं जो रचनाकार के समय में प्रचलित होते हैं, किन्तु सम्पादन के समय प्रचलित नहीं होते। कुछ ऐसे प्रयोग होते हैं जो रचना के समय भी तत्कालीन भाषा में प्रचलित नहीं होते। कुछ ऐसे प्रयोग होते हैं जो रचना के समय भी तत्कालीन भाषा में प्रचलित नहीं होते, किन्तु परम्परा से काव्य-भाषा में जीवित रहते हैं और सम्पादक उनसे अनभिज्ञ होता है। ऐसी स्थिति में उसका मन डाँवाँडोल होता है और संगत अर्थ प्राप्त करने के लिए वह उसमें ऐच्छिक परिवर्तन कर देता है। वैज्ञानिक दृष्टि यह कहेगी कि ऐसे अवसरों पर पाठ को ज्यों-का-त्यों रहने दिया जाय—चाहे सम्पादक को अर्थ लगे या न लगे। शायद भविष्य में कोई अन्य सम्पादक या टीकाकार सही अर्थ तक पहुँच ही जाय। जिसे आचार्य विश्वनाथप्रसाद मिश्र साहित्यिक पद्धति कहते हैं, वह और कुछ नहीं, यही अर्थ-संगति के लिए पाठ में ऐच्छिक परिवर्तन हैं अन्यथा रचना के अनुवाद को सामने रखकर या जिन रचनाओं से रचनाकार प्रेरित और प्रभावित है, उनके पाठ को सामने रखकर मूल पाठ तक पहुँचने के प्रयत्न वैज्ञानिक ही हैं, साहित्यिक नहीं। उदाहरण के लिए मानस सुन्दरकाण्ड में जहाँ मिश्र जी ने—'सीतल निसि तव असिवर धारा' की जगह—'सीतल निसित वहसि वर धारा' पाठ निर्धारित किया है और इसके लिए 'प्रसन्न-राघव' नाटक के पाठ—'वहसि धारया शीतलमम्भा' से प्रेरणा ली है, वहाँ उन्होंने एक वैज्ञानिक सम्पादक का ही दायित्व निभाया है। इस प्रकार डॉ. कन्हैया सिंह ने मात्र 'वैज्ञानिक पद्धति' पर बल देकर उचित ही किया है।

इस पूरे सन्दर्भ को समाप्त करने के पहले हम एक बात और कहना चाहेंगे। पाठ-निर्धारण के सारे प्रयत्नों के बावजूद यह निर्विवाद है कि आज तक एक भी सम्पादन ऐसा नहीं हुआ है, जिसके सम्बन्ध में कहा जाय कि यह सर्वथा पूर्ण है। यही नहीं, जिसे पूर्ण मान लिया गया है उस पर भी अभी विचार करने की गुंजाइश है। उदाहरण के लिए आचार्य विश्वनाथप्रसाद मिश्र द्वारा मानस की निम्नलिखित अर्द्धाली का पाठ लीजिये—

चले मत्त गज घटा बिराजी।
मनहु सुभग सावन घन राजी।

डॉ. माताप्रसाद गुप्त ने प्रथम अर्द्धाली का पाठ—'चले मत गज घण्ट बिराजी' निर्धारित किया था। आचार्य मिश्र का उपर्युक्त पाठ—'चले मत्त गज घटा बिराजी'—'शुद्ध प्रसंगानुकूल तथा लेखानुसंगत' मान लिया गया है। मैं समझता हूँ कि आचार्य मिश्र के पाठ पर अभी भी विचार की गुंजाइश है। 'घटा बिराजी' पाठ से कर्त्ता (घटा) और क्रिया (बिराजी) दोनों के स्त्रीलिंग हो जाने से व्याकरण की संगति तो बैठ गयी, लेकिन अलंकार शास्त्र की दृष्टि से अनौचित्य उभर आया। 'चले मत्त गज घटा बिराजी' में 'मत्त गज' को उपमेय और 'घटा' को उपमान मानना होगा। और यदि वाचक 'मानो' का अभाव मानकर देखा जाय तो इस अर्द्धाली में 'उत्प्रेक्षा' मानना होगा। ऐसी स्थिति में अगली अर्द्धाली—'मनहु सुभग सावन घन राजी'—में स्पष्ट रूप से पुनः उसी 'घटा'

को 'सावन घन' कहकर पुनः उत्प्रेक्षा का विधान तुलसी जैसा समर्थ कवि क्यों करेगा? उत्प्रेक्षा के बाद पुनः उत्प्रेक्षा में अनौचित्य नहीं है। अनौचित्य है एक ही उपमान को आधार बनाकर पुनः उत्प्रेक्षा का विधान करने में। दूसरी बात यह है कि 'घण्ट' हाथी के लिए साधारण अलंकरण नहीं है 'घण्ट' 'ऐरावत' (इन्द्र का हाथी) का अलंकरण है। ऐसा अलंकरण जिससे ऐरावत की अस्मिता पूर्ण होती है। जिस समय, देवताओं के तेज से दुर्गा की उत्पत्ति हुई, उस समय सभी देवताओं ने उन्हें अपने सर्वोत्कृष्ट आयुध दिये। विष्णु ने 'चक्र', वरुण ने 'शंख', अग्नि ने शक्ति और वायु ने धनुष और बाणों से भरे दो तरकस उन्हें प्रदान किये थे। उस अवसर पर इन्द्र ने वज्र और ऐरावत हाथी से उतार कर एक घण्टा भगवती दुर्गा को प्रदान किया था। 'घण्टा' प्रत्येक मत्त गज को पूर्णता प्रदान करनेवाला दिव्य अलंकरण है। उससे अलंकृत होकर ही मत गज-समूह 'सावन घन राजी' प्रतीत हो सकता है। वस्तुतः पहली अर्द्धाली पूरी-की-पूरी उपमेय वाक्य है। उसका अन्वय होगा—'घण्ट विराजी मत्त गज चले।' मुख्य क्रिया 'चले' हैं 'विराजी' कृदन्त है। 'घण्ट शोभित मत्त गजों का उमड़ता हुआ समूह' यह पूरा वाक्य प्रस्तुत है। और 'मानो सुन्दर सावन घन राजि' आकाश में छा गयी हो, यह पूरा वाक्य अप्रस्तुत है। तुलसीदास 'घण्टा' को एक बार उपमान बनाकर ठीक उसके बाद उसी सन्दर्भ में उसी उपमेय-गज-समूह-के लिए 'सावन घन' के रूप में पुनः प्रस्तुत नहीं कर सकते। आचार्य मिश्र को 'घट की जगह घण्टा' इसीलिए ढूँढ़ कर लाना पड़ा कि उन्हें कर्त्ता और क्रिया में असंगति दिखायी दी। 'घण्ट विराजी' अर्थात् 'घण्ट शोभित' 'मत्त गज चले।' इस अन्वय से असंगति समाप्त हो जाती है। 'अवधी' में 'ई' प्रत्यय लगाकर कृदन्त बनाया जाता है। मैं पाठानुसन्धान का न विद्यार्थी हूँ, न आचार्य। लेकिन मेरा निवेदन है कि 'घण्ट' को आसानी से खारिज नहीं किया जा सकता।

निष्कर्ष रूप में यह कहना चाहूँगा कि 'पाठानुसन्धान' एक विकसनशील वैज्ञानिक प्रक्रिया है। हिन्दी में इसके विकास की अभी बहुत सम्भावना है। डॉ. कन्हैया सिंह ने इस क्षेत्र में जो कुछ किया है, वह अभिनन्दनीय है। उन्होंने स्वर्गीय डॉ. भगवतीप्रसाद सिंह के साथ जायसी की 'पदुमावति' का पाठ-सम्पादन भी किया है। इस क्रम में उन्हें बहुत से व्यावहारिक अनुभव हुए हैं। इन अनुभवों से लाभ उठाकर 'हिन्दी-पाठानुसन्धान' को अधिक समृद्ध और पूर्ण बनायेंगे, ऐसा मेरा विश्वास है। वह निरन्तर अपने साहित्यिक व्यक्तित्व को आज की व्यावसायिकता एवं यान्त्रिकता एवं सत्ता-प्रियता के प्रलोभनों से सुरक्षित रखते हुए साहित्य-साधना में तत्पर रहें, यह मेरी शुभकामना है।

पूर्व विभागाध्यक्ष, हिन्दी विभाग, दी. द. उपा. गोरखपुर विश्वविद्यालय
गोरखपुर (उ.प्र.)

पाठालोचन के विश्वसनीय हस्ताक्षर : डॉ. कन्हैया सिंह

आनन्द प्रकाश दीक्षित

आज के अध्ययन-आलोचन की सारी गलियाँ आधुनिक साहित्य की ओर मुड़ जाती है। अच्छा ही है यह। बहुत-सीमा तक जरूरी भी है। अपने समय के साथ तो रहना ही है। काल की गति के साथ अपनी प्रगति की छाप तो छोड़नी ही है। आगे बढ़ना है। परिवर्तन के हर चरण के साथ अपने विकास के प्रमाण उपस्थित करते चलना है। उसकी अभ्यर्थना, सेवा और साधना अनिवार्य भी है और स्वागतार्ह भी। पर विगत कुछ वर्षों में जिस तरह हम अपने आधुनिक-पूर्व साहित्य से दूर होते गये हैं, जिस तरह उसके अध्ययन-अध्ययन का अभाव बढ़ता गया है, वह अब चिन्ता का विषय बन गया है। प्राचीन और मध्यकालीन साहित्य के अधिकारी विद्वानों की दैनन्दिनी कमी होती जा रही है और देश के विश्वविद्यालयों में प्रायः उसका अध्ययन-अध्यापन जैसे कठिन, समय, श्रम और व्यय-साध्य कार्य में कोई प्रवृत्त होगा, यह सोचना भी असम्भव न सही तो कठिन अवश्य है।

आज से सत्तर-अस्सी साल पहले हिन्दी को विश्वविद्यालयों में अध्ययन के विषय के रूप में स्वीकृति दिलाने और उसकी जड़ें जमाने में इसी आधुनिक-पूर्व साहित्य का योगदान रहा है। इसी की समृद्ध परम्परा के आधार पर हमने हिन्दी के लिए प्रतिष्ठा अर्जित की है। अतीत का कितना ही बहुमूल्य साहित्य अभी भी इतिहास के पन्नों में अपने परिचय की प्रतीक्षा कर रहा है और कितने ही महत्त्वपूर्ण कवियों की उत्तम रचनाओं के प्रामाणिक सुसम्पादित पाठों के प्रकाशन की आवश्यकता अभी बनी हुई है। परन्तु वह तो कैसे हो, जबकि पूरा वातावरण उसकी उपेक्षा का हो और साहित्य की अर्चना करनेवाले चतुर सुजानों में अपेक्षित धैर्य का अभाव हो। न उस कार्य के प्रति सम्मान-भाव रह गया है, न प्रकाशन की सुविधा ही मिल पा रही है। दूसरी ओर तीसरी श्रेणी का नागरिक समझा जाकर कोई अपना उपहास कराये तो क्यों, जबकि काम वह पूरे समर्पण और अनन्य निष्ठा के साथ करता हो।

हिन्दी में पाठ-'सम्पादन की परम्परा बड़ी लम्बी नहीं है।' लम्बी न होते हुए भी शीघ्र ही ह्रास को प्राप्त होकर अब लगभग लुप्त होने की स्थिति में आ गयी है। हिन्दी में पाठ-सम्पादकों की जितनी संख्या रही है, उसकी तुलना में उसके वैज्ञानिक पद्धति-ज्ञान के रखनेवाले विवेचकों की संख्या इतनी भी नहीं है कि उसे दो से अधिक अँगुलियों पर गिना जा सके। वैज्ञानिक पद्धति है

भी जटिल और कई बार आश्वस्तिकारक भी नहीं जान पड़ती। यही कारण था कि यदि डॉ. माताप्रसाद गुप्त को यह रास आ रही थी तो आचार्य विश्वनाथप्रसाद मिश्र अपने लिये स्वतन्त्र साहित्यिक पथ निकालने में लगे हुए थे। आचार्य मिश्र की पद्धति उनके अथवा उनकी पद्धति को अपनाकर चलनेवाले विद्वानों के सम्पादित ग्रन्थों की भूमिकाओं तक रह गयी तो डॉ. गुप्त के द्वारा अपनायी गयी वैज्ञानिक पद्धति का विचार पाठ-सम्पादन के सैद्धान्तिक ग्रन्थों में स्वतन्त्र रूप धारण करके उभरा। इसी सैद्धान्तिक लेखन के विद्वानों में हिन्दी में जो चार-छह गिने-चुने नाम हैं, उनमें शायद ऐतिहासिक क्रम में प्रथम और महत्त्वपूर्ण नाम है—कन्हैया सिंह।

डॉ. कन्हैया सिंह तब केवल निरुपाधिक शुद्ध कन्हैया सिंह थे, जब आज से ठीक तीन दशक पहले सन् 1962 में उनकी पुस्तक 'पाठ-सम्पादन के सिद्धान्त' महामना प्रकाशन मन्दिर, इलाहाबाद से प्रकाशित हुई थी। स्वाभाविक ही था कि पुस्तक 'हिन्दी में पाठालोचन के प्रवर्तक' डॉ. माताप्रसाद गुप्त को समर्पित थी। तब इस विषय पर हिन्दी में पहली होने से उसका विशेष महत्त्व था। अब इतने वर्ष व्यतीत हो जाने पर भी और इस विषय पर अन्य कई पुस्तकों के प्रकाशित हो जाने पर भी अपनी सर्वांगपूर्णता और विवेचन-विशदता के कारण उसका महत्त्व घटा नहीं है, बल्कि उसकी सिद्धता इस बात से प्रमाणित और पुष्ट हुई है कि कुछ समय पहले उसका नया संस्करण प्रकाशित हुआ है। अन्यथा वह कोई रंजनात्मक कृति नहीं है कि पाठक उसकी ओर सहज ही आकर्षित हो।

गम्भीर और वैज्ञानिक शास्त्रीय विषयों पर लिखना और स्वीकृति पाना सरल नहीं है। विशेष रूप से तब तो और भी कठिन और असम्भवप्राय है जब कि उस विषय को पाठ्यक्रमों में स्थान न मिला हो। पाठालोचन कभी हिन्दी पाठ्यक्रम का अनिवार्य अंग नहीं रहा। एक-दो विश्वविद्यालयों में उसकी पूछ हुई तो विकल्प के रूप में, ऐसे विषयों के साथ कि उनकी सरलता की तुलना में इसका वहाँ होना भी निरर्थक हो जाय। अध्यापकों का इस विषय का अज्ञान, छात्रों की श्रम और साधना के प्रति अरुचि तथा कोढ़ में खाज की तरह विश्वविद्यालयों-विद्यालयों में पाण्डुलिपि-संग्रह का अभाव, सबने मिलकर इस विषय की कमर तोड़ दी। बहुत चाहने और प्रयत्न करने पर भी कहीं 'पंच प्यारे' सामने नहीं आये, 'खाला का घर' छोड़कर पलायन कर गये या विद्वानों के बीच आधुनिकता की कसढ़ में उपेक्षा के पात्र बनकर रह गये। गिने-चुने लोग हैं जो अभी पाठालोचन के मूल को से और पोस रहे हैं, और आश्चर्य नहीं है कि वह इस पुस्तक को इसकी उपादेयता के कारण भिन्न सन्दर्भों में अपने उपयोग में लाना भूलते नहीं।

इस विषय पर हिन्दी में जो भी पुस्तकें बाद में सामने आयीं, उन पर इसकी छाप स्पष्ट दीख पड़ेगी। ऐसी स्थिति में पहले के लिए ही नहीं, मार्गदर्शन के लिए भी डॉ. कन्हैया सिंह का इस क्षेत्र में सम्मान बना रहेगा। उन्होंने इसके संक्षिप्त आकार में जिस विस्तार को भरा है और विषय को जितने कोणों से निरखा-परखा है, वह इसे जितना स्थायित्व देता है, उतना ही उनके कौशल और उनकी विदग्धता का भी परिचय देता है। शास्त्रीय विषयों के सत्य तक पहुँचने के लिए जैसी तटस्थता अपेक्षित है, वह इसमें भरपूर है। और चूँकि वह है इसलिए अपनी पठनीयता और उपयोगिता के प्रति पाठक में विश्वास जगाती है।

डॉ. सिंह ने इस पुस्तक में सैद्धान्तिक विवेचन के दायरे की निर्मिति के साथ-साथ व्यावहारिक विवेचन का भी एक वृत्त बनाया है, जो इसमें चेतनांश की तरह है और पाण्डित्य को सहृदयता के योग में उपस्थित करता है। सैद्धान्तिक विवेचन के लिए लेखक अपने पूर्ववर्ती देशी-विदेशी पाश्चात्य-विद्या के विद्वानों का ऋणी हो सकता है, किन्तु व्यावहारिक पक्ष से उसकी उपस्थिति उसके स्वतन्त्र चिन्तन और उसकी विषय-दक्षता का प्रमाण प्रस्तुत करते हुए उसे औरों से अलग

और विशिष्ट व्यक्तित्व प्रदान करती है। विशेषतः तब जब कि उन्हें ज्येष्ठ और श्रेष्ठ विद्वानों के ही नहीं, गुरुजनों के कार्य का भी परीक्षण करना पड़ता है। वहाँ वह अपना विवेक नहीं खोते और न ही किसी के आदर तथा अपनी सहृदयता को आँच आने देते हैं। कहने में यह कार्य जितना सरल प्रतीत होता है, साधने में उतना ही कठिन है। और वह इस कठिन काम को साध लेते हैं, इसी में उनकी गरिमा है। ऐसे पूर्व सूरियों का खण्डन भी यथावसर करते हुए डॉ. सिंह अपने कर्म के प्रति निष्ठावान् होने का ही प्रमाण देते हैं।

वैज्ञानिक सम्पादन को सिंह चेतना के उपयोग से विरहित अचेतन प्रक्रिया मात्र नहीं मानते और न उस प्रक्रिया को साहित्यिक प्रक्रिया से भिन्न केवल शब्दाश्रित मानते हैं। भूमिका-स्वरूप 'दृष्टिकोण' शीर्षक के अन्तर्गत अन्यान्य बिन्दुओं पर विचार करते हुए उन्होंने इन दोनों बिन्दुओं पर भी विचार किया है और आचार्य विश्वनाथ प्रसाद मिश्र से अपना मतभेद व्यक्त किया है, जो कि इसी 'दृष्टिकोण' में वह उनके प्रति श्रद्धावनत भी हैं, क्योंकि उनसे उन्हें काफी-कुछ सीखने को मिला है।

सिंह पाठ-सम्पादन की वैज्ञानिक विधि के सम्बन्ध में अपना स्पष्ट मत व्यक्त करते हुए कहते हैं—'यह विधि शल्य-क्रिया में प्रयुक्त होनेवाले सुन्दर यन्त्रों के समान है। यह यन्त्र जितने ही योग्य, अनुभवी एवं प्रतिभा डॉ. द्वारा प्रयुक्त होंगे, उतना ही सुखद परिणाम भी होगा। यदि कोई अल्पज्ञ इनका प्रयोग करे तो यह शल्य-यन्त्र शूल-यन्त्र सिद्ध हो सकते हैं,—निःसन्देह उनसे इस विषय में किसी के वैमत्य का कोई कारण नहीं है।

परिशिष्ट के चौथे भाग को छोड़कर मूल विवेचन की दृष्टि से पुस्तक तीन भागों में विभक्त है, जिसमें प्रथम भाग के सात अध्यायों में विषय का सैद्धान्तिक विवेचन किया गया है, दूसरे भाग में बारह अध्यायों में 'हिन्दी के विशिष्ट सम्पादन' उसके परीक्षण का विषय बने हैं और तीसरे भाग में 'सहायक अध्ययन' के रूप में हिन्दी पाठ-सम्पादन का इतिहास, भारतीय लेखन-सामग्री का इतिहास तथा लिपि का इतिहास क्रमशः तीन अध्यायों में प्रस्तुत किया गया है।

दूसरा भाग पुस्तक का केन्द्रीय भाग है, उसका हृदय है। इसमें लेखक ने स्वतन्त्र और शास्त्रीय सम्पादन को अलग-अलग करते हुए पहले के अन्तर्गत बिहारी-रत्नाकर, कवित्त-रत्नाकर, नन्ददास-ग्रन्थावली, केशव-ग्रन्थावली तथा शिवसिंह सरोज और दूसरे के अन्तर्गत पद्मावत, बीसलदेव रास, छिताई-वार्त्ता, कबीर-ग्रन्थावली, मधुमालती, पृथ्वीराज रासो तथा श्रीरामचरितमानस के सम्पादन का विवेचन-विश्लेषण किया है और इस तरह पुस्तक के प्रथम संस्करण के समय तक हिन्दी के महत्त्वपूर्ण सम्पादनों को अपनी आलोचना का विषय बनाया है। इनके विषय में लेखक किसी सूचनात्मक अथवा संग्रह-वृत्ति से ही काम न निकालकर पाठ-सम्पादन की दृष्टि से उनकी उपलब्धियों और सीमाओं का आकलन करता है और सोदाहरण क्यों, कैसे और क्या पाठ होना चाहिए था, इसका विचार करता है। इस व्यावहारिक आलोचना से न केवल वैज्ञानिक विश्लेषण की सिद्धान्त पक्ष की जड़ता ही टूटती है, बल्कि रचनात्मकता को पकड़ने, उसकी पहचान करने और उसके साथ-साथ चलने का अन्तरंग सुख भी प्राप्त होता है। यह काम लेखक ने बड़े मनोयोग और विवेक से किया है।

कन्हैया सिंह ने सैद्धान्तिक भाग में यद्यपि हिन्दी उदाहरणों की प्रस्तुति से अपने को पाठालोचकों की उस परम्परा से अलग किया है, जो संस्कृत-प्राकृत के उदाहरण देती आयी है और जिसके लिए पाठ-सम्पादन उन्हीं भाषाओं तक सीमित है तो उन्होंने हिन्दी के लिए इस पुस्तक को उपयोगी बनाया है। व्यावहारिक भाग में लेखक ने अपनी व्यापक और संयत दृष्टि का जो परिचय दिया है, उसके लिए यहाँ एकाध संकेत दिया जा सकता है।

'शिवसिंह-सरोज' के पाठ-सम्पादन पर विचार करते हुए लक्षित किया गया है कि वस्तुतः इसमें भी पाठ-समस्याएँ प्रमुख रूप से पद्य के उद्धरणों के सम्बन्ध में उठी है, पर यदा-कदा गद्यांश में भी कुछ समस्याएँ दृष्टिगोचर हुई हैं। यह उद्धरण उल्लेखनीय इसलिए है कि यह लेखक की दृष्टि की उस व्यापकता और सचेतता को प्रमाणित करता है जिसके कारण यहाँ गद्यांश भी पाठ-सम्पादन की विचार्य सीमा में आ जाता है। यह भी उसकी समस्याएँ पद्यांश के पाठ-सम्पादन से भिन्न होती या हो सकती हैं। यह एक महत्त्वपूर्ण बिन्दु हैं, जिसे अभी तक बहुत गम्भीरता से नहीं लिया गया है। इसी तरह अन्यत्र मुद्रित पाठों के बीच से मूल पाठ तक पहुँचने की समस्या भी पाण्डुलिपि पाठों के सम्पादन की समस्याओं से कुछ भिन्न है, इस बात का विचार भी प्रसंगतः इस व्यावहारिक भाग में किया गया है। सैद्धान्तिक पक्ष में इन पर अलग से प्रकाश डाला जाता तो और उपयोगी होता।

अपने निर्णयों में भी लेखक स्पष्टोक्ति से काम लेता है। यथा, डॉ. पारसनाथ तिवारी के कबीर के पाठ-सम्पादन को मूल पाठ के पुनर्निर्माण की दिशा में एक अत्यन्त महत्त्वपूर्ण प्रयास मानते हुए उसी क्रम में स्पष्ट कहा गया है कि यह अवश्य है कि कबीर के उलझे हुए पाठों का अन्तिम निराकरण इस सम्पादन द्वारा भी नहीं हुआ है, फिर भी जो दिशा इस कार्य द्वारा प्रशस्त की गयी है, वह कबीर के आलोचकों एवं शोधकर्त्ताओं के लिए दीप-स्तम्भ का कार्य करेगी। इसी प्रकार डॉ. किशोरीलाल गुप्त द्वारा सम्पादित 'शिवसिंह सरोज' के पाठ-सम्पादन पर उसकी टिप्पणी है—"इस प्रकार डॉ. गुप्त द्वारा प्रस्तुत सरोज का यह संस्करण अत्यन्त परिश्रमपूर्वक सम्पादित हुआ है और सम्पादक महोदय सरोजकार के अभीष्ट तक पहुँचने में शायद सफल हुए हैं" 'शायद' यहाँ असमंजस का द्योतक नहीं है, केवल और अधिक शोध की आवश्यकता को रेखांकित करता है। और इस रेखांकन का कारण उसी के शब्दों में स्पष्टतया स्पष्ट यह है : "चूँकि सरोज रचनात्मक कृति न होकर एक संकलन-ग्रन्थ मात्र है, अतः इस संकलन में सरोजकार ने किसी कवि की कृति का उदाहरण उसके मूल रूप से बदलकर दे दिया हो और इसका प्रमाण किसी अन्य संग्रह-ग्रन्थ या रचयिता की मूल कृति द्वारा मिल जाय तो सम्पादक द्वारा ऐसा संशोधन स्वीकृत हो सकता है। कारण यह कि ऐसी दशा में सरोजकार का अभीष्ट पाठ रचयिता का मूल पाठ ही रहा होगा, प्रमादवश उसमें भूल हो गयी होगी, यह कल्पना की जा सकती है। पर जब तक कोई प्रमाण न मिल जाय, इन संशोधनों को स्वीकार नहीं किया जा सकता। सप्तम संस्करण के यह पाठ जहाँ-जहाँ बिना किसी अन्य प्रमाण के स्वीकार किये गये हैं, वह सम्पादन-सिद्धान्तों के अनुकूल नहीं कहे जा सकते।"

निस्सन्देह पाठालोचन के विचार-क्षेत्र में कन्हैया सिंह एक ऐसे हस्ताक्षर हैं, जिन पर भरोसा किया जा सकता है।

—पुणे, महाराष्ट्र

प्रखर समीक्षक : अनुभवी पाठ-सम्पादक

वासुदेव सिंह

आजमगढ़ जनपद स्थित डी.ए.वी. कॉलेज के पूर्व हिन्दी विभागाध्यक्ष डॉ. कन्हैया सिंह का व्यक्तित्व बहुआयामी है। यह एक कुशल अध्यापक के साथ ही प्रखर समीक्षक और निःस्वार्थ समाजसेवी भी हैं। साहित्य और राजनीतिक दोनों क्षेत्रों में आपका विशिष्ट स्थान है।

सामान्यतः आपके दशाधिक ग्रन्थ प्रकाश में आ चुके हैं, किन्तु आपने मुख्यतः जिन क्षेत्रों को अपना अध्ययन-केन्द्र बनाया है। वह हैं—पाठानुसन्धान और सूफ़ीकाव्य। पाठानुसन्धान के क्षेत्र में आपकी दो कृतियाँ भी प्रकाश में आ चुकी हैं। वह हैं—(1) पाठ-सम्पादन के सिद्धान्त और (2) हिन्दी पाठानुसन्धान। इसी प्रकार हिन्दी सूफ़ीकाव्य पर आपके दो समीक्षात्मक ग्रन्थ प्रकाशित हुए हैं—(1) हिन्दी सूफ़ीकाव्य में हिन्दू संस्कृति का चित्रण और निरूपण तथा (2) मलिक मोहम्मद जायसी।

पाठ-सम्पादन के क्षेत्र में आपको सैद्धान्तिक और व्यावहारिक दोनों प्रकार का अच्छा अनुभव प्राप्त है। आपने डॉ. भगवतीप्रसाद सिंह के साथ 'पदुमावति' के पाठ-निर्धारण में अथक श्रम किया है। वस्तुतः पाठानुसन्धान अथवा पाठालोचन बहुत श्रम, लगन और निष्ठा का अत्यन्त शुष्क कार्य हैं। इसलिए बहुत कम विद्वान् इस दिशा में रुचि लेते हैं। हिन्दी में डॉ. ग्रियर्सन ने यह कार्य प्रारम्भ किया। तत्पश्चात् इलाहाबाद एवं वाराणसी से इस क्षेत्र में पर्याप्त प्रगति हुई। इस सन्दर्भ में डॉ. माताप्रसाद गुप्त, पं. विश्वनाथप्रसाद मिश्र तथा डॉ. पारसनाथ तिवारी के कार्य विशेष रूप से उल्लेखनीय हैं।

हिन्दी में पाठालोचन की दो प्रक्रियाएँ प्रचलित हैं—एक को शास्त्रीय पद्धति और दूसरी को वैज्ञानिक पद्धति कह सकते हैं। आचार्य रामचन्द्र शुक्ल द्वारा सम्पादित जायसी-ग्रन्थावली को प्रथम पद्धति का और डॉ. माताप्रसाद गुप्त द्वारा सम्पादित पद्मावत को दूसरी पद्धति का उदाहरण मान सकते हैं। किसी कृति का पाठ-निर्धारण करते समय प्रमुख समस्या यह आती है कि पाठ निश्चित करते समय अर्थ को ध्यान में रखा जाय या अधिक प्रतियों में उपलब्ध पाठ को प्रमाणिक माना जाय। कबीर-वाङ्मय का सम्पादन करते समय यह समस्या हमारे समक्ष लगातार आती थी और मैंने अनुभव किया था कि डॉ. माताप्रसाद गुप्त द्वारा वैज्ञानिक रीति से सम्पादित कबीर-ग्रन्थावली

का पाठ बहुत भ्रष्ट और विकृत हो गया है। उसमें अनेक साखियाँ और पद ऐसे हैं, जिनमें कतिपय शब्दों की अर्थ-संगति ही नहीं बैठती। डॉ. गुप्त ने पाठ-निर्धारण में अर्थ को ध्यान में ही नहीं रखा है। डॉ. कन्हैया सिंह ने 'पाठ-सम्पादन के सिद्धान्त' शीर्षक ग्रन्थ में इसी समस्या को सुलझाने का प्रयास किया है। मेरा विश्वास है कि इस पुस्तक से हिन्दी के पाठालोचकों को पाठ-सम्पादन के सिद्धान्त तथा अन्य सहायक विषय की पर्याप्त जानकारी हो सकेगी। 'हिन्दी पाठानुसन्धान' प्रकाश में आयी है। इस कार्य पर आपको पूर्वांचल इसमें आदिकालीन प्रवृत्तियों से लेकर अद्यतन वैज्ञानिक दृष्टि तक का एक क्रमिक इतिहास तो प्रस्तुत ही हुआ है, हिन्दी की अनेक कालजयी अमर रचनाओं की पाठ-समस्याओं का अध्ययन-अनुशीलन भी किया गया है। डॉ. सिंह ने अत्यन्त श्रमपूर्वक उन तथ्यों का अनुसन्धान किया है कि मुद्रण-पूर्व काल में मानस तथा रासो आदि प्राचीन ग्रन्थों का अनुसन्धान किया है कि मुद्रण-पूर्व काल में मानस तथा रासो आदि प्राचीन ग्रन्थों का सम्पादन किस ढंग से किया जाता था, पुनः उन्नीसवीं शताब्दी में मुद्रण-कार्य प्रारम्भ होने पर लीथो छापाखानों में किस ढंग से कार्य होता था तथा ग्रियर्सन के द्वारा प्रवर्तित नयी दृष्टि से किस प्रकार पाठ-निर्धारण का कार्य विश्वविद्यालयों में इसी विज्ञान की शिक्षा दी जाने लगी है। इस क्षेत्र में कार्य करनेवाले छात्रों और अध्यापकों को डॉ. सिंह की दोनों कृतियों से पर्याप्त लाभ एवं मार्ग-दर्शन मिल सकेगा, यह मेरी सुनिश्चित धारणा है।

जैसा कि पहले संकेत किया जा चुका है डॉ. कन्हैया सिंह का दूसरा कार्य-क्षेत्र है—हिन्दी के सूफ़ीकाव्यों, विशेष रूप से जायसी का अध्ययन। इस सन्दर्भ में आपका ग्रन्थ 'हिन्दी सूफ़ीकाव्य में हिन्दू संस्कृति का चित्रण और निरूपण' है, जो पीएच.डी. उपाधि के लिए प्रस्तुत शोध-प्रबन्ध का परिमार्जित रूप है। इस कृति में आपने पर्याप्त श्रम करके इस तथ्य को प्रतिपादित किया है कि हिन्दी के सूफ़ीकाव्यों पर भारतीय दर्शन और धर्म, कला और विज्ञान, साहित्य-परम्परा, सामाजिक तथा राजनीतिक जीवन आदि का कितना गहरा प्रभाव है। हिन्दी के कतिपय विद्वानों की यह मान्यता रही है कि हिन्दी के सूफ़ीकाव्य फारसी-काव्य-परम्परा से प्रभावित रहे हैं। आचार्य रामचन्द्र शुक्ल के अनुसार फारसी मसनवियों की भाँति हिन्दी प्रेमाख्यानों में भी प्रेम का चित्रण एकान्तिक, लोकबाह्य और आदर्शात्मक है तथा नायिका की अपेक्षा नायक के विरह को अधिक विस्तार दिया गया है और इन काव्यों का ढाँचा फारसी की मसनवी शैली से प्रभावित है, जिसमें कथा सर्गों अथवा अध्यायाओं में विभक्त नहीं होती, बल्कि सम्पूर्ण काव्य एक ही छन्द में होता है और कथा का आरम्भ ईश्वर की स्तुति, बल्कि सम्पूर्ण काव्य एक ही छन्द में होता है और कथा का आरम्भ ईश्वर की स्तुति, पैगम्बर-वन्दना और समकालीन शासक की प्रशंसा से होता है। डॉ. सिंह ने सूफ़ीकाव्यों के काव्यरूप-ग्रन्थारम्भ, कथा-संगठन, कथानक-रूढ़ियों आदि का विवेचन करते हुए यह प्रतिपादित किया है कि सूफ़ी प्रेमाख्यान भारत की प्राकृतापभ्रंश काव्यधारा के प्रवाहक्रम में हैं। मेरी भी मान्यता है कि कथाचयन, रचना-पद्धति, कथानक-संगठन, काव्यरूढ़ि, छन्द-विधान, वस्तु-वर्णन आदि सभी दृष्टियों से जैन चरित काव्यों और सूफ़ीकाव्यों में अद्‌भुत साम्य है। इस दृष्टि से सभी सूफ़ी रचनाएँ भारतीय काव्य-परम्परा की अभिन्न कड़ी हैं तथा वह भारतीय संस्कृति की अक्षय निधि हैं। क़न्हैया सिंह जी ने सूफ़ीकाव्यों में चित्रित सामाजिक तथा राजनीतिक जीवन की समीक्षा करते हुए यह प्रमाणित किया है कि सूफ़ी प्रेमाख्यान हिन्दू सामाजिक जीवन के विश्वकोष हैं। इस सन्दर्भ में अपने आलोच्य रचनाओं में वर्णित पारिवारिक जीवन, लोकोत्सव, पर्वोत्सव, खानपान क्रीड़ा, विनोद, वेशभूषा, अलंकरण, श्रृंगार-प्रसाधन, लोकविश्वास लोकोक्तियों आदि का विस्तृत विवरण प्रस्तुत करते हुए यह निष्कर्ष निकाला

है कि इनमें ग्रामीण हिन्दी जीवन काव्य के अवगुंठन से झाँकता हुआ दिखायी देता है तथा वर्णन में आंचलिकता की भीनी सुगन्ध हमें विभोर कर देती है।

इसी परम्परा में आपकी दूसरी कृति 'मलिक मोहम्मद जायसी' प्रकाशित हुई है। लेखक ने इसमें 'पदुमावति' के प्रामाणिक पाठ, उसकी कथा के विविध परिपार्श्वों, भावाभिव्यक्ति, अध्यात्म-चिन्तन तथा काव्यभाषा और अभिव्यक्ति-कौशल आदि विविध पक्षों पर गहराई से नवीन ढंग से चिन्तन किया है। इस सन्दर्भ में प्रमुख विचारणीय विषय यह है कि भारत में सूफियों का आगमन किस विशिष्ट प्रयोजन से हुआ था? उनका वास्तविक लक्ष्य क्या था? वह प्रेम का सन्देश देकर हिन्दुओं और मुसलमानों के विवाद को समाप्त करना चाहते थे अथवा प्रच्छन्न रूप से समस्त हिन्दुओं को इस्लाम के झण्डे के नीचे लाना चाहते थे? इस पर विद्वानों में मतभेद है। प्रायः यह माना जाता है कि मुस्लिम सूफ़ी सन्तों में हिन्दुओं के प्रति शत्रुता का भाव नहीं था। वह हिन्दू मुसलमान दोनों को एक नये धर्म में दीक्षित करना चाहते थे, जो आत्मा का धर्म था, जो सच्ची मानवता का धर्म था। वह हृदय में प्रेम की पीर जगाकर उसे ईश्वरोन्मुख बनाना चाहते थे। सभी सूफ़ी सन्त धर्म के ब्राह्माचारों और अनुष्ठानों को उपेक्षा की दृष्टि से देखते थे। उनका सारा जोर प्रेम पर था, परमात्मा की भक्ति पर था। यह ही लोग इस्लाम तथा हिन्दुत्व के बीच प्रथम सेतु हुए। आचार्य रामचन्द शुक्ल ने भी लिखा है कि सूफ़ी कवियों ने प्रेम का शुद्ध मार्ग दिखाते हुए उन सामान्य जीवन-दिशाओं को सामने रखा है, जिनका मनुष्य मात्र के हृदय पर एक-सा प्रभाव दिखायी पड़ता है हिन्दू और मुसलमान हृदय को आमने-सामने करके, अजनबीपन मिटानेवालों में इन्हीं का नाम लेना पड़ेगा। आपाततः उक्त विचारों में सत्याकाश हो सकता है कुछ सीमा तक यह भी माना जा सकता है कि सूफ़ियों के प्रेम-सन्देश से दोनों धर्मों के मध्य की खाई कुछ संकुचित हुई हो, कुछ कड़वाहट में कमी आयी हो, कुछ सौहार्द भी बढ़ा हो। किन्तु सत्य का यह एक पक्ष है। यह तथ्य जायसी सदृश हिन्दी के कतिपय सूफ़ी कवियों पर ही लागू हो सकता है। इसके विपरीत अधिकांश सूफ़ी सन्तों का उद्देश्य इस देश में इस्लाम का प्रचार ही था। उनका मार्ग अवश्य भिन्न था। तलवार अथवा प्रलोभन की अपेक्षा वह प्रेम और चमत्कारपूर्ण प्रदर्शन द्वारा अपने लक्ष्य की सिद्धि प्राप्त करना चाहते थे। इतिहास-ग्रन्थों में ऐसे अनेक प्रमाण उपलब्ध हैं कि किस प्रकार सूफ़ियों द्वारा सहस्राधिक हिन्दुओं को मुसलमान बनाया गया। उन विवरणों से स्पष्ट है कि भारत में इस्लाम के प्रचार में मुस्लिम शासकों की अपेक्षा सूफ़ी साधकों तथा मुस्लिम व्यावसायिक मिशनरियों का अधिक हाथ रहा है। एक मुस्लिम विद्वान् ने ही लिखा है, कि मुस्लिम शासकों ने शस्त्र-बल से निश्चित रूप से अपने लिये भारत भूमि पर विजय प्राप्त की, किन्तु वह इस्लाम के लिए भारतीयों का हृदय सूफ़ियों और मिशनरियों द्वारा जीता गया जो सुलह-कुल (सभी के साथ शान्ति) के सिद्धान्त के प्रचारक थे।

सूफ़ी साधकों का मुख्य उद्देश्य इस्लाम का प्रचार था ही, जायसी के पूर्ववर्ती प्रसिद्ध सूफ़ी अमीर खुसरो की दृष्टि भी जायसी से सर्वथा भिन्न थी। जहाँ एक ओर जायसी की दृष्टि उदार और मानवतावादी थी, वहीं खुसरो संकीर्ण और साम्प्रदायिक मनोवृत्ति का सूफ़ी था। अमीर खुसरो का व्यक्तित्व इतना विरोधाभासी था कि एक ओर वह चिश्तिया सम्प्रदाय के प्रसिद्ध सूफ़ी निजामुद्दीन के प्रिय शिष्य थे और दूसरी ओर दिल्ली की गद्दी पर एक के बाद दूसरे सुल्तान द्वारा पूर्ववर्ती शासक की हत्या किये जाने के बाद सत्ता-प्राप्ति के बावजूद वह निरन्तर न केवल राजकवि बने रहे, अपितु तरक्की भी करते रहे। इस प्रकार सत्ता और मठाधीशों में अद्भुत तालमेल रखनेवाले खुसरो कितने कट्टर मुसलमान और संकीर्ण विचारवाले थे, इसका विस्तृत विवरण प्रख्यात आधुनिक समीक्षक श्री विजयदेव नारायण साही ने अपनी पुस्तक जायसी में दिया है।

उन्होंने खुसरो की दो पुस्तकों-खजायनुल फुतूह और तारीखे-अलाई से उद्धरण देते हुए बताया है कि अलाउद्दीन द्वारा सोमनाथ मन्दिर के गिराये जाने तथा चित्तौड़गढ़-विजय पर खुसरो को जो हार्दिक प्रसन्नता हुई थी, वह उसकी संकीर्ण और धर्मान्ध मनोवृत्ति का स्पष्ट प्रमाण है। 'साही जी ने खजायनुल फुतूह' से विस्तृत विवरण देने का प्रयोजन स्पष्ट करते हुए लिखा है कि विस्तृत उद्धरण देने का मुख्य उद्देश्य जायसी और खुसरो की सामाजिक-सांस्कृतिक दृष्टियों में गहरा अन्तर परिलक्षित करना ही है। डॉ. कन्हैया सिंह भी खुसरो और जायसी की 'इतिहास रस' दृष्टि का तुलनात्मक विवेचन करते हुए लगभग इसी निष्कर्ष पर पहुँचे हैं। उनके विचार से अलाउद्दीन की रणथम्भौर-विजय सम्बन्धी खुसरो का मुहावरा कट्टर साम्प्रदायिक काफिर हिन्दू बनाम पवित्र इस्लाम का है। अलाउद्दीन की विजय के सन्दर्भ में जायसी और खुसरो की मानसिकता में अन्तर बताते हुए साही जी ने लिखा है कि खुसरो काफिरों के खून से धुलकर पृथ्वी को पाक होता देखता है और उल्लसित होकर इस साम्राज्यवादी सत्ता-संघर्ष को इस्लाम की विजय मानता है, जब कि इसके विपरीत जायसी उड़ती हुई दो मुट्ठी राख की तरह इस पृथ्वी विजय को झूठा देखते हैं और उनकी आवाज में ट्रैजिडी, व्यंग्य और एक गहरे विषाद का सम्मिश्रण है, जो जायसी के इस्लाम और अलाउद्दीन में गम्भीर अन्तर की अनुभूति प्रस्तुत करता है। डॉ. कन्हैया सिंह का निष्कर्ष भी लगभग इसी प्रकार का है। उनके अनुसार जायसी ने एक परिपक्व सांस्कृतिक और ऐतिहासिक दृष्टि का परिचय देते हुए एक ऐसी सांस्कृतिक पृष्ठभूमि का निर्माण किया है, जिसमें यहाँ के मूल भारतीय हिन्दू समाज की सम्मान-रक्षा के साथ ही माटी का प्यार समाहित है। इसमें कट्टरपन्थ, आक्रामकता और बेगानेपन की इस्लामी दृष्टि के खोखलेपन को दर्शाते हुए कवि ने इन दो भिन्न दिखती हुई जातियों में आत्मीयता और एकता का एक आधार प्रस्तुत किया है। वह आधार है प्रेम और सहिष्णुता। इस दृष्टि से अमीर खुसरो और जायसी की दृष्टियों का अन्तर रेखांकित किया जा सकता है।

यह सर्वविदित है कि मुस्लिम शासकों के अभियान और भारत में उनकी प्रभुत्व-स्थापना के पश्चात् हिन्दू-मुस्लिम दोनों समुदायों में विगत लगभग ८०० वर्षों से टकराव की स्थिति बनी रही है। दोनों धर्मावलम्बियों को निकट लाने के लिए समय-समय पर कुछ प्रयास भी हुए—कुछ मुस्लिम शासकों द्वारा और कुछ सन्तों तथा सूफ़ी कवियों के द्वारा, किन्तु यह प्रयास अल्पप्रभावी ही रहे। कोई शाश्वत समाधान नहीं निकल सका, जिसका परिणाम हुआ-भारत-विभाजन। उसके पश्चात् यह आशा की जाती थी कि अब शेष भारत के लोग शान्ति, सौहार्द और आत्मीयतापूर्ण ढंग से जीवन-यापन कर सकेंगे। किन्तु विगत लगभग दो दशकों से कतिपय कट्टरवादी मुस्लिम नेता और मुसलमानों को वोट बैंक समझनेवाले कतिपय राजनीतिक दल जैसा अनर्गल प्रलाप कर रहे हैं, उससे देश अथवा किसी समुदाय का कल्याण कदापि सम्भप नहीं। सच्चे देश हितैषी को तो जायसी सदृश कवियों की ही दृष्टि अपनानी पड़ेगी, जिन्होंने डॉ. कन्हैया सिंह के शब्दों में एक ऐसी संस्कृति का प्रकाश बिखेरा है, जो मानव-संस्कृति है और जो मानव मात्र के अन्तःकरण को अपनी दिव्य आभा में आलोकित करती है।

पूर्व अध्यक्ष, हिन्दी विभाग, काशी विद्यापीठ
वाराणसी (उ.प्र.)

डॉ. माताप्रसाद गुप्त की परम्परा में डॉ. कन्हैया सिंह

हरिमोहन मालवीय

हिन्दी में पाठालोचन के क्षेत्र में सर्वोपरि नाम डॉ. माताप्रसाद गुप्त का है। शास्त्रीय सम्पादन का श्रीगणेश हिन्दी क्षेत्र में उनके ही द्वारा हुआ। प्रयाग विश्वविद्यालय में हिन्दी में स्नातकोत्तर कक्षा में डॉ. गुप्त पाठालोचन के विशेष प्रश्नपत्र का अध्यापन भी करते थे। डॉ. कन्हैया सिंह इस विषय के छात्र थे। और अध्ययन-काल में ही इस क्षेत्र में उनकी पकड़ अच्छी हो गयी थी। डॉ. माताप्रसाद गुप्त ने 1945 ई. में डॉ. कन्हैया सिंह के सम्बन्ध में एक प्रमाणपत्र में लिखा थाः "पाठालोचन एक अत्यन्त तकनीकी विषय है और कभी-कभी ही विद्यार्थी इस विषय की अच्छी पकड़ पाते हैं। पर मुझे यह कहने में प्रसन्नता है कि कन्हैया सिंह ने इस विषय में अच्छा अधिकार प्रदर्शित किया और परीक्षा में विशेष योग्यता का अंक प्राप्त किया। 1957 में एम.ए. करने के पश्चात् से उन्होंने आधे दर्जन शोध-निबन्ध हिन्दी शोध-पत्रिकाओं में प्रकाशित कराया, जिनमें विभिन्न विषयों में उनकी आलोचनात्मक प्रतिभा दृष्टिगत होती है।"

एम.ए. करने के पश्चात् श्री सिंह प्रयाग विश्वविद्यालय में एलएल.बी. करने के लिए दो-तीन वर्ष रहे। इस काल में डॉ. गुप्त के अन्तरंग शिष्य के रूप में उनके सान्निध्य में रहे। 'पृथ्वीराज रासो' का श्रमसाध्य सम्पादन-कार्य उन्हीं दिनों डॉ. गुप्त कर रहे थे। कन्हैया सिंह ने इस कार्य में भी डॉ. गुप्त के आदेशानुसार उसमें सहयोग किया था। उक्त ग्रन्थ की प्रस्तावना में डॉ. गुप्त ने लिखा है : "इस संस्करण की पाण्डुलिपि तैयार करने में पाठालोचन विषय के इलाहाबाद यूनिवर्सिटी के मेरे तीन पूर्ववर्ती छात्रों श्री कन्हैया सिंह, श्री हरिशंकर शर्मा और रामपाल उपाध्याय से मुझे सहायता प्राप्त हुई, इसलिए मैं उनका भी कृतज्ञ हूँ।" (पृष्ठ ८)

डॉ. माताप्रसाद गुप्त कालान्तर में राजस्थान विश्वविद्यालय, जयपुर में हिन्दी विभागाध्यक्ष और आगे क.मुं. हिन्दी तथा भाषाविज्ञान विद्यापीठ, आगरा के निदेशक हुए। 18-8-64 को उन्होंने श्री कन्हैया सिंह को एक पत्र लिखा—"तुम्हें ज्ञात है कि मैं अब यहाँ आ गया हूँ। यहाँ आते ही मैंने सूरसागर-सम्पादन की एक योजना यूनिवर्सिटी ग्राण्ट्स कमीशन को भेज दी थी। जो स्वीकृत हो गयी और "जिसका कार्य भी गत अगस्त से प्रारम्भ हो गया है। मैं

यहाँ शीघ्र ही दो लेक्चरर्स की हिन्दी में नयी जगहें भी कर रहा हूँ। यदि तुम आना चाहो तो यथाशीघ्र सूचित करना।''

वैधानिक प्रक्रियाओं की पूर्ति होकर श्री सिंह की नियुक्ति हो गयी और नवम्बर '67 से नवम्बर '68 तक उन्होंने वहाँ प्रवक्ता के रूप में कार्य किया। वहाँ यह पाठालोचन विषय को पढ़ाते रहे तथा सूरसागर प्रवक्ता के रूप में कार्य किया। वहाँ यह सूरसागर-सम्पादन योजना में डॉ. गुप्त का हाथ बँटाते रहे। इस सम्बन्ध में डॉ. गुप्त ने अपने एक प्रमाणपत्र दिनांक 15-8-67 में लिखा : ''अपने कुशल अध्यापन द्वारा इतने लघुकाल में उन्होंने अपने एम.ए. (हिन्दी) के छात्रों में बड़ी लोकप्रियता प्राप्त कर ली है। श्री सिंह की शोध में विशेष रुचि है। इनमें विद्या के प्रति नैसर्गिक अनुराग है।'' पाठ—''सम्पादन के सैद्धान्तिक प्रतिपादन में इन्होंने हिन्दी में पथ-प्रदर्शन का कार्य किया है—और यहाँ एम.ए. में इस विषय को अधिकारपूर्वक पढ़ाते रहे। श्री सिंह ने मास्को विश्वविद्यालय की हिन्दी अध्यापिका श्रीमती सजानोवा को सूरसागर के रूसी भाषा में अनुवाद करने में बड़ी सहायता की। इनके निर्देशन में ही उन्होंने विद्यापीठ के प्रवासकाल में अध्ययन किया। सूरसागर-सम्पादन-योजना में भी श्री सिंह ने मेरा सहयोग किया और इनके कई सुझाव बड़े उपयोगी रहे।''

पाठालोचन की दिशा में निरन्तर लिखते-पढ़ते रहकर डॉ. सिंह ने इस दिशा में ऐसा स्थान बना लिया कि स्वयं माताप्रसाद गुप्त अपने सम्पादनों पर इनकी टिप्पणी और समीक्षा की अपेक्षा करते थे 15-2-85 को पत्र लिखकर उन्होंने कहा—''चन्दायन और मृगावती के मेरे संस्करण तुम्हें मिल गये होंगे। प्राप्ति सूचित करना। सूफ़ी साहित्य तुम्हारा शोध का विषय है और पाठालोचन के तुम पण्डित हो ही।'' अतः ''इन दोनों के सम्बन्ध में अपने विचार लिखना।'' डॉ. परमेश्वरीलाल गुप्त ने जब 'मृगावती' का सम्पादन किया तो कुछ विवादास्पद और दुरूह पाठों के सम्बन्ध में उन्होंने श्री सिंह से परामर्श किया था। सम्पादित ग्रन्थ के प्रारम्भ में ही उन्होंने एतदर्थ श्री सिंह के प्रति आभार प्रदर्शित किया है।

आज हिन्दी पाठानुसन्धान के क्षेत्र में डॉ. कन्हैया सिंह का स्थान एक अधिकारी विद्वान् का है। इस दिशा में कार्य करनेवाले बड़े दिग्गज विद्वान् भी डॉ. सिंह के कार्यों का समादर और सही मूल्यांकन करते हैं। इसमें सन्देह नहीं कि यह माताप्रसाद गुप्त के शास्त्रीय सम्पादन के पक्षधर हैं, पर उचित दृष्टिकोण में वह वादमुक्त और स्वतन्त्र दृष्टि रखते हैं। फलतः अपने 'पाठ-सम्पादन के सिद्धान्त' नामक ग्रन्थ में जहाँ वह शास्त्रीय सम्पादन की साधुता और वैज्ञानिकता का प्रतिपादन करते हैं, वही हिन्दी पाठानुसन्धान नामक दूसरे ग्रन्थ में शास्त्रीय पद्धति का अवलम्बन न करनेवाले विद्वानों के उपयोगी कार्यों का उचित मूल्यांकन करते हैं। इस सम्बन्ध में हिन्दुस्तानी पत्रिका में सम्पादन की वैज्ञानिक प्रक्रिया पर उनके एक लेख के खण्डन में डॉ. किशोरीलाल ने एक लेख लिखकर वैज्ञानिक पद्धति के सम्पादनों पर आक्षेप किया और आचार्य विश्वनाथप्रसाद मिश्र के सम्पादनों की श्रेष्ठता एवं उनकी 'साहित्यिक सम्पादन-पद्धति' की सराहना की, तो डॉ. सिंह ने प्रत्युत्तर में संयत समाधान प्रस्तुत किया कि श्री मिश्र की पद्धति भी मूलतः डॉ. माताप्रसाद गुप्त की पद्धति से अलग नहीं है। सम्पादन-कार्य तटस्थ शोध का कार्य होने से वैज्ञानिक या शास्त्रीय ही है, उसे साहित्यिक कार्य कहना उचित नहीं है। 'हिन्दुस्तानी' ने इस विवाद को यहीं समाप्त कर दिया। डॉ. कन्हैया सिंह ने जब 'हिन्दी पाठानुसन्धान' नामक अपने ग्रन्थ की पाण्डुलिपि तैयार की और उसे स्व. विश्वनाथप्रसाद मिश्र को दिखाया और उनसे कुछ सूचनाएँ चाहीं तो मिश्र जी ने एक पत्र में लिखा।

वाणी-वितान भव

26-8-78
ब्रह्मनाल, वाराणसी-1

प्रिय डॉ. सिंह
आशीर्वचनानि,

आपका पत्र मुझे जिस दिन मिला उसी दिन उज्जैन के लिए प्रस्थान कर रहा था। सामग्री का पूरा विवरण यहाँ से कैसे दे पाऊँगा। पर नामावली प्रेषित है—

जसवन्त सिंह ग्रन्थावली
पद्माकर ग्रन्थावली
बोधा सभा
ठाकुर
नरोत्तम

नरोत्तम ग्रन्थावली में सभा की सूचना के अनुसार 'रसवन्ती' में प्रकाशित अपूर्ण ध्रुवचरित भी सम्मिलित किया गया था। पर बाद में सीतापुर के स्व. नवल बिहारी मिश्र के पत्र से पता चला कि उनके एक भतीजे ने यह जाल स्वयं रच करके किया था इसलिए स्थानीय नागरी पत्रिका में उनके पत्र के साथ अपना वक्तव्य छपवा दिया है और नरोत्तम ग्रन्थावली में भी चिट लगा देने को कह दिया है। यह सब इसलिए कि दूसरों के भरोसे बड़ी कठिनाइयाँ हो जाती हैं।

आपने जो यह नया ग्रन्थ लिखा है (हिन्दी पाठानुसन्धान) विशेष उपयोगी होगा। हिन्दी में पाठालोचन पर कुछ भी सामग्री नहीं है। आपने अभाव की पूर्ति की है।

आशा है सानन्द हैं।

आपका
विश्वनाथप्रसाद मिश्र

इस पत्र से दो बातें ध्वनित होती हैं। पहली यह कि मिश्र जी डॉ. सिंह के तटस्थ मूल्यांकन से प्रसन्न और प्रभावित थे और दूसरी बात सम्पादन में यदि कोई त्रुटि हो गयी हो तो उसे सुधारने में उनको हिचक नहीं थी। सम्पादन के लिए इस पत्र में 'पाठालोचन' शब्द का प्रयोग भी मिश्र जी के परिवर्तित दृष्टिकोण का परिचायक है।

इस दिशा में ज्ञातव्य है कि मिश्र जी द्वारा सम्पादित 'श्रीरामचरितमानस' का काशिराज संस्करण जब प्रकाशित हुआ तो भाषाशास्त्र के धुरन्धर विद्वान् आचार्य किशोरीदास वाजपेयी ने उसके अनेक पाठों की असंगति को लेकर 'सरस्वती' के दिसम्बर '62 तथा क्रमशः चार अंकों में तीखा प्रहार किया। इसका कोई उत्तर मिश्र जी अथवा उनके शिष्यों ने नहीं दिया, पर सरस्वती मई '63 के अंक में डॉ. कन्हैया सिंह ने वाजपेयी जी के लेखों की कुछ आपत्तियों को नमूने के लिए लेकर उनका खण्डन प्रतिवाद 'मानस का काशिराज संस्करण' शीर्षक अपने लेख में किया। श्री सिंह ने पाठालोचन के हस्तलेख-प्रमाण को आधार बनाकर ही वाजपेयी जी का खण्डन किया था। यद्यपि उक्त लेख में वह स्वयं लिखते हैं कि वह मिश्र जी के बहुत से पाठों से असहमत और उनकी कुछ पद्धतियों से भी असहमत हैं। पर वाजपेयी जी ने हस्तलेखों के पाठों पर भाषाशुद्धता और सम्भावना के आधार पर जिन पाठों का खण्डन किया था, उसका उन्होंने सप्रमाण प्रतिवाद किया। आगे वाजपेयी जी ने प्रत्युत्तर नहीं दिया और यह विवाद समाप्त हुआ।

पाठालोचन की दिशा में आज कार्य तो बहुत हो रहे हैं, पर डॉ. माताप्रसाद गुप्त की सरणि से कार्य करने का श्रमसाध्य उत्तरदायित्व कम ही लोग उठाना चाहते हैं। डॉ. कन्हैया सिंह प्राचीन कवियों के पाठों पर अपने शोध-निबन्धों में शास्त्रीय परम्परा और पाठालोचन की दृष्टि से विचार करते रहते हैं। उनके इस प्रकार के कार्यों का विद्वानों में समादर भी प्राप्त है। प्रसिद्ध भाषाशास्त्री डॉ. कैलाशचन्द्र भाटिया ने 'पाठालोचन : सिद्धान्त और प्रक्रिया' शीर्षक उदयशंकर शास्त्री स्मृति-ग्रन्थ के सम्पादन के सन्दर्भ में उन्हें पत्र (दिनांक 2-8-86) में लिखा—"शायद आपको मालूम हो, आगरा में शास्त्री जी (उदयशंकर) नहीं रहे। आगरा में उनकी स्मृति में एक ग्रन्थ निकाला जा रहा है, जिसके सम्पादन का भार मुझ पर है। इधर-उधर की सामग्री न देकर उसका स्थायी महत्त्व रहे, मेरी इच्छा है कि इसमें पाठानुसन्धान से सम्बन्धित सामग्री ही दी जाय। आप इस क्षेत्र के अधिकारी विद्वान् हैं, अतएव अपना सुविचारित लेख तो भेजें ही, यह भी लिखें—अन्य किन से निवेदन किया जाय, नाम-पते लिखें।"

तात्पर्य यह कि आज हिन्दी पाठालोचन के क्षेत्र में डॉ. कन्हैया सिंह का शीर्षस्थान है। आजमगढ़ जैसे छोटे नगर में रहते हुए अपने कार्यों से उन्होंने इस दिशा में हिन्दी के शीर्ष विद्वानों का ध्यान अपनी ओर आकृष्ट किया है। इधर 'पदुमावति' के डॉ. माताप्रसाद गुप्त सम्पादित पाठ को नवीन प्राप्त हस्तलेखों, के आलोक में पुनरीक्षित कर रहे हैं तथा हिन्दुस्तानी एकैडेमी, इलाहाबाद के संग्रह में उपलब्ध जान कवि की रचनाओं को 'जानकवि-ग्रन्थावली' के रूप में सम्पादित करने का प्रस्ताव भी उन्होंने किया है। आशा है, डॉ. सिंह इन दो महत्त्वपूर्ण कार्यों का सम्पादन करके आगे भी कार्य अवश्य करते रहेंगे।

—महामना मालवीय नगर, प्रयागराज (उ.प्र.)

वैज्ञानिक पाठानुसन्धान की अमूल्य धरोहर

योगेन्द्र प्रताप सिंह

भारत में हस्तलेखों की परम्परा वैदिक काल से मिलती है। इस सन्दर्भ में चर्चित एक श्लोक का प्रायः स्मरण किया जाता है—

भग्नपृष्ठ कटिग्रीव स्तब्ध दृष्टि अधोमुखम्।
कष्टेन लिखितं ग्रन्थं यत्नेन परिपालयेत्।।

पाठ विज्ञान का सम्बन्ध हस्तलिपि लेखन की उस परम्परा से है जिसमें ब्रिटिश काल में ग्रन्थों के प्रामाणिक पाठों को सामने ले आने की परम्परा प्रारम्भ हुई। पाठ लेखन द्वारा कृति के पाठरूप की प्रस्तुति के सन्दर्भ में एक सार्वभौम सिद्धान्त है कि प्रत्येक हस्तलिखित कृति के पाठ लेखक के लेखन पर उसका निजी प्रभाव पड़ता जाता है और पाठ-सम्पादन (आधुनिकी कहती है कि इन पाठों के वैविध्य का अन्वेषण करते हुए मूल लेखक की रचना के मूल पाठ की स्थापना ही आज का पाठालोचन है और इस दिशा में उसकी सैद्धान्तिक तथा व्यावहारिक प्रस्तुति में कृतिकार के मूलरूप का अन्वेषण और प्रस्तुति पाठालोचक का दायित्व है। हस्तलेखन के द्वारा प्रस्तुत पाठरूप में सर्जक लिखित पाठरूप की खोज करता है। वैज्ञानिक प्रक्रिया का आज के युग में प्रचार हुआ। भारत में पूना, इलाहाबाद तथा बनारस हिन्दू विश्वविद्यालय में 19वीं तथा 20वीं सदी में पाठालोचन प्रारम्भ हुआ। उसने इस दिशा में पाठानुसन्धान का एक नया इतिहास 19वीं-20वीं सदी में निर्मित किया। इलाहाबाद विश्वविद्यालय के डॉ. माताप्रसाद गुप्त, डॉ. पारसनाथ तिवारी, पं. उमाशंकर शुक्ल, डॉ. कन्हैया सिंह तथा बनारस में विश्वनाथ प्रसाद मिश्र, लाला भगवानदीन आदि विद्वान् इस दिशा में विशेष रूप से चर्चित कहे गये हैं। पर इनके पाठों के अध्ययन अनुशीलन का जो सूक्ष्म विश्लेषण डॉ. कन्हैया सिंह ने किया है, वह पाठानुसन्धान के सिद्धान्तों के अनुरूप है और वह इस क्षेत्र में साहित्य की एक अमूल्य निधि हैं। डॉ. कन्हैया सिंह ने हिन्दी पाठानुसन्धान का इतिहास इस रूप में लिखा है—

(1) मुद्रण पूर्व काल (सन् 1800 ई. से पूर्व)
(2) प्रारम्भिक मुद्रणकाल (सन् 1801 से 1888 ई.)
(3) ग्रियर्सन काल (सन् 1889 से 1910 ई.)
(4) आधुनिक काल (सन् 1942 से आगे)

प्राचीन हस्तलिखित प्रतियों की जो परम्पराएँ प्रयुक्त होनी हैं हस्तलेख द्वारा सम्पादन विदेशों से आयी नयी शिक्षण व्यवस्था के बाद प्रारम्भ हुआ जो डॉ. ग्रियर्सन, माताप्रसाद गुप्त, विश्वनाथ प्रसाद मिश्र तथा स्वयं डॉ. कन्हैया सिंह तक आता है।

डॉ. कन्हैया सिंह ने इसके हिन्दी में विस्तार के प्रश्न पर पहली बार विचार किया। उनके अनुसार इसके मुख्य केन्द्र निम्नलिखित हैं—

1. कलकत्ता
2. वाराणसी-हिन्दू विश्वविद्यालय
3. हिन्दी विभाग, इलाहाबाद विश्वविद्यालय
4. काशी नागरी प्रचारिणी संस्था, वाराणसी
5. हिन्दुस्तानी एकैडेमी प्रयागराज
6. हिन्दी साहित्य सम्मेलन, इलाहाबाद
7. भारतीय हिन्दी परिषद, इलाहाबाद विश्वविद्यालय

इसके बाद पाठ-सम्पादन के विकास काल में उन्होंने कई प्रकाशकों का भी उल्लेख किया है जिनके कार्य इस दिशा में महत्त्वपूर्ण हैं हिन्दी के पाठसम्पादन से सम्बन्धित अनेक ग्रन्थों का लेखा-जोखा जो उन्होंने प्रस्तुत किया है, वह द्रष्टव्य है।[1]

पाठ-सम्पादन के सन्दर्भ में उनके चिन्तन का केन्द्रीय बिन्दु है मूल पाठ की खोज और यह कार्य पाठालोचन की सैद्धान्तिक विधा से पूरी तरह सम्बद्ध है। डॉ. ग्रियर्सन तथा माताप्रसाद गुप्त की भाँति ही वह मूल पाठ की खोज की प्रक्रिया के माध्यम से कवि द्वारा प्रस्तुत उस पाठ तक पहुँचना चाहते हैं जो सर्जक का मूल और कृति का सर्वथा संशयविहीन प्रामाणिक आधार है।

हिन्दी पाठानुसन्धान का सही कार्य पाठ-सम्पादन के लिए मूलाधार है और इसी प्रश्न को लेकर सर जार्ज ग्रियर्सन तक इसी की बराबर चर्चा रही है यह पाठानुसन्धान सिद्धान्त का मूलाधार है और डॉ. कन्हैया सिंह का इसी तत्त्व की स्थापना के लिए बराबर कार्यरत रहे हैं इस हिन्दी पाठ-सम्पादन की समग्रता को तीन भागों में विभक्त किया गया है—

(1) कृतियों का पाठ तथा सम्पादन
(2) कृतिकारों की रचनाओं को प्रस्तुत करना
(3) ग्रन्थावलियों का पाठ और सम्पादन

यह प्रकरण सन् 1955 से लेकर 1974 तक है। अब तक सम्पादित पाठालोचन से जुड़ी कुल 18 ग्रन्थावलियों के सम्पादन पर विस्तारपूर्वक एवं सर्वथा गम्भीर विश्लेषण किया है। इससे पृथक् उन्होंने इनके पूर्व उन 16 ग्रन्थावलियों का अलग से विश्लेषण किया है, जो इससे पृथक् और भिन्न रूप से उस युग के पाठ विशेषज्ञों द्वारा भिन्न रूप से प्रकाशित की गयी। यह व्यापक कार्य मूलतः वर्तमान पाठानुसन्धान प्रक्रिया पर आधारित पाठों से जुड़ी हैं जबकि प्रथम वर्ग के सम्पादन उसकी प्रामाणिक नहीं हैं। इस परम्परा की एक लम्बी सूची दी है जिसको सम्पादकों ने हिन्दी साहित्य की रचनाओं का अपनी रुचि के अनुसार पाठ रखने का जो प्रयास किया वह पाठानुसन्धान का कार्य नहीं कहा जा सकता।

डॉ. कन्हैया सिंह ने हिन्दी पाठालोचन के सम्बन्ध में जितना गहन और व्यापक अध्ययन किया है, वैसा दुर्लभ है। इस सन्दर्भ को उन्होंने दो पक्षों में बाँटा है। पहला है—'हिन्दी पाठानुसन्धान का स्वरूप' और दूसरा है, 'पाठ-सम्पादन के सिद्धान्त'। भारत में हस्तलेखन की विशाल परम्परा थी और इनके संकलन राजाश्रय से सम्भ्रान्त जनसमुदाय के बीच मिलते हैं। इस परम्परा में पत्थर पर लिखी जानेवाली कृतियों का प्रारूप भी है जो पत्थरों का है जिसे शिला-लेखन के नाम से पुकारा जाता

है। प्राचीन काल में ईंट का प्रयोग भी कृति लेखन के लिए आधार बनता था। जिन्हें आज मथुरा म्यूजियम में देखा जा सकता है। भारत की प्राच्य कालीन हस्तलिखित कृतियाँ भोजपत्रों एवं ताड़ पत्रों पर अधिक लिखी गयी हैं।

कलकत्ता के फोर्ट विलियम कॉलेज की स्थापना के बाद पुस्तकों के प्रामाणिक प्रकाशन का कार्य प्रारम्भ हुआ। शुरू में प्रेस द्वारा ग्रन्थ निकलते थे, किन्तु शिक्षा की नयी स्थापना के बाद प्रकाशित कृतियों के पाठ का निर्धारण एक बड़ी चुनौती थी। अध्ययन-अध्यापन एवं शिक्षा के प्रचार-प्रसार के सन्दर्भ में भारत विश्व में सर्वाधिक प्राचीन देश है और पुस्तकों का रूप यहाँ प्रारम्भिक काल में इसी क्रम में देखा जाता है। प्रकाशित पुस्तकों के सम्बन्ध में सबसे बड़ा प्रश्न पाठ की प्रामाणिकता का है। उस समय की हस्तलिपि में लेखन का सबसे बड़ा सिद्धान्त इस प्रकार है—

यादृशं पुस्तकं दृष्ट्वा तादृशं लिखितं...।
यदि शुद्धयशुद्ध वा मम दोषौ न विद्यते।।

हिन्दी पाठानुसन्धान का कार्य हस्तलिपिकार के दोषों के अन्वेषण से शुरू हुआ। प्रतिलिपिकर्त्ता अनेक कारणों से लिखी जानेवाली कृतियों में अशुद्धि कर देते हैं। इस प्रतिलिखित कृति के द्वारा वह कौन-सा उपाय विद्वान्, लेखक करे ताकि वह पाठकों तक शुद्ध रूप में पहुँचे। भारतीय साहित्य में कृतियों के पाठ को प्रस्तुत करने की परम्परा अति प्राचीन रही है लेकिन शुद्ध पाठ की समस्या मुद्रण काल से भारत में आयी और लगभग तीन सौ वर्षों से भारतीय तथा विदेशी विद्वान् इस दिशा में लगे हुए हैं।

डॉ. कन्हैया सिंह का पाठानुसन्धान हिन्दी जगत् में इस परम्परा की समग्रता का अपूर्व उदाहरण है। भारत की ऐतिहासिक परम्परा शास्त्रज्ञान की रही है और आदिकाल ई. पू. की 7वीं शताब्दी के आस-पास से शास्त्रलेखन, साहित्य अनुसन्धान तथा पाठों की शुद्धता के प्रति सक्रियता रही है। वैदिक काल के पाठ वैदिक साहित्य के पाठों की शुद्धि की लम्बी परम्परा दिखायी पड़ती है। ई. पू. की 6वीं शती में पाणिनि की अष्टाध्यायी केवल व्याकरण की प्रस्तुति ही नहीं है अपितु लिखित वर्णों एवं उनके उच्चारण की प्रामाणिकता का साक्ष्य है। परवर्ती काल में द्वारिका, पाटलिपुत्र आदि स्थान विद्या के केन्द्र बन गये और कृतियों की पाण्डुलिपियाँ निर्मित करने की एक परम्परा चल पड़ी। भारतीय विद्या एवं ज्ञान की एक अजस्त्र परम्परा भारत में वैदिक साहित्य से रही है। डॉ. कन्हैया सिंह ने उस परम्परा को जाग्रत करते हुए आधुनिक काल की प्रतिलिपियों के लेखन तथा भारत में मुद्रणकाल की शुरुआत से नितान्त प्रामाणिक ढंग से मुद्रणकाल की चर्चा की है। इस परम्परा में प्रतिलिपिकार यथास्थान स्वेच्छया आत्मसुधार कर लेता था और इस प्रकार के पाठ भी कृति के साथ प्रचलन में चलने लगे।

इस परम्परा में दूसरा सन्दर्भ पाठ-सम्पादन का चला। पाठ-सम्पादन की परम्परा पाठों के हस्तलेख से न शुरू होकर मूल एवं प्रामाणिक पाठ के अन्वेषण से शुरू होती है और इसके लिए महत्त्वपूर्ण सिद्धान्त अन्वेषित किये गये। हिन्दी साहित्य के आधुनिक युग में इस दिशा में कार्य करनेवाले प्रमुख विद्वान् हैं— डॉ. माताप्रसाद गुप्त, डॉ. विश्वनाथ प्रसाद मिश्र, किशोरी लाल गुप्त आदि।

हिन्दी का वर्तमान पाठानुसन्धान सन्दर्भ इलाहाबाद विश्वविद्यालय के हिन्दी विभाग के डॉ. माताप्रसाद गुप्त की प्रेरणा से सम्भवतः पूरे भारत में सबसे आगे बढ़ा। डॉ. गुप्त के साथ पारसनाथ तिवारी, पं. उमाशंकर शुक्ल (नन्ददास ग्रन्थावली) तथा शोधकार्य पीएच.डी.-सूरसागर), डॉ. रामकुमार मिश्र (बिहारी सतसई) आदि के नाम विशेष महत्त्वपूर्ण हैं। इलाहाबाद के बाद बनारस हिन्दू विश्वविद्यालय के हिन्दी विभाग के अध्यापकों का उल्लेख आवश्यक है। यद्यपि प्राचीन पुस्तकों को सम्पादित तथा पुनर्प्रकाशित करने में काशी नागरी प्रचारिणी सभा बनारस का विशेष योगदान है, किन्तु यहाँ से प्रकाशित कृतियाँ केवल मूल कृतियों की पुनर्प्रस्तुति है, वैज्ञानिक पाठ-सम्पादन नहीं, फिर

भी इसने हिन्दी से सम्बद्ध अनेक ऐतिहासिक कृतियों को प्रकाश में ले आने का कार्य किया।

नागरी प्रचारिणी सभा की ओर से 'छिताई वार्त्ता' इसी अधुनातन सम्पादन सिद्धान्त शैली में ही यह कार्य किया है किन्तु उनके कार्य का कोई प्रभाव यहाँ नहीं पड़ा। बनारस से किये गये कार्यों में आचार्य विश्वनाथ प्रसाद मिश्र का नामोल्लेख विशेष महत्त्वपूर्ण है परवर्ती काल में पाठ-सम्पादन की यह नवीनतम परम्परा टूटती हुई चलती है और भारतीय साहित्य के प्रारम्भिक एवं मध्यकालीन अध्ययन गौड़ होते चले गये। आधुनिकता इतनी तेजी से अपनी ओर आकर्षित कर रही है कि भारत अपना पूर्वकालिक गौरव भूलता जा रहा है। यद्यपि आज के सामयिक वातावरण में डॉ. किशोरीलाल गुप्त, डॉ. भगवती प्रसाद सिंह, जानकीनाथ सिंह, मनोज, डॉ. सियाराम तिवारी, डॉ. आनन्द प्रकाश दीक्षित आदि विद्वानों ने इस परम्परा को पुनर्जीवित किया है लेकिन वैज्ञानिक पाठानुसन्धान का सम्पूर्ण सामयिक क्षेत्र अन्धकार में डूबा हुआ लगता है।

निष्कर्षतः यह कहा जा सकता है कि पाश्चात्य चिन्तन की सैद्धान्तिक पाठचिन्तन की परम्परा के स्वरूप को प्रभावित करने में डॉ. कन्हैया सिंह का महत्त्वपूर्ण योगदान है और इन्होंने इस चिन्तन की सैद्धान्तिक, व्यावहारिक तथा ऐतिहासिक तीनों दृष्टियों को अत्यन्त वैदुव्य के साथ हिन्दी साहित्य में रखने की चेष्टा की है किन्तु डॉ. कन्हैया सिंह के बाद हिन्दी पाठसिद्धान्त के अन्वेषण तथा उसकी आलोचना का भविष्य संकट में है, और उस पर पर्दा पड़ता दिखाई दे रहो है।

पूर्व अध्यक्ष हिन्दी विभाग, इलाहाबाद विश्वविद्यालय
प्रयागराज, (उ.प्र.)

पाठालोचक : डॉ. कन्हैया सिंह

उदय प्रताप सिंह

भारतीय वाङ्मय में श्रीकृष्ण ने अपनी लीला (कर्म) से सबको चमत्कृत एवं अभिभूत कर दिया था। विविध प्रकार की कर्म सक्रियता से उन्होंने किसी को रससिक्त, किसी को अभिभूत तो किसी को चमत्कृत कर दिया। युद्ध विजेता कृष्ण, शृंगार की पराकाष्ठा का रसास्वादन करनेवाले कृष्ण, ज्ञान की अनन्त उर्मियों को आत्मसात कर अपनी वाणी द्वारा लोककल्याण का निष्पादन करनेवाले कृष्ण अद्‌भुत व्यक्तित्व के स्वामी थे। उनकी सहजता, नीति निपुणता और दृढ़ संकल्प पक्ष-प्रतिपक्ष दोनों को मान्य था। उनके लिए भक्त का होना सबसे बड़ी शर्त थी। कर्म कुशलता के पर्याय श्रीकृष्ण संकटग्रस्त आत्मीय के लिए शस्त्र भी उठाने में संकोच नहीं करते थे। जीवन के अस्सी वसन्त देख चुके डॉ. कन्हैया सिंह भी उन्हीं गुणों के आधुनिक संस्करण प्रतीत होते हैं। वह भी जीवन के अनेक क्षेत्रों में कृष्ण की तरह संकल्पबद्ध होते हैं और विपरीत परिस्थितियों में रणछोड़ भी बन जाते हैं, पर पराभूत न होते हुए पुनः यत्न प्रारम्भ कर देते हैं। उनका सामाजिक जीवन व विद्या का संसार इन प्रसंगों से भरा पड़ा है।

जनपद आजमगढ़ (उ.प्र.) की साहित्यिक एवं सांस्कृतिक विरासत अत्यन्त समृद्ध है। इसी विरासत की एक महत्त्वपूर्ण कड़ी हैं डॉ. कन्हैया सिंह। इनका जन्म आजमगढ़ जनपद रानीपुर धरवारा गाँव में 1935 ई. में हुआ। आजमगढ़ में अकबर के जमाने से ही साहित्य सृजन की परम्परा प्राप्त होती हैं। आधुनिक हिन्दी साहित्य का एक महत्त्वपूर्ण कालखण्ड (द्विवेदी युग) यहाँ के साहित्यकारों की प्रतिभा से चमत्कृत होता रहा है। द्विवेदी युग को आजमगढ़ के जिन प्रमुख साहित्यकारों ने समृद्ध किया उनमें अयोध्यासिंह उपाध्याय 'हरिऔध' व रामचरित उपाध्याय का नाम उल्लेखनीय है। खड़ी बोली का प्रथम महाकाव्य 'प्रियप्रवास' हरिऔध जी की महत्त्वपूर्ण काव्य रचना है। इतिहास को नया मोड़ प्रदान करनेवाले 'प्रियप्रवास' जैसे महाकाव्य के प्रकाशन के एक सौ वर्ष 2014 ई. में ही पूर्ण हो गये। दुःखद है कि प्रकाशन की शतवार्षिकी बिना किसी हलचल के ही गुम हो गयी। कुछ समय अनन्तर इसी भूमि पर बहुविद्याधर्मी महापण्डित राहुल सांकृत्यायन, समीक्षक पं. शान्तिप्रिय द्विवेदी, नाटककार पं. लक्ष्मीनारायण मिश्र, आचार्य चन्द्रबली पाण्डेय,

'नूरजहाँ काव्य' के प्रणेता गुरुभक्त सिंह 'भक्त', वीर रसावतार श्याम नारायण पाण्डेय और शायर विश्वनाथलाल 'शैदा' का हिन्दी साहित्य को समृद्ध करने में अमूल्य योगदान विस्मृत नहीं किया जा सकता है। संस्कृति व साहित्य की इस सुदीर्घ परम्परा में डॉ. कन्हैया सिंह का जन्म लेना कोई अद्भुत अपूर्व बात नहीं यह तो विरासत का समृद्ध होना है। डॉ. सिंह के व्यक्तित्व के सृजन और चेतन-अवचेतन मस्तिष्क की बुनावट में उक्त साहित्यकारों का प्रभाव प्रत्यक्ष-परोक्ष दिखायी ही पड़ जाता है। राहुल सांकृत्यायन का गाँव 'कनैला' और डॉ. कन्हैया सिंह की जन्मभूमि रानीपुर धरवारा की एक दूसरे से दूरी मात्र 3 किमी. है।

इलाहाबाद विश्वविद्यालय से अध्ययन पूर्ण कर डॉ. कन्हैया सिंह अध्यापन के साथ लेखन में प्रवृत्त हो गये। राष्ट्रीय स्वयं सेवक संघ से गहरा नाता होने के कारण उनकी सोच का दायरा राष्ट्रवादी बनता गया और सृजन का मानवतावादी। चिन्तन की गहराई में उतरते हुए वह समाज के दुःख-दर्द के करीब पहुँचते गये। डॉ. सिंह का लोकानुभव उन्हें निरन्तर समृद्ध करता रहा राष्ट्रवादी सोच के साथ साहित्य व समाज सेवा का संकल्प उनके सर्जनात्मक व्यक्तित्व में एक खास प्रकार की विश्वसनीयता उत्पन्न करता है। यह विश्वसनीयता उनके विचार को कर्मपथ से और कर्मपथ को सृजन पथ से जोड़ती है। उनकी रचनाओं में यह विशेषताएँ देखी जा सकती हैं। वैचारिक एवं अकादमिक अवसरों पर डॉ. कन्हैया सिंह की पहल वाद-विवाद से सार्थक संवाद बनाती है। कुछ वर्षों के अन्त तक ही डॉ. सिंह की सर्जनात्मक प्रतिभा से हिन्दी जगत् सुपरिचित होने लगा था। डॉ. धीरेन्द्र वर्मा, डॉ. रामकुमार वर्मा, डॉ. माताप्रसाद गुप्त, डॉ. भगवती प्रसाद सिंह, डॉ. रामचन्द्र तिवारी, डॉ. नामवर सिंह, डॉ. केदारनाथ सिंह, डॉ. आनन्दप्रकाश दीक्षित, आचार्य राममूर्ति त्रिपाठी, किशोरी लाल गुप्त, नर्मदेश्वर चतुर्वेदी, श्रीराम वर्मा जैसे विद्या की दुनिया में जाने-पहचाने नाम कन्हैया सिंह की आलोचना-दृष्टि, संयोजन क्षमता और सर्जनात्मक अवदानों से परिचित हो चुके थे। बड़ा हो या छोटा, सभी कार्यों को सिद्धावस्था तक ले जाने का कर्म-कौशल उनके व्यक्तित्व की खासियत है।

सहज रहना, सहज दिखना, सहज बोलना और सम्पूर्ण हिन्दी साहित्य पर सहजतः स्पष्ट धारणा रखना उनकी विद्वत्ता की पहचान है। सहजता उनके व्यक्तित्व का अभिन्न अंग है। 'वेदना के संवाद' और 'दक्षिणांचल दर्शन' उनके इसी सहज गुण की स्वाभाविक अभिव्यक्ति हैं। वह बाल्यावस्था में ही महापण्डित राहुल से संवाद कर अभिभूत हो चुके हैं। इलाहाबाद विश्वविद्यालय में नास्तिकता पर भाषण देते हुए राहुल जी से प्रति प्रश्न करते डॉ. कन्हैया सिंह की जिज्ञासा शान्त हो गयी जब उन्होंने कहा कि जैसे "परमात्मा के न होने का प्रमाण नहीं है उसी तरह उसके होने का भी कोई प्रमाण नहीं है। होना-न-होना जातीय स्मृतियों में संचित संस्कार ही तय करते हैं।" राहुल जी का दूसरी बार दर्शन उन्हें तब हुआ जब देश स्वतन्त्र हो गया था। 1959 ई. में राहुल जी ने स्वयं डॉ. कन्हैया सिंह से पूछा कि, "धरवारा कनैला इत्यादि में शिक्षा की क्या और कितनी व्यवस्था है।" बिना रुके स्वयं उत्तर भी दिया कि, "अब लोकतन्त्र आ गया है। गाँव-गाँव में उच्च शिक्षा के केन्द्र खुलेंगे।" सांकृत्यायन की जन्मशती पर कन्हैया सिंह ने कई संगोष्ठियाँ करायी, साहित्य प्रकाशित किया। विद्वानों के प्रति डॉ. सिंह की यह सहज आत्मीयता उनकी साहित्यिक अभिरुचि को व्यक्त करती है। उनके व्यक्तित्व को समझना उतना कठिन नहीं है जितना उसे जीना, आत्मसात् करना। तारसप्तक के कवि और उनके परमसहयोगी डॉ. श्रीराम वर्मा की उनके प्रति की गयी टिप्पणी श्याम रंग से धवल मौक्तिक आभा लेकर निकलने जैसी है—"डॉ. कन्हैया सिंह

का विवाह 13 वर्ष की उम्र में ही हो गया था, लेकिन उन्होंने राहुल जी की तरह अपनी प्रथम परिणीता को अपनी महत्त्वाकांक्षाओं के नाम पर बलि होने नही दिया।... वह सम्बन्धों को आजीवन स्नेह और सौहार्द से निभाते हैं।...जीवन की परस्परता को दुर्भर, नहीं होने देते।...उनमें प्यास की पटुता नहीं, व्यावहारिकता है। वह भद्राचारी नहीं शुभाचारी हैं, निष्कवच और निष्कपट हैं। बेलौस और खुले हुए हैं। अभावुक, प्रत्युत्पन्नमति व्यवहारी/पहचानने में बेजोड़/नब्ज टटोलने में माहिर।'' डॉ. वर्मा की एक टिप्पणी और महत्त्वपूर्ण है। वह कन्हैया सिंह के व्यक्तित्व में होरी का देसीपन और मेहता का शहरीपन अद्भुत ढंग से मिला दिखते हैं—''कन्हैया सिंह में मेहता भी है होरी भी। इसलिए शहर से गाँव, गाँव से शहर आवाजाही बनी रहती है। उनके पास एक अद्भुत चीज है, जो किसी के पास नहीं। और कहीं, कभी नहीं। उनके ओठों की दायीं कोर पर कभी-कभार आकर ठहर गयी पारे-सी ऐसी अनेक रसी मुस्कान, जिसमें एक साथ विरोधी-अविरोधी अनेक भावों का ऐसा 'ट्विस्ट' कि भीतर तक भिद जाय आत्मा, दहल जाय दिल और हिल जाय आदमी और चुप रहे। बोल न पाये। वह स्थिति-गतिः गति-स्थित अप्रत्याशित और अप्रतिरोधी है। ऐसी कि 'व्याकुलित' कर दे। सिन्धु हो तो वह भी हो जाय पानी-पानी। जैसे मौन बना रहे हों : देखो मैं तुम्हें पहचानता हूँ। मैंने तुम्हें तौल परख लिया है, जानता हूँ कितने पानी में हो। तुम्हारा हैसियत का अन्दाजा मुझे है। पर मुझे तुम नहीं जानते, पहचानने से आँख मत चुराओ, मेरी रीढ़ देखो, मेरी फैली जड़ों को दूर-दूर तक गहराइयों में देखो। मैं तुम्हारा हूँ। तुम मेरे हो। ठसक और ठिठोली का ऐसा अन्दाज आँखों में तरल पारे-सा हिलता रहता है।''

कन्हैया सिंह का लोकानुभव उनके जीवनानुभव से अधिक समृद्ध है के. एम. मुन्शी भाषा संस्थान आगरा में उन्होंने कम समय में बड़ी ख्याति अर्जित कर ली थी। तिलकधारी कॉलेज, जौनपुर में विधि प्रवक्ता और डी.ए.वी. कॉलेज आजमगढ़ में हिन्दी विभाग के संस्थापक आचार्य के रूप में उनके कर्म कौशल का गौरवपूर्ण स्मरण आज भी किया जाता है। एक वर्ष तक वकालत करना इस बात का प्रमाण है कि डॉ. सिंह ने अपनी सभी विद्याओं का रसास्वादन कर लिया था। यह रसास्वादन ज्ञानोन्मुखी तो था ही पदार्थोन्मुखी भी था। राहुल सांकृत्यायन की तरह वह भी जीवन को एक प्रयोग के तौर पर तौल रहे थे। डी.ए.वी कॉलेज, आजमगढ़ और उसके बाहर कई उत्सुक व व्याकुल मित्रों को प्राचार्य की कुर्सी दिलाने में सहायक बनना उनके स्वभाव की अपरिहार्य वृत्ति है। देशी-परदेशी तमाम छात्रों को शोध की सहज पद्धति बताकर उनके मार्ग को सरल बना देना डॉ. सिंह की कर्म शैली है। 'एशियाज हूज हू' के पृष्ठ 475 पर डॉ. साहब को अध्यापक, शिक्षाशास्त्री, सामाजिक सुधारक, शोध प्रवर्तक, अग्रगण्य तथा विशिष्ट घोषित किया गया है। संघ कार्यवाह से नगर पिता (चेयरमैन आजमगढ़) तक उन्होंने जीवन की एक लम्बी यात्रा की है। उनका यह लोकानुभव उनसे जाने-जनजाने कई लोकसंग्रह व लोकमंगल के कार्य करा चुका है। आपात्काल में उन्नीस महीने तक जेल-जीवन का अनुभव भी आपके व्यक्तित्व को संघर्षशील सिद्ध करता है। तत्कालीन साम्प्रदायिक दंगों को समाप्त करने में आपके सूझ-बूझ की सराहना लोग आज भी करते रहते हैं।

डॉ. कन्हैया सिंह की साहित्य साधना हिन्दी के विविध तटों से टकराती हुई पाठानुसन्धान के कगारों पर लंगर लगाकर स्थिर हो गयी है। कविता, कहानी, (पत्थर की मुस्कान), संस्मरण, यात्रावृत्त (दक्षिणांचल दर्शन), निबन्ध (वेदना के संवाद), आलोचना से सम्बद्ध उनकी कई पुस्तकें प्रकाशित हैं पर पाठालोचन का दुरूह और अब हिन्दी में प्रायः एकाकी मार्ग उन्हें भा गया है,

उनका प्रकृत विषय हो गया है। माताप्रसाद गुप्त, विश्वनाथप्रसाद मिश्र, रामचन्द्र प्रसाद (पटना-अंग्रेजी) और भगवतीप्रसाद सिंह से सहमत-असहमत होते हुए वह पाठालोचन का अपना बेहतरीन संसार बसा चुके हैं। यद्यपि उनका यह रास्ता नीरस है, कठिन है, कम महत्त्व देनेवाला है फिर भी पाठालोचन-पाठानुसन्धान की यह वैज्ञानिक पद्धति उनकी अध्यवसायी दुनिया का अभिन्न अंग बन गयी है। आदिकाल से मध्यकाल तक की तमाम रचनाओं का पाठ-निर्धारण, प्रक्षिप्त अंश की पहचान, कथाक्रम से अर्थ की संगति बिठाना, शुद्धपरिशुद्ध पाठ का निर्धारण करना, पाठ को औचित्य-अनौचित्य की कसौटी पर कसकर संगत अर्थ की युति बिठाना, डॉ. कन्हैया सिंह के पाठ-सम्पादन की वैज्ञानिक पद्धति के आयाम हैं। हिन्दी आलोचना के इस अग्निपथ पर चलकर डॉ. सिंह ने नयी पीढ़ी के समक्ष एक चुनौती रखी है, नये मार्ग के सन्धान का संकेत किया है। हिन्दी आलोचना केवल सामाजिक सरोकारों की व्याख्याता ही नहीं, अपितु पाठ, टीका, व्याख्या, कोश-निर्माण, पाण्डुलिपियों का अनुसन्धान, युगानुरूप विश्लेषण तक फैली है। जब पाठ ही अशुद्ध होंगे तो अर्थ नहीं अनर्थ की सृष्टि होगी। अनर्थ विवाद को जन्म देगा और साहित्य का उद्‌देश्य ही नष्ट हो जायेगा। जायसी कृत 'पदुमावति' से उन्होंने कई ऐसे पाठ प्रस्तुत किये हैं जिनके प्रयोग से इतिहास के सन्दर्भ बदल जाते हैं, कथा का प्रवाह तीव्र हो जाता है और अर्थबोध सरल हो जाता है।

पाठानुसन्धान की प्रक्रिया विशेषतः 'पद्मावत' में व्यस्त रहने के साथ ही डॉ. सिंह ने अवधी के व्याकरण पर भी गम्भीर कार्य किया है। 'मध्यकालीन अवधी का विकास', 'मलिक मोहम्मद जायसी' और 'पदुमावति : मूलपाठ और साहित्यिक भाष्य', 'वेदना के संवाद', 'अँधेरे के अध्याय', 'हिन्दी सूफ़ीकाव्य में हिन्दू संस्कृति का चित्रण', 'राहुल सांकृत्यायन', 'दक्षिणांचल-दर्शन', 'रामचरित उपाध्याय ग्रन्थावली' आपकी महत्त्वपूर्ण कृतियाँ हैं। इस प्रकार सर्जना के धरातल पर आपका व्यक्तित्व पाठालोचक, समीक्षक और साहित्य सर्जक का रहा है।

हिन्दी में पाठ-विज्ञान अथवा पाठालोचन अभी भी विकसित अवस्था में नहीं है। इसका महत्त्वपूर्ण कारण यह है कि हिन्दी में इस क्षेत्र में कार्यरत विद्वान् पाठालोचन के सिद्धान्तों पर ही बल देते रहे हैं। सिद्धान्तों के मन्थन से ही यह कार्य गुणवत्तापूर्ण नहीं हो सकता, अपितु अन्य आनुषंगिक विज्ञानों के भीतर तक पहुँचना होगा- जैसे भाषा-विज्ञान, लिपि-विज्ञान, पाण्डुलिपि-विज्ञान, इतिहास, मुद्रण कला इत्यादि। प्रसिद्ध पाठालोचक डॉ. माताप्रसाद गुप्त भी अपने समय तक हिन्दी में पाठ-सम्पादन के कार्य से बहुत सन्तुष्ट नहीं दिखते हैं। उनकी दृष्टि में हिन्दी में कई प्राचीन ग्रन्थों के सम्पादित पाठ विभिन्न संस्करणों में प्रकाशित हैं पर उनमें वैज्ञानिक पद्धति का अभाव दिखायी पड़ता है। उनका यह वक्तव्य साठ के दशक में हिन्दी साहित्य कोश में दिया गया है। डॉ. गुप्त के अनन्तर पाठ-सम्पादन की वैज्ञानिक पद्धति का विस्तार भी हुआ है और विकास भी फिर भी हिन्दी में वैज्ञानिक पाठ के सम्पादक बहुत कम संख्या में है। विद्यमान पाठालोचकों में डॉ. कन्हैया सिंह का नाम आदर के साथ लिया जाता है। पाठ-सम्पादन पर डॉ. सिंह द्वारा लिखित पहली पुस्तक 'पाठ-सम्पादन के सिद्धान्त' 1962 ई. में प्रकाशित हुई थी। कहना न होगा कि इसके पूर्व हिन्दी में वैज्ञानिक पाठ-सम्पादन का नितान्त अभाव रहा है। डॉ. माताप्रसाद गुप्त की भी कोई पुस्तक इसके पूर्व पाठालोचन पर नहीं मिलती है। 1960 ई. में उन्होंने 'अनुसन्धान की प्रक्रिया' नामक एक लम्बा लेख लिखा जिसमें श्री एस. एम. कात्रे की पुस्तक का सारांश दे दिया है। आगे चलकर डॉ. कन्हैया सिंह ने 'पाठ-सम्पादन के सिद्धान्त' में कात्रे की

पुस्तक का उपयोग तो किया ही उनके द्वारा उल्लिखित ग्रन्थों का गहन अनुचिन्तन कर एक स्वतन्त्र ग्रन्थ 'पाठ-सम्पादन के सिद्धान्त' की रचना की जो मौलिकता से परिपूर्ण है। पाठालोचन के क्षेत्र में 'पाठ-सम्पादन के सिद्धान्त' को हिन्दी का प्रथम मौलिक ग्रन्थ कहा जाय तो अत्युक्ति न होगी। इस ग्रन्थ का प्रथम संस्करण प्रकाशित हुए पाँच दशकों का लम्बा समय बीत गया। पाठ-सम्पादन की वैज्ञानिक पद्धति जो इस ग्रन्थ में वर्णित है वह आज भी अपनी मौलिकता के कारण टिकी हुई है।

'पाठ-सम्पादन के सिद्धान्त' पुस्तक को चार भागों में विभक्त कर पाठालोचक डॉ. सिंह ने विषय को विश्लेषित करने का अद्भुत प्रयास किया है। पुस्तक के पहले भाग में सिद्धान्तों का विवेचन दूसरे भाग में हिन्दी के विशिष्ट सम्पादन पर वैज्ञानिक ढंग से विचार किया गया है। चौथे भाग में परिशिष्ट और तीसरे में सहायक अध्ययन पर विधिवत् विचार हुआ है। डॉ. सिंह के इस ग्रन्थ पर डॉ. रामचन्द्र तिवारी की टिप्पणी महत्त्वपूर्ण जान पड़ती है—"सिद्धान्त विवेचन के अन्तर्गत 'विषय एवं विस्तार', 'विषय-विभाजन', 'सम्पादन-सामग्री', 'प्रतिलिपिकार' एवं 'पाठविकृतियाँ', 'पाठ-चयन', 'पाठ-सुधार', 'उच्चतर आलोचना' आदि विषयों का विवेचन किया गया है। भाग दो में हिन्दी के विशिष्ट सम्पादनों पर विचार करते हुए डॉ. सिंह ने स्वतन्त्र सम्पादन 'बिहारी-रत्नाकर', 'कवित रत्नाकर' 'नन्ददास ग्रन्थावली', 'मधुमालती', 'पृथ्वीराजरासो' और 'रामचरितमानस' पर अलग-अलग विचार किया है। सहायक अध्ययन में लेखक ने 'हिन्दी पाठ-सम्पादन का इतिहास', 'भारतीय लेखन सामग्री का इतिहास' और 'लिपि का इतिहास' इन तीन विषयों की चर्चा की है। परिशिष्ट में हिन्दी सम्पादकों व सहायक ग्रन्थों की सूची दी है।" इससे स्पष्ट है कि डॉ. सिंह ने 'पाठ-सम्पादन के सिद्धान्त' में हिन्दी-अंग्रेजी की पाठ-सम्पादन तकनीक का विधिवत् अध्ययन किया है और उसे बोधगम्य बनाते हुए हिन्दी में सर्वथा नवीन विषय के रूप में उनकी स्थापना किया है। यह लेखक का पाठालोचन के क्षेत्र में बड़ा अवदान कहा जायगा। इस ग्रन्थ का दूसरा संस्करण 1988 ई. में प्रकाश में आया जिसमें विषय विभाजन के सम्पूर्ण स्वरूप को परिवर्तित कर दिया गया। इस संस्करण में पाठानुसन्धान के नये आयाम, सम्पादन, सामग्री, प्रतिलिपिकर्त्ता और पाठों में आयी विकृतियों, पाठ चयन और सुधार, विभिन्न लिपियों के चित्र तथा पाठ-सम्पादन का संक्षिप्त इतिहास का प्रावधान कर पुस्तक को अद्यतन शोधों, नवीन प्रविधियों और नवानुसन्धानित पाठों से जोड़कर उपयोगी, श्रेष्ठ और प्रासंगिक बन दिया है।

पाठालोचन पर डॉ. कन्हैया सिंह की तीसरी महत्त्वपूर्ण कृति 'हिन्दी पाठानुसन्धान' के नाम से जानी जाती है जिसका प्रकाशन 1990 ई. में हुआ। इस ग्रन्थ में इस समय तक हिन्दी में सम्पन्न पाठानुसन्धान का कालक्रम की दृष्टि से सुसम्बद्ध विवेचन किया गया है। पुस्तक का महत्त्वपूर्ण पक्ष है सम्पादित पाठों का वैज्ञानिक परीक्षण और समीक्षण। इस दृष्टि से हिन्दी का यह पहला ग्रन्थ है जो पाठ-सम्पादन की वैज्ञानिक दृष्टि, इतिहास और काव्यों-महाकाव्यों के शुद्ध-पाठ की स्थापना कर सका है। इसके पूर्व हिन्दी क्षेत्र में इस तरह के कार्य नहीं हुए थे। इस महत्त्वपूर्ण पुस्तक में जार्ज ग्रियर्सन के अनन्तर सम्पादित 30 कृतियों के पाठ की समीक्षा भी की गयी है और उनकी प्रामाणिकता का तथ्य रखा गया है। वह स्वयं में एक बड़ा कार्य है। यह श्रम साध्य और वैज्ञानिक पाठ सम्पादक की दृष्टि का परिचायक है। इस पुस्तक में कई महत्त्वपूर्ण कृतियों को सम्मिलित नहीं किया गया है। 'विद्यापति पदावली' पाठालोचक की वैज्ञानिक दृष्टि से वंचित रहनेवाली महत्त्वपूर्ण रचना है पर हिन्दी के इतने विस्तृत फलक पर फैली कृतियों का पाठ-

सम्पादन, उनका परीक्षण करना न सम्भव है न आवश्यक ही। 30 कृतियों का पाठानुसन्धान सम्बन्धी विश्लेषण किसी भी लेखक की वैज्ञानिक दृष्टि, क्षमता और शक्ति को जानने के लिए पर्याप्त है। वैसे डॉ. सिंह की पुस्तक 'हिन्दी पाठानुसन्धान' पर बहुत ही कम चर्चा हुई है। सम्भवतः उसका कारण है हिन्दी में पाठानुसन्धान और वैज्ञानिक पाठ प्रस्तुत करनेवाली पीढ़ी का अवसान। पूरे देश में डॉ. कन्हैया सिंह जैसे दो-चार विद्वान् ही हैं जो इस महत्त्वपूर्ण पक्ष पर कार्यरत हैं।

हिन्दी आलोचना की अनेक शाखा-प्रशाखा वर्षों से विकसित हैं पर समालोचकों का सर्वाधिक ध्यान सामाजिक आलोचना पर टिक गया है। आलोचना-समालोचना के अन्य पहलू उपेक्षित अथवा कालबाह्य समझकर त्याग दिये गये हैं। हिन्दी आलोचना एक सीमित खाँचे में सिमटती जा रही है। मुख्यतः कथा साहित्य और कतिपय विचारधारा विशेष पर रचे साहित्य समीक्षा की केन्द्रीयता निर्धारित कर रहे हैं। सौन्दर्य चेतना, आध्यात्मिक आनन्द के भाव, उक्ति वैचित्र्य, वाक्पटुता का वैभव, शिल्प, काव्य-चमत्कार, वस्तु तत्त्व के प्रति जिज्ञासा, पाठकीय आनन्द, आलोचना के पटल से तिरोहित हो गये हैं। टीका, व्याख्या, पाठालोचन अथवा पाठानुसन्धान, तुलनात्मक समीक्षा समीक्षकों की दृष्टि से ओझल हो चुकी हैं। यही कारण है कि आदिकाल और भक्तिकाल का साहित्य अनुसन्धित्सुओं और नयी पीढ़ी के गवेषक साहित्यमर्मी विद्वानों में एक अरुचि और तटस्थता का भाव उत्पन्न कर रहे हैं। गोरखनाथ, रासो काव्यपरम्परा, जायसी, कबीर, तुलसी, सूर और भूषण यहाँ तक कि 'साहित्यालोचन' के कृतिकार श्यामसुन्दर दास की मान्यताएँ आलोचना के हाशिये पर डाल दी गयी हैं। आज सभी अध्यायक आलोचक बन बैठे हैं और आदिकाल, भक्तिकाल को भूल चुके हैं। रामचन्द्र शुक्ल, लाला भगवानदीन, वासुदेवशरण अग्रवाल, पद्मसिंह शर्मा, विश्वनाथ प्रसाद मिश्र, हजारीप्रसाद द्विवेदी की समीक्षात्मक पद्धतियाँ विस्मृति के दलदल में फँस चुकी हैं। यह हजार वर्षीय हिन्दी साहित्य के लिए चिन्तनीय है।

पाठालोचक डॉ. कन्हैया सिंह इस दृष्टि से अत्यन्त सजग आलोचक हैं उन्होंने 'पदुमावति' के सन्दर्भ में 20 पृष्ठों में बड़े ही वैज्ञानिक ढंग से अर्थ की संगति और पाठ की शुद्धता पर सतर्क-सोदाहरण विवेचन किया है। पाठ की शुद्धता से अर्थबोध में सुकरता आती है। संस्कृति में 'स्वजनः श्वजनों बनकर जिस अनर्थ का प्रतिपादन करता है वही फारसी में 'नुक्ता के हेर-फर से खुदा का जुदा' हो जाने का उदाहरण भी हमारे सामने है। फिर भी आज के विद्वान् इसे दृष्टिपथ में न रखकर गलत पाठ से गलत अर्थ की ओर बढ़ते दीख पड़ते हैं। 'पदुमावत्ति' के सन्दर्भ में डॉ. सिंह ने ऐसे सैकड़ों पाठों का अर्थसंगत रूप इस पुस्तक में दिया है। भूमिका के अन्तर्गत ऐसे ही इक्कीस पाठों को उद्धृत करते हुए डॉ. सिंह पाठालोचन के क्षेत्र में 'स्टाल वर्ड' जैसे दिखते हैं। इस पुस्तक में शताधिक पाठों को फारसी लिपि चिह्नों से मिलान, पूर्ववर्ती पाठों से तुलना तथा अर्थ बोध की संगत व्याख्या कर उन्होंने एक ऐसे मानक पाठ का निर्धारण किया है जिसमें अर्थ की स्वाभाविक ध्वनि सुनायी पड़ती है। इसका एक बड़ा कारण यह है कि डॉ. सिंह के पास दर्जनों ऐसी पाण्डुलिपियाँ हैं जिन पर विद्वानों ने बहुत पहले से ही विमर्श कर रखा था। उसके निष्कर्ष डॉ. सिंह के समक्ष थे। डॉ. ग्रियर्सन, डॉ. सूर्यकान्त शास्त्री, आचार्य रामचन्द्र शुक्ल, ए.जी. शिरेफ, डॉ. माताप्रसाद गुप्त, डॉ. वासुदेवशरण अग्रवाल, राय अम्ब्रिका प्रसाद सिंह, प्रो. भगवती प्रसाद सिंह की प्रतियों को आधार बनाकर डॉ. कन्हैया सिंह ने उनकी कमियों का समाहार किया है और अपने सुसंगत एवं वैज्ञानिक पाठ का निर्धारण किया है। साथ ही ऐसी साहित्यिक

समीक्षा का सृजन किया है जिसमें पाठ भेद के कारण उत्पन्न होनेवाले अनर्थ समाप्त हो गये हैं। डॉ. सिंह हिन्दी, और फारसी लिपियों के जानकार हैं साथ ही बोलियों की प्रकृति से पूर्ण परिचित है। अवधी में लिखा पदुमावति ग्रन्थ का पाठ-सम्पादन इसलिए भी वैज्ञानिक और अर्थपूर्ण बन गया है। क्योंकि अवधी व्याकरण पर उनकी जबरदस्त पकड़ है।

'पदुमावति' के इस पाठ निर्धारण और अर्थसंगति की युति बैठाने में डॉ. कन्हैया सिंह ने प्रो. भगवती प्रसाद सिंह के साथ जिस तन्मयता, बहस-विमर्श, तर्क-वितर्क ओर आत्यन्तिक निष्ठा से वर्षों कार्य किया है वह दिन इस पुस्तक को देखकर जीवन्त हो उठते हैं। कभी-कभी तो एक ही पाठ पर आठ-आठ घण्टे बीत जाने पर भी निर्णय नहीं हो पाते थे। उस समय मुझे समझ में नहीं आता था कि जायसी के पाठ पर इस प्रकार की माथापच्ची क्यों हो रही है? पर आज इस पुस्तक में 'निसँठ' पाठ का पाठार्थ और 'बसियारा' की अर्थसंगति देख अर्थभावी मन रीझ उठता है। इसी प्रकार के अन्य निर्णय इस प्रति में स्थान-स्थान पर देखे जा सकते हैं। अध्ययन की इस विश्लेषणपरक चिन्तन प्रक्रिया में डॉ. वासुदेवशरण अग्रवाल और सैयद हसन अस्करी के निर्णयों से प्रभावित लगते हैं।

'पदुमावति' (मूल पाठ तथा साहित्यिक व्याख्या) में एक ओर पाठालोचक डॉ. सिंह ने शुद्ध, स्वाभाविक और अर्थसंगत पाठ का निर्धारण किया है तो दूसरी ओर स्वयं और अन्य पाठों की एकरूपता होते हुए भी अर्थविसंगतियों को सही दिशा दी है। इस प्रकार पाठानुसन्धान, संगत, अर्थबोध, पाठालोचन की प्रविधि और पाठ साम्य रहते हुए भी अनर्गल अर्थों को सही दिशा देने का कार्य यह पुस्तक अपनी पूर्ण शक्तिमत्ता के साथ निभाती है। पाठालोचन के क्षेत्र में इच्छुक गवेषकों के लिए एक सरल और वैज्ञानिक पद्धति (मैथॉडालाजी) का उपस्थान इस पुस्तक की दूसरी विशेषता है। डॉ. सिंह का वैज्ञानिक पाठ, व्याख्या की सीधी, सरल और अर्थबोधक शैली जायसी कृत 'पदुमावति' को पढ़ने के प्रति ललक जगाती है। वैसे डॉ. सिंह का स्वभाव जल्दी-जल्दी काम निपटाने का रहा है पर इस पुस्तक में उनका डूबकर निकलना 'ज्यौं-ज्यौं बूड़ै श्याम रंग त्यौं-त्यौं उज्ज्वल होय' जैसा लगता है। यह कितना विस्मयकारी और अद्‌भुत है कि पाठालोचक डॉ. कन्हैया सिंह गत छह दशकों से पाठ-सम्पादन, पाठानुसन्धान और हिन्दी में वैज्ञानिक पाठ के पुरोधा विद्वान् के रूप में निरन्तर कार्यरत हैं। इस सन्दर्भ में डॉ. कन्हैया सिंह द्वारा पाठानुलोचित एवं सम्पादित पदुमावति के दो स्थल उदाहरण के लिए पर्याप्त होंगे—

1. छन्द सं. 23/6 में स्वीकृत पाठ है—'जेहि के बोल बिरह के घाया। कहँ तेहि रूप कहाँ तेहि काया' इस पंक्ति का पाठ डॉ. माताप्रसाद गुप्त में—'कहाँ तेंहि रूप कहाँ तेहि छाया', ग्रियर्सन में 'कहँ तेहि भूख नींद तोहि छाया' पाठ है तथा आचार्य शुक्ल में 'कहँ तेहि भूख कहाँ तेहि माया' पाठ है। स्वीकृत पाठ जौनपुरवाली प्रति में है। यही अर्थ संगत और प्रसंगानुमोदित है। प्रेम के कवि को 'रूप और काया' का ध्यान नहीं रहता यही अर्थ है। इस छन्द के अर्थ पाठ की संगति उसके अन्त में दिये गये दोहे से भी हो जाती है—

मुहमद कबि जो प्रेम का ना तन रकत न माँसु।
जेइ मुँह देखा सोई हँसा सुना तो आये आँसु।।

2. छन्द 414/3 स्वीकृत पाठ है—

'तेहि पर अलक भुवंगिनि डसा। रिर पर चढ़ी हिएँ पर बसा।।' ध्यातव्य है कि शुक्ल जी एवं गुप्त जी ने 'डसा' के स्थान पर 'बसा' (जसा) और 'परबसा' के स्थान पर 'परगसा' पाठ

रखा है। जायसवाली प्रति में 'बसा' और 'डसा' पाठ ही है। जौनुपरवाली प्रति में भी यह दोनों पाठ हैं पर पहली पंक्ति में 'बसा' और दूसरी में 'डसा' पाठ है। इस पाठ में सिर चढ़ना और हृदय पर लोटना, दोनों ही पीड़ादायक है और एक नागिन के लिए प्रचलित मुहावरे का प्रयोग है। कामायनी में आता है 'सिर चढ़ी रही पाया न हृदय'। यहाँ अर्थ है— कुच नारंग के भार से वैसे ही पदुमावति खड़ी नहीं हो पा रही है, ऊपर से उसके दोनों नारंग कुचों को नागिन ने डस लिया है (कुचों की मुखाग्रकालिमा के रूप में) इसके प्रभाव से वह दुःखी है। उसकी अलकें नागिन की तरह उसके सिर पर चढ़ी हैं और सीने पर लेटती हैं। इस महत्त्वपूर्ण अर्थवाले मूल पाठ को अन्य विद्वानों द्वारा ग्रहण नहीं किया जा सकता है।

अध्यक्ष, हिन्दुस्तानी एकेडमी
प्रयागराज (उ.प्र.)

हिन्दी पाठालोचन के उन्नायक

हरिशंकर मिश्र

ऋषिकल्प डॉ. कन्हैया सिंह बहुअधीत, बहुश्रुत, बहुज्ञ और विश्रुत मनीषी हैं। हिन्दी साहित्य और भाषा के अनेक अनुशासनों में उनकी गहरी पैठ है। मध्यकालीन साहित्य विशेषतः सूफ़ी-वाङ्मय के वह मर्मज्ञ और विशेषज्ञ हैं। सूफ़ी-सहित्य-सम्बन्धी उनकी विशेषज्ञता अपेक्षाकृत वैशिष्ट्ययुक्त हैं क्योंकि उन्होंने पाठानुसन्धानपूर्वक पाठाधारित समीक्षा की है। अतः इस सन्दर्भ में उनके निष्कर्ष महत्त्वपूर्ण और सार्थक हैं। वस्तुतः डॉ. कन्हैया सिंह का अनुशीलन और लेखन केवल अनुशीलन और लेखन के लिए नहीं है, अपितु उन्होंने इसे महत्त्वपूर्ण कार्य मानकर सम्पन्न किया है। अध्ययन और लेखन उनकी दिनचर्या का अनिवार्य अंग है। बात यह है कि जिस अनुशासन (पाठालोचन) पर कार्य करने के लिए उन्होंने सजल संकल्प लिया, वह निस्सन्देह श्रमसाध्य और क्लिष्टतर है, किन्तु उनके गम्भीर व्यक्तित्व ने इस कार्य की सम्पन्नता के लिए पूरा साथ दिया है। अब भी (पचासी वर्ष की अवस्था में) कोई युवा अध्येता उनसे प्रेरणा ले सकता है। डॉ. कन्हैया सिंह के सम्पर्क में आकर और उनके साहित्य का अध्ययन-मनन करने पर मुझे आचार्य मल्लिनाथ की यह प्रतिज्ञा-उक्ति उन पर पूर्ण रूप से घटित जान पड़ती है—'नामूलं लिख्यते किंचित् नानपेक्षितभाषते।' अर्थात् उन्होंने मूल सामग्री को ध्यान में रखकर ही लेखन किया है और अपेक्षित का ही विश्लेषण किया है। अतः डॉ. कन्हैयासिंह के लेखन और वक्तव्य में भरपूर प्रामाणिकता मिलती है। उनके चिन्तन-मनन तथा लेखन में किसी प्रकार की हठधर्मिता नहीं लक्षित होती है। वह वैज्ञानिक पद्धति से परीक्षित और तर्काधारित तथ्यों को सहज रूप में स्वीकार करते हैं, काल्पनिक और सुनी-सुनायी बातों पर उनका विश्वास नहीं है। एक सच्चे पाठानुसन्धायक या पाठालोचक का यह प्रमुख वैशिष्ट्य है। मूलतः डॉ. कन्हैया सिंह इलाहाबाद विश्वविद्यालय के हिन्दी विषय के परास्नातक (एम.ए.) हैं। वहाँ उन दिनों डॉ. माताप्रसाद गुप्त हिन्दी विभाग में थे और वह पाठालोचन के वैज्ञानिक स्वरूप के पुरस्कर्त्ता और उसकी वैज्ञानिक प्रविधि के विनियोक्ता थे। डॉ. कन्हैया सिंह के पाठानुसन्धान सम्बन्धी चिन्तन अनुचिन्तन पर डॉ. गुप्त का व्यापक प्रभाव परिलक्षित होता है।

डॉ. कन्हैया सिंह को भक्ति साहित्य के सुप्रसिद्ध मनीषी और रामभक्ति काव्य धारा के विशेषज्ञ डॉ. भगवती प्रसाद सिंह का सान्निध्य भी प्राप्त था। उन्होंने जायसी की 'पदुमावति' का पाठसम्पादन डॉ. भगवतीप्रसाद सिंह के साथ किया। इस प्रकार डॉ. कन्हैया सिंह को पाठालोचन

के सैद्धान्तिक और व्यावहारिक दोनों पक्षों की विशेषज्ञता प्राप्त है। डॉ. सिंह का पाठालोचन के क्षेत्र में एक विशेष योगदान यह है कि उन्होंने इस अनुशासन के सिद्धान्तों, मान्यताओं और प्रविधियों-सहित, अन्य आनुषंगिक प्रकरणों पर गम्भीरतापूर्वक चिन्तन करते हुए उन्हें पुस्तकाकार रूप दिया है, जो 'पाठ-सम्पादन के सिद्धान्त' नाम से पाठालोचन के क्षेत्र में विश्रुत है। डॉ. कन्हैया सिंह ने इस पुस्तक की रचना में पाठालोचन विषयक अंग्रेजी, संस्कृत तथा विश्वकोशों का व्यापक अनुशीलन किया है। उन्होंने इस क्षेत्र में कार्य सम्पन्न करनेवाले विदेशी विद्वानों—कार्ल लकमैन, हेनरी क्वेण्टिन, सर वाल्टर ग्रेग, आर्विबैल्ड हिल, विण्टन ए. डीयरिंग आदि को गम्भीरतापूर्वक समझा तथा इसी प्रकार संस्कृत ग्रन्थों विशेषतः 'महाभारत' के सम्पादन के साथ विकसित हुए पाठ-सम्पादन की प्रविधियों का व्यापक अनुशीलन किया। डॉ. एस. एम. कात्रे द्वारा लिखित 'इण्ट्रोडक्शन टू इण्डियन टेक्स्चुअल क्रिटिसिज़्म' जिसमें पी. के. गोडे, एम. ए. क्यूरेटर का परिशिष्ट भी सम्मिलित है, इस पुस्तक का भी डॉ. कन्हैया सिंह ने अध्ययन किया। इस प्रकार 'पाठ-सम्पादन के सिद्धान्त' पुस्तक में उन्होंने अपने समय तक पाठ-सम्पादन सम्बन्धी किये गये कार्यों की स्थापनाओं, मान्यताओं, सिद्धान्तों, सम्भावनाओं और समस्याओं की समीक्षात्मक स्थिति को प्रस्तुत किया है तथा अपने सम्पादन सम्बन्धी अनुभवों से उसे स्पष्ट और व्यावहारिक बनने का पर्याप्त प्रयास किया है। डॉ. कन्हैया सिंह की यह पुस्तक केवल हिन्दी के लिए ही नहीं अपितु अन्य भाषाओं के सम्पादन कार्य को यथोचित रूप में सम्पन्न करने में बहुत उपयोगी है। इस पुस्तक का अन्य भारतीय भाषाओं में अनुवाद किया जाना अपेक्षित है, क्योंकि भारतीय भाषाओं की, मुद्रण प्रारम्भ होने से पूर्व की, अनेक महत्त्वपूर्ण पाण्डुलिपियों के सम्पादन में इसकी महत्त्वपूर्ण उपयोगी भूमिका हो सकती है। कन्हैया सिंह ने इस पुस्तक के निवेदन में अपनी जो चिन्ता और अपेक्षा व्यक्त की है, उसे ध्यान से समझना समीचीन है। ''पाठालोचन के सम्बन्ध में मेरे अध्ययन और व्यक्तिगत अनुभवों ने इसकी सामग्री का विस्तार किया है। इस पुस्तक में पाठ-सम्पादन के सिद्धान्त और अन्य सहायक विषयों की चर्चा की गयी है।...प्राचीन कवियों के पाठकों का जैसा वैज्ञानिक सम्पादन चाहिए, वैसा हिन्दी में कम हुआ है। जायसी और तुलसी के पाठ-सम्पादन के महत्त्वपूर्ण कार्य हुए हैं। अन्य कवियों के पाठकों के अभी इतने सन्तोषजनक परिणाम नहीं मिले हैं। भाषा विषयक शोध, ऐतिहासिक शोध तथा रचनाकार की साहित्यिक-सैद्धान्तिक समालोचना के लिए सर्वप्रथम उसकी रचना का मूल पाठ स्थिर होना आवश्यक है।''

पाठालोचन शुष्क और जटिल प्रकृतिवाला विषय है हिन्दी में उन्नीसवीं शताब्दी उत्तरार्द्ध से पहले इसका स्वरूप और प्रवृत्तियाँ स्पष्ट नहीं थीं। डॉ. कन्हैया सिंह का मानना समीचीन है, ''इस विषय की दुरूहता और शुष्कता के कारण इसे समझने का प्रयास कम लोगों ने किया और यह विषय बहुत दिनों तक पहेली-सा बना रहा।'' डॉ. कन्हैया सिंह ने इस प्रकार के शुष्क एवं दुरूह विषय को अपने अथक परिश्रम से सुबोध एवं सहज बनाने का प्रयास किया। हिन्दी में पाठ-सम्पादन की वैज्ञानिक विधि के आने से पूर्व जो विधियाँ इस कार्य हेतु व्यवहृत होती रहीं, उनमें सम्पादक की रुचि प्रमुख होती थी। नवीन विधि (वैज्ञानिक विधि) से पूर्व कुछ सम्पादकों की धारणा यह थी कि प्रतिलिपि में प्राप्त पाठों को, भले ही, वह विकृत, सन्दिग्ध, अनुपयुक्त अथवा प्रक्षिप्त हों, उनमें किसी प्रकार का संशोधन-सुधार न किया जाये। अपितु उन्हीं पाठों में खींच-तान कर अर्थ की संगति बिठायी जाये। इस सम्पादन विधि के विपरीत भी एक विधि पहले प्रयोग में लायी जाती थी जिसमें संशोधन का विशेष आग्रह होता था। पाठ का संशोधन व्याख्या के अनुसार किया जाये, यह इस विधि की मूलभूत धारणा थी। इस विधि में यह माना जाता है कि विकृति अथवा सन्दिग्ध पाठ की अपेक्षा संशोधित पाठ अधिक उपयुक्त होता है। इन दोनों विधियों के अतिरिक्त

एक अन्य विधि भी पाठानुसन्धान के क्षेत्र में मिलती है, जिसमें पाठान्तरों को संकलित कर दिया जाता है तथा उन पाठों में कौन पाठ प्रामाणिक है या निकटतम मूल पाठ है, इसका निर्णय पाठकों या समीक्षकों पर छोड़ दिया जाता है। इस विधि की मूल धारणा है कि विभिन्न पाठान्तरों में से किसी एक पाठ को ही पाठकों के लिए निर्धारित करके उनको विवश करना न्यायसंगत नहीं है। पाठकों को अपनी दृष्टि से पाठ ग्रहण करने के लिए अवसर देना उपयुक्त है। यह पाठालोचन या पाठानुसन्धान की कोई विधि न होकर संकलन मात्र है।

डॉ. कन्हैया सिंह ने गम्भीरतापूर्वक विचार करते हुए पाठानुसन्धान के लिए इन विधियों को सर्वथा अनुपयुक्त माना है। उन्होंने इस क्षेत्र में वैज्ञानिक या शास्त्रीय विधि को उपयुक्त मानते हुए उस पर विचार किया। उनके अनुसार इस विधि के अन्तर्गत ''सम्पादन के सिद्धान्तों के अनुसार प्राप्त हस्तलेखों की विधिवत् परीक्षा करके उनमें प्राप्त होनेवाली निश्चेष्ट विकृतियों के आधार पर उसके प्रतिलिपि सम्बन्धों का निराकरण किया जाता है और प्रतियों का शाखाओं के अनुसार वर्गीकरण किया जाता है। इसके उपरान्त प्रत्येक शाखा के मूलादर्शों का पाठ तैयार करके उन मूलादर्शों के ऊपर पाठ-सम्पादन के सिद्धान्तों के प्रयोग द्वारा रचना के मूल पाठ की खोज की जाती है।'' इस विधि की विशेषता है कि यह तर्क पर आधारित होती है तथा इसमें कार्यकारण का सम्बन्ध लक्षित होता है। डॉ. कन्हैया सिंह वैज्ञानिक विधि के सम्बन्ध में स्पष्ट करते हैं कि वह वैज्ञानिक इसी अर्थ में कही जा सकती है कि इसमें निर्धारित नियमों के अनुगमन द्वारा निर्धारित निष्कर्षों पर पहुँचा जाता है। वस्तुतः पाठविज्ञान प्राकृतिक विज्ञानों से भिन्न कोटि का है क्योंकि इसके नियमों के साथ अपवाद भी रहते हैं। अतः यह भौतिक विज्ञानों की भाँति सार्वभौमिक नहीं हैं। डॉ. कन्हैया सिंह ने स्पष्ट विवेचना की है कि पाठालोचन आगमन शैली का शास्त्र न होकर निगमन शैली का है। पाठानुसन्धान की वैज्ञानिक पद्धति को डॉ. एस.एम. कात्रे ने सर्वोत्तम विधि मानते हुए लिखा है, ''अतः सर्वोत्तम विधि तो यही है कि समस्त उपलब्ध हस्तलिखित प्रतियों के विभिन्न पाठान्तरों के आधार पर सम्प्रेषित पाठ की वैज्ञानिक व्याख्या की जाय और यदि वह पाठ अत्यन्त भ्रष्ट है तो सावधानी से अन्तरंग एवं बहिरंग सम्भावनाओं के आधार पर उस बिन्दु की खोज करनी चाहिए विरोधी पाठान्तर मिलते हैं तब उसे अनुमानिक संशोधन के रूप में स्वीकार किया जा सकता है। यदि, संशोधित पाठ का प्राचीन स्वरूप उपलब्ध है, तो हमारा अनुमान निश्चित रूप से सही है, किन्तु जहाँ कोई प्राचीन समरूप उपलब्ध नहीं है, वहाँ भी हम अपने अनुमान के प्रति सामान्य रूप से आश्वस्त हो सकते हैं। (इण्ट्रोडक्शन टू इण्डियन टेक्स्चुअल क्रिटिसिज़्म)। डॉ. कन्हैया सिंह ने अपने पूर्ववर्ती पाठालोचकों के श्रम लगन और विधियों का ध्यानपूर्वक सर्वेक्षण और समीक्षण किया है। इस सन्दर्भ में वह लिखते हैं, ''हिन्दी में प्रमुख रूप से दो विद्वानों ने लगन एवं श्रम से कार्य किया—डॉ. माताप्रसाद गुप्त और पं. विश्वनाथप्रसाद मिश्र।'' डॉ. सिंह ने उनकी सम्पादन पद्धतियों में अन्तर स्पष्ट करते हुए विचार व्यक्त किया है। ''डॉ. माताप्रसाद गुप्त की पद्धति शास्त्रीय या वैज्ञानिक है। जबकि प. विश्वनाथ प्रसाद मिश्र इस पद्धति को आंशिक रूप में स्वीकार करते हैं। वैज्ञानिक शब्द में मिश्र जी को कुछ उलझन प्रतीत होती है।'' वह इस बात को इस प्रकार स्पष्ट करते हैं, ''कोरी वैज्ञानिक प्रक्रिया से मानस क्या हिन्दी के किसी ग्रन्थ का ठीक सम्पादन नहीं हो सकता। इसके लिए साहित्यिक प्रविधि का त्याग अहितकर है।'' आचार्य मिश्र ने अपने पाठानुसन्धान या पाठ-सम्पादन-सम्बन्धी कार्यों में जिस पद्धति या प्रविधि का प्रयोग किया उसे साहित्यिक प्रविधि कहते थे। इस पद्धति को वह वैज्ञानिक पद्धति से श्रेयस्कर या श्रेष्ठतर मानते थे क्योंकि उनकी दृष्टि में वैज्ञानिक प्रक्रिया भारतीय दृष्टि से विज्ञान होने से जड़ है। साहित्यिक प्रक्रिया दर्शन होने से चेतन है। मूल ग्रन्थ के लेखक से

लेकर सम्पादक तक सभी चेतन प्राणी होते हैं। जड़ की गतिविधि जितनी व्यवस्थित होती है उतनी चेतन की नहीं। मिश्र जी वैज्ञानिक पद्धति को 'यान्त्रिक प्रक्रिया' भी मानते हैं।

डॉ. कन्हैया सिंह पाठानुसन्धान या पाठसम्पादन के सम्बन्ध में वैज्ञानिक पद्धति के प्रति आचार्य मिश्र के दृष्टिकोण से सहमत नहीं हैं। वह यह स्वीकार करते हैं कि वैज्ञानिक पद्धति में चेतना के उपयोग का सर्वाधिक अवकाश होता है। डॉ. कन्हैया सिंह कहते हैं कि, "पाठ-सम्पादन की वैज्ञानिक विधि के सम्बन्ध में तो मेरा स्पष्ट मत है कि यह विधि शल्य-क्रिया में प्रयुक्त होनेवाले सुन्दर यन्त्रों के समान हैं। यह यन्त्र जितने ही योग्य अनुभवी एवं प्रातिभ डॉ. द्वारा प्रयुक्त होंगे उतने ही सुखद परिणाम होंगे। यदि कोई अल्पज्ञ इनका प्रयोग करेगा तो शल्य-यन्त्र शूल-यन्त्र सिद्ध हो सकते हैं।" (पाठ-सम्पादन के सिद्धान्त, पृष्ठ 17)। इसी प्रकार आचार्य मिश्र मानते हैं, "हिन्दी के प्राचीन ग्रन्थों के सम्पादन की साहित्यिक सरीज के प्रवर्तक काशी विश्वविद्यालय के दिवंगत प्राध्यापक लाला भगवान दीन, पं. रामचन्द्र शुक्ल और बाबू श्यामसुन्दरदास थे। इनके सम्पादित ग्रन्थों में कुछ ऐसी अच्छाइयाँ हैं जो वैज्ञानिक सम्पादकों में नहीं रह गयीं।" डॉ. कन्हैया सिंह ने अध्ययन और व्यावहारिक अनुभव से यह स्पष्ट किया है। "यह साहित्यिक विधि कल्पना पर आधारित होने के कारण कोई नियमबद्ध विधि नहीं कही जा सकती है। इसमें यह पद पर भूल और भ्रम की सम्भावना रहती है।" वैज्ञानिक विधि को लेकर एक भ्रम यह भी व्याप्त था कि इस पद्धति से सम्पादन पर केवल शब्द पर बल रहता है और अर्थ पर ध्यान ही नहीं दिया जाता। डॉ. कन्हैया सिंह इससे सहमत नहीं हैं। उनका कथन है कि, "इस विषय का भ्रम दूर हो जाना चाहिए कि वैज्ञानिक सम्पादन शब्द पर विशेष बल देता है, अर्थ पर नहीं।" इस प्रकार वैज्ञानिक विधि ही पाठानुसन्धान पाठ-सम्पादन के लिए उपयुक्त है इसका अवलम्बन न करने के कारण अनेक भ्रान्तियों की सम्भावना बनी रहती है। पाठालोचन का उद्‌देश्य मूल पाठ या निकटतम मूल पाठ को प्राप्त करना है। इस लक्ष्य की प्राप्ति के लिए पाठालोचक या पाठानुसन्धान का दायित्व बहुत बढ़ जाता है। पाठालोचन के सिद्धान्तों, प्रविधियों और मान्यताओं से पुष्ट पाठ ही ग्रहण करना चाहिए। सम्पाद्य ग्रन्थ की विभिन्न हस्तलिखित प्रतियों का तुलनात्मक मिलान कर पाठान्तरों को ज्ञात करना आवश्यक है। इन पाठान्तरों में उस पाठ का चयन करना चाहिए जो सम्पाद्य ग्रन्थ की प्राचीन प्रति में प्राप्त हो और ऐसा सम्भव न होने पर अधिसंख्य प्रतियों में प्राप्त (बहुमत का) पाठ ग्रहण करना उपयुक्त है। पाठालोचक या सम्पादक द्वारा जो पाठ स्वीकार किये जायें, वह अन्तरंग और बहिरंग परीक्षण की दृष्टि से तथा लेखानुसंगति और अर्थानुसंगति से संगत हों। इस सन्दर्भ में डॉ. कन्हैया सिंह का उपयुक्त सुझाव है, "ऐसी दशा में जो पाठ मुद्रित होकर साहित्य रसिकों के सम्मुख आना चाहिए, वह इधर-उधर से आया हुआ अशुद्ध, भ्रष्ट एवं अविश्वसनीय पाठ नहीं होना चाहिए। इसके लिए यह आवश्यक हो जाता है कि उन ग्रन्थों का सम्पादन पाठालोचन की वैज्ञानिक विधि से अधिकारी विद्वानों द्वारा किया जाये तथा पाठों के सम्बन्ध में किये जानेवाले निर्णय निश्चयात्मक हो सकें।"

डॉ. कन्हैया सिंह ने 'हिन्दी पाठानुसन्धान' ग्रन्थ के अन्तर्गत हिन्दी के प्रमुख सम्पादित ग्रन्थों के विभिन्न संस्करणों की तुलनात्मक समीक्षा की है और वैज्ञानिक पद्धति से पाठालोचन-सम्मत संस्करणों का स्पष्ट उल्लेख किया है। उन्होंने हिन्दी में किये गये पाठालोचन-सम्बन्धी कार्य या सुव्यवस्थित इतिवृत्त को उक्त ग्रन्थ में प्रस्तुत किया है। अतः निश्चयात्मक रूप में कहा जा सकता है कि डॉ. कन्हैया सिंह पाठालोचन शास्त्र के समर्पित, साधनारत मनीषी हैं।

अवकाश प्राप्त आचार्य, हिन्दी विभाग लखनऊ विश्वविद्यालय

लखनऊ (उ.प्र.)

पाठानुसन्धान परम्परा के अन्वेषक

योगेन्द्र प्रताप सिंह

हिन्दी साहित्येतिहास लेखन का प्रारम्भिक युग दो दृष्टियों से अत्यन्त महत्त्वपूर्ण रहा है। प्रथम, हिन्दी की रचनाओं का सर्वेक्षण-समाकलन और दूसरा, उन रचनाओं के पाठों का अन्वेषण तथा सम्पादन-प्रकाशन। दूसरा सन्दर्भ रचनाओं को प्रकाश में लाने के साथ-साथ उसके प्रामाणिक पाठों को उपलब्ध कराने का है। इस कार्य में पाठानुसन्धान का योगदान अप्रतिम है। यदि हमें अपने प्राचीन साहित्य के प्रामाणिक पाठ नहीं प्राप्त हुए होते तो साहित्य के इतिहास का ज्ञान और इतिहास बोध दोनों सम्भव न हो पाता। साहित्य की परम्परा का वास्तविक ज्ञान पाठालोचन के कारण सम्भव हो पाया।

आदिकालीन और भक्तियुगीन साहित्य की प्रचुर सामग्री के आधार पर हिन्दी साहित्य की जिस समृद्ध परम्परा का दाय हिन्दी साहित्य को मिला है निश्चित तौर पर उसमें पाठानुसन्धान की अहम् भूमिका रही है। भक्तियुग हिन्दी का स्वर्ण युग रहा है यह उस युग के साहित्य की प्रामाणिक पाठों की उपलब्धता के आधार पर निश्चित हो सका। भक्तियुग का समस्त साहित्य इधर-उधर बिखरा था। मुद्रण की वर्तमान प्रणाली के अभाव में पाठों की मौखिक परम्परा थी और उन पाठों की प्रतिलिपि लोग बनाकर रखते थे जो स्वयं में एक श्रमसाध्य और दुष्कर कार्य था। प्रतिलिपियों के निर्माण और प्रतिलिप्यकारों के रचनात्मक अथवा अज्ञानात्मक हस्तक्षेप से पाठ में या तो प्रक्षिप्त जुड़ जाते थे या पाठ कुछ विकृत हो जाते थे। पाण्डुलिपियों के संरक्षण की समुचित प्रणाली न होने के कारण कुछ अक्षरों का मिट जाना या दाग-धब्बों की अवांछित उपस्थिति से पाठ का विकृत हो जाना प्रामाणिक पाठों की राह में एक बड़ी चुनौती थी, जिसे पाठालोचन की प्रणाली ने दूर किया। सम्पूर्ण हिन्दी जगत् इसे गुरुतर दायित्व के लिए पाठालोचकों का ऋणी है।

समाज भाषिकी, संरचनात्मक भाषाविज्ञान और शैली विज्ञान को उपयोग से तथा मुद्रण और लेखन की बारीकियों के ज्ञान के उपयोग से पाठानुसन्धान की पद्धति पूर्णतः वैज्ञानिक विधा बन सकी। मुद्रण तकनीक के क्रमागत विकास के कारण पाठानुसन्धान की प्रक्रिया भी विकसनशील रही। पाठालोचकों के पाठानुसन्धान सम्बन्धी अनुभवों, उनके सम्पादकीय कथनों एवं सम्पादन

प्रक्रिया के आधार पर पाठानुसन्धान की परम्परा या कहें कि पाठानुसन्धान के इतिहास का लेखन कार्य अत्यन्त श्रमसाध्य और समय साध्य था। जिसे स्वयं पदुमावति के प्रामाणिक पाठ का अनुसन्धान और सम्पादन करनेवाले डॉ. कन्हैया सिंह ने पूरा किया। जिस प्रकार 'हिन्दी पाठानुसन्धान' पुस्तक में पाठानुसन्धान के इतिहास को प्रस्तुत किया गया है वह किसी भी पाठानुसन्धानकर्त्ता के लिए अपरिहार्य पुस्तक है। पाठानुसन्धान पर कार्य करनेवाले विद्वानों की संख्या अत्यन्त कम है। फलतः इस विषय में पुस्तकें भी बहुत कम हैं। डॉ. कन्हैया सिंह द्वारा लिखित, 'पाठानुसन्धान के सिद्धान्त' और 'हिन्दी पाठानुसन्धान' पुस्तकें पाठालोचन के शास्त्रीय विवेचन के क्षेत्र में एक बड़े अभाव की पूर्ति करती हैं।

'हिन्दी पाठानुसन्धान' न केवल पाठानुसन्धान की परम्परा का विन्यस्त करती है। वरन् साहित्येतिहास में पाठानुसन्धान की महत्ता को प्रतिपादित करती है। डॉ. ग्रियर्सन, राम सिंह, सूर्यकिरण पारीक, लाला भगवानदीन, डॉ. श्यामसुन्दरदास, डॉ. रामकुमार वर्मा, आचार्य रामचन्द्र शुक्ल, डॉ. माताप्रसाद गुप्त, डॉ. पारसनाथ तिवारी, परशुराम चतुर्वेदी, धर्मेन्द्र ब्रह्मचारी, डॉ. कन्हैया सिंह, आचार्य विश्वनाथ प्रसाद मिश्र, किशोरीलाल गुप्त, डॉ. आनन्द प्रकाश दीक्षित, हरिमोहन मालवीय, सियाराम तिवारी जैसे विद्वानों की सीमित संख्या है किन्तु इनके पाठालोचन के कार्य बड़े महत्त्वपूर्ण और उपादेय है। इन आचार्यों के पाठालोचन सम्बन्धी अकादमिक अवदान पर यह पुस्तक विस्तार से प्रकाश डालती है। इस पुस्तक के अध्ययन से रामचरितमानस, बिहारी सतसई, पृथ्वीराज रासो, कबीर ग्रन्थावली, जायसी का पद्मावत, दरिया ग्रन्थावली, सूरसागर, कवित्तरत्नाकार, नन्ददास ग्रन्थावली, केशवदास ग्रन्थावली, मण्डन कवि ग्रन्थावली आदि ग्रन्थों के विभिन्न संस्करणों एवं इनके सम्पादन में आनेवाली चुनौतियों की पूरी जानकारी मिलती है। पाठानुसन्धान के इतिहास लेखन में पाठनुसन्धाताओं के केन्द्रीय प्रयत्न और पाठानुसन्धान की प्रवृत्तियों के आधार पर कालविभाजन और नामकरण की उचित रीति की प्रस्तावना भी अभिव्यक्त हुई है।

भारत का भाषा वैविध्य विख्यात है। कहते हैं, 'कोस-कोस पर बदले पानी, चार कोस पर बदले बानी' अर्थात् जहाँ थोड़ी ही दूरी पर वाणी का टोन और उच्चारण बदल जाता हो, वहाँ किसी रचना का पाठ लेखक के अतिरिक्त अन्य क्षेत्र में यथावत् रहे असम्भव है। दूसरा देश और काल के अनुसार शब्दों में विकार होता रहता है और उच्चारण परिवर्तन और अर्थ परिवर्तन होता रहता है। इस दृष्टि से प्राचीन मूल पाठ तक पहुँच पाना किसी भी पाठक के लिए कठिन हो जाता है। सभी पाठ भेदों से सर्वाधिक उपयुक्त पाठ तक पहुँचना पाठानुसन्धान की प्रक्रिया से सम्भव हो पाता है। हिन्दी साहित्य में कई ग्रन्थ ऐसे हैं जिसको न केवल विकृत पाठ उपलब्ध था, बल्कि कई ऐसे भी ग्रन्थ हैं जिसके अनेकों पाठ उपलब्ध थे। उन सभी पाठों के वैज्ञानिक विश्लेषण से मूल अविकृत पाठ का अनुसन्धान पाठालोचन से सम्भव हो सका। इस ग्रन्थ में दिये अनेक ग्रन्थावलियों के उदाहरणों से इस बात को भली-भाँति समझा जा सकता है।

पाठानुसन्धान के लिए सघन अनुशीलन और अध्यवसाय वृत्ति अपेक्षित है। इसकी वैज्ञानिकता इस प्रक्रिया को श्रमसाध्य और नीरस बना देती है। स्वतन्त्र सृजन से बहुत अधिक श्रम और समय किसी प्राचीन पाठ के सम्पादन में लगता है। स्वाभाविक है इसके प्रति विद्वानों में सामान्य उदासीनता बनी रहती है। किन्तु जिन लोगों ने उन प्राचीन पोथियों में अपना समय और श्रम अर्पित

किया यह उनका बड़ा अकादमिक और सामाजिक अवदान है। यह पुस्तक विभिन्न ग्रन्थों के पाठानुसन्धानकर्त्ताओं के पाठों की विशेषताओं और पाठ-सम्पादन प्रक्रिया के दृष्टान्तों से भरी हुई है। इससे पाठकों में उन ग्रन्थावलियों के बारे में एक स्वाभाविक जिज्ञासा उत्पन्न होती है और पुस्तक रोचक हो जाती है।

पाठानुसन्धान की आवश्यकता से विगत सदी के विश्वविद्यालय के पाठ्यक्रमों में पाठानुसन्धान के प्रश्नपत्र को ऐच्छिक या अनिवार्य प्रश्न पत्र पत्र के रूप में सम्मिलित किया जाता रहा है। किन्तु विगत सदी के अन्तिम दशकों में हिन्दी साहित्य की प्रभूत प्रगति और विभिन्न अस्मितामूलक विमर्श के दबाव में अध्ययन की यह विधा उपेक्षित होने लगी। फलतः विश्वविद्यालयों के पाठ्यक्रमों से क्रमशः पाठालोचन के अध्ययन को हटाया जाने लगा। अध्ययन की इस प्रणाली के उपेक्षित होने का परिणाम यह रहा कि बहुत से ग्रन्थ जो अभी भी आविष्कृत हो सकते हैं, उनकी ओर रुचि न होने के कारण आधुनिक अध्येताओं की दृष्टि में उपेक्षित रह गये। इसलिए बीसवीं सदी के प्रारम्भिक दशकों में जो ग्रन्थ इतिहासकारों के द्वारा चर्चा में आये लोगों का ध्यान इसी पर केन्द्रित रहा, अन्य प्राचीन ग्रन्थों की ओर लोगों का ध्यान कम गया। दूसरे, आधुनिक शिक्षा पद्धति ने नयी पीढ़ी में अपनी परम्परा और धर्म संस्कृति के प्रति जो उपेक्षा दृष्टि विकसित की और हीनताबोध पैदा किया, उसका प्रतिकूल प्रभाव इस अध्ययनशाखा पर पड़ा। भारतीय ज्ञान परम्परा से नयी पीढ़ी के विच्छिन्न होने का प्रभाव यह रहा कि हम पश्चिमी साहित्योन्मुखी अधिक हो गये और पश्चिमी भाषा-संस्कृति चिन्तन को अपनी आलोचना और रुचि का आधार बनाने लगे। प्राचीन भारतीय साहित्य परम्परा की बहुत-सी फुटकल रचनाएँ और ग्रन्थ जिसे साम्प्रदायिक कारणों से गैरज़रूरी समझकर छोड़ दिया गया, जिसकी कभी-कभी सूचनाएँ यत्र-तत्र मिलती रहती हैं।

इधर प्राचीन ज्ञान परम्परा एवं प्राच्य विद्या के प्रति लोगों की रुचि बढ़ रही है, विदेशी विश्वविद्यालयों में इण्डिक स्टडी अध्ययन केन्द्र खोले जा रहे हैं। स्वाभाविक है कि पुनः हिन्दी साहित्य जगत् अपने प्राचीन साहित्य का पुनरावलोकन करे। इससे प्राचीन साहित्य के पुनरोदय की सम्भावना हो सकती है और नयी पीढ़ी के अध्येताओं की रुचि प्राचीन पाण्डुलिपियों में जगे हैं। इस दृष्टि से अध्ययन की इस शाखा का महत्त्व निःसन्देह बना रहेगा। ऐसी स्थिति में यह ग्रन्थ ही आलोक स्तम्भ की भूमिका में रहेगा। दूसरी महत्त्वपूर्ण बात यह है कि पाठानुसन्धान की प्रक्रिया मुद्रण प्रक्रिया की सापेक्षिक साधना है। मुद्रण प्रक्रिया के निरन्तर विकास और पाण्डुलिपि संरक्षण की नवीन डिजिटल पद्धति के जुड़ने से पाठानुसन्धान की प्रणाली में कुछ नये अध्याय जुड़ने की सम्भावना शेष है। निश्चित रूप से डॉ. कन्हैया सिंह जी की यह पुस्तक 'हिन्दी पाठानुसन्धान' समस्त प्राचीन साहित्य के अध्येताओं के लिए एक अनिवार्य सन्दर्भ ग्रन्थ है और हमारे नवीन पीढ़ी के लिए ज्ञान की ऐसी थाती है जिसको सहेज कर रखना हमारा गुरुतर दायित्व है।

प्रोफ़ेसर, हिन्दी एवं आधुनिक भारतीय भाषा विभाग
इलाहाबाद विश्वविद्यालय, प्रयागराज (उ.प्र.)

पाठ-सम्पादन के आधारभूत अध्येता

मंजू त्रिपाठी

हिन्दी भाषा, साहित्य, लिपि, काव्यांग एवं पाठ-सम्पादन जैसी तार्किक व बुद्धिप्रधान विषयों के साथ सूफ़ी-काव्य, ललित निबन्ध, संस्मरण एवं यात्रा-वृत्तान्त जैसे भाव-प्रधान विषयों पर समान अधिकार से लेखनी चलानेवाले डॉ. कन्हैया सिंह ने 'पाठ-सम्पादन के सिद्धान्त' जैसी पुस्तक की रचना करके चर्चित व गुमनाम कृतियों को हिन्दी समाज के समक्ष लाने का कार्य कर रहे विद्वानों व शोध-छात्रों के मार्ग को सुगम बनाने का कार्य किया है। यद्यपि इस विषय पर 'हिन्दी पाठानुसन्धान' शीर्षक से एक पुस्तक और है पर मैंने दो शब्द कहने के लिए 'पाठ-सम्पादन के सिद्धान्त' पुस्तक को अपने समक्ष रखा है।

यह पुस्तक 'लिपियों के चित्र' शीर्षक अन्तिम शीर्षक को छोड़ कर ग्यारह शीर्षकों में सुवि भक्त है। प्रथम शीर्षक 'पाठालोचन की दिशा' में लेखक ने लेखन के महत्त्व की चर्चा करते हुए चॉसर, स्पेन्सर और शेक्सपियर की रचनाओं का पाठ-सम्पादन करनेवाले विद्वानों यथा—टरहिट, कार्ल लकमैन, हेनरी क्वेण्टिन, सर वाल्टर ग्रेग आदि का विवरण देते हुए उनकी पाठ-सम्पादन की प्रविधि को समझाया है। यह सारे विद्वान् एक सिद्धान्त को अपने-अपने अनुभवों से विकसित करते दिखायी देते हैं। इनमें कोई विरोध नहीं अपितु एक विकास क्रम दिखायी देता है।

भारत में डॉ. विष्णु सीताराम सुकथांकर ने लकमैन की प्रविधि का कुछ प्रभाव ग्रहण करते हुए एक तो तुलनात्मक ढंग से मूल पाठ तक पहुँचने की बात की है, दूसरे अच्छी प्रतियों में उपलब्ध किसी पाठ को सुधारने का प्रयास न करके उपलब्ध पाठ में ही अर्थ खोजने को उचित माना है।

संस्कृत ग्रन्थों के पाठ-सम्पादन के क्षेत्र...पिशेल, मैक्समूलर आदि और भारतीय विद्वानों में डॉ. पी.एल.वैद्य, डॉ. आर. जी. भण्डारकर डॉ. ए.ए. उपाध्ये का नाम महत्त्वपूर्ण है, पर डॉ. कन्हैया सिंह डॉ. सुकथांकर को इनमें सर्व श्रेष्ठ मानते हैं। इसका कारण वह बताते हैं कि पाठ निर्धारण की प्रक्रिया के सम्बन्ध में कोई निश्चित व अन्तिम सिद्धान्त का निर्धारण कठिन है और डॉ. सुकथांकर की सोच भी ऐसी है।

पाठानुसन्धान की समस्या प्रतिलिपि परम्परा में उत्पन्न पाठ-प्रमादों के कारण आती है और यह प्रमाद देश भेद से होते हैं या काल भेद से। पाठालोचक को इस पर ध्यान देना होगा, इसके अतिरिक्त उसे छन्दशास्त्र एवं साहित्यशास्त्र का ज्ञात, सन् संवत् का ज्ञान, तथा लेखन सामग्री का भी ज्ञान होना चाहिए।

द्वितीय शीर्षक 'विषय विभाजन के अन्तर्गत लेखक ने पाश्चात्य भाषाओं के पाठ-सम्पादन के अन्तर्गत चार सोपान—1. सामग्री संग्रह, 2. पाठ चयन, 3. पाठ सुधार, 4. उच्चतर आलोचना का संगत विवेचन किया है।

तृतीय शीर्षक 'सम्पादन सामग्री' में मूल पाठ की पुनर्निर्मिति के लिए जिस वैज्ञानिक प्रणाली का अनुसरण किया जाता है, उसके लिए जिन सामग्रियों का उपयोग किया जाता है, उसे सम्पादन सामग्री बताते हुए लेखक उसे मुख्य एवं सहायक सामग्री में विभाजित करता है। मुख्य सामग्री में—1. स्वहस्तलेख, 2. प्रथम प्रतिलिपि, 3. प्रतिलिपि की प्रति लिपि और सहायक सामग्री में—1. संग्रह गन्थ, 2. टीका ग्रन्थ, 3. अनुवाद या रूपान्तर, 4. लक्षण ग्रन्थ, 5. विवेचनग्रन्थ, 6. परिचय ग्रन्थ, 7. अनुकरणग्रन्थ, 8. उसी रचयिता के अन्य ग्रन्थ, 9. आधार ग्रन्थ का उल्लेख है। इन सामग्रियों का सूक्ष्म निरीक्षण करते समय भी ध्यान रखने योग्य कुछ आवश्यक बातें बतायी गयी हैं—1. प्रतियों के एकत्र हो जाने पर उनमें से एक-एक के पत्रों को क्रमशः लगा कर उनकी गणना करनी चाहिए, 2. लेखन सामग्री तथा लेखन कला की परीक्षा, 3. शब्द-विग्रह पद्धति का प्रयोग करना चाहिए, 4. प्राचीन विराम चित्रों का ज्ञात रखना चाहिए। 5. लेखन में प्रयोग होनेवाले संकेतों का ज्ञात रखना चाहिए। 6. प्राप्त प्रतियों के प्रतिलिपिकारों के समय तथा उनकी प्रामाणिकता आदि का ज्ञान होना चाहिए।

चतुर्थ शीर्षक में पहले प्रतिलिपिकार के गुण यथा-सामान्य बुद्धिमत्ता, प्रामाणिकता, सावधानी आदि की चर्चा है तदन्तर विकृतियों में सचेष्ट विकृतियाँ, निश्चेष्ट विकृतियाँ व सचेष्ट-निश्चेष्ट विकृतियों का वर्णन किया गया है।

पंचम शीर्षक में स्पष्ट किया गया है कि पाठ-चयन मूल पाठ के पुनर्निर्माण की उस प्रक्रिया को कहते हैं, जिसमें प्रतियों के तुलनात्मक साक्ष्य के आधार पर पाठ ग्रहण किया जाता है। इस कार्य के नियम—1. पाठानुसंगति, 2. कठिनतर पाठ की स्वीकृति, 3. संक्षिप्त पाठ की स्वीकृति, 4. प्रतियों की संख्या का नहीं उनके मूल्य के महत्त्व को स्वीकृति, इनकी भी विशेष चर्चा की गयी है।

पाठ शीर्षक में पाठ के सुधार हेतु, 1. पाठ की स्वीकृति, 2. पाठ के सन्दर्भ में सन्दिग्धता, 3. पाठ का त्याग, 4. पाठ का सुधार यह चार बातें पाठालोचक सोच सकता है, ऐसी, लेखक की मान्यता है। वस्तुतः पाठ सुधार प्रतिलिपि परम्परा में प्राप्त होनेवाले सभी अविश्वसनीय तत्त्वों को दूर करने का प्रयास है। इसके दो पक्ष अन्तरंग और बहिरंग बताये गये हैं।

सप्तम शीर्षक के अन्तर्गत विचार किया गया है, कि रचना की प्रतिलिपियों के महत्त्व, उद्देश्य एवं उनकी प्रकृति का उच्चतर आलोचना हेतु निर्णय लेना चाहिए तथा लेखन काल व जीवन की परिस्थितियों पर भी विचार किया जाना चाहिए। इस प्रकार, 1. सामग्री परिचय, 2. परीक्षा विवरण, 3. सिद्धान्त विवेचन, 4. अन्य सम्पादन, 5. मूल रचना की भाषा व लिपि, 6. रचयिता का समय, 7. रचना तथा रचयिता का नाम...

को अपना रास्ता तय करना चाहिए।

अष्टम् शीर्षक में भारतीय लिपियों एवं ग्रन्थों की चर्चा है। इसके अन्तर्गत लिपि की अवस्थाएँ—1. चित्रलिपि, 2. भाव संकेत, लिपि, 3. मध्यवर्ती लिपि, 4. ध्वनि लिपि की चर्चा के उपरान्त पुनः भारतीय लिपियों में—1. सिन्धु घाटी की लिपि, 2. खरोष्ठी, 3. ब्राह्मी के साथ देवनागरी लिपि का विकास, उसकी वैज्ञानिकता, त्रुटियाँ, सुधार के प्रयास और कैथी लिपि, गुरुमुखी लिपि, मोड़ी या मुड़िया लिपि तथा फ़ारसी लिपि का परिचय दिया गया है।

'लेखन सामग्री' शीर्षक में इसे आधार व साधन इन दोनों में विभाजित किया गया है। तदन्तर आधार के अन्तर्गत 1. भोजपत्र, 2. ताड़पत्र, 3. कागज, 4. कपड़ा, 5. काष्ठपट्टिका, 6. चमड़ा, 7. पत्थर, 8. ईंट, 9. सोना, 10. चांदी, 11. पीतल, 12. ताँबा, 13. काँसा या लोहा और साधन के अन्तर्गत, 1. लेखनी, 2. रोबा पट्टी, 3. रूल. 4. स्याही, 5. काली स्याही, 6. रंगीन स्याही, 7. हरताल, 8. सोने और चाँदी की स्याही का वर्णन किया गया है।

हिन्दी पाठ-सम्पादन के संक्षिप्त इतिहास की रूपरेखा निम्नलिखित रूप में दी गयी है—

1. मुद्रण पूर्व काल—सन् 1800 ई. पू.
2. प्रारम्भिक मुद्रणकाल—सन् 1800 ई.—1888 ई.
3. ग्रियर्सन काल—सन् 1888 ई.—1910 ई.
4. ग्रियर्सनोत्तर काल—सन् 1910 ई.—1941 ई.
5. वर्तमान काल—सन् 1941 ई.—के बाद

पाठानुसन्धान का कार्य पश्चिम से आयातित है, अतः लेखक ने पश्चिम में हुए इस कार्य का इतिहास व प्रविधि का विस्तार से परिचय दिया है। इस परिचय में पाश्चात्य रचनाकारों के साहित्य के साथ भारतीय रचनाकारों के साहित्य का पाठ-सम्पादन भी निहित है। पुनः पाठ-सम्पादन का कार्य करने वाले व्यक्ति के भीतर जिन विशेषताओं की आवश्यकता है, उसे किस भाँति किन-किन बिन्दुओं पर सतर्क रहना है, कार्य करते समय उसे किस प्रकार की सामग्री का चयन करना है, अन्तिम निष्कर्ष पर किस तरह पहुँचना है, जिसमें रचना की मूल आत्मा को कोई ठेस न लगे तथा रचनाकार का सम्प्रेष्य पाठक तक रचनाकार की इच्छा के अनुरूप पहुँचे एवं रचनाकार की प्रवृत्ति, उसका देशकाल व वातावरण भी जीवन्त रहे, इन बातों का सैद्धान्तिक विवरण लेखन ने प्रस्तुत किया है।

यह कार्य लेखक इसलिए सफलता के साथ कर सका है, क्योंकि सूफ़ीकाव्य और जायसी ग्रन्थावली के सन्दर्भ में वह इस कार्य को सफलतापूर्वक कर चुका है। पूर्ववर्ती विभिन्न आचार्यों द्वारा प्रस्तुत किये गये एवं प्रयोग गये पाठ-सम्पादन के सिद्धान्तों व कार्यों में श्रेष्ठ का चयन व विश्लेषण भी इसीलिए सम्भव हो सका है।

पाठ-सम्पादन का कार्य वैज्ञानिक प्रविधि युक्त कार्य है, इसलिए वैज्ञानिक तरीके से इसके विभिन्न सोपानों, उनकी कार्यविधि, विवेचन, विश्लेषण व निष्कर्ष का विवेचन लेखक ने किया है, परन्तु उसका स्पष्ट मत है कि वैज्ञानिक प्रविधि होने के बावजूद पाठ-सम्पादन चूँकि साहित्यिक ग्रन्थ का होता है। अतः शास्त्रीय विवेचन के साथ लोक हृदय की उपस्थिति उसमें होती ही है,

तो पाठ-सम्पादन कर्त्ता को अर्थ के निश्चित करने में लोक में प्रचलित अर्थ-प्रकृति को भी ध्यान में रखना चाहिए तभी उसका निष्कर्ष रचनाकार के हित में होगा।

डॉ. कन्हैया सिंह का रचनाकार उनके शास्त्रीय विवेचन में भी उपस्थित रहता है, जिससे उनके तद्विषयक वर्णन में भी पठनीयता व सरसता बनी रहती है। शास्त्रीय कर्म आचार्यत्व की माँग करता है, पर इसके साथ जीवन की व्याप्ति में पैठ, प्रकृति से तादात्म्य, लोक में रुचि, साहित्य व शास्त्र में गति व्यक्ति को जहाँ ले जाते हैं, उसमें अपनी स्थिति को सुदृढ़ बनाये रखना डॉ. कन्हैया सिंह की उपलब्धि है जिसका परिणाम है—'पाठ-सम्पादन के सिद्धान्त'।

6/16, सन्त शिवनाथ नगर,आनन्द लोक कॉलोनी, चिनहट
लखनऊ (उ.प्र.)

हिन्दी पाठानुसन्धान : एक अनुशीलन

विमलेश मिश्र

'हिन्दी पाठानुसन्धान' अनुसन्धान के क्षेत्र में एक महत्त्वपूर्ण कार्य है। इस पुस्तक को डॉ. कन्हैया सिंह ने उस समय लिखा जब हिन्दी के क्षेत्र में अनुसन्धान को लेकर कोई कार्य नहीं हुआ था। डॉ. कन्हैया सिंह ने हिन्दी में पाठानुसन्धान विषय का चुनाव करके और उस पर एक व्यवस्थित शास्त्र रचने का श्रम साध्य कार्य किया है। इस पुस्तक को पढ़ने के उपरान्त मुझे यह प्रतीत हुआ कि डॉ. कन्हैया सिंह पाठानुसन्धान करते समय कितने सचेत हैं। पाठानुसन्धान से सम्बन्धित इनकी एक पुस्तक सन् 1962 में 'पाठ-सम्पादन के सिद्धान्त' नाम से प्रकाशित होती है जो नया और पहले से और ज्यादा व्यवस्थित होकर उनकी यह पुस्तक—'हिन्दी पाठानुसन्धान' सन् 1988 में लोकभारती प्रकाशन, इलाहाबाद से प्रकाशित होती है। इस पुस्तक के सन्दर्भ में आचार्य विश्वनाथ प्रसाद मिश्र ने लिखा है—

"आपने जो यह नया ग्रन्थ लिखा है, विशेष उपयोगी होगा। हिन्दी में पाठालोचन पर कुछ भी सामग्री नहीं है। आपने अभाव की पूर्ति की है।"

पाठालोचन जैसे दुरूह तथा नीरस विषय पर कार्य करना अपने आप में मुश्किल भरा है। पाठालोचक को किसी चमत्कार में पड़कर सिद्धान्तों की अनदेखी नहीं करनी होती है। उसे इस बात का ध्यान देना होता है कि किसी भी एक प्रति का पाठ रचना का मूल पाठ नहीं हो सकता। मूल पाठ के अनुसन्धान में एकाधिक प्रतियों का विनियोग आवश्यक होता है। सम्पादित पाठ और पाद-टिप्पणियों का अवलोकन सम्पादक को चयनित आधार प्रतियों के मूल पाठ के निकट पहुँचाने में सहायक होती हैं।

डॉ. कन्हैया सिंह की पुस्तक 'हिन्दी पाठानुसन्धान' में प्राक्कथन और परिशिष्ट के अलावे कुल पाँच अध्यायों में विभक्त विभिन्न कालों में होनेवाले पाठानुसन्धानों का व्यवस्थित विवरण प्रस्तुत किया गया है। मुद्रणपूर्व काल से लेकर आधुनिक काल में आनन्द प्रसाद दीक्षित व देवेन्द्र कुमार सिंह तक के पाठानुसन्धान-कला का वर्णन पूरे आलोचकीय विवेक के साथ प्रस्तुत किया गया है।

मुद्रणपूर्व काल नामक अध्याय में कन्हैया सिंह ने स्पष्ट किया है—"इस काल के सम्पादनों का वहीं तक महत्त्व है, जहाँ तक सम्पादक ने अपनी आधारभूत प्रति का पाठ देते हुए अन्य प्राप्त पाठों को पाठान्तर में दे दिया है। इस प्रकार की लोथो में छपी बहुत-सी प्रतियों का आज के वैज्ञानिक सम्पादन के युग में भी हस्तलिखित प्रति के रूप में उपयोग किया गया है और वह महत्त्वपूर्ण सिद्ध हुई हैं। पर, पाठमिश्रण कर देने अथवा मनमाने संशोधन कर देने से भावी पाठानुसन्धाताओं की भी उलझनें बढ़ जाती हैं, मूलपाठ पर तो ग्रहण लग ही जाता है।"

कन्हैया सिंह राणा अमर सिंह के राज्यकाल (सम्वत् 1653 से 1676 वि. तक) में किया जाने वाला पृथ्वीराजरासो के पाठशोधन की प्रकृति को मानते हैं कि—"इतने प्राचीन काल में पाठशोध की प्रवृत्ति इस बात को सूचित करती है कि ग्रन्थों के देश भारत में पाठानुसन्धान का कार्य कोई नया नहीं है। विचरानुरागी राजाओं के संरक्षण में यह कार्य विद्वानों द्वारा सम्पन्न कराया जाता रहा है।"

मुद्रणपूर्व काल से ही मानस एवं रासो के सम्पादन का प्रयास होने लगा था। इस क्षेत्र में गोकुललाल पुरोहित, कक्का कवि प्रमुख हैं, जिन्होंने पृथ्वीराज रासो के सम्पादन में अपना महत्त्वपूर्ण योगदान दिया। डॉ. सिंह का कहना है—"प्राचीन हस्तलेख जब किसी दरबार में प्रतिलिपि के लिए पहुँचते थे, तब उनका सम्पादन वहाँ के राजकवि करते थे। वह पाठ में ही संशोधन नहीं करते थे, कभी-कभी त्रुटि की पूर्ति भी किया करते थे। त्रुटि की पूर्ति उसी कवि के छन्द से की जाती थी और कभी-कभी कवि के नाम पर स्वयं रचना करके भी रख दी जाती थी। इसलिए केशवदास के हस्तलिखित ग्रन्थों में दूसरों की रचना के मिश्रण की सम्भावना है, विशेष रूप से परवर्ती काल के हस्तलेखों में।"

ऐसे समय में जब पुस्तकें नहीं मिलती थीं, प्राचीन ग्रन्थों के दर्शन दुर्लभ थे, कहीं भी छापाखाना नहीं था, हस्तलिखित प्रतियों के कुछ ही अंश पढ़ने को मिल पाते थे—वह भी बड़ी परिश्रम के बाद। ऐसी विकट परिस्थिति और समय में सम्पूर्ण पुस्तक का पाठालोचन करना कितना मुश्किल होता होगा इसका आज केवल अनुभव ही किया जा सकता है।

भारत में उन्नीसवीं शती के पूर्वार्द्ध में मुद्रणकार्य प्रारम्भ हुआ जो इतिहास की एक महत्त्वपूर्ण घटना है। वह चाहे जिस कारण से हुआ, जिसने भी शुरू किया, जिस उद्देश्य से शुरू हुआ यहाँ उसके इतिहास में जाना ध्येय नहीं है। यहाँ केवल इस बात पर बल है कि—साहित्यिक प्रकाशनों और प्राचीन ग्रन्थों के सम्पादन-मुद्रण की दृष्टि से प्रारम्भ में कोई महत्त्वपूर्ण उपलब्धि नहीं हुई। इस युग में पढ़ने के लिए भी प्राचीन पुस्तकों के अंशमात्र मिल सकते थे, पूर्ण ग्रन्थ पा सकना कठिन था। ऐसे समय में प्राचीन रचनाओं को छापकर जनसाधारण, साहित्य के विद्यार्थियों एवं विद्वानों तक के लिए उसे सुलभ करा देना कम बड़ा काम नहीं था।

इस पुस्तक के दूसरे अध्याय में 'रामचरितमानस', पदमावति (पद्मावत) और अन्य ग्रन्थों के पाठानुसन्धान के बारे में विस्तृत चर्चा है। यह चर्चा आगे के अध्यायों में भी हुई है लेकिन यहाँ कृति केन्द्रित चर्चा है। 'रामचरितमानस' जो हिन्दू जातक के धर्मग्रन्थ के रूप में समादृत है जिसके पठन-पाठन का मुख्य केन्द्र-काशी था। इस कृति के सन्दर्भ में डॉ. सिंह का मत है—'मानस' की अब तक प्राचीनतम छपी पोथी सम्वत् 1819 वि.की है। यह केदार प्रभाकर छापाखाना, काशी की छपी लीथो-प्रति है। इसमें चौपाइयाँ मिलाकर लगातार छपी हैं, अलग-अलग पंक्तियों में नहीं

हैं। इसमें प्रक्षेप पर्याप्त मात्रा में सम्मिलित हैं, फिर भी पाठ अधिकतर शुद्ध हैं। इस मुद्रित प्रति के सम्पादक का नाम नहीं मिलता है।''

इसके बाद लीथो की छपी तीन पोथियाँ प्रकाश में आयी, जिनका पाठ परस्पर इतना मिलता है कि अनुमानतः इनकी आदर्श प्रति एक ही रही होगी। 'मानस' का प्रथम सम्पादित संस्करण रामजसन मिश्र ने सम्वत् 1925 वि. में प्रकाशित किया। मिश्र जी ने इस प्रति में एक भूल यह की है कि इसमें ग्राम्य भाषा के शब्दों को उन्होंने संस्कृत-उच्चारण और संस्कृत व्याकरण के ढाँचे में ढालने का प्रयास किया। यह तुलसी के साथ अन्याय था। इस सन्दर्भ में डॉ. ग्रियर्सन ने स्वसम्पादित 'मानसरामायण' के उपक्रम में लिखा है—''सबसे भारी साहस मिश्र जी (रामजसन मिश्र) का यह है कि इन्होंने ग्रन्थकार की भाषा बदल दी, अर्थात् उस समय के, प्रचलित भाषा के शब्दों के स्थान पर संस्कृत-व्याकरण की रीति से शोधकर संस्कृत-शब्द रख दिया। इसी प्रकार उन्होंने 'पद्मावत' को भी सोधा है।''

इस सन्दर्भ में डॉ. सिंह जी कहते हैं—''यह कहने में किंचित् सन्देह नहीं कि उस युग में पं. रामजसन मिश्र ने दिशा-दर्शन का कार्य किया। सर्वप्रथम हस्तलेख-शैली से भिन्न प्रत्येक शब्द को अलग कर, फिर शब्दों की अर्थसंगति का विचार कर तथा कई हस्तलिखित प्रतियों का मिलान कर उन्होंने 'रामचरितमानस' का पाठ सम्पादित किया और इस प्रकार उन्होंने हिन्दी में पाठानुसन्धान की नींव डाली।'' 'रामचरितमानस' के पाद मुद्रकों और सम्पादकों का ध्यान जायसी कृत 'पदुमावति' (पद्मावत) पर गया। ज्ञात सूचना के आधार पर पदुमावति' की पहली प्रकाशित प्रति सन् 1881 ई. में प्राप्त हुई—जो नवलकिशोर प्रेस, लखनऊ से छपी। पद्मावत पर कार्य करने वाले बाद के विद्वानों-आचार्य रामचन्द्र शुक्ल और माताप्रसाद गुप्त ने इस पाठ की भर्त्सना की है लेकिन डॉ. कन्हैया सिंह का कहना है—''इन लोगों ने उस युग और उसकी सीमा का विचार न करके इसके प्रति टिप्पणी करने में असहिष्णुता का परिचय दिया है।''

सन् 1884 में रामजसन मिश्र ने पदुमावति (पद्मावत) का सम्पादन किया जिसे आगे चलकर आचार्य रामचन्द्र शुक्ल ने खारिज करते हुए कहा कि—''पं. रामजसन मिश्र द्वारा प्रस्तुत पाठ किसी काम का नहीं।'' इस सन्दर्भ में डॉ. सिंह उचित ही कहते हैं—''शुक्ल जी ने या तो इस पाठ को देखा नहीं या उन्होंने जान-बूझकर इसके महत्त्व को कम किया है। शुक्ल जी ने अपने संस्करण में एक पाठ को बड़ी उपलब्धि के रूप में प्रस्तुत किया है : 'कतहुँ', 'चिरहँटा' 'पंखिन्ह लाबा'। उन्होंने डॉ. ग्रियर्सन के 'छरहटा' पाठ को अशुद्ध ठहराया था, यद्यपि आगे चलकर शुक्ल जी का पाठ ही निरर्थक और अशुद्ध प्रमाणित हुआ। यह पाठ उन्हें मिश्र जी के इसी संस्करण से मिला था। पं. रामजसन मिश्र इस काल के सबसे मेधावी पाठानुसन्धाता थे। उनके पाठों में कुछ मूलभूत दोषों के होते हुए भी उनमें वह शक्ति और प्रेरणा हमें दिखायी पड़ती है, जिसने आगे चलकर भागवतदास छत्री और डॉ. ग्रियर्सन जैसे पाठ सम्पादकों को उचित दिशा प्रदान की।''

काशी के मुहल्ला छोटी पियरी के निवासी भागवत दास छत्री ने 'रामचरितमानस' के पाठ पर सर्वप्रथम मूलगामी श्रमसाध्य कार्य किया और उसका शुद्ध पाठ प्रस्तुत किया। इनके द्वारा किया गया कार्य मानसपाठ की दृष्टि से दिशा देनेवाला था। डॉ. ग्रियर्सन तथा पं. शम्भुनारायण चौबे ने भागवतदास से प्रेरणा लेकर सम्पादन-कार्य किया था।

भागवतदास के संस्करण की पाठशुद्धता के सन्दर्भ में शम्भुनारायण चौबे ने लिखा है—"इसकी शुद्धता के बारे में कुछ कहना ही नहीं। बस मालूम हो जाने पर कि यह बाबू भागवतदास जी की प्रति है, रामचरितमानस के जानकार लोग लहालोट हो जाते हैं। बाबू भागवतदास जी को भी पाठ की शुद्धता पर इतना जबरदस्त दावा था कि उन्होंने मुखपृष्ठ पर लिखा है—

जिसको कहीं पाठ में भ्रम होय सो बिना जाने विगारै नहीं।" डॉ. ग्रियर्सन एक मेधावी सम्पादक भी थे। उन्होंने 'बिहारी सतसई', मानस रामायण' और पदुमावति' का सम्पादन किया था। आयरलैण्ड का रहनेवाला ग्रियर्सन जो पेशे से डिप्टी कलक्टर, इन्सपेक्टर ऑफ स्कूल, कलक्टर और कमीश्नर आदि रहा। उसने साहित्य का ऐसा कोई कोना नहीं छोड़ा जिसमें उसकी गति न हो। यह हम लोगों के लिए प्रेरणादायी बात है कि उसे सम्पादन-कला में भी उतनी ही रुचि थी जितना साहित्य के विविध क्षेत्रों में। इस सन्दर्भ में पं. शम्भुनारायण चौबे की बात उल्लेखनीय है—"दूसरी जगहों (काशी के बाहर) में रामायण के प्रकाशन का जो कार्य हुआ उसमें खड्गविलासपुर, बाँकीपुर का 'मानस रामाभव' अद्वितीय है। उस पुस्तक को देखकर श्रीमान् गियर्सन साहब के प्रेम और परिश्रम की जितनी प्रशंसा की जाय तथा अपने को जितना लज्जित किया जाय, थोड़ा है। बड़े-बड़े सुन्दर अक्षरों में छपी ऐसी प्रशस्त प्रति देखकर तबीयत प्रसन्न हो जाती है। बरसों परिश्रम करके, रामचरितमानस की जितनी छपी या लिखीं पोथियाँ मिल सकीं, उन सब्रको मँगाकर देखने और आपस में मिलान करने के बाद, इसे ग्रियर्सन ने छपवाया था।"

ग्रियर्सन ने सबसे महत्त्वपूर्ण पाठ-सम्पादन मलिक मुहम्मद जायसी कृत 'पदुमावति' का किया। ग्रिर्यसन द्वारा प्रस्तुत 'पदुमावति' के पाठ ने सबसे पहले जायसी की भाषा के वास्तविक निखार को काव्य-रसिकों और भाषा-शास्त्रियों के सम्मुख प्रस्तुत किया। उनके बहुत वर्षों के बाद डॉ. माताप्रसाद गुप्त ने जब पदुमावति का सम्पादन किया तो उन्हें ग्रियर्सन के अधिकांश पाठों को मूलपाठ के रूप में स्वीकार करना पड़ा। बावजूद इसके डॉ. गुप्त, डॉ. ग्रियर्सन द्वारा सम्पादित 'पदुमावति' पर तमाम आरोप लगाते हैं—प्रतिलिपि-सम्बन्ध, प्रक्षेप-सम्बन्ध, अथवा पाठान्तर सम्बन्ध के आधार पर विभिन्न प्रतियों के पाठों की स्थिति निर्धारित करके पाठ निर्धारण का कोई प्रयास डॉ. ग्रियर्सन ने नहीं किया है। आगे भी कहते हैं—'ग्रियर्सन की टिप्पणियों को देखने पर ज्ञात होता है कि उनका ध्यान प्रतियों के सामान्य उर्दू लिपि में लिखे गये पूर्वज की ओर था किन्तु 'पदुमावति' की आदि प्रति नागरी लिपि में थी, जिसमें उर्दू लिपि के रूपान्तर से प्रस्तुत प्रतियों की विभिन्न परम्पराएँ निकलीं। इसलिए और भी ग्रियर्सन का संस्करण आदि प्रति के पाठ तक न पहुँच कर बीच ही तक रह गया है। उन्हें जायसी की भाषा और छन्द योजना के भी स्वरूपों का ठीक-ठीक परिज्ञान नहीं ज्ञात होता।" इस सन्दर्भ में डॉ. कन्हैया सिंह उचित ही कहते हैं—

"डॉ. गुप्त का यह वक्तव्य एकपक्षीय है। ग्रियर्सन के संस्करण का इतना अधिक ऋण उनके सम्पादन पर है कि उसे कोई भी अध्येता अस्वीकार नहीं कर सकता। यह हमारी ग्रियर्सन के प्रति कृतघ्नता ही है।"

'शुक्ल जी ने तो अनुदारता-प्रदर्शन के साथ ही ग्रियर्सन के पाठ पर टिप्पणी करने की अनधिकार चेहरा भी की है। शुक्ल जी ने ग्रियर्सन द्वारा प्रयुक्त प्रतियों का दर्शन भी नहीं किया था, फिर भी वह ग्रियर्सन पर पाठ बिगाड़ने का आरोप करते हैं। 'डॉ. कन्हैया सिंह के शुक्ल जी के प्रति ऐसा अति आत्माविश्वासी कथन हमें अविश्वसनीय लगता है। आचार्य शुक्ल ऐसे

विद्वान् कदापि नहीं थे जो बिना देखे किसी अन्तिम निर्णय पर पहुँच जायं। डॉ. सिंह ने ग्रियर्सन के इस कार्य को हिन्दी पाठानुसन्धान के इतिहास का पहला मील का पत्थर माना है। उनका मानना है कि ग्रियर्सन ने ही 'मानस', 'सतसई' और 'पदुमावति' के पाठों के माध्यम से हिन्दीवालों का ध्यान प्राचीन रचनाओं के मूलपाठ की छानबीन तथा उसके माध्यम से उनकी मूल भाषा की प्रकृति को पकड़ने के लिए प्रेरित किया।

'हिन्दी पाठानुसन्धान' के तीसरे अध्याय 'ग्रियर्सनोत्तर काल' में डॉ. कन्हैया सिंह ने 'बेलि किसन रूकमणी री'—सम्पादक रामसिंह और सूर्यकरण पारीक, 'ढोला मारू रा दूहा' सम्पादक-रामसिंह सूर्य किरण पारीक एवं नरोत्तम स्वामी के बारे में चर्चा करते हुए लाला भगवानदीन को इस युग का प्रमुख पाठानुसन्धाता कहा है। उन्होंने कहा है—लाला भगवानदीन ने अपने द्वारा प्रस्तुत पाठ की रचनाओं का टीका प्रस्तुत करते हुए कुछ महत्त्वपूर्ण प्राचीन काव्य-ग्रन्थों के मर्म के उद्घाटन के लिए उनकी टीका का कार्य अपने हाथों में लिया था। लालाभगवानदीन 'पद्मावत' का सम्पादन करते हुए इसका नाम 'पद्मावती' रखा है जो प्राचीन हस्तलिखित प्रतियों द्वारा तो प्रमाणित है ही, अर्थ और भाषा-प्रकृति की दृष्टि से भी उपयुक्त है। सन् 1921 ई. में उन्होंने 'बिहारी-बोधिनी' नाम से बिहारीलाल की सतसई का पाठ तथा अर्थ प्रस्तुत किया जो साहित्य-प्रेस, बुलानाला काशी से प्रकाशित हुआ।

इसी क्रम में डॉ. श्यामसुन्दरदास, डॉ. रामकुमार वर्मा और आचार्य रामचन्द्र शुक्ल के पाठानुसन्धान कला का विस्तृत वर्णन इस अध्याय का प्रमुख ध्येय है। डॉ. श्यामसुन्दर दास ने पृथ्वीराज रासो का सम्पादन सन् 1848 ई. में किया, इसके पश्चात् डॉ. हजारीप्रसाद द्विवेदी एवं डॉ. नामवर सिंह ने सन् 1952 ई. में 'संक्षिप्त पृथ्वीराजरासो' नाम से किया। इसी क्रम में डॉ. माताप्रसाद गुप्त ने सन् 1963 ई. में 'पृथ्वीराजरासो' का सम्पादन चिरगाँव झाँसी से कराया।

'कबीर ग्रन्थावली' का सम्पादन डॉ. श्यामसुन्दर दास ने सन् 1928 ई. में किया। नागरी प्रचारिणी सभा काशी से प्रकाशित इस ग्रन्थावली के सम्बन्ध में डॉ. कन्हैया सिंह कहते हैं—"जिस युग में डॉ. श्यामसुन्दरदास ने यह सम्पादन किया, उस युग का यह एक दिशा दर्शक कार्य था। उन्होंने सम्पादन की मूलभूत मान्यताओं का निर्वाह किया। पाठों की समीक्षा, उचित पाठ का ग्रहण, शेष का पाठान्तर में उल्लेख तथा प्रक्षेपों का निराकरण उनके कार्य की प्रामाणिकता को सिद्ध करते हैं।"

डॉ. रामकुमार वर्मा ने कबीर-ग्रन्थावली के बाद कबीर के पाठों की विविध परम्पराओं का अध्ययन करते हुए श्यामसुन्दरदास द्वारा सम्पादित 'कबीर-ग्रन्थावली' पर सन्देह व्यक्त करते हुए श्री गुरुग्रन्थ साहब के पाठ को, अधिक प्राचीन और सुरक्षित माना है। यह बात दीगर है कि विद्यार्थियों को पढ़ने के लिए श्यामसुन्दरदास द्वारा सम्पादित 'कबीर ग्रन्थावली' का महत्त्व आज भी बना हुआ है। इस सन्दर्भ में डॉ. सिंह मानते हैं कि, "सन्त कबीर का पाठ बहुत सन्तोषजनक नहीं हुआ और विद्वानों में 'ग्रन्थावली' के पाठ की ही मान्यता रही।"

हिन्दी पाठानुसन्धान ही नहीं बल्कि पूरे हिन्दी साहित्य-वाङ्मय में आचार्य रामचन्द्र शुक्ल का पदार्पण महत्त्वपूर्ण माना जाता है और है भी। आचार्य शुक्ल द्वारा सम्पादित 'जायसी ग्रन्थावली की भूमिका' को लेकर कितना भी विवाद हो लेकिन जायसी को समझने के लिए यह पुस्तक अमूल्य धरोहर है। शुक्ल जी के इस पाठ पर डॉ. कन्हैया सिंह का कहना है—"इतना होते हुए

शुक्ल जी के पाठ में बहुत से अभाव रह गये थे, जो परवर्ती पाठ शोधकों द्वारा पूर्ण हुए और कुछ तो अब भी यथावत् बने हुए हैं। उदाहरणार्थ-जायसी की इस कृति का नाम ग्रियर्सन और दीन के अनुसार 'पदुमावति' या 'पदुमावति' था, पर पं. रामजसन मिश्र और नवलकिशोर प्रेस के संस्करण का अनुगमन करके शुक्ल जी में उसे 'पद्मावत' कहा। परवर्ती सम्पादकों में डॉ. माताप्रसाद गुप्त और डॉ. वासुदेवशरण अग्रवाल ने भी उसे 'पद्मावत' या 'पद्मावत' ही लिखा। ए.जी. शिरेफ ने जब शुक्ल-संस्करण के आधार पर इस ग्रन्थ की अंग्रेजी टीका लिखी तो उन्होंने इसका नाम 'पदुमावति' ही लिखा, पद्मावत नहीं।'' आगे वह लिखते हैं—''शुक्ल जी का पाठ छात्रों की आवश्यकता को ध्यान में रखकर बड़ी शीघ्रता में तैयार किया गया था, जिसे उन्होंने अपने वक्तव्य में स्पष्ट भी किया है। उनके पास सम्पाद्य रचना की हस्तलिखित प्रतियों का पूर्णतः अभाव था और साथ ही उन्हें जहाँ पाठ के अर्थ की गुत्थी सुलझाने में कठिनाई हुई, अनुमान के आधार पर पाठ को बदल दिया। उनके सामने डॉ. ग्रियर्सन के पाठ का एक आधार था, पर उन्होंने उस आधार की उपेक्षा की। कई महत्त्वपूर्ण प्रतियों के आधार पर ग्रियर्सन ने जो पाठ प्रस्तुत किया था, उसे शुक्ल जी ने गहराई से देखने की चेष्टा नहीं की।'' डॉ. वासुदेवशरण अग्रवाल ने इस रचना का एक बृहद आलोचनात्मक भाष्य लिखा। उनके अनुसार डॉ. माताप्रसाद गुप्त का पाठ मुझे उपलब्ध न होता जो जायसी के मूल अर्थों तक पहुँचने का मार्ग मुझे कभी मिल सकता, इसमें मुझे सन्देह है। पद्मावत के मूल पाठ पर जमी हुई काई को पाठ-संशोधन की वैज्ञानिक युक्ति से हटाकर श्री माताप्रसाद गुप्त ने हिन्दी साहित्य क्षेत्र में महत्त्वपूर्ण कार्य किया है।'' डॉ. अग्रवाल ने अपने मत की पुष्टि में शुक्ल जी और डॉ. गुप्त के पाठ से पचासों उदाहरण देकर दिखाया है कि डॉ. गुप्त का पाठ शुक्ल जी के पाठ से उत्कृष्ट ही नहीं है, बल्कि शुक्ल जी के संस्करण में जायसी के पाठ का भयानक अंग-भंग भी हुआ है।

डॉ. कन्हैया सिंह भी इस बात के विरोधी हैं कि आचार्य शुक्ल द्वारा सम्पादित पद्मावत का पाठ ही अन्तिम पाठ है। डॉ. सिंह का कहना है कि, ''परीक्षा की कसौटी पर वह बड़ा पुराना और बासी काम सिद्ध होता है। दुर्भाग्य से हिन्दी में शोध-कार्य करनेवाले भी खेमे, स्कूलों और वादों से ऊपर नहीं उठ पाते हैं'' अन्यथा आचार्य विश्वनाथ प्रसाद मिश्र एक पत्र के हवाले से यह नहीं कहते कि, ''आचार्य शुक्ल ने 'पद्मावत' का जो पाठ दिया है, वह वैज्ञानिक कसौटी पर खरा न उतरे पर मेरी धारणा है कि डॉ. गुप्त के पाठ की अपेक्षा उनके पाठ अति सुसंगठित हैं। कहीं-कहीं गुप्त जी के पाठ भी अच्छे हैं। रह गयी मूल के निकट होने की बात। छान-बीन करने से मेरी अब भी निश्चित धारणा यही है कि अवधी के स्वरूप के निकट शुक्ल जी का पाठ अधिक है। अवधी का नैकट्य जायसी के मूल पाठ का नैकट्य भी हो सकता है।''

उपर्युक्त तथ्यों की काट प्रस्तुत करते हुए डॉ. कन्हैया सिंह विनयानवत भाव से कहते हैं—''जायसी की 'पदुमावति' की पाठ पर गम्भीरतापूर्वक विचार किये बिना ही यह मत व्यक्त किया गया है। हिन्दी के अनेक विद्वान् प्रमाण-पुष्ट बातें कम कहते हैं, अनर्गल बातें अधिक। यही कारण है कि डॉ. वासुदेव शरण अग्रवाल ने 'पदुमावति' के पाठ और अर्थ की गुत्थियों को अधिक समझा और जो कुछ भी इस सम्बन्ध में कहा, प्रभाव के साथ कहा।''

दरअसल शास्त्रों की तरह पाठालोचन के क्षेत्र में भी आगे चलकर (आधुनिक काल) हमने यूरोपीय विद्वानों के अध्ययन के आधार पर अपने महान् ग्रन्थों की पाठ समस्याओं का सम्यक्

अनुशीलन किया। इस दिशा में जगन्नाथदास रत्नाकर और शम्भुनारायण चौबे का नाम अग्रणी है। जगन्नाथ दास रत्नाकर ने 'बिहारी-सतसई' की पाण्डुलिपियों और टीकाओं का व्यापक अध्ययन करके बिहारी के दोहों की प्रामाणिक संख्या, क्रम और पाठ व उच्चारण के सही रूपों का अनुसन्धान किया। शम्भुनारायण चौबे ने 'श्रीरामचरितमानस' के प्रक्षेपों का निराकरण करके उसके पाठों का तुलनात्मक अध्ययन करते हुए पूर्व प्रस्तुत पाठों से श्रेष्ठ पाठ प्रस्तुत किया। इन दोनों विद्वानों ने पाठालोचन के क्षेत्र में आधुनिक युग का सूत्रपात किया।

आधुनिक युग में उन सभी ग्रन्थों का पुनः पाठालोचन वैज्ञानिक व तार्किक ढंग से शुरू हुआ। उन ग्रन्थों में—'पृथ्वीराज रासक', 'वीसलदेव रासो', 'कबीर ग्रन्थावली', 'दादूदयाल ग्रन्थावली', 'कबीर-बीजक', 'कबीर-वांगमय', 'हरि चरित', 'रामजन्म', 'दरिया ग्रन्थावली', 'पद्मावत', 'सूरसागर', 'रामचरितमानस', 'कवित्त रत्नाकर', 'नन्दास ग्रन्थावली', 'केशव ग्रन्थावली', 'बिहारी-रत्नाकर', शिवसिंह सरोज', 'नागरी-दास-ग्रन्थावली', 'सुजान-शतक', 'प्रागान कृत भँवरगीत', 'बालचन्द बत्तीसी', 'नवरस रंग', 'रतन हजारा', 'सुदामा चरित', 'हरिचरणदास-ग्रन्थावली', 'दलित कवि ग्रन्थावली तथा अन्य आदि प्रमुख हैं। इन ग्रन्थों के सम्पादकों में—डॉ. माताप्रसाद गुप्त, श्री सत्यजीवन वर्मा, पारस नाथ तिवारी (कबीर ग्रन्थावली), डॉ. शुकदेव सिंह (कबीर-बीजक), डॉ. शुकदेव सिंह एवं वासुदेव सिंह (कबीर वांगमय), आचार्य परशुराम चतुर्वेदी (दादूदयाल ग्रन्थावली), लालचदास (हरिचरित), सूरजदास (रामजन्म), धर्मेन्द्र ब्रह्मचारी (दरिया ग्रन्थावली), डॉ. माताप्रसाद गुप्त, डॉ. कन्हैया सिंह (पदुमावति), राग कल्पद्रुम संस्करण, वेंकटेश्वर प्रेस संस्करण, सभा संस्करण जवाहरलाल चतुर्वेदी संस्करण, डॉ. माताप्रसाद गुप्त संस्करण और सीताराम चतुर्वेदी संस्करण (सूरसागर), पं. शम्भुनारायण चौबे, डॉ. माताप्रसाद गुप्त-संस्करण, काशिराज संस्करण (रामचरितमानस), उमाशंकर शुक्ल (कवित्त-रत्नाकर), उमाशंकर शुक्ल (नन्ददास-ग्रन्थावली) शुक्ल जी का संस्करण, व्रजरत्नदास जी का संस्करण (नन्ददास-ग्रन्थावली), आचार्य विश्वनाथ प्रसाद मिश्र (केशव ग्रन्थावली), जगन्नाथदास रत्नाकर (बिहारी-रत्नाकर), डॉ. माताप्रसाद गुप्त (शिव सिंह सरोज), डॉ. माताप्रसाद गुप्त (नागरीदास-ग्रन्थावली, गिरिधर कबिराम ग्रन्थावली), डॉ. किशोरी लालगुप्त (सुजान-शतक), हरिमोहन मालवीय (प्रागान कृत भँवरजीत), बालचन्द बत्तीसी नवरस रंग, रतन हजारा), डॉ. सियाराम तिवारी (सुदामा चरित), डॉ. आनन्दप्रकाश दीक्षित (हरिचरणदास-ग्रन्थावली, दलित कवि ग्रन्थावली तथा अन्य) प्रमुख हैं।

आधुनिक युग में डॉ. माताप्रसाद गुप्त ने पदुमावति के पाठ के शब्द रूपों और भाषा रूपों को अब तक के सम्पादकों में सर्वाधिक शुद्ध रूप में प्रस्तुत करके सफलता प्राप्त की। इस दिशा में उन्होंने सर्वाधिक महत्त्वपूर्ण कार्य यहाँ किया कि आचार्य शुक्ल के संस्करण के 43 छन्दों को प्रक्षिप्त सिद्ध करके उन्हें मूल पाठ से अलग कर दिया है। पदुमावति का नया पाठ डॉ. कन्हैया सिंह ने करने का दावा किया है। उन्होंने अपने दावे को पुष्ट करते हुए कहा है—'पदुमावति' की नवोपलब्ध चार प्रतियाँ जो गोरखपुर के डॉ. भगवती प्रसाद सिंह के संग्रह में हैं उनके साथ मनेर शरीफ की प्रति के पाठों और माताप्रसाद गुप्त संस्करण के पाठान्तरों के आधार पर यह नया पाठ तैयार हुआ। इसमें अब तक की प्राप्त सबसे प्राचीन प्रति खनकाह रशीदिया जौनपुर की प्रति और शाह मतीन जायसी की जायसवाली सुस्पष्ट और सुलिखित फारसी लिपि की प्रतियाँ बहुत महत्त्वपूर्ण हैं। इस नवीन पाठालोचन में परम्परित नाम पद्मावत को अशुद्ध मानकर 'पदुमावति' नाम

को अन्तः साक्ष्य और बहिर्साक्ष्य से प्रभावित किया गया है। साथ ही अनेक स्थलों पर गुप्त संस्करण के पाठों से अधिक संगत और रचना के मूल पाठ का उद्धार किया है।''

डॉ. सिंह के उक्त दावे का परीक्षण तो भविष्य के गर्त में है। जिस प्रकार आचार्य शुक्ल, माताप्रसाद गुप्त, वासुदेवशरण अग्रवाल के पाठालोचना की आलोचना करते हुए इन्होंने एक निष्कर्ष निकाला है ठीक उसी प्रकार भविष्य में कोई विद्वान् इनके पाठालोचना की आलोचना करेगा ही।

'सूरसागर' के सन्दर्भ में डॉ. कन्हैया सिंह जी कहते हैं—''सूरदास की रचनाओं की छान-बीन का कार्य बड़ा कठिन है। ''अंधे अंधहि ठेलिया दूनौं कूप पड़न्त'' वाली कहावत ही अब तक चरितार्थ होती रही है। खोजियों ने सूरदास के वास्तविक पाठ को ढूढ़ने का प्रयास न करके सूर नाम से प्रचलित समस्त पदों के संग्रह का कार्य किया है। सूरदास के साथ सूरश्याम, सूरजदास, सूरदास लखनवी, विल्वमंगल सूरदास आदि की कितनी रचनाएँ मिश्रित हो गयी हैं और उनका निराकरण कैसे हो, इसका भी विचार नहीं हुआ।''

आगे निष्कर्ष देते हुए डॉ. सिंह लिखते हैं—''अभी हम कोई भी ऐसा कार्य नहीं प्रस्तुत कर पाये हैं जिसे निश्चयात्मक रूप से सूरसागर के मूल पाठ के सर्वाधिक निकट का पाठ कहा जा सके। इस दिशा में रत्नाकर जी जवाहरलाल चतुर्वेदी और माताप्रसाद गुप्त के कार्य बड़े महत्त्वपूर्ण और श्रमपूर्वक किये गये कार्य हैं। पर इनमें से प्रथम दो तो अधूरे ही रह गये और डॉ. गुप्त ने पूर्ण पाठ का सम्पादन कर दिया पर उसमें से क्रम निर्धारण और प्रक्षेपों की स्थिति का पूर्णतः निराकरण वह भी नहीं कर पाये थे।''

डॉ. सिंह के उपर्युक्त दोनों वक्तव्यों से स्पष्ट होता है कि सूरदास की रचनाओं का सम्यक् सम्पादन अभी शेष है जो आगेवाले सम्पादकों की जिम्मेदारी बनती है। लगता है डॉ. सिंह की दृष्टि डॉ. धीरेन्द्र वर्मा द्वारा सम्पादित 'संक्षिप्त सूरसागर' पर नहीं पड़ी क्योंकि डॉ. वर्मा के सूरदास सम्बन्धी पाठालोचन पर आपने कोई चर्चा नहीं की है।

रामचरितमानस पर की गयी पाठालोचना के सन्दर्भ में डॉ. सिंह माताप्रसाद गुप्त के सम्पादन को वैज्ञानिक विधि द्वारा व्यापक सिद्धान्तों का अनुसरण करने वाला' बताया है। जबकि डॉ. गुप्त ने अपने इस कार्य के सन्दर्भ में स्पष्ट कहा है—''हिन्दी में ही नहीं, कदाचित समस्त आधुनिक भारतीय आर्य भाषाओं में विस्तृत पाठ निरूपण का यह पहला प्रयास है, इसलिए इसमें त्रुटियाँ होना अवश्यम्भावी है।''

कई हस्तलिखित प्रतियों के आधार पर श्री उमाशंकर शुक्ल द्वारा सम्पादित 'कवित्त-रत्नाकर' को महत्त्वपूर्ण सम्पादन मानते हुए डॉ. कन्हैया सिंह ने कहा है—हिन्दी के प्राचीन सम्पादकों से पृथक एक क्रान्तिकारी परिवर्तन प्रस्तुत करता है। प्रतियों की तुलनात्मक परीक्षा द्वारा रचयिता के मूल पाठ तक पहुँचने का प्रयास अत्यन्त प्रामाणिकता के साथ इस ग्रन्थ में किया गया है। पाठ सदैव ही प्रतियों के साक्ष्य पर प्रस्तुत किये गये हैं, जहाँ कहीं भी अपनी ओर से कोई सुझाव प्रस्तुत किया गया है, उसका उल्लेख पाद-टिप्पणियों में कर दिया गया है। उपयुक्त पाठ के चयन में जो सफलता इस ग्रन्थ के सम्पादक को प्राप्त हुई है वह 'बिहारी रत्नाकर' के सम्पादक बाबू जगन्नाथदास रत्नाकर को छोड़कर अब तक किसी पूर्ववर्ती सम्पादक को नहीं प्राप्त हुई थी।''

आचार्य विश्वनाथ प्रसाद मिश्र ने 'केशव-ग्रन्थावली' को सम्पादित करने के गम्भीर दायित्व का सफलतापूर्वक निर्वहन करते हुए सन् 1959 ई. में जनसामान्य के समक्ष प्रस्तुत कर दिया। इस ग्रन्थावली का सम्पादन करते हुए आचार्य मिश्र ने वैज्ञानिक तथा साहित्यिक विधि के समन्वयात्मक रूप का प्रयोग किया। अब तक केशव की रचनाओं के जितने पाठ प्रस्तुत हुए थे उनमें केशव ग्रन्थावली का पाठ निर्विवाद रूप से सर्वश्रेष्ठ है। वैज्ञानिक विधि का पूर्णतः अनुगमन न करके भी जितना अधिक सुन्दर पाठ प्रस्तुत कर सकने की कल्पना की जा सकती है, उतना सुन्दर पाठ इसमें प्रस्तुत हुआ है।

जगन्नाथ दास रत्नाकर ने बिहारी-सतसई के पाठ को 'बिहारी-रत्नाकर' के नाम से गंगा पुस्तक माला, लखनऊ द्वारा प्रकाशित कराया। इसके पहले जार्ज ग्रियर्सन, पं. पद्मसिंह शर्मा और लाला भगवानदीन ने बिहारी के रचनाओं को सम्पादित किया था। इन लोगों द्वारा किया गया प्रयास रत्नाकर जी के लिए सहायक सिद्ध जरूर हुए होंगे। पं. विश्वनाथप्रसाद मिश्र के अनुसार रत्नाकर जी ने बिहारी की पाठ समस्या को हल करने में लगभग बीस वर्ष का समय लगाया। फिर भी बिहारी के पाठ की समस्याएँ सुलझ न सकीं। रत्नाकर जी द्वारा प्रस्तुत पाठ में कुछ स्पष्ट समस्याएँ दृष्टिगोचर होती हैं, जो इस बात का संकेत करती हैं कि बिहारी के पाठशोध का पुनर्प्रयास होना चाहिए।''

'हिन्दी पाठानुसन्धान' पुस्तक में कुछ ऐसे कृतियों और सम्पादकों के बारे में डॉ. कन्हैया सिंह जी द्वारा दी जाने वाली जानकारी बेहद महत्त्वपूर्ण हैं, जो आगे के विद्वानों के लिए सुविधाजनक होगी। उन्हीं कृतियों में से एक 'गिरिधिर कविराय ग्रन्थावली' है जिसका सम्पादन डॉ. किशोरीलाल गुप्त ने किया है। गिरिधर कविराय हिन्दी के प्रसिद्ध कुण्डलियाकार कवि हैं। यह लोकजीवन के कवि और जीवनपरक कुण्डलिया लिखने में सिद्धहस्त हैं। सम्वत् 1870 में भारतेन्दु जी ने 'सुजान-शतक' का सम्पादन-प्रकाशन किया था, जिसे आगे चलकर डॉ. किशोरीलाल गुप्त ने उसका पुनर्सम्पादन किया। इस पुस्तक के बारे में डॉ. कन्हैया सिंह का स्पष्ट मत है—'प्रस्तुत सम्पादन में सम्पादक ने छन्दों की टीका भी की है। मेरी दृष्टि में सम्पादक की दृष्टि से प्रस्तुत कार्य का बहुत महत्त्व नहीं हैं। पुस्तक हिन्दी की ऊँची कक्षाओं में घनानन्द को पढ़ाने के लिए पाठ्य-पुस्तक के रूप में अच्छी सिद्ध हो सकती है।''

इसी क्रम में घनानन्द को समझने के लिए डॉ. किशोरी लाल गुप्त के अलावे कुछ और विद्वानों ने भी घनानन्द के कविताओं का सम्पादन किया है जिसे डॉ. सिंह अपनी इस पुस्तक में स्थान नहीं देते हैं जबकि वह पुस्तकें घनानन्द को ठीक से समझने के लिए कई सारे सूत्र देती हैं।

इस पुस्तक में हरिमोहन मालवीय के सम्पादन की चार पुस्तकों ('प्रागान कृत भँवरगीत', 'बालचन्द बत्तीसी' 'नवरस रंग' और 'रतन हजारा') का संक्षिप्त वर्णन प्रस्तुत किया है। हलधरदास कृत 'सुदामाचरित' के अनेक प्रतियाँ जो इधर-उधर से प्राप्त हुई थी उनका पाठानुसन्धान करते हुए डॉ. सियाराम तिवारी ने 'सुदामा चरित' नाम से सम्पादन का कार्य किया। प्रस्तुत संस्करण के सन्दर्भ में डॉ. कन्हैया सिंह का मत है—''इस संस्करण के पाठ को देखकर यह निःसंकोच कहा जा सकता है कि इस संस्करण में कवि हलधर दास की वास्तविक प्रतिभा, शब्द चयन की शक्ति और उनकी भक्ति भावना का सहज रूप दृष्टिगत हो जाता है। कवि की तलस्पर्शी दृष्टि के साथ तादात्म्य स्थापित करके पाठ-निर्णय की अपनी योग्यता के सम्पादक ने प्रमाणित किया है। पाठानुसन्धान के क्षेत्र में उनकी गति निरन्तर बढ़ती रहेगी ऐसा मुझे दृढ़ विश्वास है।''

डॉ. आनन्द प्रकाश दीक्षित के कुशल सम्पादन में अल्पज्ञात कवियों हरिचरण दास और दौलत कवि की दो रचनाओं—'रस प्रबोध' और 'रितु सुख सार' का सम्पादन 'हरिचरणदास-ग्रन्थावली' व 'दलित कवि ग्रन्थावली तथा अन्य' नाम से होता है। हरिचरणदास रीतिकाल के अन्त और आधुनिक काल के प्रारम्भ के एक अल्पज्ञात कवि रहे हैं। इनमें भक्ति, रीति और वीर काव्य की त्रिवेणी निकली है। इस सन्दर्भ में डॉ. कन्हैया हरिचरणदास रीतिकाल के अन्त और आधुनिक काल के प्रारम्भ के एक अल्पज्ञात कवि रहे हैं। इनमें भक्ति, रीति और वीर काव्य की त्रिवेणी निकली है। इस सन्दर्भ में डॉ. कन्हैया सिंह जी कहते हैं—'यह निःसंकोच कहा जा सकता है कि सम्पादक ने अपनी सूझ-बूझ से इस कवि की रचनाओं के पाठ को बड़े ही परिष्कृत रूप में प्रस्तुत करने में सफलता प्राप्त की है।''

'दलित कवि ग्रन्थावली तथा अन्य' पुस्तक का सम्पादन डॉ. आनन्द प्रकाश दीक्षित ने सन् 1993 ई. में किया। यह सम्पादन पूर्व में प्रकाशित चार प्रतियों पर आधारित है। इसके सम्पादन में डॉ. दीक्षित ने कुछ सिद्धान्त स्थिर करते हुए और उसका अनुगमन करते हुए एक शुद्ध पाठ प्रस्तुत किया और मुक्त पाठ में कुछ परिवर्तन भी कर दिया। जो कन्हैया सिंह की दृष्टि में उचित नहीं है। इनकी मान्यता है कि पाठ-सम्पादन में ऐसे निर्णय उचित नहीं माने जाते। इसके साथ ही डॉ. सिंह एक दूसरी बात भी स्वीकार करते हैं—''डॉ. दीक्षित काव्यशास्त्र के निष्णात आचार्य तथा ब्रजभाषा के मर्मज्ञ हैं। साथ ही प्राचीन पाठों के घटाटोप से जूझने की सामर्थ्य भी अनुभव और अध्यवसाय उन्हें प्राप्त हैं। अतः उन्होंने शृंगार-रस के इस रीतिग्रन्थ का पाठोद्धार ही नहीं किया है अपितु हिन्दी के अनुसन्धान की एक टूटी हुई कड़ी को जोड़ने का ऐतिहासिक कार्य किया है। उनकी इस ग्रन्थ की भूमिका इसका प्रभाव है।'' डॉ. देवेन्द्र प्रताप सिंह द्वारा सन् 1947 ई. में सम्पादित 'मण्डन कवि ग्रन्थावली' के बारे में लिखते हुए डॉ. कन्हैया सिंह ने कहा है—''हिन्दी साहित्य के इतिहास ग्रन्थों में 'मण्डन' कवि का उल्लेख मिलता था, इस रचना के द्वारा कवि के श्रेष्ठ काव्य का परिचय सर्वप्रथम साहित्य के विद्यार्थियों को मिल सका है। जो एक महत्त्वपूर्ण कार्य है।''

'हिन्दी पाठानुसन्धान' नामक पुस्तक के अन्तिम में परिशिष्ट दिया गया है। जिसमें हिन्दी में सम्पादित-प्रकाशित ग्रन्थों की विस्तृत सूची लेखक ने प्रस्तुत की है। दुर्लभ पुस्तकों की सूची यह प्रमाणित करती है कि इस पुस्तक के लेखन में डॉ. कन्हैया सिंह जी ने विस्तृत जानकारी उपलब्ध की है। 'हिन्दी पाठानुसन्धान' के रूप में यह थाती उन विद्यार्थी और शिक्षकों के लिए उपयोगी है जो हिन्दी पाठालोचना में रुचि रखते हैं। 'हिन्दी पाठानुसन्धान' की समीक्षा करने के बहाने मैं इस अवसर पर डॉ. कन्हैया सिंह जी को दीर्घायु एवं स्वस्थ रहते हुए, अध्ययनरत रहने की शुभकामना देता हूँ।

आचार्य, हिन्दी विभाग, दी. द. उपा. गोरखपुर विश्वविद्यालय
गोरखपुर (उ.प्र.)

जायसी का मूल्यांकन : नये संकेत

सदानन्द प्रसाद गुप्त

मलिक मुहम्मद जायसी मध्यकालीन प्रेमाख्यानक काव्यधारा के ऐसे शीर्षस्थ कवि हैं, जिनके काव्य में प्रेम की अलौकिक छवि, उसकी विलक्षण, दिव्य, गहन और तीव्र अनुभूति, गूढ़ दार्शनिक चिन्तन, मार्मिक रहस्यानुभूति, जाग्रत इतिहास-बोध, व्यापक जीवनानुभव, सरस लोक-जीवन, मनोरम कल्पना, देशी, भाषा की सोंधी महक है और उसका अकृत्रिम प्रवाह तथा राष्ट्रीय चेतना की अन्तर्वर्ती धारा एक साथ विद्यमान हैं। ऐसे प्रतिभा कवि के व्यवस्थित और समग्र मूल्यांकन का प्रयास आचार्य शुक्ल के पहले नहीं दिखायी देता है। यद्यपि डॉ. ग्रियर्सन ने अपने इतिहास में जायसी पर एक निबन्ध लिखा है, किन्तु वह प्रयास फुटकर ही है। डॉ. ग्रियर्सन ने महामहोपाध्याय पं. सुधाकर द्विवेदी के साथ मिलकर 'पद्मावत' की टीका भी लिखी थी, पर वह कवि के अभिप्रेत तक ले जानेवाली सिद्ध न हो गयी। ए. जी. शिरेफ ने भी पद्मावत की टीका अंग्रेजी में प्रस्तुत की, किन्तु जायसी की काव्य-संवेदना को ठीक से नहीं पकड़ने के कारण उसमें भयंकर भूलें हैं।

मिश्रबन्धुओं ने रीतिकाल के दरबारी काव्य-संस्कार के कारण जायसी की प्रतिभा का सही मूल्यांकन नहीं किया। उन्होंने 'हिन्दी नवरत्न' में नकारात्मक ढंग से जायसी की चर्चा की और उन्हें एक अल्पख्यात कवि तोषनिधि की श्रेणी में रख दिया। पहली बार आचार्य शुक्ल ने मध्यकाल के इस महाकवि का बड़ी ही संवेदनशीलता के साथ मूल्यांकन किया। 'जायसी-ग्रन्थावली' की दो सौ दस पृष्ठों की भूमिका इस बात का प्रमाण है कि आचार्य शुक्ल ने हिन्दी समीक्षा को एक नयी ऊँचाई प्रदान की है। आचार्य शुक्ल की आलोचना न केवल व्यावहारिक आलोचना का प्रतिमान सामने रखती है, वरन् युगीन आलोचना में एक क्रान्तिकारी परिवर्तन भी उपस्थित करती है, साथ ही साहित्य के मूल्यांकन का नया सिद्धान्त भी प्रस्तुत करती है। आचार्य शुक्ल के बाद जायसी पर अनेक शोधग्रन्थ लिखे गये एवं समीक्षात्मक पुस्तकें भी सामने आयीं, पर उनमें आचार्य शुक्ल की समीक्षा का विकास नहीं दिखायी देता है। इसे आचार्य शुक्ल की आलोचना की पूर्णता का परिणाम भी कहा जा सकता है और परवर्ती आलोचकों की दृष्टिबद्धता भी। कुछ वर्षों पूर्व विजयदेव नारायण साही की पुस्तक 'जायसी' प्रकाश में आयी। उसमें कुछ बिन्दुओं पर आचार्य

शुक्ल से असहमति प्रकट की गयी थी। इधर डॉ. रघुवंश में उनकी पुस्तक 'जायसी', एक नयी दृष्टि' में लीक से हटकर विचार करने का आग्रह दिखायी देता है। इसी क्रम में डॉ. कन्हैया सिंह के प्रयास को भी देखा जा सकता है। इन्होंने अपनी पुस्तक 'मलिक मुहम्मद जायसी' में कुछ नये बिन्दुओं पर विचार किया है।

डॉ. कन्हैया सिंह के साथ सबसे महत्त्वपूर्ण विशेषता यह है कि वह पाठानुसन्धान के मर्मज्ञ विद्वान् हैं और जायसी को समझने के लिए उन्होंने अपनी भवयित्री प्रतिभा के साथ इस विशेषता का भी इस्तेमाल किया है। किसी भी मध्यकालीन अथवा प्राचीन काव्य के मूल्यांकन के लिए और कवि के मूल भाव तक पहुँचने के लिए आलोचक या टीकाकार को पाठभेद के कठिन मार्ग से गुजरना पड़ता है और तब तो और अधिक जब शब्द ही भाव तक पहुँचने का पहला और अन्तिम साधन हो। सम्भवतः इसीलिए डॉ. कन्हैया सिंह 'पद्मावत' के पाठ-निर्णय को सर्वाधिक महत्त्व देते हैं और अपने निबन्ध 'पदुमावति का प्रामाणिक पाठ' में विस्तार से इसकी चर्चा करते हैं। सबसे पहले डॉ. सिंह ग्रन्थ के नामकरण के औचित्य पर ही विचार करते हैं तथा आचार्य शुक्ल एवं उनकी परम्परा में डॉ. माताप्रसाद गुप्त और डॉ. वासुदेवशरण अग्रवाल द्वारा रखे गये 'पद्मावत' नाम के साथ असहमति व्यक्त करते हैं। वह प्रेमाख्यानक काव्य-परम्परा, रचना में नायिका की प्रधानता, रचना की प्रकृति की व्याख्या करते हैं, फारसी के व्याकरण का सन्दर्भ देते हैं और डॉ. भगवतीप्रसाद सिंह की निजी लाइब्रेरी में सुरक्षित अनेक प्रतिलिपियों की चर्चा करते हुए 'पदुमावति' नाम की उपयुक्तता पर बल देते हैं (पृ. 13-14)। ऐसा नहीं है कि डॉ. सिंह की यह मौलिक सूझ है। डॉ. ग्रियर्सन एवं बाद के विद्वानों ने भी इस नाम का प्रयोग किया है, पर आचार्य शुक्ल के प्रभाव के आगे यह नाम पाठकों एवं सुधी आलोचकों के बीच स्थान नहीं बना सका।

डॉ. सिंह 'पद्मावत' के प्रचलित पाठ के स्थान पर एक नये पाठ की आवश्यकता का अनुभव करते हैं। उन्होंने अपने लेख में बड़े विस्तार से प्रामाणिक पाठ को लेकर प्रश्न उठाये हैं और ग्रियर्सन, आचार्य शुक्ल, वासुदेवशरण अग्रवाल एवं माताप्रसाद गुप्त के पाठ का तुलनात्मक विश्लेषण कर पाठ सम्बन्धी विसंगतियों की चर्चा की है। डॉ. सिंह ने 'पद्मावत' के पाठ को लेकर कई वर्षों से कार्य करनेवाले मर्मी विद्वान् स्व. भगवतीप्रसाद सिंह के साथ मिलकर अनेक प्राचीन प्रतियों (जौनपुर, जायस, रायबरेली और मोहम्मद शाह की प्रति) के आधार पर पूर्ववर्ती सम्पादकों के पाठान्तरों का मिलान करके एक नया पाठ तैयार किया है। अभी उसे सुधी आलोचकों के मध्य आना है, पर नये पाठ के जो अड़तालीस उद्धरण उन्होंने दिये हैं, वह कई दृष्टियों से महत्त्वपूर्ण हैं।

लेखक ने 'पद्मावत' के विश्लेषण के माध्यम से जिस महत्त्वपूर्ण तत्त्व का उद्घाटन किया है, वह है जायसी की राष्ट्रीयता। उनकी दृष्टि में 'पद्मावत' की कथा में सबसे महत्त्वपूर्ण तत्त्व है "मानवता की उस बड़ी जमीन की तलाश, जहाँ साम्प्रदायिक संकीर्णता की क्षुद्र धाराएँ एक शान्त शीतल महासमुद्र में बदल जाती हैं।" (पृ. 35)। लेखक के कुछ निष्कर्ष ध्यान देने योग्य हैं—'पदुमावति' भारतीयता का महाकाव्य है। (36) यह भारतीयता का विश्वकोष है। (पृ. 36)। जायसी ने भारतीय संस्कृति का मूर्त चित्र खींचा है, जो उदात्त और राष्ट्रीय धारा का अनुकरणीय आदर्श है (36)। 'चितउर भा इसलाम' की व्याख्या डॉ. सिंह इस रूप में करते हैं कि जायसी ने अलाउद्दीन की साम्राज्यवादी प्रवृत्ति और उसकी मिथक-परम्परा के प्रति सम्मान प्रकट किया है, हिन्दू अस्मिता की रक्षा की है। डॉ. सिंह की दृष्टि में जायसी का काव्य हिन्दू-मुस्लिम एकता का काव्य नहीं, वरन् विशुद्ध मानव-संस्कृति है' और जो मानव

मात्र के अन्तःकरण को अपनी दिव्य आभा से आलोकित करती है। उन्होंने कभी हिन्दू और मुसलमान में बँटकर, विभाजित होकर या खण्डित होकर कुछ नहीं कहा, प्रत्युत उनका सारा कथन समग्रता का शंखनाद था (पृ. 37) आम तौर पर जायसी की आलोचकों ने सांस्कृतिक समन्वय का कवि कहा है। लेखक की मान्यता है कि, ''समन्वय में कृत्रिमता की गन्ध आती है, जो जायसी में नहीं हैं'' लीन्ह लंक कंचनगढ़ टूटा', 'लरै मुरै हिय हार लपेटी। सुरसरि जनु कालिन्दी भेंटी', 'जनु प्रयाग अरइल बिच मिली। बेनी भई सो रोमावली' आदि उद्धरणों के माध्यम से डॉ. सिंह ने यह प्रतिष्ठापित किया है कि भारतीय प्रतीकों में जायसी की गहरी निष्ठा थी। चित्तौड़ हिन्दुओं की माता है और किसी भी दशा में उससे नाता नहीं टूट सकता। वह लेखक की दृष्टि में जायसी ऐसे राष्ट्रीय कवि की अन्यतम उपलब्धि है। ध्यातव्य है कि चित्तौड़ राष्ट्रीय अस्मिता, स्वाधीनता, संघर्ष, बलिदान और हिन्दुत्व-सबका समग्र प्रतीक रहा है और कमोबेश वही प्रतीकात्मकता आज भी सुरक्षित है।

'इतिहास रस' (पृ. 12-18) निबन्ध में लेखक ने जायसी के इतिहास के प्रस्तुतीकरण की विलक्षणता की ओर संकेत किया है। सचमुच जायसी इतिहास को दुहराना नहीं चाहते थे, इसलिए घटना और पात्र की ऐतिहासिकता की दृष्टि से इतिहास के ढाँचे में बँधकर पद्मावत की समीक्षा नहीं की जानी चाहिए। बल्कि यह देखना चाहिए कि जायसी किस प्रकार ऐसे इतिहास रस की सृष्टि करना चाहते थे, जिसमें चित्तौड़ की भूमि पर घटित भीषण नरसंहार के पीछे की मनोवृत्तियों की मानवीय संवेदना की तलाश की जा सके। (42)

जायसी की काव्यभाषा और अभिव्यक्ति-कौशल इस पुस्तक का महत्त्वपूर्ण अध्याय है, जिसमें कवि की सर्जनात्मक भाषा की शक्ति का उद्घाटन किया गया है। डॉ. सिंह की दृष्टि में जायसी की भाषा में गहन-अनुभूति के तत्त्व हैं। बिना किसी अलंकरण, बिना किसी मुहावरे के प्रयोग के भी अर्थ को असीम ऊँचाई तक ले जाना जायसी जैसे बड़े कवि के लिए ही सम्भव है। डॉ. सिंह सुआ के बन्दी बनाये जाने और अपने साथियों के साथ वार्त्तालाप के प्रसंग को उद्धृत करते हुए टिप्पणी करते हैं—''जायसी में अन्तः प्रवेश की कितनी गहन क्षमता है कि वह इस शुक के माध्यम से एक पण्डित (विद्वान्) की अन्तर्व्यथा को व्यक्त करते हैं, जो केवल उसकी ही नहीं, सारे पण्डितों की अन्तर्व्यथा है...पण्डित का स्वतन्त्र होना उसके पाण्डित्य के रक्षण की पहली शर्त है। साथ ही वह बाजार में बिकता नहीं। यदि वह बाजार में ब्रिकाऊ माल की तरह बिकने लगता है तो वह पढ़ना भूल जाता है। पण्डित की इस मानस-व्यथा की गहराई जानने के लिए साधारण भाषा में उससे भारी-भरकम आत्मकथन की आवश्यकता पड़ती, पर काव्यभाषा में 'हाट न चढ़ा' जैसा एक साधारण मुहावरा एक असाधारण वजन और अर्थवत्ता के साथ उभरकर सामने आता है (पृ. 66) डॉ. सिंह एक ही कालखण्ड के समान भाषा के दो कालजयी कवियों की काव्यभाषा का तुलनात्मक विवेचन प्रस्तुत करते हुए निष्कर्ष निकालते हैं कि तुलसी की भाषा भी कहीं अधिक सर्जनात्मक बन पड़ी है, जहाँ वह मनुष्य की सहज अनुभूतियों की अभिव्यक्ति करते हैं, अलौकिक के मोह का संवरण करते हैं, मानवीय अनुभूतियों को महत्त्व देते हैं, शास्त्रीयता का आवरण उतार देते हैं और लोक अनुभूतियों से मध्य को सम्यक् करते हैं। लेखक का यह निष्कर्ष सही है कि जायसी भाषा गढ़ते नहीं, सहज प्रवाहित भाषा का प्रयोग करते हैं—''जायसी ने जिस ठेठ भाषा का इस्तेमाल किया और उसकी ग्रामीण शब्दावली को जो अनुभूतिसंकुल सर्जनात्मकता प्रदान की, वह 'न भूतो न भविष्यति' की स्थिति में है। हिन्दी साहित्य में न जायसी के पूर्व और न जायसी के पश्चात् आज तक कोई ऐसा कवि हुआ है, जिसमें सहज सामान्य भाषा के शब्दों में इतनी प्राणवत्ता भरने का कौशल हो। जायसी की भाषा माटी

की सोंधी सुगन्ध से बनी भाषा है।'' (पृ. 107)

जायसी की काव्यभाषा की चर्चा के क्रम में मिथक तत्त्व का विश्लेषण पुस्तक की महत्त्वपूर्ण उपलब्धि है। आचार्य हजारीप्रसाद द्विवेदी ने मिथक को भाषा की स्वच्छन्द उड़ान कहा है। लेखक की दृष्टि में ''जायसी ने किसी मिथक कथा को आधार बनाकर अपने महाकाव्य 'पदुमावति' का सृजन नहीं किया है, पर उसमें मिथकीय सन्दर्भ भरे पड़े हैं।...उनके इन मिथकीय संयोजनों में कहीं भी पौराणिकता का सायास आग्रह नहीं है, बल्कि साधारणतः वह जायसी की सादृश्य योजना के अंग बनकर आये हैं। (पृ. 143) ''वे भारतीय (हिन्दू) मिथकों से बहुत गहराई तक प्रभावित थे। आत्मा और परमात्मा का परस्पर प्रेमभाव इसी मिथक-चिन्तन का परिणाम है।'' (पृ. 146)

लेखक ने पुस्तक को पूर्णता देने के लिए अन्य विषयों पर भी विचार किया है—जैसे—'वृत्त और रचनाएँ', 'भावाभिव्यक्ति', 'अध्यात्म-चिन्तन', 'अन्य रचनाएँ' आदि। जायसी के अध्यात्म चिन्तन पर लेखक की यह टिप्पणी सटीक है—''जायसी का चिन्तन एक मानवतावादी धरातल चिन्तन पर लेखक की यह टिप्पणी सटीक है''—''जायसी का चिन्तन एक मानवतावादी धरातल प्रस्तुत करता है। अपनी रचनाओं में इसी दृष्टि से वह हिन्दू और इस्लाम, योगमार्ग और प्रेममार्ग तथा विविध साधनाओं का सामंजस्य उपस्थित करते हैं।'' (पृ. 81) इधर कुछ वर्षों से 'कन्हावत' को कुछ विद्वानों द्वारा जायसी के ग्रन्थ के रूप में प्रस्तुत किया गया है। डॉ. कन्हैया सिंह ने भाव, भाषा, जायसी की प्रकृति, रचना का नाम, ऐतिहासिकता, जायसी की दार्शनिक मान्यता आदि बिन्दुओं की दृष्टि से उसे जायसी की कृति नहीं माना है। जायसी काव्य-विवेचना सम्बन्धी अन्य लेख साधारण महत्त्व के हैं।

समग्रतः पुस्तक में लेखक का एप्रोच सही है और जायसी के महत्त्व और उनके काव्य-व्यक्तित्व तथा काव्य के मूल स्वर को पकड़ने में लेखक काफी हद तक सफल रहा है। यहाँ आलोचना की गतानुगतिकता से बाहर निकलने का संकल्प है और उस दिशा में बढ़ने का प्रयास भी। यही इस पुस्तक की सबसे बड़ी सफलता है।

कार्यकारी अध्यक्ष, उत्तर प्रदेश हिन्दी संस्थान
लखनऊ (उ.प्र.)

‘पदुमावति’ के पाठों के उद्धार एवं सम्पादन का ऐतिहासिक काम

मुश्ताक़ अली

यद्यपि ‘पद्मावत’ के पाठ-सम्पादन का काम कई विद्वानों ने किया है तथापि उसके नामकरण, पाठ-सम्पादन और अर्थ को लेकर हिन्दी जगत् में कई तरह का भ्रम आज भी है। पाठालोचन के मान्य हस्ताक्षर डॉ. कन्हैया सिंह जी ने 2010 में इसके नामकरण, पाठ-सम्पादन और अर्थ को लेकर जो कार्य किया है, उसका ऐतिहासिक महत्त्व है। उनके सामने पहली चुनौती तो इसके नाम को लेकर थी, क्योंकि ज्यादातर विद्वानों ने इसको ‘पद्मावत’ के नाम से ही अभिहित किया। दरअस्ल पहले-पहल जब इसका प्रकाशन नवलकिशोर प्रेस, लखनऊ एवं दूसरा रामजसन मिश्र द्वारा सम्पादित होकर काशी के चन्द्रप्रभा प्रेस से हुआ तब दोनों संस्करणों में इसका नाम ‘पद्मावत’ ही छपा था, लेकिन डॉ. जार्ज एब्राहम ग्रियर्सन ने रॉयल एशियाटिक सोसाइटी ऑव बंगाल से जब इसका संस्करण निकाला तो उन्होंने इसका नाम ‘पदुमावति’ रखा। इसी तरह हिन्दी साहित्य सम्मेलन प्रयाग से लाला भगवानदीन के सम्पादन में जब यह प्रकाशित हुआ तो ग्रियर्सन की तरह उन्होंने भी इसका नाम ‘पदुमावति’ रखा और उसी परम्परा का पालन डॉ. सूर्यकान्त शास्त्री ने भी किया लेकिन आगे चलकर आचार्य रामचन्द्र शुक्ल ने नागरी प्रचारिणी सभा, काशी के लिए 1924 में जब ‘जायसी ग्रन्थावली’ सम्पादित की तो उन्होंने इसका नाम ‘पद्मावत’ रख दिया और वही नाम हिन्दी जगत् में चल गया। आगे चलकर जब ए.जी. शिरेफ ने इसकी टीका अंग्रेजी में लिखी तो उन्होंने शुक्ल जी के ही पाठ को आधार बनाया लेकिन ग्रियर्सन की तरह उसका नाम ‘पदुमावति’ ही रखा। 1951 ई. में जब डॉ. माताप्रसाद गुप्त ने वैज्ञानिक रूप से इसका पाठ-सम्पादन किया और उन्हीं के पाठों को आधार बनाकर डॉ. वासुदेवशरण अग्रवाल ने 1955 में उसकी ‘संजीवनी व्याख्या’ तैयार की तो उन्होंने भी इसका नाम ‘पद्मावत’ ही ग्रहण किया।

डॉ. कन्हैया सिंह जी ने फ़ारसी लिपि में मिले ‘पदुमावति’ के हस्तलेखों को पढ़ने की भूलों की ओर इशारा करते हुए कहा है कि फ़ारसी लिपि में स्वर चिह्नों के लुप्त हो जाने के कारण ‘पदुमावति’ का ‘पद्मावत’ पढ़ लिया जाना स्वाभाविक है। वह मानते हैं कि ‘पदुमावति’ ... लिखते समय ‘ते’ पर जो ह्रस्व ‘इ’ यानी ज़ेर की मात्रा लगती है उसके लुप्त होने से ही उसे ‘पद्मावत’ पढ़ा गया होगा। यह बात तो वह सही कहते हैं कि यदि ‘पदुमावति’ में ‘ते’ पर दीर्घ ‘ई’ की

मात्रा होती तो उसे पढ़ने में दिक़्क़त नहीं होती लेकिन उन्होंने जो यह लिखा है कि ह्रस्व 'इ' के लिए 'पेश' नामक चिह्न वर्ण के नीचे लगाने का विधान है, वह ग़लत है क्योंकि नीचे तो 'ज़ेर' लगता है, पेश नहीं। पेश हमेशा ऊपर ही लगता है और वह 'वो' के लिए आता है न कि 'इ' के लिए।

डॉ. सिंह 'पदुमावति' के पक्ष में जो यह दलील देते हैं कि जायसी ने इस पुस्तक में बार-बार 'पदुमावति' या 'पदुमिनी' का प्रयोग किया है, वह तर्कसंगत है क्योंकि एक तो वह स्त्रीलिंग है दूसरे नायिका के नाम पर है जबकि 'पद्मावत' तो पुल्लिग है और उससे अर्थबोध में भी कठिनाई होती है। अपने पक्ष-समर्थन में उन्होंने जायसी के पूर्ववर्ती मुल्ला दाऊद की 'चन्दायन' और कुतुबन की 'मिरगावती' का भी उल्लेख किया है। वह 'रामायण' के तर्ज़ पर 'चन्दायन' को सही ठहराते हैं और 'मिरगावती' का नाम तो नायिका के नाम पर पड़ा ही है। इसीलिए वह 'पद्मावत' के बजाय 'पदुमावति' को ज़्यादा तरजीह देते हैं। वह यह भी कहते हैं कि जायसी के बाद आनेवाले कवियों ने अपनी कृतियों का नाम उनकी नायिकाओं के नाम पर ही रखा है जैसे मंझन ने 'मधुमालती', उसमान ने 'चित्रावली' और नूरमुहम्मद ने 'इन्द्रावती' आदि।

'पदुमावति' का नामकरण न तो अनुमान पर आधारित है न हवा-हवाई है अपितु इसके लिए डॉ. सिंह ने कई पाण्डुलिपियाँ देखी हैं और उनका उल्लेख भी किया है, मसलन जौनपुर के खानकाह रशीदिया की 1110 हिजरी से पूर्व की फ़ारसी लिपि में प्राप्त पाण्डुलिपि का उल्लेख तो उन्होंने किया ही है, मोहम्मद शाह के दरबार से प्राप्त 1127 हिजरी की संक्षिप्त फारसी लिपि में लिखी पाण्डुलिपि का भी हवाला दिया है जिनमें 'पदुमावति' या 'पद्मावत' दोनों ही नाम मिलते हैं। इसके अलावा उन्होंने जायसी की गुरु-वंश परम्परा के शाह मतीन जायसी की 1124 हिजरी की एक सुलिखित प्रति का उल्लेख किया है जिसमें स्पष्ट रूप से 'पदुमावति' लिखा हुआ है। फ़ारसी लिपि में प्राप्त पाण्डुलिपियों के अलावा उन्होंने एक नागरी प्रति का भी उल्लेख किया है जो उन्हें रायबरेली के राय अम्बिकानाथ सिंह के पास से मिली थी, उसमें भी इसका नाम 'पदुमावति' ही है।

'पदुमावति' के नामकरण को लेकर जैसे विद्वानों में मतभेद है, वैसे ही उसके मूल पाठ को लेकर भी। इसीलिए डॉ. सिंह ने सबसे पहले रामचन्द्र शुक्ल द्वारा सम्पादित 'जायसी ग्रन्थावली' में दिये 'पद्मावत' के मूल पाठ को लिया तो ज़रूर लेकिन शुक्ल जी द्वारा सुधाकर द्विवेदी एवं ग्रियर्सन के पाठ और टीका पर की गयी टिप्पणी पर स्वयं कुछ न कहकर उन्होंने ए.जी. शिरेफ द्वारा टिप्पणी करायी। दरअस्ल ए.जी. शिरेफ के 'पद्मावत' की अंग्रेजी में टीका लिखे जाने के पूर्व शुक्ल जी द्वारा तय किया गया 'पद्मावत' का पाठ ही सबसे ज्यादा प्रचलित था, इसलिए शिरेफ ने ग्रियर्सन द्वारा किये गये 'पद्मावत' के पाठ-सम्पादन पर शुक्ल जी की टिप्पणी का उल्लेख करते हुए लिखा है :

"ग्रियर्सन और सुधाकर द्वारा किये गये प्राथमिक कार्य का मूल्यांकन करने में शुक्ल जी असफल रहे हैं। उनके शब्द-विन्यास की आलोचना करने का तो कुछ औचित्य हो सकता है, क्योंकि उनका कार्य मुख्यतः फ़ारसी अक्षरों में लिखित हस्तलिखित प्रतियों पर आधारित था, किन्तु उन्होंने उनके अनुवाद की उच्च मूल्यवत्ता अथवा ग्रियर्सन और सुधाकर के सहयोग से काव्य की सामान्य शैली और भावना को समझने के प्रयास को पर्याप्त रूप में नहीं समझा बल्कि और भी कम उन्होंने उस अद्‌भुत उत्तमता को समझा है जो हस्तलिखित प्रतियों के आलोचनात्मक अध्ययन से सम्बन्धित है।"

शुक्ल जी द्वारा ग्रियर्सन के पाठ-सम्पादन पर की गयी टिप्पणी पर ए. जी. शिरेफ ने एक तरह से शुक्ल जी पर आरोप लगाया है कि वह इनके द्वारा किये गये प्राथमिक कार्य का मूल्यांकन

करने में असफल रहे हैं, इसलिए शुक्ल जी ने उनके द्वारा किये गये 'पद्मावत' के पाठ-सम्पादन के बारे में लिखा है : "इसमें सुधाकर जी की बड़ी लम्बी-चौड़ी टीका-टिप्पणी लगी हुई है; पर दुर्भाग्य से या सौभाग्य से 'पद्मावत' के तृतीयांश तक ही यह संस्करण पहुँचा। इसकी तड़क-भड़क का तो कहना ही क्या! शब्दार्थ, टीका और इधर-उधर के किस्सों और कहानियों से इसका डील-डौल बहुत बड़ा हो गया है। पर टिप्पणियाँ अधिकतर अशुद्ध और टीका स्थान-स्थान पर भ्रमपूर्ण है। सुधाकर जी में एक गुण यह सुना जाता है कि यदि कोई उनके पास कोई कविता अर्थ पूछने के लिए ले जाता तो वह विमुख नहीं लौटता था, वह खींच तान कर कुछ-न-कुछ अर्थ लगा ही देते थे। बस, इसी गुण से इस टीका में भी काम लिया गया है। शब्दार्थ में कहीं यह नहीं स्वीकार किया गया है कि इस शब्द से टीकाकार परिचित नहीं। सब शब्दों का कुछ-न-कुछ अर्थ मौजूद है, चाहे वह अर्थ ठीक हो या न हो।" (जायसी ग्रन्थावली, 18वाँ संस्करण, पृ. 2) शुक्ल जी ने नमूने के तौर पर 5 छन्दों को लिया और टीका की तमाम भूलों को दिखाते हुए इस निष्कर्ष पर पहुँचे कि टीका का नाम रखा गया है 'सुधाकर चन्द्रिका' पर यह चन्द्रिका है कि घोर अन्धकार?

जहाँ तक शुक्ल जी द्वारा 'पद्मावत' के पाठ-सम्पादन किये जाने का सवाल है तो उन्होंने 'पद्मावत' की चार छपी प्रतियों के अतिरिक्त कैथी लिपि में लिखी एक हस्तलिखित प्रति की मदद से पाठ तय किया है। लेकिन उन्होंने पाठ-सम्पादन की झंझटों का उल्लेख करते हुए लिखा है—"किसी-किसी चौपाई का पाठ और अर्थ तय करने में कई दिनों का समय लगा है। जायसी के ग्रन्थ बहुतों ने फारसी लिपि में उतारे फिर उन्हें सामने रखकर बहुत-सी प्रतियाँ हिन्दी अक्षरों में तैयार हुईं। इससे एक ही शब्द को किसी ने एक रूप में पढ़ा, किसी ने दूसरे रूप में। अतः मुझे बहुत स्थलों पर इस प्रक्रिया से काम लेना पड़ा कि अमुक शब्द फारसी अक्षरों में लिखे जाने पर कितने प्रकार से पढ़ा जा सकता है। काव्यभाषा के प्राचीन स्वरूप पर भी पूरा ध्यान रखना पड़ा है। जायसी की रचना में भिन्न-भिन्न तत्त्वसिद्धान्तों के आभास को समझने के लिए दूर तक दृष्टि दौड़ाने की आवश्यकता थी।" (वही, पृ.-6)

शुक्ल जी द्वारा अपना पक्ष स्पष्ट रखने के बावजूद शिरेफ लाला भगवानदीन के संस्करण को शुक्ल जी के पाठ के मुकाबले अच्छा मानता है और कहीं-कहीं तो ग्रियर्सन के संस्करण से भी। लेकिन डॉ. कन्हैया सिंह जी को डॉ. माताप्रसाद गुप्त द्वारा किया गया और 1951 ई. में हिन्दुस्तानी एकैडेमी से प्रकाशित 'जायसी ग्रन्थावली' के अन्तर्गत किया गया। 'पद्मावत' का पाठ एवं उस पर डॉ. वासुदेवशरण अग्रवाल की 'संजीवनी व्याख्या' अच्छी लगी जो आचार्य रामचन्द्र शुक्ल को ही समर्पित है। डॉ. कन्हैया सिंह जी ने लिखा है कि डॉ. अग्रवाल ने डॉ. माताप्रसाद गुप्त के पाठ को केवल अर्थ संगति की ही दृष्टि से सुन्दर नहीं माना है अपितु डॉ. अग्रवाल ने अपने पाठ-सम्पादन में रामपुर राज्य पुस्तकालय की प्रति, गोपालचन्द्र की प्रति और मनेर शरीफ की प्रति से मिलाकर डॉ. गुप्त के पाठ की मूल्यवत्ता की परीक्षा भी की है। यही नहीं, उनके मुताबिक डॉ. अग्रवाल ने शुक्ल जी और डॉ. गुप्त के पाठ से पचासों उदाहरण देकर दिखाया है कि डॉ. गुप्त का पाठ शुक्ल जी के पाठ से उत्कृष्ट है। यही बात वासुदेवशरण अग्रवाल ने भी कही है। उनका कहना है कि शुक्ल जी द्वारा निर्धारित पाठ सरल पाठ की परम्परा का अनुगामी है और गुप्त जी द्वारा गृहीत पाठ क्लिष्ट पाठ या कवि के मूल पाठ के निकटतम है। दरअस्ल सैयद हसन अस्करी को जब मनेर शरीफ की प्रति मिली तो उन्होंने उसके पाठ को हिन्दी के अन्य प्रकाशित पाठों से मिलान करने के बाद यह निष्कर्ष निकाला कि माताप्रसाद गुप्त का पाठ मनेर की प्रति से अधिकांशतः मिलता है और अन्य लोगों के

पाठों की अपेक्षा उनका पाठ अधिक विश्वसनीय है। सैयद हसन अस्करी ने माताप्रसाद गुप्त के पाठ में फ़ारसी लिपि की प्रकृति को न समझने अथवा प्रतिलिपिकारों की ग़लतियों के कारण हुई भूलों की ओर भी इशारा किया है। कहना न होगा कि डॉ. कन्हैया सिंह जी ने डॉ. वासुदेवशरण अग्रवाल और सैयद हसन अस्करी के उक्त निष्कर्षों की वजह से ही 'पदुमावति' के पाठ पर शब्दशः विचार करने की योजना बनायी और नया पाठ तैयार किया। इसके लिए उन्होंने डॉ. माताप्रसाद गुप्त, ग्रियर्सन तथा आचार्य रामचन्द्र शुक्ल के पाठों का तुलनात्मक अध्ययन किया ताकि कहीं से कोई भ्रान्ति न रह जाय। यहाँ डॉ. सिंह द्वारा उद्धृत किये गये कुछ पाठों और उनके अर्थों को दिया जा रहा है :

छन्द सं. 26/6 में डॉ. माताप्रसाद गुप्त ने 'कहु तेहि भूख कहाँ तेहि छाया', जार्ज ग्रियर्सन ने 'कहँ तेहि भूख, नींद तोहि छाया' तथा शुक्ल जी ने 'कहँ तेहि भूख कहाँ तेहि माया?' पाठ तय किया है जबकि डॉ. सिंह ने जौनुपर की प्रति के आधार पर 'जेहि के बोल बिरह कै घाया। कहँ तेहि रूप कहाँ तेहि काया' पाठ तय किया जिसका अर्थ है—जिसकी वाणी में विरह का घाव है उसे कहाँ रूप और काया की चिन्ता रहती है। इस छन्द में चौपाइयों के बाद जो दोहा आया है, उसमें भी कवि ने रूप और काया की ही बात की है :

मुहमद कवि जो प्रेम का ना तन रकत न माँसु।
जेहँ मुख देखा सो हँसा सुना तो आये आँसु।। 23

इसी प्रकार छन्द सं. 74/2 में स्वीकृत पाठ है : "बाँभन एक हुत निसँठ भिखारी। सो पुनि चला चलत बैपारी।" इसमें 'निसँठ' का अर्थ डॉ. माताप्रसाद गुप्त ने 'नष्ट', शुक्ल जी ने 'निपट' और जार्ज ग्रियर्सन ने 'नसट' पाठ तय किया है। डॉ. सिंह का अनुमान है कि अर्थ न समझने के कारण फारसी में लिखे 'निसँठ' को ठीक से नहीं पढ़ा जा सका होगा। उनके मुताबिक 'साँठि' अर्थात् पूँजी और 'निसँठ' अर्थात् साँठिरहित या निर्धन होता है। पूरी पंक्ति का अर्थ है—एक ब्राह्मण जो निर्धन भिखारी था वह भी व्यापारी के साथ चल पड़ा। 'निसँठ' का प्रयोग जायसी ने छन्द सं. 420 में छह बार किया है और 'साँठि' का छन्द सं. 356 और 420 में इसी अर्थ में किया है।

छन्द सं. 87/6 में डॉ. सिंह द्वारा तय किया पाठ है : "का वह पंखि कूट मुँह कूटी। अस बड़ बोल जीभकर छोटी।" अर्थात् रानी (नागमती) ने कहा कि यह सुआ क्या है, उसके मुँह में विष कूट कर भरा हुआ है। उसकी जीभ छोटी है पर उसकी बातें बहुत बढ़ी चढ़ी हैं। लेकिन जार्ज ग्रियर्सन ने 'कूट मुँह कूटी' की जगह 'कोटि मँह गोटी', शुक्ल जी ने 'कूट मुँह कूटे' और गुप्त जी ने 'कोटि मँह कोटी' पाठ तय किया है लेकिन शुक्ल जी का पाठ मूल के अत्यन्त निकट जान पड़ता है।

छन्द सं. 188/9 में डॉ. सिंह ने जौनपुर की प्रति के आधार पर पाठ तय किया है: "कोई सो चीर झार अरुझानी, छूट छोड़ाए न काँट।" जबकि आचार्य रामचन्द्र शुक्ल ने इसका पाठ किया है : "कोइ हार चीर अरुझाना, जहाँ छुवै तहँ काँट।' गुप्त जी ने "कोइ सिउँ हार चीर अरुझानी जहाँ छुवै तहँ काँट" में 'सिउँ' का अर्थ 'साथ' से लिया है। डॉ. सिंह ने अपनी बात को स्पष्ट करते हुए लिखा है कि यह प्रसंग 'बसन्त खण्ड' का है जहाँ पद्मावती और सखियों के पुष्पवाटिका में फूल चुनने का है। इस दोहे की पहली पंक्ति का अर्थ है—किसी ने फूल पाया और किसी ने पत्ता। जिसके हाथ जो ही मिल गया, वही ले लिया। किसी की चीर झाड़ी में उलझ गयी और (उसे छुड़ाने के लिए) वह जहाँ छूती है, वहाँ काँटा ही काँटा हाथ लगता है।

छन्द सं. 263/3 का पाठ भी डॉ. सिंह ने जौनपुर की प्रति के आधार पर ही तय किया है : ''कन्ह कोप कै मारा कंसू। कन्है केर न बाँचा बंसू।'' इसका उन्होंने अर्थ किया : कृष्ण ने क्रोध में आकर कंस को मारा किन्तु कृष्ण का वंश भी नहीं बचा। डॉ. सिंह ने डॉ. गुप्त, ग्रियर्सन, शुक्ल और दीन के तय किये गये पाठों को निरर्थक बताया क्योंकि गुप्त जी, ग्रियर्सन, वासुदेवशरण अग्रवाल ने जहाँ 'गूँग कै फूँक न बाजइ बँसू' पाठ तय किया, वहीं लाला भगवानदीन ने 'गोकुल माँझ, बजाएउ बंसू' और शुक्ल जी ने 'तब जाना पूरुष कै बंसू' पाठ तय किया था।

छन्द सं. 319/7 का पाठ डॉ. सिंह ने जायसवाली प्रति के आधार पर तय किया है : ''पान फूल रसरंग करीजै। अधर अधर सों चँखना कीजै।'' डॉ. सिंह ने लिखा है कि दूसरे चरण में आये 'चखना' को माताप्रसाद गुप्त ने 'चाखन', लाला भगवानदीन और रामचन्द्र शुक्ल ने 'चाखा' तय किया जबकि 'चखना' एक लोकप्रचलित शब्द है जो शराब के साथ लिये जानेवाले नमकीन पदार्थ के लिए प्रयुक्त होता है।

छन्द सं. 322/3 के पाठ के लिए डॉ. सिंह ने मोहम्मद शाह की प्रति को आधार बनाया है : ''जनहुँ माँति बसियारे बसी। अति बिसँभर भूली आरसी।'' लेकिन गुप्त जी ने यह पाठ तय किया है—'जनहुँ माँति बसियानी बसी। अति बिसँभार फूलि जनु अरसी।' डॉ. सिंह ने स्पष्ट करते हुए कहा है कि यहाँ न 'बसियानी' (बासी) की कोई संगति है और न अलसी के फूल जैसे फूलने की। दरअस्ल पद्मावती-रतनसेन की सुहागरात के बाद के प्रातः रतिश्रान्ता, अलसायी नायिका का यहाँ वर्णन है जिसका अर्थ हैः वह ऐसी मदमस्त थी जैसे रात में बसियारे (कोल्हाड़) में रात भर जागकर गन्ना पेरवाती रही और इतनी बेसँभार है कि दर्पण देखना भूल गयी क्योंकि रति क्रीड़ा में बाल और सभी गहने अस्त-व्यस्त हैं। डॉ. सिंह का दावा है कि 'बसियारा' अवधी का ठेठ शब्द है जो गन्ना पेरने-पकाने के स्थान को कहते हैं। इसे ठेठ में 'कोल्हाड़' भी कहते हैं। शुक्ल जी ने तो 'जनहु माँति निसयानी बसी। अति बेसँभार फूलि जनु आरसी।' पाठ तय किया जिसमें 'निसयानी' का अर्थ सुध-बुध खोये हुए के लिए किया है।

छन्द सं. 347/4 में डॉ. सिंह ने जौनपुर की प्रति को छोड़कर रायबरेली और मोहम्मद शाह की प्रतियों के आधार पर जो पाठ तय किया है, वह इस प्रकार है : ''चित्रा मित्र मीनकर आवा। कोकिल पीउ पुकारत पावा।'' उनका कहना है कि इसमें जो 'कर' पाठ आया है, उसे गुप्त जी और शुक्ल जी ने 'घर' पढ़ा और उसका अर्थ किया कि चित्रा का मित्र चन्द्रमा मीन राशि में आया लेकिन शुक्ल जी की जो 'जायसी ग्रन्थावली का सं. 2052 का 18वाँ संस्करण है, उसमें तो 'कर' ही पाठ दिया हुआ है (पृ. 139) ब्रकौल डॉ. सिंह कवि का अभिप्राय है कि चित्रा नक्षत्र आ गया जो मछली का मित्र है क्योंकि चित्रा में सरिता-सरोवर जल से पूर्ण और निर्मल रहते हैं। अतः 'सुखी मीन जहँ जलधि अगाधा' के भाव से मछली सुखी है और कोयल भी 'पीउ' पुकारना बन्द कर दी, उसके पीउ मिल गये पर नागमती का प्रिय अब भी नहीं आया।

छन्द सं. 386/2 में डॉ. सिंह ने जायस की प्रति के आधार पर जो पाठ तय किया है, वह है : ''जौ मैं होब समुंद के पारा। को मोरे जोगित संसारा।'' उनका यह भी कहना है कि डॉ. माताप्रसाद गुप्त की कई प्राचीन प्रतियों में भी यही पाठ है लेकिन उन्होंने अपनी जायसी ग्रन्थावली में उसे न रखकर यह पाठ रखा है—''को मोरि जोरि जगत संसारा।'' इसे डॉ. सिंह भ्रष्ट पाठ कहते हैं क्योंकि जगत् और संसारा के पुरुक्ति का कोई औचित्य नहीं जबकि 'जोगित' का अर्थ है योग्यता का या समता का लेकिन शुक्ल जी ने बड़ा सीधा पाठ रखा है—''जो मैं होहुँ समुद्र के पारा। को है मोहिं सरिस संसारा।''

छन्द सं. 406/4 का जो पाठ जौनपुर और जायसवाली प्रतियों में है, उसी को डॉ. सिंह ने तय किया है : "को अस साज मेरावै आनी। बासुकि बेढ़ सुमेरु मथानी।" उन्होंने दिखाया है कि शुक्ल जी ने 'बेढ़' की जगह 'दाम' और माताप्रसाद गुप्त ने 'वोढ' पाठ किया है, जबकि वासुदेवशरण अग्रवाल ने 'बन्ध' रखा है। डॉ. सिंह 'बेढ़' का अर्थ रोक या अवरोध से लेते हैं और बताते हैं कि इसी से 'बेढ़ा' या 'बेरहा' जैसे ग्राम्य शब्द बने हैं। पूरी पंक्ति का अर्थ करते हुए उन्होंने कहा है कि बासुकि को बेड़ या बेढ़ा या घेरा बनाकर सुमेरु की मथानी से कौन समुद्र को मथेगा। वह कहते हैं कि जायसी ने इसका प्रयोग 152/4 में तो किया ही है, 629/9 में भी 'बेड़' शब्द का प्रयोग किया है जो अवरोध के लिए ही आया है।

छन्द सं. 414/3 का जो पाठ डॉ. सिंह को जायस और जौनपुरवाली प्रतियों में मिला है, उन्होंने वही तय किया है: "तेहि पर अलक भुअंगिनि डसा। सिर पर चढ़ी हिएँ पर बसा" जबकि ब़कौल डॉ. सिंह शुक्ल जी और गुप्त जी ने 'उसा' के स्थान पर 'बसा' और 'परबसा' के स्थान पर 'परगसा' पाठ रखा है लेकिन गुप्त जी ने नवम्बर 1963 वाले संस्करण तथा शुक्ल जी ने 18 वें संस्करण में 'डसा' ही पाठ रखा है, हाँ 'परबसा' की जगह अवश्य 'परगसा' रखा है। 'सिर पर चढ़ना' और 'हृदय पर लोटना' जैसे मुहावरे का प्रयोग जायसी ने किया है जो नागिन के लिए प्रयोग होता है। इस पंक्ति का पूरा अर्थ तब खुलता है जब इसके ऊपर की पंक्ति को मिलाकर देखें—"कनकलता दुइ नारंग फरी। तेहिक भार उठि सकै न खरी/तेहि पर अलक भुजंगिनी डसा। सिर पर चढ़ी हिएँ पर बसा"। अर्थात् सोने की लता जैसे उसके शरीर में उसके कुच रूपी दो नारंगी फल लगे थे, उनके भार से वह उठकर खड़ी नहीं हो सकती थी। उसके ऊपर चढ़कर उसकी लटें नागिन की तरह से डँस ली थी (कुचों के ऊपर की कालिमा के रूप में) यह अलक रूपी नागिनें उसके सिर पर चढ़ी रहती हैं और हृदय पर निवास करती हैं।

छन्द सं. 414/5 का पाठ तैयार करते समय डॉ. सिंह ने जौनपुर और जायस की प्रतियों को आधार बनाया है। वह पाठ यों है : "नलिन खण्ड दुई भइ करिहाऊँ। रोमावली विछूवक घाऊ।" उन्होंने लिखा है कि गुप्त जी ने 'करिहाऊँ' को दो भागों में बाँटकर 'करि' एवं 'हाऊँ' कर दिया है लेकिन नवम्बर, 1963 वाले संस्करण में तो 'करिहाऊँ' ही लिखा है। वासुदेवशरण अग्रवाल ने अपने पाठ में सुधारकर इसका अर्थ कटि या कमर किया है। डॉ. सिंह कहते हैं कि 'करिहाँव' अवधी का ठेठ शब्द है जिसका अर्थ कटि होता है। इसके दूसरे चरण में जो 'विछूवक घाऊ' आया है, दोनों ने इसे 'विछोउ कर भाऊ' कर दिया है जबकि शुक्ल जी ने थोड़े से अन्तर के साथ इसे "नलिन खण्ड दुइ तस करिहाऊँ। रोमावली विछूक कहाऊँ।" कर दिया है जिसमें से 'घाऊ' गायब हो गया है। डॉ. सिंह ने लिखा है कि रोमावली की आकृति बिच्छू जैसी होती है और वहाँ की कामपीड़ा बिच्छू के डंक मारने जैसी असह्य होती है। यह भी लगता है कि बिच्छू डंक मारकर रोमावली के रूप में नाभि के ऊपर अभी चिपका पड़ा है। उनके मुताबिक बिच्छू का दंश कामपीड़ा का बड़ा परम्परित प्रतीक है। पुरानी कलाकृतियों में कामपीड़िता नायिका की नग्न जाँघ पर बिच्छू का चित्र बना मिलता है।

छन्द सं. 415/5 का पाठ तय करते समय डॉ. सिंह ने जौनपुर से प्राप्त प्रति को आधार बनाया है। उसका पाठ यों है: "निरखत आइ लखमिनी दीठी। रतनसेन दीन्हीं फिर पीठी।" गुप्त जी और शुक्ल जी ने दूसरे चरण में 'रतनसेनि तब दीन्ही पीठी' पाठ स्वीकार किया है। डॉ. सिंह ने इनके पाठों में आये 'तब' पर सवाल उठाया है और कहा है कि क्या यह पाठ अर्थसंगत है? उन्होंने स्पष्ट करते हुए लिखा है कि जब रतनसेन ने उस लक्ष्मी में (जो पद्मावती का रूप ग्रहण

करके आयी थी) पद्मगन्ध नहीं पायी तो वह समझ गया कि यह पदुमावति नहीं है। लक्ष्मी उसे देखते हुए दृष्टिगत हुई और रतनसेन ने मुड़कर (फिरकर या घूमकर) उसकी ओर पीठ कर ली।

छन्द सं. 425/2 का स्वीकृत पाठ हैः "पलटा जनु बरखारितु राजा। जस असाढ़ आवै दर साजा।" डॉ. सिंह ने यह पाठ जौनपुर, जायस, रायबरेली और मोहम्मद शाह की प्रतियों के आधार पर तय किया है। शुक्ल जी ने भी यही पाठ अपनी 'जायसी ग्रन्थावली' में दिया है लेकिन गुप्त जी ने 'पलटा कै पुरखारथ राजा' तय किया है। डॉ. सिंह ने इस पर टिप्पणी करते हुए लिखा है कि यहाँ पुरुषार्थ करके आने का कोई पूर्वापर प्रसंग नहीं है। गुप्त जी द्वारा यह निरर्थक पाठ (कै पुरखारथ) किस आधार पर किया गया, समझ से परे है। इसका सीधा अर्थ हैः वर्षा ऋतु की तरह राजा का आगमन हुआ। मानो अषाढ़ अपना दल सजाकर आ रहा है।

छन्द सं. 471/8-9 में डॉ. सिंह ने जौनपुर और जायस दोनों प्रतियों के आधार पर यह पाठ तैयार किया है : "पूजा नन्द अनन्द सों सेंदुर सीस चढ़ाइ।" लेकिन शुक्ल जी और गुप्त जी ने 'नन्द' की जगह 'इन्दु' पाठ रखा है। वासुदेवशरण अग्रवाल ने पहले संस्करण में 'इन्द्र' ही रखा था, लेकिन बाद में 'नन्द' पाठ स्वीकार कर लिया ब्रकौल डॉ. सिंह यही पाठ उन्हें डॉ. भगवती सिंह जी के पास से मिली चारों प्रतियों में तो मिला ही, मनेर शरीफ गोपालचन्द्र और रामपुर की प्रतियों में भी मिला है। 'नन्द' का अर्थ यहाँ 'नन्द' भी हो सकता है, कृष्ण भी और विष्णु भी।

छन्द सं. 572/7 का पाठ डॉ. सिंह ने जौनपुर की प्रति के आधार पर किया है। पाठ यों हैः "गहि न सकी देखत रहि गयी।" गुप्त जी और शुक्ल जी ने 'रहि' के स्थान पर 'वह' पाठ रखा है। डॉ. सिंह ने इस पर टिप्पणी करते हुए लिखा है कि 'रहि गयी' में जो सौष्ठव और सहजता है, वह गुप्त जी और शुक्ल जी के पाठ में नहीं है, सही लगता है।

छन्द सं. 587/7 का पाठ डॉ. सिंह ने जौनपुर एवं जायसवाली प्रतियों के आधार पर तय किया हैः "लीन्हे दूध पियाइउँ सीपाँ।" लेकिन गोपालचन्द्र, मनेर शरीफ तथा माताप्रसाद गुप्त की अच्छी प्रतियों में 'छीपाँ' पाठ है। उन्होंने दोनों का अर्थ स्पष्ट करते हुए लिखा है कि 'छीपाँ' का अर्थ 'टपकाकर' है जबकि 'सीपाँ' का अर्थ सीप से दूध पिलाने से है। वह कहते हैं कि टपकाकर दूध पिलाने की बात तो कहीं सुनी नहीं जाती, जबकि सीप से दूध पिलाने की अधिक सार्थकता है। शुक्ल जी ने भी 'सीपाँ' पाठ ही रखा है लेकिन गुप्त जी ने नवम्बर, 1963 वाले संस्करण में 'छीपाँ' का अर्थ क्षिप्रतापूर्वक किया है, टपकाकर नहीं किया है।

छन्द सं. 593/8-9 का पाठ तय करने के लिए डॉ. सिंह ने जौनपुर और जायस वाली प्रतियों को आधार बनाया है। पाठ यों हैः "किसुन सो जोबन करन तन मया कुंति तेहि साथ। छर कै जाइहि बान लै धनुक छाँड़ि तोहि हाथ।" लेकिन माताप्रसाद गुप्त और वासुदेवशरण अग्रवाल ने "क्रिस्न सो जोबन करत तन मया गुनत नहिं साथ" और इसका अर्थ किया है—"वह यौवन जो शरीर में कृष्ण (कालिमा) उत्पन्न करता है, वह देह के साथ कोई दया नहीं मानता।" दूसरी पंक्ति में छल करके वाण लेनेवाला अर्थ है। लेकिन रामचन्द्र शुक्ल ने "कृस्न जो जोबन कारनै, गोपीतन्ह के साथ/छरिकै जाइहि बानपै, धनुक रहै तोरे साथ।।" पाठ किया है। डॉ. सिंह ने अपने पाठ को मूल पाठ मानते हुए कहा है कि इसमें सांगरूपक है। कृष्ण और कुन्ती के छल से कर्ण के वाण लेने का और यौवन और मोहमाया के द्वारा तन के साथ छल करने का। डॉ. सिंह ने दावा भी किया है कि इतने सुन्दर पाठ को पहली बार प्रस्तुत किया जा रहा है।

छन्द सं. 599/3 का पाठ डॉ. सिंह ने जायसवाली प्रति के आधार पर तय किया है : "दोख भरा तन जेत हियँ केसा।" जबकि गुप्त जी ने "तन चेतनि कैसा।" और शुक्ल जी ने "तन जेत न केसा" पाठ तय किया है। जौनपुरवाली प्रति में तो 'चेष्ट न केसा' पाठ है। लेकिन डॉ. सिंह

अपने वाले पाठ को सार्थक एवं प्रसंगानुमोदित मानते हुए कहते हैं कि यहाँ रत्नसेन को सिंह और देवपाल को भालू कहा गया है। भालू बड़ा कामुक पशु माना जाता है और उसके शरीर में बाल-ही-बाल उगे होते हैं। अतः पद्मावती कहती है कि देवपाल में उतना ही अवगुण है जितने उस भालू के सीने पर बाल हैं।

छन्द सं. 627/7 का पाठ डॉ. सिंह ने जौनुपर, जायस और मोहम्मद शाह की प्रतियों के आधार पर तय किया हैः "तुरुकन्ह देखि चाउ मन बाढ़ा।" जबकि गुप्त जी ने 'पुरुखन्ह' तथा शुक्ल जी ने 'पूरुष' पाठ किया है। डॉ. सिंह का अनुमान है कि 'ते' और 'पे' में नुक़्ते के हेरफेर से यह समस्या आयी होगी क्योंकि 'ते' के पेट में दो और 'पे' के नीचे तीन नुक़्ते लगते हैं। प्रतिलिपिकारों की वजह से यह गड़बड़ी हुई होगी। अर्थ की दृष्टि से भी यहाँ 'तुरुकन्ह' ही ठीक है, 'पुरुखन्ह' नहीं।

छन्द सं. 646/6 का स्वीकृत पाठ हैः "माँझ पेट सब लोहू भरा।" डॉ. सिंह ने इसे मोहम्मद शाह वाली प्रति के आधार पर तय किया है, जबकि गुप्त जी ने जौनपुर और जायसवाली प्रतियों के आधार पर "माँझ बाट होइ लोहैं धरा" पाठ तय किया है। यही पाठ शुक्ल जी की 'जायसी ग्रन्थावली' में भी है। डॉ. सिंह का कहना है कि मोहम्मद शाह की प्रतिवाला पाठ ही सार्थक है क्योंकि देवपाल रत्नसेन को साँगी (बर्छी) से नाभि के पास मार देता है और उसके पेट में सब लोहू भर जाता है।

छन्द सं. 652/8 का स्वीकृत पाठ है—

"केइँ न जगत सत बेंचा, केइ न लीन जस मोल।
जो यह पढ़ै कहानी हम सँवरै दुइ बोल।।"

इसे डॉ. सिंह ने मोहम्मद शाह वाली प्रति के आधार पर तय किया है। उनका कहना है कि अन्य प्रतियों में 'सत' की जगह भी 'जस' ही है। वह समझाते हुए बताते हैं कि 'सत' न बेचने का काम पदुमावति ने और यश मोल न लेने का काम अलाउद्दीन ने किया। पूरे प्रसंग में अपने पाठ को वह सर्वाधिक प्रसंगानुकूल मानते हुए कहते हैं कि जायसी का दुइ बोल यही दो चीजें हैं—सत और जस। इस दोहे का अर्थ करते हुए कहते हैं कि किसने सत नहीं बेचा और किसने यश नहीं मोल लिया यानी पद्मावती ने सत नहीं बेचा और अलाउद्दीन ने यश नहीं मोल लिया। मेरी इस कहानी को यदि कोई (इस अर्थ में) पढ़े या ग्रहण करे तो हमारा यह दो शब्द (यह काव्य) सफल हो जायेगा। डॉ. माताप्रसाद गुप्त और वासुदेवशरण अग्रवाल ने 'सत' की जगह 'जस' ही पाठ किया है। इसलिए उनके मुताबिक इसका अर्थ हैः "किसी ने जगत् में यश नहीं बेचा, किसी ने यश मोल नहीं लिया (अपनी-अपनी करनी से सब उसे खोते पाते हैं)।" जो इस कहानी को पढ़े, वह हमारे लिए दो शब्द स्मरण करे जबकि डॉ. सिंह इस अर्थ पर टिप्पणी करते हुए कहते हैं कि डॉ. अग्रवाल ने 'केइँ' का अर्थ 'किसी ने' किया है जबकि उसका अर्थ है 'किसने'। 'सँवरै' का अर्थ डॉ. सिंह सुफल होने से लेते हैं न कि स्मरण करने से।

'पदुमावति' में ऐसे बहुत से स्थल आये हैं जहाँ अन्य सम्पादकों के पाठों से उनका पाठ तो मिलता है लेकिन उसका वही अर्थ न कर उन्होंने भिन्न अर्थ किया है। जैसे छन्द सं. 24/6 का पाठ हैः

"कबि बिआस रस कँवला पूरी। दूरिहि निअर निअर भा दूरी
निअरहि दूरि फूल सँग काँटा। दूरि जो निअरैं जस गुर चाँटा।।"

डॉ. माताप्रसाद गुप्त ने इसका अर्थ किया है—"कविता का (विकास) रसपूरित कमला (नारंगी) का (सा) होता है। जो दूर होते हैं (यदि वह उसके रसिक हैं तो) वह उसके निकट ही हैं और जो निकट होते हैं (अरसिक) वह उससे दूर ही हैं।"

इसी का अर्थ करते हुए डॉ. वासुदेवशरण अग्रवाल ने कहा है—"कवि और व्यास (की कृति) रस का कटोरा भरा हुआ है। दूरस्थ (रसिक) के लिए वह पास है किन्तु निकटस्थ (अरसिक) के लिए वह दूर है।"

वैसे ही डॉ. गोविन्द त्रिगुणायत ने इसका अर्थ करते हुए कहा है—"कवि और व्यास में क्रमशः लिखी गयी और पढ़ी गयी कथा रस का कटोरा होती है। दूरस्थ रसिक के लिए वह समीप होती है। किन्तु अरसिक के लिए वह पास होते हुए भी दूर है।"

डॉ. सिंह ने टिप्पणी करते हुए लिखा है कि यहाँ व्यास को कथावाचक के अर्थ में तथा कौंला (कवँला) को 'नारंगी' तथा 'रस से भरा कटोरा' बताया गया है, जबकि इसका साफ अर्थ है : "व्यास जैसे कवि और कवँला यानी पद्मिनी पदुमावति की रसपूर्ण कथा यहीं थी पर मुझ दूरस्थ के लिए वह निकट हो गयी (मैंने उस पर काव्य लिखा) और यहाँ के कवियों के लिए वह निकट होकर भी दूर जैसी हो गयी।"

इसी तरह छन्द सं. 18/4 (परी नाथ कोइ छुवै न पारा। मारग मानुस सोन उछारा) का डॉ. सिंह ने उल्लेख किया है और कहा है कि तीनों टीकाकारों ने नाथ का अर्थ 'नाक की नथिया' किया है। 'परी' का अर्थ किया है—पड़ी हुई या गिरी हुई जबकि इसका अलग अर्थ करते हुए उन्होंने कहा है कि शेरशाह के राज्य में 'नाथ' (नाक में नकेल) ऐसी पड़ी है कि मार्ग में मनुष्य सोना उछाले तो भी कोई छू नहीं सकता। आगे की अर्द्धाली में गऊ-सिंह का एक घाट पर घूमना और साथ-साथ पानी पीना भी इसी कड़े कानून और न्याय को व्यक्त करता है।

छन्द सं. 356/7 (कोरों कहाँ ठाट नव साजा। तुम्ह बिनु कंत न छाजन छाजा) में 'कोरों' का अर्थ स्पष्ट करते हुए डॉ. सिंह ने कहा है कि 'कोरो' कच्चे खपरैल के मकान की छाजन में जो बाँस मुख्य बल्ली के दायें-बायें लगाये जाते हैं, उन्हें कहते हैं। अर्द्धाली का पूरा अर्थ करते हुए वह कहते हैं कि नागमती कहती है कि मेरे पास कोरों आदि छाजन सामग्री नहीं है। पूर्व अर्द्धाली में वह कह चुकी है—तुम्ह बिनु कंत न छाजन छाँटा। और दूसरी पंक्ति का भी स्पष्ट अर्थ है कि तुम्हारे बिना मकान की छाजन हो भी जाय तो वह शोभा नहीं देगा।

जहाँ तक पाठों के सम्पादन का सवाल है तो डॉ. सिंह ने 'पदुमावति' में वही पाठ ग्रहण किया जो डॉ. माताप्रसाद गुप्त के संस्करण में है। जहाँ उन्हें उनके गृहीत पाठों से माताप्रसाद गुप्त के पाठों में अन्तर दिखा है, वहाँ उन्होंने ग्रियर्सन और लाला भगवानदीन के पाठों से मिलानकर नया पाठ तैयार किया है। 'पदुमावति' का पाठ निर्धारण उन्होंने जहाँ बिना किसी प्राचीन प्रति के साक्ष्य के बिना नहीं किया है, वहीं उन्होंने माताप्रसाद गुप्त की प्रथम पीढ़ी की प्रतियों, जौनपुर की खानकाह रशीदिया की प्रति, जायस की प्रति, मनेर शरीफ की प्रति और ग्रियर्सन के पाठ को विशेष महत्त्व दिया है। जहाँ मोहम्मदशाह और रायबरेली की प्रतियों में उन्हें सार्थक और मूल पाठ मिला है, उसे उन्होंने अवश्य स्वीकार किया है। पाठों के निर्धारण में उन्होंने प्रसंग और अर्थ को भी ध्यान में रखा है। कथा का खण्डों में विभाजन क्योंकि कविकृत नहीं है, इसीलिए मूल पाठ में भी नहीं है लेकिन उन्होंने अध्ययन की सुविधा की दृष्टि से डॉ. वासुदेवशरण अग्रवाल के पाठों की विभाजन-पद्धति को स्वीकार किया है।

जहाँ तक 'पदुमावति' के पाठों की भाषा का सवाल है तो डॉ. सिंह ने जायस की प्रति को आधार बनाया है क्योंकि उसमें पेश, जबर, जेर और नुक्तों का पूरा इस्तेमाल लिपिकार ने किया है जिससे उच्चारण सम्बन्धी समस्याएँ स्वतः हल हो गयी हैं। दरअस्ल जायसी की भाषा में अवधी के देशज शब्दों और उच्चारण का वही रूप मिलता है जैसा रायबरेली और जायस की अवधी का है लेकिन डॉ. सिंह ने जगह-जगह माताप्रसाद गुप्त के 'पद्मावत' में भूल से कुछ का कुछ पढ़े

जाने से जो पाठान्तर हुआ है, उनकी ओर भी इशारा किया है। मसलन छन्द सं. 622/4 में राजा को बन्दीगृह से छुड़ाने के लिए जब जवान पालकियों में सजकर चले तो उन पालकियों पर सुन्दर रंगीन मोती जड़े 'ओहार' पड़े थे। इसको माताप्रसाद गुप्त ने 'ओढ़ाइ' पढ़ा और 'सुरंग ओढ़ाइ' पाठ निर्धारित कर दिया जबकि 'ओढ़ाइ' से अर्थ स्पष्ट नहीं होता। दरअस्ल अवध के गाँवों में पालकियों पर 'ओहार' डालने की प्रथा थी। इसी तरह 614/5 में हाथियों के दाँत उखाड़ने का प्रसंग है। डॉ. माताप्रसाद गुप्त ने अपने 'पद्मावत' में 'फारौं कुम्भ उचारों दाँता' पाठ तय किया है, जबकि डॉ. सिंह ने 'उचारौ दाँता' की जगह 'उपारौ दाँता' पाठ तय किया और टिप्पणी की है कि दाँतों को उखाड़ा जाता है, उचारा नहीं। उचारी तो पेड़ की छाल जाती है। इसी तरह छन्द सं. 141/7 में गुप्त जी ने 'एत दुक्ख सहेउ केहिं काजा' पाठ तय किया है लेकिन डॉ. सिंह का कहना है कि प्रसंग समुद्र यात्रा का है जिसमें 'जोखिम' बहुत है इसलिए सही पाठ 'एत जोखिवँ सहेउ केंहि काजा' होना चाहिए। डॉ. गुप्त के कुछ पाठों में हुई उच्चारण सम्बन्धी भूलों की ओर भी उन्होंने इशारा किया है मसलन छन्द सं. 111/5 में गुप्त जी ने 'गिउ मजोर तवँचुर जो हारा' पाठ तय किया है जबकि डॉ. सिंह 'गिउ' की जगह 'गियँ' पाठ सही मानते हैं क्योंकि उनका कहना है कि अवधी की प्रकृति में जहाँ स्वर और अर्द्धस्वर के प्रयोग का विकल्प है, वहाँ अर्द्धस्वर को वरीयता देना चाहिए जैसे 'य' और 'अ' में 'य' को, इसीलिए उन्होंने 'गिउ' की जगह 'गियँ' पाठ स्वीकार किया है। ऐसे ही उन्होंने 'ओ' के स्थान पर 'व' को प्राथमिकता दी है जैसे छन्द सं. 123/5 में 'ओहि पन्थ' की जगह 'वहि पन्थ'; छन्द सं. 594/9 में 'ओइ' की जगह 'वइ' और छन्द सं. 600/5 में 'ओइ' की जगह 'वइ' पाठ को महत्त्व दिया है। इसी प्रकार भूतकालिक क्रिया 'हो' के लिए गुप्त जी ने 'हुत' के पाठ को सही माना है। छन्द सं. 647/7 में गुप्त जी ने "जब हुत जीव रतन सब कहा" पाठ तय किया है जबकि डॉ. सिंह "जौ हुव जीव रतन सब कहा" को ज़्यादा ठीक मानते हैं, क्योंकि वह कहते हैं कि 'हुव' से अर्थ स्पष्ट है यानी यदि जीव हो तो सब शरीर को रतन कहते हैं जबकि 'हुत' से अर्थ होगा कि यदि जीव रहा तो सब शरीर को रतन कहते हैं। ऐसे ही छन्द सं. 180/7 में गुप्त जी ने "सुलुगि सुलुगि भीतर होइ स्यामा" पाठ तय किया है जबकि डॉ. सिंह मानते हैं कि यहाँ 'होइ' की जगह भूतकालिक क्रिया 'हुव' का प्रयोग होना चाहिए, 'होइ' का नहीं क्योंकि 'होइ' वर्तमानकालिक क्रिया है। उन्होंने इसके पहले की अर्द्धाली—"धनि सो जीव दगध इमि सहा" का उदाहरण देते हुए कहा है कि इसमें भूत काल की क्रिया का प्रयोग किया गया है। इन दोनों अर्द्धालियों का अर्थ करते हुए उन्होंने कहा है : "यह हिरामन शुक का कथन है कि वह जीव धन्य है जिसने ऐसी विरह की जलन सही और भीतर-भीतर सुलग कर काला हो गया।"

कहना न होगा कि डॉ. कन्हैया सिंह जी ने 'पदुमावति' के सैकड़ों नये पाठों का उद्धार कर उनके अर्थों का तदनुसार परिमार्जन किया है लेकिन उनके द्वारा सम्पादित 'पदुमावति' के पर्याप्त प्रचार-प्रसार की आवश्यकता है ताकि विश्वविद्यालयी स्तर पर उसका लाभ जायसी के अध्येताओं और पाठकों को मिल सके। डॉ. सिंह द्वारा किये गये अन्य साहित्यिक कार्यों को छोड़ भी दिया जाय तो उनके द्वारा किया गया 'पदुमावति' का यह सम्पादन-कार्य उन्हें अकेले हिन्दी जगत् में स्थापित करने के लिए पर्याप्त है।

अवकाश प्राप्त आचार्य, हिन्दी एवं आधुनिक भारतीय भाषा विभाग
इलाहाबाद विश्वविद्यालय, प्रयागराज (उ.प्र.)

पदुमावति के अधिष्ठित व्याख्याता

देवेन्द्र कुमार सिंह गौतम

हिन्दी के मध्यकालीन काव्यों में मलिक मुहम्मद जायसी कृत पदुमावति (पद्मावत) और गोस्वामी तुलसीदास कृत रामचरितमानस सम्पादकों और पाठालोचकों के लिए सर्वाधिक चुनौतीपूर्ण, फिर भी सर्वाधिक स्वीकार्य ग्रन्थ रहे हैं। ग्रियर्सन से लेकर डॉ. कन्हैया सिंह तक दर्जनों पाठ सम्पादकों ने पदुमावति (पद्मावत) के मूल पाठ को निर्धारित करने में अथक परिश्रम किया है। डॉ. माताप्रसाद गुप्त और डॉ. वासुदेवशरण अग्रवाल जैसे विद्वान् पाठ सम्पादकों और व्याख्याकारों के पद्मावत सम्बन्धी कार्य से इस महाकाव्य की पाठ एवं अर्थ सम्बन्धी समस्या बहुत कुछ हल हुई है, लेकिन तब भी अनेक स्थलों पर समस्या बनी हुई थी जिसे स्वयं गुप्त जी तथा अग्रवाल जी ने भी स्वीकार किया है। पद्मावत के मूल पाठ सम्बन्धी पूर्ववर्ती विद्वानों के द्वारा मान्य किये गये अनेक स्थलों के पाठों से डॉ. कन्हैया सिंह सहमत नहीं हो सके। उन्होंने दीर्घ अवधि तक पाठ की दृष्टि से पदुमावति (पद्मावत) का सूक्ष्म अध्ययन किया और इस निष्कर्ष पर पहुँचे कि, "डॉ. गुप्त (माताप्रसाद) के पाठ मलिक मुहम्मद जायसी के मूल पाठ के सर्वाधिक निकट है। अतः पूरे पाठ के पुनः सम्पादन की तो आवश्यकता नहीं, पर पूरे पाठ के पुनरीक्षण की आवश्यकता अवश्य है।"[1] वस्तुतः यह आवश्यकता ऐसी स्थिति में और भी आवश्यक हो जाती है जब पाठ-सम्पादन के लिए पूर्व विद्वानों द्वारा प्रयुक्त हस्तलेखों के अतिरिक्त कुछ अन्य नयी हस्तलिखित प्रतियाँ उपलब्ध हो जायँ। डॉ. सिंह को पदुमावति की पूर्व में अनुपलब्ध/अप्रयुक्त कुछ ऐसी ही हस्तलिखित प्रतियाँ मिलीं और उनके आधार पर उन्होंने पद्मावत के पूर्ववर्ती विद्वानों द्वारा प्रस्तुत पाठ का पुनरीक्षण कार्य किया। पाठ-शोध का उनका यह महत्त्वपूर्ण कार्य 'पदुमावति' शीर्षक ग्रन्थ के रूप में 2010 ई. में विश्वविद्यालय प्रकाशन वाराणसी से प्रकाशित होकर सामने आया।

डॉ. कन्हैया सिंह जी ने पदुमावति का जो मूल पाठ प्रस्तुत किया है उसका मुख्य आधार तो डॉ. माताप्रसाद गुप्त द्वारा प्रस्तुत पद्मावत का मूल पाठ है, लेकिन उसके पुनरीक्षण के लिए उन्होंने मुख्यतः चार हस्तलिखित प्रतियों का उपयोग किया है जिनका विस्तृत परिचय उन्होंने अपने ग्रन्थ में दिया है। इनमें पहली प्रति जौनपुर की प्रति है, दूसरी जायस की प्रति है, तीसरी मोहम्मद शाह की प्रति है और चौथी रायबरेली की प्रति है। यह चारों प्रतियाँ उन्हें डॉ. भगवती प्रसाद सिंह के

1. पदुमावति, सम्पादक एवं व्याख्याकार—डॉ. कन्हैया सिंह, प्राक्कथन पृष्ठ संख्या xxi, विश्वविद्यालय प्रकाशन, वाराणसी, प्रथम संस्करण 2010 ई.।

संग्रह से प्राप्त हुईं। इनके अतिरिक्त उन्होंने मनेर की प्रति का भी उपयोग किया है पर, प्रत्यक्ष तौर पर नहीं। इसका उपयोग सैयद हसन अस्करी के लेख में उल्लिखित पाठान्तरों के आधार पर व्यापक रूप से किया गया है। इसके साथ ही डॉ. माताप्रसाद गुप्त द्वारा जायसी—ग्रन्थावली में मूलपाठ के साथ जिन अन्य प्रतियों के पाठान्तर दिये गये हैं, अपने पुनरीक्षण में डॉ. सिंह ने उनको भी ध्यान में रखा है। यही नहीं, उन्होंने ग्रियर्सन, लाला भगवानदीन तथा आचार्य रामचन्द्र शुक्ल के प्रकाशित संस्करणों को भी अपने अध्ययन में सम्मिलित किया है।

इस प्रकार उनके पाठ पुनरीक्षण में आधार की व्यापकता और अध्ययन की गहराई दोनों का मणिकांचन योग है। डॉ. कन्हैया सिंह जी द्वारा प्रस्तुत पदुमावति के मूलपाठ के अध्ययन से स्पष्ट है कि अनेक स्थलों पर उनके द्वारा स्वीकृत पाठ पूर्ववर्ती पाठ सम्पादकों के पाठों की तुलना में मूलपाठ के अधिक निकट और सटीक हैं। अतः निस्सन्देह रूप से कहा जा सकता है कि अपने पुनरीक्षण से उन्होंने अपने पूर्ववर्ती विद्वानों के कार्य को आगे बढ़ाया है।

जैसा कि डॉ. कन्हैया सिंह जी ने अनुभव किया था कि डॉ. माताप्रसाद जी के पाठ जायसी के मूलपाठ के सर्वाधिक निकट होते हुए भी उनके पाठ के पुनरीक्षण की आवश्यकता है। उसी प्रकार यह भी कहा जा सकता है कि डॉ. कन्हैया सिंह जी तक पदुमावति (पद्मावत) के पाठ से सम्बन्धित जो कार्य हुआ है वह अभी भी पूरा नहीं हुआ है। पदुमावत के अनेक ऐसे स्थल हैं जो अभी और गहन अध्ययन की माँग करते हैं। "विद्या के क्षेत्र में अपने पूर्ववर्ती विद्वानों के शोध को और आगे बढ़ाना उनके प्रति सच्ची कृतज्ञता होती है।"[1] डॉ. कन्हैया सिंह जी के इन शब्दों की इसी भावना के साथ मैं पद्मावत के कुछ स्थलों के अपने पाठ-विमर्श को यहाँ प्रस्तुत कर रहा हूँ।

प्राचीन कृतियों के पाठ-निर्णय तथा अर्थ के स्पष्टीकरण में कवि की अन्य रचनाएँ भी बहुत महत्त्वपूर्ण हो सकती हैं। इसे पद्मावत के निम्नलिखित दोहे के सन्दर्भ में देखा जा सकता है। डॉ. कन्हैया सिंह सम्पादित पदुमावति के 'पदुमावति रूप चर्चा खण्ड' के अन्तर्गत एक दोहे का पाठ है—

बेनी कारी पुहुप लै निकसा जमुना आइ।
पूजा इन्दु अनन्द सों सेंदुर सीस चढ़ाइ।।471।।

उन्होंने इसका अर्थ किया है—"उसकी (पदुमावति) की वेणी पुष्प मण्डित है। लगता है वेणी रूपी काली नाग सिर पर फूलों को लादकर यमुना (श्याम) में से निकला है और नन्द-नन्दन कृष्ण ने आनन्दित होकर उसके सिर पर सिन्दूर चढ़ाकर उसकी पूजा की हो, ऐसी शोभा उसकी पुष्प मण्डित वेणी और सिंदूर रंजित माँग की है।"[2] डॉ. माताप्रसाद गुप्त ने इस दोहे का निम्नलिखित पाठ स्वीकार किया है—

बेनी कारी पुहुप लै निकसी जमुना आइ।
पूजा इन्दु अनन्द सों सेंदुर सीस चढ़ाइ।।471।।

—और अर्थ लगाया है—"उसके शशिमुख के समीप सिन्दूरित माँग और पुष्पों से अलंकृत वह वेणी ऐसी थी मानों यमुना अपनी काली वेणी में पुष्प लेकर आयी हुई हो और उसने सिर पर सिन्दूर चढ़ाकर आनन्दपूर्वक इन्दु की पूजा की हो।"[3]

यहाँ दोनों विद्वानों ने अपने स्वीकृत पाठ में प्रयुक्त शब्दों के आधार पर एक अर्थ तो कर दिया, लेकिन उनके अर्थ का सन्दर्भ क्या है, यह बिल्कुल भी स्पष्ट नहीं होता। काली नाग का

1. हिन्दी पाठानुसन्धान, पृष्ठ संख्या 65, लोकभारती प्रकाशन, इलाहाबाद, प्रथम संस्करण 1990
2. वही, पृष्ठ संख्या-390
3. पद्मावत पृष्ठ संख्या-461, प्रकाशक : भारती भण्डार, इलाहाबाद, द्वितीय संस्करण 19732 ई.।

सिर पर फूल लादकर यमुना से निकलना और कृष्ण द्वारा उसको पूजा देना आदि कहने का सन्दर्भ क्या है? अथवा यमुना द्वारा इन्दु की पूजा से जायसी किस पौराणिक सन्दर्भ का संकेत कर रहे हैं, यह स्पष्ट नहीं होता।

डॉ. वासुदेवशरण अग्रवाल द्वारा इस दोहे के स्वीकृत पाठ को ही डॉ. कन्हैया सिंह ने स्वीकार किया है। अर्थात् दोनों का पाठ समान है। लेकिन अग्रवाल जी इस दोहे में सादृश्य विधान के रूप में प्रयुक्त पौराणिक सन्दर्भ के स्पष्ट न हो पाने के कारण इसके अर्थ को लेकर बहुत परेशान रहे। पहले विवेच्य पंक्तियों का एक अर्थ दिया—"उसकी वेणी उसमें गूँथे पुष्प काले केश और सिन्दूर भरी माँग की सम्मिलित शोभा ऐसी है मानों वेणी रूपी काली नाग कमल के फूल लेकर बाहर निकला हो और उसी समय कालिन्दी आ गयी हो, जिसके सिर पर सिन्दूर चढ़ाकर आनन्द से कृष्ण ने पूजा की हो।"[1] फिर आगे टिप्पणी में इस पर विस्तार से विचार किया। उन्होंने इसमें कृष्ण से सम्बद्ध दो आख्यानों—काली दमन सम्बन्धी और यमुना से उनके विवाह सम्बन्धी—की एक साथ स्थिति मानी है। कृष्ण और यमुना के विवाह से सम्बद्ध कथा भी उन्होंने उद्धृत की है जो इस प्रकार है—"एक बार कृष्ण और अर्जुन विहार के लिए यमुना तट पर गये। वहाँ उन्होंने किसी परम सुन्दरी कन्या को तप करते हुए देखा। कृष्ण के कहने से अर्जुन ने पास जाकर उसका परिचय पूछा। कन्या ने कहा—मेरा नाम कालिन्दी है। मेरे पिता सूर्य ने यमुना जल में मेरे लिए एक भवन बनवा दिया है, उसी में मैं रहती हूँ। मैं भगवान् विष्णु को पति रूप में पाना चाहती हूँ। यह जानकर कृष्ण कालिन्दी को अपने साथ ले आये और उससे विवाह किया।" यह कथा देने के अनन्तर वह कहते हैं—"इसी समुदित प्रसंग की पृष्ठभूमि में दोहे का ऊपर वाला अर्थ सम्भव होगा...काली ने कृष्ण को पूजा दी और कृष्ण ने कालिन्दी के सिर पर सेंदुर चढ़ाया। जो शोभा उस क्षण में हुई थी वही पद्मावती की वेणी, पुष्प, केश और सिन्दूर भरी माँग की शोभा थी।"[2]

निश्चित रूप से अग्रवाल जी ने अर्थ लगाने में काफी परिश्रम किया है। फिर भी वह अपने इस अर्थ से पूरी तरह सन्तुष्ट नहीं जान पड़ते। नहीं तो 'सम्भव होगा' जैसी शब्दावली का प्रयोग नहीं करते। वस्तुतः काली दमन और यमुना के साथ विवाह, कृष्ण-जीवन के दो अलग-अलग प्रसंग हैं और दोनों अलग-अलग समयों में घटित हैं। ऐसी स्थिति में जायसी द्वारा दोनों को एक साथ मिला देने का कोई कारण नहीं हो सकता। विवेच्य दोहे का सन्तोषजनक अर्थ नहीं निकल पाने के कारण उन्होंने इसके पाठ पर भी गम्भीरतापूर्वक विचार किया। अग्रवाल जी ने अपने पद्मावत के पूर्व संस्करण में डॉ. माताप्रसाद गुप्त के आधार पर दोहे की पहली पंक्ति में 'निकसी' पाठ और दूसरी पंक्ति में 'पूजा इन्दु अनन्द सो' पाठ रखा था, किन्तु इस पाठ से वह पूरी तरह सन्तुष्ट नहीं थे। अग्रवाल जी स्वयं स्वीकार करते हैं कि, "मेरा किया हुआ उसका अर्थ तो और भी भ्रान्त है।" ऐसी स्थिति में अगले संस्करण में उन्होंने गोपालचन्द्र जी की प्रति, मनेर शरीफ की प्रति, बिहार शरीफ की प्रति और रामपुर राजकीय पुस्तकालय की प्रति को आधार मान कर दोहे का यह पाठ स्वीकार किया, अर्थात् 'निकसा जमुना आइ' और 'पूजा इन्दु अनन्द सो'।"[3] यहाँ यह भी पता चलता है कि डॉ. माताप्रसाद गुप्त ने पूर्व संस्करण में इस दोहे की दूसरी पंक्ति में इन्दु के स्थान पर 'इन्द्र' पाठ स्वीकार किया था, जबकि बाद के संस्करण में 'इन्दु' पाठ को मान्यता दी।

वस्तुतः डॉ. वासुदेवशरण अग्रवाल ने इस दोहे के पाठ और अर्थ को लेकर जितनी और जैसी माथापच्ची की है वह उनकी अध्ययन के प्रति गम्भीरता और अकादमिक ईमानदारी को दर्शाता

1. पद्मावत, पृष्ठ संख्या-594, प्रकाशक—साहित्य-सदन, चिरगाँव (झाँसी), तृतीयावृत्ति 2037 वि.।
2. वही, पृष्ठ संख्या-594-595
3. वही, पृष्ठ संख्या-595 तथा प्राक्कथन पृष्ठ संख्या-41

है। इतनी गहराई के साथ विस्तारपूर्वक विचार करने के बाद भी वह इस दोहे के अपने पाठ और अर्थ से सन्तुष्ट नहीं हुए और स्पष्ट लिखा कि, "ऐसी स्थिति में ऊपर लिखे हुए नये पाठ और अर्थ का सुझाव देते हुए भी मैं अपने मन को आश्वस्त नहीं पाता। पाठकों से अनुरोध करता हूँ कि मूल पाठ और अर्थ को अभी विचार्य कोटि में ही समझें।"[1]

टिप्पणी—दोनों के पाठ एक ही हैं पर डॉ. सिंह ने यही पाठ दृढ़तापूर्वक रखा और डॉ. अग्रवाल ने तीन बार बदल कर रखा। डॉ. कन्हैया सिंह का पाठ उनकी प्रयुक्त प्रतियों के आधार पर है न कि वासुदेवशरण अग्रवाल की प्रति के आधार पर। पाठ एक ही है। यह 'निकसा' शब्द काली (कालीनाग) के लिए है। नाग की पूजा कृष्ण ने की। नाग (वेणी) के शीश पर सिन्दूर है। यमुना तो उसके सिर के बाल हैं जो वेणी के इधर-उधर हैं। इसमें डॉ. अग्रवाल की माथा-पच्ची से जो अर्थ ढूँढ़ा गया है, वह द्राविड़ प्राणायाम है। जायसी अग्रवाल जी की तरह विद्वान् नहीं थे। सादृश्य-विधान के लिए उन्होंने यह लिखा—सम्पादक।

जायसी की एक अन्य रचना है 'कन्हावत'। यह रचना बहुत बाद में उपलब्ध हुई और सन् 1981 ई. में प्रकाश में आयी। यह कृष्ण के जीवन पर आधारित प्रबन्ध काव्य है। वस्तुतः इस दोहे के पाठ और अर्थ की गुत्थी 'कन्हावत' से सुलझती है। यदि अग्रवाल जी के सामने जायसी कृत 'कन्हावत' का काली-सम्बन्धी वर्णन रहा होता तो अर्थ करने में इतनी कठिनाई न होती। सटीक अर्थ न बैठने के बावजूद वह ठीक पाठ निर्धारित कर सके हैं, यह उनकी पाठालोचन सम्बन्धी गहरी पकड़ सिद्ध करता है। जायसी ने 'कन्हावत' में काली नाग सम्बन्धी कथा का जो रूप प्रस्तुत किया है वह सामान्य प्रचलित कथा से कुछ भिन्नता लिए हुए है। 'कन्हावत' में वर्णित काली नाग-सम्बन्धी प्रसंग संक्षेप में इस प्रकार है—

"कृष्ण को मारने के लिए किये गये अनेक प्रयासों की असफलता के बाद कंस ने अपने मन्त्री शुक्र से फिर मन्त्रणा की। शुक्र ने सलाह दी कि पाताललोक में शिव के उद्यान में जो मानसरोवर है उसमें सहस्रदल कमल खिलते हैं। शेषनाग उस उद्यान की रखवाली करता है। जो भी वहाँ जाता है, जलकर भस्म हो जाता है। नन्द को वहाँ जाकर कमल लाने के लिए कहा जाय। नन्द तो जा नहीं पायेंगे, वह बालक (कृष्ण) ही जायेगा। इस प्रकार उसका अन्त किया जा सकता है। तदनुसार कंस ने नन्द को बुलवाया और मन्त्री से प्राप्त मन्त्रणा कह सुनायी। राजाज्ञा सुनकर नन्द सोच में पड़ गये। एक दिन कृष्ण ग्वाल-बालों के साथ यमुना किनारे गेंद खेल रहे थे। उन्होंने इसे कमल लाकर नन्द को चिन्तामुक्त करने का अच्छा अवसर जानकर गेंद यमुना में फेंक दी और गेंद निकालने के लिए नदी में कूद पड़े। पानी के भीतर-ही-भीतर अनेक नदियों और समुद्र को पार करते हुए पाताललोक जा पहुँचे। जहाँ वासुकिनाग सो रहा था, कृष्ण वहाँ पहुँचे। नागपत्नी ने कृष्ण को देखकर वहाँ से चले जाने को कहा। कृष्ण ने उत्तर दिया मुझे एक लाख कमल चाहिए। शोर सुनकर नाग जागा, उसने फुंकार मारी जिससे कृष्ण बेहोश होकर काले हो गये। देवताओं ने उन्हें आकर जीवित किया। तत्पश्चात् कृष्ण ने नाग को पकड़ लिया और कमल-नाल से उसे नाथ दिया। एक लाख कमल उसके ऊपर लादकर और स्वयं भी सवार होकर कृष्ण गोकुल लौटे। नन्द ने कमल ले जाकर कंस को दिये।"[2]

स्पष्ट है कि जायसी ने 'कन्हावत' में इस घटना से नन्द का सम्बन्ध स्थापित किया है। इसलिए विवेच्य दोहे में अग्रवाल जी तथा डॉ. कन्हैया सिंह जी द्वारा स्वीकृत 'नन्द' पाठ ही कविकृत पाठ

1. वही, प्राक्कथन पृष्ठ संख्या 42
2. कन्हावत, सम्पादक—डॉ. शिवसहाय पाठक, छन्द संख्या-68-87, प्रकाशक—साहित्य भवन प्राइवेट लिमिटेड, इलाहाबाद, प्रथम संस्करण 1981 ई.।

है, लेकिन वह कृष्ण के लिए न होकर उनके पिता नन्द के लिए ही है। वस्तुतः 'कन्हावत' की पृष्ठभूमि में इस दोहे के अर्थ को इस प्रकर स्पष्ट किया जा सकता है—

पद्मावती की वेणी की शोभा का वर्णन करते हुए कवि ने वेणी को काली नाग के रूप में कल्पित किया है। उसकी वेणी सम्पूर्णतः पुष्पों से गुँथी हुई है, जायसी ने इसी कड़वक में पहले भी लिखा है—"भयेउ उरेह पुहुप सब नामा।" जायसी इस पुष्प मण्डित वेणी के लिए कवि ने कल्पना की है मानों नाग के शरीर में पुष्प (कमल) लदे हुए हैं, जो यमुना से निकला है। काले केशों से आच्छादित सिर यमुना नदी है। ज्ञातव्य है कि यमुना के जल का रंग श्याम माना जाता है। जायसी ने इसी कड़वक में काले केशों से आच्छादित सिर को यमुना कहा है—जमुना माँझ सुरसती माँगा। काली नाग का कमल लेकर यमुना से निकलना नन्द के लिए अत्यन्त आनन्द का विषय है, क्योंकि कमल लाने की राजाज्ञा नन्द को ही मिली थी। इसमें कृष्ण के सकुशल लौटकर आने का आनन्द भी सम्मिलित माना जा सकता है। अतः पद्मावती की सिन्दूरित माँग के सम्बन्ध में कवि की कल्पना है कि मानों नन्द ने आनन्दपूर्वक काली के सिर पर सिन्दूर चढ़ाकर उसकी पूजा की। ज्ञातव्य है कि पूजा सामग्री में सिन्दूर का भी प्रयोग होता है।

टिप्पणी—'कन्हावत' जायसी कृत नहीं है, इसे डॉ. सिंह ने 'युगद्रष्टा महाकवि जायसी' में सिद्ध किया है। अतः उसके उल्लेख जायसी की 'पदुमावति' के लिए प्रमाण नहीं हो सकते। 'नन्द' के आनन्द अर्थात् कृष्ण ने पूजा की, नन्द काली-दमन में कहाँ आ गये। उक्त आख्यान में पाताल में शेषनाग (?) फिर वासुकि की कथा है। यह तो कालीदह में काली नाग का प्रसंग है। 'नन्द आनन्द' में नन्द-नन्दन की ध्वनि भी हो सकती है।

—सम्पादक

इसी प्रकार प्राचीन कृतियों के पाठ-निर्धारण में तद्‌युगीन अन्य रचनाएँ भी सहायक हो सकती हैं। डॉ. वासुदेवशरण अग्रवाल ने भी इसे स्वीकार किया है—"जायसी के पूर्व और पश्चात् का जो विस्तृत अवधी साहित्य है उसके सम्पादन और प्रकाशन की भी आवश्यकता है जिससे जायसी की शब्दावली का उसके साथ तुलनात्मक अध्ययन करके सन्दिग्ध शब्द के रूप और अर्थ का निश्चित परिज्ञान हो सके।"[1]

डॉ. कन्हैया सिंह सम्पादित 'पदुमावति' में छन्दसंख्या 366 की चौथी पंक्ति का पाठ-रूप निम्नलिखित है—

रुदर बरम्ह सिउ बाचा तोही। सो निजु अन्त बात कहु मोही।

और अर्थ है—"रुद्र, ब्रह्म, शिव की शपथ है कि तुम अपने अन्तःकरण की बात मुझे बताओ।"

यह पाठ डॉ. वासुदेवशरण अग्रवाल द्वारा स्वीकृत पाठ के समान ही है। अन्तर है तो केवल इतना कि जहाँ कन्हैया सिंह जी ने अर्द्धाक्षरों को पूर्णाक्षरों के रूप में लिखा है वहाँ अग्रवाल जी ने संयुक्ताक्षर युक्त शब्दों को संयुक्ताक्षर रूप में लिखा है—

रुद्र ब्रह्म सिव बाचा तोही। सो निजु अन्त बात कहु मोही। 366/4

और अर्थ किया है—"तुझे रुद्र और ब्रह्मा की शिव शपथ है। सो तू अपने अन्तर की बात मुझसे कहा।" 'रुद्र ब्रह्म सिव बाचा तोही' को और अधिक स्पष्ट करते हुए वह टिप्पणी में लिखते हैं—"माताप्रसाद जी के अनुसार केवल तृ. 2 प्रति में 'रुद्र ब्रह्म हरि बाचा तोही' पाठ है जिसे

1. पद्मावत, प्राक्कथन पृष्ठ संख्या-42-43

उन्होंने मूल में रखा है। शेष सब प्रतियों में 'रुद्र ब्रह्म सिव बाचा तोही' पाठ है जो यहाँ रखा गया है। गोपाल चन्द्र जी और मनेर की प्रतियों में भी 'सिव' पाठ है। 'सिव बाचा' का तात्पर्य शपथ से है। मन्त्र पढ़कर उनके अन्त में 'ईश्वरो वाचा' या 'सिव वाचा' कहने की प्रथा थी—फुरो मन्त्र ईश्वरो वाचा (बृहत् इन्द्रजाल संग्रह) 'सिव वाचा' या 'वाचा' का अर्थ शपथ ही है।''[1]

'सिव' के स्थान पर 'हरि' पाठ स्वीकार करने की गुप्त जी से जो शिकायत अग्रवाल जी को थी सम्भवतः उससे सहमत होते हुए डॉ. माताप्रसाद गुप्त ने पद्मावत के अपने अगले संस्करण में 'हरि' शब्द तो हटा दिया, लेकिन अग्रवाल जी द्वारा स्वीकृत 'सिव' शब्द को फिर भी स्वीकार नहीं किया। उसके स्थान पर उन्होंने 'सौ' पाठ रखा—

रुद्र ब्रह्म सौ बाचा तोही। सो निजु अन्त बात कहु मोही। 366/4

अर्थात् 'तुझे रुद्र और ब्रह्मा की सौ शपथ है, कि तू बिलकुल अन्त (तथ्य) की बात मुझसे कहे।'' लेकिन टिप्पणी में इस संस्करण में भी 'सौ' के स्पष्टीकरण के स्थान पर 'हरि' का स्पष्टीकरण चला गया—''हरिः इसके स्थान पर डॉ. वासुदेवशरण अग्रवाल ने 'सिव' का सुझाव दिया है और चरण का अर्थ किया है—तेरा वचन रुद्र और ब्रह्मा की कल्याणमयी वाणी है। किन्तु 'तोहिः' 'तुझे' है, 'तेरी' नहीं।''[2]

हमने ऊपर अग्रवाल जी द्वारा स्वीकृत पाठ और कृत अर्थ तथा टिप्पणी उनके द्वारा सम्पादित पद्मावत के तीसरे संस्करण से उद्धृत की है। माताप्रसाद जी की टिप्पणी से स्पष्ट है कि पूर्व के संस्करण में आलोच्य पंक्ति का अर्थ अग्रवाल जी ने दूसरा ही किया था।

वस्तुतः अधिक हस्तलिखित प्रतियों में आलोच्य पंक्ति में देवतावाची रुद्र और सिव दोनों नाम एक साथ आने से सारी परेशानी उत्पन्न हुई है। डॉ. कन्हैया सिंह जी ने तो रुद्र और शिव को दो भिन्न देवताओं के रूप में मान लिया है, पर डॉ. वासुदेवशरण अग्रवाल और डॉ. माताप्रसाद गुप्त रुद्र और शिव को दो भिन्न देवता न मानकर एक ही देवता के दो नाम मानने के पक्ष में दिखायी पड़ते हैं। अग्रवाल जी ने हस्तलिखित प्रतियों के साक्ष्य पर 'रुद्र ब्रह्म सिव बाचा तोही' पाठ स्वीकार किया, लेकिन अर्थ बैठाने में लम्बी-चौड़ी कवायद करनी पड़ी। पहले तो उन्होंने 'सिव बाचा' का अर्थ 'कल्याणमयी वाणी' किया, लेकिन जब डॉ. माताप्रसाद गुप्त ने उसका तर्क पूर्ण खण्डन किया तो अगले संस्करण में उन्होंने उसका अर्थ 'शपथ' किया। रुद्र और शिव एक ही हैं। पर एक ही देवता के यह दो रूप हैं। रुद्र-उग्र रूप है और शिव शान्त और कल्याणकारी रूप है। अतः कवि दोनों रूपों में एक ही देवता की शपथ दिला सकता है। फिर भी इसमें मतान्तर हो सकता है।

पाठ में अवधी की प्रकृति के अनुसार 'रुदर, बरम्ह, सिउ' पाठ ही अधिक उपयुक्त है और यह जायस की प्रामाणिक प्रति का पाठ है।—सम्पादक

उधर गुप्त जी ने पहले 'सिव' के स्थान पर 'हरि' पाठ स्वीकार किया था, लेकिन अग्रवाल जी द्वारा यह कहने पर कि अधिकांश प्रतियों में 'सिव' पाठ मिलता है, हरि तो बहुत कम प्रतियों में मिलता है, गुप्त जी ने 'हरि' पाठ हटा दिया, लेकिन 'सिव' पाठ से वह सहमत नहीं हो सके। शायद इस कारण कि रुद्र को वह भी शंकर के अर्थ में ग्रहण करते हैं। अतएव आगेवाले 'सिव'

1. पद्मावत, पृष्ठ संख्या-448-449
2. पद्मावत, पृष्ठ संख्या-381-382

शब्द का अर्थ शंकर तो हो नहीं सकता और अग्रवाल जी ने जो अर्थ किया था वह उन्हें स्वीकार नहीं था, यह उनकी टिप्पणी से स्पष्ट है। इसलिए उन्होंने 'हरि' हटाते हुए भी 'सिव' को ग्रहण न कर उसके स्थान पर 'सौ' पाठ रखा। शायद यह पाठ 'हरि' की तुलना में अधिक प्रतियों में मिला होगा।

डॉ. माताप्रसाद गुप्त और डॉ. वासुदेवशरण अग्रवाल का रुद्र और शिव-सम्बन्धी यह दृष्टिकोण डॉ. कन्हैया सिंह जी के सामने था, फिर भी उन्होंने 'सिउ' पाठ स्वीकार किया और 'सिव' को रुद्र से भिन्न देवता के रूप में मान्य किया। जहाँ तक रुद्र और शिव की भिन्नता—अभिन्नता की बात है तो हम देखते हैं कि रुद्र के सम्बन्ध में वैदिक एवं पौराणिक साहित्य में अनेक मान्यताएँ हैं। वैदिक साहित्य में अग्नि को ही रुद्र कहा गया है। वहाँ रुद्र की अग्नि रुप, वृष्टि करनेवाले, गरजनेवाले, देवता के रूप में मान्यता है। कहीं-कहीं रुद्र शब्द से इन्द्र, मित्र, वरुण, पूषण और सोम आदि अनेक देवताओं का भी बोध होता है। एक जगह रुद्र को मरुद्गण का पिता कहा गया है। पौराणिक कथाओं के अनुसार रुद्र की उत्पत्ति ब्रह्मा की भौंहों या मुख से हुई। पुराणों में इनका जो रूप या विशेषताएँ वर्णित हैं वह शिव से काफी मिलती-जुलती हैं। जैसे यह क्रोध रूप माने जाते हैं और भूत, प्रेत, पिशाच आदि इन्हीं से उत्पन्न कहे जाते हैं। इनके तीन नेत्र बतलाये गये हैं। यह सब लोकों का नियन्त्रण करनेवाले तथा सर्पों का ध्वंस करनेवाले कहे गये हैं। सम्भवतः इसी कारण आगे चलकर रुद्र कोई भिन्न देवता न रहकर शिव का एक रूप या उन्हीं के पर्याय हो गये। लोक में रुद्र से तात्पर्य शंकर ही लिया जाता है। शिव से भिन्न इनकी कोई अलग सत्ता कम-से-कम लोक में मान्य नहीं है। जायसी के बहुत पहले से ही लोक में रुद्र और शिव पर्याय रूप में प्रचलित हो चुके थे। वस्तुतः जायसी के इस प्रकार के ज्ञान का स्रोत लोक था। अतः जायसी रुद्र का शिव के अलावा भी किसी अन्य देवता के अर्थ में प्रयोग करें, यह मानने का कोई कारण नहीं है।

डॉ. कन्हैया सिंह द्वारा किये गये 'सिउ' शब्द के अर्थ के साथ ही डॉ. वासुदेवशरण अग्रवाल द्वारा किये गये 'सिव' के अर्थ से भी सहमत नहीं हुआ जा सकता। पहले संस्करण में वह 'सिव बाचा' का अर्थ 'कल्याणमयी वाणी' करते हैं जिसे बाद में स्वयं ही अस्वीकार कर देते हैं। अतः इस पर विचार करना व्यर्थ है। बाद में वह 'सिव बाचा' को 'शपथ' के अर्थ में ग्रहण करते हैं। वस्तुतः 'बाचा' का अर्थ शपथ होता है, लेकिन अग्रवाल जी का कहना है कि 'सिव बाचा' को भी शपथ के अर्थ में ही मानना चाहिए। यह खींचतान कर किसी प्रकार अर्थ बैठाने की ही बात लगती है, अन्यथा 'सिव बाचा' का सीधा अर्थ 'शिव की शपथ' होगा। उन्होंने पुष्टि के लिए जो उदाहरण दिया है उसमें 'सिव बाचा' का प्रयोग तो नहीं है (इसका तात्पर्य है कि इस प्रकार का कोई प्रयोग उन्हें नहीं मिला) उसके स्थान पर 'ईश्वरो वाचा' है। लेकिन उसे भी यदि ध्यान से देखा जाय तो वहाँ 'ईश्वरो वाचा' का अर्थ केवल 'शपथ' नहीं है, बल्कि 'ईश्वर की शपथ' है। अतः 'सिव बाचा' पाठ अर्थ की दृष्टि से संगत नहीं है।

उधर डॉ. माताप्रसाद गुप्त ने अपने पहले के 'हरि' पाठ को हटाकर जिस 'सौ' पाठ को स्वीकार किया और उसका जो अर्थ किया है, वह भी कामचलाऊ ही अधिक लगता है। 'हरि' का सीधा अर्थ विष्णु है। 'हरि' शब्द हटाने का एकमात्र कारण उसका कम प्रतियों में मिलना है, जबकि अर्थ की दृष्टि से वह पूरी तरह उचित है। इसे सिर्फ इसलिए खारिज नहीं किया जाना चाहिए कि वह कम प्रतियों में मिलता है। अर्थ—निर्णय में प्रसंग महत्त्वपूर्ण होता है। यह रत्नसेन का

कथन है। वह नागमती का सन्देश लानेवाले पक्षी से पूरी बात साफ-साफ कहने के लिए कहता है। जिसके लिए वह उसे देवताओं की शपथ देता है। अग्रवाल जी ने जो पाठ-रूप स्वीकार किया है और जो अर्थ किया है उसमें दो देवताओं के नाम हैं—रुद्र और ब्रह्मा। गुप्त जी ने बाद में जो पाठ और अर्थ ग्रहण किया है उसमें भी यही दो नाम हैं, जबकि पहले के स्वीकृत पाठ में त्रिदेवों के नाम थे। वस्तुतः ब्रह्मा, विष्णु और महेश की त्रिदेवों के रूप में मान्यता है। सामान्यतः इनका एक साथ उल्लेख भी होता है। स्वयं जायसी ने पद्मावत में अन्यत्र इनका एक साथ उल्लेख किया है—

कहाँ सो ब्रह्मा विष्णु महेसू। कहाँ सो मेरु कहाँ सो सेसू। 406/3

जायसी ही नहीं उन्हीं के युग और परम्परा के रचनाकार मंझन ने भी ठीक विवेच्य पंक्ति की तरह का प्रयोग किया है। एक नहीं अनेक बार। 'रुद्र, ब्रह्मा और हरि नामों के साथ ही प्रसंग भी शपथ से ही सम्बद्ध हैं—

(1) हम तुम्ह साच बचा वह कीजै। रुद्र ब्रह्म हरि अन्तर दीजै।

(2) बचा कीन्ह बिधि अन्तर राखी। रुद्र ब्रह्म हरि कहँ दै साखी।

(3) आदिहि सपत जो हम्ह तुम्हँ किएऊ। रुद्र ब्रह्म हरि अन्तर दियेऊ।[1]

जायसी भी रत्नसेन द्वारा त्रिदेवों की ही शपथ देने की बात कहना चाहते हैं। लिपिकारों की असावधानी के कारण पाठ कुछ-का-कुछ हो गया। परिणामस्वरूप व्याख्याकारों को अर्थ करने की लम्बी-चौड़ी कवायद करनी पड़ी जबकि कवि का आशय बिल्कुल सामान्य और सरल था। वस्तुतः डॉ. माताप्रसाद गुप्त द्वारा पहले स्वीकृत पाठ 'रुद्र ब्रह्म हरि बाचा तोही (अर्थात् तुझे रुद्र (शिव) ब्रह्मा और विष्णु की शपथ है) ही सर्वाधिक संगत है और वही कविकृत होना चाहिए।

टिप्पणी—'हरि' पाठ कम प्रतियों में ही नहीं, अपितु बहुत निचले स्तर की प्रतियों का पाठ है। अर्थानुसारी पाठ स्वीकार करना वैज्ञानिक पाठ-शोध में नहीं स्वीकृत होता। प्राचीनतम परम्परा की प्रतियों का पाठ और अर्थ-संगत पाठ स्वीकार होता है। 'सिउ' पाठ डॉ. सिंह को प्राचीन प्रतियों के साथ जायसी की प्रति में भी मिला।

विवेक नगर, हमीरपुर (उ.प्र.)

1. मधुमालती, सम्पादक—माताप्रसाद गुप्त, मित्र प्रकाशन प्राइवेट लिमिटेड, इलाहाबाद, संस्करण 1961 ई. छन्द संख्या—128/5, 130/5, 331/2

मध्यकालीन अवधी का विकास और डॉ. कन्हैया सिंह

सुधाकर सिंह

गरिमावान् व्यक्तित्व और बहुआयामी प्रतिभा के धनी, डॉ. कन्हैया सिंह छात्र जीवन से ही प्रखर मेधा सम्पन्न थे। एक अधिवक्ता के रूप में अपना जीवन प्रारम्भ करनेवाले डॉ. सिंह के अन्तर्मन में साहित्य के संचित बीज उन्हें अध्यापन के क्षेत्र में ले आये। किन्तु उनका अध्यापन कर्म एक सामान्य वेतन भोगी अध्यापक का न रहा। अध्यापन कर्म को उन्होंने अपने प्रभूत साहित्यिक अवदान से महिमामण्डित किया। इन्होंने सूफ़ी-साहित्य समीक्षा, पाठालोचन, भाषा और काव्यांग, आलोचना और सृजनात्मक साहित्य से सम्बन्धित 29 महत्त्वपूर्ण ग्रन्थों का सृजन किया और अभी 4 कालजयी ग्रन्थ प्रकाशन के क्रम में हैं। पाठालोचन और भाषा तथा काव्यांग विवेचन से सन्दर्भित इनकी कृतियाँ मील की पत्थर हैं। 'पदुमावति' जहाँ जायसीकृत पद्मावत के पाठ-निर्धारण और व्याख्या में अद्‌भुत हैं वहीं इनकी भाषा विषयक रचना—'मध्यकालीन अवधी का विकास' अवधी भाषा के विवेचन का एक स्मारक कार्य है। डॉ. सिंह की यह कृति अवधी भाषा की व्याप्ति निर्देशित करती है और सन्दर्भित उद्धरणों द्वारा पद्मावत और रामचरितमानस में प्रयुक्त अवधी के व्याकरणिक रूपों को तुलनात्मक स्तर पर व्याख्यायित भी करती है।

वस्तुतः कोई भी भाषा मस्तिष्क में आनेवाली विचारशृंखला की क्रिया और उसकी प्रतिक्रिया को अभिव्यक्त करने की एक स्वाभाविक प्रक्रिया होती है। प्रारम्भ में कोई भी भाषा एक बोली के रूप में ही अस्तित्व में आती है और अपने प्रयोक्ताओं के समर्थन से कालान्तर में अपने क्रमिक विकास में भाषा बन जाती है। इसी क्रम में अवधी भी अपने विकास-पथ पर अग्रसर होकर मध्यकाल में एक समृद्ध और साहित्यिक भाषा के रूप में विकसित और स्वीकृत हुई। इसमें प्रचुर साहित्यिक रचनाओं का सृजन हुआ और अपनी महत्त्वपूर्ण कृतियों के कारण ही अवधी की व्याप्ति न केवल भारतवर्ष वरन् 'रामचरितमानस' के माध्यम से विश्व के अनेक भू-भागों तक हो गयी।

डॉ. कन्हैया सिंह की जायसी और गोस्वामी तुलसीदास की भाषा विषयक विशेष अभिरुचि का उत्स मेरे विचार से उनका अवधी भाषा में रचित सूफ़ी कवियों का अध्ययन ही है। उत्तर प्रदेश के आजमगढ़ जनपद में जन्मे डॉ. सिंह को माँ की गोद से भोजपुरी (काशिका) सुनने को मिली थी। परन्तु 'कन्हैया सिंह का अवधी भासा से बहुतइ पियार है' अवधी भाषा और अवधी भाषा

के महाकवियों के प्रति उनके मन में विशेष अनुराग और इसी अनुराग का ही प्रतिफलन है आपकी महत्त्वपूर्ण कृति 'मध्यकालीन अवधी का विकास।' अपनी इस रचना में उन्होंने अवधी भाषा के प्रारम्भिक रूप बोली के स्वरूप पर विशेष बल दिया। अवधी के लोकभाषा रूप और काव्यभाषा के रूप पर चर्चा करते हुए कहा है—"अवधी दोनों ही रूपों में एक प्रतिष्ठित भाषा है। उसमें लोकभाषा की गत्यात्मकता भी है और काव्यभाषा की स्थिरता भी है। अवधी के यह दोनों रूप मूलतः एक ही हैं, विभेद केवल शैलीगत है। यही कारण है कि अवधी काव्य में शब्द तो लोकभाषा के ही हैं, पर उन पर काव्यभाषा का कलेवर चढ़ा हुआ है। शब्द की यही नादात्मक (संगीतात्मक), बिम्बात्मक और सांकेतिक विशिष्टता ही काव्यभाषा और लोकभाषा के बीच संरचनागत पार्थक्य की दीवार खींचती है।" अर्थात् उनके विचार से काव्यभाषा और लोकभाषा दोनों ही रूपों में अवधी भाषा अक्षुण्ण रूप से महत्त्वपूर्ण है। लोकभाषा के रूप में गतिशीलता होती है और काव्यभाषा में स्थिरता होती है। यह दोनों ही विशेषताएँ अवधी भाषा में हैं, दोनों अभेद होते हुए भी मात्र शैलीभेद के कारण पृथक् हैं। उनका मानना है कि लोकभाषा और काव्यभाषा के रूप में मूल पार्थक्य नाद, बिम्ब और काव्य की सांकेतिकता के कारण ही आता है। उनके विचार से हिन्दी भाषा और साहित्य के समग्र विकास को समझने के लिए अवधी के विकास-क्रम को समझना आवश्यक और महत्त्वपूर्ण है। अवधी पूर्वी हिन्दी की एक बोली है। वैसे तो आचार्य शुक्ल ने अवधी का उद्भव नागर अपभ्रंश से स्वीकार किया है किन्तु इसमें साहित्यिक अपभ्रंश का रूप नहीं प्राप्त होता है। डॉ. नामवर सिंह ने अवधी की उत्पत्ति अर्द्धमागधी से मानते हुए कहा है—"ब्रजभाषा का प्रारम्भिक इतिहास शौरसेनी अपभ्रंश से सम्बद्ध किया जा सकता है, परन्तु अवधी के किसी साहित्यिक अपभ्रंश-रूप का पता नहीं चलता। अवध प्रान्त मगध और शूरसेन के बीच स्थित होने से दोनों क्षेत्रों की भाषा सम्बन्धी विशेषताओं से युक्त समझा जाता है। वर्तमान भाषाओं के पूर्व शूरसेन में शौरसेनी अप्रभ्रंश, मागधी अपभ्रंश और दोनों के मध्यभाग में अर्द्धमागधी अपभ्रंश का प्रचलन रहा होगा। यही वह महत्त्वपूर्ण आधार है जिसके कारण अर्द्धमागधी अपभ्रंश से अवधी का उद्गम माना जाता है।" सर जॉन अब्राहम ग्रियर्सन ने भी पूर्वी हिन्दी का सम्बन्ध अर्द्धमागधी से माना है परन्तु डॉ. बाबूराम सक्सेना का विचार है कि अवधी का अर्द्धमागधी की अपेक्षा पालि से अधिक है—"जब हम अवधी को अर्द्धमागधी की मुख्य विशेषताओं के परिप्रेक्ष्य में देखते हैं तो हमें मिलता है कि कर्त्ता एकवचन का 'ए' का व्यवहार कुछ बोलियों में 'इ' में अन्त होनेवाले अपूर्ण कृदन्त में मिलता है। पूर्वी हिन्दी का भाषाई सम्बन्ध जैन अर्द्धमागधी की अपेक्षा पालि से अधिक है। अर्द्धमागधी के ग्रन्थों को परकालीन भाषा में पुनः लिखा गया था और पाँचवीं सदी ई. में सम्पादित किया गया था। अतः हम यह कह सकते हैं कि पूर्वतर अर्द्धमागधी के रूप परकालीन भाषा से भिन्न थे और यह पूर्वकालीन अर्द्धमागधी अवध की आधार भाषा थी।" (अवधी का विकास) डॉ. ज्ञानशंकर पाण्डेय का मानना है कि, "300 ई.पू. की किसी साहित्यिक भाषा से 12वीं शताब्दी में किसी जनबोली का विकसित होना सम्भव है।" डॉ. श्याम सुन्दर दास ने भी अर्द्धमागधी से ही अवधी की उत्पत्ति को स्वीकार किया है, उनके अनुसार "अवधी प्राचीन अर्द्धमागधी की स्थानापन्न भाषा है।" डॉ. कन्हैया सिंह ने डॉ. बाबूराम सक्सेना के मत पर विचार करते हुए कहा है कि डॉ. सक्सेना के मत से यह प्रकट है कि अर्द्धमागधी का जो रूप जैन ग्रन्थों में सुरक्षित है वह अर्द्धमागधी का प्रतिनिधत्व नहीं करता है। वस्तुतः यह ग्रन्थ बाद के पुनर्सम्पादित हैं। अवधी को अगर अर्द्धमागधी से उद्भूत माना भी जाय तो उसे उस अर्द्धमागधी से मानना चाहिए जो अवधी से पहले इस क्षेत्र में प्रयुक्त होती थी, न कि उससे जो जैनग्रन्थों में है। उनका मानना है कि अन्य भारतीय भाषाओं की ही भाँति अवधी भी दसवीं या ग्यारहवीं शती के आसपास

अस्तित्व में आयी। शायद 'कोसली' इसकी पूर्वजा भाषा भी जिसका देशी भाषा के रूप में प्रथम उल्लेख आठवीं शती के ग्रन्थ 'कुवलयमाला' में मिलता है। वस्तुतः यह कोसली ही डॉ. ग्रियर्सन द्वारा संकेतिक वह अर्द्धमागधी तथा डॉ. बाबूराम सक्सेना द्वारा उल्लिखित वह पूर्वकालीन अर्द्धमागधी है जिसे अवधी की आधार भाषा कहा गया है। कोसली, कोसल अथवा महाकोसल राज्य की भाषा थी जिसका विस्तार उत्तर में अयोध्या में और दक्षिण में रीवा, जबलपुर के आसपास तक था। इस प्रकार भाषाई क्षेत्र की दृष्टि से देशीभाषा कोसली के अन्तर्गत परवर्ती काल में विकसित अवधी, बघेली एवं छत्तीसगढ़ी का क्षेत्र था। कमोबेश यही क्षेत्र पूर्वी हिन्दी का भी है किन्तु समय की दृष्टि से इन दोनों में वह लगभग दो शती का अन्तराल मानते हैं क्योंकि कोसली के उदाहरण जहाँ आठवीं सदी में मिलते हैं वहीं पूर्वी हिन्दी का अस्तित्व दसवीं सदी के बाद मिलता है। डॉ. सिंह इस सन्दर्भ में डॉ. सुनीति कुमार चटर्जी और डॉ. माताप्रसाद गुप्त के उन विचारों का भी उल्लेख करते हैं जहाँ यह दोनों मानते हैं कि 11वीं और 12वीं सदी के बाद में उपलब्ध रचनाओं 'राउल बेलि' और 'उक्ति व्यक्ति प्रकरण' कोसली में की गयी रचनाएँ हैं और इसी 'कोसली' से परवर्ती काल में पूर्वी हिन्दी (अवधी) का विकास हुआ है। डॉ. कन्हैया सिंह तथा अन्य कुछ विद्वानों की मान्यता है—"कोसली नाम कल्पित नहीं है, क्योंकि उसका प्रयोग 'कुवलयमाला' में है। साथ ही इसका क्षेत्र प्रायः वही है जो पूर्वी हिन्दी का है। ऐसी स्थिति में क्यों न पूर्वी हिन्दी के पूर्व रूप (अपभ्रंश-अवहट्ठ) के लिए कोसली को स्वीकार कर लिया जाय, अर्थात् , अर्द्धमागधी के स्थान पर कोसली से इसकी उत्पत्ति मानी जाय।" चौदहवीं सदी के उत्तरार्द्ध में मुल्ला दाउद कृत 'चन्दायन' को डॉ. सिंह अवधी भाषा की मौलिक विशेषताओं से युक्त एक महत्त्वपूर्ण रचना मानते हैं। उनका मानना है कि यह ऐसी पहली मौलिक रचना है जिसमें 'कोसली' और 'अवधी' का सम्यक् समावेश है। इस सन्दर्भ में उन्होंने डॉ. माताप्रसाद गुप्त, डॉ. विश्वनाथ प्रसाद और डॉ. परमेश्वरी लाल गुप्त के परस्पर मत-वैभिन्य पर भी विस्तार से चर्चा की है। डॉ. सिंह का मानना है 'पद्मावत' और 'मृगावती' के रचनाकाल में यद्यपि बहुत कम अन्तर है, फिर भी भाषा की दृष्टि से प्रचुर अन्तर है। 'पदुमावति की अवधी एकदम ठेठ और निखरी हुई है। 'चन्दायन' की तरह 'मृगावती' की भाषा में भी अवधी की प्रवृत्तियाँ दिखायी पड़ती हैं किन्तु उसमें कोसली का प्रभाव स्पष्ट रूप से दिखायी पड़ता है। सम्भवतः इसी कारण कुतुबन अपनी भाषा को 'खटभाखा' कहते हैं—"खटभाखा आहहिं एहि मांझ।" वह 'पद्मावत' को कोसली-मुक्त अवधी की पहली रचना मानते हैं।

अवधी भाषा के नामकरण के सन्दर्भ में डॉ. सिंह का मन्तव्य बहुत सुविचारित है—"अवधी के लिए विद्वानों ने अनेक नाम सुझाये हैं—कोसली, पूर्वी, बैसवाड़ी और अवधी। इनमें कौन-सा नाम सर्वाधिक उपयुक्त है और क्यों? इसकी सम्यक् समीक्षा अपेक्षित है।" इस सन्दर्भ में उन्होंने अनेक कृतियों और अनेक भाषा वैज्ञानिकों के विचारों को दृष्टिपथ में रखते हुए स्पष्ट रूप से अपना अभिमत दिया है कि "अवधप्रान्त (क्षेत्र) में प्रयुक्त भाषा का मात्र एक नाम हो सकता है और वह है अवधी।" उनका मानना है कि जायसी के समय से अवधी का ठेठ रूप साहित्य-रचना का माध्यम बना और उसके बाद तुलसी ने उसे जन-जन का कण्ठहार बनाया। डॉ. उदयनारायण तिवारी द्वारा—'मानस' में बारम्बार 'अवध' के प्रयोग के कारण उस क्षेत्र की भाषा का नाम 'अवधी' सर्वाधिक उपयुक्त है" के अभिमत को डॉ. सिंह ने सही नहीं माना। वह मानते हैं कि अयोध्या > अवध और > अवधी के आधार पर 'अवधी' सर्वाधिक प्रचलित और सर्वमान्य है। भाषा विज्ञान का विद्यार्थी होने के कारण मुझे भी डॉ. सिंह का यह तर्क सही लगता है।

अवधी-भाषा-क्षेत्र पर भी डॉ. सिंह ने विस्तारपूर्वक विचार किया है और परम्परागत अध्ययन

में मान्य क्षेत्र विस्तार को स्वीकार करते हुए उन्होंने अवधी-भाषी अप्रवासियों के उस निवास-स्थान को भी अवधी भाषा क्षेत्र के अन्तर्गत मानने पर जोर दिया है जहाँ वह आज भी अवधी का प्रयोग कर रहे हैं। अवधी-भाषा-क्षेत्र-विस्तार के सन्दर्भ में डॉ. कन्हैया सिंह द्वारा प्रतिपादित यह तथ्य वर्तमान में भाषा विषयक अध्येताओं को बहुत प्रभावित करता है, यह उनकी विस्तारवादी और उदार साहित्य और भाषानीति का प्रमाण है।

अवधी भाषा के विकास के सन्दर्भ में चर्चा करते समय डॉ. सिंह का मानना है कि जनभाषा अवधी और साहित्यिक भाषा अवधी प्रायः साथ-साथ ही विकसित हुई। अवधी के विकास-काल को परखने के लिए प्रायः हिन्दी भाषा की भाँति ही इसे भी तीन कालों में विभक्त करते हैं—

1. प्रारम्भिक (प्रारम्भ से 1400 ई. तक)
2. मध्यकाल (1400 ई. से 1700 ई तक)
3. आधुनिक काल (1700 ई. से अब तक)

डॉ. सिंह भी इसी काल विभाजन को मानते हैं और वह अपनी विचार सरणि को आगे बढ़ाते हुए कहते हैं कि आरम्भ से 1400 ई. तक के समय को अवधी का आदिकाल अथवा निर्माणकाल कहा जा सकता है। इस काल की प्रमुख कृतियाँ हैं—प्राकृत पैंगलम्, राउलबेल और उक्ति व्यक्ति प्रकरण। यह अवधी की प्रारम्भिक उपलब्ध रचनाएँ हैं और यह अवधी के पूर्वकालीन रूप 'कोसली' में रचित हैं। यद्यपि इनमें 'कोसली' की बहुलता है परन्तु अवधी के कुछ पूर्वकालीन रूपों के साथ ही बाद के व्याकरणिक रूप भी इनमें मिलते हैं। इसे विकासशील अवधी के आदिकाल (निर्माणकाल) की महत्त्वपूर्ण उपलब्धि के रूप में लिया जा सकता है। डॉ. सिंह का मानना है कि 'इतना ही नहीं, इसी अवधि में अवधी की पहली प्रामाणिक रचना 'चन्दायन', जिसका लेखन 1365 ई. माना जाता है, लिखी गयी। इस रचना में पहली बार अवधी भाषा के मूल रूप प्रयुक्त हुए हैं। दिल्ली सल्तनत के सुलतान फिरोजशाह के वजीर खानजहाँ जूनाशाह के समय 'मुल्लादाउद' ने इसकी रचना की थी। यह इस बात का प्रमाण है कि 14वीं सदी के उत्तरार्द्ध तक अवधी अपनी समकालीन बोलियों में सर्वाधिक प्रचलित, जनप्रिय और महत्त्वपूर्ण भाषा का रूप पा चुकी थी। और इसी कारण उसे दिल्ली दरबार में प्रतिष्ठा मिली।'

प्रारम्भिक काल के उपरान्त मध्यकाल (1400 ई. से 1700 ई.) में अवधी में अनेक सशक्त और कालजयी रचनाएँ आयीं जिनके कारण यह समय न केवल अवधी का वरन् सम्पूर्ण हिन्दी साहित्य का स्वर्णकाल कहलाया। अनेक सन्त और भक्तकवि इस काल में हुए। लखनसेनि, साधन, बुरहान, बक्सन, भीमकवि, सूरजदास, ईश्वरदास, कुतुबन, चन्द, लालचदास, जायसी, मंझन, तुलसी, आलम, रहीम, उसमान, पुहुकर, लालदास, शेखनबी, धर्मदास, मथुरा दास, 'अग्रदास, दुखहरन दास, धरनी दास आदि अनेक अवधी भाषी कवियों ने इसी कालावधि में अपनी रचनाओं द्वारा अवधी के विकास में अपना महत्त्वपूर्ण योगदान दिया। डॉ. सिंह का मानना है कि कुतुबन, जायसी और तुलसी इनमें ऐसे कवि हैं जिन्होंने अवधी को काव्यभाषा के रूप में एक नयी दिशा और नयी ऊँचाई दी और समृद्ध अवधी-साहित्य के आधार स्तम्भ के रूप में स्थापित हुए। उनका मानना है कि तीन सौ वर्षों के लम्बे समय के कारण इनमें मासिक एकरूपता नहीं है।

सन् 1700 ई. से लेकर वर्तमान समयावधि को आधुनिक काल में मानते हुए इस कालावधि में डॉ. सिंह जिन महत्त्वपूर्ण कवियों को स्थान देते हैं उनमें हैं—कुँवर मुकुन्द, सहजराम, चरनदास, रामरूप, शिनराम, कासिम शाह, छेमकरन, नूर मुहम्मद, दूलनदास, झामदास, कविकुंज, बेनीबक्स, उदयनाथ, शेखनिसार, सेवाराम, भूपनारायण, नरपतिव्यास, पहलवानदास, भवानीशंकर,

गंगादास, जानकीचरण, तोंवरदास, अलीशाह, ख्वाजा अहमद, शेख रहीम, कवि नसीर, एस. मार्शलीन, और पं. द्वारकाप्रसाद मिश्र आदि हैं। इन्होंने अपनी रचनाओं से आधुनिक अवधी साहित्य को बहुत समृद्ध किया है। डॉ. सिंह का मानना है कि हिन्दी छायावादी काव्यधारा से समकालीन कविता तक के समय में पं. बलभद्र दीक्षित, महादेव शुक्ल, वंशीधर शुक्ल, रमईकाका, डॉ. राजेन्द्रमिश्र, ब्रजनन्दन, अनूपशर्मा, लक्ष्मीकान्त मिश्र 'निशंक', लिखीश जी, पढ़ीस, सोनेलाल द्विवेदी, सुमित्रा कुमारी सिन्हा, शिवदुलारे द्विवेदी, सुरेन्द्रकुमार दीक्षित, प्रणयेश, भुशुण्डि, आधुनिक रहीम और बैताल आदि कवियों ने अपनी रचनाओं के माध्यम से अवधी का भण्डार भरा। इस सन्दर्भ में डॉ. सिंह का जो सबसे बड़ा योगदान है वह यह है कि आधुनिक काल के अधुनातम साहित्य और साहित्यकारों तथा अधुनातन विधाओं को भी उन्होंने इस काल के अन्तर्गत स्थान दिया है और उन्हें बहुविध विवेचित किया है। अवधी-शब्दावली, अवधी लेखन में प्रयुक्त लिपियाँ, ऐतिहासिक और सांस्कृतिक महत्ता आदि पर विचार करते हुए लेखक अवधी भाषा के दो महत्त्वपूर्ण कीर्तिस्तम्भ-जायसी और तुलसी पर विशेषरूप से केन्द्रित होता है।

इस प्रकार अवधी के व्यावहारिक तथा सैद्धान्तिक पक्ष का सफल, विवेचन-विश्लेषण करते हुए लेखक ने अवधी भाषा के व्याकरणिक पक्ष को लिया है और इस क्रम में ध्वनि और शब्द का विशेष चिन्तन किया है। अवधी की ध्वनि-संरचना के सन्दर्भ में अवधी ध्वनियों के स्वरों और व्यंजनों को विवेचित करने में डॉ. सिंह का जो सबसे सूक्ष्म विश्लेषण है वह है अवधी में 'फुस-फुस ध्वनियों' और 'उदासीन स्वरों' के बाहुल्य का निदर्शन। परम्परा से स्वीकृत व्यंजन-ध्वनियों का वर्णन करने में उदाहरणों का अद्भुत चयन है। 'ह' के पूर्व नासिक्य व्यंजन रहने पर उच्चारण में 'ह' को 'घ' हो जाता है। अवधी में इस 'ह' के 'घ' में परिवर्तन की प्रक्रिया को विविध उदाहरणों द्वारा प्रस्तुत करना स्थिति को भलीप्रकार समझने में सहायक हुआ है। गोस्वामी तुलसीदास द्वारा मानस में मूर्द्धन्य 'ष' के लिए 'ख' व्यंजन के प्रयोग पर सोदाहरण बड़ी ही स्पष्टता के साथ समझाया गया है। स्वर-संयोग (दो और तीन स्वरों के) व्यंजन संयोग, द्वित्व व्यंजन, ध्वनिपरिवर्तन, ध्वनि विपर्यय, वर्ण लोप (स्वर-व्यंजन), वर्णागम, वर्ण विपर्यय, वर्ण परिवर्तन, समीकरण, विषमीकरण, घोषीकरण, अघोषीकरण, अल्पप्राणीकरण, महाप्राणीकरण, ऊष्मीकरण, अनुनासिकीकरण, मात्राभेद, समाक्षर लोप, सन्धि, रूपस्वानिमिक परिवर्तन आदि के माध्यम से किसी भी भाषा के व्याकरणिक रूपों (शब्द संरचनात्मक) को भली प्रकार समझा और परखा जा सकता है। इसी सब को भली प्रकार विवेचित करते हुए डॉ. कन्हैया सिंह की लेखनी से अवधी भाषा का उपयुक्त व्याकरणिक और भाषा-वैज्ञानिक अध्ययन किया गया है। इसी प्रकार उन्होंने शब्द विचार के अन्तर्गत अवधी के संज्ञा, सर्वनाम, विशेषण, क्रिया, क्रिया विशेषण और अव्यय पदों को भली प्रकार उदाहरण के साथ प्रस्तुत किया है। क्रिया-रूपों के विवेचन में भी उन्होंने बड़ी ही स्पष्टता के साथ अपनी बात कही है और इस क्रम में क्रिया-रूपों के यथापेक्षित उदाहरण के रूप में पद्मावत, मानस और अवधी की अनेक समकालीन रचनाओं से प्रभूत उदाहरण प्रस्तुत किये हैं। हिन्दी व्याकरण का यह सर्वमान्य नियम है कि प्रयोग सन्दर्भों में सहायक क्रिया का प्रयोग सदैव मुख्य क्रिया के साथ ही होता है परन्तु इसके विपरीत उन्होंने मानस से कुछ उदाहरण दिये जिनमें गोस्वामी जी ने सहायक क्रिया का स्वतन्त्र प्रयोग किया है उदाहरणार्थ—

सकहु त आयस धरहु सिर मेटहु कठिन कलेस।।

में 'सकहु' (सकना सहायक क्रिया) का स्वतन्त्र प्रयोग देखा जा सकता है।

किसी भी भाषा और साहित्य के अध्ययन-अध्यापन में दुरूह पक्ष माना जाता है व्याकरण और भाषा विज्ञान। विद्यार्थी तो इनसे कतराते ही हैं, कई बार अध्यापक बन्धु भी केवल साहित्य-

पक्ष तक ही सीमित रहना चाहते हैं। डॉ. कन्हैया सिंह इससे इतर हैं। 'मध्यकालीन अवधी का विकास' के प्रणयन से उनका अध्ययन और अध्यापन, साहित्य और व्याकरण, भाषा और भाषा विज्ञान से उनके लगाव और एतद्विषयक ज्ञान परिलक्षित होता है। आज जहाँ शब्दार्थ और भावार्थ बताने तथा कुछ वादों और विवादों मात्र में उलझने और उलझानेवाले आचार्यों की कमी नहीं है वहीं डॉ. कन्हैया सिंह जैसे तत्त्वान्वेषी आचार्य भी हैं जिनकी लेखनी बड़ी ही प्रखरता और स्पष्टता के साथ हिन्दी साहित्य की विविध विधाओं को व्याख्यायित करने में सन्नद्ध है। उन्होंने इस रचना की भूमिका में लिखा है—"मेरी दृष्टि में गोस्वामी तुलसीदास अवधी शब्दावली को केन्द्र में रखकर एक सर्वग्राह्य भाषा का निर्माण करना चाहते थे। खड़ी बोली हिन्दी को और भी व्यापक, सर्वग्राहक और व्यंजकतापूर्ण बनाने के लिए गोस्वामी जी से प्रेरणा ली जा सकती है।"

एल-603, प्रिंसेस पार्क, बी.पी.टी.पी.—सेक्टर 86
फरीदाबाद (हरियाणा)

डॉ. कन्हैया सिंह : एक काव्यांग निरूपक

प्रत्यूष दुबे

डॉ. कन्हैया सिंह, एक ऐसा नाम जो अपने सरल व्यक्तित्व से सहज ही आकर्षित करता है। डॉ. सिंह से प्रत्यक्ष परिचय तब हुआ, जब मैं स्नातकोत्तर का विद्यार्थी था एवं डॉ. सिंह भाषा संस्थान के अध्यक्ष थे। गोरखपुर आवास पर उनका आना हुआ, धवल कीर्ति जैसे बिखरी हुई थी, जो किसी भी विद्यार्थी को अपनी ओर आकृष्ट कर सकती थी। बाद के दिनों में जब हीरालाल रामनिवास स्नातकोत्तर महाविद्यालय में शिक्षक होने का सुअवसर मुझे मिला तब डॉ. कन्हैया सिंह जी से उनके सुपौत्र प्रिय विनम्र के माध्यम से और निकटता हुई। इसी बीच उनके हृदय के वात्सल्य भाव से भी परिचित हुआ।

डॉ. कन्हैया सिंह जहाँ एक सहज वात्सल्य भाव से भरे हृदय के स्वामी हैं वहीं अपरिमित ज्ञान के भण्डार। उनसे हुई वार्त्ता सदैव आपको समृद्ध करती है, कुछ नया देती है। जायसी जैसे महाकवि पर लिखी उनकी पुस्तक 'युगद्रष्टा महाकवि मलिक मुहम्मद जायसी' जहाँ जायसी को समझने की एक सार्थक दृष्टि देती है, वहीं इस पुस्तक के अध्यायों के शीर्षक लेखक की बौद्धिकता का परिचय भी देते हैं। जायसी के अध्यात्म-तत्त्व का विवेचन लेखक 'मानुस प्रेम भएउ बैकुण्ठी' शीर्षक के अन्तर्गत करते हैं तो काव्यभाषा को 'कवि कै जीभ खरग हिरवानी' शीर्षक से विवेचित करते हैं। डॉ. सिंह ने 'पाठ-सम्पादन के सिद्धान्त' नामक अपनी पुस्तक में पाठालोचन को लेकर पहली बार विस्तार से चर्चा की है।

डॉ. कन्हैया सिंह निरन्तर ऐसे विषयों को अपने अध्ययन का केन्द्र बनाते हैं, जिनसे सामान्यतः आलोचक बचते हैं। 'काव्यांग कौमुदी' उनकी ऐसी ही कृति है। इसका प्रथम संस्करण 2013 ई. को विश्वविद्यालय प्रकाशन, चौक वाराणसी से प्रकाशित हुआ। यह अत्यन्त छात्रोपयोगी पुस्तक है। आज स्नातक एवं स्नातकोत्तर हिन्दी का छात्र सामान्यतया भाषा विज्ञान और साहित्य शास्त्र जैसे क्षेत्रों में अरुचि दिखाता है। ऐसी स्थिति से शिक्षण-कार्य के दौरान अक्सर सामना होता है। किन्तु डॉ. सिंह स्नातक स्तर के छात्रों हेतु साहित्य शास्त्र के अध्ययन की आवश्यकता पर बल देते हुए इस पुस्तक की भूमिका में लिखते हैं—

"साहित्य का सहज अध्ययन लोकरंजन तो कर सकता है, पर उसके सौन्दर्य का सम्यक् बोध उसके शास्त्रीय पक्ष को जानकर ही प्राप्त किया जा सकता है। कविता के अध्ययन में तो यह एक आवश्यक बात है।"

इसी सन्दर्भ में वह आगे लिखते हैं—

"उच्च कक्षाओं के छात्रों को साहित्य के साथ साहित्य शास्त्र का गम्भीर अध्ययन और अनुशीलन कराया जाता है, पर स्नातक स्तर पर भी उसके कुछ बिन्दुओं का अध्ययन अपेक्षित होता है, जो कविता के सौन्दर्यबोध के लिए आवश्यक प्राथमिक ज्ञान प्रदान करता है।"

पुस्तक का पूर्ण अध्ययन करने के पश्चात् यह बात निस्सन्देह कही जा सकती है कि लेखक ने जिस उद्देश्य से इस पुस्तक की रचना की वह बहुत दूर तक उसे प्राप्त करने में सफल रहे। इस पुस्तक में रस, अलंकार, काव्यदोष और छन्द का विवेचन किया गया है।

रस एवं उसके अवयवों को समझने के लिए लेखक ने एक तालिका दी है जो अत्यन्त छात्रोपयोगी है साथ ही यह तालिका स्नातक के शिक्षकों के लिए भी अत्यन्त उपयोगी है जिसके माध्यम से वह छात्रों को संचारी भाव एवं अनुभावों के विभिन्न रूपों को आसानी से समझा सकते हैं—

रस	**स्थायी भाव**	**संचारी भाव**	**अनुभाव**
शृंगार	रति	तैंतीसों संचारी भाव शृंगार रस के अन्तर्गत आ सकते हैं।	वार्त्तालाप, स्पर्श, आलिंगन, चुम्बन, अवलोकन आदि।
वीर	उत्साह	गर्व, उग्रता, हर्ष, धृति, औत्सुक्य।	बाहों का फड़कना, प्रहार करना, अपने पराक्रम का वर्णन आदि।
करुण	शोक	चिन्ता, ग्लानि, विषाद, जड़ता, स्मृति, मरण, विवर्णता, दैन्य, निर्वेद।	रुदन, विलाप, भूमिपतन, नि:श्वास आदि।
रौद्र	क्रोध	उग्रता, मोह, स्मृति, आवेग, मद, गर्व आदि।	भौंहें तानना, ललकारना, दाँत पीसना, काँपना, मुँह का लाल होना, गर्जन-तर्जन, क्रूर दृष्टि।
वीभत्स	जुगुप्सा (घृणा)	भय, आवेग, व्याधि, मोह, अपस्मार।	थूकना, नाक सिकोड़ना, मुँह फेरना, काँपना, रोमांच, ग्लानि, पूर्वक प्रलाप।
भयानक	भय	आवेग, त्रास, दैन्य, चिन्ता, मरण वितर्क, व्याधि, विषाद आदि।	स्वेद, विवर्णता, कम्प स्वरभंग, रोमांच, मूर्च्छा, पलायन आदि।
अद्भुत	विस्मय (आश्चर्य)	भ्रान्ति, हर्ष, आवेग, भयत्रास, जड़ता।	दाँतो तले उँगली दबाना, रोमांच, आँखें फाड़कर देखना, स्वर भंग, स्वेद स्तम्भ आदि।
हास्य	हास	चपलता, हर्ष, औतुक्य।	हँसना, आँखों या मुँह का विकसित होना।
शान्त	निर्वेद	धृति, मसि, स्मृति, विबोध।	रोमांच, अश्रुपात, पश्चात्ताप, पुलकित होना।
भक्ति	भगवत् प्रेम	हर्ष, आवेग, धृति, स्मृति, विबोध, उन्माद।	अश्रुपात, रोमांच, पुलकित होना।
वात्सल्य	पुत्र स्नेह	शंका, हर्ष, गर्व, मोह, आवेग आदि	आलिंगन, अंगस्पर्श, सिर का चूमना, पालने में झुलाना, गोद लेना।

स्थायीभाव को व्याख्यायित करते हुए डॉ. कन्हैया सिंह बड़े ही सरल शब्दों में लिखते हैं—"जो भाव हमारे हृदय में स्वाभाविक रूप से स्थित और स्थायी रूप से विद्यमान रहते हैं, जिनको विरोधी या सहायक भाव पुष्ट करते हैं तथा जिनका आस्वाद सदा बना रहता है, उन्हें स्थायीभाव कहते हैं।" डॉ. सिंह ने विभिन्न रसों को सोदाहरण परिभाषित तो किया ही साथ ही वह उस उदाहरण में स्थायीभाव, आलम्बन, उद्दीपन, अनुभाव एवं संचारी भावों को भी स्पष्ट करते चलते हैं, जिससे छात्र उन रसों एवं उनके उदाहरणों को आसानी से हृदयंगम कर सकें। इसके साथ-ही-साथ डॉ. सिंह ने दो परस्पर मिलते-जुलते रसों के अन्तर को भी स्पष्ट किया है, जैसे रौद्र एवं वीर रस के अन्तर को स्पष्ट करते हुए वह लिखते हैं—

"वीर रस में प्रसन्नता और धैर्य का वास रहता है जबकि रौद्र रस में विषाद और चंचलता का प्राधान्य रहता है।"

रसों का इस प्रकार विवेचन जहाँ छात्रों में रसों के प्रति एक जागरूक भाव जगाता है वहीं उन्हें और गहराई से पढ़ने एवं समझने का मार्ग भी सुलभ कराता है।

काव्य में अलंकारों के महत्त्व को स्थापित करते हुए डॉ. सिंह लिखते हैं—

"काव्य में अलंकारों का स्थान भले ही आत्मा का न हो किन्तु उनसे काव्य की शोभा और चमत्कार में पर्याप्त वृद्धि होती है।"

अपने इस कथन से डॉ. सिंह अलंकार को काव्य की आत्मा मानने के सिद्धान्त का भी खण्डन करते हैं किन्तु इससे काव्य में अलंकार का महत्त्व कम नहीं हो जाता। इस अध्याय में अलंकारों के भेदों और उपभेदों की सोदाहरण विवेचना की गयी है। यहाँ बस एक बात खटकती है यदि लेखक उदाहरणों को अलंकारों के अनुरूप व्याख्यायित भी करते—जैसा उन्होंने 'रस' के अध्याय में किया है—तो यह छात्रों के लिए और सहज एवं उपयोगी हो जाता। एक तरह के अलंकारों के आपसी अन्तर को स्पष्ट कर लेखक ने निश्चय ही विद्यार्थियों के हित में बड़ा कार्य किया है जिससे समान अलंकारों का भेद स्पष्ट हो जाता है। भ्रम एवं सन्देह अलंकार के अन्तर को स्पष्ट करते हुए वह लिखते हैं—

"जहाँ वास्तविक वस्तु में अन्य वस्तु का निश्चय हो जाता है, वहाँ भ्रमालंकार होता है किन्तु जहाँ वास्तविक वस्तु का अनिश्चय रहता है, वहाँ सन्देह अलंकार होता है।"

काव्य दोषों का विवेचन करते हुए डॉ. सिंह लिखते हैं—

"जिन कारणों के उपस्थित होने से कविता के सौन्दर्य या शुद्धता में कमी आ जाय अथवा उसके रसास्वादन में बाधा उपस्थित हो जाय, उन्हें काव्य दोष कहते हैं।"

शब्द दोष, वाक्य दोष, अर्थ दोष एवं रस दोष के प्रमुख भेदों का लेखक ने सोदाहरण विवेचन कर एक ही स्थान पर सभी प्रमुख काव्य दोषों से परिचित करा दिया है।

'छन्द' अध्याय में डॉ. सिंह ने छन्द एवं छन्दशास्त्र को परिभाषित करते हुए लिखा है—

"मात्रा, वर्ण संख्या, विराम, गति अथवा लय या तुक आदि के नियमों से युक्त रचना को 'छन्द' या 'पद्य' कहते हैं।"

'छन्द' शब्द से छात्र अपने शिक्षा के प्रारम्भिक काल से ही परिचित रहते हैं किन्तु उसकी परिभाषा से बहुधा अपरिचित ही रहते हैं। लेखक ने अपनी इस पुस्तक में छन्द को तो सरल शब्दों

में परिभाषित किया ही है साथ ही छन्द के अवयवों यथा—चरण, पद, दल, गति, यति, मात्रा, गण, तुक, सम, अर्द्धसम, विषम आदि को भी व्याख्यायित किया है।

डॉ. कन्हैया सिंह की यह पुस्तक 'काव्यांग कौमुदी' निस्सन्देह अत्यन्त महत्त्वपूर्ण है। रस, छन्द, अलंकार और काव्यदोषों के अध्ययन हेतु पाठकों को कहीं और जाने की आवश्यकता ही नहीं है। प्राचीन एवं मध्यकालीन काव्य को बगैर रस, छन्द, अलंकार आदि के पूर्ण ज्ञान के समझ पाना अत्यन्त दुष्कर है, अतः उस काव्य के पूर्ण बोध हेतु 'काव्यांग कौमुदी' अत्यन्त महत्त्वपूर्ण रचना सिद्ध होती है। आधुनिक काव्य में जब छन्द के बन्धन टूट चुके हैं, दोषों पर किसी का ध्यान ही नहीं जाता, अलंकार एवं रस काव्य में अपने महत्त्व खोते जा रहे हैं, तब इन सभी सिद्धान्तों से छात्रों का परिचय कराकर डॉ. कन्हैया सिंह ने निश्चय ही उत्तम साहित्य सेवा की है।

आचार्य, हिन्दी विभाग, दी. द. उपा. गोरखपुर विश्वविद्यालय
गोरखपुर (उ.प्र.)

डॉ. कन्हैया सिंह का 'अवधी' विषयक भाषा-चिन्तन

प्रभाकर सिंह

भाषा विचार और संवेदना के आदान-प्रदान का माध्यम मात्र नहीं है बल्कि यह किसी भी भाषा-भाषी समाज की अस्मिता और संस्कृति को व्यक्त करने का माध्यम है। भाषा के विकास और परिवर्तन की प्रक्रिया में ही भाषा अध्ययन और चिन्तन की गतिकी का विकास होता है। किसी भी समाज और देश में भाषा को विकसित करने, संरक्षित करने और अध्ययन की अपनी दृष्टि होती है। भारत बहुभाषिक और बहु सांस्कृतिक राष्ट्र है। विश्व के किसी भी देश में इतनी भाषिक विविधता मिलना दुर्लभ है। यह विविधता ही इस राष्ट्र की खूबी है। 'हिन्दी' जो भारत की सबसे बड़ी सम्पर्क भाषा है। राष्ट्रीय अस्मिता की परिचायक यह भाषा कई जनपदीय भाषाओं का समुच्चय है। हिन्दी कहने से सिर्फ 'खड़ी बोली हिन्दी' नहीं बल्कि कई जनपदीय भाषाओं से मिलकर इसका वज़ूद बनता है। इसीलिए उत्तरआधुनिक भाषा-विमर्शकार 'हिन्दी' की जगह 'हिन्दियाँ' कहना पसन्द करते हैं। हिन्दी की असली ताकत उसकी जनपदीय भाषाएँ ही हैं। हिन्दी भाषा या साहित्य का इतिहास पढ़ते समय सिर्फ खड़ी बोली के विकास का अध्ययन नहीं किया जाता, अपितु उसमें अवधी, ब्रज और खड़ीबोली के विकास का अध्ययन किया जाता है। हिन्दी के विकास में 'अवधी' का अप्रतिम योगदान है। 'अवधी' के इसी महत्त्व की ओर संकेत करते हुए भाषा चिन्तक डॉ. कन्हैया सिंह अपनी पुस्तक 'मध्यकालीन अवधी का विकास' में लिखते हैं, "अवधी हिन्दी की प्रतिनिधि बोली (लोकभाषा) और काव्यभाषा है। अतः हिन्दी भाषा और साहित्य के विकास-क्रम को समझने के लिए अवधी के विकास-क्रम को समझना अत्यन्त मूल्यवान् होगा।" (पृ.1)

हिन्दी की जनपदीय भाषाओं में 'अवधी' का विशेष महत्त्व है। भाषाई समृद्धि और साहित्यिक सृजनात्मकता की दृष्टि से यह क्लैसिक बोली है। हिन्दी अकादमिक और शोध जगत् में 'अवधी' की भाषिक और साहित्यिक छवि पर प्रकाश डालनेवाली पुस्तकों में बाबूराम सक्सेना की 'अवधी का विकास', विश्वनाथ त्रिपाठी का 'प्रारम्भिक अवधी का अध्ययन', त्रिलोकी नारायण दीक्षित का 'अवधी और उसका साहित्य' और सूर्य प्रसाद दीक्षित का 'अवधी' नामक ग्रन्थ प्रमुख हैं। अध्ययन के इसी क्रम में डॉ. कन्हैया सिंह जी की पुस्तक 'मध्यकालीन अवधी का विकास' है जिसमें अवधी

के भाषिक-साहित्यिक स्वरूप और विकास की गहन पड़ताल है। इस ग्रन्थ में डॉ. सिंह अवधी के अध्ययन से जुड़ी समस्याओं को चिह्नित करते हैं। 'अवधी' के आरम्भ, विकास और विस्तार का प्रामाणिक विवेचन है, इस ग्रन्थ में। खासकर 'अवधी' भाषा में रचित साहित्यिक कृतियों के मूल्यांकन की नयी दृष्टि इस पुस्तक के महत्त्व को बढ़ाती है।

भाषा के विकास की प्रक्रिया में पहले कोई भी बोली पहले जन भाषा के रूप में अपना विस्तार करती है फिर भाषा की पदवी उसको मिलती है। 'अवधी' पहले बोलचाल की भाषा बनी फिर साहित्यिक भाषा के रूप में इसका विस्तार हुआ। 'अवधी' के अध्ययन के क्रम में लेखक इस पुस्तक में यह स्पष्ट करता है कि प्रायः अवधी के अध्ययन की प्रमुख समस्या उसकी कृतियों का सही पाठालोचन और लिपि ज्ञान का न होना है। यों कई प्रमुख कृतियों का पाठ-सम्पादन, व्याख्या और पाठालोचन का काम हुआ है पर अभी भी अनगिनत रचनाओं पर यह कार्य नहीं हुआ है। अध्ययन की इन्हीं समस्याओं की ओर संकेत करते हुए लेखक का कहना है, "अवधी के अध्ययन की एक अन्य कठिनाई लिपियों की विविधता में भी निहित है। अवधी का प्रचुर साहित्य सूफ़ी-प्रेमाख्यानक काव्य-धारा के मुस्लिम कवियों द्वारा रचा गया और उन्होंने स्वाभाविक रूप से फारसी लिपि का आश्रय ग्रहण किया। पूर्वकालीन अवधी की चन्दायन, मैनासन, मृगावती आदि सभी प्रमुख कृतियों की पाण्डुलिपियाँ फारसी लिपि में प्राप्त हुई है। इन्हीं में से कुछ की प्रतियाँ कैथी लिपि में भी मिली हैं। ऐसी स्थिति में रचनाओं की भाषा के यथार्थ-स्वरूप का निर्धारण कोई आसान काम नहीं है।" (पृ. 03) लिपि के साथ कई कृतियों के पाठ-भेद भी अध्ययन में समस्या उत्पन्न करते हैं।

'अवधी' की उत्पत्ति और नामकरण के सम्बन्ध में इस पुस्तक में कई दिलचस्प स्थापनाएँ मौजूद हैं, मसलन अवधी को अर्धमागधी से उत्पन्न माना जाय कि नहीं अथवा 'अवधी' के नामकरण की समस्या आधार को बनाकर दृष्टिपरक विवेचन के लिए हमें इस पुस्तक का अध्ययन करना चाहिए। भारतीय भाषाओं पर खासकर हिन्दी और उसकी जनपदीय भाषाओं पर पहला महत्त्वपूर्ण शोधकार्य औपनिवेशिक भाषा चिन्तक ग्रियर्सन द्वारा किया गया। भाषा सम्बन्धी अध्ययन के लिए यह शोध आज भी प्रासंगिक है लेकिन उनमें कई ऐसी खामियाँ है जो हमें भारतीय भाषाओं को समेकित ढंग से परखने में समस्या उत्पन्न करती हैं। ग्रियर्सन ने 'अवधी' को अर्द्धमागधी से उत्पन्न माना जिसकी स्थिति शौरसेनी और मागधी के बीच स्थित है। यों इस मत से बाबूराम सक्सेना असहमत हैं। वह कोसली से इसका सम्बन्ध जोड़ते हैं। इस सम्बन्ध में डॉ. कन्हैया, सक्सेना जी के साथ अन्य भाषा-चिन्तकों का जिक्र करते हुए जो लिखते हैं वह उल्लेखनीय है, "11वीं एवं 12वीं शती की बाद में उपलब्ध रचनाओं 'राउलबेल' एवं 'उक्ति व्यक्ति प्रकरण' की भाषा को डॉ. माताप्रसाद गुप्त एवं डॉ. सुनीति कुमार चटर्जी आदि विद्वानों ने कोसली ही कहकर सम्बोधित किया है, जिससे परवर्ती काल में पूर्वी हिन्दी (अवधी) का विकास हुआ। अतः इस परिप्रेक्ष्य में डॉ. भोलानाथ तिवारी का यह सुझाव सर्वथा ग्राह्य हो सकता है। 'कोसली' नाम कल्पित नहीं है क्योंकि उसका प्रयोग 'कुवलयमाला' में है। साथ ही इसका क्षेत्र प्रायः वही है जो पूर्वी हिन्दी का है। ऐसी स्थिति में क्यों न पूर्वी हिन्दी के पूर्व रूप (अपभ्रंश, अवहट्ठ) के लिए कोसली को स्वीकार कर लिया जाय अर्थात् अर्द्धमागधी के स्थान पर कोसली से इसकी उत्पत्ति मानी जाये।" (पृ.8)

असल में 'कोसली' अवधी का पूर्वरूप है जिसे विश्वनाथ त्रिपाठी ने 'अवधी की निकटता पूर्वजा भाषा' कहा है। 'अवधी' और 'कोसली' एक होते हुए भी समय के प्रवाह और भाषिक

संरचना में कुछ भिन्न हैं। 'अवधी' का निखरा हुआ साहित्यिक रूप पहले-पहल मुल्लादाऊद के 'चान्दायन अथवा चन्दायन' में देखा जा सकता है। इसके पूर्व अवधी का स्वरूप अपभ्रंश मिश्रित हिन्दी में रूपायित होता है जिसे 'कोसली' कहना तर्क संगत होगा। अवधी के आरम्भिक स्वरूप और उसके विकसित रूप के बारे में डॉ. कन्हैया सिंह का यह विवेचन काबिले गौर है, "सार रूप में कहा जा सकता है कि अवधी का पूर्वकालीन रूप जो प्रायः चौदहवीं शती के उत्तरार्द्ध तक प्रचलित था और जिसके उदाहरण मुख्यतः 'राउलबेल', 'प्राकृत-पैंगलम्' तथा 'उक्ति-व्यक्ति प्रकरण' में सुरक्षित हैं, देशी भाषा सुरक्षित कोसली का प्रतिनिधित्व करता है। इसका उल्लेख आठवीं शती में उद्योतन सूरि-कृत 'कुवलयमाला' में भी हुआ है। यह कोसली बोलचाल की भाषा थी। बाद में थोड़ा परिष्कृत होने पर वह साहित्यिक भाषा बनी और 'चन्दायन' (1375 ई.), 'हरिचरित विराट पर्व (1424 ई.), 'मैनासत' (1505 ई.) 'डंगवैपुराण' (1493 ई.), 'सत्यवती कथा' (1501 ई.) तथा 'मृगावती' (1503-4 ई.) आदि कृतियों में क्रमशः वह अवधी प्रवृत्तियों से युक्त और कोसली प्रवृत्तियों से मुक्त होने लगी। तत्पश्चात 'पदुमावति' सम्भवतः ऐसी पहली कृति है जो पूर्णतः कोसली-मुक्त एवं अवधी युक्त है।" (पृ.11)

'अवधी' नामकरण के सम्बन्ध में डॉ. कन्हैया सिंह का तर्क सही है कि 'अवधी' का सम्बन्ध अयोध्या से है और तुलसी की रचनाओं ने अयोध्या से विकसित 'अवधी' को जनसाधारण में व्याप्त किया ऐतिहासिक, राजनीतिक और सांस्कृतिक रूप में अयोध्या का महत्त्व 'अवधी प्रदेश' को प्रतिष्ठित करता है सो इस भाषा के लिए 'अवधी' नाम सर्वथा उपयुक्त है। अवधी के विकास और क्षेत्र विस्तार के लिए डॉ. कन्हैया, डॉ. भोलानाथ तिवारी और बाबूराम सक्सेना की मान्यताओं का अनुसरण करते हैं। जो सर्वथा उपयुक्त है। भोलानाथ तिवारी ने अवधी को तीन कालखण्डों—आदिकाल (प्रारम्भ से 1400 ई. तक), मध्यकाल (1400 से 1700 ई. तक) और आधुनिककाल (1700 से अब तक) में विभाजित किया है। 'अवधी' की प्रारम्भिक कालखण्ड की रचनाओं में प्राकृत-पैंगलम, राऊलबेल और उक्ति व्यक्ति प्रकरण आदि अवधी की पूर्वकालीन रूप 'कोसली' में सृजित हैं। मध्यकाल अथवा निर्माण काल 'अवधी' का स्वर्णकाल है। इस दौर के कवियों में ईश्वरदास, कुतुबन, जायसी, मंझन, तुलसीदास, आलम, रहीम, उसमान, लालदास, धर्मदास, अग्रदास और धरनीदास प्रमुख हैं। आधुनिक काल में खड़ीबोली और ब्रजभाषा के साथ जिस भाषा के कवियों ने उल्लेखनीय सृजन किया उसमें 'अवधी' प्रमुख हैं। अवधी के इस दौर के कवियों में चरनदास, शिवराम, नूर-मुहम्मद शेख-निसार, सेवाराम, गंगादास प्रमुख हैं। समकालीन कवियों में बलभद्र दीक्षित, वंशीधर शुक्ल, रमई काका, अनूप शर्मा और देवी शंकर द्विवेदी का नाम लिया जा सकता है।

यों 'अवधी' पूर्वी हिन्दी की एक बोली है लेकिन इसका भाषिक क्षेत्र और साहित्यिक सृजन व्यापक है। अवधी की प्रमुख बोलियों में—बैसवाड़ी, मीरजापुरी और बनौधी है। अवधी के क्षेत्र विस्तार के लिए डॉ. बाबूराम सक्सेना ने इसे तीन भागों पश्चिमी, मध्यवर्ती और पूर्वी की चर्चा करते हैं। डॉ. कन्हैया, सक्सेना जी द्वारा विवेचित इस क्षेत्र विस्तार का विश्लेषण करते हुए लिखते हैं। "पश्चिमी बोली के अन्तर्गत लखीमपुर खीरी, सीतापुर, लखनऊ, उन्नाव और फतेहपुर जिले की बोली आती है। बहराइच, बाराबंकी और रायबरेली की बोलियाँ अवधी की मध्यवर्ती बोली के अन्तर्गत आती हैं। गोंडा फैजाबाद, सुल्तानपुर, प्रतापगढ़, इलाहाबाद, जौनपुर तथा मीरजापुर की

बोलियाँ अवधी के पूर्वी-क्षेत्र में शामिल हैं। मुख्यतः क्षेत्रीय आधार पर विभाजित अवधी की इन बोलियों के विभाजन का एक अन्य मुख्य आधार भाषाई लक्षणों की क्षेत्रीय समता और विभिन्न क्षेत्रों में व्याप्त पारस्परिक विषमता भी है। (पृ. 28) अवधी का मुख्य परिक्षेत्र फैजाबाद के साथ लखनऊ और इलाहाबाद अपने सांस्कृतिक और राजनीतिक वैभव के लिए इतिहास में प्रसिद्ध है। 'अवधी' के विकास के यह मुख्य केन्द्र कला, संगीत और धर्म के लिए भी प्रसिद्ध रहे सो 'अवधी' की व्याप्ति होनी ही थी।

साहित्यिक रूप में 'अवधी' का वैश्विक विस्तार जिन दो कवियों ने किया वह है तुलसीदास और जायसी। जायसी का 'पद्मावत' और तुलसी का 'रामचरितमानस' अवधी की कालजयी काव्य-कृतियाँ हैं। डॉ. कन्हैया सिंह की इस पुस्तक में जायसी और तुलसी के भाषा विषयक ज्ञान की गहरी मीमांसा है। आज जायसी और तुलसी की अवधी की बात करें तो स्पष्ट है कि जायसी की लोकभाषा अवधी अधिक ठेठ है, देशज है जबकि तुलसी की संस्कृत से सनी अवधी। यों तुलसी की अवधी ग्राह्यता अधिक है। कारण उन्होंने लोक और शास्त्र में समन्वय कर अवधी का जन रूप तैयार किया। जायसी और तुलसी के भाषा-ज्ञान के इन्हीं बिन्दुओं की ओर संकेत करते हुए डॉ. कन्हैया सिंह का विवेचन सही है कि, "जायसी की सापेक्षता में तुलसी का संस्कृत ज्ञान इतना सघन है कि वह निःसंकोच संस्कृत के प्रकाण्ड पण्डित कहे जा सकते हैं। लोकभाषा अवधी में काव्य-रचना करते हुए भी अपने पाण्डित्य को तुलसी ने छिपाया नहीं है और स्थान-स्थान पर इसका प्रदर्शन भी आवश्यक एवं कहीं-कहीं अनावश्यक रूप से करते हैं। इस आग्रह के बावजूद वह कभी भी संस्कृत एवं लोकभाषा के द्वन्द्व में नहीं पड़े। समन्वयवादी कवि वही कहलाते ही हैं किन्तु इसके बावजूद काव्यभाषा विषयक उनका नज़रिया एकदम साफ था। वह ऐसी भाषा को काव्यभाषा के रूप में स्थापित करना चाहते थे, जिस तक जन साधारण की भी पहुँच हो। वह सर्वग्राह्य भाषा उस समय उन्हें अवधी ही प्रतीत हुई।" (पृ. 3) आगे वह तुलसी और जायसी के भाषा अध्ययन के बारे में तार्किक बात कहते हैं, "जायसी और तुलसी की लोकभाषा के प्रति अगाध निष्ठा थी और तत्कालीन लोकभाषा के रूप में अवधी को विशेष महत्त्व देते थे। 'पदुमावति' एवं 'श्रीरामचरितमानस' में प्रयुक्त अवधी अपने भीतर अनेक भाषिक एवं व्याकरणिक विशिष्टताओं को समेटे हुए हैं।" (पृ...)

इसके साथ ही इस ग्रन्थ में डॉ. कन्हैया जी ने अवधी के ध्वनि, शब्द, संज्ञा, सर्वनाम, विशेषण, क्रिया आदि पर सोदाहरण विवेचन किया है। हिन्दी भाषा की जातीय संरचना में अवधी का अप्रतिम योगदान है जिसकी आधार कृति 'रामचरितमानस' है। कन्हैया सिंह जी की यह मान्यता सर्वथा तार्किक है। हिन्दी भाषा और साहित्य पर डॉ. रामविलास शर्मा भी इन्हीं बिन्दुओं की विवेचना करते हुए अपनी 'भाषा और समाज' में हिन्दी और उसकी जनपदीय भाषाओं के अन्तः सम्बन्ध पर प्रकाश डालते हैं। डॉ. कन्हैया जी के इस अध्ययन को उसी क्रम में परखा जा सकता है। हिन्दी भाषा और उसकी संश्लिष्ट सामाजिक व्यवस्था को लोकतांत्रिक स्वरूप प्रदान करने के लिए ऐसे ग्रन्थों की अधिक उपादेयता है। भाषा अध्ययन के विकास में यह शोधपरक ग्रन्थ बड़े महत्त्व का है। इससे अवधी के व्याकरणिक विश्लेषण और मौलिक शोध में नये मार्ग प्रशस्त होंगे।

एसोशिएट प्रोफ़ेसर, हिन्दी विभाग, काशी हिन्दू विश्वविद्यालय
वाराणसी (उ.प्र.)

हिन्दी भाषा और साहित्य के कुशल संयोजक

गोविन्द प्रसाद वर्मा

हिन्दी जगत् में कन्हैया सिंह विवेक दृष्टि सम्पन्न रचनाकार, सम्पादक, आलोचक और पाठानुसन्धान कर्त्ता के रूप में प्रसिद्ध रहे हैं। आपके विचारों और चिन्तन की स्पष्टता, सरलता सहज ही पाठकों/विद्यार्थियों/ आस्वादकों के लिए बोधगम्य है। किसी भी पाठ्यक्रम का निर्माण या संयोजन (चाहे माध्यमिक स्तर का हो या स्नातक स्तर का) बिना बहुस्पर्शिनी प्रतिभा और मर्मग्राही प्रज्ञा के सम्भव नहीं होता। डॉ. कन्हैया सिंह द्वारा हिन्दी भाषा और साहित्य की प्रस्तुति इन्हीं गुणों से अनुप्राणित हैं। इस सम्बन्ध में इनकी चार पुस्तकें हैं— पहली 'हिन्दी भाषा और साहित्य', दूसरी 'हिन्दी भाषा' और तीसरी 'हिन्दी भाषा और नागरी लिपि'। भाषा सम्बन्धी इनकी चौथी पुस्तक भी है—'मध्यकालीन अवधी का विकास'। यह पुस्तक चिन्तन और मौलिकता की दृष्टि से पिछली तीनों पुस्तकों से भिन्न और विशिष्ट है। कन्हैया सिंह का हिन्दी भाषा और साहित्य सम्बन्धी चिन्तन क्रमशः गम्भीर और व्यापक होता गया है।

भाषा मनुष्य के भावों और विचारों की अभिव्यक्ति का सबसे सशक्त माध्यम रही है। भाषा के द्वारा ही मनुष्य अपने समस्त क्रिया-व्यापार को संचालित करता रहा है। भाषा सबसे शक्तिशाली और सम्प्रेषणीय तब मानी जाती है, जब उसका प्रयोग शुद्धता और सरलता के साथ किया जाय। ज्ञान और कर्म के समस्त क्षेत्रों में उसका अनुपालन किया जाय। सामान्यतः मनुष्य में भाषा का तेजी से विकास किशोरावस्था तक हो जाता है। वैसे तो भाषा को किसी भी उम्र में सीखा या अर्जित किया जा सकता है। कन्हैया सिंह की भाषा विषयक आरम्भिक पुस्तकें इस दृष्टिकोण से महत्त्वपूर्ण हो उठती हैं। डॉ. सिंह की पहली पुस्तक—'हिन्दी भाषा और साहित्य' (किताब महल, प्रयाग, प्रथम संस्करण-1959ई.) है। पुस्तक के 'आमुख' में ही लेखक पुस्तक-लेखन के उद्देश्य को स्पष्ट करते हुए लिखता है—"हिन्दी हमारी राष्ट्रभाषा है। उसके व्याकरण और साहित्य का ठीक-ठीक ज्ञान विद्यार्थियों को माध्यमिक स्तर तक अवश्य हो जाना चाहिए। इसी दृष्टिकोण से प्रस्तुत पुस्तक लिखी गयी है। साथ ही यह पुस्तक अहिन्दी प्रदेशों के हिन्दी छात्रों को हिन्दी भाषा और साहित्य का परिचय कराने

में सफल होगी।''[1] माध्यमिक शिक्षा परिषद्, इलाहाबाद (उत्तर प्रदेश) द्वारा स्वीकृत यह पुस्तक माध्यमिक स्तर के विद्यार्थियों के मानसिक स्तर को ध्यान में रखकर रचित है। इसकी महत्त्वपूर्ण बात यह है कि गैर हिन्दी भाषी विद्यार्थी भी इसका लाभ उठा सकते हैं। इससे पुस्तक का व्यापक दृष्टिकोण स्पष्ट होता है।

हिन्दी व्याकरण सम्बन्धी विषय-वस्तु इस पुस्तक का एक छोटा भाग भर है। परन्तु, भाषा की समझ और अभिव्यक्ति का विस्तार पर्याप्त है। हिन्दी भाषा की आधार-अवधारणाओं एवं परिभाषाओं पर कन्हैया सिंह ने इस पुस्तक में सारगर्भित परिचय दिया है। उन्होंने सन्धि, समास, पद, वाक्य-विश्लेषण आदि को उदाहरण सहित समझाया है जिससे विद्यार्थी को समझने में मदद मिल सके। उन्होंने पाठ्यक्रम में अनावश्यक विस्तार के डर से विषयवस्तु को संक्षिप्त कर दिया। इस कारण से विद्यार्थियों को समस्या भी हुई होगी। कन्हैया सिंह से पहले श्री ठाकुर चन्द्र ने सन् 1951 ई. में माध्यमिक स्तर के ही विद्यार्थियों के लिए 'हाईस्कूल हिन्दी व्याकरण और रचना' पुस्तक रची थी। यह पुस्तक विस्तार से व्याकरण के सभी पक्षों पर बात करती। इसी तरह का कार्य बाद के वर्षों में माध्यमिक स्तर के विद्यार्थियों के लिए राष्ट्रीय शैक्षिक अनुसन्धान और प्रशिक्षण परिषद्, नयी दिल्ली ने कैलाशचन्द्र भाटिया तथा स्नेहलता प्रसाद के सम्पादन में हिन्दी व्याकरण की रचना करके कराया।

'हिन्दी भाषा' (विश्वविद्यालय प्रकाशन, वाराणसी, प्रथम संस्करण-1990) डॉ. कन्हैया सिंह की भाषा सम्बन्धी दूसरी पुस्तक है। यह पुस्तक पूर्वांचल विश्वविद्यालय, जौनपुर के स्नातक प्रथमवर्ष के हिन्दी अनिवार्य पाठ्यक्रम के लिए रचित है। इसलिए इस पुस्तक से भी कोई मौलिक अपेक्षा नहीं की जा सकती। इस पर भी यह पुस्तक डॉ. कुबेर मिश्र और डॉ. सुरेशचन्द्र पाण्डेय द्वारा लिखित है। हाँ, डॉ. सिंह जरूर इसका खूबसूरत सम्पादन करते हैं। वे स्वयं पुस्तक के प्राक्कथन में लिखते हैं—''अतः मेरे निर्देशन में डॉ. कुबेर मिश्र ने इस पुस्तक के खण्ड –'क' और डॉ. सुरेशचन्द्र पाण्डेय ने इसके खण्ड 'ख' को श्रमपूर्वक लिखकर तैयार किया है।''[2] उन्हें इस बात की सदैव चिन्ता लगी रहती कि विद्यार्थी त्रुटिहीन और शुद्ध भाषा सीख सके, नहीं तो वह 'गणेश' के स्थान पर 'बन्दर' बन सकता है। वे भाषा के साथ-साथ विषय की समग्रता पर भी ध्यान देते चलते हैं—''इसमें विषय की पूर्णता, शुद्धता और स्पष्टता का एक साथ ध्यान रखा गया है।''[3]

जैसे-जैसे कन्हैया सिंह अपनी भाषा-यात्रा में आगे बढ़ते गये हैं, वैसे-वैसे गुणवत्ता की दृष्टि से महत्त्वपूर्ण होते गये हैं। इसी पड़ाव की एक कृति है—'हिन्दी भाषा साहित्य और लिपि' (विश्वविद्यालय प्रकाशन, वाराणसी, संस्करण-1999)। यह पुस्तक दो खण्डों में विभक्त है। पहला खण्ड भाषा और नागरीलिपि से सम्बन्धित है। इस पुस्तक की भाषिक दृष्टि में आचार्य देवेन्द्रनाथ शर्मा का भाषिक चिन्तन प्रतिध्वनित होता है। पुस्तक जिस सहज सारगर्भिकता के साथ प्रस्तुत हुई है, वहीं डॉ. सिंह को विशिष्ट बनाता है। यह पुस्तक सबसे पहले भाषा का स्वरूप-विवेचन करती है, उसके पश्चात् विश्व की भाषाओं एवं उसके परिवार का संक्षिप्त परिचय देती है। वे कहते हैं—''मनुष्य द्वारा भावों और विचारों की अभिव्यक्ति के लिए प्रयुक्त ध्वनि-समूहों

---

1. हिन्दी भाषा और साहित्य : डॉ. कन्हैया सिंह , किताब महल, प्रयाग, प्रथम संस्करण -1959.
2. हिन्दीभाषा : डॉ. कन्हैया सिंह, डॉ. कुबेर मिश्र, डॉ. सुरेशचन्द्र पाण्डेय, विश्वविद्यालय प्रकाशन, वाराणसी, प्रथम संस्करण-1990.
3. वही, प्राक्कथन।

के संयोजन को ही भाषा कहते हैं।'[1] भले ही यह भाषा की मौलिक परिभाषा न हो, लेकिन साफगोई स्पष्ट है। इस पुस्तक में हिन्दी और उसकी जनपदीय भाषाओं के इतिहास-भूगोल तथा अन्तर्सम्बन्धों की पड़ताल भी है। लेखक एक तरफ हिन्दी भाषा के व्याकरणिक ढाँचे को रेखांकित करता चलता है, तो दूसरी तरफ राष्ट्रभाषा के रूप में हिन्दी की आवश्यकता को भी बताते चलता है। नागरीलिपि पर विचार इसकी खास विशेषता है। राष्ट्रभाषा के भावी रूप को प्रस्तुत करते हुए वे लिखते हैं—"इस प्रकार राष्ट्रभाषा हिन्दी का भावी रूप इसके प्रकृत रूप से कुछ भिन्न नहीं होगा पर जैसे-जैसे वह अन्य भाषाओं के सम्पर्क में आयेगी उसके रूप, शैली और अभिव्यक्ति सम्बन्धी विशेषताएँ उसे अवश्य प्राप्त होंगी। हिन्दी के लेखक और अन्य राज्यभाषाओं के लेखक जब एक-दूसरे के निकट आयेंगे तो आदान-प्रदान का जो क्रम प्रारम्भ होगा उसमें हिन्दी सभी भारतीय भाषाओं की छवियों से मण्डित एक सम्भव-सी दीख पड़ेगी और उसका यह रूप सर्वग्राह्य और सर्वस्पर्शी होगा।"[2] डॉ. सिंह राष्ट्रभाषा के रूप में हिन्दी के जिस रूप की बात कर रहे हैं, वही आज प्रासंगिक है। हिन्दी जितना दूसरी भारतीय भाषाओं से संवाद करेगी, वह उतनी ही सशक्त होगी। हिन्दी को इस कार्य में 'अनुवाद अध्ययन' मदद कर रहा है और करता रहेगा। हिन्दी को अपनी जनपदीय भाषाओं से भी संजीवनी लेते रहना चाहिए, नहीं तो 'बोली' को 'भाषा' बनानेवाला, समय-समय पर उठनेवाला आन्दोलन उसको कमजोर भी कर सकता है।

हिन्दी साहित्य और भारतीय संस्कृति के सम्बन्ध का निष्कर्ष प्रस्तुत करते हुए लेखक लिखता है—"...हिन्दी साहित्य में मध्यदेशीय संस्कृति का पूर्ण प्रस्फुटन और चित्रण हुआ है। यह मध्यदेशीय संस्कृति ही भारत की प्रतिनिधि संस्कृति है।"[3] पहली बात डॉ. धीरेन्द्र वर्मा ने 'मध्यदेश' नामक अपनी पुस्तक में भाषा के सन्दर्भ में यह दिखाया है कि प्राचीन काल से मध्यदेश की भाषा भारत की प्रतिनिधि भाषा रही है। मध्यदेश की भाषा के रूप में ही— 'संस्कृत-पालि-अपभ्रंश' और अब हिन्दी (अपनी जनपदीय भाषाओं सहित) और उसका साहित्य है। इसीलिए हिन्दी के 'राष्ट्रभाषा' की वकालत सभी ने की। परन्तु, राजनीतिक कारणों से सम्भव न हो सका, अस्तु! दूसरी बात यह है कि भारत के मध्यदेश की सांस्कृतिक स्थिति ऐसी है कि मध्यदेश की संस्कृति (भाषा सहित) का प्रभाव उसके परिधि के बाहर के क्षेत्रों पर और बाहर के क्षेत्रों का मध्यदेश की संस्कृति पर परस्पर प्रभाव पड़ता रहा है। इसलिए मध्यदेश को प्रतिनिधि के रूप में देखा जाता रहा है। अतः डॉ. कन्हैया सिंह का निष्कर्ष बहुत ही महत्त्वपूर्ण है। इसके साथ यह भी ध्यान रखना चाहिए कि अगर मध्यदेश की संस्कृति को लेकर श्रेष्ठता का अहंकार और वर्चस्व की कोशिश नहीं होनी चाहिए, नहीं तो इसके दुष्परिणाम भी हो सकते हैं।

डॉ. कन्हैया सिंह ने हिन्दी पाठालोचन की सैद्धान्तिकी पर दो पुस्तकें लिखी हैं—'पाठ-सम्पादन के सिद्धान्त' और 'हिन्दी पाठानुसन्धान'। जिस तरह से भारतीय पाठालोचन की सैद्धान्तिकी के क्षेत्र में एम.एस कत्रे को याद किया जाता है उसी प्रकार हिन्दी पाठालोचन की सैद्धान्तिकी के क्षेत्र में डॉ. कन्हैया सिंह को याद किया जाता है। यह एक बात है। दूसरी बात यह है कि इस सैद्धान्तिकी का अनुप्रयोग उन्होंने 'पदुमावती' का पाठालोचन करके किया। इससे वे 'पद्मावत' का पाठ तय करनेवाले आचार्य रामचन्द्र शुक्ल, वासुदेवशरण अग्रवाल, माताप्रसाद

---

1. हिन्दी भाषा साहित्य और नागरी लिपि : डॉ. कन्हैया सिंह, विश्वविद्यालय प्रकाशन, वाराणसी, संस्करण-1999, पृष्ठ 1.
2. वही, पृष्ठ सं. 79.
3. वही, पृष्ठ सं. 72.

गुप्त की श्रेणी में आ खड़े होते हैं। तीसरी बात यह कि यहीं से उनका अवधी भाषा का व्याकरणिक चिन्तन आधार ग्रहण करता है और डॉ. कन्हैया सिंह की भाषा सम्बन्धी श्रेष्ठ कृति आती है— 'मध्यकालीन अवधी का विकास' (विश्वविद्यालय प्रकाशन, वाराणसी, प्रथम संस्करण-2000)। इस पुस्तक के प्राक्कथन में वे स्वयं लिखते हैं—"पाठालोचन के क्षेत्र में कार्य करते हुए प्रायः 'पदुमावती' और 'रामचरितमानस' के भाषा रूपों से जूझना पड़ता था। डॉ. भगवतीप्रसाद सिंह के संग्रह में उपलब्ध कुछ महत्त्वपूर्ण पदुमावती-प्रतियों के आधार पर उसके पुनः सम्पादन के कार्य में लगा। एक वर्ष तक स्व. सिंह के साथ बैठकर उसके शब्द-शब्द पर विचार होता था। डॉ. भगवती प्रसाद सिंह गोंडा-बलरामपुर निवासी और अवधी भाषी थे। अतः अवधी की बारीकियों की चर्चा भी खूब होती थी। जायसी और तुलसी की अवधी की चर्चा तो विद्वानों में आचार्य रामचन्द्र शुक्ल के समय से चल रही है। उपर्युक्त दोनों रचनाओं में प्रयुक्त अवधी के व्याकरण पर कार्य करने का निश्चय हुआ। कुछ काम हुआ भी, पर 'बहुविध जंजाला' में पड़कर उसे पूरा नहीं करा पाया।"[1] इस कार्य को सम्पन्न करने में महत्त्वपूर्ण भूमिका निभायी- डॉ. अनिल कुमार तिवारी ने। उन्होंने डॉ. सिंह के अनवरत किये गये श्रम को फलीभूत किया। इसका उल्लेख स्वयं कन्हैया सिंह करते हैं—"मैंने इनसे अनुरोध किया कि मेरे द्वारा किये गये कार्य को पूर्णता प्रदान कर दें। उन्होंने इसमें श्रम किया और इसे एक व्यवस्थित रूप दिया। तभी यह कार्य सामने आ सका।"[2]

'मध्यकालीन अवधी का विकास' पुस्तक के निर्माण का आधार-'पद्मावत' और 'रामचरितमानस' है। यह पुस्तक जायसी से लेकर तुलसीदास तक के अवधी भाषा के विकास को रेखांकित करने का लेखक द्वारा लघु प्रयास है। इस पुस्तक के सन्दर्भ में अपनी दृष्टि स्पष्ट करते हुए वे कहते हैं—"मेरी दृष्टि में गोस्वामी तुलसीदास अवधी शब्दावली को केन्द्र में रखकर एक सर्वग्राह्य राष्ट्रभाषा का निर्माण करना चाहते थे। जायसी ने सहज भाषा का जो प्रवाह दिया था, उसे स्वनिर्मित व्याकरणिक नियमों से तुलसी ने एक व्यवस्थित रूप प्रदान करने की चेष्टा की।"[3] इसी को आगे बढ़ाते हुए और इस पुस्तक का निचोड़ प्रस्तुत करते हुए डॉ. बच्चन सिंह लिखते हैं— "जायसी की अपनी सीमाएँ थीं। प्रेमाख्यानक परम्परा के अतिरिक्त उन्हें काव्य की अन्य परम्पराओं से कोई परिचय नहीं था। पर तुलसीदास को 'नानापुराणनिगमागम' की परम्परा विरासत में मिली थी। अतः उनकी भाषा में संस्कृत शब्दों का आना स्वाभाविक था। जायसी ठेठ अवधी के कवि हैं। उनकी भाषा में एक खास तरह की प्रत्यग्रता, मिठास और अवध की मिट्टी की सोंधी गन्ध मिलेगी। किन्तु गोस्वामी जी का उद्देश्य व्यापक था। सांस्कृतिक था। उनकी भाषा में केवल संस्कृत शब्दों का ही मेल नहीं हैं। प्रचलित उर्दू-फारसी-अरबी के शब्द भी मिले हुए हैं। भाषा के प्रति एक व्यापक दृष्टिकोण के कारण उनका काव्य आज भी उतना ही लोकप्रिय है जितना पहले था।"[4]

निस्सन्देह जायसी और तुलसीदास सच्चे अर्थों में जनकवि हैं। आचार्य रामचन्द्र शुक्ल ने 'जायसी ग्रन्थावली' और 'हिन्दी साहित्य का इतिहास' पुस्तकों में जायसी को महाकवि के रूप में स्थापित किया और उन्हें अवधी भाषा के ठेठ कवि के रूप में रेखांकित किया। जायसी को उस ज़माने से क्रमशः इसी रूप में देखा जाता रहा है। आचार्य शुक्ल ने 'गोस्वामी तुलसीदास'

1. मध्यकालीन अवधी का विकास : डॉ. कन्हैया सिंह, विश्वविद्यालय प्रकाशन, वाराणसी, प्रथम संस्करण-2000, प्राक्कथन।
2. वही, प्राक्कथन।
3. वही, प्राक्कथन।
4. वही, अभिमत।

और अपने 'इतिहास' में सांस्कृतिक रचनाकार के रूप में महाकवि तुलसीदास को भी रेखांकित किया था। उन्होंने दोनों की विशिष्टताओं की भी पहचान की थी।

बाबूराम सक्सेना (अवधी का विकास) ने अवधी भाषा के विकास का अध्ययन करके जिस व्याकरणिक ढ़ाचे का निर्माण किया था और डॉ. विश्वनाथ त्रिपाठी (प्रारम्भिक अवधी का अध्ययन) ने आगे बढ़ाया था उसी की अगली कड़ी के रूप में डॉ. कन्हैया सिंह की 'मध्यकालीन अवधी का विकास' पुस्तक को रखकर देखा जाना चाहिए। बाबूराम सक्सेना ने अपनी पुस्तक सीमित संसाधनों और कठिनाइयों में लिखी थी। उनके समय में ग्रन्थों का न पाठ-शोधन हो पाया था और न ही रचनाएँ ज्यादा उपलब्ध थीं। कन्हैया सिंह के लिए यह सब सुलभ थे। परन्तु, कार्य इतना आसान नहीं था।

अवधी भाषा के आरम्भ का मन्थन अनेक विद्वानों के मतों से करते हुए लेखक ने तर्कपूर्ण और प्रमाणित साक्ष्यों के आधार पर कहा है कि—''पदुमावती' सम्भवतः ऐसी पहली कृति है जो पूर्णतः कोसली मुक्त एवं अवधी युक्त है।''[1] इससे यह भी स्पष्ट होता है कि अवधी का पूर्वरूप 'कोसली' बोली को माना जाता है। ग्रियर्सन अवधी के लिए 'कोसली' 'पूर्वी' और 'बैसवाड़ी' नाम का भी प्रयोग करते हैं।

डॉ. कन्हैया सिंह ने जायसी को लोकभाषा के कवि के रूप में और तुलसीदास को काव्यभाषा के अवधी कवि के रूप में पहचान की है। वे लिखते हैं—''अवधी के विकास क्रम में जायसी ऐसे पहले कवि के रूप में सामने आते हैं जो अपनी साहित्यिक कृति 'पदुमावति' में काव्यभाषा का कम और लोकभाषा का अधिक प्रयोग करता है। अवधी अपने लोकभाषागत माधुर्य के साथ पहली बार जायसी द्वारा ही प्रतिष्ठित हुई। दूसरी ओर तुलसी अवधी के ऐसे पहले कवि के रूप में सामने आते हैं जो लोकभाषा को काव्यभाषा की प्रतिष्ठा प्रदान कराता है। दोनों में अवधी अपने निखार पर है। दोनों अपने-अपने ढंग से अवधी को प्रतिष्ठित करते हैं।''[2]

जायसी ध्वनि-संरचना, शब्द-विचार, संज्ञा, सर्वनाम, विशेषण, क्रिया और अव्यय में लोकभाषा का आश्रय लेते हैं, जबकि तुलसीदास लोकभाषा भाषा के साथ-साथ संस्कृतनिष्ठ ढाँचे को भी लेकर चलते हैं। यही दोनों की विशिष्टता और अन्तर भी है। डॉ. सिंह लिखते हैं—'' 'पदुमावति' में संज्ञा पद, विशेषण आदि में जिस प्रकार ठेठ ग्राम्य अवधी का प्रयोग देखा गया है, वहीं स्थिति क्रिया पदों में भी है। जब कि 'मानस' के क्रिया रूपों में भी संज्ञा विशेषण आदि की भाँति संस्कृतनिष्ठता है।''[3]

2

साहित्य समाज की संवेदनात्मक अभिव्यक्ति है। यहाँ समाज में बहती हुई संवेदना भाषाबद्ध होकर आती है। किसी भी समाज की पहचान उसके समृद्ध और प्रभावशाली साहित्य से ही होती है। हिन्दी भाषा का ऐसे ही भाव और विचार से सम्पृक्त साहित्य है। उस साहित्य का सम्यक् अनुशीलन डॉ. कन्हैया सिंह ने किया है। इस विषय पर डॉ. सिंह की दो पुस्तकें हैं।

उन दोनों का ऊपर भाषा के सम्बन्ध में उल्लेख हो चुका है। उन दोनों में एक भाग भाषा का है और दूसरा भाग साहित्य का है। उन्होंने 'हिन्दी भाषा और साहित्य' में ऐतिहासिक कालक्रमानुसार रचनाकारों का सामान्य और विशिष्ट परिचय दिया है। 'हिन्दी भाषा साहित्य और

1. वही, पृष्ठ सं. 11.
2. वही, पृष्ठ सं. 31.
3. वही, पृष्ठ सं. 66.

नागरी लिपि' में साहित्य के विभिन्न कालों का प्रवृत्तिगत परिचय दिया है। दोनों पुस्तकों में लेखक ने सामान्यतः आचार्य शुक्ल के काल-विभाजन और नामकरण को ही आधार बनाया है। कहीं-कहीं किंचित् परिवर्तन भी करते चलते हैं, जैसे-वीरगाथा के स्थान पर आदिकाल, ज्ञानमार्गी की जगह सन्त काव्य आदि।

वे 'हिन्दी भाषा और साहित्य' में प्रमुख रचनाकारों का क्रमशः जीवन परिचय, रचनाएँ, भाव पक्ष और कला पक्ष का परिचय देते हैं। सभी पक्षों में विद्वानों के बीच मान्य सामान्य मतों को लेकर चला गया है। इस पुस्तक की एक महत्त्वपूर्ण विशेषता यह है कि अधिकांश रचनाकारों के परिचय का आरम्भ 'कविता' की पंक्तियों से होता है। रचनाकार के वैशिष्ट्य को बिना समझे यह सम्भव नहीं है। इससे पता चलता है कि डॉ. कन्हैया सिंह की साहित्य में गहरी पैठ है। जैसे मीराँ पर लिखते हुए मीरा के पद को उद्धृत करते हैं—

आली रे मेरे नैणाबाण पड़ी।
चित्त चढ़ी मेरी माधुरी मूरत, उर बीच आन अड़ी।
कब की ठाढी पन्थ निहारु, अपने भवन खड़ी।
कैसे प्राण पिया बिनुराखूँ, जीवन सूर जड़ी।
मीराँ गिरधर हाथ ब्रिकानी, लोग कहैं बिगड़ी।[1]

मीराँ के लिए गिरधर ही सर्वस्व हैं। उन्होंने संसार के समस्त विषयों से अपने को हटाकर कृष्ण को सौंप दिया है। परन्तु लोग इसको नहीं समझ रहे हैं। अन्य अर्थों में मीराँ का सामाजिक विद्रोह भी है। मीराँ एक तरफ कृष्णमय है, तो दूसरी तरफ सांसारिक बन्धनों का त्याग भी करती है। इस तरह डॉ. कन्हैया सिंह मीराँ के सम्पूर्ण व्यक्तित्व का प्रतिनिधित्व करनेवाला पद चुनते हैं, यही उनको विशिष्ट भी बनाता है।

डॉ. कन्हैया सिंह इतिहास लेखन में प्रामाणिक सामग्री और अपने क्षेत्र के विषय-विशेषज्ञों अथवा विद्वानों के साक्ष्य पर ही अपने विचार रखते हैं। जैसे वे सन्त साहित्य का आधार रवीन्द्रनाथ टैगोर, हजारीप्रसाद द्विवेदी, रामकुमार वर्मा, परशुराम चतुर्वेदी आदि से ग्रहण करते हैं और निष्कर्ष देते हैं—"सन्तों की यह काव्य-परम्परा काव्य की दृष्टि से महत्त्वपूर्ण तो है ही, मानव धर्म की प्रतिष्ठा का जो कार्य बीसवीं सदी में दीख रहा है, उसे इन महान् कवियों ने पाँच सौ वर्ष पहले ही प्रारम्भ कर दिया था।"[2] वे कबीर का मूल्यांकन भी इसी भाव-भूमि पर करते हैं।

वे काव्यधारा में तुलसीदास पर सटीक टिप्पणी देते हैं—"वे उत्तरी भारत में बुद्ध के बाद सबसे बड़े लोकनायक कहे गये हैं वे समाज के हृदय पर ऐसा अधिकार रखते हैं जैसा न किसी चक्रवर्ती सम्राट् का था और न किसी धर्म-ध्वज मठाधीश का।"[3] इसी प्रकार का विचार आचार्य रामचन्द्र शुक्ल ने तुलसी को लेकर व्यक्त किया था। डॉ. सिंह ने इसी प्रकार तथ्यों पर आधारित प्रामाणिक निष्कर्ष अन्यत्र भी दिया है।

वस्तुतः और मुख्यत : डॉ. कन्हैया सिंह विवेक दृष्टि सम्पन्न रचनाकार हैं। वे प्रामाणिक तथ्यों, साक्ष्यों, मतों के आधार पर ही अपना निष्कर्ष देते हैं। अध्येतायों/विद्वानों/विद्यार्थियों के लिए उनका भाषा और साहित्य सम्बन्धी चिन्तन और प्रस्तुति बेजोड़ है तथा अनुप्राणित करनेवाला है।

असिस्टेण्ट प्रोफ़ेसर, हिन्दी विभाग, मानविकी एवं भाषा संकाय
महात्मा गाँधी केन्द्रीय विश्वविद्यालय, मोतिहारी, (बिहार)

1. हिन्दी भाषा और साहित्य : डॉ. कन्हैया सिंह, पृष्ठ सं. 24.
2. हिन्दी भाषा साहित्य और नागरी लिपि : डॉ. कन्हैया सिंह, पृष्ठ सं. 126.
3. वही, पृष्ठ सं.- 132.

खण्ड-4

संस्कृति-पर्व

समष्टि का रचनात्मक उछाह

सूफ़ीकाव्य के तलस्पर्शी अध्येता

रमानाथ त्रिपाठी

प्रकाण्ड विद्वान् डॉ. कन्हैया सिंह ने अपने ग्रन्थ 'सूफ़ीकाव्य : सांस्कृतिक अनुशीलन' की प्रस्तावना में कहा है—"इतिहास जो रहा हो आज दोनों (हिन्दू और मुसलमान) को साथ-साथ रहना है, साथ ही जीना-मरना है। अतः इनका ऐक्य इनकी समरसता और परस्पर उदारता ही राष्ट्र और राष्ट्रजीवन को मंगल-भवन बना सकती है।" इसी दृष्टिकोण से उदारवादी सूफ़ी कवियों के साहित्य को बढ़ावा देने के लिए लेखक ने प्रस्तुत ग्रन्थ की रचना की है।

ग्रन्थ 5 अध्यायों में विभाजित है। प्रथम अध्याय 'हिन्दी सूफ़ीकाव्य' में लेखक ने बताया है कि फारसी में पहले सूफ़ीकाव्य लिखे गये। भारत में जो प्रेमाख्यानक परम्परा चली वह फारसी काव्यों से प्रभावित नहीं है।

लोक में प्रचलित प्रेमकथाओं को आधार मानकर इस परम्परा का प्रथम ज्ञात ग्रन्थ दाउद का 'चन्दायन' (1379 ई.) है।

(दाउद का 'चन्दायन' लोरक और चन्दा की कहानी पर आधारित है। दाउद के पहले ही उत्तर भारत के कई अंचलों में इस कथा का प्रचार था। मैथिली भाषा के ग्रन्थ 'वर्ण रत्नाकर' के अनुसार इसका गायन नृत्य के साथ होता था। अराकान के राजा के अनुरोध पर दौलत काजी ने इस कथा का बाँग्ला अनुवाद 'सती मयना ओ लोर चन्द्रावी' नाम से 17वीं शती में किया था। मैं कह नहीं सकता इसका मूल ग्रन्थ कौन है—'चन्दायन' या अवधी का अन्य कोई ग्रन्थ। पं. हजारीप्रसाद द्विवेदी का 'पुनर्नवा' उपन्यास भी इस कथा पर आधारित है। मैंने यह अनुवाद पढ़ा है और इस पर लेख मेरी पुस्तक 'हिन्दी शोध : नये प्रयोग' में समाहित है।)

लेखक ने दाउद के पश्चात् कुतुबन (मृगावती), जायसी (पदुमावति), मंझन (मधुमालती), उसमान (चित्रावली) का उल्लेख कर बताया है कि कुछ ऐसे भी सूफ़ी कवि हो गये हैं जिनके कथा-नायक मुस्लिम हैं। कुछ स्फुट काव्य भी लिखे गये।

प्रेमाख्यानक काव्यों की दकनी परम्परा भी थी। मुहम्मद तुगलक ने चौदहवीं शती में राजधानी का स्थानान्तरण दिल्ली से देवगिरि किया था। कई कवि दक्षिण में बस गये थे। इन्होंने जो प्रेमाख्यानक काव्य लिखे वह उत्तरी परम्परा से भिन्न थे। इनके पात्र अहिन्दू थे। वातावरण के चित्रण में इस्लामी संस्कृति थी।

द्वितीय अध्याय 'दर्शन और धर्म' में बताया गया है कि भारतीय दर्शन के मूलस्रोत उपनिषदों में ब्रह्म-जीव-जगत् का जो निरूपण है उससे सम्बन्धित उक्तियाँ इन काव्यों में मिल जायेंगी। योग-साधना के अंगों की झाँकियाँ भी इनमें उपलब्ध हैं। ब्रह्म के निरूपण में हिन्दू और इस्लाम की मान्यताओं का समन्वय है। सूफ़ीकाव्यों में हिन्दू दर्शन के सगुण रूप का भी चित्रण हुआ है। डॉ. कन्हैया सिंह ने एक-एक सूफ़ीकाव्य का श्रमपूर्वक मन्थन कर अपने निष्कर्मों की पुष्टि की है।

सूफ़ी कवियों ने हिन्दू धर्म के जन्मान्तरवाद, कर्मफल, वर्णाश्रम-व्यवस्था, हिन्दू धर्मग्रन्थ, पौराणिक आख्यान, देवी-देवता, तीर्थ और पवित्र नदियों का प्रचुर उल्लेख अपने ग्रन्थों में किया है। चारों वेदों तथा रामायण और महाभारत के पात्रों और प्रसंगों के संकेत भी इनमें मिल जायेंगे।

तृतीय अध्याय 'कला और विज्ञान' में डॉ. सिंह ने बताया है कि भारतीय कलाओं में आध्यात्मिकता और पवित्रता है। भारतीय कलाओं में जीवन से इतनी समरसता है कि ललित कला और उपयोगी कला में विभाजक रेखा नहीं मिलती। मध्ययुग में मुस्लिम और हिन्दू शासकों के दरबारी कवि अमीर खुसरो, तानसेन, बैजूबावरा तथा स्वयं महाराजा मानसिंह ने भारतीय और फारसी संगीत के मिश्रण से कई राग-रागनियों की सृष्टि की थी। भारतीय संगीत-परम्परा में छह राग और छत्तीस राग रागिनी आती हैं। सूफ़ीकाव्यों में इनका उल्लेख तो है ही, दरबारी कवियों द्वारा निर्मित रागों का भी है।

सूफ़ीकाव्यों में भारत के शास्त्रीय नृत्यों का उल्लेख नहीं है, उत्तर भारत में प्रचलित फाग, चाँचर, झूमर आदि अवश्य हैं। मुस्लिम काल में अखाड़ा नामक नृत्य का प्रचलन था। इसे रात्रि के समय परिवार की महिलाएँ किया करती थीं। कतिपय सूफ़ीकाव्यों में इनका उल्लेख हुआ है, वास्तु और चित्रकला आदि का भी।

कन्हैया सिंह जी जिन शीर्षकों के अन्तर्गत सूफ़ीकाव्य का विवेचन करते हैं पहले उसका परिचय देते हैं। इसके लिए उन्हें कई विषयों का अध्ययन करना पड़ा होगा। भारतीय विज्ञान के अन्तर्गत चौदह विद्याएँ भी आती हैं। इनका विस्तृत विवेचन कर सूफ़ीकाव्यों में इनकी उपस्थिति का परिचय दिया गया है। रेखा-चित्र प्रस्तुत कर इन्हें समझाया भी गया है।

चतुर्थ अध्याय 'साहित्य-परम्परा' के अन्तर्गत बताया गया है कि मसनवी का प्रारम्भ अल्लाह और रसूल की वन्दना से होता है, तत्पश्चात् समसामयिक शासक अथवा अन्य किसी व्यक्ति की स्तुति की जाती है। फिर काव्य लिखने के कारण पर प्रकाश डाला जाता है प्राकृतापभ्रंश के चरितकाव्यों का प्रारम्भ भी ईश्वर, जैन तीर्थंकर, सरस्वती आदि की वन्दना से होता है। राजा के वर्णन के पश्चात् काव्य लिखने के कारण के लिए कुछ शब्द कहे जाते हैं। कुछ शब्द सज्जन-दुर्जन के बारे में कहने के बाद कवि अपनी विनम्रता का भी वर्णन करता है। पं. रामचन्द्र शुक्ल ने कहा है कि हिन्दी के सूफ़ीकाव्यों की साहित्य परम्परा फारसी के मसनवी काव्यों से प्रभावित है। डॉ. सिंह के मत में हिन्दी सूफ़ीकाव्यों का आरम्भ मसनवी काव्यों के अनुसार है शेष सम्पूर्ण भाग प्राकृत-अपभ्रंश की परम्परा में आता है। तुलसी ने भी यही परम्परा अपनायी थी। सूफ़ी कवियों ने हिन्दू धर्म-दर्शन, कला-विज्ञान और सामाजिक-राजनीतिक जीवन के विविध पक्षों को अपने काव्य में समाहित किया था। इन कवियों ने हिन्दुओं का पूर्ववर्ती परम्परा से काव्यरूप, छन्द, काव्य-रूढ़ि, रस-निरूपण और बारहमासा आदि को ग्रहण किया था। उन्होंने अपभ्रंश काव्यों की उक्तियों के अनुवाद भी अपनी कृतियों में प्रस्तुत किये हैं।

पंचम अध्याय 'सामाजिक जीवन' में बताया गया है कि आलोच्य काव्यों में हिन्दुओं के सामाजिक जीवन का सजीव चित्रण हुआ है। संयुक्त परिवार, पुत्र की स्थिति, बहु-विवाह, सौतिया डाह आदि का वर्णन है। कथा-नायक को आदर्श प्रेमी और आदर्शपति के रूप में प्रस्तुत किया गया है। उस काल में नारियों को आदर दिया जाता था। नारी शिक्षा का भी प्रचार था। हिन्दुओं के संस्कारों से सम्बन्धित लोकोत्सवों का वर्णन हुआ है। विवाहप्रथा के अन्तर्गत ब्राह्मण द्वारा वर की खोज, वरक्षा आदि, ज्योतिषी द्वारा कुण्डली देखकर मुहूर्त्त-निर्धारण, भाँवर, गौना आदि भी चित्रित हुए हैं। समाज में प्रचलित बसन्त पंचमी, होली, जैसे पर्व, द्यूतक्रीड़ा-जैसे मनोविनोद और नर-नारी के विभिन्न वस्त्राभूषणों का भी उल्लेख है। लोकविश्वास में शकुन-अपशकुन भी दिखाये गये हैं। डॉ. सिंह ने इन काव्यों में प्रयुक्त नेत वस्त्र का उल्लेख किया है। अपने शोधकार्य के सन्दर्भ में मैंने पाया था कि असमिया, बाँग्ला और ओड़िया रामायणों में इस वस्त्र का उल्लेख है। विद्यापति की पदावली में स्त्रियों को 'नेतक बसनू' पहने हुए दिखाया गया है। बाणभट्ट ने अपनी पुस्तक में राजा हर्षवर्द्धन को नेत्रवस्त्र की धोती पहने हुए चित्रित किया है। इति पूर्व मुझे पता नहीं था कि सूफ़ीकाव्यों में भी इस वस्त्र का उल्लेख है।

डॉ. कन्हैया सिंह ने सूफ़ीकाव्य से सम्बन्धित अपने पूर्ववर्ती विद्वानों के ग्रन्थों का गहन-अध्ययन-मनन किया है। उन्होंने एक-एक सूफ़ीकाव्य का तलस्पर्शी अध्ययन किया है। उनके विवेचन और तर्क पुष्ट निष्कर्षों में ताजगी है। यह ग्रन्थ लेखक के पाण्डित्य का भी परिचायक है। सूफ़ीकाव्य के अध्येताओं और शोधार्थियों को इसमें पर्याप्त सामग्री मिल जायेगी।

मैं इस समय ९६ वर्ष का हूँ। नेत्र-रोगी हूँ। स्मरण-शक्ति भी क्षीण है, लिखावट विकृत है। इतना कुछ कई दिनों के श्रम से बड़ी कठिनाई से लिख सका हूँ। इस अवसर पर अपने अनुज-वत् बन्धु के लिए मेरी मंगल-कामना है कि वह यशस्वी हों और पूर्ण स्वस्थ रहकर दीर्घायु प्राप्त करें।

पूर्व विभागाध्यक्ष, दिल्ली विश्वविद्यालय
दिल्ली

जायसी का अन्तर्दर्शन और सूफ़ीमत

मथुरेश नन्दन कुलश्रेष्ठ

डॉ. कन्हैया सिंह के अनुसार चन्द्रबली पाण्डेय द्वारा लिखित पुस्तक 'तसव्वुफ अथवा सूफ़ीमत' अपनी शैली की दुरूहता के कारण केवल इस विषय के जानकारों के काम की पुस्तक है और रामपूजन तिवारी की पुस्तक 'सूफ़ी साधना और साहित्य' किसी भी पक्ष पर लेखक की अवधारणा का स्पष्टीकरण नहीं कर पाती। इसी प्रकार विजयदेव नारायण साही की पुस्तक 'जायसी' सूफ़ीमत का जायसी पर असर सिद्ध करने में असफल सिद्ध हुई है। अतः कन्हैया सिंह ने यह पुस्तक 'उदार इस्लाम का सूफ़ी चेहरा' पुस्तक लिखी है। 'दो शब्द' में लेखक का कथन है कि, ''प्रस्तुत ग्रन्थ कोई मौलिक ग्रन्थ नहीं है। यह सूफ़ीमत और हिन्दी सूफ़ीकाव्य के अध्येता अध्यापकों तथा छात्रों की दृष्टि से लिखा गया है जिसमें विषय की स्पष्ट अवधारणा की गयी है। इसमें पूर्ववर्ती विद्वानों और अपने अध्ययन को आधार बनाया गया है। सूफ़ी सिद्धान्तों को हिन्दी सूफ़ीकाव्य के सन्दर्भ में समझाने की चेष्टा की गयी है।'' इस पुस्तक के शीर्षक की व्यंजना यह है कि इस्लाम के दो रूप हैं, एक कट्टर इस्लाम और दूसरा उदार इस्लाम। उदार इस्लाम के अनेक चेहरों में से यह पुस्तक सूफ़ी चेहरे पर प्रकाश डालना चाहती है। इस उद्देश्य को पूरा करने के लिए 2016 में लोकभारती प्रकाशन से प्रकाशित इस पुस्तक को लेखक ने नौ अध्यायों में विभक्त किया है—1. सूफ़ी तत्त्व चिन्तन का विकास, 2. सूफ़ीमत, 3. सूफ़ी साधना मार्ग, 4. भारत में सूफ़ी सम्प्रदाय, 5. प्रेम तत्त्व, 6. फ़ना और ब़का, 7. हिन्दी सूफ़ीकाव्य का दर्शन, 8. योग और प्रेम, 9. सूफ़ियों का सन्देश।

प्रथम अध्याय 'सूफ़ी तत्त्व चिन्तन का विकास' में लेखक ने इस्लाम के विरोधी सम्प्रदायों का विवरण प्रस्तुत करते हुए यह माना है कि कट्टर इस्लाम का विरोध तीन स्तरों पर हुआ, प्रथम राजनैतिक स्तर, द्वितीय वैचारिक स्तर पर और तृतीय बाहरी प्रभाव के कारण। सूफ़ीमत का प्रभाव प्रस्तुत करने से पूर्व लेखक ने इस्लाम के सम्प्रदायों का वर्णन प्रस्तुत किया है जिनमें खारिजी, मुरी जी, शिया और कादरी सम्प्रदायों के सिद्धान्तों का वर्णन है। इसमें स्पष्टतः यह संकेत है कि शियाओं के सिद्धान्त बहुत कुछ हिन्दू धर्म के सिद्धान्तों के निकट हैं। निकोल्सन और ब्राउन के इस मत का खण्डन करते हुए कि सूफ़ी धर्म पर भारत का प्रभाव नहीं है, डॉ. कन्हैया सिंह ने

अनेक विद्वानों के प्रमाणों के आधार पर यह सिद्ध किया है कि सूफ़ीमत पर कुरान का प्रभाव तो है ही परन्तु उसका अधिकांश भाग बौद्ध और वेदान्त से प्रभावित है। लेखक का यह वर्णन पर्याप्त विस्तृत और अनेक व्यापारिक, राजनैतिक और वैचारिक बिन्दुओं का विश्लेषण करता है। मुख्य बिन्दु यह है कि निर्वेद की भावना ने ही सूफ़ीमत को जन्म दिया। लेखक का कथन है—"अरब के असभ्य और विशृंखलराष्ट्र में एक नवीन चेतना और राष्ट्रीय संगठन का भाव तो इस नवीनधर्म के फलस्वरूप अवश्य आया, परन्तु इसमें संन्यास वृत्ति एवं चिन्तन के अभाव के कारण तथा ऐहिक ऐश्वर्य की प्रधानता के कारण स्वार्थ, राज्यलिप्सा, संघर्ष एवं रक्तपात आदि का प्रचण्ड ताण्डव इतिहास के पृष्ठों पर उभर आया। दूसरी ओर इसी से निर्वेदपूर्ण संन्यस्त वृत्तियाँ भी उभरने लगीं। इस निर्वेद की भावना ने आगे चलकर सूफ़ीमत को जन्म दिया जिस पर इस्लामेत्तर दर्शनों का भी कुछ प्रभाव पड़ा।" (पृष्ठ-14)

उपर्युक्त स्थापना के उपरान्त कन्हैया सिंह ने सूफ़ीमत के विकास को दो भागों में विभक्त करके प्रस्तुत किया है (1) प्रादुर्भाव काल (9वीं शताब्दी से पूर्व) तथा, (2) विकास काल (नवीं शताब्दी के पश्चात्) प्रादुर्भाव काल की चर्चा करने से पूर्व उन्होंने बसरा के प्रसिद्ध सन्त अलहसन (728 के आसपास) की ओर भी संकेत किया है जो एक ओर इस्लाम के माननेवालों के आदर के पात्र थे और दूसरी ओर सभी सूफ़ी सन्त भी उन्हें समान रूप से आदर देते थे। प्रादुर्भाव काल के तीन सूफ़ियों की उन्होंने चर्चा की है जिन्होंने सूफ़ीमत को अपनी साधना और चिन्तन से प्रभावित किया। इनके नाम हैं इब्राहीम बिन अधम (पृ. 783), फुजावल बिन अपाज़ (पृ. 801) प्रेम दीवानी राबिया। प्रथम दो में संसार के प्रति विरक्ति और संन्यास की भावना प्रमुख थी। प्रेम दीवानी राबिया ने ही सूफ़ी साधकों में माधुर्य भाव का श्री गणेश किया। उसका कहना था कि, "परमात्मा के प्रेम ने मुझे इतना अभिभूत कर दिया है कि किसी अन्य के प्रति न तो प्रेम शेष रहा है, न घृणा ही शेष रही है।" उसने तौबा (सांसारिक वैभव का परित्याग) और तवक्कुल (परमात्मा पर पूर्ण विश्वास) पर बल दिया। संसार से उसको विरक्ति थी और परम प्रियतम परमात्मा तथा प्रेमी आत्मा के बीच न वह किसी रसूल और पैग़म्बर को स्वीकार करती थी और न ही उसके प्रेम का लक्ष्य स्वर्ग की प्राप्ति थी। उसका प्रेम स्वयंसाध्य था। वह प्रेम के अतिरिक्त कुछ भी नहीं चाहती थी। यहाँ कन्हैया सिंह ने चन्द्रबली पाण्डेय को प्रमाण मानते हुए यह भी लिखा है कि, "जहाँ तक माधुर्यभाव का प्रश्न है, इस्लाम पूर्व अरब में प्रचलित देवदासी प्रथा में इस भाव का बीज विद्यमान था। अवसर पाकर एकान्तिक साधना में वही माधुर्यभाव के रूप में प्रकट हुआ होगा।" (पृष्ठ 71)

नवीं शताब्दी के उपरान्त विकासकाल के विवेचन में लेखक ने ग्यारह सन्तों के योगदान की चर्चा की है। जिनके नाम इस प्रकार हैं—(1) जुलनून (मृत्यु 916 ई.) (2) सन्त मारूफ अल कारखी (मृत्यु. 872 ई.) (3) बायजीद बिस्तामी, (4) अबू सुलेमान अल दारानी, (5) जुनैद (मृत्यु 966 ई.), (6) हुसैन बिन मंसूर अल हल्लाज, (7) फराबी (मृत्यु 1007), (8) अबूबकर अल काला बाधी (मृत्यु 1052), (9) कुशेरी (मृत्यु 1072), (10) हुज्बेरी (मृत्यु 1092), (11) अलग़ज्जाती (मृत्यु 1111)

ज़ुलनून ने प्रेम की व्याख्या की तथा तर्कों द्वारा एक सैद्धान्तिक रूप प्रदान किया। सन्त मारूफ अल कारखी ने प्रेम को ईश्वरीय कृपा मानकर प्रेम की सुरा में निरन्तर मदमत्त रहने का सन्देश दिया। बायजीद बिस्तामी ने सूफ़ीमत में अद्वैत की प्रतिष्ठा की और फना के सिद्धान्त का

प्रतिपादन कर सूफ़ीमत को आर्य संस्कारों से भर दिया और भविष्य के सूफ़ियों के लिए अद्वैत का मार्ग खोल दिया। अबू सुलेमान अलदारानी ने 'मारिफत' के सिद्धान्त को पूर्णरूप से प्रकाशित किया। जुनैद के अनुसार सूफ़ी वही है जो परमात्मा में इतना तल्लीन रहता हो कि उसे अन्य सत्ता का ज्ञान ही न रहता हो। फराबी ने कुरान और दर्शन का समन्वय कर सूफ़ीमत के प्रसार में सहायता की। अबूबकर अल कालाबाधी ने 'किताबुल तारूफ़ मज़हबे अहले तसव्वुफ' ग्रन्थ की रचना की इसी उद्देश्य से की। इब्नसीना ने यह मत प्रतिपादित किया कि ब्रह्म शाश्वत सौन्दर्य है। और संसाररूपी दर्पण में उसी का प्रतिबिम्ब दिखायी पड़ता है। हुज्बेरी ने 'कश्फुल महजूब' नामक ग्रन्थ की रचना कर तसव्वुफ़ और इस्लाम का तुलनात्मक अध्ययन प्रस्तुत किया। अलग़जाली ने सूफ़ीमत की इस्लाम सम्मत व्याख्या कर तीन लोकों की स्थिति बतलायी—(1) आलमे मुल्क (परिवर्तनीय संसार), (2) आलमे ज़बरूत (शक्ति सम्पन्न संसार), (3) आलमे मलकूत (शाश्वत शान्ति का संसार)। उसके अनुसार ईश्वर और जीव का अंशांशी सम्बन्ध है अतः जब सूफ़ी आत्मबोध की अवस्था में 'अनलहक' कहते हैं तो इसका परम्परागत इस्लाम से कोई विरोध नहीं है। अपने इस विवेचन में कन्हैया सिंह ने हुसेन बिन मंसूर अल हल्लाज के क्रान्तिकारी विचारों और उनके लिए सहे जानेवाले कष्टों तथा अन्त में सिद्धान्तों के लिए बलिदान का विशेष वर्णन किया है। उसका सिद्धान्त था 'अनलहक' अर्थात् मैं ही ब्रह्म हूँ। उसकी सैद्धान्तिक स्थिति के विषय में कन्हैया सिंह लिखते हैं—"सूफ़ीमत के प्रकाण्ड पण्डित उसे द्वैती सिद्ध करना चाहते थे पर हल्लाज द्वैतवादी कदापि न था, अधिक-से-अधिक वह विशिष्ट अद्वैती था। सूफ़ियों ने तो उसे अद्वैत का विधाता माना है। हल्लाज को सूफ़ी चिन्तकों में सबसे अधिक मौलिक माना गया है तथा उसकी धार्मिक अनुभूतियों को जीवन की गहराई में सर्वाधिक प्रवेश करनेवाला स्वीकार किया गया है।" (पृ. 23)

एक अन्य सूफ़ी सन्त जिस पर लेखक ने ध्यान केन्द्रित किया है वह है इब्नुल अरबी (मृत्यु 1240) जिसने बड़े ही सशक्त शब्दों में तसव्वुफ़ का अद्वैती प्रतिपादन किया है। उसके अनुसार मनुष्य ब्रह्म का व्यक्त स्वरूप है और ब्रह्म मानव की अन्तश्चेतना (रूह) है। लेखक के अनुसार—"इब्नुल अरबी के विचारों पर प्रकट रूप से भारतीय वेदान्त की छाप है। इसमें उपनिषदों के प्रतिबिम्बवाद एवं सर्वात्मवाद की झलक भी दिखायी पड़ती है। जिन विचारों का प्रतिपादन अरबी तसव्वुफ़ में कर रहा था वह विचार भारतीय वेदान्त के अतिरिक्त अन्यत्र कहीं इतने व्यवस्थित रूप में नहीं प्राप्त होते। 'अमृतकुण्ड' के अनुवाद के संशोधन के प्रसंग में भी लगता है कि अरबी को भारतीय दर्शन का ज्ञान था।" (पृ. 26) भारतीय सूफ़ीमत पर लेखक के अनुसार इब्नुल अरबी का गहरा प्रभाव पड़ा है। लेखक ने इब्नुल अरबी के बाद करीम अल जिली (मृत्यु 1406) की चर्चा भी की है, उसके और इब्नुल अरबी के सिद्धान्तों की तुलना कर अन्तर की ओर भी ध्यान खींचा है। जिली के उपरान्त सूफ़ीमत में कोई अन्य स्वतन्त्र चिन्तक दिखायी नहीं पड़ता। लेखक का निष्कर्ष है कि 13वीं शताब्दी तक इस्लाम और सूफ़ीमत का विरोध समाप्त हो चुका था। सूफ़ीमत को इस्लाम के अंग और पोषक के रूप में स्वीकार कर लिया गया था। सूफ़ीमत के प्रभाव के फलस्वरूप सूफ़ीकाव्य में आगे ढाई सौ वर्ष तक रहस्यवाद का प्रभाव रहा। लेखक ने अपनी प्रामाणिकता सिद्ध करने के लिए 70 सन्दर्भ प्रस्तुत किये हैं जो उसके व्यापक अध्ययन का प्रमाण है।

द्वितीय अध्याय 'सूफ़ीमत' एक छोटा अध्याय है जिसमें व्युत्पत्ति और सूफ़ी दर्शन का विवेचन किया गया है। इस्लाम धर्म के अन्तर्गत उद्भूत हुए आत्मचिन्तन एवं अनुभूति प्रधान मतवाद को

'सूफ़ीमत' कहा जाता है और उसके दर्शन को तसव्वुफ़। सूफ़ीमत ने इस्लाम के दर्शन शून्य पक्ष की पूर्ति में योगदान दिया और इस्लाम को अन्य धर्मों से अविरोधी तथा विश्वजनीन बनाने का प्रयास किया। 'सूफ़ी' शब्द की व्युत्पत्ति के विषय में लेखक ने 5 मतों का उल्लेख करते हुए अपना निर्णय दिया है कि—''सूफ़ी शब्द का 'सूफ' से निष्पत्ति होने की सम्भावना ऐतिहासिक सन्दर्भ से तो प्रतीत होती ही है, भाषाशास्त्र की दृष्टि से भी 'सूफ' से 'सूफ़ी' बनना सर्वाधिक सम्भव है। 'सफा' से 'सफी', 'सोफिया' से 'सोफी', 'सुफ्फाह' से 'सुफ्फी' 'सफ' से 'सफी' आदि शब्द बनना सीधा और सरल है, 'सूफ़ी' नहीं। अतः हम इस निष्कर्ष पर पहुँचते हैं कि 'सूफ़ी' की व्युत्पत्ति 'सूफ' (ऊन) शब्द से ही सर्वाधिक सम्भव प्रतीत होती है। (पृ. 32) सूफ़ीमत की परिभाषा पर विचार करते हुए लेखक ने मारूफ अल कारखी, जुनैद, अली कुजवीनी, अबू सईद फन्दलुलमा और अबू बक्र शिबली की परिभाषाओं को प्रस्तुत करने के बाद यह निष्कर्ष दिया है। सूफ़ी के लिए त्याग तथा वैराग्यपूर्ण जीवन, आचार, व्यवहारगत पवित्रता तथा एकनिष्ठ भाव से परमात्मा का ध्यान आवश्यक है। इस अध्याय का मुख्य अंश 'सूफ़ी दर्शन (तसव्वुफ़)' का विवेचन करना है जिसमें इस मत में ब्रह्म और जगत तथा ब्रह्म और जीव के पारस्परिक सम्बन्धों की मान्यता को स्पष्ट किया गया है। दृष्टि कुरान के विचारों से भिन्नता पर रही है।

जहाँ तक ब्रह्म और जगत् के सम्बन्धों का प्रश्न है कन्हैया सिंह का कहना है कि सूफ़ियों को जगत् के नानात्य में उसी एक परमेश्वरत्व की झलक दिखायी दी। इसे उन्होंने प्रतिबिम्बवाद और अंश-अंशी भाव के रूप में व्यक्त किया। सूफ़ियों की यह सर्वात्मवादी भावनाएँ धीरे-धीरे विकसित होकर ईश्वर और जीवन के सम्बन्ध में अद्वैत भावना की अभिव्यक्ति तक पहुँच गयी। 'तौहीद' की मूल भावना यह है कि ईश्वर एक है पर सूफ़ी सन्तों ने इस विचार को एक डग और बढ़ाकर प्रतिपादित किया कि एक ईश्वर ही है, अन्य कोई नहीं। जहाँ तक आत्मा का प्रश्न है ''सूफ़ी, आत्मा के दो भेद मानते हैं—'नफ्स' और 'रूह'। नफ्स निम्न कोटि का माना जाता है जो कुप्रवृत्तियों का स्थल होता है तथा भावों के आवेग से परिचालित होता है। 'रूह' सद्प्रवृत्तियों का उद्‌गम स्थल है और विवेक द्वारा परिचालित होता है। 'रूह' के भी तीन भाग माने जाते हैं—कल्ब या दिल, रूह या जान, तथा सिर्र या अन्तःकरण। इसमें सिर्र ही रूह का सबसे भीतरी भाग है जहाँ पाप का प्रवेश नहीं होता।'' (पृ. 36) कन्हैया सिंह ने नफ्स के वर्णन को भी विस्तार दिया है और कहा है सूफ़ी साधना का मूल उद्‌देश्य परमात्मा का प्रेम और उससे तादात्म्य है।

आगामी तृतीय अध्याय 'सूफ़ी साधना मार्ग' इसी क्रम को आगे बढ़ाकर सूफ़ी साधना मार्ग की विभिन्न अवस्थाओं पर प्रकाश डालता है। सूफ़ी साधक को चार अवस्थाओं से गुजरना पड़ता है, 1. शरीअत, 2. तरीक़त, 3. मारिफत और 4. हकीकत। कन्हैया सिंह ने इनका विवेचन करते हुए शरीअत के प्रसंग में आत्म परिष्कार के चार साधनों का भी वर्णन किया है जो, 1. सलाल (नमाज़ या उपासना), 2. जकात (दान), 3. सौम या रोज़ा (उपवास), 4. हज्ज़ (तीर्थ यात्रा) है। सूफ़ी सन्तों ने इन चार अवस्थाओं के साथ जिन चार लोकों की कल्पना की है—1. नासूत, 2. मलकूत, 3. ज़बरूत, 4. लाहूत—इनकी व्याख्या भी इस लेख में प्राप्त होती है। सहारा चन्द्रबली पाण्डेय का लिया गया है। इस साधना मार्ग में प्रयुक्त किये जानेवाले चार साधनों की भी चर्चा है जो, 1. जिक्र, 2. फिक्र, 3. मुजहिन्दा, 4. मुशकना है। अन्त में लेखक सूफ़ीमार्ग की मंजिलों की व्याख्या करता है। जिन्हें 'मुकामात' कहा जाता है। मुकामात का यह विषय अनेक मतभेदों से पूर्ण है। सुहरावर्दी इनकी संख्या चार मानता है—1. इश्क़, 2. तफरीद, 3. वज़्द,

4. ईश्वर में रमजाने की अवस्था। हुज्वेरी इनकी संख्या तीन मानता है—मुकामात, अहवाल और तमकीन। साधारणतः सूफ़ियों द्वारा सात मंजिलों का ही उल्लेख किया गया है जो कुरान के मोमिन की सात मंजिलों से अलग हैं। परन्तु लेखक ने अध्याय के अन्त में 9 मंजिलों को गिनाया है। पूरा अध्याय साधना विषयक सूचनाएँ तो प्रदान करता है परन्तु साधना-मार्ग का एकीकृत रूप सामने नहीं रख पाता और ऐसा करना कन्हैया सिंह के लिए सम्भव भी नहीं था क्योंकि सूफ़ी सन्तों की अनेकता ने अनेक मतभेदों को जुटा रखा है।

चतुर्थ अध्याय 'भारत में सूफ़ी सम्प्रदाय' में लेखक ने आईन-ए-अकबरी में वर्णित चौदह सूफ़ी सम्प्रदायों का उल्लेख किया है जो इस प्रकार है—चिश्ती, सुहरावर्दी, हबी जी, तफूरी, करखी, सकती, जुनैदी काजरूनी, तूसी, फिरदौसी, जेदी, इयादी, अधमी और हुबेरी। इनमें से चार को प्रसिद्ध मानकर उनके सिद्धान्तों का विवेचन किया है। यह हैं चिश्ती, सुहरावर्दी, कादिरी और नक्शाबन्दी। चिश्ती सम्प्रदाय के संस्थापक ख्वाजा मुईनुद्दीन चिश्ती अद्वैतवादी सिद्धान्तों का प्रतिपादन करते थे। सुहरावर्दी सम्प्रदाय के रहस्यात्मक आदर्श चिश्ती परम्परा से अलग थे। सुहरावर्दी सम्प्रदाय की एक शाखा फिरदौसिया का भी वर्णन लेखक ने किया है। दाराशिकोह कादिरी सम्प्रदाय के सन्त मिया वीर के शिष्य थे। नक्शबन्दी सम्प्रदाय पूर्णतया कट्टर इस्लाम धर्म की मान्यताओं का समर्थक था। भारत में सर्वाधिक प्रभाव चिश्ती सम्प्रदाय का रहा। लेखक के अनुसार इसका कारण यह था कि इस सम्प्रदाय ने भारत की लोक प्रथाओं और रीतियों को आत्मसात् करके यह सफलता प्राप्त की। आगे चलकर हिन्दी के सूफ़ी कवियों ने लोककथाओं को आधार बनाकर लोकभाषा में काव्य-सृजन प्रारम्भ किया तो उन्होंने हिन्दू संस्कृति के तत्कालीन स्वरूप को अपनी लेखनी से मुखर किया। लेखक ने शतारी सम्प्रदाय पर भारतीय योग साधना के पड़े प्रभाव की भी चर्चा की है। लेखक का कथन है कि, ''हिन्दू प्रभावों की सुदीर्घ कालीन परम्परा को हिन्दी के सूफ़ी कवियों ने पूर्णता प्रदान की। इन कवियों ने हिन्दू संस्कृति की समस्त रूप-छवियों को अपने काव्य में निरूपित करने का प्रयास किया।'' (पृ. 47)

पंचम अध्याय 'प्रेम तत्व' यद्यपि शीर्षकों में विभक्त नहीं है परन्तु इसे तीन भागों में विभक्त करके देखा जा सकता है। प्रथम भाग में सूफ़ियों द्वारा प्रेम को दिये गये महत्त्व का सैद्धान्तिक विवेचन है और दूसरा भाग अरब के सूफ़ी कवियों के काव्य में प्रेमतत्त्व का निरूपण करता है और तीसरा भाग भारतीय सूफ़ी कवियों के काव्य में प्रेम की महत्ता का प्रदर्शन करता है। यद्यपि कुरान में प्राप्त यूसुफ-जुलेखा के प्रसंग को सूफ़ियों ने प्रेम की महत्ता के लिए प्रयोग में लाया परन्तु मूलतः इस्लाम की प्रकृत व्यवस्था में परमात्मा प्रेम का विषय नहीं है। सूफ़ियों के अनुसार सांसारिक प्रेम शरीर के साथ छूट जाते हैं, अन्य सांसारिक सौन्दर्य वय के साथ विद्रूप होते हैं और मृत्यु के साथ समाप्त हो जाते हैं। केवल परमात्मा का जमाल (सौन्दर्य) शाश्वत है और उसका प्रेम भी शाश्वत है। लेखक ने साहित्यशास्त्र और व्यक्ति साहित्य में प्रेम की महत्ता की ओर संकेत करते हुए सूफ़ियों का लौकिक और अलौकिक प्रेम सम्बन्धी मान्यताओं को स्पष्ट करते हुए उसे रहस्यवाद, एकनिष्ठता, वासनाहीनता और निष्कामता के सन्दर्भ में व्याख्यायित किया है। जलाल (ऐश्वर्य) और जमाल (सौन्दर्य) के प्रभाव और अन्तर को स्पष्ट करते हुए यह निरूपित किया है कि ईश्वरीय प्रेम ईश्वर की कृपा से ही प्राप्त होता है। सूफ़ी प्रकृति में भी उसकी झलक देखते हैं। लेखक का निष्कर्ष यह है कि, ''सूफ़ी साधना का मूल तत्त्व प्रेम है और यही एकमात्र केन्द्रीय तत्त्व है जो सामान्य मुसलमान से सूफ़ी को अलग करता है। शेष औपचारिकताएँ, साधनाएँ, साधन

सीढ़ियाँ या सोपान लक्षण हैं, सम्बल हैं, अवलम्ब हैं पर इनमें लक्ष्यभूत तत्त्व प्रेम है। प्रेम ही सूफ़ी साधक का प्रधान अंग है और यही अंगी भी है। सूफ़ी प्रेम करता है, प्रेम ही माँगता है, प्रेम में जीना, प्रेम में मरना और प्रेम में ही खोकर प्रेमभाव हो जाना चाहता है।'' (पृ. 52)

सूफ़ी प्रेम के तात्त्विक निरूपण के बाद लेखक ने अरबी कवियों द्वारा दी गयी प्रतीकात्मकता की चर्चा करते हुए जलालुद्दीन रूमी, जामी, निजामी, सनाई, उमरखय्याम, निजामी फरदुद्दीन अत्तार आदि कवियों के उद्धरण प्रस्तुत कर प्रेम की उपर्युक्त महत्ता के व्यावहारिक रूप को सामने लाया है। लेखक का निष्कर्ष है कि, ''जिस रसधारा को ईरान के कवियों ने अपनी मसनवियों, दीवानों तथा अन्य स्फुट प्रसंगों में एक जीवन्त स्वरूप प्रदान किया और जिसके मद में छक कर सूफ़ी साधकों ने दीन की दीवारों को फाँदकर मानव हृदय की एकता का दर्शन किया था, जिसके सामने मन्दिर मस्जिद टूटकर एक हो गयी, शेखो बहरामीन की पाबन्दियाँ और फतवे हवा में उड़ गये, वही रस धारा हिन्दी सूफ़ी कविता का उपजीव्य बनी। (पृ. 54) हिन्दी सूफ़ी कवियों में प्रेम की झलक दिखाने के लिए लेखक ने अमीर खुसरो, मुल्ला दाऊद, कुतबन, जायसी और मंझन आदि के उद्धरण प्रस्तुत कर निष्कर्ष प्रस्तुत किया है कि—''तात्पर्य यह कि हिन्दी सूफ़ी कवियों की प्रेम कथाएँ और उनमें निरूपित प्रेम तत्त्व सूफ़ी तत्त्व चिन्तकों के उद्घोषों और फारसी प्रेम मसनवियों के क्रम में हैं और उसमें भारतीयता का रंग उनका अपना निजी वैशिष्ट्य है।'' (पृ. 57)

छठे अध्याय 'फ़ना और बक़ा' में फ़ना की की स्थिति का वर्णन करते हुए भारतीय साहित्य में उसके स्रोत को ढूढ़ा गया है। फ़ना की व्याख्या करते हुए कहा गया है कि, ''प्रेम की ज्योति अन्तःकरण में जगाये हुए, विरह में जलता हुआ साधक भावोल्लास की दशा में पहुँचता है और उसे संसार की समस्त सत्ता का विस्मरण हो जाता है। उसका 'अहं' मिट जाता है और वह जीवन रहते ही मृत जैसा हो जाता है। सांसारिक दृष्टि से यह उसका मरण है। सूफ़ी दर्शन में इसे 'फ़ना' कह जाता है।'' इसके आगे 'बक़ा' की स्थिति आती है जिसमें परमात्मा के साथ उसका विलय या तादात्म्य हो जाता है। हिन्दी सूफ़ी कवियों ने 'फ़ना' को मरण या मरजीया शब्द द्वारा व्यक्त किया है। लेखक ने उमर खैय्याम, शब्सतरी और जायी के इस दशा के उद्धरण प्रस्तुत कर कहा है—''हिन्दू दर्शन में प्राप्त 'जीवन्मुक्ति' तथा सूफ़ियों की इस 'मरजीया' दशा में बड़ा साम्य है। 'जीवन्मुक्ति' का वर्णन उपनिषदों एवं सन्तों की रचनाओं तक में प्रवहमान् परम्परा के रूप में मिलता है।'' इसके लेखक भारतीय वाङ्मय में 'जीवन्मुक्ति' का अनुसन्धान कठोपनिषद, भगवद्गीता, षडदर्शनों, योगियों, अद्वैत दर्शन, बौद्ध धर्म, नाथ सम्प्रदाय, हिन्दी के सन्त कवियों में करता है और सूफ़ीकाव्य के सम्बन्ध में टिप्पणियाँ करता चलता है। लेखक ने स्थितप्रज्ञ, त्रिगुणातीत, कैवल्यपाद, निर्वाण, सह जानस्था आदि को फ़ना' या 'मरजीया' स्थिति के समकक्ष माना है। हिन्दी कवियों में कबीर, दादू और चरणदास की चित्राओं से उद्धरण भी प्रस्तुत किये हैं। इसके उपरान्त लेखक मुख्य विषय का अनुसन्धान भारतीय सूफ़ी कवियों में करता है और जायसी के 'पद्मावत', मुल्ला दाऊद के 'चन्दायन', कुतबन की 'मृगावती', मंझन की 'मधुमालती' उसमान की 'चित्रावली' और नूर मोहम्मद की 'इन्द्रावती' में इस 'मरजीवा' स्थिति का अनुसन्धान व विवेचन के उपरान्त यह निष्कर्ष देता है कि—''प्रस्तुत विवेचन से यह प्रकट होता है कि हिन्दी सूफ़ी कवियों का 'मरजीया' भारतीय दर्शन की जीवन्मुक्तावस्था, बौद्धों की निर्वाण भावना, सन्तों की जीवनमृतकता के लक्षणों के सर्वथा अनुरूप है। इनकी यह मरजीया-दशा प्रेममार्ग के अन्तार्गत होते हुए भी, नायक के योगी बन जाने पर और योगमार्ग पर अग्रसर हो जाने के पश्चात् दिखायी

गयी है। योगियों की यह दशा योगमार्ग के अन्तर्गत आती है। सूफ़ी प्रेमाख्यानों में प्रेम मार्ग का समन्वय करते हुए मरजीया दशा के निरूपण में 'फ़ना' की स्थिति को भारतीय दर्शन की जीवन्मुक्ति की अनुरूपता में लाने का प्रयास किया गया है।'' (पृ. 69)

सातवाँ अध्याय 'हिन्दी सूफ़ीकाव्य का दर्शन' हिन्दी के सूफ़ी कवियों में प्राप्त ब्रह्म के स्वरूप, ब्रह्म के नाम, जीव और जगत् के सम्बन्ध, ब्रह्म और जगत् के सम्बन्धों की व्याख्या करता है। भूमिका के रूप में कहा गया है कि हिन्दी के सूफ़ी कवियों ने हिन्दू धर्म को मनोवैज्ञानिक और भावात्मक स्तर पर ग्रहण किया। उनका सम्बन्ध सैद्धान्तिक ऐक्य की अपेक्षा भावात्मक ऐक्य से अधिक था। चिश्तियों ने रीति-रिवाज में अधिक रुचि ली और शत्तारी शाखा ने योग में। परन्तु जहाँ तक ब्रह्म के स्वरूप का प्रश्न है। सूफ़ियों का ब्रह्म पूर्णरूप से इस्लामी ही है पर उसके गुण एवं लक्षणों के निरूपण में इन कवियों ने हिन्दू दर्शन की मान्यताओं और प्रणालियों के अनुगमन की भी पर्याप्त चेष्टा की है। यदि 'मुहम्मदीय नूर' से सम्बन्धित प्रकरणों को हिन्दी सूफ़ी प्रेमाख्यानों से निकाल दिया जाय तो इनके द्वारा निरूपित ब्रह्म उपनिषदों में निरूपित ब्रह्म से तदाकार हो जायेगा। उपनिषदों में ब्रह्म का वर्णन निषेधात्मक रूप में भी किया गया है और विरोधात्मक प्रणाली से भी। लेखक ने कवियों के उद्धरण प्रस्तुत कर यह सिद्ध किया है कि हिन्दी सूफ़ी कवियों ने भी इन दोनों ही प्रणालियों को अपनाकर ब्रह्म के भारतीय स्वरूप को ही अपनाया है। सभी सूफ़ी कवियों ने हिन्दू चिन्तन में प्राप्त होनेवाले ब्रह्म के सभी नामों को स्वीकार किया है। सिरजनहार, करतार, ब्रह्म, अलख निरंजन, परमेसा, गोसाई आदि शब्दों का खुलकर प्रयोग किया है, यहाँ तक कि शुद्ध भारतीय परम्परा का एकनिष्ठ प्रतीक 'ओंकार' शब्द का भी पर्याप्त प्रयोग हुआ है। लेखक का मत है कि हिन्दी के ''सूफ़ी कवियों ने परमात्मा के लिए हिन्दुओं के विभिन्न पन्थ, सम्प्रदायों और ग्रन्थों में प्रचलित नामों का ही प्रयोग किया है। इस्लामी सम्बोधनों से बचने की प्रवृत्ति उनमें दिखायी पड़ती है।'' (पृ. 73)

शैवाद्वैत का सन्दर्भ प्रस्तुत करते हुए लेखक ने यह सिद्ध किया है कि इस्लामी दर्शन ने जगत् का मिथ्यात्व स्वीकार न कर उसका अस्तित्व माना है पर सूफ़ी विचारकों और कवियों ने इस सम्बन्ध में अद्वैत दर्शन से निकटता प्राप्त की है। शिव और शक्ति शब्दों का प्रयोग सभी हिन्दी सूफ़ी कवियों में मिलता है। लेखक ने जायसी से उद्धरण भी प्रस्तुत किये हैं। हिन्दी सूफ़ी कवि संसार को मिथ्या ही मानता है वास्तविक नहीं। लेखक ने लगभग सभी हिन्दी सूफ़ी कवियों के अनेक उदाहरण प्रस्तुत करते हुए यह सिद्ध किया है कि इन सूफ़ी कवियों ने जीव, ब्रह्म और जगत् की अमरता सिद्ध करने के लिए भारतीय वाङ्मय में प्राप्त सर्व व्यापकता, प्रतिबिम्ब भाव और अंश अंशी भाव को अपनाया है। लेखक के द्वारा प्रस्तुत उदाहरण प्रचुर हैं और सम्पूर्ण हिन्दी सूफ़ीकाव्य को आच्छादित करते हैं।

अध्याय के अन्त में लेखक ने हिन्दी सूफ़ी कवियों पर योग साधना का और विशेषकर गुरु गोरखनाथ के प्रभाव को दिखाया है। सूफ़ी कवियों में योगियों के पारिभाषिक शब्द, करामातों का वर्णन, योगियों के विभिन्न सम्प्रदायों के वर्णन, ब्राह्मणों से उनके मतभेद के संकेत प्रचुरता के साथ प्राप्त हैं। कजली वन का विशेष रूप से वर्णन किया गया है।

आठवाँ अध्याय है 'योग और प्रेम'। सूफ़ी सन्तों का उद्देश्य प्रेम के माध्यम से ईश्वर के साथ एकरूप होना है जिसे बड़ा कहा गया है। इस प्रेम-साधना का विकास अरब के सूफ़ियों ने अपने ढंग से किया। अनेक मंजिलें, अनेक लोक और अनेक स्थितियाँ इस साधना के रूप में

विकसित हुईं परन्तु हिन्दी सूफ़ी कवियों के सामने भारतीय योग साधना थी। यद्यपि उसका प्रभाव सभी सूफ़ी सन्तों पर था परन्तु भारतीय सूफ़ी सन्तों के सामने यह योग-साधना अत्यन्त निकट थी अतः उन्होंने सूफ़ी प्रेम-साधना में प्रेम-मार्ग की स्थितियों को योगमार्ग की स्थितियों से एकरूप कहर दिया। ऐसा कैसे और किस प्रकार हुआ यही इस अध्याय का विषय है। लेखक ने सर्वप्रथम भारतीय योग-साधना को स्पष्ट किया है और फिर लिखा है—"योग साधना के इस मूल विषय को हिन्दी सूफ़ी कवियों ने अपने आख्यानों में रूपकों द्वारा व्यक्त किया है। सभी प्रेमाख्यानों के रचयिता सूफ़ी कवियों ने नायिका (ब्रह्म) की प्राप्ति की प्रयत्नावस्था में नायक (जीव) के योगी बनने, कष्ट झेलने (साधना) और मरजीया दशा (मुक्तावस्था) प्राप्त करने का वर्णन किया है।" (पृ. 91) जायसी ने सिंहलगढ़ के वर्णन के सारे प्रतीक सिद्धों और नाथों से लिये हैं। प्राणायाम की पूरी प्रक्रिया के पारिभाषिक शब्द इड़ा, पिंगला, सुषुम्णा, ब्रह्मरन्ध्र सभी कवियों में प्रयुक्त हुए हैं। योगमार्ग में प्रयुक्त सूर्य और चन्द्र के प्रतीकों का प्रयोग उन्होंने एक रूढ़ि के रूप में किया है जिसके पीछे सिद्ध योगियों के पारिभाषिक संकेत विद्यमान हैं। उन्होंने सूर्य चन्द्र में जिस माधुर्यभाव का निर्माण किया है। उसकी परम्परा वज्रवासियों के प्रज्ञा और उपाय के प्रतीकों में मिलती है। इन हिन्दी सूफ़ी कवियों ने सरगपन्थ, सरग, कविलास (कैलाश) सोना और सुहाग, मिलन, महासुख, सर्वशून्यता को अपनी प्रेम-साधना में किस प्रकार खपा दिया है इसका विस्तृत विवेचन लेखक द्वारा किया गया है। अद्वय या युगनद्ध भाव, योग कथाओं के माध्यम से साधे गये हैं। सूफ़ी प्रेम साधना ही भोग और उससे पूर्व की साधना योग है। अन्त में लेखक निष्कर्ष के रूप में लिखता है—"भारत में सूफ़ी सन्तों, साधकों और सूफ़ी कवियों ने भारतीय योग साधना या नाथपन्थ की परम्परा की योग साधना और उसके साधनों का भी उपयोग अपने प्रेम मार्ग की साधना में किया है। बिना ऐसी साधना के सिद्धि प्राप्त नहीं होती और भारत के कई सूफ़ी सन्तों की सिद्धियों और करामातों की बातें ऐतिहासिक सन्दर्भों में मिलती हैं।"

अन्तिम अध्याय 'सूफ़ियों का सन्देश' में लेखक की दृष्टि जायसी पर केन्द्रित रही है। कवि का मानना है कि वह कवि हैं और कवि के अतिरिक्त जो कुछ भी हैं, वह उनके कवि के आगे छोटे हैं। लेखक ने आचार्य रामचन्द्र शुक्ल, हसन अस्करी, वासुदेवशरण अग्रवाल, साही और डॉ. रघुवंश के उद्धरण प्रस्तुत करके सिद्ध किया है कि उनकी मानवीय दृष्टि तो निर्विवाद है परन्तु उनका महत्त्व उसके राष्ट्रीय सोच, हिन्दू मुस्लिम एकता की दृष्टि और इतिहास के भयंकर उन्मादी-मजहबी संहार के बीच एक राष्ट्रीय, मानवीय और एक समूची सांस्कृतिक इकाई की उनकी परिकल्पना के कारण है। उनके पूर्ण भारतीयकरण को स्वीकार करते हुए कहा गया है कि उन्हें अपने सहधर्मियों (मुसलमान भाइयों) को हिन्दुओं से अधिक शिक्षा देनी थी। वह चाहते थे कि हिन्दुओं की दार्शनिकता, परम्पराएँ, मिथ परम्पराएँ हम मुसलमानों के घरों में भी आवें। सैद्धान्तिक स्तर पर भी जायसी ने सांसारिक कलह द्वन्द्वों से परे एक ऐसे लोक की कल्प सृष्टि की है जिसमें पुराण लोक और यथार्थ लोक एक हो जाते हैं। अध्याय के अन्त में लेखक का कथन इस प्रकार है—"जायसी के इन दोनों लोकों को आमने-सामने लाने के पीछे एक मन्तव्य है—वह यह है कि अमूर्त कल्पना लोक में 'प्रेम' की उस विभूति की अलौकिक छवि है जो विश्वव्यापी विराट् में पद्मावती के रूप में विद्यमान है। वहीं पारस रूप छवि है जो वैश्विक मानवता को एक सूत्र में बाँधने में सक्षम है और यही 'मानुस प्रेम बैकुण्ठी' बनता है। दूसरा जो इतिहास लोक या यथार्थ लोक है वह संघर्ष, टकराहट, विध्वंस और विनाश की लीला है, इसीलिए वह 'छार एक मूठी'

है और कुछ भी नहीं।'' (पृ. 107) सारांश यह है कि जायसी का दृष्टिकोण राष्ट्रीयता की दृष्टि से समन्वयववादी है, मानवता की दृष्टि से विश्वव्यापी है और दार्शनिक दृष्टि से इस जगत को नश्वर माननेवाला है।

पुस्तक में जो कुछ है उसका उद्घाटन करने के उपरान्त पुस्तक के विषय में कुछ सामान्य विशेषताओं की ओर से संकेत करना आवश्यक लग रहा है। यद्यपि लेखक ने 'दो शब्द' में स्पष्ट लिख दिया है कि यह पुस्तक प्रबन्ध-रचना न होकर निबन्धों का संग्रह है, परन्तु इन निबन्धों को कुछ ऐसे क्रम से प्रस्तुत किया गया है कि पुस्तक में प्रबन्धात्मकता का अहसास होता है। दूसरे यह कि लेखक ने यह कहा है कि यह मौलिक ग्रन्थ नहीं है और लेखक ने जितने उद्धरण और उदाहरण प्रस्तुत किये हैं उनकी संख्या देखकर लगता है कि मानों लेखक का अपना कुछ नहीं है, सभी कुछ दूसरों का ही है। प्रथम अध्याय में 70, छठे अध्याय में 52, सातवें में 84 और आठवें में 62 सन्दर्भ हैं। पूरी पुस्तक में 300 के लगभग है। हम यह कहना चाहते हैं कि यह सन्दर्भ भले ही यह सिद्ध करते हों कि कन्हैया सिंह ने तथ्यों का संग्रह विद्वानों के ग्रन्थों और सूफ़ीकाव्यों में से किया हो परन्तु उनकी मौलिकता इन तथ्यों के आख्यान (Interpresation) में हैं। उनका भारतीय दर्शन और हिन्दी साहित्य का ज्ञान पूरी मौलिकता के साथ भारतीयता के प्रति उनकी आस्था को व्यक्त करता है। सर्वत्र उनकी दृष्टि यही रही है कि यह स्पष्ट करें कि सूफ़ियों की जन्म भूमि में सूफ़ियों को भारतीयता ने किस प्रकार प्रभावित किया है और हिन्दी के सूफ़ी कवि उससे किस प्रकार प्रभावित हुए। जहाँ भी तुलनात्मक प्रश्न आता है वेद, पुराण, उपनिषद, अरण्यक आदि में वह गहराई से प्रवेश कर जाते हैं। पूरी परम्परा का निरूपण करते हैं। अध्ययन की व्यापकता और प्रासंगिक अंशों का चुनाव यह कन्हैया सिंह की विशेषता है। बौद्ध धर्म, योग, नाथ, सिद्ध आदि विषयों में उनकी गहरी पैठ है। सूफ़ी साहित्य तो उनका विषय है ही। अन्त में एक सुझाव भी देना चाहूँगा। इस पुस्तक के प्रारम्भ में इस्लाम के मूलभूत सिद्धान्तों का परिचय देनेवाला एक अध्याय और होना चाहिए जिससे पाठक को सूफ़ी सिद्धान्तों के साथ तुलनात्मक सुविधा प्राप्त हो सके।

75/70 मानसरोवर, जयपुर (राजस्थान)

सूफ़ीमत और उदार इस्लाम का सूफ़ी चेहरा

राम सजन पाण्डेय

(अ)

'उदार इस्लाम का सूफ़ी चेहरा' किताब डॉ. कन्हैया सिंह द्वारा लिखित 2016 ई. में लोकभारती प्रकाशन, इलाहाबाद द्वारा प्रकाशित है। डॉ. कन्हैया सिंह की यह कोई पहली या अन्तिम पुस्तक नहीं है। डॉ. सिंह सूफ़ीमत के अच्छे अध्येता, अध्यापक, अनुसन्धाता, व्याख्याता और मनीषी हैं। उन्होंने इस केन्द्रीय विषय पर अनेक ग्रन्थ लिखकर शोधालोचना-संसार को समृद्ध किया है। वे पुस्तकें हैं—

1. हिन्दी सूफ़ीकाव्य में हिन्दू संस्कृति
2. सूफ़ीमत
3. युगद्रष्टा मलिक मुहम्मद जायसी
4. सूफ़ीकाव्यः सांस्कृतिक अनुशीलन
5. उदार इस्लाम का सूफ़ी चेहरा

डॉ. कन्हैया सिंह (जन्म 1935 ई.) हिन्दी के ऋषि हैं—महर्षि हैं। उन्होंने स्वतन्त्रता से पहले और स्वतन्त्रता के बाद की सारी राजनीतिक, आर्थिक, सामाजिक, सांस्कृतिक स्थितियों-परिस्थितियों, हालातों-हलचलों को बड़ी गहराई से देखा-परखा-भोगा है। इतना ही नहीं, डॉ. कन्हैया सिंह ने अपने समय की इन स्थितियों को बड़ी बारीकी से उकेरा भी है। इसीलिए वे सर्जना के-रचना के अनेक शिखरों पर विचरण करते हुए दिखायी पड़ते हैं। डॉ. सिंह केवल सूफ़ी साहित्य के ही समीक्षक नहीं हैं, वरन् वे पाठालोचन, भाषाविज्ञान, काव्यालोचन पर भी बड़ी सिद्धता से अपने हस्ताक्षर करते हैं। सर्जनात्मक साहित्य के अन्तर्गत वे संस्मरण, निबन्ध, कहानी, यात्रावृत्तान्त आदि नाना विधाओं पर अपनी लेखनी चलाकर भारती के भण्डार को भरते हुए दिखायी पड़ते हैं। कहने का आशय यह है कि डॉ. कन्हैया सिंह समाज को, भारतीय संस्कृति को समग्र रूप में समर्पित एक ऐसे व्यक्तित्व हैं, जो साहित्य को यदि रचते हैं तो समाजोत्थान के लिए रचते है, अध्यापन करते हैं तो समाज के नव-निर्माण के लिए करते है, राजनीति करते हैं तो सामाजिक शुचिता और सामाजिक कल्याण के लिए करते हैं और यदि सर्जनात्मक साहित्य की सृष्टि करते हैं तो समाज को सांस्कृतिक चिन्तन और चिन्ता से सम्बद्ध करने के लिए। सचमुच,

ऐसे ही साहित्य साधकों से-सर्जकों से-काव्यालोचकों से-विचारकों से यह धरती धन्य हुई है, रहने लायक बनी है। डॉ. कन्हैया सिंह अपने वचन से, अपने आचरण से, अपने सर्जना से भारतीय संस्कृति-मानवीय संस्कृति की ही भाँति-भाँति से अंकन-निरूपण करते हैं। उन्हीं तमाम अंकनों का एक रूप है—एक पुस्तक है—'उदार इस्लाम का सूफ़ी चेहरा।'

(आ)

सूफ़ीमत और सूफ़ी साहित्य पर लिखने-पढ़ने-अनुसंधान करनेवाले अनेक विद्वान् हुए हैं। डॉ. रामपूजन तिवारी ('सूफ़ीमत : साधना और साहित्य), डॉ. विमल कुमार जैन (सूफ़ीमत और साहित्य), पं. चन्द्रबली पाण्डेय (तसव्वुफ और सूफ़ीमत), पं. परशुराम चतुर्वेदी (सूफ़ीकाव्य संग्रह), राममूर्ति त्रिपाठी (तन्त्र और तसव्वुफ), विजयदेवनारायण साही (जायसी), यज्ञदत्त शर्मा (जायसी : साहित्य और सिद्धान्त), रामचन्द्र शुक्ल (जायसी ग्रन्थावली-भूमिका), डॉ. सरला शुक्ला (जायसी के परवर्ती हिन्दी सूफ़ी कवि और काव्य), डॉ. सरोजनी पाण्डेय (जायसी का काव्य), डॉ. शिवसहाय पाठक (पदमावत का काव्य सौन्दर्य), डॉ. श्याममनोहर पाण्डेय (मध्ययुगीन प्रेमाख्यान) डॉ. यश गुलाटी (सूफ़ी कविता की पहचान) आदि ऐसे विद्वान-आलोचक शोधक हैं, जिन्होंने अपना जीवन सूफ़ी साहित्य को समझने-समझाने में समर्पित कर दिया। इसी परम्परा में (कालक्रम से आगे और पीछे) डॉ. कन्हैया सिंह का नाम भी बड़े सम्मान के साथ लिया जाता है। डॉ. सिंह ने सूफ़ी साहित्य और उससे सम्बद्ध अनेक कृतियों का प्रणयन करके सूफ़ी साहित्य के मर्म को-जायसी की मूल चेतना को बड़ी स्पष्टता और तात्त्विकता के साथ उद्भावित किया है। उद्भावना की इसी श्रृंखला में उनके द्वारा प्रणीत 'उदार इस्लाम का सूफ़ी चेहरा' नामक ग्रन्थ का विशेष महत्त्व है। इस ग्रन्थ में नौ प्रकरण-अध्याय हैं—

1. सूफ़ी तत्त्व चिन्तन का विकास
2. सूफ़ीमत
3. सूफ़ी साधना मार्ग
4. भारत में सूफ़ी सम्प्रदाय
5. प्रेमतत्त्व
6. फ़नाऔर ब़का
7. हिन्दी सूफ़ीकाव्य का दर्शन
8. योग और प्रेम
9. सूफ़ियों का सन्देश

ग्रन्थ में विवेचित उक्त विषयानुक्रम से यह स्पष्ट बोध हो जाता है कि लेखक ने बिना लाग-लपेट के सूफ़ीमत और सूफ़ी साहित्य सन्देश के केन्द्र पर अपने अवधान को केन्द्रित रखा है। उसने परिधि पर दौड़ लगाने के बजाय; फालतू बात करने की जगह, इधर-उधर खुद और भावकों को भटकाने की जगह विषयवस्तु को ठीक स्थान पर पकड़ने और विवेचित करने का प्रयास किया है। लेखक ने बड़ी विनम्रता से इस ग्रन्थ के विषय में अंगीकार किया है कि 'प्रस्तुत ग्रन्थ कोई मौलिक ग्रन्थ नहीं है। इसमें पूर्ववर्ती विद्वानों और अपने अध्ययन को आधार बनाया गया है। यह सूफ़ीमत, हिन्दी सूफ़ीकाव्य के अध्येता, अध्यापकों तथा छात्रों की दृष्टि से लिखा गया है, जिसमें विषय की स्पष्ट अवधारणा प्रस्तुत की गयी है।'

सच में, लेखक की यही बेबाक स्वीकृति 'उदार इस्लाम का सूफ़ी चेहरा' नामक कृति को विशिष्ट और बेजोड़ बनाती है।

डॉ. कन्हैया सिंह मूलतः अध्यापक हैं, राष्ट्रीय स्वयंसेवक संघ के स्वयंसेवक हैं, अधिवक्ता हैं, जनप्रतिनिधि हैं। इन सभी रूपों में उनका उद्देश्य है कि वे अपनी बात को, अपने दृष्टिकोण को बड़ी स्पष्टता के साथ विद्यार्थियों तक, अध्यापकों तक, लोगों तक पहुँचाएँ और पहुँचाकर उनकी चेतना का-उनके ज्ञान का-उनके बोधन का मार्जन-सम्बोधन करें। वास्तव में, यह किताब इन्हीं आशयों को लेकर आगे बढ़ती है, आगे चलती है।

'उदार इस्लाम का सूफ़ी चेहरा' का पहला अध्याय है—'सूफ़ी तत्त्व चिन्तन का विकास।' इस अध्याय में मनीषी लेखक ने इस्लाम के सम्प्रदायों, इस्लाम पर बाह्य प्रभाव, सूफ़ीमत का विकास आदि विषयों-सन्दर्भों को विविध प्रमाणों और साक्ष्यों के माध्यम से विवृत किया है। विषय का प्रवर्त्तन करते हुए लेखक ने लिखा है कि धार्मिक आडम्बर, देवस्थानों में व्याप्त व्यभिचार और धर्म की ह्रासोन्मुखता की स्थिति में हजरत मुहम्मद का अवतरण (570 ई.) होता है। लेखक ने इस अवतरण को युग की माँग बताते हुए इसकी दो विशेषताओं की ओर संकेत किया है—

1. बहुदेवत्व के विरुद्ध एक ईश्वर में विश्वास (तौहीद)
2. दैनिक उपासना (नमाज़)

इस्लाम के प्रवर्त्तन के साथ लेखक ने इस्लाम के सम्प्रदायों पर भी दृष्टिपात किया है। लेखक ने हजरत मुहम्मद की मृत्यु के बाद उन चार खलीफाओं (अबूबकर, उमर, उसमान एवं अली) का भी स्मरण किया है, जिनके उद्यम से इस्लाम को व्यापकता प्राप्त हुई। लेखक ने विवेचन के क्रम में यह भी स्पष्ट किया है कि हजरत मुहम्मद के देहावसान के थोड़े समय बाद उनकी धारणाएँ राजनीति की शिकार बन गयीं और वह अनेक सम्प्रदायों में विभक्त हो गयीं। वे सम्प्रदाय हैं- खारिजी, मुरीजी, शीया और कादिरी। लेखक ने इन सम्प्रदायों को सहज बोधगम्य बनाने के लिए इन्हें परिभाषित भी किया है। यथा-

1. खारिजी सम्प्रदाय को मानने वाले संघर्ष प्रेमी थे।

2. मुरीजी मुरीज शब्द से बना है और मुरीज शब्द 'अरजया' से बना है। मुरीजी खारिजियों के इस मत के विरोधी थे कि नियमों का पालन न करनेवाला मुसलमान काफिर है और खारिजियों के मत को न मानने वालों को समाप्त कर देना चाहिए।

3. शीया हजरत मुहम्मद के चौथे उत्तराधिकारी और दामाद अली के समर्थक थे। लेखक इस सन्दर्भ में लिखता है कि शीया सम्प्रदाय वालों के अनुसार अल्लाह ने अली को हजरत मुहम्मद का इमाम बनाकर भेजा और उनकी वंश परम्परा में वह ज्योति प्रज्वलित कर दी जिससे उनके अतिरिक्त किसी में इमाम होने की क्षमता नहीं हैं।

4. अब्दुल कादिर जिलानी कादिरी सम्प्रदाय के प्रवर्त्तक थे और इस सम्प्रदाय में भाव की स्वतन्त्रता की मान्यता थी।

इस अध्याय में विद्वान् लेखक ने परम्परा से विद्रोह के साथ इस्लाम पर पड़े बाह्य प्रभावों का भी युक्तियुक्त अंकन किया है। इस प्रसंग में लेखक ने अनेक उद्धरणों और अनेक विद्वानों के कथनों के माध्यम से स्थापित किया है कि सूफ़ियों ने हिन्दू चिन्तनधारा से प्रत्यक्ष रूप से तथा बौद्ध धर्म के माध्यम से भी प्रभाव ग्रहण किया। इनमें 'निर्वाण' या 'मोक्ष' की भाँति 'फ़ना' की

भावना, त्याग एवं संन्यासपूर्ण जीवन विधि, जप-माला आदि के प्रयोग भारतीय साधना के प्रभाव से ही पहुँचे। बौद्ध धर्म का तो इतना प्रभाव सूफ़ियों पर पड़ा कि भगवान बुद्ध के जीवन की कथाओं को भी सूफ़ी सन्तों के जीवन के साथ जोड़कर कहा जाने लगा।'

पहले अध्याय में ही लेखक ने 'सूफ़ीमत के विकास' का भी विवेचन किया है। उसने इसे दो भागों में विभक्त किया है—

1. प्रादुर्भावकाल (9वीं शताब्दी से पूर्व)
2. विकासकाल (9वीं शताब्दी से पश्चात्)

ग्रन्थकार ने इस उपप्रकरण में सूफ़ी शब्द के प्रयोग पर चर्चा करते हुए सूफ़ी सन्तों का भी इतिवृत्त प्रस्तुत किया है। इन सूफ़ियों में अल हसन (मृ. 728 ई.), इब्राहीम बिन अधम (मृ. 783 ई.), फुजामल बिन अयाज (मृ. 801 ई.), राबिया अल अदाबिया, जुलनून मारूफ अल करखी, बाजजीय बिस्तामी, जुनैद हुसैन, बिन मंसूर हल् हल्लाज, कुशेरी, अल गजाली, इब्नुल अरबी, ख्वाजा ब्रकीविल्लाह, अब्दुल करीम अल जिली आदि का केवल उल्लेख नहीं किया है; वरन् सूफ़ी धर्म, साधना, साहित्य और समाज में उनके महत्त्वपूर्ण अवदान को भी रेखांकित किया है। इस योगदान के निरूपण के क्रम में लेखक ने सूफ़ियों की चिन्तनधारा को, उनकी प्रेमसाधना को, रहस्य भावना को, सामाजिक सम्पृक्ति और सम्बद्धता को बड़ी गहराई और स्पष्टता के साथ उकेरा है। डॉ. कन्हैया सिंह का इस विषय से सम्बन्धित सारा विवरण और चित्रण, निरूपण और उद्भावन ऐतिहासिक और सामाजिक अन्विति से परिपूर्ण है।

'उदार इस्लाम का सूफ़ी चेहरा' पुस्तक का दूसरा अध्याय है—सूफ़ीमत। छह पृष्ठीय इस अध्याय में लेखक ने 'सूफ़ी' शब्द की व्युत्पत्ति, परिभाषा तथा उसके दार्शनिक स्वरूप की सारगर्भित व्याख्या-विवेचना की है। अध्याय के प्रारम्भ में ही लेखक ने सूफ़ीमत को परिभाषित करते हुए कहा है कि ''इस्लाम धर्म के अन्तर्गत उद्भूत आत्मचिन्तन एवं अनुभूति प्रधान विशिष्ट दार्शनिक मतवाद को 'सूफ़ीमत' कहा जाता है।''

इसी क्रम में डॉ. कन्हैया सिंह ने सूफ़ी शब्द का व्युत्पत्तिमूलक विवेचना की है। इसकी व्युत्पत्ति के अनेक सरोकारों पर प्रकाश डालते हुए उन्होंने स्वीकार किया है कि सूफ़ी की व्युत्पत्ति सूफ (ऊन) शब्द से ही सर्वाधिक सम्भव प्रतीत होती है।

'सूफ़ी' शब्द के निर्वचन के पश्चात् लेखक सूफ़ी शब्द की व्याख्या भी करता है। विभिन्न विद्वानों की परिभाषाओं के बीच वे सर्वमान्य परिभाषा तथा प्रवृत्तियों को हमारे सामने रखते हैं। इसी विवेचन के क्रम में लेखक सूफ़ी दर्शन (तसव्वुफ) पर भी प्रकाश डालता है। उनकी मान्यता है कि सूफ़ीमत मूलतः कुरान से पैदा हुआ है। ईश्वर-जीव-जगत के विषय में उसकी धारणाएँ कुरान से ही सम्पोषित हैं। ब्रह्म को लेकर, जगत् और आत्मा को लेकर इस अध्याय में तात्त्विक विमर्श दृष्टिगोचर होता है। कहने का आशय यह है कि कुरान या सूफ़ीमत का परमात्मा (अल्लाह) संसार का रचयिता, पालक और संहारक है। वह एक है। संसार उस परमात्मा की छवि है। सारे संसार में केवल ईश्वर की ही सत्ता है, अस्तित्व है। जहाँ तक आत्मा का सवाल है उस बारे में ज्ञातव्य है कि 'इस्लामी सृष्टि-प्रक्रिया के अनुसार परमात्मा ने अपनी इच्छा से ही सृष्टि का निर्माण किया।...सूफ़ियों के अनुसार आत्मा, परमात्मा में लौट जाने के लिए अनजाने उत्सुक रहती है, क्योंकि वही उसका मूल उद्गम है।

डॉ. कन्हैया सिंह ने सूफ़ीमत में प्रतिपादित आत्मा के दो भेदों-नफ्स और रूह-की चर्चा की है। उन्होंने कहा है कि नफ्स निम्नकोटिक है और वह कुवृत्तियों का स्थल है, 'रूह' उच्चकोटिक सद्वृत्तियों का उद्भावक है। इतना ही नहीं, 'नफ्स' को शरीर से निकालकर ही रूह परमात्मा की ओर उन्मुख हो सकती है। इन्हीं दार्शनिक विचारों पर सूफ़ी साधना का महल खड़ा हुआ है। इनकी साधना का मूल उद्देश्य परमात्मा का प्रेम और उसमें तादात्म्य है।

आलोच्य पुस्तक का तीसरा अध्याय है—सूफ़ी साधना मार्ग। इस अध्याय में लेखक ने सूफ़ी साधना की चार अवस्थाओं, चार लोक, सूफ़ी मार्ग की मंजिलों का संक्षिप्त विवरण प्रस्तुत किया है।

कहने की आवश्यकता नहीं है कि सूफ़ी साधक अपनी साधना को एक यात्रा मानते हैं, सफर मानते हैं। उन्होंने इनकी चार अवस्थाएँ गिनायी हैं। लेखक भी इन्हीं चार अवस्थाओं की बात करता है। यह अवस्थाएँ हैं—

1. शरीअत
2. तरीकत
3. मारिफ़त
4. हक़ीकत

लेखक इसी अध्याय में चार अवस्थाओं के बाद चार लोकों-नासूत, मलकूत, जबरूत और लाहूत का वर्णन करता है। इसके बाद वह सूफ़ी मार्ग की मंजिलों का भी उल्लेख करता है। मंजिलों पर प्रकाश डालते हुए डॉ. सिंह लिखते हैं कि सूफ़ियों को अपने चरम लक्ष्य तक पहुँचने के लिए कुछ मंजिलों को और तय करना पड़ता है, जिन्हें वे मुक़ामात कहते हैं। इनकी कोई निश्चित संख्या नहीं है। अधिकांश आलोचक इनकी सात मंजिलें मानते हैं। यह मुक़ामात, अबूदिया, इश्क, जहद, म्वारिफ़, वज्द, हक़ीक और वस्ल हैं।'

पुस्तक का अगला अथवा चौथा अध्याय है—'भारत में सूफ़ी सम्प्रदाय।' इस अध्याय में भारत में विशेष रूप से ज्ञात चार सम्प्रदायों-चिश्ती सम्प्रदाय, सुहरवर्दी सम्प्रदाय, कादिरी सम्प्रदाय, नक्शबन्दी सम्प्रदाय-का सार-संक्षेप प्रस्तुत किया गया है। कहने की आवश्यकता नहीं है कि चिश्ती सम्प्रदाय का भारत में आगमन ख्वाजा मुईनुद्दीन चिश्ती के आगमन के साथ (1190 ई.) होता है। सुहरवर्दी सम्प्रदाय के प्रवर्त्तक शेख शहाबुद्दीन थे और उनके शिष्य बहाउद्दीन जकारिया ने भारतवर्ष में इस सम्प्रदाय की प्रतिष्ठा की। कादिरी सम्प्रदाय के प्रवर्त्तक बगदाद के शेख अब्दुल कादिर जिलानी थे तथा नक्शबन्दी सम्प्रदाय के प्रवर्त्तक ख्वाजा बहाउद्दीन नक्शबन्दी थे।

इसी अध्याय में डॉ. कन्हैया सिंह ने भारतीय सूफ़ीधारा पर हिन्दू-प्रभाव को भी शब्दांकित किया है। लेखक ने स्पष्ट किया है कि सूफ़ी साधना में माला का प्रयोग, गुरु को साष्टांग प्रणाम, भारत की लोककथाओं-लोकरीतियों, लोकप्रथाओं, रीति-रिवाजों, संगीत-प्रेम, आचारों-विचारों, हठयोगिक साधनाओं का व्यवहार आदि हिन्दू प्रभाव के कारण आया है। उनका कथन है कि 'भारत में प्रवेश करने पर तो निश्चित रूप से हिन्दू धर्म, दर्शन और साधना से सूफ़ीमत प्रभावित हुआ है। हिन्दू-प्रभावों की इस सुदीर्घकालीन परम्परा को हिन्दी के सूफ़ी कवियों ने पूर्णता प्रदान की है। इन कवियों ने हिन्दू-संस्कृति की समस्त रूप-छवियों को अपने काव्य में निरूपित करने का प्रयास किया है।

सूफ़ी साहित्य अपनी प्रेम भावना और उद्भावना के लिए चर्चित, प्रतिष्ठित और प्रशंसित है। डॉ. कन्हैया सिंह की इस पुस्तक का पाँचवाँ प्रकरण 'प्रेमतत्व' है। इस अध्याय की प्रथम पंक्ति में लेखक ने लिखा है कि सूफ़ी साधना का केन्द्रीय तत्त्व प्रेम है। प्रेम ही वह सुरा है जिसके मद में छका हुआ सूफ़ी मस्त मौला बना रहता है और प्रियतम के प्रेम के अलावा कुछ भी नहीं दिखायी देता है।

'प्रेमतत्त्व संज्ञक अध्याय में डॉ. कन्हैया सिंह ने प्रेम और सूफ़ी साहित्य में व्यंजित प्रेम के बहुविध रूपों-स्वरूपों, उसके वैशिष्ट्य और उसके महत्त्व को वर्णित किया है। हिन्दी सूफ़ी रचनाओं के सन्दर्भ में उनकी निर्भ्रान्त धारणा है कि सूफ़ी सिद्धान्त और साधना का अन्य कोई तत्त्व नहीं है, यदि कोई तत्त्व, इन्हें सूफ़ी रचना घोषित करनेवाला है तो वह इनमें निरूपित प्रेमतत्त्व है। इनके द्वारा सांसारिक प्रेम की व्यंजना ऐसे मनोयोग से हुई है कि वह लौकिक काव्य की दृष्टि में भी उनकी रचना को उच्च धरातल प्रदान करता है, साथ ही सूफ़ी रंग में रंगे मस्तमौला फकीरों को प्रेम की आध्यात्मिक तृप्ति प्रदान करता है।

पुस्तक का छठा अध्याय है फ़ना और ब्रका। इस अध्याय में लेखक ने फ़ना, ब्रका और मरजिया दशा का बड़ा सुन्दर और भावपूर्ण उद्भावन किया है। उनकी दृष्टि में इन तीनों का स्वरूप क्या है? इसे समझना जरूरी है। 'फ़ना' के विषय में वे लिखते हैं कि प्रेम की ज्योति को अन्तःकरण में जलाये हुए, विरह में जलता हुआ साधक भावोल्लास की दशा में पहुँच जाता है और संसार की समस्त सत्ता का उसे विस्मरण हो जाता है। सांसारिक दृष्टि से यह उसका मरण है। सूफ़ी दर्शन में इसे फ़नाकहा जाता है। इसके बाद (फ़नाके बाद) ब्रका की स्थिति आती है, जिसमें परमात्मा के साथ उसका तादात्म्य या विलय हो जाता है और इसी महामिलन की अवस्था में वह रहने लगता है।

ध्यान से देखें तो स्मरण हो जाता है कि 'फ़ना' की यही स्थिति 'मरण' है, मरजीया दशा है। हिन्दी के सूफ़ी कवियों ने इस मरजीया दशा का वर्णन किया है। लेखक ने मरजीया दशा का वर्णन करते हुए अनेक विद्वानों और अनेक ग्रन्थों का साक्ष्य प्रस्तुत करते हुए इसे प्रमाणित भी किया है।

आलोच्य पुस्तक का एक अध्याय है—'हिन्दी सूफ़ीकाव्य का दर्शन।' पाठक के लिए किसी कृति या कृतिकार के दर्शन को समझना-जानना भी जरूरी होता है। लेखक ने इसमें सूफ़ी दर्शन से सम्बन्धित अनेक घटकों का विमर्श प्रस्तुत किया है। इसमें ब्रह्म, ब्रह्मवाची नाम, जीव, जगत, ब्रह्म और जगत का सम्बन्ध आदि विषयों पर विचार किया गया है। इसी विवेचन क्रम में लेखक ने योग साधना की विवेचना भी की है। इन सारे विषयों को लेखक ने अनेक ग्रन्थों, विद्वानों, उद्धरणों के मतों द्वारा पुष्ट भी किया है।

हिन्दी सूफ़ीकाव्य में योग और प्रेम की भी साथ-साथ व्यंजना हुई हो, इसीलिए डॉ. कन्हैया सिंह ने 'योग और प्रेम' को लक्षित करके एक अध्याय लिखा है। इस अध्याय में कुण्डलिनी जागरण की प्रक्रिया को बताते हुए यह कहने का प्रयास किया गया है कि सूफ़ी कवियों ने रूपकों के द्वारा, प्रतीकों के द्वारा, संकेतों के द्वारा योग-साधना की क्रियाओं का निरूपण किया है।

पुस्तक का अन्तिम अध्याय (नौवा अध्याय) है—'सूफ़ियों का सन्देश।' सचमुच, यह एक महत्त्वपूर्ण अध्याय है जिसमें सूफ़ी धर्म, दर्शन, विचार, संस्कृति, प्रवृत्ति, प्रकृति की सार्थकता की उद्भावना की गयी है। पूरे अध्याय में व्यंजित कुछ पंक्तियों-उक्तियों को यहाँ पर अंकित करना

समीचीन प्रतीत होता है, जिसके माध्यम से डॉ. कन्हैया सिंह की आलोचना दृष्टि को समझने में मद्द मिलेगी। यह पंक्तियाँ-उक्तियाँ हैं-

(1) कुछ सूफ़ी मुस्लिम एकता के हस्तक अवश्य थे और प्रच्छन्न रूप में इस्लाम के प्रचारक थे, पर सच्चे सन्त और सूफ़ी कवि (चौदहवीं से सोलहवीं शताब्दी तक) हिन्दू और मुसलमानों को एकता का सन्देश दे रहे थे।

(2) हिन्दी के सूफ़ी कवि दो महान् जातियों (हिन्दू-मुसलमान) की एकता के विश्वासी थे।

(3) वे सन्त, भक्त, सूफ़ी सब कुछ हैं, पर कवि के सृजनात्मक-संवेदनात्मक रचना-लोक में वे न भक्त हैं, न सन्त हैं, न सूफ़ी हैं। वे कवि हैं और कवि के अतिरिक्त जो कुछ भी हैं, वह उनके कवि के आगे छोटे हैं।

(4) जायसी ने उदात्त मानव-प्रेम की मूलधारा के साथ ही इतिहास लोक, यथार्थ लोक या चित्तौड़ लोक की उस मूल भावना को भी आलोकित किया है, जिसमें कवि सत्ताधारी मुस्लिम शासकों को मानव धर्म पर चलने, हिन्दुओं के साथ समरस व्यवहार करने का सन्देश ही नहीं देता, अपितु उन्हें मूल सांस्कृतिक-सामाजिक जीवनधारा को अपनाने का संकेत भी करता है।

(5) 'केईं न जगत सत बेंचा, केईं न लीन जस मोल।
जो यह पढ़े कहानी हम सँवरै दुई बोल।।'

इस दोहे में जायसी सत न बेचने वाली पदुमावती और यश मोल न लेनेवाले अलाउद्दीन की कहानी पढ़ने यानी समझने और आचरण में उतारने की प्रेरणा देता है और कहता है कि इस 'दो बोल' (रचना) को मैं तभी सार्थक समझूँगा जब लोग इसे हृदयंगम करेंगे, यही जायसी का राष्ट्रीय सन्देश है।

'उदार इस्लाम का सूफ़ी चेहरा' संज्ञक पुस्तक का आद्योपान्त भावन-उद्भावन-सौंदर्यांकन करने के उपरान्त कहा जा सकता है कि डॉ. कन्हैया सिंह सूफ़ीमत, हिन्दी सूफ़ी साहित्य, जायसी आदि सूफ़ी कवियों के मर्म-धर्म को समझने वाले-निरूपण करनेवाले सच्चे भावक-सहृदय हैं, अच्छे लेखक हैं। उन्होंने इस पुस्तक में सूफ़ीमत और हिन्दी सूफ़ी कविता को सही बिन्दु पर पकड़ने और उसका विमर्श करने का पूरा प्रयास किया है। निःसन्देह, वे इस प्रयास में सफल हुए हैं। एक सच्चे आलोचक के लिए जरूरी होता है कि वह अपनी आलोचना में तटस्थ-निर्भीक हो, जाति-धर्म-प्रान्त की दीवारों से मुक्त हो, पूर्ववर्ती आलोचनाओं-प्रचलित स्थापनाओं- धारणाओं से निर्लिप्त हो। कहने की आवश्यकता नहीं है कि डॉ. कन्हैया सिंह के अनुशीलन में यह सारे औदात्य अपने प्रशंसनीय रूप में परिलक्षित होते हैं। इसी कारण 'उदार इस्लाम का सूफ़ी चेहरा' नामक यह पुस्तक शोधकों, अध्यापकों, विद्यार्थियों, सामान्य पाठकों और सूफ़ी साहित्य को जो जानना-समझना चाहता है, उसके लिए एक अनिवार्य पठनीय पुस्तक साबित होती है। डॉ. कन्हैया सिंह—जैसे सुधी आलोचकों के कारण ही हिन्दी आलोचना अपनी विश्वसनीयता को प्रमाणित करते हुए आगे बढ़ रही है।

कुलपति, बाबा मस्तनाथ विश्वविद्यालय
रोहतक (हरियाणा)

आलोचना का औदात्य

अनिल कुमार राय

जायसी के साहित्य में मनुष्यता, भारतीयता, राष्ट्र, संस्कृति, प्रेम जैसे भाव-तत्वों की गरिमा की रक्षा और प्रतिष्ठा के सर्जनात्मक प्रयत्नों पर अध्येताओं और आलोचकों का ध्यान बराबर जाता रहा है। जायसी की कवि-दृष्टि के इस विशेष पक्ष की बार-बार चर्चा होती रही है। हिन्दी आलोचना जायसी के साहित्य में प्रतिकूल और दुस्सह जीवन-स्थितियों के बीच संघर्ष करती हुई उदात्त भावमय मानवीय संस्कृति की उपस्थिति को रेखांकित करती रही है। इस सन्दर्भ में यह अनुभव किसी के लिए भी एक गहरे सन्तोष का विषय हो सकता है कि जायसी-साहित्य के मूल्यांकन से होकर गुज़रती हुई डॉ. कन्हैया सिंह की आलोचना में मनुष्य, जीवन, समाज और संस्कृति के अनेक नये उदात्त तत्वों की पहचान और उनके सम्मान के लिए किए जाने वाले वैचारिक उद्यम के पर्याप्त साक्ष्य मौजूद हैं. बरास्ते जायसी डॉ. कन्हैया सिंह अपनी आलोचना में उदात्त मानवीय तत्वों को पूरी प्रगाढ़ता से रेखांकित करते आलोचक की छवि में नजर आते हैं।

यहाँ यह भी गौरतलब है कि मध्यकाल के अनेक महत्त्वपूर्ण कवियों को छोड़ते हुए डॉ. सिंह उनके बीच में से जायसी और उनकी कृति 'पदुमावति' को अपने अध्ययन का विषय बनाते हैं। उनका यह चयन महत्त्वपूर्ण है और अपनी व्याख्या की मांग करता है। डॉ. सिंह का यह अध्ययन वस्तुतः जायसी के जीवन-आदर्शों और काव्यादर्शों का चयन है। यह जायसी की सामाजिक-सांस्कृतिक दृष्टि का चयन है। यह जायसी के जीवन-विवेक के प्रति डॉ. कन्हैया सिंह की सहमति का साक्ष्य है। यह जायसी द्वारा समाज और साहित्य में किए गये विधि-निषेध, त्याग-ग्रहण और स्वीकार-अस्वीकार का समर्थन है। कवि की रचना-दृष्टि में अन्तर्निहित मूल्य-पध्दति की तरह आलोचक-दृष्टि के भीतर भी एक मूल्यानुशासन सक्रिय होता है। एक कवि की तरह आलोचक भी अपने मूल्यों के साथ अनावृत्त होता जाता है। इस दृष्टि से देखें तो जायसी सम्बन्धी अध्ययन में डॉ. कन्हैया सिंह की आलोचना के मानवीय-सांस्कृतिक परिसर का औदात्य खुलकर सामने आ गया है। जायसी ने अपनी युगीन परिस्थितियों में धर्म-संस्कृति के अन्तःसंघर्षों के बीच में से उदात्त मानवीय संवेदन-तत्वों को चुनने और साहित्य में उनके संरक्षण-संवर्धन का निर्णय लिया था, उन्होंने शास्त्र और लोक के द्वंद्व में लोक के प्रति अपनी आस्था की घोषणा की थी, शोषण और दमन पर आधृत निरंकुश आकांक्षाओं से संघर्ष करती छोटी अस्मिताओं की रक्षा और समर्थन का निर्णय लिया

था। इस प्रसंग में विचार करें तो डॉ. सिंह का जायसी और उनके साहित्य से प्रेम करना दरअसल उनका इन सभी उदात्त मूल्यों के पक्ष में खड़ा होना है।

डॉ. कन्हैया सिंह ने अपनी पुस्तक 'युगद्रष्टा महाकवि : मलिक मुहम्मद जायसी' में जायसी और 'पदुमावति' सम्बन्धी अपने आलोचनात्मक अध्ययन की चर्चा में यह बताया है कि पाठालोचन और सूफ़ी साहित्य में उनकी गहरी रूचि बनी रही है। वे कहते हैं कि पाठालोचन के क्षेत्र में डॉ. माताप्रसाद गुप्त और सूफ़ी साहित्य के अध्ययन में आचार्य चन्द्रबली पाण्डेय की परम्परा की विकास-यात्रा में वे अपने को शामिल मानते हैं। 'पदुमावति' के मूल पाठ के श्रमसाध्य अनुसन्धान और उसकी व्याख्या की मौलिकता के सन्दर्भ में उनके इस पूरे कार्य को बहुत महत्त्वपूर्ण माना गया है। यह पुस्तक लिखते हुए डॉ. सिंह को जायसी-साहित्य के प्रतिष्ठित अध्येताओं का ध्यान है। वे आचार्य रामचन्द्र शुक्ल, डॉ. रामपूजन तिवारी, प्रो. विजयदेव नारायण साही, प्रो. परमानन्द श्रीवास्तव आदि के जायसी सम्बन्धी लेखन को सम्मान के साथ याद करते हैं। अपने पूर्ववर्ती आचार्यों के चिन्तन की गम्भीरता और महत्त्व की स्वीकृति के बाद भी इन्हें यह अध्ययन करते हुए इस बात का गहरा भरोसा है कि जायसी और 'पदुमावति' के सर्जनात्मक औदात्य के उद्घाटन की सम्भावनाएँ निःशेष नहीं हुई हैं और उसमें प्रवेश करके अनेक मूल्यवान सन्दर्भ अभी भी तलाश किए जा सकते हैं। आलोचना के क्षेत्र में अपनी प्रतिष्ठित पूर्ववर्ती पीढ़ी की उपलब्धियों और उसके अवदान के महत्त्व को स्वीकार करते हुए भी उसमें अपने लिए अवसर निकालने के बारे में सोचना एक बड़े आलोचकीय साहस की बात है। डॉ. कन्हैया सिंह ने जायसी और उनकी महान् कृति 'पदुमावति' के सन्दर्भ में इसी साहस का परिचय दिया है।

यह पुस्तक डॉ. नामवर सिंह की 'छायावाद' की तरह अपने विभिन्न अध्यायों के काव्यात्मक नामकरण के कारण भी थोड़ा अलग से ध्यान खींचती है। डॉ. कन्हैया सिंह ने 'पदुमावति' की सात सन्दर्भवान काव्य-पंक्तियों का इसमें शीर्षकों के रूप में बहुत अच्छा और रचनात्मक उपयोग किया है। 'एक नैन कवि मुहम्मद गुनी' में जीवन-वृत्त, 'केइ न जगत सत बेंचा' में कथानक का निहितार्थ, 'फूल मरै पै मरे न बासू' में भाव-व्यंजना, 'मानुष प्रेम भएउ बैकुंठी' में अध्यात्म-तत्व, 'कवि के जीभ खरग हिरवानी' में काव्यभाषा, 'जोरि लाइ रकत कै लेई' में प्रामाणिक रचनाएँ और 'मुहमद एकै होइ रहु' में जायसी का सन्देश निरूपित हुआ है। इन काव्य-पंक्तियों का ऐसा उपयोग 'पदुमावति' के किसी अन्य अध्ययन में नहीं दिखता। यह प्रयोग डॉ. कन्हैया सिंह की आलोचना की रचनात्मकता का एक अन्य पक्ष है। इस पुस्तक के आरम्भ में ही उन्होंने अपने आलोचनात्मक परिप्रेक्ष्य के बारे में स्पष्ट कर दिया है। जायसी उनके लिए इसलिए महान् कवि हैं कि वे भारतीय संस्कृति के गायक हैं। उनकी दृष्टि में कविता या साहित्य के लिए राष्ट्रीय-सांस्कृतिक सन्दर्भ ज़रूरी है। उनका कहना है कि अन्य काव्य-तत्वों के साथ राष्ट्रीय परिप्रेक्ष्य को भी ध्यान में रखकर जायसी का मूल्यांकन किया जाना चाहिए। डॉ. कन्हैया सिंह के लिए राष्ट्र या राष्ट्रीयता संकीर्ण भावात्मक प्रत्यय न होकर एक ऐसा जीवन्त और सक्रिय यथार्थ है, जो सामान्य जनता, उसके जीवन, परिवेश और संस्कृति के सत्व में निहित है। इस आशय में उनकी आलोचना कवि और उसकी कविता की परिधि में राष्ट्र की उपस्थिति को महत्त्वपूर्ण मानती है। उनकी दृष्टि में जायसी की कवि-चेतना व्यक्तिगत धार्मिक आस्थाओं को अतिक्रान्त करती हुई एक व्यापक राष्ट्रीय संस्कृति एवं मातृभूमि के स्वाभिमान-बोध में प्रतिफलित होती है। इस पुस्तक के 'केइ न जगत सत बेंचा' शीर्षक अध्याय में कथानक का निहितार्थ बताते हुए बिलकुल आरम्भ में ही वे स्पष्ट कर देते हैं —' 'पदुमावति' को एक प्रेम कहानी समझा जाता रहा है और उसमें अन्योक्ति और समासोक्ति ढूँढ़ने की दौड़ आलोचकों

द्वारा शताब्दी से लगाई जाती रही है, पर जायसी की इस कथा में कहानी या किस्सागोई, उसकी आध्यात्मिक व्यंजना, उसकी ऐतिहासिकता से ऊपर जो सबसे बड़ी बात हमें दीख पड़ती है, वह मानवता की उस बड़ी जमीन की तलाश, जहाँ साम्प्रदायिक संकीर्णता की क्षुद्र धाराएँ एक शान्त शीतल महासमुद्र में बदल जाती हैं। इसी जमीन की तलाश में यह महाकवि योग और प्रेम को एक डोर में बाँध देता है और हिन्दू–मुसलमान के बीच की नफरत की दीवार तोड़कर उसमें उस भूसंस्कृति की प्रतिष्ठा करना चाहता है, जिसमें अपनी जन्मभूमि का स्वाभिमान और उसकी संस्कृति का प्यार ही प्रधान होता है।' डॉ. कन्हैया सिंह की यह स्थापना महत्त्वपूर्ण है और इसके निहितार्थ पर ध्यान दिया जाना चाहिए। खासकर उस आरोप के प्रत्याख्यान के दृष्टिगत इसके महत्त्व को अनुभव किया जाना चाहिए, जिसके अनुसार सूफ़ी धर्म-दर्शन और उसकी जीवन-संस्कृति के प्रचार-प्रसार के पीछे वस्तुतः इस्लाम ही अपने एक अन्य अभिव्यक्ति-रूप में मौजूद रहा है और इसके धार्मिक-सांस्कृतिक अभियानों में तत्कालीन मुस्लिम शासकों के विचारों के प्रति एक सहमति-भाव भी दिखता रहा है। जायसी को भी इसी अभियान के एक हिस्से के रूप में देखने की कई संकीर्णताएँ समय-समय पर प्रकट होती रही हैं। जायसी और उनकी 'पदुमावति' को इस तरह के आरोपों का कई बार सामना करना पड़ा है। इनकी किसिम-किसिम की व्याख्याएँ की गयी हैं। हिन्दू-मुस्लिम इतिहास और उनकी धार्मिक-सांस्कृतिक अस्मिताओं के परिप्रेक्ष्य में इनका विरूपीकरण किया गया है और इन्हें मनमानी साम्प्रदायिक व्याख्याओं का शिकार बनाया गया है। इस विवाद में सामने आये कुछ नये भाष्यों में 'जायसी' अब केवल 'मुहम्मद' रह गये हैं और अलाउद्दीन खिलजी इस मुहम्मद नाम के कवि का नायक हो गया है। इन रोचक व्याख्याओं में यह बताया गया है कि कवि मुहम्मद यानी जायसी की अलाउद्दीन के प्रति एक गहरी सहानुभूति है और इसकी ठोस अभिव्यक्ति 'पदुमावति' के अन्त में अलाउद्दीन के हृदय-परिवर्तन के प्रसंग में देखी जा सकती है। इन आरोपों में यह भी कहा गया है कि 'पदुमावति' के अन्त में चित्तौड़ के इस्लाम हो जाने की बात कहकर अलाउद्दीन खिलजी के आधिपत्य की घोषणा करते हुए उसे विजेता के रूप में इस महाकाव्य का नायक बना दिया गया है। आचार्य रामचन्द्र शुक्ल जब 'पद्मावत' की 'भूमिका' लिख रहे थे, उस समय उनके ध्यान में भी इस तरह की व्याख्याएँ थीं और उन्होंने बिना किसी का नाम लिए बहुत तार्किक ढंग से इन सबका समुचित उत्तर दे दिया था। आरोप और विवाद के ऐसे वातावरण के दृष्टिगत डॉ. कन्हैया सिंह की जायसी सम्बन्धी आलोचना को आचार्य शुक्ल की परम्परा का विकास माना जा सकता है, जिसमें किसी आरोप की बगैर चर्चा किए जायसी के साहित्य के उदात्त मानवीय मूल्यों को उनके उचित सन्दर्भों के साथ ठीक तरह से व्याख्यायित किया गया है। इस प्रसंग में उनकी यह आलोचकीय टिप्पणी देखी जा सकती है—'जिस खास बात को आजतक नज़रन्दाज़ किया जाता रहा है, मैं उसी की ओर विशेष ध्यान दिलाना चाहता हूँ और मेरी दृष्टि से यही जायसी का अभिप्रेत भी है। कवि की इस अमर कृति में बहुत कुछ है पर उसमें सबसे प्रधान चीज़ क्या है, उसे कवि के ही उपोद्घात में—"सुना साहि गढ़ छेंका आई / हिन्दुन्ह तुरकहिं भई लराई" और उपसंहार है—"पातसाहिं गढ़ चूरा, चितउर भा इस्लाम।" चित्तौड़ के दुर्ग पर इस्लाम का झण्डा फहराना कवि का उद्देश्य नहीं है, बल्कि हैवानियत के काले कारनामों का पर्दाफाश करके नफरत के सौदागरों को चेतावनी देना है। एक अन्य जगह पर भी इस प्रसंग में उनका कहना है—"अलाउद्दीन के हाथ में एक मुट्ठी राख ही लगी। इस सन्दर्भ के साथ जोड़कर विचार किया जाय तो लगेगा कि 'चितउर भा इस्लाम' में जायसी ने अलाउद्दीन की सी आक्रामक संस्कृतियों के ऊपर बड़ा ही करारा व्यंग्य किया है। चित्तौड़ में कोई स्त्री-पुरुष ज़िन्दा नहीं है, ईंट पत्थर की प्राचीरों पर विजय करके एक मुट्ठी राख

हाथ में लेकर अलाउद्दीन घोषित करता है—'यह पृथ्वी झूठी है।' ऐसे इस्लाम प्रचार से क्या लाभ ? यहाँ 'चितउर भा इस्लाम' कहकर जायसी ने तलवार के बलपर धर्म प्रचार करने वाली आक्रामक संस्कृतियों पर करारा प्रहार किया है।' जायसी के मूल्यांकन की यह वह जगह है, जहाँ खुद डॉ. सिंह की आलोचना के औदात्य को भी उसके महत्त्व और सौन्दर्य के साथ उपस्थित होता हुआ देखा जा सकता है। यह डॉ. सिंह की आलोचना का औदात्य ही है, जिसके कारण वे सूफ़ी धर्म-दर्शन के प्रभावों के साथ जायसी को हिन्दू-मुस्लिम समुदायों के बीच के सामाजिक-सांस्कृतिक-राजनैतिक संघर्ष के उस ऐतिहासिक युग में सम्प्रदायहीन मनुष्यता के गहन राग-तत्वों की खोज करनेवाले एक निष्पक्ष और स्वतन्त्रचेता कवि के रूप में देख पाते हैं।

डॉ. कन्हैया सिंह को इस आलोचना में जायसी का कुपाठ करने वालों से कई जगहों पर एक अघोषित संघर्ष चलाते हुए अनुभव किया जा सकता है। भारतीय-अभारतीय, हिन्दू-मुस्लिम, इस्लाम, सूफ़ी,फारसी, मसनवी, अलाउद्दीन आदि कितने ऐसे सन्दर्भ हैं, जिन्हें लेकर जायसी के विरुद्ध एक सुनियोजित साम्प्रदायिक पाठ निर्मित किया गया है। डॉ. सिंह की आलोचना में इनका प्रत्याख्यान देखा जा सकता है। यह विचार एकसाथ कितने सारे प्रश्नों का उत्तर है—'पदुमावति' भारतीयता का महाकाव्य है। यह भारतीयता का विश्वकोश है। जायसी ने भारतीय संस्कृति का मूर्त चित्र खींचा है, जो उदात्त और राष्ट्रीय धारा का अनुकरणीय आदर्श है। जायसी ने कोई सांस्कृतिक समन्वय किया है, ऐसा मैं नहीं मानता। उन्होंने एक ऐसी संस्कृति का प्रकाश बिखेरा है, जो मानव संस्कृति है और जो मानवमात्र के अन्तःकरण को अपनी दिव्य आभा से आलोकित करती है।' इसके आगे उन्हें यह जोड़ना भी जैसे बेहद ज़रूरी लगता है—'वे मुसलमान थे, पर उनका सामाजिक सन्दर्भ हिन्दू था। उन्होंने कभी हिन्दू और मुसलमान में बंटकर, विभाजित होकर या खंडित होकर कुछ नहीं कहा, प्रत्युत उनका सारा कथन समग्रता का शंखनाद था।' यह समग्रता ही भारतीयता और राष्ट्रीयता है तथा उसका शंखनाद वस्तुतः उसकी वाणी है। जायसी के साहित्य में भारतीय राष्ट्रीय स्वर की उपस्थिति के प्रमाणों से डॉ. सिंह उन सभी प्रयत्नों को निष्फल कर देना चाहते हैं, जिनका लक्ष्य 'इस्लाम और मुसलमान' के तर्कों के आधार पर जायसी की राष्ट्रीयता को संदिग्ध बनाते हुए उन्हें ग़ैरभारतीय संस्कारों का कवि घोषित कर देना रहा है। इस पुस्तक की एकाधिक जगहों पर इस प्रश्न को लेकर उनकी बेचैनी साफ़-साफ़ देखी जा सकती है। वे जायसी के साहित्य से जुड़े हुए अनेक तथ्यों और उनकी व्याख्याओं से इस तरह के प्रश्नों और आरोपों की सारी गुंजाइशें खत्म कर देना चाहते हैं। अलग-अलग जगहों पर की गयी उनकी टिप्पणियों को एकसाथ रखकर पढ़ें तो जायसी की जो छबि निर्मित होती दिखती है, वह राष्ट्रीयता और भारतीयता के प्रसंग में पैदा हुए सभी आरोपों का उत्तर दे देती है—'हिन्दुओं और तुर्कों की इस लड़ाई की बात जायसी ने कही। जायसी भी उन्हीं तुर्कों की भांति इस्लाम धर्म के मानने वाले थे, पर वे तुर्की मिजाज़ के नहीं, भारतीय मिजाज़ के थे।' 'रत्नसेन और पद्मिनी को राम और सीता कहकर अलाउद्दीन के लिए रावण की व्यंजना क्या नहीं है?' 'उपनिषदों के ब्रह्म और कुरान के अल्लाह में बड़ी समरूपता है, पर उस समरूपता को ढूँढ़ने की कोशिश कम की गयी। खाई को गहरा करने का ही प्रयास अधिक हुआ। जायसी ने समरूपता का दर्शन कराने में सफलता प्राप्त की है।' 'एक आस्थावान मुसलमान होते हुए भी उन्होंने भारतीय संस्कृति की गहराइयों में प्रवेश किया था।'

डॉ. कन्हैया सिंह की उपर्युक्त टिप्पणियों में प्रयुक्त कुछ पदों पर ध्यान दें, तो उनकी आलोचना के औदात्य का अर्थ खुलता नजर आएगा। मनुष्य, संस्कृति, अन्तःकरण, अनुकरणीय आदर्श, साम्प्रदायिक संकीर्णता की क्षुद्र धाराएँ, नफरत की दीवार, आक्रामक संस्कृति पर प्रहार,

एक मुट्ठी छार, पृथ्वी झूठी, हिन्दू और मुसलमान में विभाजन नहीं, समग्रता का शंखनाद, ईश्वर और अल्लाह तथा उपनिषद और कुरआन में समरूपता आदि पदों के अभिप्रेत के सहारे देखें, तो उनकी आलोचना में अन्तर्निहित उदात्त जीवन-मूल्यों का स्वरूप उद्घाटित होता जाता है। साहित्य के औदात्य की पहचान और उसका सम्मान करने वाली आलोचना उदात्त ही हो सकती है। रचना को समर्थन देने वाली आलोचना के मूल्य भी उसी के समान होते हैं। जायसी के बहाने दरअसल हम डॉ. कन्हैया सिंह की आलोचना के उस औदात्य से परिचित हो रहे होते हैं, जिसके लिए संवेदनशील मानवीय संस्कृति और उसमें से निःसृत होने वाले जीवन के मांगलिक आदर्शों का महत्त्व सर्वोपरि है, प्रेम और करुणा से भरे हुए मनुष्य के पवित्र अन्तःकरण के लिए जिसमें अपरिमित सम्मान का भाव है, जो हिन्दू और मुसलमान के पचड़े से अलग है तथा जिसमें समाज के धार्मिक-साम्प्रदायिक विभेदों के निषेध के संकल्प के साथ ईश्वर एवं अल्लाह की समानता का गहरा बोध है और जिसमें प्रेम से रहित इस संसार को निस्सार समझे जाने का भाव तथा विवेक है और जो किसी भी प्रकार की क्रूरता एवं आक्रामकता के विरुद्ध है। यह डॉ. कन्हैया सिंह की आलोचना के भीतर उपस्थित उदार–अकुंठ मानवीय मूल्यों, भाव-तत्वों और आदर्शों का वह समरस संसार है, जहाँ आकर सारी क्षुद्रताएँ और संकीर्णताएँ तिरोहित हो जाती हैं। आलोचना के औदात्य से ही रचना के औदात्य का यह उद्घाटन सम्भव हो सका है।

इस आलोचना में 'पदुमावति' के प्रेम-तत्व के अनन्य महत्त्व के प्रति गहरी स्वीकृति का भाव व्यक्त करते हुए कहा गया है कि प्रेम ही मनुष्य के जीवन को सुख-शांति की दृष्टि से अमूल्य तथा अतुलनीय बना देता है, वर्ना वह एक मुट्ठी राख के सिवा भला और क्या है ! यहाँ यह बताया गया है कि मनुष्य के विभिन्न भावों के बीच जायसी प्रेम को सर्वश्रेष्ठ मानते हैं और उसकी प्रतिष्ठा का बार-बार उद्यम करते रहते हैं। आलोचक के ध्यान में है कि जायसी प्रेम की महत्ता को स्थापित करने का कोई भी अवसर छोड़ते नहीं हैं। जायसी द्वारा प्रेम-तत्व के निरूपण की सार्थकता का प्रतिपादन करती यह आलोचना दरअसल प्रेम को मानव-जीवन के सभी भौतिक और भावात्मक संकटों के समाधान के रूप में प्रस्तावित करती दिखती है। घृणा, विद्वेष, घात-प्रतिघात और संघर्ष के इस संकटपूर्ण सामाजिक-सांस्कृतिक समय में जायसी और उनकी कृति 'पदुमावति' की इस भूमिका की पहचान इस तरह की किसी उदात्त-दृष्टि सम्पन्न आलोचना में ही सम्भव हो सकती है। इस रूप में इसे डॉ. कन्हैया सिंह की आलोचना के औदात्य का एक अन्य महत्त्वपूर्ण सन्दर्भ माना जा सकता है।

रचना के औदात्य से आलोचना के औदात्य का एक गहरा अन्तःसम्बन्ध है। 'फूल मरै पै मरै न बासू' शीर्षक अध्याय में इस आलोचना का अनुभव यह है कि जायसी सूफ़ीमत की सीमाओं से बाहर निकलकर 'अपने समय के इतिहास और समाज से जुड़ जाते हैं और लोकसंवेदना के उस मानवीय धरातल पर अवस्थित होते हैं, जहाँ कवि मनीषी और स्रष्टा ही रह जाता है, उसकी वैयक्तिकता समाप्त हो जाती है' और 'कवि भावविभोर होकर उसमें लीन हो जाता है'। रचना या आलोचना के औदात्य के सन्दर्भों में वैयक्तिकता के समाप्त होने या भावविभोर होने या लीन हो जाने का अपना एक विशिष्ट अभिप्राय है। आलोचक द्वारा इन विशेष मानसिक-भावात्मक दशाओं की चर्चा यहाँ जायसी के सन्दर्भ में की गयी है। वैयक्तिक धारणाओं और मतवादों को अतिक्रान्त कर एक मुक्त, व्यापक और प्रशस्त मानवीय भावभूमि में प्रवेश करते हुए सबकुछ को भुलाकर प्रेम-संवेदना में लीन हो जाना जायसी के कवि-रूप का औदात्य है। यहाँ न कोई धर्म है, न कोई सम्प्रदाय। यहाँ न कोई दर्शन है और न कोई पन्थ। यहाँ केवल और केवल प्रेम है। एक मुक्त, बन्धनहीन और विस्तीर्ण प्रेम, जो सारे संसार को इसी भाव-सूत्र से जोड़ लेता है। डॉ. कन्हैया

सिंह की आलोचना कवि और उसकी कविता के इस औदात्य की न केवल पहचान करती है, बल्कि एक श्रेष्ठ जीवन-मूल्य और काव्य-मूल्य के रूप में उसकी प्रतिष्ठा भी करती है। रचना ही नहीं, आलोचना में भी औदात्य की स्वीकृति के रूप में इसे देखा जा सकता है।

डॉ. कन्हैया सिंह की आलोचना-दृष्टि में इस्लाम और सूफ़ीमत के साथ भारतीय हिन्दू धर्म-दर्शन की मान्यताओं की कई-एक समानताएँ हैं। 'मानुष प्रेम भएउ बैकुंठी' शीर्षक अध्याय में वे दोनों की एक साथ चर्चा करते हुए इन समानताओं पर प्रकाश डालते हैं। इसमें ध्यान देने वाली बात यह है कि ऐसा करते हुए वे इन अभारतीय माने जाने वाले धार्मिक-दार्शनिक मतों के मूल्यांकन में पूरी तरह निष्पक्ष रहते हैं और उनके प्रति पूरा सम्मान व्यक्त करते हुए अपनी व्याख्याएँ प्रस्तुत करते हैं। धार्मिक अस्मिताओं की टकराहटों और संघर्षों के दौर में दूसरों के प्रति यह सहिष्णुता और स्वीकार्यता एक वैचारिक औदात्य से ही सम्भव हो सकती है। यह औदात्य इस आलोचना में द्रष्टव्य है—'कुरआन में कहा गया है कि वह (ईश्वर) जिसने, भूमि में जो कुछ है (सब्रको) तुम्हारे लिए बनाया। (कुरआन 2, 4, 9) वहाँ ब्रह्म के लिए कहा गया है वह आदि है, अन्त है, बाहर है, भीतर है, वह सब चीजों का जानकार है। 'माण्डूक्य उपनिषद' में कहा गया है कि ब्रह्म हमारे सामने बाईं ओर, दायीं ओर है। वही एक ब्रह्म ऊपर और नीचे है तथा वही श्रेष्ठातिश्रेष्ठ है। इस प्रकार सगुण ब्रह्म का यह रूप हिन्दू और इस्लाम दर्शन में अविरोधी रूप में मिलता है।' आत्म-महिमान्वयन और अपने सापेक्ष अन्यों के अपमान तथा अवमूल्यन की संकीर्णताओं से बाहर निकलकर ही कोई आलोचना या विचार-पध्दति उदात्त हो सकती है। इस आलोचना ने इसे चरितार्थ किया है।

'जायसी ग्रन्थावली' की भूमिका में आचार्य रामचन्द्र शुक्ल ने जायसी के लिए लिखा है—"हिन्दू हृदय और मुसलमान हृदय आमने सामने करके अजनबीपन मिटाने वालों में इन्हीं का नाम लेना पड़ेगा। इन्होंने मुसलमान होकर हिन्दुओं की कहानियाँ हिन्दुओं की ही बोली में पूरी सहृदयता से कहकर उनके जीवन की मर्मस्पर्शिनी अवस्थाओं के साथ अपने उदार हृदय का पूर्ण सामंजस्य दिखा दिया। कबीर ने केवल भिन्न प्रतीत होती हुई परोक्ष सत्ता की एकता का आभास दिया था, प्रत्यक्ष जीवन की एकता का दृश्य सामने रखने की आवश्यकता बनी थी। वह जायसी द्वारा पूरी हुई।' डॉ. कन्हैया सिंह अपनी इस पुस्तक के आखिरी अध्याय 'मुहमद एकै होइ रहु' में आचार्य शुक्ल के उक्त विचार का समर्थन करते-से प्रतीत होते हैं—'जायसी इन दो महान् जातियों की एकता के पक्षपाती थे।' कहना ज़रूरी नहीं कि डॉ सिंह के लिए यहाँ हिन्दू के साथ मुसलमान भी एक महान् जाति है। इतिहास की नयी-नयी व्याख्याओं वाले इस उग्र सांस्कृतिक दौर में क्रूर, आक्रान्ता और म्लेच्छ जैसी पहचान में फंसी हुई मुसलमान जाति की महानता का यह उद्घोष कोई साधारण बात नहीं। यह धारा के विरुध्द खड़ा होने जैसा है। यह मूल्य भी है, विवेक भी है और नैतिक साहस भी। यह औदात्य से ही सम्भव है। रचना और आलोचना का औदात्य वस्तुतः इसी तरह की दुर्लभ असाधारणता के साथ प्रकट होता है। डॉ. कन्हैया सिंह की जायसी और 'पदुमावति' सम्बन्धी आलोचना को इस सन्दर्भ में बार-बार याद किया जा सकता है।

अध्यक्ष-हिन्दी विभाग, दी. द. उपा. गोरखपुर विश्वविद्यालय

गोरखपुर (उ.प्र.)

युगद्रष्टा महाकवि के युगद्रष्टा आलोचक

इन्दुशेखर तत्पुरुष

हिन्दी साहित्य में पद्मावत को प्रतिष्ठित करने का श्रेय आचार्य रामचन्द्र शुक्ल को जाता है। पद्मावत के लिए उनके द्वारा दिया गया 'सर्वोत्तम प्रबन्ध काव्य' का विरुद आज भी बहुमान्य है। शुक्ल जी की दृष्टि में जायसी कबीर से भी बड़े कवि थे। उन्होंने काव्यकर्म के विविध पक्षों का विश्लेषण करते हुए कबीर की अपेक्षा जायसी को अधिक महत्त्व दिया था।

शुक्लोत्तर आलोचना परिदृश्य में बड़ा बदलाव यह हुआ कि मार्क्सवादी प्रगतिशीलता और सेक्यूलरी आधुनिकता के प्रभाव में धार्मिक मान्यताओं पर चोट करनेवाली प्रवृत्तियाँ सराहने योग्य मानी गयी। तथा आध्यात्मिकता से ओत-प्रोत सरस प्रेम की अनुभूतियाँ हेय समझी गयीं। इसी का प्रतिफल था कि जायसी किनारे होते गये और कबीर केन्द्रस्थ।

कबीर निस्सन्देह बड़े कवि हैं, केन्द्रीय महत्त्व के कवि हैं, पर दिलचस्प बात यह हुई कि कबीर का भी वह स्वरूप ही प्रमुखता से स्थापित किया गया जो आक्रामक था और संघर्ष की विचारधारा के अनुकूल था। आज के हिन्दी अध्येता के सामने श्रद्धा, भक्ति और प्रेम में डूबे कबीर का चित्र खड़ा नहीं होता, विद्रोह की लुकाटी हाथ में लिये खड़े कबीर का प्रतिरूप ही सामने आता है। भले ही कबीर के समग्र काव्यकर्म में प्रतिरोधी चेतनावाला काव्य-अंश उनकी भक्ति, समर्पण और आध्यात्मिकता वाले अंश की तुलना में कितना ही कम क्यों न हो।

शुक्ल जी ने जायसी को अधिक महत्त्व क्यों दिया इसका एक कारण तो यही था कि वे सर्जनात्मक प्रतिभा की दृष्टि से जायसी को कबीर से श्रेष्ठ मानते हैं। उन्होंने विस्तृत विवेचन कर इसे स्पष्ट भी किया है। हिन्दी आलोचना के अध्येता इससे अपरिचित नहीं हैं। जायसी की महत्ता का एक अन्य कारण भी शुक्ल जी की दृष्टि में है, जिसे हम एक कवि का सांस्कृतिक उत्तरदायित्व या आज की प्रचलित शब्दावली में सामाजिक सरोकार भी कह सकते हैं। अस्तु, वे कहते हैं—

"कबीरदास की और उन (जायसी) की प्रवृत्ति में बहुत भेद था। कबीर विधि विरोधी थे और वे (जायसी) विधि पर आस्था रखनेवाले। कबीर लोकव्यवस्था का तिरस्कार करनेवाले थे और वे (जायसी) सम्मान करनेवाले।"... "कबीर ने अपनी झाड़-फटकार के द्वारा हिन्दुओं और मुसलमानों के कट्टरपन को दूर करने का जो प्रयास किया वह चिढ़ानेवाला सिद्ध हुआ, हृदय को स्पर्श करनेवाला नहीं। मनुष्य मनुष्य के बीच जो रागात्मक सम्बन्ध है वह उसके द्वारा व्यक्त न हुआ।"...

इधर जायसी की प्रवृत्ति पर उनका अभिमत है कि, "इन्होंने मुसलमान होकर हिन्दुओं की कहानी हिन्दुओं की ही बोली में पूरी सहृदयता से कहकर उनके जीवन की मर्मस्पर्शी अवस्थाओं के साथ अपने उदार हृदय का पूर्ण सामंजस्य दिखा दिया।"...

सामाजिक-सांस्कृतिक भूमिका की दृष्टि से देखें तो यहाँ दो भिन्न प्रवृत्तियाँ दिखायी पड़ती हैं। एक हिन्दू-मुस्लिम सामरस्य की, दूसरी धार्मिक रीतियों-कुरीतियों के प्रतिषेध की। जायसी का काव्य पहली प्रवृत्ति का पोषण करता है और कबीर का काव्य दूसरी प्रवृत्ति का। ऐसा प्रतीत होता है कि शुक्ल जी ऐसे प्रबोधन को अधिक महत्त्व देते हैं जो हिन्दू और मुसलमान दोनों के बीच की खाईं को पाटकर परस्पर समरसता का वातावरण निर्मित करता हो। कबीर ने सामाजिक धर्म निभाते हुए दोनों समुदायों की निन्दा करके अपना सुधारक स्वरूप प्रकट किया। जबकि जायसी ने प्रेम का ऐसा बैकुण्ठी मार्ग दिखाया कि पारस्परिक भेद तिरोहित हो गये। बात भी सही है कि लोगों के दिलों पर राज उनकी खिल्ली उड़ाकर, चोट पहुँचाकर नहीं, उनकी सहज अनुभूतियों को समझकर कर उन्हें स्पर्श करके ही किया जा सकता है। लोगों के संवेदनापूर्ण और प्रेमल मनोभावों को एक-दूसरे के सामने रखकर ही लोगों के दिलों को जोड़ा जा सकता है। जायसी पर उल्लेखनीय कार्य करनेवाले आलोचक विजयदेव नारायण साही ने कबीर और तुलसी का तुलनात्मक विश्लेषण करते हुए कुछ इसी तरह का अभिमत प्रकट किया है।

वे लिखते हैं—"कबीरदास और जायसी यह दो ही लेखक हैं जो इन मिलते टकराते (हिन्दु-मुस्लिम) समाजों के सन्धिस्थल पर खड़े हैं। कबीरदास की प्रमुख मुद्रा हिन्दू-मुसलमान दोनों समाजों के सरगनाओं को चुनौती देनेवाली है। उनका स्वर प्रतिरोधी है। लेकिन जायसी का स्वर प्रतिरोधी नहीं है। एक जबरदस्त करुणा उन्हें आप्लावित कर रही है। इस करुणा की व्यथा जायसी के लिए इतनी भारी है कि उनके पास चुनौती और प्रतिरोध के लिए फुर्सत नहीं है।"

यह सच है कि कबीर की प्रताड़ना ने अन्धविश्वासों और कुरीतियों के विरुद्ध जागरण की भूमिका निभायी और परवर्ती सुधारकों का पथ प्रशस्त किया। किन्तु यहाँ प्रश्न तत्कालीन परिदृश्य में कवि की उस सामाजिक सम्पृक्ति का है जो साम्प्रदायिक सद्भाव के लिए आवश्यक रही। पारस्परिक सौहार्द्र के लिए एक भावात्मक पथ प्रशस्त करने की जरूरत अधिक थी। सूफ़ी कवियों ने अरब से आये इस्लाम का भारतीय संस्करण उत्पन्न कर इसे सम्भव किया था। कुछ कट्टर सूफ़ियों को छोड़ दें तो जायसी जैसे अधिकतर मुसलमानों ने भारतीय लोकजीवन और परम्परा में पूरी तरह डूबकर इस्लाम के भारतीयकरण का जो प्रयास किया वह हिन्दू मुस्लिम ऐक्य का राजमार्ग था। भारतीय परम्परा, यहाँ का लोकजीवन, यहाँ की भाषा-भूषा-भोजन, इस मिट्टी में खिले फूलों की खुशबू, इस धरती के हर्ष-विषाद के अवसर ही वह आधारभूमि थी (और आज भी है) जहाँ हिन्दू और मुसलमान अपने साम्प्रदायिक आग्रहों से परे रहकर अपने दिल मिला सकते हैं। कोई बीज भले ही वह अरब, फारस या तुर्किस्तान से आया हो परन्तु जब वह इस मिट्टी के गर्भ से अंकुरित होकर फूटता है, यहाँ के हवा, पानी, ताप पाकर रेशा- रेशा खिलता है तो उसके फूल, फल और पत्तियाँ भारतीय ही कहलाती हैं, उसके रूप, रस, गन्ध पर मौलिक भारतीय निर्मिति का ठप्पा लग जाता है। जायसी ने अपनी कविता से जो भीनी गन्ध और मीठा रस बिखेरा वह भारतीय स्वाद था। इस्लाम के भारतीयकरण का यही तात्पर्य है। शुक्ल जी ने इस बात को जितनी गम्भीरता के साथ समझा, अधिकतर परवर्ती आलोचक और हिन्दी साहित्य के भाग्य विधाता उस तरह नहीं समझ पाये। शुक्ल जी ने अपनी वेदना व्यक्त करते हुए यह कहा कि, "इन भावुक और उदार मुसलमानों ने इनके द्वारा मानो हिन्दू जीवन के साथ अपनी सहानुभूति प्रकट की। यदि मुसलमान हिन्दी साहित्य से दूर न भागते, इनके अध्ययन का क्रम

जारी रखते तो उनमें हिन्दुओं के प्रति सद्भाव की वह कमी न रह जाती जो कभी-कभी दिखायी पड़ती है। हिन्दुओं ने फ़ारसी और उर्दू के अभ्यास द्वारा मुसलमानों की जीवन कथाओं के प्रति अपने हृदय को सामंजस्य पूर्णरूप से स्थापित किया, पर खेद है कि मुसलमानों ने इसका सिलसिला बन्द कर दिया।''

इन पंक्तियों को पढ़कर समझा जा सकता है कि शुक्ल जी के लिए जायसी क्यों इतने महत्त्वपूर्ण रहे। आधुनिक युग में भी हमारे सामाजिक-राजनैतिक व्यवहार में यदि इस ओर ध्यान दिया जाता तो यह हिन्दुओं और मुसलमानों के बीच के वैमनस्य को दूर करने की दिशा में एक महत्त्वपूर्ण कदम होता।

शुक्ल जी के उपरान्त वासुदेवशरण अग्रवाल और माताप्रसाद गुप्त ने जायसी पर जो काम किया वह मील का पत्थर सिद्ध हुआ। इन्होंने कमोबेश शुक्ल जी की दृष्टि का ही अनुसरण किया। 'पद्मावत' की पाठशुद्धि कर उसका सम्पादन तो किया ही, उन त्रुटियों का भी इन्होंने परिहार किया जो शुक्ल जी के पाठ में रह गयी थीं।। यह सभी आलोचक जायसी को भारत की माटी से गहरा प्रेम करनेवाला कवि मानते हैं। परवर्ती आलोचकों में विजयदेव नारायण साही और डॉ. रघुवंश ने जायसी पर गम्भीर कार्य किया। फिर भी यदि साहित्यालोचना के विस्तीर्ण परिसर में नजर फेरें तो तुलसीदास और कबीरदास की तुलना में जायसी का अध्ययन बहुत कम ही मिलता है। और यह याद दिलाने की जरूरत नहीं कि साहित्यिक प्रतिभा और सामाजिक महत्त्व की दृष्टि से जायसी किसी से कम नहीं ठहरते।

ऐसे में प्रखर आलोचक और साहित्य-साधक डॉ. कन्हैया सिंह द्वारा महाकवि जायसी और सूफ़ी काव्य पर किया गया कार्य विशेष महत्त्व रखता है। यों तो कोई आलोचक जब किसी कवि के माध्यम से उसके परिवेश और युगबोध की समीक्षा करता है तो वह साहित्यिक कर्म के साथ एक सांस्कृतिक कर्म भी माना जाता है। तथापि डॉ. कन्हैया सिंह की कृति 'युगद्रष्टा महाकवि मलिक मोहम्मद जायसी' जायसी की काव्य सृष्टि और सांस्कृतिक दृष्टि का पुनर्पाठ करती हुई अपनी कुछ विशेषताओं के कारण हमारा ध्यानाकृष्ट करती है।

सर्वप्रथम तो यही की जायसी के इस प्रबन्धकाव्य को शुक्ल जी आदि सभी सम्पादकों ने 'पद्मावत' कहा है। कन्हैया सिंह इसे 'पदुमावति' कहना उचित समझते हैं और इसकी पुष्टि हेतु मूल पाठों के आधार पर जो प्रमाण प्रस्तुत करते हैं, उन्हें अस्वीकृत नहीं किया जा सकता। डॉ. सिंह ने जायसी के विषय में साही जी की अधिकतर मान्यताओं से सहमति प्रकट की है। कुछ ऐसे बिन्दु भी हैं जहाँ वे साही जी से मतभिन्नता रखते हैं। जैसे साही जायसी को सूफ़ी नहीं मानते हैं जबकि कन्हैया सिंह यहाँ आचार्य शुक्ल के मत का अनुगमन करते हुए कहते हैं कि, ''बेशक वे स्वतन्त्र सूफ़ी नहीं थे। वे किसी पन्थ, पण्डित, पीर,परम्परा और मठ से बँधे नहीं थे, पर मूलतः सूफ़ी थे और इसी जमीन ने उन्हें मानवता का महान् कवि बनाया।''

डॉ. कन्हैया सिंह की आलोचना पुस्तक 'युगद्रष्टा महाकवि मलिक मुहम्मद जायसी' जब पहली बार हाथ में ली तो पुस्तक खोलने के पहले ही पलभर के लिए ठिठक गया। मुखपृष्ठ पर पुस्तक के शीर्षक में लगाये गये विशेषण 'युगद्रष्टा' पर आँखें अटक गयीं। प्रेम के महान् कवि, सूफ़ी कवि, हिन्दू-मुस्लिम ऐक्य के प्रतीक, लोक के चितेरे जैसी अनेक विश्रुत प्रशस्तियों और विरुदों से अलंकृत इस महाकवि के लिए एक भिन्न प्रकार के दायित्वबोध से भरा विशेषण 'युगद्रष्टा' देखकर विस्मय हुआ। ढेर सारे कोमल, मृदुल, मंजुल, मनोरम, प्रेमभावानुकूल विशेषणों के होते हुए इस प्रेमरस से भरे हुए कवि को युगद्रष्टा जैसे शुष्क और गुरु-गम्भीर

सम्बोधन से क्यों पुकारा जा रहा है? आलोचक क्या प्रतिपादित करना चाहता है? विस्मय एक गहरी जिज्ञासा में बदल गया।

पुस्तक के पृष्ठ पलटने पर इसका उत्तर भी मिल गया।

"जायसी के कविकर्म के पीछे एक मिशन था जिसमें कवि ने पाँच-छह सौ वर्ष पहले इस देश की दो बड़ी कौमों की समरसता का सपना देखा था। जायसी का यह सपना उस युग की ही आवश्यकता नहीं था अपितु आज के भारत के लिए भी उसकी प्रासंगिकता है। इसलिए जायसी महान् कवि ही नहीं एक युगद्रष्टा महाकवि सिद्ध होते हैं।"

यह स्वयं लेखक द्वारा दिया गया उत्तर है। इस पर अविश्वास का भले ही कोई कारण न हो, तथापि एक जिज्ञासु अध्येता के लिए यह आवश्यक है कि वह डॉ. कन्हैया सिंह के इस कथन की वास्तविकता का परीक्षण करे, इसके फलितार्थ को समझे और उसकी प्रयोजनीयता को जाने। क्योंकि अन्ततः इसी आधार पर हम उनके कार्य की महत्ता का यथार्थ आकलन भी कर सकेंगे। सर्वविदित है कि पद्मावत को एक उत्कृष्ट प्रेमकाव्य के रूप में प्रतिष्ठा मिली। आचार्य शुक्ल कहते हैं कि, "जायसी की अक्षय कीर्ति का आधार है पद्मावत जिसके पढ़ने से यह प्रकट हो जाता है कि जायसी का हृदय कैसा कोमल और प्रेम की पीर से भरा हुआ था।...पद्मावत में प्रेमगाथा की परम्परा पूर्ण प्रौढ़ता को प्राप्त मिलती है। यह उस परम्परा में सबसे अधिक प्रसिद्ध ग्रन्थ है।"

डॉ. वासुदेवशरण अग्रवाल लिखते हैं, "अवधी भाषा के इस उत्तम काव्य में मानव जीवन के चिरन्तन सत्य प्रेमतत्त्व की उत्कृष्ट कल्पना है।... प्रेमतत्त्व की दृष्टि से पद्मावत का जितना अध्ययन किया जाय कम है।"

पद्मावत का सम्पादन करनेवाले इन दोनों मनीषियों के अलावा भी सभी आचार्यों ने पद्मावत का केन्द्रीय तत्त्व प्रेमकथा माना है।

किन्तु डॉ. कन्हैया सिंह 'पदुमावति' का केन्द्रीय महत्त्व इसके राष्ट्रीय-सांस्कृतिक मूल्यों में देखते हैं। उनकी दृष्टि में पदुमावति का कवि "हिन्दू-मुसलमान के बीच की नफ़रत की दीवार तोड़कर उनमें उस भूसंस्कृति की प्रतिष्ठा करना चाहता है जिसमें अपनी जन्मभूमि का स्वाभिमान और उसकी संस्कृति का प्यार ही प्रधान है।...पदुमावति भारतीयता का महाकाव्य है। यह भारतीयता का विश्वकोश हैं।"

डॉ. कन्हैया सिंह मानते हैं कि जायसी का प्रधान अभिप्रेत भूसंस्कृति की प्रतिष्ठा है जिसे अब तक या तो नजरअन्दाज किया गया अथवा गौण समझा गया। भू-सांस्कृतिक प्रतिष्ठा के कारण ही उनके काव्य में 'अपनी जन्मभूमि का स्वाभिमान' और अपनी 'संस्कृति का प्यार' केन्द्रीय महत्त्व का विषय बन गये। रत्नसेन-पद्मावती की प्रेमकथा तो इस सांस्कृतिक प्रतिष्ठा का माध्यम है।

यद्यपि जायसी के इस भारतभूमि के प्रति प्रेम को आचार्य शुक्ल, वासुदेवशरण अग्रवाल, साही आदि सभी पूर्ववर्ती आलोचकों ने रेखांकित किया है तथापि सांस्कृतिक प्रतिष्ठा को किसी ने इस तरह महत्ता नहीं दी। यह देखना भी रोचक होगा कि वे इस भू- सांस्कृतिक प्रतिष्ठा को किस रूप में देखते हैं। एक मुस्लिम कवि द्वारा व्यक्त भारतभूमि के प्रति स्वाभिमान और भारतीय संस्कृति से प्रेम किस तरह समन्वित संस्कृति की प्रचलित अवधारणा से भिन्न है।

जायसी के द्वारा हिन्दू लोकजीवन के कथानक और प्रतीकों पर आधारित प्रेमकथा कहने को लेकर शायद ही कोई आलोचक, समीक्षक रहा होगा जिसने इस घटना में हिन्दू-मुस्लिम मेल और

दो संस्कृतियों के समागम के दर्शन न किये हों। यह होना लाज़िमी ही है। विशेषकर जिस युग में भारतीय संस्कृति को एक राजनैतिक अभिप्राय के तहत एक 'मिली जुली संस्कृति' या 'गंगा जमुनी तहज़ीब' या 'कम्पोज़िट कल्चर' माना जाता हो वहाँ ऐसा ही सोचना स्वाभाविक है।

जब भी कोई मुस्लिम भारतीय संस्कृति के प्रकाश को फैलाता है, हमें तत्काल सांस्कृतिक समन्वय की बात याद आती है। अजीब बात है कि जब कोई हिन्दू ऐसा करता है तो हमें यह समन्वय की बात कभी याद नहीं रहती। विचारणीय है यह भेद क्यों होता है? इसका निहितार्थ क्या है? यह कहीं गहरे में मुस्लिमों के प्रति एक अन्यत्व का भाव, उनके बाहरी होने की भावना को मन में दबाये बैठे रहने का परिणाम तो नहीं जो इस रूप में प्रकट होती है? अन्यथा किसी मुस्लिम कवि द्वारा भारतीय संस्कृति की गौरव गाथा गाने पर उसे हिन्दू-मुस्लिम संस्कृति का समन्वयक बताना और किसी हिन्दू कवि द्वारा ऐसा करने पर उसे भारतीय संस्कृति का संवाहक कहने का क्या औचित्य है?

डॉ. कन्हैया सिंह इस सूक्ष्म बात को पकड़ते हैं। वे उस बौद्धिक दरार को महसूस करते हैं जिसे भारतीय विचारकों, लेखकों और बुद्धिजीवियों ने कम करने की अपेक्षा बढ़ाया है। कुछ ने जान-बूझकर, कुछ ने अनजाने में।

कन्हैया सिंह जब कहते हैं कि, "जायसी ने कोई सांस्कृतिक समन्वय नहीं किया अपितु वे भारतीयता के प्रकाश स्तम्भ थे।"

तो वे एक गहरी बात कहते हैं। इन दोनों स्थितियों में निहित अन्तर को समझना चाहिए।

जायसी ने जो कि इस्लाम मतावलम्बी थे न तो अपने मज़हब के माननेवालों का पुष्टीकरण किया न हिन्दुओं का तुष्टिकरण किया। वे आज की तरह के राजनैतिक छद्म सेकुलरिज्म के भी पक्षधर नहीं थे कि एक को गाली दी जाय तो दूसरे को भी कोसा जाय। एक की प्रशंसा की जाय तो दूसरे की पीठ पर भी हाथ फेरा जाय, भले ही अकारण ही। वे ऐसा बिल्कुल नहीं करते अपितु, दोनों की उन मान्यताओं और तत्त्वों को उभारते हैं जो दोनों में समान रूप से ग्राह्य हैं, अधिकतम रूप में स्वीकृत हैं। वे जायसी के भारत के प्रति लगाव को भी अपनी जन्मभूमि का स्वाभिमान और अपनी संस्कृति से प्रेम के रूप में देखते हैं न कि दो भिन्न-भिन्न भावनाओं के समन्वय के रूप में। इसीलिए वे जायसी को सांस्कृतिक समन्वय करनेवाला की अपेक्षा भारतीय संस्कृति का प्रकाशन करनेवाला मानते हैं।

वे कहते हैं कि, "जायसी ने हिन्दू घर की कहानी को अपनाया, हिन्दू धर्म और दर्शन को अपने काव्य में स्थान दिया, सूफ़ी प्रेम साधना और भारतीय योग साधना का समन्वय किया। भारतीय सामाजिक जीवन का मनोरम निरूपण किया, लोक संस्कृति को उजागर किया। इसी नाते हम उन्हें सांस्कृतिक समन्वय का प्रतीक नहीं मानते, बल्कि एक आस्थावान् मुसलमान होते हुए भी उन्होंने भारतीय संस्कृति की गहराइयों में प्रवेश किया था... यह जायसी के समन्वय का प्रयास नहीं बल्कि उनके अन्तर की आस्था है।" (22-23)

वास्तव में हिन्दू-मुस्लिम सम्बन्धों को साम्प्रदायिक चश्मे से देखने की प्रवृति ने ही इस्लाम के भारतीयकरण में अवरोध पैदा किया है। भारत के मुसलमानों के भारतीयकरण का अर्थ मिश्रित संस्कृति की दुहाई देनेवाले कुछ विचारकों को भले ही अटपटा और अनुचित लगता हो किन्तु कन्हैया सिंह की दृष्टि में जायसी इसके महान् आदर्श हैं।

यह विडम्बना है कि सभी धर्म, सम्प्रदाय ईश्वर को मानते हैं पर साम्प्रदायिक चश्मे से देखने के अभ्यास ने धर्मों के बीच झगड़े की सबसे बड़ी वजह भी ईश्वर को ही बना दिया। ईश्वर सम्बन्धी

मान्यताओं में तरह-तरह के भेद हैं तो कुछ समानताएँ भी हैं। दुर्भाग्यपूर्ण है कि धर्मों के बीच भेदों को तो उभारा जाता है परन्तु उनमें समरूपता न खोजी जाती है, न पुरस्कृत ही की जाती। कन्हैयासिंह की यह चिन्ता असंगत नहीं है कि—

"उपनिषदों के ब्रह्म और कुरान के अल्लाह में बड़ी समरूपता है पर उस समरूपता को ढूँढ़ने की कोशिश कम की गयी। खाई को गहरा करने का काम ही अधिक हुआ।"

पदुमावति के अनेक प्रसंगों द्वारा वे यह प्रतिपादित करते हैं कि जायसी ने इस खाई को पाटने का स्मरणीय कार्य किया। जैसे कि वे कहते हैं, "जायसी के सम्पूर्ण वर्णन में परमात्मा उपनिषदों के वर्णन से पूर्णतः मिलता है पर वह कुरान के वर्णन से भी अभिन्न है।" (22)

जायसी भारतीय लोकजीवन में रची बसी आस्था से कितने अनुप्राणित हैं, इसके अनेक दृष्टान्त पदुमावति में बिखरे पड़े मिलते हैं। 'रामचरितमानस' में कौशल्या गंगा और यमुना को साक्षी करके सीता को अखण्ड सौभाग्यवती होने का आशीर्वाद देती है। बहुत प्रसिद्ध चौपाई है यह—

'जब लगि गंग जमुन जल धारा। अचल होहु अहिवात तुम्हारा।' पढ़कर रोम-रोम आस्था में भीग जाता है। किन्तु यह कितने लोगों को पता होगा कि तुलसीदास से भी पूर्व जायसी इस तरह गंगा यमुना को स्मरण कर चुके हैं। पदुमावति के आरम्भ में शेरशाह की प्रशस्ति में वे लिखते हैं, "सारी पृथ्वी दोनों हाथों को जोड़-जोड़कर तुम्हें आशीष देती है कि गंगा और यमुना में जब तक जल रहे तब तक तुम्हारा माथा अमर रहे।"

'सब पिरथिमी असिसइ जोरि जोरि के हाथ।
गाँग जउँन जौ लहि जल तौ लहि अम्मर माथ।। 15।।

यह दोनों हाथों को जोड़कर गंगा और जमुना को साक्षी करना शुद्ध भारतीय मन से ही सम्भव है।

जायसी इस्लाम धर्मावलम्बी थे और अपनी धार्मिक श्रद्धा वे यत्र-तत्र प्रकट करते चलते हैं। किन्तु वे इस्लाम को भारतीय आस्था के प्रकाश में देखते हैं न कि अरब या फारस की रोशनी में। यही इस्लाम का भारतीयकरण है।

भारत में वेदों के उपरान्त सर्वाधिक पूजनीय धर्मग्रन्थ पुराण माने गये हैं। जायसी कुरान को पुराण कहकर सम्बोधित करते हैं।

'पुनि उस्मान पँडित बड़ गुनी। लिखा पुरान जो आयत सुनी।'

फिर पण्डित और गुणवान् उस्मान आये जिन्होंने सुनी हुई आयतों को पुराण (कुरान) रूप में लिपिबद्ध किया।

'जो पुरान बिधि पठवा सोई पढ़त गिरन्थ।
अउर जो भूले आवत ते सुनि लागत तेहि पन्थ।। 12।।'

जिस पुराण को विधाता ने भेजा था यह उसी ग्रन्थ को पढ़ते थे, और जो भूले भटके आते थे, वे सुनकर उस के मार्ग में आ लगते थे।

एक अन्य प्रकरण लेते हैं। पदुमावति में मुख्य संघर्ष हिन्दू और तुर्क राजाओं के बीच था।

'सुना साहि गढ़ छेंका आई। हिन्दू तुरकहिं भई लराई।'

जायसी स्वयं भी तुर्कों की तरह मुस्लिम मतावलम्बी थे। प्रश्न यह है कि वे इस पूरे संग्राम में किसका पक्ष लेते हैं? एक इतिहास लेखक की तरह युद्ध का तटस्थ वर्णन करते हैं या अपनी कविजनित संवेदनाओं को किसी एक दल के पक्ष में रखते हैं? निश्चय ही एक सच्चा कवि अपनी संवेदनाओं को फूटने से बचा नहीं सकता। सवाल यह है कि जायसी का मन किसके साथ

अपनापा महसूस करता है? अपने उन मुसलमान भाइयों के साथ जो देश के इतने बड़े साम्राज्य के मालिक भी थे; अथवा अपनी मातृभूमि के उन सपूतों के साथ जो देश की परम्परा के वाहक थे और मुस्लिम शासकों से आक्रान्त भी? पदुमावति की आखिरी पंक्ति है—

जौहर भई ईस्तरी पुरुष भये संग्राम।
पातसाहिं गढ़ चूरा चितउर भा इसलाम।।

जायसी ने 'पदुमावति' की महागाथा का अन्तिम निचोड़ इस दोहे में व्यक्त किया है। एक ऐतिहासिक घटना घट गयी। चित्तौड़ जिसे खुद जायसी पूर्व में 'चितउर कर हिन्दुन कर माता' कह चुके हैं, अब इस्लाम (धर्मावलम्बी बादशाह) के अधीन हो गया। काव्यप्रबन्ध की इस समाप्ति पर हमें एक भी शब्द ऐसा नहीं मिलता जो जायसी के हर्ष, गौरव या उत्साह को प्रकट करे। अपितु इस अन्तिम दोहे को परत-दर-परत खोलें तो वेदना का सोता बहता दिखायी पड़ता है। केवल एक अति संक्षिप्त समाचार 'चितउर भा इसलाम'। क्या हमें यहाँ भरे कण्ठ से केवल इतना-सा कह पानेवाले विषाद के दर्शन नहीं होते? चितउर का इस्लाम-यह कितने ध्वंस, कितनी हत्या, कितने हाहाकार के बाद हुआ, इसे व्यक्त करने के लिए हृदय को बेधते से जायसी के यह शब्द क्या कम हैं कि, "सारी स्त्रियाँ जौहर में जल मरीं, सारे पुरुष युद्ध में काम आ गये?" 'पातसाहिं गढ़ चूरा' में सब-कुछ तहस-नहस हो जाने की सूचना नहीं मिलती?

जायसी की इस मनोव्यथा को समझने के लिए कन्हैया सिंह जी इसकी समीचीन विवेचना करते हैं—

'तब लगि सो औसर होइ बीता। भये अलोप राम औ सीता।
आइ साहि जब सुना अकारा। होइगा राति देवस जो बारा।
छार उठाइ लीन्ह इक मूठी। दीन्हि उड़ाइ पिरिथिमी झूठी।'

वे पूछते है कि इस छन्द में जायसी जब रत्नसेन और पद्मिनी को राम और सीता कहते हैं तो अलाउद्दीन के लिए क्या यहाँ रावण की व्यंजना नहीं है? जो अलाउद्दीन दिन की तरह चमक रहा था, गढ़ में पहुँचकर रात की तरह अन्धकार में डूब गया, इसमें भी उसकी मानसिकता ही व्यंजित है। छार ही उसके हाथ लगी। आरम्भ में जायसी ने कहा—'मानुस पेम भएउ बैकुण्ठी। नाहिं त काह छार एक मूठी।' मानुस प्रेम तो मिला रत्नसेन और पद्मिनी को जो स्वर्गीय विभूति बनकर आज भी विद्यमान हैं।... अलाउद्दीन के हाथ एक मुट्ठी राख ही लगी। इस सन्दर्भ के साथ जोड़कर विचार किया जाय तो लगेगा कि 'चितउर भा इसलाम' में जायसी ने अलाउद्दीन की-सी आक्रामक संस्कृतियों के ऊपर बड़ा ही करारा व्यंग्य किया है। ऐसे इस्लाम प्रचार से क्या लाभ? स्पष्ट है कि जायसी तलवार के बल पर अपनी सत्ता स्थापित करनेवाले इस्लाम के पक्ष में नहीं अपितु प्रेम से गले लगानेवाले इस्लाम के पक्ष में खड़े हैं।

दरअसल जायसी उस प्रेममार्गी सूफ़ी परम्परा के अनुयायी हैं जो मानता है कि भले ही प्रेम की साधना कठिन है परन्तु जिसने इसे साध लिया वह इहलोक और परलोक-दोनों संसारों से तर जाता है। जो प्रेममार्ग में अपना शीश नहीं सौंप सकता वह इस धरती पर आता ही क्यों है?

'भलेहिं पेम है कठिन दुहेला। दुइ जग तरा पेम जेइँ खेला।
जेइँ नहिँ सीस पेम पथ लावा। सो प्रिथिमी महँ काहे को आवा।।' 89।।

यही इस्लाम का भारतीयकरण ही था कि जब कुछ धर्मान्तरित व्यक्तियों ने तुर्की बादशाहों के रिवाज अपनाने शुरू किये तो सूफ़ी सन्त गेसू दराज ने साफ कहा था, "ये तुर्की रिवाज हैं मुस्लिम रिवाज नहीं।" यह भारतीयकरण का ही प्रभाव है कि सूफ़ी कवि हाफिज अल्लाह के साथ राम को भी उसी निर्द्वन्द्व भाव से पुकार लेता है, जो अरबिया इस्लाम के लिए सोचना भी कुफ़्र है, भयानक पाप है—

'हाफिजा गर वस्ल ख़्वाही, सुल्ह कुन बा आम-ओ-खास,
बा मुसलमान अल्लाह-अल्लाह, बा ब्राह्मण राम-राम।'

—ओ, हाफिज! अगर तुम परमात्मा के साथ एक होना चाहते हो, ऊँचे-से-ऊँचे व नीचे-से-नीचे के साथ समान व्यवहार करो, मुसलमान के साथ अल्लाह-अल्लाह और हिन्दू को राम-राम कहकर अभिवादन करो।

जहाँ एक सूफ़ी कवि इस भारतीय धार्मिक और वैचारिक स्वतन्त्रता का आस्वाद लेकर आनन्द में भर झूम उठता है कि, "कहाँ ऐसी आजादियाँ हैं मयस्सर, अन अल हक कहो और मौत न पाओ।"

हाली की एक नज़्म से मैं इस लेख का समाहार कर रहा हूँ—

वो दीने हिजाजी का बेबाक बेड़ा,
निशां जिसका अक्शा-ए-आलम में पहुँचा,
मजाहिम हुआ कोई खतरा न जिसको
न अम्मान में ठिठका न कुलजम में झिझका
किये पास्सेपार जिसने सातों समन्दर
वो डूबे दहाने में गंगा में आकर।।

इस्लाम के भारतीयकरण की प्रक्रिया को व्यक्त करने के लिए मौलाना हाली के इस कथन से बड़ा और क्या प्रमाण होगा!

कट्टर इस्लाम मतावलम्बी हाली ने यह बात अवश्य ही किंचित् खेद के साथ कही होगी परन्तु हम भारतीय मानते हैं कि गंगा किसी को डुबोती नहीं तार देती है। जो डूब जाता है वह दिव्य देह को प्राप्त कर तर जाता है।

'पदुमावति' जैसे अनूठे प्रबन्धकाव्य के रचयिता जायसी को धार्मिक समन्वय करनेवाले कवि के स्थान पर इस्लाम के भारतीयकरण के प्रवर्तक के रूप में देखना, उन्हें महाकवि के साथ युगद्रष्टा संस्कृति पुरुष भी सिद्ध करता है और यह कार्य एक युगद्रष्टा आलोचक द्वारा ही सम्भव है।

पूर्व अध्यक्ष, राजस्थान साहित्य अकादमी (जयपुर)

हिन्दी सूफ़ी काव्य और डॉ. कन्हैया सिंह

काली चरण झा

वर्तमान में, हिन्दी में सूफ़ीमत के सिद्धान्त पक्ष और हिन्दी सूफ़ी काव्य के व्यापक अध्ययन और मनन की जरूरत है। हिन्दी के अध्येताओं के समक्ष सूफ़ीमत को जानने-समझने के लिए कुछ महत्त्वपूर्ण ग्रन्थ अवश्य हैं, जैसे- आचार्य चन्द्रबली पाण्डे द्वारा लिखित 'तसव्वुफ़ अथवा सूफ़ीमत', डॉ. रामपूजन तिवारी द्वारा लिखित 'सूफ़ीमत-साधना और साहित्य', विजयदेव नारायण साही की पुस्तक 'जायसी' आदि। किन्तु यह सभी ग्रन्थ हिन्दी के अध्येताओं की ज्ञान पिपासा को शान्त करने में पूर्ण सक्षम नहीं हैं। इस सन्दर्भ में डॉ. कन्हैया सिंह द्वारा लिखित दो पुस्तकें—'सूफ़ी काव्य : सांस्कृतिक अनुशीलन' और 'उदार इस्लाम का सूफ़ी चेहरा' विशेष महत्त्वपूर्ण हैं, क्योंकि इनके माध्यम से वह गहराई में जाकर सूफ़ीमत के विविध पक्षों को हिन्दी के पाठकों के सामने लाने का सार्थक प्रयास करते हैं। वस्तुतः हिन्दी में लिखे गये सूफ़ी काव्य सिर्फ काव्य-कला की दृष्टि से नहीं बल्कि अपने सांस्कृतिक चिन्तन और चित्रण के कारण भी आज हमारे लिए विशेष महत्त्व रखते हैं। क्योंकि, "मुसलमान सूफ़ी कवियों ने भारतीय संस्कृति और हिन्दू जीवन का जो चित्रण किया है, वह सामाजिक समरसता का ऐसा मूल्यवान् दस्तावेज है, जिस पर भारतीय और राष्ट्रीय अस्मिता का सुदृढ़ किला बन सकता है। वैसे तो भारत बहुजातीय और बहुपन्थीय राष्ट्र है, पर इस बहुलता में एक एकता भी है। वह है सांस्कृतिक समरसता और उदारतापूर्ण अन्यों की स्वीकारता। देश में सर्वाधिक संख्या हिन्दुओं की है, उसके बाद मुसलमान हैं। इतिहास जो रहा हो, आज दोनों को साथ-साथ रहना है, साथ ही जीना-मरना है। अतः इनका ऐक्य, इनकी समरसता और परस्पर उदारता ही राष्ट्र और राष्ट्र जीवन को मंगल भवन बना सकती है।"[1]

साहित्य का मकसद होता है समाज की सकारात्मक एवं नकारात्मक प्रतिक्रियाओं से सभी को अवगत कराना। इसी आशा के साथ डॉ. कन्हैया सिंह भारतीय परम्परा में सूफ़ी काव्य की महत्ता एवं ऐतिहासिकता को खंगालने की सार्थक कोशिश करते हैं। सूफ़ियों को इस्लाम से कैसे

1. डॉ. कन्हैया सिंह, 'सूफ़ी काव्य : सांस्कृतिक अनुशीलन', प्राक्कथन से।

जोड़ा जाता है और इनका सम्बन्ध मूल रूप से इस्लाम से कैसे है? लेकिन इसके साथ ही भारतीय उपनिषद्, दर्शन में विद्यमान अद्वैतवाद भी है और इस्लाम से पहले भी लोग भिन्न-भिन्न सम्प्रदाय एवं उपसम्प्रदायों का अनुसरण करते रहे हैं। क्रिया, प्रतिक्रिया, हिंसा, विद्वेष तथा धर्म के बाह्याडम्बर से वे लोग किस तरह प्रभावित थे? सांसारिक वासनाओं, इन्द्रिय-सुखों, राग-द्वेषों ने इस्लाम में वैराग्यपूर्ण, आत्मचिन्तन प्रधान, एवं उदारचेता संन्यासियों को जन्म दिया। कुरान को मनानेवाले लोगों का मानना है कि स्वयं खुदा ने मोहम्मद पैगम्बर के माध्यम से उसमें अपनी वाणी को ही प्रस्तुत किया है। सूफ़ियों का यह मानना है कि खुदा ने लोगों को दो प्रकार का ज्ञान दिया है 'इल्म-ए-सकीना' और 'एल्म-ए-सिना'। यह वही ज्ञान है जिसको खुदा ने कुरान के रूप में सभी को दिया है। निसार ने इस सम्बन्ध में लिखा है—

बिरिध बैस मँह कीन्ह विचारा। केहि विधि होय मोर उद्धारा।
कह्यो सो तन्त्र कथा उत साँचा। जो कुरान मा सुना ओ बाँचा।
सभ भाषा महँ कथा सोहाई। बरनन भाँति भाँति करवाई।
इरबी और अरबी सुरबानी। पारस औ तुरकी मिसरानी।
भाषा माँ काहू ना भाखा। मोरे अंस दइब लिखी राखा।
यूसुफ नबी अनूप जग, प्रगट भए संसार।
जाकी कथा तन्त अब, बरनऊँ भजि करतार।।[1]

इन सब को जानने के लिए कन्हैया सिंह भारतीय इतिहास, परम्परा, संस्कृति व साहित्य में सूफ़ी काव्य एवं उसके अनछूये प्रसंगों को खोजने एवं जानकारी हेतु एक पिपासु की ज्ञान की गहराई में उतरते हैं। सूफ़ीवाद आखिर है क्या? इसका शाब्दिक अर्थ क्या है? सूफ़ी शब्द को लोग अपने-अपने अनुसार अलग-अलग नामों से जानते हैं। वास्तव में इस्लाम धर्म के अन्तर्गत अनुभूतिप्रधान विशिष्ट धार्मिक मतवाद 'सूफ़ीमत' कहलाता है और इस मत के माननेवाले को 'सूफ़ी' तथा उनके दर्शन को 'तसव्वुफ़' कहा जाता है। सूफ़ी शब्द की व्युत्पत्ति पर साहित्यकारों एवं विद्वानों ने अपने-अपने विचार एवं अलग-अलग मत दिये हैं। कुछ लोगों का मत है कि सूफ़ी शब्द 'सफ़' से विकसित है या यह कहें कि इसी से प्रचलित हुआ है जिसका अर्थ है ऊन या ऊनी कपड़ा। कुछ लोगों का मानना है कि सूफ़ी साधक प्रारम्भ में भेड़ या बकरी की ऊन से बने कपड़ों को पहनते थे। शायद इसलिए लोगों ने उन्हें सूफ़ी कहा होगा।

दूसरे मत के अनुसार सूफ़ी शब्द की उत्पत्ति 'सफा' शब्द से हुई है जिसका अर्थ है पवित्रता अथवा इसका सम्बन्ध शुद्धि से जोड़ा जाता है। इनकी आत्मा की शुद्धि, आचरण की पवित्रता और शुद्धता के अनुसार इन लोगों को सूफ़ी कहा गया है। कुछ लोगों का मानना है कि सफा शब्द का एक और अर्थ है। उनके अनुसार मो. पैगम्बर द्वारा मदीना की मस्जिद के बाहर 'सफा' अर्थात् मक्का की एक पहाड़ी पर जिन लोगों ने शरण ली वही आगे चलकर सूफ़ी कहे गये। डॉ. रामपूजन तिवारी का मानना है कि 'सूफ़ी शब्द की जितनी परिभाषाएँ उपलब्ध हैं उनके आधार पर सूफ़ियों में पाये जानेवाले गुणों की अगर तालिका बनायी जाये तो वह कम लम्बी-चौड़ी नहीं होगी। लेकिन नाना गुणों से सूफ़ियों को विभूषित करने की चेष्टा से इतना तो अवश्य पता चल जाता है कि लोगों में साधारणतः उनके प्रति एक सम्मान का भाव था।''[2] इससे यह तय करना

1. डॉ. कन्हैया सिंह, 'उदार इस्लाम का सूफ़ी चेहरा', पृष्ठ सं. 33.
2. रामपूजन तिवारी, 'सूफ़ी मत- साधना और साहित्य', पृष्ठ सं 59.

थोड़ा मुश्किल है कि क्या माना जाये और क्या नहीं। लेकिन इस बात की ज्यादा सम्भावना इस तरफ जाती है कि सूफ़ी शब्द की उत्पत्ति 'सफ' अर्थात् पवित्रता या 'ऊन' से ही हुई होगी। डॉ. कन्हैया सिंह का भी मानना है कि 'सूफ़ी' की व्युत्पत्ति 'सूफ़' (ऊन) शब्द से ही सर्वाधिक प्रतीत होती है।' मगर आजकल इसका अर्थ तसव्वुफ़ को माननेवाले साधक से ही लिया जाता है।

"सूफ़ीमत मूलतः कुरान से ही निःसृत एवं विकसित है। कुरान की ईश्वर, जीव और जगत् सम्बन्धी मान्यताओं को स्वीकार करते हुए विभिन्न सूफ़ी चिन्तकों ने उनकी मौलिक व्याख्याएँ प्रस्तुत कीं जो कालान्तर में कुरान की मूल भावना से भिन्न और प्रतिकूल भी प्रतीत होने लगीं।"[1] कुरान के अनुसार परमात्मा/ ब्रह्म एक है। वह सारे संसार का कर्त्ता, पालनकर्त्ता और संहार करनेवाला है। ब्रह्म और जगत् के सन्दर्भ में सूफ़ीमत सर्वात्मवाद से अद्वैतवाद तक पहुँचता है। "परम्परित इस्लाम भावना के अन्तर्गत 'मैं ब्रह्म हूँ' की भावना को स्थान नहीं था, क्योंकि वहाँ ईश्वर और जीव की अलग-अलग सत्ताएँ मानी गयी हैं। सूफ़ियों ने अपने चिन्तन में इस ब्रह्मवादी विचार का समावेश किया। वायजीद विस्तामी ने कहा—'तकून अन्तजाक' अर्थात् 'वह तू ही है।' इस पर 'तत्त्वमसि' की विचारधारा की छाप दिख पड़ती है। मंसूर हल्लाज का प्रसिद्ध वाक्य 'अनलहक़', 'मैं ही सत्य ब्रह्म हूँ' हिन्दू दर्शन के 'अहं ब्रह्मासि' का अनुवाद प्रतीत होता है।... 'तौहीद' (एकेश्वरवाद) की मूलभावना यह है कि ईश्वर एक है, पर सूफ़ी चिन्तकों ने इस विचार को एक डग आगे बढ़ाकर यह प्रतिपादित किया कि एक ईश्वर ही है अन्य कोई नहीं।"[2] सूफ़ियों के अनुसार आत्मा के दो भेद हैं—नफ्स और रूह। 'नफ्स' जहाँ कुप्रवृत्तियों का स्थल है वहीं 'रूह' सद्प्रवृत्तियों का उद्गम स्थल। वस्तुतः सूफ़ी साधक 'नफ्स' पर विजय प्राप्त कर 'रूह' के सहारे परमात्मा के प्रेम में इतना लीन हो जाता है कि इस अवस्था में उसे परमात्मा के अलावा और कुछ भी दिखायी नहीं देता है। यही सूफ़ी साधना का मूल रहस्य है। प्रकारान्तर से सूफ़ी साधना का मूल तत्त्व प्रेम है। उनका मानना है कि इश्क मजाज़ी (लौकिक प्रेम) इश्क़ हक़ीकी (आध्यात्मिक प्रेम) का एक सोपान है। इनके यहाँ प्रेम मज़हब की सीमा की परवाह नहीं करता और न ही संसार के सम्बन्धों की। इस प्रेम के प्रकाश में उसे सर्वत्र परमात्मा के सौन्दर्य का दिग्दर्शन होता है।

सूफ़ियों के अनुसार उनकी साधना एक सफ़र के समान है और इस सफ़र की चार अवस्थाएँ हैं—शरीयत, तरीकत, मारिफ़त और हक़ीकत। 'शरीयत' अर्थात् इसके अन्तर्गत सूफ़ी के लिए कुरान के नियमों के प्रति पाबन्द होना आवश्यक है। इन नियमों का पालन करनेवाले साधक को 'मोमिन' कहा जाता है। 'तरीकत' की अवस्था में पहुँचे साधक को 'सालिक' कहा जाता है। वास्तव में यह एक रहस्यमय यात्रा है जिस पर चल कर साधक समस्त सांसारिक वासनाओं को छोड़ गुरु की शरण में जाता है। 'मारिफ़त' का सम्बन्ध ज्ञान से है। यह ज्ञान दो तरह के माने गये हैं—सांसारिक (इल्म) और आध्यात्मिक/ ईश्वरीय (म्वारिफ़) अर्थात् इस अवस्था में पहुँचकर साधक समस्त रहस्यों को जानते हुए ईश्वरीय ज्ञान प्राप्त कर लेता है। यहाँ पहुँचकर वह 'सालिक आरिफ़ (ज्ञानी) की संज्ञा प्राप्त करता है। 'हकीकत' जीव की मुक्ता अवस्था माना गया है। इसी अवस्था में पहुँचकर साधक 'अनलहक़' अर्थात मैं ही सत्य हूँ का नाद करने लगता है। "हकीकत

---

1. डॉ. कन्हैया सिंह, 'उदार इस्लाम का सूफ़ी चेहरा', पृष्ठ सं. 33.
2. वही, पृष्ठ सं. 34-35.

वास्तव में साधना नहीं, साधक की अनुभूति की अवस्था है।... शरीयत से प्रोत्साहित मुरीद तरीकत में लगा और धीरे-धीरे (मारिफ़त प्राप्त करके) हक़ीक़त की दशा में जीवनमुक्त हो गया। अतः एक ही व्यक्ति एक ही मार्ग में कर्मठ से साधक, साधक से ज्ञानी, ज्ञानी से हंस बन गया। हंस बनकर भी बाशरा सूफ़ी शरीयत का पालन लोकरंजन की दृष्टि से करता है।''[1]

भारत में सूफ़ी सम्प्रदाय के आगमन के प्रसंग में कन्हैया सिंह लिखते हैं कि ''इस्लाम का प्रवेश सन् 711 ई. में मुहम्मद बिन कासिम के सिन्ध पर आक्रमण के साथ ही भारत में हो गया था, पर क्रमबद्ध रूप में सूफ़ी चिन्तकों का भारत आगमन ग्यारहवीं शताब्दी से प्रारम्भ होता है।''[2] तदन्तर ऐसा माना जाता है कि भारत में चौदह सूफ़ी सम्प्रदायों का आगमन हुआ- चिश्ती, सुहरावर्दी, हबीजी, तफूरी, करखी, जुनेदी, काजरूनी, तूसी, फिरदौसी, जेदी, इयादी, अधमी और हुबेरी। किन्तु जैसा कि कन्हैया सिंह का भी मानना है कि 'इनमें से चार सूफ़ी सम्प्रदाय ही विशेष प्रसिद्ध हुए'—चिश्ती, सुहरावर्दी, कादिरी और नक़्शबन्दी। सन् 1190 ई. में ख़्वाजा मुईनुद्दीन चिश्ती के भारत आगमन के साथ ही इस सम्प्रदाय का भारत में आगमन होता है। अजमेर शरीफ़ में इनका दरगाह आज भी सभी धर्मावलम्बियों के लिए विशेष आदर का केन्द्र है। इस सम्प्रदाय के प्रमुख सूफ़ियों में ख़्वाजा कुतुबुद्दीन बख्तियार काकी, हमीमुद्दीन नागौरी, शेख फरीद्दुद्दीन गंज-ए-शकर, ख़्वाजा निज़ामुद्दीन औलिया, बदुद्दीन इशाक, शेख जमलुद्दीन, अली अहमद साबिर, शेख आरिफ़, शेख़ नसीरुद्दीन चिराग-ए-देहली तथा शेख़ सलीम चिश्ती आदि का नाम विशेष उल्लेखनीय है। 'सुहरावर्दी सम्प्रदाय' के प्रवर्तक शेख़ शुहाबुद्दीन सुहरवर्दी को माना जाता है। भारत में इस सम्प्रदाय को स्थापित करनेवाले शेख़ बहाउद्दीन जकारिया थे जो कि शेख़ शुहाबुद्दीन सुहरावर्दी के शिष्य थे। ''इनके रहस्यात्मक आदर्श चिश्ती परम्परा से भिन्न थे। इन्होंने इस्लामी परम्पराओं को अपनाया और चिश्तियों द्वारा गृहीत गुरु के सम्मुख झुककर प्रणाम करने आदि की हिन्दू पद्धतियों का विरोध किया।'' 'कादिरी सम्प्रदाय' के संस्थापक शेख़ अब्दुल क़ादिर जिलानी थे। दाराशिकोह इसी सम्प्रदाय के सन्त मियाँ मीर का शिष्य था। 'नक़्शबन्दी सम्प्रदाय' के संस्थापक ख़्वाजा बहाउद्दीन नक़्शबन्दी थे। भारत में इस सम्प्रदाय का प्रवर्तन ख़्वाजा बाक़ी बिल्लाह (सन् 1563-1603 ई.) ने किया था। इसके अतिरिक्त भारत में कुछ और प्रसिद्ध सूफ़ी सम्प्रदायों का उल्लेख मिलता है—मेहदवी, शत्तारी, उवैसी, मदारी, कलन्दरी और मलामती आदि। यह सही है कि सूफ़ी सम्प्रदाय इस्लाम से निकला एक विदेशी तत्त्व चिन्तन था किन्तु भारत में जैसे-जैसे इसका प्रचार-प्रसार बढ़ा और हिन्दू जनता के सम्पर्क में आया तो हिन्दू तत्त्व-चिन्तन का प्रभाव भी इस पर पड़ा। इसी तथ्य की ओर संकेत करते हुए कन्हैया सिंह लिखते हैं ''हिन्दू तत्त्व ज्ञान का प्रभाव इस्लाम के सूफ़ीमत से पूर्ववर्ती कुछ सम्प्रदायों पर भी दिखायी पड़ने लगता है। प्रारम्भिक सूफ़ी चिन्तकों को भी बौद्ध और वेदान्त दर्शन ने प्रभावित किया तथा वह प्रभाव क्रमशः बढ़ता ही गया। मंसूर हल्लाज़ के उपरान्त हिन्दू तत्त्वज्ञान से प्रभावित साधकों की एक परम्परा ही दिखायी पड़ती है। भारत में प्रवेश करने पर तो निश्चित रूप से हिन्दू धर्म, दर्शन और साधना से सूफ़ीमत प्रभावित हुआ। हिन्दू-प्रभावों की इस सुदीर्घकालीन परम्परा

1. चन्द्रबली पाण्डे, 'तसव्वुफ़ अथवा सूफ़ीमत', पृष्ठ सं. 93.
2. डॉ. कन्हैया सिंह, 'उदार इस्लाम का सूफ़ी चेहरा', पृष्ठ सं. 44.
3. वही, पृष्ठ सं. 47.

को हिन्दी के सूफ़ी कवियों ने पूर्णता प्रदान की। इन कवियों ने हिन्दू संस्कृति की समस्त रूप-छवियों को अपने काव्य में निरूपित करने का प्रयास किया।''[3]

वास्तव में, सूफ़ी दर्शन का प्रभाव मूलतः तो इस्लाम में या एकेश्वरवाद के रूप में देखने को मिलता है। लेकिन इसके साथ-साथ भारतीय उपनिषद् का प्रभाव भी इस्लाम दर्शन पर देखने को मिलता है। भारतीय दर्शन ने बाहरी दर्शन को प्रभावित ही नहीं किया बल्कि उन्हें सभी धर्मों को समानता से देखने का जो नजरिया दिया था, इस्लाम उससे काफी प्रभावित हुआ। सभी धर्मों एवं सम्प्रदायों को समन्वय भाव से देखना भारत की संस्कृति रही है। गंगा-जमुना-तहजीब के निर्माण में भारतीय काव्यधारा का महत्त्वपूर्ण योगदान आज भी विद्यमान है। सभी धर्मों का आदर करना, ईश्वर की सत्ता में न विश्वास रखना और समानता की दृष्टि का भाव भारत की विशेषता रही है। भारतीय औपनिषदिक चिन्तन में निहित ब्रह्म-जीव-एकत्व (अहं ब्रह्मास्मि) को आधार बनाकर घोषणा की गयी जिसका अर्थ है कि मैं ही खुदा हूँ। इसलिए आज भी यह विचार भारतीय समाज के लिए चिर-परिचित हैं।

सूफ़ियों ने न सिर्फ़ हिन्दू घरों की प्रचलित कहानियों को अपनाया बल्कि हिन्दू धर्मों में प्रचलित मिथकों को भी सम्मान दिया। यह जानते हुए भी कि भारतीय समाज मूर्तिपूजा को मानते हैं लेकिन इस्लाम धर्म इन बुतपरस्ती को नहीं मानता है। इसके बावजूद सूफ़ियों ने हिन्दू देवी-देवताओं को अपनी कविताओं में सम्मानपूर्वक शामिल किया। श्री खलिफ़ अहमद निजामी के मतानुसार, ''अलबेरुनी ने हिन्दू का अध्ययन दार्शनिक स्तर पर किया था, पर सूफ़ियों ने उसे मनोवैज्ञानिक और भावात्मक स्तर पर ग्रहण करने का प्रयास किया। उनका सम्बन्ध सैद्धान्तिक ऐक्य की अपेक्षा भावात्मक ऐक्य से अधिक था। इसी कारण प्रारम्भिक मुसलमान दार्शनिक हिन्दुओं के धार्मिक रीति-रिवाजों में अधिक रुचि लेते हैं, अपेक्षाकृत उनके दार्शनिक विचारों के।''[1] भारतीय समाज में इस्लाम का आगमन तो हुआ लेकिन उनके आने-जाने से दोनों संस्कृतियों एवं सभ्यताओं में बदलाव देखने को मिलता है। जहाँ हिन्दुओं के बीच आकर इस्लाम धर्म पर भारतीयता का प्रभाव दिखायी पड़ता है वहीं उनकी रचनाओं में हमें हिन्दू धर्म के तत्त्व देखने को मिलते हैं। कुछ उदाहरण देख सकते हैं—पारिवारिक जीवन, लोक जीवन, पर्व-उत्सव, खान-पान, वेश-भूषा, लोक, विश्वास, लोकोक्तियाँ, नायक-नायिका का प्रेम आदि से बहुत दिखायी पड़ते हैं। भारतीय दर्शन में आध्यात्मिकता चरम सीमा में दिखायी पड़ती है। इस्लाम धर्मावलम्बियों का इस तरह से प्रभावित होना यह दर्शाता है कि हिन्दुओं का सामाजिक जीवन अत्यन्त सरल एवं सजीव दिखायी पड़ता है। ग्राम्य जीवन में वह भोले-भाले लोग अपने ईश्वर या ब्रह्म के प्रति कितने संवेदनशील दिखायी पड़ते हैं। यह लोग आपस में सामाजिक स्नेह भाव रखते थे। इन सूफ़ी कवियों को लोकजीवन का सच्चा उदाहरण भारतीय समाज में ही देखने को मिलता है।

जहाँ तक हिन्दी सूफ़ी काव्य का प्रश्न है तो इस परम्परा की शुरुआत अमीर खुसरो (सन् 1255-1324 ई.) के साथ होती है लेकिन यह भी सत्य है कि उन्होंने सूफ़ी काव्य का प्रणयन फ़ारसी में किया था। शेख सर्फुद्दीन एहिया मनेरी (जन्म 1260 ई.) ने स्फुट दोहों के रूप में सूफ़ी काव्य का प्रणयन किया। इसीलिए कन्हैया सिंह लिखते हैं कि, ''एक ओर स्फुट काव्य

1. डॉ. कन्हैया सिंह, 'उदार इस्लाम का सूफ़ी चेहरा', पृष्ठ सं. 72.

की यह परम्परा चली और दूसरी ओर प्रचलित प्रेमकथाओं को आधार बनाकर सूफ़ी प्रेमाख्यानों का प्रणयन प्रारम्भ हुआ, जिनमें सम्पूर्ण लौकिक कथा और वर्णन के अवगुण्ठन में जीवन के अलौकिक सौन्दर्य और प्रेम के रूप में सूफ़ी तत्त्व झलकते हैं। दाऊद की 'चन्दायन' (रचनाकाल 1379 ई.) इस परम्परा की प्रथम ज्ञात रचना है। प्रेमाख्यानों और स्फुट रचनाओं की यह दोनों ही परम्पराएँ दक्षिण की रियासतों में दक्कनी भाषा में भी मिलती है। इस प्रकार सूफ़ी काव्य की दो परम्पराएँ हिन्दी में प्राप्त हैं—(1) उत्तरी भारत की अवधी सूफ़ी परम्परा, (2) दक्षिणी भारत की दक्कनी सूफ़ी परम्परा।''[1]

निस्सन्देह हिन्दी में ऐसे कई सूफ़ी सन्त हुए हैं जिन्होंने लौकिक प्रेम के बहाने उस 'प्रेमतत्त्व' का आभास दिया है जो प्रियतम ईश्वर से मिलानेवाला है। जिनमें दाऊद ('चन्दायन', सन् 1379 ई.), कुतबन ('मृगावती', सन् 1503 ई.), मलिक मुहम्मद जायसी ('पद्मावती', सन् 1540 ई., 'चित्ररेखा', 'अखरावट', 'आखिरी कलाम', 'कहरानामा' आदि), मंझन ('मधुमालती', सन् 1545 ई.), उसमान ('चित्रावली', सन् 1613 ई.), शेखनबी ('ज्ञानदीप', सन् 1617 ई.), कासिम शाह ('हंस जवाहिर', सन् 1736 ई.), नूर मोहम्मद ('इन्द्रावती', सन् 1744 ई.; 'नलदमन'; 'अनुराग बांसुरी', सन् 1764-65 ई.) आदि प्रमुख एवं प्रसिद्ध सूफ़ी कवि हुए हैं। आचार्य शुक्ल लिखते हैं 'शुद्ध प्रेममार्गी सूफ़ी कवियों में सबसे प्रसिद्ध जायसी हुए, जिनकी 'पद्मावत' हिन्दी काव्यक्षेत्र में एक अद्‌भुत रत्न है।'[2] इसके अलावे डॉ. कन्हैया सिंह ने ज्ञात-अज्ञात कई अन्य सूफ़ी कवियों की चर्चा अपनी पुस्तक में विस्तार से की है उनमें से न्यामत खाँ जानकवि ('कथाकलावन्ती', सन् 1612 ई., 'जफरनामा नौसेर खाँ', सन् 1664 ई. आदि), शेख किफ़ायत ('पोथी विद्याधर', सन् 1723-24 ई.), सूरदास ('नलदमन', सन् 1657 ई.), हुसेन अली ('पुहुपावती', सन् 1725-26 ई.), शेख़ निसार ('यूसुफ़ ज़ुलेखा', सन् 1790 ई.), शाहनजफ़ अली सलोनी ('प्रेम चिनगारी', सन् 1809 ई.; 'अखरावटी', सन् 1845 ई.), ख़्वाजा अहमद ('नूरजहाँ', सन् 1905 ई.), शेख़ रहीम ('भाषा प्रेमरस', सन् 1915 ई.), नसीर ('प्रेमदर्पन', सन् 1917 ई.) आदि का नाम विशेष महत्त्वपूर्ण हैं। इसके अतिरिक्त स्फ़ुट काव्य की जो परम्परा अमीर खुसरो से चली उसमें शर्फुद्‌दीन एहिया मानेरी, अब्दुल कुद्दूस गंगोही और शेख़ फरीदुद्‌दीन शकरगंज आदि के नाम विशेष उल्लेखनीय हैं। वस्तुतः ''सूफ़ी कवियों ने जो कहानियाँ ली हैं वे सब हिन्दुओं के घर में बहुत दिनों से चली आती कहानियाँ हैं जिनमें आवश्यकतानुसार उन्होंने हेर-फेर किया है। कहानियों का मार्मिक आधार हिन्दू है। मनुष्य के साथ पशु-पक्षी और पेड़-पौधों को भी सहानुभूति सूत्र में बद्ध दिखाकर एक अखण्ड जीवनसमष्टि का आभास देना हिन्दू प्रेमकहानियों की विशेषता है। मनुष्य के घोर दुःख पर वन के वृक्ष भी रोते हैं, पक्षी भी सन्देशे पहुँचाते हैं। यह बात इन कहानियों में मिलती है।''[3] यह कवि समाज में व्याप्त भेद-भाव हटाकर शुद्ध ईश्वर प्रेम और सात्त्विक जीवन का प्रचार करना चाहते थे।

जहाँ तक दक्षिणी परम्परा की बात है तो इसके अन्तर्गत निजामी, मुल्लावजही, गवासी, मुकीमी, नुसरती, हाशमी, इब्न निशाती, अहमद, ख़्वाजा बन्दा नेवाज़ गेसूदराज आदि सूफ़ियों

---

1. डॉ. कन्हैया सिंह, 'सूफ़ी काव्य : सांस्कृतिक अनुशीलन', पृष्ठ सं. 3.
2. आचार्य रामचन्द्र शुक्ल, हिन्दी साहित्य का इतिहास, पृष्ठ सं. 41.
3. आचार्य रामचन्द्र शुक्ल, हिन्दी साहित्य का इतिहास, पृष्ठ सं. 39-40.

के नाम विशेष प्रसिद्ध हैं। यह सही है कि, "दकिनी के प्रेमाख्यानों में, उत्तरी भारत के अवधी सूफ़ी प्रेमाख्यानों की भाँति आध्यात्मिक संकेत और सूफ़ी साधना के तत्त्व कम मिलते हैं। फिर भी प्रेम का जो स्वरूप इन कथाओं में निरूपित हुआ है, उसका लक्ष्य 'इश्क़ हक़ीक़ी' की ओर संकेत ही प्रतीत होता है।...इनकी भाषा के शब्द फ़ारसी बहुल तथा इनके द्वारा निरूपित जीवन और वातावरण अधिकतर इस्लामी हैं।"[13]

वस्तुतः सामाजिक संघर्षों, विषमताओं, विद्रूपताओं तथा नैतिक मूल्यों के अवसान के इस दौर में इतिहास के सर्पिले यथार्थ से गुजरते हुए भारतीय संस्कृति के चिरन्तन एवं शाश्वत मानव- मूल्य की तलाश करनेवाले सूफ़ी कवियों का अध्ययन-अध्यापन आज के समय में सर्वाधिक प्रासंगिक है। सम्पूर्ण विश्व को मानवता के सूत्र में पिरोनेवाला 'मानुषी प्रेम' के माध्यम से इस पृथ्वी को ही 'वैकुण्ठ' बनानेवाले जायसी जैसे सूफ़ी कवि हमारे लिए आज भी विशेष महत्त्व रखते हैं अन्यथा यह जीवन 'छार एक मूठी' के अलावे कुछ नहीं है। अतः ऐसे सूफ़ी कवियों एवं उनके काव्यों की महत्ता को स्थापित करनेवाले डॉ. कन्हैया सिंह का हिन्दी पाठक सदैव ऋणी रहेगा।

असिस्टेण्ट प्रोफेसर, त्रिपुरा विश्वविद्यालय
अगरतला (त्रिपुरा)

1. डॉ. कन्हैया सिंह, 'सूफ़ी काव्य : सांस्कृतिक अनुशीलन', पृष्ठ सं. 30.

महाकवि जायसी : डॉ. कन्हैया सिंह की कलम से

सुधाकर अदीब

साहित्य मनीषी डॉ. कन्हैया सिंह सुदीर्घ समय से हिन्दी सेवी हैं। उनकी मौलिक चिन्तन एवं अनुसन्धानपरक एक विशिष्ट समीक्षा कृति है—'मलिक मुहम्मद जायसी', जिसका प्रथम संस्करण 1994 ई. में चित्रसेन प्रकाशन संस्थान, राहुल नगर, आजमगढ़ से आया और जिसके वितरक हैं—विश्वविद्यालय, प्रकाशन चौक, वाराणसी। जायसी पर यह डॉ. कन्हैया सिंह का एक बड़ा काम है। उनके व्यक्तित्व, कृतित्व, उनके काव्यशास्त्र और उनके सूफ़ी जीवन दर्शन को समझने के लिए यह एक दुर्लभ और बहुमूल्य ग्रन्थ है।

विषय क्रम की दृष्टि से देखें तो यह कृति 'मलिक मुहम्मद जायसी'—सात अध्यायों में विभक्त है। जीवनवृत्त और रचनाएँ, 'पदुमावति' का प्रामाणिक पाठ, 'पदुमावति' की कथा-विविध परिपार्श्व, भावाभिव्यक्ति, अध्यात्म चिन्तन, काव्यभाषा और अभिव्यक्ति-कौशल, अन्य रचनाएँ। डॉ. कन्हैया सिंह ने इस विषय में गहन अध्ययन और चिन्तन के पश्चात् ही अपनी गम्भीर विवेचनात्मक कलम चलायी है। उन्होंने इस पुस्तक में, महाकवि जायसी के समय और उनकी लेखन परिधि में आये विषयों को पुस्तक रूप में ढलने की प्रक्रिया सहित, जैसे एक बेहद दिलचस्प कहानी कही है। उदाहरण के लिए उनके महाकाव्य 'पद्मावत' को आज हम जिस रूप में देखते और पढ़ते हैं, डॉ. कन्हैया सिंह की इस समीक्षात्मक कृति को ही पढ़ने के बाद जान पाते हैं कि मलिक मुहम्मद जायसी ने अपनी इस कृति का नाम वास्तव में 'पदुमावति' रखा था, जो बाद में अलोचकों ने कालान्तर में 'पद्मावत' कर दिया। इसी प्रकार से गम्भीर अध्येता डॉ. कन्हैया सिंह बहुत विस्तार से बताते हैं कि पद्मावती की कहानी कितनी कल्पना है और कितनी यथार्थ? इसे गढ़ने में किस तरह जायसी ने इतिहास और अपने समय के कथासूत्रों को परस्पर गूँथ कर ऐसा स्वरूप दे दिया जो चित्तौड़ की रानी पद्मावती की ऐसी कहानी बन गयी जो हम एक विश्वसनीय प्रेम गाथा के रूप में यथावत, स्वीकारते चले आ रहे हैं।

समीक्ष्य ग्रन्थ के प्रारम्भ में ही डॉ. कन्हैया सिंह स्पष्ट लिखते हैं कि—"मलिक मुहम्मद जायसी हिन्दी के अत्यन्त प्राणवान कवि हैं। उनमें कवित्व शक्ति की मोहकता, भाषा पर अप्रतिम अधिकार और एक युग की सीमा लाँघकर अपनी कविता को शाश्वत भूमिका प्रदान करने की अद्‌भुत शक्ति थी।"

इस ग्रन्थ में जायसी के जीवन क्रम का वर्णन करते समय लेखक जायसी के जीवन के सूत्रों को अन्तर्साक्ष्य और बहिर्साक्ष्य के आधार पर संकलित करने का श्रम साध्य प्रयास करता है। वह उनके जन्म स्थान, परिवार, व्यक्तित्व, गुरु-परम्परा और उनकी रचनाओं की बहुत बारीकी से पड़ताल करता है और अपने तर्कसंगत निष्कर्ष प्रस्तुत करता है।

'मलिक मुहम्मद जायसी' नामक प्रस्तुत आलोचनात्मक कृति में डॉ. कन्हैया सिंह अनेक खोजपरक और पूर्व विद्वानों द्वारा रेखांकित तथ्यों को अत्यन्त सहज एवं ग्राह्य रूप में हमारे सन्मुख रखते हैं। इनसे बड़ी महत्त्वपूर्ण जानकारियाँ मिलती हैं और महाकवि जायसी का व्यक्तित्व और कृतित्व अतीत के अँधेरों से उभर कर प्रकाश में आता है। बड़े लेखकों के लेखन का यही लाभ है, जो साहित्य जगत को प्रभावी ढंग से प्राप्त होता है।

आलोच्य कृति से हमें विदित होता है कि—जायसी का जन्म दिल्ली-सल्तनत के काल में हुआ था और उन्होंने जब अपना लेखन शुरू किया तब तक भारत में मुग़ल-राजसत्ता की स्थापना हो चुकी थी। बाबर-शेरशाह के शासन काल की परिधि में कवि जायसी की काव्य-रचनाएँ हुई थीं।

डॉ. कन्हैया सिंह लिखते हैं कि—"यह युग दो संस्कृतियों की टकराहट का युग था। मुसलमान शासक पक्ष से सम्बद्ध और हिन्दू शासित होने के कारण, इनमें एक वैचारिक दूरी का निर्माण हो रहा था। पर जायसी ने इस धरती में जन्मने का स्वाभिमान लेकर अपने विचारों को व्यक्त किया।"

जायसी का जन्म रायबरेली, उ.प्र. के जायस नामक कस्बे में हुआ था। जायस को जायसी का जन्म स्थान मानने में विभिन्न मतभेदों का निवारण अपने शोधपरक निष्कर्षों से लेखक देकर उसी को महाकवि जायसी का जन्म स्थान स्थापित करता है।

इस पुस्तक से विदित होता है कि जायसी कुरूप थे पर उतने ही हाज़िर जवाब विद्वान् भी। जायसी की एक आँख शीतला के प्रकोप से फूट गयी थी और वह एक कान से बहरे भी बताये जाते थे। जायसी ने स्वयं लिखा है—

"मुहमद बाईं दिसि तजी एक सरवन एक आँखि।"

इस सम्बन्ध में एक किंवदन्ति यह भी है कि एक बार शेरशाह ने उनकी ख्याति सुनकर उन्हें अपने दरबार में बुलाया। वह उनके भद्दे चेहरे को देखकर हँस पड़ा। इस पर जायसी ने तत्काल कहा—

"मोहिका हँससि कि कोहरहिं।"

अर्थात् —मेरे ऊपर हँस रहे हो या उस परमात्मा रूपी कुम्हार पर? इस पर बादशाह शेरशाह सूरी ने कविवर जायसी से क्षमा माँग ली, लज्जित होकर।

जायसी के व्यक्तित्व के अनेक पहलू इस पुस्तक से उजागर होते हैं। यह भी विदित होता है महाकवि जायसी सूफ़ी शिष्य परम्परा में हजरत निजामुद्दीन औलिया के दसवीं, पीढ़ी के शिष्य थे।

यद्यपि विभिन्न विद्वानों के अनुसार जायसी के उपलब्ध-अनुपलब्ध ग्रन्थों की संख्या 16 तक बतायी गयी है। परन्तु डॉ. कन्हैया सिंह का मानना है कि—"जायसी की रचनाओं में से (1) पदुमावति (2) अखरावट, (3) आखिरी कलाम, (4) कहरानामा, (5) मसलमानाम,

(6) चित्ररेखा एवं (7) कन्हावत प्रकाशित हो चुकीं हैं। जब तक जायसी के अन्य ग्रन्थों की प्रतियाँ प्राप्त न हो जायें, इनके सम्बन्ध में आधिकारिक रूप से कुछ कहना सम्भव नहीं है।''

'मलिक मुहम्मद जायसी' कृति में जायसी के चरित्र और उनकी काव्य रचनाओं को स्पष्ट करने के लिए डॉ. कन्हैया सिंह इस विषय में पूर्ववर्ती आलोचकों यथा-आचार्य रामचन्द्र शुक्ल, डॉ. माताप्रसाद गुप्त, लाला भगवानदीन, डॉ. वासुदेवशरण अग्रवाल आदि के जायसी पर किये गये शोधपूर्ण कार्यों पर भी खुलकर विचार करते हैं और फिर अपने सुचिन्तित, समाधान देते हैं। यह प्रक्रिया प्रस्तुत ग्रन्थ में आद्योपान्त दृष्टिगोचर होती है।

उदाहरण के लिए प्रश्नगत ग्रन्थ के तीसरे अध्याय 'पदुमावति की कथा : विविध परिपार्श्व' में जायसी अपने महाकाव्य 'पद्मावत' में रानी पद्मिनी और राजा रतनसेन की कथा के विभिन्न सूत्रों को कहाँ से इतिहास से सँजोकर और किस तरह अपनी अद्‌भुत कल्पनाशीलता और अपने स्वयं के समय की घटनाओं के आधार पर एक अभिनव कथानक का रूप देते हैं? डॉ. कन्हैया सिंह उसे बहुत बारीकी से समझाया है। समझाया ही नहीं एक निश्चित और स्पष्ट निष्कर्ष भी दिया है।

डॉ. कन्हैया सिंह लिखते हैं—''पदुमावति' भारतीयता का महाकाव्य है। यह भारतीयता का विश्वकोश है। जायसी ने 'भारतीय संस्कृति का मूर्त' चित्र खींचा है जो उदात्त और राष्ट्रीय धारा का अनुकरणीय आदर्श है। जायसी ने कोई सांस्कृतिक समन्वय किया है, ऐसा मैं नहीं मानता। उन्होंने एक ऐसी संस्कृति का प्रकाश बिखेरा है जो मानव संस्कृति है और जो मानव मात्र के अन्त:करण को अपनी दिव्य आभा से आलोकित करती है। वह मुसलमान थे पर उनका सामाजिक सन्दर्भ हिन्दू था। उन्होंने कभी हिन्दू और मुसलमान में बँटकर, विभाजित होकर या खण्डित होकर कुछ नहीं कहा, प्रत्युत उनका सारा कथन समग्रता का शंखनाद था। उस समग्रता में उनकी रचना 'पदुमावति' के विभिन्न पात्र—रत्नसेन, पद्मिनी, नागमती, हीरामन, अलाउद्‌दीन, राघवचेतन, देवपाल, गोरा-बादल सभी इन्सान हैं और मानव-वृत्तियों के किसी पक्ष के प्रतिनिधि हैं।''

लेखक अपने इस ग्रन्थ में जायसी के इतिहास-रस को भी समझते हैं और उसका विस्तार से विवेचन कर उसका मर्म उद्‌घाटित करते हैं। वह कहते हैं—''जायसी एक रचनाकार थे। एक सजग कवि थे। वह इतिहासकार नहीं थे और इतिहास लिखना उनका उद्‌देश्य भी नहीं था। वह एक ऐसे जीवन्त इतिहास-रस की सृष्टि करना चाहते थे जिसमें चित्तौड़ की भूमि पर घटित भीषण नरसंहार के पीछे की मनोवृत्तियों की मानवीय संवेदना की तलाश की जा सके।''

अब इस तलाश को महाकवि जायसी किस प्रकार अलाउद्‌दीन खिलजी, राजा रत्नसेन और पद्मावती की कहानी को गढ़ने और कहने के दौरान पूर्ण करते हैं वह अपने आप में बेहद दिलचस्प है। पर यहाँ इस लेख में उसके विस्तार में जाने का अवकाश नहीं है। उसे डॉ. कन्हैया सिंह की इस समीक्षा कृति के विधिवत् पारायण से ही जाना जा सकता है।

परन्तु इसी क्रम में निष्कर्ष रूप में विद्वान् लेखक की इन पंक्तियों से एक अनुमान तो पाठकगण लगा ही सकते हैं। वह कहते हैं—

''इस प्रकार हम देखते हैं कि जायसी ने ज्ञात इतिहास से अलाउद्‌दीन के चित्तौड़ पर आक्रमण और उसकी विजय को लिया। पदुमावति-प्रसंग लोकश्रुति से प्राप्त किया और अपने समकालीन रत्न सिंह की सूरजमल से शत्रुता युद्ध और दोनों की मृत्यु के रूप में कुम्भलनेर

के देवपाल का प्रसंग कल्पित किया। सबको मिलाकर उन्होंने एक ऐसे इतिहास-रस की सृष्टि की जो घटना और नामावली में भले ही सत्य न हो पर युग के वातावरण और प्रवृत्ति के अवतरण में पूर्णतः सफल है। जायसी में एक रचनाकार की ईमानदारी और कलम का ऐसा जादू है जो हिन्दी साहित्य में तुलसी को छोड़कर किसी में नहीं है।''

जायसी के अभिव्यक्ति पक्ष पर भी लेखक ने बहुत सूक्ष्मता से विचार किया है। अनेक उदाहरण हैं। उनमें से एक 'नागमती के विरह' वर्णन के सन्दर्भ में लेखक डॉ. कन्हैया सिंह की यह पंक्तियाँ दृष्टव्य हैं—

''इसी भावदशा में तुलसी के राम विलाप करते हुए खग, मृग, तरु, गुल्म, लताओं से सीता का पता पूछते हैं और मैथिलीशरण गुप्त की उर्मिला गाँव, किसान और कामगार जनता के सुख-दु:ख से एकाकार होकर सबके दु:ख में अपने दु:ख को मिलाकर देखती है। नागमती की विरह-वेदना की काव्याभिव्यक्ति इन दोनों की ही पूर्ववर्ती है और यह कहने में मुझे संकोच नहीं है कि उसकी वेदना की तीव्रता, गहराई और विस्तार तीनों ही पराकाष्ठा पर है और हिन्दी का कोई भी कवि उस तक नहीं पहुँच सका है। उस विरहिणी रानी के सन्देशवाहक भी जंगल के पक्षी ही हैं। वह रो-रोकर थक जाती है तो भौंरा और काग को अपना सन्देश कहती है—

पिय सौं कहेहु सँदेसड़ा ऐ भँवरा ऐ काग।
सो घनि बिरहें जरि मुई तेहिंक धुआँ हम लाग।।

हेतूत्प्रेक्षा से भ्रमर और काग के काले रंग के कारण की कल्पना और अलंकार की कलाभिव्यक्ति यहाँ गौण पड़ जाती है। उसके सन्देश की भावना, उसकी गहराई और व्यथा की पराकाष्ठा ही सन्देश के माध्यम से हृदय पर छा जाती है।''

डॉ. कन्हैया सिंह के हिन्दी साहित्य को अवदान की शृंखला में उनकी यह कृति 'मलिक मुहम्मद जायसी' निश्चय ही एक रत्न-सम कड़ी है। इसके सम्पूर्ण अध्ययन से ही इसकी गहराई, महत्ता और उत्कृष्ट साहित्यिकता को निकट से देखा जा सकता है। मैंने तो कुछ पुष्पों के पराग कणों का नगण्य प्रायः हवाला ही यहाँ दिया है। मैं हिन्दी के इस महान् मनीषी को सादर नमन करता हूँ। वह शतायु हों और हिन्दी के रचनाकारों और साहित्य प्रेमियों को इसी तरह निरन्तर अपना आशीर्वाद देते रहें।

'चन्द्र सदन' 15-वैशाली एन्क्लेव, सेक्टर-19, इन्दिरानगर
लखनऊ (उ.प्र.)

सूफ़ीकाव्य का सांस्कृतिक मूल्यांकन

सत्य प्रकाश पाल

हिन्दी साहित्य में इतिहास का दूसरा चरण है भक्तिकाल या भक्तिकाव्य। काव्य के इस दूसरे चरण के मूल में है ईश्वरीय सत्ता के प्रति आस्था, प्रेम और स्वयं को विलीन कर देनेवाली भाव सत्ता। ईश्वरीय सत्ता के प्रति रहनेवाला यह भाव प्रेम और आस्था का समन्वित रूप है जो 'भक्ति' रूप में प्रकट हुआ है। प्रेम और आस्था को आधार बनाकर भक्ति का दो मार्ग प्रचलित हुआ। भक्ति के इन दोनों मार्गों को सन्त भक्तिकाव्य धारा और सूफ़ी भक्तिकाव्य धारा के रूप में जाना जाता है। इन दोनों मार्गों में से एक ने आस्था और ज्ञान को प्रमुख मानकर प्रेम को गौण माना तो वहीं दूसरी ने प्रेम को प्रमुख मानकर ज्ञान को गौण माना। परन्तु प्रेम और आस्था के समन्वय को दोनों ही मार्गों ने स्वीकारा है।

हिन्दी साहित्य के अधिकतर लोग सूफ़ी साहित्य के नाम पर प्रेमाख्यान काव्य से ही परिचित हैं। सामान्य रूप से सूफ़ियों के बारे में यही दृष्टिकोण रहा है कि वे सत्तातन्त्र से बेफिक्र धार्मिक रूढ़ियों से इतर प्रेम और मनुष्यता के गीत गाने वाले मस्त फकीर होते हैं। इससे आगे सूफ़ीकाव्य को जानने की कोशिश बहुत ही सीमित तौर पर हुआ है। सूफ़ीकाव्य का भारतीय परिदृश्य, सूफ़ीकाव्य पर भारतीय संस्कृति का प्रभाव, सामाजिक जीवन आदि तत्त्वों को खोजने की प्रक्रिया अन्य धार्मिक परम्परा की तुलना में कम दिखायी पड़ता है और इस अभाव की परिपुष्टि कन्हैया सिंह द्वारा लिखित पुस्तक 'सूफ़ीकाव्यः सांस्कृतिक अनुशीलन' के द्वारा होता हुआ दिखायी पड़ता है।

'सूफ़ीकाव्य : सांस्कृतिक अनुशीलन' नामक पुस्तक सूफ़ी साहित्य के महान् ज्ञाता डॉ. कन्हैया सिंह की सुबोध और संक्षिप्त आलोचनात्मक पुस्तक है। पुस्तक में लेखक ने सूफ़ीकाव्य को पूरे धरातल को लाकर खड़ा कर दिया गया है। सूफ़ीकाव्य केवल धार्मिक चिन्तन ही नहीं बल्कि इसमें भारतीय संस्कृति, कला, दर्शन आदि भी संमिश्रित है। सूफ़ी साहित्य में ऐसी बहुत-सी रचनाएँ है जो साम्प्रदायिक कटुता से ऊपर उठकर हिन्दुओं-मुसलमान को मानवता का सन्देश प्रदान करती है। इसका सर्वोत्तम उदाहरण है जायसी। वर्तमान में भारत में धार्मिक संघर्ष से ऊपर उठकर एकता और आत्मीय तादात्य की भावना को स्थापित करना पहले से अधिक आवश्यक जान पड़ता है। इस आवश्यकता की पूर्ति प्रस्तुत पुस्तक के द्वारा सम्भव हो सकती है। पुस्तक

में लेखक ने सूफ़ीकाव्य और रचयिताओं का विस्तृत जीवन परिचय, सूफ़ी धर्म और दर्शन, साहित्य की परम्परा और सामाजिक परिदृश्य आदि विषयों को सांस्कृतिक परिदृश्य के आधार पर रेखांकित किया है। सूफ़ी कवियों के जीवन परिचय के जरिये लेखक उनके जीवन में हिन्दू समाज का प्रभाव और जाति भेद से इतर भाई-चारे के परिवेश का उपस्थापन किया है। अध्याय के ऊपर दृष्टि डालें तो लेखक ने पुस्तक को पाँच अध्याय में बाँटा है। यह अध्याय हैं क्रमशः- हिन्दी सूफ़ीकाव्य, दर्शन और धर्म, कला और विज्ञान, साहित्य-परम्परा, सामाजिक जीवन।

पहले अध्याय में सूफ़ी कवियों के जीवन, रचनाओं और गुरू परम्परा आदि का परिचयात्मक वर्णन है। अध्याय के प्रारम्भ में लेखक हिन्दी में सूफ़ीकाव्य–परम्परा की उत्पत्ति का उल्लेख करते हुए सूफ़ीकाव्य की दो परम्परा उत्तरी भारत की अवधी सूफ़ी परम्परा और दक्षिणी भारत की दक्कनी सूफ़ी परम्परा से परिचय कराते हैं। इसी के आधार पर वे सूफ़ी प्रेमाख्यानक कवियों के व्यक्तित्व और उनके काव्य में तत्कालीन समय और परिवेश के प्रभाव को स्पष्ट करते हैं। अवधी परम्परा के दाऊद, कुतुबन, जायसी से लेकर दक्षिणी भारत के निजामी, गवासी, हाशमी आदि कवियों को यहाँ स्थान दिया गया है। आगे दूसरे अध्याय में लेखक सूफ़ी प्रेमाख्यानों के आधार पर सूफ़ीमत और सूफ़ी दर्शन का विस्तृत वर्णन करते हैं। सामान्यतः सूफ़ी और सन्त काव्य को दो विपरीत धारा के रूप में मान्य किया जाता है और यह युक्तिसंगत भी है। परन्तु दो विपरीत धारा के मत होते हुए भी दोनों के आध्यात्मिक चिन्तन में समानता है। दोनों पन्थ के ब्रह्म एक हैं परन्तु उसको अनुभव करने और आस्था की प्रक्रिया अलग है। भारतीय दर्शन के मूल उत्स उपनिषद् है, जिनमें ब्रह्म और जीव के सम्बन्ध में अनेक वर्णन मिलते हैं। सन्त और सूफ़ी पन्थ के मूल में भी यही ब्रह्म और जीव के बीच के सम्बन्ध को अनुभूत करना ही दोनों पन्थों का उद्देश्य है। लेखक सूफ़ीमत के जड़ तक पहुँचने के साथ साथ हिन्दू धर्म तथा उपनिषदों के सूफ़ीमत पर प्रभाव का यहाँ विस्तृत वर्णन किया है। सूफ़ी प्रेमाख्यानक काव्य के विभिन्न उदाहरणो के द्वारा लेखक ने इन तथ्यों का उपस्थापन किया है।

उपनिषदों में ब्रह्म के सगुण और निर्गुण रूपों का निरूपण हुआ है। सगुण ब्रह्म ही सृष्टि का निर्माता, पालक और संहारक है। 'माण्डूक्य उपनिषद्' में कहा गया है कि ब्रह्म सब़का अधिपति है, सर्वज्ञ तथा अन्तर्यामी है, वह सब़का कारण है, उसी से सब उत्पन्न होते हैं और उसी में लीन हो जाते हैं। इस्लामी दर्शन में भी ब्रह्म का यही रूप मिलता है। कुरान में भी ब्रह्म को सृष्टि का निर्माता कहा गया है। सूफ़ी कवियों ने बह्म का स्रष्टा के रूप में व्यापक वर्णन किया है। हिन्दी सूफ़ी कवियों का ब्रह्म मूलतः इस्लामी है जिसने इस्लाम की मान्यता के अनुसार सर्वप्रथम 'नूर मुहम्मद' का निर्माण किया था। लेखक ने सूफ़ी कवियों का उल्लेख करते हुए लिखा है कि कुतुबन ने ब्रह्म को अलख निरंजन माना है जो देखा नहीं जा सकता। उस परमेश्वर का रूप न स्त्री का है, न पुरुष का है। जायसी के अनुसार भी ब्रह्म अलख, अरूप और अबरन है। वह सबमें है और सब उसमें हैं। वह प्रकट, गुप्त और सर्वव्यापी है। उस्मान ने कहा है कि जिस प्रकार मृग की नाभि में कस्तूरी रहती है उसी प्रकार मनुष्य के घट में परमात्मा है और कस्तूरी के संमान ब्रह्म जब घट से निकल जाता है तब यह अर्थहीन हो जाता है।

इसी अध्याय में आगे लेखक ने सूफ़ीकाव्य में हिन्दू धर्म के प्रभाव के साथ-साथ बौद्ध धर्म तथा नाथपन्थ के साथ समानता का भी विश्लेषण किया है। बौद्धधर्म की संन्यास वृत्ति का प्रभाव सूफ़ियों पर सबसे पहले फारस में पड़ा। सूफ़ियों के 'फ़ना' और बौद्धों के 'निर्वाण' में अत्यधिक समानता है। बौद्धधर्म में निर्वाण या जीव मुक्ति की जिस दशा का वर्णन मिलता है वह

एक ओर सूफ़ी कवियों को प्रभावित करता है और दूसरी ओर सिद्ध, नाथपन्थ और हिन्दी सन्त कवियों को। आगे लेखक ने सूफ़ी प्रेमाख्यानों में हिन्दू तीर्थस्थल आदि का उल्लेख, पारिभाषिक शब्दावली का प्रयोग, वेश-भूषा आदि का वर्णन किया है। लेखक कहते हैं—'हिन्दी का समूचा सन्तकाव्य और सूफ़ीकाव्य गोरखपन्थी योग-मार्ग के प्रभावों से आवेष्ठित है। उनके पारिभाषिक शब्दों का प्रयोग, उनके साधना-मार्ग का निरूपण, उनकी कहानियों एवं वेश-भूषाओं की चर्चा हिन्दी के सूफ़ी प्रेमाख्यानों में प्रभूत मात्रा में मिलती है।' कन्हैया सिंह जी ने लोक से जुड़ी उन सभी पर चर्चा की है जो अब लुप्त होती जा रही है। पदुमावति में विवाह के अवसर पर वेद मन्त्रों के उच्चारण, गोत्रोचार गठबन्धन, सम्पपदी तथा जयमाला पहनाने आदि की प्रथाओं का उल्लेख हुआ है—

गाँठि दुलह दुलहिन कै जोरी। दुऔ जगत जो पाइ न छोरी।
वेद भनहिं पण्डित तेहि ठाऊँ। कन्या तुलारासि लै नाऊँ।।

तीसरे अध्याय में लेखक ने सूफ़ीकाव्य में कला और संगीत की भूमिका को चित्रित किया है। भारतीय जीवन दृष्टि आध्यात्मिक है। अतः यहाँ की सभी कलाएँ, काव्य, नाटक, नृत्य , चित्र, वास्तुकला, संगीत आदि अध्यात्म भाव से अनुप्रेरित हैं। हिन्दी सूफ़ीकाव्य में कला के विभिन्न, रूपों को रूपायित किया गया है। मध्ययुगीन भारत की कलात्मक वृत्तियाँ जैसे संगीत, वास्तुकला और चित्रकला आदि को सूफ़ी कवियों ने अपने काव्य में निरूपित करने का प्रयास किया और उनके इन्हीं प्रयासों का प्रस्तुत अध्याय में विवेचन किया गया है।

सूफ़ी सम्प्रदाय में सबसे ज्यादा महत्त्व संगीत का था। हिन्दी सूफ़ी कवियों ने अपने काव्यों में छह राग और छत्तीस रागिनियों का उल्लेख किया है। मृगावती, पद्मावती, चित्रावली, हंसजवाहिर आदि काव्यों में संगीत के विभिन्न पक्षों का उल्लेख हुआ है। सामान्यतः सभी सूफ़ी प्रेमाख्यानक काव्यों में मूल रूप से भैरव, मालकोष, हिण्डोल, मल्हार, कौशिक, दीपक, श्रीराम आदि रागों का उल्लेख मिलता है। संगीत के साथ कवियों ने विविध प्रकार के वाद्य का भी उल्लेख अपने काव्य में किया है। उन्होंने अपनी रचनाओं में चार प्रकार के वाद्यों का उल्लेख किया है—तन्त्रीगत वाद्य (वीण, पिनाक, गाहुली, वंशी), आनद्ध वाद्य (पखावज, आवज, डफ, चंग), घनवाद्य (कांस्यक, पीतल आदि के वाद्य), और शुषिर वाद्य (तुर, महुवरि)। सूफ़ी कवियों के ऐसे वर्णन से अपने युग में प्रचलित विभिन्न-वाद्यों के ज्ञान और उस समय की सांस्कृतिक गरिमा का आभास मिलता है। ललित कलाओं की बात करें तो चित्रकला भी इसमें श्रेष्ठ स्थान रखता है हिन्दी-सूफ़ी कवियों ने भित्तिचित्र तथा प्रतिकृति दोनों ही प्रकार के चित्रों का उल्लेख किया है। प्रेमाख्यानों में नायक-नायिका के मन में उत्पन्न होनेवाले पूर्वराग चार प्रकार के होते थे जिनमें एक चित्र-दर्शन भी है। उस्मान की 'चित्रावली' इस प्रसंग में उत्तम उदाहरण है।

पुस्तक के चौथे अध्याय में लेखक ने सूफ़ी साहित्य और उसकी पूर्ववर्ती साहित्य परम्पराओं को विश्लेषित किया है। लेखक उल्लेख करते हैं कि सूफ़ी कवियों पर हिन्दी में काव्य रचना करते समय हिन्दू धर्म-दर्शन, कला-विज्ञान और सामाजिक, राजनीतिक जीवन के विविध पक्षों को अपने काव्य में समाहित परम्परा से काव्यरूप, छन्द परम्परा, रस की कथावस्तु के उपादान और अपभ्रंश शैली के आख्यान-काव्यों का बहुत बड़ा प्रभाव रहा। इसके अतिरिक्त लेखक का मानना है कि हिन्दी सूफ़ी प्रेमाख्यानों का निर्माण ही लोकजीवन की उन कथानक रूढ़ियों के आधार पर हुआ है जो पहले प्राकृतापभ्रंश काव्यों में प्रविष्ट हुई और जो एक प्रवाहमान परम्परा के रूप में आगे चल पड़ी। इसके बाद लेखक यहाँ छन्द और रस आदि पर भी विस्तृत चर्चा करते हैं। आपभ्रंश

के आख्यान काव्यों में कड़वक शैली का प्रयोग होता था। लेखक उल्लेख करते हैं कि हिन्दी सूफ़ी प्रेमाख्यानों में भी दोहा-चौपाई की कड़वक शैली का प्रयोग किया गया। रस निरूपण में सूफ़ी कवियों ने भारतीय काव्यशास्त्र की रसवादी परम्परा का ही अनुगमन किया है। सूफ़ीकाव्य में मूलतः शृंगार और वीर रस की ही प्रधानता है। इसके अलावा उन्होंने नखशिख, नायिका भेद आदि से लेकर संयोग और वियोग पक्ष का अपने काव्य में वर्णन किया है। इन वर्णनों में अपभ्रंश परम्परा का प्रभाव स्पष्ट परिलक्षित होता है। आज जब इस संकट के दौर में प्रेम के प्रतिमान बदल रहे हैं तब कन्हैया सिंह नायक और नायिका के प्रेम को परिभाषित करते हुए किताब में लिखते हैं कि–'अपने रूप पर गर्व करनेवाली नायिकाएँ प्रेम गर्विता कही जाती हैं। 'इन्द्रावती' में इन दोनों का उल्लेख हुआ है'–

प्रिय की प्रीति बखानै, एक न राखै गोई।
रूप गर्विता सुन्दरी प्रेमगर्विता होई।।

अन्तिम अध्याय में लेखक ने सूफ़ी कवियों की पारिवारिक स्थिति और सूफ़ियों के सामाजिक परिदृश्य को वर्णन किया है। लेखक उल्लेख करते हैं कि सूफ़ीकाव्यों में हिन्दूओं के सामाजिक जीवन को सरल और स्वाभाविक ढंग से प्रस्तुत किया गया है। लेखक ने यहाँ सूफ़ी प्रेमाख्यानों में वर्णित पारिवारिक जीवन की स्थिति, उत्सव, खान-पान, लोकविश्वास, लोकोक्तियों आदि को बखूबी प्रस्तुत किया है। समाज की प्रत्येक ईकाई को लेखक ने पुस्तक में जोड़ा है। प्रेमाख्यानों में विवाह पद्धति, जाति, हिन्दू उत्सव, स्त्रियों की शृंगारिक सामग्री, आभूषण, लोक विश्वास आदि का किस प्रकार वर्णन मिलता है उसको लेखक यहाँ प्रस्तुत करते हैं। 'पदुमावति' में दीपावली मनाने और नृत्य आदि के वर्णन को लेखक ने उदाहरण के साथ प्रस्तुत किया है। 'चित्रावली' आदि में भी हिन्दू उत्सवों को मनाने का उल्लेख मिलता है।

पुस्तक के पाँचों अध्यायों में लेखक ने संस्कृति की प्रत्येक इकाई को समाहित किया है। लेखक ने सूफ़ियों पर भारतीय संस्कृति की छवि को इस पुस्तक के द्वारा सफलतापूर्वक प्रस्तुत किया है। भारतीय समाज विभिन्न जाति और संस्कृति का समाज है। यहाँ रहनेवाले सभी लोग एक दूसरे से प्रत्येक स्तर पर सम्बन्धित हैं, चाहे वह गाँव के रहनेवाले हों या नगरों में। यहाँ प्रत्येक जाति और धर्म भाई-चारे के साथ रहती है—हिन्दू मुहर्रम और ईद में शरीक होते हैं तथा मुसलमान होली खेलते और दीपावली पर दीपक जलाते हैं। लेखक भारतीय समाज की इसी समरसता को इस पुस्तक के माध्यम से निरूपित कर रहे हैं। अन्ततः कहा जा सकता है कि जैसे 'इन्द्रावती' में कवि ने लिखा है कि धन और पुत्र में दो वस्तुएँ संसार में सब़को प्यारी होती है वैसे ही डॉ. कन्हैया सिंह हमारे गृह जनपद आजमगढ़ और देश के लिए अमूल्य निधि हैं। और ईश्वर से कामना है कि वो दीर्घायु हों और उनका आशीष हिन्दी साहित्य को, हमारे जनपद को और मुझे मिलता रहे—

धन औ पुत्र पियारा होई।
दोऊँ कहँ चाहै सब कोई।

असिस्टेण्ट प्रोफेसर, हिन्दी विभाग, राजीव गाँधी केन्द्रीय विश्वविद्यालय
ईटानगर, अरुणाचल प्रदेश

सूफ़ीकाव्य का अनुशीलन : एक नवीन दृष्टि

सुजीत कुमार सिंह

जब भी सूफ़ी कविता पर बात होगी, डॉ. कन्हैया सिंह जी को हमेशा स्मरण किया जायेगा। सूफ़ीकाव्य में उनका मन विशेष रूप से रमा है, जिसे उनके द्वारा लिखे गये आलोचनात्मक ग्रन्थों से भलीभाँति समझा जा सकता है। इस पक्ष को लेकर उन्होंने चार महत्त्वपूर्ण आलोचनात्मक ग्रन्थ—'हिन्दी सूफ़ीकाव्य में हिन्दू संस्कृति', 'सूफ़ीमत', 'युगद्रष्टा मलिक मुहम्मद जायसी' तथा 'सूफ़ीकाव्य सांस्कृतिक परिप्रेक्ष्य' लिखे हैं। जब हम इन ग्रन्थों का अध्ययन करते हैं, तब सूफ़ीकाव्य को समझने की हमें एक नवीन दृष्टि मिलती है।

'सूफ़ीमत' डॉ. कन्हैया सिंह जी की एक महत्त्वपूर्ण आलोचनात्मक कृति है। उन्हीं के शब्दों में इस ग्रन्थ को सूफ़ीमत को ठीक प्रकार से समझाने के लिए लिखा गया है। आचार्य चन्द्रबली पाण्डे का 'तसव्वुफ़ अथवा सूफ़ीमत' इस दिशा का प्रथम और पूर्ण ग्रन्थ है। डॉ. रामपूजन तिवारी ने भी 'सूफ़ीमत-साधना और साहित्य' में विस्तार से इस विषय को विवेचित किया। आचार्य रामचन्द्र शुक्ल ने 'हिन्दी साहित्य का इतिहास' और 'जायसी-ग्रन्थावली' की भूमिका में इस पर विस्तार से विचार किया है। डॉ. सिंह अपने ग्रन्थ के सम्बन्ध में कहते हैं: "प्रस्तुत ग्रन्थ कोई मौलिक ग्रन्थ नहीं है।" पर उन्होंने विषय की अवधारणाओं को वस्तुनिष्ठ ढंग से सुस्पष्ट और अधोरेखित करने का प्रयास किया है। उनका यह कहना ठीक है कि "लोग सूफ़ीमत को ही नहीं समझते तो सूफ़ी कवियों की कविता का मूल्यांकन क्या करेंगे?"

इस प्रसंग में उन्होंने प्रो. विजयदेव नारायण साही के जायसी विषयक व्याख्यानों का उल्लेख भी किया है। जायसी के जीवन-सत्यानुभूतियों और व्यक्ति-मानव-हृदय की गहरी संवेदना को साही जी ने बड़ी बारीकी से उद्‌घाटित किया है। पर वह जायसी को किसी दार्शनिक-आध्यात्मिक साँचे में रखकर परखने के विरोधी हैं। डॉ. कन्हैया सिंह ने अपनी सूफ़ीकाव्यविषयक समस्त आलोचना कृतियों में सूफ़ी चिन्तन को इस धारा के अविभाज्य सौन्दर्य के रूप में लिखा है। जब सूफ़ीमत, प्रेम-साधना, इन कवियों की अन्तरात्मा के सत्य रूप में उनकी जीवनानुभूति का अविभाज्य अंग बन गया है, तो उसे सर्वथा अलग भी कैसे किया जा सकता है? साही द्वारा उद्‌घाटित जीवनानुभूतियों एवं मानवीय सत्यों का पृष्ठाधार भी सूफ़ी अवधारणा है। उसी के साथ उसकी पूर्ण सार्थकता और प्रदीप्ति उद्‌घाटित होती है। डॉ. कन्हैया सिंह ने सूफ़ी विचारधारा की तह में जाकर हिन्दू दर्शन और इस्लामी 'ईश्वरवाद' के साथ इनके काव्य-मर्म को संस्कृति के परिप्रेक्ष्य में उपस्थापित और मूल्यांकित किया है।

'हिन्दी सूफ़ीकाव्य में हिन्दू संस्कृति' नामक शोधग्रन्थ में लेखक की शोध समीक्षा-वृत्ति का समुचित प्रमाण मिलता है। इस समीक्षा में वस्तुदृष्टि और भावदृष्टि का सम्यक सन्तुलन मिलता है। भाव-प्रभाववादी व्यक्ति-दृष्टि से अलग होकर तथ्य, तर्क और वैज्ञानिक विश्लेषण तथा हेतुपूर्ण विश्लेषण का सन्तुलित सामंजस्य इसमें मिलता है। डॉ. सिंह की समीक्षा में इतनी प्रांजलता, तार्किकता और वैज्ञानिक दृष्टि है कि पाठक कहीं भी विषय से भ्रमित अथवा विपथ नहीं होता है। क्रमपूर्ण प्रतिपादन की उनकी शैली में दुर्लभ संयम है। छानने, चुनने, धुनने और गुनने की इस संयत प्रकृति के कारण इस कृति में एक ऐसा अनुक्रमित प्रवाह निर्मित हो जाता है कि अध्येता अपने पूर्ण विवेक में जाग्रत रहकर न केवल विषय के सम्यक् अवगाहन में समर्थ बना रहता है, बल्कि उसे कहीं भी लेखकीय आग्रह का भान नहीं होता। समीक्षा के निष्कर्ष उसे अपने निष्कर्ष से प्रतीत होते हैं।

यह कृति किसी एक कवि या उसके पक्ष-विशेष पर आधृत नहीं है, वरन् इनमें हिन्दी सूफ़ी प्रेमाख्यान काव्यधारा की प्रकृति, परम्परा एवं स्वरूप के उद्घघाटन और प्रतिपादन का लक्ष्य रहा है। प्रतिपाद्य विषय में समूची परम्परा आ जाती है, अतः इसमें कुतुबन, मंझन, जायसी, मुल्ला दाऊद, उस्मान और नूर मुहम्मद आदि सभी कवियों की विशेषताएँ भी, यथास्थान उभरकर सामने आयी हैं। यदि शोध-समीक्षा, समीक्षक की अपनी निजी उद्भावनाएँ नहीं हैं, तो इस आधार पर निःसंकोच कहा जा सकता है कि डॉ. कन्हैया सिंह ने अपने आत्म-पक्ष द्वारा विषय की निजता को कहीं भी खण्डित नहीं किया है। वह 'पुनर्रचना' की अपेक्षा तथ्यान्वेषण और सत्य-निरूपण के आलोचक हैं और अपने कथ्य और अभिव्यंजन में, सर्वथा निष्पक्ष दृष्टि को अक्षुण्ण रखने में सराहनीय रूप से सफल हुए हैं। अभिव्यक्ति की अभिचारशीलता से अलग वह सत्य-स्वरूपण को ही अपना आलोचक-धर्म मानते हैं। इस परिप्रेक्ष्य में उनके कुछ ठोस अकाट्य निष्कर्ष हैं, जो पाठक और अध्येता के बोध-पटल पर सुस्पष्ट एवं ज्वलन्त रूप से अकथनीय हैं।

'मलिक मुहम्मद जायसी' डॉ. कन्हैया सिंह की सूफ़ी-वाङ्मय की दूसरी महत्त्वपूर्ण आलोचना कृति है, जिसमें जायसी सम्बन्धी मौलिक चिन्तन से युक्त नयी अनुसन्धानपरक सामग्री की सम्यक् विवेचना हुई है। 'सूफ़ी तत्त्व-चिन्तन' में विद्वान् आलोचक ने सूफ़ी विचारधारा के तत्त्वों का जो चतुर्मुखी अनुशीलन किया है, उसी पृष्ठाधार पर मलिक मुहम्मद जायसी के काव्य-लोक का विशद उपबृंहण हुआ है। पूर्वनिरूपित तात्त्विकी का व्यावहारिक समीक्षा के स्तर पर जो सदुपयोग हुआ है, वह इस दृष्टि से विशेषतया महत्त्वपूर्ण है कि इस कृति में पूर्व-परम्परा से प्राप्त सामान्य बन गयी सामग्री की परिधि से आगे बढ़कर, समीक्षक ने हिन्दी और उर्दू, अंग्रेजी के उन मूल स्रोतों को भी आधार बनाया है, जिसे सूफ़ीकाव्यधारा और चिन्तन के परिप्रेक्ष्य में अन्तर्भाषीय यदि अन्तर्राष्ट्रीय भी कहा जाय तो कदाचित् अतिशयोक्ति नहीं होगी। आचार्य पं. चन्द्रबली पाण्डे और डॉ. वासुदेवशरण अग्रवाल ने, विस्तार की दृष्टि से, प्रेमाख्यानक हिन्दी काव्य धारा के सर्वेक्षण-पर्यवेक्षण का अवश्यमेव प्रसार प्रदान किया है। आचार्य पाण्डे ने जो कुछ लिखा है वह व्यापक रूप से समग्र सूफ़ी-चिन्तन और भावधारा से सम्बन्धित रहा है। डॉ. अग्रवाल ने जायसी के 'पद्मावत' पर संजीवन टीका को प्रमुखता दी है। आचार्य शुक्ल और डॉ. माताप्रसाद गुप्त जैसे विद्वानों ने मूल काव्य की भूमिका के रूप में अपने विचार व्यक्त किये हैं।

डॉ. 'सिंह' 'पद्मावत' की अपेक्षा 'पदुमावति' को शुद्ध नाम मानते हैं। हिन्दी में 'पद्मावत' नाम से ही प्रथम प्रकाशन नवल किशोर प्रेस लखनऊ से मुद्रित हुआ। ग्रियर्सन ने 'पदुमावति', लाला भगवान दीन जी ने 'पदुमावति', आचार्य 'शुक्ल' ने 'पद्मावत' नाम चुना। इस नामकरण का भेद इसलिए भी सम्भव है कि प्राचीन हस्तलिपियाँ फारसी लिपि में ही प्राप्त है, जहाँ स्वर-चिन्हों (जबर जेर-पेश)

के प्रयोग प्रायः प्रयुक्त नहीं होते। चूँकि यह कृति अवधी बोली में है अतः 'पदुमावति' नामरूपन अधिक संगत प्रतीत होता है। वैसे 'पद्मावत' की अपेक्षा 'पद्मावती' नाम संस्कृत-परम्परा के अधिक समीप है। पद्मावती का ईषत्परिवर्तित रूप 'पद्मावत' भी लिंग-चेतना के परिप्रेक्ष्य में पुर्लिग की अपेक्षा स्त्रीलिंग ही होगा। यह अवश्य है कि कृति के भीतर छाये पद्मावती, पदुमिनि, पदुमावति नाम बोली में लिखित इस कृति के लिए अधिक स्वाभाविक और उचित प्रतीत होता है। डॉ. सिंह ने निष्पक्षतापूर्वक अपने निर्भय मत भी दिये हैं। जो लाला भगवानदीन, आचार्य रामचन्द्र शुक्ल और डॉ. वासुदेवशरण अग्रवाल के निर्धारणों के साथ डॉ. माताप्रसाद गुप्त के पाठ-शोधों को अधिक वैज्ञानिक सिद्ध करने की दिशा में प्रभावी प्रतीत होते हैं।

इस ग्रन्थ के 'भावाभिव्यक्ति' शीर्षक अध्याय में समीक्षक ने भावों एवं रसों का प्रशस्त निरूपण किया है। यहाँ वह पाठालोचन और ऐतिहासिक अनुसन्धानता की खोल उतारकर एक भावग्राही समीक्षक के रूप में व्याख्यात्मक भूमिका में आसीन हुआ है। उसने जायसी के अध्यात्म-चिन्तन का दर्शन कराते हुए उनकी मानवतावदी भावभूमि को बड़े ही विस्तारपूर्वक अन्तर्प्रवेशी दृष्टि से उजागर किया है। 'काव्य-भाषा और अभिव्यक्ति-कौशल' में आधुनिक सन्दर्भ में काव्यभाषा की नयी अपेक्षाओं के साथ जायसी के भाषिक सामर्थ्य और उनकी अभिव्यक्ति-क्षमता को दिखाया गया है। भाषा एक विकासशील प्रक्रिया है। अनुभूतिजन्य रचनात्मक संगठन और सृजनात्मक द्वन्द्व (तनाव) ही समर्थ काव्यभाषा का अपना गुण है। डॉ. सिंह के अनुसार जायसी में कवि-सुलभ सर्जनात्मकता है। इसी परिप्रेक्ष्य में जायसी काव्यरस में और तुलसी भक्ति-रस में निमग्न रहनेवाले महाकवि हैं। तुलसी की पात्रों के साथ पक्षधरता है, पर जायसी सबसे तटस्थ, पर समय पर उनका सबके साथ तादात्म्य है। इसे जायसी का तटस्थ तादात्म्य (निष्पक्ष तद्रूपता) कहा जायगा। डॉ. सिंह ने इन सभी सन्दर्भों में जायसी और तुलसी की समानान्तर तुलना की है। यहाँ वह आचार्य शुक्ल की स्थापनाओं से अलग दिखायी पड़ते हैं। शुक्ल जी का सप्रमाण खण्डन डॉ. सिंह की समर्थ और चिन्तनशील समीक्षात्मक मेधा का परिचायक है।

जायसी की भाषिक संरचना का विश्लेषण डॉ. सिंह ने भारतीय शास्त्रीयता तक ही नहीं सीमित किया है, अपितु आधुनिक और पाश्चात्य प्रविधियों के माध्यम से भी उसे उद्घाटित किया है। आकारगत आलंकारिक चित्रात्मकता से लेकर बिम्बस्थापन पद्धति के निकषों पर भी जायसी की भाषा को कसा गया है। उन्होंने जायसी के प्रतीकों को भी सम्यक्रूप से उद्घाटित किया है और मिथकों के काव्यात्मक संयोजन की भी अच्छी विवेचना की है।

उपर्युक्त दोनों रचनाओं के अध्ययन से डॉ. कन्हैया सिंह के आलोचक व्यक्तित्व की कई विशेषताएँ उभरती हैं। एक तो यह कि डॉ. 'सिंह' एक वस्तुपरक समीक्षक हैं, जो कृति को ही मूल आधार बनाकर अपना सम्पूर्ण विमर्श परिचालित करते हैं। निजी भावुकता या आत्मबद्धता के प्रवाह में वह कहीं भी डगमग नहीं होते। कृति के गौरव और सौन्दर्य को वह अन्तर्काया से ही निष्पादित करते हैं। दूसरे यह कि कार्य और काव्य की ऐतिहासिकता एवं कृति के मूल पाठ को वह सदैव अपने समक्ष रखना चाहते हैं। पाठानुसन्धान और पाठालोचन की दृष्टि उनकी आलोचना में कहीं विस्मृत नहीं दिखती। तीसरे, यह कि अपनी समीक्षा में अधिक-से-अधिक वैज्ञानिकता का पालन करते हैं। तार्किकता, बहिर्साक्ष्यों तथा अन्तर्साक्ष्यों की सामग्री एवं विषय के विविध विद्वानों के अभिमतों का वह तार्किक ढंग से विश्लेषण करते हैं और निष्पक्ष निष्कर्ष के संकेत में वह रंचमात्र भी संकोच नहीं रखते। वह उस आलोचना के पक्षधर हैं जो पूर्वग्रह से निर्मूल हो। छिटपुट आत्मनिष्ठ निबन्धों की अपेक्षा वह एक निर्धारित विषय को उसकी सांगोपांगता में ग्रहण करने के अभ्यस्त हैं। 'पाठालोचन' के समानान्तर उन्होंने हिन्दी-सूफ़ी-काव्य को अपना विषय बनाया।

तत्त्वदर्शन और काव्य-व्यवहार दोनों स्तरों पर उन्होंने विस्तृत और सूक्ष्म विचार किया है। अपने किसी मत-विशेष को लिखने के पूर्व वह पूर्ववर्ती लेखन का भी मन्थन करना उचित मानते हैं। उन्हें किसी प्रथित मत से न द्वेष है, और न वह आलोचना में 'मत्सरी' वृत्ति को प्रश्रय देते हैं। काव्य के अन्तर्बाह्य के सम्यक्-अवीक्षण के साथ ही उनका आलोचक धर्म संचारित होता है।

यह निःसंकोच कहा जा सकता है कि यद्यपि उनमें, अपने आलोचक-व्यक्तित्व के प्रति कोई अतिरिक्त महत्त्वाकांक्षा नहीं प्रदर्शित होती, पर वह एक ऐसे आलोचना धर्म के साधक अवश्य हैं, जो साहित्य और काव्य के सही मूल्यांकन को ही अपना कर्त्तव्य मानते हैं। डॉ. कन्हैया सिंह जैसे आलोचकधर्माओं से ही कुछ आशा की जाती है कि समीक्षा आगे चलकर, पुनः अपनी समग्रता का वरण करेगी और साहित्य के चिरगामी परिप्रेक्ष्यों और अपेक्षाकृत स्थायी मूल्य-मानों की उपयोगिता आगे भी अक्षुण्ण रहेगी।

इस प्रकार स्पष्ट है कि डॉ. कन्हैया सिंह ने समस्त प्रेमाख्यानक काव्य एवं उसके दर्शनतत्त्व का गहरा मन्थन किया है तथा उसके अवदान को समकालीनता में भी आस्वाद्य बनाने की दिशा में उनका प्रयास सराहनीय माना जायेगा। अपने पूर्ववर्ती सूफ़ीकाव्य आलोचकों के विचारों से सहमति जताते हुए भी वह एक नवीन दृष्टि देते है, जिससे सूफ़ीकाव्य को बखूबी समझा और जाना जा सकता है।

असिस्टेण्ट प्रोफेसर, हिन्दी एवं आधुनिक भारतीय भाषा विभाग
इलाहाबाद विश्वविद्यालय, प्रयागराज (उ.प्र.)

हाशिए के सन्त कवियों के अध्येता

शिव प्रसाद शुक्ल

हिन्दी साहित्य को हर दृष्टि से सम्पन्न करने में मनीषियों ने भरसक प्रयास किये हैं। सरहपाद से लेकर कन्हैया सिंह तक का तटस्थ मूल्यांकन किया जाय, तो तमाम नये-नये आयामों के आगमन से सन्त साहित्य की बहुवर्णी दृष्टि परिलक्षित होगी। डॉ. कन्हैया सिंह बहुमुखी प्रतिभा के साहित्यकार हैं। उन्होंने सूफ़ी साहित्य, पाठालोचन, भाषा और काव्यांग, आलोचना एवं सृजनात्मक साहित्य के क्षेत्र में विवेकपूर्ण ढंग से सोचा, समझा, बोला एवं लिखा है। यों देखा जाय तो वह भारतीय साहित्य के वरिष्ठ शोध अध्येता पुरोधा हैं। साहित्य की विविध विधाओं एवं कालखण्डों पर उनकी पकड़ सराहनीय है। यहाँ हम उनकी किताब 'पूर्वी उत्तर प्रदेश के सन्त कवि' के मार्फ़त कुछ बातें रखना चाहेंगे। यदि परशुराम चतुर्वेदी 'उत्तरी भारत की सन्तकाव्य परम्परा' पर लिख सकते हैं, तो पूर्वी उत्तर प्रदेश के सन्त कवियों पर कन्हैया सिंह का लिखना वाजिब है क्योंकि आजकल हाशिए के समाज की बातें हो रही हैं। यों देखा जाय तो इस किताब में आभार, निष्कर्ष एवं ग्रन्थ सूची के अलावा ग्यारह अध्याय हैं। विश्वविद्यालय अनुदान आयोग के शोध परियोजना के तहत एकत्रित सामग्री उपेक्षित सन्त कवियों का दस्तावेज है। उन्होंने प्रथम अध्याय में कबीर, रैदास के दार्शनिक, सामाजिक विचार के साथ भाषिक अनुशीलन भी वैज्ञानिक ढंग से किया है। कबीर एवं रैदास के दार्शनिक एवं सामाजिक विचार काफी व्यावहारिक हैं। डॉ. कन्हैया सिंह का मन्तव्य है कि "काशी के बड़े-बड़े ब्राह्मण रैदास के चरणों में प्रणाम करते थे और कबीर का विरोध करने की भी किसी की हिम्मत नहीं हुई।" इसका मतलब है कि हजारी प्रसाद द्विवेदी, पुरुषोत्तम अग्रवाल एवं डॉ. धर्मवीर की स्थापनाएँ इनके सामने टिकेंगी या नहीं। कबीर एवं रैदास समतामूलक समाज भक्ति के परिप्रेक्ष्य में स्थापित करते हैं, परन्तु उस समय तो समाज की स्थिति काफी जटिल थी तो सामाजिक समरसता स्थापित कर पाना कठिन हुआ होगा क्योंकि आज भी लोगों के मन से छुआछूत निकला नहीं है। 'पूना पैक्ट' के आधार पर आरक्षण की सहमति में मदन मोहन मालवीय ने भी हस्ताक्षर किये थे। "कहै कबीर एक राम जपहु रे, हिन्दू तुरुकन दूजा।" इसी तरह रैदास भी लिखते हैं। लेकिन लोकतांत्रिक जातीय गणित कहीं-न-कहीं जाति व्यवस्था को बढ़ावा दे रहा है : "जोइ जोइ पूजिए, सोइ सोइ काँची, सहजभाव सत होई!

मध्यकालीन कवियों ने स्वाभाविक लोकभोग्य काव्यभाषा के प्रयोग पर जोर दिया है। इसीलिए कबीर एवं रैदास ने अपभ्रंशाभास, पंजाबी, खड़ी बोली, ब्रज, अवधी, राजस्थानी एवं भोजपुरी भाषा का प्रयोग करके जन-जन में कंठहार बन गये। कबीर इसीलिए आँखिन देखी साखी में लिखते हैं : "दाँत गयल मोर पान खात/ केस गयल मोर गंग नहात।"[1] एक नहीं कई कबीर एवं रैदास गंग स्नान को नकारते रहें परन्तु कुम्भ एवं अर्द्ध कुम्भ के नाम हर तरह का तागड़धिन्ना हो रहा है। डॉ. कन्हैया सिंह का मन्तव्य है कि "कबीर और रैदास की भाषा के इस अध्ययन के साथ परवर्ती सन्त कवि जो मेरे प्रबन्ध की आलोच्य सीमा के अन्तर्गत आते हैं, उनके सम्बन्ध में मुझे लगता है कि जैसे इन सन्तों ने हिन्दू को मुसलमान से तथा अवर्ण को सवर्ण से जोड़कर एक समस्त मानव समाज बनाने की चेष्टा की थी, उसी प्रकार यह उत्तरी भारत के हिन्दी क्षेत्र में प्रचलित विभिन्न लोकभाषाओं की बोली के रूप में जोड़कर एक समरसतापूर्ण सहज काव्यभाषा का निर्माण करना चाहते थे और उसी को यह भावी भारत की हिन्दी का आदर्श रूप मानते रहे होंगे।"[2]

कन्हैया सिंह ने द्वितीय अध्याय में भुड़कुड़ा की सन्तकाव्य परम्परा के अन्तर्गत बूला साहब, गुलाल साहब, भीखा साहब, हरलाल साहब, चतुर्भुज साहब, नरसिंह साहब, कुमार साहब, रामहित साहब, जयनारायण साहब, रामवरनदास, रामाश्रमदास, गोविन्द साहब, पलटू साहब, रामचरन, धानदास, इच्छा साहब आदि का विस्तार से वर्णन किया है। उन्होंने अन्वेषकीय दृष्टि से भुड़कुड़ा एवं अहरौली शाखा का भी वर्णन किया है। तुलसी की तरह पलटू साहब भी लिखते हैं :

"ऐसी प्रीति अब दीजिए, पलटू को भगवान। जैसे कामिनि के विषय, कामी लावेध्यान।" आजकल मठों एवं मन्दिरों की सम्पत्ति को लेकर, जगह-जगह मुकदमें भी उच्च न्यायालय एवं सर्वोच्च न्यायालय में विलम्बित पड़े हैं। भक्ति या आध्यात्म भारतीयता की पहचान है परन्तु आज भक्ति एवं आध्यात्म की ओट में जो हो रहा है उससे हम सब परिचित हैं। डॉ. कन्हैया सिंह ने तृतीय अध्याय में बूला साहब के समग्र व्यक्तित्व एवं कृतित्व को सोदाहरण खंगाला है। बूला साहब, ब्राह्मण होकर हल जोतते थे, इसीलिए अपने को अजाति कहा है। बूला साहब का मन्तव्य है : "बीज एक अंकुर है एकै, फल फूल रहत समाना। उपजत बिनसत होत है कैसे, अन्य केहू नहिं आना।"

यानी परमतत्व सब में विराजमान है। बूला साहब भी दार्शनिक एवं सामाजिक समरसता चाहते हैं। सन्तों, भक्तों एवं कथावाचकों के उपदेशों में सहजता एवं समानता दिखायी देती है: "लख चौरासी भरमि गँवाया। मानुष जन्म बड़े तप पाया। मनुष जन्म दुर्लभ रे भाई। कहै 'बूला' याही जग आई।" सभी सन्त कवियों की तरह बूला साहब भी स्वाभाविक, सहज एवं सम्प्रेषणीय काव्यभाषा में लिखते हैं। बूला साहब की रचनाओं में भाषिक वैविध्य सतत देखने को मिल रहा है। यानी उन्होंने संस्कृताभास खड़ी बोली, भोजपुरी एवं ब्रज आदि का प्रयोग कुशलता के साथ किया है। डॉ. कन्हैया सिंह का मन्तव्य है कि : "(बूला साहब) इसमें संस्कृत, अरबी, फारसी, अवधी, ब्रज एवं पंजाबी आदि का भी स्थान-स्थान पर मेल देखने को मिलता है। निश्चित रूप से भाषा का यह रूप उनके सामाजिक दृष्टिकोण का भी परिचायक था, जिसमें पूरे समाज की प्रचलित भाषाओं के रूप को मिलाकर भाषा का एक समन्वित स्वरूप प्रस्तुत किया जा सके।"[3]

1. 'कबीर अनुशीलन' : डॉ. प्रेमशंकर त्रिपाठी, पृष्ठ-50
2. 'पूर्वी उत्तर प्रदेश के सन्त कवि' कन्हैया सिंह पृष्ठ-17
3. वही, पृष्ठ-37

डॉ. कन्हैया सिंह ने चतुर्थ अध्याय में गुलाल साहब के दार्शनिक, सामाजिक एवं भाषिक अनुशीलन को सोदाहरण खतियाया है। देश के कोने-कोने के सन्त दार्शनिक एवं सामाजिक समरसता स्थापित करना चाहते थे। इसीलिए सन्तों ने सहज-लोकभोग्य सम्प्रेषणीय काव्यभाषा का प्रयोग किया। इनकी काव्यभाषा में भोजपुरी का बाहुल्य आद्यन्त देखने को मिल रहा है। पाँचवें अध्याय में भीखा साहब के समग्र कृतित्त्व को सोदाहरण रखा गया है। इनके गुरु, ब्रह्म, अद्वैत, माया, साधना, हठयोग आदि दार्शनिक एवं सामाजिक पक्षों को बखूबी खतियाया गया है। यों देखा जाय तो उन्होंने साम्प्रदायिक सौहार्द को भी अपनी भक्ति में काफी आगे बढ़ाया है। "मक्का-मदीना घर में खोजा। तीन दहाई तीसो रोजा।" चलती-फिरती सम्प्रेषणीय काव्यभाषा में भोजपुरी, खड़ी बोली, ब्रज भाषा का स्वरूप पाठक निर्देशित करें परन्तु भीखा साहब तो सामाजिक एवं दार्शनिक समरसता को ही तरजीह दे रहे थे।

डॉ. कन्हैया सिंह ने छठें अध्याय में गोविन्दसाहब की साधनाओं पर विस्तार से प्रकाश डाला है। इनकी रचनाओं में 147 शब्द, 11 चंचरीक, 13 आरती, 6 होरी, 3 ग़ज़ल भरताल, 15 रेखते, 4 कवित्त, 4 सवैया, 2 विजय दशमी, 1 भक्तभाव तथा 6 वसन्त रचनाएँ प्रकाशन के योग्य हैं। फिलहाल अभी 'गोविन्द सुधा' से ही सन्तोष करना पड़ रहा है। इनका दार्शनिक एवं सामाजिक प्रदेय समरसता से भरपूर है। इन्होंने संस्कृत, अरबी, फारसी, खड़ीबोली, ब्रज एवं भोजपुरी के व्यावहारिक शब्दों का काव्यभाषा में प्रयोग करके जन सुलभ बनाया है। "आठ पहर खुशहाल,/ पलक गाफिल नहिं होवै। प्रीतम प्रीति सँभारि,। सेज पर मुखलिस होवै।" सामान्य तौर पर सभी कवि साम्प्रदायिक सौहार्द बढ़ाने में महत्त्वपूर्ण भूमिका निभाये हैं। इनकी काव्यभाष, दर्शन एवं समाज के अनुरूप आकार ग्रहण करती हैं। इनकी काव्यभाषा की सहजता एवं सम्प्रेषणीयता के कुछ सहज अलंकारों का प्रयोग देखते बनता है।

डॉ. कन्हैया सिंह ने सातवें अध्याय में सन्त शिव नारायण साहब पर विस्तार से प्रकाश डाला है। इनके शिष्यों में रामनाथ सिंह लखनराम, सदा शिव साहब एवं लेखराज आदि का वर्णन विस्तार से मिलता है। इनकी रचनाओं को पढ़ने से दार्शनिक एवं सामाजिक स्थिति का गहराई से पता चलता है। इन्होंने मन्त्रों, श्लोकों की भाषा एवं दोहा चौपाइयों का अच्छा उपयोग किया है। उनकी अवधी के सर्वनाम, विभक्तियाँ, क्रियारूप उर्दू एवं खड़ी बोली के स्फुट रूप, विनय के पदों में ब्रजभाषा का प्रयोग इनकी सधुक्कड़ी एवं यायावरी प्रवृत्ति को ही रेखांकित कर रहा है।

डॉ. कन्हैया सिंह ने आठवें अध्याय में सन्त कवि देवकीनन्दन साहब के व्यापक व्यक्तित्व एवं कृतित्व को खतियाया है। उनके रचना संसार में दर्शन, समाज एवं भाषा का अद्भुत सामंजस्य स्पष्ट दिखायी देता है। यह ऐसे सन्त हैं जो ढकोसला एवं बाह्याडम्बर से काफी दूर हैं। प्रायः सन्त समाज के मार्ग दर्शक ही होते हैं। उन्होंने ब्रज, अवधी, खड़ी बोली, पंजाबी एवं अरबी-फारसी के शब्दों का सार्थक घालमेल काव्यभाषा में किया है। वह साम्प्रदायिक सौहार्द मुक्त काव्यभाषा का खूब प्रयोग करते हैं। इनकी काव्यभाषा का आमफहम नमूना द्रष्टव्य है : "आरती श्री रघुवीर की कीजै। मन कर्म वचन चरन चित दीजै। सुरति सोहागिनि दोड कर जोरी। देवकी अस्तुति करत न थोरी।"

डॉ. कन्हैया सिंह का मन्तव्य है कि "उनके पद अधिकातर ब्रजभाषा में हैं पर उन्होंने भोजपुरी, अवधी, खड़ी बोली में भी पदों की रचना की है तथा उनकी भाषा में अरबी-फारसी के प्रचलित शब्दों का यदा-कदा प्रयोग तथा सन्तों में प्रचलित पंजाबी के क्रिया रूप 'आइया', 'जाइया' जैसे प्रयोग मिलते हैं।"[1]

पूर्वी उत्तर प्रदेश के सन्तों पर इस तरह का शोधकार्य करना काफी कठिन था। सम्भवतः सबाल्टर्न इतिहास लेखन के तर्ज पर डॉ. कन्हैया सिंह ने भारतीय सन्त परम्परा में उपेक्षित पूर्वी उत्तर प्रदेश के सन्तों का सन्तोषजनक मूल्यांकन किया है। इन्होंने नवें अध्याय में सन्त कवि पृथ्वीशाह पर विस्तार से लिखा है। इनके सम्प्रदाय को साईं दाता भी कहा जाता है। इनमें मोहन साईं, पृथ्वीशाह, समरथशाह, विजन साईं, शंकरशाह, शिवबालकशाह, राम मूरत शाह (सैफाबाद), सच्चिदानन्द शाह (फैजाबाद), सफीशाह (आजमगढ़) एवं चन्द्रभूषण शाह (प्रतापगढ़) पर विस्तार से प्रकाश डाला है। इन्होंने साधना के स्वरूप, वैष्णव भक्तों के प्रभाव, योग एवं भक्ति का समन्वय एवं सामाजिक विचार को व्यावहारिक काव्यभाषा में खतियाया है। सामान्यतया भारतीय सन्त परम्परा निवृत्तिमार्गी रही है। जब-जब इस परम्परा में विक्षेप आये तब तब ऋषियों एवं सन्तों ने अपनी रचनाधर्मिता के मार्फ़त नियन्त्रण करने की कोशिश की : "जस सावन को बादरा, स्याम सुर्ख अरु स्वेत। इन्द्र धनु छबि देखि के, कामिनि मन संकेत।/ धन उमड़े चहुँ ओर से, लगे गगन थहरान।/ पृथ्वी साहब निरखा करैं, जिमि चातक असमान।" लोकजीवन की आपाधापियों को ध्यान में रखकर वह कबीर की तरह आँखन देखी काव्यभाषा का प्रयोग करते हैं। पृथ्वीशाह की काव्यभाषा में अवधी, भोजपुरी, खड़ी बोली एवं ब्रज भाषा के शब्द मिलते हैं। कहीं-कहीं अरबी-फारसी एवं संस्कृत के शब्दों का यथोचित प्रयोग काव्य-भाषा के चारुत्व को बढ़ाता है। इनकी काव्यभाषा की स्वाभाविक सम्प्रेषणीयता, देखते बनती हैः "लहर छाड़ि मन भागी तू अभी से, इसी में पड़ा संसार गर्जो। चण्ड ब्रह्माण्ड अखण्ड तिहुँ लोक में, हुकुम चहुँ ओर सतनाम मर्जी।" इस प्रकार देखा जाय तो सन्त कवियों की काव्यभाषा लोकानुभव से सम्पृक्त होने के कारण काफी सम्प्रेषणीय है।

डॉ.कन्हैया सिंह जिस क्षेत्र में पैर रखते हैं उसके जर्रे-जर्रे तक की खबर लेते हैं। इन्होंने दसवें अध्याय में सन्त सदाफल देव जी के कृतित्त्व पर विस्तार से प्रकाश डाला है। यह ऐसे सन्त कवि हैं जो स्वाधीनता संग्राम से सम्बंधित राष्ट्रभक्ति के गीत लिखते हैं : "शोक का दिन आज मेरा, न्याय भगवान कीजिए।/ विश्व का तू न्याय करता, ईश यह वर दीजिए।/ स्वाधीन भारत कीजिए, पद दीजिए अब ना टरूँ।"

इनके ग्रन्थों की संख्या तकरीबन 35 हैं। यह योग परम्परा के सन्त हैं। यह अपने सिद्धान्त को विहंगम योग कहते हैं। 1920 ई. में भारत की स्वतन्त्रता के लिए दानापुर में सैनिकों के मध्य उकसाने वाला व्याख्यान देने के कारण अंग्रेजी हुकूमत ने उन्हें दो वर्ष का सश्रम कारावास दिया था। वह हर प्रकार की कुरीतियों पर भी सदैव प्रहार करते थे : "सोलह वर्ष की कन्या विवाहित/ वर्ष पचीस के कुमार जी।/ छबि, छटा, द्युति मेल त्रिगुणगति, / कर्म स्वभाव गुण-सारजी।"

ये लोकधर्मी परम्परा के सन्त होने के कारण मिली-जुली काव्यभाषा में अरबी-फारसी के शब्दों का इन्होंने बहुत कम प्रयोग किया है। इन्होंने सामान्य तौर पर भोजपुरी एवं खड़ी बोली के शब्दों का ज्यादा प्रयोग किया है परन्तु कहीं-कहीं बोलियों के भी छिटपुट शब्द दिखायी पड़ते हैं। इन्होंने फाग, चैता, पूर्वी गीतों को सम्प्रेषणीय काव्यभाषा में टाँका है, "सखि कहँवा भुलाना, तेरे घर में ही साइयाँ।/ पीव माया संग जीवन बितायो। पर भूलि रे गइलू ना।/ तेरे घर में ही साइयाँ।"

सन्त सदाफल देव अपने नाम के अनुरूप लोक मंगल की ऊर्जा काव्यभाषा के मारफत भरते रहे। वह भारतीय स्वाधीनता को लेकर काफी चिन्तित दिखायी पड़ते हैं। थानी सन्त कवियों का स्वाधीनता संग्राम में योगदान काफी सराहनीय रहा है।

---

1. 'पूर्वी उत्तर प्रदेश के सन्त कवि', कन्हैया सिंह, पृष्ठ-96

डॉ. कन्हैया सिंह ने ग्यारहवें अध्याय में सन्त मंगरू साहब के व्यक्तित्व एवं लोकधर्मी कृतित्त्व पर विस्तार से प्रकाश डाला है। मंगरूसाहब के प्रशिष्य अनरुिद्ध शर्मा का भी जिक्र काबिलएतारीफ है। इनके माता-पिता मुसलमान होने के कारण बुनकरी का कार्य करते थे। इन्होंने जीवन की पाठशाला से काफी कुछ सीखा एवं समझा था। वह दिन में चटकल मिल में कार्यरत थे और फुरसत मिलने पर बच्चों को शिक्षा देते थे। मंगरूसाहब के पुत्र की मृत्यु के बाद उनका वैराग्य उत्तरोत्तर तीव्र होता गया। वह कर्म को ही भक्ति एवं धर्म मानते थे : ''जाकर अजमेर में मुझको क्या मिल गया।/ लाख मिलने का एक मुद्दवा मिल गया।'' मंगरू साहब की अजमेर यात्रा के बाद शुकरूल्लाह साहब उन्हें ईदू साहब के पास ले गये। गुरू के देह त्याग के बाद मंगरू साहब का भी विराग बढ़ता गया। उनके दिव्य अनुभूतियों के पदों की संख्या 700 के आस-पास है। उनके तकरीबन 103 पदों को 'सन्त मंगरू साहब की बानी' के नाम से दो भागों में गाजीपुर से प्रकाशित किया गया है। इनकी साधना में सूफ़ी दर्शन, गीता के कर्मयोग एवं कबीर के एकेश्वरवाद का प्रभाव देखा जा सकता है। मंगरू साहब के गुरू ईदू साहब सूफ़ी थे : ''सूफ़ी ईदू के सदके में क्या हो गया,/ दिल का पूरा सभी मदवा हो गया।/ पहले बन्दा बनो जुश्तजू में रहे, जीते जी मर मिटे राजपीन्हा खुले।/ तब तो ना आसन्त आसना हो गया।''

मंगरूसाहब सभी साधनाओं का सम्मान करते थे, कृष्ण के प्रति उनके अनुराग को भी देखा जा सकता है। वह जीवन की आपाधापियों के बीच भी साधनाएँ करते थे। उनकी साधना में आद्यन्त मानवता का निदर्शन होता है। उनकी काव्यभाषा में आध्यात्म एवं लौकिकता का अदभुत सामंजस्य है : ''सहल नहीं सधुआई रे सन्तो।/ घर छोड़े सधुआई सन्तो, या छोड़े से नारी।/मन हरना तन गेरुआ बस्तर, यह कैसी भगताई रे सन्तो।'' मंगरू साहब की काव्यभाषा में गीत, भजन, ग़ज़ल एवं पदों का निदर्शन होता है। उनकी काव्यभाषा में अरबी-फारसी, उर्दू, खड़ी-बोली, भोजपुरी एवं हिन्दवी की छौंक सम्प्रेषणीयता को ही बढ़ाती है। उनकी काव्यभाषा का लचीलापन सहजता एवं सम्प्रेषणीयता का द्योतक है।

डॉ. कन्हैया सिंह की किताब पूर्वी उत्तर प्रदेश के सन्त कवि पढ़ने पर यह पता चलता है कि जिन कवियों का जिक्र रामचन्द्र शुक्ल नहीं कर पाये थे, उनका जिक्र डॉ. सिंह ने किया। इनकी श्रमसाध्य खोजी प्रवृत्ति का भी बखूबी पता चलता है। डॉ. कन्हैया सिंह की स्थापना है कि : ''कबीर तथा उनके युग के सन्तों का जो सामाजिक क्रान्ति का उद्वेलन था, उसे तुलसी की समन्वयमूलक भक्तिधारा ने तथा सूरदास आदि कृष्णभक्त ब्रजभाषा के कवियों के सगुण लीला माधुर्य के रस वर्णन ने ठण्डा कर दिया। कदाचित इसीलिए आलोच्य काल के सन्त कवि निर्गुण ब्रह्म की साधना काया शोधन, जप भजन मूलक भक्ति की ही विशेष चर्चा करते हैं, जाति-पाँति और मजहब के प्रश्नों को वह दरकिनार कर जाते हैं।''[1]

निश्चित रूप से कन्हैया सिंह ने हाशिए के सन्तकवियों को खोज निकाला, परन्तु जाति-पाँति में शिथिलता आयी है परन्तु रोटी-बेटी का सवाल साफ परिलक्षित हो रहा है। यानी भक्ति के आवरण में सब समान हैं परन्तु सामाजिक एवं शैक्षणिक समानता का अभाव सतत् खटकता है। डॉ. कन्हैया सिंह ने हर अध्याय के सन्त कवियों की काव्यभाषा को बखूबी चिह्नित किया है। इसीलिए उनका मन्तव्य है कि ''इस प्रकार आलोच्य काल और अपने निर्धारित क्षेत्र के सन्त कवियों में जिस प्रकार समाज के सभी वर्गों को समानता के एक सूत्र में पिरोने की अभिव्यक्ति मिलती है, उसी प्रकार भाषा के क्षेत्र में भी वह अपने समय की स्वीकृत काव्यभाषा के साथ जनभाषा को

1. 'पूर्वी उत्तर प्रदेश के सन्त कवि', कन्हैया सिंह, पृष्ठ-135

मिलाकर भाषा का लोकग्राह्य जनरूप प्रस्तुत कर रहे थे। पूर्वी उत्तर प्रदेश में इनके पूर्व तुलसी के 'रामचरित मानस' और सूफी प्रेमाख्यानों द्वारा अवधी काव्यभाषा के आसन पर विराजमान हो चुकी थी। इन सन्त कवियों ने उस अवधी को अपने क्षेत्र की भाषा भोजपुरी के साथ मिलाया तथा ब्रजभाषा, उर्दू, पंजाबी आदि के शब्दों के व्यापक प्रयोग से उसे एक ऐसी भाषा का रूप प्रदान किया जो 'जनभाषा' का सहज स्वाभाविक स्थान पा सकी।''[1] उन्होंने आलोच्य भक्तों की रचना शीलता के आधार पर ही हाशिए के सन्तों को खोजा है। समकालीन विमर्शों में जिस तरह से हम लोग उलझ गये हैं, कहीं-न-कहीं यह किताब सहृदयों में एक नयी शोध अध्ययन की जिज्ञासा जगायेगी । फिलहाल लोक योग्य भाषा में डॉ. कन्हैया सिंह ने हाशिए के सन्त कवियों पर विहंगम अवलोकन किया है। इसे पढ़कर निश्चित रूप से पूर्वी उत्तर प्रदेश के सन्त कवियों के कृतित्त्व का बखूबी पता चलता है।

प्रोफेसर, हिन्दी एवं आधुनिक भारतीय भाषा विभाग
इलाहाबाद विश्वविद्यालय, प्रयागराज (उ.प्र.)

1. 'पूर्वी उत्तर प्रदेश के सन्त कवि', कन्हैया सिंह, पृष्ठ-137-138

सामाजिक समरसता और एकात्म भाव : सन्त दृष्टि और सृष्टि

मीता शर्मा

यह अकाट्य सत्य है कि भक्ति आन्दोलन केवल साहित्य का ही आन्दोलन नहीं था वरन् यह प्रथम अखिल भारतीय धार्मिक, सामाजिक, राष्ट्रीय और सांस्कृतिक आन्दोलन था। इस समय हिन्दी भाषा में ही नहीं, बल्कि सभी भारतीय भाषाओं में साहित्य रचा गया। बौद्ध धर्म के उदय के पश्चात् भारतीय इतिहास का यह पहला महत्त्वपूर्ण आन्दोलन था, जिसमें समाज के सभी वर्णों, वर्गों और धर्मावलम्बियों का योगदान रहा और जिसके प्रचार-प्रसार में निम्न वर्ण के कहे जानेवाले लोगों की भी महत्त्वपूर्ण भूमिका रही। इस सन्दर्भ में निर्गुण सन्त और उनके अनुयायियों का योगदान हिन्दी साहित्येतिहास के भक्तियुग में उल्लेखनीय है। इस महती भूमिका को लेखक डॉ. कन्हैया सिंह की 'पूर्वी उत्तर प्रदेश के सन्त कवि' शीर्षक समीक्ष्य पुस्तक बखूबी विवेचित करती है।

भक्ति आन्दोलन की शुरुआत का श्रेय सन्त कवियों को है जिन्होंने जीव, जगत, ईश्वर, माया और भक्ति के प्रति अपनी भिन्न धारण व्यक्त की। ईश्वर के निर्गुण निराकार रूप के आराधक सन्त कवियों पर बौद्धमत, नाथपन्थ, इस्लाम के सूफ़ीमत, शंकर और रामानुजाचार्य के अद्वैत व विशिष्टाद्वैत के सिद्धान्त का असर रहा है। रामानुजाचार्य की परम्परा के रामानन्द ही कबीर आदि सन्त कवियों के गुरु माने जाते हैं। आचार्य हजारीप्रसाद द्विवेदी ने 'कबीर' नामक पुस्तक के निर्गुण सन्तमत पर पड़नेवाले विभिन्न दार्शनिक और धार्मिक मतों का विवेचन किया है। सन्तमत में ईश्वर सर्वव्यापक है, चराचर जगत में व्याप्त है, इसके लिए मूर्तिपूजा और मन्दिर-मस्जिद में जाकर उपासना करने की कोई आवश्यकता नहीं। सन्त कवियों ने शास्त्रों के परिपालन एवं धार्मिक विधि निषेधों का भी विरोध किया। सन्त कवियों पर सूफ़ीमत के प्रभाव स्वरूप ईश्वर भक्ति व प्राप्ति के लिए प्रेममार्ग का भी चित्रण हुआ। कालान्तर में तुलसी सूर के प्रभाववश और तत्कालीन परिस्थितियों के अनुकूल सन्तकाव्य में वैष्णव भक्ति का प्रभाव और योग व भक्ति में समन्वय को भी अभिव्यक्ति मिली। इन्हीं परिप्रेक्ष्यों में सन्त कवियों कबीर, रैदास और उनकी परम्परा के अन्य पूर्वी उत्तर प्रदेश के सन्त कवियों का अध्ययन एवं विवेचन साहित्यकार, समाजसेवी और प्रसिद्ध आलोचक सन्त पुरुष डॉ. कन्हैया सिंह ने किया है। डॉ. कन्हैया सिंह का शोधपरक अध्ययन "पूर्वी उत्तर प्रदेश के सन्त कवि (सामाजिक और भाषिक अनुशीलन)"

शीर्षस्थ पुस्तक रूप में चित्रसेन प्रकाशन, राहुल नगर, आजमगढ़ से प्रकाशित है। उन्होंने इस पुस्तक के माध्यम से भारत की तात्त्विक हिन्दू दृष्टि 'मानववाद' की प्रतिष्ठा की है।

साहित्य समाज का दर्पण और समीक्षा ही नहीं है। वरन् समाज के प्रति विद्रोह भी है, और वही साहित्य चिरंजीवी-अक्षय रहता है जिसमें यह लक्षण विद्यमान हो। डॉ. कन्हैया सिंह ने इस पुस्तक में साहित्य के इसी पक्ष को सन्त साहित्य के माध्यम से सुधीजन-पाठक, शोधार्थियों, प्राध्यापकों एवं आज के विद्वत्त सन्तजन के सम्मुख प्रस्तुत किया। इस पुस्तक में पूर्वी उत्तर प्रदेश के आजमगढ़, गाजीपुर, बलिया व इनके समीपवर्ती प्रमुख सन्तों की बानियों व पदों में विद्यमान सामाजिक चेतना और भाषिक सौन्दर्य का विश्लेषण लेखक की उत्कृष्ट शोध-प्रवृत्ति का परिचायक है। लेखक ने 'भुड़कुड़ा सम्प्रदाय', 'शिवनारायणी सम्प्रदाय', 'साँईंदाता सम्प्रदाय' के प्रमुख कवियों को अध्ययन का विषय बनाया है। इस पुस्तक में 'भुड़कुड़ा सम्प्रदाय' के प्रवर्तक बूला साहब, उनके शिष्य गुलाल साहब और उनके शिष्य भीखा साहब पर केन्द्रित अलग-अलग पाठ हैं। इन्हें 'बावरी पन्थ' के कवि कहा गया है। गाजीपुर जिले में भीखा साहब के सम्प्रदाय की दो शाखाएँ (1) चितबड़ा गाँव (बलिया) तथा (2) अहरौल (फैजाबाद) में पहुँची। चितबड़ा गाँव शाखा के सन्त कवि देवकीनन्दन तथा अहरोली शाखा के गोविन्द साहब भी इस पुस्तक के अध्ययन का विषय हैं। लेखक ने भुड़कुड़ा सन्त परम्परा के सहोदर बलिया जिले में 'शिवनारायण धर्म सम्प्रदाय' के शिवनारायण साहब और फैजाबाद जिले में 'साँईंदाता धर्म सम्प्रदाय' के प्रमुख कवि पृथ्वीराज शाह को अनुशीलन में सम्मिलित किया है। इस पुस्तक में आधुनिक युग के विशिष्ट सन्त कवि श्री सदाफल देव जी और सन्त मंगरू साहब को पुस्तक में सम्मिलित करना आधुनिक काल तक और वर्तमान में भी सन्त-भक्ति साहित्य के प्रभाव एवं महत्त्व को दर्शाता है।

समीक्ष्य पुस्तक में वर्णित सभी सन्तों ने जीवन की पाठशाला से काफी कुछ सीखा। इनका चरित्र समाज के लिए आदर्श स्थापना का रहा। शान्तिप्रिय, एकान्तप्रिय और मितभाषी, विनीत, ईमानदार, कर्त्तव्यपरायण, कठोर साधक, जितेन्द्रिय, परहितकारी एवं सत्य अहिंसा, अपरिग्रह, दया, ममता, सहानुभूति, क्षमा जैसे मानवीय मूल्यों के धनी; यह सभी सन्त मानव समाज उन्नायक व प्रेरणा पुरुष रहे हैं। यह सन्त दुनियादारी गृहस्थ धर्म निभाते हुए भी सदा ईश्वर चिन्तन व सद्गुरु की तलाश में रत थे। यही इस काल की विशिष्टता भी रही। पर्यटन, भ्रमण प्रवृत्ति, साधु सन्तों व फकीरों की संगति से यह सन्त बहुश्रुत एवं बहुज्ञ बन गये। घूमते-फिरते, लोक में रमते इन्होंने हिन्दी, उर्दू, अरबी, फारसी, भोजपुरी, ब्रज, अवधी और यहाँ तक कि संस्कृत की भी अधिकाधिक जानकारी प्राप्त कर ली थी। इसलिए इनकी भाषा सभी बोलियों के मिश्रण स्वरूप जन की भाषा (लोकभाषा) रही। डॉ. कन्हैया सिंह ने अपनी पुस्तक में सन्तों के पदों और बानियों में उनके इसी सामाजिक और भाषिक रूप का अध्ययन विवेचन कर मानव समाज को एक बहुमूल्य विरासत सौंपी जिसकी उपयोगिता अक्षुण्ण व शाश्वत रहेगी।

पुस्तक में सन्तमत के पुरोधा पुरुष कबीर और रैदास पर केन्द्रित लेख 'कबीर-रैदास' डॉ. कन्हैया सिंह की शोध दृष्टि एवं ज्ञानानुभव का प्रमाण है। कबीर-रैदास के कवि-कर्म की पृष्ठभूमि में तत्कालीन ऐतिहासिक व सामाजिक परिवेश को लेख में व्यक्त किया गया। सौहार्द भाव, धार्मिक पाखण्ड एवं सामाजिक कुरीतियों का नाश एवं हताश-पीड़ित मानव जाति में आशा व सुख का संचार करना उस युग का धर्म था, जिसका निर्वहन दोनों सन्तों ने किया। दार्शनिक दृष्टि से इन दोनों सन्तों ने निर्गुन-निराकार ब्रह्म की सत्ता की प्रतिष्ठा की और अवतारवाद मूर्तिपूजा का निषेध किया। इसके पीछे हिन्दू अद्वैत दर्शन की भावभूमि तो मुस्लिम एकेश्वरवाद के सिद्धान्त की प्रेरणा मूल आधार रही। तत्कालीन हिन्दू समाज में व्याप्त पुरोहित पुजारी की धार्मिक सभा

एवं पाखण्ड का खण्डन तथा मौलवियों के दुष्प्रचार को रोकने के लिए कबीर रैदास आगे आये। कबीर और रैदास ने, समतामूलक समाज की प्रतिष्ठा का प्रयत्न किया।

कबीर की भाषा पर डॉ. कन्हैया सिंह की आलोचनात्मक दृष्टि उल्लेखनीय है। प्रायः विद्वानों की धारणा रही है कि कबीर-रैदास भ्रमणशील थे, विविध क्षेत्रों के साधु सन्तों के सम्पर्क में आने से उनकी भाषा का पंचमेल (खिचड़ी) या सधुक्कड़ी रूप बन गया। वस्तुतः यह एकपक्षीय दृष्टि हो सकती है।

डॉ. कन्हैया सिंह का कथन, "कबीर जैसा युग-प्रवर्तक कवि जो अध्यात्मिक और सामाजिक क्षेत्रों की मूलगामी क्रान्ति का अगुआ था, उसकी भाषा बिना किसी उद्देश्य के मिलीजुली भाषा नहीं हो सकती। जो कवि भाषा को 'बहता नीर' मानता है, उसकी भाषा के सम्बन्ध में उसकी कुछ मान्यता लगती है। लगता यह है कि मुसलमानी शासन काल में समाज व्यवस्था की ही भाँति भाषा का भी संकट प्रत्यक्ष था। फारसी का वर्चस्व हो रहा था, उर्दू जन्म लेनेवाली थी। भविष्य द्रष्टा कबीर ने भाषा के इस भावी संकेत को पहचान लिया और अपनी भाषा का स्वरूप ऐसा रखा जो आम आदमी की बोलचाल की भाषा का था। भाषा का जो खाका कबीर ने बनाया, वही लगभग रैदास का भी था।"[1]

उत्तर प्रदेश में ही नहीं वरन् समस्त हिन्दी भाषा-भाषी प्रदेश में गाजीपुर जिले के भुड़कुड़ा गाँव की विशेष पहचान स्थापित है और इसका कारण है—वहाँ सन्त सम्प्रदाय का पुष्पित पल्लवित होना। पुस्तक में 'भुड़कुड़ा की सन्त परम्परा' शीर्षक उनका शोधपरक लेख कई दृष्टियों से उल्लेखनीय है। प्रथम तो यह लेख भुड़कुड़ा की सन्त परम्परा के संस्थापक का उल्लेख करता है। द्वितीय यह लेख शोध की भावी सम्भावनाओं को उजागर करता है। भुड़कुड़ा परम्परा में गुलाल साहब सर्वाधिक लोकप्रिय सन्त थे। उनकी शिष्य परम्परा में भीखा साहब और हरलाल साहब हुए। हरलाल साहब ने बलिया के गाँव चितबड़ा गाँव में अपनी गद्दी स्थापित की थी।

यहाँ डॉ. सिंह ने उल्लेख किया है कि हरलाल साहब की शिष्य परम्परा के उत्तराधिकारी सदैव क्षत्रिय रहे, जबकि भीखा साहब के उत्तराधिकारी विभिन्न वंशों और जातियों के रहे हैं। भुड़कुड़ा सन्त सम्प्रदाय में भीखा साहब की शिष्य परम्परा बड़ी दीर्घजीवी रही। भीखा साहब के दो प्रमुख शिष्य हुए—चतुर्भुज साहब और गोविन्द साहब। चतुर्भुज साहब, भीखा साहब के प्रधान केन्द्रस्थ उत्तराधिकारी माने जाते थे, जाति के ब्राह्मण थे और परमात्मा की खोज में घूमते-घूमते भुड़कुड़ा पहुँच गये थे। वहाँ पर भीखा साहब से प्रभावित होकर उनके शिष्य बन गये। चतुर्भुज साहब के बाद क्रमशः नरिसिंह साहब, कुमार साहब, रामहित साहब, जयनारायण साहब, रामबरन दास और रामाश्रय दास भुड़कुड़ा सन्त सम्प्रदाय के शिष्य हुए। यह सभी शिष्य, उनकी रचनाएँ दादू, कबीर के निकट जान पड़ती है।

भीखा साहब की शिष्य परम्परा की एक शाखा अहिरौली, फैजाबाद में चली गयी। यहाँ भारद्वाज गोत्रीय ब्राह्मण गोविन्द साहब के नाम से प्रसिद्ध सन्त कवि हुए। इनके शिष्य प्रसिद्ध सन्त पलटू साहब हुए जिनकी भक्ति व ज्ञान समन्वित बानियों ने जनजीवन से लेकर अध्यात्म तक को प्रभावित किया। इनमें गुरू की महिमा, सत्संग लाभ व साधना मार्ग भी कई विशेषताओं का उल्लेख है। पलटू साहब के पश्चात् क्रमशः बेनी साहब, दयाल साहब, सीतारामदास, रामलखन दास, जंगीदास, रामकोमल दास इत्यादि शिष्य परम्परा में सुशोभित हुए।

---

1. डॉ. कन्हैया सिंह—'कबीर-रैदास', पूर्वी उत्तर प्रदेश के सन्त कवि (सामाजिक और भाषिक अनुशीलन), चित्रसेन प्रकाशन संस्थान, राहुल नगर, आजमगढ़ 2003, पृ.सं. 12.

पूर्वी उत्तर प्रदेश के सन्तकवियों में बूला साहब एक प्रमुख हस्ताक्षर माने जाते हैं। पुस्तक में उनके 'रामजहाज' 'महात्माओं की बानी', 'बूला साहब के शब्दसार' नामक पुस्तक-संकलन का उल्लेख है। अन्य भक्त कवियों की तरह बूला साहब ने ब्रह्म के एक रूप निर्गुण रूप ज्योतिस्वरूप, पूर्ण ब्रह्म, सतगुरु, सहज ब्रह्म का चित्रण किया है। बूला साहब ने ईश्वर सम्बन्धित मतमतान्तरों को विराम देते हुए एक परमेश्वर की सन्तान सभी को बताया है। चित्रण बूला साहब के 'शब्दसार' से उद्धृत है।

संसार में सब ब्रह्म वही है, वही नर है, वही नारी है—

जन 'बूला' तहँ रहै जहूरा। पूर्ण ब्रह्म देखा हजँ नूरा।।
एकै ब्रह्म सकल में रहई। काम क्रोध से भर्मत रहई।।
काम क्रोध है यम की फाँसी। मरि मरि जीव भ्रमै चौरासी।।
लख चौरासी भरमि गँवाया। मानुष जन्म बड़े तप पाया।।
मानुष जन्म दुर्लभ रे भाई। कहै 'बूला' याही जग आई।।[1]

जब अधम, अजाति बूला नाम में तल्लीन होकर भक्त साधक सन्त बन सकता है तब जाति-पाँति के भेद व्यर्थ हैं और प्रभु में भक्ति ही प्रमुख है। बूला साहब की बानियों की संवेदना के साथ-साथ उनकी भाषा की शक्ति भी अद्‌भुत है। भाषा में कहीं आरोप-प्रत्यारोप, खण्डन विद्रोह के भाव नहीं वरन् शान्त, मधुर-प्रसाद गुण सम्पन्न भाषा बुला साहब की विशिष्टता है। राजस्थानी, पंजाबी, भोजपुरी, संस्कृत, अरबी-फारसी, ब्रज, खड़ी-बोली सभी 'भाषा-बोलियों का प्रभाव कहीं शब्दचयन क्रिया रूपों में कहीं शब्दपन में तो कहीं कारक चिह्नों में द्रष्टव्य है। भाषा प्रवाह सहज सरल और बोधगम्य है। उदाहरणार्थ—

काको माता काको पिता, काको सुत वित गेह।
जिवतहिं को नाता इनको, मुए काको केह।।''[2]

'गुलालसाहब' शीर्षक अध्याय में डॉ. कन्हैया सिंह ने गुलाब सिंह के उत्तराधिकारी होने से लेकर गुलाल साहब के दो शिष्यों भीखा साहब और हरलाल साहब के भुड़कुड़ा गद्‌दी को सँभालने और दोनों की पीठों की तात्त्विक विभिन्नता का उल्लेख किया है। गुलालसाहब के लिए कहा जाता है कि वह सम्पन्न कुल में उत्पन्न, पढ़े-लिखे सुसंस्कृत व्यक्ति थे और करीब 50 वर्ष तक भुड़कुड़ा की गद्‌दी पर आसीन रहकर जमींदारी के वैभव-विलास से दूर साधना व सत्संग करते रहे हैं।

डॉ. कन्हैया सिंह ने उन की रचनाओं की जानकारी देते हुए लिखा है, ''गुलाल साहब की रचनाओं का एक संग्रह वेलवीडियर प्रेस इलाहाबाद से प्रकाशित हुआ है, जिसे 'गुलाल साहब की बानी' नाम दिया गया है। इसके अतिरिक्त भुड़कुड़ा सिद्ध पीठ से 'महात्माओं की बानी' नाम से कई सन्तों की बानियों का एक संग्रह प्रकाशित किया गया है जिसमें गुलाल साहब की बानियाँ भी पर्याप्त संख्या में हैं। 'हिन्दी साहित्य के वृहद् इतिहास' में गुलाल साहब की बानी के अतिरिक्त इनकी दो और रचनाओं का उल्लेख हुआ है—राम सहस्त्र नाम और ज्ञानगुष्ठी। डॉ. भगवती प्रसाद शुक्ल ने—(1) स्फुट पद (2) चौपाइयाँ और दोहे (3) सहस्त्रनाम (4) ककहरा, (5) बारहमासा

---

1. डॉ. कन्हैया सिंह—'बूला साहब', पूर्वी उत्तर प्रदेश के सन्त कवि (सामाजिक और भाषिक अनुशीलन), चित्रसेन प्रकाशन संस्थान, राहुल नगर, आजमगढ़ 2003, पृ.सं. 33.
2. डॉ. कन्हैया सिंह—'कबीर-रैदास', पूर्वी उत्तर प्रदेश के सन्त कवि (सामाजिक और भाषिक अनुशीलन), चित्रसेन प्रकाशन संस्थान, राहुल नगर, आजमगढ़ 2003, पृ.सं. 36.

(6) बारहमासी हिण्डोल (7) पंहाड़ा (8) रामदरियाव (अप्रकाशित) एवं (9) रामजहाज इत्यादि रचनाओं का विवरण दिया है।''[1]

गुलाल साहब भी निर्गुण-निराकार ब्रह्म का प्रतिपादन करते हैं, उनके ब्रह्म सतगुरु हैं, एक मात्र सत्य भी वही हैं, लेकिन उनके राम-कृष्ण के नाम स्मरण सम्बन्धित पद भी हैं। वे कहते हैं— 'धन्य धन्य धन्य तुम प्रभु जी साधु सदा रखवार कहै गुलाल राम जी को सेवक, अब को सकत निहार।' गुलाल साहब की बानियो में नाम-स्मरण, सत्संग, ज्ञान योग साधना, सुरति-निरति की एकता, अमृतवर्षा, इड़ा-पिंगला-सुषमा की बातें इस पुस्तक में द्रष्टव्य हैं। इनकी बानियों का भाषिक अनुशीलन करते हुए डॉ. कन्हैया सिंह की शोध दृष्टि, विषय-विशेषज्ञता का पूर्ण परिचय मिलता है—''जो सन्त जिस सामाजिक क्षेत्र में पड़ते थे वहाँ की भाषा में ही रचना करते थे। गुलाल साहब की जन्मभूमि और कर्मभूमि दोनों गाजीपुर जनपद में थी जो काशिका भोजपुरी का क्षेत्र है। अतः स्वभावतः ही इनकी रचनाओं का अधिकांशतः मूल ढाँचा भोजपुरी का मिलता है। फिर अवधी, ब्रज, खड़ीबोली, पंजाबी आदि के शब्दों या कभी-कभी क्रिया रूपों का दर्शन भी इनके पदों में हो जाता है। बात यह है कि सन्तों की बानियों का संग्रह 'गुरुग्रन्थ साहब' में है जिसकी भाषा पंजाबी प्रभावित है। चूँकि सन्तों की परम्परा में गुरुनानक भी आते हैं और इस परम्परा में गुरु ग्रन्थ साहब में विभिन्न सन्तों के पदों के पाठ और गायन की परम्परा थी, अतः उनके अपने पदों पर पंजाबी का प्रभाव मिलता हैं कबीर में 'बिताइया', 'जाइया' आदि पंजाबी रूप पर्याप्त मिलते हैं। गुलाल साहब में यह रूप प्रायः कम ही विद्यमान हैं, पर बूला साहब के पदों में पंजाबी प्रभाव कुछ स्थलों पर मिला है। जिसे हम देख चुके हैं। गुलाल साहब में भी 'आइया', 'जाइया', 'पाइया' आदि पंजाबी रूप हैं।''[2]

सन्त भीखा साहब भुड़कुड़ा सम्प्रदाय के शिरोमणि कहे जाते हैं। वे सिद्ध पुरुष अध्यात्मनिरूपक निर्गुण ब्रह्म के प्रतिष्ठापक एवं प्रेम अनुभूति में डूबे सच्चे सन्त थे। वस्तुतः भीखा साहब ने ही सामाजिक समरसता हेतु सगुन-निर्गुण समन्वय की परम्परा की नींव डाली। जिसका प्रभाव बाद के शिष्यों में भी देखने को मिलता है। लेखक का मत हैं।

''सगुण के प्रति नरम, रुख अपने ही समाज में सगुण-निर्गुण के भेद की दीवार को गिराना था पर तात्त्विक रूप रो वे सत्संग और नाम जप को ही साधन मानते हैं। कर्मकाण्ड, तीर्थ आदि की व्यर्थता को वे भली-भाँति स्वीकार करते हैं। अपनी काया में ही द्वारिका और काशी है, यह उनका सन्देश है। अतः काया-शुद्धि और काया-साधना पर वे बल देते हैः-'राम को नाम तीर्थ घट ही में दिल द्वारिका काया कासी। करते जग अपनो कर बाँधों, त्रिगुन डोर की फाँसी।।' मुसलमानों के लिए भी घट में रोजा का पुण्य है और घट ही में मक्का-मदीना है—

मका मदीना घट में खोजा।
तीन दहाई तीसो रोजा।।[3]

---

1. डॉ. कन्हैया सिंह—'गुलाल साहब', पूर्वी उत्तर प्रदेश के सन्त कवि (सामाजिक और भाषिक अनुशीलन), चित्रसेन प्रकाशन संस्थान, राहुल नगर, आजमगढ़ 2003, पृ.सं. 40.
2. डॉ. कन्हैया सिंह—'गुलाल साहब', पूर्वी उत्तर प्रदेश के सन्त कवि (सामाजिक और भाषिक अनुशीलन), चित्रसेन प्रकाशन संस्थान, राहुल नगर, आजमगढ़ 2003, पृ.सं. 44-45.
3. डॉ. कन्हैया सिंह—'भीखा साहब', पूर्वी उत्तर प्रदेश के सन्त कवि (सामाजिक और भाषिक अनुशीलन), चित्रसेन प्रकाशन संस्थान, राहुल नगर, आजमगढ़ 2003, पृ.सं. 62-63.

इस पुस्तक में "गोविन्द साहब' शीर्षक लेख के अध्ययन से यह जानकारी मिलती है कि भीखा साहब के शिष्य गोविन्द साहब थे और भीखा साहब को उनके गुरु गुलाल साहब ने आज्ञा दी थी कि वह गोविन्द साहब को शिष्य बनायें। गोविन्द साहब ने अपनी भक्ति, कर्म और साधना के बल पर आजमगढ़-फैजाबाद की सीमा पर स्थित अहरौली नामक स्थान को चमन कर दिया था, जो आज भी गोविन्द साहब के स्थान के नाम से पवित्र तीर्थ माना जाता है। यहाँ प्रतिवर्ष गोविन्द दशमी के अवसर पर गोविन्द साहब का मेला लगता है। इस मेले में हिन्दू-मुस्लिम दोनों जातियों के भक्त जन आते हैं और अपनी-अपनी मनोकामनाएँ पूर्ण करते हैं। यहाँ श्रद्धालु जन गोविन्द साहब को समाधि पर चादर, खिचड़ी और गन्ने चढ़ाते हैं तथा गोविन्द सरोवर में स्नान करते हैं। डॉ. कन्हैया सिंह द्वारा चादर, खिचड़ी, गन्ने व सरोवर शब्दों का अर्थ एवं उनकी व्याख्या विवेचन से इस पुस्तक की उपयोगिता एवं महत्त्व में श्रीवृद्धि होती है। दया, करुणा, मानवता के सन्देश को बल मिलता है।

"इस मेल में चादर, खिचड़ी, गन्ना और सरोवर के स्नान सभी एकता और समरसता के प्रतीक हैं। चादर ताने और बाने से बुनी जाती है। जिसमें ताना और बाना मिलकर एक हो जाता है, उसमें कोई भेद नहीं रह जाता है। उसी प्रकार हिन्दू और मुसलमान व ऊँची और नीची जातियाँ ताने और बाने के रूप में ही हैं, जिससे चादर बनती हैं। यही एकता की चादर गुरु गोविन्द साहब को पसन्द थी और इसीलिए उनकी समाधि पर लोग चादर चढ़ाते हैं। चावल और दाल की मिली हुई खिचड़ी भी साम्प्रदायिक और जातीय एकता की प्रतीक है, लेकिन यह एकता ऊपरी और दिखावटी नहीं चाहिए, इसके भीतर एक आन्तरिक प्रेम का मीठा रस विद्यमान होना चाहिए। गोविन्द दशमी के दिन चढ़ाये जानेवाला गन्ना और प्रसाद में ले जाये जाने वाला गन्ना इसी मधुरता के पावन सन्देश का सूचक है और अन्त में सब़का गोविन्द सरोवर में स्नान होता है, सभी एक साथ डुब़की लगाते हैं और गोविन्द साहब की जय बोलते हैं—कोई जाति-पाँति-पन्थ का भेदभाव नहीं, सभी एक हैं, अभेद है, इसका उद्घोष करते हुए सरोवर के जल में स्नान करते हैं। एकता का यही सन्देश लेकर सभी नर-नारी अपने-अपने घरों को जाते हैं।"[1] इस लेख में डॉ. गोविन्द साहब की रचनाओं की जानकारी मिलती है। इनकी रचनाओं का समुच्चय 'गोविन्द सुधा' नामक ग्रन्थ है, जिसमें प्रभुदास आचार्य के अनुसार इनमें 'अलिफ़नामा', 'सत्यसार', 'सत्यटेर', 'रामगुह्य', पंहाड़ा', 'ज्ञान तोप' और 'साखी' इत्यादि हिन्दी रचनाओं का संकलन है। इनकी संस्कृत रचना का 'नाम गोविन्द योग भास्कर' है।

लेखक के 'शिवनारायण साहब' पर केन्द्रित लेख से भी यह स्पष्ट होता है कि 16वीं शताब्दी तक आते-आते सन्तों की विचारधारा की कट्टरता शिथिल होने लगी थी। शिवनारायण साहब के पदों में भी निर्गुण निराकार के साथ सगुण साकार ईश्वर की मान्यता के दर्शन होते हैं—"पदुमनाभ जय देव कबीरा काटेऊ संस्कृति जाल। जयमल ग्यानदेवजू तिलोचन, भुवन सिंह रबिदास।।" कबीर और रैदास का आदरपूर्वक उल्लेख करनेवाले महान् सन्त देवकीनन्दन साहब चितबड़ा गाँव शाखा परम्परा के महान् सन्त की सामाजिक समरसता, भाषिक चेतना 'देवकीनन्दन साहब' संज्ञस्थ अध्याय में वर्णित है। सामाजिक और अध्यात्मिक आदर्श के रूप में देवकीनन्दन साहब कबीर, रैदास, तुलसीदास और सूरदास से अत्यधिक प्रभावित रहे। भारत की संस्कृति में छाये जाति-पाँति, छूआछूत, मनोविकार के जाल को काटनेवाले 'कबीर' और रैदास के लिए जो विशेषण उक्त पद में प्रयुक्त हुए हैं, वह देवकीनन्दन साहब के श्रद्धा व सम्मान भाव को व्यक्त

1. डॉ. कन्हैया सिंह—'गोविन्द साहब', पूर्वी उत्तर प्रदेश के सन्त कवि (सामाजिक और भाषिक अनुशीलन), चित्रसेन प्रकाशन संस्थान, राहुल नगर, आजमगढ़ 2003, पृ.सं. 68.

करता है। तुलसीदास की 'विनयपत्रिका' के पद "अब लौ नसानी अब ना नसैहों" के अनुकरण में उन्होंने लिखा है—

"अब लौं भुलाने अब ना भुलैहौं।
गुर परताप साधु की संगति हरिचरनन मन लै हौं।
चित्त दीयटि पर ज्ञानदीप धरि, भ्रम अँधियार मिटैहौं।
षट् चक्रहुँ को बेधि जुगति सो, पान अपान मिलैहौं।
अनहद बाजा बाजु गहागहि बिनु श्रवननि सुनि पैहौं।
बिन करताल चरन बिन निरतत बिन रसना गुन गैहौं।"[1]

ब्रजभाषा के मँझे हुए कवि हैं देवकीनन्दन साहब। "सखि प्रभु बिनु ब्रज देशो जरतु आजु/ ग्वाल बाल गो वन बिहरत, उर व्याकुल तन बिह्वल समाजु" पद से सूरदास की भाषा व भाव संवेदना का स्मरण हो आता है। देवकीनन्दन साहब और उनकी रचनाएँ पं. परशुराम चतुर्वेदी के सम्पादन में प्रकाशित हैं। इनमें उनकी बानियों, पदों का संकलन सम्मिलित किया जाता है।

देवकीनन्दन साहब के पदों में राम कृष्ण का नाम स्मरण और उनकी लीलाओं का भी यत्र-तत्र चित्रण विद्यमान है। देवकीनन्दन साहब अपनी साधना व व्यवहार कुशलता के लिए विख्यात थे। इनकी एक विशिष्टता यह है कि साहित्य के साथ-साथ कला-कौशल में भी इनकी अभिरुचि थी, तभी तो उन्होंने दान प्राप्त सम्पत्ति का उपयोग वास्तुकला के क्षेत्र में किया। डॉ. कन्हैया सिंह का कथन है; "प्रसिद्ध है कि इनके महन्त रहते समय एक बार, किसी होतीलाल नामक वणिक या व्यापारी को अपने व्यवसाय में विशेष लाभ हुआ था, जिसे उनसे इनका ही आशीर्वाद अथवा वरदान मानकर इन्हें बहुत-सा द्रव्य अर्पित कर दिया तथा इन्होंने उनका सदुपयोग, उस समय, भव्य समाधियों तथा सुन्दर उद्यान, पोखरा एवं 'दमदमा' जैसी बैठका का निर्माण करवाकर, किया था और इस प्रकार निर्मित सारी वस्तुएँ आज तक भी इनकी परिमार्जित रुचि एवं कीर्ति का प्रमाण बनकर खड़ी हैं।"[2]

'पृथ्वीशाह' पर केन्द्रित लेख में उनकी बानियों में भी अन्य सन्तों की भाँति गुरु ज्ञान, गुरु महिमा, ईश्वर का निर्गुण एकेश्वर रूप साथ ही अवतार-लीला की झाँकी, योग व भक्ति का समन्वय, ईश्वर साधना रूप जैसे हठयोग, कुण्डलिनी योग सुरति, शब्द योग और सहज साधना से सम्बन्धित छन्द भी विद्यमान हैं। इनके पदों में अवतारों की लीला और सगुण ब्रह्म के रूप-सौन्दर्य का भी उल्लेख है। पृथ्वीशाह के पदों में समाज सुधार की चेतना भी दिखायी देती है। जाति-पाँति का विरोध, पाखण्ड का खण्डन, कर्मकाण्डों की निन्दा कर सहज साधना द्वारा ब्रह्म व गुरु ज्ञान की अभिलाषा इन सन्तों में रही है— 'तीरथ गये देव नहीं पूजा, नहिं पखान नहलाया। सहजै सहज मिला गुरु पूरा, सबद में सबद मिलाया।।' प्रकृति के साहचर्य, ऋतुओं के प्रभाव व लोक तत्त्व का उल्लेख पृथ्वीशाह की बानियों में भी है। पृथ्वीशाह के पदों की मुख्य भाषा अवधी के साथ-साथ गौण रूप में भोजपुरी, खड़ी बोली, ब्रज, संस्कृत, अरबी-फारसी के शब्दों का भी दर्शन होता है।

'पूर्वी उत्तर प्रदेश के सन्त कवि' पुस्तक में एक महत्त्वपूर्ण अध्याय है—'सन्त सदाफल देव जी।' यह अध्याय कई दृष्टियों से महत्त्वपूर्ण हो जाता है—

---

1. डॉ. कन्हैया सिंह—'देवकीनन्दन साहब', पूर्वी उत्तर प्रदेश के सन्त कवि (सामाजिक और भाषिक अनुशीलन), चित्रसेन प्रकाशन संस्थान, राहुल नगर, आजमगढ़ 2003, पृ.सं. 94.
2. डॉ. कन्हैया सिंह—'देवकीनन्दन साहब', पूर्वी उत्तर प्रदेश के सन्त कवि (सामाजिक और भाषिक अनुशीलन), चित्रसेन प्रकाशन संस्थान, राहुल नगर, आजमगढ़ 2003, पृ.सं. 90.

(1) डॉ. कन्हैया सिंह ने इस अध्याय के माध्यम से आधुनिक काल में सन्तों के प्रभाव और समाज-राजनीति में उनकी भूमिका का चित्रण पाठकों, शोधार्थियों और प्राध्यापकों को उपलब्ध कराया। इस तरह सन्त साहित्य में शोध को नयी दिशा और नये क्षेत्र प्रदान किये।

(2) सन्त सदाफल देव भारतीय हिन्दू संस्कृति के शलाका पुरुष के समान हिन्दू धर्म व अध्यात्म के सजग प्रहरी व भारतीय जनमानस में आध्यात्मिक उन्नयन का प्रसार ता उम्र करते हुए चित्रित किये गये हैं।

(3) आधुनिक काल के ज्ञान-विज्ञान के परिवेश में पूज्यपाद सन्त सदाफल देव द्वारा भारतीय स्वतन्त्रता आन्दोलन के दौरान धर्म और अध्यात्म के द्वारा भी राष्ट्रीय चेतना जाग्रत करने के महती कार्य पर यह अध्याय प्रकाश डालता है।

(4) सन्त सदाफल देव की रचनाओं में साम्प्रदायिक सौहार्द, विश्व मानववाद, सामाजिक समता और प्राचीन हिन्दू धर्म-अध्यात्म के बल पर भारत द्वारा विश्व-संस्कृति की रक्षा एवं विश्व आध्यात्मिक राज्य के रूप में नेतृत्व करने का आह्वान-इस अध्याय को तथा डॉ. कन्हैया सिंह की इस साहित्यिक कृति को विशिष्ट, समसामयिक और प्रासंगिक बनाता है।

प्रस्तुत अध्याय में लेखक सन्त सदाफल देव जी के जीवन संघर्षों का उल्लेख करते हुए योगबल और साधना द्वारा प्राप्त उनकी अनेक सिद्धियों व चमत्कारों पर प्रकाश डालते हैं। स्वामी जी के जन्म स्थान उत्तरप्रदेश के बलिया जिले में स्थित ग्राम 'पकड़ी' के निकट 'वृत्रिकूट' आश्रम में स्वामी जी ने कठिन साधना कर सच्चिदानन्द परब्रह्म की प्राप्ति की थी। स्वामी जी गम्भीर विषय को अत्यन्त सरल व कम शब्दों में समझाने में दक्ष थे, अनेक जड़ी बूटियों के ज्ञाता थे तथा लोक गीतों के रचयिता भी।

सन् 1920 में बिहार के 'दानापुर' फौज में प्रवेश लेकर धर्म व अध्यात्म सम्बन्धित उपदेश से राष्ट्रीय चेतना जाग्रत करने के कारण इन्हें दो वर्ष का सश्रम कारावास का दण्ड भी मिला। खादी वस्त्र का धारण, विदेशी वस्तुओं का बहिष्कार, स्वदेशी पर जोर, मादक द्रव्य निषेध, बाल विवाह निषेध, पतितोद्धार जैसे सामाजिक कार्यों से आजीवन जुड़े स्वामी के अद्‌भुत व्यक्तित्व और कृतित्व का चित्रण इस अध्याय में है। धर्म और अध्यात्म पर आधारित विधान सम्पूर्ण विश्व में हो, जगत्‌गुरु भारत इसमें अग्रणी बने, सभी मानवों का कल्याण हो—इसके लिए उन्होंने गद्य में 'विश्व राज्य विधान' पुस्तक लिखी। उनका मानना था कि ब्रह्म विद्या को जाननेवाले भारत में हैं और इसी तत्त्व सिद्धान्त के आधार पर विश्व में शान्ति हो सकती है।

स्वामी जी के कुल 35 आध्यात्मिक सद्‌ग्रन्थों में 'स्वर्वेद', 'शब्दज्ञान' एवं 'वन्दना' नामक ग्रन्थों की विशेष चर्चा होती है। 'स्वर्वेद' दोहा छन्द में लिखा गया है— इसमें लगभग 4000 दोहे, सिद्धान्त रूप में है। 'स्वर्वेद' नाम एवं उसकी महत्ता का विश्लेषण करते हुए डॉ. सिंह अपने विचारशील, अध्यवसायी और शोध अन्वेषक व्यक्तित्व का परिचय देते है।

'स्वः' आनन्द को कहते हैं। 'स्वः' परब्रह्म का भी नाम है। इसलिए 'स्वः' यानी परब्रह्म, सत्पुरुष, अनिर्वाच्य, निःशब्द का जो वेद अर्थात् ज्ञान है, वह स्वर्वेद है। चारों वेदों में भौतिक तथा आध्यात्मिक समस्त विषयों का वर्णन किया गया है, परन्तु स्वर्वेद में एक मात्र ब्रह्मविद्या के बाह्य और आभ्यन्तर के तत्त्वज्ञानों का ही वर्णन किया है। अतएव स्वर्वेद अध्यात्म सम्बन्धी विषयों का वर्णन करनेवाला हिन्दी साहित्य में विश्व-प्रसिद्ध एक अद्वितीय सद्‌ग्रन्थ है। हिन्दी भाषा में

1. डॉ. कन्हैया सिंह—'सन्त सदाफल देव जी', पूर्वी उत्तर प्रदेश के सन्त कवि (सामाजिक और भाषिक अनुशीलन), चित्रसेन प्रकाशन संस्थान, राहुल नगर, आजमगढ़ 2003, पृ.सं. 115.

इस प्रकार से ब्रह्म विद्या के बाह्य तथा आभ्यन्तर भेद-साधन-रहस्य का वर्णन करनेवाला दूसरा सद्ग्रन्थ नहीं है।''[1]

स्वामी जी ने अपने सिद्धान्त 'विहंगम योग' के द्वारा ज्ञान और भक्ति में समन्वय स्थापना का महत्त्वपूर्ण कार्य किया। स्वामी जी की भाषा खड़ी बोली हिन्दी कवि मैथिलीशरण के करीब, उपदेश प्रधान, सीधी सपाट शब्दावली, विचार प्रधान भाषा है।

एक सन्त किस प्रकार अपनी धार्मिक निष्ठा, ईमानदारी और कर्त्तव्यपरायणता के बल पर गृहस्थ की जिम्मेदारी निभाते हुए समाज सुधार का कार्य करता है, इस तथ्य में निहित सत्य की खोज की गयी है पुस्तक के अन्तिम अध्याय 'सन्त मंगरू 'साहब' में। 19वीं सदी के अन्तिम दशक में जन्मे सन्त मंगरू साहब के गुरु ईदूशाह थे, परन्तु इनके प्रारम्भिक गुरु कलकत्ता के मौलाना अब्दुल गफूर साहब थे। अपने जीवन के अत्यन्त बुरे दिनों में गफूर साहब ने सन्त मंगरू की सेवा से खुश होकर उन्हें कलकत्ता की चटकल मिल में बुनकर का काम दिलवाया था। यहाँ इनकी रोजी-रोटी ठीक चलने लगी। सन्त मंगरू साहब दिन भर मिल में व्यस्त रहते और शाम को धर्म-अध्यात्म में मशगूल हो जाते। अपने पुत्र के वियोग से इनमें विराग भावना तीव्र हो गयी और अल्लाह से साक्षात्कार के लिए सद्गुरु की तलाश में निकल पड़े। अन्त में ईदूशाह ने इन्हें ब्रह्म विद्या का उपदेश दिया था। 4 दिसम्बर, 1968 को 86 वर्ष की उम्र में देवरिया नामक स्थान पर मंगरू साहब द्वारा महासमाधि लेने का उल्लेख है।

मंगरू साहब ने भी बाह्य आडम्बरों का खण्डन किया, ईश्वर प्राप्ति के लिए सहज योग के साथ सूफ़ी सन्तों की प्रेम की पीड़ा, गहराई व इसकी महत्ता को बताया, अपने ही अन्दर ईश्वर को तलाशने का आह्वान किया। सूफ़ी प्रेम, सूफ़ी योग का मधुर शैली में चित्रण इनकी बानियों में मिलता है। सन्त मंगरू के पदों पर लेखक डॉ. कन्हैया सिंह की समीक्षा दृष्टि को विस्तार मिलता है—''सन्त मंगरू साहब के पदों को देखने पर पता चल जाता है कि उनकी साधना-पद्धति पर सूफ़ी-दर्शन, गीता के कर्मयोग और कबीर के एकेश्वरवाद का प्रभाव है। उन पदों में कबीर की साधनात्मक ऊँचाई, जायसी के प्रेम की पीर की गहराई, रसखान की सरलता एवं निश्छलता तथा मीराँ की वेदना, कसक, पीर, समर्पण और ईश्वर से तादात्म्य-स्थापना की उत्कट भावना का एक साथ दर्शन होता है।।''[1]

राम-रहीम की एकता पर बल देने वाले मंगरू साहब निस्सन्देह हमारी समन्वयवादी संस्कृति के परिचायक हैं। एक ओर वेदान्त की अद्वैतमूलक दृष्टि प्रस्तुत करते हैं तो दूसरी ओर इस्लामी ढंग से खुदा का स्मरण करते हैं, कहीं सगुण अवतारी कृष्ण की रूप माधुरी पर रीझ कर लिखते हैं तो कहीं सूफ़ी प्रेम की पीर का वर्णन करते हैं। इस प्रकार सन्त मंगरू हिन्दू-मुस्लिम समन्वित संस्कृति को प्रस्तुत करते हैं।

जिस तरह से सामाजिक दृष्टि वैचारिक क्रान्ति इन सन्तों की बानियों में मिलती है, उसका माध्यम जन-भाषा का भी क्रान्तिकारी रूप दिखायी देता है। यह सामान्यतया हिन्दू-मुस्लिम की जनभाषा थी। कबीर के समान अन्य परवर्ती सन्तों में भी सामाजिक समरसता का भाव प्रधान था। इसलिए इन्होंने एक ऐसी सर्वस्वीकार्य लोकभाषा का निर्माण भी किया था जो सही अर्थों में आज भारत की राष्ट्रभाषा कही जाती है।

---

1. डॉ. कन्हैया सिंह—'कबीर-रैदास', पूर्वी उत्तर प्रदेश के सन्त कवि (सामाजिक और भाषिक अनुशीलन), चित्रसेन प्रकाशन संस्थान, राहुल नगर, आजमगढ़ 2003, पृ.सं. 126.

सन्तों के लिए भाषा साध्य नहीं, साधन थी अपनी बात लोगों तक पहुँचाने का माध्यम, जो लोक की भाषा थी और यही सन्तों को अभिप्रेत भी, इसके लिए उन्होंने जिस हिन्दी भाषा को भाव अभिव्यक्ति के लिए चुना वह न तो शुद्ध तत्सम थी और न फारसी बहुल अपितु अवधी, ब्रज, खड़ीबोली, ऊर्दू, फारसी, पंजाबी, मारवाड़ी, भोजपुरी बोलियों का सम्मिश्रण रही। इस प्रकार तत्कालीन सामाजिक समरसता के धारा प्रवाह समय में पुस्तक में सम्मिलित इन सभी सन्तकवियों ने भाषिक समरसता व सामंजस्य के द्वारा खड़ी बोली हिन्दी को ब्रज, अवधी, राजस्थानी, संस्कृति भोजपुरी, अरबी-फारसी शब्दों से समृद्ध व समुन्नत किया। उत्तरी भारत के हिन्दी क्षेत्र में प्रचलित लोक बोलियों के शब्द रूप को हिन्दी के साथ जोड़कर एक समरसता पूर्ण सहज काव्य भाषा का निर्माण करना चाहा और आज भी उनकी यह निर्मिति समय-सापेक्ष एवं प्रासंगिक है। भारत की भावी हिन्दी का आदर्श रूप भी यही है जिस पर इस पुस्तक में लेखक डॉ. कन्हैया सिंह ने विचार किया है।

राष्ट्र भाषा हिन्दी को उसकी क्षेत्रीय बोलियों के साथ समृद्ध करने की भाव चेतना सन्तों में कितनी अद्‌भुत थी, यह विचारणीय है, प्रशंसनीय है और आनेवाले शोधार्थियों के लिए शोध का विषय भी है।

अन्त में पुस्तक में बूला साहब से सम्बन्धित एक-किंवदन्ती का उल्लेख किया जाना आवश्यक है। एक ऐसी ऐतिहासिक घटना है जिसने भुड़कुड़ा सिद्धपीठ की भावी गरिमा की आधार रखी। जैसा कि बूला साहब कुनबी, निम्न जाति के थे। गुलाल साहब की जमींदारी में हलवाहे का काम करते थे। एक दिन गुलाल साहब ने उन्हें काम छोड़कर ईश्वर ध्यान में मग्न देखा तो क्रोधवश उनकी पीठ पर धक्का मार उनके ध्यान को तोड़ना चाहा। बुलाकी राम के मुँह से दही निकला और उन्होंने कहा कि, ठाकुर! मैं तो सन्तों की सेवा टहल में लगा था। सन्त की अध्यात्मिक चेतना देखकर गुलाल साहब हतप्रभ हुए और तुरन्त नतमस्तक हुए थे। बूला साहब को अपना गुरु भी बनाया। लेखक ने उल्लेख किया कि एक जमींदार ने आज से कोई ढाई सौ वर्ष पहले अपने नौकर के चरणों में शीश रखा। एक क्षत्रिय ने एक अजाति कहे जानेवाले कुनबी महात्मा को अपना गुरु बनाया। यह पूर्वी उत्तर प्रदेश के इतिहास का ऐसा उपक्रम है जिससे आजमगढ़, गाजीपुर, मऊ, बलिया के जनपदों में सामाजिक समरसता की लहर दौड़ गयी।

इस घटना से भी यह प्रमाणित होता है कि सन्तों ने अपने कार्य व्यवहार से एक ऐसे सामाजिक धरातल का निर्माण किया जिससे समाज में एकता व समरसता का वातावरण बन सके। उनके शिष्यों में हिन्दू-मुसलमान, ऊँच-नीच, स्वर्ण-अवर्ण सभी जातियों के लोग सम्मिलित हुए। सभी सन्त मानवतावाद के पथ के पथिक थे। इनमें से कुछ मुसलमान हैं तो नाम हिन्दू धारण किये हैं। हिन्दू सन्त हैं तो उनके शिष्य मुसलमान और निम्न जातियों के। निम्न जाति के सन्त के हिन्दू शिष्य हुए। इस प्रकार इन सन्तों ने उपदेशों के अतिरिक्त अपनी शिष्य परम्परा से भी एकरस एकात्म समाज का सन्देश दिया।

यह उल्लेख करना सर्वथा उपयुक्त है कि यद्यपि सामाजिक समता को धर्मक्षेत्र में प्रतिष्ठित करने के लिए पूर्ववर्ती सन्तों ने निर्गुण निराकार की साधना व भक्ति का विधान किया था। उन्होंने तीरथ, व्रत, स्नान आदि पाखण्डों को छोड़कर योग की अन्तर्साधना द्वारा ब्रह्मनाद को भीतर-सुनने का सन्देश दिया जो सर्वधर्म-सर्वजातियों के लिए सर्व सुलभ था। यही उनका अध्यात्मिक समता का सन्देश है तथापि मानव मात्र की एकता व भक्ति भाव का मान रखते हुए उन्होंने अवतारवाद-नामस्मरण, लीलाओं का खण्डन भी नहीं किया। यह निष्कर्ष आलोच्य पुस्तक 'पूर्वी उत्तर प्रदेश के सन्त कवि' में लेखक डॉ. कन्हैया सिंह ने अपने गहन शोध उपरान्त प्रस्तुत किया।

पूर्वोत्तर सन्त कवि कालान्तर में तुलसी की निर्गुण-सगुण समन्वय परम्परा को आगे बढ़ा रहे थे। जाति-पाँति एवं कुरीतियों पर विनम्रतापूर्वक प्रहार करते हुए उन्होंने अपने ज्ञान, योगसाधना एवं भक्ति का प्रदर्शन कर मानवीय समानता व समरसता का व्यापक आधार प्रदान किया और आह्वान किया कि परमात्मा सिर्फ भक्ति को जानता है। वेदान्त और एकेश्वरवाद, सूफ़ी प्रेम और कृष्ण भक्ति का समान आदर करके उनमें समन्वय स्थापित करने का प्रयास उन्होंने किया। भाव-भक्ति के क्षेत्र में हिन्दू-मुस्लिम की एकता प्रतिष्ठित की। इसलिए डॉ. कन्हैया सिंह की इस पुस्तक का अध्ययन और मनन करना आज की विषम सामाजिक व राजनीतिक स्थितियों में और भी आवश्यक हो जाता है। यह पुस्तक सन्त कवियों के माध्यम से विश्वशान्ति, करुणा और दया का सन्देश प्रदान करती है। 'वसुधैव कुटुम्बकम्' की भारतीय संस्कृति की पहचान को स्थापित करती है।

यह साहित्यिक कृति अनुसन्धानकर्त्ताओं के लिए एवं ज्ञान पिपासुओं के लिए मार्ग दर्शन प्रदान करती है। वर्तमान भूमण्डलीकरण के अपसंस्कृति के दौर में जहाँ मूल्यों का परिवर्तन, संक्रमण और विखण्डन हो रहा है तथा आज के कोरोना-काल में जहाँ मानव हताशा, निराशा, अवसाद, अविश्वास, अकेलापन और अपने अस्तित्व की चिन्ता से ग्रस्त है, वहाँ यह पुस्तक सन्तों के उच्च नैतिक बल एवं कार्यव्यवहार से मानव समाज में कोरोना महामारी का सामना महामानवतावाद से करने का सन्देश देती है।

इस क्षेत्र में यह साहित्यिक कृति डॉ. कन्हैया सिंह के जीवन-साधना का अन्यतम फल है जिससे सम्पूर्ण मानव समाज आरोग्य लाभ प्राप्त कर सकता है—

"विश्व शान्ति नाम मंगल परम गुरु को ध्याइए।
वर्ग-द्वन्द्व अशान्ति दूर कर भेद भाव मिटाइए।।"

एसोशिएट प्रोफेसर, हिन्दी विभाग, राजस्थान विश्वविद्यालय
जयपुर (राजस्थान)

अल्पख्यात सन्त कवियों के ख्यातिलब्ध आलोचक

लक्ष्मण प्रसाद गुप्त

हिन्दी साहित्य के इतिहास में 'सन्त साहित्य' का महत्त्व निर्विवाद है। इस धारा ने अपने समय में न सिर्फ़ साहित्य को नये ढंग से परिभाषित किया, बल्कि जीवन को देखने और समझने की दृष्टि ही बदल दी। इस धारा के कवियों ने सत्य से साक्षात्कार तो किया ही था, उसको जन-जन तक पहुँचाने को लेकर भी कृत संकल्प थे। जिसे हमारे साहित्येतिहास लेखकों ने 'भक्तिकाल' कहा, और जहाँ से इसकी शुरुआत स्वीकार की, वह विशेषकर इन्हीं सन्तों का समय है। यही वह समय है, जब ज्ञान पर बल दिया गया। ज्ञान के मायने भी बदलने लगे, वह पोथियों से आज़ाद हुआ। कागद लेखी से ज़्यादा आँखन देखी का चलन बढ़ा। इन सन्तों ने अलग-अलग छोर पर बसे, अलग-अलग जाति-धर्म के लोगों को एक सूत्र में बाँधने का काम किया। कभी तो यह काम अल्हड़ मस्त फ़कीरों की तरह हुआ, और कभी गाँव-ग्राम में जाकर डेरा डालते हुए। कभी इसे माया कहने के बावजूद उसी की सीमा रेखा में रहते हुए साधा गया, और कभी अपने कर्म को हेय समझे बगैर उसको तल्लीनता से करते हुए, यह धारा जितनी साहित्यिक निर्मिति करती है, उससे कहीं ज़्यादा सामाजिक निर्मिति। यही वजह है कि इसका दायरा 'भक्तिकाल' की अन्य धाराओं से कही ज़्यादा दिखायी पड़ता है। जिसे कबीरदास से शिवदयाल साहब तक के विस्तृत काल में देखा जा सकता है।

यूँ तो 'सन्त साहित्य' का विकास अखिल भारतीय स्तर पर हुआ, तथापि पूर्वी उत्तर प्रदेश में इसका स्वरूप अन्य किसी भी जगह से ज़्यादा व्यापक और प्रभावशाली रहा। जिसे साहित्येतिहास के साथ ही सन्त साहित्य पर अध्ययन करनेवाले विद्वानों की पुस्तकों में देखा जा सकता है—पीताम्बर दत्त बड़थ्वाल (दि निर्गुण स्कूल इन हिन्दी पोएट्री), परशुराम चतुर्वेदी (उत्तरी भारत की सन्त परम्परा), हजारीप्रसाद द्विवेदी (कबीर)। इसके अतिरिक्त भी बहुत-से काम हुए हैं, स्वतन्त्र और सामूहिक दोनों रूपों में। इन सभी अध्ययन करनेवालों ने कुछ-कुछ नया ही जोड़ा है; बावजूद इसके कुछ तो है जो बचा रह जाता है, या जिस तक नज़र नहीं पहुँचती है और उसे इन्तजार रहता है कि किसी कालखण्ड में कोई तो आयेगा, जो उसे भी अपने अध्ययन में शामिल करेगा। क्योंकि, यह तो सत्य है कि जिस तरह का मूल्यांकन कबीर या रैदास का हुआ है, सन्त साहित्य में; वैसा अन्य सन्तों का नहीं। यह ठीक है कि कबीर और रैदास का क़द बड़ा है, लेकिन जो अपनी सीमाओं में रहकर लोक को जागरूक बना रहे थे या उनके लिए अपने जीवन को होम कर दिया था; बहुत विश्लेषणात्मक न सही, परिचयात्मक बातचीत तो होनी ही चाहिए। जिससे हमारा समय और आनेवाली पीढ़ी दोनों जान सके

कि हमारे अतीत को बेहतर बनाने और विसंगतियों से टकराने में इन सन्तों ने हमारे पुरखों को किस भाँति उत्साहित किया था।

डॉ. कन्हैया सिंह हिन्दी में 'भक्तिकाल' के प्रामाणिक अध्ययनकर्त्ता हैं। उन्होंने पाठ और आलोचना दोनों पर महत्त्वपूर्ण कार्य तो किया ही है, 'सन्त काव्य' (विशेषकर पूर्वी उत्तर प्रदेश के सन्दर्भ में) और उसकी चिन्तन परम्परा पर भी व्यापक दृष्टि डाली है। चूँकि, वे सन्त और सूफ़ी दोनों धाराओं के अध्येता हैं, इसलिए उनके अध्ययन में एक विशेष तरह की उदारता देखी जा सकती है। यहाँ उनकी एक महत्त्वपूर्ण पुस्तक 'पूर्वी उत्तर प्रदेश के सन्त कवि' को आधार बनाकर उनके योगदान को देखने की कोशिश की गयी है। यह पुस्तक कन्हैया जी द्वारा किया गया एक ऐसा अध्ययन है, जहाँ वे उन सन्तों तक भी पहुँचते हैं; जो किसी-न-किसी रूप में अपने अध्ययनकर्त्ता की बाँट जोह रहे थे। वे इस अध्ययन को सामाजिक और भाषिक आधार पर करते हैं। इस पुस्तक में कुल ग्यारह अध्याय हैं, जिसमें कबीरदास से सन्त मंगरू साहब तक ग्यारह सन्तों के जीवन एवं उनकी रचनाओं पर किया गया अध्ययन प्रस्तुत है। चूँकि, इस पुस्तक को एक शोध परियोजना के तहत 2003 ई. में तैयार किया गया था, इसलिए पूर्व के अध्ययन का विश्लेषण तो इसमें शामिल है ही, अपने श्रम से अर्जित तथ्यों और रचनाओं को सामने लाने का उपक्रम भी है। अब जबकि हमारी पीढ़ी (युवा पीढ़ी) प्राचीन और मध्यकालीन साहित्य में बहुत रुचि नहीं लेती, तब इस तरह के कार्य की उपादेयता सहज ही समझी जा सकती है। कन्हैया हिंस जी का जन्म और कार्य क्षेत्र पूर्वी उत्तर प्रदेश ही रहा है, ऐसे में यह पूरा अध्ययन 'आँखिन देखी' मालूम पड़ता है। जहाँ किंवदन्तियों का सहारा लिया गया है, वहाँ भी व्यावहारिक और ठोस कारण बताये गये हैं।

इस पुस्तक का प्रथम अध्याय ''कबीर-रैदास : दार्शनिक विचार, सामाजिक विचार, भाषिक अनुशीलन'' शीर्षक से है। इस अध्याय में सन्त-साहित्य के प्रतिनिधि कवियों कबीर और रैदास के बारे में लिखा गया है, ''पूर्वी उत्तर प्रदेश के वाराणसी जनपद में हिन्दी सन्त-साहित्य के शिखर पुरुष कबीरदास हुए। उनके कुछ ही वर्षों के बाद उसी नगर में रैदास ने जन्म लिया। सम्पूर्ण हिन्दी साहित्य की काव्य परम्परा के यह ही प्रेरणास्रोत थे।'' इस कथन में जिस बात पर बल दिया गया है, वह है 'सम्पूर्ण हिन्दी साहित्य की काव्य परम्परा के यह ही प्रेरणास्रोत'- सचमुच, यह दोनों तब भी प्रेरणास्रोत थे, और अब भी प्रेरणास्रोत हैं। जिन उद्देश्यों को लेकर सन्त साहित्य चला, और जिन तिसंगतियों पर इसने प्रहार किया; वे सब-की-सब पहले से भी कहीं ज़्यादा भयावह रूप में हमारे दौर में मौजूद हैं। इस पुस्तक में कन्हैया जी लिखते हैं—

''जौहर भई इस्तिरी, पुरुख भये संग्राम/ पातसाहि गढ़ चूरा चितउर भा इस्लाम–जिस हिन्दू समाज पर यह अत्याचार हो रहे थे, वह अनेक आन्तरिक रोगों से ग्रसित था। उनमें सामाजिक विषमता, जातिगत विभाजन, छूआछूत के साथ ही ईश्वरोपासना के क्षेत्र में ढोंग, पाखण्ड और पुरोहित वर्ग द्वारा अनपढ़ जनों को ठगने का व्यापार चल रहा था। छूआछूत तो ऐसा था कि अछूत कहा जानेवाला भगवान के मन्दिर में नहीं जा सकता था। उसकी छाया पड़ने से ब्राह्मण अपवित्र हो जाता था। धीरे-धीरे इस सामाजिक भेदभाव ने निचले वर्ग के आर्थिक और सामाजिक शोषण का रूप ग्रहण कर लिया था। इस परिस्थिति में हिन्दुओं के एक होने का प्रश्न ही नहीं था कि वे अत्याचार का प्रतिरोध और प्रतिकार कर सकें।'' यहाँ ध्यान देने की बात है कि सन्तों के आविर्भाव की पूरी परिस्थिति वही है, जो आचार्य रामचन्द्र शुक्ल ने 'भक्तिकाल' के सन्दर्भ में कहा है, इन सन्तों की परम्परा को वे आचार्य हज़ारीप्रसाद द्विवेदी की 'भारतीय चिन्तन परम्परा' से न जोड़कर, इन्हें काल की आवश्यकता के अनुरूप देखते हैं, 'काल की इन्हीं परिस्थितियों ने सन्तों को जन्म दिया'- यह कथन बहुत हद तक ठीक तो है, लेकिन इससे पूरी तरह सहमत हो पाना कठिन है। इसका बड़ा कारण यह है कि इस्लाम

के आगमन से पूर्व भी धर्म और जाति के, सम्पन्न और विपन्न के, ऊँच और नीच के बीच संघर्ष चलता रहा है, जिसे पूर्व की परम्परा में साफ तौर पर देखा जा सकता है; हाँ, यह ज़रूर है कि काल की यह परिस्थिति इन तमाम विसंगतियों को मुखर कर देती है। इस मुखरता का ही परिणाम है कि विरोध के स्वर भी उतनी ही तीव्रता से आते हैं। जो हज़ारों सालों से शोषण की परम्परा चली आ रही थी, उसके ख़िलाफ़ इसी समय आवाज़ बुलन्द होती है। ध्यान देने की बात है कि यह आवाज़ उनके बीच से उठती है, जो कामगार हैं। सत्य का साक्षात्कार श्रमशील समाज ही करता है, यहाँ ज्ञान का वह अर्थ ज़्यादा स्वीकार्य है, जिसमें विसंगतियों की परख होती है। अलग-अलग समाज से आनेवाले सन्त अपने भोगे हुए को ही आधार बनाकर यह संघर्ष शुरू करते हैं। इन्हीं अर्थों में यह देश और दुनिया का व्यापक आन्दोलन माना गया, जिसके सबसे बड़े और स्वीकार्य चेहरे के रूप में कबीरदास को देखा-समझा-जाना गया। वे एक ऐसे सन्त के रूप में सामने आये कि उन्हें लेकर हिन्दुओं और मुसलमानों में बराबर द्वन्द्व रहा। दोनों ने ही उन्हें अपना रहनुमा माना, जिसका प्रमाण उनकी मृत्यु के बाद होनेवाले विवाद से सहज ही समझा जा सकता है। कहते हैं कि उर्दू के मशहूर शायर अली सरदार जाफ़री ने भी उन्हें इस्लाम से ही जोड़कर देखा है, "कबीरदास एक मुसलमान सूफ़ी थे जो हिन्दू भक्त की भाषा में बात कर रहे थे। चूँकि उन्होंने अपने आप को बार-बार जुलाहा कहा है इसलिए यह यकीन के साथ कहा जा सकता है कि उन्होंने इस्लाम का परित्याग नहीं किया था, लेकिन उनकी धज हिन्दुओं की-सी थी। माथे पर तिलक लगाते थे, और शरीर पर जनेऊ पहनते थे और साहस तो इतना था कि ब्राह्मणों पर व्यंग्य करते थे।" – यदि जाफ़री साहब के इस कथन को ध्यानपूर्वक पढ़ें तो इसमें कई तरह की विरोधी बातें हैं। पहली बात तो यह कि यदि कबीरदास इस्लाम मानते थे तो हिन्दुओं जैसी धज क्यों धारण करेंगे, क्योंकि उन्होंने हमेशा ही इसका विरोध किया, और दूसरी बात यह कि जिन वजहों से ब्राह्मणों का विरोध करते थे, उन्हें पोषण स्वयं ही क्यों करेंगे। अपनी इसी क़िताब में जाफ़री साहब यह भी लिखते हैं, "अपनी ज़ात के बारे में कबीर ने ज़्यादातर जुलाहे के शब्द का प्रयोग किया है और कभी-कभी कोरी और कमीना भी कहा है। उत्तरी भारत में अब भी हिन्दू बुनकर कोरी कहलाते हैं और नीच समझे जाने की वजह से उन्हें कमीन या कमीने की संज्ञा दी जाती है (मुस्लिम जुलाहों ने अपने लिए मोमिन का शब्द चुन लिया है जिसका कबीर के युग में पता नहीं चलता है।) इससे ऐसा लगता है कि कबीर के जीवनकाल के आसपास ही कोरियों के एक बहुत बड़े वर्ग ने इस्लाम धर्म अंगीकार किया था।" – जब कबीरदास खुद ही यह कह रहे हैं कि, "सन्तन जात न पूछो निरगुनियाँ...हिन्दु-तुर्क दुइ दीन बने हैं, कछु नहीं पहचनियाँ" तब यह सवाल उठता है कि जाफ़री साहब की किस बात से सहमत हुआ जाये। इस सन्दर्भ में कन्हैया जी सीधे तौर पे तो नहीं लिखते कि कबीरदास हिन्दू थे या मुसलमान थे, लेकिन वे कुछ इस तरह विचार करते हैं, "कबीर एक उग्र जुझारू तेवर के सन्त थे। वे आडम्बरी-पाखण्डी हिन्दू धर्मध्वजियों और मुसलमान कठमुल्लाओं पर आक्रमण करते हैं।" – इस पूरे व्यक्तित्व से वह जो सामाजिक परिवेश निर्मित करते हैं, उस पर कन्हैया जी की टिप्पणी गौरतलब है, "हिन्दू समाज की एकता में बाधक पुरोहित पुजारी वर्ग से विचार के धरातल पर जीतने के लिए अद्वैती दृष्टि अनिवार्य थी। सन्तों की सोच थी कि अब मन्दिर नहीं रहेगा तो उसमें प्रवेश-अप्रवेश का सवाल नहीं रहेगा। रहे भी तो जब मन-मन्दिर में ही उसे रिझाया जा सकता है तो ईंट-पत्थर के मन्दिर में जाने की ज़रूरत ही क्या है। उनके लिए समाज को बचाने के लिए आस्तिकता और सच्चरित्रता ही आवश्यक थी।...मन चंगा तो कठौती में गंगा, जनता ही सन्तों के साथ बोलने लगी।"—सन्तों की आवाज़ धीरे-धीरे जनता की आवाज़ होती चली गयी। कबीरदास की आवाज़ जनमानस की सामूहिक आवाज़ यूँ ही नहीं बन गयी थी, इसके लिए उन्हें अपने घर को फूँकना पड़ा था।

सन्त रैदास का स्वर कबीरदास से बिल्कुल ही अलग था। वे कबीरदास की तरह 'बाज़ार' में नहीं जाते, जिस कारण उन्हें 'सन्तों देखत जग बौराना' का सामना नहीं करना पड़ता। अपने कर्म में अनवरत लीन रहनेवाले रैदास श्रम का जो मूल्य स्थापित करते हैं, उसका अनुशीलन बाद के समाज ने तो किया ही, उन्होंने प्रतिरोध का जो स्वर चुना, वह बेहद अनुकरणीय था। इस सन्दर्भ में कन्हैया जी का कथन प्रासंगिक हो जाता है, 'रैदास सहज संयत स्वर में इन विसंगतियों को लक्षित करते हैं पर उनकी शैली जीतनेवाली शैली है। आप लड़कर किसी को हरा तो सकते हैं पर जीत तो दिल पर होती है। उसके लिए दिल में बैठनेवाली बात की ज़रूरत होती है, दिल तोड़नेवाली बात की नहीं। रैदास ने कबीर के इस लड़ाकू तेवर को छोड़कर विधेयात्मक मार्ग का अवलम्बन किया, जिसमें उन्हें सफलता भी मिली। काशी के ब्राह्मण पण्डितों ने उनको दण्डवत् प्रणाम करके उन्हें आदर दिया—

जाके कुटुम्ब सब ढोर ढोवन्त, फिरहिं अजहुँ बनारसी आस-पास
आचार सहित बिप्र करहिं दंडउत तिन तनै रविदास दासानुदासा'

इन तथ्यों पर प्रकाश डालने के पश्चात् भाषिक अनुशीलन में भाषा के विविध पक्षों पर प्रकाश डाला गया है। इस सन्दर्भ में कन्हैया जी ने वाराणसी और उसके आसपास की बोलियों से दृष्टान्त तो दिये ही हैं, अन्य बोलियों और अरबी-फारसी भाषा प्रयोग की ओर भी इशारा किया है।

द्वितीय अध्याय से छठवें अध्याय तक भुड़कुड़ा (गाजीपुर) से शुरू होनेवाली 'सन्त परम्परा' का अध्ययन-विश्लेषण किया गया है। सन्त बूला साहब, गुलाल साहब, भीखा साहब, गोविन्द साहब की परम्परा के विकास का विश्लेषण तथ्यपरकता के साथ उपलब्ध है, "गाजीपुर जिले का भुड़कुड़ा ग्राम सन्तों का एक ऐसा केन्द्र रहा है कि पूर्वी उत्तर प्रदेश के गाजीपुर, आज़मगढ़, मऊ तथा बलिया जिलों में इनके बहुत से केन्द्र स्थापित हो गये। सच पूछिये तो उपर्युक्त जिलों में इसी परम्परा के सन्तों की एक सुदीर्घ परम्परा पायी जाती है।" इसके अतिरिक्त कन्हैया जी यह भी बताते हैं कि भुड़कुड़ा की सन्त-परम्परा के अलावा शिवनारायणी सम्प्रदाय, विहंगम योग पन्थ, साईंदाता सम्प्रदाय (पृथ्वी शाह) तथा सन्त-सूफ़ी सम्प्रदाय (मंगरू साहब) मिलते हैं, किन्तु इन सम्प्रदायों का विस्तार व्यापक रूप से नहीं हो सका और यह अपने क्षेत्र में ही सीमित होकर रह गये। इन सन्तों के यहाँ 'सन्त काव्य' उस मात्रा में नहीं मिलता, जिस मात्रा में कबीर-रैदास के यहाँ। काव्य की यह परम्परा भुड़कुड़ा तक तो फिर भी मिल जाती है; लेकिन दूसरे सम्प्रदायों में छिट-फुट रूप से ही मिल पाती है। जिन बूला साहब से भुड़कुड़ा की सन्त परम्परा शुरू होती है, वे दिल्ली की सन्त कवयित्री बाबरी साहिबा की परम्परा के यारी साहब के शिष्य थे। कन्हैया जी बाबरी साहिबा के सन्दर्भ में इससे ज़्यादा कुछ नहीं लिखते, लेकिन यह दिलचस्पी रह जाती है कि यदि बाबरी (बावरी) साहिबा ने कोई पन्थ बनाया, या उनके शिष्यों ने इस पन्थ को चलाया तो उस दौर में उनके प्रभाव को जानना ज़रूरी है। इसकी सबसे बड़ी वजह यह है कि बहुत-सी महिला भक्त कवयित्रियाँ थीं, किन्तु किसी का पन्थ नहीं मिलता। यह विमर्श का एक नया द्वार है जिसे खोलना चाहिए। यह भी देखा जाना चाहिए की जहाँ तमाम सन्तों की गद्दियाँ स्थापित हुईं, उनके पन्थ के अनुयायी हुए; वहाँ इस पन्थ को सहज ही अपना लिया गया या विरोधों का सामना करना पड़ा। अन्य पन्थों की भाँति क्या यहाँ भी स्त्री माया और ठगिनी बनी हुई है या उससे आज़ाद है!

जिस वर्ष कन्हैया जी की यह पुस्तक आयी, उसी वर्ष एक और पुस्तक राजकमल प्रकाशन से राजाराम भादू की 'धर्मसत्ता और प्रतिरोध की संस्कृति' प्रकाशित हुई। इस पुस्तक में राजाराम जी लिखते हैं, "महिला सन्तों में दक्षिण में आण्डाल हो या उत्तर की सहजोबाई और मीरा, इनके नाम पर पन्थ नहीं मिलते। लेकिन, सन्त बावरी साहिबा 'बावरी पन्थ' की प्रवर्तक महिला सन्त हैं। इनके गुरु मायानन्द

गाजीपुर जिले के पटना गाँव के निवासी थे। बावरी साहिबा अकबर की समकालीन थीं।...ये अच्छी कवि भी थीं और इनकी लम्बी शिष्य-परम्परा है। इस पन्थ का मुख्य केन्द्र भुड़कुड़ा (गाजीपुर) में था।'' – जिस बात की मैंने शंका ऊपर व्यक्त की थी, उस सन्दर्भ में भी राजाराम जी की टिप्पणी देखें, ''यह सन्त पन्थ बावरी साहिबा से शुरू होता है, लेकिन इस पन्थ के कुछ लोग बावरी को महिला सन्त होने के नाते पन्थ प्रवर्तक स्वीकार नहीं करते।'' – एक तरफ़ तो यह की प्रवर्तक होने के बावजूद उन्हें इसका श्रेय नहीं देना, दूसरी तरफ़ जिसका गुरु मायानन्द (गाजीपुर) हो, उसी की शिष्य-परम्परा सुदूर दिल्ली में यारी साहब से होते हुए बूला साहब तक फिर वहीं गाजीपुर पहुँच जाये। यह पूरा मामला बहुत कुछ ठीक-ठाक नहीं लगता।

बूला साहब के सन्दर्भ में कन्हैया जी लिखते हैं, ''बूला साहब का असली नाम बुलाकी राम था। उनकी जन्म-तिथि एवं मृत्यु-तिथि के विषय में कहीं जानकारी प्राप्त नहीं होती। जनश्रुतियों तथा मठों में प्रचलित धारणाओं के आधार पर बूला का जन्म उत्तर प्रदेश के पूर्वी जिला गाजीपुर के ग्राम भुड़कुड़ा में सं. 1689 वि. में हुआ था और इनकी मृत्यु सं. 1766 वि. में हुई थी। इनके माता-पिता के बारे में भी कोई जानकारी प्राप्त नहीं है। भुड़कुड़ा के लोगों का विश्वास है की आप जाति के कुनबी थे। किन्तु बूला साहब के शब्दों की कुछ पंक्तियों से उन्हें कुनबी मानने में कुछ सन्देह होता है—'अधम अधीन अजाति बुल्ला, नाम से लवलीन'- कितनी ही अजीब बात है न कि ज़्यादातर सन्तों के जन्म-मृत्यु का ठीक-ठाक बोध नहीं। उनके माता-पिता का पता नहीं। उनकी जाति का पता नहीं और उनके पीछे पूरा ज़माना, पूरी सदी चल पड़ती है। क्या यह महज़ इत्तेफाक़ है या इन महापुरुषों के आगे पहचान के सारे चिह्न नतमस्तक हो जाते हैं। यहाँ कर्म सिद्धान्त कहीं अधिक महत्त्वपूर्ण हो उठता है, जहाँ किसी अन्य पहचान की ज़रूरत ही नहीं होती। फिर फर्क नहीं पड़ता की बूला हलवाहे का काम करते थे, कुनबी थे या ब्राह्मण थे। बाहरी तौर पर दिखायी पड़नेवाले यह सभी तत्त्व झटक दिये जाते हैं। फिर लोक यदि कुछ बचाकर रखता है तो बस यही कि बूला साहब का पहला शिष्य वही हुआ, जिसके यहाँ वह कभी हलवाहे का काम करते थे, टहल बजाते थे। सन्त काव्य की समृद्धि की दृष्टि से बूला साहब की अपेक्षा गुलाल साहब की रचनाओं का महत्त्व कहीं ज़्यादा है। कन्हैया जी अलग-अलग अध्यायों में बूला साहब, गुलाब साहब, भीखा साहब, गोविन्द साहब, सन्त शिवनारायण साहब, देवकीनन्दन साहब, सन्त कवि पृथ्वी शाह, सन्त सदाफल देव जी और सन्त मंगरू साहब के जीवन और साहित्य का परिचय ही नहीं देते, बल्कि उन रचनाओं का भाषिक विश्लेषण भी करते चलते हैं। सन्त मंगरू साहब इस अध्ययन के अन्तिम सन्त हैं, लेकिन उनके इस अध्ययन में शामिल होने से यह पूरा अध्ययन मुकम्मल होता नज़र आता है। कन्हैया जी लिखते हैं, ''इनका जन्म उन्नीसवीं शताब्दी के अन्तिम चरण में गाजीपुर जनपद में हुआ था। यह जाति के मुसलमान थे और इनके गुरु भी मुसलमान थे पर इनके शिष्यों में हिन्दू और मुसलमान दोनों ही हुए हैं। इनका वास्तविक नाम शेख रहमतुल्ला था।...मंगलवार को जन्म होने के कारण माता-पिता इन्हें मंगरू कहने लगे और सन्त के रूप में इन्होंने इसी नाम को अपनाया। इनके गुरु ईद शाह थे।''–बुनकर परिवार में जन्म लेनेवाले सन्त मंगरू साहब का जीवन-संघर्ष देखते बनता है। घर-परिवार सब-कुछ को बनाते हुए, और उसके बिखरने के बाद भी कर्मपथ पर अडिग रहते हुए जिस तरह से इन्होंने स्वयं को साधा था; वह बेहद मार्मिक तो है ही प्रेरणादायी भी है। सचमुच, दिल जीतनेवाला! कन्हैया जी इस अध्ययन की यात्रा बनारस से शुरू करते हैं, और गाजीपुर, आज़मगढ़, बलिया से गुजरते हुए पूर्वी उत्तर प्रदेश की सन्त-परम्परा एवं उनके साहित्य की पूरी यात्रा को हमारे सामने रखते हैं। इन सन्तों को जानने और समझने के क्रम में कबीर-रैदास की याद बराबर बनी रहती है। यह अलग बात है कि इन सन्तों में कबीर जैसी व्यापकता और तेवर देखने को नहीं मिलता। रैदास जैसी दिल जीतनेवाली कर्मठता भी ग़ायब ही है।

लेकिन, छह शताब्दियों तक के इस अध्ययन में बहुत कुछ है, जिसका महत्त्व आज भी बरक़रार है। चाहे बावरी साहिबा हों, चाहे बूला साहब हों, चाहे गोविन्द साहब हों, चाहे मंगरू साहब; सब्रका जीवन और सब्रकी साधना से कविता के साथ ही जीवन-बोध भी प्राप्त होता चलता है। धर्म-जाति के बन्धन तो हवा में उड़ जाते हैं। हाँ, इस बात की कसक ज़रूर रह जाती है कि, 'बावरी पन्थ' से शुरू होनेवाली इस शिष्य-परम्परा में फिर किसी महिला सन्त की आवाज़ नहीं सुनायी देती, और न ही पुरुष सन्तों की रचनाओं में उस तरह का कोई पक्ष उजागर होता है, जिससे यह पता चले की एक सन्त कवयित्री के बावरी होने से यह पन्थ खड़ा हुआ था। जिसके निशान अब भी कहीं बचे हों!

असिस्टेण्ट प्रोफेसर, हिन्दी एवं आधुनिक भारतीय भाषा विभाग
इलाहाबाद विश्वविद्यालय, प्रयागराज, (उ.प्र.)

सन्त साहित्य का समाजशास्त्रीय मूल्यांकन

बिजय कुमार रबिदास

डॉ. कन्हैया सिंह जी हिन्दी साहित्य के विशिष्ट हस्ताक्षर हैं। उनके व्यक्तित्व के कई आयाम हैं। वह एक साथ कवि, निबन्धकार, कहानीकार, समीक्षक होने के साथ-साथ कुशल आलोचक भी हैं। उनकी पहली आलोचना की पुस्तक सूफ़ी-काव्य पर प्रकाशित हुई थी, जिसका शीर्षक है—'हिन्दी सूफ़ीकाव्य में हिन्दू संस्कृति।' सम्भवतः इसी कृति से वह हिन्दी आलोचना में प्रवेश करते हैं, और एक कुशल आलोचक के रूप में अपनी पहचान बनाते हैं। वर्तमान समय में उनकी एक दर्जन से ज्यादा आलोचना की पुस्तकें प्रकाशित हो चुकी हैं, जिनमें—'युगद्रष्टा महाकवि मलिक मुहम्मद जायसी', 'सूफ़ीमत', 'सूफ़ीकाव्य : सांस्कृतिक अनुशीलन', 'उदार इस्लाम का सूफ़ी चेहरा', 'साहित्य और संस्कृति', 'साहित्यिक निबन्ध', 'पूर्वी उत्तर प्रदेश के सन्त कवि', 'आधुनिक कविता', 'सांस्कृतिक परिप्रेक्ष्य', 'आचार्य रामचन्द्र शुक्ल', 'राहुल सांकृत्यायन', 'हिन्दी भाषा', 'चन्द्रबली पाण्डेय-स्मृति ग्रन्थ', 'राहुल सांकृत्यायन-समग्र अनुशीलन', 'महाकवि अयोध्या सिंह उपाध्याय' 'हरिऔध', 'हिन्दी भाषा, साहित्य और लिपि', 'मध्यकालीन अवधी का विकास' आदि प्रमुख पुस्तकें हैं। इसके अलावा उन्होंने बहुत सारे लेख एवं निबन्ध भी लिखे हैं, जो हिन्दी की प्रतिष्ठित पत्र-पत्रिकाओं में बिखरे पड़े हैं। डॉ. कन्हैया सिंह जी मूलतः मध्यकाल के विशेषज्ञ माने जाते हैं। मध्यकाल उनके अध्ययन का प्रिय विषय भी रहा है। साहित्य के इतिहास में मध्यकाल सामाजिक-सांस्कृतिक एवं धार्मिक दृष्टि से अत्यन्त महत्त्वपूर्ण काल रहा है। इसी काल के भीतर सन्तकाव्य का विकास एक साहित्यिक धारा के रूप में हुआ था। कबीर, रैदास, दादू जैसे सन्तों की गिनती इसी काल के अन्तर्गत की जाती है। आचार्य शुक्ल ने भी अपने साहित्य के इतिहास में इन्हीं सन्तों को जगह दी है। लेकिन इन सन्तों के अलावा हिन्दी में कई और अन्य सन्त भी हुए जिनका नाम इतिहास के पन्नों में कहीं दब-सा गया है या फिर उन पर कभी किसी ने विचार करने की कोशिश ही नहीं की। इस सन्दर्भ में डॉ. कन्हैया सिंह जी का नाम बहुत आदर के साथ लिया जा सकता है, जिन्होंने पूर्वी उत्तर प्रदेश के सन्तों पर शोधपरक कार्य किया और उनके महत्त्व को हिन्दी पाठकों तक पहुँचाने का काम भी किया। उन्होंने पूर्वी उत्तर प्रदेश के सन्तों पर बड़ी गम्भीरता एवं व्यापकता से विचार किया है।

सन्त-काव्य पर विचार करते हुए डॉ. कन्हैया सिंह जी ने पूर्वी उत्तर प्रदेश के सन्तों को अपने चिन्तन का आधार बनाया है। पूर्वी उत्तर प्रदेश के सन्तों में उन्होंने सबसे पहले कबीर और रैदास को एक साथ लिया है और दोनों के साहित्य में व्याप्त सामाजिक, धार्मिक, दार्शनिक एवं भाषिक चिन्तन का तुलनात्मक अध्ययन प्रस्तुत किया है। कबीर और रैदास के व्यक्तित्व को उजागर करते हुए उन्होंने रेखांकित किया है कि पूर्वी उत्तर प्रदेश के वाराणसी जनपद में सन्त कबीर का जन्म हुआ था। उनके जन्म के कुछ वर्षों बाद उसी नगर में रैदास का जन्म हुआ। दोनों एक-दूसरे के समकालीन थे। कबीर पेशे से जुलाहा थे और रैदास पेशे से चर्मकार। कबीर का अलग ही तेवर था, वह हिन्दुओं और मुसलमानों के पाखण्डों को ललकारते हैं। रैदास मोची का काम करते थे और निर्गुण भक्ति में तल्लीन रहा करते थे। उनके मुख से भक्ति का ऐसा स्वर फूटा कि वह उनका श्रेष्ठ काव्य बन गया। यहाँ ध्यान देने की जरूरत है कि डॉ. कन्हैया सिंह जी ने कबीर की तुलना में रैदास को ज्यादा महत्त्व दिया है। उनका मानना है कि रैदास बड़ी संयम एवं धैर्य से अपनी बात रखते हैं, वह लिखते हैं, "कबीर एक उग्र जुझारु तेवर के सन्त थे। वह आडम्बरी-पाखण्डी हिन्दू-धर्मध्वजियों और मुसलमान कठमुल्लाओं पर आक्रमण करते हैं। उनकी भाषा हराने की भाषा है—तर्क और कटु वचन दोनों के द्वारा। रैदास सहज संयत स्वर में इन विसंगतियों को लक्षित करते हैं पर उनकी शैली जीतनेवाली शैली है।...रैदास ने कबीर के इस लड़ाकू तेवर को छोड़कर विधेयात्मक मार्ग का अवलम्बन किया है। जिसमें उन्हें सफलता भी मिली। काशी के ब्राह्मण पण्डितों ने उनको दण्डवत प्रणाम करके उन्हें आदर किया।"[1] इस तरह रैदास का मार्ग प्रेम एवं समन्वय का था, जिस पर चलकर उन्होंने सामाजिक जागरण का मार्ग प्रशस्त किया।

डॉ. कन्हैया सिंह जी की दृष्टि में कबीर और रैदास के युग की दो सबसे बड़ी आवश्यकता थी—पहला, हिन्दुओं और मुसलमानों के आपसी वैर को मिटाना और दूसरा, हिन्दू समाज में व्याप्त असमानता एवं भेद-भाव को दूर करना। कबीर का प्रादुर्भाव ठीक ऐसे ही समय पर हुआ था, जब देश की दो बड़ी शक्तियाँ, आपस में धर्म के नाम पर टकरा रही थीं। कबीर ने इस असमानता एवं भेदभाव पर आधारित समाज को बहुत करीब से देखा था। इसलिए उन्होंने मानव-जीवन के सर्वांगीण विकास के लिए निर्गुण भक्ति का मार्ग प्रशस्त किया। यह मार्ग हिन्दुओं और मुसलमानों दोनों के लिए आसान था, इस सन्दर्भ में डॉ. कन्हैया सिंह जी के विचार हैं, "उन्होंने निर्गुण निराकार ब्रह्म की उपासना का मार्ग बताकर सम्पूर्ण समाज को एक साथ खड़ा करने का प्रयास किया। यह मार्ग मुसलमान के एकेश्वरवाद का भी विरोधी नहीं था और भारतीय चिन्तन के आदि स्त्रोत उपनिषदों के अद्वैत वेदान्त के सिद्धान्त पर आधारित था।"[2]

कबीर की तरह रैदास ने भी भारतीय सामाजिक व्यवस्था पर भारी दुःख एवं क्षोभ प्रकट किया है। उनकी वाणी सामाजिक-रूढ़ियों के प्रति विद्रोह का रूप लिये हुए है। मनुष्य को किसी जाति-प्रथा में जकड़ा हुआ देखना उन्हें स्वीकार नहीं था। उनके लिए सभी जाति के व्यक्ति एक समान हैं। जाति-उपजाति में बंटे हुए लोगों को देखकर उनका मन विचलित हो उठता था—

1. सिंह, डॉ. कन्हैया, 'पूर्वी उत्तर प्रदेश के सन्त कवि', संस्करण, 2002, विश्वविद्यालय प्रकाशन, वाराणसी, पृष्ठ संख्या : 12.
2. वही, 9.

"जात जात में जात है, ज्यों केलन के पात।
रविदास मनुख ना जुर सके, जब लग जात न जात।"[1]

पूरा समाज जाति-उपजाति में बँटा हुआ है। जब तक यह जाति-व्यवस्था मिट नहीं जाती, तब तक मानव जीवन का कल्याण नहीं होनेवाला। कबीर और रैदास दोनों एक-दूसरे का बड़ा सम्मान भी करते थे। कबीर ने तो कई जगहों पर 'सन्तन में रविदास' कहकर रैदास के महत्त्व को उजागर किया है। आज भी रैदास का नाम बहुत आदर के साथ लिया जाता है। वह एक भक्त, सन्त एवं समाज सुधारक थे। उनका स्वभाव बहुत उदार एवं दयालु प्रवृत्ति का था। वह बाहरी भेदभाव से ऊपर उठकर सहज प्रेम भावना का मार्ग पकड़े हुए थे। उनकी वाणी दूर-दूर के गाँव-देहातों में आज भी गूँज रही है। यह वाणी भारतीय एकता एवं समानता की वाणी है, जो भारतीय मानस में सेतु निर्माण का कार्य कर रही है। रैदास ने एक पन्थ भी चलाया था, जो 'रैदासी पन्थ' के नाम से विख्यात है। उनकी कुछ वाणियाँ 'गुरु ग्रन्थ साहब' में संगृहीत हैं और कुछ 'रैदासी की वाणी' शीर्षक से वेलवीडियर-प्रेस, इलाहाबाद से प्रकाशित है। रैदास की प्रसिद्धि का पता इस बात से भी लगाया जा सकता है कि उनकी जाति के लोग 'अपनी जाति' का नाम उन्हीं के नाम पर 'रैदास' या 'रविदास' रखना शुरू कर दिये। यह नाम श्रेष्ठता के साथ-साथ उस महान् सन्त के प्रति श्रद्धा भाव का भी सूचक है।

कबीर और रैदास ने सामाजिक जीवन के भेदभाव को बहुत नजदीक से देखा एवं भोगा हुआ था। इसलिए दोनों ने एक तरफ सामाजिक छुआछूत, ऊँच-नीच, वर्ण-भेद की घोर भर्त्सना की है तो वहीं दूसरी तरफ मजहबी दीवार को गिराकर लोगों के बीच एकता स्थापित करने की कोशिश की है। दोनों सन्तों का प्रभाव समाज पर जबरदस्त था, विशेष रूप से अछूत कही जानेवाली जातियों पर उनका प्रभाव सबसे ज्यादा था। यही कारण है कि इन सन्तों द्वारा सुझाये गये निर्गुण पन्थ के मार्ग का अछूतों ने जोरदार स्वागत किया। क्योंकि इस पथ पर चलने के लिए उन्हें न तो किसी देवालय में जाने की जरूरत थी और न ही किसी मूर्ति की पूजा करने की आवश्यकता थी। लोग इस मार्ग का अनुसरण कपड़ा बुनते हुए या जूता सिलते हुए आसानी से कर सकते थे।

कबीर और रैदास का कार्यक्षेत्र वाराणसी था। वाराणसी भोजपुरी बहुल क्षेत्र है। इसलिए इन दोनों सन्तों की रचनाओं पर भोजपुरी का अच्छा-खासा प्रभाव दिखायी देता है। कबीर के पदों पर तो भोजपुरी की गहरी छाप है। उन्होंने अपने पदों की रचना भोजपुरी की परिधि में तैयार की है। भोजपुरी के अलावा उनकी रचनाओं पर विभिन्न जनपदों की शब्दावलियों की छाप भी मिलती है, जिससे उनकी भाषा ज्यादा जीवन्त एवं प्रभावशाली बन गयी है। हिन्दी के बड़े-बड़े विद्वानों ने उनकी भाषिक संरचना के वैशिष्ट्य को अपने-अपने ढंग से रेखांकित किया है। आचार्य रामचन्द्र शुक्ल ने उनकी भाषा को सधुक्कड़ी कहा है तो बाबू श्यामसुन्दर दास ने उनकी भाषा को पंचमेल खिचड़ी कहा है, वहीं आचार्य हजारीप्रसाद द्विवेदी ने उन्हें 'वाणी का डिक्टेटर' माना है। इसी क्रम में डॉ. कन्हैया सिंह जी ने उनकी भाषा को 'हिन्दी' कहा है। सही अर्थों में देखा जाय तो कबीर की भाषा को 'हिन्दी' कहा जा सकता है। आज से सैकड़ों साल पहले भाषा के जिस रूप को लेकर कबीर चल रहे थे, ठीक भाषा का वही रूप लेकर आज की हिन्दी भी चल रही है।

---

1. ठाकुर, डॉ. हरिनारायण, 'दलित साहित्य का समाजशास्त्र', संस्करण, 2004, भारतीय, ज्ञानपीठ, नयी दिल्ली, पृष्ठ संख्या : 221.

जिस तरह से कबीर ने विभिन्न भाषाओं की शब्दावलियों को अपनी रचनाओं में शामिल किया था, ठीक उसी तरह से आज हिन्दी भी विभिन्न भाषाओं की शब्दावलियों को अपने में आत्मसात करके चल रही है। आज की हिन्दी और कबीर की हिन्दी में ज्यादा फर्क नहीं है। इसलिए डॉ. कन्हैया सिंह जी ने कबीर की भाषा को 'हिन्दी' कहा है, कबीर की भाषा के बारे में वह लिखते हैं, "कबीर की बानी में भाषा सम्बन्धी एक क्रान्ति का दर्शन भी हमें होता है। भाषा उनके लिए एक साधन थी, अपनी बात लोगों तक पहुँचाने का एक माध्यम थी। जो भाषा सबकी समझ में आ सके वही कबीर को अभिप्रेत थी और वह जन की भाषा ही हो सकती है। इसके लिए कबीर ने हिन्दी भाषा को अपनी भावाभिव्यक्ति के लिए चुना।"[1] भाषा का यह मिला-जुला रूप जिसे डॉ. कन्हैया सिंह जी ने 'हिन्दी' कहा है, वह एकमात्र कबीर के यहाँ ही दिखायी देता है।

कबीर भाषा को बहता नीर कहते थे। भाषा को लेकर वह सबसे ज्यादा संवेदनशील दिखायी देते हैं। वह सत्ता की भाषा (फारसी) से अलग हटकर लोकजीवन की भाषा को महत्त्व दे रहे थे। इस सन्दर्भ में डॉ. कन्हैया सिंह जी का मानना है कि चारों तरफ मुस्लिम सत्ता स्थापित हो जाने के कारण भाषा के ऊपर भी संकट गहराने लगा था। फारसी दरबार की भाषा बन चुकी थी। जिसका सामान्य जन-जीवन से कुछ लेना-देना नहीं था। इसलिए कबीर ने जनभाषा को अपनी काव्य की भाषा बनाया, डॉ. कन्हैया सिंह जी लिखते हैं, "मुसलमानी शासन काल में समाज व्यवस्था की ही भाँति भाषा का भी संकट गहराने लगा था। फारसी का वर्चस्व हो रहा था, उर्दू जन्म लेनेवाली थी। भविष्यद्रष्टा कबीर ने भाषा के इस भावी संकेत को पहचान लिया और अपनी भाषा का स्वरूप ऐसा रखा जो आम आदमी की बोलचाल की भाषा का था।"[2] कबीर के बाद परवर्ती सन्त कवियों ने लोकभाषा को ही काव्य का आदर्श रूप माना है।

भाषा का जो खाका कबीर ने तैयार किया था, ठीक वही रूप रैदास के यहाँ भी दिखायी देता है। रैदास के पदों पर अवधी और ब्रजभाषा के साथ-साथ खड़ीबोली एवं भोजपुरी का प्रभाव है। डॉ. कन्हैया सिंह जी के अनुसार कबीर की तरह रैदास ने भी देशज एवं तद्भव शब्दों का खूब प्रयोग किया है। संस्कृत के साथ-साथ विदेशी भाषा विशेष रूप से फारसी शब्दों को भी उन्होंने धड़ल्ले से अपनाया है। 'साहब' शब्द फारसी का है। सन्त कवियों ने इस शब्द का इतना ज्यादा प्रयोग किया है कि यह परवर्ती कवियों के नाम के साथ जुड़ता चला गया। जिस तरह सिद्ध कवि अपने नाम के साथ 'पा' शब्द लगाते थे, ठीक उसी तरह से सन्त कवि भी अपने नाम के साथ 'साहब' शब्द लगाते थे। सिद्ध और सन्त कवियों में 'पा' एवं 'साहब' शब्द आदर का सूचक माना जाता है। इस तरह कबीर एवं रैदास ने भाषा का एक ऐसा मिला-जुला रूप लोगों के सामने रखा, जो सबके लिए ग्राह्य था। आगे चलकर परवर्ती सन्तकवियों ने भाषा के इसी रूप को अपनाया है।

कबीर और रैदास के बाद डॉ. कन्हैया सिंह जी ने गाजीपुर जिले के 'भुड़कुड़ा' गाँव के सन्तों का उल्लेख किया है। एक समय ऐसा भी था, जब 'भुड़कुड़ा' गाँव सन्तों का कार्यक्षेत्र हुआ करता था। इस गाँव से कई बड़े-बड़े सन्त कवि निकले। 'भुड़कुड़ा' के सन्त कवियों में डॉ. कन्हैया सिंह

1. सिंह, डॉ. कन्हैया, 'पूर्वी उत्तर प्रदेश के सन्त कवि', संस्करण, 2002, विश्वविद्यालय प्रकाशन, वाराणसी, पृष्ठ संख्या-132.
2. वही, पृष्ठ संख्या-12.

जी ने सबसे पहला नाम 'बूला साहब' का लिया है। उनके अनुसार बूला साहब का असली नाम 'बुलाकी राम' था। यह जाति से 'कुनबी' थे। अन्य सन्तों की तरह बूला साहब भी जात-पाँत, छुआछूत और भेदभाव के विरोधी थे। सामान्य जनता को निर्गुण ब्रह्म का उपदेश देना इनका मुख्य उद्देश्य था। उनकी साधना पद्धति पर विचार करते हुए डॉ. कन्हैया सिंह जी लिखते हैं, "इस समय के लोगों को धार्मिक उपदेशों के द्वारा ही एक-दूसरे के करीब लाया जा सकता है। इसलिए इन्होंने धर्म की एक नयी परिभाषा की जिसमें निर्गुण, निराकार ब्रह्म की उपासना पर जोर देकर सनातन धर्म में व्याप्त आडम्बरों का खण्डन किया गया तथा छूआछूत, भेदभाव सब्रको मिटाकर समाज के सभी वर्गों के लोगों को निर्गुण ब्रह्म की उपासना की पद्धति से अवगत कराया।"[1] बूला साहब एक आध्यात्मिक कोटि के सन्त थे। साधना के पथ पर अग्रसर होने के बाद उन्होंने भौतिक सुख-दुःख को पूरी तरह से त्याग दिया था। उनके लिए सभी मनुष्य एक समान हैं, जिसकी कोई जाति नहीं होती। सभी मनुष्य एक ही ईश्वर की सन्तानें हैं। जब परमात्मा की कोई जाति नहीं होती तो ऐसे में भला मनुष्य जात-पाँत के बन्धन में क्यों पड़ा रहे? वह लिखते हैं।

"प्रभु निरधर आधार उज्ज्वल बिन्दु बिराजई।
अद्भुत रूप सरूप मो पैं बरनी न जावई।
बिना कर मुख बेनु बाजै, बिना श्रवनन गुँजई।
बिना नयन दर्श देखो, अवगति गतिहि जनावई।।
बाको जाति पाँति न मेर—धर्महुँ, मर्म सकल गवाँवई।
आपु आपु बिचार देखो, ऐसो है रमरावई।।"[2]

बूला साहब पढ़े-लिखे नहीं थे। लेकिन उनकी भाषा अन्य सन्तों से बहुत मिलती-जुलती है। उन्होंने दिल्ली से लेकर देश के अन्य भागों तक खूब भ्रमण एवं सत्संग किया था। जिससे उनकी भाषा में विभिन्न अंचलों के शब्द आ गये हैं। उनकी भाषा खड़ी बोली के साथ-साथ भोजपुरी का भी पुट लिए हुए है। इसके अलावा उन्होंने अरबी, फारसी, अवधी, ब्रजभाषा के शब्दों का भी खूब प्रयोग किया है। उनकी रचनाओं का संकलन 'महात्माओं की वाणी' शीर्षक से प्रकाशित हुआ है और कुछ रचनाएँ वेलवीडियर-प्रेस, इलाहाबाद से भी प्रकाशित हुई हैं।

भुड़कुड़ा के अगले सन्तों में डॉ. कन्हैया सिंह जी ने गुलाल साहब का नाम बहुत आदर के साथ लिया है। उनके अनुसार सन्त गुलाल साहब गाजीपुर जिले के तिरछी गाँव में पैदा हुए थे। यह जाति के क्षत्रिय थे और बूला साहब के शिष्य थे। बूला साहब की मृत्यु के बाद गद्दी के उत्तराधिकारी के रूप में सारा कार्यभार सँभालने का दायित्व इन्हीं को सौंपा गया। उनके व्यक्तित्व पर प्रकाश डालते हुए डॉ. कन्हैया सिंह जी ने लिखा है, " गुलाल साहब एक ऊँचे और सम्पन्न कुल में पैदा हुए थे। सम्भावना यह है कि वह पढ़े-लिखे और सुसंस्कृत व्यक्ति थे। इस अनुमान की पुष्टि उनकी रचनाओं की विषय-वस्तु और भाषा-शैली से भी होती है। वह एक प्रतिभाशाली और प्रभावी व्यक्तित्व के धनी थे।"[3] उनकी रचनाओं का एक संग्रह 'गुलाल साहब की बानी'

1. वही, पृष्ठ संख्या : 30.
2. वही, 32.
3. वही, 39.

शीर्षक से वेलवीडियर-प्रेस, इलाहाबाद से प्रकाशित हुआ है। इसके अलावा 'महात्माओं की बानी' में उनकी अन्य रचनाएँ संगृहीत हैं।

गुलाल साहब ने भी सन्त परम्परा के पूर्ववर्ती सन्तों की भाँति निर्गुण ब्रह्म का प्रतिपादन किया है। नाम-जप और योग-साधना पर उनका सबसे ज्यादा जोर था। उन्होंने अपने दार्शनिक एवं साधनात्मक पक्ष को ऐसा रखा है, जो हिन्दुओं एवं मुसलमानों दोनों के लिए ग्राह्य बन गया। जात-पाँत, छूआछूत और मूर्तिपूजा को अनावश्यक बताते हुए उन्होंने सभी जातियों के लिए निर्गुण मार्ग का परावर्तन किया। सामाजिक रूढ़ियों की व्यर्थता को नकारते हुए, वह कहते हैं—

"ऐसन नगरी आज ई घर छावल, तिन्ह सब ठाँव बिसरावल।
जाति नाहीं पाँति नाहीं नेम और धर्म नाहीं आपहिं अनहद गाँवल।।"[1]

गुलाल साहब के पदों की भाषा सामान्य बोलचाल की भाषा है। उनकी भाषिक संरचना पर टिप्पणी करते हुए डॉ. कन्हैया सिंह जी ने लिखा है, "जो सन्त जिस सामाजिक क्षेत्र में पड़ते थे वहाँ की भाषा में ही रचना करते थे। गुलाल साहब की जन्म भूमि और कर्मभूमि दोनों गाजीपुर जनपद में थी जो काशिका, भोजपुरी का क्षेत्र है। अतः स्वभावतः ही इनकी रचनाओं का अधिकांशतः मूल ढाँचा भोजपुरी का मिलता है। फिर अवधी, ब्रज, खड़ीबोली, पंजाबी आदि के शब्दों या कभी-कभी क्रिया रूपों का दर्शन भी इनके पदों में हो जाता है।"[2] शैलीगत स्तर पर उन्होंने साखी, सबद के अलावा सोहर, होली, फाग आदि छन्दों का भी खूब प्रयोग किया है।

इस तरह गुलाल साहब ने सन्त परम्परा का अनुसरण करते हुए निर्गुण ब्रह्म की उपासना पर जोर दिया है। उनके व्यक्तित्व का साधनापक्ष इतना प्रभावशाली था कि लोग खुद ही उनके पास खिंचे चले आते थे। उनके व्यक्तित्व एवं साधनापक्ष पर विचार करते हुए डॉ. कन्हैया सिंह जी ने लिखा है, "उनके व्यक्तित्व और साधना के प्रभाव से जो भी उनके सम्पर्क में आता था, उनसे प्रभावित हुए बिना नहीं रहता था। यही कारण है कि उनके आकर्षण में खिंचे सिद्ध और प्रसिद्ध महात्मा हुए। 50 वर्ष तक भुड़कुड़ा की गद्दी पर आसीन रहकर, घर-द्वार, जमींदारी, वैभव-विलास छोड़कर सत्संग और साधना करते हुए उन्होंने संवत् 1816 विक्रमी में अपना शरीर त्याग दिया।"[3]

पूर्वी उत्तर प्रदेश के सन्तों में अगला नाम भीखा साहब का है। डॉ. कन्हैया सिंह जी ने उन्हें बहुत विनम्र भाव से याद किया है। उनके अनुसार भीखा साहब का जन्म आजमगढ़ जिले के अन्तर्गत श्वानपुर बोहन नामक गाँव में हुआ था। यह जाति से ब्राह्मण थे और गुलाल साहब के शिष्य थे। उनके नाम को लेकर डॉ. कन्हैया सिंह जी ने यह सम्भावना जतायी हैं कि शुरू में भीखा साहब का नाम कुछ दूसरा रहा होगा। बाद में गुरु से ज्ञान की भीख माँगने के कारण नम्रतावश अपना नाम भीखा नन्द रख लिया होगा। आगे चलकर वह भीखा साहब के नाम से ही प्रसिद्ध हुए। अब तक की जानकारी के अनुसार भीखा साहब के तीन काव्य-संग्रह उपलब्ध हैं, डॉ. कन्हैया सिंह जी के अनुसार, "पहला सन् 1919 में वेलवीडियर प्रेस, इलाहाबाद से 'भीखा साहब की बानी' नाम से प्रकाशित हुआ था। दूसरा सन् 1933 में बाबा रामबरन दास साहब ने काशी से मुद्रित कराया था।

1. वही, 42.
2. वही, 11-15.
3. वही, 40.
4. वही, 53.

'महात्माओं की बानी' नाम से, जिसमें भीखा साहब की भी बानियाँ संगृहीत हैं। तीसरा, 'सन्तभीखा की मर्म भेदी पुकार' नाम से भी गौरी शंकर चतुर्वेदी ने 1995 ई. में सम्पादित किया था।''[4]

डॉ. कन्हैया सिंह जी के अनुसार भीखा साहब बचपन से घुमन्तू प्रवृत्ति के व्यक्ति थे। बचपन में जब उनके माता-पिता ने विवाह कराना चाहा तो वह वहाँ से भाग निकले और काशी जा पहुँचे। काशी में कुछ दिनों तक रहने के बाद इधर-उधर भटकते हुए वह गाजीपुर आ पहुँचे। वहाँ एक गवैये के मुख से गुलाल साहब का गीत सुनकर इतना ज्यादा प्रभावित हुए कि तुरन्त भुड़कुड़ा गुलाल साहब के यहाँ आ पहुँचे। वहाँ उन्होंने गुलाल साहब को अपना गुरु स्वीकार किया और शेष जीवन वहीं व्यतीत किये।

सन्तों के यहाँ ब्रह्म सम्बन्धी अवधारणा स्पष्ट है। इस ब्रह्म को व्यक्त करने के लिए उन्होंने 'राम' शब्द का सहारा लिया है। यह 'राम' दशरथ पुत्र राम न होकर निर्गुण निराकार ब्रह्म है। जो प्रकृति के कण-कण में व्याप्त है। भीखा साहब ने 'राम' के इसी रूप को लिया है। उनके अनुसार ब्रह्म एवं जीवन एक ही है, सिर्फ माया के कारण यह अलग-अलग दिखायी देते हैं। सन्त कवियों की तरह भीखा साहब ने भी सामाजिक रूढ़िवाद एवं बाह्याडम्बर की भर्त्सना की है और आन्तरिक योग साधना एवं सदाचार पर बहुत बल दिया है। डॉ. कन्हैया सिंह जी की दृष्टि में भीखा साहब सन्त परम्परा के दिव्य पुरुष थे। उन्हें ब्रह्म से प्रेम था। उनकी दृष्टि सर्वसम्भाव की थी। उनके यहाँ ''न हिन्दू-मुसलमान का भेद था और न छोटी-बड़ी जातियों का। वहाँ सभी घट में पूरन परम ब्रह्म हैं और सद्‌गुरु की कृपा से उसकी अनुभूति हो जाती है।...मूर्ति पूजा, तीर्थ आदि के आडम्बरों पर भी प्रहार किया और जन्मना जाति की प्रथा को नकारते हुए कर्म से मनुष्य के श्रेष्ठ होने का प्रतिपादन किया।''[1]

सन्त परम्परा में गुरु को सबसे ऊँचा स्थान दिया गया है। गुरु की महिमा का प्रतिपादन करना सन्तकाव्य की प्रमुख विशेषता है। सिद्धों, नाथों से होती हुई यह परम्परा सन्तों तक पहुँची है। यही कारण है कि कबीर की भाँति भीखा साहब ने भी गुरु की महिमा का गुणगान करते हुए कहा है—

''सब्द प्रकास मनोरवा हो, दिव्य दृष्टि दरसाई।
सुद्ध सरूप मनोरवा हो, सतगुरु दिहल दिखायी।।''[2]

भीखा साहब लोकजीवन के कवि थे। उनका काव्य लोकछन्दों से भरा पड़ा है। उन्होंने भोजपुरी में अपने छन्दों को लोकप्रिय बनाया है। भोजपुरी के ठेठ शब्द उनके यहाँ देखने को मिलेंगे। उनकी भाषा शैली पर टिप्पणी करते हुए डॉ. कन्हैया सिंह जी ने लिखा है, ''भीखा साहब लोक प्रतिष्ठित सन्त थे। उन्होंने सोहर आदि लोक छन्दों में रचना की और सबके समझ में आने योग्य भाषा में, विशेषतः अपने अंचल की भाषा भोजपुरी का पुट देकर अपनी रचनाओं को लोक ग्राहक बनाया। उन्होंने पहाड़ा की शैली में, बारहमासा की शैली में, लोक को अपने भावों को समझाने की कोशिश की।''[3] जिसके कारण उनकी रचनाएँ ज्यादा-से-ज्यादा लोकप्रिय बन सकीं और सभी जातियों के लोग उनके प्रति आकर्षित हुए।

---

1. वही, 62.
2. वही, 57.
5. वही, 63.

पूर्वी उत्तर प्रदेश में कबीर ने जिस सन्त परम्परा की शुरुआत की थी, वह अब धीरे-धीरे उत्तर प्रदेश के दूसरे क्षेत्रों में भी फैलने लगा था। सामान्य जनता पर इन सन्तों की पकड़ दिन प्रतिदिन बढ़ती जा रही थी। लोग अब इन सन्तों के सम्पर्क में आने लगे थे, इनके संग सत्संग में शामिल होने लगे थे, और गुरु के रूप में इन्हें स्वीकार भी करने लगे थे। इस तरह सन्तमत का प्रचार पूर्वी उत्तर प्रदेश में बहुत तेजी से हो रहा था। इसी सन्त परम्परा में अगला नाम गोविन्द साहब का आता है। डॉ. कन्हैया सिंह जी ने इन्हें सन्त परम्परा के प्रमुख कवियों में से एक माना है। उनके अनुसार गोविन्द साहब का जन्म गाजीपुर जिले के जलालपुर नामक गाँव में संवत् 1982 में हुआ था। यह जाति के ब्राह्मण थे। उनकी शिक्षा काशी में हुई थी। यह अपना ज्यादा-से-ज्यादा समय घर पर बिताते थे और भक्तों को भागवत की कथा सुनाया करते थे। इस पर एक बार सन्त पलटू साहब ने कटाक्ष करते हुए कहा था, वाचिक कथा से काम चलनेवाला नहीं है। इस बात का गोविन्द साहब पर इतना ज्यादा प्रभाव पड़ा कि वह तुरन्त भुड़कुड़ा भीखा साहब के यहाँ चले गये। उनसे दीक्षा ली और उन्हें गुरु के रूप में स्वीकार किया। भीखा साहब से योग-साधना की दीक्षा लेकर वह वापस जलालपुर लौट आये और नित्य साधना कार्य में लीन रहने लगे।

गोविन्द साहब का अपने आसपास के क्षेत्रों पर अच्छा प्रभाव था। उनके सत्संग में ज्यादा-से-ज्यादा लोग शामिल होते थे। लोग वहाँ उनके सम्मान में प्रतिवर्ष गोविन्द दशमी के अवसर पर मेला लगाते हैं। उस मेले में हर तरह के लोग आते हैं। उनकी समाधि पर फूल और चादर चढ़ाते हैं। इसके अलावा दाल, चावल, गन्ना आदि भी उनकी समाधि पर चढ़ाते हैं और घर जाते वक्त प्रसाद के रूप में इसे ही अपने साथ ले जाते हैं। उनकी समाधि के ठीक सामने एक सरोवर है, जिसे 'गोविन्द सरोवर' के नाम से जाना जाता है। भक्त उसमें स्नान करके पुण्य की अनुभूति करते हैं।

डॉ. कन्हैया सिंह के अनुसार गोविन्द साहब के सत्संग में सभी वर्गों के लोग शामिल होते थे। उनके यहाँ हिन्दू-मुसलमान को लेकर कोई भेदभाव नहीं था, डॉ. कन्हैया सिंह जी लिखते हैं, "सिद्ध महात्मा के रूप में प्रसिद्ध होने के बाद उनके यहाँ हिन्दू मुसलमान आदि सभी पन्थों के लोग एकत्र होने लगे और उनके सत्संग में बिना किसी भेदभाव के सभी लोगों को स्थान मिलने लगा। अन्य सन्तों की भाँति यहाँ भी जाति-पाँति का कोई भेद-भाव नहीं था, छूआछूत का कोई सवाल नहीं था और हिन्दू-मुसलमान में कोई भेद नहीं था। गोविन्द साहब का समाज के ऊपर सबसे बड़ा उपकार यह था कि उन्होंने सभी धर्मों और जातियों में समानता का प्रतिपादन करके समूची मानव जाति को एकता के सूत्र में बाँधने का काम किया है।"[1] गोविन्द साहब जाति-व्यवस्था की लीक से अलग हटकर सहज साधना के मार्ग पर चल रहे थे और इसी मार्ग पर सामान्य जनता को चलने के लिए प्रेरित भी कर रहे थे। उनके पन्थ में 'मानव सम्मान' का सिद्धान्त सर्वोपरि था। उनका यह सिद्धान्त उस समय इतना ज्यादा प्रभावशाली सिद्ध हुआ कि हिन्दू-मुसलमान दोनों ही उनके बहुत करीब आने लगे थे।

इसी क्रम में डॉ. कन्हैया सिंह जी ने पूर्वी उत्तर प्रदेश के सन्तों में सन्त शिवनारायण साहब, देवकीनन्दन साहब, कवि पृथ्वीशाह, सन्त सदाफल देव और मंगरू साहब के व्यक्तित्व एवं

1. वही, 68.

कृतित्व के ऊपर भी विचार किया है। उन्होंने सन्त मंगरू साहब को पूर्वी उत्तर प्रदेश के सन्तों में सबसे अन्तिम सूची में रखा है। उनकी दृष्टि में सन्त मंगरू साहब एक मानवतावादी सन्त थे। उनकी गिनती आधुनिक युग के बड़े-बड़े सन्तों के साथ की जाती है। उनका जन्म सम्वत 1937 में गाजीपुर जनपद में एक गरीब बुनकर परिवार में हुआ था। उनका वास्तविक नाम शेख रहमतुल्लाह था। माता-पिता प्यार से उन्हें मंगरू बुलाते थे। आगे चलकर सन्त के रूप में वह मंगरू नाम से ही विख्यात हुए। उनके गुरु ईदूशाह थे।

मंगरू साहब ने अपनी प्रारम्भिक शिक्षा गाँव की मस्जिद से आरम्भ की थी। लेकिन पढ़ाई-लिखाई में मन न लगने के कारण वह पढ़ नहीं पाये, और साधु-सन्तों की मण्डली में शामिल होने लगे। मंगरू साहब भले स्कूली शिक्षा प्राप्त नहीं कर सके लेकिन जीवन के अनुभव ने उन्हें काफी कुछ सिखा दिया था। बचपन से साधु, सन्तों और फकीरों के साथ घूमते हुए उन्हें हिन्दी, उर्दू, अरबी-फारसी का अच्छा ज्ञान हो गया था। उनका पारिवारिक जीवन भी बहुत अच्छा चल रहा था लेकिन पिता की मृत्यु के बाद उनकी आर्थिक स्थिति बहुत कमजोर हो जाती है और वह रोजी रोटी की तलाश में कलकत्ता पहुँच जाते हैं। वहाँ वह शिवपुर के चटकल कारखाने में काम करने लगते हैं। बुनकरी उनका पेशा था। इसलिए वह ताँत बुनने के काम में लग जाते हैं। इस तरह वह दिन में मजदूरी करते और रात में बच्चों को पढ़ाने का काम करते थे। यह सब करते हुए उनका मन सदैव ईश्वर चिन्तन में लगा रहता था। डॉ. कन्हैया सिंह जी के अनुसार सन्त मंगरू साहब आजीवन गृहस्थ बने रहें। उनकी रचनाओं पर सन्त एवं सूफ़ी साधना के दोनों तत्त्व मौजूद हैं। एक तरफ उन पर कबीर का प्रभाव है तो दूसरी तरफ जायसी का। इनका काव्य कबीर के एकेश्वरवाद और जायसी के प्रेम तत्त्व का समन्वय है, उनकी साधना पद्धति पर दृष्टिपात करते हुए डॉ. कन्हैया सिंह जी लिखते हैं, "उनकी साधना-पद्धति पर सूफ़ी-दर्शन, गीता के कर्मयोग और कबीर के एकेश्वरवाद का प्रभाव है। उन पदों में कबीर की साधनात्मक ऊँचाई, जायसी के प्रेम की पीर की गहराई, रसखान की सरलता एवं निश्छलता तथा मीराँ की वेदना, कसक, पीर, तड़पन, समर्पण तथा ईश्वर से तादात्म्य-स्थापना की उत्कट भावना का एक साथ दर्शन होता है...उन्होंने वाह्य आडम्बर का खण्डन किया। पोथी की जगह प्रेम और बाहर की जगह भीतर अपने ही घर में ईश्वर को खोजने का सन्देश दिया है। सन्त मंगरू साहब कबीर की तरह आजीवन गृहस्थ रहे। उन्होंने कभी गार्हस्थ्य जीवन अथवा नारी की निन्दा नहीं की। इनका जीवन गार्हस्थ्य एवं संन्यास का, आसक्ति और विरक्ति का अनूठा मेल था। राम-रहीम की एकता पर बल देनेवाले मंगरू साहब निस्सन्देह हमारी सामूहिक समन्वयवादी संस्कृति के लिए प्रेरणा के स्त्रोत हैं।"[1]

सन्त मंगरू साहब एक सच्चे मानवतावादी सन्त थे। वह एक साथ सन्त एवं सूफ़ी दोनों थे। "उनका जीवन समन्वय का प्रतीक है। वह मुसलमान हैं, पर नाम हिन्दू धारण किया। गुरु सूफ़ी मुसलमान है तो शिष्य हिन्दू है। वह स्वयं भेदभाव रहित आदर्श सन्त थे और इसी प्रकार का उन्होंने उपदेश किया जो सामाजिक भेदभाव मिटाकर एकरस, एकात्म समाज की रचना कर सके।"[2] अन्ततः, डॉ. कन्हैया सिंह जी ने पूर्वी उत्तर प्रदेश के सन्तों का मूल्यांकन समाजशास्त्रीय

1. वही, 126.
2. वही, 128.

पद्धति से किया है। मूल्यांकन की इस कड़ी में उनकी सबसे बड़ी उपलब्धि यह रही है कि उन्होंने उन सन्तों को खोज निकाला है, जिनका उल्लेख साहित्य के इतिहास में कहीं नहीं मिलता है। उन्होंने उन सन्तों के व्यक्तित्व एवं कृतित्व पर बड़ी गम्भीरता एवं व्यापकता से विचार किया है। दूसरी तरफ डॉ. कन्हैया सिंह जी ने उन सन्तों का भी विवरण प्रस्तुत किया है, जिनका सम्बन्ध ऊँची कही जानेवाली जातियों से है। मध्यकाल में गुलाल साहब, भीखा साहब, गोविन्द साहब, सन्त शिवनारायण साहब आदि ऐसे अनेक सन्त हुए, जिनका सम्बन्ध ब्राह्मण व क्षत्रिय कही जानेवाली ऊँची जातियों से है। इस सन्दर्भ में डॉ. कन्हैया सिंह जी की स्थापना है कि अब सन्तमत का धरातल नीची कही जानेवाली जातियों तक ही सीमित नहीं था अपितु वह समाज के उच्च वर्ग तक भी पहुँच चुका था। यह सन्तमत की सबसे बड़ी सफलता है कि इसने न केवल छोटी समझी जानेवाली जातियों पर बल्कि ऊँची कही जानेवाली जातियों पर भी अपनी व्यापक पकड़ बनायी। उसके प्रभाव से मुस्लिम समाज के लोग भी अछूते नहीं रहे। वह भी धार्मिक आवरण के घेरे से बाहर निकलकर सन्तमत के प्रचार में अपना योगदान देने लगे थे। इस तरह कबीर और रैदास ने जिस निर्गुण पन्थ की नींव रखी थी, उसे आगे चलकर सभी जाति-धर्म के लोगों ने सहर्ष स्वीकार किया। डॉ. कन्हैया सिंह जी उन सन्तों को मानवतावादी सन्त कहते हैं, यह सन्त सदाचार एवं परोपकार की भावना लेकर समाज में आये थे। जाति-धर्म के बन्धन से यह कोसों दूर थे। वह एक तरफ रूढ़िवाद, बाह्याडम्बर एवं कर्मकाण्ड का विरोध कर रहे थे तो दूसरी तरफ लोगों को सामाजिक समरसता का पाठ भी पढ़ाते थे। यह सन्त होने के साथ-साथ समाज-सुधारक एवं उच्च कोटि के कवि भी थे। उन्होंने सामाजिक पाखण्डों को दरकिनार करके निर्गुण पन्थ की एक ऐसी धारा बहायी, जिसमें क्या छोटे-क्या बड़े सभी लोग उसमें प्रवाहित होने लगे थे।

असिस्टेण्ट प्रोफेसर, हिन्दी एवं आधुनिक भारतीय भाषा विभाग
इलाहाबाद विश्वविद्यालय, प्रयागराज, (उ.प्र.)

आज़ादी की पहली अनुगूँज

ईश्वर शरण विश्वकर्मा

'साहित्य महोपाध्याय', 'साहित्य भूषण' एवं 'साहित्य गरिमा' जैसे अनेक साहित्यिक सम्मान एवं पुरस्कारों से सम्मानित और पुरस्कृत हिन्दी तथा भोजपुरी साहित्य के सर्जक मनीषी साहित्यकार डॉ. कन्हैया सिंह के समादृत व्यक्तित्व को आलोकित करने में उनकी इतिहास दृष्टि का विशिष्ट योगदान रहा है। इस दृष्टि का परिणाम ही कहा जायेगा कि लगभग छः दशकों के मननशील सर्जक जीवन में हिन्दी की नवीन विधाओं को स्वतन्त्र आयाम प्रदान करते हुए इतिहास, संस्कृति, सन्त परम्परा एवं भोजपुरी भाषा एवं संस्कृति की गहरी समझ के साथ अपने सृजित अक्षर-पुष्प से साहित्येतिहास को महत्तम अवदान दिया है।

साहित्य संगम, इलाहाबाद से वर्ष 2009 में प्रकाशित उनकी कृति 'उत्तर प्रदेश का 1857 का स्वतन्त्रता संग्राम' वस्तुतः उनके इतिहासकार व्यक्तित्व का रूपायन है। इतिहास एवं यथार्थ की अन्तर्दृष्टि में एक रचनाधर्मी साहित्यकार ने अपने स्वाधीनता आन्दोलन की घटनाओं की तथ्यपरक प्रस्तुति की है। स्वाधीनता के पूर्व उत्तर प्रदेश के आजमगढ जिले के धरवारा ग्राम में जन्में डॉ. सिंह ने किशोर एवं तरुणाई में 1942 का 'भारत छोड़ो आन्दोलन' तथा 1947 का विभाजित भारत का स्वतन्त्रता आन्दोलन देखा था। इतिहास साक्षी है कि 1857 में सेना विद्रोह के पूर्व ही आजमगढ़ के क्रान्तिकारी नागरिकों ने क्रान्ति की योजना बनानी प्ररम्भ कर दी थी। मार्च 1958 में क्रान्तिकारी बाबू कुँवर सिंह के जनपद में प्रवेश के पूर्व ही क्रान्ति का प्रारम्भ होना तथ्यतः प्रमाणित है। इसलिए यह स्वाभाविक ही था कि जनपद के स्वातंत्र्यवीरों के स्वतन्त्रता संघर्ष तथा राष्ट्रभक्ति की भावना के सत्यपरक लेखन का नवीन आयाम भी जुड़ा। इस कृति की प्रेरणा की पृष्ठभूमि में उनके वंशजों का संघर्ष, ब्रिटिश शासन की नीतियों के विरुद्ध छात्र जीवन में आजमगढ़ के शिबली नेशनल कॉलेज के छात्रसंघ के अध्यक्ष के रूप में आन्दोलनात्मक गतिविधियाँ तथा जनपदीय आन्दोलन तो था ही, ऐसा लगता है कि 'राष्ट्रीय स्वयंसेवक संघ' से सम्बन्ध के कारण प्रबल राष्ट्र भावना

तथा जन-जन के प्रेरणास्त्रोत स्वातंत्र्यवीर विनायक दामोदर सावरकर द्वारा लिखित पुस्तक 'इंडियन वार ऑफ इंडिपेंडेंस 1857' अवश्य रहा होगा।

इस पुस्तक के पन्द्रह अध्यायों में क्रमशः 1857 की पृष्ठभूमि, मेरठ में क्रान्ति का प्रारम्भ के साथ ही दिल्ली, लखनऊ, कानपुर, झाँसी, आजमगढ़, बलिया, गाजीपुर, बनारस, जौनपुर, इलाहाबाद, गोरखपुर, गोंडा तथा उन्नाव-रायबरेली जनपदों में 1857 के स्वतन्त्रता संघर्ष की स्थानीय विशिष्टताओं एवं योगदानों के साथ तथ्यपरक लेखन हुआ है। इस प्रकार उत्तर प्रदेश के प्रमुख जनपदों में 1857 के स्वतन्त्रता आन्दोलन का प्रामाणिक दस्तावेज बनकर उभरा है। पुस्तक के 'प्राक्कथन' में लेखक ने अपनी इतिहास-दृष्टि को स्पष्ट किया है। लेखक का स्पष्ट अभिमत है कि 1857 का स्वतन्त्रता संग्राम एक ऐसी घटना थी जिसने भारत ही नहीं अपितु, विश्व के अन्य देशों पर अपनी छाप छोड़ी इसकी व्यापक पृष्ठभूमि में 1757 का प्लासी का युद्ध रहा है, साथ ही 'ईस्ट इण्डिया कम्पनी' के शोषण और अत्याचारों के विरुद्ध छोटे-छोटे समूहों में विद्रोह का शंखनाद भी था। इतिहाकारों की दृष्टि में अनेक कारणों का परिणाम था 1857 का महासमर। लेखक ने यह भी अभिमत दिया है कि "इस पुस्तक का उद्देश्य 1857 पर लिखी गयी पुस्तकों की संख्या में एक और पुस्तक जोड़ना नहीं है अपितु, नये ढंग से इस महान् क्रान्ति का मूल्यांकन करना है।" सर्वप्रथम इस पुस्तक में "1857 की पृष्ठभूमि में मुहम्मद बिन कासिम (711ई.) के आक्रमण से लेकर अंग्रेजी सत्ता के पहले दौर की परीक्षा की गयी है कि कैसे भारत ने विदेशी हमलों का प्रतिरोध किया और क्यों उसे हार पर हार मिलती गयी।" इस प्रकार तथ्यपरक विश्लेषणों के आधार पर लेखक ने उन सभी कारणों का परीक्षण कर यह सिद्ध किया है कि 1757 से 1857 के मध्य के भारत की राजनीतिक, प्रशासनिक, आर्थिक, सामाजिक आदि स्थितियों में 'ईस्ट इण्डिया कम्पनी' के अंग्रेज अधिकारी, राजे-रजवाड़े-नवाब-सामन्त, जमींदार-तालुकेदार तथा पुलिस सभी ने देश को लूटा जिसका परिणाम था 1857 का महासंग्राम। इस पुस्तक में विद्रोह को महासंग्राम के रूप में सिद्ध कर लेखक ने इस स्वातत्र्यसमर के प्रति यथार्थ इतिहास दृष्टि का परिचय दिया है। 1857 के भारतीय स्वातंत्र्यसमर के सम्बन्ध में विनायक दामोदर सावरकर ने भी यह कहा था कि "मुझे आश्चर्यजनक रूप से 1857 के विद्रोह की चमक में स्वतन्त्रता के युद्ध की दीप्ति का आभास हुआ। मृत आत्माएँ शहादत के आभामण्डल से देदीप्यमान होती दिखाई दीं और राख की ढेर से प्रेरणा की चिनगारियाँ निकलती नजर आयीं।" इस पुस्तक में लेखक की सिद्धता इस ऐतिहासिक यथार्थ की खोज एवं प्रस्तुति से होती है कि उत्तर प्रदेश 1857 के महासंग्राम का केन्द्र था। गाँव-गाँव में फैले आम-विद्रोह तथा जन-सहभागिता को लेखक ने प्रस्तुत करने का प्रयास किया है। सरकारी दस्तावेजों, न्यायिक निर्णयों, शासको की डायरियों, पत्रों, रिपोर्ट, अभिलेखागारों की फाइल तथा पूर्ववर्ती शोधों के आधार पर 1857 के महासंग्राम को उत्तर प्रदेश के पन्द्रह जिलों के आधार पर पुनर्निर्मित करने का श्लाघनीय प्रयास किया गया है। उत्तर प्रदेश के इन संघर्षों, विद्रोहों तथा आन्दोलनों का परिणाम यह हुआ कि आगामी नब्बे वर्षों में भारत से ब्रिटिश शासन को जाना पड़ा। '1857 की पृष्ठभूमि' नामक प्रथम अध्याय में लेखक के स्वाधीनता संघर्ष के गाथा ज्ञान का परिचय मिल जाता है। भारत की समृद्ध ऐतिहासिक एवं सांस्कृतिक परम्परा

सर्वविदित है। किन्तु, हर्ष साम्राज्य के पतनोपरान्त एवं 632 ई. में मुहम्मद साहब के हिजरत के पश्चात् खलीफाओं की भारत के प्रति कुदृष्टि, भारतीय राजाओं का प्रबल प्रतिरोध तथापि गजनी और गोर के मुस्लिम आक्रान्ताओं का भारतीय क्षेत्रों पर आक्रमण अन्ततः अधिकार आदि के परिणामस्वरूप भारतीय इतिहास में सल्तनतकाल (1205 से 1525 ई.) तथा मुगलकाल (1526-1772 ई.) और मुगल शासकों की भारत विरोधी नीतियों के कारण 1600 ई. के बाद 'ईस्ट इण्डिया कम्पनी', पुर्तगीज, डच, फ्रेन्च आदि कम्पनियों का भारत में व्यापारिक लाभ के लिए प्रवेश हो गया। इस पुस्तक में भारत पर आक्रमण, दिल्ली पर तीन सौ वर्षो तक शासन, योरोपीय जातियों का आगमन, अंग्रेज व्यापारी के चंगुल में भारत, भूमि पर कब्जा और शासन, देशी राज-हड़पनीति, धर्म के नाम पर ईसाई मत का प्रसार, आर्थिक दोहन और शोषण, इसी के साथ 1857 के स्वतत्रन्ता संग्राम में सिपाहियों, साधु-संन्यासियों, किसानों, मजदूरों, आदिवासियों की भूमिका, संन्यासी विद्रोह, अफीम-किसानों की तबाही, नमक कारीगारों पर कहर परिणामस्वरूप बगांल तथा उडीसा के नमक कारीगारों का आन्दोलन तथा 1784 में जानवक्श के नेतृत्व में कपास की खेती करने वाली चटगाँव पहाड़ियों में रहने वाली जाति 'चकमा विद्रोह' जैसे विद्रोहों, आन्दोलनों तथा विरोधों को 1857 के स्वातंत्र्य संग्राम की ऐतिहासिक पृष्ठभूमि में रखकर विषय की क्रमबद्ध एवं तथ्यपरक प्रस्तुति की गयी है। इसी क्रम में गोरखपुर का किसान विद्रोह (1781ई.) बिहार के पलामू के चेरों का विद्रोह (1800 ई.), भील विद्रोह (1820-1857 ई.), बहावी विद्रोह, वनवासी-गिरिवासी नागा विद्रोह (1835-1857 ई.) तथा बंगाल और बिहार के बनवासी सन्थालों का विद्रोह (1855-56 ई.) को 1857 की पृष्ठभूमि में रखकर स्वाधीनता संघर्ष के अध्येताओं को सहज सुलभ कर दिया गया है। 'क्रान्ति का आरम्भ' नामक शीर्षक से मेरठ जिले के क्रान्तिकारी आन्दोलनों को रखा गया है। इस क्रान्ति के सम्बन्ध में लेखक ने स्पष्ट किया है कि इस संग्राम का बिगुल तो बजा, सेना की छावनियों में इस पर परवान चढा या बहादुर रण बांकुरे राजा-रजवाड़ों, जमीदारों ने, पर इसे डेढ़ वर्ष से अधिक चलाने में भारत के सामान्य नागरिकों की अहम भूमिका रही। इनमें हर मजहब, पन्थ, जाति और वर्ग के नागरिक सम्मिलित थे। 1857 के महासंग्राम के सम्बन्ध में यह सर्वविदित है कि नियत तिथि 31 मई के पूर्व 26 जनवरी, 1857 को बंगाल के मुर्शिदाबाद के समीप स्थित बहरामपुर छावनी की उन्नीसवीं नेटिव इन्फैण्ट्री के सिपाहियों ने परेड पर नयी चर्बीयुक्त कारतूसों को लेने से इन्कार कर दिया था। जिसे दण्डित करने के लिए बैरकपुर छावनी (बंगाल) मार्च करने का आदेश हुआ।

मंगल पाण्डेय ने विद्रोह की पहली गोली चलायी जिसको बाद में कोर्टमार्शल के पश्चात् बैरकपुर जेल में ही फांसी दे दी गयी। बैरकपुर की यह चिंगारी शोला बनकर उत्तर प्रदेश के मेरठ शहर की छावनी में भड़क उठी। 4 मई, 1857 को बैरकपुर 34वीं एन.आइ. फौज भंग हुई और 10 मई को मेरठ में क्रान्ति भभक उठी। वास्तव में मेरठ की घटना के बाद ही समूचे उत्तर भारत में इस स्वातंत्र्य समर को दिशा मिली। इस पुस्तक में इस क्रान्ति के आरम्भ एवं विस्तार पर रोचक प्रकाश डाला है। 'तख्त लन्दन तक चलेगी तेग' नामक शीर्षक से ही तीसरे अध्याय में दिल्ली में 1857 की क्रान्ति को लिया गया है। 11 मई, 1857 को दिल्ली की गद्दी पर अन्तिम मुगल बादशाह बहादुर शाह जफर ने जब कार्य करना प्रारम्भ किया तो दिल्ली में अराजकता का वातावरण था। आरम्भ में अंग्रेजों द्वारा प्रदत्त निर्धारित पेंशन तथा महल

में रहने की सुविधा के कारण बहादुर शाह आन्दोलन के पक्षधर नहीं थे। किन्तु, बाद में बागी सैनिकों ने जब उन्हें मजबूर किया तो वे 1857 के स्वातंत्र्य महासमर में कूद पड़े किन्तु अन्ततः विजय अंग्रेजों की हुई। 20 सितम्बर, 1857 को स्वतन्त्र शासन की समाप्ति के बाद उन्हें दिल्ली के एक छोटे से मकान में कैद रखा गया, बाद में दोषी बताकर देश के बाहर बर्मा (म्यांमार) की राजधानी रंगून भेज दिया गया। जहाँ अंग्रेजों की कैद में ही उनकी कष्टमय मृत्यु हुई। इस प्रकार इस पुस्तक में अत्यन्त संक्षिप्त किन्तु तथ्यपरक प्रस्तुति हुई है।

लखनऊ में 1857 के स्वातंत्र्य समर की स्थिति के लिए लेखक ने 'बेगम का परचम ले अवध गरमाया' शीर्षक के माध्यम से लखनऊ के नबाब वाजिद अली शाह की बेगम हजरत महल के योगदान की चर्चा की है। इस बेगम ने कानपुर के नाना साहब, फैजाबाद के मौलवी अहमदशाह और बिहार के बाबू कुँवर सिंह से सम्पर्क जोड़कर पूरे अवध क्षेत्र में सीतापुर, महमदी, फर्रूखाबाद, बहराइच, सिकरौरा, गोंडा, फैजाबाद सहित बनारस, गोरखपुर एवं इलाहाबाद मण्डल में उसके वीर सेनानियों ने स्वाधीनता आन्दोलन की मशालें जलायी जिनका रोचक वर्णन इस अध्याय में किया गया है। नेपाल में इस आन्दोलन को फैलाने का भी श्रेय उस वीरागंना को है जिसकी साक्षी उसकी नेपाल में स्थित कब्र है। इस अध्याय का तथ्यपरक लेखन कर पुस्तक को रोचक बना दिया गया है। सामान्य पाठकों एवं अध्येताओं को इस विवरण से अनेक सूत्र मिल सकते हैं। कानपुर के स्वतन्त्रता संग्राम ने 'अंग्रेजी सत्ता का खात्मा' किया। 3 जून को आजमगढ़ तथा 4 जून को बनारस एवं कानपुर में सेना के विद्रोह को नाना साहब का नेतृत्व एवं सेनापति अजीमुल्ला के सैन्य ब्यूह ने इस महासमर को सफलता प्रदान की। इसी के साथ पेशवा बाजीराव द्वितीय की अंग्रेजों से संधि, उनके पुत्र धुन्धू पन्त उर्फ नानाजी पेशवा को उत्तराधिकारी न मानने की घटना, तात्या टोपे का साथ, कानपुर के सूबेदार टीका सिंह तथा सैनिक नेता गमशुद्दीन जैसे क्रान्तिकारियों की क्रान्तिकारी गतिविधियों को महत्त्वांकित किया गया है। 1857 के स्वातंत्र्यसमर का कानपुर अध्याय अंग्रेजी सत्ता के उन्मूलन के रूप में जाना जाता है। छठाँ अध्याय झांसी की 'खूब लड़ी मर्दानी' का है जिसकी वीरता का इतिहास लोकगीतों कविताओं, लोक गाथाओं, जनश्रुतियों और बुन्देलखण्ड के जन-जन के हृदय में रचा बसा है। ब्रिटिश वायसराय डलहौजी ने मार्च 1854 ई. में अपनी हड़प नीति के कारण झांसी को कम्पनी राज में मिलाकर आन्दोलन को चुनौती दी। 6 जून से लेकर 19 जून तक के विद्रोह के इतिहास की काव्यात्मक, रोचक एवं प्रेरक प्रस्तुति की गयी है। 19 जून 1858 को झांसी की रानी लक्ष्मीबाई ने लड़ते-लड़ते शरीर त्याग दिया था। 23 वर्ष की आयु में ही देवी की वीरगाथा ने कवियों को नवीन विषय प्रदान किया। इस प्रकार इस अध्याय लेखन से प्रामाणिक रूप से साहित्य एवं इतिहास दोनों की एक साथ प्रस्तुति हुई है।

सातवें अध्याय में 1857 के स्वतत्रन्ता संग्राम का आजमगढ जनपद में विवरण देने के लिए '3 जून 57 को आजाद हो गया' नामक शीर्षक दिया गया है। चूँकि यह लेखक का गृह जनपद है इसीलिए सम्भवतः 16 पृष्ठों में मुगल बादशाह जहाँगीर के बाद से लेकर 1857-1858 तक के लगभग पाँच सौ वर्षो के इतिहास की झांकी भी प्रस्तुत हुई है। 1359 से 1771 ई. तक यह जनपद जौनपुर के राजा के अधीन था तथा 1835 ई. में स्वतन्त्र जिला

बना। चूँकि यह जनपद गोरखपुर-बनारस तथा फैजाबाद-बनारस के बीच स्थित होने के कारण सामारिक महत्त्व का रहा है। यहाँ के स्वातंत्र्य समर का इतिहास रोचक है। ध्यातव्य है कि 1857 ई. में सेना के विद्रोह के पूर्व ही यहाँ नागरिकों ने क्रान्ति की योजना बना ली थी। 3 जून 1857 को आजमगढ़ की स्वतन्त्रता से लेकर गाँव-गाँव में फैले आन्दोलन के इतिहास को एक कुशल इतिहाकार की दृष्टि से निरूपित करने में लेखक सफल रहा है। लेखक यह समझाने में सफल रहा है कि 3 जून, 1857 से लेकर अगस्त-सितम्बर 1858 तक लगातार सवा वर्ष तक निरन्तर क्रान्तिकारी वीर अंग्रेजों से टक्कर लेते रहे। कुल 22 दिन तक परगना सिंह तथा 21 दिन तक बाबू कुँवर सिंह अर्थात् कुल 2 माह 11 दिन तक 1857 की क्रान्ति में आजमगढ़ स्वशासन में रहा। इस प्रकार इस जनपद की सत्तावनी क्रान्ति का तथ्यपरक, तैथिक एवं रोमांचक प्रस्तुति हुई है।

'वीरभूमि की सत्तावनी हवा' नामक आठवें अध्याय में बलिया जनपद में 1857 की स्वाधीनता संग्राम को लिया गया है। ध्यातव्य है कि 1857 में यह गाजीपुर जिले की एक तहसील था। गाजीपुर को सभी क्रान्तिकारी क्रान्ति की केन्द्र स्थली मानते थे, किन्तु बलिया वीरभूमि बलिदानों की धरती होने के कारण सत्तावनी क्रान्ति की हवा से सराबोर थी। इस पुस्तक में बलिया में 1857 की क्रान्ति का सजीव वर्णन हुआ है। यह जगदीशपुर के बाबू कुँवर सिंह की क्रान्ति का क्षेत्र था। 3 जुलाई, 1858 की रिपोर्ट में बलिया के विद्रोही तेवर का सजीव वर्णन है। एक छोटे कस्बे के रूप में बलिया का योगदान बड़ा है। मर्दाना कुंवर सिंह पर कविता के साथ इस स्वतन्त्रता आन्दोलन को रेखांकित करने में लेखक सिद्ध रहा है। इसी प्रकार नवें चरण में 'मर मिटने को तैयार गहमर' के अन्तर्गत गाजीपुर में 1857 के स्वातंत्र्य समर को प्रस्तुत किया गया है। यह सर्वविदित है कि गाजीपुर जनपद के गहमर गाँव के राजपूतों और शेरपुर रेवती के भूमिहारों के साथ मुसलमान तथा अन्य जातियों के लोग अंग्रेजीराज के विरुद्ध बगावत का झण्डा उठा लिये थे किन्तु सबसे वीरता का इतिहास गहमर के राजपूत जमींदार मगर राय ने लिया था। 06 जून, 1857 को गाजीपुर का परू जिला गृह युद्ध की स्थिति में आ गया था। इस जिले के क्रान्तिकारी इतिहास का मानो आँखो देखा वर्णन किया गया है। विद्रोही जमीदारों की ग्रामशः सूची के साथ गाजीपुर के योगदान को महत्त्वांकित किया गया है। इस पुस्तक का दसवाँ जनपद वाराणसी है जिसमें 'विद्रोह तथा नील की बर्बरता' शीर्षक से 1857 की क्रान्ति को प्रस्तुत किया गया है। दस्तावेज बतलाते हैं कि बनारस छावनी में कर्नल नील के तानाशाही फरमान से बेगुनाह सैनिकों की निर्मम हत्या की गयी, गोलीवर्षा और हजारों की दर्दनाक मौत ने पूरे वाराणसी मण्डल में विद्रोह की आग फैला दी। इस अत्याचार एवं उत्पीड़न ने गाँव-गाँव को बगावत एवं बदला लेने के लिए तैयार कर दिया। एक मिलिट्री छावनी से दूसरी के बीच यातायात काटे गये, खजाने लूटे गये। इसी क्रम में भदोही, मिर्जापुर, गोपीगंज, पॉली के विद्रोहों को प्रस्तुत किया है। अमर शहीद भगत सिंह की भाँति झूरी सिंह और उनके साथियों के इतिहास को प्रस्तुत किया है जो इतिहास के पन्नों में ओझल हैं। लेखक ने अपने इस इतिहास की प्रस्तुति में नवीन अध्याय जोड़े हैं। यह सर्वविदित है कि गुप्त सगंठन का सूत्र सेठों ने सम्भाला जिसमें बाबू भैरो प्रसाद महाजन का नाम भी इतिहास के पन्नों में सिमटा पडा है। इस प्रकार इतिहास के धुंधले पन्नों में सिमटे बलिदानियों के गौरवशाली इतिहास को सामने रखने में यह पुस्तक अत्यन्त उपयोगी है।

'राजपूतों और पठानों ने इतिहास रचा' नामक शीर्षक से उत्तर प्रदेश के 1857 के स्वतन्त्रता संग्राम में जौनपुर जनपद को लिया गया है। जौनपुर के केराकत, डोभी, बदलापुर, मड़ियाहूँ, मछलीशहर, के क्रान्तिवीरों का इतिहास पूरे विवरण के साथ प्रस्तुत किया गया है। लेखक का दावा है कि जौनपुर के रण बाँकुरों ने लगभग 10 महीने तक अंग्रेजों के कम्पनी शासन की चूलें हिला दीं। इन वीरों ने जिन्दगी दी, जान दी और घर-परिवार गाँव की बर्बादी बर्दाश्त की पर अपनी इज्जत और शान पर बट्टा नहीं लगने दिया। इस अध्याय में जौनपुर के राजपूतों एवं पठानों का 1857 के महासंग्राम में योगदान की जीवन्त प्रस्तुति श्लाघनीय है। उत्तर प्रदेश के 1857 के स्वतन्त्रता संग्राम को विवेचित करने में बारहवें क्रम में इलाहाबाद जनपद को लिया गया है। 'कहर झेलता क्रान्तिकारी तेवर' के अन्तर्गत इस संघर्ष का विवरण है। इलाहाबाद सामरिक दृष्टि से अत्यन्त महत्त्वपूर्ण रहा है। यहाँ के किले में सेना की पर्याप्त टुकड़ियाँ सन्नद्ध रहती थीं। छठी एन.आई. के अतिरिक्त फिरोजपुर की सिख सेना की टुकड़ियाँ भी किले के बैरकों में थीं। मेरठ-दिल्ली, आजमगढ़-वाराणसी, जौनपुर-मिर्जापुर की क्रान्तियों ने इलाहाबाद में क्रान्तिकारी आन्दोलनों को हवा दी। इलाहाबाद के मेव जाति के मुसलमानों की भूमिका, मौलवी लियाकत अली का नेतृत्व, फाफामऊ पर क्रान्तिकारियों के हमलों को अच्छी प्रकार से वर्णित किया गया है। 'क्रान्तिकारी तेवर की लम्बी लड़ाई' में तेरहवें जनपद गोरखपुर की क्रान्ति को रखा गया है। तत्कालीन गारे खपुर में बस्ती एवं देवरिया सम्मिलित थे। 1857 का क्रान्तिकारी इतिहास बतलाता है कि गोरखपुर में क्रान्ति का आरम्भ ग्राम पैना से हुआ था। जब 31 मई, 1857 के 'ईस्ट इण्डिया कम्पनी' के कटु आधिपत्य को नकारते हुए बहादुरशाह ज़फर के झण्डे के नीचे पैना के जमींदारों ने युद्ध-विद्रोह की घोषणा कर दी और नवाब-अवध के साथ होने का ऐलान कर दिया। इस प्रकार पैना, बरहज, नरहरपुर, मगहर, बस्ती, गोरखपुर, मझौली के क्रान्तिकारी गतिविधियों का क्रमिक चित्रण किया गया और ग्राम पैना पर दमनचक्र तथा घास की रोटी और झरने का पानी जैसे शीर्षकों से जनपद के आन्दोलनों को प्रस्तुत किया गया है। इसमें लेखक की प्रस्तुति सजीव हुई है। चौदहवें जनपद के रूप में गोंडा की प्रस्तुति हुई है जिसमें 'गोंडा के राजा देवी बक्श सिंह के योगदानों' को कुशलता के साथ रेखांकित करते हुए जनपद में क्रान्तिकारी गतिविधियों के नेतृत्व तथा कर्तृत्व का विवरण दिया गया है। अमृतलाल नागर द्वारा लखनऊ में बेगम हज़रत महल के साथ सहायता में जाने वालों की सूची में राजा गोंडा देवी बक्श सिंह का सर्वाधिक योगदान दर्शाया गया है। इसी क्रम में क्रान्ति की आखिरी मशाल, लमती लोलपुर का लोमहर्षक संग्राम, सर झुका सकते नहीं, राप्ती का युद्ध जैसे उपशीर्षकों के अन्तर्गत सितम्बर, 1859 में देवी बक्श सिंह के निधन तक की संघर्षमय गतिविधियों की रोचक, तथ्यपरक एवं सरल प्रस्तुति हुई है। 'बैसवाड़ा की वीरता' नामक अन्तिम शीर्षक के अन्तर्गत उन्नाव-रायबरेली क्षेत्र के बैसठाकुरों के गढ़ बैसवाड़ा को रखा गया है। बसै वाडा की शान और आत्मसम्मान बहुत प्रसिद्ध है। इस क्षेत्र ने 1857 के प्रथम स्वाधीनता संग्राम में अपना ओजस्वी योगदान बनाया था। बाबू कुँवर सिंह की तरह ही शंकरगढ़ (उन्नाव) तालुकेदार राणा बेनी माधव सिंह ने भी छापामार युद्ध कर अंग्रेजों की नाक में दम कर दिया था। लखनऊ में भारतीय सेनापतियों के पराजय के पश्चात् अप्रैल, 1858 में राणा बेनी माधव उन्नाव-रायबरेली के अपने जिलों में आ गये थे और दिसम्बर, 1858 तक अंग्रेजों से लड़ते रहे।

बैसवाड़े की जनक्रान्ति का परिणाम था अंग्रेजों की दुर्दशा। पुस्तक में घटनाक्रमों को अत्यन्त सूक्ष्मता से विवरण देते हुए 1857 के स्वतन्त्रता संग्राम के सभी पक्षों का संस्पर्श किया गया है जो पुस्तक का वैशिष्ट्य है। इसी के साथ लोक में प्रचलित लोक गीतों को भी उद्धृत किया गया है जहाँ 1857 के स्थानीय क्रान्तिवीरों की स्मृतियाँ अद्यवधि प्रेरणास्पद एवं वन्दनीय बनी हुई है। इस प्रकार कुल 119 पृष्ठों में 'उत्तर प्रदेश का 1857 का स्वतन्त्रता-संग्राम' नामक कृति में साहित्य एवं इतिहास के सर्जक मनीषी डॉ. कन्हैया सिंह ने एक ऐसा प्रतिमान प्रस्तुत किया है जो उन्हें उन महान् साहित्यकारों, कवियों एवं आलोचकों की कोटि में रखता हैं जिन्होंने इतिहास, संस्कृति एवं परम्परा का भी तथ्यपरक, प्रामाणिक एवं सर्वांगपूर्ण लेखन किया है। वस्तुतः 1857 के प्रथम स्वात्र्यसमर का प्रामाणिक इतिहास इसी प्रकार के ग्राम, जनपद, क्षेत्र एवं प्रदेश के संकलित इतिहास से ही सम्भव है। लेखक ने ठीक ही कहा है कि ''जो खास बात इस पुस्तक में है, वह 1857 के दौर में जन सहभागिता आम-विद्रोह के तस्वीर जो जिले-जिले, गाँव-गाँव में दिखाई देती है।'' चूँकि इस इतिहास का लेखन एक रचनाधर्मी साहित्यकार ने किया है, इसलिए भाषा, शैली, प्रस्तुति सभी दृष्टियों से भाषायी शुद्धता, तिथिक्रम की परिशुद्धता तथा प्रवहमानता से सम्पन्न है। इस प्रस्तुक की योजना, रचना तथा प्रकाशन के लिए लेखक का व्यक्तित्व एवं कृतित्व श्लाघनीय है। यह पुस्तक इतिहास, साहित्य तथा सामान्य जिज्ञासुओं के लिए तथ्यपरक, प्रेरक एवं रुचिकर होगी, ऐसा विश्वास है।

अध्यक्ष, उत्तर प्रदेश उच्चतर शिक्षा सेवा आयोग
प्रयागराज (उ.प्र.)

खण्ड-5

चिट्ठी-विट्ठी
हाल-ए-ज़ुबानी और

जीवन जगत की बातें

दमयन्ती तिवारी

हिन्दी साहित्य पर असाधारण अधिकार रखने के साथ-साथ मध्यकालीन अवधी के अधिकारी विद्वान् हिन्दी जगत् को चालीस से अधिक समालोचन की पुस्तकों के साथ ही शताधिक शोध निबन्ध देकर हिन्दी को प्रतिष्ठित करने में अपना योगदान करनेवाले, 'पाठालोचन पण्डित' सहज सरल व्यक्तित्व के धनी, स्पष्टवादी, सहयोग की भावना से परिपूरित आदरणीय डॉ. कन्हैया सिंह जी से मिलने एवं उन्हें सुनने का अवसर मुझे विभिन्न विश्वविद्यालयों एवं महाविद्यालयों में होनेवाले कार्यक्रमों में मिला। जिनकी विषय की गहराई, विचारों की उदात्तता, भाषा की प्रांजलता, वाणी का सहज प्रवाह किसी को भी अभिभूत कर सकता है।

उनके व्यक्तित्व की उन सभी विशिष्टताओं को जिन्हें कोई भी प्रत्यक्ष रूप से अनुभव कर सकता है, का प्रमाण है वे पत्र, जिन्हें कुछ महानुभावों—डॉ. गोपीनाथ तिवारी, डॉ. भगवती प्रसाद सिंह, डॉ. माताप्रसाद गुप्त, डॉ. किशोरीदास वाजपेयी, डॉ. विवेकीराय, डॉ. श्यामनारायण पाण्डेय, डॉ. विष्णुकान्त शास्त्री, डॉ. मुरलीमनोहर जोशी एवं अन्य साहित्यकारों, कुछ सम्बन्धियों एवं छात्रों ने डॉ. सिंह को लिखे थे जिन्हें डॉ. सिंह ने अतीत के इस महत्त्वपूर्ण दस्तावेज को बहुत सँभालकर रखा है। कारण उन्होंने इन पत्रों को मात्र पत्र नहीं वरन् अपने स्वजनों का सामीप्यबोध करानेवाली थाती, उनसे प्राप्त होनेवाले आशीर्वाद, स्नेह और आदर के रूप में स्वीकार किया है।

डॉ. सिंह को लिखे गये इन पत्रों की छायाप्रति मुझे उनके सुपौत्र डॉ. विनम्र सेन सिंह प्रवक्ता हिन्दी विभाग, इलाहाबाद विश्वविद्यालय, प्रयागराज द्वारा प्राप्त हुई, जिसमें डॉ. सिंह के द्वारा लिखे गये पत्र तो नहीं हैं, केवल उनको लिखे गये पत्र ही हैं, जो उनके व्यक्तित्व के किसी-न-किसी आयाम को बड़ी ईमानदारी से उद्घाटित करते हैं, जिसके माध्यम से इन पत्रों में आपकी उपस्थिति निरन्तर बनी हुई है।

पाठालोचन एक जटिल कार्य है। यह उसी साधक के द्वारा सम्भव है, जो भाषा की प्रकृति को जानता हो, जिसे उसका ज्ञान हो। पाठालोचन, पाठानुसन्धान में आपका योगदान अप्रतिम है और हो भी क्यों नहीं? आप तो आरम्भ से ही उसके साधक रहे हैं। आपकी इस क्षमता से परिचित क. मुं. आगरा विश्वविद्यालय, हिन्दी तथा भाषा-विज्ञान विद्यापीठ के निदेशक डॉ. माताप्रसाद गुप्त जो स्वयं पाठालोचन के पुरस्कर्ता हैं, जिन्होंने पाठालोचन के सिद्धान्तों के अनुसार अनेक ग्रन्थों का प्रामाणिक पाठ प्रस्तुत किया है आपको 'पाठालोचन का पण्डित' माना है और

पूरे विश्वास के साथ आपको उसी तरह का उत्तरदायित्व भी सौपते हैं कि आप उनकी दो पुस्तकों 'चान्दायन' एवं 'मृगावती' पर अपना विचार लिखें। इनसे सम्बन्धित लेख भी किसी पत्रिका के लिए लिखें तथा परमेश्वरी लाल के संस्करण की तुलना में इनको रखकर पाठ्य निर्धारण एवं वस्तु विवेचन की दृष्टि से इस पर विचार करें। 15.02.1968 को डॉ. गुप्त द्वारा आपको लिखे गये इस पत्र में इसे देखा जा सकता है 'चान्दायन' एवं 'मृगावती' के मेरे संस्करण तुम्हें मिल गये होंगे...'सूफ़ी साहित्य तुम्हारा शोध का विषय है' और पाठालोचन के तुम पण्डित हो। 'अतः इन दोनों विषयों में अपना विचार लिखना'। साथ ही उन्होंने यह भी लिखा है कि, ''इन दोनों के अध्ययन के अनन्तर इनके सम्बन्ध में किन्हीं पत्रिकाओं में लेख भी लिख सको तो अच्छा है। डॉ. परमेश्वरी लाल के संस्करण देखे ही हैं। उनकी तुलना में इनको रखकर पाठ्य निर्धारण तथा वस्तु विवेचन की दृष्टियों से भी इन संस्करणों पर लेखों में विचार करना।'' इस गुरुतर दायित्व का निर्वहन तो उसी व्यक्ति के द्वारा सम्भव है, जिसमें विषय की गहराई और पाठ्य निर्धारण की सूझ हो। डॉ. गुप्त आपकी इस विशिष्ट क्षमता से परिचित थे।

जब आपकी नियुक्ति क. मु. आगरा विश्वविद्यालय में हिन्दी तथा भाषा विज्ञान विद्यापीठ में हुई तो डॉ. माताप्रसाद गुप्त द्वारा 13.11.1968 को आपको पत्र लिखकर न केवल नियुक्ति पत्र की स्वीकृति की सूचना दी गयी बल्कि यह भी बताया गया कि आपको क्या पढ़ाना है ''तुम्हें एक तो IV प्रश्न पत्र लोरकहा चान्दायन का मेरा पूर्ववर्ती संस्करण' तथा 'पद्मावत' देने की सोच रहा हूँ। दूसरे पाठालोचन प्रश्नपत्र का वह भाग जो हिन्दी में हुए पाठालोचन के कार्य तथा वर्णमाला के इतिहास से सम्बन्ध रखता है आशा है इनको तुम रुचि से कर सकोगे।'' आपने उस कार्य को रूचि से किया ही नहीं बल्कि उस कार्य को शिखर तक ले जाकर उस कार्य के प्रति अपनी निष्ठा सिद्ध कर दी।

किसी भी विषय पर आपकी लेखनी इस प्रकार चलती है कि उसमें किसी भी प्रकार के संशोधन की आवश्यकता नहीं रहती है, इसका प्रमुख कारण है आपका चिन्तन, विषय की गहराई एवं आलोचनात्मक दृष्टि। आपके द्वारा की गयी हलधर कृत 'सुदामा चरित्र' की समीक्षा प्राप्त कर स्नातकोत्तर हिन्दी विभाग, भागलपुर विश्वविद्यालय, भागलपुर विहार से 01.05.1968 को सियाराम तिवारी जी ने आपको प्रेषित पत्र में लिखा है—'हलधर कृत 'सुदामा चरित्र' की समीक्षा प्राप्त हुई, आपने अधिकार एवं सहानुभूति के साथ समीक्षा लिखी है, इसमें किसी प्रकार के संशोधन की आवश्यकता नहीं है।''

इसी प्रकार इन्दौर से नन्दलाल भारती आपके लेख 'आलोचना का सौन्दर्य विमर्श' पढ़कर इतने प्रभावित हुए कि आपको पत्र लिखने से अपने को रोक नहीं पायें उन्होंने (तिथि नहीं है) लिखा है, ''आपका आलेख 'आलोचना का सौन्दर्य विमर्श' पढ़ने का सौभाग्य प्राप्त हुआ। आपने इस आलेख के माध्यम से आलोचना की विषयवस्तु, मर्म, रूप विन्यास और अलंकार के महत्त्व को जिस ढंग से परिभाषित किया है, सचमुच वह अनुकरणीय है। ज्ञानवर्द्धक और आलोचना के गुर आमजन तक पहुँचाने के लिए आप बधाई के पात्र हैं, आपका यह लेख नवलेखकों को दिशा निर्देशित करने में सक्षम है।''

आज के भौतिकवादी युग में जहाँ लोग किसी भी कार्य को करने के पूर्व ही यह देखते हैं कि उनको इससे कितना लाभ होगा, कितना प्रचार-प्रसार होगा, वहीं आप इस प्रवृत्ति से विरत

हैं। प्रचार-प्रसार से मुक्त आप द्वारा साहित्य और साहित्यकारों को विशेष महत्त्व दिया गया। आप द्वारा आजीवन राष्ट्र भाषा हिन्दी के लिए संघर्षरत, चिन्तक, अन्वेषक डॉ. चन्द्रबली पाण्डेय की जयन्ती मनाये जाने की सूचना पाकर कनखल से 04.05.1969 को कि. दा. वाजपेयी (किशोरी दास वाजपेयी) जी ने जो पत्र आपको लिखा उससे आपके व्यक्तित्व की उपर्युक्त विशिष्टता उद्‌घाटित होती है कि, ''आप साहित्यिक सन्त (चन्द्रबली पाण्डेय) की जयन्ती मना रहे हैं, यह जानकर सुख मिला। आजकल तो लोग रंगीले और सुरीले लोगों को पसन्द करते हैं—नेता अभिनेता को सिर माथे लेते हैं, ऐसे समय में सूखे ऋषि की ओर आपका ध्यान गया यह बड़ी बात है।''

आपको लिखे गये विभिन्न विद्वानों डॉ. गोपीनाथ तिवारी, डॉ. आनन्द प्रकाश दीक्षित, डॉ. विवेकी राय के पत्र तथा अन्य बहुत से पत्रों में कुछ जिज्ञासाएँ भी आपके समक्ष रखी गयी हैं। यथा—

किसी रचनाकार के जन्म एवं देहावसान की तिथि जानने से सम्बन्धित या पाठ-सम्पादन से सम्बन्धित, सेमिनार से सम्बन्धित या किसी पुस्तक की जानकारी से सम्बन्धित या कोई अन्य।

उदाहरणार्थ—डॉ. विवेकीराय द्वारा 31.05.1996 को आपको प्रेषित पत्र द्रष्टव्य है, जब वे लिखते हैं, ''श्यामनारायण पाण्डेय की जन्म और निधन तिथि की आवश्यकता है। आपको जानकारी हो तो कृपया बतायें आभारी रहूँगा'। इसी पत्र में वे पुनः लिखते हैं कि ''गाजीपुर जिले के पं. रामनाथ त्रिवेदी को लिखे गये राहुल जी के कुछ पत्र मेरे पास हैं, इनका क्या उपयोग होगा?'' ऐसा प्रतीत होता है कि उनके प्रश्न का उत्तर आप द्वारा प्रेषित किसी पत्र में मिल गया होगा, तभी वे आपको प्रेषित 1-9 (सन् नहीं है) के पत्र में आभार प्रकट करते हुए लिखते हैं, ''आपने तत्परता से मेरा कार्य कर दिया, बहुत आभारी हुआ।''

इसी प्रकार डॉ. वासुदेव सिंह आपसे अपेक्षा करते हैं कि आप द्वारा द्वितीय राजभाषा विधेयक (उर्दू) का पूर्ण विरोध होना चाहिए। 30.11.1985 को लखनऊ से उनके द्वारा आपको प्रेषित पत्र से यह तथ्य प्रमाणित होता है, ''द्वितीय राजभाषा विधेयक (उर्दू) के प्रबल विरोध में आपकी पूर्ण शक्ति लगनी चाहिए।'' आपके छात्र भी सहज ही आपसे कभी अपने विषय से सम्बन्धित जानकारी, तो कभी किसी पुस्तक को उपलब्ध कराने की बात आपको प्रेषित पत्रों में करते हैं। उपर्युक्त पत्र आपके व्यक्तित्व की सहजता और सहयोग करने की भावना को स्पष्ट करने में सक्षम है।

इसके अतिरिक्त आपके सम्बन्धी भी बड़ी सहजता से अपने मन की बात आपसे बड़े विश्वास के साथ करते थे, जिससे आपसे सहयोग प्राप्त किया जा सके। क्योंकि उन्हें पूर्ण विश्वास था कि आप उनका सहयोग करेंगे। आपके सम्बन्धी रामनगीना सिंह द्वारा आपको प्रेषित पत्र इसी आशय का है, जो 28.12.1989 को पूना से लिखा गया है, ''आपने मेरे सभी प्रश्नों का हल भेज दिया है मैं निश्चिन्त हूँ।'' इसी पत्र में वे अपने पुत्र के विवाह में आपको अपना प्रतिनिधि मानते हुए लिखते हैं, ''आप हमारे भी प्रतिनिधि हैं। मात्र लड़की के चाचा या ताऊ ही नहीं हैं जैसा तय करियेगा मुझे भी सूचित कर दीजियेगा। अर्थात् अपने बेटे के विवाह में वे आप पर उत्तरदायित्व सौंपकर निश्चिन्त हैं। उन्हें आप पर भरोसा है कि आप जो भी करेंगे वह सबके पक्ष में हितकर होगा।'' लेकिन इसी विवाह में आपके भाई से कुछ कटुता होने पर वे आपसे ही उस

समस्या का समाधान भी चाहते हैं। दिनांक 15.11.1998 से लिखे गये पत्र में इसका स्पष्ट उल्लेख है कि, "आपसे मेरा अनुरोध है कि आप किसी भी दिन गोरखपुर जाकर जो काँटा मुझे आपके भाई ने चुभाया है किसी तरह निकाल दें।" निश्चित रूप से आपका व्यक्तित्व ऐसा है कि, कोई भी अपनी बात खुलकर आप से कह सकता है, तभी तो वे आपके भाई की बात आपसे ही इतनी सहजता से कह पाये हैं।

राजनीति के क्षेत्र में आपकी लोकप्रियता का प्रमाण है आपका नगरपालिका का निर्विरोध चुनाव जीतना। इससे यह सिद्ध होता है कि आप अपनी वैचारिक प्रतिबद्धताओं के बाद भी सबके बीच निश्चित ही एक निष्पक्ष, ईमानदार, कर्मठ एवं वैचारिक भिन्नताओं को सम्मान देनेवाले, उदात्त व्यक्तित्व के धनी हैं। आपके नगरपालिका के अध्यक्ष बनने पर अपनी प्रसन्नता व्यक्त करने के लिए बहुत-से पत्र आपको लिखे गये, जिनमें आपसे बहुत-सी अपेक्षाएँ भी की गयी हैं। देवेन्द्र नाथ राय नें 21.07.1971 को प्रेषित पत्र में लिखा है कि, "आप नगरपालिका आजमगढ़ के निर्विरोध अध्यक्ष चुन लिए गये 'आपकी छत्रच्छाया में नगर का जीवन सुखी एवं सम्पन्न अवश्य होगा।' इसी प्रकार का एक पत्र मड़ियाहू से 10.07.1971 को (विधान सभा सदस्य) जगन्नाथ राव ने लिखा 'आप नगर पिता नहीं नगर पुत्र को हार्दिक बधाई।' अब शिक्षा के पुनीत मन्दिर से निकल कर राजनीति के कंकरीले पथ पर आये हैं।"

आपका समावेशी व्यक्तित्व ऐसा है कि भिन्न वैचारिक राजनीतिक प्रतिबद्धता रखनेवाले लोग भी आपसे प्रभावित होते रहे हैं। आपकी राजनीतिक क्षमता को डॉ. मुरली मनोहर जोशी संसद सदस्य (राज्य सभा) द्वारा 23 नवम्बर, 1994 को आपको प्रेषित पत्र में देखा जा सकता है, जिसमें उन्होंने लिखा है कि, "श्री रामधन जी जब तक परिगणित जाति आयोग के अध्यक्ष हैं, तब तक उनके लिए किसी अन्य राजनैतिक दल में जाना शायद सम्भव नहीं है।" हो सकता है कि जोशी जी ने स्वयं उनका मन जानने का प्रयास किया हो, लेकिन उनका कोई स्पष्ट मत उन्हें नहीं मिल पाया हो। उसी पत्र में वे लिखते हैं कि, "यदि आपका अनुमान ऐसा है कि वे आने में तत्पर हैं तब आप मुझे अवगत करायें। मैं भी यहाँ उनको इस दृष्टि से सम्पर्क करूँगा।" जोशी जी को निश्चित रूप से यह विश्वास था कि आप ऐसा करने में सक्षम हैं और सफल होंगे। ऐसा उनके पत्र से स्पष्ट है।

अनेक विद्वानों द्वारा आपको लिखे गये पत्र, आपके व्यक्तित्व के विभिन्न पक्षों पर प्रकाश डालते हैं। अपनी संस्कृति और परम्परा के मूल से सम्बद्ध, साहित्य साधना में रत, सबके आदरणीय एवं स्नेही, अपने ज्ञान राशि में सब्रको सम्मिलित करनेवाले मनीषी, आप में जितनी गहराई है; उतनी ही उदात्तता एवं विस्तार। भौतिक एवं शैक्षणिक उपलब्धि एवं यश के उपरान्त भी आपकी चेतना आपका मनुष्य वास्तविक अर्थों में मनुष्य बना रहा। आपकी सहजता, अहंकार शून्यता, इसका प्रमाण है कि आप आध्यात्मिक प्रज्ञा के हस्ताक्षर हैं, सरस्वती के वास्तविक साधक एवं वरदपुत्र हैं।

एसोशिएट प्रोफेसर, हिन्दी विभाग, दी. द. उपा. गोरखपुर विश्वविद्याल
गोरखपुर (उ.प्र.)

<u>साक्षात्कार</u>

हर तरफ बदलाव की होड़ है,
अब पहले जैसा कुछ नहीं बचा...

चितरंजन कुमार

(डॉ. कन्हैया सिंह जी 1 अगस्त, 2020 को अपने जीवन को पचासी वर्ष के हो रहे हैं। लेखन और सामाजिक-राजनैतिक क्षेत्र में निरन्तर सक्रिय डॉ. सिंह भाषा-विज्ञान, पाठालोचन और सूफ़ी साहित्य के अधिकारी विद्वान् हैं। अपने ही रूपरंग कद-काठी पर ठिठोली करने वाले कन्हैया सिंह घूम-फिरकर आजमगढ़ में ही केन्द्रित रहे। पैरों में शनीचर का वास। मुँह अँधेरे जाग जागकर सुबह तक लेखन और शाम को दोस्त-मित्रों के साथ गपशप, देश-दुनिया की चर्चा। साहित्य और समाज पर प्रभूत लेखन। शैली लोकल है, दृष्टि उतनी ही ग्लोबल। रंग जितना स्थानीय है, राग उतना ही वैश्विक। डॉ. कन्हैया सिंह का यह साक्षात्कार डॉ. चितरंजन कुमार, असिस्टेण्ट प्रोफेसर, हिन्दी विभाग, इलाहाबाद विश्वविद्यालय ने दिनांक 25 जून, 2020 को 6एफ, बैंक रोड, प्रयागराज पर लिया था।)–सं.

सबसे पहले तो आपको जीवन के 85 वर्ष पूरे करने की बहुत-बहुत बधाई। आपका साहित्यिक जीवन रहा है, राजनैतिक जीवन भी रहा है। उम्र के अलग-अलग पड़ावों से आप गुजरे। जीवन में अलग-अलग चीजें आयीं। मैं जो सबसे पहले जानना चाहता हूँ कि जहाँ आपका जन्म हुआ आजमगढ़, साहित्य की दुनिया में बहुत महत्त्वपूर्ण स्थान रखता है। शिबली नेशनल कॉलेज, राहुल सांकृत्यायन, हरिऔध जी, कई बड़े शायर-फनकार, एक केन्द्र रहा है आजमगढ़ समाज में संस्कृति का। आपका जो बचपन बीता वो कैसा है? आज जब आप मुड़ कर देखते हैं पचासी वर्ष की अवस्था के बाद उन पुराने दिनों को, बचपन के दिनों को, उस पूरे समाज को तो आज कैसे देखते हैं ?

ऐसा है कि हमारा बचपन तो गाँव में बीता। आजमगढ़ से बीस किलोमीटर की दूरी पर शहर से दूर भीतरी हिस्से में ऐसा गाँव था कि जहाँ बरसात के दिनों में जब पानी बरसता था तो चारों तरफ इतना जल प्लावन हो जाता था कि गाँव से निकलना मुश्किल हो जाता था। ऐसे कठिन

जगह मेरा जन्म हुआ और वो ज़माना यद्यपि अंग्रेजी शासन का था किन्तु राजकर्म में उर्दू का वर्चस्व था। उस समय विद्यालय और स्कूल शब्द प्राथमिक विद्यालयों के लिए नहीं चलते थे बल्कि मदरसा चलता था। जो प्रारम्भिक कक्षाएँ कक्षा एक के पहले चलती थीं, वो आज की तरह से प्ले स्कूल जैसा नाम नहीं होता था, बल्कि अल्लिफ़ और बे कहते थे। अ और ब भी नहीं। तो ऐसे जमाने में ऐसी जगह पर मेरा जन्म हुआ। कहने के लिए तो मेरा घर गाँव के अमीर लोगों में था, लेकिन वो अमीर केवल इसी अर्थ में था कि 'अन्धों में कनवाँ राजा'। गरीबों के बीच में थोड़ी खेतीबारी, अच्छे ढंग से जीवन चलना, पिता रंगून में कमाते थे तो थोड़ा ठीक-ठाक ढंग से जीवन चल जाता था, तो इसीलिए कहते थे कि यह अमीर घर के दो-चार लोग हैं। हमारा घर राहुल सांकृत्यायन के घर से केवल डेढ़ किलोमीटर की दूरी पर है। बचपन में कैसे जीवन बीता वो तो याद नहीं। पाँच वर्ष के बाद जब मैं विद्यालय में गया, उस समय नंगे पैर और कोई धोती और कुर्ता पहनकर के कन्धे पर गमछा रख के गमछे में ही झोला बनाकर उसमें कुछ भूजा रखकर खाते हुए ही स्कूल जाता था। यही हम लोगों का नाश्ता था। स्कूल की पढ़ाई के बाद जब बीच में एक घण्टे का अवकाश होता था, तो जो दूर के अध्यापक थे वो अपना खाना बनाते थे और हम लोग गाँव में जाकर खाना खा आते थे। शाम तक पढ़ने के बाद फिर अपने घर जाते थे। उस समय प्राथमिक विद्यालय भी बहुत ज्यादा नहीं थे। राहुल जी का जन्म तो उनके ननिहाल में हुआ था। पर एक बार वहाँ महामारी आयी तो उस समय वह अपने पैतृक गाँव कनैला आ गये, जो मेरे घर के बिलकुल पास ही में था। तो चार दिन राहुल जी भी उस विद्यालय में पढ़ने आये, जिसमें मेरी पढ़ाई हुई। आज राहुल जी के गाँव में सुपर फ़ैसिलिटी अस्पताल है, डिग्री कॉलेज है, कई इण्टर कॉलेज हैं, राहुल जी के नाम पर भी एक इण्टर कॉलेज है, लेकिन उस समय प्राथमिक पाठशाला भी नहीं थी और हमारे गाँव में पढ़ने आते थे। प्राइमरी में मैंने शायद अल्लिफ़ और बे, यह दो कक्षाएँ एक ही वर्ष में उत्तीर्ण की थी और यह शायद अध्यापकों की गलती थी। क्योंकि कुछ मेरे अन्दर अच्छा देखा तो उन्होंने दो के बदले एक ही साल में मुझे प्रमोट कर दिया। इससे मेरी जड़ कमजोर हो गयी। उसके बाद मैं बहुत ही साधारण विद्यार्थी के रूप में एक से पाँच तक पास किया। एक बात और भी मुझे ध्यान में आती है कि जब मैं विद्यालय जाता था तो थोड़ा पहले पहुँच जाता था और हमारे प्राथमिक विद्यालय के प्रधानाचार्य झूरी राय, पास के गाँव के थे, वो सबेरे ही आ जाते थे, स्कूल पर ही स्नान करके पूजा पाठ करते थे। तो मैं पहले पहुँचता था और मुझे ही यह सौभाग्य मिलता था कि कुआँ से बाल्टी-डोरी खींचकर पानी निकाल-निकाल कर रखता था और वह एक पत्थर की चौकी पर बैठकर स्नान करते थे। फिर उनकी धोती साफ कर मैं धूप में पसारता था। यह मेरे जीवन का एक क्रम रहा। वहाँ के प्राथमिक विद्यालय को पास करने के बाद कक्षा पाँच में गाँव में ही एक स्ववित्तपोषित मिडिल स्कूल में चला गया। पाँच, छह और सात तीन वर्ष मैंने वहीं पढ़ाई की। पाँच में जब मैं पढ़ता था तो बहुत कमजोर विद्यार्थियों में था। लेकिन जैसा मैंने बताया कि गाँव के दो-चार अच्छे खाते-पीते परिवार से था, तो जब छठीं कक्षा में गया तो अध्यापकों ने मुझे टाट पर सबसे पहले बैठाना शुरू कर दिया। कुछ काम देते घर से लिखकर लाने के लिए। जब काम करके लाता और गलतियाँ होतीं, तो अरहर के एक डंठल का डण्डा बनाकर लाते थे और हाथ को फैलाकर कई डण्डे लगाते थे। मामूली नहीं, ऐसा लगाते थे कि आपको महसूस हो कि कुछ लग गया। एक बार ऐसा हुआ कि मैं अपनी पेन्सिल हाथ में लिए हुए था जब मास्टर साहब ने डण्डे से हाथ फैलाने को कहा। मैंने फैला दिया और मेरे अँगूठे में

बहुत चोट आ गयी। लेकिन उनके इस दण्ड-भय का लाभ हुआ। लाभ यह हुआ कि उस समय रात में लड़के कहाँ पढ़ते थे? लेकिन लालटेन जलाकर चारपायी पर ही (स्टूल-कुर्सी तो था नहीं), उसी पर पढ़ता रहता था। ताकि अरहर के डण्डे से मेरी मरम्मत न की जाय। तो उसका नतीजा यह हुआ कि छह में कुछ अच्छा करने लगा और जब सात में गया तो एक यादव जी प्रधानाचार्य होकर आये। उस समय जिला परिषद से मान्यता भी प्राप्त हो गयी थी विद्यालय को, वो दूसरे जगह से प्रधानाचार्य होकर आये। दूर के रहनेवाले थे, जब वह आये, तो उनके खाने-पीने की समस्या थी। जब तक व्यवस्था नहीं हुई, तो मैं अपने घर से खाना लेकर जाता था, इसलिए वो मुझे कुछ विशेष मानने लगे और मुझे जब पुकारते थे तो कहते थे...कन्हई बेटा। पूराना कन्हैया नहीं। उसका परिणाम फिर यह हुआ कि कक्षा सात की परीक्षा में मैं प्रथम श्रेणी में उत्तीर्ण हुआ और दो विषयों में पचहत्तर से ज्यादा अंक मिले। यद्यपि दो लड़के मुझसे आगे थे।

इस दौर में गाँव की जिन्दगी में आप समझिए कि जन्म से लेकर के सात तक, ग्यारह वर्ष इस धुर गाँव में बीता और उतने दिनों तक पैर में कोई जूता या चप्पल नहीं। नंगे पैर ही आना-जाना। उस जमाने में गाँव में कोई ऊनी कपड़ा पहनता नहीं था या पहनने की हैसियत नहीं थी। पड़ोस के गाँव में जुलाहे मोटे कपड़े बनाते थे। उसे मोटा कहते थे। उन्हीं के कुर्ते बनते थे और कहा जाता था कि अब जाड़ा पड़ रही है, थोड़ा जड़ाउर बनवा देना चाहिए, वही हम लोग पहनते थे। यह प्रारम्भिक जीवन जो रहा, वो बहुत तपस्या का जीवन तो नहीं था, क्योंकि वही जीवन उस समय सब जीते थे और बहुत ही प्रसन्नता का जीवन था। जो अभाव थे, जो कठिनाइयाँ थीं, उनको हमलोगों ने कभी कठिनाई समझ कर उस पर विचार नहीं किया। सारा वातावरण ही ऐसा था कि आदमी के अन्दर भोग-विलास की कोई प्रवृत्ति नहीं थी। साधारण सा खाना और साधारण जीवन किन्तु सुखी मन। उस समय गाँव में बहुत ही अच्छा वातावरण रहता था। गाँव में होली के दिनों में चौपाल पर जमीन पर पुआल बिछाकर लोग बैठते थे और कम-से-कम शाम छह बजे से बारह बजे तक लोग होली का गीत झाल और ढोलक के साथ गाते थे। मर्द भी रहते थे और दूसरी तरफ औरतें भी रहती थीं। एक गाना मर्द गाते थे, तो एक औरतें गाती थीं। वो माहौल जिस दिन होली खेलने का दिन होता उस दिन तो सारा गाँव उमड़ पड़ता था। छह टोले का गाँव एक साथ एक सिरे से उठते और गाते बजाते घर घर ....'सदा अनन्द रहे एहि द्वारे, मोहन खेलें होली'। यह गाते हुए द्वार-द्वार तक जाते थे। दो बजे से शुरू होता था और रात दस बजे तक समाप्त होता था। अद्‌भुत आनन्द था।

कोई बचपन के सहपाठी या छात्र जीवन के मित्र जिनकी याद आती हो? कुछ मित्र ऐसे, जो अभी भी याद आते हों? मुड़कर देखने पर पीछे?

मेरे सहपाठियों में प्रारम्भिक जीवन काल में कई मित्र थे, एक पड़ोस के गाँव सोनापुर के रामचन्द्र मेरे घनिष्ठ मित्र थे। मिडिल में ही घनिष्ठ मित्रता हो गयी। हाईस्कूल तक पढ़ने के बाद कलेक्ट्री कचहरी में नौकरी मिल गयी। उनके मामा एम.एल.ए थे। शुरू से हमारा उनका साथ रहा। बाकी और कई लोगों से भी मित्रता थी पर वो आगे पढ़ाई में गये ही नहीं। जो दो आदमी मुझसे अधिक नम्बर पाकर प्रथम श्रेणी पाये थे। उसमें से एक दिल्ली पुलिस में दरोगा हुए और दूसरे वकालत करने लगे। पर आगे के कैरियर में द्वितीय श्रेणी के विद्यार्थी हो गये और पिछड़ते चले गये। रामचन्द्र सिंह ऐसे थे कि जीवन पर्यन्त हमारी मित्रता चलती रही। बाकी उस जमाने का तो कोई ऐसा बचा ही नहीं।

आप शिबली कॉलेज गये। छात्रसंघ के अध्यक्ष भी रहे। आजमगढ़ नगर पालिका के भी अध्यक्ष रहे। साहित्य से राजनीति की तरफ झुकाव कैसे हुआ?

जब मैं आजमगढ़ पढ़ने गया, तो वहाँ का एस. के. पी. कॉलेज में मेरा दाखिला हुआ। एस. के.पी. को क्षत्रिय स्कूल कहते थे, क्योंकि उसका मैनेजमेण्ट क्षत्रियों के हाथ में था, बाकी उस समय के जितने भी अच्छे विद्यार्थी थे वह उसी में पढ़ते थे। वहाँ के अध्यापक भी बहुत अच्छे थे। वहाँ चन्द्रजीत यादव जी पढ़े, बहुत अच्छे पदों पर पहुँचे हुए विद्यार्थी वहाँ से गये। गाँव से मिडिल पासकर आठ में प्रवेश हुआ मेरा। नौ में जब गया शायद 1948 में तो उसी समय 'राष्ट्रीय स्वयंसेवक संघ' पर प्रतिबन्ध लगा। गाँधी हत्या के बाद। उस समय संघ के स्वयंसेवक छोटे-छोटे नौवीं और दसवीं के विद्यार्थी सत्याग्रह कर जेल जाते थे। उनको देखकर मेरे मन में यह उत्सुकता होती थी कि इतने लोग और इतनी कम उम्र में सत्याग्रह कर जेल जा रहे हैं। कैसी भावना उनके अन्दर विद्यमान हुई। उस समय मैं संघ से जुड़ा हुआ नहीं था। उसके बाद जब संघ पर से प्रतिबन्ध हटा तो किसी संघ के कार्यकर्त्ता ने सम्पर्क किया कि संघ की शाखा में चलिये और मैं शाखा जाने लगा। शाखा में तो ऐसे ही जाता था। रोज़-रोज़ शाखा में जाना अच्छा भी नहीं लगता था। कभी-कभी तो कमरा छोड़ कर भाग जाता था शाम को कि अभी आ जायेगा बुलाने के लिए गटनायक। लेकिन मन-बे-मन से जाता था। वैचारिक दृष्टि से तो मुझे यह अच्छा लगा कि बड़े ही समर्पित लोग हैं और यह अच्छा संगठन है। पर रोज़-रोज़ उस काम में लगना नहीं चाहता था। लेकिन एक कार्यक्रम हुआ जिसमें रज्जु भैया आये थे। संघ के बारे मे उन्होंने बताया। एक अध्यापक की तरह से बहुत ही बिन्दुवार उन्होंने समझाया और उसका मुझ पर बहुत प्रभाव पड़ा। वहीं मैं नौवीं कक्षा से ही संघ का स्वयंसेवक बन गया। आगे चलकर जो राजनैतिक जीवन शुरू हुआ और काम बढ़े। संघ का मुख्यशिक्षक तो नहीं रहा पर शाखा कार्यवाह रहा। विद्यार्थी जीवन में ही सायं कार्यवाह बना और आगे चलकर विभाग कार्यवाह भी हुआ। इस प्रकार से एक गैर-राजनैतिक संगठन, आरआरएस का स्वयंसेवक बना और आगे चलकर उसके आनुषंगिक संगठन या राजनैतिक संगठन से भी सम्पर्क हुआ।

शिबली कॉलेज में जब मैं गया बी.ए. में, उस समय मैं 'अखिल भारतीय विद्यार्थी परिषद्' में जिले का अध्यक्ष था। तो वहाँ जब मैं गया तो हिन्दू तो अधिक थे, लेकिन एक तिहाई मुसलमान थे। इसलिए संघ का समर्थित कोई प्रत्याशी छात्रसंघ में नहीं चुना जाता था। लेकिन जब मैं गया, तो एक कम्युनिस्ट जो स्वतन्त्रता संग्राम सेनानी भी रहा छात्रसंघ का चुनाव लड़ रहा था। उसके खिलाफ मैंने एक प्रत्याशी खड़ा किया और उसका मैंने इतना प्रचार किया कि बहुत से लोग समझते थे कि मैं ही वो प्रत्याशी हूँ। मेरा प्रत्याशी चुनाव हार गया और कम्युनिस्ट जीत गया। परन्तु विद्यार्थियों में मेरी एक छवि बन गयी कि यह बहुत ही मेहनती कार्यकर्त्ता है। उस समय अलीगढ़ विश्वविद्यालय का एक लड़का जिससे मेरी मित्रता थी, वह मुझसे कहता भी था, 'अरे यार तुम तो बहुत अच्छे आदमी हो। तुम संघ में कैसे चले गये?' मैंने कहा देखो अच्छे ही लोग संघ में जाते हैं, तुम्हारे जैसे आदमी नहीं। उसी के बाद जब दूसरे साल छात्रसंघ का चुनाव हुआ तो मैं अध्यक्ष का चुनाव लड़ गया और मुसलमानों ने आपस में बैठक कर यह तय किया कि अब कोई मुस्लिम प्रत्याशी नहीं खड़ा होगा। सब मिलकर इसके विरुद्ध जो सबसे मजबूत प्रत्याशी है, उसका समर्थन करेंगे। इधर मेरे पड़ोस में रहनेवाला मेरा क्लासफ़ेलो ही चुनाव लड़ गया। भागवत सिंह

मुख्तार का लड़का था। मेरे लिए बहुत समस्या हो गयी। हम लोगों ने भी एक मुसलमान प्रत्याशी खड़ा किया। जैसे ही एक प्रत्याशी मैदान में आया, वैसे ही संख्या तीन हो गयी। परिणाम यह हुआ कि मैं अध्यक्ष बन गया। जीत के बाद भी बहुत संघर्ष रहा। कॉलेज का प्रशासन मुसलमानों का था, कोई काम नहीं करने देते थे। इम्तहान के आखिर तक संघर्ष जारी रहा। मैंने हिन्दी, अर्थशस्त्र और अंग्रेजी साहित्य लिया था। अंग्रेजी न लेता तो गाड़ी पार हो जाती लेकिन अंग्रेजी में नम्बर नहीं मिला। सब जोड़-घटा कर दो नम्बर से मेरी प्रथम श्रेणी रुक गयी। मेरिट लिस्ट से भी चूक गया। उसके बाद जब एम.ए. के लिए इलाहाबाद विश्वविद्यालय आया, तो मैंने राजनीति से अपने को अलग कर लिया, लेकिन वहाँ भी एक नुकसान हुआ कि मैं बी.ए. आजमगढ़ से किया था और जो वहीं से बी.ए. किये थे, वो अध्यापकों के ध्यान में ज्यादा थे। डॉ. धीरेन्द्र वर्मा, रामकुमार वर्मा और माताप्रसाद गुप्त यह प्रमुख अध्यापक वहाँ के थे।

इलाहाबाद विश्वविद्यालय के जीवन के बारे में अगर बतायें तो? आप साहित्य और कानून दोनों के विद्यार्थी रहे?

इलाहाबाद का जीवन तो बड़ा ही भव्य और दिव्य था। मेरे समय में संस्कृत के हेड थे क्षेत्रेश चन्द्र चट्टोपाध्याय। वेद के प्रकाण्ड पण्डित थे। खड़ाऊँ पहनकर आते थे और चोटी में तुलसी की माला की मनियाँ बांधे रहते थे, लेकिन राहुल जी जैसे नास्तिक और कम्युनिस्ट ने जब ऋग्वैदिक आर्य लिखी, तो चट्टोपाध्याय जी को समर्पित किया और लिखा कि 'उत्तरी भारत के वेद के सबसे बड़े पण्डित क्षेत्रेश चन्द्र चट्टोपाद्याय'। डॉ. ईश्वरी प्रसाद इतिहास में बहुत बड़ा नाम, फिराक साहब, साइंस में राजेन्द्र प्रसाद सिंह रज्जु भैया, विजय देव नारायण साही, इस प्रकार के इमिनेंट प्रोफ़ेसर्स से इलाहाबाद विश्वविद्यालय सुशोभित था। शिक्षा का बहुत बड़ा माहौल था। शिक्षा को बाधित और विकृत करने का काम उस समय भी विद्यार्थियों का कम्युनिस्ट फोरम करता था। हड़ताल करता था। हमारे समय एक लखन सिंह था, उसने भूख हड़ताल किया, बारह दिन तक, लड़कों की सहानुभूति बढ़ गयी, जुलूस कुलपति के बंगले तक पहुँच गया। भैरव नाथ झा कुलपति थे। लोक सेवा आयोग के भीतर एक बंगले में रहते थे। उनके बंगले को छात्रों ने घेर लिया। उसी रात में एक मीटिंग हुई। के.पी. कॉलेज के सामने मुंशी हरिनन्दन प्रसाद का घर था। उसी में मीटिंग हुई। उसके बाद लड़कों को पता चला वहाँ भी जाकर घेर लिए। कार्यकारिणी में इतने इमिनेंट लोग थे, पर छात्रसंघ का समर्थन करते थे। कन्हैया लाल मिश्र ट्रेजरार थे। उस समय ट्रेजरार बहुत ताकतवर होता था। वीसी के बराबर। रातों-रात उन्होंने निर्णय लिया कार्यकारिणी के मीटिंग के बाद विश्वविद्यालय शाइन डाई कर दिया जाय और विश्वविद्यालय सेना के अधिकार में चला गया। अभिभावकों से अण्डरटेकिंग लेकर विश्वविद्यालय खोला गया। उसके बाद विश्वविद्यालय का अकादमिक माहौल बहुत अच्छा रहा।

दूधनाथ सिंह जी आपके सहपाठी थे?

दूधनाथ का तीसरा स्थान था, मेरा पाँचवाँ स्थान था। उस समय दोनों वर्ष मौखिकी होती थी। रामकुमार पहले वर्ष वाइवा लेते थे और धीरेन्द्र वर्मा दूसरे वर्ष। अधिकतम नम्बर उन्होंने 85 दिया और मुझे 65 मिला। लेकिन जब मेरी पोजीशन अच्छी नहीं हुई और प्रथम श्रेणी भी एक नम्बर से रुक गयी, तो रामकुमार वर्मा ने मुझसे बुला कर कहा कि तुम अच्छे विद्यार्थी

हो। मैं तो समझता था कि तुम मीडियाकर हो। नहीं तो तुम्हें भी 80 अंक मिल जाता। बाद में वह मास्को चले गये। एक वर्ष के लिए। मैंने भी गुस्से में एल. एल. बी. में प्रवेश ले लिया।

आप साहित्य से कानून कि तरफ इन्हीं कारणों से मुड़े?

हाँ! कारण केवल रिएक्शन था। मेरे साथ बहुत अन्याय हुआ है और हिन्दी छोड़ कर मैं एल एल. बी. करूँगा और फिर वकालत करूँगा। लेकिन खेल ही खेल में मैं 5वीं पोजीशन पर आ गया। परीक्षा फल निकला तो एक सज्जन ने कहा कि आपको बहुत बधाई। आपका नाम मेरिट लिस्ट में आ गया। उसके बाद थोड़ी परिस्थिति बदली। उस समय चान्सलर मेडल प्रथम वर्ष के प्रदर्शन पर भी मिलता था। जिस कमेटी ने मूल्यांकन किया, उसने मुझे चुना। कारण हिन्दी से आकर अच्छे प्रदर्शन के लिए। दूसरे वर्ष मैंने टॉप किया। प्रो. के. के. भट्टाचार्य, जो 'आजाद हिन्द फौज' में भी थे, वो चाहते थे कि विश्वविद्यालय में ही मेरी नियुक्ति हो जाय, लेकिन मैनेजमेण्ट ने अपने किसी खास आदमी को रख लिया।

कभी काली कोट भी पहनी क्या आपने? प्रैक्टिस किये?

हाँ! सवा साल तक आजमगढ़ की दीवानी कचहरी में मैंने वकालत की। अगर हाईकोर्ट में रहता, तो इसी क्षेत्र में रह जाता, पर घर की परिस्थिति ऐसी नहीं थी। फिर जौनपुर में तिलकधारी कॉलेज में विधि के प्रवक्ता के पद पर मेरी नियुक्ति हो गयी। एक एल.एल.एम भी आये थे। पर मेरा चयन हुआ, मेरे कैरियर के कारण। एक-सवा वर्ष वहाँ अध्यापन किया। फिर आजमगढ़ में डी.ए.वी. कॉलेज में हिन्दी की जगह खाली हुई। मैं वहाँ चला गया। हिन्दी के आकर्षण से नहीं, घर और आजमगढ़ के आकर्षण से।

छात्र जीवन से एक अंतिम प्रश्न कि इलाहाबाद विश्वविद्यालय में आप रहे हॉलैन्ड हॉल छात्रावास में रहे? छात्र जीवन की और छात्रावास के जीवन की कोई याद हो? कोई घटना? कुछ मधुर स्मृतियाँ?

उस समय छात्रावासों का वातावरण बहुत अच्छा था। हॉलैण्ड हॉल जो आज सबसे खराब छात्रावास माना जा रहा है, उस समय हॉलैण्ड हॉल भी अपने ढंग से बहुत अच्छा था, खेल-कूद में सबसे अव्वल था। हॉलैण्ड हॉल, हिन्दू और केपीयूसी, जिन्हें कॉलेज भी कहते थे, उसमें ट्यूटोरियल कक्षाएँ चलती थीं। एस. सी. देव अंग्रेजी के हेड थे, उनके भाई देव साहब हॉलैण्ड हॉल में अंग्रेजी की क्लास लेते थे। उदय नारायण तिवारी हिन्दी की क्लास लेते थे। सी. एम. चटर्जी ईसाई थे। वह उसके प्राचार्य थे। बंगाली ढंग से धोती-कुर्ता पहनकर राउण्ड पर आते थे। प्रेम पूर्वक विद्यार्थियों से मिलते थे। उनका भी मुझे बहुत स्नेह मिला। मैं छात्रावास के साहित्य परिषद का मन्त्री था। छात्रावास से पत्रिका भी निकलती थी। उसका सम्पादक भी मैं था। उस समय बाहर से जो विद्वान् आते थे, उन्हें व्याख्यान के लिए छात्रावासों में आमन्त्रित किया जाता था। राहुल सांकृत्यायन आये थे, तो उनका भी व्याख्यान हुआ। मेरे आमन्त्रण पर। उनके व्याख्यान में तो मैंने उनसे कोई प्रश्न नहीं पूछा पर लाउदर रोड पर बी. एन. प्रसाद के मकान पर मैंने उनसे बातचीत में कुछ सवालात किये। भोजपुरी में बात हुई। तभी से मेरा उनसे आत्मीय सम्बन्ध हो गया। तो यह छात्रावास की ही देन कह लीजिए। तीन वर्ष बाद मैंने छात्रावास छोड़ दिया। कारण भोजन था। मम्फ़ोर्डगंज रहने लगा, अपने मित्र महेन्द्र के साथ।

आगे फिर पारिवारिक स्थिति के कारण मुझे एल एल.एम. की पढ़ाई बीच में ही छोड़कर घर जाना पड़ा, तभी वकालत करने लगा।

मैं आपकी रचनाओं से गुजर रहा था। आपकी पुस्तकों को पढ़ा। पाठालोचन में आपने गम्भीर काम किया। कहानियाँ भी लिखीं हैं। आपात्काल पर संस्मरण भी लिखा। लेकिन मुझे लगता है कि आपका मन बार-बार लौटकर मध्यकाल पर जाता है। तुलसी की ओर जाता है। जायसी की तरफ जाता है। तो क्या मध्यकाल आपको ज्यादा आकर्षित करता रहा है?

देखिये ऐसा है कि मध्यकाल मुझे क्या कोई भी व्यक्ति जो गम्भीरता से साहित्य का अध्ययन करेगा उसको मध्यकाल आकर्षित करेगा। नामवर जी तो मार्क्सवादी थे, लेकिन एक बार उनसे किसी कार्यक्रम में सवाल पूछा गया कि तुलसीदास के बारे में आपकी क्या धारणा है? उन्होंने कहा कि तुलसी को निकाल दिया जाय तो बचेगा क्या? मैंने एक उदाहरण से यह बताया। लेकिन जायसी पर जो मैंने किताब लिखी है, उस किताब को यदि आप पढ़ें तो देखेंगे कि जायसी न केवल बहुत बड़ा कवि था, बल्कि बहुत बड़ा राष्ट्रवादी था। अगर जायसी के रास्ते पर यह देश चलता तो शायद देश का बँटवारा भी नहीं होता और हिन्दू-मुसलमानों में वैमनस्यता नहीं होती। मध्यकाल में रीतिकाल भी आता है। कबीर, तुलसी, जायसी हों इनकी धाराओं के अतिरिक्त वो भी सामान्य नहीं है, क्योंकि रीतिकाल ने भी सहित्यिक दृष्टि से बहुत बड़े अभाव की पूर्ति की थी। इस लिए पूरा मध्यकाल हिन्दी साहित्य के इतिहास का बड़ा ही गौरवपूर्ण अध्याय है। इसलिए इसको नज़रअन्दाज़ नहीं किया जा सकता। लेकिन आगे चलकर जो समाजवादी और मार्क्सवादी विचारों का प्रभाव आधुनिक जीवन में बहुत पड़ गया, उसके दो मुख्य कारण थे। एक तो दुनिया में रूस का अभ्युदय, बाद में चीन का अभ्युदय और रूस के द्वारा लम्बे समय तक 'सोवियत लैण्ड पत्रिका' इस देश में आती थी और उसका उपयोग साहित्य के क्षेत्र में लगे लोगों के लिए भी होता था। इससे भी और कुछ आधुनिकता का नया नशा होने के नाते यह मध्यकाल लोगों के दिमाग से उतर गया। आप तो विश्वविद्यालय में हैं? आप देखते होंगे! मध्यकाल का अधिकारी विद्वान् निश्वविद्यालयों से नदारद हैं। एक तो यह कि कोई भी क्षेत्र आप लीजिये तो गहराई से अध्ययन कीजिये। उसके ऊपर आपका नियन्त्रण होना चाहिए 'जैक ऑफ ऑल ट्रेड्स एण्ड मास्टर ऑफ नन' यह कोई लड़ाई नहीं है।

मध्यकाल के विशेषज्ञ कम हो गये हैं। वैसे ही पाठालोचन में भी शून्यता दिखायी पड़ रही है?

पाठालोचन में शून्यता ऐसे है कि यह विषय बहुत ही श्रमसाध्य है। अब कहाँ इतना समय है किसी के पास कि अपनी आँख फोड़े उन पुरानी पाण्डुलिपियों पर। इसलिए बड़ी आसानी से आधुनिक साहित्य या कुछ और समकालीन विषयों को लोग अपनी विशेषज्ञता चुन लेते हैं।

इससे जुड़ा एक प्रश्न है कि 'पद्मावत' को आपने 'पदुमावति' कहा?

देखिये ऐसा है कि यह तो बहुत रोचक प्रसंग है। आप यह बताइए कि 'पद्मावत' का अर्थ क्या हुआ? अगर इसका विच्छेद किया जाय तो 'पद्मावत' होगा। 'पद्मावत' किसी का नाम भी नहीं है। जब 'मृगावति' निकली, 'मधुमालती' बाद में निकली तो यह 'पद्मावत' कहाँ से हुआ? 'पदुमावति' क्यों नहीं? परम्परा की बात यह है। रामचन्द्र शुक्ल से पहले जब ग्रियर्सन ने 'पदुमावति' का सम्पादन शुरू किया था, तो उस पर नाम अंग्रेजी में लिखा है। उसे 'पदुमावति'

या 'पदुमावती' जो चाहे पढ़ें। उसके बाद 1925 में लाला भगवान दीन ने 'हिन्दी साहित्य सम्मेलन' से सम्पादन किया। उसका नाम 'पदुमावती' रखा। किन्हीं कारणों से यह दोनों कार्य अधूरे रह गये। जब शुक्ल जी ने सम्पादन किया तो मुझे बड़ा आश्चर्य होता है कि रामचन्द्र शुक्ल जैसा विद्वान् प्रतिभाशाली व्यक्ति यह चूक कैसे कर बैठा। शायद क्विंस कॉलेज के अध्यापक थे और चन्द्रप्रभा प्रेस से एक संस्करण निकला था, जिसका नाम उन्होंने 'पद्मावत' रखा था। 'नवल किशोर प्रेस' ने भी यही रखा। शुक्ल जी ने भी उसी परम्परा में 'पद्मावत' रख दिया। माताप्रसाद जी और वासुदेव शरण अग्रवाल ने भी इसी परम्परा में खुद को जोड़ लिया। लेकिन 'पदुमावति' के प्रथम-खण्ड में ही कम-से-कम बीस-पचीस जगह 'पदुमावति' आया है। 'पदुमावति कमला रस जोती'। 'पदुमावति सो कहई विहंगम'। पद्मिनी या पदुमावति। यह तो अन्तरंग सम्भावना है। बहिरंग में मैनुस्क्रिप्ट। चार मैनुस्क्रिप्ट का अध्ययन मैंने किया। जो भगवती प्रसाद सिंह जी के पास थीं। उसमें एक जायस की प्रति है। फारसी-लिपि में ह्रस्व और दीर्घ के जो निशान होते हैं (पेश, जबर, जेर) वो हाथ के लिखे में लिखते नहीं हैं। इसलिए कुछ का कुछ पढ़ा जा सकता है। लेकिन जायस वाली मैनुस्क्रिप्ट में यह सब निशान लगे हुए हैं। उसमें बहुत स्पष्ट रूप से 'पदुमावति' नाम लिखा है। अंग्रेज तो 'पदुमावति' पकड़ लिए, लेकिन हिन्दी के प्रकाण्ड विद्वान् लोग पद्मावत पर अटक गये।

आपकी एक किताब है, 'उदार इस्लाम का सूफ़ी चेहरा'। इस्लाम में जो सूफ़ीमत आया, इसको लेकर दो अलग-अलग मत हैं। कुछ आलोचक यह मानते हैं कि यह परम्परा से विद्रोह है। उसे सकारात्मक दृष्टिकोण से नहीं देखते हैं। वहीं दूसरा मत यह कि सूफ़ीमत परम्परा का परिमार्जन है। आप सूफ़ीमत को कैसे देखते हैं? और हिन्दुस्तान में सूफ़ीमत काव्य में कैसे आया?

देखिये ऐसा है कि सूफ़ीमत पारम्परिक इस्लाम से एक प्रकार से विद्रोह था। एक प्रसंग आता है, आचार्य चन्द्रबली पाण्डे ने अपनी पुस्तक में लिखा है कि एक मस्जिद में एक मौलवी साहब प्रवचन कर रहे थे। कुरान पर। तो उसमें सुनने वालों में से एक ने खड़ा होकर सवाल पूछा। उस सवाल का जवाब मौलवी ठीक प्रकार से दे नहीं पाये, तो प्रश्न पूछने वाला मुत्ज़िला कहकर अलग हो गया। मुत्ज़िला कहने का मतलब कि आपके विचारों से मैं बगावत करता हूँ। उसी मस्जिद के दूसरे बरामदे में उसने अपना भाषण दिया। यहीं से इस्लाम के पारम्परिक नियमों के खिलाफ़ थोड़ी बगावत शुरु हुई। अल्लाह, पैगम्बर, या अन्य के प्रति इन लोगों ने यह अनुभूति के आधार पर निर्णय लिया। बहुत से लेखकों ने। सबसे पहले तो एक लेखिका हुई राबिया, उसने कहा कि जो मैं हूँ, वही वह है, जो वह है, वही मैं हूँ, इस प्रकार की उसकी अभिव्यक्ति एक प्रकार से अद्वैत भावना को व्यक्त करती थी। यह उसके अन्तर से निकलते हुए भाव थे। आगे धीरे-धीरे चाहे इब्नुल अरबी हो या और भी कई विचारक, जो भारतीय अद्वैत के निकट इस सूफ़ीमत को इन्टिमेट करते रहे। सर्वाधिक मंसूर-अल-हल्लाज ने किया। अनलहक का नारा दिया। उसे सूली पर चढ़ाया गया। यह आरोप लगाकर कि यह इस्लाम के खिलाफ बोलता है। जब वह सूली पर चढ़ाया गया तो कहते हैं कि उसके कान, उसकी नाक काट ली गयी। उसपर पत्थर चलाये गये। पर उसने अनलहक कहना नहीं बन्द किया। उसको मृत्युदण्ड देने के पहले काज़ी...उससे पूछने गया कि मंसूर को क्या दण्ड दिया जाय? तो उसने कहा कि यदि मैं काज़ी का चोंगा पहनकर निर्णय दूँगा तो कहूँगा कि इसको सूली पर चढ़ा दिया जाय और काज़ी का चोला उतार कर कहूँगा तो कहूँगा कि यह

ठीक कह रहा है। इस प्रकार उसके विचारों की मान्यता, भारतीय अद्वैत के विचारों की मान्यता सूफ़ीमत में आयी, जो इस्लाम को स्वीकार नहीं थी। लेकिन आगे चलकर बहुत से विचारक ऐसे हुए जिन्होंने इस्लाम से अलग सूफ़ीमत की व्याख्या की और कहा कि जो आत्मा और परमात्मा की एकता लगती है, वह वहद्तुल वजूद और वहद्तुल शहूद है। यह वास्तव में जीव और परमात्मा की एकता नहीं होती है, बल्कि उनको ऐसा लगता है, प्रतिभाषित होता है।

सूफ़ीमत में प्रेम-तत्व पर ज़ोर दिया जाता है? जो उनकी एक मौलिक और अलग चीज़ बतायी जाती है। लेकिन कुरान में भी यूसुफ़ और जुलेखा का प्रसंग मिलता है। एक बड़ी ही मनोहर कहानी है। सूफ़ीमत का विरोध करनेवाले कहते हैं कि सूफ़ीमत में नया क्या है? हमारे कुरान में तो प्रेम तत्व पहले से व्याप्त है।

केवल प्रेम-तत्त्व की ही बात नहीं है। प्रेम-तत्त्व तो इस रूप में है कि एक प्रतीक के रूप में है नायिका परमात्मा की और नायक जीवात्मा का। प्रेम दोनों को जोड़ता है, इसलिए आत्मा और परमात्मा को जोड़ना यही प्रेम-तत्व का उद्देश्य है। यूसुफ-जुलेखा की कहानी में जो प्रेम-तत्त्व है, वह जोड़ने वाला नहीं प्रभावित करनेवाला है। उसके प्रेम का कारण यूसुफ की सुन्दरता थी। कुरान में ईश्वर के केवल अलौकिक सौन्दर्य की चर्चा की गयी है। आत्मा और परमात्मा की एकता की नहीं। कहीं जुलेखा और यूसुफ एक नहीं होते। पर सूफ़ियों के यहाँ चाँद और सूर्य का मेल होता है, यानि पदुमावति और रत्नसेन का मेल होता है। यानि सूफ़ियों के प्रेम में आत्मा और परमात्मा का एकी भाव है। लेकिन एक अन्तर और भी है। जो हिन्दी के सूफ़ी कवि हैं, उन्होंने तो इस प्रेम-तत्त्व को इस रूप में चित्रित किया कि (कम-से-कम 16वीं शताब्दी तक, उसके बाद तो सूफ़ी काव्य में भी इस्लामिक कट्टरता आ गयी) हिन्दू-मुसलमान एक हों। जायसी ने तो बहुत साफ ही कहा कि खुदा की दो सन्तानें थीं। एक मुसलमान हुआ, एक हिन्दू हुआ। लेकिन कहा कि 'दुई से राह न चलि सकई तो मिली एकै होउ।' यह अखरावट में जायसी ने कहा। यह भाव सूफ़ी मठाधीशों में नहीं थी, जो सूफ़ी कवियों में थी। मोइनुद्दीन चिश्ती जिसको श्राप देते थे, उसके ऊपर अलाउद्दीन का आक्रमण होता था। निज़ामुद्दीन औलिया और खुसरो साम्प्रदायिकता को प्रश्रय दे रहे थे। अमीर खुसरो शायर और अमीर खुसरो इतिहासकार दोनों में जमीन-आसमान का अन्तर है। लेकिन खास बात यह कि इतिहासकार कहते हैं कि दिल्ली में सल्तनतें बदलती रहीं लेकिन औलिया और खुसरो का हर दरबार में सम्बन्ध रहा। तो इस प्रकार जो मठ थे, वो प्रचण्ड इस्लाम को ही सूफ़ीमत के आवरण में प्रश्रय दे रहे थे। लेकिन हिन्दी के सूफ़ी कवि शुद्ध भाव से उदार मानवता का भाव प्रस्तुत कर रहे थे।

आपका कहानी संग्रह है 'पत्थर की मुस्कान'। आलोचना में तो आपकी बहुत पुस्तकें थीं। तो एक ही कहानी संग्रह पर क्यों रुक गये?

जब मैं विद्यार्थी जीवन में था, तब कुछ कहानियाँ लिखा था, एक नाटक भी लिखा था। नाटक को लक्ष्मी नारायण मिश्र ने देखा भी था, 'मीना बाज़ार का अन्त'। पटियाला से निकलने वाली सप्त-सिन्धु पत्रिका में प्रकाशित भी हुआ। लेकिन बाद में जब मैं पाठालोचन जैसे कठिन विषय की तरफ गुड़ा और सूफ़ीमत पर शोधकार्य भी किया और आचार्य चन्द्रबली पाण्डे के बहुत प्रभाव में था, तो उनके सूफ़ीमत के काम को, जो वो करना चाहते थे लेकिन पूरा न हो सका, उसी

में लग जाने के बाद उधर कहानी और नाटक लिखने की तरफ से प्रवृत्ति हट गयी समय-समय पर कुछ संस्मरण, निबन्ध, यात्रा-वृत्तान्त लिखता रहा।

आपात्काल पर भी आपने एक पुस्तक लिखी है। 'अँधेरे के अध्याय' आपकी पुस्तक है। मीसा में आप बन्दी थे। उस दौर के बारे में कुछ बताइए! कितने दिनों तक आप बन्दी रहे?

आपात्काल में पूरे समय मैं बन्दी रहा। मैं पहले डीआईआर में था। तत्कालीन जिलाधिकारी ने कहा कि आप जमानत करा लीजिए हम लोग विरोध नहीं करेंगे। मैं उस समय नगर पालिका का अध्यक्ष था। मैंने जमानत करा ली। पर चार दिन के बाद ही वहाँ से मीसा का आदेश आ गया। मैं फिर जेल चला गया। फिर जबतक आपात्काल रहा तबतक मैं मीसा बन्दी रहा।

मीसा बन्दियों के साथ जेल में कुछ बर्बरतापूर्ण सलूक किया जाता था?

हाँ हुआ था। बरेली वगैरह में काफी अत्याचार हुआ। बहुत कष्टप्रद जीवन था। पर नैनी सेंट्रल जेल में हमलोगों को कुछ खास दिक्कत नहीं थी। नैनी में बलबीर नाम के सुपरिन्टेण्डेण्ट थे। वह नियम कानून के बड़े पक्के थे। इसलिए कैदियों के लिए जो भी सुविधाएँ नियम संगत थीं, उनको मुहैया कराते थे। लेकिन जेल तो जेल ही था। सुविधा कितनी भी हो बिना गुनाह बन्दी होना यह क्या कम उत्पीड़न था? हमलोग बी क्लास में थे। डॉ धीरेन्द्र उस समय जेल के डॉ. थे। बहुत ही संवेदनशील व्यक्ति थे। वह महसूस करते थे कि हमलोगों के साथ और देश के साथ बहुत ज्यादती हुई है। तो अपनी तरफ से हर मीसा बन्दी को अतिरिक्त सुविधा मुहैया करने का प्रिस्क्रिप्शन कर देते थे। डॉ. मुरली मनोहर जोशी, राजनाथ सिंह, जनेश्वर मिश्र आदि कई साथी थे जेल के।

इन दिनों कुछ पढ़ रहे हैं? कुछ लिख रहे हैं? किसी रचना पर काम कर रहे हैं?

लिखने पढ़ने का काम तो बीच में बहुत बाधित रहा, राजनैतिक और सामाजिक जीवन के कारण। लेकिन अब जब थोड़ा अवकाश मिला तो लिखना जारी किया और वो लगभग जारी ही है। अभी हाल ही में एक-दो वर्षों के अन्दर ही मैंने चार पुस्तकें लिखीं। 'एक संस्मरणों के आलोक में', जिसमें साहित्यकारों, सन्तों और राजनैतिक सामाजिक कार्यकर्त्ताओं का संस्मरण है। एक 'आलोचना के प्रत्यय : इतिहास और विमर्श' तैयार हो गयी है, तीसरी 'गोरखनाथ : जीवन और दर्शन' और चौथी किताब 'वीर कुँवर सिंह' है। चारो प्रकाशनाधीन हैं। जल्दी ही प्रकाशित होकर आ जायेंगी।

समकालीन साहित्यिक दौर में रचनाकारों की कई पीढ़ियाँ एक साथ सक्रिय हैं। कई मायने में यह बहुत अच्छा भी है। आप किसमें ज्यादा सम्भावना देखते हैं। मौजूदा दौर के कौन से रचनाकार अच्छा कार्य कर रहे हैं? कहानी, कविता या आलोचना के क्षेत्र में?

आजकल तो समकालीन कविता के दौर में बहुत सारे लोग अरुण कमल आदि ने अच्छा लिखा है। नवगीत वालों में भी कई अच्छे नवगीत लिखने वाले हैं। जैसे सोम ठाकुर, कुँवर बेचैन आदि। एक प्रकार से नयी कविता की प्रतिक्रिया में नवगीत प्रारम्भ हुआ। नवगीत में कुछ अच्छे लोग मुक्त छन्द में लय के साथ लिख रहे हैं। कविता हृदय के भावों को अभिव्यक्त करती है, लेकिन आजकल कहीं मस्तिष्क को कुरेद-कुरेद कर लिखी जाने वाली कविताएँ भी लिखी जा रही हैं।

आजकल ऐसे कवियों की संख्या बढ़ रही है। कविता पढ़ने का अब आनन्द ही नहीं रहा और यह कविताएँ बहुत क्षणजीवी भी हो गयी हैं। यह बहुत दिन तक चलती नहीं हैं। मोटे तरीके से यह आप समझिये कि ठीक है तुलसीदास की 'रामचरितमानस' का तो धार्मिक आधार भी है जिसकी वजह से वो बहुत प्रचलित है, किन्तु सूर-सागर में धार्मिकता तो है नहीं उतनी लेकिन वह कैसे आज भी प्रासंगिक है? इसी तरह कामायनी आदि भी ले लीजिये। जो कविता है, वह कविता है। कविता और गद्य में अन्तर है। गद्य कोई मामूली बात नहीं है। गद्य लिखना सरल नहीं है। 'गद्यमं कविनां निकषं वदन्ति' गद्य तो कवियों की कसौटी है, लेकिन गद्य में ज्यादा अच्छा लिखा गया। उपन्यासों में बहुत अच्छे उपन्यास काशीनाथ सिंह, नरेन्द्र कोहली, आजकल अमीश आदि लिख रहे हैं। बहुत सारे लोग अच्छा लिख रहे हैं। पाकिस्तान के भी कई उपन्यासकारों ने जैसे 'खुदा की बस्ती' बहुत अच्छा लिखा है। पाकिस्तान की खस्ताहाल स्थिति को इस उपन्यास से समझा जा सकता है। इन उपन्यासों ने जीवन के सन्दर्भों को बहुत अच्छे ढंग से रेखांकित किया है। आजकल जो उपन्यास और कहानियाँ लिखी जा रही हैं उसमें ज्यादा वजन है, बनिस्पत कविता के और विधाओं का तो शायद लोप ही दिखायी देता है। रिपोर्ताज वगैरह जो पहले विवेकी राय आदि लिखते थे या ललित निबन्ध लिखनेवालों का बहुत अभाव है। श्रीराम परिहार जैसे कुछ चुनिन्दा ही बचे हैं।

पचासी वर्ष की अवस्था है आपकी और तकरीबन जब से आपने होश सम्हाला तब से साठ-सत्तर वर्षों से समाज को देख रहे हैं। तो क्या बदलाव आपने देखा? वैश्वीकरण के बाद 1991 के बाद उदारीकरण के बाद?

आज का समाज इतना बदल गया कि आदमी का चरित्र ही नहीं बचा। अब चरित्रवान लोगों का अभाव हो गया। कारण कि आदमी भौतिक हो गया, जिधर देखो उधर बस बेजान दुनिया के पीछे हाँफते-डाँफते दौड़ रहे हैं। कुछ नहीं पता कि जाना कहाँ है? यह भी नहीं पता कि करना क्या है? बस दौड़े जा रहे हैं, दौड़े जा रहे हैं, कोल्हू के बैल की तरह। भौतिकता से आक्रान्त इस समाज की दशा क्या होगी? पता नहीं। आज समाज का जीवन बहुत अधिक व्यावसायिक हो गया। हृदय-पक्ष गौण है और बुद्धि-पक्ष प्रबल। ...होड़ लगी है। आज पहले जैसा बचा ही क्या? शहर से गाँव तक सब जगह यह बदलाव है। गाँव इस रूप में बदला कि गाँव में शहर घुस गया, शहर की शान-ओ-शौकत और फ़ैशन ही नहीं गया बल्कि छल, कपट, बेईमानी, चोरी यह सब गाँव में पहुँच गया। अज्ञेय की एक कविता है—'साँप तुम सभ्य तो हुए नहीं'। उसमें भी यही पीड़ा है। सहज जीवन के बिना आदमी का जीवन कहाँ सुखी हो सकता है।

किसी एक बात का अफसोस जब पीछे मुड़कर देखते हैं? या कुछ ऐसा मन में भाव जिसका मलाल रह गया हो? या किसी काम को न कर पाने की पीड़ा सालती हो?

मैंने जीतने काम सोचे थे वह सभी पूरा कर चुका हूँ करीब-करीब। अब मुझे लेखन बन्द कर देना है। इसलिए कि आँख भी कमजोर हो गयी है और शरीर भी। लिख नहीं पाता हूँ बोल कर लिखाता हूँ। अपने जीवन के कुछ संस्मरण वो प्रयत्न करूँगा कि उसे लिखकर पूरा कर दूँ। बाकी गोष्ठियों आदि में जबतक शरीर साथ दे रही है, चला जाता हूँ। जो भी बोलना होता है, प्रयास करता हूँ कि विषय के साथ न्याय कर सकूँ। वो कहते हैं न कि जब चैन से बैठना चाहो तो भी लोग बैठने नहीं देते हैं। बार बार आग्रह करते हैं...मैं भी मान जाता हूँ। एक बार नामवर जी

ने पूछा आजकल क्या कर रहे हो? यहीं इलाहाबाद के संग्रहालय में ही कार्यक्रम था। मैंने कहा— वही कर रहा हूँ जो आप कर रहे हैं। घूम घूम के भाषण दे रहा हूं। वो हँस पड़े...। उसी समय उन्होंने कहा कि पदुमावति वाला काम पूरा कर डालो। बहुत अच्छा काम है तुम्हारा। यही है जबतक शरीर चल रहा है, तबतक इस साहित्य से नाता कहाँ टूटने वाला है। कुछ न कुछ तो चलता ही रहेगा। संस्मरण वाला काम करना चाहता हूँ क्योंकि बहुत सारे जो अनुभव हैं, वो भविष्य की पीढ़ी के लिए मार्गदर्शक बन सकते हैं। इस काम से बचना चाहिए और इसे करना चाहिए। हाँ अभी चन्द्रबली पाण्डेय पर भी एक पुस्तक लिखनी है। उन्हें जितना सम्मान मिलना चाहिए था, वो मिला नहीं।

कौन सी कृति है, जिसे आप बार-बार पढना चाहते हैं? कोई एक रचना जो आपको बहुत प्रिय हो?

मैं तो पदुमावति में बहुत रमता हूँ और यह भी कहता हूँ कि जायसी तुलसी से बड़े कवि थे। लोगों को अच्छा नहीं लगता। लेकिन मैं कहता हूँ कि मैं तुलसी को छोटा नहीं बना रहा हूँ। तुलसी तो कवि से ज्यादा ऋषि थे। लेकिन जायसी केवल कवि था। लेकिन कवि तो जायसी ही बड़ा था मेरी दृष्टि से।

गद्य में कोई पुस्तक?

विवेकी राय मेरे मित्र थे और बहुत मानते थे मुझे। उनके उपन्यासों को मैंने पढ़ा। 'सोना-माटी' पढ़ते-पढ़ते मुझे रेणु, शिव प्रसाद आदि के उपन्यासों के प्रति रुचि हुई और मैंने बहुत उपन्यास पढ़े। पर विवेकी राय के उपन्यासों को पढ़ने के बाद मैंने उनसे कहा कि आप बहुत अच्छा लिखते हैं। कुछ देश के बारे में भी लिखिए। तो उन्होंने एक उपन्यास लिखा 'मंगल-भवन'। 'मंगल-भवन' भी मुझे बहुत पसन्द है। उसमें ट्रिपल स्टोरी चलती है। एक सैनिक के जीवन की कहानी, एक कवि के जीवन की कहानी और एक देश के जीवन की कहानी है। 'मंगल-भवन' यह देश है। सैनिक एक घर बनाता है मंगल-भवन, जिसका बँटवारा हो जाता है। एक लेखक है जो बैठकर लिख रहा है और मंगल-भवन बनाने की कोशिश कर रहा है। बहुत ही मनोरम उपन्यास है, लेकिन हिन्दी के आलोचकों ने आजकल ऐसे उपन्यासों की उपेक्षा करने की ठानी है। उसमें अपने आलोचक भी हैं और वामपन्थियों की तो बात ही क्या? वामपन्थी तो जो हैं सो हैं ही।

बहुत बहुत धन्यवाद!

पत्र-दीर्घा

साकेत
इलाहाबाद-२
२०-११-८६

प्रिय कन्हैया सिंह,

तुम्हारा १५-११-८६ का पत्र मिला। कुशल समाचार जानकर प्रसन्नता हुई।

मैं २३ से २८ नवम्बर तक दिल्ली की एक समिति में सम्मिलित होने जा रहा हूँ। १-२ दिसम्बर को ग्वालियर में रहूँगा। दिसम्बर के दूसरे सप्ताह में मैं आजमगढ़ आ सकूँगा।

मलिक मुहम्मद जायसी पर तुम्हारी आलोचनात्मक पुस्तक की मैं प्रतीक्षा करूँगा। इस सम्बाद से मुझे प्रसन्नता है। दीपावली की शुभ कामनाएँ।

हितेच्छु
रामकुमार वर्मा

मुंशी हिंदी विद्यापीठ,
आगरा वि.वि.
आगरा
१५.८.६४.

प्रियवर कन्हैया जी,

तुम्हें यह मालूम ही है कि मैं अब यहाँ आ गया हूँ। यहाँ आते ही मैंने 'सूरसागर' के संपादन की एक योजना यूनिवर्सिटी ग्रांट्स कमीशन को भेज दी थी जो स्वीकृत हो गई और जिस पर कार्य भी गत ३ अगस्त से प्रारंभ हो गया है। यह योजना ६२,०००) की है।

मैं यहाँ शीघ्र ही दो लेक्चरर्स की हिंदी में नई जगहें भी पा रहा हूँ। यदि तुम आना चाहो तो यथाशीघ्र सूचित करना। ग्रेड ४००—८०० है।

आशा है कि प्रसन्न हो।

सस्नेह,
माताप्रसाद गुप्त

३४, लाजपत कुंज,
सिविल लाइन्स
आगरा
८/१२/६८

प्रिय भाई कन्हैया सिंह,

तुम्हारा पत्र मिला। दीपावली की मेरी शुभकामनाएँ लेना।

तुम्हारा नियुक्ति-पत्र विश्वविद्यालय कार्यालय से गत २५ या २० नवम्बर को जारी हुआ है। आशा है कि तुम्हें यथासमय मिल गया होगा। यदि अभी तक तुम्हें आदेश न मिला हो, तो तुरन्त विश्वविद्यालय के रजिस्ट्रार को सूचित करो कि तुम्हें विश्वस्त सूत्र से ज्ञात हुआ है कि तुम्हारी नियुक्ति सिलेक्शन कमेटी की संस्तुति के द्वारा विश्वविद्यालय में हो गई है किन्तु नियुक्ति-पत्र नहीं प्राप्त हुआ है, जिसे वे अविलंब भेजें। उसे भी रजिस्ट्री डाक से भेजना। स्वीकार न आने तक भी कृपया मुझे पत्र भी सूचित करना।

यहाँ के लोग विद्यार्थी रहे हैं, इसलिए किसी प्रकार से तुम्हें यहाँ आने में चिन्ता न होगी। उनसे सम्पर्क रखना। शेष सब कुशल है।

आशा है कि सकुशल हो।

सस्नेह,
माताप्रसाद गुप्त

12/13 प्रोफेसर्स बंगलो / पुणे विद्यापीठ / गणेशखिंड / पुणे-411007 (महा.)

दि. २८.८.८४

प्रिय बंधु,

डॉ. त्रिभुवननाथ राय से पता चला कि आप आजमगढ़ ही आ गये हैं। बहुत समय से पत्र-व्यवहार नहीं हो सका। मिलने की इच्छा है। मैं तो अब उसी २० अप्रैल से सेवा-निवृत्त हूँ। फिलहाल इसी मकान में हूँ। शीघ्र ही अन्यत्र जाना होगा। वैसे यहीं अपना मकान बनवाने की तैयारी में हूँ। एक बार आपसे कहीं भेंट होनी चाहिए। पाठ संपादन के प्रसंग में आपकी राय का लाभ लेना है। हरिचरणदास ग्रंथावली का दूसरा खण्ड (काव्यशास्त्र खण्ड) हाथों में है। सूरतिमिश्र तथा दौलत ग्रंथावली अब की पूरी भी हुई रखी है। कहीं कोई सुयोग निकालिए कि मिला जा सके। आपकी पाठसंपादन वाली पुस्तक प्रकाशित हो गई हो तो भिजवाइएँ। और

[illegible] प्रकाशित हो गया — बतायें।

और डॉ. [illegible] स्व. [illegible]सिंह 'नाथ' जी और [illegible] की तिथि और सन्-संवत् की सूचना [illegible]। आजमगढ़ के ग्राम लिखें — [illegible]। साहित्यिक [illegible] को [illegible] करें। '[illegible]' नहीं [illegible]।

शेष कुशल। आशा है सानंद हैं।

सस्नेह

[illegible]

(आनंद प्रकाश दीक्षित)

श्री डॉ. कन्हैया सिंह

3

राहुल नगर

आजमगढ़

पिन PIN (उ.प्र.)

के० ए० कॉलेज,
कासगंज (एटा)
६/१२/७८

प्रिय बन्धु डॉ० कन्हैया सिंह जी,

सप्रेम नमस्कार।

चिरंजीवी चित्रसेन सिंह के शुभ विवाह का निमंत्रण कार्ड आज मिला। इस समय उपस्थित हो पाना तो संभव नहीं है; किन्तु मन से मैं वहाँ रहूँगा और मेरी मंगलकामना है कि नवदम्पति दीर्घायु हों और सुख-समृद्धि-प्रगतिमय जीवन हो।

सब कुछ मंगलमय की कामना सहित,

आपका —
सस्नेह [illegible]

[illegible]

श्री

उन्नाव
30/12/90

प्रिय भाई डाक्टर साहब,

आपका पत्र मिला।

मैं प्रयत्न करूँगा कि श्री बालकृष्ण राव की सम्मानित गोष्ठी में उपस्थित होकर अपने को गौरवान्वित करूँ। यह अनुभव भी मुझे याद रहेगी।

शुभेच्छु
[illegible] पाण्डेय

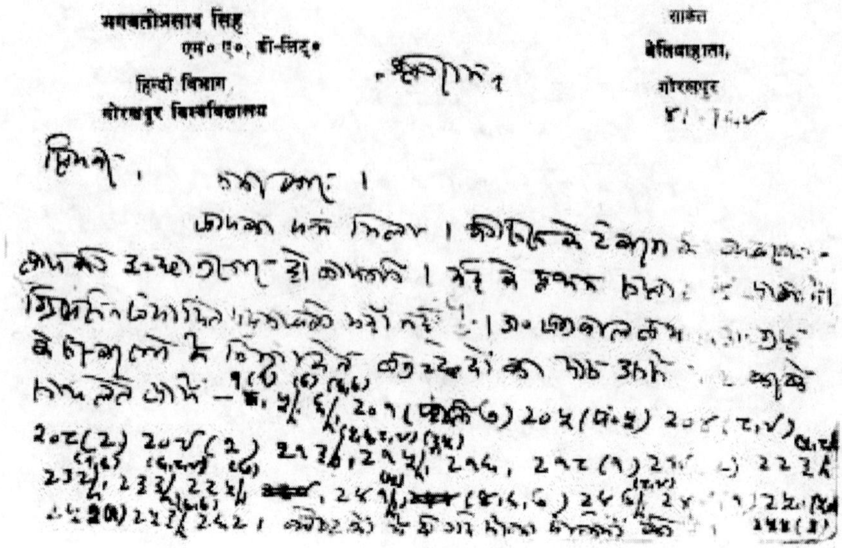

भगवतीप्रसाद सिंह
एम० ए०, डी-लिट्०

हिन्दी विभाग
गोरखपुर विश्वविद्यालय

साकेत
बेतियाहाता,
गोरखपुर

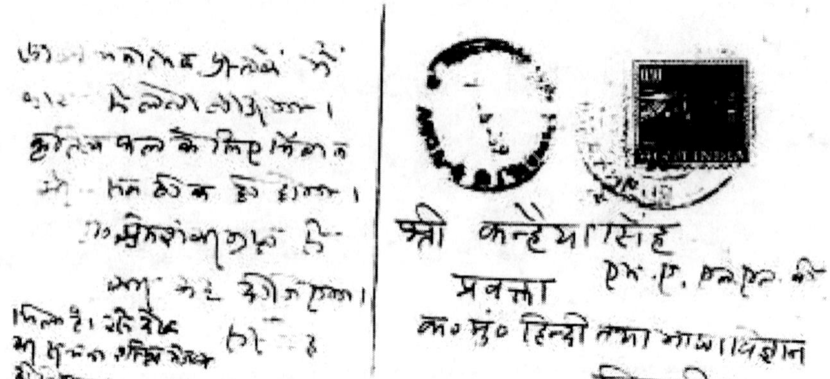

श्री कन्हैया सिंह
प्रवक्ता
क० मुं० हिन्दी तथा भाषाविज्ञान
विद्यापीठ
आगरा विश्वविद्यालय
आगरा

यह जो जीवन है

अरुणिमा गौतम

आजमगढ़ जनपद का धरवारा गाँव! 1 अगस्त 1935 को यहीं डॉ.कन्हैया सिंह जी का जन्म एक सामन्य कृषक परिवार में हुआ था। खेती-गृहस्थी करते हुए मिडिल तक की पढ़ाई गाँव से ही करके इन्होंने आगे की पढ़ाई के लिए आजमगढ़ नगर के एस.के.पी. इण्टर कॉलेज में दाखिला ले लिया था और वहीं से इण्टरमीडिएट उत्तीर्ण किया। छुट्टियों में घर आया-जाया करते थे। किसान का बेटा खेती को कैसे नज़रअन्दाज कर सकता था। खुद उनकी पढ़ाई और भरे-पूरे परिवार की जिम्मेदारियों का बोझ हिलती-काँपती खेती पर ही टिका था। स्नातक के लिए इन्होंने शिबली नेशनल कॉलेज में दाखिला लिया। वहीं छात्रसंघ के अध्यक्ष चुने गये। आगे की शिक्षा के लिए डॉक्टर साहब ने इलाहाबाद विश्वविद्यालय के हिन्दी विभाग में दाखिला लिया और सम्मानित अंकों के साथ स्नातकोत्तर की उपाधि प्राप्त की। इलाहाबाद विश्वविद्यालय से ही विधि स्नातक करते हुए इन्होंने विधि संकाय में प्रथम स्थान प्राप्त किया। आगे शोध के लिए गोरखपुर विश्वविद्यालय, हिन्दी विभाग के पूर्व-अध्यक्ष और हिन्दी के यशस्वी विद्वान् गोपीनाथ तिवारी के निर्देशन में इन्होंने 'हिन्दी सूफ़ीकाव्य में हिन्दू संस्कृति' विषय पर शोध की उपाधि प्राप्त की। डॉ. कन्हैया सिंह जी को वीर बहादुर सिंह पूर्वाञ्चल विश्वविद्यालय, जौनपुर के प्रथम डी.लिट्. होने का भी गौरव प्राप्त है।

इनकी मेधा और प्रतिभा के कारण विद्यार्थी जीवन की अलग-अलग कक्षाओं में इन्हें चांसलर मेडल, लैम्स्डर्न गोल्ड मेडल, रामादेवी गोल्ड मेडल, राजा राममोहन डे गोल्ड मेडल तथा सर हेनरी रिचर्ड गोल्ड मेडल से विभूषित किया गया।

डॉ. कन्हैया सिंह जी ने सन् 1960 में शिक्षा पूर्ण करने के पश्चात आजमगढ़ के दीवानी न्यायालय में वकालत से अपने जीवन के दूसरे चरण की शुरुआत की। उसके बाद सन् 1961 से सन् 1962 तक जौनपुर के प्रतिष्ठित तिलकधारी महाविद्यालय में विधि-प्रवक्ता के रूप में कार्य करते रहे। परन्तु अपने स्वभाव और हिन्दी मन की खातिर सन् 1962 में आजमगढ़ के दयानन्द स्नातकोत्तर महाविद्यालय में हिन्दी-प्रवक्ता के रूप में आगए। इसी बीच में आगरा विश्वविद्यालय

के 'कन्हैयालाल माणिकलाल मुंशी हिन्दी तथा भाषा विज्ञान विद्यापीठ' में प्रवक्ता के रूप में, भटौली बाज़ार महाविद्यालय, गोरखपुर में प्राचार्य के रूप में तथा डी.ए.वी.पी.जी. कॉलेज के हिन्दी विभाग में रीडर-अध्यक्ष के रूप में डॉ. कन्हैया सिंह जी ने लम्बी सेवाएँ दी।

डॉ. कन्हैया सिंह जी का व्यक्तित्व बहुआयामी है। अकादमिक जगत में सक्रिय रहने के साथ ही वह सामाजिक क्षेत्र में भी पूर्ण सहभागिता करते रहे। एस.के.पी. इण्टर कॉलेज में अध्ययन के दौरान ही डॉ. कन्हैया सिंह जी राष्ट्रीय स्वयंसेवक संघ के सम्पर्क में आए। राष्ट्रीय स्वयंसेवक संघ के सम्पर्क में आकर उन्हें समाज-जीवन में सक्रिय सहभागिता करने की प्रेरणा मिली। डॉ. कन्हैया जी संघ के सामान्य स्वयंसेवक से लेकर शाखा कार्यवाह, विभाग कार्यवाह (आजमगढ़, मऊ, बलिया और गाजीपुर) तथा अन्य कई महत्त्वपूर्ण दायित्वों का निर्वहन करते हुए महज़ 36 वर्ष की युवा अवस्था में ही आजमगढ़ नगर पालिका के निर्विरोध अध्यक्ष चुने गये। सन् 1975 में जब देश में आपात्काल लगा तो पूरे आपात्काल तक डॉ. कन्हैया सिंह जी मीसा और फिर डी.आई.आर. बन्दी रहते हुए आजमगढ़ और नैनी सेंट्रल जेल (प्रयागराज) में रहे। अखिल भारतीय साहित्य परिषद, नई दिल्ली के राष्ट्रीय महामन्त्री और राष्ट्रीय अध्यक्ष के पद को सुशोभित करते हुए वर्तमान में साहित्य परिषद के राष्ट्रीय संरक्षक का दायित्व निर्वहन कर रहे हैं। सन् 1997 से सन् 2001 तक वह उत्तर प्रदेश भाषा संस्थान के कार्यकारी अध्यक्ष भी रहे।

इतनी सामाजिक सक्रियता के बाद भी डॉ. कन्हैया सिंह जी ने हिन्दी जगत के ख्यातिलब्ध साहित्यकार के रूप में अपना स्थान बनाया। 40 से अधिक पुस्तकों के रचयिता कन्हैया सिंह जी हिन्दी के वरिष्ठ आलोचकों में से एक हैं। पाठ-सम्पादन जैसी विलुप्तप्राय विधा के एक मात्र अधिकारी विद्वान् के रूप में आपकी ख्याति पूरे हिन्दी जगत में है। इस विधा की 'हिन्दी पाठानुसन्धान' और 'पाठ-सम्पादन के सिद्धान्त' इनकी अत्यन्त प्रतिष्ठित कृतियाँ हैं। हिन्दी साहित्य के मध्यकाल और खासकर सूफ़ी साहित्य पर इन्होंने बहुत ही महत्त्वपूर्ण कार्य किया है। डॉ. कन्हैया सिंह जी की गम्भीर आलोचनात्मक दृष्टि सूफ़ी कवियों की सैद्धान्तिकी और उनके दर्शन पर भी पड़ी। सम्पूर्ण हिन्दी सूफ़ीकाव्य पर किस प्रकार से हिन्दू संस्कृति का प्रभाव पड़ा, इसपर विशेष महत्त्व का कार्य करते हुए डॉ. कन्हैया सिंह ने जायसी और सूफ़ीकाव्य के अध्ययन को एक नई दिशा दी। इन्होंने जायसीकृत 'पदुमावति' का नये पाठ और नयी व्याख्या के साथ सम्पादन किया। यह पुस्तक हिन्दी साहित्य के विद्यार्थियों और अध्येताओं के लिए अत्यन्त उपयोगी साबित हुई। भाषा-विज्ञान जैसे जटिल विषय पर भी डॉ. कन्हैया सिंह जी ने अपनी लेखनी चलायी। इस विषय पर आपकी 'हिन्दी भाषा', 'हिन्दी भाषा, साहित्य और लिपि', 'मध्यकालीन अवधी का विकास' और 'काव्याङ्ग-कौमुदी' जैसी पुस्तकें विशेष उल्लेखनीय हैं। आलोचना की स्वतन्त्र पुस्तकों में 'राहुल सांकृत्यायन', 'महाकवि अयोध्या सिंह उपाध्याय 'हरिऔध', 'साहित्य और संस्कृति', 'पूर्वी उत्तर प्रदेश के सन्त कवि' भी हिन्दी जगत में चर्चित और महत्त्वपूर्ण पुस्तकें हैं।

डॉ. कन्हैया सिंह जी की कलम एक तरफ आलोचना के क्षेत्र में चलती रही, तो वही दूसरी तरफ सृजनात्मक साहित्य भी उनकी कलम से अछूता नहीं रहा। आपात्कालीन जेल के संस्मरण 'अँधेरे के अध्याय', ललित निबन्ध संग्रह 'वेदना के संवाद', निबन्ध संग्रह 'साहित्यिक निबन्ध', कहानी संग्रह 'पत्थर की मुस्कान', यात्रा-वृत्त 'दक्षिणाञ्चल दर्शन', नाटक 'मीना बाज़ार का अन्त'

भी इनकी अपने ढंग की अनूठी कृतियाँ हैं। उत्तर प्रदेश और खास तौर पर पूर्वी उत्तर प्रदेश की 1857 के स्वतन्त्रता संग्राम में भूमिका को लेकर इन्होंने एक महत्त्वपूर्ण पुस्तक '1857 का स्वतन्त्रता संग्राम' लिखी। इसके अतिरिक्त इन्होंने 'आचार्य रामचन्द्र शुक्ल', 'राहुल सांकृत्यायन : समग्र अनुशीलन', 'रामचरित उपाध्याय ग्रन्थावली' आदि अत्यन्त महत्त्वपूर्ण पुस्तकों का सम्पादन भी किया।

डॉ. कन्हैया सिंह जी के इन्हीं साहित्यिक अवदानों के लिए उन्हें हिन्दी साहित्य सम्मेलन, प्रयाग का 'साहित्य महोपाद्याय', केन्द्रीय हिन्दी संस्थान, आगरा का 'सुभ्रमण्यभारती' सम्मान, उत्तर प्रदेश हिन्दी संस्थान लखनऊ का 'साहित्य-भूषण' और 'पंडित दीनदयाल उपाध्याय साहित्य सम्मान', गुजरात हिन्दी विद्यापीठ का 'हिन्दी गरिमा', भोजपुरी साहित्य परिषद, लखनऊ का 'भोजपुरी शिरोमणि', उत्तर भारतीय संघ, मुम्बई का 'गणपति सम्मान' आदि पुरस्कारों एवं सम्मनों से सम्मानित किया गया है।

अपनी आयु के पचासीवें वर्ष में भी डॉ. कन्हैया सिंह जी साहित्यिक और सामाजिक दोनों ही क्षेत्रों में पूर्ण तन्मयता से सक्रिय हैं। देशभर में आयोजित होने वाली हिन्दी की राष्ट्रीय और अन्तर्राष्ट्रीय संगोष्ठियों में व्याख्यान और भाषण देने का कार्य अनवरत जारी है। लेखन के क्षेत्र में भी 'संस्मरणों का आलोक', 'आलोचना के प्रत्यय, इतिहास और विमर्श', 'वीर कुँवर सिंह' तथा 'गोरखनाथ : जीवन और दर्शन' इनकी सद्यः प्रकाशित पुस्तकें हैं। वहीं आलोचना की एक पुस्तक 'आचार्य चन्द्रबली पाण्डेय' प्रकाशनाधीन है।

उम्र के इस पड़ाव पर भी डॉ. कन्हैया सिंह जी की कलम न तो रुकी है, न ही थकी है। पचासी वर्षीय नौजवान डॉ. कन्हैया सिंह जी आज भी अपने हिमाद्रि (राहुल नगर, आजमगढ़ वाला आवास) में कुछ-न-कुछ लिखते-पढ़ते ही मिलेंगे। आजकल एक संस्मरण की पुस्तक 'जन्म भूमि मम् परम सुहावन' 'आत्मकथा' लिखे रहे हैं और कलम की टेक लिए चलते चले जा रहे हैं।

पी.एच.डी.—हिन्दी, अध्यापिका, केन्द्रीय विद्यालय
आजमगढ़ (उ.प्र.)

DEMOCRACY
AND
WRITERS

२८, २९, ३० दिसम्बर, २००७)

पदुमलाल पुन्नालाल बख्शी सृजन पीठ
29 मई सोमवार 2006
स्मृति
पदुमलाल पुन्नालाल

उत्तर प्रदेश हिन्दी संस्थान, लखनऊ
युगप्रवर्त्तक महायोगी गोरखनाथ पर केन्द्रित
त्रिदिवसीय राष्ट्रीय संगोष्ठी

OF LOVE

शिक्षा सदन

डॉ. मुरली मनोहर जोशी
संसद सदस्य (राज्यसभा)

23 नवम्बर, 1994

बंधुवर श्री कन्हैयासिंह जी,

सप्रेम नमस्कार ।

आप आये लेकिन आपसे भेंट न हो पायी । मैं 21 तारीख को बहुत दिनों बाद बाहर से आया था और कई पूर्व नियोजित साक्षात्कारों में व्यस्त था । आपके जाने के बाद आपका पत्र मिला, पर उसपर आपका दिल्ली का पता नहीं था, अतः सम्पर्क करना संभव न हो पाया । क्षमा करेंगे ।

श्री रामधन जी जब तक परिगणित जाति आयोग के अध्यक्ष हैं तब तक उनके लिए किसी भी राजनैतिक दल में जाना शायद संभव न हो पाये । पहले भी कई बार उनका मन लेने का प्रयत्न किया गया, परंतु वे खुलकर दल में आने के लिए तत्पर नहीं हुए ।

यदि आपका अनुमान ऐसा है कि वे आने में तत्पर हैं तब आप मुझे अवगत कराएँ, मैं भी यहाँ उनको इस दृष्टि से सम्पर्क करूँगा ।

शुभकामनाओं सहित,

आपका,

(मुरली मनोहर जोशी)

श्री कन्हैया सिंह,
राहुलनगर,
आजमगढ़-276001

२२, गुरुद्वारा रकाबगंज रोड, नई दिल्ली-११०००१ दूरभाष : ३७१८४४४ फैक्स : ३७११७७२